**Realizzazione editoriale**
Studio Editoriale Cafagna, Barletta

**Realizzazione**
IMAG SPA
Traversa Gaudio Maori 15x
84013 - CAVA DE TIRRENI

**Finito di stampare nel mese di gennaio 2020**

collana manuali

# Ordinamento e attività istituzionali del Ministero dell'Interno

*a cura di*

Maria Teresa Sempreviva

DIKE Editrice
Nihil difficile volenti

IV EDIZIONE
2020

*a Benedetta*

# PREFAZIONE

Ho accolto con piacere l'invito dell'amica e collega Maria Teresa Sempreviva a scrivere la prefazione di questo testo, tanto per i suoi pregevoli contenuti quanto per il valore aggiunto che ne contraddistingue la cifra qualitativa: un'armonica coralità di contributi, redatti per lo più da giovani colleghi, che condividendo un sentimento di appartenenza, sono riusciti ad incastonare le funzioni e i profili ordinamentali del Ministero dell'Interno in una cornice che consente al lettore di conoscere i compiti fondamentali di una Istituzione considerata, a ragione, il cuore pulsante dello Stato.

Questa scelta denota, a mio avviso, l'investimento umano e professionale che la curatrice, in una prospettiva lungimirante e quanto mai necessaria di attualizzazione della narrazione del ruolo del funzionario prefettizio, ha voluto fare sulle giovani generazioni, valorizzandone competenza, sensibilità e visione critica. Condizioni essenziali al cospetto delle delicate attività, in sintesi protese al perseguimento dell'interesse generale e del bene comune, che i Prefetti sono chiamati a svolgere.

Si può, dunque, ben dire che il volume – il cui merito evidente è certamente quello di essere in grado di restituire l'articolata e versatile antologia delle funzioni prefettizie, senza per questo perdere in sistematicità e chiarezza – costituisce in sé il risultato di un progetto valoriale oltre che scientifico. Un progetto di divulgazione di attività istituzionali attraverso il quale una rete sempre più motivata di colleghi contribuisce alla riflessione comune sull'impegno richiesto ad un'Amministrazione che ha il difficile compito di favorire un'efficace sintesi delle complessità.

Le sfide della modernità, la rapida evoluzione del contesto interno ed internazionale, ci interrogano infatti sulla nostra capacità di analisi, di valutazione e di risposta e ci impongono, pur nel rispetto della legge e nell'ambito del nostro alveo di funzioni, un costante sforzo di adeguamento, che va ben oltre il mero formalismo giuridico.

Una responsabilità pesante quella affidata al Ministero dell'Interno e ai Prefetti se è vero che il raggiungimento degli obiettivi alla base della loro missione misura il livello di democrazia sostanziale di un Paese.

Ebbene, in questo testo ho colto, con orgoglio, la volontà condivisa dei colleghi di lasciare traccia, di voler essere veicolo per contribuire ad alimentare, soprattutto in coloro che si accingono ad intraprendere questo straordinario mestiere, una coscienza identitaria, indispensabile fondamento per un'Amministrazione che più di qualsiasi altra deve saper cogliere e traghettare i cambiamenti e le profonde trasformazioni del nostro tempo.

È una volontà di futuro insieme ad una testimonianza di passato il filo di Arianna che lega quest'opera, muovendo dalla imprescindibile consapevolezza che è necessario conoscere per poter scegliere la strada da percorrere.

MATTEO PIANTEDOSI
Capo di Gabinetto del Ministro dell'Interno

# PRESENTAZIONE

Il manuale "Ordinamento e attività istituzionali del Ministero dell'Interno" è felicemente giunto alla sua quarta edizione!

Il volume, nel conciliare ricchezza di contenuti e facilità di approccio didattico, si conferma, nel panorama dei testi di preparazione al concorso per la carriera prefettizia -e non solo- un riferimento di notevole utilità per vastità e approfondimento dei temi trattati.

In una giusta contaminazione tra istituti sostanziali e precipitati ordinamentali, la nuova edizione dà esaustivamente conto delle attività fondamentali del Ministero dell'Interno inquadrandole in una intelaiatura sistematica attenta all'evoluzione normativa, amministrativa, dottrinale e giurisprudenziale più recenti.

Anche questa volta l'impegno, la sinergia, lo slancio dei colleghi, sempre più numerosi, mi hanno commossa. Molti di loro si stanno misurando sul territorio negli incarichi che gli sono stati conferiti, dando già grande dimostrazione di competenza e professionalità, e per questa rivisitazione hanno fornito suggerimenti tematici la cui rilevanza hanno potuto constatare sul campo.

A questi miei compagni di viaggio mi unisce prima di tutto l'orgoglio di incarnare un'idea che si fonda su una visione alta della missione prefettizia. L'entusiasmo e la passione per una pubblica funzione protesa alla tutela della legalità e al perseguimento dell'interesse generale si possono leggere anche tra le righe di un testo come questo: una sorta di prisma attraverso il quale mettere a fuoco, ciascuna nella propria delicatezza e complessità, le tante attività in cui si sostanzia l'impegno delle Prefetture e dei Prefetti.

Un ringraziamento a tutti gli autori, alle *new entries* che con grande entusiasmo hanno voluto condividere questa avventura, ai colleghi Alessandro Baroni e Grazia Paciullo per il titanico coordinamento e per l'impagabile supervisione, senza il cui contributo il testo non avrebbe visto la luce e infine alle dottoresse Claudia Di Persio e Laura Mazzotta per l'attenta rilettura della parte dedicata alla cooperazione internazionale di polizia e alla funzione di coordinamento delle autorità di pubblica sicurezza. Un grazie non di rito per il prezioso contributo al

Prefetto Claudio Sgaraglia, la cui padronanza matura ed indiscussa è garanzia che nulla sia sfuggito sul fronte dell'organizzazione e dell'ordinamento della carriera prefettizia.

Questo testo desidero dedicarlo di cuore a loro e a tutti i colleghi da cui ho imparato e con cui condivido il significato profondo del pubblico servire.

MARIA TERESA SEMPREVIVA

# INDICE

CAPITOLO III
La struttura organizzativa preposta al sistema della sicurezza: organi e competenze
di *Teresa Cappiello*, *Giacomo Pintus*



CAPITOLO IV
I nuovi orizzonti del sistema della sicurezza
di *Alessandro Maria Baroni*, *Claudio Fusco*, *Salvatore Gengaro*, *Salvatore Guerra*, *Giacomo Pintus*

CAPITOLO V
Le misure di prevenzione
di *Giacomo Pintus*



CAPITOLO VI
Le misure antiterrorismo:
profili di competenza del Ministero dell'Interno
di *Eugenio Di Agosta*, *Grazia Paciullo*

## CAPITOLO VII
## Gli strumenti di contrasto alle infiltrazioni mafiose nel settore degli appalti pubblici
di *Alessandro Maria Baroni*, *Eugenio Di Agosta*, *Alessandra Petronelli*

## CAPITOLO VIII
Le misure di prevenzione patrimoniale diverse dalla confisca. Il nuovo controllo giudiziario delle aziende di cui all'art. 34-*bis* del Codice Antimafia
di *Walter Pennestrì*



## CAPITOLO IX
Le strutture organizzative per il contrasto alla criminalità organizzata
di *Eugenio Di Agosta*

CAPITOLO X
Le speciali misure di protezione:
testimoni e collaboratori di giustizia
di *Anna La Marca*



CAPITOLO XI
L'Agenzia nazionale per l'amministrazione
e la destinazione dei beni sequestrati e confiscati
alla criminalità organizzata
di *Andrea Nino Caputo*



CAPITOLO XII
La Polizia amministrativa
di *Mattia Carniello*, *Antonio De Donno*, *Claudio Fusco*

## PARTE III
## AREA LIBERTÀ CIVILI E IMMIGRAZIONE

### CAPITOLO I
### Ingresso e soggiorno dei cittadini stranieri
di *Carmen Cosentino*, *Grazia Paciullo*, *Monica Vaccaro*



### CAPITOLO II
### Il rimpatrio dello straniero
di *Roberto Leone, Grazia Paciullo*, *Raffaella Renzi*

CAPITOLO III
La protezione internazionale
di *Paola Cavalcanti*, *Carmen Cosentino*, *Grazia Paciullo*, *Andrea Pecoraro*, *Simona Spinelli*



CAPITOLO IV
La cittadinanza italiana
di *Gabriele Barbaro*, *Gianni Capuzzi*

CAPITOLO V
*Racket* ed usura
di *Viviana Vaglica*



CAPITOLO VI
Vittime del terrorismo
e della criminalità organizzata di tipo mafioso
e di reati intenzionali violenti
di *Alessandro Maria Baroni*, *Giuseppe Licheri*

CAPITOLO VII
Gli affari dei culti
di *Marina Nelli*



CAPITOLO VIII
Il fondo edifici di culto
di *Silvana Rispoli*

# PARTE IV
# AREA PROTEZIONE E DIFESA CIVILE

## CAPITOLO I
## L'evoluzione del concetto di protezione civile nell'ambito della legislazione italiana
di *Claudia Favaccio*



## CAPITOLO II
## Il ruolo del Prefetto nel sistema di protezione civile
di *Alessandro Maria Baroni, Edoardo Sottile*



## CAPITOLO III
## Il potere di ordinanza in materia di protezione civile
di *Alessandro Maria Baroni*



## CAPITOLO IV
## La difesa civile
di *Riccardo Mattei*

## PARTE V
## AFFARI INTERNI E TERRITORIALI

### CAPITOLO I
### Il ruolo del Prefetto nel sistema delle autonomie locali: linee generali e funzioni nel segno della leale collaborazione
di *Eugenio Di Agosta*



### CAPITOLO II
### I controlli sugli organi e gli scioglimenti ordinari
di *Elisabetta De Felice*, *Patrizia Savarese*



### CAPITOLO III
### Lo scioglimento per infiltrazioni mafiose: gestione straordinaria e profili di responsabilità
di *Salvatore Guerra*

## CAPITOLO VII
## Le violazioni amministrative in materia di assegni bancari e postali
di *Marialanda Ippolito*



## CAPITOLO VIII
## Il Nucleo operativo tossicodipendenze
di *Eugenio Di Agosta*



## CAPITOLO IX
## Lo stato civile e l'anagrafe
di *Anna La Marca*, *Rosalia Mazza*, *Giacomo Pintus*

CAPITOLO X
Le funzioni elettorali
dell'Amministrazione dell'Interno
di *Fabrizio Orano*



CAPITOLO XI
Il riconoscimento delle persone giuridiche private
di *Fabio Maurano*, *Sabrina Tangredi*

## CAPITOLO XII
L'ordinanza di precettazione nell'impianto normativo delineato dalle leggi 12 giugno 1990 n. 146 e 11 aprile 2000 n. 83
di *Nicola Diomede*



## CAPITOLO XIII
Prefetti e Arbitro bancario finanziario
di *Ciro Silvestro*



## CAPITOLO XIV
Altre funzioni in materia di sviluppo e coesione
di *Paola Cavalcanti*, *Andrea Portuesi*, *Assunta Maria Rosa*

**Coordinamento generale**

a cura di Maria Teresa Sempreviva

**Coordinamento di area**

Alessandro Maria Baroni, Viceprefetto aggiunto
Eugenio Di Agosta, Viceprefetto aggiunto
Grazia Paciullo, Viceprefetto aggiunto
Giacomo Pintus, Viceprefetto aggiunto
Edoardo Sottile, Viceprefetto

**Indice degli autori**

| | |
|---|---|
| Gabriele Barbaro<br>*Viceprefetto aggiunto* | Parte III: Cap. IV. |
| Alessandro Maria Baroni<br>*Viceprefetto aggiunto* | Parte I: Cap. I, par. 2.<br>Parte II: Cap. IV, aggiornamento par. 1, 2, 3, 4, 5, 6, 7; Cap. VII, par. 2.3, 2.3.1, 2.3.2.<br>Parte III: Cap. VI, aggiornamento par. 2.<br>Parte IV: Cap. II, par. 3 e 4; Cap. III. |
| Maria Luisa Battaglia<br>*Viceprefetto aggiunto* | Parte V: Cap. V, par. 4. |
| Teresa Cappiello<br>*Viceprefetto* | Parte I: Cap. III, par. 1, 3, 4, 5.<br>Parte II: Cap. III. |
| Andrea Nino Caputo<br>*Viceprefetto* | Parte II: Cap. XI. |
| Paola Cavalcanti<br>*Viceprefetto aggiunto* | Parte III: Cap. III, par. 2.<br>Parte V: Cap. XIV, par. 1. |
| Gianni Capuzzi<br>*Viceprefetto aggiunto* | Parte III: Cap. IV. |
| Mattia Carniello<br>*Viceprefetto aggiunto* | Parte II: aggiornamento Cap. XII. |
| Carmen Cosentino<br>*Viceprefetto* | Parte III: Cap. I, par. 5, 6; Cap. III, par. 4. |
| Antonio De Donno<br>*Viceprefetto aggiunto* | Parte II: aggiornamento Cap. XII. |
| Elisabetta De Felice<br>*Viceprefetto aggiunto* | Parte V: Cap. II, par. 1, 2, 3, aggiornamento par. 4. |
| Eugenio Di Agosta<br>*Viceprefetto aggiunto* | Parte II: Cap. VI, par. 2, 3, 4; Cap. VII, par. 2.1, 3; Cap. IX.<br>Parte V: Cap. 1, Cap. V, par. 6; Cap. VI, par. 3, aggiornamento par. 4.1, 4.2; Cap. VIII. |

| | |
|---|---|
| Sergio Di Iorio<br>*Viceprefetto aggiunto* | Parte II: Cap. I. |
| Nicola Diomede<br>*Prefetto* | Parte V: Cap. XII. |
| Claudia Favaccio<br>*Viceprefetto aggiunto* | Parte IV: Cap. I. |
| Claudio Fusco<br>*Viceprefetto aggiunto* | Parte II: Cap. IV; aggiornamento par. 1, 2, 3, 4, 5, 6, 7; aggiornamento Cap. XII. |
| Salvatore Gengaro<br>*Viceprefetto aggiunto* | Parte II: Cap. IV, par. 8.1. |
| Salvatore Guerra<br>*Viceprefetto aggiunto* | Parte II: Cap. IV, par. 8.2.<br>Parte V: Cap. III. |
| Marialanda Ippolito<br>*Viceprefetto aggiunto* | Parte V: Cap. VI, par. 1, 2, 3, 5; Cap. VIII. |
| Anna La Marca<br>*Viceprefetto aggiunto* | Parte II: Cap. X. |
| Roberto Leone<br>*Viceprefetto* | Parte III: Cap. II, par. 7. |
| Giuseppe Licheri<br>*Viceprefetto aggiunto* | Parte III: Cap. VI. |
| Riccardo Mattei<br>*Viceprefetto aggiunto* | Parte IV: Cap. IV.<br>Parte V: Cap. VII, par. 4. |
| Rosalia Mazza<br>*Viceprefetto* | Parte V: Cap. IX. |
| Fabio Maurano<br>*Viceprefetto* | Parte V: Cap. XI, par. 1,5, 6, 7. |
| Francesco Montemarano<br>*Viceprefetto aggiunto* | Parte IV: Cap. V. |
| Marina Nelli<br>*Viceprefetto* | Parte III: Cap. VII, par. 1, 2, 3. |
| Fabrizio Orano<br>*Viceprefetto* | Parte V: Cap. X. |
| Grazia Paciullo<br>*Viceprefetto aggiunto* | Parte II: Cap. VI, par. 1.<br>Parte III: Cap. I, par. 2, 4; Cap. II, par. 1, 2, 3, 4, 5, 6; Cap. III, par. 1, 5. |
| Andrea Pecoraro<br>*Funzionario UNHCR* | Parte III: Cap. III, par. 1. |
| Walter Pennestrì<br>*Viceprefetto aggiunto* | Parte II: Cap. VIII. |
| Alessandra Petronelli<br>*Viceprefetto aggiunto* | Parte II: Cap. VII. |
| Eleonora Pittari<br>*Viceprefetto aggiunto* | Parte IV: Cap. I, par. 2; Cap. II, par. 4. |

| | |
|---|---|
| Giacomo Pintus<br>*Viceprefetto aggiunto* | Parte II: Cap. III, par. 14, aggiornamento par. 4, 8, 9, 13; Cap. IV, par. 3, 8, 8.2, aggiornamento par. 1, 2, 3, 4, 5, 6, 7; Cap. V.<br>Parte V: Cap. IX, par. 4, 8, 9. |
| Andrea Portuesi<br>*Vice Questore aggiunto della Polizia di Stato* | Parte V: Cap. XIV, par. 2, 3. |
| Raffaella Renzi<br>*Vice Questore aggiunto* | Parte III: Cap. II, par. 1, 2, 3, 4, 5, 6. |
| Silvana Rispoli<br>*Viceprefetto* | Parte III: Cap. VIII. |
| Milena Antonella Rizzi<br>*Viceprefetto* | Parte II: Cap. VII, par. 2.1, 2.2. |
| Alessandro Romeo<br>*Dirigente Regione Calabria* | Parte II: Cap. II. |
| Assunta Maria Rosa<br>*Viceprefetto* | Parte V: Cap. XIV, par. 4. |
| Patrizia Savarese<br>*Viceprefetto aggiunto* | Parte V: Cap. II, par. 4. |
| Agnese Scala<br>*Viceprefetto aggiunto* | Parte V: Cap. VI, par. 1, 2. |
| Ciro Silvestro<br>*Viceprefetto* | Parte I: Cap. I, par.1; Cap. II; Cap. III, par. 2.<br>Parte V: Cap. IV; Cap. XIII. |
| Edoardo Sottile<br>*Viceprefetto* | Parte IV: Cap. I, par. 1, 2. |
| Simona Spinelli<br>*Viceprefetto aggiunto* | Parte III: Cap. III, par. 3. |
| Maria Paola Suppa<br>*Viceprefetto aggiunto* | Parte V: Cap. VII. |
| Sabrina Tangredi<br>*Viceprefetto aggiunto* | Parte V: Cap. XI, par. 2, 3, 4; aggiornamento par. 1, 5. |
| Monica Vaccaro<br>*Viceprefetto aggiunto* | Parte III: Cap. I, par. 1, 2, 3. |
| Viviana Vaglica<br>*Viceprefetto* | Parte III: Cap. V. |

*Le opinioni espresse dagli Autori del presente manuale hanno carattere personale e non impegnano in alcun modo l'Amministrazione del Ministero dell'Interno, in conformità a quanto disposto dall'art. 11, co. 6, d.m. 8 agosto 2016.*

# PARTE I
ORGANIZZAZIONE E ORDINAMENTO

# CAPITOLO I
# Le attribuzioni e l'assetto organizzativo del Ministero dell'Interno: gli uffici centrali

di *Alessandro Maria Baroni, Ciro Silvestro*

Sommario: I.1. Le attribuzioni del Ministero dell'Interno dettate dal d.lgs. n. 300/1999. – I.2. Gli uffici centrali e il modello dipartimentale. – I.2.1. L'articolazione dei singoli Dipartimenti. – I.2.2. Gli uffici di diretta collaborazione del Ministro dell'Interno.

## I.1. Le attribuzioni del Ministero dell'Interno dettate dal d.lgs. n. 300/1999

È il comma 1 dell'art. 14, d.lgs. n. 300/1999 a restituire le fondamentali attribuzioni del Ministero dell'Interno dopo il riassetto dell'amministrazione centrale dello Stato operato dalle riforme Bassanini. Esso statuisce che "al Ministero dell'interno sono attribuite le funzioni e i compiti spettanti allo Stato in materia di: garanzia della regolare costituzione e del funzionamento degli organi degli enti locali e funzioni statali esercitate dagli enti locali, tutela dell'ordine e della sicurezza pubblica, difesa civile, politiche di protezione civile e prevenzione incendi, salve le specifiche competenze in materia del Presidente del Consiglio dei Ministri, tutela dei diritti civili, cittadinanza, immigrazione, asilo e soccorso pubblico".

Tale definizione appare incentrata su una nozione estesa di sicurezza quale bene pubblico volto ad assicurare il pacifico godimento ed il conseguimento dei diritti fondamentali, anche attraverso il presidio della funzionalità e della coerenza del sistema delle decisioni pubbliche rispetto al quadro costituzionale[1]. Svilup-

[1] Cfr. A. Pajno, *La sicurezza urbana*, Roma, 2010, 9, che definisce la sicurezza come il grado in cui un sistema, "nelle sue varie componenti (informative, decisionali, operative), riesce a svolgere le funzioni che gli sono deputate in condizioni di rischio accettabili; in pratica ad agire come se il rischio non esistesse o fosse ridotto al minimo. La sicurezza va, così, considerata in funzione dell'utilità e dell'efficienza complessiva del sistema, secondo un approccio flessibile che consenta di rispondere efficacemente con le proprie dinamiche alle perturbazioni che possono colpirlo. La stessa sicurezza va considerata come un sistema interconnesso di misure diverse (ed in questo senso plurali), ma legate insieme da un quadro unitario. Riferita invece alle persone ed ai loro diritti,

pare strategie che garantiscano, sul territorio, tale bene pubblico e costruiscano momenti unitari finalizzati ad assicurare governabilità appare ineludibile in un sistema caratterizzato da un accentuato pluralismo sociale ed istituzionale. Esso impone un'ottica di cooperazione partecipata e di forte interazione/integrazione tra Stato, regioni ed enti locali, pur portatori di istanze diversificate.

Il nucleo fondante delle funzioni del Ministero dell'Interno viene, quindi, precisato come istituzionale confronto sui temi della governabilità nel loro concreto svolgersi sul territorio. Ciò nel segno di un sostanziale recupero di attenzione per la politica interna, intesa quale momento di elaborazione, attuazione e monitoraggio delle scelte volte ad assicurare quel concerto politico, amministrativo e tecnico essenziale per il nuovo ordine amministrativo policentrico, a poteri "distribuiti", configurato prima dalle riforme Bassanini e poi da quella del Titolo V della Costituzione.

Il ruolo del Dicastero dell'Interno continua, così, a svilupparsi oltre l'esercizio dei compiti, pure essenziali, di "conservazione/presidio", per caratterizzarsi sempre più quale tutela dell'effettivo esercizio dei diritti della persona, delle formazioni sociali e delle autonomie locali, conformemente alla tradizionale funzione di rappresentanza generale del Governo attribuita al Prefetto e al ruolo delle Prefetture –Uffici territoriali del Governo di terminali serventi l'attività dell'intero esecutivo.

## I.2. Gli uffici centrali e il modello dipartimentale

La rinnovata definizione delle missioni del Dicastero è andata di pari passo con la riorganizzazione e razionalizzazione delle strutture, che ha avuto il suo primo risvolto nella dipartimentalizzazione dell'amministrazione centrale[2]. Accanto ai

---

la sicurezza evoca, da una parte, l'idea del pericolo, del rischio incombente, e dall'altra quella del pacifico godimento dei propri beni e dei propri diritti. In questo senso, la sicurezza implica sempre una relazione con il pericolo (che viene tenuto lontano) e con i beni ed i diritti di cui tende ad assicurare la fruizione pacifica".

[2] Sul Ministero dell'interno prima e dopo la riforma cfr. R. LAURO – V. MADONNA, *Il prefetto della Repubblica. Tra istituzioni e società*, Rimini, 2005; L. BALSAMO – R. LAURO, *Il prefetto della Repubblica*, Rimini, 1992, AA.VV., *Studi per la storia dell'amministrazione pubblica italiana (il Ministero dell'Interno e i Prefetti)*, Roma, 1998; S. CASSESE, *L'evoluzione dell'istituto prefettizio*, in *Cons. Stato*, 1990, 3, 555; C. GELATI, *Linee evolutive dell'istituto prefettizio*, in *Nuova Rass.*, 1997, 13-14, 1318; R. MALINVERNO, voce *Prefetto*, in *Noviss. Dig. It.*, Torino, 1968, XII, 592; V. MAZZARELLI, voce *Prefetto e prefettura (dir. vig.)*, in *Enc. Dir.*, Milano, 1985, XXXIV, 964; C. MEOLI, *Il prefetto nell'ordinamento italiano*, Firenze, 1984; C. MOSCA, *Il Prefetto e l'unità nazionale*, Napoli, 2016; M. MOSCATELLI, *L'istituto prefettizio e la governabilità*, in *Amministrazione pubblica*, 2003, 32-33, 78.

Dipartimenti, poi, sono stati rinnovati gli Uffici di diretta collaborazione del Ministro, funzionali ad assicurare l'ottimale esercizio delle funzioni attribuite all'organo politico, nel quadro della distinzione politica-amministrazione (cfr. gli artt. 7, d.lgs. n. 300/1999 e 14, d.lgs. n. 165/2001).

Fino ad un recente passato, il modello di organizzazione per Dipartimenti rappresentava uno strumento di carattere straordinario, diretto ad accorpare le funzioni, anche strumentali, riconducibili ad un'unica, specifica e ben individuata area di competenze. Così nel Ministero dell'Interno veniva istituito, con la riforma del 1981 (legge n. 121), il Dipartimento della pubblica sicurezza che sostituiva la vecchia direzione generale omonima; per le restanti strutture di primo livello del Ministero permaneva l'articolazione in Direzioni generali, creando quindi un sistema misto[3].

Le nuove coordinate dettate dal d.lgs. n. 300/1999 hanno previsto alternativamente i Dipartimenti o le Direzioni generali quali strutture di primo livello (cfr. gli artt. 3-6). Per il Dicastero dell'Interno, la scelta è stata quella del modello "per Dipartimenti", strutture con area funzionale vasta, cui sono demandati grandi blocchi omogenei di materie e i relativi compiti strumentali. Tale articolazione in poche unità di base è stata preferita per assicurare un maggior coordinamento delle attribuzioni svolte, oltre ad un esercizio più organico ed integrato delle funzioni del Ministero.

I Dipartimenti si caratterizzano, infatti, come unità amministrative di primo livello che svolgono tendenzialmente tutte le attività e i compiti, sia finali che strumentali, inerenti le aree funzionali fondamentali di un Ministero. Ciascun Dipartimento riassume in se, di norma, i poteri relativi all'organizzazione e alla gestione delle risorse umane, strumentali e finanziarie assegnate ad una determinata funzione, come pure i compiti di indirizzo e coordinamento delle minori unità di gestione al proprio interno.

È la stessa legge a definire le aree funzionali e il numero massimo di Dipartimenti che possono essere costituiti in ogni Dicastero. Specifici regolamenti individuano puntualmente i Dipartimenti e li articolano, poi, in uffici dirigenziali generali. Essi, a loro volta, sono strutturati, con D.M. di natura non regolamentare, in uffici dirigenziali "di base".

Riguardo l'articolazione delle aree funzionali del Ministero dell'Interno, propedeutica alla individuazione dei Dipartimenti, il d.lgs. n. 300/1999, nella originaria versione dell'articolo 14, comma 2, allocava le attribuzioni del Ministero dell'Interno in quattro aree funzionali. In relazione ad esse, fu adottato un primo regolamento di organizzazione degli uffici centrali di livello dirigenziale generale

[3] Cfr. R. CASELLA, *La figura del dipartimento nell'evoluzione organizzativa dell'amministrazione centrale dello Stato,* in *Riv. Ttrim. Dir. Pubbl.*, 1995, 1, 111.

del Dicastero, approvato con d.P.R. 7 settembre 2001, n. 398, oggi abrogato ed interamente sostituito dal d.P.C.M. 11 giugno 2019, n. 78, che individua cinque Dipartimenti:

*a*) Dipartimento per gli affari interni e territoriali;
*b*) Dipartimento della pubblica sicurezza;
*c*) Dipartimento per le libertà civili e l'immigrazione;
*d*) Dipartimento dei vigili del fuoco, del soccorso pubblico e della difesa civile;
*e)* Dipartimento per l'amministrazione generale, per le politiche del personale dell'Amministrazione civile e per le risorse strumentali e finanziarie.

Tale ultimo quinto Dipartimento era stato istituito in un secondo momento rispetto all'intervento normativo del 2001, con la denominazione di Dipartimento per le politiche del personale dell'amministrazione civile e per le risorse strumentali e finanziarie. A tal fine, si era reso necessario modificare, in primo luogo, l'art. 14, comma 2, del d.lgs. n. 300/1999, aggiungendo una nuova, specifica area funzionale includente "organizzazione e funzionamento delle strutture centrali e periferiche dell'amministrazione, con particolare riguardo alle politiche del personale dell'amministrazione civile e alla promozione e sviluppo delle relative attività formative nonché alla gestione delle risorse strumentali e finanziarie del ministero" (lett. d) bis del comma 2, art. 14, introdotta dal d.lgs. 30 ottobre 2003, n. 317). Conseguentemente, fu modificato anche l'art. 15, comma 1, del d.lgs. n. 300/1999, prevedendo che il Ministero dell'Interno potesse organizzarsi sulla base di cinque dipartimenti, anziché quattro[4], cosa che effettivamente avvenne ad opera dell'articolo 3 del d.P.R. 8 marzo 2006, n. 154.

In definitiva, il quadro delle aree funzionali del Dicastero corrisponde alle seguenti *missions*:

– con riferimento al Dipartimento per gli affari interni e territoriali:

*a*) garanzia della regolare costituzione degli organi elettivi degli enti locali e del loro funzionamento; raccordo e leale collaborazione con le autonomie locali; consulenza alle prefetture e alle amministrazioni locali; prevenzione dei fenomeni di infiltrazione e di condizionamento della criminalità organizzata negli enti locali; promozione, sostegno e monitoraggio degli interventi a garanzia della legalità territoriale;
*b*) servizi elettorali; stato civile e anagrafe; finanza locale e servizi finanziari; supporto tecnico-giuridico alle prefetture e alle amministrazioni locali; gestione dell'Albo nazionale dei segretari comunali e provinciali;

– con riferimento al Dipartimento della pubblica sicurezza:

*a*) tutela dell'ordine e della sicurezza pubblica stabiliti dalla legge 1° aprile 1981,

[4] *Amplius* M.T. SEMPREVIVA – G. TITA, *Un nuovo dipartimento per il Ministero dell'interno*, in *Itinerari interni*, 2003, 7, 73.

n. 121 e dalle altre norme concernenti le attribuzioni del Ministro dell'Interno - Autorità nazionale di pubblica sicurezza, del Dipartimento della pubblica sicurezza e delle altre autorità di pubblica sicurezza, anche relativamente alle Forze di polizia ed agli ufficiali ed agenti di pubblica sicurezza;
*b*) attuazione della politica dell'ordine e della sicurezza pubblica;
*c*) coordinamento tecnico-operativo delle Forze di polizia;
*d*) direzione e amministrazione della Polizia di Stato;
*e*) direzione e gestione dei supporti tecnici, anche per le esigenze generali del Ministero dell'Interno;

– con riferimento al Dipartimento per le libertà civili e l'immigrazione:
*a*) tutela dei diritti civili;
*b*) immigrazione;
*c*) asilo;
*d*) cittadinanza, le minoranze e le zone di confine;
*e*) confessioni religiose, fatto salvo quanto previsto dall'articolo 2, comma 2, lettera e), del decreto legislativo 30 luglio 1999, n. 303 e l'amministrazione del patrimonio del Fondo edifici di culto;

– con riferimento al Dipartimento dei vigili del fuoco, del soccorso pubblico e della difesa civile:
*a*) soccorso pubblico ed estinzione degli incendi, compreso il concorso nella lotta attiva agli incendi boschivi;
*b*) prevenzione incendi e sicurezza tecnica;
*c*) difesa civile e concorso alle politiche di protezione civile, ferme restando le competenze del Dipartimento della protezione civile della Presidenza del Consiglio dei ministri;
*d*) altre attività assegnate al Corpo nazionale dei vigili del fuoco, ai sensi dell'articolo 1, del decreto legislativo 8 marzo 2006, n. 139 e successive modificazioni;

– con riferimento al Dipartimento per l'amministrazione generale, per le politiche del personale dell'Amministrazione civile e per le risorse strumentali e finanziarie:
*a*) amministrazione generale e supporto dei compiti di rappresentanza generale e di governo esercitati dalle Prefetture - Uffici territoriali del Governo sul territorio, inclusi quelli di documentazione generale e statistica; indirizzo e coordinamento dell'attività delle Prefetture e delle conferenze permanenti di cui all'articolo 11, del decreto legislativo 30 luglio 1999, n. 300, con particolare riferimento al sistema sanzionatorio amministrativo, alle onorificenze al merito e al valor civile, al riconoscimento delle persone giuridiche;
*b*) prevenzione amministrativa per la tutela della legalità e per il contrasto dei fenomeni di infiltrazione e condizionamento della criminalità organizzata negli

appalti pubblici e nelle concessioni, anche in relazione alle misure straordinarie di gestione, sostegno e monitoraggio di imprese, ai sensi dell'articolo 32 del decreto-legge 24 giugno 2014, n. 90, convertito, con modificazioni, dalla legge 11 agosto 2014, n. 114; gestione e vigilanza della banca dati nazionale unica della documentazione antimafia di cui all'articolo 96 del decreto legislativo 6 settembre 2011, n. 159; indirizzo e coordinamento delle Prefetture - Uffici territoriali del Governo in materia di documentazione antimafia e relativo contenzioso giurisdizionale e giustiziale;

*c*) politiche del personale, gestione delle risorse umane e sviluppo delle attività formative per il personale dell'amministrazione civile;

*d*) organizzazione delle strutture centrali e periferiche dell'amministrazione civile ed attività finalizzate ad assicurare l'adempimento degli obblighi in materia di prevenzione della corruzione e di trasparenza;

*e*) studio, analisi e coordinamento dei processi relativi alle funzioni dell'Amministrazione civile dell'interno;

*f*) coordinamento dei sistemi informativi automatizzati, promozione e impiego delle tecnologie informatiche;

*g*) gestione delle risorse finanziarie e strumentali, anche per le esigenze generali del Ministero.

### *I.2.1. L'articolazione dei singoli Dipartimenti*

Il d.P.R. 7 settembre 2001, n. 398, "Regolamento recante l'organizzazione degli uffici centrali di livello dirigenziale generale del Ministero dell'Interno", è stato successivamente modificato sia, come accennato, dal d.P.R. n. 154/2006, che dal d.P.R. n. 210/2009, in attuazione delle misure di rigore dettate dall'articolo 1, commi 404 – 416, della legge 27 dicembre 2006, n. 296 e dall'articolo 74 del d.l. 25 giugno 2008, n. 112. In seguito, ai sensi dell'art. 2, comma 7, decreto-legge 31 agosto 2013, n. 101, convertito con modificazioni dalla legge 30 ottobre 2013, n. 125, seppur con qualche mese di ritardo rispetto alla scadenza fissata all'art. 12, comma 1-*bis*, del decreto-legge 17 febbraio 2017, n. 13, convertito con modificazioni dalla l. 13 aprile 2017, n. 46, il Ministero dell'Interno ha adottato il d.P.C.M. 11 giugno 2019, n. 78, recante "Regolamento di organizzazione degli Uffici centrali di livello dirigenziale generale del Ministero dell'Interno" in conseguenza alle riduzioni di organico disposte dall'art. 2 del decreto-legge 6 luglio 2012, n. 95, convertito, con modificazioni, dalla legge 7 agosto 2012, n. 135.

Il più recente d.l. 4 ottobre 2018, n. 113, convertito con modificazioni dalla l. 1 dicembre 2018, n. 132, ha altresì previsto che la riduzione di ventinove posti di livello dirigenziale generale del Ministero dell'Interno dovesse avvenire a valere sulle posizioni previste presso le strutture centrali (senza, quindi, modificare la rete delle Prefetture) nel numero di otto posti e a valere sul numero di prefetti collocati a disposizione per specifiche esigenze in base alla normativa vigente, nel numero di ventuno posti.

In base all'atto di riorganizzazione da poco entrato in vigore, il complessivo assetto funzionale ed organizzativo dei Dipartimenti del Ministero dell'Interno è attualmente così articolato:

1) il *Dipartimento per gli affari interni e territoriali* è articolato in 4 direzioni centrali:

*a*) Direzione centrale per le autonomie locali;
*b*) Direzione centrale dei servizi elettorali;
*c*) Direzione centrale della finanza locale;
*d*) Direzione centrale per i servizi demografici;

2) il *Dipartimento della pubblica sicurezza* è articolato nelle seguenti Direzioni centrali e uffici di pari livello, anche a carattere interforze:

*a*) Segreteria del Dipartimento;
*b*) Ufficio per l'amministrazione generale del Dipartimento;
*c*) Ufficio centrale ispettivo;
*d*) Direzione centrale dei servizi tecnico-logistici e della gestione patrimoniale;
*e*) Direzione centrale per i servizi di ragioneria;
*f*) Ufficio per il coordinamento e la pianificazione delle Forze di polizia;
*g*) Direzione centrale della polizia criminale;
*h*) Direzione centrale dei servizi antidroga;
*i*) Direzione centrale per gli affari generali e le politiche del personale della Polizia di Stato;
*j*) Direzione centrale di sanità;
*k*) Direzione centrale della polizia di prevenzione;
*l*) Direzione centrale per la polizia stradale, ferroviaria, delle comunicazioni e per i reparti speciali della Polizia di Stato;
*m*) Direzione centrale dell'immigrazione e per la polizia delle frontiere;
*n*) Direzione centrale anticrimine della Polizia di Stato.

Dal Dipartimento della pubblica sicurezza dipendono la Direzione investigativa antimafia; la Scuola superiore di polizia di cui all'articolo 1, comma 1, del d.P.R. 1° agosto 2006, n. 256, e la Scuola di perfezionamento per le Forze di polizia per l'alta formazione e l'aggiornamento dei funzionari e degli ufficiali delle Forze di polizia;

3) il *Dipartimento per le libertà civili e l'immigrazione* è così articolato:

*a*) Direzione centrale per la programmazione e i servizi generali;
*b*) Direzione centrale per le politiche migratorie – Autorità Fondo asilo migrazione e integrazione;

*c*) Direzione centrale dei servizi civili per l'immigrazione e l'asilo;
*d*) Direzione centrale per i diritti civili, la cittadinanza e le minoranze;
*e*) Direzione centrale degli affari dei culti e per l'amministrazione del Fondo edifici di culto.

Nell'ambito del Dipartimento opera la Commissione nazionale per il diritto di asilo di cui al decreto legislativo 28 gennaio 2008, n. 25;

4) il *Dipartimento dei Vigili del fuoco del soccorso pubblico e della difesa civile* è articolato nelle seguenti direzioni centrali e uffici:
*a*) Direzione centrale per l'emergenza, il soccorso tecnico e l'antincendio boschivo;
*b*) Direzione centrale per la prevenzione e la sicurezza tecnica;
*c*) Direzione centrale per la difesa civile e le politiche di protezione civile;
*d*) Direzione centrale per la formazione;
*e*) Direzione centrale per le risorse umane;
*f*) Direzione centrale per le risorse finanziarie;
*g*) Direzione centrale per l'amministrazione generale;
*h*) Direzione centrale per le risorse logistiche e strumentali;

5) *il Dipartimento per l'amministrazione generale, per le politiche del personale dell'Amministrazione civile e per le risorse strumentali e finanziarie* è articolato nelle seguenti direzioni centrali:
*a*) Direzione centrale per l'amministrazione generale e le Prefetture – Uffici territoriali del Governo;
*b*) Direzione centrale per le politiche del personale dell'amministrazione civile;
*c*) Direzione centrale per le risorse finanziarie e strumentali

Al Dipartimento per le politiche del personale dell'amministrazione civile e per le risorse strumentali e finanziarie fanno capo l'Ispettorato generale di amministrazione; il Centro alti studi del Ministero dell'Interno, ubicato presso Sede didattico-residenziale; l'Ufficio per le attività del commissario per il coordinamento delle iniziative antiracket ed antiusura e l'Ufficio per le attività del commissario per il coordinamento delle iniziative di solidarietà per le vittime dei reati di tipo mafioso, posti alle dirette dipendenze dei rispettivi commissari; il Comitato di coordinamento per l'alta sorveglianza delle infrastrutture e degli insediamenti prioritari istituito ai sensi dell'articolo 203, comma 1, del decreto legislativo 18 aprile 2016, n. 50; il responsabile della prevenzione della corruzione e della trasparenza, di cui all'articolo 41 del decreto legislativo 25 maggio 2016, n. 97, il responsabile della protezione dei dati, nonché il responsabile per la transizione alla modalità operativa digitale.

Ai sensi dell'art. 10 del citato d.P.C.M. 1 giugno 2019, n. 78, i suddetti Dipartimenti si articolano in uffici di livello dirigenziale non generale nel limite massimo numerico di 477: all'individuazione e alla definizione dei compiti degli uffici e dei posti di funzione di livello dirigenziale non generale, nonché alla loro distribuzione nelle strutture di livello dirigenziale generale dell'amministrazione si provvede con successivi decreti ministeriali da adottare entro il termine di otto mesi dalla data di entrata in vigore del suddetto regolamento.

### *I.2.2. Gli uffici di diretta collaborazione del Ministro dell'Interno*

Il Ministro dell'Interno si avvale di uffici di diretta collaborazione per l'efficace e funzionale svolgimento dei compiti di definizione degli obiettivi, di elaborazione delle politiche pubbliche e di valutazione della relativa attuazione e delle connesse attività di comunicazione, secondo le prescrizioni del d.lgs. n. 165/2001 e del d.lgs. n. 300/1999. Conformemente al principio di distinzione politica/amministrazione, tali uffici hanno esclusive competenze di supporto e di raccordo con l'amministrazione. Sono uffici di diretta collaborazione con il Ministro dell'interno, ai sensi del d.P.R. n. 98/2002, che ne reca la disciplina:

*a*) l'Ufficio di Gabinetto;
*b*) l'Ufficio Affari Legislativi e Relazioni parlamentari;
*c*) l'Ufficio Stampa e Comunicazione;
*d*) la Segreteria del Ministro;
*e*) la Segreteria particolare del Ministro;
*f*) la Segreteria tecnica del Ministro;
*g*) le Segreterie dei Sottosegretari di Stato.

L'Ufficio di Gabinetto assicura l'unitarietà dell'azione di supporto al Ministro da parte degli uffici di diretta collaborazione, che costituiscono un centro di responsabilità amministrativa. L'assetto interno degli uffici di diretta collaborazione è determinato con decreto del Ministro, di natura non regolamentare.

Il Ministro può anche avvalersi di Consiglieri scelti fra persone dotate di elevata professionalità nelle materie di competenza del Ministero nel numero massimo di sei, fra cui un Consigliere diplomatico. Nell'ambito dello stesso contingente, il Ministro può nominare un Consigliere per la programmazione strategica e un Consigliere per le politiche della formazione.

# CAPITOLO II
# Le Prefetture.
# Uffici territoriali del Governo

di *Ciro Silvestro*



## II.1. L'art. 11 del d.lgs. n. 300/1999 come riscritto dal d.lgs. n. 29/2004

La riforma dell'amministrazione periferica dello Stato, attuata con il d.lgs. n. 300/1999, ha fornito l'occasione per dare una nuova, esplicita definizione delle Prefetture come sede deputata ad assicurare il momento di sintesi della presenza dello Stato sul territorio, con compiti di rappresentanza generale del Governo.

Nel decreto delegato viene sviluppato ed esaltato il tradizionale ruolo delle Prefetture quali strumenti non solo per l'esercizio delle specifiche competenze affidate al Ministero dell'interno, ma anche quali snodi connotati da uno spiccato carattere di interministerialità, funzionali all'attività dell'intero Governo. Tale valenza risulta rafforzata – già a livello terminologico – dalla nuova denominazione introdotta dal legislatore con l'art. 11 del d.lgs. n. 300/1999: Uffici territoriali del Governo. Essa accompagna l'ambizioso progetto di attribuire alle Prefetture l'esercizio di tutte le attribuzioni dell'amministrazione periferica dello Stato non espressamente conferite ad altri uffici statali, questi ultimi destinati a persistere sul territorio solo in quanto sottratti, in via di eccezione, alla confluenza negli U.T.G..

Chiaro l'intento di recuperare l'originario carattere della Prefettura quale ufficio a competenza generale. In tale quadro si collocano anche le nuove conferenze permanenti, a livello provinciale e regionale, organismi che coadiuvano il Prefetto

– con la partecipazione delle varie amministrazioni presenti in sede locale – assicurando una istanza collegiale per rafforzare l'integrazione e il coordinamento delle attività amministrative sul territorio.

La prefigurazione degli U.T.G. quale struttura – contenitore della maggior parte delle residue funzioni statali in periferia si collocava, d'altronde, nel quadro dell'affermazione del criterio dell'unicità, elemento qualificante e caratterizzante, sul piano delle soluzioni organizzative, che ricorre in molte delle riforme e proposte di riforma di quegli anni (basti pensare al giudice unico, all'ufficio unico delle entrate, al responsabile unico in materia di lavori pubblici oppure agli sportelli unici, a partire da quello per le attività produttive).

Dopo 5 anni, con il d.lgs. n. 29/2004 (seguito dal regolamento recato dal d.P.R. 3 aprile 2006, n. 180, abrogativo del precedente d.P.R. n. 287/2001), il Legislatore è tornato sui suoi passi, novellando l'originario dettato dell'art. 11 d.lgs. n. 300/1999, e abbandonando l'iniziale progetto teso all'accorpamento nell'U.T.G. dei compiti e delle strutture di gran parte degli uffici periferici dell'amministrazione statale. Terminologicamente, viene, altresì, ripristinato il nome Prefettura accanto alla dizione UTG.

*Medio tempore*, un decisivo impatto sul ruolo e sulle funzioni del Prefetto era già stato prodotto dalla riforma del Titolo V Cost. e dalla legge 5 giugno 2003, n. 131, di adeguamento dell'ordinamento al nuovo dettato costituzionale, in conseguenza della modifica radicale dei rapporti interistituzionali tra Stato ed autonomie territoriali.

Di qui, infatti, la previsione, contemplata nell'articolo 10 della legge n. 131/2003, dell'attribuzione al Prefetto del capoluogo di regione delle funzioni di Rappresentante dello Stato per i rapporti con il sistema delle autonomie. Esso cura le attività dirette ad assicurare il rispetto del principio di leale collaborazione tra Stato e Regione, nonché il raccordo tra le istituzioni dello Stato presenti sul territorio, anche attraverso le conferenze permanenti (già istituite dal d.lgs. n. 300/1999). Ciò al fine di garantire la rispondenza dell'azione amministrativa all'interesse generale, il miglioramento della qualità dei servizi resi al cittadino e di favorire e rendere più agevole il rapporto con il sistema delle autonomie (secondo l'enunciato del comma 2 dell'art. 10 cit.).

L'iniziativa del legislatore del 2004 coglie tale nuovo dato, assegnando alle Prefetture un ruolo di coordinamento dell'attività amministrativa delle strutture periferiche dello Stato e di garante dell'attuazione del principio della leale collaborazione tra detti uffici e gli enti locali (comma 1 del rinnovato art. 11, d.lgs. n. 300/1999). Ulteriore suggello è l'attribuzione al Prefetto di un potere sostitutivo nei confronti dei responsabili delle strutture amministrative periferiche dello Stato in caso di ritardo nell'adozione di provvedimenti, in ipotesi di grave pregiudizio, anche ai fini del rispetto del principio della leale collaborazione con le autonomie territoriali (comma 4). Completa il quadro la specificazione della facoltà del Presidente del Consiglio dei Ministri e dei Ministri, nell'esercizio del potere di indirizzo politico-amministrativo, di emanare, ove occorra, apposite direttive ai Prefetti (comma 5).

Le Prefetture, quindi, in linea con l'enunciato della sentenza n. 303 del 2003, con la quale la Corte costituzionale ha chiarito che spetta allo Stato il ruolo di garante delle istanze unitarie della Repubblica, iscrivono la loro opera nell'ambito della salvaguardia del fondamentale equilibrio costituzionale dei poteri e delle funzioni a tutela dell'identità unitaria e dei valori di cui la Repubblica è espressione.

A ciò si aggiunga che, come espressamente chiarito nella medesima sentenza n. 303/2003, nel quadro istituzionale scaturito dal nuovo Titolo V della Costituzione, lo Stato è il garante dell'omogeneità delle prestazioni concernenti i diritti civili e sociali di tutti i cittadini sul territorio nazionale, a garanzia dei quali il Governo può anche sostituirsi a regioni, province, città metropolitane e comuni, secondo procedure atte a garantire che i poteri sostitutivi siano esercitati nel rispetto del principio di sussidiarietà e del principio di leale collaborazione (art. 120 Cost.). Tutto ciò presuppone ed esige un livello di conoscenza di situazioni generali e specifiche che va assicurato con un attento e costante monitoraggio delle attività legislative e amministrative regionali, locali e statuali, condotto da un funzionario, il Prefetto, al tempo stesso Rappresentante dello Stato e del Governo nel suo insieme, riconosciuto per la sua terzietà e per la sua funzione oggettivamente destinata a tutelare l'interesse pubblico generale.

In buona sostanza, la compiuta attuazione del principio di sussidiarietà, con la conseguente attribuzione di larga parte delle funzioni amministrative e potestà decisionali agli enti territoriali, conferma la titolarità in capo al Prefetto di un'attività di raccordo, interazione, collaborazione e sintesi di istanze diversificate, in un'ottica di compresenza integrata tra lo Stato e le autonomie, rispondendo all'esigenza di garantire agli enti territoriali il rispetto delle attribuzioni ad essi conferite, non soltanto nei confronti dello Stato, ma anche nei confronti degli stessi enti autonomi di pari o di diverso livello territoriale, nei loro rapporti reciproci.

### *II.1.1. Il Prefetto rappresentante dello Stato per i rapporti con il sistema delle autonomie*

La figura del Rappresentante dello Stato, identificata nel Prefetto titolare della Prefettura – Ufficio territoriale del Governo con sede nel capoluogo della regione, assume in sé, per espressa definizione legislativa, la rappresentanza delle relazioni istituzionali con il sistema delle autonomie territoriali, coordinando e agevolando il rapporto con la Regione da parte delle altre strutture territoriali dello Stato e analogamente raccordando e facilitando il rapporto con gli enti locali. Ciò senza alcuna sottrazione delle specifiche attribuzioni riconosciute ad ogni soggetto coordinato o raccordato, il quale resta titolare della sua autonomia e responsabilità.

Il rispetto del principio di leale collaborazione tra gli enti in cui si articola la Repubblica, la sua promozione tra le articolazioni statuali, la sua verifica costante rappresentano, quindi, l'obiettivo di ogni attività del Rappresentante dello Stato, al quale spetta il raccordo di tutti gli uffici periferici delle varie amministrazioni statali periferiche per una facilitazione proficua del rapporto con il sistema delle autonomie, facendo sintesi degli interessi pubblici particolari in vista del raggiungimento di un interesse generale unitario.

La l. n. 131/2003 prevede, in particolare, che il Rappresentante dello Stato assicuri:

*a*) la tempestiva informazione alla Presidenza del Consiglio dei Ministri – Dipartimento per gli affari regionali e ai Ministeri interessati degli statuti regionali e delle leggi regionali, per la rilevazione di eventuali questioni di legittimità costituzionale, e degli atti amministrativi regionali, agli effetti dell'articolo 134 Cost., nonché il tempestivo invio dei medesimi atti all'ufficio dell'Avvocatura dello Stato avente sede nel capoluogo;

*b*) la promozione dell'attuazione delle intese e del coordinamento tra Stato e Regione previsti da leggi statali nelle materie indicate dall'articolo 118, terzo comma, della Costituzione, nonché delle misure di coordinamento tra Stato e autonomie locali, di cui all'articolo 9, comma 5, del decreto legislativo 28 agosto 1997, n. 281;

*c*) l'esecuzione di provvedimenti del Consiglio dei Ministri costituenti esercizio del potere sostitutivo di cui all'articolo 120, II comma, Cost.;

*d*) la verifica dell'interscambio di dati e informazioni rilevanti sull'attività statale, regionale e degli enti locali;

*e*) l'indizione delle elezioni regionali e la determinazione dei seggi consiliari e l'assegnazione di essi alle singole circoscrizioni, nonché l'adozione dei provvedimenti connessi o conseguenti, fino alla data di entrata in vigore di diversa previsione contenuta negli statuti e nelle leggi regionali;

*f*) la raccolta delle notizie utili allo svolgimento delle funzioni degli organi statali, costituendo il tramite per la reciproca informazione nei rapporti con le autorità regionali; la fornitura di dati e di elementi per la redazione della Relazione annuale sullo stato della pubblica amministrazione; la raccolta e lo scambio dei dati di rilevanza statistica, da effettuarsi secondo gli standard e le metodologie definiti dall'Istituto nazionale di statistica (ISTAT) e avvalendosi anche dei suoi uffici regionali, d'intesa con lo stesso.

Vengono, infine, apportate le modifiche conseguenti alla soppressione della figura del Commissario del Governo (precedente organo di collegamento tra Stato e Regioni, previsto a livello costituzionale prima della riforma del titolo V). Così, nelle norme "dell'ordinamento giuridico, compatibili con le disposizioni della legge costituzionale 18 ottobre 2001, n. 3, il riferimento al Commissario del Governo è da intendersi al prefetto titolare dell'ufficio territoriale del Governo del capoluogo di Regione quale rappresentante dello Stato" (art. 10, comma 11, l. n. 131/2003).

### *II.1.2. Dal modello U.T.G. al tentativo di riforma della legge Madia*

Dopo l'abbandono, con la novella del 2004, del modello di una "grande prefettura" – al cui interno ricondurre, tramite la confluenza degli altri uffici, l'esercizio delle funzioni statali svolte in sede periferica – si è, a più riprese, rinnovato il dibattito sulle soluzioni organizzative più adeguate alla prospettiva di una riorganizzazione/riduzione della presenza dello Stato in periferia.

Già nella l. n. 296/2006 (finanziaria 2007) si rinviene la direttiva volta alla "rideterminazione delle strutture periferiche, prevedendo la loro riduzione e, ove possibile, la costituzione di uffici regionali o la riorganizzazione presso le prefetture-uffici territoriali del Governo" ove risulti sostenibile e maggiormente funzionale sulla base dei principi di efficienza ed economicità a seguito di valutazione congiunta tra il Ministro competente, il Ministro dell'Interno, il Ministro dell'Economia e delle Finanze, il Ministro per i Rapporti con il Parlamento e le Riforme Istituzionali ed il Ministro per le Riforme e le Innovazioni nella pubblica amministrazione, attraverso la realizzazione dell'esercizio unitario delle funzioni logistiche e strumentali, l'istituzione dei servizi comuni e l'utilizzazione in via prioritaria dei beni immobili di proprietà pubblica" (comma 404 dell'art. 1).

Tuttavia, nessuna delle predette indicazioni riceve attuazione, restando paralizzato ogni effettivo trasferimento di funzioni e compiti svolti da una struttura periferica ministeriale all'interno delle Prefetture-UTG.

La disciplina sulla cd. *spending review* e, in particolare, l'art. 10, comma 1, del d.l. n. 95/2012 (convertito nella l. n. 135/2012) proponeva nuovamente una riorganizzazione delle Prefetture, affidandone l'attuazione ad un atto regolamentare. Tale iniziativa assumeva il duplice scopo di rafforzare le funzioni di rappresentanza unitaria dello Stato sul territorio, tra l'altro mediante la costituzione di un ufficio unico di "garanzia dei rapporti con i cittadini", come pure di migliorare l'efficienza amministrativa attraverso l'attribuzione – ad un unico ufficio – delle singole funzioni logistiche e strumentali di tutti gli uffici periferici dello Stato. Ciò pur dopo un richiamo al "rispetto dell'autonomia funzionale e operativa degli altri uffici periferici delle amministrazioni statali". In attuazione dell'art. 10, comma 1, d.l. 95/2012, in questione, lo schema di regolamento adottato dal Governo è stato, comunque, sottoposto al parere della Commissione Affari costituzionali della Camera, che il 20 giugno 2013 si espresse in senso negativo in considerazione, tra l'altro, dell'assenza di un quadro normativo chiaro sull'assetto delle province.

Infine è intervenuta la cd. riforma Madia, la l. n. 124/2015, che si prefiggeva l'obiettivo di uno *Stato più snello e dinamico*. Anche essa recava, tra i criteri della delega per la riorganizzazione dell'amministrazione dello Stato (art. 8, comma 1, lett e, che richiama, a sua volta, i criteri stabiliti dall'articolo 10 del d.l. n. 95/2012), la razionalizzazione della rete organizzativa delle Prefetture UTG e la revisione delle competenze e delle funzioni attraverso la riduzione del numero, assieme alla loro trasformazione in Ufficio territoriale dello Stato, "quale punto di contatto unico tra amministrazione periferica dello Stato e cittadini".

In particolare era stata prevista: a) la confluenza nell'Ufficio territoriale dello Stato di tutti gli uffici periferici delle amministrazioni civili dello Stato; b) l'attribuzione al prefetto della responsabilità dell'erogazione dei servizi ai cittadini, nonché di funzioni di direzione e coordinamento dei dirigenti degli uffici facenti parte dell'Ufficio territoriale dello Stato (eventualmente prevedendo poteri sostitutivi).

La legge Madia delineava, così, una integrazione tra i diversi e preesistenti uffici periferici dello Stato decisamente più sostanziale di quanto non si fosse prospettato in passato. Questa iniziativa legislativa non è stata portata a termine, in quanto la delega per l'adozione dei provvedimenti di riorganizzazione in questione – più volte prorogata e, da ultimo, fino al 28 febbraio 2017 – non è stata esercitata. Dunque gli uffici territoriali dello Stato non sono stati costituiti.

Infine, come illustrato nel capitolo precedente, la decisione (adottata con il d.l. 4 ottobre 2018, n. 113) di dare attuazione alle previste riduzioni dei posti dirigenziali di livello generale esclusivamente a valere su posizioni presso il Ministero dell'Interno ha consentito di non dover riorganizzare la rete territoriale delle 105 Prefetture italiane.

### *II.1.3. Il d.P.R. 3 aprile 2006, n. 180 e le generali funzioni assicurate dalla Prefettura*

Il regolamento di attuazione dell'art. 11 del d.lgs. n. 300/1999 definisce organicamente le funzioni attribuite alla Prefettura – Ufficio territoriale del Governo dalle disposizioni introdotte con il decreto legislativo 21 gennaio 2004, n. 29, alla luce della legge 5 giugno 2003, n. 131.

In particolare, l'art. 1, comma 1, del d.P.R. n. 180/2006 ribadisce il tradizionale ruolo della Prefettura e la sua collocazione istituzionale, quale organo periferico del Ministero dell'Interno, da cui dipende, al quale sono assegnati compiti di rappresentanza generale del Governo sul territorio, di amministrazione generale e di tutela dell'ordine e della sicurezza pubblica.

Con una enunciazione di sintesi, i successivi commi 2-4 distinguono, tra le funzioni assicurate dalla Prefettura:

*a*) le funzioni proprie;
*b*) il coordinamento dell'attività amministrativa degli uffici periferici dello Stato sul territorio;
*c*) la leale collaborazione degli uffici periferici dello Stato con i diversi livelli di governo esistenti sul territorio;
*d*) la collaborazione dei propri uffici per l'esercizio delle funzioni delle altre amministrazioni dello Stato per le quali disposizioni di legge o di regolamento prevedono la possibilità, anche sulla base di apposite convenzioni, di avvalersi degli uffici della stessa (cd. avvalimento);
*e*) lo svolgimento di tutte le attività connesse alle funzioni di rappresentanza dello Stato per i rapporti con il sistema delle autonomie, *ex* art. 10 della l. n. 131/2003 (per le Prefetture aventi sede nel capoluogo di regione).

Coerentemente con la previsione della responsabilità dell'Ufficio territoriale del Governo in capo al Prefetto, quale momento unitario di sintesi e di coordinamento funzionale dello Stato, il regolamento attuativo enuncia una serie di compiti di rappresentanza generale del Governo e di garanzia istituzionale a tutela dell'ordinamento giuridico (art. 2).

Essi si estrinsecano nella messa a disposizione di elementi valutativi inerenti gli uffici periferici dello Stato e nell'attuazione delle determinazioni del Presidente del Consiglio dei Ministri, e dei Ministri da lui delegati, espressione della potestà di impulso, indirizzo e coordinamento; nella formulazione di proposte per una efficiente organizzazione dei medesimi uffici periferici statali; nella promozione dell'attuazione delle misure di coordinamento nei rapporti tra lo Stato e le autonomie locali definite dalla Conferenza Stato-città ed autonomie locali (previa definizione, con d.P.C.M., delle modalità di raccordo tra Prefetture ed uffici della Conferenza); nella promozione e nel coordinamento di iniziative per l'attuazione delle leggi generali sul procedimento amministrativo, sulla cooperazione tra le pubbliche amministrazioni e sull'adeguamento tecnologico delle dotazioni strumentali degli uffici.

Ai sensi dell'art. 3 del d.P.R. 180/2006, il Prefetto ha la potestà di promuovere e stipulare le convenzioni volte a regolare, in conformità agli schemi approvati dalla Conferenza Stato-Regioni, le modalità di utilizzazione da parte dello Stato e delle Regioni di uffici statali e regionali e di indire le conferenze di servizi, di cui all'art. 14 e seguenti della legge n. 241/1990, per la cura degli interessi degli uffici dell'Amministrazione periferica dello Stato, ovvero in caso di procedimenti amministrativi connessi, quando la convocazione venga richiesta dal Presidente della giunta regionale o da uno o più degli enti locali coinvolti.

Si rammenta che ai sensi del nuovo art. 14-*ter* della l. n. 241/1990, nell'ambito della c.d. "Conferenza simultanea", il Prefetto, laddove alla Conferenza partecipino anche amministrazioni non statali, nomina il rappresentante abilitato ad esprimere definitivamente la posizione delle amministrazioni periferiche. Per le amministrazioni statali tale nomina è rimessa al Presidente del Consiglio dei Ministri.

## II.2. Le conferenze permanenti

L'art. 11 del d.lgs. n. 300/1999 consacra, al comma 4, il ruolo delle conferenze permanenti. Tali organismi sono formati dai responsabili, in sede provinciale, delle strutture amministrative periferiche dello Stato nonché dai rappresentanti degli enti locali e hanno la funzione di coadiuvare il Prefetto (che le presiede). Esse, connotandosi quali "stanze di compensazione" delle tensioni scaturenti in ambito locale nonché efficaci centri di codecisione, rappresentano un ambito privilegiato per lo svolgimento della funzione di coordinamento, consentendo di raggiungere quelle finalità aggregativo/conoscitive funzionali a garantire una equilibrata e unitaria azione delle pubbliche amministrazioni sul territorio.

Oltre che strumento di conoscenza e mezzo di coordinamento, "la Conferenza Permanente coadiuva il Prefetto nella funzione di sovrintendenza generale sul buon andamento delle Amministrazioni pubbliche, specialmente di quelle che erogano servizi e prestazioni al cittadino. Ora non c'è dubbio che la Conferenza Permanente dispone di un potere di controllo forse non adeguato, ma in compenso molto ampio in estensione e tale da permettere al Prefetto di stabilire contatti, fissare indirizzi generali e verificare i risultati dell'azione di tutti gli apparati pubblici sul territorio. La Conferenza Permanente è quindi un organismo che realizza il coordinamento attraverso la collegialità".

La laconica disposizione dell'art. 11 si limita ad aggiungere che "il Prefetto titolare della Prefettura – Ufficio territoriale del Governo nel capoluogo della regione è altresì coadiuvato da una conferenza permanente composta dai rappresentanti delle strutture periferiche regionali dello Stato, alla quale possono essere invitati i rappresentanti della regione".

Ad integrare il disposto di legge interviene il d.P.R. n. 180/2006 (artt. 4 e 5).

Il citato decreto precisa che le conferenze permanenti provinciali sono composte "dai responsabili di tutte le strutture amministrative periferiche dello Stato operanti nella provincia, dal presidente della provincia, dal rappresentante della città metropolitana, ove costituita, dal sindaco del comune capoluogo e dai sindaci dei comuni eventualmente interessati alle questioni trattate, o loro delegati, nonché da tutti quei soggetti istituzionali di cui è ritenuta utile la partecipazione ai fini delle concrete determinazioni da assumere, o che vi hanno comunque interesse. Per assicurare una adeguata presenza delle autonomie locali in seno alla Conferenza provinciale permanente il prefetto può promuovere le opportune intese con i sindaci dei comuni della provincia".

A loro volta, alle conferenze regionali permanenti, "presiedute dal prefetto del capoluogo di regione e composte dai rappresentanti delle strutture periferiche regionali dello Stato e da tutti quei soggetti istituzionali di cui è ritenuta utile la partecipazione ai fini delle concrete determinazioni da assumere, o che vi hanno comunque interesse, sono invitati il presidente della regione, il presidente della provincia, il rappresentante della città metropolitana, ove costituita, il sindaco del comune capoluogo e i sindaci dei comuni eventualmente interessati alle questioni trattate, che possono parteciparvi personalmente o tramite loro delegati".

Al fine di dare concretezza alle attività delle conferenze permanenti ed evitare un'organizzazione pletorica dei lavori, se ne prevede l'articolazione in sezioni corrispondenti, in linea di massima, a quattro aree o settori organici di materie, mutuando l'impostazione del d.lgs. n. 112/1998:
*a*) amministrazioni d'ordine;
*b*) sviluppo economico e attività produttive;
*c*) territorio, ambiente e infrastrutture;
*d*) servizi alla persona e alla comunità.

Le conferenze permanenti deliberano in ordine alle modalità del proprio funzionamento. Ulteriore specificazione è che le conferenze permanenti vengono convocate, di norma, ogni anno entro trenta giorni dall'inizio dell'anno. Le conferenze permanenti o le singole sezioni sono convocate anche su richiesta del presidente della regione, del presidente della provincia, ovvero dei sindaci dei comuni interessati, per la trattazione di questioni di competenza statale aventi diretta connessione con le attribuzioni regionali, provinciali, comunali o di altri enti locali. Possono essere, altresì, convocate su richiesta di un terzo dei componenti di diritto (quindi i componenti stabili della conferenza).

L'arco di attività entro cui può operare la conferenza permanente è assai ampio, abbracciando le problematiche di maggiore interesse per lo sviluppo e la coesione sociale.

Peraltro, nell'assicurare collaborazione e circolarità relazionale in sede territoriale, il Prefetto si avvale, oltre che delle conferenze permanenti, anche di altri organismi operativi, quali:

- il Comitato Provinciale per l'Ordine e la Sicurezza pubblica, funzionale all'esercizio delle attribuzioni del prefetto di autorità provinciale di pubblica sicurezza (art. 20, l. n. 121/1981);
- il Consiglio territoriale per l'immigrazione, funzionale ad una coordinata ed

omogenea azione di monitoraggio ed analisi delle problematiche connesse al fenomeno dell'immigrazione e delle esigenze degli immigrati, nonché di promozione dei relativi interventi (art. 57, d.P.R. n. 394/1999).

Accanto a tali organismi normativamente tipizzati vanno, poi, considerate: a) le ulteriori buone pratiche sperimentate nell'ambito dei rapporti interistituzionali, che danno vita ad una casistica composita, eterogenea, e difficilmente catalogabile, di azioni, consuetudini, prassi e tavoli interistituzionali che ogni giorno garantiscono al sistema un funzionamento fluido e scorrevole; b) i particolari interventi in momenti di crisi.

## II.3. L'intervento sostitutivo del Prefetto

Inedito istituto introdotto dal d.lgs. n. 29/2004 è l'intervento sostitutivo del Prefetto normato dal comma 4 del novellato art. 11, d.lgs. n. 300/1999. Esso dispone che, nell'esercizio delle funzioni di coordinamento, il Prefetto, sia in sede di conferenza provinciale sia con interventi diretti, può richiedere ai responsabili delle strutture amministrative periferiche dello Stato l'adozione di provvedimenti volti ad evitare un grave pregiudizio alla qualità dei servizi resi alla cittadinanza anche ai fini del rispetto della leale collaborazione con le autonomie territoriali. Nel caso in cui non vengano assunte nel termine indicato le necessarie iniziative, il Prefetto, previo assenso del Ministro competente per materia, può provvedere direttamente, informandone preventivamente il Presidente del Consiglio dei Ministri.

Va preliminarmente osservato come non sia sufficiente una qualsivoglia inerzia od omissione da parte dell'amministrazione periferica statale per giustificare il potere di intervento; è necessario che ci si trovi in presenza di inadempienze talmente gravi da integrare gli estremi del pericolo di rilevante nocumento alla qualità dei servizi resi alla cittadinanza, il che presuppone l'individuazione dei parametri di qualità dei servizi resi dall'amministrazione statale periferica.

La *ratio* ispiratrice della norma va individuata non già in una generale esigenza di ripristino, in senso lato, della legalità eventualmente violata, bensì nella necessità di tutela, di garanzia e di salvaguardia dell'interesse del cittadino, ancorata a concrete e specifiche circostanze di fatto. In tal senso è legittimo sostenere che il potere di intervento si configura come rimedio sicuramente eccezionale e straordinario, in perfetta aderenza al ruolo attribuito al Prefetto, che per consolidate ragioni storiche e di tradizione espleta compiti di mediazione tra interessi contrapposti e di composizione di conflitti. La norma, infatti, espressamente prevede che, a fronte delle gravi inadempienze o disfunzioni riscontrate, il Prefetto, prima di provvedere direttamente, debba richiedere ai responsabili delle strutture amministrative periferiche interessate di intraprendere le necessarie iniziative, indicando un termine entro cui l'adempimento debba essere assolto. Soltanto all'esito dell'infruttuosa scadenza del termine fissato per l'adempimento, il Prefetto potrà provvedere direttamente, previo assenso del Ministro competente per materia e contestuale comunicazione al Presidente del Consiglio dei Ministri.

L'articolo 6 del d.P.R. n. 180/2006 collega, poi, in modo organico, l'intervento sostitutivo del Prefetto con la potestà di indirizzo propria del Presidente del Consiglio dei Ministri e dei Ministri di settore.

Al primo è demandato di indicare ai Ministri le linee di indirizzo politico-amministrativo da seguire, al fine di garantire l'uniformità dell'intervento sostitutivo. Ai secondi, di adottare apposite direttive ai Prefetti sulle modalità di svolgimento dell'intervento sostitutivo da porre in essere. Nel comma 2 è, altresì, specificato che "la qualità dei servizi si misura anche tenendo conto dei criteri indicati nelle direttive del Presidente del Consiglio dei Ministri ai sensi dell'articolo 11 del decreto legislativo 30 luglio 1999, n. 286, degli indicatori contenuti nelle carte dei servizi, del livello di soddisfacimento del servizio reso eventualmente segnalato dagli enti locali, e sulla base degli interventi di monitoraggio e delle verifiche ispettive effettuati dalla Presidenza del Consiglio dei Ministri – Dipartimento della funzione pubblica".

Infine, il successivo art. 7 del d.P.R. n. 180/2006 in parte riproduce, in parte integra il dettato del comma 4 dell'art. 11 d.lgs. 300/1999. Viene previsto che "qualora il Prefetto venga a conoscenza di disfunzioni o anomalie nell'attività amministrativa di un ufficio periferico dello Stato, tali da poter arrecare un grave pregiudizio alla qualità dei servizi resi alla collettività, provvede ad acquisire ogni elemento conoscitivo utile al fine di esperire una preventiva attività di mediazione con i soggetti interessati". Laddove non sia stata raggiunta una intesa con gli uffici coinvolti, il Prefetto convoca la conferenza permanente per un esame della situazione e per l'individuazione delle misure necessarie ad evitare il grave pregiudizio. Sia in sede di conferenza, che con interventi diretti, il Prefetto invita, ove occorra, il responsabile dell'ufficio amministrativo periferico dello Stato interessato ad adottare i provvedimenti necessari, assegnando per l'adempimento un congruo termine.

Quindi, in caso di inottemperanza, il Prefetto, al fine di provvedere direttamente, richiede l'assenso del Ministro competente, informando contestualmente il Presidente del Consiglio dei Ministri. Una volta acquisito l'assenso, il Prefetto, previa informazione al Presidente del Consiglio dei Ministri, adotta i provvedimenti necessari.

Il regolamento prevede anche una soluzione all'ipotesi di silenzio del Ministro competente in ordine alla richiesta formulata dal Prefetto, così da non vanificare il concreto esercizio della potestà sostitutiva a quest'ultimo attribuita.

Se il Ministro non manifesta il proprio assenso nei trenta giorni decorrenti dalla data di ricevimento della richiesta, il Presidente del Consiglio dei Ministri può deferire, ai sensi dell'articolo 5, comma 2, lettera c-bis), della legge 23 agosto 1988, n. 400, la questione al Consiglio dei Ministri, che, tenuto conto degli interessi pubblici coinvolti, può autorizzare l'intervento sostitutivo del Prefetto.

### II.4. Le Prefetture tra collaborazione interistituzionale e comunicazione pubblica

Ai sensi e per gli effetti dell'articolo 9 del d.P.R. n. 180/2006, il Prefetto, quale titolare dell'Ufficio territoriale del Governo, promuove tutte le possibili forme di collaborazione interistituzionale tra lo Stato e le autonomie territoriali, nel rispetto dei principi delineati dalla legge costituzionale 18 ottobre 2001, n. 3. A tali fini, il Prefetto si avvale anche dell'ufficio per le relazioni con il pubblico che, in stretto raccordo, con gli altri analoghi uffici per le relazioni con il pubblico, garantisce circolarità e diffusione delle informazioni tra tutti i soggetti pubblici presenti nella provincia.

La disposizione introduce il concetto di polo unitario di informazione e di comunicazione del territorio, in piena aderenza alla linea già tracciata dalla legge n. 150/2000, che attribuisce all'ufficio per le relazioni con il pubblico i compiti della informazione e comunicazione istituzionale.

L'esigenza cui dà corpo la norma in oggetto è quella di un collegamento tra le informazioni provenienti dal territorio, i dati elaborati dal centro e l'attività finale di comunicazione rivolta ai cittadini e alla comunità.

### II.5. Il cerimoniale della Repubblica e le Prefetture

Tradizionale funzione svolta dalle Prefetture è quella inerente la materia del cerimoniale, settore delle pubbliche relazioni che riguarda la vita di rappresentanza ufficiale, assieme al connesso ambito delle onorificenze. Il cerimoniale è volto a valorizzare immagine e ruoli dalle diverse autorità pubbliche, garantendo: a) le regole della correttezza e del miglior comportamento formale ed istituzionale; b) il corretto impiego dei simboli pubblici, patrimonio condiviso di tutte le amministrazioni. Proprio l'esigenza di salvaguardare la più generale e uniforme applicazione, da parte degli organi pubblici, delle regole e delle prassi in materia di cerimoniale è assicurata sul territorio dalle Prefetture, in collegamento funzionale con l'Ufficio del cerimoniale di Stato e per le Onorificenze presso la Presidenza del Consiglio dei Ministri.

Tale dato non è stato scalfito dai mutamenti operati dalla riforma del Titolo V Cost.. Lo conferma la stessa Corte costituzionale, chiamata a pronunciarsi sulla spettanza del potere di definire l'ordine delle precedenze tra le cariche pubbliche nelle cerimonie, anche a carattere locale. Le prescrizioni protocollari che regolano le cerimonie d'iniziativa dello Stato, delle Regioni, degli enti locali e di ogni altra autorità pubblica, nonché quelle alle quali prendano parte il Capo dello Stato ovvero, in forma ufficiale, le più alte autorità sono oggetto del d.P.C.M. 14 aprile 2006, recante "Disposizioni generali in materia di cerimoniale e di precedenza tra le cariche pubbliche", modificato dal d.P.C.M. 16 aprile 2008. Al riguardo, Corte cost., n. 311/2008 ha statuito che "il coinvolgimento di organi statali che, nell'individuazione e coordinamento del sistema delle precedenze nelle cerimonie pubbliche, viene in rilievo, comporta che ad essere implicata sia la materia "ordinamento e organizzazione amministrativa dello Stato e degli enti pubblici nazionali"; materia che, ai sensi dell'art. 117, secondo comma, lettera g), della Costituzione, è attribuita alla competenza esclusiva dello Stato, per assicurarne l'esercizio unitario". Soltanto allo Stato spetta di precisare e coordinare le precedenze dei vari organi statali localmente decentrati, tenendo conto anche delle corrispettive competenze territoriali a livello interregionale, regionale, provinciale o locale. Ma anche per ciò che concerne le varie Autorità degli Enti territoriali autonomi, soltanto lo Stato ha la possibilità di inserirle adeguatamente fra le altre cariche dello Stato, opportunamente apprezzando e dosando precedenze che, in tal caso, vengono necessariamente a confronto con poteri statali istituzionali e persino costituzionali (ovvero con alti rappresentanti di Stato esteri e di organizzazioni comunitarie e internazionali).

In sede territoriale, il cerimoniale della Repubblica è assicurato dalle Prefetture – Uffici territoriali del Governo, funzione allocata presso l'Ufficio di Gabinetto.

Vari gli eventi in cui è coinvolta una gestione protocollare: celebrazione del 2 giugno – Festa della Repubblica; del 25 aprile – Liberazione dal nazifascismo; del 1° Maggio; del 4 novembre – Giorno dell'Unità nazionale e Giornata delle Forze Armate; visite di alte Autorità di Stato estero e nazionali; lutti pubblici nazionali o locali, occasioni cerimoniali e manifestazioni pubbliche, ecc.. Le Prefetture, poi, sovrintendono ad eventi collegati alle giornate celebrative nazionali e internazionali o alle altre solennità civili (come, ad es., per la ricorrenza del 27 gennaio, Giornata della Memoria, data dell'abbattimento dei cancelli di Auschwitz).

Una particolare disciplina riguarda l'uso delle bandiere della Repubblica italiana e dell'Unione europea da parte delle amministrazioni dello Stato e degli enti pubblici (legge n. 22/1998). I rappresentanti del Governo nelle province vigilano sull'adempimento delle norme sulla esposizione delle bandiere. (d.P.R. n. 121/2000, art. 9; cfr. anche l'art. 1, comma 2).

Quanto alle onorificenze, esse rappresentano una attribuzione distintiva della persona, un riconoscimento per motivi di merito stabiliti dall'ordinamento.

Il sistema onorifico della Repubblica premia le benemerenze individuali e collettive con distinzioni cavalleresche (Ordini cavallereschi nazionali) e distinzioni onorifiche (Decorazioni, Ricompense, Medaglie). È cura dei Prefetti di conferire adeguato carattere di ufficialità e partecipazione alla consegna dei diplomi ai decorati provinciali di onorificenze cavalleresche della Repubblica, nominati nel corso dell'anno, conferimenti che possono aver luogo nell'ambito delle celebrazioni della Festa Nazionale della Repubblica (la consegna avviene di regola presso le Prefetture).

Le Prefetture curano l'istruttoria per il conferimento delle seguenti onorificenze, decorazioni e ricompense:

- ordine cavalleresco al merito della Repubblica italiana – OMRI (l. 3 marzo 1951, n. 178, d.P.R. 13 maggio 1952, n. 458 e d.P.R. 31 ottobre 1952, Approvazione dello statuto dell'Ordine "Al merito della Repubblica italiana");
- ordine cavalleresco al merito del lavoro (l. 15 maggio 1986, n. 194, artt. 5, 6 e 8);
- decorazione Stella al merito del lavoro (conferisce il titolo di Maestro del Lavoro; l. 5 febbraio 1992, n. 143);
- ricompense al valor civile per "atti di eccezionale coraggio che manifestano preclara virtù civica" (l. 2 gennaio 1958, n. 13 e d.P.R. 6 novembre 1960, n. 1616, art. 1);
- ricompense al merito civile (l. 20 giugno 1956, n. 658 e d.P.R. 23 ottobre 1957, n. 1397, art. 5);
- riconoscimenti per merito o anzianità di servizio al personale della Polizia di Stato, concesse con decreto del Prefetto al personale appartenente ai ruoli dei sovrintendenti, assistenti ed agenti ed equiparati (art. 2, d.m. 5 giugno 1990).

Ulteriori compiti del cerimoniale delle Prefetture sono, poi, quelli relativi alla cura dei rapporti con le autorità consolari (con particolare riferimento all'istruttoria dei provvedimenti di *exequatur* concessi dalla Farnesina, presupposto necessario affinché un console possa esercitare le proprie funzioni); agli adempimenti legati all'uso delle onorificenze degli Ordini equestri pontifici (autorizzazione a fregiarsene); alle informazioni e pareri espressi su richieste di patrocinio governativi, di adesione a Comitati d'Onore o di Alto Patronato del Presidente della Repubblica.

# CAPITOLO III
# L'ordinamento della carriera prefettizia

di *Teresa Cappiello, Ciro Silvestro*



## III.1. La nuova figura di funzionario prefettizio

Il d.lgs. 19 maggio 2000, n. 139, ha profondamente innovato la disciplina giuridico-ordinamentale del corpo prefettizio, introducendo due importanti novità: il riconoscimento della dirigenzialità di tutte le qualifiche in cui si articola la carriera e l'introduzione di uno specifico procedimento negoziale abilitato a definire il trattamento economico e alcuni aspetti del rapporto di impiego.

Nel decennio precedente, l'esclusione dalla generale "privatizzazione" del rapporto di impiego pubblico – disposta dal d.lgs. n. 29/1993 – e la conseguente riserva di regime pubblicistico, avevano determinato, di fatto, un arresto nel processo di adeguamento dello statuto del personale prefettizio, ormai carente degli strumenti necessari a rinnovarne il ruolo. Il decreto di riforma, attuativo della delega di cui all'art. 10 della l. n. 266/1999, ha optato per la piena affermazione del principio (autentico *proprium* dei grandi corpi burocratici) dell'unitarietà giuridica, economica e funzionale della carriera, nell'ottica della realizzazione di una compiuta figura di funzionario "di Governo", con una specifica identità e una spiccata vocazione generalista[1]. Tale scelta di fondo è risultata confermata nel 2015, quando la delega per innovare radicalmente il sistema della dirigenza pubblica recata dalla l. n. 124/2015 (cd. riforma Madia, peraltro non approdata a compimento) ha escluso i prefettizi, come gli altri

[1] Cfr. *amplius* C. MOSCA, *Il prefetto rappresentante dello Stato al servizio dei cittadini*, Catanzaro, 2010; C. SILVESTRO, *La carriera prefettizia, in* F. CARINCI – V. TENORE (a cura di), *Il pubblico impiego non privatizzato – vol. III*, Milano, 2007.

dirigenti in regime di diritto pubblico, dall'istituendo Ruolo unico dei dirigenti statali.

### *III.1.1. L'architettura della riforma del 2000*

Principio portante dell'architettura del d.lgs. n. 139/2000 è l'eliminazione della precedente dicotomia fra funzionari prefettizi direttivi e dirigenti all'interno del corpo; al suo posto viene affermata la condivisione di funzioni per la prima volta definite, per tutti i prefettizi, come dirigenziali.

La carriera prefettizia è "unitaria in ragione della natura delle specifiche funzioni dirigenziali attribuite ai funzionari che ne fanno parte" (art. 1, comma 1, d.lgs. n. 139/2000). È il riconoscimento della intrinseca unitarietà dell'azione complessivamente svolta da tutto il personale prefettizio, pur nella graduazione dei livelli di responsabilità e degli ambiti di competenza correlati alla qualifica rivestita da ciascun funzionario.

È stata, così, mantenuta la veste di corpo professionale ordinato in carriera, cioè secondo una scala di qualifiche o gradi posti in progressione di merito e anzianità, nella quale l'avanzamento è subordinato alla presenza di posti disponibili nel grado superiore.

L'art. 2 individua le qualifiche in cui si suddivide la carriera: Prefetto (qualifica di livello dirigenziale generale), Viceprefetto e Viceprefetto aggiunto, più quella, d'ingresso, di Consigliere, attribuita per i due anni del periodo di formazione iniziale. Il decreto rinvia ad un'apposita tabella B, allegata allo stesso, l'enunciazione delle funzioni conferibili a ciascuna qualifica.

L'opzione per una carriera con solo qualifiche dirigenziali al suo interno è del tutto in linea con il mutato panorama in cui si inserisce l'attività dei funzionari prefettizi. Si tratta, ormai, di una attività fatta di reti relazionali e di coordinamento delle problematiche e delle azioni, di capacità di mediazione e di funzioni di indirizzo, promozione, consulenza, assistenza e monitoraggio, nonché di una costante attenzione per l'area dell'*intelligence*, intesa come capacità di individuare l'intima costruzione, le dinamiche e l'evoluzione possibile dei fenomeni. Ciò presuppone una figura di funzionario "di Governo", capace di affrontare, con un adeguato *focus* sul territorio, le svariate declinazioni dei temi legati alla *governance*.

Al compattamento della carriera in posizioni tutte dirigenziali si collegano direttamente:

- l'art. 10 del d.lgs. n. 139/2000, ossia il meccanismo dell'individuazione, con decreto del Ministro dell'Interno, dei posti di funzione da conferire ai Viceprefetti e ai Viceprefetti aggiunti nell'ambito degli uffici centrali e periferici dell'amministrazione dell'interno. Esso è applicazione del generale meccanismo – proprio delle amministrazioni statali – di individuazione degli uffici dirigenziali non generali attraverso apposito decreto ministeriale di natura non regolamentare (cfr. l'art. 4 del d.lgs. n. 300/1999);

- l'art. 14 del d.lgs. n. 139/2000, che conferma gli ampi e qualificati spazi di autonomia decisionale attribuiti ai responsabili di ciascuna unità operativa, non solo sui provvedimenti ma anche sull'organizzazione degli uffici e le modalità di erogazione dei servizi[2].

### *III.1.2. Il sistema delle fonti di disciplina*

L'art. 1, comma 1, del d.lgs. n. 139/2000 sancisce che l'ordinamento della carriera prefettizia "è regolato dal presente decreto e, in quanto compatibili, dalle disposizioni contenute nel decreto legislativo 3 febbraio 1993, n. 29, e successive modificazioni [ora d.lgs. n. 165/2001]".

A sua volta, l'art. 3 del d.lgs. n. 165/2001 individua – con la tecnica della elencazione tassativa – le categorie di pubblici dipendenti, carriera prefettizia compresa, sottratte in via di eccezione alla generale contrattualizzazione del lavoro pubblico "privatizzato", in virtù delle peculiari funzioni svolte[3]. Per esse non opera la

---

[2] Nel nuovo quadro ordinamentale, quindi, esistono "due livelli dirigenziali: quello del "*management* generale" e quello del "*management* operativo" (cui poi si aggiungono alcune funzioni di natura intermedia, come il ruolo vicariale [di *co-manager* del prefetto], o specifico-specialistica, come il ruolo dei capi degli *staff* [e degli altri dirigenti in posizione di *staff*]). Nel secondo livello, la carriera prefettizia presenta due qualifiche in luogo dell'unica (fascia) nella dirigenza contrattualizzata" (F. Romano, I posti di funzione della carriera prefettizia, in Itinerari interni, 2002, 4, 41).

[3] Si tratta di valutazioni prettamente oggettive, in virtù delle quali il legislatore ha ritenuto non opportuna una riforma delle fonti di disciplina dei relativi rapporti di pubblico impiego che trasformasse in parti contrattuali taluni agenti pubblici. Come sottolineato da T.A.R. Lazio, Roma, Sez. I, 15 giugno 1999, n. 1357, "sotto il profilo sostanziale, il personale della carriera prefettizia è chiamato a curare in modo immediato e diretto gli interessi attribuiti specificatamente dalla legge al Ministero dell'Interno rientrando tra quelle funzioni corrispondenti a fondamentali potestà autoritative pubbliche nel campo della giustizia, dell'ordine e sicurezza pubblica, delle relazioni internazionali e del governo dell'economia che giustificano l'eccezione alla chiara finalità contenuta nella legge delega n. 421/1992 di privatizzare in linea di principio il rapporto di impiego di tutto il personale delle amministrazioni pubbliche". Cfr, anche Cons. Stato, Sez. I, parere 4 ottobre 2000, n. 961/2000, T.A.R. Lazio, Roma, Sez. I-*ter*, n. 3145/2005 e T.A.R. Veneto, Sez. I. 19 settembre 2002, n. 5607, che, nel dichiarare la manifesta infondatezza della questione di legittimità costituzionale riguardo la differenziazione di regime giuridico dei rapporti di lavoro inerenti la carriera prefettizia (e il personale della Polizia di Stato) e l'assoggettamento, per converso, al regime privatistico del restante personale dell'amministrazione dell'interno, ha fatto leva sull'assunto che "va riconosciuta unitarietà alla carriera prefettizia in ragione della natura delle specifiche funzioni dirigenziali attribuite ai funzionari che ne fanno parte e non sussiste uguaglianza e neppure

riforma delle fonti di disciplina del rapporto di lavoro, che resta conformato "dai rispettivi ordinamenti", sfuggendo, altresì, al generale trasferimento della giurisdizione al g.o.. Il legislatore ha così consentito la sopravvivenza di normative di settore ispirate al tradizionale regime di diritto pubblico, in deroga alla tendenziale riconduzione del lavoro alle dipendenze della p.a. alle fonti privatistiche, sancita dall'art 2 del d.lgs. n. 165/2001.

Negli ordinamenti delle categorie in regime di diritto pubblico gli atti con cui l'amministrazione gestisce il rapporto di servizio, o lo modifica o lo estingue, hanno la qualità di provvedimenti amministrativi, rispetto ai quali il dipendente può ottenere tutela presso il giudice amministrativo (giurisdizione esclusiva, comprensiva dei diritti patrimoniali connessi).

Da sottolineare che l'esclusione operata dall'art. 3, comma 1, del d.lgs. n. 165/2001 non riguarda *in toto* il complesso delle norme generali sull'ordinamento del lavoro alle dipendenze delle amministrazioni pubbliche ma soltanto la parte attinente alle fonti del rapporto di impiego. Risultano, quindi, in via di principio, applicabili le altre norme, non connesse strutturalmente con la privatizzazione della fonte di disciplina del rapporto e non derogate da norme speciali contenute negli ordinamenti settoriali delle categorie rimaste in regime di diritto pubblico. È questa la ragione per cui numerose disposizioni del d.lgs. n. 165/2001 si preoccupano di escludere espressamente per la carriera prefettizia (e per altre categorie non contrattualizzate) l'applicazione di specifiche norme attinenti ad aspetti e materie squisitamente organizzative e pubblicistiche. Tra esse, l'articolazione delle qualifiche dirigenziali (art. 15, comma 1); la ripartizione delle attribuzioni tra livelli dirigenziali e il conferimento degli incarichi di funzioni dirigenziali (art. 19, commi 11 e 12); la verifica dei risultati e i fondamenti della responsabilità dirigenziale (artt. 20 e 21, comma 3), l'accesso alla qualifica di dirigente (art. 28, comma 8); il trasferimento della giurisdizione al giudice ordinario, persistendo, invece, la giurisdizione del giudice amministrativo (giurisdizione esclusiva estesa ai diritti patrimoniali connessi; art. 63, comma 4, d.lgs. n. 165/2001).

Il legislatore del 2000 ha, inoltre, introdotto un procedimento negoziale di settore per la definizione di alcuni aspetti giuridici ed economici del rapporto d'impiego di tutto il personale appartenente alla carriera. Ciò attenua la rigidità e unilateralità della disciplina del rapporto, operando in sostanza una forma di delegificazione (e salva l'eventuale, successiva rilegificazione).

Al riguardo, è l'art. 26 del d.lgs. n. 139/2000 a tracciare le linee del sistema di riparto tra fonti unilaterali e negoziazione.

---

omogeneità di situazioni tra la posizione giuridica del personale della carriera suddetta e quella dei collaboratori amministrativi in servizio presso le Prefetture e, più in generale, le condizioni del restante personale dell'Amministrazione civile dell'interno".

Il procedimento negoziale ha ad oggetto le materie specificatamente e tassativamente indicate nel decreto stesso. Le trattative si svolgono tra la parte pubblica ed una delegazione delle organizzazioni sindacali rappresentative del personale della carriera prefettizia[4]. L'ipotesi di accordo sottoscritta è successivamente recepita da un decreto del Presidente della Repubblica. Il meccanismo è, in sostanza, analogo a quello previsto per il personale del c.d. "comparto sicurezza" (forze di polizia e militari) o per i diplomatici, secondo il modello già delineato dalla legge n. 93/1983. Con norma di chiusura, l'art. 26, comma 4, precisa che "nei casi in cui le disposizioni generali sul pubblico impiego rinviano per il personale del comparto dei ministeri alla contrattazione collettiva e si verte in materie diverse da quelle indicate nell'art. 28 e non disciplinate per il personale della carriera prefettizia da particolari disposizioni di legge, per lo stesso personale si provvede, sentite le organizzazioni sindacali rappresentative, con decreto del Presidente della Repubblica, su proposta del Ministro dell'Interno, di concerto con il Ministro per la funzione pubblica, adottato ai sensi dell'articolo 17, comma 1, della legge 23 agosto 1988, n. 400". In tal modo si è inteso evitare il ricorso alla fonte legislativa, che certamente comporta tempi lunghi.

Le materie oggetto del procedimento di negoziazione sono indicate dall'art. 28, comma 1, d.lgs. n. 139/2000 e comprendono:

*a*) il trattamento economico fondamentale ed accessorio, secondo parametri appositamente definiti in sede negoziale che ne assicurino, nell'ambito delle risorse finanziarie disponibili, sviluppi omogenei e proporzionati, rapportati alla figura apicale;
*b*) l'orario di lavoro;
*c*) il congedo ordinario e straordinario;
*d*) la reperibilità;
*e*) l'aspettativa per motivi di salute e di famiglia;
*f*) i permessi brevi per esigenze personali;
*g*) le aspettative ed i permessi sindacali;
*h*) l'individuazione di misure idonee a favorire la mobilità di sede, aggiuntive rispetto a quelle previste per i funzionari non assegnatari di alloggi da parte dell'amministrazione dell'interno.

Da segnalare anche la disposizione di cui al comma 3 dell'art. 22 del d.lgs n. 139, che indica tra gli oggetti del procedimento la definizione di "criteri di copertura assicurativa del rischio di responsabilità civile". L'art. 66 del d.lgs. n. 150/2009 (cd. riforma Brunetta) ha, invece, abrogato il comma 2 dell'art. 28, che prevedeva uno specifico meccanismo, in sede negoziale, in caso di vacanza con-

[4] Cfr. *infra*; in dottrina, *amplius*, C. SILVESTRO, *L'individuazione delle organizzazioni sindacali rappresentative del personale della carriera prefettizia*, in *Il lavoro nelle p.a.*, 2006, 5, 985.

trattuale, per definire forme di retribuzione provvisoria correlate percentualmente al tasso di inflazione programmata.

Tutte le altre materie sono lasciate alla regolamentazione pubblicistica unilaterale. Il d.lgs. n. 139/2000 reca direttamente il nucleo base di tale disciplina. Gli istituti di partecipazione sindacale per il personale della carriera prefettizia trovano, comunque, disciplina in un distinto e apposito regolamento, come previsto dall'art. 31 del d.lgs. n. 139/2000[5].

Il d.lgs. n. 139/2000 rinvia alle disposizioni del d.lgs. n. 165/2001 in quanto compatibili, per la puntuale disciplina di alcuni specifici istituti, e al d.P.R. 10 gennaio 1957, n. 3 (Testo unico delle disposizioni concernenti lo statuto degli impiegati civili dello Stato)[6]. In materia disciplinare va, poi, segnalato il rilevo del Codice di comportamento dei dipendenti del Ministero dell'Interno, adottato con d.m. 8 agosto 2016. Per il personale della carriera prefettizia, le norme del citato Codice costituiscono principi di comportamento, così come stabilito dall'art. 2, comma 2, del d.P.R. n. 62/2013, la cui violazione è fonte di responsabilità disciplinare regolata dalle disposizioni del d.P.R. n. 3/1957. Con successivo atto (d.m. 25 gennaio 2017), si è provveduto ad adottare una apposita tabella di corrispondenza tra le violazioni delle norme di comportamento previste dal Codice e le infrazioni disciplinari previste dalle disposizioni di cui al titolo VII, parte prima, del d.P.R. n. 3/1957.

Quanto alla dotazione organica del personale della carriera prefettizia, l'art. 2, comma 3, d.lgs n. 139/2000 ne ha previsto la diretta determinazione da parte di norma di rango primario, definendola nella Tabella B allegata al decreto stesso. In seguito è, però, intervenuto il decreto legge 6 maggio 2002 n. 83 (convertito dalla legge 2 luglio 2002 n. 133). In tale sede è stato previsto che "nell'ambito del ruolo della carriera prefettizia le dotazioni organiche possono essere modificate per esigenze funzionali connesse anche alla compiuta attuazione della riforma dettata dal decreto legislativo 19 maggio 2000, n. 139, ed alla organizzazione degli uffici del Ministero dell'interno, a decorrere dal 31 dicembre 2001, senza oneri aggiuntivi per il bilancio dello Stato e nei limiti della dotazione organica complessiva, con

---

[5] Cfr. il d.P.R. 20 settembre 2002, n. 247.

[6] Riguardo la composizione del Consiglio di amministrazione, l'art. 18 del d.lgs n. 139/2000, pur rinviando all'articolo 146 del d.P.R. n. 3/1957, si è preoccupato di adattarne la disciplina, al fine di garantire la rappresentanza dell'amministrazione periferica in seno al collegio. Per la trattazione degli affari relativi al personale della carriera prefettizia, infatti, il Consiglio di amministrazione "è integrato dai prefetti titolari pro tempore di tre Uffici territoriali del Governo, rispettivamente dell'Italia settentrionale, centrale e meridionale-insulare", mentre "con decreto del Ministro dell'Interno è stabilito il criterio di rotazione biennale, nei predetti ambiti territoriali, degli Uffici territoriali del Governo, i cui prefetti assumono le funzioni di componenti del consiglio di amministrazione, garantendo la presenza di due prefetti-commissari del governo".

regolamento del Ministro dell'Interno, di concerto con il Ministro dell'economia e delle finanze e con il Ministro per la funzione pubblica, adottato ai sensi dell'articolo 17, comma 3, della legge 23 agosto 1988, n. 400" (art. 7, comma 1). Tale parziale delegificazione consente di variare, con regolamento interministeriale, l'entità delle singole dotazioni delle tre qualifiche, ad una condizione: "l'adeguamento dei posti in organico di livello superiore deve essere, comunque, compensato con una corrispondente riduzione del numero dei posti di livello inferiore, equivalente sul piano finanziario".

Si fa presente che la dotazione organica della carriera prefettizia ha subito, nel tempo, alcune riduzioni, a seguito dell'adozione di misure di contenimento della spesa pubblica (da ultimo con d.P.C.M. 11 giugno 2019, n. 78).

## III.2. Il reclutamento e la formazione

Il comma 1 dell'art. 4 del d.lgs. n. 139/2000, nel disciplinare l'accesso alla carriera prefettizia, riafferma il principio della esclusività dell'accesso alla qualifica iniziale – Consigliere – mediante procedura concorsuale pubblica dedicata, fatto salvo quanto previsto dall'ordinamento per la nomina a Prefetto. Il successivo comma 2 indica nella laurea specialistica il titolo di studio richiesto per la partecipazione al concorso. L'estensione dei titoli di laurea utili anche a quelli ad indirizzo economico e storico-sociologico è una novità rispetto al previgente ordinamento. Essa è finalizzata a garantire una più ampia platea di candidati, rispetto al tradizionale bacino giuridico, per assicurare maggiore versatilità dei funzionari prefettizi nello svolgimento della pluralità di compiti assegnati[7].

Il comma 4, dell'art. 4 del d.lgs. 139/1990 prevede, a sua volta, la riserva del dieci per cento dei posti nei concorsi di accesso alla carriera prefettizia a favore del personale dell'Amministrazione civile dell'interno inquadrato nell'area funzionale C, purché munito di laurea e con un'anzianità di servizio di due anni in una posizione funzionale per la quale è previsto il possesso dello stesso titolo di studio.

Il limite di età per la partecipazione al concorso è fissato dal decreto del Ministro dell'Interno 29 luglio 1999, n. 357, regolamento adottato ai sensi del comma 6 dell'articolo 3 della legge 15 maggio 1997, n. 127 ed è di trentacinque anni. Esso è giustificato in considerazione della natura delle funzioni espletate dal personale della carriera prefettizia e delle oggettive necessità dell'Amministrazione dell'interno, soprattutto in materia di tutela dell'ordine e della sicurezza pubblica

---

[7] Il D.M. 4 giugno 2002, n. 144, reca il "Regolamento recante la disciplina del concorso pubblico di accesso alla qualifica iniziale della carriera prefettizia" (successivamente modificato dal D.M. 13 febbraio 2007, n. 39).

e di protezione civile[8]. Sono fatte salve le ipotesi di elevazione del limite d'età prescritte dall'articolo 2 del d.m. n. 357 citato.

I vincitori del concorso, nominati Consiglieri, sono ammessi al corso di formazione iniziale, ai sensi del comma 5 dell'articolo 4 del d.lgs. n. 139/2000.

Come specificato dall'articolo 6 del d.lgs. n. 139/2000, la formazione del personale della carriera prefettizia è assicurata nell'arco dell'intera carriera. Corsi di formazione permanente devono essere frequentati dai funzionari almeno una volta l'anno.

Con l'art. 21 del d.l. n. 90/2014, la Scuola Superiore dell'Amministrazione dell'Interno (SSAI), nata nel 1980 come Istituto di alta cultura, formazione e ricerca per la formazione e l'aggiornamento didattico-culturale del personale del Ministero dell'Interno e di altre amministrazioni pubbliche, è stata soppressa con conseguente attribuzione delle funzioni formative alla Scuola Nazionale dell'Amministrazione (SNA), in un'ottica di razionalizzazione del sistema delle scuole di formazione della PA.

### III.3. Progressione in carriera

Nel contesto della riforma ha trovato spazio anche l'esigenza di aggiornare le regole sulla progressione in carriera, attraverso percorsi alimentati dalla valutazione delle responsabilità assunte, della professionalità acquisita, dei risultati conseguiti e dalle attitudini acclarate, confluenti nella valutazione comparativa effettuata dal Consiglio di amministrazione.

L'art. 7 del d.lgs. n. 139/2000 sancisce, al comma 1, che il passaggio alla qualifica di Viceprefetto avviene, con cadenza annuale, nel limite dei posti disponibili al 31 dicembre di ogni anno, mediante valutazione comparativa. Possono concorrere alla promozione i Viceprefetti aggiunti con almeno nove anni e sei mesi di effettivo servizio dall'ingresso in carriera che, avendo svolto il tirocinio operativo della durata di nove mesi presso le strutture centrali dell'amministrazione dell'interno nell'ambito del corso di formazione per l'ingresso in carriera, hanno prestato servizio presso gli Uffici territoriali del Governo per un periodo complessivamente non inferiore a tre anni.

---

[8] Al fine di non aggravare la procedura di selezione in caso di presentazione di un numero consistente di domande, l'ammissione dei candidati alle prove scritte è subordinata allo svolgimento di una prova preselettiva, prevista già dall'articolo 4, comma 2, del d.lgs. n. 139. Esso sancisce anche che il numero di prove scritte del concorso non sia inferiore a quattro. Il D.M. n. 144/2002 ha così previsto cinque scritti: svolgimento di tre elaborati, rispettivamente, in materia di diritto amministrativo e/o diritto costituzionale, diritto civile e storia contemporanea e della pubblica amministrazione italiana; risoluzione di un caso in ambito giuridico-amministrativo o gestionale-organizzativo (al fine di verificare l'attitudine del candidato all'analisi e alla soluzione di problemi inerenti alle funzioni dirigenziali); prova di lingua.

I funzionari positivamente valutati sono ammessi al corso di formazione per l'accesso alla qualifica di Viceprefetto[9].

L'art. 8 del d.lgs. n. 139/2000 è dedicato al procedimento di valutazione comparativa.

Esso precisa, al comma 1, che con decreto del Ministro dell'Interno, soggetto a revisione con cadenza triennale, sono dettate le disposizioni relative al procedimento di valutazione comparativa di cui all'articolo 7, commi 1 e 5, e alla individuazione delle categorie dei titoli di servizio ammesse a valutazione (si è distinto tra posizione, prestazione e potenziale) e dei punteggi, minimi e massimi, da attribuire alle stesse. Con lo stesso provvedimento sono definite le modalità per garantire la tempestiva e generalizzata conoscenza, da parte dei funzionari interessati, delle determinazioni assunte dal Consiglio di amministrazione.

A sua volta, il Consiglio di amministrazione, su proposta del Capo del Dipartimento competente per l'amministrazione del personale della carriera prefettizia, "determina con cadenza triennale, i criteri per l'attribuzione dei punteggi alle schede di valutazione [annuali] di cui all'articolo 16 ed alle categorie dei titoli di servizio in modo da garantire la massima obiettività nella valutazione, il periodo temporale di riferimento per la valutabilità degli stessi, nonché il coefficiente minimo di idoneità alla promozione che comunque non può essere fissato in misura inferiore alla metà del punteggio complessivo massimo previsto per tutte le categorie dei titoli. Nella determinazione dei criteri il consiglio di amministrazione si avvale della collaborazione di un esperto in tecniche di valutazione del personale, nominato dal Ministro dell'Interno su proposta del Capo del dipartimento competente per l'amministrazione del personale della carriera prefettizia".

La nomina a Prefetto è, invece, conferita con decreto del Presidente della Repubblica, previa deliberazione del Consiglio dei Ministri, su proposta del Ministro dell'Interno, "nei limiti delle disponibilità di organico e nel rispetto della riserva per il personale della carriera prefettizia prevista dall'articolo 236 del decreto del Presidente della Repubblica 10 gennaio 1957, n. 3"[10].

---

[9] Le promozioni a Viceprefetto decorrono agli effetti giuridici ed economici dal 1° gennaio dell'anno successivo a quello nel quale si sono verificate le vacanze. Elemento di forte novità è rappresentato dalla previsione (art. 17 del d.lgs. n. 139/2000) della Commissione per la progressione in carriera, presieduta da un Prefetto, scelto tra quelli preposti alle attività di controllo e valutazione, e composta da tre Viceprefetti, due in servizio presso gli Uffici territoriali del Governo ed uno presso gli uffici centrali, scelti secondo il criterio della rotazione. Ai lavori della Commissione partecipa, in qualità di relatore senza facoltà di voto, il Capo del Dipartimento competente per l'amministrazione del personale della carriera prefettizia, o un suo delegato. La Commissione elabora una proposta di graduatoria che sottopone al Consiglio di Amministrazione. Quest'ultimo può approvare la proposta e quindi conferire le promozioni, oppure può modificarla, motivando le decisioni adottate.

[10] Quest'ultimo prevede che i posti di Prefetto previsti in organico debbono essere coperti

Per i funzionari di carriera, la nomina a Prefetto era subordinata ad una valutazione di idoneità sancita da un'apposita commissione consultiva, nominata dal Ministro dell'Interno su designazione del Consiglio di amministrazione. Tale organismo è stato soppresso ai sensi dell'art. 12 del decreto legge 6 luglio 2012, n. 95 (convertito nella legge 7 agosto 2012, n. 131) e, pertanto, attualmente, la proposta al Ministro dei Viceprefetti idonei alla nomina a Prefetto è effettuata dal Capo del Dipartimento per le politiche del personale.

### III.4. Il procedimento negoziale

Novando il comma 3 dell'art. 26 del d.lgs. n. 139/2000, l'art. 63 del d.lgs 150/2009 ha stabilito che per i prefettizi – come per le altre categorie di dipendenti in regime di diritto pubblico interessate da peculiari procedure di negoziazione – la revisione degli aspetti sia giuridici che economici ha cadenza triennale (in luogo della precedente cadenza, rispettivamente, quadriennale e biennale). La disciplina emanata con il d.P.R. conserva efficacia fino alla data di entrata in vigore del decreto successivo.

Il procedimento negoziale intercorre fra la parte pubblica, "composta dal Ministro per la funzione pubblica, che la presiede, e dai Ministri dell'interno e del tesoro, del bilancio e della programmazione economica, o dai sottosegretari di Stato rispettivamente delegati" ed una delegazione costituita dalle organizzazioni sindacali maggiormente rappresentative del personale prefettizio individuata con decreto del Ministro per la funzione pubblica" (articolo 27).

Ai sensi dell'art. 29 del d.lgs. n. 139/2000, la procedura negoziale è avviata dal Ministro per la Funzione Pubblica. Le trattative hanno luogo presso la Presidenza del Consiglio dei Ministri – Dipartimento della funzione pubblica e si concludono con la sottoscrizione di una ipotesi di accordo. La delegazione di parte pubblica deve preventivamente verificare che le organizzazioni sindacali aderenti all'ipotesi di accordo rappresentino almeno il 51% del dato associativo complessivo espresso dal totale delle deleghe sindacali rilasciate. Il comma 3 dell'art. 29 dispone, altresì, che "le organizzazioni sindacali dissenzienti possano trasmettere al Presidente del Consiglio dei Ministri ed ai Ministri che compongono la delegazione di parte pubblica le loro osservazioni entro il termine di cinque giorni dalla sottoscrizione dell'ipotesi di accordo"[11].

---

per almeno tre quinti dal personale della carriera prefettizia. Per i restanti due quinti, l'esecutivo conserva la facoltà di nominare esterni alla carriera.

[11] Il comma 4 dell'art. 29 stabilisce la documentazione essenziale che deve corredare l'ipotesi di accordo. La stessa disposizione ribadisce il principio, già affermato dalla legge di delega, del divieto di prevedere attraverso la procedura negoziale, direttamente o indirettamente, anche a

A seguire, il Consiglio dei Ministri, entro quindici giorni dalla sottoscrizione dell'ipotesi di accordo, verificate le compatibilità finanziarie ed esaminate le osservazioni delle organizzazioni sindacali dissenzienti, approva l'ipotesi di accordo ed il relativo schema di decreto del Presidente della Repubblica da adottare ai sensi dell'articolo 17, comma 1, lettera d), della legge 23 agosto 1988, n. 400, prescindendo dal parere del Consiglio di Stato.

Nel caso in cui l'accordo non sia definito entro novanta giorni dall'inizio delle procedure, il Governo riferisce alla Camera dei Deputati ed al Senato della Repubblica nelle forme e nei modi stabiliti dai rispettivi regolamenti.

Nell'ambito e nei limiti fissati dal d.P.R. di recepimento dell'accordo negoziale e per le materie specificamente ivi indicate, possono essere conclusi accordi decentrati a livello centrale e periferico che, senza comportare alcun onere aggiuntivo, individuano esclusivamente criteri applicativi delle previsioni del decreto. Gli accordi decentrati – che non necessitano di recepimento in d.P.R. – sono stipulati tra una delegazione di parte pubblica presieduta dai titolari degli uffici centrali e periferici individuati dall'amministrazione dell'interno ed una delegazione sindacale composta dai rappresentanti delle corrispondenti strutture delle organizzazioni sindacali firmatarie dell'ipotesi di accordo (art. 29, comma 6).

È espressamente previsto che, in caso di mancato raggiungimento dell'accordo decentrato, l'amministrazione possa regolare autonomamente l'aspetto rimesso all'accordo stesso.

Una procedura di raffreddamento dei conflitti è prevista dall'art. 30 del d.lgs n. 139/2000. Qualora in sede di applicazione delle disposizioni contenute nel d.P.R. di recepimento dell'accordo negoziale insorgano contrasti interpretativi di rilevanza generale per il personale interessato, le organizzazioni sindacali firmatarie dell'accordo "possono formulare all'amministrazione dell'interno richiesta scritta di esame della questione controversa, con la specifica e puntuale indicazione dei fatti e degli elementi di diritto sui quali si basa. Di ciascun contrasto interpretativo di rilevanza generale è data comunicazione alle altre organizzazioni sindacali firmatarie dell'accordo". L'amministrazione dell'interno, nei trenta giorni successivi alla ricezione della richiesta, convoca le organizzazioni sindacali richiedenti per l'esame. Decorsi trenta giorni dal primo incontro, il Ministro dell'Interno emana appositi atti di indirizzo.

Un approfondimento meritano i criteri per la determinazione, nell'ambito del personale prefettizio, delle associazioni sindacali maggiormente rappresentative.

Come accennato, esse sono individuate, *ex* articolo 27 d.lgs. n. 139/2000, "con

---

carico di esercizi successivi, impegni di spesa eccedenti rispetto a quanto stabilito nel documento di programmazione economico-finanziaria approvato dal Parlamento, nella legge finanziaria, nonché nel bilancio.

decreto del Ministro per la funzione pubblica secondo i criteri generali in materia di rappresentatività sindacale stabiliti per il pubblico impiego". Tali criteri si rinvengono, *in primis*, nell'articolo 43 del d.lgs. n. 165/2001, il quale consente la partecipazione alle trattative negoziali delle sigle sindacali che abbiano una rappresentatività non inferiore al 5 per cento, considerando a tal fine la media tra il dato associativo (accertato in base alle deleghe per il versamento dei contributi sindacali – rilasciate nell'anno considerato e trasmesse non oltre il 31 marzo dell'anno successivo – rispetto al totale delle deleghe rilasciate nell'ambito considerato) e la percentuale dei voti ottenuti nelle elezioni delle rappresentanze unitarie del personale rispetto al totale dei voti (RSU). Poiché per la carriera prefettizia non è prevista la costituzione delle rappresentanze unitarie del personale, ai fini del calcolo della rappresentatività non può che rilevare esclusivamente il dato associativo.

Quanto, più in generale, al sistema delle relazioni sindacali e agli istituti di partecipazione sindacale per il personale della carriera prefettizia, essi sono regolati dal d.P.R. 20 settembre 2002, n. 247.

### III.5. Il trattamento economico

In piena coerenza con i generali caratteri della struttura retributiva della dirigenza pubblica, l'articolo 19 del d.lgs. n. 139/2000 definisce il trattamento economico dei dirigenti prefettizi come "omnicomprensivo" e lo articola in:

- una componente stipendiale di base (che comprende anche la retribuzione individuale di anzianità, la c.d. R.I.A., ove spettante);
- una componente correlata alla posizione ricoperta, nonché agli incarichi e alle responsabilità esercitate (retribuzione di posizione); l'entità di tale componente è determinata, in sede negoziale, con riferimento a un'apposita "graduazione" delle posizioni funzionali e degli incarichi ricopribili dai funzionari prefettizi effettuata periodicamente con decreto del Ministro dell'Interno (ai sensi dell'articolo 20 del d.lgs. n. 139/2000)[12]; tale graduazione può tenere conto anche di particolari situazioni lavorative quali il servizio in sedi disagiate;
- una componente correlata ai risultati conseguiti rispetto agli obiettivi assegnati (retribuzione di risultato); ai sensi dell'articolo 21 del d.lgs. n. 139/2000, la retribuzione di risultato è attribuita secondo i parametri definiti dal procedimento negoziale, tenendo conto della efficacia, della tempestività e dell'efficienza del lavoro svolto.

L'articolo 22 del d.lgs. n. 139, poi, prescrive che l'Amministrazione dell'in-

[12] Si veda al riguardo il d.m. 27 marzo 2006, di graduazione dei posti di funzione, come modificato dai successivi d.m. 28 marzo 2007 e dal d.m. 19 luglio 2013.

terno provveda alla "copertura degli oneri finanziari" per l'assicurazione a copertura dei rischi professionali destinando una aliquota percentuale dei compensi corrisposti al personale della carriera prefettizia per l'espletamento di una serie di incarichi aggiuntivi, quali i commissari presso gli enti locali, e degli incarichi "comunque conferiti dall'amministrazione presso cui il funzionario prefettizio presta servizio o su designazione della stessa e non direttamente inerenti ai compiti e ai doveri d'ufficio".

Infine, il d.P.R. n. 316/2001 (cfr. l'articolo 20) ha lasciato espressamente fuori dalla omnicomprensività della retribuzione la funzione elettorale e la funzione emergenziale di protezione civile (oltre a salvaguardare l'indennità di bilinguismo). Per i soli Prefetti – cui la legge 121/1981 riconosceva l'indennità di pubblica sicurezza nella misura intera in quanto Autorità provinciali di p.s. – l'articolo 21, comma 3, del d.P.R. n. 316/2001 ha previsto il mantenimento di tale separato emolumento nelle misure spettanti al momento dell'entrata in vigore del d.lgs. n. 139/2000.

Come già evidenziato, il trattamento economico è una delle materie più importanti attribuite alla disciplina individuata attraverso il procedimento negoziale. Le norme del d.lgs. n. 139/2000 relative al trattamento economico (articoli 19-21) dettano soltanto delle norme generali, descrivendo le componenti della retribuzione.

La retribuzione di posizione si è arricchita, nelle tornate contrattuali, di una distinzione interna, mutuata dal contratto collettivo nazionale di lavoro dei dirigenti contrattualizzati: parte fissa e parte variabile, legata alla graduazione della posizione funzionale ricoperta.

Va ricordata anche un'importante norma di principio contenuta nella legge delega 28 luglio 1999, n. 266. L'articolo 10, comma 1, lett. a), infatti, disponeva che il procedimento negoziale, "in fase di prima applicazione" avrebbe dovuto provvedere "ad utilizzare le risorse disponibili in funzione del riequilibrio delle retribuzioni della carriera prefettizia rispetto a quelle della dirigenza ministeriale contrattualizzata, eliminando ogni eventuale sperequazione". Lo stesso articolo 10, comma 1, tal fine, prevedeva che "le risorse annualmente destinate dal bilancio dello Stato e dalle leggi finanziarie ai miglioramenti retributivi sono determinate nell'ambito degli stessi vincoli e delle stesse compatibilità economiche stabiliti per il personale contrattualizzato e comunque non inferiori a quelle del comparto sicurezza".

Ma la perequazione non è l'unico principio in vigore in materia di trattamento economico. Essa, infatti, opera soprattutto con riferimento all'equilibrio fra i livelli retributivi del corpo prefettizio e quelli della dirigenza ministeriale contrattualizzata; fra le diverse qualifiche dei prefettizi, invece, opera l'altro principio della parametrazione.

In particolare, il d.lgs. n. 139/2000, all'articolo 19, comma 3, prevede che "il procedimento negoziale, in relazione alla specificità ed unitarietà di ruolo della carriera prefettizia, assicura, nell'ambito delle risorse finanziarie disponibili, sviluppi omogenei e proporzionati del trattamento economico, secondo appositi parametri in tale sede definiti, rapportati alla figura apicale".

# PARTE II
ORDINE E SICUREZZA PUBBLICA

# CAPITOLO I
## Profili storico-ricostruttivi del sistema di pubblica sicurezza

di *Sergio Di Iorio*

Se è vero che l'Amministrazione dell'Interno nasce e si consolida nel tempo come apparato organizzativo statale investito di compiti e funzioni di governo e amministrazione generale, nondimeno resta tuttora valida l'idea secondo la quale il *proprium* qualificante dell'Amministrazione stessa sia ravvisabile nell'attività di polizia, particolarmente intesa come cura e mantenimento dell'ordine e della sicurezza pubblica sull'intero territorio nazionale.

I caratteri tipicamente e tradizionalmente identificativi del sistema di pubblica sicurezza attualmente vigente nel nostro Paese – "polizia centralizzata, ma diffusa sul territorio, dipendente da un Ministero apposito, professionalizzata e tesa a reprimere ma, soprattutto, a prevenire"[1] – si formarono geneticamente nel corso dell'età moderna, coagulandosi attorno alla figura del Principe e ai nascenti apparati burocratici di governo, ma già con il diritto romano aveva preso corpo l'idea di un controllo pubblico della sicurezza generale dei consociati in chiave di prevenzione dei disordini e turbative della pace e quiete sociale (*ne cives ad arma veniant vel ruant*).

L'esperienza giuridica romana, nell'arco della sua plurisecolare evoluzione diacronica (VIII sec. a.C. – VI sec. d.C.), si caratterizzò essenzialmente per la commistione funzionale tra amministrazione della giustizia (*iurisdictio)* e potere di polizia (*coercitio*); salvo notevoli eccezioni (p. es. il caso del *praefectus urbi* in età augustea, preposto alla *tutela urbis*, originariamente inquadrato solo come organo di governo e non di giurisdizione), tale ibridazione sarebbe rimasta costante dalle origini di Roma sino alla fine dell'età giustinianea.

Nelle successive età gotico-bizantina e longobarda (VI-VII sec. d.C.) si radicò stabilmente il concorso dei privati all'offerta di sicurezza pubblica e si consolidarono pertanto forme private di autogestione o servizi delegati dalle autorità centrali.

---

[1] M. Sbriccoli, *Polizia (Dir. Intermedio),* in *Enc. Dir.,* vol. XXXIV, Milano, 1985, p. 117.

Fu solo in età moderna (XVIII sec. d.C.) che, come anticipato, nacque l'attività di polizia correntemente intesa, ossia come attività funzionale di cura e mantenimento dell'ordine pubblico e della sicurezza dall'autorità sovrana connessa ad un apparato professionalizzato e centralizzato, direttamente rispondente all'autorità centrale di governo.

I primi modelli storici di sicurezza pubblica così caratterizzati apparvero negli Stati germanici e in Francia e, sull'esempio di questi, gli Stati preunitari in Italia si dotarono progressivamente di normative codificate e apparati professionali.

Le Regie Patenti del 13 luglio 1814 di Vittorio Emanuele I Re di Sardegna segnarono la genesi del più antico corpo di polizia militare: il Corpo dei Carabinieri Reali (divenuto Arma nel 1873), di cui il successivo Regolamento (Regie Patenti 12-16 ottobre 1822) delineò compiutamente lo statuto fondamentale, qualificato dalla duplice dipendenza del Corpo dal Ministero della Guerra e dal Ministero dell'Interno[2] e dall'attribuzione ad esso di compiti di tutela dell'ordine e sicurezza pubblica[3].

Nel 1848 la stagione europea delle riforme costituzionali, cui non rimase estranea l'Italia, portò con sé l'istituzione della Guardia nazionale[4], reclutata tendenzialmente tra le classi borghesi in aperta opposizione al lealismo dinastico del Corpo dei Carabinieri, geneticamente avvinto alla Corona e alle classi da essa rappresentate (aristocrazia e notabilati).

Nel medesimo anno fu varata la legge di pubblica sicurezza che introdusse un'amministrazione di pubblica sicurezza completamente di natura civile, e nel 1852 fu istituito il Corpo delle Guardie di pubblica sicurezza, incardinato nella Direzione di Polizia.

Il pluralismo delle Forze di polizia esistenti (Corpo dei Carabinieri Reali, Guardia Nazionale, Corpo delle Guardie di pubblica sicurezza) esigeva, pertanto, un coordinamento razionale, che allora, con la prima legge organica di pubblica sicurezza nazionale (legge 20 marzo 1865, n. 2248, Allegato B), si ritenne di

---

[2] Oggi come allora, *mutatis mutandis*, cfr. art. 162 Dipendenze dell'Arma dei Carabinieri d.lgs. n. 66/2010 "Codice dell'ordinamento militare": "L'Arma dei Carabinieri dipende: a) tramite il Comandante generale, dal Capo di Stato Maggiore della Difesa per quanto attiene ai compiti militari; b) funzionalmente dal Ministro dell'Interno, per quanto attiene ai compiti di tutela dell'ordine e della sicurezza pubblica" (comma 1).

[3] Allora come ora *ex* art. 155 "Istituzione e funzioni dell'Arma dei Carabinieri" d.lgs. n. 66/2010: "(...) in servizio permanente di pubblica sicurezza (...)" (comma 1).

[4] Caratteristica della Guardia Nazionale sul piano ordinamentale fu l'elettività dei propri ufficiali, sottufficiali e caporali, circostanza piuttosto atipica per un corpo militare. Il sistema elettivo venne di fatto sterilizzato con l'introduzione di un correttivo nel 1859, quando ormai il Corpo era sostanzialmente ridimensionato a tutto vantaggio del neo-istituito Corpo delle Guardie di pubblica sicurezza, di cui *infra* nel testo.

affidare alle competenze dell'autorità prefettizia, organo monocratico decentrato dello Stato, gerarchicamente dipendente dal Ministro dell'Interno e investito della rappresentanza generale del Governo sul territorio[5].

Sul finire del XIX secolo fu avviato un dibattito sull'eventuale riforma del sistema nazionale di pubblica sicurezza, caratterizzato, come fin qui delineato, dalla pluralità delle Forze di polizia, dalla centralizzazione e concentrazione statale delle stesse, nonché dal coordinamento affidato agli organi di indirizzo politico-amministrativo (Ministro, Prefetto).

Se l'Arma dei Carabinieri, Corpo militare di lunga ascendenza storica, non ne fu lambita, al contrario il più giovane sistema di pubblica sicurezza subì importanti cambiamenti. Nel 1890 fu, infatti, istituito un Corpo delle guardie di città, che avrebbe dovuto riunire le guardie di pubblica sicurezza e le guardie municipali, ma che assorbì soltanto le prime e fu preposto a compiti e servizi di polizia urbana.

Nel 1919 fu introdotto il Corpo della regia guardia di pubblica sicurezza, destinato alla soppressione nel 1922 e alla sua sostituzione, nel 1925, con il ricostituito Corpo degli agenti di pubblica sicurezza – di natura civile e militarmente organizzato, che durante il Ventennio fascista convisse con la Milizia Volontaria per la Sicurezza Nazionale (1925) e con l'OVRA o polizia segreta del regime (1930).

Nel medesimo lasso di tempo, subentrando alla legge crispina del 1890, entrò in vigore una nuova normativa di pubblica sicurezza (r.d. 18 giugno 1931, n. 773, Testo Unico delle Leggi di Pubblica Sicurezza – T.U.L.P.S.) che, seppur concepita come fonte regolatrice di polizia amministrativa, si rivelò nei fatti un essenziale strumento giuridico di controllo e legittimazione degli interventi repressivi delle Forze di polizia sulle manifestazioni di dissenso verso il regime.

La normativa postbellica degli anni 1943-1945 mosse verso la ri-militarizzazione della polizia, trasformando il preesistente contingente di agenti nel Corpo delle guardie di pubblica sicurezza (1944). La natura militare – riservata, s'intende, alle guardie, sottufficiali ed ufficiali, con esclusione del personale della carriera direttiva della Polizia di Stato – sarebbe rimasta inalterata, traguardando l'avvento della Costituzione repubblicana[6], fino alla legge 1 aprile 1981, n. 121

[5] Con l'attribuzione al Prefetto (già Intendente nel 1848 e Governatore nel 1859), tra l'altro, del potere di "sovraintende[re] alla pubblica sicurezza [...], disporre della forza pubblica, e di richiedere la forza armata" (art. 3, l. 20 marzo 1865, n. 2248, allegato A), l'organizzazione delle Forze di polizia s'intrecciò a fil doppio con l'istituto prefettizio, la cui posizione istituzionale, come è stato autorevolmente osservato, "riveste un rilievo non inferiore a quello delle regole che disciplinano gli specifici corpi di polizia"(G. CORSO, *L'ordine pubblico*, Bologna, 1979, p. 41).

[6] Con l'entrata in vigore della Costituzione (1948) l'organizzazione preesistente delle Forze di polizia non risultava più legittimata alla luce dei principi di ispirazione liberale e democratica in essa formulati; negli anni immediatamente successivi, pertanto, riprese vigore un dibattito in-

recante il "Nuovo ordinamento dell'Amministrazione della pubblica sicurezza", comunemente intesa come "riforma della Polizia"[7].

Con riserva di più approfondita disamina nel prosieguo della trattazione, interessa qui solo evidenziare, in una prospettiva di esame storico-evolutivo, i profili innovativi della riforma del 1981.

Innanzitutto, la riforma ha consentito la "smilitarizzazione" del Corpo, aggregando e unificando, sotto il *nomen* di Polizia di Stato, in ruoli di personale civile ad ordinamento speciale, i preesistenti e distinti ruoli del Corpo delle guardie di pubblica sicurezza, dei funzionari civili di pubblica sicurezza e delle ispettrici ed assistenti del Corpo di Polizia femminile[8], contestualmente soppressi. Parallelamente sono state legittimate forme di sindacalizzazione, sia pure di configurazione particolare, per consentire la rappresentanza degli interessi di categoria del personale di polizia.

La novità di maggiore rilievo fu la riconfigurazione del completo sistema dell'amministrazione di pubblica sicurezza che si articola in una rete di autorità responsabili distinte per livelli (nazionale, provinciale, locale) e funzioni (politico-amministrativa, tecnico-operativa), il cui vertice unitario è la figura della "Autorità nazionale di pubblica sicurezza", individuata nel Ministro dell'Interno, definito altresì "responsabile della tutela dell'ordine e della sicurezza pubblica" (art. 1, legge n. 121/1981 e art. 1, legge n. 78/2000). Le direttive e gli ordini del Ministro in materia informano l'attività del Dipartimento di Pubblica Sicurezza, cui è preposto il Capo della Polizia – Direttore Generale di Pubblica Sicurezza (art. 5, legge n. 121/1981). Codificato espressamente il pluralismo delle Forze di

---

vero mai sopito sullo stato delle Forze di polizia nell'ordinamento italiano, da cui sortì, in linea con il mutato contesto socio-economico del Paese e la diffusione di nuove sensibilità culturali e politiche, un'istanza pressante di riforma organica della pubblica sicurezza, che si rivelasse capace di forgiare "Forze dell'ordine tecnicamente e culturalmente più preparate ad affrontare le nuove sfide di una società avanzata e travagliata da gravi contrasti politico-sociali" (M. DI RAIMONDO, *Ordine pubblico e sicurezza pubblica. Profili ricostruttivi e applicativi*, Torino, 2009, p. 63). Tale domanda fu dunque intercettata con la riforma di cui appresso e diffusamente nel testo.

[7] L'impianto generale del testo di riforma ha resistito nel corso degli anni e risulta confermato dalla legge 31 marzo 2000, n. 78 e dal d.P.R. 22 marzo 2001, n. 208, che ad essa non hanno apportato modifiche normative di natura sostanziale. Mette conto qui segnalare, in prospettiva *de lege ferenda,* che con d.m. 29 giugno 2011 il Ministro dell'Interno ha istituito una Commissione di studio per l'aggiornamento della legge n. 121/1981, investita del mandato di formulare proposte normative di rivisitazione.

[8] Alla fine del 1959 venne istituito un Corpo di Polizia Femminile, costituito da ispettrici ed assistenti, ad ordinamento civile, con compiti prevalenti di polizia di "buon costume" e prevenzione della prostituzione e della delinquenza giovanile.

polizia[9], la legge ne demanda *ex professo* il coordinamento al Ministro dell'Interno in ambito nazionale e al Prefetto, "Autorità provinciale di pubblica sicurezza", entro il territorio di sua competenza (art. 13, legge n. 121/1981), coadiuvati a tal fine rispettivamente dal Comitato nazionale (artt. 18 e 19 legge n. 121/1981) e provinciale per l'ordine e la sicurezza pubblica (art. 20 legge n. 121/1981).

La riforma abbandona il rapporto di sovraordinazione gerarchica tra Prefetto e Questore – riconosciuto anch'egli "autorità provinciale di pubblica sicurezza" (art. 14, legge n. 121/1981) – di cui, tuttavia, caratterizza il relativo potere di coordinamento in senso tecnico-operativo, anche in ordine alla sua distinzione dall'omologa potestà prefettizia. Completa idealmente l'architettura del sistema la ricognizione normativa dei compiti istituzionali assegnati alla Polizia di Stato, dalla cui elencazione si coglie palpabilmente l'istanza di riallineamento e armonizzazione della funzione di pubblica sicurezza con i valori fondanti un ordinamento statale di natura democratica e liberale[10].

Anche l'Arma dei Carabinieri, nel tempo evolutasi e raffinatasi soprattutto nelle tecniche investigative e negli scenari internazionali di guerra e di operazioni di *peacekeeping*, è stata interessata da un intervento normativo di rilievo (legge 31 marzo 2000, n. 78) che l'ha elevata al rango di Forza Armata autonoma, *status* che consente all'Arma di potersi dotare di un Comandante Generale proveniente dagli Ufficiali dei suoi ranghi[11].

Il processo di evoluzione normativa si è recentemente concluso con due distinti provvedimenti di pari data, l'uno di rango primario (d.lgs. 15 marzo 2010, n. 66 recante il "Codice dell'ordinamento militare") e l'altro secondario (il d.P.R.

---

[9] Art. 16 legge n. 121/1981: "Ai fini della tutela dell'ordine e della sicurezza pubblica, oltre alla Polizia di Stato sono Forze di polizia, fermi restando i rispettivi ordinamenti e dipendenze: a) l'Arma dei Carabinieri, quale Forza Armata in servizio permanente di pubblica sicurezza; b) il Corpo della Guardia di Finanza, per il concorso al mantenimento dell'ordine e della sicurezza pubblica. Fatte salve le rispettive attribuzioni e le normative dei vigenti ordinamenti, sono altresì Forze di polizia e possono essere chiamati a concorrere nell'espletamento di servizi di ordine e sicurezza pubblica il Corpo degli agenti di custodia (ora agenti di Polizia penitenziaria, nda) e il Corpo Forestale dello Stato. Le Forze di polizia possono essere utilizzate anche per il servizio di pubblico soccorso".

[10] Art. 24 legge n. 121/1981 (Compiti istituzionali della Polizia di Stato): "La Polizia di Stato esercita le proprie funzioni al servizio delle istituzioni democratiche e dei cittadini sollecitandone la collaborazione. Essa tutela l'esercizio delle libertà e dei diritti dei cittadini; vigila sull'osservanza delle leggi, dei regolamenti e dei provvedimenti della pubblica autorità; tutela l'ordine e la sicurezza pubblica; provvede alla prevenzione e alla repressione dei reati; presta soccorso in caso di calamità ed infortuni".

[11] *Ex adverso* la carica apicale di Capo di Stato Maggiore della Difesa, alto consigliere tecnico-militare del Ministro della Difesa, alle cui dirette dipendenze è posto, resta inaccessibile agli alti ufficiali dei Carabinieri (art. 25, comma 1, d.lgs. n. 66/2010).

15 marzo 2010, n. 90 recante il "Testo unico delle disposizioni regolamentari in materia di ordinamento militare, a norma dell'art. 14 legge 28 novembre 2005, n. 246"), con cui si è inteso realizzare un'operazione meritoria di raccolta e concentrazione in un'unica *sedes materiae* delle preesistenti disposizioni distintamente applicabili agli ordinamenti delle Forze Armate, per l'innanzi disperse in una pluralità di diverse normative settoriali.

Anche per la Forza Armata dei Carabinieri, dunque, risulta allo stato disponibile una disciplina ordinamentale organicamente raccolta in un codice unico per tutte le Forze Armate.

# CAPITOLO II
# La definizione dei concetti di ordine e sicurezza pubblica

di *Alessandro Romeo*

SOMMARIO: II.1. Premessa. – II.2. La nozione di ordine pubblico, secondo il dettato costituzionale precedente la riforma del 2001. – II.3. La definizione normativa del concetto di ordine pubblico e l'evoluzione della giurisprudenza costituzionale. – II.3.1. Configurabilità di un autonomo diritto alla sicurezza. – II.3.2. La sicurezza nazionale: definizione, caratteri e profili distintivi rispetto alla nozione di ordine e sicurezza pubblica.

## II.1. Premessa

I concetti di ordine e sicurezza pubblica hanno, da sempre, stimolato vivaci dibattiti in ambito giuridico, sia a livello giurisprudenziale che dottrinale e le relative accezioni sono state fortemente caratterizzate dagli ordinamenti politici susseguitisi nel corso della storia d'Italia.

Pur avendo la nozione di ordine pubblico un rilievo polisemantico, il presente lavoro si concentrerà sul profilo pubblicistico, ponendo in evidenza come le esigenze sottese alla sicurezza dei cittadini non debbano contrapporsi alle libertà fondamentali garantite dalla Costituzione, ma rappresentino, invece, condizione essenziale, per garantirne il pacifico godimento ed esercizio.

Com'è noto, la nostra Carta fondamentale contemplò, originariamente, il termine sicurezza e non anche quello di ordine pubblico, quest'ultimo inserito poi nell'art. 117 Cost. soltanto a seguito della revisione del Titolo V, attribuendone la competenza legislativa esclusiva allo Stato.

Si tenterà di seguito di ricostruire le principali tappe giurisprudenziali e normative che hanno contribuito a specificare i concetti di ordine e sicurezza pubblica, delineando l'assetto organizzativo e funzionale del sistema e dando atto dei modelli in tema di sicurezza partecipata, sicurezza urbana e sicurezza integrata, che si caratterizzano per la partecipazione di attori diversi da quelli istituzionali a ciò preposti.

## II.2. La nozione di ordine pubblico, secondo il dettato costituzionale precedente la riforma del 2001

Fino alla legge di revisione del 2001, l'ordine pubblico non è menzionato in alcuna disposizione costituzionale, nonostante i molteplici tentativi, in Assemblea Costituente, di introdurre nella Costituzione la relativa nozione. L'esperienza autoritaria del regime fascista, facendo leva su una visione ideale di ordine pubblico, compresse fortemente le libertà dei singoli, spesso in assenza di una solida base normativa, rendendo poi impossibile una riproposizione, nella nostra Carta fondamentale, del suddetto concetto, inteso quale limite generale all'esercizio delle libertà costituzionalmente garantite.

L'Autorità di pubblica sicurezza svolgeva, in quel periodo, un'attività di prevenzione sull'esercizio delle libertà individuali, talmente incisiva che anche la semplice critica o messa in discussione delle istituzioni o dell'ideologia dominante rappresentava un pericolo per il sistema ed era, pertanto, vietata.

Per tali ragioni di carattere storico-politico, il concetto di ordine pubblico, eccessivamente generico, non trovò spazio nel testo costituzionale, mentre in molte disposizioni fu inserito quello di sicurezza pubblica che, sebbene evocativo di quello di ordine pubblico, ne richiama un'accezione materiale quale "condizione pacifica di una convivenza immune da violenza" e non come ordine pubblico ideale, ovvero complesso di principi inderogabili sottratti al dibattito e alla possibilità di modifica"[1].

Tra le diverse norme costituzionali che richiamano il concetto di sicurezza, si pensi all'art. 17 Cost. che "riconosce e garantisce ai cittadini la libertà di riunirsi pacificamente e senz'armi, anche in luogo aperto al pubblico, senza la necessità di richiedere il preavviso. Soltanto nel caso di riunioni in luogo pubblico deve essere dato preavviso all'Autorità di pubblica sicurezza che può vietarle per "comprovati motivi di sicurezza o incolumità pubblica".

Il limite dell'ordine pubblico, implicitamente richiamato dalle disposizioni costituzionali *sub specie* di "sicurezza ed incolumità", non ponendosi quale clausola generale, incide sulle libertà, il cui esercizio, comporta compresenza di più soggetti (diritto di riunione) o implica la possibilità di un contatto con altri soggetti (libertà di circolazione), non riguardando, invece, quelle (ad es. religiosa) a carattere tendenzialmente individuale: infatti, la presenza di più soggetti potrebbe dar luogo ad un disordine materiale lesivo della pace, della tranquillità e dell'incolumità.

La ricostruzione in chiave materiale dell'ordine pubblico è suffragata, altresì, anche da autorevole dottrina, la quale, sul punto sostiene che: "in un ordinamento

[1] G. CORSO, voce *Ordine pubblico (dir. pubbl.)*, in *Enc. Dir.*, vol. XXX, Milano, 1980, p. 1061.

liberal-democratico, il concetto di ordine pubblico, rilevi esso o non rilevi a livello di legislazione costituzionale, va ridotto al mero ordine materiale.

Inoltre, in quanto il riconoscimento di particolari diritti avvenga in una Costituzione rigida e questa ne rinvii la disciplina al legislatore ordinario o la esaurisca in mere affermazioni di principio, limitazioni preventive a tutela dell'ordine pubblico potrebbero considerarsi ammissibili a danno degli stessi, solo se norme costituzionali prevedessero specificamente tale limite come sicurezza pubblica, ordine pubblico o interesse pubblico, contestualmente conferendo alla Pubblica Amministrazione poteri preventivi per la tutela di quella finalità"[2].

Pertanto, la visione materiale dell'ordine pubblico che legittima il potere di intervento dell'Autorità di pubblica sicurezza a fini preventivi, è maggiormente rispondente ai valori costituzionali e democratici del nostro ordinamento repubblicano.

Secondo il dettato costituzionale, la "sicurezza pubblica" è intesa quale funzione essenziale che lo Stato deve assicurare per garantire l'ordine interno, insieme di azioni o condotte attraverso le quali viene perseguita la suddetta funzione, nonché quale limite all'esercizio di libertà costituzionalmente garantite.

La giurisprudenza della Corte costituzionale non sempre si è allineata all'accezione materiale dell'ordine pubblico, avvalorandone, in qualche caso, una formulazione in chiave ideale.

La Corte costituzionale, nella sentenza 16 marzo 1962, n. 19, ha sostenuto la concezione ideale affermando che: "nel regime consacrato dalla Costituzione vigente e basato sull'appartenenza della sovranità al Popolo, sull'uguaglianza dei cittadini e sull'impero della legge, l'ordine pubblico – la cui esigenza, per quanto altrimenti esplicato rispetto agli ordinamenti autoritari, non è affatto estranea agli ordinamenti democratici e legalitari – va identificato in un sistema giuridico nel quale gli obiettivi consentiti ai consociati e alle formazioni sociali non possono essere realizzati, se non con gli strumenti e attraverso i procedimenti previsti dalle leggi, onde non è consentito pretendere di introdurvi modificazioni o deroghe attraverso forme di coazione o addirittura di violenza".

In tale pronuncia la Corte ha attribuito valenza generale alla clausola dell'ordine pubblico, considerata quale limite implicito di tutte le libertà fondamentali e non soltanto di quelle per le quali esiste un'apposita disposizione costituzionale che ne fa menzione espressa.

La legge cost. 18 ottobre 2001, n. 3 – riformando il Titolo V della Carta costituzionale – ha introdotto il termine ordine pubblico accanto a quello di sicurezza pubblica, materia assegnata alla competenza legislativa esclusiva dello Stato, con

[2] A. PACE, *Ordine pubblico, ordine pubblico costituzionale, ordine pubblico secondo la Corte costituzionale,* in *Giur. Cost.*, 1971, p. 1783.

l'eccezione della polizia amministrativa locale rientrante tra le materie di competenza legislativa regionale residuale.

In tema di sicurezza, in un quadro generale e complessivo, fermo restando il ruolo prevalente esercitato dalle Forze di Polizia nell'attività di prevenzione e repressione delle condotte criminose, si vanno affermando gli interventi e le misure di ulteriori soggetti quali Regioni, Enti locali, associazioni di volontariato in materia di degrado urbano e sociale, di assistenza alle vittime di particolari reati quali lo sfruttamento della prostituzione o la riduzione in schiavitù, ecc., di educazione alla legalità, ecc.

In molti dei settori descritti l'intervento di tali soggetti si inquadra in un ambito di sicurezza integrata, ossia in quell'insieme di misure che fungono da integrazione e supporto all'azione delle Forze di Polizia statali.

## II.3. La definizione normativa del concetto di ordine pubblico e l'evoluzione della giurisprudenza costituzionale

A Costituzione invariata, il legislatore ordinario specifica, per la prima volta, i concetti di ordine e sicurezza pubblica sul finire degli anni '90, con l'emanazione del d.lgs. 31 marzo 1998, n. 112, di attuazione della legge 15 marzo 1997, n. 59, in materia di conferimento di funzioni e compiti alle Regioni ed agli Enti locali, di riforma della pubblica amministrazione e di semplificazione amministrativa.

In particolare, l'art. 159, comma 2 del suddetto decreto legislativo considera in modo unitario l'ordine e la sicurezza pubblica stabilendo che "le funzioni ed i compiti amministrativi relativi all'ordine pubblico e sicurezza pubblica di cui all'articolo 1, comma 3, lettera l), della legge 15 marzo 1997, n. 59, concernono le misure preventive e repressive dirette al mantenimento dell'ordine pubblico, inteso come il complesso dei beni giuridici fondamentali e degli interessi pubblici primari sui quali si regge l'ordinata e civile convivenza nella comunità nazionale, nonché alla sicurezza delle istituzioni, dei cittadini e dei loro beni".

La legislazione delegata identifica l'ordine pubblico nel complesso dei beni giuridici fondamentali e degli interessi primari, recependo un consolidato orientamento della giurisprudenza costituzionale antecedente l'entrata in vigore del d.lgs. n. 112/1998.

La Corte, attraverso numerose pronunce, ha chiarito, altresì, la differenza tra polizia di sicurezza e polizia amministrativa.

A titolo esemplificativo si cita, tra tutte, la sentenza n. 1013 del 1988 in materia di polizia delle cave, ove la Consulta è stata chiamata a pronunciarsi sulla titolarità del potere di autorizzare scavi ravvicinati a norma degli artt. 104 e 105 d.P.R. 9 aprile 1959, n. 128, in particolare se lo stesso appartenesse allo Stato, in quanto funzione attinente alla pubblica sicurezza ai sensi dell'art. 4 d.P.R. n. 616/1977, oppure fosse attribuito alle Regioni, quale competenza trasferita alle stesse, in base agli artt. 9 e 62, comma 3, d.P.R. n. 616/1977, in attuazione degli artt. 117 e 118 Cost.

Dopo aver chiarito che le funzioni di polizia afferenti alla pubblica sicurezza sono quelle concernenti "le misure preventive e repressive dirette al mantenimento dell'ordine pubblico, inteso come il complesso dei beni giuridici fondamentali o degli interessi pubblici primari sui quali, in base alla Costituzione e alle leggi ordinarie, si regge l'ordinata e civile convivenza dei consociati della comunità nazionale", la Corte ha specificato che i beni giuridici fondamentali sono "l'integrità fisica o psichica delle persone, la sicurezza dei possessi, la fede pubblica ed ogni altro bene giuridico che l'ordinamento ritiene, in un determinato momento storico, di primaria importanza per la propria esistenza e per il proprio funzionamento".

Le funzioni di polizia amministrativa, invece, consistono in una serie di misure preventive e repressive primariamente dirette a tutelare la sicurezza delle attività materiali svolte da pubbliche amministrazioni e, più precisamente a garantire che, con lo svolgimento di dette attività, non si arrechino danni o pregiudizi alle persone o alle cose, senza che ne risultino lesi o messi in pericolo i beni o gli interessi tutelati.

La polizia amministrativa, dunque, ha natura "strumentale" rispetto ai compiti ed alle funzioni di amministrazione attiva conferiti dallo Stato alle Regioni ed agli Enti locali, ai sensi del d.P.R. n. 616/1977 e del d.lgs. n. 112/1998.

In particolare, tali caratteristiche trovano conferma nell'art. 161 d.lgs n. 112/1998, laddove è stabilito che sono proprie delle Regioni e degli Enti locali tutte le funzioni ed i compiti di polizia amministrativa nelle materie rispettivamente trasferite o attribuite, salvo le competenze riservate allo Stato di cui al precedente art. 160.

Non possono quindi essere oggetto di conferimento alle Regioni ed agli Enti locali, costituendo prerogativa esclusiva dello Stato, le funzioni ed i compiti amministrativi riconducibili alle materie indicate dall'art. 1, comma 3, d.lgs. n. 112/1998, tra cui anche l'ordine pubblico e la sicurezza pubblica.

Ai sensi dell'art. 19, comma 4, d.P.R. n. 616/1977, anche nell'ambito delle funzioni di "polizia amministrativa" conferite agli Enti Locali, residua in capo al Prefetto un sostanziale potere di sospensione, annullamento o revoca di licenze o autorizzazioni di attività economiche private rilasciate dal Comune soltanto per ragioni di ordine e sicurezza pubblica, così come ribadito dalla Corte costituzionale con sentenza n. 77/1987.

Il rispetto dei principi dell'autonomia e del decentramento esclude ogni possibilità di ingerenza dello Stato nelle discrezionali valutazioni spettanti agli Enti locali territoriali nell'esercizio di funzioni ad essi attribuite; conseguentemente, il previsto intervento prefettizio nell'espletamento delle funzioni di polizia amministrativa da parte dei Comuni non si giustifica se non nell'ipotesi in cui, in connessione con l'esercizio di esse, emergano esigenze di sicurezza pubblica (prevenzione dei reati o mantenimento dell'ordine pubblico) il cui assolvimento è riservato allo Stato.

Altra disposizione normativa che evidenzia la differenza tra la polizia di sicurezza e la polizia amministrativa è l'art. 100 r.d. 18 giugno 1931, n. 773 ("Testo unico delle leggi di pubblica sicurezza", d'ora in avanti T.U.L.P.S.), laddove si prevede il potere del Questore "di sospendere la licenza di un esercizio nel quale sono avvenuti tumulti o gravi disordini, o che sia abituale ritrovo di persone pregiudicate o pericolose o che, comunque costituiscano un pericolo per l'ordine pubblico, per la moralità pubblica e il buon costume o per la sicurezza dei cittadini, nonché di revocarla qualora si ripetano gli stessi fatti che hanno determinato la sospensione dell'attività".

Nonostante la norma richiamata sia piuttosto chiara nel delineare le prerogative 'questorili', la giustizia amministrativa è dovuta intervenire più volte per annullare provvedimenti sindacali che, illegittimamente, sospendevano o revocavano la licenza di un esercizio pubblico per motivi di ordine e sicurezza pubblica, invadendo la sfera di competenza statale.

Proprio le esigenze "di sicurezza" richiamate dall'art. 100 T.U.L.P.S. legittimano un'autorità amministrativa diversa (Questore) da quella che ha rilasciato il provvedimento autorizzatorio per gli esercizi pubblici (Sindaco) ad adottare i conseguenti provvedimenti di sospensione o revoca.

Sulla natura dei poteri esercitati dal Questore, il Consiglio di Stato[3] ha confermato che "i provvedimenti di sospensione e revoca delle licenze di commercio per motivi di ordine pubblico e di pubblica sicurezza, non rientrano tra i compiti di polizia di amministrativa trasferiti alle Regioni ed ai Comuni ai sensi del d.P.R. n. 616/1977, venendo in considerazione competenze e funzioni relative ad ambiti che erano e restano riservati allo Stato, in quanto attinenti alla salvaguardia dell'ordine e della sicurezza pubblica.

In relazione a tali premesse, deve ritenersi tuttora esistente il potere del Questore di sospendere la licenza di un esercizio che sia abituale ritrovo di persone pregiudicate o pericolose, in quanto trattasi di esercizio di un potere a salvaguardia dell'ordine della sicurezza pubblica.

L'interpretazione formulata dalla giurisprudenza costituzionale dei concetti di ordine e sicurezza pubblica alla luce della revisione costituzionale del Titolo V è stata senza dubbio 'restrittiva', sia rispetto ad altri tipi di sicurezza, sia rispetto alla polizia amministrativa locale, quest'ultima sottratta alla legislazione esclusiva dello Stato e demandata alla potestà normativa regionale.

[3] Cons. St., Sez. IV, sent. 25 novembre 2003, n. 7777.

La Corte, nella sentenza n. 290/2001 – precedente alla riforma del Titolo V – ha evidenziato che la nozione di ordine e sicurezza pubblica *ex* art. 159, comma 2, d.lgs. n. 112/1998 conferma l'orientamento tradizionale, ed ha precisato che la riserva statale in materia riguarda "le funzioni primariamente dirette a tutelare beni fondamentali, quali l'integrità fisica o psichica delle persone, la sicurezza dei possessi ed ogni altro bene che assume primaria importanza per l'esistenza stessa dell'ordinamento. È dunque in questo senso che deve essere interpretata la locuzione interessi pubblici primari utilizzata nell'art. 159, comma 2: non qualsiasi interesse pubblico alla cui cura siano preposte le pubbliche amministrazioni, ma soltanto quegli interessi essenziali al mantenimento di un'ordinata convivenza civile. Una siffatta precisazione è necessaria ad impedire che una smisurata dilatazione della nozione di sicurezza e ordine pubblico si converta in una permanente competenza statale in relazione a tutte le attività che vanificherebbe ogni ripartizione di compiti tra le Autorità statali di Polizia e le Autonomie locali".

Pertanto, l'interpretazione restrittiva del concetto di sicurezza pubblica ha consentito alle Regioni di istituire e regolamentare, attraverso proprie leggi, un sistema di sicurezza integrato caratterizzato da una serie di interventi – quali la riqualificazione delle aree urbane degradate e la prevenzione di situazioni di disagio sociale – che contribuiscono all'ordinata e civile convivenza della comunità regionale, supportando l'attività delle Forze di Polizia che sono preposte alla prevenzione e repressione dei reati.

Le Regioni possono concorrere a garantire, nel proprio territorio, condizioni di sicurezza dei cittadini ed a diffondere i principi di un'ordinata e pacifica convivenza civile nella legalità democratica[4]: si pensi alle leggi regionali che istituiscono Comitati scientifici con compiti di analisi e studio dei fenomeni criminosi in senso lato, previa ricognizione dei dati significativi sul territorio regionale e ricerca mirata, a livello nazionale ed europeo, all'approfondimento delle tecniche e dei sistemi di sicurezza. In tal caso, l'attività di studio e ricerca, avente carattere scientifico, è di per sé inidonea a ledere la sfera di competenza legislativa esclusiva dello Stato afferente alla materia dell'ordine e della sicurezza pubblica *ex* art. 117 Cost., comma 2, lett. h), che si identifica con gli interventi finalizzati alla prevenzione dei reati ed al mantenimento dell'ordine pubblico.

Le Regioni, nell'ambito di una sicurezza partecipata hanno adottato appositi provvedimenti legislativi finalizzati ad esaltare il proprio contributo.

A titolo esemplificativo, basti pensare alla legge della Regione Umbria 3 luglio 2002, n. 29 ("Politiche per garantire il diritto alla sicurezza dei cittadini") che all'art. 2 ha definito la tipologia degli interventi volti a migliorare la sicurezza delle comunità locali riguardanti in particolare: a) la riqualificazione e rivitalizza-

[4] Corte cost., sent. n. 105/2006.

zione del territorio con interventi finalizzati alla dissuasione delle manifestazioni di microcriminalità diffusa; b) il rafforzamento della prevenzione sociale nei confronti delle aree e dei soggetti a rischio, con particolare attenzione al controllo dei processi che favoriscono l'esposizione ad attività criminose; c) il potenziamento della polizia locale, anche mediante l'acquisizione e la modernizzazione delle dotazioni tecniche e strumentali, il miglioramento dell'efficienza delle sale operative e il loro collegamento con le sale operative delle Forze di Polizia e con gli altri organismi preposti alla tutela dei cittadini; d) la prevenzione e la riduzione dei danni derivanti da atti vandalici ecc.

La competenza esclusiva statale in materia di ordine e sicurezza pubblica talvolta viene lesa o messa in pericolo da interventi normativi delle Regioni e delle Province autonome in ambiti che implicano un apparente concorso di competenze ed impongono, pertanto, l'applicazione del criterio della cd. 'prevalenza' al fine di stabilire se la sicurezza debba essere considerata 'dominante'.

In particolare, pronunciandosi sulla questione di legittimità costituzionale degli artt. 12 e 13 legge 11 marzo 2005, n. 3 della Provincia autonoma di Trento promossa in via diretta dal Governo per violazione dell'art. 117, comma 2, lett. h), Cost. e degli artt. 11 e 12 legge cost. 26 febbraio 1948, n. 5 (Statuto speciale per il Trentino-Alto Adige), la Corte ha invalidato tali disposizioni nella parte in cui attribuivano ad un regolamento provinciale il compito di determinare il numero massimo di apparecchi e di congegni automatici, semiautomatici ed elettronici di trattenimento o di gioco di abilità, la cui disciplina è contenuta in un'apposita fonte statale (art. 110 T.U.L.P.S.), che possono essere installati presso esercizi pubblici.

La Consulta ha ritenuto, infatti, che sussistesse un conflitto tra le norme impugnate e l'art. 12 dello citato Statuto speciale, a fronte della previsione di una limitazione della potestà legislativa delle Province autonome in materia di esercizi pubblici, facendo salvi i "i requisiti soggettivi richiesti dalle leggi dello Stato per ottenere le licenze, i poteri di vigilanza dello Stato, ai fini della pubblica sicurezza, la facoltà del Ministero dell'Interno di annullare d'ufficio, ai sensi della legislazione statale, i provvedimenti adottati in materia, anche se definitivi".

La materia oggetto del giudizio di costituzionalità è regolamentata compiutamente dall'art. 110 T.U.L.P.S., che definisce gli apparecchi ed i congegni automatici, semiautomatici ed elettronici d'azzardo (vietati), nonché gli apparecchi ed i congegni idonei per il gioco lecito (consentiti), sanziona la violazione del divieto dei giochi d'azzardo, stabilisce delle prescrizioni in relazione ai giochi leciti, quali il divieto di utilizzo per i minorenni, la tipologia dei luoghi in cui possono essere installati, il limite massimo del loro numero in relazione alle dimensioni, ecc.

Tale *corpus* normativo afferisce alla materia dell'ordine e della sicurezza pubblica di esclusiva competenza statale, da considerarsi prevalente, pur sussistendo profili connessi allo svolgimento dell'attività da parte degli esercenti un pubblico esercizio, settore demandato dallo Statuto speciale alla competenza delle Province autonome.

Applicando il criterio della prevalenza, quindi, rientra nell'ambito dell'ordine e della sicurezza pubblica non soltanto la disciplina dei giochi d'azzardo, ma anche quella dei giochi leciti, che presentano elementi di abilità e di aleatorietà.

La forte capacità di attrazione e l'elevata probabilità di usi illeciti anche dei giochi leciti, fa si che la determinazione del numero massimo di apparecchiature installabili in un pubblico esercizio risponda alle esigenze di prevenzione e repressione dei reati e, pertanto, rientri nella materia dell'ordine e della sicurezza pubblica attribuita alla potestà legislativa esclusiva dello Stato.

La giurisprudenza della Corte successiva alla riforma del 2001 ha poi differenziato l'ordine e la sicurezza pubblica sia da materie di competenza esclusiva statale, sia da materie di competenza regionale concorrente o residuale.

In relazione alle molteplici declinazioni che la sicurezza può avere (sicurezza tecnica, sicurezza ambientale, sicurezza sul lavoro, ecc.), la sentenza n. 407/2002 ha precisato che la disciplina delle attività a rischio di incidenti rilevanti (sicurezza ambientale) non rientra nella materia dell'ordine e della sicurezza pubblica di cui all'art. 117, comma 2, lett. h Cost.).

La pronuncia in esame ribadisce che l'art. 117, comma 2, lett. h) Cost. riproduce integralmente l'art. 1, comma 3, lett. l), della legge n. 59/1997 ed induce – in ragione della connessione testuale con l'ordine pubblico e dell'esclusione esplicita della polizia amministrativa locale, nonché in base ai lavori preparatori – ad un'interpretazione restrittiva della nozione di sicurezza pubblica.

Sia a livello legislativo che a livello giurisprudenziale, emerge un significato unitario dell'ordine pubblico e della sicurezza pubblica, trovandosi di fronte non già ad una dicotomia, bensì ad un'endiadi, come sostenuto anche dalla dottrina[5] che ritiene che le due locuzioni esprimano un unico concetto per mezzo di due termini coordinati.

La differenziazione dei relativi significati, invece, contribuiva a contrapporre una dimensione ideale di ordine pubblico, ampliando di molto le restrizioni delle situazioni soggettive degli amministrati, configurandosi cause potenziali di disordine rispetto alle quali era molto difficile cogliere il nesso di causalità con l'offesa dell'ordine pubblico materiale (che coincideva con la sicurezza pubblica).

A seguito dell'entrata in vigore della Costituzione, l'accezione ideale dell'ordine pubblico, quale limite implicito a tutte le libertà civili e politiche, avrebbe comportato delle conseguenze fortemente negative ed inaccettabili in un ordinamento repubblicano e democratico, sicché il pericolo per l'ordinata e civile con-

[5] G. Caia, *in Nuovi Orizzonti della sicurezza urbana,* Bologna, 2008, p. 79 ss.

vivenza dei consociati dovette assumere una connotazione materiale e riferirsi a condotte in concreto idonee a mettere in pericolo l'ordine pubblico.

L'ordine pubblico – concepito come il complesso dei beni giuridici fondamentali e degli interessi pubblici primari – nell'ambito del diritto di polizia e della sicurezza pubblica risulterebbe alquanto vago ed indeterminato, comportando il rischio per l'Amministrazione di porre in essere atti arbitrari.

L'oggetto dell'attività di polizia, infatti, non può essere un sistema astratto di valori che l'Autorità di pubblica sicurezza riempie di volta in volta attraverso propri provvedimenti che incidono sulle libertà individuali.

In tal senso, deve precisarsi che l'accezione dell'ordine pubblico ideale, costituzionalmente orientata, non è incompatibile con quella di ordine pubblico materiale, maggiormente rispondente alle esigenze dell'attività di polizia.

Infatti, l'Autorità di pubblica sicurezza – previa valutazione della concreta sussistenza del rischio per l'ordine pubblico, da interpretarsi non già quale contrasto astrattamente configurabile con un sistema di valori, bensì quale situazione di fatto di pericolo per la tranquillità dei cittadini – è legittimata ad adottare tutti i provvedimenti che garantiscono ed assicurano l'ordine pubblico materiale, consistente nell'ordinato svolgimento della vita associata in assenza di turbative.

L'ordine pubblico ideale, quindi, in una prospettiva costituzionalmente orientata, costituirebbe la *ratio* dell'attribuzione all'Autorità amministrativa di poteri di coazione finalizzati a tutelare l'ordine pubblico materiale attraverso l'attività di prevenzione dei reati.

Orbene, la dimensione ideale e quella materiale di ordine pubblico non sono contrapposte, bensì congiunte, poiché l'Autorità di pubblica sicurezza interviene laddove sussista la possibilità di una concreta minaccia per l'ordine pubblico (componente materiale), inteso quale complesso dei beni giuridici fondamentali e degli interessi pubblici primari su cui si regge un'ordinata convivenza civile (componente ideale).

Pertanto, ove il sistema di valori su cui si regge la convivenza della comunità nazionale venga messo in pericolo da condotte che siano concretamente idonee ad arrecare una lesione al singolo, alla collettività o alle Istituzioni, lo Stato deve intervenire a tutela dell'ordine e della sicurezza pubblica.

Alla luce dell'analisi condotta, i concetti di ordine e sicurezza pubblica devono essere interpretati in chiave unitaria, così come emerge dall'art. 159, comma 2, d.lgs. n. 112/1998 e dall'art. 117, comma 2, lett. h) Cost.

Nonostante ciò, non manca in dottrina[6] chi sostiene che esista un'autonomia concettuale dei due termini, ritenendo che, pur essendo comune l'ambito oggetti-

[6] M. DI RAIMONDO, *Ordine e Sicurezza pubblica, Profili ricostruttivi e applicativi*, op. cit., p. 223 ss.

vo, consistente in una condizione di equilibrio ed armonia tra più elementi (situazioni di fatto ma anche comportamenti umani commissivi ed omissivi), diverso è il profilo soggettivo.

L'ambito soggettivo della sicurezza pubblica è costituito dalla plurisoggettività dell'ordinamento (la comunità); nel caso dell'ordine pubblico, la situazione di fatto concerne, invece, l'apparato inteso quale complesso delle figure soggettive esponenziali e/o rappresentative della comunità di base: "la sicurezza pubblica[7] consiste in una situazione di fatto, in forza della quale una comunità di persone (in un dato ambito territoriale) vive in una condizione di equilibrio, di armonia".

### *II.3.1. Configurabilità di un autonomo diritto alla sicurezza*

Le esigenze di tutela del singolo e della collettività dalle minacce rappresentante dal terrorismo internazionale, dalla criminalità organizzata – anche transnazionale –, la crescita esponenziale dei reati predatori, sono tutti elementi che inducono ad un maggiore allarme sociale, nonché ad una domanda sempre più pressante di sicurezza da garantire sul territorio.

Sono molteplici le fonti, anche di diritto internazionale, che configurano la sicurezza quale diritto fondamentale dell'individuo.

In tal senso, l'art. 2 della "Dichiarazione dei diritti dell'uomo e del cittadino" del 1789 annoverava la sicurezza tra i diritti naturali ed inalienabili dell'uomo, accanto alla libertà ed alla proprietà; l'art. 5 della "Convenzione per la salvaguardia dei diritti dell'uomo e delle libertà fondamentali" disponeva che "Ogni persona ha diritto alla libertà ed alla sicurezza"; l'art. 3 della "Dichiarazione Universale dei diritti umani" proclamata il 10 settembre 1948 dall'Assemblea Generale dell'Onu attribuisce al singolo il diritto alla vita, alla libertà ed alla sicurezza della propria persona; le norme del "Patto internazionale dei Diritti civili e politici" considerano la sicurezza un diritto del singolo cittadino qualificandola come valore soggettivo.

Qualora si ritenesse esistente un diritto costituzionale alla sicurezza[8], si do-

---

[7] M. DI RAIMONDO, *Ordine e Sicurezza pubblica, Profili ricostruttivi e applicativi*, op. cit., p. 226.

[8] T.E. FROSINI, *Il diritto costituzionale alla sicurezza*, in *www.forumcostituzionale.it*, 2006. L'autore sottolinea come, in una fase storica caratterizzata dalla costante minaccia del terrorismo globale, la sicurezza può essere apprezzata in sé, quale elemento coessenziale alla qualità della vita delle persone e non solo come condizione per poter fare altre cose o esercitare altri diritti. "Se storicamente l'espressione diritto alla sicurezza poteva essere ritenuta una figura semantica a carattere retorico, oggi mi sembra che goda di uno status giuridico in parte autonomo – come diritto ad un'esistenza protetta, indispensabile al godimento di altri diritti di cui il soggetto è titolare – e in parte indiretto, nel senso che è complementare agli altri diritti, ovvero come istanza radicata nella nozione di benessere e qualità della vita, collettiva e individuale. Pertanto, la sicurezza può qualificarsi come bene inscindibilmente legato alla vita, alla incolumità fisica, al benessere

vrebbero individuare le correlate situazioni giuridiche soggettive passive, specificarne le prestazioni, identificare i soggetti obbligati, nonché gli strumenti di tutela giudiziaria esperibili, ecc.

Orbene, il titolare del diritto alla sicurezza dovrebbe farlo valere sia nei confronti dei consociati – i quali sarebbero tenuti, nella maggior parte dei casi ad un *neminem laedere* ed in qualche circostanza ad un obbligo specifico per consentire la realizzazione del diritto – sia nei confronti delle istituzioni pubbliche, potendo pretendere dalle stesse il compimento di una serie di interventi ed azioni a garanzia della sicurezza individuale, nonché di quella collettiva delle comunità.

Pertanto, oltre allo Stato – il cui compito è quello di garantire la pace sociale – la sicurezza sarebbe riferibile anche a ciascun individuo: costui sarebbe titolare del "diritto a un'esistenza protetta, indispensabile al godimento di altri diritti di cui è titolare in condizioni di sicurezza"[9].

Sull'esistenza del diritto costituzionale alla sicurezza si interroga parte della dottrina[10], la quale evidenzia che si dovrebbe parlare più che di "diritto alla sicurezza" di "sicurezza dei diritti", chiedendosi se la sicurezza possa assurgere al rango di diritto costituzionale dell'individuo o se invece debba essere considerata un interesse della collettività, quale limite all'esercizio delle libertà.

Seguendo l'approccio tradizionale – che trova il suo fondamento nel pensiero di Marsilio da Padova – la sicurezza si identificherebbe con la cd. *tranquillitas*, vero e proprio scopo della *civitas*, evidenziandosi, in tal modo, la prevalenza della difesa di uno *status quo ante*, ovvero di una condizione esente da disturbi che lo Stato dovrebbe assicurare al singolo ed alla collettività.

A tale concezione statica della sicurezza si affianca una dimensione dinamica o promozionale finalizzata "alla previdenza dei rischi riferita al futuro, al controllo del processo di trasformazione tecnico-scientifico della società, traducendosi primariamente in una istanza di realizzazione di una società che consenta l'espressione delle potenzialità di sviluppo degli individui"[11].

---

dell'uomo e alla qualità della sua esistenza, nonché alla dignità della persona. Da ciò ne deriva che la sua titolarità oltre che in capo allo Stato, nella forma di interesse a garantire una situazione di pace sociale, attraverso un'attività di tutela del cittadino da rischi e pericoli, è riferibile a ciascun individuo come diritto ad un'esistenza protetta, indispensabile al godimento degli altri diritti di cui è titolare in condizioni di sicurezza".

[9] T.E. FROSINI, *Il diritto costituzionale alla sicurezza*, op. cit., p. 1.

[10] "Ad assumere rilievo primario dovrebbe essere più che il diritto alla sicurezza la sicurezza dei diritti,fondamento di una politica informata alla realizzazione della libertà dal bisogno non più limitata alla protezione ma proiettata anche verso la promozione delle situazioni giuridiche soggettive affermate nelle Carte costituzionali" (M. RUOTOLO, *La sicurezza nel gioco del bilanciamento*, in *www.astrid-online.it*, 2009, p. 2).

[11] M. RUOTOLO, *La sicurezza nel gioco del bilanciamento*, op. cit., p. 2.

Facendo leva sulle argomentazioni suesposte, altra dottrina sottolinea che la sicurezza non costituisce soltanto un limite all'esercizio delle libertà negative costituzionalmente garantite, ma rappresenta anche la condizione essenziale da assicurare affinché tutti i diritti dell'individuo siano effettivamente goduti, rimuovendo quegli ostacoli che si frappongono al relativo esercizio.

Nonostante tale accezione dinamica della sicurezza sia più aderente alla visione dello Stato sociale delineata dalla Costituzione, prevale la dimensione statica legata alla conservazione dello *status quo ante* dalle minacce che possono essere arrecate all'ordine sociale dal terrorismo, dalla criminalità organizzata, ecc.

In tale ottica, la sicurezza viene apprezzata quale limite all'esercizio dei diritti fondamentali di libertà, ovvero come interesse della collettività[12].

Le argomentazioni sulle quali si fondano le posizioni di coloro che sostengono la configurabilità di un autonomo diritto alla sicurezza sono prevalentemente di carattere testuale, poiché in molte fonti di diritto internazionale se ne fa un'esplicita menzione.

In realtà, alla luce di riflessioni sia di carattere normativo che giurisprudenziale, si condivide la posizione di chi qualifica la sicurezza quale valore, ovvero limite ai diritti ed alle libertà costituzionalmente garantiti piuttosto che come vero e proprio diritto.

Lo Stato deve garantire la sicurezza pubblica ai fini della sua conservazione, ma ciò non significa che il singolo sia titolare di un diritto individuale da far valere nei confronti delle pubbliche istituzioni qualora il diritto stesso non fosse adeguatamente tutelato.

In tal caso sarebbe ammissibile un'azione del singolo nei confronti dello Stato "inadempiente", al fine di ottenere un risarcimento del danno?

La sicurezza, secondo autorevole dottrina, si comporrebbe di un profilo statico, caratterizzato dalla protezione che lo Stato assicurerebbe contro le minacce ed aggressioni portate all'integrità ed all'incolumità fisica delle persone, nonché di un profilo dinamico, consistente nella garanzia della continuità nel tempo del godimento dei diritti e di aspettative future, attraverso la prevenzione dei bisogni dell'esistenza[13].

Tale ricostruzione, però, non avvalorerebbe la tesi della sicurezza quale diritto fondamentale dell'individuo, bensì consentirebbe di parlare, piuttosto, di "sicurezza di diritti".

Ciò posto, si ritiene che l'interpretazione da preferire sia quella che considera la sicurezza come un valore della collettività, un interesse collettivo, un bene pubblico costituzionalmente rilevante, a dispetto delle molteplici fonti internazionali che la qualificano in termini di diritto fondamentale.

---

[12] M. RUOTOLO, *La sicurezza nel gioco del bilanciamento,* op. cit., p. 4 ss.

[13] P. RIDOLA, *Libertà e diritti nello sviluppo storico del costituzionalismo*, in P. RIDOLA, R. NANIA (a cura di), *I diritti costituzionali*, I, Torino, 2006, p. 144.

Orbene, la sicurezza rappresenta, quindi, un limite all'esercizio di non pochi diritti fondamentali: si pensi alla possibilità di limitare la capacità elettorale attività nei casi di soggetti sottoposti alla misura di prevenzione della sorveglianza speciale, a misure di sicurezza detentive, ecc.

In tal caso, il diritto di voto viene limitato, pur in assenza della commissione di un fatto di reato, per ragioni di ordine e sicurezza pubblica.

Il valore della sicurezza caratterizza buona parte della giurisprudenza costituzionale.

Senza dubbio, decisiva ai fini della risoluzione della questione è la decisione della Consulta n. 187/2001.

In particolare, il Gip del Tribunale di Latina aveva sollevato questione di legittimità costituzionale, in relazione agli articoli 2 e 3 Cost., degli artt. 280 e 391, comma 5, c.p.p., nella parte in cui non prevedono l'applicazione di misure cautelari coercitive, al di fuori della flagranza di reato per i reati di cui all'art. 381, comma 2, c.p.p.

In particolare, il giudice *a quo*, investito della richiesta di applicazione della custodia cautelare in carcere nei confronti di persona indagata per truffa aggravata continuata (art. 640 c.p.), ha ritenuto che l'impossibilità, nel caso di specie, di disporre tale misura in quanto il soggetto non era stato colto in flagranza di reato, si porrebbe in contrasto con l'art. 2 Cost., "in base al quale compito della Repubblica è quello di garantire i diritti inviolabili dell'uomo, tra cui rientra senza dubbio quello a vedere protetta la propria sicurezza dalla commissione di fatti puniti come reato".

In realtà, le eccezioni sollevate non sono state condivise dalla Corte, che invece ha sottolineato l'erronea invocazione da parte del giudice *a quo* dell'art. 2 Cost., "posto che tra i diritti inviolabili dell'uomo non rientra l'aspettativa dei consociati a vedere tutelata la propria sicurezza mediante una disciplina legislativa – quale quella auspicata dal rimettente – volta a generalizzare il ricorso alle misure cautelari limitative della libertà personale".

La Consulta, pertanto, ha dichiarato manifestamente infondata la questione di legittimità, escludendo che la sicurezza si possa qualificare come un vero e proprio diritto e ribadendo che spetta "esclusivamente alla discrezionalità del legislatore, determinare, nel rispetto del principio della riserva di legge stabilito dall'art. 13, comma 2, Cost., i casi in cui il giudice può disporre restrizioni della libertà personale".

Qualora si fosse riconosciuto, invece, un diritto inviolabile alla sicurezza, "esso si sarebbe posto in antitesi con le specifiche regole costituzionali che garantiscono la libertà personale"[14].

---

[14] In questo senso A. PACE, *L'accesso alla categoria "aperta" dei diritti inviolabili incontra puntuali dinieghi o anche limiti? (nota a Corte cost., ordinanza 8 giugno 2001 n. 187)*, in *Giur. cost.*, 2001, p. 1440.

Inoltre, il presunto diritto alla sicurezza, entrando nel bilanciamento con altri diritti fondamentali dell'individuo, non sarebbe più un diritto pieno, sicché una sicurezza attenuata o bilanciata si risolverebbe in una non sicurezza[15].

### *II.3.2. La sicurezza nazionale: definizione, caratteri e profili distintivi rispetto alla nozione di ordine e sicurezza pubblica*

La sicurezza nazionale, missione fondamentale dello Stato, è un concetto particolarmente complesso, avendo una natura non solo e non tanto giuridica, ma essenzialmente politica[16].

Sono soprattutto gli studiosi del mondo anglosassone[17] ad aver ricostruito la definizione di sicurezza nazionale, "accettando comunque come base comune il presupposto del substrato morale e ideologico della definizione, nonché il suo ricadere in una sfera essenzialmente politica"[18].

In tal senso, la sicurezza nazionale può identificarsi nell'insieme dei valori fondanti la comunità, che nella maggior parte dei casi confluiscono in testi costituzionali sotto forma di principi e dichiarazioni; oppure se ne può privilegiare l'accezione concreta, ricostruendo il concetto di sicurezza nazionale attraverso l'esame degli attori istituzionali, delle procedure, dei poteri, dei confini legislativi e dei controlli.

Sotto il profilo giuridico, la sicurezza nazionale è considerata quale garanzia del raggiungimento dei fini dello Stato come tutore dell'ordine costituzionale, potendosi giustificare, in tale ambito, anche una compressione dei diritti dell'individuo.

Non può tacersi il fatto che i diritti civili e politici dei cittadini potrebbero, però, anche essere inclusi, costituendone parte integrante.

In realtà, le esigenze di sicurezza nazionale possono, in situazioni di emergenza, comportare – ancorché temporaneamente – un sacrificio dei diritti dei singoli per il raggiungimento del bene comune, sia pure nel rispetto dei criteri di proporzionalità e controllo democratico.

La sicurezza nazionale, a livello di fonti internazionali, si afferma come valore prevalente sugli altri diritti: si pensi all'art. 8 della "Convenzione europea dei diritti dell'uomo", che legittima limitazioni alla vita privata per ragioni di sicurezza

---

[15] G. Cerrina Feroni, *La sicurezza: un valore superprimario,* in *Perc. Cost.*, 2008, fasc. I, p. 41.

[16] M. Valentini, *Sicurezza nazionale, sicurezza della Repubblica,* in *Per aspera ad veritatem, Rivista di intelligence e di cultura professionale*, 22/2002.

[17] L. Lustgarten, I. Leigh, *In from the cold, National security and parliamentary democracy*, Oxford, 1994.

[18] M. Valentini, *Sicurezza nazionale, sicurezza della Repubblica*, op. cit.

nazionale; oppure all'art. 2 dell'accordo di Schengen, che consente, temporaneamente, per esigenze di ordine pubblico e sicurezza nazionale, di ripristinare i controlli alle frontiere interne.

Senza dubbio il concetto di sicurezza nazionale, a livello di ordinamento interno, si è identificato in passato con quello di sicurezza dello Stato-apparato, ovvero tutela della integrità territoriale ed indipendenza nei confronti delle minacce rappresentate soprattutto dal terrorismo interno ed internazionale.

In tal senso, sono rilevanti le considerazioni formulate da quella dottrina[19] che, nell'affrontare in chiave giuridica la definizione del concetto di sicurezza, ne ha delineato le prospettive fondamentali secondo la seguente classificazione:

*a*) sicurezza esterna – sicurezza interna, con particolare riferimento ai differenti problemi connessi alla tutela dalle aggressioni e dai pericoli esterni al gruppo sociale, oppure in relazione ai fattori di rischio endogeni ad una determinata collettività organizzata;

*b*) sicurezza individuale (o sicurezza da) – sicurezza collettiva (o sicurezza di) attraverso la valorizzazione non solo della dimensione di tutela dei diritti fondamentali garantiti da un determinato ordinamento giuridico, ma anche dei profili connessi all'individuazione di limitazione all'agire dei singoli individui, in connessione con la tutela di altre situazioni giuridiche soggettive o in relazione all'adempimento di specifiche prestazioni (pubbliche, ma non solo) a favore della collettività del territorio di riferimento;

*c*) sicurezza materiale – sicurezza ideale, in relazione alla tradizionale questione attinente alla categoria dell'ordine pubblico, nonché alla duplice accezione che può esservi ricondotta: tutela da forme violente di aggressione ai beni giuridici, oppure garanzia dei principi e dei valori fondanti caratteristici di un determinato ordinamento giuridico.

A livello di disposizioni costituzionali, l'art. 117 Cost. ricomprende la sicurezza dello Stato tra le materie di legislazione esclusiva statale, mentre l'art. 126 Cost. contiene un riferimento "alle ragioni di sicurezza nazionale che consentono lo scioglimento dei consigli regionali e la rimozione del Presidente della Giunta".

La giurisprudenza costituzionale ha tentato di definire in chiave giuridica la sicurezza nazionale: in particolare la sentenza n. 86/1977, occupandosi di segreto di Stato, ha qualificato la sicurezza dello Stato come "interesse essenziale, con palese carattere di preminenza su ogni altro, in quanto tocca la esistenza stessa dello Stato, un aspetto del quale è la giurisdizione. È ben possibile il condizionamento della funzione giurisdizionale a tutela della sicurezza dello Stato, con il solo limite della necessità di motivazione del provvedimento da parte dell'Esecutivo che

---

[19] T.F. GIUPPONI, *La sicurezza e le sue "dimensioni" costituzionali* in S. VIDA (a cura di), "*Diritti umani. Teoria, analisi applicazioni*", Bologna, 2008.

oppone il segreto di Stato, onde rendere possibile il sindacato, oltre che ad opera del giudice, soprattutto in sede parlamentare (in modo che sia assicurato l'equilibrio tra i vari poteri, evitando situazioni che potrebbero sfociare in un conflitto di attribuzioni)".

Nella citata pronuncia la Consulta ha attribuito carattere di all'interesse alla sicurezza una preminenza assoluta non solo sull'interesse alla giustizia, ma su ogni altro interesse, in quanto la sicurezza si riferisce alla sopravvivenza e alla conservazione dello Stato.

Peraltro, prosegue la Corte, "tale concetto (la sicurezza dello Stato) va messo in relazione con altri articoli della stessa Costituzione (quali, ad esempio, 1 e 5), con riguardo ai quali si può parlare di sicurezza esterna ed interna dello Stato, della necessità della protezione da ogni azione violenta o comunque non conforme allo spirito democratico che ispira il nostro assetto costituzionale, dei supremi interessi che valgono per qualsiasi collettività organizzata a Stato e che possono coinvolgere la sua stessa esistenza. Tali interessi istituzionali devono quindi attenere allo Stato-Comunità e, di conseguenza, rimangono nettamente distinti da quelli del Governo e dei partiti che lo sorreggono".

Nonostante la giurisprudenza costituzionale avesse tentato di specificare il concetto di sicurezza nazionale, riconducendolo alla salvaguardia dello Stato – Comunità piuttosto che dello Stato – apparato, in realtà la legge 24 ottobre 1977, n. 801 ha ricostruito una nozione strettamente legata alla difesa e tutela degli apparati dalle aggressioni e minacce interne ed esterne.

In particolare, l'art. 4 assegnava al SISMI "compiti informativi e di sicurezza per la difesa sul piano militare dell'indipendenza e dell'integrità dello Stato da ogni pericolo, minaccia o aggressione", mentre l'art. 6 attribuiva al SISDE "compiti informativi e di sicurezza per la difesa dello Stato democratico e delle istituzioni poste dalla Costituzione a suo fondamento contro chiunque vi attenti e contro ogni forma di eversione".

Soltanto con la riforma della disciplina dei servizi, attuata con la legge 3 agosto 2007, n. 124, che sostituisce al SISMI ed al SISDE il sistema delle Agenzie di informazioni per la sicurezza (AISE ed AISI), si assiste alla transizione dalla sicurezza dello Stato alla sicurezza della Repubblica.

Tale passaggio è determinato dall'ampliamento della missione istituzionale dei servizi (artt. 6 e 7 legge n. 124/2007), oggi non più limitata alla difesa degli apparati istituzionali e dell'integrità dello Stato, ma estesa alla sicurezza della Repubblica, cioè al complesso degli interessi vitali della collettività nazionale e del sistema – Paese.

La sicurezza nazionale si apre alla c.d. "*intelligence* economica", settore nuovo ed estremamente complesso, nel quale appare con chiarezza l'estensione dell'azione dei servizi dalla sicurezza dello Stato all'interesse nazionale.

L'azione dei servizi estesa, oggi, anche alla difesa dell'interesse nazionale, si traduce in misure di carattere difensivo o offensivo a protezione di imprese di rilevanza strategica riguardanti le fonti energetiche o le comunicazioni, la cui esistenza è vitale per l'indipendenza nazionale.

La nuova nozione di sicurezza dello Stato quale sicurezza della Repubblica pone non pochi problemi di sovrapposizione con la definizione di ordine e sicurezza pubblica e, pertanto, si imporrebbe una chiarificazione concettuale, finalizzata a conseguire un miglioramento organizzativo del funzionamento degli apparati della sicurezza, nonché una più corretta distribuzione dei compiti tra le Forze di polizia ed i servizi di informazione.

# CAPITOLO III
# La struttura organizzativa preposta al sistema della sicurezza: organi e competenze

di *Teresa Cappiello, Giacomo Pintus*



## III.1. Il sistema della pubblica sicurezza

L'ordine e la sicurezza pubblica costituiscono un parametro fondamentale per misurare il livello e la qualità della convivenza civile, dello sviluppo della persona e della società e per preservare lo Stato, l'incolumità pubblica, la proprietà e i rapporti sociali.

Si tratta, pertanto, di beni collettivi di natura fondamentale la cui salvaguardia deve necessariamente realizzarsi mediante una tutela a carattere anticipatorio che si concretizza attraverso l'attività composita e sinergica di appositi apparati amministrativi che, *in primis*, espletano la propria funzione sul versante della prevenzione, e poi su quello della repressione.

Questa fu la consapevolezza che portò all'elaborazione del "Nuovo Ordinamento dell'Amministrazione della Pubblica Sicurezza" – adottato con la legge 1 aprile 1981, n. 121 – che sancì un cambiamento radicale, e non solo organizzativo, dell'apparato statale deputato a garantire l'ordine e la sicurezza pubblica, in una prospettiva europea.

La ratio della riforma dell'ordinamento della pubblica sicurezza, che iniziò a muovere i primi passi nel 1974 con la costituzione di un Comitato per il Riordinamento della Polizia, può essere colta nella sua totalità se inserita nel peculiare contesto politico, sociale ed economico in cui essa maturò.

Siamo nel pieno degli anni Settanta, a circa trenta anni dall'entrata in vigore della Costituzione, e l'Italia si presenta come un Paese con radicate convinzioni democratico-costituzionali, interessato da una notevole crescita economica e animato da un convinto spirito europeista e internazionalista.

In tale contesto, la diffusione, in alcune parti del territorio nazionale, della criminalità organizzata e di quella politica, con la conseguente minaccia terroristica, rese ancora più pressante nelle forze sociali la necessità di una riforma del sistema della pubblica sicurezza che fornisse una risposta efficace, unitaria e funzionale alle accresciute esigenze di ordine e sicurezza pubblica e che, al contempo, riconoscesse e valorizzasse i principi democratici che la nostra Costituzione richiamava.

Dall'analisi dell'iter parlamentare che portò alla formulazione della legge n. 121/1981 emerge che furono tre gli obiettivi primari[1] che il legislatore si prefisse di perseguire: l'unità, attraverso la ricomposizione funzionale di tutti i ruoli che prestano servizio alle dirette dipendenze del Ministero dell'Interno e, più in particolare, un nuovo ordinamento del personale della Polizia di Stato; l'efficienza, sia mediante una revisione dei sistemi di selezione, qualificazione professionale e impiego del personale della Polizia di Stato, che attraverso una razionalizzazione dell'organizzazione centrale e periferica del sistema sicurezza; la democraticità, attraverso il riconoscimento, al personale della Polizia di Stato, di una serie di diritti che, sebbene con alcune mitigazioni proprie del peculiare status rivestito, rendono il loro rapporto di lavoro connotato da maggiore modernità e democraticità.

Il risultato finale e complessivo della riforma fu quello di razionalizzare e innovare sia i diversi modelli organizzativo-funzionali che i moduli di gestione tecnico-operativa dei servizi di polizia, creando un sistema della pubblica sicurezza più adeguato alle nuove e stringenti esigenze di tutela dell'ordine e della sicurezza pubblica.

L'imponenza e la complessità di tale intervento normativo deriva dal fatto che l'articolato della legge n. 121/1981 ha coinvolto tutte le componenti e gli organismi, anche riconducibili a Ministeri diversi, ai quali fossero riconosciute competenze o attinenze con la gestione dell'ordine e della sicurezza pubblica.

Proprio per questa natura complessa e poliedrica è difficile dare un'unica ed esatta definizione dell'Amministrazione della pubblica sicurezza. Essa si caratterizza come una realtà composita, formata da tutte quelle strutture e da tutti quegli

---

[1] Sul punto, L. MONE, *L'Amministrazione della pubblica sicurezza e l'ordinamento del personale*, Roma, 2010.

organismi che, in via permanente o temporanea, a tempo pieno o parziale, per fine primario o secondario, con personale specializzato o meno, sono coinvolti nella gestione dell'ordine e della sicurezza pubblica[2].

La peculiarità che connota l'Amministrazione della pubblica sicurezza si evince sin dall'art. 3 legge n. 121/1981, che non definisce esplicitamente tale struttura, ma la descrive enunciandone alcune caratteristiche – "civile e ad ordinamento speciale" – ed elencandone i soggetti che ne svolgono le funzioni.

L'indicazione del legislatore è, pertanto, quella di delineare un'Amministrazione che, oltre a non essere definibile in via diretta, vede i propri compiti individuati attraverso le funzioni che la legge demanda agli organi che la compongono[3].

Proseguendo nel tentativo di addivenire ad una definizione almeno indiretta dell'Amministrazione della pubblica sicurezza appare utile evidenziarne le sue principali caratteristiche.

La prima e più evidente è senza dubbio la complessità nel senso che abbiamo già descritto: un'amministrazione articolata in diverse componenti, ognuna avente peculiarità propria, ma ricondotta ad unitarietà nel fine, ossia la tutela dell'ordine e della sicurezza pubblica[4].

La seconda caratteristica, proiezione diretta e necessaria di tale complessità, è il coordinamento. Tale sistema complesso, infatti, per poter funzionare deve trovare un momento di raccordo funzionale, di coordinamento per l'appunto, fra tutte le sue diverse componenti, strutture, organi, Autorità e Forze di polizia.

Tale modulo di coordinamento si attua sia a livello nazionale che provinciale, garantendo l'unità d'azione delle Forze di polizia, evitando sovrapposizioni ed inutili duplicazioni tra di esse e salvaguardando al tempo stesso l'autonomia, le prerogative e le professionalità di ognuna, facendo sì che la legge di riforma non si qualifichi semplicemente come riforma del corpo della Polizia di Stato ma come "riforma anche e soprattutto del sistema di polizia del nostro Paese"[5].

---

[2] In tal senso L. MONE, *L'Amministrazione della pubblica sicurezza e l'ordinamento del personale*, op. cit.

[3] F. CARINGELLA, A. IANNUZZI e L. LEVITA, *Manuale di diritto di Pubblica Sicurezza*, Roma, 2013, p. 47.

[4] Vi rientrano: il Consiglio dei Ministri, il Ministro dell'Interno, le Autorità provinciali e locali di pubblica sicurezza, la Polizia di Stato e le altre Forze di polizia, gli appartenenti all'amministrazione civile dell'interno o ad altre amministrazioni dello Stato che si trovano ad essere integrati nell'Amministrazione della pubblica sicurezza: i Sindaci dei comuni privi di uffici di pubblica sicurezza e, quali "componenti esterne", non considerate espressamente dalla legge n. 121/1981, l'AISI-Agenzia Informazioni e Sicurezza Interna – e l'AISE-Agenzia Informazioni e Sicurezza Esterna.

[5] L. MONE, *L'Amministrazione della pubblica sicurezza e l'ordinamento del personale*, 2010, p. 44.

Nel dettaglio, i richiami normativi a tale modulo organizzativo contenuti nella legge n. 121/1981 sono diversi; fra i più importanti vi sono il coordinamento a livello politico dei compiti e delle attività delle Forze di polizia attuato dal Ministro dell'Interno (art. 1); il coordinamento a livello politico-amministrativo delle attività e quello a livello tecnico-operativo dei servizi, in materia di ordine e sicurezza pubblica, attuati, a livello provinciale, rispettivamente, dal Prefetto e dal Questore (artt. 13 e 14); la direzione unitaria, l'attuazione e la pianificazione della politica dell'ordine e della sicurezza pubblica, nonché il coordinamento tecnico-operativo delle Forze di polizia attribuiti, a livello centrale, al Dipartimento della pubblica sicurezza (art. 4 nn. 1 e 2 e art. 6, comma 1); il coordinamento in materia di ordine e sicurezza pubblica delle Autorità e degli altri organi che operano nell'Amministrazione della pubblica sicurezza riconosciuto al Comitato nazionale e ai Comitati provinciali per l'ordine e la sicurezza pubblica (artt. 18, 19 e 20).

Più in generale, l'esame complessivo della legge n. 121/1981 ci consegna una struttura normativa composta da due gruppi di disposizioni: uno in materia di organizzazione strutturale centrale e periferica del sistema di pubblica sicurezza ed un altro in materia di ordinamento del personale della Polizia di Stato.

L'importanza della legge n. 121/1981 è data dal fatto che ha individuato le diverse Autorità di pubblica sicurezza attribuendo loro, non solo competenze in materia di ordine e sicurezza pubblica, ma anche le relative e conseguenti responsabilità.

In particolare, il legislatore del 1981 ha tipizzato le Autorità di pubblica sicurezza sulla base di un duplice profilo: l'ambito territoriale di competenza e la natura delle funzioni esercitate.

Schematizzando, per esemplificare una distinzione che analizzeremo nel dettaglio, sulla base del primo profilo possiamo distinguere fra autorità centrali di pubblica sicurezza (Ministro dell'Interno-Autorità nazionale di pubblica sicurezza e Capo della Polizia-Direttore Generale della pubblica sicurezza), Autorità provinciali di pubblica sicurezza (Prefetto e Questore) ed Autorità locali di pubblica sicurezza (Questore, funzionario preposto al Commissariato e, in particolari circostanze, il Sindaco quale Ufficiale di Governo).

Sulla base del secondo profilo distinguiamo, invece, autorità a responsabilità politico-amministrativa generale (Ministro dell'Interno-Autorità nazionale di pubblica sicurezza e Prefetto) ed Autorità a responsabilità tecnico-operativa (Capo della Polizia-Direttore Generale della pubblica sicurezza e Questore).

Il vertice gestionale viene confermato nella figura del Ministro dell'Interno che, per la prima volta, vede giuridicamente tradotta in una norma di diritto positivo la sua funzione di Autorità nazionale di pubblica sicurezza, quale responsabile dell'alta direzione dei servizi di ordine e sicurezza pubblica, nonché del coordinamento dei compiti e delle attività delle Forze di polizia che, per la prima volta, vengono anch'esse elencate e individuate in un unico contesto.

Il Ministro, per l'esercizio delle sue funzioni, si avvale di un organismo compatto e pluriarticolato, l'Amministrazione della pubblica sicurezza che gli fornisce i dati e le valutazioni tecnico-operative per consentirgli di emanare le direttive che le diverse Forze di polizia dovranno attuare[6].

## III.2. L'Amministrazione della pubblica sicurezza a livello centrale

La legge n. 121/1981, nella sua ampia portata riformatrice, si apre positivizzando la centralità del Ministro dell'Interno nel sistema della pubblica sicurezza, attribuendo allo stesso la responsabilità per la politica dell'ordine e della sicurezza pubblica e la funzione di Autorità nazionale di pubblica sicurezza (art. 1, comma 1)[7].

Tale previsione normativa, che ha formalizzato la figura del Ministro dell'Interno quale vertice politico e strategico del sistema della pubblica sicurezza italiana, pur di notevole importanza per l'intero assetto istituzionale, ha semplicemente riconosciuto giuridicamente una situazione di fatto già in essere.

Infatti, sebbene la legislazione precedente (T.U.L.P.S. e suo Regolamento di esecuzione) individuava unicamente le autorità locali e provinciali di pubblica sicurezza, in pratica la centralità del Ministro dell'Interno derivava dall'essere egli il soggetto istituzionalmente responsabile del Dicastero cui la legge affidava la tutela dell'ordine e della sicurezza pubblica.

Tuttavia, lungi dal ritenere tale previsione normativa priva di portata innovatrice, il riferimento alla figura del Ministro dell'Interno nei termini sopraddetti costituisce un formale riconoscimento della *reductio ad unum* del sistema della pubblica sicurezza sotto l'egida del Ministro, che ne garantisce il coordinamento.

In particolare, la prima parte del comma 1 dell'art. 1 riconosce al Ministro dell'Interno-Autorità nazionale di pubblica sicurezza un rapporto di natura funzionale con le altre Autorità provinciali e locali di pubblica sicurezza che può farsi rientrare tra quelli di sovraordinazione.

---

[6] L. Mone, *L'Amministrazione della pubblica sicurezza e l'ordinamento del personale*, op. cit., p. 46.

[7] È, pertanto, il Ministro dell'Interno che definisce le politiche di tutela dell'ordine e della sicurezza pubblica, assumendosene la responsabilità dinanzi al Parlamento, al Governo ed al Corpo elettorale. Nell'esercizio della propria funzione di indirizzo politico, il Ministro dell'Interno emana, annualmente, una Direttiva generale per l'attività amministrativa e per la gestione, che definisce le priorità politiche, gli obiettivi e i risultati attesi dall'azione del suo Dicastero in coerenza con il Programma di Governo.

La seconda parte del comma 1 dell'art. 1 elenca, invece, le prerogative del Ministro dell'Interno, il quale "ha l'alta direzione dei servizi di ordine e sicurezza pubblica e coordina in materia i compiti e le attività di polizia".

Il potere di direzione implica, secondo un'autorevole dottrina, l'attribuzione ad un ufficio sovraordinato della potestà di emettere atti di indirizzo volti ad imprimere alle condotte e, quindi, agli atti in cui esse si manifestano, un contenuto ispirato a determinati principi[8]. In termini concreti, tale norma consente al Ministro dell'Interno di indicare all'Autorità provinciale che ha la direzione sic et simpliciter dei servizi di ordine e sicurezza pubblica (e non l'alta direzione) una determinata modalità di risoluzione di problemi in ambito tecnico-operativo.

Il potere di coordinare "i compiti e le attività di polizia", riconosciuto al Ministro dell'Interno come massima autorità nella gestione dell'ordine e della sicurezza pubblica, rappresenta il momento più alto dell'attività di coordinamento del sistema.

Espressione di tale potere di coordinamento è quello di emanare direttive che costituiscono atti di indirizzo, tipici di un rapporto di sovraordinazione funzionale tra Autorità amministrative, a rilevanza interna (a differenza del potere provvedimentale in senso stretto pure espresso dalle autorità amministrative), precettive e vincolanti nel perseguimento dell'obiettivo prefissato, ma con margini di autonomia per i destinatari nelle modalità di esecuzione e di attuazione (a differenza del potere d'ordine tipico di un rapporto gerarchico). Tale potere di direttiva del Ministro dell'Interno va, comunque, distinto dal potere di direttiva politica, nel senso di adozione di atti di indirizzo politico, che pure gli compete quale autorità, non più amministrativa, ma di vertice politico[9].

La coerenza sistematica dell'art. 1 legge n. 121/1981 trova la sua massima espressione sostanziale nel secondo comma, nel quale si prevede che "il Ministro dell'Interno adotta i provvedimenti per la tutela dell'ordine e della sicurezza pubblica". In tal modo si riconosce formalmente al Ministro dell'Interno un ampio potere provvedimentale in senso stretto, ossia la titolarità di adottare provvedimenti amministrativi di polizia in materia di ordine e sicurezza pubblica, al di fuori di quelli specifici cui la legislazione di pubblica sicurezza gli conferisce la legittimazione attiva.

Sebbene non manchi dottrina che qualifichi tale previsione come mera "norma di principio", si ritiene di condividere l'orientamento secondo cui la disposizione in esame contenga una forte ed autonoma valenza precettiva, disponendo che il Ministro dell'Interno, proprio in quanto supremo responsabile politico dell'ordine

[8] Così M.S. GIANNINI, *Istituzioni di diritto amministrativo*, Milano, 1981.

[9] F. CARINGELLA, A. IANNUZZI e L. LEVITA, *Manuale di diritto di Pubblica Sicurezza*, op. cit., p. 53.

e della sicurezza pubblica ed Autorità nazionale di pubblica sicurezza, allorquando non trovi soluzioni nei provvedimenti tipizzati nelle norme della legge di riforma o nelle altre leggi di pubblica sicurezza, e la dimensione delle vicende sia tale da rendere inservibile il ricorso ai poteri di ordinanza dell'Autorità provinciale, ben può porre in essere provvedimenti, in base ad un suo apprezzamento discrezionale, necessari per la tutela dell'ordine e della sicurezza pubblica[10].

Pertanto, in sintesi, nell'attuale ordinamento giuridico, il Ministro dell'Interno si configura come il responsabile politico dell'ordine e della sicurezza pubblica ed esercita tale responsabilità, che si concretizza in atti dal contenuto altamente discrezionale, sia di fronte alla generalità dei consociati che di fronte al Parlamento e al Governo, ferme restando le competenze del Consiglio dei Ministri in tale materia, già riconosciute dal r.d. 14 novembre 1901, n. 466, e fatte salve dal terzo comma dell'art. 1 legge n. 121/1981[11].

Quest'ultima previsione evidenzia una delle peculiarità della materia dell'ordine e della sicurezza pubblica, ossia la sua stretta affinità sia alla sfera di attribuzione di altri Dicasteri sia alle competenze della Presidenza del Consiglio dei Ministri.

Ne consegue l'esigenza di prevedere dei momenti di confronto collegiale, che investano l'intero organo di governo del Paese, armonizzando i compiti attribuiti al Ministro dell'Interno, in ragione della posizione che egli riveste nell'ambito del sistema di sicurezza pubblica, con quelli spettanti al Consiglio dei Ministri.

Per espletare i propri compiti il Ministro si avvale dell'Amministrazione della pubblica sicurezza che, come detto, il Legislatore, all'art. 3 della legge di riforma, definisce "civile" e "ad ordinamento speciale", senza però indicare espressamente tale ordinamento, ma limitandosi ad individuare gli organi chiamati ad esercitarne le funzioni, ossia:

- il personale addetto agli uffici del Dipartimento della pubblica sicurezza ed agli altri uffici, istituti e reparti;
- le Autorità provinciali (Prefetto e Questore) e locali (i funzionari della Polizia di Stato preposti agli uffici di commissariati e i Sindaci) di pubblica sicurezza ed il personale da esse dipendente;
- gli Ufficiali e Agenti di pubblica sicurezza (e, quindi, le Forze di polizia) che operano sotto la direzione delle Autorità centrali e provinciali di pubblica sicurezza.

---

[10] F. CARINGELLA, A. IANNUZZI e L. LEVITA, *Manuale di diritto di Pubblica Sicurezza*, op. cit., p. 55.

[11] Per quanto concerne la competenza del Consiglio dei Ministri, essa discende in parte dalla natura di tale organo, massima espressione di rappresentanza politica del Paese, in parte dal r.d. n. 466/1901, che, all'art. 1, annovera, tra le materie da sottoporsi all'Esecutivo, le questioni attinenti all'ordine pubblico.

Nell'ambito di tale organizzazione un ruolo di particolare importanza è, senza dubbio, rivestito dal Dipartimento della pubblica sicurezza, che rappresenta il punto di collegamento tra l'Autorità politica e le Forze di polizia, tanto da essere considerato "il motore dell'intero sistema della sicurezza"[12].

In tal senso, l'art. 4 legge n. 121/1981 stabilisce che il Dipartimento della pubblica sicurezza provvede, secondo le direttive e gli ordini del Ministro dell'Interno, fra l'altro, all'attuazione della politica dell'ordine e della sicurezza pubblica e al coordinamento tecnico-operativo delle Forze di polizia.

Il successivo art. 10 legge 31 marzo 2000, n. 78, nel confermare i compiti del Ministro dell'Interno, precisa che egli "esercita le funzioni di coordinamento e di direzione di cui all'art. 1 della legge n. 121/1981 mediante il Dipartimento della pubblica sicurezza secondo quanto previsto dall'art. 6, comma 1, della medesima legge".

L'art. 5 legge n. 121/1981 prevede che al Dipartimento della pubblica sicurezza sia preposto un Prefetto con le funzioni di Capo della Polizia – Direttore Generale della pubblica sicurezza.

Il Capo della Polizia – Direttore Generale della pubblica sicurezza rappresenta una figura connotata da profili di complessità derivanti sia dalla scarsezza delle norme che lo riguardano che dalla sua stessa denominazione che contiene due qualificazioni (diversamente da quanto accade per tutti i vertici degli altri Dipartimenti): da un lato, infatti, egli è "Capo della Polizia", ossia vertice operativo di quell'insieme di ruoli organizzati gerarchicamente che formano la Polizia di Stato (elemento strutturale), dall'altro lato è "Direttore Generale della pubblica sicurezza", ossia preposto all'attuazione della politica dell'ordine e della sicurezza pubblica e al coordinamento tecnico-operativo di tutte le Forze di polizia (elemento funzionale), con la conseguente proiezione della sua attività non solo nei confronti dei soggetti interni al Dipartimento della pubblica sicurezza, ma anche di quelli esterni, appartenenti ad altre Forze di polizia e dotati di ordinamenti autonomi.

Proprio tale ultima qualifica gli riconosce una posizione di sovraordinazione funzionale nel sistema della pubblica sicurezza italiana. In particolare, il Capo della Polizia – Direttore Generale della pubblica sicurezza nei confronti degli altri vertici delle Forze di polizia risulta essere in una posizione di *primus inter pares* per la sua funzione non solo di vertice istituzionale del Dipartimento della pubblica sicurezza, ma anche dell'intero "sistema di polizia". Egli è, infatti, incaricato di sviluppare, in termini tecnico-operativi, gli indirizzi del Ministro dell'Interno-Autorità nazionale di pubblica sicurezza attraverso il potere di attuazione delle politiche di sicurezza e di coordinamento esercitabile verso tutte le Forze di polizia[13].

---

[12] R. LAURO – V. MADONNA, *Il Prefetto della Repubblica tra istituzioni e società*, Rimini, 2005.

[13] F. CARINGELLA, A. IANNUZZI e L. LEVITA, *Manuale di diritto di Pubblica Sicurezza*, op. cit., p. 57.

Secondo la dottrina maggioritaria, diversa sarebbe la sua posizione nei confronti dei vertici delle altre Forze di polizia, ossia di pari-ordinazione, qualora egli partecipi, quale membro componente, al Comitato nazionale per l'ordine e la sicurezza pubblica. In tale occasione prevarrebbe la qualifica di Capo della Polizia di Stato, anche in considerazione del fatto che, in sede di Comitato, è al Ministro dell'Interno-Autorità nazionale di pubblica sicurezza, che vanno riconosciuti i poteri di attuazione delle politiche di sicurezza e di coordinamento delle Forze di polizia.

Altra questione, particolarmente dibattuta in dottrina, è quella concernente l'attribuzione al Capo della Polizia – Direttore Generale della pubblica sicurezza della qualifica di Autorità nazionale di pubblica sicurezza sotto il profilo tecnico operativo.

Al riguardo, una parte della dottrina[14], basandosi sulla lettera c) dell'art. 3 della legge di riforma (che testualmente recita "sotto la direzione delle Autorità centrali di pubblica sicurezza") e sul penultimo comma dell'art. 43 della stessa legge (che si riferisce a "uffici dipendenti dalle Autorità nazionali e provinciali di pubblica sicurezza"), ritiene che l'Autorità nazionale non sia unica (atteso l'uso del plurale con riferimento a tale qualità) e non si identifichi solo con la figura del Ministro dell'Interno.

Oltre che su questo aspetto formale, tale orientamento dottrinale individua un altro elemento di natura sostanziale e sistematica su cui basare tale interpretazione, ossia la circostanza che, il Capo della Polizia nella sua veste di Direttore Generale della pubblica sicurezza, esplichi quelle funzioni di Autorità nazionale (tecnico-operativa) per le quali il Ministro dell'Interno (Autorità nazionale politico-amministrativa) si avvale del Dipartimento della pubblica sicurezza a cui è preposto, per l'appunto, lo stesso Capo della Polizia – Direttore Generale della pubblica sicurezza[15]. A sostegno di tale favorevole orientamento viene, altresì, richiamata la cosiddetta "simmetria ordinamentale", in base alla quale anche a livello centrale si realizzerebbe il rapporto esistente tra le Autorità di pubblica sicurezza a livello provinciale.

A conclusioni diametralmente opposte è giunta un'altra parte della dottrina[16] secondo la quale al Capo della Polizia – Direttore Generale della pubblica sicurezza non può essere riconosciuta la qualità di Autorità nazionale di pubblica sicu-

---

[14] Sul punto, cfr., *ex pluris*, C. MOSCA, voce *Pubblica Sicurezza Ordinamento dell'Amministrazione della*, in *Novissimo* d*igesto italiano*, appendice vol. VI, Torino, 1980.

[15] F. CARINGELLA, A. IANNUZZI e L. LEVITA, *Manuale di diritto di Pubblica Sicurezza*, op. cit., p. 59.

[16] In tal senso, si veda M. RAIMONDO, *Il Sistema dell'Amministrazione della Pubblica Sicurezza*, Padova, 1984.

rezza per due ordini di motivi: l'art. 1 legge n. 121/1981 attribuisce espressamente tale funzione esclusivamente al Ministro dell'Interno; diversamente opinando si andrebbe in contrasto con il rapporto stabilito fra l'art. 1 e gli artt. 13 e 14 della citata legge. Solo queste ultime disposizioni, infatti, declinano in modo compiuto le funzioni e le responsabilità, a livello provinciale, fra Prefetto (art. 13) e Questore (art. 14), quali Autorità provinciali di pubblica sicurezza.

Nella sua veste di figura tecnica e gestionale, il Capo della Polizia – Direttore Generale della pubblica sicurezza sovrintende, inoltre, alla classificazione, analisi e valutazione delle informazioni e dei dati forniti dalle Forze di polizia in materia di tutela dell'ordine e della sicurezza pubblica, diramandoli poi agli organi operativi delle stesse Forze di polizia.

Oltre che negli organi centrali di cui si è appena parlato, l'Amministrazione della pubblica sicurezza si articola, nelle previsioni della legge di riforma (agli articoli 31 ss.), principalmente nelle Questure, uffici provinciali con compiti di direzione ed organizzazione dei servizi operativi, alle cui dipendenze possono essere istituiti:

- commissariati, ove lo richiedano effettive esigenze, diretti a realizzare un decentramento di funzioni e l'impiego di personale nei comuni e nei quartieri;
- ispettorati ed uffici speciali privi di competenza territoriale;
- posti di polizia distaccati, per esigenze particolari o temporanee.

Alle dipendenze del Dipartimento, invece, possono essere istituiti:

- uffici periferici per esigenze di polizia stradale, ferroviaria, postale e di frontiera;
- reparti mobili per esigenze di pubblico soccorso;
- istituti di istruzione per esigenze di formazione, addestramento e perfezionamento del personale;
- gabinetti di polizia scientifica, reparti volo, reparti per esigenze di inquadramento, operative, di gestione e di assistenza, anche sanitaria, del personale, centri di coordinamento operativo, centri di raccolta di materiali e mezzi, nonché centri telecomunicazioni, centri motorizzazione, centri elettronici e meccanografici a livello nazionale, interregionale, regionale e provinciale, anche per esigenze generali di supporto del Ministero dell'Interno.

## III.3. Le Autorità provinciali di pubblica sicurezza

L'attuale apparato periferico di pubblica sicurezza è costruito ed articolato su due Autorità provinciali e su diverse Autorità locali di pubblica sicurezza.

Già la disciplina previgente alla legge n. 121/1981, sulla base del combinato disposto degli artt. 1, comma 3 e 4, T.U.L.P.S. e 1 del relativo Regolamento di esecuzione distingueva l'Autorità di pubblica sicurezza in provinciale e locale[17].

[17] Il Prefetto sovrintendeva alla pubblica sicurezza assumendo una responsabilità di tipo politi-

Secondo l'impianto normativo della legge di riforma, sono autorità provinciali di pubblica sicurezza il Prefetto (art. 13) ed il Questore (art. 14), mentre sono autorità locali di pubblica sicurezza il Questore nel comune capoluogo di provincia, i dirigenti dei commissariati distaccati di pubblica sicurezza o, in mancanza, i Sindaci dei comuni sul cui territorio non sono presenti commissariati di polizia (art. 15).

La riforma del 1981, come evidenziato in premessa, ha confermato la struttura organizzativa bipartita dell'amministrazione provinciale della pubblica sicurezza, prevedendo sia il Prefetto che il Questore quali autorità provinciali di pubblica sicurezza.

In particolare, gli articoli 13 e 14 legge n. 121/1981, dopo aver riconosciuto al Prefetto ed al Questore la qualifica di autorità provinciali di pubblica sicurezza, attribuiscono loro, rispettivamente, "la responsabilità generale dell'ordine e della sicurezza pubblica nella provincia" e "la direzione, la responsabilità ed il coordinamento, a livello tecnico-operativo, dei servizi di ordine e sicurezza pubblica".

Tale circostanza assume un significato sostanziale, in quanto è espressione del mutato rapporto tra Prefetto e Questore che, nell'attuale impianto normativo, è improntato ad un criterio di "cooperazione funzionale"[18], con il riconoscimento al Prefetto di compiti di indirizzo politico-amministrativo generale e al Questore di compiti di coordinamento tecnico-operativo dei servizi di ordine e sicurezza pubblica. Dalla suddetta ripartizione di funzioni deriva che, mentre il Prefetto è Autorità a responsabilità amministrativa generale, il Questore è Autorità a responsabilità tecnico-operativa.

Partendo dalla disamina del ruolo del Prefetto, occorre innanzitutto soffermarsi sulla circostanza che con l'entrata in vigore della legge n. 121/1981 il Prefetto non è solo soggetto ed organo politico in ambito provinciale con compiti di ammi-

---

co, limitatamente al territorio della provincia, sia dinanzi al Governo che al Ministro dell'Interno. Monitorava costantemente la realtà dell'ordine e della sicurezza pubblica, adottava atti di indirizzo finalizzati a prevenire l'insorgere di turbative, valutava la gravità dei fatti pregiudizievoli ed individuava le modalità più opportune per farvi fronte. Il Questore, invece, era posto gerarchicamente alle dipendenze del Prefetto e forniva il necessario supporto tecnico con il concorso delle diverse Forze di polizia presenti sul territorio. Riferiva quotidianamente qualunque notizia o avvenimento rilevante in materia di ordine e sicurezza pubblica e subiva l'ingerenza prefettizia, che poteva spingersi fino al punto di sindacare l'esatta esecuzione, dal punto di vista tecnico, delle decisioni assunte. Il coordinamento delle attività delle Forze di polizia operanti sul territorio spettava, di fatto, al Prefetto. Il livello locale vedeva, invece, l'Autorità di pubblica sicurezza allocata in capo al funzionario preposto all'ufficio di pubblica sicurezza ovvero, in sua mancanza, al Sindaco del comune che, in ogni caso, in qualità di Ufficiale di Governo, era comunque tenuto ad informare il Prefetto di qualunque circostanza attinente all'ordine pubblico.

[18] R. LAURO – V. MADONNA, *Il Prefetto della Repubblica tra istituzioni e società*, op. cit., p. 383.

nistrazione generale, di indirizzo, attuazione e controllo della volontà governativa centrale, ma anche e soprattutto – ed è questa la valenza innovativa della legge n. 121/1981 – Autorità provinciale di pubblica sicurezza.

Il Prefetto nell'esercizio delle sue attribuzioni è titolare della Prefettura che è la struttura amministrativa deputata ad assicurargli il supporto nello svolgimento delle funzioni non solo di rappresentanza generale del Governo in ambito provinciale, ma anche di quelle di Autorità provinciale di pubblica sicurezza[19].

Sebbene autorevole dottrina abbia evidenziato che la figura del Prefetto non può e non deve esaurirsi all'interno dell'Amministrazione della pubblica sicurezza, ma deve conservare integre le sue competenze e il suo ruolo di autorità governativa provinciale[20], non può non cogliersi lo stretto rapporto funzionale che egli acquista con la suddetta Amministrazione nello specifico ambito periferico di riferimento. Il legislatore del 1981, infatti, nel confermare il ruolo del Prefetto di autorità provinciale di pubblica sicurezza, già previsto nel T.U.L.P.S. del 1931 e nel relativo Regolamento di esecuzione, ne ha accresciuto i poteri.

Da questa duplicità di funzioni deriva che quando egli agisce come rappresentante del Governo in Provincia, svolge, sostanzialmente, un'attività delegata o decentrata, mentre quando agisce come autorità provinciale di pubblica sicurezza esercita attribuzioni proprie di cui è titolare in modo permanente.

Entrando nel vivo delle prerogative prefettizie, è d'obbligo partire dall'art. 13 della legge di riforma, che, al comma 2, definisce la responsabilità del Prefetto in materia di ordine e sicurezza pubblica come "generale".

Tale aggettivo può essere inteso almeno in una duplice accezione. In primo luogo, la responsabilità del Prefetto è generale perché investe tutti gli aspetti relativi all'ordine e alla sicurezza pubblica nel territorio della provincia, consentendogli di avere una visione globale e di ampio respiro delle problematiche attinenti a tale materia e non limitandosi, ad esempio, ai profili di tipo tecnico-operativo, come avviene per il Questore.

In secondo luogo, si tratta di una responsabilità che, sebbene di natura amministrativa, appare allo stesso tempo strettamente connessa con la responsabilità politica che appartiene al Ministro, tanto da produrre riflessi per l'Autorità nazionale, chiamata a risponderne dinanzi al Governo, al Parlamento e alla generalità dei consociati[21].

---

[19] F. Caringella, A. Iannuzzi e L. Levita, *Manuale di diritto di Pubblica Sicurezza*, op. cit., p. 62.

[20] L. Mone, *L'Amministrazione della pubblica sicurezza e l'ordinamento del personale*, op. cit., p. 86; anche V. Di Franco, *Diritto di polizia e politiche di sicurezza*, Napoli, 2009, p. 33.

[21] Secondo R. Lauro – V. Madonna, op. cit., "Il Prefetto partecipa della funzione politica che compete al Ministro", p. 384.

Sempre la medesima disposizione prevede che il Prefetto "sovraintende all'attuazione delle direttive emanate in materia" essendo titolare di una potestà amministrativa di indirizzo e coordinamento, che esercita mediante l'emanazione di vere e proprie direttive a tutti gli organi che devono concorrere a garantire l'ordine e la sicurezza pubblica in ambito provinciale.

Inoltre, come previsto nell'ultima parte del comma 2 dell'art. 13, così come modificato dal d.l. 13 maggio 1991, n. 152, il Prefetto deve assicurare "l'unità di indirizzo e coordinamento dei compiti e delle attività degli ufficiali e degli agenti di pubblica sicurezza nella provincia, promuovendo le misure occorrenti"[22].

Si potrebbe pensare che tale disposizione abbia inteso limitare la potestà di coordinamento del Questore in favore di quella del Prefetto, che verrebbe ad estendersi anche al coordinamento sul piano tecnico.

In realtà, nonostante l'ampliamento delle attribuzioni prefettizie risultante dalla modifica del 1991, i termini del rapporto Prefetto-Questore a proposito del coordinamento non sono mutati. Il Questore resta il responsabile del coordinamento, dal punto di vista tecnico, dei servizi di ordine pubblico e dell'impiego della forza pubblica, al punto che, secondo una parte della dottrina[23], la potestà di coordinamento esercitata dal Prefetto può addirittura "incontrare un limite di estrinsecazione nella tipicità delle competenze assegnate dall'art. 14 al Questore".

Spostando la nostra attenzione sul potere di direttiva di cui è titolare il Prefetto in questa materia, si evince come lo stesso si inquadra nell'ambito di un più generale rapporto di equiordinazione, e le direttive, in concreto, sono direttive di coordinamento che, senza addentrarsi nella definizione di elementi di dettaglio, lasciano ai singoli soggetti coordinati margini di discrezionalità tecnica nella realizzazione degli obiettivi predeterminati[24].

Del resto, secondo la dottrina prevalente, la direttiva[25] è un atto meno intenso dell'ordine, che si limita a fissare gli obiettivi lasciando al destinatario margini apprezzabili di autonomia nella realizzazione del suo intervento.

---

[22] Il testo dell'art. 13 ha visto l'aggiunta di un ulteriore periodo al secondo comma, a seguito dell'intervento dell'art. 12 d.l. n. 152/1991, "Provvedimenti urgenti in tema di lotta alla criminalità organizzata e di trasparenza e buon andamento dell'attività amministrativa", convertito, con modificazioni, dalla legge 12 luglio 1991, n. 203.

[23] M. DI RAIMONDO, *Ordine pubblico e sicurezza pubblica*, Profili ricostruttivi e applicativi, 2009, p. 67.

[24] F. CARINGELLA, A. IANNUZZI e L. LEVITA, *Manuale di diritto di Pubblica Sicurezza*, op. cit., p. 64.

[25] M.S. GIANNINI, *Diritto amministrativo*, Milano, 1993, pag. 314-315; C. FRANCHINI, *L'organizzazione*, in S. CASSESE (a cura di), *Trattato di diritto amministrativo generale*, Tomo I, Milano, 2003, p. 347; F. G. SCOCA, *Diritto amministrativo*, Torino, 2008, p. 71.

I destinatari di tale delicata e complessa azione di coordinamento del Prefetto sono tutti gli appartenenti alle Forze di polizia, e la stessa viene esercitata nell'ambito del Comitato provinciale per l'ordine e la sicurezza di pubblica[26].

Ciò comporta il configurarsi in capo al Questore di una posizione complessa, in quanto egli si pone come Autorità che coordina i servizi di ordine e sicurezza pubblica, impiegando i Corpi di polizia posti a sua disposizione, e allo stesso tempo come soggetto coordinato dal Prefetto, unitamente ai Comandanti delle altre Forze di polizia, in seno al Comitato provinciale.

Per completezza di analisi, si evidenzia che il Prefetto ha anche doveri giuridici, infatti è tenuto a relazionare periodicamente al Ministro dell'Interno, quale Autorità nazionale di pubblica sicurezza, circa l'azione di coordinamento svolta a livello provinciale (art. 13, comma 5 legge n. 121/1981). Tale relazione costituisce uno degli elementi sulla cui base il Ministro valuterà politicamente i risultati raggiunti dal Prefetto nella gestione provinciale dell'ordine e della sicurezza pubblica.

Per quanto attiene, invece, alle competenze del Questore, esse sono individuate dall'art. 14 legge n. 121/1981 e consistono nella "direzione, responsabilità e coordinamento, a livello tecnico-operativo, dei servizi di ordine e sicurezza pubblica e dell'impiego, a tal fine, della forza pubblica e delle altre forze eventualmente poste a sua disposizione".

Il Questore, quale Autorità provinciale di pubblica sicurezza, assolve il ruolo di coordinamento, sul piano tecnico-operativo, delle Forze di polizia operanti in ambito provinciale, assicurando il corretto svolgimento dei servizi di ordine e sicurezza pubblica.

Nel rapporto intercorrente fra il Questore e il Prefetto – che, come già detto, prima della riforma del 1981 si configurava di tipo gerarchico – il primo è titolare *ex se* di discrezionalità tecnica nella gestione delle problematiche provinciali di ordine e sicurezza pubblica.

Nell'esercizio della sua funzione il Questore ha la "direzione" ed il "coordinamento, a livello tecnico operativo" dei "servizi di ordine e di sicurezza pubblica" in ambito provinciale, dovendo evitare duplicazioni di servizi e garantire il raggiungimento degli obiettivi predeterminati dal Prefetto in sede di Comitato provinciale per l'ordine e la sicurezza pubblica.

Da ciò deriva che in seno al suddetto organo il Questore, in una prima fase, si pone come soggetto coordinato, in posizione equiordinata rispetto agli altri vertici

[26] In tal modo, C. MOSCA, *La sicurezza come diritto di libertà. Teoria generale delle politiche della sicurezza*, Padova, 2012, p. 225, secondo cui ciò consente di attivare "un processo virtuoso che, coinvolgendo le responsabilità di ogni soggetto pubblico competente in materia, abbia l'obiettivo di creare un sistema amministrativo generale sul territorio capace, proprio perché forte ed integrato, di tutelare la coesione sociale".

provinciali delle Forze di polizia e agli altri componenti del consesso, mentre, nella fase successiva – ossia in quella in cui si realizza il coordinamento tecnico-operativo dei servizi di ordine e sicurezza pubblica – si pone come soggetto coordinatore, in una posizione di supremazia – esclusivamente funzionale – rispetto alle altre Forze di polizia[27].

Il principale strumento attraverso il quale il Questore dirige e coordina, a livello tecnico-operativo, i servizi di ordine e sicurezza pubblica è la c.d. "ordinanza di servizio", prevista e disciplinata dall'art. 37 d.P.R. 28 ottobre 1985, n. 782, recante il "Regolamento di servizio dell'Amministrazione della pubblica sicurezza"[28].

Al fine di consentire una esatta comprensione del contenuto dell'ordinanza di servizio da parte dei soggetti coordinati e, quindi, la sua puntuale ed efficace at-

---

[27] Nelle Regioni a Statuto speciale il sistema delle Autorità di pubblica sicurezza illustrato presenta delle variazioni, in relazioni alle particolari competenze degli organi regionali. In Trentino-Alto Adige, i Presidenti delle Province esercitano le attribuzioni spettanti all'Autorità di pubblica sicurezza in materia di industrie pericolose, di mestieri rumorosi ed incomodi, esercizi pubblici, agenzie, tipografie, mestieri girovaghi, operai e domestici, malati di mente, intossicati e mendicanti, minori di anni diciotto. Le altre competenze che le leggi di pubblica sicurezza devolvono al Prefetto sono affidate ai Questori. Restano ferme le competenze devolute ai Sindaci quali Ufficiali di pubblica sicurezza o ai funzionari di pubblica sicurezza distaccati (art. 20 d.P.R. 31 agosto 1972, n. 670, "Approvazione del testo unico delle leggi costituzionali concernenti lo Statuto speciale per il Trentino-Alto Adige", successivamente modificato dalla legge cost. 31 gennaio 2001, n. 2). Nella Valle d'Aosta, il Presidente della Regione per delega del Governo provvede al mantenimento dell'ordine pubblico, secondo le disposizioni del Governo, verso il quale è responsabile, mediante reparti di Polizia dello Stato e di Polizia locale. In casi eccezionali, quando la sicurezza dello Stato lo richieda, il Governo assume direttamente la tutela dell'ordine pubblico (art. 44 legge cost. 26 febbraio 1948, n. 4 e successive modificazioni *ex* legge cost. 31 gennaio 2001, n. 2). In Sicilia al mantenimento dell'ordine pubblico provvede il Presidente della Regione a mezzo della Polizia di Stato, la quale nella Regione dipende disciplinarmente, per l'impiego e l'utilizzazione, dal Governo regionale. Il Presidente della Regione può anche chiedere l'impiego delle Forze Armate dello Stato. Tuttavia il Governo può assumere la direzione dei servizi di pubblica sicurezza, a richiesta del Governo regionale congiuntamente al Presidente dell'Assemblea e, in casi eccezionali, di propria iniziativa, quando siano compromessi l'interesse generale dello Stato e la sua sicurezza (art. 31 dello Statuto regionale approvato con r.d.l. 15 maggio 1946, n. 455, convertito in legge cost. 26 febbraio 1948, n. 2, modificato dalle leggi cost. 23 febbraio 1972, n. 1, 12 aprile 1989, n. 3, e 31 gennaio 2001, n. 2). In Sardegna il Governo può delegare alla Regione le funzioni di tutela dell'ordine pubblico. In tal caso, queste sono esercitate, nell'ambito delle direttive fissate dal Governo, dal Presidente della Regione, che, a tale scopo, può richiedere l'impiego delle Forze Armate (art. 49 della legge cost. 26 febbraio 1948, n. 3).

[28] Tale disposizione prevede che "per i servizi di ordine e sicurezza pubblica, il Questore emana apposita ordinanza di servizio, stabilendo le modalità di svolgimento dei servizi stessi, la forza da impiegare, l'equipaggiamento necessario, i responsabili del servizio e le finalità da conseguire", essendo tenuto a darne tempestiva comunicazione al Prefetto per l'opportuna conoscenza e per l'esecuzione ai Dirigenti degli Uffici, ai Funzionari impiegati ed alle altre Forze di polizia ed agli altri enti eventualmente interessati.

tuazione, il Questore presiede, per le manifestazioni ritenute rilevanti, un "tavolo tecnico", all'interno del quale illustra i dispositivi previsti concordandoli con i vertici provinciali delle altre Forze di polizia e con gli altri soggetti eventualmente interessati.

Tale strumento di coordinamento tecnico, previsto per la prima volta con la Direttiva del Ministro dell'Interno 12 febbraio 2001 e ribadito nella circolare del Capo della Polizia 21 gennaio 2009[29], si pone come un organo consultivo del Questore al quale partecipano "tutti i soggetti chiamati ad assolvere ruoli di responsabilità nei diversi contesti di servizio".

Tale consesso, a differenza del Comitato provinciale per l'ordine e la sicurezza pubblica[30], elabora la pianificazione di dettaglio delle disposizioni operative, anche a seguito – ma non necessariamente – delle linee d'intervento concordate in seno al Comitato provinciale.

In sintesi, il tavolo tecnico ha la finalità di realizzare la condivisione del processo di pianificazione, lo scambio delle informazioni e, quindi, la definizione degli obiettivi e delle relative strategie: nella gestione degli eventi rappresenta un luogo di raccordo tra tutti gli enti ed i soggetti, istituzionali e privati, chiamati a partecipare al dispositivo pianificato per la tutela dell'ordine e della sicurezza pubblica.

### III.4. I cosiddetti "superprefetti"

Il Ministro dell'Interno, nella sua veste di Autorità nazionale di pubblica sicurezza, a partire dal 1992, con appositi decreti ha delegato alcune sue competenze in favore dei Prefetti delle Province dei Comuni capoluoghi di Regione[31].

La finalità di tale delega amministrativa è quella di garantire, attraverso una più strutturata forma di coordinamento, una più efficace, funzionale ed unitaria gestione dei servizi di ordine e sicurezza pubblica nella Regione, allo scopo di rafforzare e perfezionare l'impianto di prevenzione e contrasto dei fenomeni criminosi, soprattutto di natura organizzata, a valenza ultraprovinciale.

Dal punto di vista oggettivo, con i suddetti decreti i Prefetti dei capoluoghi di Regione sono delegati:

- a coordinare, nella Regione di pertinenza, le attività delle Autorità provinciali di pubblica sicurezza;

---

[29] Circolare n. 555/OP/490/2009/1 avente ad oggetto "Manifestazioni di rilievo-Lineamenti."

[30] Che è il luogo deputato alla acquisizione delle informazioni più generali che consentono al Prefetto di individuare la strategia complessiva e le linee di indirizzo politico-amministrative per la gestione delle situazioni più gravi.

[31] L'esercizio di tale potere di delega è stato esercitato a favore dei Prefetti dei capoluoghi di Regione, da ultimo, con il decreto 13 settembre 2019.

- ad assicurare l'unità di indirizzo e il coordinamento dei compiti e delle attività degli Ufficiali e degli Agenti di pubblica sicurezza;
- ad adottare i conseguenti provvedimenti e a sovrintendere all'attuazione delle direttive emanate in materia.

In tal modo l'Autorità delegante manifesta la volontà governativa di individuare schemi operativi di coordinamento sempre più pregnanti e più vicini alle esigenze emergenti, esercitando quell'attività di indirizzo e coordinamento riconosciutagli dal legislatore del 1981, senza far ricorso ad organi o a poteri straordinari[32].

L'ambito territoriale di efficacia della delega è la Regione; pertanto, al di fuori di tale contesto di riferimento la competenza rimane all'Autorità nazionale che ne è depositaria.

Dal punto di vista strutturale, con l'individuazione del "superprefetto" nel Prefetto del capoluogo di Regione è stata introdotta nel nostro ordinamento – in via amministrativa – una Autorità regionale di pubblica sicurezza che si pone come intermediaria tra l'Autorità nazionale e tutte le Autorità provinciali di pubblica sicurezza della regione di riferimento.

Tale ambito soggettivo di efficacia della delega si traduce in concreto nell'attribuzione al cd. "superprefetto" del potere di coordinare non solo i vari Prefetti-Autorità provinciali a livello di indirizzo politico, ma anche i Questori-Autorità provinciali a livello tecnico-operativo e, soprattutto, l'attività ed i compiti di tutti gli Ufficiali ed Agenti di pubblica sicurezza. Al riguardo, una parte della dottrina ha sottolineato l'impatto dirompente, anche se solo in via transitoria, di tali provvedimenti sul sistema provinciale della pubblica sicurezza, come delineato nella legge di riforma[33].

Il tutto appare ancora più stringente, ove si consideri che nei provvedimenti ministeriali di delega viene attribuito ai "superprefetti" anche il potere di convocare la "Conferenza regionale delle Autorità di pubblica sicurezza", alla quale partecipano non solo i Prefetti, i Questori delle singole Province e i rappresentanti dell'Ordine giudiziario, ma anche i diversi Comandanti provinciali e regionali dell'Arma dei Carabinieri e della Guardia di Finanza, affievolendo ancora di più la funzione di coordinamento tecnico-operativo del Questore[34].

---

[32] L. Mone, *L'Amministrazione della pubblica sicurezza e l'ordinamento del personale*, op. cit., p. 76.

[33] F. Caringella, A. Iannuzzi e L. Levita, *Manuale di diritto di Pubblica Sicurezza*, op. cit., p. 71, secondo cui "ne esce fortemente svuotata di significato la figura del Questore dal momento che i provvedimenti di delega ministeriale ascrivono, in via diretta ed esclusiva, al Prefetto del Comune capoluogo di Regione anche il coordinamento tecnico-operativo delle Forze di polizia".

[34] Sul punto, in chiave critica L. Mone, *L'Amministrazione della pubblica sicurezza e l'ordi-*

La Conferenza regionale per l'ordine e la sicurezza pubblica è la sede in cui si effettua l'analisi dell'andamento dei fenomeni criminosi a diffusione ultraprovinciale e si condividono le strategie operative di contrasto.

### III.5. Le Autorità locali di pubblica sicurezza

Il complesso ed articolato sistema della pubblica sicurezza si completa mediante la previsione e la disciplina della dimensione locale della titolarità delle funzioni di gestione dell'ordine e della sicurezza pubblica.

L'art. 15 legge n. 121/1981, che conferma sostanzialmente quanto già previsto dall'art. 1 T.U.L.P.S. e dall'art. 4 del relativo Regolamento di esecuzione, stabilisce che le Autorità locali di pubblica sicurezza vanno individuate nel Questore, per il Comune capoluogo di Provincia, e nei funzionari preposti ai Commissariati di Polizia per gli altri Comuni, ovvero, in mancanza, nel Sindaco, in qualità di Ufficiale di Governo. La norma prosegue prevedendo che "quando eccezionali esigenze di servizio lo richiedono, il Prefetto, o il Questore su autorizzazione del Prefetto, può inviare funzionari della Polizia di Stato nei Comuni di cui al comma precedente (ove non siano istituiti Commissariati di Polizia) per assumere temporaneamente la direzione dei servizi di pubblica sicurezza. Resta in tal caso sospesa la competenza dell'autorità locale di pubblica sicurezza".

Una parte della dottrina rileva che dall'analisi dell'art. 15 legge n. 121/1981 trova conferma, anche per le Autorità locali, l'impostazione del legislatore volta a riservare la qualifica di Autorità di pubblica sicurezza soltanto ad organi civili e non anche militari, specie nella considerazione che nei lavori preparatori della legge n. 121/1981 pure si era affacciata l'ipotesi di prevedere, nei Comuni privi di Commissariati di Polizia, l'attribuzione delle funzioni di Autorità locale di pubblica sicurezza – prima che al Sindaco – all'Ufficiale preposto al comando dell'Arma dei Carabinieri[35].

Per quanto concerne le funzioni proprie di tali Autorità, va precisato che le stesse sono titolari di una potestà provvedimentale in senso stretto che potrà connotarsi come esclusiva e propria o, laddove il T.U.L.P.S. la attribuisce indi-

---

*namento del personale*, op. cit., p. 91, secondo cui "il sistema generale della pubblica sicurezza avrebbe richiesto due distinti atti di delega: uno al Prefetto del capoluogo di Regione, per la parte di politica generale in materia di ordine e sicurezza pubblica; ed uno al Questore dello stesso capoluogo per il coordinamento e l'attuazione dei compiti affidati alle Autorità provinciali tecniche delle singole Province, nonché per il coordinamento delle attività dei singoli ufficiali ed agenti di pubblica sicurezza. In tal modo le due diverse sfere di competenze sarebbero rimaste verticalmente e strutturalmente omogenee e distinte tra loro".

[35] F. CARINGELLA, A. IANNUZZI e L. LEVITA, *Manuale di diritto di Pubblica Sicurezza*, op. cit., p. 76-77.

stintamente alle Autorità di pubblica sicurezza[36], da condividere con le Autorità provinciali.

In tale ambito di analisi, la figura che richiede un maggiore approfondimento è quella del Sindaco che, come ben evidenziato dalla norma, non assume la qualifica di Autorità locale di pubblica sicurezza, ma solo la titolarità ad esercitarne, in particolari circostanze, le relative funzioni, nelle quali agisce comunque come Ufficiale di Governo[37].

Il Sindaco del Comune non capoluogo di Provincia partecipa alle riunioni del Comitato provinciale per l'ordine e la sicurezza pubblica quando vengono trattate questioni riferibili all'ambito territoriale di competenza e si rende necessario acquisire una più compiuta conoscenza delle problematiche all'ordine del giorno, a differenza del Sindaco del capoluogo, che vi prende parte di diritto.

Su un piano più concreto, i provvedimenti che il Sindaco adotta nell'esercizio delle sue attribuzioni di Autorità locale di pubblica sicurezza assumono la forma di veri e propri provvedimenti di polizia che, pertanto, dovranno essere conformi ai precetti della Costituzione, al T.U.L.P.S. e ad ogni altra disposizione legislativa.

Particolarmente discussa in dottrina è la possibilità di riconoscere al Sindaco, oltre che la qualifica di Autorità locale di pubblica sicurezza o, più correttamente l'esercizio delle sue attribuzioni, anche quella di Ufficiale di pubblica sicurezza. Dall'analisi dei diversi orientamenti, parrebbe prevalere la tesi contraria[38], che fonda la sua interpretazione, fra l'altro, sulla portata dell'art. 6 r.d. n. 690/1907[39] che, analogamente a quanto avviene per l'esercizio delle attribuzioni di Autorità locale, non prevede espressamente a favore del Sindaco il riconoscimento della qualifica di Ufficiale di pubblica sicurezza, ma si limita a conferirgli l'esercizio delle relative funzioni in presenza di determinate condizioni.

## III.6. La funzione di coordinamento

La natura oggettivamente e soggettivamente complessa dell'Amministrazione

[36] Fra gli altri gli artt. 4, 15, 56, 57 e 61 T.U.L.P.S.

[37] Nell'attuale assetto normativo il conferimento espresso della qualifica di Ufficiale di Governo fa assumere al Sindaco anche la veste di organo dell'amministrazione statale, con conseguente imputazione allo Stato degli atti che pone in essere nell'esercizio di tali attribuzioni.

[38] In tal senso anche la giurisprudenza del Consiglio di Stato che ha più volte escluso che il Sindaco possa rivestire la qualifica di Ufficiale di pubblica sicurezza.

[39] L'art. 6 r.d. 31 agosto 1907, n. 690 (recante il testo unico delle leggi sugli ufficiali ed agenti di pubblica sicurezza) prevede che "nei comuni ove non vi sia un ufficiale di pubblica sicurezza, il sindaco, o chi ne fa le veci, ne esercita le funzioni sotto la direzione e la dipendenza del Prefetto, del Sottoprefetto o del Questore". Con la precisazione che oggi la figura del Sottoprefetto non esiste più e che è venuto meno il rapporto gerarchico tra il Prefetto ed il Questore.

della pubblica sicurezza, come delineata dalla legge n. 121/1981[40], ha reso indispensabile l'adozione di un modello organizzativo ed operativo[41] ispirato al principio del coordinamento, al fine di ricondurre ad unitarietà la multiforme attività posta in essere dai diversi soggetti che, a diverso titolo e con diversa competenza, ne fanno parte.

Prima di analizzare nel dettaglio gli organi e gli uffici amministrativi che in concreto svolgono la funzione di coordinamento nell'ambito della complessa macchina dell'Amministrazione della pubblica sicurezza, appare opportuno, in via preliminare, fare una breve analisi del concetto di coordinamento.

A tal fine non si può non richiamare l'autorevole dottrina che definiva il coordinamento come la "potestà di ordine avente una pluralità di destinatari, con cui si assegna a ciascuno un compito sincronizzato ed armonizzato con quello degli altri, previa redazione di un disegno generale reso esecutivo nell'ordine e i cui destinatari hanno l'obbligo di eseguire"[42].

Il coordinamento richiede, pertanto, due presupposti: *in primis*, il consenso partecipato dei soggetti coordinati[43], e poi il rispetto della sfera di autonomia istituzionale, ordinamentale, organizzativa e gestoria di ciascuno di essi[44].

In origine, il coordinamento riguardava esclusivamente l'attività degli organi politici ed in particolare i rapporti tra i Ministri, mentre successivamente ha trovato affermazione anche come "figura organizzatoria generale del diritto pubblico"[45].

Ciò a causa della progressiva specializzazione delle attività amministrative, tipica di una società sempre più articolata e caratterizzata da crescenti istanze autonomistiche, che ha condotto all'individuazione di una nuova modalità di strutturare i rapporti tra le diverse figure soggettive della pubblica amministrazione,

---

[40] Già negli anni precedenti alla riforma del 1981 si era posta l'esigenza di realizzare un efficace coordinamento in materia di ordine e sicurezza pubblica, dovuta prevalentemente alla presenza di una pluralità di Forze di polizia esistenti tradizionalmente nel nostro territorio. Tale principio che, in origine, trovava la propria ragion d'essere nella necessità di garantire un bilanciamento e, soprattutto, un controllo reciproco tra le diverse Forze, ognuna facente capo ad una differente Amministrazione e sottoposta ad una specifica disciplina, oggi risponde invece alla necessità, tipica della società moderna, di realizzare la migliore efficienza possibile nel sistema della sicurezza pubblica, da perseguire differenziando le capacità e le competenze di ciascuna.

[41] C. MOSCA, *La sicurezza come diritto di libertà. Teoria generale delle politiche della sicurezza*, op. cit., p. 155.

[42] M.S. GIANNINI, *Istituzioni di diritto amministrativo*, Milano, 1981, p. 615.

[43] In tal senso F. FAVARO, *Il coordinamento delle Forze di polizia*, in *Scuola di polizia tributaria – Guardia di Finanza*, Lido di Ostia (RM), 2003, p. 6.

[44] F. CARINGELLA, A. IANNUZZI e L. LEVITA, *Manuale di diritto di Pubblica Sicurezza*, op. cit., p. 82.

[45] Espressione utilizzata da V. BACHELET, voce "*Coordinamento*", in *Enciclopedia del diritto*, 1962, p. 632.

superando il classico schema della gerarchia, cosicché oggi è possibile affermare che "il coordinare è la manifestazione tipica di una società democratica e pluralistica, che intende ottenere l'armonico orientamento di individui, gruppi, istituzioni verso fini determinati, senza però annullare la libertà o l'iniziativa di tali individui, gruppi o istituzioni"[46].

Pertanto, mentre il modello gerarchico si caratterizza per la presenza di soggetti subordinati, privi di autonomia, che vengono indirizzati, o meglio ancora "ordinati", verso l'assunzione di determinati comportamenti, nel caso del coordinamento viene, invece, è garantita l'autonomia dei singoli, le cui volontà si fondono per il raggiungimento di un obiettivo comune[47].

Tale modulo organizzativo ha l'indiscutibile capacità di consentire la razionalizzazione di situazioni complesse, pertanto, la sua tipizzazione da parte del legislatore del 1981 è stata una scelta necessaria in quanto esso "costituisce un valido moltiplicatore dell'efficienza delle singole strutture di pubblica sicurezza ed un insostituibile riduttore di inevitabili disfunzioni insite nelle stesse"[48].

Questa nuova politica di sicurezza, infatti, è la diretta conseguenza del pluralismo delle Forze di polizia e della necessità di coordinare la loro attività in vista dell'efficace e razionale perseguimento delle diverse, complesse e sempre più pressanti esigenze di tutela dell'ordine e della sicurezza pubblica[49].

---

[46] V. Bachelet, op. cit., p. 631.

[47] Si discute se il coordinamento possa manifestarsi solo nell'ambito di rapporti improntati all'equiordinazione (come sembrerebbe nel caso dell'adozione di atti a complessità eguale, quale il concerto) oppure anche alla subordinazione, ove il soggetto sovraordinato, dotato di poteri di indirizzo, è preposto dalla legge al fine di realizzare il coordinamento di soggetti a lui sottoposti, ma pur sempre dotati di un certo grado di autonomia. Bachelet, op. cit., p. 635, conclude nel senso che il coordinamento è figura tendenzialmente di sovraordinazione, che si atteggia, però, in modo diverso, a seconda del grado più o meno forte di sovraordinazione/subordinazione esistente, che può andare dall'esercizio di un semplice potere di direzione, da parte del sovraordinato, con la facoltà per il subordinato di discostarsene solo per validi motivi, al potere di emanare provvedimenti generali e determinazioni, fino a veri e propri ordini, che sembrano configurare un rapporto gerarchico, nel quale l'attività di coordinamento finisce con l'essere riassorbita. In tal senso anche Cerulli Irelli, *Corso di diritto amministrativo*, 2001, p. 105, secondo cui "nelle relazioni gerarchiche il coordinamento è assicurato dalla gerarchia medesima", mentre in quelle di equiordinazione avviene o per il tramite di un organo collegiale, che rappresenta tutti i soggetti da coordinare, o mediante il conferimento del compito del coordinamento ad uno di essi. Nel primo caso, esso viene realizzato tra organi o soggetti in posizione paritaria, cui spetta indistintamente l'esercizio di tale funzione, mentre, nel secondo caso, il potere di coordinare spetta all'organo di vertice, che ha il compito di armonizzare i contributi provenienti dai coordinati, portatori di interessi differenti, in modo da realizzarne l'equilibrato bilanciamento.

[48] F. Caringella, A. Iannuzzi e L. Levita, *Manuale di diritto di Pubblica Sicurezza*, op. cit., p. 82.

[49] In tal senso L. Mone, *Il coordinamento delle Forze di polizia: un problema, un modello, il*

Nel nostro sistema di pubblica sicurezza la funzione di coordinamento ha ad oggetto le diverse strutture organizzative di cui la stessa si compone che, tuttavia – ed è questo il dato importante – non perdono la propria autonomia ordinamentale e le rispettive sfere di competenze stabilite *ex lege*. Ciò consente di realizzare uno spazio giuridico orizzontale, nel cui ambito i diversi soggetti coordinati – pur rimanendo agenti esclusivi nel rispettivo ambito amministrativo ed operativo di competenza – diventano titolari di funzioni e compiti più ampi che svolgono in concorso fra loro, in vista del raggiungimento di un obiettivo comune[50].

Anche il recente d.lgs. 19 agosto 2016, n. 177, recante "Disposizioni in materia di razionalizzazione delle funzioni di polizia e assorbimento del Corpo forestale dello Stato" – che ha disposto l'assorbimento del Corpo Forestale dello Stato nell'Arma dei Carabinieri – compie un rinnovato atto di fiducia verso tale modello organizzativo, confermandone l'assoluta attualità: in un assetto, più razionale e snello, ma ancora connotato dal pluralismo, il vero garante dell'efficienza della funzione di polizia è il momento del coordinamento.

Alla luce di questa premessa definitoria, di seguito verranno analizzati gli organi e gli strumenti a cui è affidata tale funzione, partendo dalla disamina dell'apparato dipartimentale preposto al coordinamento e, successivamente, di tutti gli altri livelli di raccordo, nonché del Comitato nazionale e dei Comitati provinciali per l'ordine e la sicurezza pubblica, quali organi ausiliari di consulenza, rispettivamente del Ministro dell'Interno e dei Prefetti in materia di ordine e sicurezza pubblica.

## III.7. Il Dipartimento della pubblica sicurezza

Il Ministro dell'Interno, come responsabile della tutela dell'ordine e della sicurezza pubblica, come Autorità nazionale di pubblica sicurezza, come soggetto preposto all'alta direzione dei servizi di ordine e sicurezza pubblica ed al coordinamento dei compiti e delle attività delle Forze di polizia (art. 1 legge n. 121/1981) deve necessariamente avvalersi di una apposita organizzazione per svolgere le sue funzioni.

---

*modello*, 67, in *Rivista trimestrale della Scuola di perfezionamento per le Forze di Polizia*, 2010, n. 3-4, secondo cui il coordinamento si pone "come l'unico possibile modello col quale la struttura amministrativa risponde alla domanda di sicurezza sempre crescente".

[50] Sul punto C. MOSCA, *La sicurezza come diritto di libertà. Teoria generale delle politiche di sicurezza*, op. cit., p. 184, che definisce il modello coordinamentale "la cornice entro cui far muovere i fasci di relazioni che si vengono a creare, nello specifico sistema di sicurezza, tra Autorità ed ufficiali e agenti di pubblica sicurezza, a prescindere dall'appartenenza di questi ultimi alle singole strutture di polizia".

Il legislatore del 1981 ha individuato tale apparato nell'Amministrazione della pubblica sicurezza (art. 2) e, più nello specifico, nel Dipartimento della pubblica sicurezza a cui l'impianto normativo attribuisce il compito di provvedere, "secondo le direttive e gli ordini del Ministro dell'Interno", ad una serie di attività indicate puntualmente nell'art. 4.

*In primis*, il Dipartimento è chiamato a dare "attuazione alla politica dell'ordine e della sicurezza pubblica", intesa non come mera esecuzione ma come trasposizione della stessa sul piano concreto, non senza un certo margine di discrezionalità, nel rispetto degli obiettivi prefissati dalla volontà politica. In sostanza, mentre il livello politico deve delineare la strategia di questa politica, per lo più attraverso direttive, giacché gli ordini limiterebbero la discrezionalità del Dipartimento in materia, il livello politico-tecnico deve essere delegato a realizzare l'elaborazione concreta e, quindi, l'effettiva attuazione della suddetta strategia politica[51].

La seconda funzione del Dipartimento della pubblica sicurezza è il "coordinamento tecnico-operativo delle Forze di polizia"; ed anche in tal caso il contenuto sostanziale di tale competenza è più ampio di quello meramente letterale: il coordinamento è, quindi, sia di tipo politico-tecnico che operativo, ricomprendendo a monte anche la fase dell'elaborazione della politica dell'ordine e della sicurezza pubblica.

Soggettivamente tale coordinamento ha come destinatari le Forze di polizia e consente di realizzare una vera e propria direzione unitaria delle stesse, come prevede il successivo art. 6.

Particolarmente dibattuta è l'effettiva titolarità della competenza coordinamentale che, ai sensi degli artt. 1, commi 1 e 4, e 6, comma 1, pare spettare sia al Ministro dell'Interno che al Dipartimento della pubblica sicurezza. La questione può essere ricomposta riconoscendo la potestà primaria di coordinamento al Dipartimento che, tuttavia, la deve esercitare in conformità alle direttive del Ministro, ossia delle linee programmatiche ministeriali in materia.

All'interno del Dipartimento della pubblica sicurezza l'Ufficio preposto allo svolgimento della suddetta funzione di coordinamento è l'Ufficio per il coordinamento e la pianificazione delle Forze di polizia, previsto e disciplinato dall'art. 6 legge n. 121/1981 e sul quale si tornerà nel proseguo della trattazione.

La terza e la quarta funzione affidata al Dipartimento, a differenza delle prime due, hanno una natura endogena riguardando, rispettivamente, la "direzione ed

[51] L. Mone, *L'Amministrazione della pubblica sicurezza e l'ordinamento del personale*, op. cit., p. 56. Sul punto anche F. Caringella, A. Iannuzzi e L. Levita, *Manuale di diritto di Pubblica Sicurezza*, op. cit., p. 90, secondo cui "questa interpretazione sembra, peraltro, rispettosa del principio della separazione tra politica (Ministero dell'Interno) ed amministrazione (*rectius*: dirigenza e, quindi, Capo della Polizia – Direttore Generale della pubblica sicurezza), secondo cui spetta comunque a quest'ultima l'esercizio della discrezionalità tecnica necessaria all'attuazione delle priorità politiche e dei programmi indicati dall'autorità politica".

amministrazione della Polizia di Stato"[52], ovvero tutte le attività connesse alla gestione, all'organizzazione e all'impiego della stessa, e "la direzione e gestione dei supporti tecnici, anche per le esigenze generali del Ministero dell'Interno", in una prospettiva che trascende le esigenze specifiche della Polizia di Stato e dello stesso Dipartimento, per ricomprendere quelle appartenenti al Dicastero dell'Interno nel suo complesso.

Accanto ai tradizionali compiti previsti dall'art. 4 legge n. 121/1981, il Dipartimento "provvede, nei contingenti necessari, determinati dal Ministro dell'Interno, di concerto con il Ministro di Grazia e Giustizia, all'istituzione e all'organizzazione dei servizi di polizia giudiziaria, anche in base alle direttive impartite dal Ministro dell'Interno nell'esercizio delle sue attribuzioni di coordinamento" (art. 17).

Tale previsione, che sottolinea un "indebolimento" della distinzione tra polizia di prevenzione e polizia di repressione, consente al Dipartimento e al Ministro dell'Interno, nell'ambito dell'esercizio della funzione di coordinamento, "una ingerenza attiva"[53] in un contesto che non appartiene alle loro tradizionali competenze, divenendo in tal modo punto di intersezione tra l'apparato della prevenzione e quello della repressione, non più separati ma in rapporto di complementarietà tra di loro.

Le modalità attraverso cui viene esercitato il coordinamento delle Forze di polizia ed il ruolo svolto in materia dal Dipartimento sono stati successivamente precisati con la Direttiva del Ministro dell'Interno 12 febbraio 2001[54], concernente l'attuazione del coordinamento e della direzione unitaria delle Forze di polizia che, in armonia con la legge 31 marzo 2000, n. 78[55], ha confermato come

---

[52] Sul punto L. MONE, *L'Amministrazione della pubblica sicurezza e l'ordinamento del personale*, op. cit., p. 57, che ritiene che "tra il Dipartimento e la Polizia di Stato viene ad instaurarsi un rapporto di subordinazione", in particolare "la Polizia di Stato è subordinata al Dipartimento della pubblica sicurezza in maniera gerarchica, per le disposizioni che il Capo della Polizia emana nella sua veste di Direttore del Dipartimento. Infatti, è tale Autorità ed in tale veste che provvede alla direzione ed all'amministrazione della Polizia di Stato, ma sempre secondo le direttive e gli ordini del Ministro dell'Interno che si viene a porre, quindi, in un rapporto di sovraordinazione gerarchica nei confronti del Capo della Polizia".

[53] L. MONE, *L'Amministrazione della pubblica sicurezza e l'ordinamento del personale*, op. cit., p. 59.

[54] Direttiva allegata al decreto del Ministro dell'Interno *pro tempore* Enzo Bianco n. 27-4/a.2/U.L.

[55] È la legge delega al Governo in materia di riordino dell'Arma dei Carabinieri, del Corpo Forestale dello Stato, del Corpo della Guardia di Finanza e della Polizia di Stato, che contiene anche norme in materia di coordinamento delle Forze di polizia. Tale legge ha confermato il sistema dell'Amministrazione della pubblica sicurezza delineato dalla legge n. 121/1981, riaffermando in capo al Ministro dell'Interno le attribuzioni di coordinamento e di direzione unitaria in materia di ordine e sicurezza pubblica, che si avvale, a tali fini, dell'organo centrale dell'Amministrazione stessa, ossia il Dipartimento della pubblica sicurezza.

tale apparato "si colloca in una posizione di snodo tra l'Autorità politica e le Forze di polizia", impegnandolo ad operare, pertanto, in una duplice funzione direzionale.

Da un lato, infatti, il Dipartimento è tenuto a veicolare al Ministro dell'Interno, quale Autorità nazionale di pubblica sicurezza, tutte le esigenze operative che emergono nel contrasto alla criminalità e nell'individuazione degli strumenti di prevenzione e repressione di tale fenomeno.

Dall'altro, l'Ufficio dipartimentale non si limita a fare da filtro tra le Forze di polizia ed il Ministro, ma implementa con "dei necessari contenuti di progettualità attuativa le direttive impartite dal Ministro dell'Interno in modo da individuare le linee programmatiche lungo le quali le Forze di polizia sono tenute a sviluppare, secondo parametri di efficienza ed economicità, la loro attività squisitamente operativa"[56].

Ne discende che, ai fini del coordinamento, l'istituzione del Dipartimento di pubblica sicurezza non ha comportato semplicemente una novità dal punto di vista organizzativo, ma è stata il frutto di una pregevole intuizione del legislatore, che – secondo la citata fonte interna – ha voluto farne un "luogo privilegiato per l'attuazione dell'ordine e della sicurezza pubblica, nonché per la realizzazione del coordinamento tecnico-operativo delle Forze di polizia"; uno strumento nelle mani dell'Autorità nazionale di pubblica sicurezza "in grado di offrirgli, in ogni momento, le informazioni di cui necessita, in un quadro di sintesi delle necessità via via emergenti, ed uno strumento diretto ed efficace di intervento per l'attuazione delle scelte di Governo".

L'eterogeneità funzionale propria del Dipartimento della pubblica sicurezza ha richiesto necessariamente la sua articolazione in un'organizzazione complessa, che ha al suo vertice un Prefetto con le funzioni di Capo della Polizia e, nel contempo, di Direttore Generale della pubblica sicurezza, nominato con decreto del Presidente della Repubblica previa deliberazione del Consiglio dei Ministri (art. 5, comma 2), tre Vice Direttori Generali per l'espletamento, rispettivamente, delle funzioni vicarie, di quelle afferenti al coordinamento ed alla pianificazione dell'attività delle Forze di polizia e di quelle rientranti nella sfera di attribuzioni della Direzione Centrale della polizia criminale (comma 4).

## III.8. L'Ufficio per il coordinamento e la pianificazione delle Forze di polizia

Come detto nel paragrafo precedente, il Dipartimento della pubblica sicurezza adempie alla sua funzione di coordinamento tecnico-operativo delle Forze di po-

[56] *Ibidem*, p. 411.

lizia attraverso l'Ufficio per il coordinamento e la pianificazione, previsto e disciplinato dagli artt. 5, comma 1, lettera a) e 6 legge n. 121/1981.

Sulla base delle attribuzioni che gli vengono riconosciute *ex lege*, questo Ufficio, nell'ambito dell'Amministrazione della pubblica sicurezza, si pone come una struttura organizzativa centrale preposta all'attuazione della politica coordinamentale in materia di tutela dell'ordine e della sicurezza pubblica.

Il coordinamento delle Forze di polizia trae origine dall'esigenza di rispondere alla sempre più avvertita necessità di razionalizzazione delle potenzialità strutturali e operative delle singole Forze di polizia, ottimizzando l'impiego e la distribuzione delle rispettive risorse e integrando l'organizzazione e l'attuazione dei rispettivi servizi alla stregua di una comune e sistematica pianificazione. La sua struttura organizzativa è a composizione interamente interforze. Il coordinamento delle attività delle varie Forze di polizia, caratterizzate da propri ordinamenti particolari, affinché possa dirsi efficace e razionale deve, infatti, coinvolgere necessariamente il personale appartenente alle Forze stesse.

Ciò ha portato una parte della dottrina a definire questo Ufficio la "casa comune" delle diverse Forze di polizia, sia per il suo carattere integralmente interforze, sia per il peculiare *modus operandi* a stretto e diretto contatto con i Comandi e le Direzioni Centrali delle stesse Forze di polizia, sia per la sua speciale collocazione ordinamentale all'interno dell'Amministrazione della pubblica sicurezza[57].

Nell'ambito dell'Ufficio per coordinamento è incardinata la Commissione centrale prevista dalla legge 15 marzo 1991, n. 82[58], preposta alla definizione e all'applicazione dello speciale programma di protezione dei collaboratori di giustizia.

L'art. 10 della citata legge prevede, infatti, che per i compiti di segreteria e d'istruttoria la Commissione Centrale si avvale dell'Ufficio per il coordinamento e la pianificazione delle Forze di polizia[59]; la Commissione può, altresì, ricorrere

---

[57] F. CARINGELLA, A. IANNUZZI e L. LEVITA, *Manuale di diritto di Pubblica Sicurezza*, op. cit., p. 92-93.

[58] Legge recante la "Conversione in legge, con modificazioni, del decreto legge 15 gennaio 1991, n. 8, recante nuove misure in materia di sequestri di persona a scopo di estorsione e per la protezione di coloro che collaborano con la giustizia".

[59] Per completezza di analisi si evidenzia che con la successiva legge 13 febbraio 2001, n. 45, recante "Modifica della disciplina della protezione e del trattamento sanzionatorio di coloro che collaborano con la giustizia nonché disposizioni a favore delle persone che prestano testimonianza" è stato razionalizzato il sistema di protezione introducendo, fra l'altro, il riconoscimento normativo autonomo dei testimoni di giustizia distinti per *status* e forme di protezione dai collaboratori di giustizia. In particolare, il testimone di giustizia (art 16-*bis* d.l. n. 8/1991) è quel soggetto che, rispetto ai fatti delittuosi sui quali rende dichiarazioni all'Autorità giudiziaria, assume la qualità di persona offesa dal reato, ovvero di persona informata sui fatti o di testimone, purché nei suoi confronti non sia stata disposta una misura di prevenzione ai sensi della legge 31 maggio

al Servizio centrale di protezione della Direzione Centrale della polizia criminale del Dipartimento della pubblica sicurezza[60].

Sotto il profilo funzionale, l'Ufficio per il coordinamento e la pianificazione delle Forze di polizia svolge una serie di compiti tassativamente individuati dall'art. 6 legge n. 121/1981.

La dottrina specialistica ha evidenziato che dall'analisi di tale disposizione si evince che l'attività di coordinamento può avere carattere antecedente o anche successivo rispetto alle specifiche e omologhe attività di pianificazione svolte dalle diverse Forze di polizia, e che la delicata attività di raccordo tra le singole pianificazioni dovrà essere compiuta dall'Ufficio di coordinamento, valorizzandone i punti di forza e armonizzandole all'interno del quadro generale di riferimento[61].

In conclusione, è chiaro che la peculiare connotazione funzionale e organiz-

---

1965, n. 575, ovvero non sia in corso un procedimento di applicazione della stessa. Si tratta del cittadino che assolve al proprio dovere di solidarietà sociale sancito dall'art. 2 della Costituzione informando l'Autorità giudiziaria di fatti costituenti reato per esserne stato testimone o vittima-persona offesa. Il collaboratore di giustizia, invece, è colui che, organico ad un sodalizio criminale, per ragioni spesso utilitaristiche, decide di dissociarsene fornendo all'Autorità giudiziaria informazioni utili sulla struttura dell'organizzazione criminale e sui fatti di reato commessi dai suoi affiliati. Sia per i testimoni che per i collaboratori di giustizia nascono, con le dovute differenziazioni, esigenze di tutela del soggetto da possibili ritorsioni, e questo sancisce la necessità di un sistema di protezione e supporto per coloro che rendono dichiarazioni di giustizia. L'ordinamento delinea una graduazione dei meccanismi di tutela applicabili ai soggetti destinatari della protezione, prevedendo il *genus* delle speciali misure di protezione, che sono adottabili quando il grave e attuale pericolo determinato dalla condotta di collaborazione non consente misure ordinarie di tutela. In tal senso, l'art. 9 d.l. n. 8/1991 distingue le misure di protezione in ordinarie – "adottabili direttamente dall'Autorità di pubblica sicurezza o, se si tratta di persone detenute o internate, dal Ministero della giustizia – Dipartimento dell'amministrazione penitenziaria" – e in speciali, a cui si può accedere solo quando quelle ordinarie risultino inadeguate (disciplinate dall'art. 13, comma 4). Inoltre, se tali speciali misure non risultano sufficienti in considerazione della gravità ed attualità del pericolo, si ricorre al programma speciale di protezione, che costituisce la forma più pregnante di tutela (art. 13, comma 5).

[60] Tale servizio provvede all'attuazione degli speciali programmi di protezione e di assistenza, ivi compresa la promozione delle misure di reinserimento nel contesto sociale e lavorativo dei testimoni e collaboratori di giustizia, nonché degli altri soggetti ammessi al programma di protezione, formulati dalla Commissione Centrale di cui all'art. 10 legge 15 marzo 1991, n. 82. Mantiene altresì i rapporti con le Autorità Giudiziarie e di Pubblica Sicurezza, nazionali ed estere, nonché con i competenti organi dell'Amministrazione Penitenziaria e con tutte le altre Amministrazioni centrali e periferiche eventualmente interessate all'attuazione delle misure di protezione. Inoltre, attraverso i Nuclei Operativi di Protezione, con competenza regionale o interregionale, cura la diretta attuazione delle misure di assistenza contemplate nel programma e garantisce il necessario supporto.

[61] F. Caringella, A. Iannuzzi e L. Levita, *Manuale di diritto di Pubblica Sicurezza*, op. cit., p. 95.

zativa dell'Ufficio per il coordinamento e la pianificazione pongono tale struttura su di un piano diverso rispetto alle altre Direzioni centrali ed agli Uffici di livello equipollente in cui si articola il Dipartimento della pubblica sicurezza.

### III.9. La cooperazione internazionale

Negli ultimi anni lo spazio europeo ed internazionale della politica di sicurezza ha subito un cambiamento radicale.

Dall'11 settembre 2001 la minaccia terroristica è in primo piano. Ma si tratta solo di una delle numerose sfide della politica di sicurezza globale, insieme alla criminalità transnazionale, anche organizzata, alla migrazione, all'inquinamento ambientale ed ai conflitti etnici.

Di fronte a simili sovvertimenti, la comunità internazionale ha affinato e perfezionato i diversi strumenti di cooperazione.

Per quanto concerne il nostro Paese, si deve rilevare che – a fronte del recente sviluppo dei descritti fenomeni transnazionali – il modello costruito con la legge n. 121/1981 si è dimostrato particolarmente lungimirante, attribuendo fin da subito al Dipartimento della pubblica sicurezza il compito di mantenere e sviluppare relazioni in ambito europeo e internazionale (art. 6, comma 1, lett. g legge n. 121/1981).

Con il passare del tempo, tale previsione ha acquisito una dimensione sempre più attuale, a riprova della capacità del legislatore del 1981 di leggere in anticipo le dinamiche di sviluppo che avrebbero caratterizzato i fenomeni criminali nei decenni successivi.

Il Dipartimento della pubblica sicurezza, dunque, nel quadro della cooperazione internazionale è oggi impegnato in una serie di attività che si sviluppano in ambito multilaterale, dell'Unione europea e bilaterale.

In materia di cooperazione multilaterale, l'Italia partecipa attivamente all'attività dei diversi organismi sovranazionali nel pieno rispetto delle Convenzioni internazionali, contribuendo alla formulazione delle politiche e adattando la propria azione alle direttive e agli indirizzi emanati dagli stessi. Tra i principali organismi internazionali a cui l'Italia prende parte si segnalano Interpol e OSCE[62].

Interpol – Organizzazione internazionale della polizia criminale, è un'organizzazione internazionale dedita alla cooperazione di polizia e al contrasto del crimine internazionale[63].

---

[62] Il Dipartimento prende parte anche alle Conferenze internazionali di carattere strategico con risvolti di polizia, alla Conferenza degli Stati Parti della Convenzione ONU sul Crimine Organizzato Transnazionale, alle riunioni della Commissione sulla Prevenzione del Crimine e la Giustizia Penale e a quelle sull'applicazione della Convenzione contro la Corruzione (UNCAC).

[63] Nata nel 1923 come Commissione internazionale di polizia criminale (*International Criminal Po-*

Nei 194 Paesi è presente un ufficio centrale di polizia internazionale che collabora con le altre Sezioni, con i Corpi locali di polizia e con il Segretariato generale di Lione per la ricerca di chi ha commessi reati all'estero o vi si è trasferito dopo averli commessi e per la repressione della criminalità operante su scala internazionale. Non avendo propri agenti operativi il ruolo di Interpol è soprattutto di supporto alle operazioni e alla formazione delle Forze di polizia aderenti all'organizzazione Interpol, con il proprio sistema avanzato di comunicazione I-24/7 per lo scambio di informazioni[64] , sistema cui hanno accesso tutti i punti di contatto per l'inserimento che per la consultazione dei dati, consente l'interazione e lo scambio di informazioni nazionali sia investigative in tempo reale, 24 ore su 24, 7 giorni su 7.

Tra le informazioni oggetto di scambio possiamo citare le cosiddette "RED NOTICES", attraverso le quali i singoli Paesi inseriscono nel sistema le schede contenenti i provvedimenti di cattura da eseguire a livello internazionale e che, negli ordinamenti processuali penali di molti Paesi membri, vengono considerate come ordinanze di custodia cautelare in carcere immediatamente esecutive ai dini delle successive procedure estradizionali verso il Paese richiedente.

Al fine di realizzare la piena interoperabilità del Sistema d'Indagine Nazionale (SDI) con il Sistema I-24/7 in modo da consentire agli operatori delle Forze di Polizia che accedono allo SDI la consultazione, in tempo reale, anche dei dati contenuti nel sistema informativo di Interpol, il Dipartimento della P.S. ha unificato il sistema di consultazione delle due Banche dati. L'interoperabilità tra i due sistemi informativi, da qualche mese attivata dal Dipartimento della P.S., ha portato ad un aumento dei riscontri positivi risultanti dalle interrogazioni nel sistema SDI, giornalmente attivate dalle Forze di Polizia, collocando peraltro l'Italia al quarto posto, a livello mondiale, tra i Paesi fruitori dei dati contenuti nel sistema informativo di Interpol.

In relazione alla cooperazione in ambito Ue, l'Italia partecipa a pieno titolo in tutti i settori che attengono alla Giustizia e agli Affari Interni dell'Unione europea.

In questo quadro, nel contesto dei lavori del Consiglio d'Europa, il Dipartimento della pubblica sicurezza segue costantemente le attività del Comitato permanente per la cooperazione operativa in materia di sicurezza interna (COSI), del Comitato di coordinamento in materia penale (CATS) e del Comitato Strategico Frontiere, Asilo e Immigrazione (SCIFA).

Il Comitato permanente per la cooperazione operativa in materia di sicurezza interna (COSI)[65] facilita, promuove e rafforza il coordinamento delle azioni ope-

---

*lice Commission*), nel 1946 adottò come indirizzo telegrafico Interpol, contrazione delle parole inglesi *international police* (polizia internazionale), e dieci anni più tardi cambiò la denominazione ufficiale in *The International Criminal Police Organization – INTERPOL*, spesso abbreviata in ICPO-INTERPOL.

[64] Il sistema è detto I-24/7 perché lo scambio è garantito 24 ore su 24, 7 giorni su 7.

[65] Il Comitato in analisi è composto da alti Funzionari dei Ministeri dell'Interno e/o della Giu-

rative degli Stati membri dell'Ue relative alla sicurezza interna dell'Unione. In particolare, il Comitato:

- garantisce l'efficacia della cooperazione operativa relativamente alle questioni di sicurezza interna dell'Ue, ivi compresi l'applicazione della legge, il controllo di frontiera e la cooperazione giudiziaria in materia penale;
- valuta l'orientamento generale e l'efficacia della cooperazione operativa;
- assiste il Consiglio dell'Unione europea nella risposta agli attentati terroristici o alle catastrofi naturali o causate dall'uomo.

Il Comitato di coordinamento in materia penale (CATS), composto da alti Funzionari, è incaricato di condurre discussioni a livello strategico nonché di coadiuvare la preparazione dei lavori del Consiglio in materia legislativa.

Il Comitato Strategico sull'Immigrazione, le Frontiere e l'Asilo (SCIFA) riunisce Funzionari di alto livello e si occupa di varie questioni d'ordine strategico in materia di immigrazione, asilo e frontiere e principalmente di proposte legislative di rilevanza politica.

Il Dipartimento della pubblica sicurezza, inoltre, partecipa attivamente alla iniziative adottate dalle diverse Agenzie europee in materia di sicurezza: Europol, Frontex e Cepol (European Union Agency for Law Enforcement Training), anche attraverso il distacco di propri Funzionari/Ufficiali.

Fra queste, un cenno particolare merita Europol che è l'Ufficio europeo di polizia la cui missione è quella di sostenere gli Stati membri nell'azione di prevenzione e di contrasto del terrorismo e delle forme più gravi di criminalità internazionale che necessitano di una azione comune al fine di elevare al massimo gli standard di sicurezza del territorio europeo[66].

L'Agenzia sostiene le Autorità dell'Ue attraverso lo scambio e l'analisi delle informazioni di polizia e fornendo supporto alle attività investigative.

Vi aderiscono i ventotto Paesi dell'Unione europea, ma le *partnership* dell'Agenzia si estendono oltre i confini dell'Unione ed Europol. Infatti, grazie ad accordi di cooperazione di tipo "strategico" o "operativo", l'Ufficio europeo di polizia collabora anche con gli altri Paesi non facenti parte dell'Unione europea, con le altre Istituzioni (tra cui la Commissione Europea e Banca Centrale Europea), con l'Agenzia europea Eurojust e con le Organizzazioni internazionali (Interpol e UNODC – *United Nations Office on Drugs and Crime*).

---

stizia di ciascuno Stato membro dell'Ue, nonché da rappresentanti della Commissione e del SEAE (Servizio europeo per l'azione esterna). L'Europol, l'Eurojust, Frontex, la CEPOL (*European Union Agency for Law Enforcement Training*) ed altri organismi pertinenti possono essere invitati a partecipare alle riunioni in qualità di osservatori.

[66] La Convenzione che istituisce l'Ufficio europeo di polizia è stata firmata a Bruxelles il 26 luglio 1995.

Il quartier generale di Europol ha sede a L'Aia, nei Paesi Bassi; al suo vertice è posto un Direttore, coadiuvato da tre Vice Direttori, rispettivamente competenti per la "*Governance*", le "*Capabilities*" e le "*Operations*".

Vi è inoltre un fondamentale organo di governo dell'Agenzia, il Consiglio di Amministrazione che, tra l'altro, adotta le linee strategiche per Europol, elabora i rapporti generali sulle attività svolte e su quelle future sottoponendo i documenti per l'approvazione al Consiglio dell'Ue che, a sua volta, li trasmette al Parlamento Europeo per l'informazione. Nel Consiglio di Amministrazione di Europol, che si riunisce almeno due volte all'anno, siedono oltre ai vertici dell'Agenzia (Direttore e Vicedirettori), un rappresentante per ciascuno Stato membro e uno della Commissione europea. Ogni Paese dispone di un'unità nazionale Europol che è l'organo di collegamento tra l'Ufficio europeo di polizia e gli altri Uffici di polizia nazionali.

In relazione alle attività di cooperazione bilaterale, il Dipartimento svolge una proficua attività negoziale per ciò che attiene a tutti gli aspetti della sicurezza (criminalità organizzata, immigrazione, terrorismo, collaborazione operativa, ecc.).

Dal punto di vista organizzativo, con il d.m. 25 ottobre 2000, nell'ambito della Direzione Centrale della Polizia criminale del Dipartimento della pubblica sicurezza, al fine di potenziare le attività di cooperazione di Polizia a livello tecnico-operativo e di assistenza giudiziaria, è stato costituito il Servizio per la Cooperazione Internazionale di Polizia – SCIP (che ha accorpato le preesistenti strutture a proiezione internazionale: il Servizio Interpol, la Divisione S.I.Re.N.E. e l'Unità Nazionale Europol).

Lo SCIP ha tra i suoi compiti istituzionali la cooperazione con i Paesi esteri nella lotta al crimine organizzato, con reciproco scambio sia di informazioni che di strategie operative e di procedure finalizzate al contrasto dei fenomeni criminosi transnazionali più rilevanti (traffico di stupefacenti, riciclaggio, traffico di autoveicoli, falso nummario, criminalità informatica ed ambientale).

Il suddetto Servizio cura ed agevola lo scambio informativo ed operativo in materia di cooperazione internazionale di polizia operando in costante raccordo con tutte le strutture del Dipartimento della pubblica sicurezza e dei Comandi Generali dell'Arma dei Carabinieri e della Guardia di Finanza. Promuove, altresì, la negoziazione di accordi bilaterali, multilaterali ed iniziative nell'ambito dell'Unione europea per l'attuazione delle politiche dirette alla prevenzione ed al contrasto della criminalità internazionale in raccordo con l'Ufficio per il coordinamento e la pianificazione delle Forze di polizia[67].

---

[67] Il Servizio si avvale dell'apporto fornito dalle cinque Divisioni: *I Divisione* (affari generali;

## III.10. Il Comitato nazionale per l'ordine e la sicurezza pubblica

In considerazione dei diversi livelli territoriali in cui si articola l'Amministrazione della pubblica sicurezza, il legislatore ha previsto che il Ministro dell'Interno, quale Autorità nazionale di pubblica sicurezza, si avvale del Comitato nazionale per l'ordine e la sicurezza pubblica, e che i Prefetti, quali Autorità provinciali, si avvalgono dei Comitati provinciali per l'esercizio delle attribuzioni loro conferite in materia di ordine e sicurezza pubblica.

Secondo la letteratura specialistica[68] i Comitati per l'ordine e la sicurezza pubblica sono organi ausiliari di natura consultiva e costituiscono vere e proprie "sedi di codecisione", al cui interno la posizione del Ministro e del Prefetto è di *primus inter pares*.

Il Comitato nazionale per l'ordine e la sicurezza pubblica per espressa definizione normativa è "organo ausiliario di consulenza del Ministro dell'Interno per l'esercizio delle sue attribuzioni di alta direzione e di coordinamento in materia di ordine e sicurezza pubblica" (art. 18 legge n. 121/1981).

Con l'istituzione di tale consesso si è voluto creare uno strumento di raccordo capace di dare pratica e tempestiva attuazione al principio informatore della riforma dell'Amministrazione della pubblica sicurezza, ossia il coordinamento delle diverse Forze di polizia che, nel rispetto dell'autonomia funzionale e decisionale di ciascuna, consenta di evitare dualismi e sovrapposizioni di competenze.

---

gestione tecnico-operativa degli Ufficiali di collegamento; applicazione tecnica-operativa degli accordi bi/multilaterali in tema di cooperazione di polizia; qualificazione ed aggiornamento del personale del servizio; gestione e specifica formazione di interpreti e traduttori; raccolta dei dati e delle informazioni relative alle attività O.I.P.C. – Interpol – Europol e *Schengen* occorrenti per un puntuale coordinamento da parte del Direttore del Servizio); *II Divisione* Interpol – Reati contro la persona (cooperazione tecnico-operativa di polizia, procedure estradizionali e di assistenza giudiziaria finalizzate anche alla cattura di latitanti, in materia di reati contro la persona, compresi i sequestri di persona, criminalità organizzata di stampo mafioso, terrorismo, pirateria aerea e marittima, traffico di armi, immigrazione clandestina, rintraccio di minori e persone scomparse, notifiche e reperibilità); *III Divisione* – Reati contro il patrimonio (cooperazione tecnico-operativa di polizia, procedure estradizionali e di assistenza giudiziaria finalizzate anche alla cattura di latitanti, in materia di reati contro il patrimonio, stupefacenti, reati contro la Pubblica Amministrazione, traffico di opere d'arte, reati commessi mediante le carte di credito e i sistemi di pagamento elettronici, riciclaggio, criminalità finanziaria, contrabbando, furto e traffico internazionale di autovetture rubate, reati contro l'ambiente, reati informatici, Ufficio Centrale Nazionale per il Falso Nummario); *IV Divisione* U.N.E. – Unità Nazionale Europol; *V Divisione* S.I.Re.N.E. (*Supplementary Information Request at the National Entries*).

[68] M. DI RAIMONDO, *Ordine pubblico e sicurezza pubblica. Profili ricostruttivi e applicativi*, Torino, 2009, p. 68-69.

Il Comitato rappresenta la sede istituzionale in cui prende concretamente corpo la funzione di coordinamento esercitata dal Ministro, sia perché gli consente di avere a disposizione le competenze tecniche e le conoscenze professionali di cui ciascun membro è portatore, sia perché coinvolge direttamente i futuri destinatari delle decisioni assunte, agevolando così la fase esecutiva.

All'interno di tale modello di coordinamento non si realizza, infatti, né un trasferimento di competenze, né una delega, e neanche fenomeni di sostituzione o avocazione: sono rispettate le competenze di tutti i soggetti, tanto di quelli da coordinare che di quello alla quale la legge conferisce la titolarità del potere di coordinamento, perché capace, vista la primazia riconosciutagli *ex lege*, di mettere insieme la volontà dei coordinandi, indirizzandoli verso una direttiva unitaria idonea a conseguire l'obiettivo comune[69].

Il sopracitato articolo 18 legge n. 121/1981, dopo avere definito la natura giuridica dell'organismo in analisi, ne analizza l'aspetto organizzativo-strutturale, stabilendo che il Comitato è presieduto dal Ministro dell'Interno ed elencando i membri di diritto e quelli che possono essere convocati dal Ministro in relazione alle questioni poste all'ordine del giorno della riunione. I primi, ossia i membri di diritto, sono il Sottosegretario di Stato per l'Interno, designato dal Ministro, con funzioni di Vicepresidente e i vertici delle Forze di polizia direttamente impegnate nei servizi di ordine e sicurezza pubblica (Capo della Polizia – Direttore Generale della pubblica sicurezza nella sua duplice veste di vertice della Polizia di Stato e di vertice tecnico-politico per il coordinamento delle Forze di polizia; Comandante Generale dell'Arma dei Carabinieri; Comandante Generale del Corpo della Guardia di Finanza).

Prima di proseguire con l'analisi dei componenti non effettivi, per coerenza sistematica è importante ricordare che, con riferimento a quest'ultimo Corpo, il recente d.lgs. 19 agosto 2016, n. 177, recante "Disposizioni in materia di razionalizzazione delle funzioni di polizia e assorbimento del Corpo forestale dello Stato" ne ha disposto l'assorbimento nell'Arma dei Carabinieri.

Più nel dettaglio, il cennato decreto legislativo con gli artt. 7, 9, 10 e 11 ha previsto l'assorbimento del Corpo Forestale dello Stato nell'Arma dei Carabinieri e l'attribuzione delle funzioni, già svolte dal predetto Corpo, alla stessa Arma, ad eccezione di alcune competenze assegnate al Corpo nazionale dei Vigili del Fuoco, alla Polizia di Stato, al Corpo della Guardia di Finanza e delle attività cui provvede il Ministero delle Politiche Alimentari e Forestali.

Per effetto della suddetta riforma le componenti centrali e periferiche del Corpo Forestale sono transitate nelle corrispondenti articolazioni funzionali dell'Arma dei Carabinieri, configurandosi quale comparto di "specialità".

---

[69] F. CARINGELLA, A. IANNUZZI e L. LEVITA, *Manuale di diritto di Pubblica Sicurezza*, op. cit., p. 98.

Alla luce del mutato quadro ordinamentale la partecipazione del Corpo Forestale dello Stato in seno al Comitato nazionale per l'ordine e la sicurezza pubblica viene assicurata dal Vertice nazionale dell'Arma dei Carabinieri.

Tornando all'analisi della composizione eventuale del Comitato nazionale, la legge n. 121/1981 stabilisce che possono essere invitati a partecipare alle riunioni i Dirigenti Generali del Ministero dell'Interno, l'Ispettore Generale del Corpo delle Capitanerie di Porto, altri rappresentanti dell'Amministrazione dello Stato[70] e delle Forze Armate[71] e, d'intesa con il Procuratore competente, anche componenti dell'Ordine giudiziario.

Come specificato nella citata direttiva ministeriale del 12 febbraio 2001, la scelta del legislatore è stata quella di "procedimentalizzare l'incontro tra coordinatore e coordinati" nel senso di istituzionalizzare il loro rapporto consentendo "la contestuale partecipazione di soggetti definibili come necessari perché direttamente coinvolti nel raggiungimento dell'obiettivo comune e dei soggetti eventuali che possono essere invitati o chiamati ad offrire il loro supporto alla buona riuscita della relazione di coordinamento".

Si tratta, pertanto, di un organo amministrativo a carattere collegiale con funzione ausiliaria, in quanto svolge un'attività di consulenza[72] per il Ministro dell'Interno fornendo pareri[73] circa determinate questioni e materie.

Sotto il profilo funzionale, il Ministro può sottoporre al Comitato ogni questione di carattere generale in materia di ordine e sicurezza pubblica ed ogni questione

---

[70] Il Ministro, in relazione alle tematiche all'ordine del giorno, può chiamare a partecipare anche i rappresentati di altri Dicasteri.

[71] In tal senso l'art. 7-*bis* d.l. 23 maggio 2008, n. 92, convertito, con modificazioni, dalla legge 24 luglio 2008, n. 125, recante "Misure urgenti in materia di sicurezza pubblica" prevede che per specifiche ed eccezionali esigenze di prevenzione della criminalità, ove risulti, opportuno un accresciuto controllo del territorio, può essere autorizzato il Piano d'impiego di un contingente di personale militare appartenente alle Forze Armate, posto a disposizione dei Prefetti interessati, ai sensi dell'art. 13 legge n. 121/1981, per servizi di vigilanza a siti e obiettivi sensibili, nonché di perlustrazione e pattuglia, in concorso e congiuntamente alle Forze di polizia. La norma prevede che il Piano d'impiego delle Forze Armate sia adottato con decreto del Ministro dell'Interno, di concerto con il Ministro della Difesa, sentito il Comitato nazionale per l'ordine e la sicurezza pubblica, integrato dal Capo di Stato Maggiore della Difesa e previa informazione al Presidente del Consiglio dei Ministri.

[72] Ossia "attività valutativa volta a prestare, sotto forma di pareri… consiglio alle autorità che debbano provvedere su un determinato oggetto, al fine di illuminarle in ordine a questo", A.M. SANDULLI, *Manuale di diritto amministrativo*, vol. I, Napoli, 1989, p. 590.

[73] Per F. CARINGELLA, *Manuale di diritto amministrativo*, Roma, 2015, p. 1336, "atti emessi nell'esercizio della funzione consultiva da una P.A. al fine di illuminare e indirizzare l'azione degli organi di amministrazione attiva. Per quanto riguarda la natura, essi sono, di regola, mere dichiarazioni di giudizio, inidonee a produrre effetti esterni e inquadrati nella fase preparatoria del procedimento".

relativa all'ordinamento e all'organizzazione delle Forze di polizia. Il Comitato è tenuto, comunque, ad esprimersi, attraverso un parere obbligatorio ma non vincolante, in una serie di ipotesi contemplate dall'art. 19, comma 2, legge n. 121/1981: a) sugli schemi dei provvedimenti di carattere generale riguardanti le Forze di polizia; b) sui piani per l'attribuzione delle competenze funzionali e territoriali; c) sulla pianificazione finanziaria; d) sulla pianificazione dei servizi logistici ed amministrativi; e) sulla pianificazione della dislocazione e del coordinamento delle Forze di polizia e dei loro servizi tecnici; f) sulle linee generali per l'istruzione, l'addestramento, la formazione e la specializzazione del personale delle Forze di polizia.

Il Comitato offre al Ministro un supporto tecnico ed amministrativo assolutamente qualificato, che gli consente di operare la migliore sintesi politica possibile per l'adozione del provvedimento conclusivo. Quest'ultimo costituisce un atto discrezionale di alta amministrazione, unilaterale che, sebbene provenga dall'Autorità politica, che ne resta l'unica responsabile, rappresenta il momento finale di un'intensa attività di confronto e di partecipazione delle forze presenti in seno al Comitato, che ne legittima e rafforza il contenuto in modo direttamente proporzionale al livello di partecipazione raggiunto. Secondo la dottrina specialistica[74] tale atto si pone in una funzione di raccordo fra il momento politico e quello propriamente amministrativo ed è connotato da un ampio margine di discrezionalità.

Nel silenzio della legge, che nulla dice in merito alle modalità di espressione del parere e al numero legale dei membri di diritto, la dottrina desume che i suddetti pareri debbano essere espressi da tutti i componenti di diritto dell'organo collegiale, pena l'invalidità dello stesso.

Sul piano operativo, spetta al Dipartimento della pubblica sicurezza, sotto la responsabilità del Capo della Polizia – Direttore Generale della pubblica sicurezza, dare attuazione alle direttive e agli obiettivi in esse contenuti, individuati dal Ministro dell'Interno in seno al Comitato nazionale.

## III.11. Il Comitato provinciale per l'ordine e la sicurezza pubblica e il coordinamento esercitato dal Prefetto

Il Comitato provinciale per l'ordine e la sicurezza pubblica, introdotto nel nostro ordinamento dall'art. 20 legge n. 121/1981, rappresenta, a livello territoriale, l'omologo del Comitato nazionale per l'ordine e la sicurezza pubblica.

---

[74] R. Garofoli, G. Ferrari, *Manuale di diritto amministrativo*, Roma, 2009, p. 744.

L'intento del legislatore è stato quello di trasporre a livello periferico lo stesso modulo di coordinamento operativo centrale: come il Ministro-Autorità nazionale si avvale del Comitato nazionale per l'ordine e la sicurezza pubblica, così anche il Prefetto è stato dotato di un organo di consulenza collegiale di cui si avvale nell'esercizio delle attribuzioni di Autorità provinciale di pubblica sicurezza.

Secondo la letteratura specialistica[75] i Comitati provinciali per l'ordine e la sicurezza pubblica, come quello nazionale, sono organi ausiliari di natura consultiva che costituiscono vere e proprie "sedi di codecisione", al cui interno la posizione del Prefetto è di *primus inter pares*.

Il Comitato provinciale rappresenta il "punto di confluenza tra il flusso di dati informativi provenienti dalle singole Forze di polizia e dalle singole strutture che vi prendono parte ed un flusso di indicazioni operative che si traducono in direttive generali di indirizzo operativo rivolte alle stesse"[76].

La composizione originariamente prevista dall'art. 20 legge n. 121/1981 prevedeva che esso fosse presieduto dal Prefetto e composto dai vertici delle Forze di polizia a livello provinciale, ovvero il Questore e i Comandanti provinciali dell'Arma dei Carabinieri e della Guardia di Finanza, con la possibilità, da parte del Prefetto, di invitare a partecipare alle riunioni del Comitato i responsabili di altre Amministrazioni dello Stato, degli Enti locali e dell'Ordine giudiziario, d'intesa con il Procuratore della Repubblica competente.

Questa composizione "ristretta" rifletteva perfettamente la visione dell'ordine e della sicurezza pubblica tipica di quegli anni, come materia di esclusiva competenza statale, e rispondeva pienamente all'esigenza di garantire la gestione unitaria di tale materia nel territorio provinciale, mediante il coordinamento delle Forze di polizia da realizzarsi proprio in sede di Comitato[77].

È a partire dalla fine degli anni Novanta che, per effetto della sempre maggiore importanza acquisita dalle Autonomie locali e dell'estensione del cd. "federalismo amministrativo" anche alla materia dell'ordine e della sicurezza pubblica, sono intervenute alcune modifiche all'art. 20 legge n. 121/1981 che hanno ampliato la composizione del Comitato provinciale.

In particolare, con il d.lgs. 27 luglio 1999, n. 279, recante "Disposizioni inte-

---

[75] M. DI RAIMONDO, *Ordine pubblico e sicurezza pubblica. Profili ricostruttivi e applicativi*, op. cit., p. 68-69.

[76] F. CARINGELLA, A. IANNUZZI e L. LEVITA, *Manuale di diritto di Pubblica Sicurezza*, op. cit., p. 102.

[77] Già negli anni '80, però, i Prefetti più illuminati, dimostrando notevole sensibilità e lungimiranza, erano soliti fare ricorso, con grande frequenza, alla facoltà di allargare le riunioni ai rappresentanti delle Amministrazioni locali interessati alle problematiche affrontate, anticipando così le modifiche che sarebbero state introdotte alla composizione dell'organo in esame di lì a pochi anni.

grative del decreto legislativo 31 marzo 1998, n. 112, in materia di composizione e funzionamento del comitato provinciale per l'ordine e la sicurezza pubblica", sono stati riconosciuti, quali componenti effettivi del Comitato, anche il Sindaco del Comune capoluogo e il Presidente della Provincia. Per effetto del menzionato d.lgs. n. 279/1999 è stata, altresì, prevista la partecipazione dei Sindaci dei Comuni interessati, quando devono affrontarsi questioni riferibili ai loro ambiti territoriali.

Si tratta di una significativa novità che va letta nel senso "di una più concreta aderenza dei servizi di polizia alle situazioni e alle necessità locali", ossia della sicurezza pubblica locale, consentendo "un più cosciente coinvolgimento dei cittadini (attraverso i loro più immediati rappresentanti) alla vita ed ai problemi dell'ordine pubblico"[78].

In tal senso anche la citata Direttiva ministeriale nella parte in cui identifica nel Comitato provinciale "la sede da privilegiare per la valenza partecipativa anche di nuovi soggetti esponenziali delle comunità locali, chiamate quest'ultime in causa per concorrere e sostenere la tutela della qualità della vita dei propri cittadini".

Altra novità, ancor più rilevante, introdotta dal d.lgs. n. 279/1999, è il potere riconosciuto al Sindaco del Comune capoluogo di Provincia di richiedere la convocazione del Comitato "per la trattazione di questioni attinenti alla sicurezza della comunità locale o per la prevenzione di tensioni o conflitti sociali che possono comportare turbamenti dell'ordine e della sicurezza pubblica in ambito comunale" e l'integrazione dell'ordine del giorno, spettanti in via ordinaria al Prefetto (art. 20, comma 5 legge n. 121/1981).

Si potrebbe, dunque, pensare che l'intenzione del legislatore sia stata quella di ridimensionare il ruolo di centralità che il Prefetto ha da sempre assunto in sede di Comitato, riconoscendo all'interno di esso, quali nuovi protagonisti, gli amministratori locali e, in special modo, il Sindaco.

In realtà, almeno due argomentazioni depongono in senso contrario.

*In primis*, il Prefetto non è obbligato a dare seguito a qualunque richiesta di convocazione proveniente dal Sindaco, ma è tenuto ad accoglierla solo in presenza di alcune condizioni tipizzate dal legislatore: quando la questione da trattare attenga alla sicurezza della comunità locale oppure alla prevenzione di tensioni e conflitti sociali tali da arrecare turbamenti all'ordine e alla sicurezza pubblica in ambito comunale.

A ciò si aggiunga che la previsione di un nuovo Comitato "allargato" risponde a ragioni di opportunità pratica e di convenienza, legate all'imprescindibile esigenza di assicurare una gestione "partecipata", "condivisa", "integrata" della

---

[78] L. MONE, *L'Amministrazione della pubblica sicurezza e l'ordinamento del personale*, op. cit., p. 102.

materia della sicurezza, che si attaglia perfettamente alla complessità della società e consente di individuare dei momenti di corresponsabilità nella scelta delle problematiche da trattare e delle soluzioni più opportune.

Il secondo intervento legislativo vi è stato con la legge 26 marzo 2001, n. 128, recante "Interventi legislativi in materia di tutela della sicurezza dei cittadini" che, modificando il comma 3 dell'art. 20, ha ampliato, individuandoli in maniera precisa, l'elenco dei rappresentanti delle amministrazioni statali che il Prefetto, ai fini della tutela dell'ordine e della sicurezza pubblica e della prevenzione dei reati, può chiamare a partecipare alle riunioni del Comitato: "le Autorità locali di pubblica sicurezza e i responsabili delle amministrazioni dello Stato interessate ai problemi da trattare, con particolare riguardo ai responsabili dei competenti uffici dell'Amministrazione penitenziaria, del Corpo nazionale dei vigili del fuoco, del Corpo Forestale dello Stato, del Corpo delle Capitanerie di porto, e, d'intesa con il Presidente della Provincia o con il Sindaco, i responsabili degli altri uffici delle Amministrazioni locali interessate o della Polizia municipale" ed i "componenti dell'ordine giudiziario, d'intesa con il Procuratore della Repubblica competente"[79].

Sin qui la struttura organizzativa.

Sotto il profilo funzionale il legislatore del 1981, a differenza che per il Comitato nazionale per l'ordine e la sicurezza pubblica, non ha catalogato specifiche competenze del Comitato provinciale, con la conseguenza che lo stesso potrà essere convocato tutte le volte che il Prefetto, direttamente o su richiesta del Sindaco del Comune capoluogo, ritenga utile attivare tale momento di coordinamento.

La genericità delle attribuzioni non comporta una *deminutio* per questo organo che, invece, si pone come uno strumento a disposizione del Prefetto senza limiti di oggetto nel perseguimento della finalità della tutela dell'ordine e della sicurezza pubblica.

Passando ora all'esame degli aspetti più propriamente procedimentali che riguardano il funzionamento del Comitato provinciale, occorre osservare che, mentre nel Comitato nazionale è prevista la presenza di un Sottosegretario con funzioni di Vicepresidente, che può presiedere l'organo in caso di impedimento del Ministro, lo stesso non può dirsi per il Comitato provinciale che, nel silenzio della legge, in caso di impedimento del Prefetto, sarà presieduto dal Viceprefetto Vicario, deputato in generale alla sostituzione del Prefetto.

Circa il numero legale, sempre nel silenzio della legge, si ritiene che il parere

---

[79] Il comma 3 dell'art. 20 legge n. 121/1981 prima della modifica normativa prevedeva che "ai fini della tutela dell'ordine e della sicurezza pubblica, nonché della prevenzione e difesa della violenza eversiva, il Prefetto può chiamare a partecipare alle sedute del Comitato provinciale le Autorità locali di pubblica sicurezza e i responsabili delle Amministrazioni dello Stato e degli enti interessati ai problemi da trattare".

debba essere adottato alla presenza di tutti i componenti e mediante il raggiungimento di una decisione unanime.

Ciò ovviamente non esclude l'eventualità che l'accordo non venga raggiunto a causa del dissenso di uno o più componenti, che dovrà comunque emergere dal verbale.

Con specifico riguardo ad una eventuale fase patologica del processo decisionale in seno al Comitato, dovuta all'emergere di una posizione di dissenso al suo interno, la più volte citata direttiva del 2001 ha previsto l'adozione di una peculiare procedura secondo la quale, colui che intende resistere all'azione di coordinamento, deve informarne, fornendo adeguata motivazione, il diretto superiore gerarchico, che provvederà a renderlo noto al vertice della rispettiva Forza di polizia.

Qualora la motivazione sia ritenuta infondata, il Prefetto potrà chiedere che la questione venga affrontata in sede di Comitato nazionale, rivolgendosi direttamente al Ministro ed informando il Capo della Polizia-Direttore Generale della pubblica sicurezza ed i Comandanti Generali del Corpo di appartenenza del soggetto resistente. Questi ultimi potranno, dal canto loro, sollecitare al Ministro la riunione dell'organo collegiale nazionale. Una volta acquisito il parere del Comitato, il Prefetto adotta la decisione finale, che, pur potendo discostarsi da quella assunta in sede di Comitato, in genere coincide con essa.

Sul punto, autorevole dottrina[80] ha rilevato che "la procedimentalizzazione delle decisioni esalta la compartecipazione costruttiva ed efficace dei singoli attori del coordinamento, fungendo da catalizzatore in vista di una deliberazione realmente espressiva di una volontà unitaria".

In sintesi, il Comitato decide delle "azioni comuni" che prendono corpo negli atti di indirizzo del Prefetto destinati al Questore, il quale si pone come "interlocutore istituzionale" privilegiato, con il compito di dare operatività alla decisione del Prefetto e di tradurre le "azioni comuni" in "servizi".

È importante rilevare che, secondo una prassi consolidata, il Prefetto, laddove ne ravvisi la necessità, a margine delle sedute del Comitato provinciale per l'ordine e la sicurezza pubblica, può convocare le cc.dd. 'Riunioni Tecniche di Coordinamento delle Forze di polizia'.

La dottrina specialistica riconduce tale ulteriore strumento di coordinamento del Prefetto alla previsione di cui all'art. 13, comma 2, legge n. 121/1981: nell'esercizio della sua generale funzione volta ad assicurare l'unità di indirizzo e il coordinamento dei compiti e delle attività degli Ufficiali ed Agenti di pubblica sicurezza della provincia, il Prefetto promuove e adotta le misure a ciò occorrenti[81].

---

[80] C. Mosca, *La sicurezza come diritto di libertà*, op. cit., p. 188.

[81] Periodo introdotto dall'art. 12 d.l. 13 maggio 1991, n. 152, convertito dalla legge 12 luglio 1991, n. 203.

A tali riunioni, il Prefetto invita a partecipare gli stessi componenti del Comitato provinciale per l'ordine e la sicurezza pubblica, o parte di essi, con la significativa eccezione del Sindaco del Comune capoluogo e del Presidente della Provincia.

Sul punto la dottrina ha rilevato che tale prassi, pur non violando direttamente alcuna disposizione normativa, potrebbe correre il rischio di svuotare di significato la novella introdotta con il d.lgs. n. 279/1999 che, come detto, riconosce il Sindaco del Comune capoluogo e il Presidente della Provincia quali membri effettivi del Comitato provinciale per l'ordine e la sicurezza pubblica[82].

Del resto, proprio l'avvenuta inclusione di questi due rappresentanti delle Autonomie locali tra i membri di diritto del Comitato provinciale, in alcune circostanze, rende opportuno, se non necessario, convocare un "Comitato ristretto". Ciò, ad esempio, laddove vengono in rilievo esigenze di tutela del segreto su determinate questioni o procedimenti, come nel caso di scioglimento dei Comuni per infiltrazioni mafiose, di esame e valutazioni richieste sulla base di note con classifiche di segretezza, ovvero iniziative di natura meramente tecnica o riguardanti dati non divulgabili o operazioni di polizia giudiziaria[83]. In tali casi, infatti, appare sconsigliabile la presenza di soggetti esterni al sistema della pubblica sicurezza propriamente inteso ed ai vincoli ad esso correlati[84].

Una peculiare forma di coordinamento, per la specialità della sua finalità, ossia la tutela e la protezione delle persone a rischio, viene esercitata dal Prefetto nell'ambito dell'Ufficio per la sicurezza personale che, secondo quanto previsto dal d.l. 6 maggio 2002, n. 83, convertito, con modificazioni, dalla legge 2 luglio 2002, n. 133, opera, presso ciascuna Prefettura, con il compito di:

*a*) raccogliere ed analizzare in via preliminare le informazioni relative a situazioni personali di rischio localmente acquisite, riconducibili ad ipotesi di pericoli o minacce potenziali o attuali;
*b*) assicurare una approfondita istruttoria della situazione personale esaminata, curando i necessari raccordi con gli analoghi uffici provinciali quando emergano fattori ultraprovinciali meritevoli di approfondimento;
*c*) comunicare il materiale istruttorio ed investigativo al Prefetto.

---

[82] N. GALLO, T.F. GIUPPONI, *L'ordinamento della sicurezza: soggetti e funzioni*, 2014, p. 52.

[83] Per quanto attiene, invece, le misure di protezione e vigilanza, con l'istituzione dell'Ufficio Centrale Interforze per la Sicurezza personale-UCIS, avvenuta ad opera del d.l. n. 83/2002, questo problema risulta superato. Infatti, come verrà analizzato più nel dettaglio in questo paragrafo, l'art. 5 della citata legge ha previsto l'istituzione, presso ciascuna Prefettura, di un Ufficio provinciale per la sicurezza personale, convocato e presieduto dal Prefetto, con compiti di raccolta ed analisi preliminare delle informazioni relative a situazioni personali a rischio, comunque acquisite a livello locale.

[84] I. IAI, *Composizione e funzionamento del comitato provinciale per l'ordine e la sicurezza pubblica (d.lgs. 27 luglio 1999, n. 279)*, in *Diritto penale e processo*, 1999, pp. 1367 e ss.

Le informazioni vengono elaborate a livello interforze in apposite riunioni di coordinamento convocate e presiedute dal Prefetto ed alle quali partecipano il Questore ed i Comandanti provinciali dell'Arma dei Carabinieri e della Guardia di Finanza (e il Procuratore Generale della Repubblica qualora le valutazioni concernono Magistrati).

Il Prefetto, al termine di tale delicata attività di coordinamento interforze, cura il raccordo informativo con l'Ufficio Centrale Interforze per la sicurezza personale – U.C.I.S., istituito nell'ambito del Dipartimento della pubblica sicurezza, al fine dell'adozione, modifica o revoca delle misure di protezione e vigilanza.

I principi ispiratori del sistema delineato dalla legge n. 133/2002 si pongono in linea di continuità con quelli della legge di riforma della pubblica sicurezza. In particolare:

- la competenza in materia viene riconosciuta a livello centrale al Ministro dell'Interno quale Autorità nazionale di pubblica sicurezza;
- ripropone il doppio livello di competenza territoriale, al Ministro in ambito centrale e al Prefetto in quello provinciale;
- inserisce nell'ambito del Dipartimento della Pubblica Sicurezza un ulteriore organismo interforze, l'Ufficio centrale interforze per la sicurezza personale (U.C.I.S.);
- costituisce un ulteriore intervento in materia di coordinamento delle Forze di polizia che prevede una disciplina organica e dettagliata a livello centrale e periferico.

Concludendo l'esame degli strumenti di coordinamento del Prefetto a livello provinciale, non si può non fare un cenno al neo-istituito Comitato metropolitano, di cui all'art. 6 del richiamato d.l. n. 14/2017 recante "Disposizioni urgenti in materia di sicurezza delle città", convertito in legge 18 aprile 2017, n. 48, che è destinato ad operare nello stesso ambito territoriale del Comitato provinciale della pubblica sicurezza, ma su un piano parallelo senza alcuna forma di sovrapposizione e commistione. La citata disposizione, infatti, fa esplicitamente salve le competenze del Comitato provinciale per l'ordine e la sicurezza pubblica.

Il nuovo organo, co-presieduto dal Prefetto e dal Sindaco metropolitano[85], ai sensi della richiamata norma di legge, sarà sede di analisi, di valutazione e di confronto sulle tematiche in materia di sicurezza urbana relative al territorio della città metropolitana.

---

[85] In base alla legge n. 56/2014 il Sindaco metropolitano è di diritto il Sindaco del Comune capoluogo; lo Statuto della città metropolitana può in ogni caso prevedere l'elezione diretta a suffragio universale del Sindaco, previa approvazione della legge statale sul sistema elettorale (art. 1, commi 19 e 22, legge n. 56/2014).

In merito alla sua composizione, la norma prevede espressamente che alle riunioni partecipino, oltre al Sindaco del Comune capoluogo, qualora non coincida con il Sindaco metropolitano, i Sindaci dei Comuni interessati alle questioni riferite ai rispettivi ambiti territoriali. Inoltre, la partecipazione al Comitato metropolitano potrà essere estesa anche a soggetti pubblici o privati del contesto territoriale di riferimento.

### III.12. Cenni sul coordinamento nel settore della lotta alla criminalità organizzata e dell'antiterrorismo

Per combattere più efficacemente la criminalità organizzata, il legislatore ha ritenuto necessario attivare una forma più incisiva e organica di coordinamento dell'attività informativa, investigativa ed operativa delle Forze di polizia.

A tal fine, con il d.l. 29 ottobre 1991, n. 345 (convertito, con modificazioni, dalla legge 30 dicembre 1991, n. 410) è stato istituito il Consiglio Generale per la lotta alla criminalità organizzata – con funzioni propositive – e la Direzione investigativa antimafia (D.I.A.) – con funzioni operative –.

Il Consiglio Generale per la lotta alla criminalità organizzata, oggi disciplinato dall'art. 107 d.lgs. 6 settembre 2011, n. 159 (recante il "Codice delle leggi antimafia e delle misure di prevenzione, nonché nuove disposizioni in materia di documentazione antimafia") coesiste con il Comitato nazionale per l'ordine e la sicurezza pubblica ed è, come quest'ultimo, presieduto dal Ministro dell'Interno e composto dai vertici della Polizia di Stato, dell'Arma dei Carabinieri e del Corpo della Guardia di Finanza, dai Direttori dell'AISI e dell'AISE e dal Direttore della Direzione investigativa antimafia.

In tale sede sono determinate le linee generali per la prevenzione dei fenomeni criminosi e per l'attività investigativa necessaria per combattere la criminalità organizzata, con una ripartizione dei compiti delle Forze di polizia per aree, settori di attività e tipologia dei fenomeni.

Il Consiglio individua inoltre le risorse umane e materiali per il funzionamento dei servizi e verifica periodicamente i risultati conseguiti in relazione agli obiettivi strategici precedentemente stabiliti, proponendo i provvedimenti necessari per rimuovere carenze o disfunzioni e per far valere responsabilità ed inadempienze.

Per quanto specificamente attiene alla funzione di raccordo, il Consiglio concorre alla determinazione delle direttive per le attività di coordinamento dei Prefetti dei capoluoghi di Regione, per i poteri delegati agli stessi.

Secondo autorevole dottrina[86], la costituzione del Consiglio Generale per la

---

[86] L. MONE, *L'Amministrazione della pubblica sicurezza e l'ordinamento del personale*, op. cit., p.68.

lotta alla criminalità organizzata è volta a preservare l'identità delle tre Forze di polizia principali e ad ottenere, nel contempo, un'integrazione razionale delle attività di ciascuna in funzione di obiettivi comuni.

La Direzione investigativa antimafia, disciplinata dall'art. 108 del citato d.lgs. 159/2011 è un organismo investigativo con competenza monofunzionale, composto da personale specializzato a provenienza interforze, con il compito esclusivo di assicurare lo svolgimento, in forma coordinata, delle attività di investigazione preventiva attinenti alla criminalità organizzata, nonché di effettuare indagini di polizia giudiziaria relative ai delitti di associazione mafiosa o comunque riconducibili alla stessa.

La D.I.A. è inserita nel Dipartimento della pubblica sicurezza e strutturalmente è organizzata ed è operativa su due livelli: uno centrale ed uno periferico. Al suo vertice è posto un Direttore, scelto a rotazione tra i Dirigenti della Polizia di Stato e gli Ufficiali Generali dell'Arma dei Carabinieri e della Guardia di Finanza, che abbiano maturato specifica esperienza nel settore della lotta alla criminalità organizzata. Al Direttore è attribuita la responsabilità delle attività svolte dalla D.I.A., delle quali riferisce periodicamente al Consiglio Generale per la lotta alla criminalità organizzata.

Per le sue attività la D.I.A. deve operare in stretto collegamento con gli uffici e le strutture delle Forze di polizia esistenti a livello centrale e periferico.

Il Ministro dell'Interno riferisce, ogni sei mesi, al Parlamento sull'attività svolta e sui risultati conseguiti dalla Direzione investigativa antimafia, presentando un rapporto annuale sul fenomeno della criminalità organizzata.

Per quanto concerne la materia dell'antiterrorismo, fondamentale è il ruolo del Comitato di Analisi Strategica Antiterrorismo – C.A.S.A., tavolo permanente di coordinamento costituito presso il Ministero dell'Interno, nel cui ambito vengono condivise e valutate le informazioni sulla minaccia terroristica interna e internazionale[87].

Vi fanno parte le Forze di polizia a competenza generale (Polizia di Stato e Arma dei Carabinieri), le Agenzie di intelligence (AISI ed AISE) e, per i contributi specialistici, la Guardia di Finanza ed il Dipartimento dell'Amministrazione penitenziaria.

La duttilità e la snellezza della metodologia di lavoro, unitamente alla costante attività di consultazione e raccordo tra le diverse componenti, consentono al C.A.S.A. un'approfondita e tempestiva valutazione delle notizie, finalizzata ad attivare le necessarie misure di prevenzione e contrasto.

L'attività valutativa è focalizzata sia sulla minaccia proveniente dal terrorismo internazionale, sia sulla minaccia proveniente da gruppi eversivi interni.

---

[87] Di cui si tratterà più approfonditamente *infra*, cap. VI, par. 3.

La sua costituzione e composizione è stata formalizzata con decreto del Ministro dell'Interno nell'ambito di specifiche pianificazioni antiterrorismo riguardanti, fra l'altro, le procedure e le modalità di funzionamento dell'Unità di crisi, ai sensi dell'art. 6 d.l. 6 maggio 2002, n. 83, convertito dalla legge 2 luglio 2002, n. 133.

Sempre in materia di antiterrorismo, l'art. 5 d.l. 27 luglio 2005, n. 144, recante "Misure urgenti per il contrasto del terrorismo internazionale" (convertito in legge 31 luglio 2005, n. 155) ha previsto che il Ministro dell'Interno, in caso di delitti di terrorismo di rilevante gravità, costituisca apposite Unità Investigative Interforze, che per assolvere ai loro compiti, sia investigativi che operativi, sono composte da Ufficiali ed Agenti di polizia giudiziaria delle diverse Forze di polizia (Polizia di Stato, Arma dei Carabinieri e Guardia di Finanza, ma non è escluso che, per particolari esigenze, vi possono far parte altre Forze di polizia di cui all'art. 16 legge n. 121/1981 o organismi interforze specializzati).

Il legislatore in un momento di particolare emergenza antiterrorismo ha istituzionalizzato, per la prima volta in questa materia, una forma di coordinamento specialistico interforze per le attività di polizia giudiziaria, al fine di garantire, sotto il profilo investigativo, la massima coesione delle strutture impegnate nella lotta al terrorismo[88].

Secondo dottrina specialistica[89], tali strutture rappresentano una soluzione di continuità rispetto alle passate strategie di lotta al terrorismo e assumono un ruolo strategico nell'attiva di prevenzione e contrasto della minaccia terroristica.

### III.13. Le Forze di polizia e il passaggio dal 'controllo del territorio' al 'territorio sotto controllo'

Le Forze di polizia rappresentano "la struttura amministrativa operativa che persegue i fini della conservazione dell'ordine e della sicurezza interna dello Stato mediante l'azione diretta o anche mediante l'impiego della coazione"[90].

---

[88] In tal senso L.A. D'ANGELO e F. ROBERTI, *Le nuove norme di contrasto al terrorismo*, 2016, che sul punto rilevano che "al fine di rendere più ampia ed efficace l'azione di contrasto al terrorismo internazionale, il legislatore, seguendo l'esempio d quanto già esistente per le indagini in materia di mafia, aveva la possibilità di creare un nuovo organismo di polizia specializzato, assimilabile, ad esempio, alla direzione investigativa antimafia. Ha optato, invece, per un mero modulo organizzativo di professionalità già esistenti ritenendo che un intervento intempestivo sul coordinamento dell'azione di polizia antiterrorismo rischierebbe di provocare un accavallamento di competenze o la dispersione del patrimonio investigativo comune" (p. 118).

[89] L.A. D'ANGELO e F. ROBERTI, op. cit., p. 119.

[90] A. CHIAPPETTI, *Polizia (forze di)*, in *Enciclopedia giuridica*, volume XXIII, Roma, 1991, p. 1.

L'art. 16 legge 1 aprile 1981, n. 121 prevede espressamente che "ai fini della tutela dell'ordine e della sicurezza pubblica, oltre alla Polizia di Stato, sono Forze di polizia, fermi restando i rispettivi ordinamenti e dipendenze:

*a*) l'Arma dei Carabinieri, quale Forza Armata in servizio permanente di pubblica sicurezza;

*b*) il Corpo della Guardia di Finanza, per il concorso al mantenimento dell'ordine e della sicurezza pubblica.

È altresì previsto che "fatte salve le rispettive attribuzioni e le normative dei vigenti ordinamenti, sono altresì Forze di polizia e possono essere chiamati a concorrere nell'espletamento di servizi di ordine e sicurezza pubblica, il Corpo degli agenti di custodia e il Corpo forestale dello Stato"[91].

Con tale previsione il legislatore del 1981 ha delineato il cd. 'pluralismo organizzativo e funzionale' delle Forze di polizia: caratteristica precipua del nostro ordinamento della pubblica sicurezza che si basa su un sistema tripartito, in quanto costruito su due Forze di polizia a competenza generale, che istituzionalmente e permanentemente garantiscono l'ordine e la sicurezza pubblica (Polizia di Stato e Arma dei Carabinieri), una Forza di polizia che concorre al perseguimento di tale obiettivo (Guardia di Finanza) ed, infine, le Forze di polizia che possono essere chiamate a concorrervi (il Corpo della polizia penitenziaria e il Corpo forestale dello Stato, oggi confluito nell'Arma dei Carabinieri).

La scelta tra un assetto "monistico" ed uno "specialistico" è una questione che ciclicamente ricorre nel dibattito sul sistema della pubblica sicurezza. E sempre, sia nei lavori dell'Assemblea costituente, sia in quelli culminati nell'approvazione della legge n. 121/1981, che in occasioni più recenti, il dubbio è stato sciolto in favore della seconda soluzione.

Con riferimento al Corpo Forestale dello Stato si segnala l'importante intervento di riforma operato con il cennato d.lgs. 19 agosto 2016, n. 177, recante "Disposizioni in materia di razionalizzazione delle funzioni di polizia e assorbimento

---

[91] Più nel dettaglio, le suddette Forze sono costituite, ai sensi dell'art. 16 del richiamato articolato normativo: a) dalla Polizia di Stato, Forza ad ordinamento civile, incardinata nel Ministero dell'Interno – Dipartimento di Pubblica Sicurezza; b) dall'Arma dei Carabinieri, Forza Armata incardinata nel Ministero della Difesa, ma in servizio permanente di pubblica sicurezza; c) dal Corpo della Guardia di Finanza, dipendente dal Ministero dell'Economia e delle Finanze, con funzioni di polizia economico/finanziaria, polizia doganale e di frontiera, ma che concorre anche al mantenimento dell'ordine e della sicurezza pubblica; d) dalla Polizia Penitenziaria, incardinata nel Ministero della Giustizia, cui sono attribuite competenze specializzate nei servizi inerenti la gestione delle persone soggette a restrizioni e limitazioni della libertà personale, ma che può anche essere chiamata a concorrere nell'espletamento di servizi di ordine e sicurezza. Fino al 2016 rientrava nel novero delle Forze di polizia anche il Corpo forestale dello Stato, oggi confluito nell'Arma dei Carabinieri.

del Corpo forestale dello Stato", che ha prodotto una serie di ricadute teoriche ma, ancor più, organizzative, sull'intera struttura delle Forze di polizia[92].

In particolare, come già anticipato, con gli artt. 7, 9, 10 e 11, è stato disposto l'assorbimento, a partire dal 1 gennaio 2017, del Corpo Forestale dello Stato nell'Arma dei Carabinieri e l'attribuzione delle funzioni, già svolte dal predetto Corpo, alla stessa Arma ad eccezione delle competenze assegnate al Corpo nazionale dei Vigili del Fuoco (lotta attiva contro gli incendi boschivi e il loro spegnimento con mezzi aerei), alla Polizia di Stato (ordine e sicurezza pubblica e contrasto della criminalità organizzata in ambito interforze), alla Guardia di Finanza (soccorso in montagna, sorveglianza delle acque marine confinanti con le aree naturali protette e contrasto, nell'ambito degli spazi doganali, alle violazioni in materia di commercio illegale della flora e della fauna in via di estinzione) e delle attività cui provvede il Ministero delle Politiche Alimentari e Forestali (rappresentanza e tutela degli interessi forestali nazionali in sede comunitaria e internazionale e raccordo con le politiche forestali regionali, certificazioni previste dalla Convenzione di Washington e adempimenti in materia di alberi monumentali).

---

[92] Il d.lgs. n. 177/2016 si inserisce nel più ampio intervento di riorganizzazione delle funzioni di polizia – in attuazione dei principi contenuti nella delega di cui all'art. 8, comma 1, lett. a) della legge 7 agosto 2015, n. 124, recante "Deleghe al Governo in materia di riorganizzazione delle amministrazioni pubbliche". In merito alla razionalizzazione del sistema delle Forze di polizia attraverso l'assorbimento del Corpo Forestale dello Stato nell'Arma dei Carabinieri, va evidenziato che l'Arma è risultata, tra le Forze di polizia, quella funzionalmente più idonea a consentire la piena attuazione del principio di delega sul riordino delle funzioni in materia ambientale e agroalimentare e di quelli, correlati, della razionalizzazione, del potenziamento dell'efficacia delle funzioni di polizia e della dislocazione sul territorio dei presidi. L'Arma, infatti, svolge già, attraverso appositi reparti e nuclei specialistici, importanti funzioni nel settore del contrasto agli illeciti ambientali e in quello della frode alimentare e la sua capillare distribuzione sul territorio consente di integrare agevolmente quelli del Corpo Forestale della Stato. In sostanza da un punto di vista organizzativo vi è la sovrapponibilità della rete dei presidi di entrambe le Forze di polizia. Tale confluenza è in armonia con il parere del Consiglio di Stato 12 maggio 2016, n. 1183 che, evocando la linea interpretativa seguita da circa un ventennio dalla Corte Costituzionale, ha rilevato come i timori collegati alla "compressione" dello *status* del personale della Forestale destinato a transitare nei Corpi di polizia a ordinamento militare e, in generale, alla crescente militarizzazione del sistema di pubblica sicurezza, siano superabili alla luce delle garanzie dei diritti fondamentali oggi assicurate ai "cittadini militari", nonché alla sostanziale equiparazione tra le Forze di polizia delineata dalla legge n. 121/1981, indipendentemente dal loro *status* civile o militare (con conseguente comunanza degli istituti giuridici ed economici che ne fanno un comparto a sé stante rispetto al resto del pubblico impiego) e alla circostanza che la *governance* del sistema di pubblica sicurezza continua ad essere affidata ad Autorità provenienti da Amministrazioni civili. Si segnala, peraltro, che la legittimità dell'assorbimento del Corpo Forestale nell'Arma dei Carabinieri è stata da ultimo confermata dalla Corte Costituzionale con la sentenza 16 aprile 2019, n. 170.

Le disposizioni introdotte hanno fissato i criteri generali che presiedono alla conseguente riorganizzazione dell'Arma (art. 8), istituendo l'Organizzazione per la tutela forestale, ambientale e agroalimentare allo scopo di salvaguardare e valorizzare le professionalità preesistenti (art. 174-*bis* d.lgs. 15 marzo 2010, n. 66, recante "Codice dell'ordinamento militare").

Come già detto, per effetto della suddetta riforma le componenti centrali e periferiche del Corpo Forestale sono transitate nelle corrispondenti articolazioni funzionali dell'Arma dei Carabinieri.

È particolarmente significativo che proprio in occasione dell'audizione del Capo della Polizia – Direttore Generale della Pubblica Sicurezza, resa al Senato della Repubblica alle Commissioni riunite I (Affari Costituzionali) e IV (Difesa) il 12 luglio 2016, nell'ambito dei lavori preliminari all'approvazione del citato d.lgs. 19 agosto 2016, n. 177, sia stato ribadito che il pluralismo rappresenta una ricchezza per il sistema di pubblica sicurezza e che grazie ad esso è stato possibile sviluppare professionalità e capacità investigative diversificate in settori spesso connotati da forti tratti specialistici, che altrimenti sarebbero stati meno efficacemente presidiati.

Ed è proprio in quest'ottica che vanno interpretati i recenti interventi di razionalizzazione del sistema sicurezza che, finalizzati a consentire la più efficace cooperazione delle Forze di polizia e il mantenimento di adeguati livelli di sicurezza, evitando sovrapposizioni, consentiranno di corrispondere meglio alle esigenze di sicurezza, rilevata o percepita, provenienti da cittadini e imprese e di far fronte alle insidiose evoluzioni della minaccia terroristica e criminale.

Prima di passare all'analisi delle caratteristiche proprie delle Forze di polizia, è importante evidenziare la differenza teleologica esistente fra queste e le Forze Armate, giacché le prime operano per la tutela del Paese sul piano interno, mentre le seconde sul piano esterno.

Tale distinzione – già sancita a livello costituzionale dal comma 2 dell'art. 98 che, nel prevedere limitazioni al diritto di iscriversi ai partiti politici, distingue i militari dai funzionari e agenti di polizia – è ulteriormente riconosciuta dalla legge n. 121/1981, che all'art. 13, comma 4 richiama il potere del Prefetto di disporre della Forza pubblica[93], intendendo con tale espressione il complesso delle Forze di

[93] Il concetto di Forza pubblica, pur essendo utilizzato dal legislatore, non è stato mai esplicitamente definito dal punto di vista normativo. Secondo A. CHIAPPETTI, *Polizia (forze di)*, op. cit., p. 1, la "Forza pubblica" è "quella parte delle forze di polizia immediatamente, incondizionatamente e permanentemente a disposizione delle Autorità di pubblica sicurezza per l'ordinario svolgimento dell'attività di polizia di prevenzione". Da ciò ne deriva che la "Forza pubblica" si caratterizza per un più intenso rapporto di strumentalità nei confronti delle Autorità di pubblica sicurezza. Fra i più recenti interventi normativi che fanno riferimento alla Forza pubblica vi è l'art. 11 d.l. n. 14/2017 recante "Disposizioni urgenti in materia di sicurezza delle città", che attribuisce al

polizia, non coincidenti con le Forze Armate. Nonostante tale distinzione, le Forze Armate possono essere comunque impiegate in attività di controllo del territorio al fianco delle Forze di polizia. Si orienta in tal senso il d.l. 23 maggio 2008, n. 92, recante "Misure urgenti in materia di sicurezza pubblica" (convertito, con modificazioni, dalla legge 24 luglio 2008, n. 125), che all'art. 7-*bis* ha introdotto e disciplinato i Piani di impiego delle Forze Armate da adottarsi "per specifiche ed eccezionali esigenze di prevenzione della criminalità, ove risulti opportuno un accresciuto controllo del territorio".

Tali Piani di impiego, che realizzano quella che è stata denominata l'Operazione "Strade sicure", sono adottati con decreto del Ministro dell'Interno, di concerto con il Ministro della Difesa, sentito il Comitato nazionale per l'ordine e la sicurezza pubblica, integrato dal Capo di Stato Maggiore della Difesa e previa informazione al Presidente del Consiglio dei Ministri[94].

Il personale delle Forze Armate è posto a disposizione dei Prefetti al fine di essere impiegato nelle Province per svolgere servizi di vigilanza a siti e obiettivi sensibili, nonché di perlustrazione e pattugliamento in concorso e congiuntamente alle Forze di polizia.

I militari in servizio nell'Operazione "Strade sicure", qualificati come Agenti di pubblica sicurezza, seguono uno speciale *iter* di addestramento, teorico-pratico, tale da consentire una risposta operativa pronta e adeguata alle diverse circostanze[95].

---

Prefetto il potere di impartire, sulla base delle valutazioni del Comitato provinciale per l'ordine e la sicurezza pubblica, disposizioni per l'impiego della Forza pubblica ai fini dell'esecuzione dei provvedimenti dell'Autorità giudiziaria di rilascio degli immobili, secondo prestabiliti criteri di priorità e ferma restando la tutela dei nuclei familiari in condizioni di disagio economico e sociale. Sempre sul piano definitorio, altra nozione da tener distinta da quella di Forze di polizia è quella di "Forze dell'ordine", che secondo G. CALESINI, *Leggi di pubblica sicurezza e illeciti amministrativi*, Roma, 2012, p. 46, rappresenta "una locuzione polirematica, utilizzata in diverse normative ed anche nella giurisprudenza con significativi in parte differenti". Pertanto, mentre la nozione Forze di polizia è sufficientemente definita sia sotto l'aspetto semantico che normativo, altrettanto non può dirsi con riguardo al concetto di Forze dell'ordine, caratterizzato da un polimorfismo strutturale e funzionale.

[94] Si ricorda che "nell'esecuzione di tali servizi, il personale delle Forze armate agisce con le funzioni di Agente di pubblica sicurezza e può procedere alla identificazione e alla immediata perquisizione sul posto di persone e mezzi di trasporto a norma dell'art. 4 della legge 22 maggio 1975, n. 152" (art. 7-*bis*, comma 3 d.l. 92/2008).

[95] Sempre in ambito "Strade sicure" l'Esercito è intervenuto con compiti specifici a L'Aquila per il terremoto del 2009, in Val di Susa per la sicurezza dei cantieri TAV, a Napoli e a Caserta per l'emergenza della c.d. "Terra dei Fuochi" contro i reati ambientali, a Milano per l'EXPO 2015 e per lo svolgimento del Giubileo straordinario della Misericordia (8 dicembre 2015 – 20 novembre 2016) con il compito di garantire la sicurezza dei siti giubilari e di concorrere al controllo dei valichi di frontiera, porti ed aeroporti. Inoltre, a seguito del sisma che ha colpito il centro Italia, il

Nel nostro ordinamento giuridico sono due i principi cardine che da sempre hanno caratterizzato la disciplina delle Forze di polizia, ovvero il principio di pluralità e quello di statualità.

Il principio di pluralità, come detto in apertura del paragrafo, prevede che nel nostro ordinamento siano presenti più Forze di polizia, alcune a concorso necessario e altre a concorso eventuale.

Il principio di statualità – connesso non tanto ad una visione meramente centralistica ma ad imprescindibili esigenze di unità del sistema sicurezza – prevede che le Forze di polizia possono essere solamente statali. In tal senso l'art. 117, comma 2, lettera h) della Costituzione, nell'enumerare le materie oggetto di potestà legislativa esclusiva dello Stato, vi include espressamente "l'ordine pubblico e la sicurezza, ad esclusione della polizia amministrativa locale".

Tale principio trova conferma anche nella legge-quadro sulla Polizia municipale (legge 7 marzo 1986, n. 65), che la distingue dalle Forze di polizia statali e le demanda compiti riconducibili nell'alveo della polizia amministrativa.

Inoltre, l'art. 5 della suddetta legge prevede che il personale può essere chiamato a collaborare con le Forze di polizia e a svolgere funzioni di pubblica sicurezza, agendo in tal caso non come Corpo, ma bensì attraverso i suoi singoli addetti, ai quali il Prefetto conferisce momentaneamente la qualifica di Agente di pubblica sicurezza, con la ulteriore precisazione che, nell'esercizio di tali funzioni, essi dipendono operativamente dall'Autorità di pubblica sicurezza territorialmente competente.

Successivamente, la collaborazione della Polizia locale – che nella visione della legge n. 65/1986 era limitata a specifiche operazioni, come si desume dalla previsione contenuta all'art. 3[96] – è stata notevolmente ampliata. Ciò è avvenuto con il decreto legge 13 maggio 1991, n. 152, che all'art. 12 disciplina i servizi di controllo del territorio in chiave interforze, attribuendo al Prefetto il potere di realizzare dei Piani coordinati a livello provinciale, nell'ambito delle direttive emanate dal Ministro, con il coinvolgimento di Polizia di Stato, Arma dei Carabinieri, Guardia di Finanza e con la partecipazione, previa richiesta al Sindaco, di contingenti di corpi o servizi di Polizia locale.

I "Piani di Controllo Coordinato del Territorio" diventano, pertanto, lo strumento attraverso cui dare attuazione all'esigenza di concordare convenzional-

---

dispositivo "Strade sicure" è stato rimodulato al fine di costituire una specifica *Task Force* con il compito di concorrere a garantire la sicurezza delle aree evacuate nelle province di Rieti, Ascoli Piceno, Perugia e Macerata.

[96] Art. 3 legge n. 121/1981: "Gli addetti al servizio di Polizia municipale esercitano nel territorio di competenza le funzioni istituzionali previste dalla presente legge e collaborano, nell'ambito delle proprie attribuzioni, con le Forze di polizia dello Stato, previa disposizione del Sindaco, quando ne venga fatta, per specifiche operazioni, motivata richiesta dalle competenti Autorità".

mente la distribuzione delle risorse sul territorio in modo razionale, al fine di esaltarne le potenzialità operative[97].

Gradualmente la materia del controllo coordinato del territorio ha assunto un'importanza tale da meritare una specifica attenzione da parte del legislatore che, con l'art. 17, comma 1 legge 26 marzo 2001, n. 128 (cd. "pacchetto sicurezza"), ha stabilito una cadenza annuale per l'aggiornamento delle direttive impartite dal Ministro dell'Interno e finalizzate alla realizzazione, sul territorio, di Piani coordinati di sicurezza tra le diverse Forze di polizia. Si precisa, al riguardo, che tale potere di direttiva rientra tra le funzioni di alta direzione e coordinamento attribuiti al Ministro dalla legge n. 121/1981[98].

La previsione della partecipazione all'attività di controllo del territorio di "contingenti dei corpi o servizi della polizia municipale" – pur essendo già disciplinata, come detto, dalla legge n. 65/1986 – acquista un valore innovativo, in quanto è finalizzata alla volontà di avviare una consuetudine nei rapporti di collaborazione tra la Polizia locale e le Forze di polizia dello Stato, la cui frequenza agevola il raggiungimento di risultati più efficaci in materia di controllo del territorio[99].

---

[97] In tale ambito, con la Circolare del Capo della Polizia del 21 gennaio del 1991 vengono emanate precise disposizioni in ordine alle modalità di esecuzione dei servizi di controllo coordinato del territorio, compendiate in uno specifico Piano generale, trasmesso alle singole Forze di polizia. L'attività coordinata di controllo del territorio trova una prima sistematica disciplina nella Direttiva emanata con decreto del Ministro Scotti del 12 febbraio 1992 avente per tema "la dislocazione sul territorio dei presidi di polizia" nell'ottica di ottimizzare il dispositivo territoriale e l'interconnessione delle sale operative delle Forze di polizia per lo scambio reciproco delle informazioni in tempo reale. Con la Direttiva del Ministro dell'Interno Giorgio Napolitano del 25 marzo 1998 si interviene espressamente sul "coordinamento e la direzione unitaria prevista dall'art. 6 della legge 1 aprile 1981, n. 121" e, più in particolare, sulla "pianificazione generale e coordinamento delle pianificazioni operative della dislocazione delle Forze di polizia e relativi servizi tecnici".

[98] Art. 17, comma 1 legge n. 128/2001: "Il Ministro dell'Interno impartisce e aggiorna annualmente le direttive per la realizzazione, a livello provinciale e nei maggiori centri urbani, di Piani coordinati di controllo del territorio da attuare a cura dei competenti uffici della Polizia di Stato e Comandi dell'Arma dei Carabinieri e, per i servizi pertinenti alle attività d'istituto, del Corpo della Guardia di Finanza, con la partecipazione di contingenti dei corpi o servizi di Polizia municipale, previa richiesta al Sindaco, o nell'ambito di specifiche intese con la predetta Autorità, prevedendo anche l'istituzione di presidi mobili di quartiere nei maggiori centri urbani, nonché il potenziamento e il coordinamento, anche mediante idonee tecnologie, dei servizi di soccorso pubblico e pronto intervento per la sicurezza dei cittadini".

[99] Con la Direttiva del Ministro dell'Interno Giuseppe Pisanu del 9 dicembre 2002, attesa l'esigenza di una rivisitazione del modulo adottato a partire dal 1991, vengono precisati i criteri sperimentali per il Piano Coordinato di Controllo del Territorio. In particolare, si pone l'accento sulla funzione preventiva dell'attività di polizia da realizzarsi, in particolare, attraverso un nuovo metodo di controllo del territorio basato sulla ripartizione del capoluogo per settori o aree di intervento, oltre che con il contatto quotidiano con il cittadino e il rafforzamento della visibilità della presenza delle Forze di polizia. L'individuazione delle aree di suddivisione del territorio nonché

In tale ambito di analisi meritano una disamina anche le disposizioni introdotte con il d.l. 23 maggio 2008, n. 92, recante "Misure urgenti in materia di sicurezza pubblica", che hanno inciso in modo significativo sul ruolo stesso delle amministrazioni locali, fornendo loro, fra l'altro, nuovi poteri in materia di sicurezza urbana e sancendo una maggiore cooperazione tra le Polizie locali e le Forze di polizia in materia di sicurezza pubblica.

In particolare, l'art. 6 d.l. 92/2008 prevede che il Sindaco, nell'esercizio delle funzioni di competenza statale, debba concorrere ad assicurare la cooperazione della Polizia locale con le Forze di polizia statali, nell'ambito delle direttive di coordinamento impartire dal Ministro dell'Interno; l'art. 7, invece, – considerato "la naturale e giusta evoluzione"[100] dell'art. 3 legge n. 65/1986 – precisa che i Piani coordinati di controllo del territorio "determinano i rapporti di reciproca collaborazione fra i contingenti di personale della Polizia municipale e provinciale e gli organi della Polizia di Stato", e possono realizzarsi, anche per specifiche esigenze, in Comuni diversi da quelli dei maggiori centri urbani.

L'esegesi di tali disposizioni evidenzia che la collaborazione della Polizia municipale con le Forze di polizia statali, inizialmente considerata del tutto eccezionale, è oggi riferita ad un contesto molto più esteso, ma sempre nell'ambito delle direttive di coordinamento impartite dal Ministro dell'Interno, che fissa le modalità e le procedure per consentire tale partecipazione, al fine di coordinare nella maniera più opportuna ed efficace le Forze di polizia statali con la Polizia locale.

Alla luce di quanto detto, secondo autorevole dottrina[101], la Polizia locale "con-

---

la ripartizione del Comune capoluogo in settori, ed eventualmente, in sottosettori, è oggetto di disamina da parte del Comitato provinciale per l'ordine e la sicurezza pubblica, rimanendo nell'esclusiva competenza della responsabilità del Prefetto la potestà di adottare le varianti ritenute necessarie allorché particolari esigenze lo impongano. In data 28 aprile 2006, con il decreto del Ministro dell'Interno Giuseppe Pisanu vengono fissate "le direttive per il riassetto dei comparti di specialità delle Forze di polizia". Si tratta della prima Direttiva che espressamente afferma la necessità di un coinvolgimento di tutte le Forze di polizia, comprese quelle a competenza concorrente, nella tutela dell'ordine e della sicurezza pubblica.

[100] G. Caia, *L'Amministrazione della Pubblica Sicurezza e le Forze di Polizia: l'assetto delle competenze e il coordinamento in relazione ai recenti interventi normativi*, in *Nuovi orizzonti della sicurezza urbana*, BUP, 2008, p. 78.

[101] G. Caia, *L'Amministrazione della Pubblica Sicurezza e le Forze di Polizia: l'assetto delle competenze e il coordinamento in relazione ai recenti interventi normativi,* op. cit., p. 96, sottolinea che in questa prospettiva si comprende anche la previsione contenuta all'art. 8 d.l. n. 92/2008, concernente l'accesso della polizia municipale al CED del Ministero dell'Interno, che vi accede però solo in consultazione e per specifiche aree di competenza. Sul punto il recente impianto ordinamentale introdotto con il citato d.l. n. 14/2017 prevede che con decreto del Ministro dell'Interno siano determinati i criteri volti a favorire il rafforzamento della cooperazione, informativa ed operativa, e l'accesso alle banche dati tra le Forze di polizia (di cui all'art. 16 legge n. 121/1981) ed i Corpi e servizi di Polizia municipale (art. 10, comma 6). Sempre al Ministro dell'Interno, di

corre all'ordine e sicurezza pubblica, cooperando e collaborando con le Forze di polizia statali".

A partire dal 2013 è stata avvertita l'esigenza di offrire un nuovo slancio all'attività sinergica di prevenzione e di controllo del territorio e di tutti quei fenomeni di natura illecita o di turbativa dell'ordinata e pacifica convivenza che, specie in talune aree, caratterizzano e connotano il nostro territorio. A tal fine sono state elaborate importanti Direttive nei seguenti ambiti di intervento:

- controlli straordinari del territorio per la prevenzione ed il contrasto della criminalità mafiosa;
- prevenzione e contrasto di attività delittuose di forte allarme sociale;
- prevenzione e contrasto di attività delittuose che hanno pesanti ricadute sulla collettività e, in particolare, sulle attività economiche e produttive.

In particolare, l'esigenza di migliorare il complessivo sistema del controllo del territorio ha portato all'adozione, il 30 aprile 2015, della Direttiva del Ministro dell'Interno recante le "Nuove linee strategiche per il controllo coordinato del territorio". Con tale atto, indirizzato ai Prefetti, sono state individuate una serie di misure operative che, nell'ottica della razionalizzazione delle risorse e del riordino dei compiti affidati alle Forze di polizia, delineano le nuove linee guida per una più moderna ed efficace strategia di controllo del territorio e delle aree urbane.

Nella citata Direttiva si evidenzia che il "mutato contesto socio-economico, l'aggravarsi e la diffusione di forme di illegalità su diverse aree del territorio, il crescente livello di percezione di insicurezza tra i cittadini, nonostante i rilevanti risultati ottenuti sul fronte del contrasto della criminalità, rendono necessaria l'adozione di nuove strategie di intervento nel sistema del controllo del territorio da parte delle Forze di polizia, attraverso un costante aggiornamento dei moduli organizzativi deputati alla tutela della collettività ed il mirato e razionale ricorso a tutte le risorse disponibili".

La Direttiva in analisi ha come scopo finale quello di mettere a sistema il complesso degli interventi in materia di controllo del territorio, compresi tutti i Piani di Controllo Coordinato del Territorio in atto, nonché quelli straordinari finalizzati

---

concerto con il Ministro dell'Economia e delle Finanze, spetta la definizione dei livelli di accesso alle suddette banche dati. Inoltre, lo stesso d.l. n. 14/2017 prevede che, ferme restando le competenze esclusive dello Stato in materia di ordine e sicurezza pubblica, su proposta del Ministro dell'Interno, con accordo sancito in sede di Conferenza Unificata, siano definite le Linee generali delle politiche pubbliche sulla sicurezza integrata (art. 2). Le suddette Linee generali sono finalizzate, in via prioritaria, a coordinare l'esercizio delle competenze dei soggetti istituzionali coinvolti nello svolgimento di attività d'interesse comune, anche con riferimento alla collaborazione tra le Forze di polizia e la Polizia locale, e funzionali al miglioramento della qualità della vita e del territorio in un'ottica d'inclusione sociale e di riqualificazione socio-culturale delle aree interessate.

alla prevenzione ed al contrasto della criminalità, attraverso i seguenti criteri di massima:

- la rinnovata centralità del ruolo affidato al Comitato provinciale per l'ordine e la sicurezza pubblica nella scelta delle strategie da adottarsi sul territorio;
- il mirato e costante supporto, da parte delle strutture del Dipartimento della pubblica sicurezza, alle azioni localmente intraprese, rendendo più organica, sistematica e funzionale l'attività delle Forze di polizia, mediante la maggiore valorizzazione di tutti gli strumenti di analisi disponibili, ferma restando la flessibilità delle iniziative dei Prefetti in sede locale in relazione alla valutazione delle esigenze emerse nel Comitato provinciale per l'ordine e la sicurezza pubblica;
- un sempre maggiore ricorso alle nuove tecnologie per velocizzare il flusso informativo, ridurre i tempi di intervento e recuperare ai compiti operativi il personale delle Forze di polizia;
- il diretto coinvolgimento di tutti gli attori, istituzionali e non, che specie a livello locale contribuiscono a tutelare la sicurezza dei cittadini.

Più recentemente, l'obiettivo di una sempre più efficace organizzazione della presenza e dell'azione delle Forze di polizia sul territorio nazionale è stato posto alla base del d.m. 15 agosto 2017, con cui il Ministro dell'Interno ha diramato la "Direttiva sui comparti di specialità delle Forze di polizia e sulla razionalizzazione dei presidi di polizia", con cui viene data attuazione alle previsioni di cui agli artt. 2 e 3 d.lgs. n. 166/2016.

Il citato decreto si compone infatti di una prima parte in cui sono declinate le modalità attraverso cui le Forze di polizia statali esercitano i propri compiti nei rispettivi comparti di specialità[102], e di una seconda parte in cui sono individuate misure volte a razionalizzare la dislocazione delle Forze sul territorio, "con l'obiettivo di ottimizzare le risorse disponibili e conferire un maggiore impulso all'azione operativa che deve essere sempre più orientata al perseguimento dell'efficienza, efficacia ed economicità e deve essere costantemente modulata sulle evoluzioni della minaccia", anche al fine di recuperare unità di personale da destinare al potenziamento delle attività operative.

L'efficace dislocazione dei presidi, in particolare, è considerata strategica per alimentare la conoscenza delle diverse situazioni locali, presupposto su cui costru-

[102] I comparti di specialità oggetto dell'atto di indirizzo sono la sicurezza stradale, la sicurezza ferroviaria; la sicurezza delle frontiere; la sicurezza postale e delle comunicazioni; la sicurezza in materia di sanità, igiene e sofisticazioni alimentari; la sicurezza in materia forestale, ambientale e agroalimentare; la sicurezza nella circolazione dell'euro e degli altri mezzi di pagamento; la sicurezza del patrimonio archeologico, storico, artistico e culturale nazionale; la sicurezza in materia di lavoro e legislazione sociale; la sicurezza del mare. Al riguardo, si segnala che le modalità di azione in ciascun comparto di specialità sono state definite tenendo conto dei criteri – tra loro alternativi – della preminenza e della esclusività dell'espletamento del servizio.

ire il passaggio "dal modulo tradizionale del controllo del territorio a quello più incisivo ispirato alla filosofia del territorio sotto controllo".

Al fine di perseguire tale obiettivo nella razionalizzazione della rete delle Forze di polizia sul territorio nazionale, la direttiva valorizza il ruolo strategico dell'attività di pianificazione generale di cui all'art. 6 legge n. 121/1981, curata dal Dipartimento della pubblica sicurezza attraverso l'Ufficio per il coordinamento e la pianificazione delle Forze di polizia.

Il processo di rimodulazione della rete dei presidi in rapporto alle specifiche realtà locali, prescritta dall'art. 3 d.lgs. n. 177/2016, deve infatti essere pianificata secondo una logica non territoriale ma bensì nazionale, e successivamente attuata con gradualità, in modo costante e continuo nel tempo.

In particolare, la razionalizzazione dovrà continuare a valorizzare il criterio che privilegia l'impiego della Polizia di Stato nei Comuni capoluogo di Provincia, e dell'Arma dei Carabinieri nel resto del territorio. Tale criterio non dovrà tuttavia essere applicato rigidamente, dovendosi prevedere opportune deroghe funzionali a modellare l'assetto sulle specificità e sulle esigenze delle multiformi realtà che caratterizzano il territorio nazionale[103].

La direttiva del 2017, dunque, definisce i parametri per l'individuazione dei presidi su cui operare interventi – di riequilibrio, di istituzione, di accorpamento, di soppressione – tesi a realizzare, in una prospettiva sovraterritoriale, un modello di rete più efficiente.

In particolare, tali parametri dovranno corrispondere a fattori espressivi delle caratteristiche socio-economiche di ciascun territorio e dei relativi fattori rilevanti sul piano della tutela dell'ordine e della sicurezza pubblica[104].

Nella prospettiva di promuovere il migliore coordinamento possibile tra i diversi attori del sistema territoriale della pubblica sicurezza, la direttiva richiama l'attenzione sull'importanza dello strumento dei piani coordinati di controllo del territorio, di cui viene sottolineato l'opportuno utilizzo anche con riferimento a

---

[103] A titolo di esempio, la direttiva del 2017 segnala che dovrà essere prestata attenzione all'estensione, alla conformazione e alla demografia del territorio; alle condizioni dell'inurbamento e dei collegamenti; all'eventuale presenza di infrastrutture e complessi produttivi e industriali di rilevanti dimensioni; all'esposizione ai flussi migratori; alle istanze di sicurezza avanzate dalle collettività; agli indicatori relativi alla presenza o ai tentativi di infiltrazione della criminalità organizzata; agli indicatori relativi alle manifestazioni della delinquenza diffusa e predatoria. La valutazione dovrà inoltre tenere conto dell'evoluzione dello scenario di rischio, "alla luce dell'emersione di nuovi agenti della minaccia, ponderando attentamente anche la presenza di particolari situazioni di contesto caratterizzate da maggiori livelli di esposizione ad azioni terroristiche e dimostrative".

[104] L'art. 3 d.lgs. n. 177/2016, infatti, "àncora la possibilità di azionare tali deroghe in presenza di particolari esigenze di ordine e sicurezza pubblica, da individuare sulla base di parametri oggettivi di riferimento che tengano conto delle situazioni rinvenibili sulle diverse realtà territoriali".

tutte le località non capoluogo di Provincia in cui si registri la presenza di articolazioni delle Forze di polizia in grado di garantire servizi di pronto intervento nell'arco delle ventiquattro ore.

Nelle altre località continuerà ad essere applicato il piano generale di controllo del territorio del 1991, sino alla definizione di un rinnovato modello di pianificazione.

Al fine di individuare gli spazi per una ulteriore evoluzione del modello di controllo del territorio – funzionale ad un suo adattamento alle modifiche registrate dalle dinamiche sociali e dai fenomeni criminali – è stata prevista l'attivazione presso l'Ufficio per il coordinamento e la pianificazione delle Forze di polizia di una sede di confronto congiunto interforze, finalizzata al monitoraggio dell'attuazione delle indicazioni in ciascun territorio e dei risultati raggiunti.

### III.14. Gli Osservatori. Nuovi modelli di coordinamento

Nel corso degli ultimi anni, nell'ambito del sistema della pubblica sicurezza si è registrato un utilizzo sempre più frequente dello strumento degli Osservatori.

Si tratta di strutture organizzative estremamente flessibili e caratterizzate da una composizione eterogenea, che svolgono attività di monitoraggio di fenomeni particolarmente rilevanti sul piano dell'ordine e della sicurezza pubblica nella prospettiva di realizzare un più efficace coordinamento, raccordo e scambio di informazioni tra i diversi soggetti – pubblici e privati – coinvolti.

Generalmente tali strutture vengono create in via amministrativa allo scopo di fronteggiare fenomeni criminali di nuova emersione, per poi essere 'istituzionalizzate' dal legislatore dopo una fase di sperimentazione informale.

È il caso ad esempio dell'Osservatorio nazionale sulle manifestazioni sportive, creato nel 1999 con un accordo tra Ministero dell'Interno e Ministero per i beni e le attività culturali e poi istituito formalmente anche sul piano ordinamentale dall'art. 1-*octies* d.l. 24 febbraio 2003, n. 28[105] e dal decreto del Ministero dell'Interno di concerto con il Ministero per i beni e le attività culturali del 1 dicembre 2005.

L'Osservatorio si presenta come una 'cabina di regia' finalizzata a favorire la migliore attuazione delle disposizioni e delle misure organizzative in materia di prevenzione e contrasto della violenza in occasione di manifestazioni sportive, agevolando l'interazione tra tutti i soggetti coinvolti nella gestione degli eventi (art. 1-*octies*, comma 1 d.l. 28/2003; art. 1, comma 1, d.m. 1 dicembre 2005). Si tratta quindi di un organo di consulenza tecnico-amministrativa del Ministero

---

[105] L'art. 1-*octies* è stato inserito nel d.l. n. 28/2003 in occasione dell'adozione del d.l. 17 agosto 2005, n. 162, poi convertito con l. 17 ottobre 2005, n. 210.

dell'Interno, che opera nell'ambito del Dipartimento della pubblica sicurezza con una composizione eterogenea[106].

Per lo svolgimento dei suoi compiti l'Osservatorio si avvale dell'ausilio del Centro nazionale di informazione sulle manifestazioni sportive (CNIMS). Si tratta di un punto nazionale di informazione avente carattere di polizia[107], a cui, con decreto del Ministero dell'Interno del 1 dicembre 2005, è stato attribuito anche il compito di curare le attività strumentali allo svolgimento, da parte dell'Osservatorio, delle proprie attribuzioni istituzionali.

Tra i compiti attribuiti all'Osservatorio[108] assume particolare rilevanza l'esame delle problematiche connesse alle manifestazioni sportive nazionali in programma al fine di assegnare a ciascuna un indice di rischio da 1 a 4. Tale indice, infatti, costituisce il parametro sulla base del quale le Autorità di pubblica sicurezza competenti per il territorio in cui si svolgerà l'evento dispongono le misure organizzative e di sicurezza necessarie per contrastare i rischi individuati.

Per la valutazione della pericolosità dell'evento, l'Osservatorio tiene conto della qualità degli impianti sportivi, dell'aspetto gestionale delle società sporti-

---

[106] In particolare è prevista la partecipazione non solo di membri della Polizia di Stato, ma anche di rappresentanti dell'Arma dei Carabinieri, del Corpo nazionale dei Vigili del Fuoco, del Comitato olimpico nazionale italiano (CONI), delle Federazioni sportive nazionali e delle rispettive Leghe professionistiche e dilettantistiche (art. 2, comma 1 d.m. 1 dicembre 2005). Qualora poi si renda necessario affrontare specifiche tematiche, la composizione dell'Osservatorio può essere ulteriormente integrata da rappresentanti dell'Associazione nazionale Comuni italiani (ANCI), della Guardia di Finanza, dell'Agenzia delle entrate, dalla Società italiana degli autori ed editori (SIAE) e delle Ferrovie dello Stato S.p.A., nonché da rappresentanti di altri soggetti pubblici e privati interessati a vario titolo alla prevenzione della violenza nelle competizioni sportive (art. 1-*octies*, comma 3 d.l. 28/2003; art. 2, comma 2 d.m. 1 dicembre 2005). Il presidente ed i componenti dell'Osservatorio sono nominati con decreto del Ministro dell'Interno, su designazione delle amministrazioni o di altri organismi interessati; essi durano in carica quattro anni e possono essere riconfermati (art. 2, comma 4 d.m. 1 dicembre 2005).

[107] Il CNIMS è stato istituito in attuazione della Decisione del Consiglio dell'Unione europea 2002/348/GAI del 25 aprile 2002, atto con cui nell'ambito della cooperazione internazionale tra Forze di polizia è stata creata una rete per lo scambio ed il trattamento di informazioni di tipo strategico, operativo e tattico in occasione di eventi sportivi internazionali.

[108] I compiti attribuiti all'Osservatorio sono molteplici: esso, infatti, compie un monitoraggio costante dei fenomeni di violenza e intolleranza commessi in occasione di manifestazioni sportive, nonché dello stato di sicurezza degli impianti sportivi; approva le linee guida del regolamento d'uso per la sicurezza degli impianti sportivi; promuove iniziative coordinate per la prevenzione dei fenomeni di violenza ed intolleranza in ambito sportivo, anche in collaborazione con associazioni, rappresentanze di tifosi organizzati e club di sostenitori, enti locali, enti statali e non statali; definisce le misure che possono essere adottate dalle società sportive per garantire il regolare svolgimento delle manifestazioni sportive e la pubblica incolumità; pubblica un rapporto annuale sull'andamento dei fenomeni di violenza ed intolleranza in occasione di manifestazioni sportive (art. 1-*octies*, comma 1 d.l. 28/2003).

ve, dell'analisi delle tifoserie e dei caratteri propri della singola gara (valore del risultato, orario di gioco, eventuale concomitanza con altri eventi). Al termine dell'istruttoria si procede poi all'assegnazione di un indice da 1 a 4, che comporta l'adozione di specifiche misure organizzative e di ordine pubblico secondo il modello elaborato dall'Osservatorio nella determinazione n. 22 del 23 maggio 2014.

Nei casi di eventi con un indice di rischio da 1 a 3, l'Osservatorio individua le misure organizzative più appropriate, che potranno essere attuate sia dalle Autorità locali di pubblica sicurezza, sia – ove possibile – dai soggetti che curano l'organizzazione dell'evento, come le leghe professionistiche e non professionistiche e le stesse società sportive.

Qualora invece ad un determinato evento sia stato attribuito un 'rischio 4', all'individuazione delle misure di contrasto più idonee al caso concreto partecipa anche il Comitato di analisi per la sicurezza delle manifestazioni sportive (CASMS). Si tratta di un comitato interforze[109], costituito con Decreto del Ministero dell'Interno del 15 agosto 2008, a cui sono stati assegnati compiti di raccordo informativo e tecnico-operativo allo scopo di indirizzare l'attività delle Autorità provinciali di pubblica sicurezza chiamate a gestire eventi connotati da elevati profili di rischio.

Nei casi di gare valutate 'ad alto rischio', dunque, l'Osservatorio può rinviare all'analisi del CASMS per l'individuazione di "provvedimenti di rigore"[110]. Il CASMS a sua volta, tenuto conto anche delle eventuali informazioni di carattere riservato a sua disposizione, formula un indirizzo in cui propone alle Autorità provinciali di pubblica sicurezza territorialmente competenti l'adozione di misure particolari a tutela dell'ordine e della sicurezza pubblica, quali ad esempio la chiusura dello stadio (le cd. 'porte chiuse') o di un suo settore (in genere le curve o il settore dedicato ai tifosi ospiti), il divieto di trasferta per i tifosi della squadra ospite, il divieto di vendita dei biglietti ai residenti di una certa provincia o addirittura di una certa regione. Tali misure sono poi disposte dal Prefetto utilizzando lo strumento delle ordinanze *ex* art. 2 r.d. 773/1931 (T.U.L.P.S.)[111].

---

[109] Partecipano ai lavori del CASMS diversi membri della Polizia di Stato, il Presidente dell'Osservatorio, un rappresentante dell'Agenzia informazione e sicurezza interna (AISI), un rappresentante dell'Arma dei Carabinieri ed un rappresentante della Guardia di Finanza.

[110] Cfr. la determinazione dell'Osservatorio n. 22 del 23 maggio 2014.

[111] Sempre con riferimento alla gestione dell'ordine pubblico in occasione di eventi sportivi l'ordinamento attribuisce poi al Prefetto un potere ulteriore, a sua volta azionabile in situazioni di pericolo caratterizzate dall'urgenza e dalla gravità. L'art. 7-*bis* legge 13 dicembre 1989, n. 401, stabilisce infatti che, in caso di gravi e urgenti necessità, il Prefetto – sentito il Comitato provinciale per l'ordine e la sicurezza pubblica integrato da rappresentanti del CONI e del Ministero dei beni e delle attività culturali e del turismo – può disporre il rinvio dell'evento sportivo ad altra data ritenuta idonea; in caso di permanenza del pericolo di turbativa, inoltre,

Un altro fenomeno di particolare allarme sociale che ha fatto nascere l'esigenza di istituire un organismo *ad hoc*, con il fine primario di monitorarne l'andamento per la successiva elaborazione di mirate iniziative di prevenzione e contrasto, è quello degli atti intimidatori nei confronti di amministratori pubblici locali.

Al riguardo, sono state numerose le richieste di intervento delle Autorità centrali e periferiche di pubblica sicurezza formulate dai rappresentanti delle realtà territoriali maggiormente interessate dalla problematica.

La rilevanza di tale fenomeno è stata confermata dalle risultanze dell'indagine svolta dalla specifica Commissione parlamentare di inchiesta, istituita con deliberazione del Senato della Repubblica del 3 ottobre 2013, la cui relazione conclusiva è stata approvata il 26 febbraio 2015. L'indagine condotta dalla Commissione ha riguardato l'arco temporale che va dall'1 gennaio 2013 al 30 aprile 2014, nel corso del quale sono stati rilevati 1.265 episodi intimidatori.

Dalla relazione della Commissione d'inchiesta è emerso che tali forme di illecito si manifestano con diverse modalità: aggressioni, minacce via email, via telefono o sui *social network*, danneggiamenti, fino al recapito o ritrovamento di proiettili o carcasse di animali; tutte hanno in comune la qualità soggettiva della vittima nel suo ruolo di amministratore locale.

Si tratta sostanzialmente di atti che, volti a intimidire l'amministratore prevalentemente in relazione all'integrità della sua persona e dei suoi beni, minacciano, nel contempo, il buon andamento della pubblica amministrazione.

Nella prassi, dall'assenza di un reato *ad hoc*[112] è derivato che le intimidazioni venissero perseguite in relazione a fattispecie poste a tutela di beni individuali, senza considerare adeguatamente la plurioffensività di tali condotte[113].

---

può disporre il divieto di svolgimento dell'evento per periodi ciascuno di durata non superiore a trenta giorni. Si tratta di misure diverse rispetto a quelle menzionate in precedenza, che meglio si prestano a contrastare situazioni di pericolo per la pubblica sicurezza diverse dal tifo violento (pur potendo essere utilizzate anche in quest'ambito), come per esempio fenomeni naturali eccezionali (terremoti, esondazioni di corsi d'acqua, emergenze maltempo) o concomitanza della gara sportiva con altri eventi di carattere straordinario in grado di richiamare grandi quantità di persone nello stesso territorio.

[112] La fattispecie più vicina a quella degli atti intimidatori nei confronti di amministratori locali risulta essere quella di cui all'art. 338 c.p. "Violenza o minaccia ad un corpo politico, amministrativo o giudiziario".

[113] Si legge nella citata relazione finale della Commissione parlamentare di inchiesta sul fenomeno delle intimidazioni ai danni degli amministratori locali che "i reati normalmente contestati sono, a seconda della modalità di commissione del fatto, i delitti di lesioni personali (articolo 582 c.p.), di ingiuria (articolo 594 c.p.), di diffamazione (articolo 595 c.p.), di violenza privata (articolo 610 c.p.), di minaccia (articolo 612 c.p.), di danneggiamento (articolo 635 c.p.), ovvero tutti illeciti che prevedono l'irrogazione di una sanzione penale in forza di una condotta che offenda beni di cui è titolare il singolo amministratore e, in particolare, l'in-

Per rendere più concreta e capillare l'attività di monitoraggio di tale fenomeno e migliorare lo scambio di informazioni e il raccordo tra Stato, Magistratura ed Enti locali, al fine di potenziarne l'azione di contrasto, con Decreto del Ministro dell'Interno in data 2 luglio 2015 è stato istituito l'Osservatorio nazionale sul fenomeno degli atti intimidatori nei confronti degli amministratori pubblici locali, incardinato presso l'Ufficio di Gabinetto del Ministro dell'Interno e composto da rappresentanti dell'ANCI, dell'UPI, del Dipartimento per gli affari interni e territoriali, del Dipartimento della pubblica sicurezza e dell'Ufficio legislativo del Ministero dell'Interno.

L'Organismo, come detto, nasce con il compito di monitorare il fenomeno degli atti intimidatori nei confronti degli amministratori pubblici locali che, soprattutto in alcuni contesti territoriali, assume caratteristiche e dimensioni tali da far emergere la necessità di avviare accurati approfondimenti sulle cause che lo determinano, anche al fine di elaborare adeguate strategie di prevenzione e di contrasto.

Esso si avvale dell'apporto informativo delle Prefetture attraverso periodiche ricognizioni degli episodi minacciosi registrati in ciascuna provincia.

In tale ottica, al fine di garantire un più diretto confronto tra gli attori territoriali e individuare, in raccordo con il livello centrale, le misure di prevenzione e contrasto al fenomeno ritenute più efficaci, in una prima fase sono state istituite in via sperimentale le Sezioni provinciali dell'Osservatorio in sei province pilota: Reggio Emilia, Verona, Cagliari, Latina, Foggia e Reggio Calabria (individuate tenendo conto del campione significativo di comuni e di amministratori locali interessati e dei diversi contesti territoriali di riferimento, nonché delle dimensioni demografiche delle singole realtà provinciali)[114].

In particolare, l'Osservatorio promuove studi ed analisi per la formulazione di proposte idonee alla definizione di iniziative di supporto agli amministratori locali vittime di episodi intimidatori mirate, tra l'altro, a:

- testimoniare la presenza delle Istituzioni accanto agli amministratori, così da favorire la collaborazione nella repressione del fenomeno;
- potenziare gli strumenti di raccordo e di scambio di informazioni;
- promuovere azioni di formazione rivolte agli amministratori locali.

---

columità individuale, l'onore, la libertà morale o il patrimonio. In casi più delicati, risultano recentemente contestati i delitti di atti persecutori (articolo 612-*bis* c.p.) o quello di estorsione (articolo 629 c.p.). In casi rari, infine, i fatti sono stati qualificati come violenza o minaccia a un pubblico ufficiale (articolo 336 c.p.), mediante quello che sembra essere un tentativo di cogliere il reale disvalore della condotta".

[114] A tal fine, con circolare del 12 aprile 2016 sono state diramate ai Prefetti le linee guida per l'istituzione delle Sezioni provinciali, il cui obiettivo primario è fornire una analisi del contesto in cui maturano gli episodi intimidatori registrati ed effettuare una mappatura delle aree del territorio maggiormente interessate, nelle quali è necessario promuovere una più attiva strategia di prevenzione.

# CAPITOLO IV
# I nuovi orizzonti del sistema della sicurezza

di *Alessandro Maria Baroni, Claudio Fusco, Salvatore Gengaro, Salvatore Guerra, Giacomo Pintus*



## IV.1. La sicurezza integrata

I concetti espressi nei capitoli precedenti costituiscono la base indispensabile per procedere all'analisi del fenomeno della sicurezza pubblica in un'ottica sistemica.

Se, infatti, dal punto di vista etimologico il termine indica una condizione oggettiva di assenza di pericolo e di garanzia contro il pericolo eventuale, al fine di coglierne a pieno il significato è tuttavia necessario inquadrare il concetto in un contesto di più ampio respiro, in cui assumono un rilievo centrale scelte e strategie di natura squisitamente politica.

In questa cornice si inserisce il concetto di politiche di sicurezza, ossia l'insieme di attività di natura decisionale e materiale, poste in essere dai diversi attori coinvolti nella 'dinamica' del sistema sicurezza, funzionali a salvaguardare e migliorare la pacifica convivenza civile, la tranquillità e la sicurezza materiale dei consociati e la stabilità dell'assetto ordinamentale.

Tali premesse consentono di rilevare che le politiche di sicurezza non si esauriscono nelle cosiddette politiche criminali, funzionali alla prevenzione e repressione di determinate condotte antigiuridiche qualificate come reati, ma sono caratterizzate da uno spettro d'azione più largo che mira alla tutela dell'intera comunità, della qualità delle relazioni sociali ed interpersonali, della qualità dell'ambiente urbano: in buona sostanza, le politiche criminali rappresentano solamente una parte delle più ampie politiche di sicurezza.

Nel nostro sistema giuridico per lungo tempo ci si è assuefatti all'idea di una coincidenza tra le politiche di sicurezza e le politiche di prevenzione e repressione dei reati, traducendole in sinonimi di sicurezza pubblica.

Più recentemente, però, il superamento di tale sovrapposizione ha consentito di approcciarsi al tema della sicurezza accordando una maggiore attenzione alle sue componenti multifattoriali e privilegiando scelte *multigovernance*, nonché di prossimità ai cittadini[1].

Orbene, la progressiva evoluzione e maturazione del concetto di sicurezza pubblica nel suo rinnovato contenuto ha ovviamente provocato una lenta ma inesorabile erosione dell'idea di sicurezza pubblica quale prerogativa indefettibile dello Stato centrale.

Sotto il profilo legislativo, i momenti che hanno segnato il passo tra l'*ancien règime* ed il nuovo sistema di sicurezza possono ravvisarsi nel processo dinamico di ampliamento del sistema delle autonomie locali, inaugurato dalla legge n. 142/1990, proseguito con la legge n. 81/1993 sull'elezione diretta del Sindaco e del Presidente della Provincia e con la legge n. 59/1997 ed il relativo d.lgs. 112/1998, con la riforma del Titolo V della Parte seconda della Costituzione avvenuta con la legge cost. 18 ottobre 2001, n. 3 e, più recentemente, con i dd.ll. 14/2017, 113/2018 e 53/2019.

I provvedimenti normativi citati, nel conferire un ruolo nuovo, e certamente più incisivo, alle Autonomie locali nella gestione di determinate funzioni e materie – in omaggio al principio di sussidiarietà sia in senso orizzontale che verticale – hanno dato la stura ad un'interpretazione nuova del sistema della sicurezza pubblica, caratterizzata da una fase dinamica di partecipazione ed integrazione istituzionale tra i vari livelli di governo per l'elaborazione di una politica di sicurezza integrata, capace cioè di acquisire un valore aggiunto dall'azione sinergica di una pluralità di soggetti, nel rispetto delle diverse competenze e responsabilità[2].

---

[1] Il rinnovato significato del termine sicurezza ha ricevuto una spinta decisiva anche dalle esperienze europee cui il nostro Paese deve necessariamente volgere lo sguardo: non a caso in Gran Bretagna ed in Francia esistono due diversi termini per indicare la sicurezza urbana in senso ampio e quella specifica che si riferisce all'azione repressiva delle forze di polizia contro la criminalità: *securité* e *sureté* in Francia e *safety* e *security* in Gran Bretagna.

[2] Le valutazioni di cui sopra si innestano, significativamente, nel quadro normativo di cui al d.lgs. 27 luglio 1999, n. 279, che ha istituzionalizzato la presenza del Sindaco nel Comitato pro-

La costruzione di un sistema multilivello è stata infatti accompagnata dalla diffusione della consapevolezza che – nell'epoca del benessere, dello sviluppo tecnologico, e della comunicazione orizzontale e istantanea – le problematiche di sicurezza hanno anch'esse registrato un'evoluzione repentina verso forme sempre più articolate, in grado di produrre effetti che si riverberano su diversi piani, aggredendo tipologie di beni giuridici profondamente diverse tra loro.

Tale complessità ha imposto di sviluppare nuovi paradigmi, valorizzando un modello di azione 'multilaterale' volto ad implementare il novero di strumenti a disposizione del sistema della sicurezza.

Il modello della sicurezza integrata, dunque, impone di mettere a sistema le iniziative nella disponibilità dei vari livelli di governo, i quali sono chiamati ad 'interpretare' il proprio ruolo ed esercitare i propri poteri in modo coordinato, in uno spirito di leale e proficua collaborazione interistituzionale (art. 120 Cost.), nella prospettiva della realizzazione di politiche di sicurezza condivise ed integrate.

La qualificazione della sicurezza come 'integrata' deriva, quindi, dalla correlazione delle decisioni e delle azioni dei vari protagonisti della scena pubblica, e la sua efficacia è direttamente proporzionale alla volontà ed abilità di mettere insieme i diversi interventi e di farli convergere verso una risposta concreta ad un bisogno della collettività.

Tale coordinamento avviene frequentemente attraverso il ricorso allo strumento convenzionale, a cui è riconosciuta la capacità di realizzare l'interdipendenza funzionale tra le diverse attività poste in essere dai diversi livelli di governo[3].

La morfologia plurale, relazionale e sociale del sistema di sicurezza pubblica modifica quindi la prospettiva geometrica della sua gestione: non più scelte decisionali unidirezionali dal profilo verticale, ma risposte differenziate, concertate e coese in una dimensione orizzontale, sempre più spesso destinate ad aprirsi anche ad altri soggetti non dotati di potestà autoritative, quali ad esempio articolazioni territoriali di Amministrazioni centrali, Aziende sanitarie, Agenzie, ecc.

---

vinciale per l'ordine e la sicurezza pubblica, quale espressione delle istanze della comunità civile in relazione alle questioni di sicurezza e quale conoscitore delle diverse situazioni che si rivelino suscettibili di compromettere l'ordine pubblico nel territorio di competenza.

[3] Nonostante gli accordi per la sicurezza abbiano raggiunto nel tempo una discreta ed ampia diffusione, la principale critica di cui sono stati oggetto è che la cogenza degli stessi, insita nel *vinculum* contrattuale, è spesso, anche se non sempre, rimasta lettera morta in assenza della previsione di una sanzione per la mancata esecuzione di quanto in essi previsto. Onde ricondurre tali accordi allo spirito del modello francese dei contratti locali di sicurezza, da cui traggono ispirazione, ma soprattutto per garantirne l'incisività e la produttività degli effetti, si è tentato di colmare tale vuoto perfezionandone l'architettura strutturale mediante l'introduzione di specifiche misure correttive quali la fissazione di termini certi per la realizzazione degli impegni programmati, la previsione di risorse adeguate allo scopo e misure di controllo a livello centrale e locale.

Di particolare interesse è poi il sempre più diffuso coinvolgimento, nella pianificazione e nella realizzazione delle politiche della sicurezza, della cd. società civile.

L'ampliamento del tradizionale concetto di sicurezza pubblica e la sua evoluzione in una forma multifattoriale, plurisoggettiva e integrata ha infatti favorito forme collaborative ad opera delle comunità locali, le quali intraprendono iniziative volte a fronteggiare il bisogno sociale di sicurezza di un territorio (per esempio attraverso l'organizzazione di gruppi di controllo di vicinato) in uno spirito di partecipazione, collaborazione e solidarietà con le istituzioni (cd. 'sicurezza partecipata')[4].

In diverse occasioni, il sistema della sicurezza ha mostrato interesse ad 'istituzionalizzare' tali pratiche, attraverso accordi tesi a valorizzarne le indubbie potenzialità, ed al contempo regolarne le modalità di svolgimento.

## IV.2. Il ruolo ed i poteri del Prefetto nel sistema della sicurezza integrata. Il potere di ordinanza *ex* art. 2 T.U.L.P.S.

Nel capitolo precedente è stata offerta una rappresentazione dell'architettura organizzativa del sistema della sicurezza.

Con particolare riferimento all'ambito provinciale, è stato segnalato che il sistema edificato con la legge n. 121/1981 prevede la compresenza di due autorità provinciali di pubblica sicurezza: il Prefetto, titolare della responsabilità generale dell'ordine e della sicurezza pubblica nella Provincia (art. 13), ed il Questore, titolare della direzione, la responsabilità ed il coordinamento, a livello tecnico-operativo, dei servizi di ordine e sicurezza pubblica (art. 14).

Al fine di presentare la dinamica del rapporto di 'cooperazione funzionale' che lega le due autorità di pubblica sicurezza, sono stati già esaminati i poteri di direttiva e di coordinamento attraverso cui il Prefetto svolge la propria funzione di indirizzo politico-amministrativo[5].

Accanto a tali poteri, l'ordinamento – in forza della richiamata responsabilità generale – conosce molteplici esempi di poteri di amministrazione attiva attribuiti direttamente al Prefetto nell'ambito della pubblica sicurezza.

---

[4] Si tratta di un fenomeno che ha origine nei primi anni novanta negli Stati Uniti, in particolare nella città di Chicago, dove gli abitanti di alcuni sobborghi organizzano riunioni nelle quali vengono decise azioni di *community policing*, segnatamente perlustrazione e monitoraggio del territorio, condivise e coordinate con le autorità municipali. Si assiste insomma ad una commistione tra il pubblico ed il privato dalla quale scaturisce una sinergia con comunione di scopo: migliorare e produrre sicurezza.

[5] Cfr. *supra*, cap. 3, par. 3.

Senza poter qui procedere ad un'analisi di tutte le fattispecie, si rileva che tra queste assume un rilievo peculiare il potere di ordinanza disciplinato dall'art. 2 T.U.L.P.S.

Si tratta di un potere di carattere straordinario, che il Prefetto ha la facoltà di attivare nei casi di urgenza o di grave necessità pubblica, in cui si renda necessario fronteggiare una situazione particolare in grado di incidere in maniera sensibile sull'ordine e la sicurezza pubblica.

Le ordinanze prefettizie *ex* art. 2 T.U.L.P.S. si caratterizzano per avere un contenuto atipico, non predeterminato in via generale e astratta da parte del legislatore ma lasciato all'apprezzamento dell'autorità.

Il Prefetto è dunque dotato di una sfera di discrezionalità particolarmente ampia, attraverso cui individuare di volta in volta le misure necessarie per fronteggiare una situazione straordinaria.

Tali considerazioni consentono di comprendere la scelta – da considerarsi 'necessitata' – effettuata a suo tempo dal legislatore. Di fronte alla non conoscibilità di tutte le situazioni idonee a ledere la sicurezza che potrebbero verificarsi, si registra l'impossibilità di definire in via generale e astratta le misure necessarie per farvi fronte, e la conseguente necessità di rinviare ad uno strumento puntuale e concreto per la loro individuazione caso per caso.

Attraverso l'ordinanza *ex* art. 2 T.U.L.P.S., dunque, si procede a colmare in via amministrativa un *vulnus* dell'ordinamento giuridico non eliminabile in via generale e astratta.

Sul piano della legittimazione, tuttavia, si rileva che l'autorità amministrativa non è espressione diretta della volontà del popolo, unico titolare della sovranità ai sensi dell'art. 1 Cost.

Pertanto – in assenza di un'espressa attribuzione di potere in tal senso, similmente a quanto accade, per esempio, con riferimento alla potestà regolamentare propria di alcune autorità amministrative – il Prefetto non può produrre un'innovazione stabile e duratura dell'ordinamento giuridico.

La descritta attività di integrazione ordinamentale attraverso ordinanza, dunque, è da considerarsi eccezionale, necessitata e temporanea.

L'ordinanza prefettizia è così sottoposta ad una serie di limiti, che sono stati nel tempo individuati dalla giurisprudenza della Corte costituzionale (sent. 20 giugno 1956, n. 8; sent. 27 maggio 1961, n. 26) nello sforzo di elaborare una lettura costituzionalmente orientata di una disposizione nata in un diverso ordinamento statuale, e successivamente entrata a far parte di un ordinamento democratico fondato sulla già richiamata sovranità popolare, nonché sul principio di stretta legalità dell'azione amministrativa.

Se sul piano della legalità le ordinanze prefettizie sono sempre state considerate legittime – tenuto conto dell'espressa attribuzione di tale potere da parte dell'art. 2 T.U.L.P.S. –, la giurisprudenza costituzionale e di merito si è invece concentrata sulle criticità connesse alla mancata determinazione del contenuto, e con l'esigenza di raccordare tale profilo con i principi della tassatività e della tipicità del potere amministrativo.

In particolare, è stato stabilito che l'ordinanza adottata ai sensi dell'art. 2 T.U.L.P.S., per essere considerata legittima, deve essere:

- vincolata nel fine, in quanto rivolta al perseguimento dell'interesse pubblico alla tutela dell'ordine e della sicurezza;
- rispettosa dei principi generali dell'ordinamento giuridico, in qualunque fonte normativa essi siano espressi;
- dotata di un'efficacia temporanea, agganciata alla situazione eccezionale a cui far fronte;
- motivata, in maniera stringente, sul piano dei presupposti della necessità e dell'urgenza che ne hanno giustificato l'adozione.

## IV.3. Il ruolo del Sindaco quale Ufficiale di Governo nel sistema della sicurezza integrata e i rapporti con il Prefetto

Come richiamato in apertura di questo capitolo, a partire dai primi anni Novanta la progressiva crescita della domanda sociale di sicurezza da parte dei cittadini ha assunto una dimensione bidirezionale in quanto, pur sempre rivolta alle Autorità di pubblica sicurezza, si è indirizzata più direttamente agli Amministratori locali, in particolare ai Sindaci.

La soddisfazione dei bisogni e delle necessità di tutela della comunità locale converge verso i primi cittadini che, per il principio della rappresentatività elettiva, diventano i primi referenti delle tensioni sociali che la comunità vive. Questo è il contesto sociale nel quale emerge e matura il concetto di 'sicurezza urbana'[6].

Anche nell'ambito dell'ordinamento italiano, dunque, nel corso degli ultimi decenni si è registrata una sempre più forte valorizzazione della figura del Sindaco nel sistema della pubblica sicurezza. Il legislatore, infatti, ha inteso compiere un importante investimento sulle potenzialità connesse al suo ruolo di referente della

[6] Storicamente, anche il concetto di sicurezza urbana nasce e si sviluppa negli Stati Uniti, in particolare nella città di Chicago, detta la *City of Neighborhoods* (Città dei Quartieri), sulla scorta di studi ed esperienze condotte all'interno del *Chicago Area Project*, progetto nato per studiare il rapporto di causalità diretta esistente tra le caratteristiche strutturali, i livelli di disorganizzazione sociale ed i tassi di criminalità e d'insicurezza delle varie aree urbane. Ma è nel 1982, con la pubblicazione del saggio *Broken Windows* (che dà il nome alla famosa teoria da cui derivano le politiche di tolleranza zero, come quella dell'ex Sindaco di New York, Rudolph Giuliani), che la sicurezza urbana assurge al rango di sistema.

comunità locale, ulteriormente rafforzato all'indomani dell'introduzione dell'elezione diretta[7].

A ben vedere, tuttavia, l'inserimento del Sindaco nell'architettura della pubblica sicurezza è tutt'altro che recente. Già in occasione dell'emanazione del T.U.L.P.S., infatti, al vertice dell'ente locale sono state attribuite le funzioni di autorità locale di pubblica sicurezza nel caso in cui sul territorio di riferimento non siano istituiti Commissariati di Polizia (art. 1, comma 3 T.U.L.P.S.; art. 1, comma 4 r.d. 6 maggio 1940, n. 635). Tale ruolo è stato poi confermato anche in occasione della riforma organizzativa dell'ordinamento dell'Amministrazione della pubblica sicurezza realizzata nel 1981, in cui è stato precisato che in questa materia il Sindaco agisce quale Ufficiale di Governo (art. 15, legge n. 121/1981).

Nell'ambito del sistema della pubblica sicurezza, dunque, il Sindaco non opera come organo dell'Ente locale, ma è investito direttamente dell'esercizio – all'interno del territorio del proprio Comune – di compiti riconducibili ad una funzione di carattere tipicamente ed esclusivamente statale. Si tratta di un modello organizzativo particolare, comune anche ad altre funzioni statali come i servizi elettorali, l'anagrafe, lo stato civile, i servizi di leva militare e di statistica (artt. 14 e 54 d.lgs. 18 agosto 2000, n. 267).

Ebbene, in tutti questi ambiti il Sindaco non gode della stessa autonomia nei confronti dello Stato che caratterizza invece le azioni poste in essere in veste di rappresentante dell'Ente locale (art. 5 Cost.). Corollari del modello organizzativo in esame sono infatti il riconoscimento di un potere di indirizzo in capo al Ministro dell'Interno, a cui il Sindaco è tenuto a conformare la propria azione (art. 54, comma 12 d.lgs. n. 267/2000); l'introduzione di forme di vigilanza particolarmente stringenti, normalmente esercitate dal Prefetto (art. 54, commi 1, 4, 5, 9, 10 d.lgs. n. 267/2000); la previsione, infine, della possibilità di un intervento sostitutivo da parte dell'organo di vigilanza nelle ipotesi di inerzia del Sindaco nell'esercizio dei propri compiti (art. 54, comma 11 d.lgs. n. 267/2000).

Tali caratteri sono comuni a tutte le materie in cui il Sindaco agisce come Ufficiale di Governo, compresa dunque la pubblica sicurezza. Rispetto a quello che si presenta come un modello generale, tuttavia, nella materia qui in esame si riscontrano ulteriori peculiarità organizzative, che rafforzano ancor di più il rapporto di 'subordinazione' del Sindaco nei confronti delle altre autorità coinvolte nell'esercizio della funzione.

Al contrario di altri ambiti, infatti, il sistema della pubblica sicurezza risulta essere retto ancora oggi da un generale principio di gerarchia (art. 6, commi 1 e 4 T.U.L.P.S.).

---

[7] Cfr. E.C. RAFFIOTTA, *Sulle funzioni del sindaco in materia di sicurezza urbana: tra istanze locali e competenze statali*, in *Forum di Quaderni costituzionali – Rassegna*, 10/2013, p. 1.

Tale gerarchia – per quanto non piena, ma bensì 'impropria' – informa i rapporti che intercorrono tra le autorità che si collocano ai diversi livelli territoriali del sistema (autorità nazionale, autorità provinciali, autorità locali), condizionandone le relazioni sul piano dell'esercizio dei rispettivi compiti.

Per quanto attiene in particolare al rapporto tra Sindaco e Prefetto, tale gerarchia 'impropria' si manifesta in una variegata gamma di poteri di intervento da parte dell'autorità sovraordinata nei confronti dell'attività dell'autorità subordinata.

Il Prefetto ha infatti la responsabilità generale dell'ordine e della sicurezza pubblica nella Provincia, e per questo è chiamato a sovrintendere all'attuazione delle direttive ministeriali da parte delle autorità locali, al fine di assicurare l'unità di indirizzo ed il coordinamento (art. 13, comma 2, legge n. 121/1981).

A fronte di una simile responsabilità, allora, il Sindaco è tenuto ad esercitare i propri compiti in maniera coordinata e dipendente dall'autorità superiore[8].

Ciò porta a concludere che i poteri del Prefetto non possono esaurirsi in attività di direzione e di monitoraggio, ma devono invece essere in grado di "incidere in modo diretto sulla gestione della pubblica sicurezza", attraverso l'adozione di ogni misura idonea e necessaria a garantire "(...) l'unità dell'ordinamento in materia"[9].

Un esempio di questi poteri di intervento è rappresentato dalla previsione dell'art. 15, comma 3 legge n. 121/1981, che legittima il Prefetto – nei casi di eccezionali esigenze di servizio – ad inviare funzionari della Polizia di Stato nel comune per assumere temporaneamente la direzione dei servizi di pubblica sicurezza, così 'sospendendo' le competenze del Sindaco in materia.

Come è evidente, tuttavia, tale strumento non consente di far fronte a tutte le variegate situazioni in cui si rende necessario intervenire sull'attività sindacale. La giurisprudenza, allora, – in una logica di completamento del novero delle misure a sua disposizione – ha riconosciuto al Prefetto anche un potere di annullamento degli atti illegittimi, nonché degli atti che sarebbero in grado di minare la citata unità di indirizzo, adottati dal Sindaco quale autorità locale di pubblica sicurezza[10].

## IV.4. (*segue*) Le potenzialità dell'azione del livello di governo comunale nell'ambito della cd. 'sicurezza urbana'

Come si è già avuto modo di anticipare[11], la sempre maggiore complessità delle

---

[8] Cfr. Cons. St., Sez. VI, sent. n. 3076/2008.

[9] Cfr. Cons. St., Sez. VI, sent. n. 3076/2008.

[10] Tra i provvedimenti annullabili rientrano anche le ordinanze contingibili e urgenti adottate dai Sindaci ai sensi dell'art. 54, comma 4 d.lgs. n. 267/2000 (cfr. *infra*).

[11] Cfr. *supra*, par. 1.

problematiche che sono in grado di incidere sul piano della sicurezza ha imposto lo sviluppo di nuove modalità di azione, ispirate ad un approccio 'multilaterale' volto a fronteggiare i fenomeni turbativi dell'ordine pubblico su piani diversificati, valorizzando i diversi contributi che possono essere offerti da tutti gli attori del sistema della sicurezza.

La descritta tendenza ha comportato la valorizzazione – anche sul piano ordinamentale – del concetto di 'sicurezza urbana'.

In linea generale, il termine "urbana" delinea una concezione di sicurezza che si sgancia dai tradizionali riferimenti definitori negativi di assenza di minaccia all'integrità della persona e del patrimonio, per assumere una connotazione positiva, tesa al rafforzamento della tutela degli indicatori che determinano la percezione di insicurezza (il disordine fisico e sociale), avendo come dimensione spaziale di riferimento la città ed i suoi spazi pubblici soggetti a degrado ed abbandono e, quindi, meritevoli e bisognosi di interventi primari di natura preventiva, la cui responsabilità di realizzazione viene attribuita – anche – ai Sindaci.

In sintesi, la sicurezza urbana può essere considerata come l'insieme delle strategie tese a diminuire la frequenza di determinati comportamenti, criminali o meno, facendo ricorso a strumenti diversi da quelli penali ed allargando il novero dei soggetti istituzionalmente responsabili: non più solo le Forze di polizia, ma anche gli Amministratori locali.

In ambito nazionale, il testo normativo nel quale emerge per la prima volta il concetto di 'sicurezza urbana' è l'art. 6 d.l. n. 92/2008 (il c.d. 'decreto sicurezza'), che ha modificato – come si avrà modo di dire tra poco – l'art. 54, comma 4 d.lgs. n. 267/2000 estendendo i poteri di ordinanza del Sindaco, quale Ufficiale del Governo, anche alla sicurezza urbana[12].

Fin dal suo inserimento nell'ordinamento giuridico, la sicurezza urbana non è mai stata declinata come un *tertium genus* tra la polizia amministrativa locale e l'ordine e la sicurezza pubblica, ma è stata fatta rientrare nell'ambito materiale di quest'ultima, giustificandosi, in tal modo, i poteri di vigilanza, sostitutivi e di annullamento da parte del Prefetto, nonché i poteri di indirizzo del Ministro dell'Interno.

Più recentemente, con il d.l. n. 14/2017 (successivamente integrato e modificato dal d.l. 4 ottobre 2018, n. 113 e dal d.l. 14 giugno 2019, n. 53) sono state introdotte nell'ordinamento varie previsioni volte ad accrescere – anche mediante misure di carattere amministrativo nella disponibilità del Sindaco – la sicurezza urbana, definita come "bene pubblico che afferisce alla vivibilità e al decoro delle

---

[12] Per un commento al novellato art. 54, comma 4, cfr. A. Pajno, *La "sicurezza urbana" tra poteri impliciti e inflazione normativa*, in *La Sicurezza Urbana*, A. Pajno (a cura di), Rimini, 2010, pag. 9-57.

città, da perseguire anche attraverso interventi di riqualificazione e recupero delle aree o dei siti più degradati, l'eliminazione dei fattori di marginalità e di esclusione sociale, la prevenzione della criminalità, in particolare di tipo predatorio, la promozione del rispetto della legalità e l'affermazione di più elevati livelli di coesione sociale e convivenza civile" (art. 4 d.l. n. 14/2017).

Ferme restando le competenze statali in materia di ordine pubblico e sicurezza, la prospettiva delineata dai più recenti interventi normativi è volta ad un'ulteriore promozione del modello della sicurezza integrata, in cui tutti i livelli di governo (dallo Stato agli Enti locali) sono chiamati ad operare – ciascuno nell'ambito delle proprie competenze e responsabilità – per la promozione e l'attuazione di un sistema unitario e integrato di sicurezza per il benessere delle comunità territoriali (art. 1, d.l. n. 14/2017).

A tal fine, con accordo sancito in sede di Conferenza Unificata il 24 gennaio 2018, sono state adottate, su proposta del Ministero dell'Interno ai sensi dell'art. 2 d.l. n. 14/2017, le linee generali delle politiche pubbliche per la promozione della sicurezza integrata "volte a coordinare, per lo svolgimento di attività di interesse comune, l'esercizio delle competenze dei soggetti istituzionali coinvolti, anche con riferimento alla collaborazione tra le forze di polizia e la polizia locale".

In continuità con esse, il 26 luglio 2018 sono state poi adottate in sede di Conferenza Stato-Città e Autonomie locali le Linee guida per l'attuazione della sicurezza urbana.

I richiamati atti, a cui il legislatore del 2017 ha inteso attribuire una dimensione partecipata ed una natura condivisa, contengono le linee di indirizzo a cui dovranno essere conformati i contenuti dei 'Patti per l'attuazione della sicurezza urbana' (art. 5 d.l. n. 14/2017), strumento convenzionale nella disponibilità del Prefetto e del Sindaco per l'individuazione di interventi per la sicurezza urbana volti a perseguire molteplici obiettivi, tra cui la prevenzione ed il contrasto dei fenomeni di criminalità diffusa e predatoria; la promozione e la tutela della legalità; la promozione del rispetto del decoro urbano; la promozione dell'inclusione, della protezione e della solidarietà sociale.

Tra le novità introdotte dal d.l. n. 14/2017, si segnala inoltre l'istituzione del Comitato metropolitano (art. 6) come sede di valutazione e confronto sulle tematiche di sicurezza urbana relative al territorio delle Città metropolitane[13], fermo

[13] La città metropolitana rappresenta un ente territoriale che – insieme a Comuni, Province, Regioni e Stato – concorre a costituire la Repubblica (art. 114 Cost.). Prevista per la prima volta dalla legislazione primaria (legge n. 142/1990), la Città metropolitana è stata poi introdotta nell'assetto costituzionale dell'organizzazione della Repubblica in occasione dell'adozione della legge cost. n. 3/2001. Per la loro istituzione si è però dovuto attendere la legge n. 56/2014, recante «Disposizioni sulle Città metropolitane, sulle Province, sulle Unioni e fusioni di Comuni». In attesa di una riforma del Titolo V che disponesse la cancellazione delle Province dall'assetto costituzionale, il legislatore ordinario del 2014 ha

restando quanto previsto dall'art. 20 legge n. 121/1981, sulla disciplina del Comitato provinciale per l'ordine e la sicurezza pubblica. Il Comitato metropolitano è copresieduto dal Prefetto e dal Sindaco metropolitano e partecipano, oltre al Sindaco del comune capoluogo, qualora non coincida con il Sindaco metropolitano, i Sindaci dei comuni interessati, nonché eventuali soggetti pubblici o privati dell'ambito territoriale interessato.

Passando ad osservare le modalità con cui il descritto modello multilivello è stato declinato sul piano fattuale, si rileva che sempre più spesso l'esperienza concreta mostra che il livello di governo comunale – sfruttando a pieno il novero di funzioni e competenze eterogenee ad esso attribuite dall'ordinamento – può effettivamente recitare un ruolo da protagonista nell'ambito della sicurezza urbana, sia attraverso l'avvio di politiche finalizzate ad implementare gli *standard* di sicurezza del territorio e della comunità di riferimento (cura e manutenzione degli spazi pubblici, riqualificazione delle aree urbane più problematiche, installazione di sistemi di videosorveglianza, organizzazione del controllo di vicinato e di altre forme di presidio sociale), sia sfruttando le potenzialità di strumenti 'unici', quali accordi interistituzionali per concordare iniziative congiunte in materia di sicurezza[14], i regolamenti comunali di polizia urbana[15] e le ordinanze sindacali.

---

previsto l'istituzione di nove Città metropolitane (Torino, Milano, Venezia, Genova, Bologna, Firenze, Bari, Napoli e Reggio Calabria), il cui territorio coincide con quello della Provincia omonima (art. 1, commi 5 e 6 legge n. 56/2014). A partire dal 1 gennaio 2015 le nove Città metropolitane sono subentrate – succedendo a titolo universale – alle Province omonime. Si segnala che alcune Regioni a Statuto speciale, nell'esercizio della propria autonomia legislativa e organizzativa, hanno ritenuto di avviare in alcuni ambiti territoriali un processo di superamento del modello della Provincia. Tale iniziativa è stata adottata in particolare dalla Sicilia, con l'istituzione nel 2015 delle Città metropolitane di Palermo, Catania e Messina, che hanno preso il posto delle omonime Province (legge reg. n. 15/2015); dal Friuli Venezia Giulia, con l'istituzione nel 2016 dell'Unione Territoriale Intercomunale Giuliana (UTI Giuliana), che ha sostituito la Provincia di Trieste (legge reg. n. 26/2014); dalla Sardegna, con l'istituzione nel 2016 della Città metropolitana di Cagliari (legge reg. n. 2/2016).

[14] Nell'ambito di tali strumenti, i principi di atipicità e di libertà delle forme hanno contribuito a far proliferare diversi modelli. Tra questi, sembra utile richiamare i patti per l'attuazione della sicurezza urbana sottoscritti tra il Prefetto ed il Sindaco, previsti dall'art. 5 d.l. n. 14/2017 per il perseguimento di alcuni obiettivi prioritari, quali la prevenzione dei fenomeni di criminalità diffusa e predatoria (a tal fine è previsto il coinvolgimento, anche mediante appositi accordi, delle reti territoriali di volontari per la tutela e la salvaguardia dell'arredo urbano, delle aree verdi e dei parchi cittadini, favorendo altresì l'impiego delle forze di polizia per far fronte ad esigenze straordinarie di controllo del territorio, nonché attraverso l'installazione di sistemi di videosorveglianza); la promozione del rispetto della legalità, anche mediante mirate iniziative di dissuasione di ogni forma di condotta illecita, comprese l'occupazione arbitraria di immobili e lo smercio di beni contraffatti o falsificati; la promozione del rispetto del decoro urbano; la promozione dell'inclusione, della protezione e della solidarietà sociale.

[15] Cfr. *supra*, cap. V, par. 2.3.

### IV.5. (*segue*) I poteri di ordinanza del Sindaco (artt. 50 e 54 d.lgs. n. 267/2000)

Il potere del Sindaco di adottare ordinanze contingibili e urgenti rappresenta lo strumento principale mediante il quale egli è in grado di incidere in materia di sicurezza pubblica.

Pur nella consapevolezza di non poter svolgere in questa sede un'analisi approfondita sulla natura e la posizione del potere sindacale di ordinanza *extra ordinem* nell'ambito dell'ordinamento nazionale, è tuttavia opportuno procedere ad un breve inquadramento di tali prerogative[16], anzitutto rilevando come il d.lgs. n. 267/2000 metta a disposizione del Sindaco due differenti strumenti finalizzati a fronteggiare situazioni straordinarie: le ordinanze *ex* art. 50, adottate dal Sindaco quale rappresentante della comunità locale "in caso di emergenze sanitarie o di igiene pubblica a carattere esclusivamente locale"[17], e le ordinanze *ex* art. 54, adottate dal Sindaco in qualità di Ufficiale del Governo "al fine di prevenire e di eliminare gravi pericoli che minacciano l'incolumità pubblica e la sicurezza urbana".

Pur differenziandosi per quanto concerne l'ambito di intervento, che si tratti di ordinanze *ex* art. 50 o *ex* art. 54, analoghi sono i presupposti giuridici e i limiti per la loro adozione. In entrambi i casi si tratta, infatti, di misure eccezionali e imprevedibili di carattere provvisorio finalizzate ad intervenire urgentemente su eventi non fronteggiabili con gli ordinari mezzi previsti dall'ordinamento giuridico.

L'ordinanza dovrà pertanto essere:

- urgente, in quanto non differibile in ragione della inevitabilità di un pericolo imminente;
- contingibile[18], dal momento che l'evento sui cui interviene è straordinario, accidentale e imprevedibile, tale da rendere impossibile il ricorso agli strumenti ordinari;
- necessitata, in quanto la situazione di fatto rende improrogabile un intervento da parte dei pubblici poteri;
- temporanea, con riferimento agli effetti del provvedimento che saranno necessariamente legati al perdurare dello stato di necessità.

---

[16] Per un efficace inquadramento del tema anche alla luce della giurisprudenza, cfr. V. ANTONELLI, *Le ordinanze dei sindaci nelle decisioni dei giudici*, in *I sindaci e la sicurezza urbana. Le ordinanze sindacali e i loro effetti*, A. GALDI – F. PIZZETTI (a cura di), Roma, 2012, pp. 127-159.

[17] L'art. 50, co. 5 soggiunge altresì che "negli altri casi l'adozione dei provvedimenti d'urgenza, ivi compresa la costituzione di centri e organismi di referenza o assistenza, spetta allo Stato o alle Regioni in ragione della dimensione dell'emergenza e dell'eventuale interessamento di più ambiti territoriali regionali".

[18] I requisiti della contingibilità e dell'urgenza sono stati sviluppati nella sentenza del Consiglio di Stato n. 4436/2008.

Per adottare un'ordinanza *ex* art. 50 o art. 54, è dunque necessario che si verifichi una situazione di pericolo attuale ed effettivo, non tipizzata dalla legge, la cui sussistenza deve essere accertata in concreto: in ragione di tale pericolo è quindi ammissibile derogare al principio della tipicità degli atti amministrativi.

Le ordinanze previste dagli artt. 50 e 54 d.lgs. n. 267/2000 sono dunque espressione di un potere atipico e residuale che si attiva in ragione del pericolo per l'incolumità pubblica.

Come chiarito dalla giurisprudenza amministrativa[19], non è tuttavia necessario che le condizioni di pericolo si verifichino in costanza dell'adozione dell'ordinanza, essendo invece possibile ricorrere a tale strumento anche laddove sia necessario rimuovere situazioni risalenti nel tempo e per le quali non si era intervenuto in precedenza, essendo a tal fine sufficiente la permanenza dello stato di pericolo fino al momento dell'emanazione del provvedimento.

Tra i limiti al ricorso a tale strumento vi è anzitutto l'impossibilità di derogare alla Costituzione ed alle norme imperative primarie, nonché il necessario rispetto dei principi generali dell'ordinamento giuridico e del principio di legalità.

Parimenti dovranno essere rispettati i principi di ragionevolezza e proporzionalità, fronteggiando le situazioni di necessità mediante previsioni che tutelino l'interesse pubblico con il minor sacrificio possibile di quello privato.

Altro limite è rappresentato dal rispetto dei principi di buon andamento e imparzialità dell'azione amministrativa che impongono l'obbligo di motivazione e l'adeguata istruttoria nell'adozione delle ordinanze *extra ordinem*, al fine di fornire ai terzi gli elementi per poter valutare in pieno le ragioni dell'operato del Sindaco.

Ovviamente, con le ordinanze contingibili ed urgenti non possono essere modificati i contenuti della normativa primaria, essendo esclusivamente possibile integrare, sulla spinta dell'urgenza, eventuali lacune ed omissioni del sistema legislativo vigente.

Pertanto, l'elemento di differenziazione tra ordinanze *ex* art. 50 e *ex* art. 54 d.lgs. n. 267/2000 è rappresentato essenzialmente dall'ambito di intervento delle medesime che, nel caso delle seconde, riferendosi ad una materia tipicamente statale, vedono il Sindaco agire non come vertice dell'Ente locale, ma come Ufficiale del Governo.

Tale circostanza comporta che, nel caso di esercizio del potere di cui all'art. 54, le ordinanze del Sindaco debbano essere preventivamente comunicate al Prefetto, al fine di consentire che possano essere predisposti gli eventuali strumenti necessari per l'attuazione, nonché verificato il rispetto da parte del Sindaco degli atti di indirizzo del Ministro dell'Interno.

---

[19] Sul punto, Cons. St., Sez. IV, sent. 25 settembre 2006, n. 5639; Cons. St., Sez. V, sent. 28 marzo 2008, n. 1322; Cons. St., Sez. V, sent. 10 febbraio 2010, n. 670.

## IV.6. (*segue*) La disciplina e l'evoluzione dello strumento delle ordinanze *ex* art. 54 quale potere sindacale per il contrasto ai gravi pericoli che minacciano l'incolumità pubblica e la sicurezza urbana

Delineato il quadro giuridico degli strumenti in possesso del Sindaco, si tratta ora di analizzare come questi possano essere utilizzati per la tutela della sicurezza urbana, con una particolare attenzione ai vari interventi di modifica che, soprattutto recentemente, si sono registrati nella materia.

In particolare, in occasione dell'adozione del d.l. n. 92/2008 si registrò un ampliamento della portata dei poteri di ordinanza del Sindaco in materia di sicurezza, prevedendo la possibilità di adottare, con atto motivato, provvedimenti anche contingibili e urgenti, ove la locuzione "anche" sembrava legittimare il riconoscimento di una dimensione ordinaria del potere sindacale finalizzato a prevenire ed eliminare gravi pericoli che minacciano l'incolumità pubblica e la sicurezza urbana.

La *ratio* di tale estensione risiedeva nella volontà di valorizzare, nell'ambito della sicurezza pubblica, la dimensione locale e il ruolo dei Sindaci.

Per tale via, la posizione del Sindaco assurgeva infatti a quella di punto nodale di una nuova sinergia tra le Istituzioni deputate alla gestione del sistema sicurezza, sul presupposto che la qualità di Amministratore locale permetterebbe di conoscere più a fondo le problematiche del territorio che comportano rischi per la sicurezza.

L'estensione ed i limiti del potere di intervento del Sindaco non erano, tuttavia, individuati dal testo in esame, ma da un successivo atto di natura non legislativa, adottato in attuazione del successivo comma 4-*bis* dell'art. 54 d.lgs. n. 267/2000, ove era previsto che "Con decreto del Ministro dell'Interno è disciplinato l'ambito di applicazione delle disposizioni di cui ai commi 1 e 4 anche con riferimento alle definizioni relative alla incolumità pubblica e alla sicurezza urbana".

Tale previsione fu attuata con decreto ministeriale 5 agosto 2008, recante disposizioni in materia di "Incolumità pubblica e sicurezza urbana: definizione e ambiti di applicazione", ai sensi del quale "per incolumità pubblica si intende l'integrità fisica della popolazione" mentre per "sicurezza urbana un bene pubblico da tutelare attraverso attività poste a difesa, nell'ambito delle comunità locali, del rispetto delle norme che regolano la vita civile, per migliorare le condizioni di vivibilità nei centri urbani, la convivenza civile e la coesione sociale".

Sul piano pratico, quindi, come previsto nel citato provvedimento ministeriale, il Sindaco sarebbe intervenuto per prevenire e contrastare:

a. le situazioni urbane di degrado o di isolamento che favoriscono l'insorgere di fenomeni criminosi, quali lo spaccio di stupefacenti, lo sfruttamento della prostituzione, l'accattonaggio con impiego di minori e disabili e i fenomeni di violenza legati anche all'abuso di alcool;

b. le situazioni in cui si verificano comportamenti quali il danneggiamento al patrimonio pubblico e privato o che ne impediscono la fruibilità e determinano lo scadimento della qualità urbana;
c. l'incuria, il degrado e l'occupazione abusiva di immobili tali da favorire le situazioni indicate ai punti a) e b);
d. le situazioni che costituiscono intralcio alla pubblica viabilità o che alterano il decoro urbano, in particolare quelle di abusivismo commerciale e di illecita occupazione di suolo pubblico;
e. i comportamenti che, come la prostituzione su strada o l'accattonaggio molesto, possono offendere la pubblica decenza anche per le modalità con cui si manifestano, ovvero turbano gravemente il libero utilizzo degli spazi pubblici o la fruizione cui sono destinati o che rendono difficoltoso o pericoloso l'accesso ad essi.

L'interpretazione critica della novella rivelò presto come la nuova versione della disposizione, oltremodo indeterminata, prestasse facilmente il fianco ad interpretazioni ed applicazioni arbitrarie, consentendo prassi ambigue, incerte e territorialmente eterogenee.

Inoltre, la nuova dimensione del potere di ordinanza – in quanto sganciato dalla necessità di far fronte a specifiche situazioni contingibili di pericolo – rilevò immediatamente una precaria compatibilità con il dettato costituzionale.

Queste sono le ragioni essenziali che hanno portato alla pronuncia della Corte costituzionale 4 aprile 2011, n. 115, adottata a seguito dell'ordinanza 22 marzo 2010 del TAR Veneto, che ha dichiarato la parziale illegittimità dell'art. 54, comma 4, d.lgs. n. 267/2000 nella parte in cui comprende la locuzione "anche" prima delle parole "contingibili ed urgenti".

In particolare la Corte, accogliendo la tesi proposta dall'eccezione di incostituzionalità, ha rilevato che "la norma censurata, nel prevedere un potere di ordinanza dei sindaci, quali ufficiali del Governo, non limitato ai casi contingibili ed urgenti – pur non attribuendo agli stessi il potere di derogare, in via ordinaria e temporalmente non definita, a norme primarie e secondarie vigenti – viola la riserva di legge relativa, di cui all'art. 23 Cost., in quanto non prevede una qualunque delimitazione della discrezionalità amministrativa in un ambito, quello della imposizione dei comportamenti, che rientra nella generale sfera di libertà dei consociati. Questi ultimi sono tenuti, secondo un principio supremo dello Stato di diritto, a sottostare soltanto agli obblighi di fare, di non fare o di dare previsti in via generale dalla legge".

*A fortiori*, la Consulta ha ritenuto violato anche il principio di eguaglianza di cui all'articolo 3, comma 1 della Costituzione, nella parte in cui la normativa impugnata consente ai Sindaci di adottare ordinanze contenenti restrizioni "diverse e variegate non riconducibili ad una matrice legislativa unitaria [...] che ponga regole in base alle quali [...] si possa verificare se le diversità di trattamento giuridico siano giustificate dalla eterogeneità delle situazioni locali".

Oggi, dunque, a seguito dell'intervento del 2011 della Corte costituzionale, il potere di ordinanza sindacale di cui all'art. 54, co. 4 d.lgs. n. 267/2000 è tornato ad avere una dimensione eccezionale all'interno dell'ordinamento, legata ai caratteri della contingibilità e dell'urgenza.

## IV.7. (*segue*) Il rafforzamento dei poteri sindacali "in materia di sicurezza delle città"

Come anticipato, alcuni recenti interventi normativi (d.l. n. 14/2017 e d.l. n. 113/2018) hanno ulteriormente rafforzato la valorizzazione del ruolo del Sindaco nell'ambito della sicurezza urbana, ampliando le sue possibilità di azione per il tramite degli strumenti di cui agli artt. 50 e 54 d.lgs. n. 267/2000.

Con riferimento ai poteri esercitabili nella sua qualità di rappresentante della comunità locale, è previsto che il Sindaco possa adottare provvedimenti contingibili e urgenti – oltre che in caso di emergenze sanitarie o di igiene pubblica – anche per fronteggiare:

- situazioni di grave incuria o degrado del territorio, dell'ambiente o del patrimonio culturale;
- situazioni di pregiudizio del decoro e della vivibilità urbana, con particolare riferimento alle esigenze di tutela della tranquillità e del riposo dei residenti, nonché di tutela dell'ambiente e del patrimonio culturale.

Tale innovazione sembra declinare lo strumento di cui all'art. 50 nella prospettiva di un approccio per la prima volta davvero 'multilaterale' alla tematica della sicurezza, valorizzando il concorso che il Sindaco è in grado di offrire anche attraverso l'esercizio di poteri attribuitigli nella veste di rappresentante della comunità locale.

Medesime considerazioni possono essere svolte anche con riferimento al nuovo comma 7-*bis* dell'art. 50, in cui è previsto che – al fine di assicurare il soddisfacimento delle esigenze di tutela della tranquillità e del riposo dei residenti nonché dell'ambiente e del patrimonio culturale in determinate aree delle città interessate da afflusso particolarmente rilevante di persone, anche in relazione allo svolgimento di specifici eventi, o in altre aree comunque interessate da fenomeni di aggregazione notturna – il Sindaco possa disporre con ordinanza – in questo caso non contingibile e urgente[20] –, per un periodo comunque non superiore a trenta giorni, "limitazioni in materia di orari di vendita, anche per

[20] Al riguardo, la disposizione prevede che debba essere comunicato l'avvio del procedimento, ai sensi dell'art. 7 legge n. 241/1990.

asporto, e di somministrazione di bevande alcoliche e superalcoliche, nonché limitazioni degli orari di vendita degli esercizi del settore alimentare o misto, e delle attività artigianali di produzione e vendita di prodotti di gastronomia pronti per il consumo immediato e di erogazione di alimenti attraverso distributori automatici”[21].

Con riferimento all’art. 54 d.lgs. n. 267/2000, invece, in occasione dell’adozione del d.l. n. 14/2017 è stata disposta la modifica del comma 4-*bis*, ove oggi è specificato – in una prospettiva chiarificatrice – che le ordinanze contingibili e urgenti *ex* art. 54 concernenti l’incolumità pubblica sono dirette a tutelare l’integrità fisica della popolazione, mentre quelle concernenti la sicurezza urbana sono dirette a “prevenire e contrastare le situazioni che favoriscono l’insorgere di fenomeni criminosi o di illegalità”, quali:

- lo spaccio di stupefacenti;
- lo sfruttamento della prostituzione;
- la tratta di persone;
- l’accattonaggio con impiego di minori e disabili;
- i fenomeni di abusivismo, quale l’illecita occupazione di spazi pubblici;
- i fenomeni di violenza, anche legati all’abuso di alcool o all’uso di sostanze stupefacenti.

È stata in questo modo delineata una cornice legale degli ambiti di intervento da parte delle ordinanze del Sindaco, così superando quel *deficit* di legittimazione sul piano della riserva di legge prevista dall’art. 23 della Costituzione derivante dal rinvio ad un decreto del Ministro dell’Interno previsto dalla versione precedente del comma 4-*bis*.

## IV.8. Modelli di azione e di coordinamento nell’ambito della sicurezza integrata

Una volta esaminati i principi alla base del sistema della sicurezza integrata e la dinamica che anima i rapporti tra i diversi attori del sistema della sicurezza integrata, risulta utile procedere all’analisi di alcuni ambiti di azione che, per la loro complessità, si caratterizzano per un approccio multilaterale alle problematiche afferenti alla sicurezza pubblica.

[21] Al fine di rendere cogenti le prescrizioni delle ordinanze sindacali *ex* art. 50, comma 7-*bis*, con il successivo comma 7-*bis*.1 sono state introdotte importanti misure sanzionatorie per i casi di violazione.

### *IV.8.1.* (segue) *Il contrasto alle occupazioni arbitrarie di immobili: gli interventi legislativi di cui al d.l. n. 14/2017 e al d.l. n. 113/2018*

Il fenomeno delle occupazioni arbitrarie di immobili è strettamente legato alla sicurezza urbana, in quanto indice del forte disagio sociale determinato da quella che in alcuni contesti metropolitani assume i contorni di una vera e propria "emergenza abitativa".

Si tratta di una problematica che affonda le proprie ragioni nei fallimenti in materia di edilizia residenziale pubblica, nella crescita della fascia di popolazione che vive – soprattutto nei grandi contesti urbani – ai margini della soglia di povertà, e si incrocia in alcuni casi con le difficoltà del sistema dell'accoglienza dei migranti a gestire il peso degli imponenti flussi degli ultimi anni[22].

A risentirne sono soprattutto le periferie delle grandi città dove, più che in altri contesti, emergono fenomeni di marginalità sociale e la necessità di complessivi interventi di riqualificazione urbana, sociale e culturale.

È proprio nelle aree periferiche che si registra la presenza di interi fabbricati in stato di abbandono, che spesso divengono teatro di occupazioni abusive, nonché luoghi ove vengono perpetrati crimini quali, ad esempio, lo spaccio di sostanze stupefacenti.

Dal punto di vista normativo, l'occupazione abusiva di immobili è riconducibile alla fattispecie contemplata dall'art. 633 c.p. ("Invasione di terreni od edifici") mentre, sul fronte privatistico, le forme di tutela a disposizione del proprietario usurpato sono gli strumenti che il codice civile appronta a garanzia del diritto dominicale, quali le azioni petitorie o la reintegra nel possesso, oltre alla richiesta di risarcimento del danno.

L'importanza della tematica va rimarcata anche alla luce di una recente sentenza[23] del Tribunale di Roma che ha condannato il Ministero dell'Interno al ri-

---

[22] Secondo il rapporto "Fuori campo" redatto nel 2016 dalla ONG "Medici Senza Frontiere", almeno 10.000 richiedenti asilo e rifugiati in Italia vivrebbero al di fuori del sistema di accoglienza.

[23] Tribunale di Roma, sez. II civile, sent. 9 febbraio 2017, n. 21347. Nella fattispecie, il giudice ha statuito che l'inerzia delle Forze dell'Ordine ha cagionato all'attore il danno derivante dal non aver potuto ricavare utilità dalla proprietà, utilità commisurata ai canoni locativi non percepiti dal momento della pronuncia del provvedimento di sequestro sino al momento dell'effettivo sgombero. Il *decisum* esprime, peraltro, un principio certamente favorevole all'Amministrazione, dirimendo una questione sempre più posta all'attenzione dei prefetti, nella misura in cui afferma che non vi è alcun obbligo di intervento a tutela del privato diritto del proprietario, in quanto l'eventuale adozione di un'ordinanza prefettizia *ex* art. 2 T.U.L.P.S. può essere giustificata solo da esigenze di ordine e sicurezza pubblica, non già dalla necessità di liberare un edificio di proprietà del singolo. Il cittadino, al fine di vedere tutelato il proprio diritto di proprietà ha a disposizione

sarcimento del danno nei confronti del proprietario di un edificio abusivamente occupato, per non aver proceduto la Polizia di Stato – nello svolgimento delle funzioni di polizia giudiziaria – all'esecuzione di un provvedimento giurisdizionale di sequestro cautelare dell'immobile.

Tale pronuncia ha costituito l'occasione per una riflessione al fine di elaborare un incisivo intervento normativo che potesse fornire al Prefetto gli strumenti per fronteggiare le situazioni in essere e prevenire ulteriori nuove occupazioni di edifici.

Pertanto, il legislatore, tenuto conto dell'importanza della problematica e del suo impatto sulla sicurezza urbana, ha ritenuto di dedicare ad essa una specifica disposizione del d.l. n. 14/2017, l'art. 11, il quale definisce un percorso attraverso cui "i Prefetti, nella determinazione delle modalità esecutive di provvedimenti dell'Autorità Giudiziaria concernenti occupazioni arbitrarie di immobili, impartiscono disposizioni, in relazione al numero degli immobili da sgomberare, per scongiurare il pericolo di possibili turbative per l'ordine e la sicurezza pubblica e per assicurare il concorso della Forza pubblica all'esecuzione di provvedimenti dell'Autorità giudiziaria concernenti i medesimi immobili. Le disposizioni di cui al comma 1 definiscono l'impiego della forza pubblica per l'esecuzione dei necessari interventi, secondo criteri di priorità che, ferma restando la tutela dei nuclei familiari in condizioni di disagio economico e sociale, tengono conto della situazione dell'ordine e della sicurezza pubblica negli ambiti territoriali interessati, di possibili rischi per l'incolumità e la salute pubblica, dei diritti dei soggetti proprietari degli immobili, nonché dei livelli assistenziali che devono essere in ogni caso garantiti agli aventi diritto dalle regioni e dagli enti locali".

Si tratta di una norma applicabile alle sole occupazioni che integrino il reato di invasione di edifici contemplato dall'art. 633 c.p., quindi non riferibile alle ipotesi di esecuzione degli sfratti per finita locazione.

La novella legislativa delinea un percorso attraverso cui i Prefetti, nella determinazione delle modalità esecutive di provvedimenti dell'Autorità giudiziaria

---

vari strumenti che l'ordinamento gli mette a disposizione, sia di carattere civilistico che di carattere penalistico, quindi non può né farsi giustizia da sé, né ha titolo di invocare un intervento diretto dell'Amministrazione. Tuttavia, una volta che il cittadino abbia esperito con successo le predette azioni giurisdizionali, ottenendo dal giudice un provvedimento di sequestro cautelare, le Forze di polizia sono vincolate, nell'attività di tutela dell'ordine pubblico e della pubblica sicurezza nonché di tutela della legalità, ad intervenire nell'interesse del singolo. Dunque, la condanna del Ministero dell'Interno al risarcimento del danno non deriva dal mancato intervento a prevenire o rimuovere l'occupazione di fronte alle istanze del privato cittadino, rispetto alle quali conserva un potere discrezionale dettato dalla necessità di bilanciare i vari interessi in gioco, ma dalla mancata esecuzione del provvedimento giurisdizionale di sequestro, alla cui attuazione l'amministrazione è senz'altro vincolata.

concernenti occupazioni arbitrarie di immobili, impartiscono disposizioni, in relazione al numero degli immobili da sgomberare, per scongiurare il pericolo di possibili turbative per l'ordine e la sicurezza pubblica e per assicurare il concorso della Forza pubblica all'esecuzione di provvedimenti dell'Autorità giudiziaria concernenti i medesimi immobili.

Le disposizioni di cui al comma 1 definiscono l'impiego della Forza pubblica per l'esecuzione dei necessari interventi, secondo criteri di priorità che, ferma restando la tutela dei nuclei familiari in condizioni di disagio economico e sociale, tengono conto della situazione dell'ordine e della sicurezza pubblica negli ambiti territoriali interessati, di possibili rischi per l'incolumità e la salute pubblica, dei diritti dei soggetti proprietari degli immobili, nonché dei livelli assistenziali che devono essere in ogni caso garantiti agli aventi diritto dalle regioni e dagli enti locali.

Le nuove disposizioni evocano la tutela e il contemperamento di molteplici interessi: insieme alle esigenze di ordine e sicurezza pubblica, vengono infatti in gioco sia i diritti dei soggetti proprietari, sia le condizioni degli occupanti, quando essi possano vantare dei diritti, per i quali occorre intervenire con prestazioni assistenziali, o si trovino comunque in condizioni di marginalità sociale[24].

Le successive circolari del Ministero dell'Interno hanno provveduto ad esplicare la portata applicativa della disposizione, fornendo alcune importanti indicazioni.

Al fine di disporre a livello centrale di conoscenze e informazioni utili, e valutare la necessità di approntare diversi strumenti di intervento, il Ministero ha istituito a livello centrale una cabina di regia, con la partecipazione dei Rappresentanti

designati dall'ANCI e dalla Conferenza dei Presidenti di Regione nonché dell'Agenzia nazionale per l'Amministrazione e Destinazione dei beni sequestrati e confiscati alla criminalità organizzata.

Inoltre, si richiedeva di procedere in tale sede, con il concorso dei Prefetti e dei Rappresentanti degli Enti locali, anche ad una ricognizione dei beni immobili privati e delle pubbliche amministrazioni inutilizzati, compresi quelli sequestrati e confiscati, al fine di elaborare un piano per l'effettivo utilizzo e riuso a fini abitativi.

A livello locale, si poneva al centro della strategia di contrasto alle occupazioni abusive il Comitato metropolitano (istituito dall'art. 6 d.l. n. 14/2017), quale luo-

---

[24] In particolare, la direttiva del Ministro dell'Interno del 18 luglio 2017 "Attuazione dei nuovi strumenti di tutela della sicurezza urbana, introdotti dal d.l. 20 febbraio 2017, n. 14, convertito, con modificazioni, dalla legge 18 aprile 2017, n. 48" e le circolari "Misure in materia di occupazioni arbitrarie di immobili" e "Occupazione arbitraria di immobili. Indirizzi".

go in cui potessero convergere le istanze delle istituzioni locali e di tutti i soggetti pubblici e privati e, tra essi, anche degli enti e delle associazioni che svolgono un fondamentale ruolo nel sociale (Croce Rossa Italiana, Caritas).

Il Comitato metropolitano, era individuato quale consesso in seno al quale i Prefetti avrebbero potuto promuovere la realizzazione, in sinergia con le altre amministrazioni, della mappatura delle singole situazioni di criticità in ordine alla tipologia di immobili occupati e alle categorie di soggetti presenti.

Inoltre, in quella sede potevano acquisire elementi informativi circa le capacità assistenziali delle autonomie locali e regionali, nonché sulla programmazione regionale, anche di carattere finanziario, inerente all'edilizia residenziale pubblica.

In particolare, a tal fine la circolare prospettava la partecipazione al Comitato dei rappresentanti delle Regioni, in virtù del loro ruolo strategico esercitato dal livello di governo regionale sul tema delle politiche abitative.

In questo senso, il Comitato metropolitano, quindi, era rappresentato come lo strumento che, attraverso una condivisa conoscenza del territorio, potesse sviluppare sinergie nel campo delle politiche abitative locali, disincentivando condizioni di illegalità e facendo emergere la praticabilità di iniziative per l'utilizzo di beni immobili potenzialmente idonei a fronteggiare l'emergenza abitativa.

Nell'individuare le situazioni su cui intervenire bisognava tener conto dell'eventuale esistenza di "fragilità" tra gli occupanti degli stabili al fine di approntare le forme di tutela più adeguate per i nuclei familiari in situazioni di disagio economico e sociale.

In quest'ottica, risultava indefettibile il coinvolgimento degli enti locali e delle Regioni nella definizione delle modalità di esecuzione di provvedimenti di sgombero di immobili occupati arbitrariamente, a seconda delle caratteristiche dell'intervento, al fine di una prioritaria analisi degli interessi in gioco, nonché per un'efficace e condivisa individuazione delle opportune misure da adottare.

Se il Comitato metropolitano veniva designato come l'assise in cui elaborare la strategia politica per fronteggiare il fenomeno delle occupazioni abusive, il Comitato provinciale per l'Ordine e la Sicurezza pubblica era designato come la sede per una valutazione dell'impatto sulla situazione dell'ordine pubblico di quanto programmato dal Comitato metropolitano.

S'intendeva, così, delineare un dualismo virtuoso tra il Comitato metropolitano, organo politico deputato all'elaborazione della politica locale in materia di sicurezza urbana, ed il Comitato provinciale per l'Ordine e la Sicurezza pubblica, organo tecnico deputato a valutare le ricadute sull'ordine pubblico delle strategie partorite *aliunde*.

L'organo collegiale di cui all'art. 20 legge n. 121/1981, infatti, è deputato, per la sua composizione più spiccatamente "tecnica", ad effettuare le opportune valutazioni sotto il profilo della sicurezza.

Spettava ai Prefetti, in ossequio al disposto dell'art. 11 d.l. n. 14/2017, illustrare nel Comitato gli elementi emersi in sede di Comitato metropolitano per pianificare le attività necessarie per eseguire gli interventi, verificando la sussistenza delle condizioni che garantiscono l'ordine pubblico, la sicurezza, l'incolumità e la salute pubblica, nonché le tutele alloggiative degli aventi diritto in relazione a ciascuno degli interventi di sgombero programmati.

Questo *modus operandi* avrebbe dovuto generare una virtuosa sinergia multilivello in grado di porre le politiche pubbliche dei diversi attori istituzionali in linea di continuità, rendendo più fluido ed efficace il perseguimento delle finalità di sicurezza.

Nonostante gli sforzi profusi primo periodo di applicazione del d.l. n. 14/2017, la gestione del tema dell'occupazione arbitraria degli immobili non ha, tuttavia, compiuto significativi passi avanti, se non rispetto alle misure di natura preventiva rivolte ad evitare nuove occupazioni.

In relazione a quest'ultimo profilo, infatti, i dati provenienti da alcune realtà territoriali appaiono positivi, evidenziando una capacità di risposta delle istituzioni estremamente tempestiva ed efficace.

Sin dall'entrata in vigore, l'art. 11 d.l. n. 14/2017 ha destato dubbi di incostituzionalità sotto vari aspetti, con riferimento sia all'interferenza del potere esecutivo nell'esecuzione dei provvedimenti giudiziari, sia relativamente alla mancata previsione di un termine massimo di differimento dell'esecuzione, sia, infine, in relazione all'assenza di forme di indennizzo per l'inutilizzabilità dell'immobile durante la sua occupazione[25].

Nel frattempo, sono intervenuti alcuni arresti giurisprudenziali, sia a livello nazionale che sovranazionale, che hanno imposto una riflessione sulla necessità di intervenire nuovamente sulla normativa.

In particolare, la Corte di Cassazione con la sentenza 4 ottobre 2018, n. 24198 ha inteso definire i limiti della discrezionalità della Pubblica Ammini-

[25] Si è evidenziato, infatti, che al Prefetto fosse attribuito il potere, connotato da un'amplissima discrezionalità, di ingerirsi nelle modalità esecutive di un provvedimento giudiziario dotato di efficacia esecutiva, nella ponderazione di interessi eterogenei e non convergenti, non limitata alle concrete modalità operative e senza la previsione di un termine massimo di differimento. Inoltre, si è opinato che l'esclusione del risarcimento del danno per equivalente integrasse una limitazione *ex lege* della responsabilità dell'amministrazione difficilmente compatibile con gli artt. 3, 24, 28 e 113 Cost. Infine, si è sostenuto che la previsione, tra gli elementi di cui tenere conto, dei diritti dei soggetti proprietari degli immobili affidasse a un organo diverso dal giudice una nuova valutazione di tali diritti, che si sovrapponeva a quella compiuta dal giudice e alla base del provvedimento giudiziale. In questo senso, ad esempio, G. MARI, *Occupazioni abusive di immobili e responsabilità dello Stato tra Corte Europea dei Diritti dell'Uomo, Cassazione e Decreto sicurezza urbana*, in *Rivista Internazionale di Studi Europei*, n. 1, vol. V, 2019.

strazione nell'esecuzione dell'ordine di sgombero di un immobile abusivamente occupato.

In primo luogo, il Supremo Collegio si è chiesto se la pubblica amministrazione possa astenersi o sindacare il contenuto un provvedimento dell'Autorità giudiziaria cui sia deputata a dare esecuzione.

La Cassazione ha affermato, a chiare lettere, che l'omessa attuazione, da parte degli organi di polizia, o delle altre amministrazioni a ciò preposte, dei provvedimenti dell'autorità giudiziaria costituisce un fatto illecito in sede civile, e può costituire un delitto in sede penale[26].

In ossequio ad una consolidata impostazione delle Sezioni Unite[27], il collegio giudicante ha, dunque, ribadito che l'autorità amministrativa, richiesta di concorrere con la Forza pubblica all'esecuzione del comando contenuto nel titolo esecutivo, non è chiamata ad esercitare una potestà amministrativa, bensì ad apprestare i mezzi per l'attuazione in concreto del titolo, per realizzare, cioè, il fine ultimo della funzione sovrana della giurisdizione e, quindi, a compiere un'attività materiale che prescinde da valutazioni di interessi o di motivi di opportunità.

Diversamente opinando, si consentirebbe all'autorità di polizia di paralizzare discrezionalmente l'azione del giudice in sede esecutiva, sterilizzando il diritto di accedere alla tutela giurisdizionale costituzionalmente riconosciuto al cittadino.

Pertanto, il provvedimento di concessione o diniego della Forza pubblica costituisce un atto dovuto e privo di discrezionalità amministrativa, dovendosi riconoscere all'autorità di polizia esclusivamente un margine limitato di discrezionalità tecnica, nella scelta del momento concreto in cui prestare la propria assistenza[28].

La Corte di Cassazione ha sottolineato che tali principi appaiono gli unici compatibili con la riserva della funzione giurisdizionale contenuta nell'art. 102, comma 1, Cost.

Inoltre, la natura primaria del dovere dall'autorità amministrativa di mettere a disposizione i mezzi per l'attuazione coattiva dei provvedimenti giurisdizionali rende evidente, ove detti mezzi non vengano apprestati, il contrasto di tale

---

[26] In particolare, la Suprema Corte ha formulato il seguente principio di diritto: "la discrezionalità della p.a. non può mai spingersi, se non stravolgendo ogni fondamento dello Stato di diritto, a stabilire se dare o non dare esecuzione ad un provvedimento dell'autorità giudiziaria, a maggior ragione quando questo abbia ad oggetto la tutela di un diritto riconosciuto dalla Costituzione o dalla CEDU, come nel caso del diritto di proprietà, tutelato dall'art. 41 Cost. e dall'art. 6 CEDU ed art. 1 del Primo Protocollo addizionale CEDU. È pertanto colposa la condotta dell'Amministrazione dell'Interno che, a fronte dell'ordine di sgombero di un immobile abusivamente occupato vi aut clam, trascuri per sei anni di dare attuazione al provvedimento di sequestro con contestuale ordine di sgombero impartito dalla Procura della Repubblica".

[27] Cass., Sez. Un., sent. 18 marzo 1988, n. 2478.

[28] Cass., Sez. Un., sent. 26 maggio 1998, n. 5233.

comportamento anche col principio di buona amministrazione posto dall'art. 97, comma 1, Cost.

Il dovere dell'Amministrazione di dare esecuzione ai provvedimenti giurisdizionali discende altresì dall'adesione dell'Italia alla Convenzione Europea dei Diritti dell'Uomo (CEDU) posto che la loro esecuzione costituisce un corollario ineludibile del diritto di accesso ad un tribunale, sancito dall'art. 6 CEDU, e, di conseguenza, dal Trattato UE, il cui art. 6 ha elevato i precetti della CEDU a principi fondamentali dell'ordinamento unitario.

Per questa ragione, gli Stati possono essere considerati responsabili per la mancata esecuzione di una sentenza, se le autorità pubbliche implicate nelle procedure di esecuzione non diano prova della diligenza richiesta o se impediscano l'esecuzione stessa.

La Corte della legittimità ha sottolineato che nessuna comparazione o bilanciamento di interessi è consentita all'amministrazione, quando vengano in conflitto l'interesse accampato da chi abbia violato la legge (l'occupante abusivo) e chi l'abbia rispettata (il proprietario dell'immobile occupato); sicché è impensabile che per ragioni di ordine pubblico si possa dare preferenza al primo, se non violando l'art. 41 Cost., l'art. 6 CEDU e l'art. 2043 c.c.[29].

Inoltre, quando il provvedimento giudiziario sia stato emanato a tutela di diritti fondamentali riconosciuti dalla CEDU, la violazione dell'obbligo di dare esecuzione ai provvedimenti giudiziari aggrava la responsabilità dell'amministrazione, perché espone non solo il funzionario o l'amministrazione di appartenenza a responsabilità extracontrattuale verso il singolo, ma altresì lo Stato nel suo complesso all'obbligo di riparazione verso i titolari dei diritti conculcati, per mancato apprestamento di adeguata tutela a quei diritti.

---

[29] Il Giudicante ha aggiunto che sono del tutto irrilevanti, ai fini dell'affermazione o meno della responsabilità dell'amministrazione, le ragioni per le quali l'immobile da sgomberare venne occupato: l'occupazione abusiva è un delitto, che non cessa di esser tale solo perché il reo si trovi in uno stato - vero o presunto - di bisogno; se così non fosse, si perverrebbe al paradossale risultato che qualsiasi usurpazione dei beni e dei diritti altrui finirebbe per essere giustificata e sarebbe disintegrata la stessa convivenza civile. Inoltre, gli Ermellini hanno ritenuto di puntualizzare che la politica di *welfare* per garantire il diritto ad una casa non può compiersi a spese dei privati cittadini, i quali già sostengono un non lieve carico tributario - in specie, sugli immobili - per alimentare, attraverso la fiscalità generale, la spesa per lo stato sociale: essi ricordano che la via legale per dare un'abitazione a chi non l'abbia è l'edificazione di alloggi o l'espropriazione di private dimore, secondo la legge e pagando il giusto indennizzo. Quantunque l'illiceità del comportamento debba essere esclusa se il rifiuto di assistenza dipenda da accertata indisponibilità di Forza, in quanto essa determina l'impossibilità della prestazione; tuttavia, va in contrario rilevato che una situazione di crisi permanente indotta dall'omesso apprestamento dei mezzi necessari all'espletamento di una pubblica funzione, lungi dal potere essere riguardata come fattore esimente da responsabilità per il danno derivatone al privato, può invece costituirne lo stesso presupposto.

Questo principio è stato ribadito anche in una recente sentenza emessa dalla Corte Europea dei Diritti dell'Uomo nei confronti dello Stato italiano[30], nella quale il giudice sovranazionale ha confermato che la mancata o tardiva esecuzione del provvedimento giudiziale di sgombero di un immobile comporta la violazione dell'art. 6 CEDU e dell'art. 1, Primo Protocollo addizionale CEDU.

Di conseguenza, la Corte europea ha condannato lo Stato al ristoro del danno morale patito dal proprietario dell'immobile abusivamente occupato, rimandando quest'ultimo al giudice nazionale per il risarcimento del danno materiale subito a causa dell'occupazione.

Alla luce dei suddetti arresti giurisprudenziali il legislatore ha preso atto della necessità di modificare nuovamente la disciplina vigente intervenendo con il d.l. n. 113/2018 nel quale, in sede di conversione, è stato inserito l'art. 31-*ter* che ha sostanzialmente operato una riscrittura dell'art. 11 d.l. n. 14/2017 che è stato sensibilmente modificato quanto alle competenze del Prefetto, sia sotto il profilo della prevenzione delle nuove occupazioni che dell'esecuzione delle ordinanze di rilascio emesse dall'Autorità giudiziaria.

Con la novella legislativa, in sostanza, si è inteso intervenire sugli aspetti problematici messi in evidenza dalle sentenze menzionate.

Sotto il profilo della prevenzione il suddetto art. 31-*ter* dispone che il Prefetto, acquisito il parere del Comitato provinciale per l'ordine e la sicurezza pubblica in seduta allargata ai rappresentanti della regione, emani, ai sensi dell'art. 13 della legge n. 121/1981, direttive per la prevenzione delle occupazioni arbitrarie di immobili.

---

[30] Cedu 13 dicembre 2018 – causa *Casa di cura Valle fiorita s.r.l. contro Italia*: la Corte EDU (decisione 13 dicembre 2018, n. 67944/2013) ha riconosciuto che le motivazioni sociali e le paure di possibili disordini e quindi di creare problemi di ordine pubblico potevano al più giustificare le difficoltà di esecuzione e determinare un ritardo nell'evacuazione dei locali. Tuttavia, i giudici europei hanno escluso che vi fosse una seria ragione che giustificasse l'inerzia totale e prolungata delle autorità italiane nel procedere allo sgombero, ribadendo che la mancanza di risorse non poteva di per sé costituire un motivo accettabile per la mancata esecuzione di una decisione dell'Autorità giudiziaria. Ha quindi ritenuto che le autorità italiane, non adottando alcuna misura per eseguire la decisione del 9 agosto 2013 avevano di fatto privato di effetto le disposizioni dell'articolo 6 § 1 della Convenzione, nel contempo violando i principi di uno Stato di diritto, fondati sulla legge, nonché quello della certezza del diritto. La Corte ha anche rilevato che le autorità, considerati gli interessi individuali della società ricorrente e dopo che un ragionevole periodo di tempo era trascorso nel tentativo di trovare una soluzione soddisfacente, avrebbero dovuto adottare tutte le misure necessarie per conformarsi alla decisione dell'Autorità giudiziaria. Peraltro, va evidenziato che nel giudizio dinanzi al Giudice europeo il ricorrente ha sostenuto che il d.l. n. 14/2017, entrato in vigore dopo la presentazione dell'atto introduttivo, avrebbe limitato ulteriormente i diritti dei proprietari degli immobili occupati, dal momento che avrebbe conferito al Prefetto pieni poteri, per consentire di garantire la salvaguardia dei diritti degli occupanti, ed avrebbe previsto un risarcimento per il proprietario solo in caso di dolo o colpa grave del suddetto organo.

In particolare, con la successiva direttiva del Ministro dell'Interno[31] è stato richiesto ai prefetti di operare - in seno al Comitato provinciale per l'ordine e la sicurezza pubblica nella suddetta composizione allargata – un'approfondita analisi del fenomeno a livello provinciale, evidenziando tutti i fattori di rischio in ambito locale, al fine di predisporre le direttive di cui al richiamato art. 31-*ter*.

In questo senso la strategia di prevenzione delle occupazioni abusive non può prescindere da una ricognizione di tutte le situazioni di abbandono di immobili che possano generare turbative sia sotto il profilo dell'ordine e della sicurezza pubblica che sotto il profilo della tutela della pubblica e privata incolumità e delle condizioni igienico-sanitarie delle aree interessate.

Nell'attività di monitoraggio acquisisce un ruolo fondamentale la collaborazione con le Amministrazioni comunali che, in quanto ente di maggiore prossimità, attraverso i propri Comandi di polizia locale e gli Uffici titolari delle attribuzioni in materia urbanistica, ambientale e sociale, possono contribuire ad acquisire dettagliate informazioni sia sullo stato giuridico dell'immobile che su eventuali fragilità degli occupanti.

Sulla base delle valutazioni effettuate dal Comitato provinciale per l'ordine e la sicurezza pubblica sui dati acquisiti, il Prefetto adotta le direttive che individuano le misure necessarie, in base al contesto locale, a prevenire le occupazioni di immobili abbandonati.

La suddetta circolare individua un ventaglio piuttosto ampio di strumenti di cui il Prefetto può avvalersi nella predisposizione del contenuto delle direttive di cui all'art. 31-*ter*.

*In primis*, le situazioni più critiche possono essere attenzionate nell'ambito dei Piani di controllo coordinato del territorio.

Inoltre, attraverso apposite intese con le Amministrazioni comunali, può essere previsto il coinvolgimento delle Polizie locali nell'attività di vigilanza delle aree a rischio.

Infine, nell'ottica di una maggiore responsabilizzazione dei privati, le direttive possono contenere delle indicazioni ai Sindaci affinché adottino ordinanze ai sensi degli artt. 50 e 54 d.lgs. n. 267/2000 nei confronti dei proprietari degli immobili in stato di abbandono, prescrivendo l'adozione di ogni possibile sistema di difesa passiva volto a prevenire le intrusioni di estranei e la possibile commissione di illeciti, nonché a garantire la salvaguardia della pubblica e privata incolumità.

Posto che, nell'ottica del principio di leale collaborazione tra i vari livelli di governo, deve essere privilegiata la ricerca di soluzioni condivise con le Autorità locali, allorché si registri un'inerzia di queste ultime o gli interventi realizzati

---

[31] Direttiva del Ministro dell'Interno del 19 dicembre 2018: "Prevenzione occupazione abusiva degli immobili. Direttive".

abbiano dato esiti insoddisfacenti, il Prefetto, come *extrema ratio*, può ricorrere all'esercizio dei poteri sostitutivi di cui al predetto art. 54 d.lgs. n. 267/2000 per fronteggiare situazioni da cui possano originare criticità per l'ordine e la sicurezza pubblica.

Sul fronte del contrasto alle occupazioni esistenti, il nuovo art. 11 d.l. n. 14/2017 definisce puntualmente, sotto il profilo delle modalità e dei tempi di esecuzione, l'iter procedimentale finalizzato all'adozione dei provvedimenti di rilascio di immobili occupati arbitrariamente, da cui possa derivare pericolo di turbative per l'ordine e la sicurezza pubblica.

In primo luogo, è stabilita la regola per la quale, ove possibile, il Prefetto provveda immediatamente all'esecuzione dello sgombero, dandone tempestiva comunicazione all'Autorità giudiziaria.

Nondimeno, la normativa prende in considerazione quelle ipotesi in cui, a causa della complessità dell'intervento determinata dalla presenza di soggetti in situazione di fragilità, non si possa provvedere all'immediata esecuzione dello sgombero.

In queste ipotesi, ove ricorre la necessità di definire un piano delle misure emergenziali a tutela dei soggetti in condizione di fragilità non in grado di reperire autonomamente una sistemazione alloggiativa alternativa, il Prefetto provvede all'istituzione di una cabina di regia, coinvolgendo le altre Istituzioni interessate, i cui compiti sono circoscritti nel tempo e nei contenuti.

La cabina di regia ha il compito di definire esclusivamente le misure "emergenziali" che possono riguardare unicamente le persone cosiddette "vulnerabili" e comprovatamente impossibilitate a reperire soluzioni alloggiative alternative.

All'esito dei lavori della cabina di regia, che devono concludersi entro novanta giorni, il Prefetto informa l'Autorità giudiziaria, indicando la data di esecuzione del provvedimento di rilascio o le ragioni che rendono necessario un differimento; quest'ultimo, peraltro, in nessun caso, può avere durata superiore a un anno.

Le ragioni dell'eventuale differimento dovranno essere adeguatamente approfondite in seno alla cabina di regia e opportunamente documentate, così da consentire all'Autorità giudiziaria di acquisire un quadro chiaro e completo della situazione per le definitive determinazioni di competenza.

Laddove sia richiesto l'ausilio della Forza pubblica per l'esecuzione di una pluralità di ordinanze di rilascio da cui possa derivare pericolo di turbative per l'ordine e la sicurezza pubblica, il Prefetto convoca il Comitato provinciale per l'ordine e la sicurezza pubblica al fine della predisposizione di un programma degli interventi, secondo criteri di priorità che tengano conto della situazione dell'ordine e della sicurezza pubblica negli ambiti territoriali interessati, dei possibili rischi per l'incolumità e la salute pubblica, dei diritti dei soggetti proprietari degli immobili, nonché dei livelli assistenziali che devono essere garantiti agli aventi diritto dalle regioni e dagli enti locali.

In questo caso, il termine di novanta giorni per la conclusione dei lavori della cabina di regia inizia a decorrere, per ciascun intervento, dalla data individuata in base al programma degli interventi.

Quest'ultimo è comunicato all'autorità giudiziaria che ha adottato le ordinanze di rilascio, nonché ai soggetti proprietari, i quali possono proporre ricorso innanzi al giudice amministrativo, che decide con il rito abbreviato di cui all'art. 119, d.lgs. 2 luglio 2010, n. 104.

È evidente come le disposizioni introdotte dal legislatore, coerentemente con l'ordinamento giurisprudenziale consolidatosi in materia, siano tese ad assicurare la massima tempestività dell'iter istruttorio preordinato all'esecuzione dello sgombero, nella consapevolezza che il consolidamento di situazioni d'illegalità può recare un grave pregiudizio ad alcuni dei principali valori di riferimento del nostro ordinamento.

Da ultimo, la norma riconosce il diritto del proprietario alla liquidazione di un indennizzo, ulteriormente discostandosi dalla disciplina previgente che, nell'ipotesi di annullamento in sede giurisdizionale del provvedimento di determinazione delle modalità esecutive dello sgombero da parte del Prefetto, ammetteva soltanto il risarcimento in forma specifica, vale a dire la cessazione dell'occupazione abusiva dell'immobile.

Tale indennità, per la cui corresponsione è stato istituito un apposito Fondo, è riconosciuta a decorrere dalla scadenza dei novanta giorni sino all'esecuzione dello sgombero, a patto che l'avente diritto non abbia dato causa, o non abbia concorso, con dolo o colpa grave all'occupazione arbitraria e ferma restando la responsabilità degli autori del reato di occupazione abusiva, anche sotto il profilo risarcitorio.

La quantificazione dell'indennizzo correlato al mancato godimento del bene, avverrà secondo criteri equitativi che tengano conto di alcune condizioni stabilite dalla norma, quali lo stato di conservazione dell'immobile, la destinazione del bene, la durata dell'occupazione e l'eventuale condotta negligente del danneggiato.

Il provvedimento che dispone la liquidazione dell'indennità è ricorribile dal proprietario usurpato dinnanzi al tribunale del luogo ove si trova l'immobile, nel termine decadenziale di trenta giorni dalla sua comunicazione.

L'art. 31-*ter*, comma 2 d.l. n. 113/2018 stabilisce, infine, che il rispetto della procedura descritta esonera il Ministero dell'Interno ed i suoi organi periferici dalla responsabilità civile ed amministrativa per la mancata esecuzione di provvedimenti di rilascio di immobili abusivamente occupati, qualora la stessa sia dipesa dall'impossibilità di individuare le misure emergenziali, ovvero dalla necessità di assicurare la salvaguardia della pubblica e privata incolumità.

In tali casi, dunque, è dovuta esclusivamente la predetta indennità liquidata dal Prefetto.

### *IV.8.2.* (segue) *La gestione delle manifestazioni pubbliche: misure di* safety *e di* security

Come è facile immaginare, l'organizzazione di una manifestazione pubblica pone l'esigenza di predisporre adeguate misure volte a garantire l'incolumità dei partecipanti, in una prospettiva di tutela della sicurezza collettiva quale bene comune fondamentale.

L'esperienza più recente ha evidenziato con forza come l'aumento esponenziale del numero di eventi pubblici – caratterizzati, peraltro, da una sempre maggiore complessità – è stato accompagnato dal parallelo rafforzamento di molteplici tipologie di rischio (criminale, terroristico, climatico), le quali costituiscono una minaccia concreta all'incolumità dei partecipanti.

Tale circostanza ha comportato, evidentemente, l'esigenza di rivolgere un'attenzione sempre maggiore alla predisposizione di adeguate misure di tutela, al fine di garantire che gli eventi possano svilupparsi in piena sicurezza, nonché per poter reagire tempestivamente ed efficacemente all'eventualità della concretizzazione di uno dei richiamati pericoli.

All'indomani dei tragici fatti di piazza San Carlo del 3 giugno 2017, poi, si è reso necessario un profondo ripensamento nell'approccio alla "*governance*" delle manifestazioni pubbliche.

Gli incidenti di Torino hanno dato un forte impulso alla revisione del sistema di valutazione dei rischi correlati allo svolgimento degli eventi in luoghi aperti al pubblico, rifuggendo da una prospettazione rigida e atomistica dei profili e delle misure di *safety* e di *security*.

Ne è risultata una nuova visione, integrata e coordinata, nell'analisi e nella pianificazione delle misure di *safety*, intese quali interventi a tutela della pubblica incolumità, e di *security*, più propriamente ricondotte nell'alveo della salvaguardia dell'ordine e della sicurezza pubblica. Le regole dettate per la gestione dei suddetti rischi, pur disciplinate in *corpus* normativi differenti, si ibridano e delineano un sistema giuridico nuovo, composto da una normativa di primo livello, risalente nel tempo, e più recenti interventi di normazione di secondo livello[32].

---

[32] Si fa riferimento, da un lato, alle disposizioni del T.U.L.P.S. e del relativo regolamento di esecuzione (r.d. 6 maggio 1940, n. 635), e, dall'altro, al d.m. 18 marzo 1996 e d.m. 19 agosto 1996

Preliminarmente giova precisare che nel concetto di manifestazioni pubbliche possono essere ricondotte due tipologie di eventi: riunioni o manifestazioni in luogo pubblico (artt. 18 e 25 T.U.L.P.S.) e manifestazioni di pubblico spettacolo (artt. 68 e 80 T.U.L.P.S.).

Nella prima categoria sono ricomprese quelle manifestazioni il cui svolgimento prescinde da un regime autorizzatorio. In ipotesi siffatte incombe sull'organizzatore solo un onere di comunicazione[33] al Questore territorialmente competente, secondo le prescrizioni di cui agli artt. 18 e 25 T.U.L.P.S.[34].

*Ex adverso*, le manifestazioni di pubblico spettacolo[35] sono vincolate all'autorizzazione del Sindaco[36], quale autorità locale di pubblica sicurezza, previo pare-

---

nonché alle Circolari del Ministero dell'Interno – Dipartimento della Pubblica Sicurezza n. 555/OP/0001991/2017/1 del 7 giugno 2017, Dipartimento dei Vigili del fuoco, del Soccorso Pubblico e della Difesa Civile n. 11464 del 19 giugno 2017, Gabinetto del Ministro n. 11001/110(10) Uff. II – Ord. Sic. Pub. del 28 luglio 2017 e, infine, Gabinetto del Ministro n. 11001/1/110/(10) del 18 luglio 2018.

[33] Il preavviso, secondo parte della dottrina, potrebbe essere fornito anche oralmente, non configurandosi come condizione di legittimità della riunione. In tale ottica, la previsione del preavviso sarebbe riconducibile, piuttosto, alla mera esigenza di informare il Questore in ordine alle modalità di svolgimento dell'evento. In tal senso F. CARINGELLA, L. LEVITA, A. IANNUZZI, *Manuale di Pubblica sicurezza,* Dike, Roma, 2015.

[34] La comunicazione, che deve essere effettuata almeno 3 giorni prima, deve contenere l'indicazione del giorno, dell'ora, del luogo e dell'oggetto della riunione, nonché le generalità dei soggetti promotori e di coloro che prenderanno la parola.

[35] Per la definizione dei locali di pubblico spettacolo occorre far riferimento alle prescrizioni di cui all'art.1, comma 1, d.m. 19 agosto 1996. In particolare sono così esemplificativamente definiti: i locali di trattenimento, le aree ubicate in esercizi pubblici ed attrezzate per accogliere spettacoli, con capienza superiore a 100 persone; i luoghi all'aperto, ovvero luoghi ubicati in delimitati spazi all'aperto attrezzati con impianti appositamente destinati a spettacoli o intrattenimenti e con strutture apposite per lo stazionamento del pubblico; i locali multiuso utilizzati occasionalmente per attività di intrattenimento e pubblico spettacolo. Non rientrano, invece, in tale ambito, ai sensi dell'art. 1, comma 2, d.m. citato: i luoghi all'aperto, quali piazze e aree urbane prive di strutture specificatamente destinate allo stazionamento del pubblico per assistere a spettacoli e manifestazioni varie, anche con uso di palchi o pedane per artisti, purché di altezza non superiore a m. 0,8 e di attrezzature elettriche, comprese quelle di amplificazione sonora, purché installate in aree non accessibili al pubblico; i locali, destinati esclusivamente a riunioni operative, di pertinenza di sedi di associazioni ed enti; i pubblici esercizi dove sono impiegati strumenti musicali in assenza dell'aspetto danzante e di spettacolo; i pubblici esercizi in cui è collocato l'apparecchio musicale "karaoke" o simile, a condizione che non sia installato in sale appositamente allestite e rese idonee all'espletamento delle esibizioni canore ed all'accoglimento prolungato degli avventori, e la sala abbia capienza non superiore a 100 persone; i pubblici esercizi dove sono installati apparecchi di divertimento, automatici e non, in cui gli avventori sostano senza assistere a manifestazioni di spettacolo.

[36] La funzione è stata trasferita dal Questore all'Autorità locale ai sensi dell'art. 19, co. 1, n. 5 d.P.R. 24 luglio 1977, n. 616.

re sull'agibilità dei luoghi, a seconda dei casi, da parte della Commissione provinciale[37] o comunale[38] di Vigilanza sui locali di pubblico spettacolo (artt. 68 e 80 T.U.L.P.S.)[39].

A tal riguardo, l'art. 80 T.U.L.P.S., nel disciplinare il regime delle manifestazioni in locali di pubblico spettacolo, prescrive l'obbligo della verifica del luogo, individuato per lo svolgimento della manifestazione, da parte di una Commissione di Vigilanza. Tale organismo ai sensi degli artt. 141 e 142 r.d. n. 635/1940[40] deve esprimere un parere[41] sui progetti di nuovi locali di pubblico spettacolo e di impianti sportivi, o di sostanziali modificazioni a quelli esistenti (cd. parere di

---

[37] La Commissione Provinciale di Vigilanza sui Locali di Pubblico Spettacolo, ai sensi dell'art. 142 r.d. n. 635/1940 è nominata ogni tre anni dal Prefetto ed è composta: dal Prefetto o dal Viceprefetto con funzioni vicariali, dal Questore o dal vice Questore con funzioni vicariali, dal Sindaco o suo delegato, da un dirigente medico o suo delegato, da un ingegnere dell'organismo che svolge le funzioni di genio civile, dal Comandante Provinciale dei Vigili del Fuoco o suo delegato e da un esperto in elettrotecnica. Sono in ogni caso di competenza della Commissione Provinciale le manifestazioni in luogo pubblico previste dall'art. 142, comma 9, r.d. n. 635/1940. Per quanto concerne le competenze, ai sensi del comma 8 dell'art. 142 r.d. n. 635/1940. le Commissioni provinciali rendono il proprio parere al Comune chiamato a rilasciare l'autorizzazione nei casi in cui questa riguardi spettacoli viaggianti con capienza superiore a 1300 spettatori; locali cinematografici o teatrali con capienza superiore a 1300 spettatori; altri locali o impianti con capienza superiore a 5000 spettatori; manifestazioni temporanee con affluenza di pubblico superiore alle 5000 persone; parchi di divertimento e attrezzature da divertimento meccaniche o elettromeccaniche che comportino sollecitazioni fisiche degli spettatori o del pubblico partecipante ai giochi superiori ai livelli indicati con decreto del Ministro dell'Interno, di concerto con il Ministro della Sanità; eventi di qualunque tipo che si svolgano in un Comune in cui non sia ancora stata istituita la Commissione comunale di vigilanza.

[38] La Commissione comunale di Vigilanza sui Locali di Pubblico Spettacolo, ai sensi dell'art. 141-*bis* r.d. n. 635/1940 è nominata ogni tre anni dal Sindaco ed è composta: dal Sindaco o suo delegato, dal comandante del Corpo di polizia municipale, dal dirigente medico dell'organo sanitario pubblico di base competente per territorio o suo delegato, dal dirigente dell'ufficio tecnico comunale o suo delegato e da un esperto di elettrotecnica.

[39] Per un approfondimento sul ruolo delle Commissioni di vigilanza, cfr. Cons. St., sez. VI, sent. 3397/2015.

[40] La commissione di vigilanza, comunale o provinciale, è un collegio perfetto. È, pertanto, richiesta, sia in fase di valutazione che di sopralluogo, la presenza di tutti i componenti. Nondimeno, il componente titolare può delegare il supplente.

[41] Secondo la giurisprudenza prevalente il parere della Commissione di vigilanza è un atto obbligatorio di natura vincolante e, pertanto, direttamente impugnabile (*ex multis*, Cons. St., sent. n. 1556/2015). Nondimeno, non sostituisce *ex se* il provvedimento finale emanato dall'autorità di pubblica sicurezza (in tal senso, Ministero dell'Interno – Dipartimento della Pubblica Sicurezza – prot. 557/PAS/U/00764/13500.(1) del 21 maggio 2015). Ne deriva che siffatto atto non può essere sostituito dalla S.C.I.A. che, in quanto ricondotta in un più ampio processo di liberalizzazione, sottende procedimenti a natura vincolata.

fattibilità), nonché a verificare le condizioni di solidità, di sicurezza e di igiene dei locali realizzati o ristrutturati (cd. verifica dell'agibilità).

Nell'ambito dell'organizzazione di tali eventi, dunque, la Commissione di vigilanza è chiamata a verificare – se del caso, anche attraverso specifici sopralluoghi – il rispetto delle necessarie condizioni di sicurezza perché il pubblico possa prendere parte alla manifestazione (sistemi antincendio, servizi pubblici, sistemi di illuminazione, uscite di sicurezza, percorsi di esodo, ecc.).

In tali circostanze l'ordinamento subordina la licenza sindacale alla verifica di agibilità del luogo, sia che si tratti di uno spazio stabilmente deputato ad ospitare spettacoli o trattenimenti, sia che si tratti di uno spazio estemporaneamente utilizzato per tali finalità.

Nondimeno, l'agibilità dei luoghi rappresenta solamente uno dei profili che assumono rilievo nell'ambito della gestione di un grande evento sul piano della sicurezza.

L'organizzazione di una manifestazione pubblica, infatti, comporta l'onere a carico delle Autorità di pubblica sicurezza di approfondire e valutare elementi ulteriori rispetto all'agibilità, ai fini della predisposizione delle migliori strategie operative sia sul piano delle misure strutturali per la salvaguardia dell'incolumità dei partecipanti, sia sul piano dell'organizzazione dei servizi di Ordine e Sicurezza pubblica.

Il nuovo assetto integrato delle misure di *safety* e *security* trova dunque applicazione indipendentemente dalla tipologia di evento. A tali fini, sono ricondotti nell'alveo delle manifestazioni pubbliche in senso lato gli eventi che presentino, o possono far "prefigurare con ragionevolezza"[42], situazioni di criticità.

La circostanza che nel caso concreto si debba valutare l'impatto dei rischi potenziali relativi ad una riunione o manifestazione in luogo pubblico, *ex* artt. 18 e 25 T.U.L.P.S., ovvero ad una manifestazione di pubblico spettacolo, *ex* artt. 68 e 80 T.U.L.P.S., dunque, incide esclusivamente – come si avrà modo di dire – sull'*iter* procedimentale.

Ne deriva un approccio estremamente flessibile, che prescinde da dati esclusivamente oggettivi, quali la tipologia dell'evento e l'affollamento previsto. Siffatti elementi possono orientare la valutazione, ma non sono *ex se* determinanti.

In un'ottica di sicurezza integrata, la previsione dei fattori di rischio non può – e non deve – essere ispirata ad una logica astratta e a schemi di riferimento rigidi. È sempre necessaria un'approfondita analisi di contesto per enucleare

---

[42] In tal senso circolare del Ministero dell'Interno – Dipartimento dei Vigili del Fuoco, del Soccorso Pubblico e della Difesa Civile – n. 11464 del 19 giugno 2017.

tutti i rischi, reali o potenziali, connessi allo svolgimento della manifestazione, al fine di delineare le misure più opportune (cd. analisi selettiva) e definirne le modalità applicative (cd. analisi adattiva).

Tale metodologia consente, nella fase previsionale, di considerare tutte le vulnerabilità del caso concreto, ivi compresi i rischi correlati e gli eventuali effetti panico derivanti da eventi antropici o naturali. Il risultato è un innalzamento della soglia di attenzione e l'individuazione e la calibrazione di misure *ad hoc*. In tale ottica integrata, la mancanza dei livelli di sicurezza, sia in termini di *safety* che di *security*, imporrà il divieto della manifestazione pubblica.

La complessità e l'eterogeneità di siffatte valutazioni coinvolge molteplici attori istituzionali, la cui attività, per essere efficace, deve essere orientata alla più ampia condivisione e integrazione. A tal fine, le direttive del Ministero dell'Interno hanno individuato nel Comitato Provinciale per l'Ordine e la Sicurezza Pubblica la sede elettiva per l'analisi dei profili di *safety* e *security* nelle manifestazioni pubbliche. In tal modo si garantisce la circolarità delle informazioni e la condivisione della strategia da applicare nel caso concreto[43].

Il procedimento si differenzia a seconda della tipologia di evento che deve essere organizzato. Resta in ogni caso ferma la suddivisione dell'*iter* in due fasi: la prima, necessaria, concernente la valutazione della portata dell'evento da parte del soggetto che riceve l'istanza dell'organizzatore, la seconda, eventuale, con il coinvolgimento del comitato provinciale per l'ordine e la sicurezza pubblica.

Per le riunioni o manifestazioni in luogo pubblico la valutazione in ordine alle vulnerabilità potenziali è rimessa al Questore, cui è indirizzata la comunicazione dell'organizzatore. In ipotesi siffatte, dunque, il Questore può impedire lo svolgimento della manifestazione, ovvero fornire prescrizioni sulle modalità di tempo e di luogo, esclusivamente nel caso di omesso avviso ovvero per ragioni di ordine pubblico, di moralità o di sanità pubblica (art. 18 T.U.L.P.S.). Nondimeno, laddove il Questore ritenga sussistenti profili di rischio meritevoli di un approfondimento, potrà segnalare la questione al Prefetto per l'analisi in sede di Comitato provinciale per l'ordine e la sicurezza pubblica.

---

[43] Al riguardo, nella Direttiva del Capo di Gabinetto del Ministro dell'Interno del 28 luglio 2017 è stato osservato che "come per la sicurezza urbana, anche il sistema di sicurezza che presiede allo svolgimento delle pubbliche manifestazioni richiede la massima sinergia interistituzionale e la più stretta collaborazione di tutte le sue componenti, da quelle statali a quelle espressione di poteri locali e territoriali" e che "l'efficacia del quadro di prevenzione sulla sicurezza delle pubbliche manifestazioni sarà tanto più elevata quanto più saranno strette le maglie della cooperazione interistituzionale e quanto più incisiva sarà l'azione di coordinamento svolta [dai Prefetti]".

Per gli eventi che, invece, sono assoggettati al regime autorizzatorio, la preliminare valutazione in ordine ai pericoli potenziali è rimessa in prima battuta al Sindaco.

Ai fini del rilascio della licenza, infatti, l'art. 68 T.U.L.P.S. onera l'organizzatore di trasmettere al Comune un'istanza, accompagnata dalla prescritta documentazione, recante anche l'indicazione delle misure di sicurezza che si intende adottare.

L'autorizzazione è la sintesi di molteplici controlli, tra cui rientrano anche, ma non solo, quelli di *safety* e *security*, e che vedono coinvolti molteplici attori.

Se, infatti, nella fase istruttoria – sia nei casi in cui sia previsto, ai sensi dell'art. 80 T.U.L.P.S., il parere della Commissione di vigilanza, sia nei casi in cui invece il Comune possa procedere direttamente al rilascio dell'autorizzazione – emergono profili di *safety* e/o di *security* "di tale complessità e delicatezza da richiedere un'analisi coordinata e integrata e, comunque, qualora si profilino peculiari condizioni di criticità connesse alla tipologia dell'evento, alla conformazione del luogo, al numero e alle caratteristiche dei partecipanti", tanto il Sindaco, quanto il Presidente della Commissione di vigilanza, informano la Prefettura.

Sarà poi compito del Prefetto, esaminata la documentazione prodotta dall'organizzatore, valutare l'esigenza di sottoporre la questione al Comitato provinciale per l'Ordine e la Sicurezza pubblica – opportunamente allargato alla partecipazione anche del Comandante provinciale dei Vigili del Fuoco – per l'individuazione delle eventuali misure di *safety* che si rendesse necessario adottare, nonché del loro raccordo con i profili di *security*[44].

A tal fine, la circolare del Ministero dell'Interno - Gabinetto del Ministro - n. 11001/1/110/(10) del 18 luglio 2018 declina un modello di riferimento a supporto delle Prefettura nella valutazione delle vulnerabilità connesse all'evento con un alto profilo di rischio[45]. Le suddette "Linee Guida per l'individuazione delle misure di contenimento del rischio in manifestazioni pubbliche con peculiari condizioni di criticità" costituiscono un valido strumento per l'analisi dei rischi correlati allo svolgimento dell'evento nonché per la caratterizzazione e il dimensionamento delle più opportune ed efficaci misure di sicurezza. Resta ferma in ogni caso la necessità, in presenza di elementi sintomatici di ulteriori

---

[44] Il Prefetto potrebbe anche valutare, nell'ottica di una più ampia collaborazione interistituzionale, di estendere la partecipazione al responsabile del Comandante della Polizia locale nel cu territorio si svolge la manifestazione.

[45] La precedente circolare (Gabinetto del Ministro n. 11001/110(10) Uff. II – Ord. Sic. Pub. del 28 luglio 2017), invece, delineava uno schema tipo, applicabile a tutte le manifestazioni pubbliche, indipendentemente dal livello di governo coinvolto, che aveva palesato numerose criticità soprattutto per la gestione dei rischi negli eventi nei comuni di piccole dimensioni.

fattori di rischio, di poter integrare le suddette prescrizioni e precauzioni, al fine di pianificare un'adeguata cornice di sicurezza[46].

[46] A tal riguardo occorre precisare che gli oneri per approntare le misure di sicurezza incombono sull'organizzatore dell'evento, il quale deve farsi carico, ai sensi dell'art. 22, comma 3-*bis*, d.l. 24 aprile 2017, n. 50 (convertito con modificazioni dalla legge 21 giugno 2017, n. 96), anche delle spese per il personale di polizia locale impegnato. In ogni caso, per la migliore organizzazione dell'evento e per garantire un maggiore contenimento dei fattori di rischio è stata prevista, in applicazione dell'art. 16 d.lgs. 2 gennaio 2018, n. 1, la possibilità per l'organizzatore di avvalersi di personale volontario della protezione civile. Sul punto, la circolare della Presidenza del Consiglio dei Ministri – Dipartimento della Protezione Civile – recante precisazioni sull'attivazione e l'impiego del volontariato di protezione civile, ha previsto la possibilità per le suddette organizzazioni di poter fornire supporto "*limitatamente ad aspetti di natura organizzativa e di assistenza alla popolazione*". In particolare, come precisato successivamente anche nella circolare del Ministero dell'Interno – Gabinetto del Ministro – n. 11001/1/110/(10) del 14 agosto 2018, tali interventi possono essere ricondotti a due categorie: partecipazione in ambiti non riconducibili a scenari di protezione civile e partecipazione in qualità di struttura operativa del Servizio nazionale della protezione civile. Solo in quest'ultimo caso la mobilitazione del VOPC (volontariato organizzato di protezione civile) è disciplinata dalle disposizioni in tema di eventi a rilevante impatto locale, di cui alla Direttiva del Presidente del Consiglio dei Ministri del 12 novembre 2012, e ai singoli volontari potranno essere riconosciuti i benefici di cui agli artt. 39 e 40 d.lgs. n. 1/2018. In ogni caso le organizzazioni di volontariato possono svolgere esclusivamente attività amministrativa di supporto, socio-assistenziale, di soccorso e assistenza sanitaria, di predisposizione e somministrazione pasti e di informazione alla popolazione. È esclusa qualsiasi attività di controllo del territorio, di vigilanza e osservazione, di controllo nelle aree di rispetto e/o prefiltraggio, di adozione di impedimenti fisici al transito di veicoli e interdizione di percorsi di accesso.

# CAPITOLO V
# Le misure di prevenzione

di *Giacomo Pintus*



## V.1. Il 'diritto della prevenzione' e le misure di prevenzione 'tipiche' personali e patrimoniali

Nell'ambito dell'ordinamento italiano della pubblica sicurezza è stato attribuito un ruolo centrale alle cc.dd. misure di prevenzione. Si tratta di strumenti agili e snelli messi a disposizione dell'amministrazione della pubblica sicurezza allo scopo di garantire la difesa sociale di fronte a pericoli di ordine pubblico[1], che tuttavia pongono rilevanti questioni problematiche sul piano del rapporto con i principi garantisti che fondano lo Stato di diritto.

La distinzione tra strumenti di prevenzione e strumenti di repressione risale all'epoca liberale. In precedenza, infatti, gli ordinamenti penali qualificavano come reato anche condotte sintomatiche di pericolosità sociale prive di portata lesiva nei confronti di un bene giuridico, come ad esempio il vagabondaggio. A partire dalla seconda metà dell'Ottocento, invece, è stato sviluppato un autonomo 'diritto della prevenzione' radicato nell'ambito della pubblica sicurezza[2].

La particolare forza e l'efficacia delle misure di prevenzione sul piano della tutela dell'ordine pubblico sono da ricondurre a quello che è il loro tratto caratterizzante: l'anticipazione della soglia di difesa ad un momento precedente a quello

---

[1] Cfr. M.F. CORTESI, *Le misure di prevenzione*, in L. FILIPPI – M.F. CORTESI, *Il sistema di prevenzione penale*, Torino, 2011, p. 8.

[2] Cfr. G. FIANDACA – E. MUSCO, *Diritto penale. Parte generale*, Bologna, 2014, p. 913.

della commissione di un reato, grazie alla loro applicabilità nei confronti di persone ritenute socialmente pericolose indipendentemente dalla realizzazione di una condotta penalmente rilevante.

Si tratta quindi di misure special-preventive, poiché sono dirette non a punire, ma bensì ad evitare la realizzazione di comportamenti socialmente pericolosi e penalmente rilevanti. Il presupposto per l'applicazione di una misura di prevenzione è, dunque, la pericolosità del soggetto destinatario, da verificare attraverso la valutazione della probabilità che egli possa in futuro adottare comportamenti particolarmente offensivi per l'ordine pubblico.

Come si avrà modo di dire meglio più avanti, può capitare che la legge indichi tra i presupposti per l'applicazione di una misura di prevenzione anche la realizzazione di una condotta penalmente rilevante. In questi casi, tuttavia, il reato non assume rilievo come fatto da punire (attività che rimane riservata all'autorità giudiziaria), ma bensì come indicatore della pericolosità della persona: la misura di prevenzione non opera quindi come sanzione, ma conserva comunque la natura di strumento di tutela dell'ordine pubblico rispetto ad un pericolo noto.

Per quanto attiene alla natura giuridica, allora, secondo la dottrina prevalente le misure di prevenzione sono da considerarsi sempre provvedimenti di carattere amministrativo, in quanto riconducibili in ogni caso alla politica governativa di mantenimento dell'ordine pubblico e non invece alla repressione penale.

Ponendo l'accento sull'autorità competente all'adozione del provvedimento, tuttavia, è stata elaborata l'impropria distinzione tra misure di prevenzione amministrative (adottate dal Questore) e misure di prevenzione giurisdizionali (adottate dall'autorità giudiziaria, con garanzia del contraddittorio). Tale impostazione risulta però errata e fuorviante: il coinvolgimento dell'autorità giudiziaria, infatti, non modifica in alcun modo la funzione preventiva della misura, ma trova giustificazione nell'esigenza di operare un controllo sull'attività dell'autorità amministrativa nei casi in cui il provvedimento proposto sia idoneo ad incidere sulla libertà personale del destinatario.

La competenza all'adozione delle misure rileva invece sul piano degli strumenti di tutela. Nei casi di misure disposte dal Questore, infatti, il soggetto destinatario potrà presentare sia ricorso gerarchico al Prefetto *ex* art. 6 T.U.L.P.S. (nei confronti del provvedimento applicativo della misura) sia ricorso giurisdizionale al Giudice amministrativo, o in alternativa ricorso al Presidente della Repubblica (nei confronti del provvedimento applicativo della misura, oppure nei confronti della decisione del Prefetto sul ricorso gerarchico). I provvedimenti disposti dall'autorità giudiziaria – sia che accolgano sia che rigettino la richiesta di applicazione della misura – possono invece essere impugnati con gli ordinari rimedi giurisdizionali (ricorso avanti alla Corte d'appello e ricorso in Cassazione).

La disciplina generale delle misure di prevenzione è oggi contenuta nel d.lgs. 6 settembre 2011, n. 159 (cd. 'Codice antimafia'), che ha sostituito la precedente legge 27 dicembre 1956, n. 1423 raccogliendo in un unico testo tutta la normativa stratificatasi nel corso degli anni.

In quest'ambito si distingue tra misure di prevenzione personali, misure di prevenzione patrimoniali ed effetti interdittivi derivanti dall'applicazione di misure di prevenzione personali. In particolare, sono misure di prevenzione personali l'avviso orale (di competenza del Questore), il foglio di via obbligatorio (di competenza del Questore), la sorveglianza speciale di pubblica sicurezza, eventualmente con divieto oppure con obbligo di soggiorno (di competenza dell'autorità giudiziaria, che la adotta su proposta del Questore, del Procuratore nazionale antimafia, del Procuratore della Repubblica competente per il territorio ove la persona dimora, oppure della Direzione investigativa antimafia). Sono invece misure di prevenzione patrimoniale il sequestro, la confisca, la cauzione e l'amministrazione giudiziaria dei beni, tutte di competenza dell'autorità giudiziaria (sempre su proposta del Questore, del Procuratore nazionale antimafia e antiterrorismo, del Procuratore della Repubblica competente per il territorio ove la persona dimora, oppure del Direttore della Direzione investigativa antimafia).

Come è evidente, le misure di prevenzione personali attribuite alla competenza dell'autorità giudiziaria risultano particolarmente afflittive: in particolare la sorveglianza speciale di pubblica sicurezza, che limita fortemente la libertà personale dell'individuo (art. 6 d.lgs. n. 159/2011). In questi casi la competenza dell'autorità giudiziaria trova conforto e giustificazione nell'art. 13 Cost., che pone una riserva di giurisdizione per tutti i provvedimenti limitativi della libertà personale.

Il Questore, invece, può adottare autonomamente – e quindi senza l'avallo dell'autorità giudiziaria – le misure di prevenzione personali dell'avviso orale e del foglio di via obbligatorio: con l'avviso orale egli può segnalare ad una persona che esistono indizi a suo carico, invitandola a tenere d'ora in poi una condotta conforme alla legge (art. 3 d.lgs. n. 159/2011); con il foglio di via obbligatorio, invece, il Questore può disporre l'allontanamento dal territorio di una persona non residente che sia risultata pericolosa per la sicurezza pubblica, inibendo alla stessa di fare ritorno in mancanza di preventiva autorizzazione o per un periodo comunque non superiore a tre anni (art. 2 d.lgs. n. 159/2011). Tale misura incide sulla libertà di circolazione dell'individuo (art. 16 Cost.). Nel riconoscere tale diritto, tuttavia, la Costituzione non ha ritenuto di prevedere una riserva di giurisdizione: il Questore, dunque, può adottare il provvedimento in piena autonomia.

Per quanto concerne le misure di prevenzione patrimoniali, invece, esse sono state introdotte nell'ordinamento con la legge 13 settembre 1982, n. 646 (cd. 'legge Rognoni-La Torre')[3], allo scopo di consentire l'aggressione degli ingenti patrimoni accumulati dalle organizzazioni criminali attraverso l'esercizio di attività illecite. Nell'ambito della lotta alla criminalità organizzata, infatti, era divenuto chiaro che non fosse sufficiente perseguire i membri dell'organizzazione, poiché questi potevano essere agevolmente sostituiti da nuovi affiliati; era invece necessario colpire ed impoverire la componente economico-finanziaria del sodalizio, in quanto il patrimonio rappresenta – ad un tempo – il movente dell'azione criminale e la sua principale risorsa.

A tale scopo sono state introdotte nell'ordinamento le misure del sequestro e della confisca. Il sequestro, in particolare, è un provvedimento di natura provvisoria che può essere disposto nei confronti dei beni nella disponibilità diretta o indiretta del soggetto indiziato di appartenere ad un'organizzazione criminale. Ciò può avvenire in due ipotesi: o qualora il loro valore risulti sproporzionato rispetto ai suoi redditi, oppure qualora si abbia motivo di ritenere che gli stessi siano il frutto di attività illecite o ne costituiscano il reimpiego (art. 20 d.lgs. n. 159/2011). I beni sequestrati, poi, saranno successivamente oggetto di confisca qualora la persona indiziata non riesca a giustificarne la legittima provenienza (art. 24 d.lgs. n. 159/2011).

Per quanto riguarda le modalità di applicazione, si rileva che le misure di prevenzione patrimoniale possono essere richieste anche disgiuntamente da una misura di prevenzione personale (art. 18 d.lgs. n. 159/2011)[4]. Esse, inoltre, seguono il medesimo procedimento delle misure di prevenzione personali più afflittive: competente ad adottare il provvedimento è dunque l'autorità giudiziaria, che si attiva su proposta del Questore, del Procuratore nazionale antimafia e antiterrorismo, del Procuratore della Repubblica territorialmente competente, oppure il Direttore della Direzione investigativa antimafia e antiterrorismo (art. 23 d.lgs. n. 159/2011).

---

[3] La legge 'Rognoni-La Torre' non si è limitata ad intervenire sul piano della prevenzione, ma anche su quello della repressione: in questa occasione, infatti, è stato introdotto nel Codice penale l'art. 416-*bis*, che per la prima volta ha attribuito rilevanza penale autonoma all'associazione di tipo mafioso. Cfr. *infra*, cap. VIII, par. 2.

[4] Si tratta di una novità, che ha contribuito in maniera determinante alla valorizzazione dello strumento. Per lungo tempo, infatti, l'adozione di una misura di prevenzione personale ha costituito il presupposto fondamentale per l'applicazione di una misura di prevenzione patrimoniale. Ciò creava evidenti problemi pratici, soprattutto in caso di morte del soggetto indiziato di appartenere ad un'organizzazione criminale: in questo caso, infatti, si perdeva la possibilità di sequestrare beni che pure si era sicuri avessero provenienza illecita. Oggi, invece, la legge stabilisce espressamente la reciproca autonomia delle due tipologie di misure, precisando che quelle patrimoniali possono essere disposte indipendentemente dalla pericolosità del soggetto titolare del bene (che può essere soltanto un prestanome) ed anche in caso di morte del soggetto proposto per la loro applicazione (art. 18, commi 1, 2 e 3 d.lgs. n. 159/2011).

In una prima fase l'operatività delle misure di prevenzione patrimoniali è rimasta piuttosto limitata: la legge, infatti, prevedeva che potessero essere disposte solamente nei confronti di soggetti caratterizzati da una pericolosità 'specifica' in quanto indiziati di appartenere ad organizzazioni criminali. Recentemente, tuttavia, la loro portata è stata estesa anche alle ipotesi di pericolosità 'generica', nella prospettiva di realizzare così una strategia generale di tutela dell'ordine pubblico attraverso strumenti di carattere non solo personale, ma anche patrimoniale (art. 16 d.lgs. n. 159/2011). All'indomani di questa innovazione si ritiene di poter affermare che il sistema di prevenzione disciplinato dal d.lgs. n. 159/2011 abbia ormai acquisito carattere 'generale', in quanto il presupposto della pericolosità sociale può emergere da condotte eterogenee e riconducibili a molteplici ambiti. Il legislatore, in altre parole, non ha ritenuto di limitare l'operatività di questi strumenti a campi ben definiti, ma ha preferito elaborare una disciplina generale delle misure di prevenzione personali e patrimoniali in grado di operare in funzione preventiva sia in presenza di una pericolosità specifica (ad esempio nell'ambito delle associazioni criminali o del terrorismo), sia – più in generale – in presenza di una pericolosità cd. generica[5] (cfr. artt. 1, 4 e 16 d.lgs. n. 159/2011)[6].

---

[5] Nel 2017 tuttavia la possibilità di applicare una misura di prevenzione anche nelle ipotesi di pericolosità generica è stata oggetto di una pronuncia di condanna della Corte europea dei Diritti dell'Uomo nei confronti dell'Italia (cfr. Corte europea dei diritti dell'uomo, Grande Camera, sentenza 23 febbraio 2017, De Tommaso c. Italia). La decisione dei giudici di Strasburgo muove dall'art. 2, comma 3 del protocollo addizionale n. IV alla Convenzione europea per la salvaguardia dei diritti dell'uomo e delle libertà fondamentali, che con riferimento alla libertà personale ed alla libertà di circolazione prevede che "l'esercizio di questi diritti non può essere oggetto di restrizioni diverse da quelle che sono previste dalla legge e costituiscono, in una società democratica, misure necessarie alla sicurezza nazionale, alla pubblica sicurezza, al mantenimento dell'ordine pubblico, alla prevenzione delle infrazioni penali, alla protezione della salute o della morale o alla protezione dei diritti e libertà altrui". La legittimità di misure restrittive della libertà personale e della libertà di circolazione è dunque condizionata al rispetto del principio di legalità e del principio di proporzionalità. Sulla base di ciò, la Corte eur. dir. uomo ha osservato che nell'ordinamento italiano l'applicabilità di una misura di prevenzione nei casi di pericolosità generica trova effettivamente un fondamento legale dapprima nella legge n. 1423/1956, e successivamente nell'art. 1 d.lgs. 159/2011, così rispettando il principio di legalità; con riferimento alla proporzionalità, invece, viene rilevato che la disciplina si presenta eccessivamente indeterminata con riferimento all'individuazione degli elementi di fatto e dei comportamenti da cui dedurre l'effettiva pericolosità sociale del proposto. Ad avviso dei giudici di Strasburgo, dunque, il legislatore attribuirebbe all'autorità pubblica una discrezionalità molto ampia senza tuttavia definirne i limiti né le modalità di esercizio nella prospettiva di evitare abusi. A ciò si aggiungerebbe un grave difetto di prevedibilità della misura, che non permetterebbe al cittadino di poter conformare agevolmente e con sufficiente certezza le proprie condotte al precetto.

[6] Con la recente sentenza 27 febbraio 2019, n. 24 la Corte costituzionale ha svolto un'analisi nel merito delle censure sollevate dalla sentenza 'De Tommaso c. Italia', soffermandosi sul profilo della determinatezza della fattispecie normativa che individua i destinatari delle

## V.2. Le misure di prevenzione 'atipiche'

Accanto alla descritta disciplina di carattere generale, il legislatore ha introdotto nell'ordinamento anche delle ipotesi di misure di prevenzione che possono essere considerate 'speciali', o 'atipiche'[7], in quanto la pericolosità sociale alla base della loro applicazione deve essere dedotta necessariamente da elementi di fatto ascrivibili ad un campo ben specifico. Si tratta di strumenti speciali elaborati per consentire alle autorità di pubblica sicurezza di operare in maniera più efficace sul piano della prevenzione di fenomeni particolari, come la violenza e la discriminazione negli stadi, gli atti persecutori, l'uso e lo spaccio di sostanze stupefacenti, le condotte lesive del decoro urbano.

### *V.2.1. (*segue*) il DASPO e l'obbligo di comparizione in concomitanza di manifestazioni sportive*

Con riferimento alla difesa dell'ordine pubblico in occasione di eventi sportivi, l'art. 6 della legge 13 dicembre 1989, n. 401 (così come modificato dal d.l. 22 agosto 2016, n. 119 e dal d.l. 4 ottobre 2018, n. 113) disciplina la misura del divieto di accesso ai luoghi dove si svolgono manifestazioni sportive, nonché a quelli,

---

misure di prevenzione, con particolare riferimento alla cd. 'pericolosità generica' (art. 1, comma 1 lett. a e b d.lgs. n. 159/2011). Le questioni di costituzionalità prese in esame dalla Corte – sollevate dal Tribunale di Padova, dalla Corte d'appello di Napoli e dal Tribunale di Udine – assumevano come parametro l'art. 117, comma 1 Cost., e pertanto la Corte è stata chiamata a valutare gli effetti nell'ordinamento interno di una pronuncia (la sentenza 'De Tommaso c. Italia', appunto) con cui la CEDU ha attestato il contrasto di alcune disposizioni interne con norme e principi di derivazione sovranazionale. Per la prima volta, dunque, nell'ambito delle misure di prevenzione, dunque, si fa questione di rapporti tra ordinamenti, evocando il vincolo del rispetto degli obblighi internazionali da parte del legislatore di cui all'art. 117, comma 1 Cost. Con specifico riferimento all'art. 1, comma 1, lett. b d.lgs. n. 159/2011, la Corte ha valutato che la giurisprudenza nazionale abbia raggiunto un sufficiente grado di precisione nella definizione della fattispecie, attraverso l'individuazione «non tanto di singoli "titoli" di reato, quanto di specifiche "categorie" di reato» e dei «tipi di comportamento assunti a presupposto delle misure». Con riferimento all'art. 1, comma 1, lett. a d.lgs. n. 159/2011, invece, la Corte ha concluso per l'accoglimento della questione di costituzionalità, rilevando che la giurisprudenza nazionale di merito non sia riuscita a «riempire di significato certo, e ragionevolmente prevedibile *ex ante* per l'interessato, il disposto normativo in esame». Tale circostanza è resa evidente dalla convivenza di due opposti orientamenti interpretativi sul punto, cristallizzati nelle sentenze n. 11846/2018 e n. 53003/2017 della Corte di Cassazione. Pertanto, la disciplina nazionale è stata giudicata in contrasto con il dettato costituzionale nella parte in cui stabilisce che le misure di prevenzione anche ai soggetti di cui alla lett. a dell'art. 1, comma 1 d.lgs. n. 159/2011.

[7] Cfr. M.F. CORTESI, *Le misure di prevenzione*, op. cit., p. 20.

specificamente indicati, interessati alla sosta, al transito, al trasporto di coloro che partecipano o assistono alle manifestazioni medesime (cd. 'DASPO')[8].

Si tratta di una misura destinata ad incidere sulla libertà di circolazione del destinatario (art. 16 Cost.): la competenza, dunque, è attribuita al Questore, che può autonomamente adottarla:

- in presenza di una denuncia per aver preso parte attiva a episodi di violenza su persone o cose in occasione o a causa di manifestazioni sportive, o che nelle medesime circostanze abbiano incitato, inneggiato o indotto alla violenza;
- sulla base di elementi di fatto da cui risulti che in occasione o a causa di manifestazioni sportive il soggetto abbia tenuto, anche all'estero, una condotta singola o di gruppo evidentemente finalizzata alla partecipazione attiva ad episodi di violenza, minaccia o intimidazione tali da porre in pericolo la sicurezza pubblica o creare turbative per l'ordine pubblico;
- in presenza di una denuncia o di una condanna anche non definitiva nel corso degli ultimi cinque anni per diversi reati[9];
- nei casi di cui all'art. 4, comma 1, lett. d d.lgs. n. 159/2011[10].

Il DASPO può essere disposto anche nei confronti di soggetti minorenni, purché abbiano compiuto il quattordicesimo anno d'età (art. 6, comma 1-*bis* legge n. 401/1989). In questo caso, il provvedimento deve essere notificato a coloro che esercitano la potestà genitoriale.

Unitamente al DASPO il Questore può inoltre disporre l'obbligo di comparizione presso un comando di polizia in giorni ed orari prestabiliti (art. 6, comma 2 legge n. 401/1989)[11]. Si tratta di una misura accessoria finalizzata a rendere possibile la verifica del rispetto del divieto di accesso alle manifestazioni sportive. Considerata però la sua attitudine ad incidere sulla libertà personale del soggetto (art. 13 Cost.), il provvedimento del Questore deve essere convalidato entro quarantotto ore dal Giudice per le indagini preliminari (art. 6, commi 2-*bis* e 3 legge n. 401/1989). Avverso l'ordinanza di convalida è possibile proporre ricorso per Cassazione (art. 6, comma 4 legge n. 401/1989).

Tanto il DASPO quanto la misura dell'obbligo di comparizione non possono avere durata inferiore ad un anno (tre anni in caso di condotta di gruppo, per i soggetti che ne hanno assunto la direzione) e superiore a cinque. In caso di recidiva, poi, è sempre disposto l'obbligo di comparizione, e la durata del nuovo divieto

---

[8] Sulla legittimità costituzionale dell'istituto del DASPO cfr. Corte cost., sentenza 30 maggio 1996, n. 193.

[9] Cfr. art. 6, comma 1, lett. c legge n. 401/1989.

[10] Cfr. art. 6, comma 1, lett. d legge n. 401/1989, introdotto dall'art. 20 d.l. n. 113/2018.

[11] Sulla legittimità costituzionale dell'istituto dell'obbligo di comparizione cfr. Corte cost., 20 novembre 2002, n. 512.

non può essere inferiore a cinque anni e superiore a dieci (art. 6, comma 5 legge n. 401/1989).

Infine, qualora vengano meno o si modifichino le condizioni poste alla base dell'emissione (anche per effetto di provvedimenti dell'autorità giudiziaria), le misure del DASPO e dell'obbligo di comparizione devono essere revocate o modificate (art. 6, comma 5 legge n. 401/1989).

### *V.2.2. L'ammonimento orale nei casi di atti persecutori (stalking)*

A fronte del costante aumento degli episodi di violenza nei confronti delle donne, nel 2009 il legislatore ha adottato una serie di importanti misure tese a tutelare la sicurezza della collettività attraverso un più efficace contrasto dei fenomeni della violenza sessuale e degli atti persecutori.

Con particolare riferimento all'ambito degli atti persecutori è stata introdotta la misura di prevenzione dell'ammonimento, che può essere disposta dal Questore nei confronti del presunto autore della condotta in un momento precedente a quello dell'accertamento della responsabilità penale, su richiesta della persona offesa. Quest'ultima, infatti, prima della presentazione della querela per il reato di cui all'art. 612-*bis* c.p. può esporre i fatti all'autorità di pubblica sicurezza al fine di chiedere al Questore di disporre l'ammonimento del soggetto indicato come responsabile della condotta persecutoria (art. 8, comma 1 d.l. n. 23 febbraio 2009, n. 11).

L'applicazione della misura non è tuttavia automatica: il Questore è infatti chiamato a valutare la fondatezza dell'istanza, assumendo informazioni dagli organi investigativi e sentendo le persone informate dei fatti. Se dall'istruttoria sono emersi elementi da cui è possibile desumere la pericolosità del soggetto nei cui confronti è stato richiesto il provvedimento, il Questore – senza bisogno della convalida da parte dell'autorità giudiziaria – lo ammonisce oralmente e lo invita a tenere una condotta conforme alla legge, adottando se del caso i provvedimenti necessari in materia di armi e munizioni (art. 8, comma 2 d.l. n. 11/2009).

Qualora il soggetto già ammonito ponga in essere un nuovo atto persecutorio, il delitto di cui all'art. 612-*bis* c.p. diviene procedibile d'ufficio (art. 8, comma 4 d.l. n. 11/2009) e la pena è aumentata (art. 8, comma 3 d.l. n. 11/2009).

### *V.2.3. Le misure di prevenzione contro l'uso di sostanze stupefacenti*

Come è noto, in materia di stupefacenti l'ordinamento italiano distingue tra detenzione ai fini di spaccio e detenzione per uso personale. Se la detenzione ai fini di spaccio configura una fattispecie di reato (art. 73 d.P.R. 9 ottobre 1990, n. 309), al contrario la detenzione per uso personale è penalmente irrilevante, integrando invece un illecito amministrativo (art. 75 d.P.R. n. 309/1990).

Il legislatore, dunque, ritiene che l'uso di sostanze stupefacenti si caratterizzi per un'offensività non elevata: per questo motivo tale condotta non è meritevole di essere perseguita sul piano penale. Ciononostante, l'uso di sostanze stupefacenti – tenendo conto delle modalità o delle circostanze in cui viene attuato – può essere valutato dall'autorità di pubblica sicurezza come un indice di pericolosità sociale dell'individuo, da cui potrebbe derivare un pericolo per l'ordine pubblico.

In questa prospettiva nel 2005 al d.P.R. n. 309/1990 era stato aggiunto l'art. 75-*bis*, con cui era stato previsto che il soggetto sanzionato per l'uso di sostanze stupefacenti o psicotrope che risultasse già condannato, anche con sentenza non definitiva, per reati contro la persona, per reati contro il patrimonio, per reati previsti dalle norme sulla circolazione stradale, oppure che fosse stato condannato o sanzionato per violazione delle norme del Testo unico sulle sostanze stupefacenti e psicotrope, oppure che risultasse essere già destinatario di misure di prevenzione o di sicurezza, sarebbe potuto essere sottoposto ad una o più misure di prevenzione specifiche per la sua condizione di tossicodipendente (art. 75-*bis*, comma 1 d.P.R. n. 309/1990).

Si trattava in particolare dell'obbligo di presentarsi almeno due volte a settimana presso l'ufficio di pubblica sicurezza territorialmente competente; dell'obbligo di rientrare nella propria abitazione, o in altro luogo di privata dimora, entro una determinata ora e di non uscirne prima di altra ora prefissata; del divieto di frequentare determinati locali pubblici; del divieto di allontanarsi dal comune di residenza; dell'obbligo di comparire in un ufficio o comando di polizia specificamente indicato, negli orari di entrata ed uscita dagli istituti scolastici; del divieto di condurre qualsiasi veicolo a motore (art. 75-*bis*, comma 1 d.P.R. n. 309/1990). La durata massima era fissata in due anni, ad eccezione del divieto di condurre veicoli a motore, che sarebbe potuto durare fino a quattro anni (art. 75-*bis*, comma 1-*bis* d.P.R. n. 309/1990).

Le misure in esame erano disposte dal Questore con provvedimento motivato, qualora – in seguito all'applicazione di una sanzione amministrativa per uso di sostanze stupefacenti o psicotrope – egli avesse riscontrato che il destinatario si trovasse in una delle condizioni di pericolosità tipizzate dal legislatore (art. 75-*bis*, comma 1 d.P.R. n. 309/1990). Il provvedimento era efficace dal momento della notifica; poiché però incideva sulla libertà personale dell'individuo (art. 13 Cost.), lo stesso sarebbe dovuto essere trasmesso entro quarantotto ore all'autorità giudiziaria, che aveva a disposizione ulteriori quarantotto ore per disporne la convalida (art. 75-*bis*, comma 2 d.P.R. n. 309/1990).

Le misure sarebbero potute essere modificate o revocate dall'autorità giudiziaria sia su richiesta del destinatario (qualora fossero cessate o mutate le condizioni che ne hanno giustificato l'emissione), sia su richiesta del Questore (qualora tali condizioni risultassero invece aggravate). Il ricorso per Cassazione contro il provvedimento di revoca o di modifica non aveva effetto sospensivo (art. 75-*bis*, comma 3 d.P.R. n. 309/1990).

Infine, qualora il soggetto destinatario avesse violato uno dei divieti posti dalle misure in esame, sarebbe stato sanzionato penalmente con l'arresto da tre a diciotto mesi (art. 75-*bis*, comma 6 d.P.R. n. 309/1990).

La Corte costituzionale, tuttavia, con sentenza 20 aprile 2016, n. 94 ha dichiarato l'illegittimità costituzionale della disposizione che ha introdotto l'art. 75-*bis* d.P.R. n. 309/1990, per disomogeneità rispetto al contenuto ed alle finalità del decreto-legge in cui era stata inserita[12].

### *V.2.4. Le nuove misure di prevenzione per la sicurezza delle città (d.l. 20 febbraio 2017, n. 14 e d.l. 4 ottobre 2018, n. 113)*

Recentemente il legislatore è intervenuto nuovamente nell'ambito della pubblica sicurezza adottando misure urgenti in materia di sicurezza delle città (d.l. 20 febbraio 2017, n. 14, poi modificato dal d.l. 4 ottobre 2018, n. 113).

Sono stati così introdotti nell'ordinamento nuovi strumenti di tutela del decoro urbano, sia sul piano della repressione che su quello della prevenzione. Si tratta di misure che hanno l'obiettivo di garantire l'ordinata e civile convivenza nelle città, attraverso il contrasto delle situazioni di degrado e la tutela della fruibilità dei luoghi pubblici dove si registrano rilevanti flussi di persone.

Sul piano della repressione è stata prevista una sanzione amministrativa di carattere pecuniario per i soggetti che pongono in essere condotte in grado di impedire l'accessibilità e la fruizione sia dei punti nevralgici della mobilità urbana (infrastrutture ferroviarie, aeroportuali, marittime e di trasporto pubblico locale urbano ed extraurbano, nonché le relative pertinenze), sia degli spazi – che dovranno essere previamente individuati da regolamenti comunali di polizia urbana – in cui si trovano presidi sanitari, scuole, plessi scolastici, siti universitari, musei, aree e parchi archeologici, complessi monumentali o altri istituti e luoghi della cultura o comunque interessati da consistenti flussi turistici, aree destinate alle svolgimento di fiere, mercati, pubblici spettacoli, o adibite a verde pubblico (art. 9, commi 1 e 3 d.l. n. 14/2017)[13]. L'autorità competente ad adottare il provvedi-

---

[12] Il giudizio di costituzionalità non ha quindi avuto ad oggetto specificamente l'art. 75-*bis* d.P.R. 309/1990, ma bensì l'art. 4-*quater* d.l. n. 30 dicembre 2005, n. 272, inserito in sede di conversione.

[13] Si rileva che il legislatore non ha ritenuto di procedere ad una tipizzazione delle condotte vietate, lasciando così all'organo accertatore degli spazi piuttosto ampi per valutare se un com-

mento sanzionatorio è il Sindaco del Comune nel cui territorio tali condotte sono state accertate (art. 9, comma 4 d.l. n. 14/2017).

Sul piano della prevenzione, invece, sono state previste le misure dell'allontanamento e del divieto di accesso. Contestualmente all'accertamento di una delle suindicate condotte illecite – nonché nei casi di ubriachezza manifesta, di atti contrari alla pubblica decenza, di esercizio di commercio abusivo e di cessione di titoli di accesso alle manifestazioni sportive da parte di un soggetto non appartenente ad una società incaricata (per cui era già prevista l'applicazione di sanzioni amministrative: art. 688 c.p.; art. 726 c.p.; art. 29 d.lgs. n. 114/1998; art. 7, comma 15-*bis* d.lgs. n. 285/1992; art. 1-*sexies* d.l. n. 28/2003) – lo stesso organo accertatore è tenuto a rivolgere all'autore della condotta un ordine scritto di allontanamento dal luogo in cui la stessa è stata commessa, che perde efficacia trascorse quarantotto ore dall'accertamento del fatto (art. 10, comma 1 d.l. n. 14/2017).

Nei casi di reiterazione, poi, qualora il Questore ritenga che dalle condotte possa derivare un pericolo per la sicurezza, egli può disporre nei confronti del contravventore il divieto di accesso ad alcune aree specificamente individuate, per un periodo non superiore a dodici mesi (art. 10, comma 2 d.l. n. 14/2017). Il contravventore al divieto è punito con l'arresto da sei mesi ad un anno (art. 10, comma 2 d.l. n. 14/2017).

Qualora le condotte turbative del decoro urbano siano commesse da un soggetto condannato nel corso degli ultimi cinque anni – con sentenza definitiva oppure confermata in grado di appello – per reati contro la persona o contro il patrimonio, la durata non può essere inferiore a dodici mesi e non può superare i due anni (art. 10, comma 3 d.l. n. 14/2017). In questo caso il provvedimento deve essere convalidato dall'autorità giudiziaria, seguendo le modalità già previste per l'obbligo di comparizione accessorio alla misura del DASPO (art. 10, comma 4 d.l. n. 14/2017). In questo caso, il contravventore al divieto di accesso è punito con l'arresto da uno a due anni (art. 10, comma 3 d.l. n. 14/2017).

Si precisa, infine, che nel definire le modalità applicative del divieto di accesso ad alcune aree il Questore dovrà tenere conto delle esigenze di mobilità, di salute e di lavoro del destinatario del provvedimento (art. 10, comma 2 d.l. n. 14/2017).

Sempre allo scopo di tutelare il decoro urbano il legislatore ha poi previsto una misura di prevenzione specificamente indirizzata a persone condannate negli ulti-

---

portamento sia effettivamente capace di limitare la piena e libera fruizione dei luoghi pubblici da parte della collettività (si pensi, a titolo esclusivamente esemplificativo, all'esercizio della prostituzione con modalità ostentate, o all'esercizio dell'accattonaggio con modalità vessatorie oppure simulando deformità o attraverso il ricorso a mezzi fraudolenti: cfr. relazione del Governo sul disegno di legge di conversione del d.l. 14/2017, p. 7). Tale scelta non è andata esente da critiche, in quanto pone l'esigenza di vigilare attentamente sulla legittimità dell'azione repressiva allo scopo di garantire il costante rispetto dei diritti fondamentali della persona.

mi tre anni – con sentenza definitiva o confermata in grado di appello – per spaccio di sostanze stupefacenti e psicotrope avvenuto all'interno o nelle immediate vicinanze di scuole, plessi scolastici, sedi universitarie, locali pubblici o aperti al pubblico, ovvero in pubblici esercizi. In questi casi il Questore può disporre il divieto di accesso a locali specificamente individuati, ovvero il divieto di stazionamento nelle immediate vicinanze degli stessi, per un periodo non inferiore ad un anno né superiore a cinque (art. 13, commi 1 e 2 d.l. n. 14/2017).

Qualora poi sia riscontrata una pericolosità particolare, in aggiunta a tali divieti possono essere applicate alcune misure accessorie: l'obbligo di presentarsi almeno due volte a settimana presso il locale ufficio della Polizia di Stato o presso il comando dell'Arma dei Carabinieri territorialmente competente; l'obbligo di rientrare nella propria abitazione, o in altro luogo di privata dimora, entro una determinata ora e di non uscirne prima di altra ora prefissata; il divieto di allontanarsi dal comune di residenza; l'obbligo di comparire in un ufficio o comando di polizia specificamente indicato negli orari di entrata ed uscita dagli istituti scolastici (art. 13, comma 3 d.l. n. 14/2017).

Come è evidente si tratta di misure particolarmente limitative della libertà personale del soggetto (art. 13 Cost.), che dunque devono essere convalidate da parte dell'autorità giudiziaria (art. 13, comma 4 d.l. n. 14/2017).

Più recentemente, con il d.l. n. 113/2018 il novero delle misure di prevenzione a disposizione del Questore è stato ulteriormente integrato, con la previsione della possibilità – al di fuori dei casi di cui all'art. 13 d.l. n. 14/2017 – di disporre, per ragioni di sicurezza, nei confronti delle persone condannate con sentenza definitiva o confermata in grado di appello nel corso degli ultimi tre anni per reati commessi in occasione di gravi disordini avvenuti in pubblici esercizi ovvero in locali di pubblico trattenimento, per delitti non colposi contro la persona e il patrimonio, nonché per i delitti previsti dall'art. 73 d.P.R. n. 309/1990, il divieto di accesso agli stessi locali o ad esercizi pubblici analoghi, specificamente indicati, ovvero di stazionamento nelle immediate vicinanze degli stessi (art. 13-*bis*, comma 1 d.l. n. 14/2017).

Tale divieto, disposto con provvedimento motivato, non può avere una durata inferiore a sei mesi né superiore a due anni, può essere limitato a specifiche fasce orarie e deve individuare modalità applicative compatibili con le esigenze di mobilità, di salute e di lavoro del destinatario (art. 13-*bis*, comma 2 d.l. n. 14/2017). La violazione è punita con la reclusione da sei mesi ad un anno e con la multa da euro 5.000 a euro 20.000 (art. 13-*bis*, comma 6 d.l. n. 14/2017).

Il Questore può altresì prescrivere di comparire una o più volte, negli orari indicati, nell'ufficio o comando di polizia competente in relazione al luogo di residenza, o in quello specificamente indicato (art. 13-*bis*, comma 4 d.l. n. 14/2017).

## V.3. Le intercettazioni preventive

Al fine di rendere più efficace il contrasto delle attività criminali che destano maggiore allarme sociale, nell'ambito del procedimento di prevenzione il legislatore ha messo a disposizione dell'autorità di pubblica sicurezza lo strumento delle intercettazioni preventive.

Le intercettazioni preventive si differenziano da quelle 'processuali' in quanto non sono finalizzate all'accertamento di reati, ma bensì alla raccolta di informazioni utili a prevenirne la commissione. Tale attività – che si caratterizza per un "livello di garanzie complessivamente inferiore"[14] – viene realizzata con modalità invasive dell'altrui sfera di libertà, che subisce una compressione a fronte dell'esigenza di tutela della pubblica sicurezza.

Le intercettazioni preventive furono introdotte per la prima volta nell'ordinamento con il d.l. n. 21 marzo 1978, n. 59, mentre oggi sono disciplinate dall'art. 226 d.lgs. n. 28 luglio 1989, n. 271 ("norme di attuazione, di coordinamento e transitorie del codice di procedura penale").

Tenendo conto della funzione esclusivamente preventiva, lo strumento è posto nella disponibilità del Ministro dell'Interno, il quale può delegare i responsabili dei Servizi centrali di cui all'art. 12 d.l. 13 maggio 1991, n. 152, il Questore o il Comandante provinciale dei Carabinieri e della Guardia di Finanza[15].

Le intercettazioni sono eseguite con impianti installati presso la Procura della Repubblica o presso altre strutture idonee (art. 5, comma 3 d.l. 18 ottobre 2001, n. 374), e possono riguardare esclusivamente l'acquisizione di notizie concernenti la prevenzione di reati particolarmente gravi, quali quelli di stampo mafioso, eversivo o terroristico (art. 407, comma 2, lett. a, n. 4 c.p.p.; art. 51, comma 3-*bis* c.p.p.[16]; art. 51, comma 3-*quater* c.p.p. se commessi mediante l'impiego di tecnologie informatiche o telematiche).

In questi casi possono essere intercettate comunicazioni e conversazioni a distanza, nonché comunicazioni e conversazioni tra presenti anche se avvengono in luoghi di privata dimora (art. 226, comma 1 d.lgs. n. 271/1989). Si può inoltre procedere al tracciamento delle comunicazioni telefoniche e telematiche, nonché all'acquisizione dei dati esterni relativi alle comunicazioni telefoniche e telematiche intercorse e di ogni altra informazione utile in possesso degli operatori di tele-

---

[14] Cfr. Corte cost., ord. n. 443/2004.

[15] A partire dal 2005, però, anche i Direttori dei servizi di informazione per la sicurezza hanno la possibilità – su delega del Presidente del Consiglio – di svolgere intercettazioni preventive, nei casi in cui sono ritenute indispensabili per l'espletamento delle loro attività (art. 4, comma 1 d.l. 27 luglio 2005, n. 144).

[16] Limitatamente a questo caso il Ministero dell'Interno può altresì delegare il Direttore della direzione investigativa antimafia.

comunicazioni (art. 226, comma 4 d.lgs. n. 271/1989). In ogni caso l'utilizzo dello strumento da parte dell'autorità di pubblica sicurezza deve essere previamente autorizzato dal Procuratore della Repubblica presso il Tribunale del capoluogo del distretto in cui si trova il soggetto da sottoporre a controllo, ovvero, nel caso non sia determinabile, del distretto in cui sono emerse le esigenze di prevenzione. Il Procuratore è chiamato a valutare non solo la sussistenza di elementi investigativi in grado di giustificare l'attività di prevenzione, ma anche la stessa necessarietà dell'intercettazione[17].

L'autorizzazione non può avere una durata superiore a quaranta giorni, ma può essere prorogata per periodi successivi di venti giorni qualora si dimostri la permanenza dei presupposti di legge.

Per quanto attiene alle risultanze, il legislatore ha stabilito che le operazioni svolte ed i contenuti intercettati devono essere riportati in un verbale sintetico, che dovrà essere poi depositato presso la Procura della Repubblica insieme ai supporti utilizzati. Il Procuratore della Repubblica, dopo aver verificato la conformità all'autorizzazione delle attività svolte, e tenuto a disporre la distruzione immediata sia del verbale che dei supporti (art. 226, comma 3 d.lgs. n. 271/1989). Qualora però le risultanze siano considerate indispensabili per la prosecuzione dell'attività di prevenzione, il Procuratore può disporre che le stesse siano conservate per un periodo non superiore a ventiquattro mesi (art. 226, comma 3-*bis* d.lgs. n. 271/1989).

Per quanto attiene alla rilevanza nel procedimento penale, è stabilito che le informazioni acquisite attraverso intercettazioni preventive possono essere utilizzate esclusivamente a fini investigativi. Esse, dunque, non possono essere utilizzate come notizie di reato; inoltre, unitamente all'attività di intercettazione preventiva, non possono essere menzionate in atti di indagine né costituire oggetto di deposizione, né essere altrimenti divulgate (art. 226, comma 5 d.lgs. n. 271/1989). La divulgazione a persone non autorizzate e la pubblicazione, anche solo parziale, del contenuto di un'intercettazione preventiva sono punite con la reclusione da sei mesi a tre anni (art. 5, comma 3-*bis* d.l. n. 374/2001).

[17] Per quanto riguarda i Direttori dei servizi di informazione per la sicurezza, l'autorizzazione deve essere richiesta al Procuratore generale presso la Corte di appello di Roma (art. 4, comma 2 d.l. n. 144/2005).

# CAPITOLO VI
# Le misure antiterrorismo: profili di competenza del Ministero dell'Interno

di *Eugenio Di Agosta, Grazia Paciullo*

SOMMARIO: VI.1. Gli interventi dell'Unione europea in materia di prevenzione e contrasto al terrorismo. – VI.2. – Il nuovo "pacchetto antiterrorismo", d.l. n. 7/2015: *foreign fighters* e il contrasto *on-line* al terrorismo. – VI.3. Il Comitato di Analisi Strategica Antiterrorismo (C.A.S.A.). – VI.4. Le misure di espulsione motivate da esigenze di sicurezza nazionale.

## VI.1. Gli interventi dell'Unione europea in materia di prevenzione e contrasto al terrorismo

Le misure adottate dal legislatore italiano in materia di prevenzione e contrasto al terrorismo si inseriscono nel più ampio quadro della "Strategia antiterrorismo dell'Unione europea" adottata il 30 novembre 2005.

La necessità di elaborare comuni strumenti di contrasto al terrorismo era stata sollecitata dal Consiglio europeo a seguito degli attentati di Madrid, nel 2004. In quella occasione il Consiglio europeo aveva ribadito l'impegno degli Stati membri ad attuare un'azione coordinata e solidale in materia di sicurezza interna per preservare l'incolumità delle persone senza compromettere la libertà di circolazione nello spazio comune.

La strategia è articolata in quattro linee di intervento complementari che rappresentano una reazione comune e proporzionata alla minaccia terroristica: prevenzione, protezione, perseguimento e risposta.

La prima linea di intervento riguarda la prevenzione, intesa come lotta alla radicalizzazione e al reclutamento finalizzato al compimento di atti terroristici. Nell'ambito della strategia di prevenzione, il Consiglio ha individuato alcune priorità che gli Stati sono chiamati a perseguire con misure adeguate: tra queste, un'efficacia particolare è riconosciuta alla ricerca, alla comunicazione e al monitoraggio della rete. La prevenzione interviene, dunque, a contrastare la disseminazione di messaggi ispirati all'estremismo violento, sottraendo spazio, nel discorso pubblico, alla propaganda fondamentalista.

La seconda linea di intervento riguarda la protezione dei cittadini e delle infrastrutture, nonché la riduzione della vulnerabilità dello spazio europeo agli attacchi. Le azioni che realizzano l'obiettivo riguardano la protezione delle frontiere esterne, il miglioramento della sicurezza dei trasporti, la tutela degli obiettivi strategici e delle infrastrutture critiche[1].

La terza linea di intervento è volta al perseguimento di obiettivi concreti di collaborazione tra gli Stati membri: tra questi, è considerato di prioritaria rilevanza lo scambio di informazioni tra polizia e autorità giudiziarie mediante Europol e Eurojust.

La quarta e ultima linea di intervento concerne la risposta coordinata e solidale che tutti gli Stati membri sono chiamati a pianificare per ridurre al minimo gli effetti di un eventuale attacco terroristico. Le azioni connesse a quest'ultima priorità riguardano soprattutto il coordinamento e la gestione delle crisi, la protezione civile, la capacità di analisi dei rischi e l'assistenza alle vittime.

Nei dieci anni successivi all'adozione della strategia antiterrorismo, l'Unione ha adottato una pluralità di misure confluite nel 2015 nell'Agenda europea sulla sicurezza per il 2015-2020 della Commissione.

In particolare, l'Agenda è articolata su tre assi di intervento: la prevenzione della radicalizzazione, il contrasto alla criminalità organizzata e alla criminalità informatica.

Tra le misure operative, l'Agenda prevede l'aggiornamento della decisione quadro del Consiglio n. 2002/475/GAI attraverso una nuova direttiva agli Stati membri relativa all'adozione di omogenee misure di contrasto al terrorismo. La direttiva, presentata dalla Commissione il 2 dicembre 2015 e sulla quale è stato recentemente raggiunto l'accordo tra Consiglio e Parlamento, recepisce nel diritto europeo la risoluzione n. 2178 (2014) del Consiglio di sicurezza delle Nazioni Unite relativa ai *foreign fighters* e il Protocollo addizionale alla Convenzione del Consiglio d'Europa per la prevenzione del terrorismo. Più precisamente, la proposta di direttiva ha introdotto nuove fattispecie di reato quali i viaggi a fini terroristici, sia all'interno che all'esterno dell'Unione; il finanziamento, l'organizzazione e la facilitazione dei viaggi anche tramite supporto logistico e materiale; la partecipazione ad attività di addestramento; la raccolta di fondi con l'intenzione o la consapevolezza che saranno impiegati per compiere reati connessi al terrorismo.

A seguito dei tragici eventi terroristici degli ultimi anni, peraltro, il Legislatore nazionale è intervenuto autonomamente per irreggimentare le misure relative

[1] Nell'ambito delle misure di protezione, il Consiglio dell'Unione europea ha adottato la direttiva n. UE/2016/681, sull'utilizzo dei codici di prenotazione dei passeggeri di velivoli (Passenger Name Record – PNR). La direttiva dovrà essere recepita entro il 25 maggio 2018.

all'apparato di contrasto nei confronti di questi gravi fenomeni criminosi; a tali misure sarà dedicato il resto della trattazione[2].

## VI.2. Il nuovo "pacchetto antiterrorismo", d.l. n. 7/2015: *foreign fighters* e il contrasto *on-line* al terrorismo

In particolare, sono due le fonti primarie che hanno novellato la disciplina sul punto.

La più recente è senza dubbio la legge 26 luglio 2016, n. 153, che nel ratificare alcuni significativi trattati internazionali (tra i quali, la Convenzione del Consiglio d'Europa per la prevenzione del terrorismo e del relativo Protocollo addizionale, la Convenzione internazionale per gli atti di terrorismo nucleare, nonché la Convenzione del Consiglio d'Europa sul riciclaggio e sul finanziamento del terrorismo) ha altresì previsto l'introduzione, nel codice penale, di nuove fattispecie di reato finalizzate alla repressione delle attività terroristiche, vale a dire: l'art. 270-*quinquies*.1 in materia di finanziamento di condotte con finalità di terrorismo; l'art. 270-*quinquies*.2, recante disposizioni per la repressione delle condotte di sottrazione di beni o denaro sottoposti a sequestro per prevenire il finanziamento delle organizzazioni terroristiche; l'art. 280-*ter*, che introduce il delitto di "atti di terrorismo nucleare"[3]. Viceversa, il d.l. 18 febbraio 2015, n. 7, convertito con

[2] Nell'ambito dei provvedimenti di contrasto al terrorismo, è qui di interesse fare riferimento a una proposta di legge, attualmente in discussione alla Camera (A.C. 3556), orientata a prevenire i fenomeni di radicalizzazione e di diffusione dell'estremismo *jihadista*. La prevenzione è qui intesa, in senso innovativo rispetto alle misure repressive oggetto dei citati interventi legislativi, come strategia proattiva volta innanzitutto al recupero umano, sociale, culturale e professionale di soggetti già radicalizzati o esposti ad ambienti fondamentalisti. In particolare, la proposta di legge affida ad un Centro nazionale sulla radicalizzazione (CRAD), istituito presso il Dipartimento delle libertà civili e dell'immigrazione con decreto del Ministro dell'Interno, l'adozione di un Piano strategico di prevenzione dei processi di radicalizzazione e di adesione all'estremismo violento di matrice *jihadista*, nonché di recupero dei soggetti coinvolti da tale fenomeno. Analogamente, sul piano territoriale la proposta di legge prevede l'istituzione, presso le Prefetture-Uffici territoriali del Governo dei capoluoghi, di regione di Centri di coordinamento regionali sulla radicalizzazione (CCR) con il compito di dare attuazione al Piano strategico nazionale elaborato dal CRAD. Ai sensi della norma, il CCR sarà presieduto dal Prefetto o da un suo delegato e dovrà essere composto da rappresentanti dei competenti uffici territoriali delle amministrazioni statali, degli enti locali e da qualificati esponenti di istituzioni, enti o associazioni operanti nel campo religioso, educativo e sociale, nonché delle associazioni e organizzazioni che operano nel campo dell'assistenza socio-sanitaria e dell'integrazione, delle organizzazioni sindacali dei datori di lavoro e dei lavoratori.

[3] R. Wenin, *Una riflessione comparata sulle norme in materia di addestramento per finalità di terrorismo*, in Diritto penale contemporaneo, 4, Milano, 2016, p. 108; G. Marino, *Il sistema antiterrorismo alla luce della l. 43/2015: un esempio di "diritto penale del nemico?"*, in *Riv. it. dir. e proc. pen.*, Milano, 2016, p. 1389.

modificazioni nella legge 17 aprile 2015, n. 43, e noto anche come "pacchetto antiterrorismo", ha agito su una vasta gamma di istituti, seguendo una duplice direzione: da una parte, la repressione penale con l'introduzione di nuove fattispecie delittuose e contravvenzionali, dall'altra, agendo sul sistema preventivo della sicurezza nazionale[4].

Procedendo con ordine, è giusto il caso di rilevare che le nuove misure appartenenti ad entrambe le tipologie – tanto preventive, quanto repressive – desiderano coprire alcune lacune dell'ordinamento derivanti dall'evoluzione stessa del fenomeno terroristico. In altre parole, la *ratio* sottesa all'intervento legislativo si rinviene nello stesso profilo autoriale dei c.d. "lupi solitari" o "*foreign fighters*", espressioni che racchiudono sia quei soggetti radicalizzati che intendono compiere atti terroristici a titolo individuale, sia coloro che volendo raggiungere il medesimo scopo godono, in aggiunta, di una significativa esperienza di addestramento in zone di guerra[5].

L'incremento della pericolosità di tali categorie di soggetti è poi ulteriormente corroborata dalla diffusione di materiale d'indottrinamento e addestramento attraverso siti *web* dediti alla propaganda fondamentalista, nonché dal massiccio ritorno in Europa dai territori di Iraq e Siria dei *foreign fighters* come precisa strategia terroristica[6]. Invero, è qui opportuno ricordare che il Consiglio di Sicurezza dell'ONU ha adottato la risoluzione n. 2178 del 24 settembre 2014 prevedendo uno specifico obbligo di reprimere "il reclutamento, l'organizzazione, il trasporto e l'equipaggiamento di individui che viaggiano verso uno Stato diverso da quello di loro residenza o nazionalità allo scopo di perpetrare, programmare, preparare o partecipare ad atti terroristici, ovvero di fornire o ricevere addestramento terroristico, nonché il finanziamento dei loro viaggi o delle loro attività"[7].

---

[4] G. LEO, *Nuove norme in materia di terrorismo*, in Il libro dell'anno del diritto, 2016, p. 50; M. C. AMOROSI, *Terrorismo, diritto alla sicurezza e diritti alla libertà: una riflessione intorno al decreto legge n. 7/2015*, *Costituzionalismo.it*, 2, 2015; F. ROBERTI, L. GIANNINI, *Manuale dell'antiterrorismo. Evoluzione normativa e nuovi strumenti investigativi*, Roma, 2016, p. 10; S. LICCIARDELLO, *Nuove norme antiterrorismo in Italia*, 2016, disponibile sul sito *sicurezzanazionale.gov.it*; F. SCARDINO, *Una analisi del decreto antiterrorismo*, in *Rass. Avv. Stato*, 2, 2015, p. 215; M. F. CORTESI, *I riflessi sul sistema processuale, penitenziario e di prevenzione*, in *Dir. pen. e proc.*, 8, 2015, p. 947.

[5] F. VIGANÒ, *Minaccia dei lupi solitari e risposta dell'ordinamento: alla ricerca di un delicato equilibrio tra diritto penale, misure di prevenzione e tutela dei diritti fondamentali della persona*, in F. VIGANÒ, R. KOSTORIS, (a cura di), *Il nuovo pacchetto antiterrorismo*, Torino, 2016, p. 5; Relazione di accompagnamento al ddl di conversione.

[6] SISTEMA DI INFORMAZIONE PER LA SICUREZZA DELLA REPUBBLICA – PRESIDENZA DEL CONSIGLIO DEI MINISTRI, Relazione al Parlamento sulla politica di informazione per la sicurezza 2016.

[7] A. BALSAMO, *Le modifiche in materia di misure di prevenzione e di espulsione degli stranieri*, in F. VIGANÒ, R. KOSTORIS, (a cura di), op. cit., p. 21.

Da qui, prendono quindi spunto, innanzitutto, le nuove fattispecie delittuose che vedono punito non più solo l'associazione con finalità terroristiche e i suoi membri, bensì lo stesso singolo soggetto che, autonomamente, pone in essere "qualsiasi condotta finalizzata univocamente" al compimento di atti terroristici (come ad esempio l'art. 270-*quinquies*)[8].

Sulla stessa linea si pongono altresì il delitto di "arruolamento per finalità di terrorismo" (art. 270-*quater*) grazie all'estensione non più al mero reclutatore ma anche all'arruolato; quello di "organizzazione di trasferimenti per finalità di terrorismo" (art. 270-*quater*.1), nonché le due contravvenzioni di "detenzione abusiva di precursori di esplosivi" (art. 678-*bis*) e "omissioni in materia di precursori di esplosivi" (art. 679-*bis*).

Prima di verificare le novelle apportate dal d.l. n. 7/2015 alle misure di prevenzione, è qui opportuno soffermarci sulla portata del "doppio binario", ovverosia, del duplice livello di contrasto penale-preventivo. Invero, attenta dottrina ne ha giustamente colto la somiglianza con la disciplina riservata alla criminalità organizzata di stampo mafioso, sia sotto il profilo "culturale" – segnatamente, per la capacità di penetrazione in determinati contesti e di radicalizzazione di nuovi adepti – sia sotto l'aspetto operativo, con riferimento all'approccio transnazionale e alla caratura eversiva della minaccia[9].

Non è quindi un caso che il c.d. "pacchetto antiterrorismo" abbia dunque previsto una serie di modifiche ordinamentali e processuali affinché lo stesso coordinamento investigativo dei procedimenti promossi per i reati di terrorismo e di criminalità mafiosa fosse quindi demandato ad un unico ente e ricondotto, appunto, nella Procura Nazionale Antimafia che pertanto aggiunge alla propria denominazione il termine "Antiterrorismo"[10]. Peraltro, tralasciando gli ambiti marcatamente processual-penalistici dei poteri di coordinamento del Procuratore nazionale, giova invece rilevare l'attribuzione al medesimo del potere di proposta di misure di prevenzione patrimoniali di cui finora era invece – inspiegabilmente – sprovvisto, pur potendo richiedere quelle di natura personale[11].

---

[8] C. D. Leotta, *La repressione penale del terrorismo a un anno dalla riforma del d.l. 18 febbraio n. 7, conv. con modif. dalla l. 17 aprile 2015, n. 43*, in *Arch. Pen.*, 1, 2016, p. 11; A. Cavaliere, *Considerazioni critiche intorno al d.l. antiterrorismo, n. 7 del 18 febbraio 2015*, in *Diritto penale contemporaneo*, 2, 2015, p. 226; F. Fasani, *Le nuove fattispecie antiterrorismo: una prima lettura*, in *Dir. pen. e proc. pen.*, 8, 2015, p. 926.

[9] A. Balsamo, *Decreto antiterrorismo e riforma del sistema delle misure di prevenzione*, in *Diritto penale contemporaneo*, 2015.

[10] F. Roberti, *Il coordinamento nazionale delle indagini contro il terrorismo*, in F. Viganò, R. Kostoris (a cura di), op. cit., p. 129.

[11] Per rimarcare il cennato doppio binario e l'affinità con l'apparato repressivo del fenomeno mafioso, tale emendamento all'allora vigente normativa era già stato recentemente avanzato dal-

Per quanto concerne il sistema delle misure di prevenzione, il d.l. n. 7/2015 è quindi intervenuto sulla relativa disciplina contenuta nel Codice antimafia (d.lgs. 6 settembre 2011 n. 159). In particolare, il legislatore ha deciso di estendere la platea dei destinatari delle misure di prevenzione, ai sensi dell'art. 4 del d. lgs. n. 159/2011, inserendovi al comma 1, lettera d) la possibilità di comprendere coloro che "operando in gruppo o isolatamente pongano in essere atti preparatori, obiettivamente rilevanti, diretti a sovvertire l'ordinamento dello Stato con la commissione dei reati con finalità di terrorismo anche internazionale ovvero a prendere parte ad un conflitto in territorio estero a sostegno di un'organizzazione che persegue le finalità terroristiche di cui all'articolo 270-*sexies* del codice penale".

Da questa novella discendono tre significative conseguenze; per una delle quali, tuttavia, si preferisce rinviare al paragrafo successivo in tema di provvedimento d'espulsione dello straniero adottato dal Prefetto.

Innanzitutto, sotto il piano della portata normativa, la novella introdotta nell'art. 4 non riguarda esclusivamente l'applicazione della misura della sorveglianza speciale di pubblica sicurezza, bensì determina, secondo quanto prescritto dall'art. 6, d. lgs. n. 159/2011, la possibilità di applicare congiuntamente il divieto di soggiorno nel comune diverso da quello di residenza o l'obbligo di soggiorno nel comune di residenza. Inoltre, in forza del richiamo di cui all'art. 16 del codice antimafia, sono ora applicabili agli stessi soggetti anche le misure di prevenzione di natura patrimoniale.

In secondo luogo, soltanto per i soggetti di cui alla predetta lettera d), art. 4, è adesso previsto uno speciale potere di ritiro, in via temporanea, del passaporto e la sospensione di ogni altro documento equipollente per l'espatrio da parte del Questore allo scopo di accelerare il momento attuativo, e conseguentemente, restringere la possibilità per il soggetto passivo di avvantaggiarsi del tempo intercorrente necessario all'adozione della misura di prevenzione da parte del Presidente del Tribunale per allontanarsi dal territorio dello Stato. A causa della significativa incidenza sulla libertà personale, è quindi previsto l'obbligo di comunicazione al Procuratore distrettuale per la richiesta di convalida da ricevere, entro 96 ore, dal Presidente del Tribunale.

Al fine di assicurare una sanzione alla violazione della misura introdotta, il decreto in esame introduce altresì il delitto di "Violazione delle misure imposte con provvedimenti d'urgenza" (art. 75-*bis*) punendone le condotte con la reclusione da uno a tre anni[12].

---

la Commissione Fiandaca per il quale si rinvia alla "Relazione della Commissione Ministeriale incaricata di elaborare una proposta di interventi in materia di criminalità organizzata, d.m. 10 giugno 2013".

[12] C. D. Leotta, *Ulteriori modifiche al codice antimafia in materia di misure di prevenzione*

Il "pacchetto antiterrorismo" ha inoltre predisposto significative novità anche nella disciplina prettamente investigativa. Al riguardo, è doveroso citare una serie di articolate misure volte a potenziare l'attività di *intelligence* come l'autorizzazione a svolgere colloqui con detenuti per l'acquisizione di notizie (art. 6), oppure, sotto il profilo delle garanzie funzionali, l'estensione delle stesse per il personale delle Agenzie di informazione per la sicurezza (art. 8), nonché l'attribuzione della qualifica di agente di pubblica sicurezza, con funzione di polizia di prevenzione, al personale delle Forze armate nel caso sia adibito alla tutela delle strutture e del personale del DIS.

In aggiunta, è allora opportuno ricordare anche l'ampliamento dei presupposti dello speciale permesso di soggiorno "a fini investigativi" previsto dall'art. 2, d.l. 27 luglio 2005, n. 144. Questo istituto, adesso ampliato alle ipotesi di "criminalità transnazionale" (e già ricomprendente i delitti commessi per finalità di terrorismo anche internazionale), permette quindi la concessione del permesso di soggiorno qualora vi sia l'esigenza di "garantire la permanenza sul territorio nazionale dello straniero che abbia offerto all'Autorità giudiziaria o agli organi di polizia una collaborazione".

Come anticipato in premessa, le insidie del fenomeno terroristico attuale corrispondono anche alla pervasività dello stesso sul *web*. La novella prevede una centralizzazione della capacità di monitoraggio dei siti internet deputati allo svolgimento di condotte riconducibili ad organizzazioni terroristiche, ai sensi degli artt. 270-*bis* e 270-*sexies* c.p., in un'apposita *black list* costituita presso il Servizio centrale della Polizia postale e delle comunicazioni del Dipartimento della Pubblica Sicurezza, così traendo spunto dalla disciplina vigente in materia di pedopornografia *on-line*[13].

La realizzazione e l'aggiornamento costante di tale elenco permetterà di aumentare le sinergie e la circolarità informativa per le indagini preventive e repressive di attività terroristiche, richiedendo, al contempo, lo svolgimento delle operazioni sotto copertura ai sensi dell'art. 9, legge 16 marzo 2006, n.146, nonché azioni di controllo preventivo sulle comunicazioni anche di tipo informatico *ex* art. 7-*bis*, d.l. n. 144/2005. Peraltro, tramite la *black list* citata e per i siti *web* ivi elencati, l'Autorità giudiziaria può richiedere l'inibizione all'accesso direttamente ai fornitori di servizi internet (ISP) permettendo così un'efficace azione di contrasto avverso tali forme di diffusione di contenuti illeciti.

---

*personali e di espulsione dello straniero per motivi di prevenzione del terrorismo*, in A. CONZ, L. LEVITA (a cura di), *Commento organico al dl 18 febbraio 2015 n. 7, convertito in l. 17 aprile 2015, n. 43*, ed. Dike Giuridica Editrice, Roma, 2015, p. 129.

[13] S. SIGNORATO, *Le misure di contrasto in rete al terrorismo: black list, inibizione dell'accesso ai siti, rimozione del contenuto illecito e interdizione dell'accesso al dominio internet*, in F. VIGANÒ, R. KOSTORIS, (a cura di), op. cit., p. 55.

Considerata la pervasività dei controlli telematici previsti, la legge di conversione ha poi stabilito – in funzione di garanzia dell'ordinamento democratico – l'inserimento del resoconto di tali attività all'interno di una specifica sezione della Relazione annuale del Ministro dell'Interno al Parlamento sullo stato della sicurezza e dell'ordine pubblico.

Infine, sul piano inerente al trattamento dei dati personali, l'art. 7 della legge di conversione ne definisce una nuova tipologia per "finalità di polizia"[14] consistente nell'esenzione delle disposizioni contenute negli artt. 9, 10, 12, 13, 16, da 18 a 22, 37, 38, da 39 a 45 e da 145 a 151 del Codice della privacy se esso sia correlato all'esercizio dei compiti di polizia di prevenzione, di tutela dell'ordine e della sicurezza pubblica, nonché di polizia giudiziaria.

## VI.3. Il Comitato di Analisi Strategica Antiterrorismo (C.A.S.A.)

Il Comitato di Analisi Strategica Antiterrorismo è un tavolo permanente di raccordo e valutazione dei flussi informativi costituito presso il Ministero dell'Interno, Dipartimento della Pubblica Sicurezza, e presieduto dal Direttore Centrale della Polizia di Prevenzione.

Nato in via sperimentale nel 2003 per volontà del Ministro dell'Interno a seguito dei tragici eventi di Nassiriya[15], il CASA riceve una struttura più definita grazie al decreto del Ministro dell'Interno 6 maggio 2004 grazie al quale è stato formalizzato il "Piano nazionale per la gestione degli eventi di natura terroristica". Detto piano ha inoltre esplicitato le modalità di attivazione e funzionamento dell'Unità di Crisi del Ministero dell'Interno che, ai sensi dell'art. 6, d.l. 6 maggio 2002, n. 83, in occasione di emergenze derivanti da eventi che coinvolgono i diversi aspetti della sicurezza, consente di accertare e qualificare le notizie, nonché attivare le conseguenti misure di emergenza.

A livello ordinamentale il CASA funge, quindi, da supporto all'Unità di Crisi per assicurare la circolarità informativa e una qualificata analisi della minaccia[16].

Per merito delle procedure snelle di confronto investigativo e collaborazio-

---

[14] Il trattamento dei dati personali in questione può avvenire esclusivamente da parte del Centro elaborazioni dati del Dipartimento della Pubblica Sicurezza o da parte delle Forze di polizia, ovvero da organi di pubblica sicurezza o altri soggetti pubblici espressamente autorizzati dalla legge.

[15] S. BERRETTONI, *A colloquio con il Presidente*, in *Gnosis – Rivista italiana di intelligence,* 1, 2010, p. 10; C. MOSCA, *La sicurezza come diritto di libertà*, Padova, 2012, p. 334.

[16] M. VALENTINI, *L'ordinamento del sistema politico dell'informazione per la sicurezza*, in C. MOSCA, (a cura di), *I servizi di informazione e il segreto di Stato*, Milano, 2008, p. 92.

ne tra le varie componenti in esso rappresentate, il CASA rappresenta una *best practice* in ambito europeo grazie alle sinergie innescate tra gli attori istituzionali coinvolti e la duttilità dei metodi di lavoro[17]. Come anticipato, il Comitato ha una composizione interforze che consiste, oltre al Direttore Centrale della Polizia di Prevenzione che lo presiede, nella partecipazione di: dirigenti della Polizia di Stato, ufficiali superiori dei Carabinieri e della Guardia di Finanza, un rappresentante della Presidenza del Consiglio – Dipartimento informazioni per la sicurezza (DIS), Capi Reparto delle Agenzie per l'Informazione e la Sicurezza Interna ed Esterna (AISI e AISE), un rappresentante del Dipartimento dell'Amministrazione Penitenziaria (DAP).

Per quanto concerne l'azione di valutazione della minaccia terroristica, l'alimentazione del circuito informativo si basa sia sulle attività info-operative delle Forze di polizia e delle Agenzie, sia sull'opera dei rispettivi omologhi stranieri per mezzo degli Ufficiali di collegamento preposti a questo servizio. In tema di analisi strategica, il CASA valuta non solo i rischi correlati all'eversione interna o al terrorismo internazionale, bensì esamina anche i pericoli per la pubblica sicurezza in caso di manifestazioni di piazza particolarmente sensibili o lo svolgimento di grandi eventi sul territorio nazionale.

Le attività del Comitato in esame hanno anche un'accresciuta valenza sotto il profilo della pianificazione di servizi straordinari di controllo coordinato per l'attività di polizia di prevenzione, nonché del monitoraggio della rete Internet in riferimento ai siti *web* di propaganda *jihadista*. Sul punto, vale ricordare come, tramite il CASA, vengano consolidate le informazioni e aggiornate le liste dei *foreign fighters*, nonché condivise le misure di espulsione a carattere preventivo di soggetti ritenuti pericolosi per la sicurezza nazionale[18].

Le verifiche antiterrorismo stabilite dal Comitato possono altresì coinvolgere i soggetti sospettati di finanziare organizzazioni terroristiche[19], nonché gli indiziati di proselitismo all'interno delle carceri. In considerazione dei risultati raggiunti e del contributo fondamentale apportato al sistema della sicurezza, la legge 3 agosto 2007, n. 124, di riforma del Sistema di informazioni per la sicurezza della Repubblica, ne ha permesso la cristallizzazione, per la prima volta, in una disposizione

---

[17] Le riunioni periodiche del Comitato avvengono ormai settimanalmente e possono essere sempre convocate, in via straordinaria, dal Ministro dell'Interno.

[18] Sistema di informazione per la sicurezza della repubblica – Dipartimento informazioni per la sicurezza, *Relazione al Parlamento sulla politica dell'informazione per la sicurezza*, 2016, p. 12.

[19] Per tale finalità, il dl. n. 7/2015 ha modificato l'art. 9, co. 9, della legge 21 novembre 2007 n. 231 prevedendo espressamente la collaborazione della Unità di Informazione Finanziaria (UIF), per la comunicazione di anomalie riconducibili al riciclaggio e al finanziamento delle organizzazioni terroristiche, con il CASA.

di carattere primario (art. 12)[20], riconoscendo il CASA come organo centrale nelle politiche antiterrorismo tanto da prevederne espressamente la collaborazione con la struttura della Presidenza del Consiglio deputata a coordinare l'intera attività di informazione per la sicurezza, vale a dire il già precedentemente citato DIS[21].

## VI.4. Misure di espulsione motivate da esigenze di sicurezza nazionale

In questa sezione non si tratteranno tutte le tipologie di provvedimenti espulsivi destinati alla dimensione "ordinaria" della disciplina in materia di allontanamento degli stranieri, bensì se ne vuole consapevolmente delimitare l'analisi esclusivamente all'ambito delle misure finalizzate alla tutela della sicurezza nazionale[22]. La ragione di codesta scelta si rintraccia nella volontà di non confondere la materia dell'ingresso e del soggiorno dei cittadini stranieri, secondo la vigente normativa in tema di immigrazione, con le particolari esigenze di contrasto straordinario alle attività terroristiche e di vigilanza sulle preminenti necessità di garantire l'incolumità pubblica tanto dei cittadini, quanto degli stranieri regolarmente soggiornanti sul territorio nazionale[23].

Le misure che rispondono, perciò, a tali caratteristiche sono essenzialmente tre e sono di competenza delle Autorità di pubblica sicurezza, vale a dire, il Ministro dell'Interno e il Prefetto.

Innanzitutto, la prima delle modalità di allontanamento citate è prevista dall'art. 13, comma 1, d.lgs. n. 286/1998, secondo il quale "per motivi di ordine pubblico o di sicurezza dello Stato, il Ministro dell'Interno può disporre l'espulsione

---

[20] Art. 12, legge n. 124/2007, *Collaborazione delle Forze armate e delle Forze di polizia*: "1. Nell'ambito delle rispettive attribuzioni, le Forze armate, le Forze di polizia, gli ufficiali e gli agenti di polizia giudiziaria e di pubblica sicurezza forniscono ogni possibile cooperazione, anche di tipo tecnico-operativo, al personale addetto ai servizi di informazione per la sicurezza, per lo svolgimento dei compiti a questi affidati. 2. Fermo restando quanto previsto dall'articolo 118-bis del codice di procedura penale, introdotto dall'articolo 14 della presente legge, qualora le informazioni richieste alle Forze di polizia, ai sensi delle lettere c) ed e) dell'articolo 4, comma 3, siano relative a indagini di polizia giudiziaria, le stesse, se coperte dal segreto di cui all'articolo 329 del codice di procedura penale, possono essere acquisite solo previo nulla osta della autorità giudiziaria competente. L'autorità giudiziaria può trasmettere gli atti e le informazioni anche di propria iniziativa. 3. Il Comitato di analisi strategica antiterrorismo, istituito presso il Ministero dell'interno, fornisce ogni possibile cooperazione al Sistema di informazione per la sicurezza della Repubblica per lo svolgimento dei compiti a questo affidati dalla presente legge".

[21] S. GAMBACURTA, *Il rapporto con gli altri soggetti*, in C. MOSCA, (a cura di), op. cit., p. 310.

[22] Per quanto concerne la disciplina ordinaria delle espulsioni si consenta pertanto il rinvio a parte III, cap. 2.

[23] M. PIANTEDOSI, *Libertà fondamentali, misure di polizia e sistema sanzionatorio nella legislazione sull'immigrazione*, disponibile sul sito internet della Giustizia amministrativa.

dello straniero anche non residente nel territorio dello Stato, dandone preventiva notizia al Presidente del Consiglio dei Ministri e al Ministro degli affari esteri". L'importanza attribuita a questa misura si rileva evidentemente dall'alto profilo politico degli attori istituzionali coinvolti; invero, la determinazione in merito all'adozione del provvedimento in esame sottende – anche sotto il profilo delle garanzie dell'ordinamento costituzionale – un significativo grado di responsabilità politica[24].

Per quanto concerne, invece, la tutela giurisdizionale, la giurisprudenza amministrativa ravvisa gli elementi dell'atto espressione di "alta discrezionalità amministrativa" che "si evince anche dal carattere estremamente generico dei requisiti prescritti dal citato art. 13 d.lgs. n. 286/1998: tale disposizione, infatti, rimette a tale organo (il Ministro dell'Interno) ogni più ampia valutazione in ordine alla sussistenza di esigenze di ordine pubblico e di sicurezza nazionale"[25].

Sulla stessa linea si pone anche il Consiglio di Stato con la nota sentenza n. 88/2006 secondo la quale "alla latitudine di siffatto apprezzamento discrezionale, fa riscontro la limitata sindacabilità dello stesso in sede di giurisdizione di legittimità, sindacabilità che deve ritenersi ristretta al vaglio estrinseco, in ordine alla mancanza di una motivazione adeguata o alla sussistenza di eventuali profili di travisamento, illogicità o arbitrarietà". Il provvedimento di cui all'art. 13, co. 1, è infine impugnabile inderogabilmente innanzi al TAR del Lazio e, qualora oggetto di gravame, per espressa previsione normativa, non comporta la sospensione dell'esecuzione. In aggiunta, data la straordinarietà della misura, ai sensi dell'art. 19, d. lgs. n. 286/1998, risulta invece applicabile anche a quei soggetti vulnerabili per i quali vige il divieto d'espulsione come i minori stranieri o gli stranieri muniti di carta di soggiorno.

La legge n. 155/2005, di conversione del d.l. n. 144/2005 (art. 3), ha aggiunto il secondo tipo di provvedimento espulsivo citato in apertura. Segnatamente, al Ministro dell'Interno o al Prefetto su sua delega, è attribuito il potere d'espulsione dello straniero appartenente alle categorie di cui all'art. 18 della legge 22 maggio 1975 n. 152 (c.d. legge "Reale") o nei cui confronti "vi sono fondati motivi di ritenere che la sua permanenza nel territorio dello Stato possa in qualsiasi modo agevolare organizzazioni o attività terroristiche, anche internazionali"[26].

---

[24] L MASERA, *Il terrorismo e le politiche migratorie: sulle espulsioni dello straniero sospettato di terrorismo*, in *Terrorismo internazionale, politiche della sicurezza e diritti fondamentali*, Speciale Questione Giustizia, settembre 2016, p. 76.

[25] Tar Lazio, Sez. I *ter*, 14 dicembre 2015, n. 13911; Tar Lazio, Sez. II *quater*, 14 novembre 2014, n. 5789.

[26] F. FELICETTI, M. R. SAN GIORGIO, *Espulsione dello straniero e segreto di Stato*, in Corriere Giur., 2, 2008, p. 278; L. FILIPPI, *Misure urgenti per il contrasto al terrorismo internazionale*, in *Dir. pen. e proc.*, 10, 2005, p. 1204; M. VIZZARDI, *Espulsione del sospetto terrorista e garanzie costituzionali*, in *Corriere del merito*, 12, 2005.

La natura di questo provvedimento è quindi "connotata da caratteri di specialità e particolarità"[27] dovendosi pertanto ritenere anch'esso espressione di un potere di "alta discrezionalità amministrativa" sindacabile in termini molto ristretti sotto il profilo della ragionevolezza e della logicità della motivazione.

Invero, i presupposti per l'applicazione della misura in esame, secondo la giurisprudenza amministrativa, derivano dal giudizio prognostico di pericolosità del soggetto destinatario e quindi dalla valutazione *ex ante* posta in essere dal Ministro dell'Interno o dal Prefetto rispetto alla possibilità di contribuire ad azioni terroristiche, "sicché le relative valutazioni possono essere sindacate, in sede di legittimità, solo nel caso in cui i fatti accertati e posti a fondamento del giudizio prognostico si rivelino insussistenti, oppure, ancorché sussistenti, siano stati macroscopicamente travisati nel loro valore sintomatico oppure abbiano indotto alla formulazione di ipotesi di avveramento del tutto inverosimili o estremamente improbabili"[28]. Diversamente, però, rispetto all'art. 13, comma 1, il provvedimento in esame può essere sì impugnato di fronte al giudice amministrativo, individuato, tuttavia, secondo l'ordinario criterio della competenza per territorio[29]. Vale la pena, aggiungere, infine, che il recente d.l. 17 febbraio 2017, n. 13, (art. 16) ha previsto l'applicabilità del rito abbreviato di cui all'art. 119, d.lgs. 2 luglio 2010, n. 104, per i ricorsi avverso i provvedimenti espulsivi motivati da esigenze di sicurezza nazionale finora esposti.

L'ultima tipologia di misure espulsive motivate da esigenze di sicurezza nazionale è prevista invece dall'art. 13, co. 2, lett. c), d. lgs. n. 286/1998, che attribuisce al Prefetto il potere di espellere lo straniero quando, caso per caso, appartenga "alle categorie indicate negli articoli 1, 4 e 16 del decreto legislativo n. 159/2011". Il rinvio operato al codice antimafia richiama pertanto i requisiti di applicabilità generale delle misure di prevenzione con la sostanziale differenza che, ai fini dell'adozione del provvedimento in esame, il giudizio prognostico sulla pericolosità sociale spetta all'Autorità di pubblica sicurezza – e quindi al Prefetto – senza che si renda necessario attivare il procedimento di applicazione della misura di prevenzione innanzi al Tribunale[30].

---

[27] Tar Lazio, Sez. I *ter*, 23 marzo 2006, n. 5070.

[28] Tar Lazio, Sez. II, 4 luglio 2011, n. 5826.

[29] Si ricorda, inoltre, che anche tale misura espulsiva non può essere sospesa in caso di impugnazione. M. SAVINO, *Le libertà degli altri. La regolazione amministrativa dei flussi migratori*, Milano, 2012, p. 263; A. CALLAIOLI, *Commento all'art. 3 del d.l. 27 luglio 2005 n. 144, conv. con modif. in l. 1 luglio 2005 n. 155*, in *Leg. pen.*, 4, 2005, p. 448.

[30] N. DURANTE, *Espulsione dello straniero e disciplina della regolarizzazione*, in *Relazione al seminario di formazione per magistrati amministrativi sul tema del diritto dell'immigrazione presso il Consiglio di Stato il 28 novembre 2016*, disponibile sul sito internet della Giustizia amministrativa; M. SAVINO, *L'espulsione dal territorio dello Stato*, in *Giornale Dir. Amm.*, 1, 2014, p. 23.

Tuttavia, il tipo di sindacato sulla misura adottata dal Prefetto è ben diverso rispetto ai provvedimenti citati precedentemente, giacché l'espulsione prefettizia di cui all'art. 13, co. 2, è assoggettata alla giurisdizione del giudice ordinario che tendenzialmente opera uno scrutinio più penetrante. Invero, secondo la giurisprudenza consolidata della Corte di Cassazione, il Prefetto nel vagliare il giudizio di pericolosità dovrà "tenere di conto dei seguenti criteri: a) della necessità di un accertamento oggettivo e non meramente soggettivo degli elementi che giustificano sospetti e prevenzioni; b) del requisito dell'attualità della pericolosità; c) della necessità di esaminare globalmente l'intera personalità del soggetto, quale risulta da tutte le manifestazioni sociali della sua vita"[31].

Tra i requisiti che permettono l'applicazione del provvedimento espulsivo è opportuno segnalare l'intervenuta novella, ad opera del d.l. n. 7/2015, grazie alla quale, per le categorie di soggetti pericolosi si rinvia al già citato art. 4, lett. d.), d. lgs. n. 159/2011, che vi comprende "coloro che, operanti in gruppi o isolatamente, pongano in essere atti preparatori, obiettivamente rilevanti, diretti a sovvertire l'ordinamento dello Stato, con la commissione di uno dei reati previsti dal capo I, titolo VI, del libro II del codice penale o dagli articoli 284, 285, 286, 306, 438, 439, 605 e 630 dello stesso codice nonché alla commissione dei reati con finalità di terrorismo anche internazionale ovvero a prendere parte ad un conflitto in territorio estero a sostegno di un'organizzazione che persegue le finalità terroristiche di cui all'articolo 270-*sexies* del codice penale"[32].

La novella introdotta dal recente "pacchetto antiterrorismo" ha quindi un ruolo strategico nel contrasto al terrorismo internazionale e al fenomeno dei *foreign fighters*, accentuando la rilevanza del controllo del territorio assicurato dal Prefetto quale Autorità di pubblica sicurezza ai sensi della legge 1 aprile 1981, n. 121[33]. Peraltro, pare allora significativo rilevare altresì il potere espressamente riconosciuto al Prefetto dall'art. 3, comma 3, d.l. n. 144/2005, laddove prevede la possibilità di omettere, sospendere o revocare il provvedimento espulsivo *ex* art. 13, comma 2, informando preventivamente il Ministro dell'Interno, quando sussistano i requisiti per la concessione del permesso di soggiorno a fini investigativi, ovvero "quando sia necessario per l'acquisizione di notizie concernenti la prevenzione di attività terroristiche, ovvero per la prosecuzione delle indagini o

---

[31] Cass. civ., sez. I, 30 agosto 2002, n. 12721.

[32] P. BALBO, *Il procedimento di espulsione amministrativa dello straniero che abbia preso parte ad un conflitto in territorio estero a sostegno di un'organizzazione terroristica*, in A. CONZ, L. LEVITA, (a cura di), op. cit., p. 156.

[33] Circolare Ministero dell'Interno, Dipartimento della Pubblica Sicurezza, n. 400 del 26 febbraio 2015.

delle attività informative dirette alla individuazione o alla cattura dei responsabili dei delitti commessi con finalità di terrorismo".

Infine, è doveroso ricordare che l'ordinamento prevede simili modalità di allontanamento per esigenze di sicurezza dello Stato anche per i cittadini dell'Unione Europea secondo la disciplina prevista dal d.lgs. 6 febbraio 2007, n. 30. Anche per questa tipologia di allontanamento la competenza è suddivisa tra Ministro dell'Interno – per i soggetti elencati all'art. 20, comma 7, come i minori e i beneficiari del diritto di soggiorno nei precedenti dieci anni – e il Prefetto.

In particolare, l'art. 20 disciplina i provvedimenti di allontanamento dal territorio dello Stato per i casi di: 1) motivi di sicurezza dello Stato; 2) motivi imperativi di pubblica sicurezza; 3) altri motivi di ordine pubblico o di pubblica sicurezza. A seguito della novella disposta con il d.lgs. 23 giugno 2011, n. 89, di recepimento della direttiva europea n. 2008/115/UE, sono stati esplicitati i presupposti legittimanti l'adozione di tali misure.

Segnatamente, i motivi di sicurezza dello Stato devono dunque intendersi sussistenti "quando la persona da allontanare appartiene ad una delle categorie di cui all'articolo 18 legge 22 maggio 1975, n. 152, e successive modificazioni, ovvero vi sono fondati motivi di ritenere che la sua permanenza nel territorio dello Stato possa, in qualsiasi modo, agevolare organizzazioni o attività terroristiche, anche internazionali." Peraltro, per l'integrazione dei requisiti previsti dalla legge "si tiene conto anche di eventuali condanne pronunciate da un giudice italiano per uno o più delitti riconducibili a quelli indicati nel libro secondo, titolo primo del codice penale".

Allo stesso modo, l'art. 20, comma 3, disciplina la definizione dei motivi imperativi di pubblica sicurezza che si realizzano qualora la "persona da allontanare abbia tenuto comportamenti che costituiscono una minaccia concreta, effettiva e sufficientemente grave ai diritti fondamentali della persona ovvero all'incolumità pubblica". Anche in questo caso il d.lgs. n. 30/2007 prevede una serie di elementi di cui tenere conto nella valutazione istruttoria, come ad esempio, le "eventuali condanne, pronunciate da un giudice italiano o straniero, per uno o più delitti non colposi, consumati o tentati, contro la vita o l'incolumità della persona, ovvero di eventuali condanne per uno o più delitti corrispondenti alle fattispecie indicate nell'art. 8 legge 22 aprile 2005, n. 69, o di eventuali ipotesi di applicazione della pena su richiesta a norma dell'articolo 444 del codice di procedura penale per i medesimi delitti o dell'appartenenza a taluna delle categorie di cui all'art. 1 legge 27 dicembre 1956, n. 1423, e successive modificazioni, o di cui all'art. 1 legge 31 maggio 1965, n. 575, e successive modificazioni, nonché di misure di prevenzione o di provvedimenti di allontanamento disposti da autorità straniere".

Per concludere, è necessario rilevare la frammentarietà del sindacato giurisdizionale previsto, poiché ai sensi dell'art. 22 del decreto recante disposizioni per la disciplina del soggiorno dei cittadini comunitari, il giudice deputato a conoscere dell'impugnazione per i motivi di sicurezza dello Stato è il giudice amministrativo con competenza inderogabile del TAR Lazio. Viceversa, nei casi di allontanamento per motivi di pubblica sicurezza e per i motivi imperativi di pubblica sicurezza, il ricorso deve invece essere presentato al giudice ordinario.

# CAPITOLO VII
# Gli strumenti di contrasto alle infiltrazioni mafiose nel settore degli appalti pubblici

di *Alessandro Maria Baroni, Eugenio Di Agosta, Alessandra Petronelli*



## VII.1. La documentazione antimafia: inquadramento generale

Per effetto degli interventi succedutisi nel tempo, nel nostro ordinamento vige un *corpus* normativo ampio ed articolato che riconosce ai Prefetti una pluralità di strumenti di notevole potenzialità grazie ai quali è possibile operare in maniera particolarmente incisiva nei confronti delle imprese asservite o, in qualche modo, legate alla criminalità organizzata.

Lo Stato, infatti, non riconosce dignità e statuto di operatori economici a soggetti condizionati, controllati, infiltrati ed eterodiretti dalle associazioni mafiose in quanto il "metodo mafioso" è, e resta tale, non solo nelle contrattazioni con la Pubblica Amministrazione, ma anche tra privati, nello svolgimento della libera iniziativa economica[1].

Pertanto, al fine di arginare il pericolo di infiltrazione mafiosa nell'economia e nelle imprese, è, in primo luogo, riconosciuto al Prefetto il potere di precludere al privato qualsiasi negoziazione con gli enti pubblici e di bloccare l'esecuzione dei rapporti contrattuali già in corso, in presenza di un quadro indiziario da cui emerga, sulla scorta del principio del "più probabile che non", il condizionamento mafioso dell'impresa.

Con l'espressione "documentazione antimafia"[2] si fa riferimento a quello strumento amministrativo – declinato nella duplice tipologia della c.d. "comunicazione" e della c.d. "informazione" – volto a prevenire l'infiltrazione della criminalità organizzata nel settore dei contratti pubblici[3]. In particolare, esso si configura come l'esito di un subprocedimento amministrativo di natura dichiarativa nell'ambito del quale, sulla base delle informazioni acquisite e degli elementi raccolti nella fase istruttoria, il Prefetto competente procede all'accertamento di cause soggettive ostative o alla valutazione sull'"affidabilità" dell'impresa. A seconda dell'esito liberatorio o interdittivo degli accertamenti svolti, le Amministrazioni procedono, o meno, alla stipulazione dei contratti o all'emanazione dei provvedimenti ampliativi della sfera giuridica dei destinatari.

Il rilascio della documentazione antimafia interdittiva determina, in particolare, in capo all'impresa, uno stato di "incapacità legale a contrarre" con le pubbliche amministrazioni con conseguente impossibilità per la stessa di partecipare a qualsivoglia gara d'appalto pubblica e l'obbligatorio recesso dai contratti già

---

[1] Cfr., Cons. St., Sez. III, 9 febbraio 2017, n. 565.

[2] Sulla c.d. "documentazione antimafia" si segnalano: A. CISTERNA, M.V. DE SIMONE, B. FRATTASI, S. GAMBACURTA, *Commento al Codice antimafia*, Santarcangelo di Romagna, ottobre 2011; M.E. MALAGNINO (a cura di), *Il Codice Antimafia. Commento al d.lgs. 6 settembre 2011, n. 159*, Torino, 2011; A. BALSAMO, C. MALTESE, *Il Codice antimafia*, *Officina del Diritto*, Milano, ottobre 2011; Per quanto riguarda la disciplina antecedente, si rinvia, nell'ampia letteratura in materia, a U. CIMMINO, *La nuova certificazione e le altre cautele antimafia*, Palermo, 1995; G. ZGAGLIARDICH, E. MENGOTTI, *La nuova certificazione antimafia*, Milano, 1998; F. GRIMALDI, *Il sistema delle certificazioni antimafia nella pubblica amministrazione*, Roma, 1997.

[3] La "documentazione antimafia" è stata definita come quell'insieme di "provvedimenti amministrativi attraverso i quali viene fatto conoscere preliminarmente alla pubblica amministrazione l'esistenza o meno di divieti, impedimenti e situazioni indici di "mafiosità" a carico dei soggetti che si pongono in relazione con essa" (cfr. U. CIMMINO, op. cit.).

stipulati, oltreché l'esclusione o la decadenza da ogni forma di erogazione di contributi pubblici[4].

La *ratio* dell'istituto è volta alla salvaguardia dell'ordine pubblico economico, della libera concorrenza tra le imprese e del buon andamento della Pubblica Amministrazione, ponendosi a tutela sia dei principi di legalità, imparzialità e buon andamento di cui all'art. 97 Cost., sia dello svolgimento leale e corretto della concorrenza tra le stesse imprese sul mercato, sia, infine, a salvaguardia del corretto utilizzo delle risorse pubbliche.

L'informativa antimafia ha natura preventiva, essendo finalizzata ad anticipare la soglia di difesa sociale. Questo consente al Prefetto di interdire il soggetto privato, non già in base ad una prova certa, ma in presenza di un quadro indiziario dal quale possa emergere la permeabilità mafiosa dell'impresa, sulla base di un giudizio probabilistico, fondato sul criterio del "più probabile che non", che può essere peraltro integrato da dati di comune esperienza, evincibili dall'osservazione dei fenomeni sociali, qual è anche quello mafioso[5].

### *VII.1.1. Evoluzione storico - normativa dell'istituto*

Le prime forme di tutela antimafia sono state introdotte nel nostro ordinamento con la legge 31 maggio 1965, n. 575, recante "Disposizioni contro le organizzazioni criminali di tipo mafioso, anche straniere", ove l'art. 10 prevedeva che le pubbliche amministrazioni non potevano rilasciare alcune tipologie di licenze e concessioni nonché iscrizioni in albi, a favore di soggetti nei confronti dei quali era stata emanata una misura di prevenzione.

Questa prima impostazione si rivelò sin da subito inadeguata in considerazione del fatto che, l'obbligo di effettuare i relativi accertamenti, era rimesso alle singole Amministrazioni interessate. Infatti, anche a causa dell'allarme sociale derivante dall'espandersi del fenomeno mafioso negli anni '70, si comprese che la decadenza dalle licenze già conseguite non impediva alla criminalità organizzata di acquisirne di nuove.

Da questo momento in poi, la disciplina ha subito numerose modifiche. In particolare, la legge 13 settembre 1982, n. 646, c.d. "legge Rognoni - La Torre", attribuì in via esclusiva all'autorità prefettizia il compito di accertare la

---

[4] Cons. St., Ad. Plen., 6.04.2018, n. 3.

[5] Cfr., Cons. St., Sez. III, 7 ottobre 2015, n. 4657. Secondo il Consiglio di Stato, il criterio della certezza secondo "ogni ragionevole dubbio" può trovare spazio nel giudizio penale, laddove viene in gioco la libertà personale dell'imputato, ma non nel giudizio amministrativo, che investe la legittimità del provvedimento interdittivo antimafia, ispirato ad una ben diversa logica preventiva e improntato sulla regola, di stampo civilistico, del "più probabile che non".

sussistenza, o meno, delle clausole ostative[6] al rilascio della certificazione antimafia.

Con il d.l. 8 giugno 1992, n. 306, convertito, con modificazioni, dalla legge 6 agosto 1992, n. 35, è stato ampliato l'ambito oggettivo delle certificazioni di competenza delle Prefetture, prevedendo che le relative attestazioni prefettizie riguardassero, non solo, l'assenza a carico dei soggetti di misure di prevenzione, ma anche, di condanne per i gravi delitti di cui all'art. 51, comma 3-*bis*, c.p.p.

Il d.lgs. 8 agosto 1994, n. 490[7], poi, nell'introdurre il c.d. sistema delle fasce di valore, ha per la prima volta distinto le tipologie di certificazioni, introducendo nel nostro sistema, a fini preventivi, le informazioni antimafia finalizzate ad accertare, oltre alla insussistenza delle predette situazioni ostative discendenti direttamente dalla legge, anche la presenza o meno di tentativi di infiltrazione mafiosa.

Il d.P.R. 3 giugno 1998, n. 252 ha poi abrogato la maggior parte delle disposizioni di cui al d.lgs. n. 490/1994 ed ha introdotto una sostanziale semplificazione delle disposizioni procedurali inerenti le cautele antimafia, elaborando una serie di indici sintomatici da cui evincere l'eventuale presenza di tentativi di infiltrazione mafiosa.

La necessità di ricondurre ad unità il quadro normativo sopra descritto è stato fortemente avvertito dal legislatore il quale, con la legge 13 agosto 2010, n. 136 recante il "Piano straordinario contro le mafie", ha conferito al Governo due ampie deleghe che sono state esercitate con l'emanazione del d.lgs. 6 settembre 2011, n. 159 "Codice delle leggi antimafia e delle misure di prevenzione nonché nuove disposizioni in materia di documentazione antimafia".

Il Codice ha ricondotto in un unico testo normativo le molteplici disposizioni di settore contenute nelle fonti legislative sopracitate e ha perseguito l'intento di realizzare una informatizzazione e snellimento delle procedure. Il nuovo testo normativo ha, peraltro, risposto alla necessità di recepire alcuni degli orientamenti giurisprudenziali formatasi nel corso degli anni relativi, soprattutto, agli elementi

---

[6] La legge Rognoni – La Torre introdusse anche una prima forma di casellario delle misure di prevenzione e ampliò altresì il campo oggettivo di applicazione della normativa in questione prevedendo che le predette verifiche dovessero essere effettuate anche per poter procedere alla stipula di contratti di appalto o per poter autorizzare subappalti e cottimi.

[7] Il decreto in parola perseguiva, tra le altre, la finalità di implementare i collegamenti informatici tra le Prefetture e le altre Amministrazioni per far sì che fosse possibile rilasciare immediatamente le comunicazioni antimafia, senza ricorrere più a documenti cartacei. Non essendo stato mai realizzato tale imponente progetto, nell'ambito del d.l. 25 marzo 1997, n. 67, convertito, con modificazioni, dalla legge 25 maggio 1997, n. 67, fu disposta l'attivazione di una interconnessione telematica tra Prefetture e Camere di Commercio per il rilascio da parte di queste ultime, su istanza del privato, del certificato camerale con dicitura antimafia.

dai quali desumere, con un certo grado di ragionevolezza, il condizionamento mafioso dell'impresa. Nello specifico, il legislatore ha provveduto all'aggiornamento e alla semplificazione delle procedure per il rilascio della documentazione antimafia nonché all'istituzione della Banca dati nazionale unica della documentazione antimafia (BDNA), finalizzata ad accelerare le procedure di rilascio della certificazione e a potenziare l'azione di prevenzione contro i tentativi di infiltrazione mafiosa.

Il Codice antimafia è stato, poi, sottoposto a due interventi di carattere correttivo ed integrativo, adottati ad opera del d.lgs. 15 novembre 2012 n. 218 e del d.lgs. 13 ottobre 2014, n. 153. Con il primo, si è proceduto alla modifica della platea dei soggetti sottoposti alle verifiche antimafia, all'ampliamento delle situazioni "indizianti" da cui evincere il tentativo di infiltrazione mafiosa ed alla previsione di una apposita disciplina nell'ipotesi in cui il soggetto sottoposto a verifica antimafia non sia stato ancora censito nella Banca dati nazionale unica della documentazione antimafia (BDNA); con il secondo, si è proceduto ad una sostanziale semplificazione della procedura per il rilascio della certificazione antimafia, riducendo tempi e rigore formale e, al contempo, rendendo più incisivi i controlli in materia di appalti.

In particolare, il primo dei due decreti correttivi ha avuto il merito di consentire l'immediata entrata in vigore delle norme relative alla documentazione antimafia, sganciandole quindi dall'adozione della disciplina regolamentare relativa alla Banca dati nazionale unica della documentazione antimafia (BDNA) e prevedendo l'entrata in vigore della riforma due mesi dopo la pubblicazione in Gazzetta del primo decreto legislativo correttivo (pertanto dal 13 febbraio 2013). A tal fine, in attesa dell'attivazione della suddetta banca dati, era previsto l'uso dei collegamenti informatici con altre banche dati già esistenti, quali il CED interforze, disciplinato dall'art. 8 legge 1 aprile 1981, n. 121 ed i collegamenti con appositi sistemi delle Camere di Commercio (art. 99, comma 2-*bis*). Con la previsione di questo meccanismo viene posticipata solo l'entrata in vigore di quelle norme che disciplinano il rilascio automatico della documentazione antimafia liberatoria (artt. 88, comma 1 e 92, comma 1), di cui si darà dettagliatamente conto in seguito.

Da ultimo, il Codice antimafia è stato in parte modificato dalla legge 17 ottobre 2017, n. 161, entrata in vigore il 19 novembre 2017, che ha inciso soprattutto sul sistema delle misure di prevenzione patrimoniali e personali.

Nel quadro normativo ora citato si collocano, infine, le Linee Guida adottate dal Comitato per l'Alta Sorveglianza sulle Grandi Opere (CCASGO), istituito presso il Ministero dell'Interno con decreto ministeriale del 14 marzo 2003, che, in relazione alla ricostruzione delle aree interessate dal sisma del 2009 (L'Aquila) e da quello del 2012 (Emilia Romagna) nonché all'organizzazione dell'Expo

2015 di Milano, hanno adottato modelli sempre più stringenti di prevenzione delle infiltrazioni mafiose, prevedendo il ricorso alla sola "informazione antimafia", indipendentemente dal valore e dalla tipologia del contratto.

### *VII. 1.2. La comunicazione antimafia*

Come anticipato, la disciplina relativa al rilascio della documentazione antimafia è contenuta nel Libro II del Codice, e si articola nella duplice tipologia della "comunicazione antimafia" e della "informazione antimafia".

La comunicazione antimafia, ai sensi dell'art. 84, comma 2, d.lgs. n. 159/2011, consiste nell'attestazione della sussistenza, o meno, di una delle cause di decadenza, sospensione o divieto di cui all'art. 67 e cioè l'applicazione, con provvedimento definitivo[8], di una delle misure di prevenzione personale[9] previste dal Libro I, Titolo I, Capo II del Codice ed irrogate dall'autorità giudiziaria, ovvero di condanne penali anche non definitive, ma confermata in secondo grado, per i delitti di cui all'art. 51, comma 3-*bis* c.p.p.

La comunicazione antimafia descrive, dunque, la sussistenza di una situazione di permeabilità mafiosa, accertata mediante un provvedimento giurisdizionale che ha irrogato una misura di prevenzione personale prevista dal Codice Antimafia. Da ciò discende la natura vincolata del provvedimento, dal contenuto squisitamente accertativo, non potendo sussistere margini di apprezzamento discrezionale in capo all'autorità amministrativa.

Il legislatore ha statuito che le comunicazioni antimafia possiedono un'efficacia interdittiva rispetto a tutte le iscrizioni ed ai provvedimenti autorizzatori, concessori o abilitativi per lo svolgimento di attività imprenditoriali comunque denominati, nonché rispetto a tutte le attività soggette a segnalazione certificata di inizio attività (c.d.s.c.i.a.) e a silenzio assenso (art. 89, comma 2, lett. a) e b) d.lgs. n. 159/2011) e comportano, inoltre, il divieto di concludere contratti pubblici di lavori, servizi e forniture, di cottimo fiduciario e relativi subappalti e subcontratti, compresi i cottimi di qualsiasi tipo, i noli a caldo e le forniture con posa in opera (art. 84, comma 1 e 2, d.lgs. n. 159/2011).

---

[8] Il C.d.S., sez. III, 1 aprile 2016, n. 1234 ha chiarito che per "definitivo, ai sensi dell'art. 84 comma 2, d.lgs. n. 159/2011, deve intendersi il provvedimento non impugnato, o non più impugnabile, che ha acquisito la stabilità connessa o, comunque, equivalente al giudicato".

[9] Si segnala che, rispetto alla previgente normativa, il codice antimafia si riferisce esplicitamente alle sole misure di prevenzione personali (Libro I, Titolo I, Capo II) irrogate dall'autorità giudiziaria.

### *VII. 1.3. L'informazione antimafia*

L'informazione antimafia è finalizzata a verificare, oltreché la sussistenza delle cause di decadenza, sospensione o divieto proprie della comunicazione, anche l'eventuale sussistenza di tentativi di infiltrazione mafiosa tendenti a condizionare gli indirizzi e le scelte delle società o delle imprese interessate (art. 84, comma 3, d.lgs. n. 159/2011). La maggiore incidenza del controllo deriva dal maggiore valore economico del contratto e della tipologia di attività coinvolte.

Questa tipologia di documentazione antimafia presenta, dunque, un duplice contenuto. Da un lato, vincolato ed analogo a quello della comunicazione antimafia, nella parte in cui attesta l'esistenza, o meno, di un provvedimento definitivo di prevenzione personale emesso dal Tribunale e, dall'altro, discrezionale nella parte in cui il Prefetto attesta la sussistenza, o meno, dei tentativi di permeabilità mafiosa dell'impresa. Tali tentativi sono desumibili o dai provvedimenti e dagli elementi tipizzati nell'art. 84, comma 4 d.lgs. n. 159/2011, o dai provvedimenti di condanna anche non definitiva per reati strumentali all'attività delle organizzazioni criminali, unitamente a concreti elementi da cui risulti che l'attività d'impresa possa, anche in modo indiretto, agevolare le attività criminose o esserne in qualche modo condizionata.

A differenza della comunicazione, l'informazione si fonda, dunque, su una valutazione ampiamente discrezionale circa la sussistenza o meno di tentativi di infiltrazione mafiosa, che muove dall'analisi e valorizzazione di specifici elementi fattuali che rappresentano situazioni sintomatiche dalle quali possa evincersi, con un grado di qualificata probabilità e non di certezza probatoria di tipo penalistico, connessioni o contiguità con associazioni criminali.

È bene chiarire che la discrezionalità amministrativa del Prefetto, per quanto ampia, non potrà mai fondarsi sul mero sospetto bensì sulla enucleazione di idonei e specifici elementi di fatto che, nel complesso, siano obiettivamente rivelatori del rischio di collegamenti con la criminalità.

A tal riguardo, il Codice ha previsto, nell'art. 84, comma 4, una serie di "indici" dai quali desumere il predetto tentativo di infiltrazione mafiosa. Tale elenco, tuttavia, non è tassativo potendo numerose altre situazioni costituire una "spia" dell'infiltrazione, nella duplice veste del condizionamento e del favoreggiamento dell'impresa. Il legislatore, infatti, consapevole della mutevolezza del fenomeno mafioso, ha previsto un elenco di "situazioni sintomatiche", aperto al costante aggiornamento della prassi (v.§1.8.).

### *VII.1.4. Il procedimento di rilascio della documentazione antimafia: l'Autorità amministrativa competente*

Il legislatore, nell'attribuire il relativo potere ad un organo periferico del Ministero dell'Interno e nel prevedere il dovere in capo alle stazioni appaltanti di emanare gli atti consequenziali, ha tenuto conto di due importanti fattori. Da un lato, delle competenze generali ascritte alle Prefetture in ordine alla gestione dell'ordine pubblico e al coordinamento delle Forze dell'ordine, dall'altro, della oggettiva impossibilità di ogni singola Amministrazione, di per sé priva di adeguati mezzi ed esperienze, di far fronte alla complessa attività istruttoria volta all'accertamento della perdurante sussistenza, o meno, dell'affidabilità dell'impresa[10].

Come anticipato, il Codice prefigura un sistema di rilascio della documentazione antimafia imperniato sulla Banca Dati Nazionale Unica della Documentazione Antimafia (BDNA) che, in assenza di controindicazioni, è capace di restituire in tempo reale all'Amministrazione il provvedimento richiesto. Come previsto dall'art. 99, comma 2-*bis* del Codice, nelle more dell'attivazione della Banca dati dell'adozione del Regolamento di attuazione[11] e, comunque, nei confronti di soggetti non censiti, ossia quelli che non risultano essere mai stati sottoposti ad uno screening antimafia, l'autorità competente al rilascio della documentazione antimafia è:

*a*) il Prefetto della provincia in cui le persone fisiche, le imprese, le associazioni o i consorzi risiedono o hanno la propria sede legale ovvero il Prefetto della provincia in cui è stabilita una sede secondaria con rappresentanza stabile nel territorio dello Stato;

*b*) il Prefetto della provincia in cui i soggetti richiedenti di cui all'art. 83, comma 1 e 2, hanno la propria sede, per le società costituite all'estero e prive di una sede secondaria con rappresentanza stabile nel territorio dello Stato.

Peraltro, dall'informativa antimafia, possono scaturire una serie di ulteriori provvedimenti, adottati da altri enti, non tutti predeterminabili a priori nel loro contenuto. Per tale ragione, ai sensi del comma 7-*bis* dell'art. 91, l'informazione antimafia interdittiva, anche emessa in esito all'esercizio di accesso, è tempestivamente comunicata anche in via telematica:

a. alla Direzione nazionale antimafia e ai soggetti di cui agli artt. 5, comma 1, e 17, comma 1;
b. al soggetto di cui all'art. 83, commi 1 e 2, che ha richiesto il rilascio dell'informazione antimafia;
c. alla Camera di commercio del luogo dove ha sede legale l'impresa oggetto di accertamento;

---

[10] Cfr., Cons. St., Sez. III, 31 marzo 2016, n. 1743.

[11] D.P.C.M. 30 ottobre 2014, n. 193, "Regolamento recante disposizioni concernenti le modalità di funzionamento, accesso, consultazione e collegamento con il CED, di cui all'articolo 8 della legge 1° aprile 1981, n. 121, della Banca dati nazionale unica della documentazione anti-mafia, istituita ai sensi dell'articolo 96 del decreto legislativo 6 settembre 2011, n. 159".

d. al Prefetto che ha disposto l'accesso, ove sia diverso da quello che ha adottato l'informativa antimafia interdittiva;
e. all'Osservatorio centrale appalti pubblici, presso la direzione investigativa antimafia;
f. all'Osservatorio dei contratti pubblici relativi ai lavori, servizi e forniture istituito presso l'ANAC;
g. nel casellario informatico di cui all'articolo 7, comma 10, d.lgs. 12 aprile 2006, n. 163, e nella Banca dati nazionale dei contratti pubblici di cui all'art. 62-*bis* d.lgs. 7 marzo 2005, n. 82;
h. all'AGCM per le finalita' previste dall'articolo 5-*ter* d.l. 24 gennaio 2012, n. 1, convertito, con modificazioni, dalla legge 24 marzo 2012, n. 27;
i. al Ministero delle infrastrutture e trasporti;
j. al Ministero dello sviluppo economico;
k. agli uffici delle Agenzie delle Entrate, competenti per il luogo dove ha sede legale l'impresa nei cui confronti è stato richiesto il rilascio dell'informazione antimafia.

### *VII.1.5. I soggetti*

Ai sensi dell'art. 83 del Codice Antimafia, i soggetti tenuti a richiedere la documentazione antimafia, prima di procedere alla stipula di contratti e subcontratti pubblici, ovvero di provvedimenti autorizzatori, concessori o abilitativi, sono: le Pubbliche Amministrazioni e gli enti pubblici (ivi comprese le Stazioni uniche appaltanti - S.U.A. – v. §4); gli enti e le aziende vigilate dallo Stato o da altro ente pubblico; le società o imprese comunque controllate dallo Stato o da altro ente pubblico; i concessionari di opere pubbliche nonché i contraenti generali. Per effetto della recente modifica apportata dalla legge n. 161/2017, è stata altresì prevista l'obbligatorietà delle informazioni antimafia nelle ipotesi di concessione di terreni agricoli e zootecnici demaniali che ricadono nell'ambito dei regimi di sostegno previsti dalla politica agricola comune, a prescindere dal loro valore complessivo nonché su tutti i terreni agricoli, a qualunque titolo acquisiti, che usufruiscono di fondi europei. Riformulando l'art. 83, comma 3, lett. e) del Codice, la legge n. 161/2017 ha altresì previsto che le informazioni antimafia sono sempre e comunque obbligatorie in relazione alle sovvenzioni, anche quando queste siano inferiori a centocinquantamila euro.

La documentazione antimafia non è invece richiesta per i rapporti intercorrenti: tra le Amministrazioni e gli altri enti pubblici, così come individuati dal comma 1 del predetto art. 83; tra gli enti pubblici ed altri soggetti, anche privati, i cui organi di vertice siano, per espressa previsione legislativa o regolamentare, sottoposti alla verifica dei requisiti di onorabilità tali da escludere che nei confronti degli stessi possa ricorrere una delle clausole di divieto o decadenza di cui all'art.

67 del Codice, nonché per il rilascio o il rinnovo delle autorizzazioni o licenze di polizia di competenza delle autorità nazionali e provinciali di pubblica sicurezza. L'acquisizione della documentazione antimafia è altresì esclusa per i contratti e le erogazioni riguardanti soggetti, non organizzati in forma di impresa, che esercitino attività agricola o professionale ovvero che svolgano attività artigiana in forma di impresa individuale nonché lavoro autonomo, anche intellettuale, in forma individuale. Da ultimo, l'esclusione riguarda gli atti, i contratti o le erogazioni di valore complessivo inferiore ai centocinquantamila euro.

Per quanto riguarda i soggetti sottoposti alle verifiche antimafia, il Codice ne ha ampliato considerevolmente il novero facendovi rientrare (art. 85):

- i gruppi europei di interesse economico (G.E.I.E.) equiparati, ai fini del controllo, ai consorzi di cui all'art. 2602 c.c.;
- i membri dei collegi sindacali di associazioni e società, anche privi di personalità giuridica, nonché dei componenti dell'organo di vigilanza previsto dalla normativa sulla responsabilità amministrativa degli enti dipendenti da reato;
- i soggetti che esercitano poteri di amministrazione, di rappresentanza o di direzione dell'impresa per le società costituite all'estero prive di sede secondaria con rappresentanza stabile in Italia;
- i seguenti soggetti, qualora interessate alle verifiche antimafia siano le società concessionarie di giochi pubblici:

*a*) soci persone fisiche con partecipazione al capitale o al patrimonio, superiore al 2% detenuta anche per via indiretta;
*b*) direttori generali;
*c*) soggetti responsabili delle sedi secondarie o delle stabili organizzazioni in Italia di soggetti non residenti;
*d*) legale rappresentante e componenti dell'organo di amministrazione di società di capitali attraverso le quali i soci persone fisiche detengono, oltre la predetta soglia del 2%, quote della società concessionaria di giochi pubblici nonché persone fisiche che, direttamente o indirettamente, controllano tali società, oltre a direttori generali e soggetti responsabili delle sedi secondarie o delle stabili organizzazioni in Italia di soggetti non residenti incluso, per tutti questi ultimi, il coniuge non separato.

In ordine alle sole informazioni antimafia, il Codice ha disposto che lo *screening* antimafia debba effettuarsi anche nei confronti dei familiari conviventi di tutte le persone fisiche assoggettate ai controlli, in quanto titolari, all'interno dei soggetti giuridici ivi richiamati, degli incarichi corrispondenti alle elencazioni codicistiche. A tal riguardo va segnalato come il secondo correttivo (d.lgs. n. 153/2014) è intervenuto su tale disposizione, prevedendo che gli accertamenti dovessero riguardare i familiari conviventi maggiorenni e residenti[12] sul territorio nazionale.

---

[12] Il requisito della residenza è stato successivamente espunto dal legislatore con la legge 6

### *VII. 1.6. Il procedimento*

Come anticipato, il sistema di rilascio della documentazione antimafia è basato sulla consultazione della Banca Dati Nazionale Unica (BDNU) che costituisce il punto più incisivo della riforma in materia di legislazione antimafia e uno dei "perni del nuovo sistema"[13].

Essa consente all'autorità prefettizia "di avere una cognizione ad ampio spettro e aggiornata della posizione antimafia di un'impresa" e di venire a conoscenza di elementi che la inducano ad ulteriori approfondimenti circa la possibile permeabilità mafiosa dell'impresa e al rilascio di una informazione antimafia[14].

Trattandosi di uno strumento informatico all'avanguardia e di elevatissimo potenziale, ci sono voluti anni per la messa in opera dello stesso finché, a seguito di un articolato processo evolutivo, la Banca Dati è divenuta effettivamente operativa il 7 febbraio 2016.

Acquisite le risultanze derivanti dalla consultazione della Banca Dati, il Prefetto rilascia una tra le seguenti tipologie di documentazione antimafia:
– documentazione antimafia liberatoria immediata, qualora dalla consultazione delle banche dati non emergano cause ostative;
– documentazione antimafia liberatoria, rilasciata entro 30 giorni dal ricevimento della richiesta, nell'ipotesi in cui, a seguito della consultazione della Banca Dati, siano emerse cause ostative, non confermate successivamente dalla verifica da parte del Prefetto della situazione aggiornata dell'impresa;
– documentazione antimafia interdittiva, rilasciata entro 30 giorni dal ricevimento della richiesta, nell'ipotesi in cui, a seguito della consultazione della Banca Dati, siano emerse cause ostative, successivamente confermate dalla verifica da parte del Prefetto della situazione aggiornata dell'impresa.

La fase di accertamento, successiva alla consultazione della Banca Dati, è disciplinata, per le comunicazioni antimafia, dall'art. 88 comma 2 del Codice e, per le informazioni antimafia, dall'art. 92, comma 2. In relazione poi all'accertamento delle cause di decadenza, sospensione o divieto di cui all'art. 67, il Prefetto, ai

---

agosto 2015, n. 121, "Modifica al codice delle leggi antimafia e delle misure di prevenzione, di cui al decreto legislativo 6 settembre 2011, n. 159, in materia di soggetti sottoposti alle verifiche antimafia".

[13] R. Cantone, *La riforma della documentazione amministrativa*, il quale evidenzia che la Banca dati dovrebbe consentire in tempi rapidi il rilascio della certificazione antimafia, ma v., sul punto, anche N. Gullo, *Il regolamento per il funzionamento della Banca dati nazionale unica della documentazione amministrativa*, in *Giorn. dir. amm.*, 2015, 4, 476, il quale lo definisce «lo strumento fondamentale per la semplificazione delle procedure di rilascio della documentazione antimafia».

[14] Cfr., Cons. St., sez. III, 9 febbraio 2017, n. 565, cit., 227.

sensi dell'art. 99, si serve anche del CED interforze (ai sensi dell'art. 8 della legge n. 121/1981) nonché degli altri collegamenti telematici, attivati sotto la vigenza del d.P.R. 3 giugno 1998, n. 252 con le Camere di Commercio (c.d. sistema SI-CEANT).

Una volta rilasciata, la comunicazione antimafia (liberatoria o interdittiva) ha una validità temporale di sei mesi e, qualora siano decorsi 30 giorni dalla richiesta da parte dell'Amministrazione interessata, questa potrà procedere anche in assenza della comunicazione antimafia, previa acquisizione della certificazione *ex* art. 89. In tale ultimo caso, i contributi, i finanziamenti, le agevolazioni e le altre erogazioni di cui all'art. 67 sono corrisposti sotto condizione risolutiva dell'eventuale comunicazione antimafia interdittiva, da trasmettersi all'impresa entro cinque giorni. In ipotesi di tal fatta, i soggetti di cui all'art. 83, commi 1 e 2, revocano le autorizzazioni e le concessioni e recedono dai contratti, fatto salvo il pagamento delle opere già eseguite e il rimborso delle spese sostenute per l'esecuzione della parte rimanente, nei limiti delle utilità conseguite[15].

Tra le principali novità introdotte dalla novella legislativa del 2014 merita di essere segnalata la previsione secondo cui il Prefetto è legittimato all'adozione di una informazione interdittiva antimafia laddove, nell'ambito di un procedimento per il rilascio di una comunicazione antimafia, ravvisi il tentativo di infiltrazione mafiosa.

Per quanto attiene, invece, ai tempi di rilascio della informazione antimafia, la novella del 2014 ha previsto l'adozione del provvedimento nel termine di trenta giorni che, nei casi di verifiche particolarmente complesse, può essere prorogato di altri quarantacinque. Tale termine è da intendersi come ordinatorio, in quanto resta ferma la disposizione secondo la quale, decorsi trenta giorni dalla presentazione della richiesta di provvedimento, le Amministrazioni interessate sono tenute a procedere alla stipula del contratto o alla concessione del provvedimento richiesto, pur sotto condizione risolutiva.

A seguito del rilascio di una informativa interdittiva, che il Prefetto deve comunicare all'impresa entro cinque giorni, le Amministrazioni non possono stipulare, approvare o autorizzare contratti o subcontratti né, tantomeno, rilasciare concessioni o erogazioni. Anche in tale ipotesi, analogamente a quanto previsto per le comunicazioni antimafia, si procede alla revoca o al recesso qualora gli elementi relativi alla sussistenza di tentativi di infiltrazione mafiosa siano accertati

[15] Per effetto della novella del 2014 è stata altresì prevista la possibilità di revoca dei finanziamenti o di recesso dal contratto anche nell'ipotesi in cui le cause di decadenza, sospensione o divieto di cui all'art. 67 siano accertate dopo la stipula del contratto. Ad ogni modo, le pubbliche amministrazioni possono sospendere contributi, finanziamenti ed altre erogazioni fino a che non venga trasmessa dal Prefetto la comunicazione antimafia liberatoria.

successivamente alla stipula del contratto, alla concessione dei lavori o all'autorizzazione del subcontratto.

L'informativa antimafia ha una validità temporale di dodici mesi, qualora non siano intervenuti mutamenti nella compagine societaria e gestionale dell'impresa; in tale ipotesi, entro trenta giorni dall'avvenuta modificazione, i rappresentati legali dell'impresa sono tenuti a trasmettere copia degli atti dai quali risulta l'intervenuta modificazione, relativamente ai soggetti destinatari delle verifiche antimafia ai sensi dell'art. 85.

Come precedentemente detto, il Codice statuisce altresì l'obbligo di trasmissione delle informazioni antimafia interdittive all'ampio novero di soggetti istituzionali ricompresi nell'elenco di cui al comma 7-*bis* dell'art. 91 (v. §1.4.).

### *VII. 1.7. Breve richiamo alle c.d. "informative atipiche"*

Come illustrato nel paragrafo precedente, il codice antimafia prevede che il procedimento di rilascio delle informazioni termini con l'emanazione, da parte dell'organo prefettizio, di un provvedimento liberatorio ovvero con uno interdittivo.

In tal modo, sembra superato il modello delle c.d. "informative atipiche o supplementari", previste nel sistema previgente e disciplinate dall'art. 1-*septies* d.l. 6 settembre 1982, n. 629, convertito con modificazioni dalla legge 12 ottobre 1982, n. 726, in forza del quale il Prefetto - nell'ipotesi in cui gli accertamenti istruttori non consentissero di motivare adeguatamente la sussistenza del tentativo di infiltrazione mafiosa – comunicava alle Amministrazioni interessate gli elementi informativi sulla base dei quali, le stesse, potevano denegare i provvedimenti richiesti oppure rescindere dai rapporti contrattuali già in corso.

Il citato art. 1-*septies* è stato abrogato dal Codice antimafia nella sua iniziale formulazione anche se il primo decreto correttivo, pur non introducendo all'interno del codice alcun richiamo espresso a tale disposizione, ne ha fatto venir meno tale effetto soppressivo. Da ciò sono scaturiti numerosi dubbi interpretativi[16] relativi alla possibilità di concludere il procedimento in parola con il rilascio di un'informativa atipica.

---

[16] Al riguardo, si veda R. CANTONE, *La riforma della documentazione antimafia*, cit., 899, il quale osserva che la mantenuta vigenza dell'art. 1-*septies* d.l. n. 629 del 1982, che prevedeva le informative "atipiche", poi ratificate dal d.P.R. n. 252 1998, lascerebbe risorgere le informative atipiche, pure espunte dal nuovo Codice antimafia, al pari di una novella "araba fenice" anche nell'attuale sistema della documentazione antimafia. Sulla spinosa questione, v. anche B. MACEILLÒ, *La sopravvivenza delle informativa atipica dopo il «correttivo» del Codice antimafia*, in *Giust. Amm.*, 2014, 1.

Al riguardo, la giurisprudenza amministrativa[17], ha condiviso la tesi dell'abrogazione, anche soltanto in ragione del venire meno dell'art. 10, comma 9, del d.P.R., sostenendo che l'abrogazione dell'informativa atipica "non è stata questione di forma, bensì di sostanza" al fine di "estromettere una fattispecie che appariva troppo sfuggente nei presupposti"[18].

Anche secondo le Linee guida emanate dal CCASGO, deve escludersi che la novella introdotta dal correttivo n. 218/2012 abbia riportato in vita le informazioni atipiche come *tertium genus* della documentazione antimafia. Secondo le Linee Guida, infatti, l'esito degli accertamenti antimafia non può che avere esito binario, nel senso che potrà concludersi o con il rilascio di una liberatoria o con un'interdittiva.

È opportuno, tuttavia, evidenziare come tale ricostruzione non vieta al Prefetto di esercitare, qualora ne sussistano i presupposti, una sorta di collaborazione istituzionale, idonea non già ad avviare i meccanismi interdittivi ma ad attivare i generici poteri di controllo "propri" dell'amministrazione destinataria[19].

### *VII.1.8. I "reati spia"*

La funzione delle informative antimafia, come anticipato in premessa, risiede nella massima anticipazione della soglia di tutela sociale. Per tale ragione, non è necessario che venga dimostrata la intervenuta infiltrazione, essendo sufficiente un quadro indiziario dal quale desumere il tentativo di ingerenza.

Nella conduzione del relativo giudizio prognostico, il Prefetto può dedurre il tentativo di infiltrazione mafiosa nell'impresa dall'esistenza di provvedimenti penali aventi ad oggetto i c.d. "reati spia" di cui all'art. 84, comma 4 d.lgs. n. 159/2011. L'elenco ivi contenuto, tuttavia, non tipizza in maniera tassativa le fattispecie dalle quali desumere il tentativo di infiltrazione, limitandosi a svolgere una funzione meramente esemplificativa[20].

---

[17] Cons. St., Sez. consultiva, 26 marzo 2014, n. 1023.

[18] T.A.R. Campania, n. 1496/2013.

[19] Si v., al riguardo, la recentissima pronuncia resa dal Consiglio di Giustizia Amministrativa per la Regione Siciliana, Sez. giurisd., in data 11 novembre 2019, che ha statuito che: "L'informativa antimafia atipica, al pari di ogni informazione, è insuscettibile di scadenza in quanto non produce nessun effetto se non quello di comunicare – con un'azione che è fisiologicamente diretta a durare per sempre – l'accadimento di un fatto. Spetta, dunque, all'Amministrazione destinataria valutare autonomamente, nell'esercizio del suo potere discrezionale, il "peso" delle informazioni ricevute dalla Prefettura - informazioni di per sé non automaticamente "interdittive" - potendo procedere all'adozione del provvedimento interdittivo o rescissorio anche in un momento successivo, allorquando ne ravvisi la necessità in relazione ad ulteriori e sopravvenuti elementi".

[20] Anche di recente, il Consiglio di Stato (Sez. III, 1743/2016), ha chiarito che "gli elementi di inquinamento mafioso, ben lungi dal costituire un numerus clausus, assumono forme e carat-

Ai sensi del citato articolo 84, dunque, assumono rilevanza indiziante:

a. i provvedimenti adottati dall'autorità giudiziaria nell'ambito di procedimenti penali per reati di competenza delle Direzioni Distrettuali Antimafia o comunque frequentemente collegati ai fenomeni di criminalità organizzata;
b. le proposte o i provvedimenti di applicazione di misure di prevenzione personali o patrimoniali;
c. le omesse denunce di reati di estorsione e concussione per costrizione, commessi con la finalità di agevolazione mafiosa *ex* art. 7 d.l. n. 152/1991;

In presenza di tali presupposti, le determinazioni adottate dall'autorità giudiziaria - delle quali va comunque verificata l'attualità (v. §1.9.) – mettono a disposizione del Prefetto una serie di elementi su cui questi potrà fondare il proprio apprezzamento. È importante evidenziare come il giudizio in parola andrà condotto senza istituire un automatismo tra l'emissione del provvedimento cautelare in sede penale e l'emissione dell'informativa ad effetto interdittivo.

Una breve trattazione si rende, a questo punto necessaria, in ordine agli elementi sintomatici dei "rapporti di parentela", "rapporti di convivenza" e "rapporti di frequentazione", che hanno generato nel corso degli anni un notevole contenzioso.

In relazione ai primi, l'autorità prefettizia è chiamata a prestare una particolare attenzione nella valutazione di detti rapporti, al fine di non incorrere in vizi di eccesso di potere, sulla scorta dell'ormai consolidato principio secondo il quale dal mero rapporto di parentela non può presumersi che "il parente del mafioso sia anch'egli mafioso"[21] essendo il Prefetto chiamato a valutare l'effettiva influenza, cointeressenza, copertura o solidarietà della famiglia nell'impresa.

I rapporti di parentela tra titolari, soci, amministratori, direttori generali dell'impresa e familiari che siano esponenti, affiliati, organici o contigui a consorterie mafiosa, quindi, non rilevano di per sé, bensì nell'ipotesi in cui "tale rapporto, per la sua natura, intensità, o per altre caratteristiche concrete, lasci ritenere, per la logica del «più probabile che non», che l'impresa abbia una conduzione collettiva e una regìa familiare (di diritto o di fatto, alla quale non risultino estranei detti soggetti) ovvero che le decisioni sulla sua attività possano essere influenzate, anche indirettamente, dalla mafia attraverso la famiglia, o da un affiliato alla mafia mediante il contatto col proprio congiunto"[22] [23].

teristiche diverse secondo i tempi, i luoghi e le persone e sfuggono, per l'insidiosa pervasività e mutevolezza, anzitutto sul piano sociale del fenomeno mafioso, ad un preciso inquadramento. Quello voluto dal legislatore ben consapevole di questo, è dunque un catalogo aperto di situazioni sintomatiche del condizionamento mafioso".

[21] Cfr., Cons. St., Sez. III, n. 1743/2016.

[22] Cfr., Cons. St., Sez. III, n. 5410/2018.

[23] Sui rapporti familiari, si v. anche la recente pronuncia del Cons. St., Sez. III, 26 febbraio 2019, n. 1359.

In relazione al "rapporto di convivenza", una recentissima pronuncia[24] ha inteso valorizzarne la sintomaticità ritenendo che - contrariamente a quanto avviene per la parentela (che non la si può scegliere) – esso si risolve in un comportamento che esprime una libera opzione e che implica la continua, permanente e duratura condivisione delle abitudini e delle prassi di vita, il reciproco coinvolgimento nelle attività quotidiane e la prestazione di atti di reciproca solidarietà. Di talché, le disposizioni che stigmatizzano negativamente la convivenza con un soggetto pregiudicato mafioso (quali ad esempio, gli artt. 67, comma 4; 68; 84, comma 4, lett. f; 85, comma 3, del Codice antimafia) non meritano censura sul piano logico-giuridico né, tantomeno, possono destare dubbi di legittimità costituzionale.

In ordine, poi, ai "rapporti di frequentazione", si evidenzia come essi costituiscano elemento di difficile inquadramento, soprattutto nei casi in l'attività dell'impresa si svolga in un contesto sociale e territoriale di modesta estensione. La giurisprudenza ha a tal riguardo precisato che i rapporti di frequentazione, di conoscenza, di colleganza e di amicizia con soggetti raggiunti da provvedimenti penali o di prevenzione antimafia acquistano rilevanza qualora non siano frutto di casualità o di necessità. Di conseguenza, sono legittimamente valorizzabili i ripetuti contatti e/o le frequentazioni con soggetti riconducibili a sodalizi mafiosi, ovvero che risultino avere precedenti penali o che siano stati destinatari di misure di prevenzione. Valenza fondamentale è, peraltro, attribuita alla consapevolezza dell'imprenditore di intrattenere frequentazioni con soggetti mafiosi o di porsi in situazioni che si trovano su una pericolosa linea di confine tra legalità e illegalità. La giurisprudenza, ad esempio, considera elementi idonei da cui desumere l'esistenza di un pericolo di infiltrazione mafiosa, i controlli effettuati dalle Forze dell'ordine relativi a frequentazioni con soggetti aventi precedenti per estorsione e ricettazione; la partecipazione a celebrazioni funebri di parenti di soggetti ritenuti elementi di spicco di famiglie mafiose e la partecipazione a cerimonie funebri di soggetti mafiosi vittime di omicidio.

Una questione di grande interesse attiene, infine, alle cc.dd. informative a cascata. Trattasi di misure interdittive la cui motivazione si fonda sull'esistenza di legami associativi stabili tra l'impresa sottoposta all'informativa ed un'altra impresa colpita da un'interdittiva precedente: in assenza di elementi ulteriori a carico della prima impresa, l'unico indizio è dato dal legame con la seconda.

La fattispecie, com'è evidente, ha generato un ampio dibattito dottrinale e giurisprudenziale in quanto, pur essendo la *ratio* dell'istituto l'anticipazione della soglia di tutela, non è pacifico se l'interdittiva possa fondarsi su un mero sospetto, il cui unico indizio derivi dall'aver intrattenuto rapporti commerciali con un'altra impresa.

[24] Cfr. Cons. giust. amm. sic., Sez. giurisd., 11 novembre 2019, n. 956.

L'orientamento attuale del Consiglio di Stato è nel senso di presumere l'estensione del giudizio di pericolo di inquinamento mafioso sia alla nuova società, sia all'impresa originariamente colpita dalla informativa nei casi in cui la natura, la consistenza ed i contenuti delle modalità di collaborazione tra le due siano idonee a rivelare il carattere illecito dei loro rapporti, non trattandosi di una collaborazione meramente sporadica e occasionale. In tali casi, infatti, si ritiene probabile sulla base dell'*id quod plerumque accidit* che il legame societario si fondi su un sodalizio di natura criminosa.

Di converso, qualora i rapporti tra le due imprese abbiano carattere episodico, risalente nel tempo oppure inconsistente, si esclude l'automatica estensione della misura antimafia all'impresa che - successivamente all'emanazione della interdittiva antimafia nei confronti della prima - intraprenda legami commerciali con la stessa[25].

### *VII.1.9. L'attualità degli indizi*

Gli elementi indiziari idonei all'emanazione di un provvedimento interdittivo, devono essere caratterizzati dalla "attualità" del pericolo di infiltrazione mafiosa.

Costituisce, infatti, principio consolidato in giurisprudenza quello secondo il quale, sebbene sia possibile desumere tentativi di ingerenza anche da indizi risalenti nel tempo (come controlli delle Forze dell'ordine relative alle frequentazioni del titolare dell'impresa, dei soci o degli amministratori; pronunce emesse a seguito di procedimenti penali definitisi nel tempo; elementi mutuati da altri precedenti provvedimenti interdittivi), è necessario che tali indizi siano "attualizzati", onde evitare che la determinazione prefettizia sia viziata da eccesso di potere. Per tale ragione, gli elementi risalenti nel tempo, non potranno da soli giustificare l'emissione di un provvedimento interdittivo, né tantomeno consentire la reiterazione dello stesso, ma potranno di converso costituire un valido supporto nell'analisi del rinnovato quadro indiziario, finalizzato ad accertare l'affidabilità dell'impresa che intende avviare, o ha già avviato, rapporti contrattuali con la Pubblica Amministrazione[26].

---

[25] Cfr., *ex multis*, Cons. St., Sez. III, n. 2343/2018; *id.*, 28 giugno 2017, n. 3173.

[26] Sull'elemento dell'attualità, si v. la pronuncia resa dal Consiglio di Stato (Sez. III, 9 ottobre 2018, n. 5784) che, in merito ad un reato spia (nel caso di specie, l'usura) commesso molto tempo addietro, ha evidenziato come l'elemento centrale su cui si basa l'interdittiva antimafia non è costituito dal tempo ma dalla presenza di un fatto considerato la "spia" di rapporti economici a rischio e dal quale si possa quindi desumere un tentativo di infiltrazione mafiosa, sebbene risalente nel tempo. Ed invero "più che l'attualità del fatto pesa la condanna (quale che sia il tempo in cui sia intervenuta) per uno dei delitti c.d. spia, come alcune forme di estorsione o alcuni reati contro la libertà degli incanti".

### *VII.1.10. Il contenuto motivazionale del provvedimento prefettizio*

Al fine di non sconfinare nel vizio dell'eccesso di potere e per garantire la tenuta giudiziaria del provvedimento prefettizio, è necessario che lo stesso abbia ad oggetto una motivazione che:

*a*) «scenda nel concreto», indicando gli elementi di fatto posti a base delle relative valutazioni;

*b*) individui le ragioni in base alle quali gli elementi emersi nel corso del procedimento siano tali da indurre a concludere in ordine alla «perdita di fiducia» che le Istituzioni nutrono nei confronti dell'imprenditore.

La giurisprudenza ha chiarito che l'informazione interdittiva risulta sufficientemente motivata qualora dall'esame del provvedimento sia percepibile il percorso motivazionale attraverso cui l'Amministrazione procedente è giunta alla determinazione assunta, risultando idonea anche una motivazione *per relationem* se gli atti emessi da organi giudiziari o amministrativi già contengono specifiche valutazioni degli elementi emersi.

Al contrario, se gli atti del procedimento non risultano chiari o si presentano, addirittura, imperscrutabili (e, cioè, consistano in un mero elenco di elementi eterogenei e non evidenzino una ragionata valutazione del loro significato indiziario), il provvedimento prefettizio deve desumere dagli atti istruttori quegli elementi che giustifichino la misura adottata.

Si ribadisce, inoltre, che la valutazione della prova presuntiva esige che il Prefetto in sede amministrativa esamini tutti gli indizi di cui disponga, non già considerandoli in maniera atomistica, ma valutandoli complessivamente, evitando di negare valore ad uno o più di essi solo perché equivoci, così da stabilire se sia comunque possibile ritenere probabile l'esistenza del fatto da provare.

In particolare, sulla scorta della Circolare[27] da ultimo emanata dal Ministero dell'Interno in materia, si evidenzia la necessità di una puntuale ricapitolazione delle risultanze dell'istruttoria svolta con tutte le evidenze informative raccolte e la segnalazione delle criticità o delle situazioni indizianti da cui desumere forme di collegamento fra l'impresa e la criminalità organizzata. Vanno, altresì, evidenziate le ragioni che inducono a valutare unitariamente la coerenza e convergenza del quadro indiziario disponibile così come altrettanto essenziali - affinché la prova del condizionamento raggiunga la soglia della probabilità cruciale[28] - sono

[27] Circolare n. 11001/119/20(8) del 27 marzo 2018.

[28] Ciò che connota la regola probatoria del "più probabile che non" non è un diverso procedimento logico, ma la (minore) forza dimostrativa dell'inferenza logica sicché, in definitiva, l'interprete è sempre vincolato a sviluppare un'argomentazione rigorosa sul piano metodologico "ancorché sia sufficiente accertare che l'ipotesi intorno a quel fatto sia più probabile di tutte le

la corroborazione dei singoli elementi acquisiti e le operazioni di verifica dell'ipotesi dell'impresa infiltrata attraverso la confutazione delle possibili spiegazioni alternative, tra cui innanzitutto quella di un soggetto economico che si trovi ad operare saltuariamente in contesti di illegalità ma senza collegamenti con la criminalità mafiosa.

Si evidenzia, pertanto, la necessità che, nell'esposizione delle risultanze istruttorie, non venga omesso il riferimento ad alcun elemento significativo, anche se di segno divergente rispetto all'ipotesi di tentativo di infiltrazione o condizionamento. In tal caso, dovrà semmai essere esplicitato l'*iter* argomentativo che ha portato ad escluderne la rilevanza in senso favorevole all'impresa scrutinata. Allo stesso modo, si ritiene si debba procedere riguardo agli argomenti eventualmente addotti in contraddittorio dalla stessa impresa la cui mancata o insufficiente considerazione potrebbe determinare facile appiglio per successive impugnazioni

### *VII.1.11. Profili procedimentali peculiari*

La delicatezza degli interessi sottesi alla documentazione antimafia e l'esigenza di ordine pubblico che la legislazione antimafia mira a tutelare, giustificano la portata derogatoria delle misure antimafia rispetto alle generali regole sul procedimento amministrativo, contenute nella legge n. 241/1990 e nelle successive leggi di riforma.

Subiscono, in particolare, una notevole attenuazione le garanzie procedimentali che, come affermato dalla giurisprudenza, non costituiscono di per sé un valore assoluto, da preservare ad ogni costo e in ogni caso, ma sono meritevoli di protezione se, e in quanto, compatibili con la tutela di valori differenti, di rango superiore, come quelli di ordine pubblico e di contrasto al crimine organizzato che qui vengono in rilievo[29].

In considerazione della natura preventiva del provvedimento, le esigenze di celerità e riservatezza che vi attengono, consentono dunque di limitare la partecipazione dei privati. Per tale ragione, la giurisprudenza ha più volte ribadito che in questo tipo di procedimenti non possono considerarsi come obbligatori né la comunicazione di avvio del procedimento, di cui all'art. 7 legge 241/1990 né le ordinarie garanzie partecipative[30].

---

altre messe insieme, ossia rappresenti il 50%+1 di possibilità, ovvero, con formulazione più appropriata, la c.d. probabilità cruciale. Cfr., Cons. St., Sez. III, 5 settembre 2019, n. 6105.

[29] Cfr., Cons. St., Sez. III, 9 febbraio 2017, n. 565.

[30] Si v., la recente pronuncia del T.A.R. Piemonte, sez. I, 16 gennaio 2019, n. 58 e Cons. St., sez. III, 28 ottobre 2016, n. 4555, secondo cui "la P.A. è esonerata dall'obbligo di comunicazione di cui all'art. 7 legge n. 241/1990, relativamente all'informativa antimafia, nonché da altre pro-

### *VII.1.12. L'esercizio del diritto di accesso nel procedimento per il rilascio delle informazioni antimafia*

Le ipotesi di esclusione del diritto d'accesso sono disciplinate dall'art. 24 legge 241/1990, che, al comma 1, prevede la non ostensibilità dei documenti coperti da segreto di Stato e di quelli per i quali il divieto di divulgazione sia espressamente previsto dalla legge, da apposito regolamento governativo (da adottare ai sensi del comma 6) o da provvedimenti adottati dalle singole amministrazioni con riferimento ai documenti dalle stesse formati o rientranti nella rispettiva disponibilità.

In particolare, per ciò che concerne il Ministero dell'Interno, il decreto ministeriale del 10 maggio 1994, n. 415 ha individuato i documenti, formati o rientranti nella disponibilità del Dicastero, sottratti all'accesso, comprendendo, tra questi, quelli "inaccessibili per motivi di ordine o di sicurezza pubblica ovvero ai fini di prevenzione e repressione della criminalità".

L'orientamento della giurisprudenza amministrativa[31] maturato sulla questione dell'accesso alle informazioni antimafia parte dalla considerazione che il Legislatore, in materia di accesso alla documentazione amministrativa, ha inteso contemperare, sulla base dei principi fissati dall'art. 97 della Costituzione, gli opposti interessi in gioco costituiti, da un lato, dall'interesse del privato ad accedere agli atti dell'amministrazione e, dall'altro, dall'interesse pubblico a sottrarre all'accesso determinate categorie di atti, indicati alle lettere a), b), c) e d) del comma 2 dell'art. 24 legge 241/1990, dall'altro.

Seguendo tale logica, in difetto di esplicita e specifica inclusione delle informative prefettizie nelle categorie dei documenti sottratti all'accesso secondo la disciplina normativa, non è possibile negare l'accesso facendo generico riferimento all'art. 24, comma 6, lett. c) legge n. 241/1990 o all'art. 3 d.m. 10 maggio 1994, n. 415. È necessario, invece, che l'Amministrazione motivi il diniego puntualizzando gli elementi per i quali l'ostensione del documento sarebbe idonea a pregiudicare in concreto l'interesse alla salvaguardia dell'ordine pubblico ed alla prevenzione e repressione della criminalità, così come espressamente previsto dall'art. 24, comma 2, lett. c) legge n. 241/1990.

---

cedure partecipative, atteso che si tratta di procedimento in materia di tutela antimafia, come tale intrinsecamente caratterizzato da profili del tutto specifici connessi ad attività di indagine, oltre che da finalità, da destinatari e da presupposti incompatibili con le procedure partecipative, nonché da oggettive e intrinseche ragioni di urgenza".

[31] Si v., in particolare, Cons. St. n. 1788/2012, Cons. Giust. Amm. Sic. n. 281/2010, Cons. Giust. Amm. Sic. n. 9/2011, T.A.R. Calabria n. 1146/2011.

La giurisprudenza sopra citata, dunque, fa riferimento alla distinzione tra le risultanze istruttorie ed il provvedimento interdittivo.

Con riferimento alle prime può essere adottato un provvedimento di diniego o di limitazione all'accesso, anche attraverso il ricorso alle forme della mera visione, ovvero dell'estrazione di copia con la tecnica del mascheramento.

Il provvedimento integralmente o parzialmente negativo dell'istanza di accesso deve, quindi, essere motivato facendo riferimento alle ragioni di sicurezza sussistenti con riguardo alle parti di documentazione. Vengono qui in rilievo: 1) quelle coperte da segreto istruttorio, in quanto afferenti ad indagini preliminari od a procedimenti penali in corso; 2) quelle in cui vengono coinvolti terzi soggetti interessati dalle informazioni di polizia di sicurezza; 3) quelle per le quali vengano addotti specifici motivi, riconducibili ad imprescindibili esigenze di tutela di accertamenti – in corso di svolgimento – di polizia di sicurezza e di contrasto alla delinquenza organizzata.

Nel primo caso, si ritiene che l'espressione linguistica "coperti da segreto istruttorio" non possa considerarsi come sinonimo di "atti coperti da segreto di indagine" *ex* art. 329 c.p.p. poiché tali atti non hanno ingresso nei procedimenti amministrativi antimafia. Sembra quindi che il predetto motivo di esclusione vada riferito ad informazioni acquisite nel corso dell'istruttoria, per le quali emergono esigenze di salvaguardia dell'azione penale, che possono essere partecipate dall'autorità giudiziaria anche al di fuori dei casi tipizzati dal codice di procedura penale (si consideri, ad esempio, l'ipotesi di cui al comma 3 dell'art. 329 c.p.p.).

Nel secondo caso, si osserva che l'applicazione della causa di esclusione in questione postula un bilanciamento in concreto degli interessi in gioco, tenendo conto di quanto previsto dagli artt. 59 e 60 d.lgs. 30 giugno 2003, n. 196 (Codice della *privacy*) per i dati di natura giudiziaria (c.d. "dati sensibili") o attinenti allo stato di salute o alla vita sessuale della persona (c.d. "dati sensibilissimi"). Si evidenzia, inoltre, che i terzi cui si riferiscono le notizie assumono, nel procedimento d'accesso, la veste di controinteressati, con la conseguenza che deve essere azionata la procedura *ex* art. 3 d.P.R. 12 aprile 2006, n. 184 per consentire loro l'esercizio della facoltà di opposizione all'accoglimento dell'istanza di accesso.

La clausola riferita ad informazioni non attingibili da fonti pubbliche o riguardanti semplici precedenti giudiziari o di polizia, invece, consente di sottrarre all'ostensione le acquisizioni informative desunte *aliunde* dagli organi di polizia (ad esempio, in seguito ad accessi ai cantieri) nonché le analisi che sulla base di tali elementi vengono sviluppate, nonché le informazioni recepite dal Prefetto attraverso l'esercizio, su delega del Ministro dell'Interno, dei poteri conoscitivi di cui al d.l. 6 settembre 1982, n. 629, in particolare quando la richiesta di notizie è rivolta a soggetti diversi dall'impresa oggetto delle verifiche antimafia.

Con riguardo al provvedimento interdittivo, invece, l'orientamento interpretativo che si è affermato nella giurisprudenza amministrativa rinvia ad un modello di informativa antimafia contenente la formula con la quale si afferma la sussistenza di elementi interdittivi a carico dell'impresa, con rinvio, per la motivazione, alle risultanze istruttorie tenute esterne all'atto finale. In relazione a tale modello, il Prefetto, conformemente all'orientamento giurisprudenziale in questione, in presenza dei requisiti di legge, dovrà autorizzare l'ostensione dell'atto.

### *VII.1.13. Profili processuali in materia di informative antimafia*

L'esercizio del potere autoritativo da parte dell'autorità prefettizia è connotato da discrezionalità tecnica sicché il provvedimento emanato potrà essere censurato in ordine ai soli profili di manifesta illogicità, irragionevolezza e travisamento dei fatti, o con lo strumento del ricorso straordinario al Presidente della Repubblica oppure dinanzi al giudice amministrativo, in sede di giurisdizione generale di legittimità, rimanendo comunque esclusa la possibilità di svolgere un sindacato pieno ed assoluto sugli esiti della stessa.

L'informativa antimafia interdittiva produce effetti anche in relazione al giudice chiamato a dirimere le controversie inerenti le patologie del rapporto. Negli appalti pubblici, com'è noto, la giurisdizione in ordine alle controversie sorte successivamente alla stipula del contratto è attribuita al giudice ordinario così come nelle ipotesi di recesso di cui all'art. 21-*sexies* legge n. 241/1990, relativa all'esercizio di diritti potestativi ascrivibili all'autotutela di natura privatistica.

Tale regola viene, tuttavia, meno qualora il recesso esercitato dalla stazione appaltante sia consequenziale all'emissione di una informativa antimafia: in tale ipotesi, infatti, le controversie in materia di recesso della P.A. sono attribuite alla giurisdizione del giudice amministrativo[32].

La giurisdizione del giudice amministrativo permane anche nelle ipotesi di revoca dell'aggiudicazione, perfino successivamente alla stipula del contratto. L'informativa antimafia interdittiva sopravvenuta, infatti, non è intesa come una sopravvenienza che impedisce la prosecuzione del contratto, bensì come accertamento di una incapacità originaria del privato ad essere parte contrattuale della

[32] In tal senso le Sezioni Unite della Corte di Cassazione, con la sentenza del 29 agosto 2008, n. 21928, hanno chiarito, in sede di regolamento di giurisdizione, che il recesso in parola non trova fondamento in inadempienze verificatesi nella fase di esecuzione del contratto, ma è consequenziale all'informativa del Prefetto e quindi è espressione di un potere di valutazione di natura pubblicistica diretto a soddisfare l'esigenza di evitare la costituzione o il mantenimento di rapporti contrattuali tra le Pubbliche Amministrazioni e le imprese nei cui confronti emergono sospetti di collegamenti con la criminalità organizzata.

pubblica amministrazione. La revoca dell'aggiudicazione rientra, dunque, tra le ipotesi indicate dall'art. 133, comma 1, lett. e), n. 1, c.p.a., ai sensi del quale le controversie relative a procedure di affidamento di lavori pubblici, servizi e forniture sono attribuite alla giurisdizione esclusiva del giudice amministrativo.

In relazione, poi, alla competenza territoriale del giudice amministrativo dinanzi al quale l'atto va impugnato, si applica il criterio della "sede dell'organo" previsto dall'art. 13, comma 1, c.p.a., che attribuisce la competenza al T.A.R. nella cui circoscrizione ha sede l'ufficio prefettizio che ha emanato l'atto.

Tuttavia può porsi il caso in cui, sulla medesima informativa antimafia, potrebbe variamente radicarsi la competenza di diversi TT.AA.RR. nelle ipotesi in cui il ricorrente impugni contestualmente, o con motivi aggiunti, anche gli atti successivi adottati dalla stazione appaltante, diventando funzionalmente competente il T.A.R. del luogo ove ha sede la stazione appaltante.

L'Adunanza Plenaria del Consiglio di Stato[33] ha chiarito che, in tali casi, va preso in considerazione l'interesse principale del ricorrente che è quello di contestare in radice la sussistenza dei presupposti che hanno condotto all'emissione dell'informativa; sicché il giudizio avente ad oggetto l'informativa avrebbe carattere principale e quello avente ad oggetto l'atto applicativo, carattere accessorio. Pertanto, ritenendo applicabile, ai sensi dell'art. 39 c.p.a., l'art. 31 c.p.c., che disciplina i rapporti di connessione tra causa principale e causa accessoria, si giunge a ritenere competente, in caso di contestuale impugnazione dell'informativa prefettizia e dell'atto applicativo, il giudice competente a conoscere la prima. L'art. 31 c.p.c. dispone infatti che "la domanda accessoria può essere proposta al giudice territorialmente competente a conoscere per la domanda principale affinchè sia decisa nello stesso processo".

Infine, in ordine al rito applicabile, il giudizio di impugnazione dell'informativa antimafia segue quello di annullamento di cui all'art. 29 c.p.a..

## VII.2. Gli altri strumenti di contrasto all'infiltrazione mafiosa negli appalti pubblici

Nella ponderazione degli interessi in gioco, il legislatore ha voluto apprestare, nel corso di questi ultimi anni, strumenti sempre più idonei e capaci di consentire allo Stato di contrastare con armi non impari la pervasiva diffusione delle organizzazioni mafiose che hanno, nei sistemi globalizzati, vaste reti di collegamento e profitti criminali volti al controllo di interi territori[34].

---

[33] Cons. St. Ad. Plen. 31 luglio 2014, n. 17.

[34] Cons. St., Sez. III, 9 febbraio 2017, n. 565.

Per tale ragione, sono stati introdotti nel nostro ordinamento una serie di altri strumenti finalizzati, da un lato, a rafforzare la cornice di sicurezza del sistema e, dall'altro, ad incoraggiare le imprese a porre in essere comportamenti virtuosi, contrastando i fenomeni corruttivi ed i tentativi di infiltrazione mafiosa e cercando di innescare un cambiamento culturale volta a rimuovere una concezione utilitaristica della cosa pubblica, piegata al profitto individuale.

### *VII.2.1. Le* "white list" *prefettizie*

Le *white list*[35], previste per la prima volta nel contesto emergenziale dei lavori straordinari di ricostruzione susseguenti al sisma dell'Aquila e alla realizzazione delle infrastrutture necessarie allo svolgimento dell'EXPO, sono state introdotte al fine di velocizzare le procedure di affidamento di lavori pubblici, attraverso l'effettuazione di una sorta di *screening* preventivo degli operatori economici.

Gli esecutori dei lavori, servizi e forniture potevano infatti rivolgersi, in sede di stipula dei relativi subappalti e subcontratti, alle imprese iscritte in appositi elenchi istituiti presso le Prefetture territorialmente interessate. Una delle caratteristiche maggiormente rilevanti riguardava la volontarietà dell'iscrizione a tali liste da parte di tutti i soggetti economici, a prescindere dal luogo della propria sede legale, interessati alla prestazione o alla fornitura di determinati servizi o beni particolarmente esposti[36].

L'esperienza delle *white list* fu successivamente replicata per l'effettuazione degli interventi conseguenti al sisma che interessò l'Emilia Romagna nel 2012. A partire da tale momento, l'iscrizione nelle predette liste divenne obbligatoria per

---

[35] Il primo cenno all'istituzione di questo strumento si rinviene nella Direttiva del Ministro dell'Interno del 23 giugno 2010 rubricata "controlli antimafia preventivi nelle attività a "rischio" di infiltrazione da parte delle organizzazioni criminali", in cui veniva segnalato che "per colpire le organizzazioni criminali nei loro interessi economici e tutelare l'economia legale è necessario affinare l'applicazione degli strumenti posti a disposizione dell'ordinamento giuridico tenendo conto della realtà territoriale ed ambientale in cui si trova ad operare l'impresa". A tali fini la citata direttiva, faceva espresso riferimento anche alle *white list*, al fine di delineare un sistema che fosse in grado di individuare preventivamente un elenco di operatori economici da ritenere affidabili, in quanto sottoposti preliminarmente alle verifiche antimafia e ciò anche in virtù dell'avvertita esigenza di accelerare le procedure di rilascio spettanti alle Prefetture che, stante la complessità dei relativi accertamenti, spesse volte si protraevano per tempi non compatibili con le sottostanti esigenze di celerità di esecuzione e avvio di determinati lavori.

[36] In particolare, potevano iscriversi agli elenchi, i fornitori o i prestatori dei seguenti beni o servizi: trasporto di materiale a discarica conto terzi; trasporto e smaltimento di rifiuti conto terzi; estrazione, fornitura e trasporto di terra e materiali inerti; confezionamento, fornitura e trasporto di calcestruzzo e di bitume; noli a freddo e a caldo di macchinari; fornitura di ferro lavorato; autotrasporto conto terzi; guardiania dei cantieri.

tutte le imprese che intendevano partecipare, in qualsiasi settore, al processo di ricostruzione, prevedendo la necessità di aver quantomeno presentato la domanda di iscrizione negli elenchi.

Il modello delle *white list* è stato poi esteso all'intero territorio nazionale, prevedendone l'istituzione presso tutte le Prefetture, dapprima, con il d.l. 13 maggio 2011, n. 70, convertito, con modificazioni, dalla legge 12 luglio 2011, n. 106 e poi, definitivamente, con la legge 6 novembre 2012, n. 190, che ha rivisto completamente la disciplina di tali liste nazionali. Con il d.l. 24 giugno 2014, n. 90, convertito, con modificazioni, dalla legge 11 agosto 2014, n. 114, è stato, tra l'altro, sancito, l'obbligo del ricorso alle *white list* per l'acquisizione da parte delle Amministrazioni pubbliche della documentazione antimafia, sia nella forma delle comunicazioni che delle informazioni, per l'affidamento, indipendentemente dal sistema delle soglie di valore, delle attività individuate espressamente come esposte a maggior rischio di infiltrazione[37].

[37] Si riporta, qui di seguito, il testo attualmente vigente dei commi di interesse dell'art. 1 legge n. 190/2012: "52. Per le attività imprenditoriali di cui al comma 53 la comunicazione e l'informazione antimafia liberatoria da acquisire indipendentemente dalle soglie stabilite dal codice di cui al decreto legislativo 6 settembre 2011, n. 159, è obbligatoriamente acquisita dai soggetti di cui all'articolo 83, commi 1 e 2, del decreto legislativo 6 settembre 2011, n. 159, attraverso la consultazione, anche in via telematica, di apposito elenco di fornitori, prestatori di servizi ed esecutori di lavori non soggetti a tentativi di infiltrazione mafiosa operanti nei medesimi settori. Il suddetto elenco è istituito presso ogni prefettura. L'iscrizione nell'elenco è disposta dalla prefettura della provincia in cui il soggetto richiedente ha la propria sede. Si applica l'articolo 92, commi 2 e 3, del citato decreto legislativo n. 159 del 2011. La prefettura effettua verifiche periodiche circa la perdurante insussistenza dei tentativi di infiltrazione mafiosa e, in caso di esito negativo, dispone la cancellazione dell'impresa dall'elenco.52-bis. L'iscrizione nell'elenco di cui al comma 52 tiene luogo della comunicazione e dell'informazione antimafia liberatoria anche ai fini della stipula, approvazione o autorizzazione di contratti o subcontratti relativi ad attività diverse da quelle per le quali essa è stata disposta. 53. Sono definite come maggiormente esposte a rischio di infiltrazione mafiosa le seguenti attività: a) trasporto di materiali a discarica per conto di terzi; b) trasporto, anche transfrontaliero, e smaltimento di rifiuti per conto di terzi; c) estrazione, fornitura e trasporto di terra e materiali inerti; d) confezionamento, fornitura e trasporto di calcestruzzo e di bitume; e) noli a freddo di macchinari; f) fornitura di ferro lavorato; g) noli a caldo; h) autotrasporti per conto di terzi; i) guardiania dei cantieri. 54. L'indicazione delle attività di cui al comma 53 può essere aggiornata, entro il 31 dicembre di ogni anno, con apposito decreto del Ministro dell'interno, adottato di concerto con i Ministri della giustizia, delle infrastrutture e dei trasporti e dell'economia e delle finanze, previo parere delle Commissioni parlamentari competenti, da rendere entro trenta giorni dalla data di trasmissione del relativo schema alle Camere. Qualora le Commissioni non si pronuncino entro il termine, il decreto può essere comunque adottato. 55. L'impresa iscritta nell'elenco di cui al comma 52 comunica alla prefettura competente qualsiasi modifica dell'assetto proprietario e dei propri organi sociali, entro trenta giorni dalla data della modifica. Le società di capitali quotate in mercati regolamentati comunicano le variazioni rilevanti secondo quanto previsto dal testo unico di cui al decreto legislativo 24 febbraio 1998, n. 58. La mancata comunica-

La *ratio* dell'istituto è quella di promuovere nuove forme di legalità partecipata dagli operatori economici nel delicato settore degli appalti pubblici, attraverso la semplificazione procedimentale degli adempimenti[38]. La disponibilità dei singoli operatori economici ad assoggettarsi a maggiori e più vigorosi controlli antimafia secondo un principio di trasparenza "collaborativa" o "rafforzata" permette, infatti, di costruire ed alimentare, da una parte, una maggiore reciproca fiducia tra lo Stato ed il comparto imprenditoriale, dall'altra, fornisce un importante presidio di legalità in tutta la filiera di imprese coinvolte nella realizzazione dell'opera pubblica[39].

Invero, tra i motivi ispiratori delle *white list* appare la necessità di una più avanzata forma di tutela invocata dagli stessi soggetti privati, interessati ad ottenere una "lista pulita" di operatori economici locali ai quali poter affidare servizi di fornitura o altre forme di collaborazione imprenditoriale evitando, così, di compiere scelte infelici e veder compromessa la propria immagine nonché la corretta realizzazione dell'opera, sia sotto il profilo dell'esecuzione che sotto l'aspetto temporale[40]. L'istituto in esame sottende pertanto a quel meccanismo di evoluzione normativa che mira al passaggio dalla repressione alla prevenzione e infine alla premiazione[41].

---

zione comporta la cancellazione dell'iscrizione. 56. Con decreto del Presidente del Consiglio dei ministri, su proposta dei Ministri per la pubblica amministrazione e la semplificazione, dell'interno, della giustizia, delle infrastrutture e dei trasporti e dello sviluppo economico, da adottare entro sessanta giorni dalla data di entrata in vigore della presente legge, sono definite le modalità per l'istituzione e l'aggiornamento, senza nuovi o maggiori oneri per la finanza pubblica, dell'elenco di cui al comma 52, nonché per l'attività di verifica. 57. Fino al sessantesimo giorno successivo alla data di entrata in vigore del decreto di cui al comma 56 continua ad applicarsi la normativa vigente alla data di entrata in vigore della presente legge". Le attività appena indicate possono essere modificate annualmente, sulla base delle occorrenti necessità preventive, con apposito decreto del Ministro dell'Interno di concerto con i Ministri della Giustizia, delle Infrastrutture e dei Trasporti, e dell'Economia e Finanze.

[38] G. M. FLICK, *Dalla repressione alla prevenzione o viceversa? Dalle parole ai fatti per non convivere con la corruzione*, in *Cass. pen.*, 9, 2014, p. 2754.

[39] B. FRATTASI, *L'intreccio corruzione-criminalità negli appalti pubblici: l'approccio della prevenzione amministrativa nei nuovi strumenti di intervento*, in *Colletti bianchi, zona grigia e mafie: seminario "in memoria del Prefetto Roberto Sorge". Palermo, 26 febbraio 2011, organizzato dall'Assemblea regionale siciliana e dall'Associazione nazionale funzionari amministrazione civile dell'Interno*, Bologna, 2013, p. 27.

[40] B. FRATTASI, *Intervento del Direttore dell'Ufficio Legislativo del Ministero dell'Interno*, in *La prevenzione delle infiltrazioni mafiose nell'economia. I protocolli di legalità: una opportunità per le stazioni appaltanti e le imprese. Atti del Convegno*, 9 ottobre 2012, disponibile sul sito della Prefettura di Lecce, p. 87.

[41] U. PATRONI GRIFFI, *Le white list e la compatibilità europea*, in *La prevenzione delle infiltrazioni mafiose nell'economia. I protocolli di legalità: una opportunità per le stazioni ap-*

In ordine al procedimento di iscrizione, l'art. 3 d.P.C.M. 14 ottobre 2013 prevede che la relativa istanza è rivolta alla Prefettura competente che la dispone se - a seguito della consultazione della Banca Dati Nazionale Antimafia - il soggetto privato risulta censito e scevro da elementi ostativi, provvedendo così al rilascio dell'informazione antimafia liberatoria ai sensi dell'art. 92 d.lgs. n. 159/2011.

Diversamente, qualora il soggetto non risulti censito oppure vi siano situazioni di cui agli artt. 84 e 91 del Codice antimafia, il Prefetto dispone invece le verifiche necessarie anche avvalendosi dei Gruppi Interforze.

La tipologia di controlli espletati è quindi del tutto assimilabile a quella delle tradizionali informazioni antimafia a carattere interdittivo, rendendosi, infatti, necessario il maggior grado possibile di approfondimento investigativo per la costituzione della lista di operatori "sicuri"[42]. A maggior ragione, l'art. 4 comma 2 del regolamento recante disposizioni sul funzionamento e sulla consultazione della Banca Dati Nazionale Antimafia (d.P.C.M. 30 ottobre 2014 n. 193) assimila, considerandoli equivalenti, i provvedimenti interdittivi prefettizi ai provvedimenti di diniego e cancellazione dagli elenchi degli operatori non soggetti a infiltrazione.

Le *white list* manifestano, dunque, un carattere di complementarietà rispetto alla documentazione antimafia di cui al d.lgs. n. 159/2011, esercitando allo stesso tempo un'influenza proattiva su tutto il tessuto imprenditoriale[43].

Secondo la giurisprudenza prevalente, l'eventuale provvedimento di diniego deve essere comunicato all'istante ai sensi dell'art. 10-*bis* legge n. 241/1990 al fine di favorire l'accertamento dei requisiti reputazionali dell'impresa grazie alla partecipazione del soggetto privato[44].

Al contrario, data la natura di procedimento ad iniziativa di parte è esclusa la comunicazione di avvio del procedimento di cui all'art. 7, legge n. 241/1990[45].

La validità dell'iscrizione negli elenchi, ai sensi dell'art. 2 d.P.C.M. 14 ottobre 2013, conserva efficacia per 12 mesi a decorrere dalla data in cui è stata disposta. Cionondimeno, alla luce dell'art. 1, comma 52 legge n. 190/2012, la Prefettura

---

*paltanti e le imprese. Atti del Convegno*, 9 ottobre 2012, disponibile sul sito della Prefettura di Lecce, p. 59.

[42] Tar Emilia Romagna, sent. n. 7/2017; Cons. Stato, III, 3 maggio 2016, n. 1743: "Lo scopo della white list, invero, non è quello di prendere atto delle risultanze del casellario giudiziale o del certificato dei carichi pendenti (scopo, appunto, già assolto da separati istituti previsti dall'ordinamento), quanto piuttosto quello di selezionare imprese che – in coerenza con l'aggettivo che le qualifica – risultino del tutto esenti da qualunque rischio, anche indiziariamente desunto, di infiltrazioni e/o condizionamenti da parte della criminalità organizza".

[43] Cons. St., sez. III, n. 1514/2016; *Contra*: Tar Calabria, sent. n. 603/2016.

[44] Cons. St., sez. III, n. 1514/2016.

[45] Cons. St., sez. III, 1501/2015.

effettua verifiche periodiche anche a campione circa la perdurante insussistenza dei rischi d'infiltrazione ed, in caso negativo, ne dispone invece la cancellazione dandone comunicazione all'interessato.

L'attività di controllo periodico e a sorpresa degli operatori economici iscritti negli elenchi assume quindi una notevole rilevanza, tanto è vero che attenta dottrina ne ha evidenziato la natura di controllo "dinamico", vale a dire avente i presupposti di un'opera di monitoraggio preventivo caratterizzato dalla continuità temporale sì da valorizzare il patrimonio conoscitivo dei Prefetti sul territorio e pertanto rafforzare gli strumenti di contrasto alla criminalità organizzata dello Stato[46].

Peraltro, si ricorda che l'art. 4 d.P.C.M. 14 ottobre 2013 obbliga le imprese iscritte a comunicare alla Prefettura competente, entro 30 giorni dal relativo atto, ogni modifica dell'assetto proprietario o degli organi sociali e, per le società di capitali quotate, le partecipazioni rilevanti detenute, pena la cancellazione dall'elenco. Sul punto, l'art. 5 del suddetto d.P.C.M. impone all'impresa interessata a permanere negli elenchi, di trasmettere alla Prefettura, entro 30 giorni dalla scadenza annuale dell'iscrizione, l'apposita istanza di aggiornamento.

Il sistema delle *white list* prefettizie è stato, da ultimo, novellato dall'art. 29 d.l. n. 90/2014, nonché dalle misure attuative contenute nel d.P.C.M. 24 novembre 2016.

Come anticipato, è stato innanzitutto superato il principio della mera volontarietà dell'iscrizione giacché il novellato art. 1 comma 52, legge n. 190/2012, richiede adesso che le pubbliche amministrazioni e gli enti pubblici di cui all'art. 83 del Codice antimafia, nei settori ritenuti maggiormente a rischio, acquisiscano obbligatoriamente la documentazione antimafia necessaria mediante la consultazione delle *white list* prefettizie[47].

La *ratio* sottesa all'innovativa obbligatorietà delle liste prefettizie risiede nell'intenzione di conferire all'istituto in esame una maggiore concretezza ed efficacia, garantendo uniformemente sul territorio nazionale un adeguato popolamento delle stesse.

L'art. 29 d.l. n. 90/2014 introduce, inoltre, almeno altre tre modifiche degne di rilievo. La prima, sebbene agilmente risolta in via interpretativa, prevede espres-

---

[46] B. FRATTASI, *Le white list e le misure di gestione, sostegno e monitoraggio delle imprese*, in *Convegno IGI – I contratti pubblici tra ultime novità e la delega per il recepimento delle Direttive*, Roma, 20 settembre 2014.

[47] G. MANFREDI, *Brevi note su contratti pubblici e corruzione*, in *Urbanistica e appalti*, 7, 2015, p. 749; F. DI CRISTINA, *Le misure urgenti sulla Pubblica Amministrazione. La nuova vita dell'ANAC e gli interventi in materia di appalti pubblici in funzione anticorruzione*, in *Gior. dir. amm.*, 11, 2014, p. 1019; G. FIDONE, *La corruzione e la discrezionalità amministrativa: il caso dei contratti pubblici*, in *Giorn. dir. amm.*, 3, 2015, p. 325.

samente l'equiparazione tra l'iscrizione in *white list* e l'informazione antimafia così come alla comunicazione antimafia, dirimendo la discrasia dovuta al richiamo della sola informazione antimafia senza cenni alla forma minore di documentazione.

Il medesimo articolo interviene altresì nell'eliminazione delle soglie previste dal Codice Antimafia per le imprese soggette all'iscrizione in *white list*, procedendo così ad ampliare lo spettro d'indagine anche per tutti i contratti di valore inferiore ai 150.000 euro[48].

Il nuovo comma 52-*bis* dell'art. 1, legge n. 190/2012, prevede, infine, la validità degli effetti giuridici derivante dall'iscrizione negli elenchi di operatori sicuri anche per i settori diversi da quelli per i quali essa è stata disposta[49].

Le *white-list* prefettizie, inoltre, hanno un ruolo affatto marginale anche nella recente ricostruzione *post* sisma in Italia centrale dimostrando, in raccordo con l'Anagrafe antimafia degli esecutori di cui all'art. 30 d.l. n. 189/2016, una crescente importanza per il contrasto alla criminalità organizzata.

### *VII.2.2. I Protocolli di legalità*

Al sistema legislativo delle misure antimafia, si affianca il "sistema pattizio delle misure antimafia", declinato nei cc.dd. Protocolli di legalità, altrimenti detti Patti di integrità, che hanno trovato un proprio riconoscimento normativo nell'art. 1, comma 17, legge n. 190/2012[50]. Sulla base della definizione fornita dalla giurisprudenza, tali Patti consistono in "utili strumenti pattizi volti a contrastare il fenomeno delle infiltrazioni mafiose nelle attività economiche" aventi "natura di impegni assunti volontariamente tra i soggetti coinvolti nella gestione dell'opera pubblica tramite i quali sono rafforzati i vincoli previsti dalle norme della legislazione antimafia" (T.A.R. Sicilia, Palermo, sez. II, 25 febbraio 2014, n. 568).

Accanto alle dichiarazioni di natura comportamentale, volte a rafforzare gli impegni di legalità e trasparenza, le pattuizioni contenute in detti protocolli consentono alle stazioni appaltanti di avvalersi di un regime sanzionatorio che spazia

---

[48] J. Buggea, *Le white list: strumento di prevenzione del fenomeno corruttivo e delle infiltrazioni del crimine organizzato nel settore degli appalti pubblici*, in *Nuove autonomie*, 3, 2014, p. 675.

[49] V. Montaruli, *Le novità normative e giurisprudenziali su documentazione antimafia, "white list" e protocolli di legalità*, in *Rivista di polizia*, 6-7, 2015, p. 479; G. Veltri, *Informativa antimafia ricavabile solo da white list*, in *Guida al diritto*, 30, 2014, p. 90.

[50] L'art. 1, comma 17, legge n. 190/2012 statuisce che: "Le stazioni appaltanti possono prevedere negli avvisi, nei bandi di gara o nelle lettere di invito che il mancato rispetto delle clausole contenute nei protocolli di legalità o nei patti di integrità costituisce causa di esclusione dalla gara".

dall'esclusione nella fase di partecipazione alla gara (qualora l'operatore economica non accetti/sottoscriva il patto), alla revoca dell'aggiudicazione e conseguente applicazione delle misure accessorie (escussione della cauzione e segnalazione all'ANAC), nonché alla risoluzione del contratto eventualmente stipulato, in caso di accertata violazione delle clausole pattuite. A tali misure, si aggiungono poi quelle interdittive connesse alla cancellazione dagli Albi degli operatori economici qualificati e al divieto di partecipazione a tutte le procedure di affidamento per un periodo determinato.

Tali protocolli attivano, in sintesi, la potestà, da parte della stazione appaltante, di azionare la clausola risolutiva espressa, ai sensi dell'art. 1456 c.c., nell'ipotesi in cui l'operatore economico non comunichi il tentativo di concussione subìto ovvero nei casi in cui, a seguito dell'applicazione di misure cautelari o di richieste di rinvio a giudizio, emergano accordi corruttivi tra il soggetto aggiudicatore e l'impresa aggiudicataria.

Peraltro, l'implementazione di questi strumenti pattizi è resa necessaria anche alla luce di quanto previsto dalle Linee Guida e dalle Intese sottoscritte nel luglio 2014 e nel gennaio 2015 tra ANAC - Prefetture ed Enti locali i quali esortano le stazioni appaltanti ad ampliare l'ambito di operatività di questi strumenti, quali mezzi di prevenzione in grado di frapporre barriere alle interferenze illecite della criminalità organizzata nelle procedure di evidenza pubblica, introducendo protocolli di "nuova generazione".

Sul punto, la Corte di Giustizia (Sez. X, 22 ottobre 2015, C-425/14) propriamente in relazione alla previsione dei Protocolli di legalità, la cui portata sistematica impatta sull'intero sistema della legislazione antimafia, ha riconosciuto in capo agli Stati membri un certo potere discrezionale nell'adozione delle misure destinate a garantire il rispetto del principio della parità di trattamento e dell'obbligo di trasparenza, che si impongono alle amministrazioni aggiudicatrici in tutte le procedure di aggiudicazione di un appalto pubblico in quanto "il singolo Stato membro è nella posizione migliore per individuare, alla luce delle considerazioni di carattere storico, giuridico, economico e sociale che gli sono proprie, le situazioni favorevoli alla comparsa di comportamenti in grado di provocare violazioni del rispetto del principio e dell'obbligo summenzionati".

La Corte di Giustizia ha comunque individuato un importante limite alla operatività di questi Protocolli consistente nell'assoggettamento degli stessi al principio di proporzionalità, in modo che gli impegni assunti e le dichiarazioni contenute nei Protocolli non superino i limiti necessari a salvaguardare i principi di concorrenza, parità di trattamento e non discriminazione ed il conseguente obbligo di trasparenza che ne deriva.

Anche il Consiglio di Stato (Sez. IV, 20 gennaio 2015, n. 143) si è espresso sulla portata dei Protocolli di legalità, in relazione alla nota vicenda legata ai lavori

EXPO 2015 negando, nel caso di specie, che vi fossero elementi tali da ritenere violato, da parte dell'aggiudicatario dei lavori pubblici di EXPO, il protocollo di legalità all'uopo predisposto, alla luce del fatto che "nessuna violazione è emersa o è stata quantomeno accertata in fase selettiva, essendo le notizie relative alle indagini penali ed i conseguenti arresti di molto successivi all'aggiudicazione e alla stipulazione del contratto di appalto".

Si segnala, da ultimo, la Delibera CIPE n. 62 del 6 agosto 2015 (pubblicata nella G.U. n. 271 del 20 novembre 2015) con cui è stato approvato lo schema di Protocollo di legalità, da allegare ai bandi di gara per l'affidamento di lavori per la realizzazione di infrastrutture strategiche di cui alla legge n. 443/2001. In particolare, i bandi di gara per questa tipologia di lavori, pubblicati successivamente alla data di pubblicazione della Delibera CIPE, dovranno prevedere, a carico del contraente generale o del concessionario che risulterà aggiudicatario, l'obbligo di stipulare con la Prefettura competente e con la stazione appaltante, il Protocollo di legalità.

### *VII.2.3. Le misure straordinarie di gestione, sostegno e monitoraggio delle imprese di cui all'art. 32 d.l. n. 90/2014*

Uno degli strumenti di maggior impatto è quello contenuto nell'art. 32 d.l. n. 90/2014, così come modificato dalla legge di conversione n. 114/2014, recante "Misure straordinarie di gestione, sostegno e monitoraggio di imprese nell'ambito della prevenzione della corruzione", con cui è stato introdotto uno dei poteri più incisivi che l'ordinamento dei contratti pubblici abbia riconosciuto negli ultimi anni in materia di lotta alla corruzione.

Tale potere - che ha determinato l'ingresso nel nostro ordinamento dell'istituto del "commissariamento delle imprese" - è stato introdotto per far fronte al completamento dei lavori e delle opere necessarie a garantire lo svolgimento dell'evento EXPO 2015, al fine di salvaguardare i tempi di esecuzione delle commesse pubbliche. Attraverso l'introduzione di tali misure, si è conseguito l'obiettivo di evitare che le indagini della magistratura penale su fatti illeciti, connessi alla gestione di appalti e concessioni, ritardassero la conclusione di opere pubbliche aventi un'importanza strategica per il Paese o pregiudicassero la prestazione di servizi ai quali doveva essere garantita la necessaria continuità.

#### *VII.2.3.1. Le previsioni dell'art. 32 d.l. n. 90/2014 e le successive modiche*

Le esigenze di tutela e garanzia della legalità e del corretto utilizzo delle risorse pubbliche nell'ambito dell'esecuzione di contratti, sono state declinate attraverso due diverse tipologie di intervento che prevedono, in un caso, l'iniziativa del Presidente dell'ANAC e, nell'altro, l'iniziativa del Prefetto.

Nel primo caso, il Presidente dell'ANAC può proporre al Prefetto della provincia in cui è stabilita la sede della stazione appaltante di intervenire nei confronti di un'impresa aggiudicataria di un appalto per la realizzazione di opere pubbliche, servizi o forniture, qualora ravvisi in capo ad essa fatti gravi ed accertati, riferibili a determinate tipologie di reati[51].

Il Presidente dell'ANAC può esercitare la propria iniziativa anche qualora non vi siano procedimenti giudiziari avviati, ma emergano "rilevate situazioni anomale o comunque sintomatiche di condotte illecite o eventi criminali attribuibili ad un'impresa aggiudicataria di un appalto".

In presenza di uno dei presupposti menzionati, il Presidente dell'ANAC può, dunque, chiedere al Prefetto competente:

*a*) di ordinare la rinnovazione degli organi sociali mediante la sostituzione del soggetto coinvolto e, ove l'impresa non si adegui nel termine di trenta giorni, di provvedere alla straordinaria e temporanea gestione dell'impresa limitatamente alla completa esecuzione del contratto d'appalto ovvero dell'accordo contrattuale o della concessione (art. 32, comma 1, lett. a);

*b*) nei casi più gravi, di provvedere direttamente alla straordinaria e temporanea gestione dell'impresa limitatamente alla completa esecuzione del contratto di appalto ovvero dell'accordo contrattuale o della concessione (art. 32, comma 1, lett. b);

*c*) di disporre la misura di sostegno e monitoraggio dell'impresa, solamente qualora i soggetti coinvolti nell'evento corruttivo non siano i componenti degli organi sociali con poteri di amministrazione diretta dell'impresa (art. 32, comma 8).

I provvedimenti in parola richiedono l'intervento del Presidente dell'ANAC, quale titolare del potere propulsivo e del Prefetto territorialmente competente, quale titolare del potere decisionale circa la misura da adottare. In capo al Prefetto permane un margine di discrezionalità in ordine all'accertamento dei presupposti indicati al comma 1 ed alla valutazione della gravità dei fatti oggetto dell'indagine (art. 32, comma 2 d.l. n. 90/2014).

---

[51] Trattasi di: concussione (art. 317 c.p.); corruzione per l'esercizio della funzione (art. 318 c.p.); corruzione semplice e aggravata per atto contrario ai doveri d'ufficio (artt. 319 e 319-*bis* c.p.); corruzione in atti giudiziari (art. 319-*ter* c.p.); induzione indebita a dare o promettere utilità (art. 319-*quater* c.p.); corruzione di persona incaricata di un pubblico servizio (art. 320 c.p.); istigazione alla corruzione (art. 322 c.p.);peculato, concussione, induzione indebita a dare o promettere utilità, corruzione e istigazione alla corruzione di membri della Corte penale internazionale o degli organi delle Comunità europee e di funzionari delle Comunità europee e di Stati esteri (art. 322-*bis* c.p.); traffico di influenze illecite (art. 346-*bis* c.p.); turbata libertà degli incanti (art. 353 c.p.); turbato procedimento di scelta del contraente (art. 353-*bis* c.p.).

In caso di decisione in favore della straordinaria e temporanea gestione dell'impresa, il Prefetto è chiamato a nominare da uno a tre amministratori che siano in possesso dei requisiti di professionalità e di onorabilità previsti per i commissari straordinari e i commissari giudiziali per le imprese in stato di insolvenza (art. 39, comma 1 d.lgs. n. 270/1999), cui sono attribuiti tutti i poteri e le funzioni degli organi societari che sono chiamati a sostituire e che rimarranno in carica per la durata indicata nel provvedimento prefettizio e, comunque, non oltre il collaudo (art. 32, comma 3 d.l. n. 90/2014). Agli amministratori nominati dal Prefetto spetta un compenso definito sulla base delle tabelle allegate al decreto legislativo 4 febbraio 2010, n. 14, di disciplina dell'Albo degli amministratori giudiziari a carico dell'impresa soggetta al provvedimento (art. 32, comma 6 d.l. n. 90/2014).

I provvedimenti in questione hanno la durata stabilita dal Prefetto e, comunque, sono revocati automaticamente in caso di successivo provvedimento che disponga la confisca, il sequestro o l'amministrazione giudiziaria dell'impresa nell'ambito di procedimenti penali o per l'applicazione di misure di prevenzione. In tutti questi casi, l'autorità giudiziaria è chiamata a confermare, ove possibile, gli amministratori nominati dal Prefetto (art. 32, comma 5 d.l. n. 90/2014).

Analogamente, in caso di provvedimento che stabilisca la misura di sostegno e monitoraggio dell'impresa, il Prefetto deve procedere alla nomina di un numero di esperti variabile da uno a tre, tenuti a fornire all'impresa "prescrizioni operative, elaborate secondo riconosciuti indicatori e modelli di trasparenza, riferite agli ambiti organizzativi, al sistema di controllo interno e agli organi amministrativi e di controllo"[52]. Ad essi spetterà un compenso che non potrà superare il cinquanta per cento di quanto previsto dal predetto d.lgs. n. 14/2010 e che, anche in tal caso, sarà a carico dell'impresa.

In relazione, poi, alla misura di cui al comma 10 dell'art. 32, occorre sin da subito evidenziare come, in tale ipotesi, i tradizionali poteri riconosciuti al Prefetto in materia di prevenzione delle infiltrazioni mafiose si sublimano con quelli di supporto tecnico, attribuiti al medesimo nell'ambito dell'attività di prevenzione della corruzione.

Tale misura, infatti, può essere adottata dal Prefetto anche nei casi in cui egli abbia già emesso un'interdittiva antimafia ma sussista l'urgente necessità di assicurare il completamento dell'esecuzione del contratto ovvero la sua prosecuzione al fine di garantire, ancorché ricorrano i presupposti dell'art. 94, comma 3, d.lgs. n. 159/2011, la continuità di funzioni e servizi indifferibili per la tutela dei diritti

[52] Cfr. art. 32, comma 8, d.l. n. 90/2014.

fondamentali[53], la salvaguardia dei livelli occupazionali[54], l'integrità dei bilanci pubblici[55] [56].

Il procedimento è avviato – in questo caso - di propria iniziativa dal Prefetto, all'esito di una valutazione che questi sarà chiamato a compiere anche con l'apporto collaborativo del Presidente dell'ANAC. La decisione prefettizia costituisce espressione di un potere discrezionale di comparazione degli interessi e, fino a quando l'autorità prefettizia non ritenga di disporre tale straordinaria misura, la stazione appaltante è, comunque, tenuta a recedere dal contratto una volta emanata l'interdittiva[57].

Si tratta di una previsione che si pone in chiave derogatoria, anzitutto rispetto a quanto previsto all'art. 94, comma 2, d.lgs. n. 159/2011 (cd. Codice antimafia),

---

[53] Intendendosi le prestazioni che risultano indispensabili per consentire ad una collettività o a tipologie di utenti di poter esercitare diritti primari costituzionalmente garantiti quali la libertà di circolazione, il diritto alla salute ecc.

[54] L'espressione si riferisce alla necessità di mantenere in essere un numero consistente di posti di lavoro, la cui perdita inciderebbe sul livello complessivo della popolazione occupata in un determinato contesto geografico o in un determinato comparto produttivo. Una lettura diversa dell'art. 32, comma 10, rischierebbe di rivelarsi poco coerente con il principio di ragionevolezza, finendo per derogare alla regola generale di risoluzione del contratto con l'impresa contigua con la criminalità organizzata, al solo fine di tutelare posizioni più che individuali.

[55] Trattasi, in tal caso, di un interesse più qualificato e concreto, consistente nella necessità di evitare che l'interruzione di determinate attività implichi un danno diretto ed immediato alle entrate fiscali e quindi alle complessive esigenze della finanza pubblica.

[56] Le specificazioni delle note 53, 54 e 55 sono contenute nelle Seconde Linee Guida sottoscritte dal Ministero dell'Interno e dal Presidente dell'ANAC il 27 gennaio 2015.

[57] Sul punto si vedano le Prime e le Seconde Linee Guida per l'applicazione di misure straordinarie di gestione, sostegno e monitoraggio di imprese nell'ambito della prevenzione anticorruzione e antimafia, adottate congiuntamente dal Ministro dell'Interno e dal Presidente dell'ANAC rispettivamente il 15 luglio 2014 e il 28 gennaio 2015, nell'ambito dell'apposito Protocollo d'Intesa stipulato il 15 luglio 2014. In particolare nell'ambito delle Seconde Linee Guida viene chiarito come l'interdittiva "resta, dunque, preordinata a proteggere il bene giuridico "sicurezza pubblica", garantendo, in particolare, l'esigenza che imprese contigue o colluse al crimine organizzato non si ingeriscano nel circuito dell'economia legale, degli appalti e delle concessioni di risorse pubbliche. Gli altri interessi pubblici coinvolti dal procedimento di rilascio della documentazione antimafia rivestono, invece, una rilevanza secondaria e sono, quindi, cedevoli, salvo particolari ipotesi in cui il loro sacrificio assuma contorni tali da non essere più coerente con il parametro di ragionevolezza alla base dell'ordinamento. Ciò premesso, va ribadito che, in presenza di un'informazione antimafia interdittiva, la regola generale, cui le stazioni appaltanti devono attenersi, è quella della revoca dell'aggiudicazione o, se la stipula negoziale è già intervenuta, della risoluzione del contratto (art.94, commi 1 e 2, d.lgs. n. 159/2011). Rispetto a tale regola, la prosecuzione del contratto pubblico costituisce rimedio di carattere straordinario, destinato a trovare applicazione negli stretti limiti dei casi definiti dagli artt. 32, comma 10, del d.l. n. 90/2014 e 94, comma 3, del d.lgs. n. 159/2011".

in base al quale, in caso di sopravvenuta informazione antimafia interdittiva, la stazione appaltante è tenuta a revocare le autorizzazioni e le concessioni o a recedere dai contratti, fatto salvo il pagamento del valore delle opere già eseguite e il rimborso delle spese sostenute per l'esecuzione del rimanente, nei limiti delle utilità già conseguite. Parimenti, la previsione del comma 10 si applica anche in luogo del successivo comma 3 del predetto art. 94, con cui si prevede che, anche in caso di interdittiva antimafia sopravvenuta, la stazione appaltante possa non procedere alle revoche o ai recessi qualora l'opera sia in corso di ultimazione ovvero, in caso di fornitura di beni e servizi ritenuta essenziale per il perseguimento dell'interesse pubblico, laddove il soggetto che la fornisce non sia sostituibile in tempi rapidi.

In caso di misura straordinaria e temporanea di gestione, adottata ai sensi del comma 1 o del comma 10 dell'art. 32, si prevede che i pagamenti in favore dell'impresa siano corrisposti al netto del compenso riconosciuto in favore degli amministratori e che l'utile debba essere conferito ad un apposito fondo, non potendo essere distribuito né essere soggetto a pignoramento, sino all'esito dei giudizi in sede penale ovvero, nei casi di cui al comma 10, dei giudizi di impugnazione o cautelari riguardanti l'informazione antimafia interdittiva (art. 32, comma 7).

L'esigenza di mantenimento di una generale coerenza del quadro normativo a seguito dell'entrata in vigore dell'art. 32 d.l. n. 90/2014 ha imposto, nel 2015, l'introduzione di una novella all'art. 92 d.lgs. n. 159/2011 il cui nuovo comma 2-*bis* prevede che l'informazione antimafia interdittiva debba essere comunicata entro cinque giorni dalla sua adozione al soggetto interessato. Contestualmente, il Prefetto è tenuto ad avviare l'*iter* di verifica della sussistenza dei presupposti per l'applicazione delle misure di cui all'art. 32, informandone tempestivamente il Presidente dell'ANAC.

Sempre nel 2015, il legislatore si è determinato a modificare ulteriormente l'art. 32, rendendo esplicita la possibilità che i provvedimenti di rinnovo degli organi sociali, di straordinaria e temporanea gestione dell'impresa e di sostegno e monitoraggio dell'impresa potessero essere adottati non solamente in vista della completa esecuzione del contratto d'appalto o della concessione, ma anche con riferimento ad un accordo contrattuale.

Ulteriore innovazione ha riguardato l'ampliamento dei possibili destinatari di tali provvedimenti, inserendo l'esplicito riferimento anche ai soggetti esercenti attività per conto del Servizio Sanitario Nazionale, in base agli accordi contrattuali di cui all'art. 8-*quinquies* d.lgs. n. 502/1992. Qualora, infatti, il Prefetto dovesse disporre il rinnovo degli organi sociali o la straordinaria e temporanea gestione di un'impresa di tale natura, il decreto di nomina dei commissari dovrà essere adottato d'intesa con il Ministero della Salute e dovrà riguardare soggetti in possesso di qualificate e comprovate professionalità ed esperienze di gestione sanitaria (art. 32, comma 2-*bis* d.l. n. 90/2014).

Infine è stato precisato che le misure di cui all'art. 32, nel caso di accordi contrattuali con il Servizio Sanitario Nazionale, si possono applicare ad ogni soggetto privato titolare dell'accordo, anche se diverso dall'impresa, (ivi comprese le fondazioni e associazioni), con riferimento a condotte illecite o eventi criminosi posti in essere ai danni del Servizio sanitario medesimo (art. 32, comma 10-*bis* d.l. n. 90/2014)[58].

### *VII.2.3.2. L'applicazione dell'art. 32 d.l. n. 90/2014 e le interpretazioni giurisprudenziali*

L'introduzione dell'art. 32 d.l. n. 90/2014 ha rappresentato una indubbia novità per l'ordinamento italiano, scarsamente abituato a misure di prevenzione amministrativa di fenomeni di corruzione e infiltrazione mafiosa e storicamente più orientato ad un contrasto mediante strumenti repressivi giurisdizionali di carattere penalistico.

Il contenzioso scaturito a seguito dell'applicazione delle predette misure ha rappresentato, pertanto, l'occasione per approfondire alcune dibattute questioni tra cui quella inerente la presunta natura penalistica delle misure straordinarie di

[58] Per una maggiore chiarezza circa la natura, la sostanza, i presupposti e l'*iter* procedurale da seguire per l'adozione delle misure ivi previste, l'ANAC e il Ministero dell'Interno hanno sottoscritto un Protocollo d'Intesa in base al quale sono state adottate le "Linee Guida per l'avvio di un circuito stabile e collaborativo tra ANAC – Prefetture-UTG e Enti Locali per la prevenzione dei fenomeni di corruzione e l'attuazione della trasparenza amministrativa", del 15 luglio 2014, anche identificate come I Linee Guida, e le "Seconde Linee Guida per l'applicazione delle misure straordinarie di gestione, sostegno e monitoraggio di imprese nell'ambito della prevenzione anticorruzione e antimafia", del 27 gennaio 2015. A queste, hanno fatto seguito le "Terze Linee Guida per la determinazione dell'importo dei compensi da liquidare ai commissari nominati dal Prefetto ai sensi dell'art. 32, commi 1 e 10 del d.l. n. 90/2014, nell'ambito della prevenzione anticorruzione e antimafia", del 25 gennaio 2016, e le "Quarte Linee Guida per l'applicazione dell'articolo 32, commi 2-*bis* e 10 del decreto-legge 24 giugno 2014, n. 90, alle imprese che esercitano attività sanitaria per conto del servizio sanitario nazionale in base agli accordi contrattuali di cui all'articolo 8-*quinquies* del decreto legislativo 30 dicembre 1992, n. 502", del 4 agosto 2016. Da ultimo, sono intervenute le "Quinte Linee Guida per la gestione degli utili derivanti dalla esecuzione dei contratti d'appalto o di concessione sottoposti alla misura di straordinaria gestione ai sensi dell'art. 32 del decreto legge 90/2014" del 16 ottobre 2018); le Linee Guida per la disciplina del procedimento preordinato alla proposta del Presidente dell'ANAC di applicazione delle misure straordinarie di gestione, sostegno e monitoraggio, dell'11 aprile 2019.

gestione adottate dal Prefetto. Sul punto, parte della dottrina[59], in linea con quanto affermato dalla Corte EDU[60], ne ha affermato la natura penalistica. Chiamato ad esprimersi compitamente sul punto, il giudice amministrativo[61] ha, invece, osservato come "in assenza di un preciso riferimento normativo, non pare possibile assimilare una sanzione amministrativa ad una sanzione penale esclusivamente in base al requisito, che presenta indubbi caratteri di relatività, della afflittività della sanzione".

Infatti, secondo il Collegio, l'art. 6, comma 1 della Convenzione EDU "non impone affatto di interpretare l'art. 32 nel senso che il commissariamento dell'esecutore del contratto pubblico costituisce una sanzione penale, con l'ulteriore conseguenza di rendere applicabile il divieto di interpretazione analogica delle leggi penali, sancito dall'art. 14 delle Preleggi".

Alla luce di tali considerazioni, consegue in modo piuttosto evidente che la misura di cui all'art. 32 d.l. n. 90/2014 si configura come un provvedimento di carattere amministrativo non avente finalità afflittive o *lato sensu* sanzionatorie, perché mira a garantire il perseguimento dei rilevanti interessi connessi alla corretta esecuzione dei contratti pubblici e non a reprimere una condotta illecita, come peraltro già riconosciuto anche dal Protocollo d'intesa del 15 luglio 2014 tra l'ANAC e il Ministero dell'Interno.

Altro aspetto particolarmente problematico attiene al rapporto tra informazione interdittiva antimafia e provvedimento *ex* art. 32 d.l. n. 90/2014: com'è noto, ai sensi del comma 10, la prima rappresenta il presupposto per l'adozione di provvedimenti di commissariamento.

Come in precedenza accennato, l'impatto di tale previsione è stato non poco problematico alla luce del combinato disposto con l'art. 94, commi 2 e 3 d.lgs. n. 159/2011. È evidente come, sia il comma 3 dell'art. 94 del Codice antimafia, sia il comma 10 dell'art. 32 rappresentino due differenti fattispecie che legittimano una stazione appaltante a non recedere dal contratto in caso di adozione di un'informazione interdittiva antimafia. Ciononostante, le imprese destinatarie di una interdittiva antimafia hanno iniziato a contestare tale provvedimento prefettizio, ritenendolo in contrasto con altre previsioni di cui al d.l. n. 90 del 2014 (quali l'ordine di rinnovazione degli organi o la misura di sostegno e monitoraggio), supponendo una maggiore afflittività della prima rispetto alle seconde e, soprattutto, una assoluta alternatività in chiave preclusiva dell'interdittiva sulle misure *ex* art. 32.

---

[59] In questi termini, cfr. F. PEIRONE, op. cit.

[60] Cfr. Corte Europea dei Diritti dell'Uomo, 30 aprile 2015, Kapetainos e al. c. Grecia, Ric. 3453/12, 42941/12 9028/13; 4 marzo 2014, Grande Stevens e al. c. Italia, Ric. 18640/10, 18647/10, 18663/10, 18668/10 e 18698/10; 21 febbraio 1984, Öztürk c. Germania, Ric. 8544/79.

[61] Cfr. TAR Lazio, sent. n. 12437/2014.

A tal proposito, con riferimento all'obbligo o meno di rispettare rigorosamente la graduazione dei possibili provvedimenti prefettizi e il principio di proporzionalità, si è pronunciato il TAR Lazio, con la sent. n. 6587/2015, statuendo che "la disposizione del secondo comma dell'art. 32 deve essere interpretata nel senso che il Presidente dell'ANAC "nei casi più gravi" può proporre al Prefetto di adottare direttamente la misura della gestione straordinaria e temporanea dell'impresa [...]. Ne consegue che [...] la ricorrente non ha motivo di dolersi del fatto di non aver ricevuto l'intimazione a provvedere al rinnovo degli organi sociali".

In seguito, con la sent n. 3653/2015 inerente l'impugnazione di un'interdittiva antimafia, il Consiglio di Stato ha del tutto confutato la tesi della società ricorrente, laddove sosteneva che "il Prefetto di Roma avrebbe adottato l'informativa antimafia in violazione del disposto di cui all'art. 32 d.l. n. 90/2014 e del Protocollo d'intesa ANAC/Ministero dell'Interno, i quali prevedono misure più attenuate e meno estreme di gestione, sostegno e monitoraggio, in favore dell'impresa sospetta di infiltrazioni mafiose, prima di emettere l'informativa, che paralizza di fatto la vita dell'impresa, aggiudicataria di ben 57 commesse pubbliche"[62].

Il supremo giudice amministrativo ha, invece, argomentato come "la mancata previa adozione di tali misure non abbia efficacia invalidante [...] sull'emissione dell'informativa né viol[i] i canoni di proporzionalità ed adeguatezza", ben potendo le misure di cui all'art. 32, commi 1, 2 e 8 d.l. n. 90/2014 "essere applicate contestualmente alla adozione dell'interdittiva antimafia e che l'intervento sostitutivo dell'autorità prefettizia, in ipotesi di interdittiva già in atto, [sia] consentito solo nelle ipotesi eccezionali, previste dal comma 10, che giustificano la prosecuzione del rapporto contrattuale, previa "bonifica" dell'assetto societario, per preminenti ragioni di interesse generale, al punto che l'attività di temporanea e straordinaria gestione dell'impresa è considerata di "pubblica utilità", come chiarisce il comma 4".

Il Supremo Collegio ha, inoltre, arricchito di alcune importanti affermazioni il tema annoso della effettiva sussistenza dei presupposti per l'adozione di misure *ex* art. 32 rilevando come, in base alla norma, non sia sufficiente un giudizio di semplice possibilità di completare o proseguire il contratto, al fine di evitare la soluzione di continuità nell'impresa appaltatrice conseguente all'interdittiva che l'ha colpita, ma sia necessario un giudizio di urgente necessità legata ai vantaggi derivanti dal mantenere in cantiere l'impresa appaltatrice, rispetto all'ipotesi alternativa di far subentrare una diversa impresa, alla luce dei prevedibili effetti delle soluzioni alternative sugli interessi pubblici (obiettivi o finalità) menzionati al comma 10". Peraltro la relativa valutazione costituisce espressione di poteri tecnico-discrezionali di per sé insindacabili in sede di giurisdizione di legittimità.

---

[62] Cfr. Cons. St., sent n. 3653/2015, punti 37 e ss.

Con riferimento, invece, al rapporto con l'art. 94, comma 3 del Codice antimafia, il Consiglio di Stato ha affermato - con la sentenza n. 3400/2016 - che la misura della temporanea e straordinaria gestione dell'impresa può essere adottata dal Prefetto anche nei casi in cui sia già stata dallo stesso emessa un'informazione antimafia interdittiva, ma sussista l'urgente necessità di assicurare il completamento dell'esecuzione del contratto ovvero la sua prosecuzione al fine di garantire la continuità di funzioni e servizi indifferibili per la tutela di diritti fondamentali, nonché per la salvaguardia dei livelli occupazionali o dell'integrità dei bilanci pubblici, ancorché ricorrano i presupposti di cui all'art. 94, comma 3.

Circa le conseguenze dell'annullamento dell'interdittiva antimafia sul provvedimento di commissariamento, con la sent. n. 5737/2015 del Consiglio di Stato, è stato notato come "lo stesso art. 32, comma 10, presupponga un'inversione procedimentale tra procedura di aggiornamento dell'interdittiva e quella di adozione delle misure straordinarie di gestione, subordinando la cessazione di efficacia di queste ultime, assistite dalla "urgente necessità" di assicurare "la continuità di funzioni e servizi indifferibili per la tutela di diritti fondamentali", all'esito positivo dell'istanza di aggiornamento delle informazioni antimafia", cui conseguirà eventualmente la revoca della misura di cui all'art. 32, a meno della sussistenza dei presupposti per un suo mantenimento ai sensi del comma 1 dell'art. 32.

Altra questione cui si è cercato di fornire un chiarimento, concerne l'effetto giuridico che le misure straordinarie producono sull'interdittiva antimafia. Sul punto, la nota del Presidente dell'ANAC al Prefetto di Napoli del 13 maggio 2015 ha rappresentato l'occasione per precisare come, nel silenzio della norma, si debba ritenere che "la straordinaria e temporanea gestione dell'impresa produce la sospensione degli effetti dell'interdittiva, limitatamente alla specifica concessione oggetto della misura". Analogamente, gli effetti dell'interdittiva devono intendersi sospesi anche con riferimento a quelle erogazioni economiche indispensabili per la prestazione del servizio e funzionali all'esecuzione del contratto oggetto della misura.

Sul problema della successione tra interdittiva e recesso da parte della stazione appaltante nelle more del procedimento di valutazione da parte della Prefettura circa la sussistenza o meno dei presupposti di cui al comma 10 per l'adozione di una misura *ex* art. 32, si è espressa la stessa ANAC con una nota trasmessa al Gabinetto del Ministero dell'Interno il 15 luglio 2015, in cui si rilevava come una simile decisione – per quanto dettata dall'art. 94, comma 2 d.lgs. n. 159/2011 – rischi di vanificare del tutto il lavoro della Prefettura. Al fine di ovviare – almeno in parte – a tale inconveniente, l'ANAC ha quindi disposto l'annotazione dell'interdittiva antimafia e dell'avvio del procedimento di valutazione della sussistenza dei presupposti di cui al comma 10, nella Banca dati nazionale dei contratti pubblici.

Altra questione dibattuta, che merita di essere segnalata, è stata quella relativa al rapporto tra i provvedimenti emessi dal Prefetto ai sensi dell'art. 32 e l'interesse dell'impresa seconda classificata a subentrare ad una eventuale revoca dell'aggiudicazione. Ben presto, il Consiglio di Stato (sent. n. 143/2015) ha avuto l'occasione per chiarire come "la soluzione legislativa adottata con la normativa in questione – piaccia o no – ha qualificato come recessivo l'interesse delle imprese partecipanti alla gara a subentrare nel contratto, rispetto al primario interesse pubblico all'esecuzione di opere pubbliche considerate urgenti".

In relazione, inoltre, alla richiesta di risarcimento che un'impresa colpita da misura straordinaria di gestione potrebbe avanzare, il Consiglio di Stato, con sent. n. 5737/2015, ha ritenuto di poter "escludere un giudizio di colpevolezza dell'autorità prefettizia in relazione all'ampio spettro di discrezionalità assicurato alla stessa nel campo della prevenzione del fenomeno mafioso, al carattere preventivo e cautelativo dei provvedimenti da adottare, alle difficoltà e complessità delle questioni da esaminare al fine di ricostruire un quadro indiziario attendibile". Anche in relazione all'informativa antimafia, infatti, "non si richiede di pervenire al medesimo grado di certezza dei presupposti che può essere assicurato da una decisione assunta in sede giurisdizionale penale e nemmeno dall'applicazione di una misura di prevenzione, essendo sufficiente la dimostrazione del mero pericolo del pregiudizio, attraverso la presenza di fatti sintomatici che rendano concretamente plausibile la sussistenza di un collegamento con la criminalità organizzata". Pertanto, laddove le indagini giudiziarie contengano elementi tali da non escludere astrattamente la cautela e la prudenza messa in atto dalla Prefettura, è da escludere la condanna al risarcimento.

In ordine, poi, alla possibilità per la stazione appaltante di recedere del contratto nonostante la previa adozione del provvedimento prefettizio di straordinaria e temporanea gestione, il Consiglio di Stato (sent. n. 1630/2016) ha statuito che la *ratio* della previsione di cui all'art. 32 non è quella di privare la stazione appaltante di ogni potere circa la risoluzione o la prosecuzione del rapporto una volta disposta la gestione straordinaria e temporanea dell'impresa. Ne consegue, pertanto, che fino all'adozione della misura in questione – laddove, ovviamente, il Prefetto ritenga sussistenti i presupposti di cui all'art. 32, comma 10 d.l. n. 90/2014 – l'informativa mantiene inalterati tutti gli effetti interdittivi. Peraltro "la misura straordinaria può seguire l'emissione dell'informativa e non deve necessariamente precederla (Cons. St., sez. III, 24 luglio 2015, n. 3653), come prevede, del resto, chiaramente l'art. 32, comma 10 d.l. n. 90 del 2014. La stazione appaltante, dunque, è vincolata a recedere dal contratto, quando sia stata emessa l'informativa (e salva l'eccezionale ipotesi dell'art. 94, comma 3, del d.lgs. n. 159/2011), se e fino a quando non sopraggiunga l'eventuale provvedimento di straordinaria e temporanea gestione adottata dal Prefetto". Pertanto, "la prosecuzione della esecuzione del contratto, laddove disposta dall'Amministrazione ai sensi dell'art. 94, comma 3, d.lgs. n. 159/2011, cederà il passo, perché recessiva, al preminente interesse pubblico dell'amministrazione controllata di cui all'art. 32, comma 10, del d.l. n. 90 del 2014".

## VII.3. Gli obblighi di tracciabilità dei flussi finanziari

Il Legislatore, nel disegnare le disposizioni in materia di tracciabilità, contenute nel combinato disposto degli artt. 3 e 6 legge n. 136/2010, così come modificati dal d.l. n. 187/2010, convertito, con modificazioni, dalla legge n. 217/2010, si è ispirato in gran parte all'esperienza del monitoraggio sulle grandi opere e all'attività svolta in quell'ambito dal Comitato di Coordinamento per l'Alta Sorveglianza delle Grandi Opere (CCASGO)[63], nell'ottica di anticipare il più possibile la soglia di prevenzione e di tutela del mercato dal rischio di intrusioni criminali[64].

Gli obblighi di tracciabilità in parola consistono:

*a*) nell'utilizzo di conti correnti bancari o postali dedicati alle commesse pubbliche, anche in via non esclusiva;

*b*) nella effettuazione dei movimenti finanziari relativi alle commesse pubbliche esclusivamente mediante lo strumento del bonifico bancario o postale ovvero attraverso l'utilizzo di altri strumenti di pagamento idonei a consentire la piena tracciabilità delle operazioni;

*c*) nell'indicazione negli strumenti di pagamento relativi ad ogni transazione del codice identificativo di gara (CIG) e, ove obbligatorio ai sensi dell'art. 11 della legge 16 gennaio 2003, n. 3, del codice unico di progetto (CUP).

L'art. 3 legge n. 136/2010 individua, quali destinatari dei predetti obblighi, "gli appaltatori, i subappaltatori e i subcontraenti della filiera delle imprese nonché i concessionari di finanziamenti pubblici, anche europei, a qualsiasi titolo interessati ai lavori, ai servizi e alle forniture pubblici", mentre l'art. 6, comma 3 d.l. n. 187/2010 precisa che l'espressione "filiera delle imprese", mutuata dall'esperienza del monitoraggio sulle grandi opere, deve intendersi con riferimento ai subappalti di cui all'art. 118, comma 11, del Codice dei contratti e ai subcontratti stipulati per l'esecuzione, anche non esclusiva, del contratto.

È evidente che la disamina di tali disposizioni, specie nell'immediatezza della loro entrata in vigore, poneva non pochi dubbi interpretativi, richiedendo perciò

---

[63] Oggi, dopo il recente d.m. 21 marzo 2017, "Comitato di Coordinamento per l'Alta Sorveglianza delle Infrastrutture e degli Insediamenti Prioritari".

[64] Si v., da ultimo, le Linee Guida n. 556 emesse dall'ANAC il 31 maggio 2017.

l'intervento chiarificatore dell'allora AVCP[65], che, quanto al profilo oggettivo, ha avuto modo di precisare che la disciplina in commento si applica senz'altro agli appalti di lavori, servizi e forniture[66], anche esclusi in tutto o in parte dall'applicazione delle norme del Codice dei contratti,alle concessioni di lavori pubblici e di servizi *ex* art. 30 del Codice citato, ai contratti di partenariato pubblico-privato, compresi quelli di locazione finanziaria, ai contratti di subappalto e subforniture, ai contratti in economia, ivi compresi gli affidamenti diretti.

Per quanto invece attiene al profilo soggettivo, l'AVCP, in linea con l'intento legislativo di dilatare il più possibile la platea dei soggetti destinatari, al fine di tutelare le imprese operanti nel circuito legale e di contrastare, invece, quelle collegate alle organizzazioni criminali, ha chiarito che gli obblighi di tracciabilità valgono per tutti i soggetti sottoposti alla disciplina del Codice dei contratti, in considerazione della finalità antimafia della normativa, che si applica a tutti i contratti pubblici.

Rientrano, pertanto, in tale ambito: a) le stazioni appaltanti, definite dall'art. 3, comma 33, del Codice dei contratti come "le amministrazioni aggiudicatrici e gli altri soggetti di cui all'art. 32[67]". Le amministrazioni aggiudicatrici sono, a loro volta, individuate dal comma 25 del medesimo art. 3, che comprende "le amministrazioni dello Stato, gli enti pubblici territoriali, gli altri enti pubblici non economici, gli organismi di diritto pubblico, le associazioni, unioni, consorzi comunque denominati, costituiti da detti soggetti"; b) i soggetti individuati in base al combinato disposto degli art. 3, comma 1, legge n. 136/2010 e 6, comma 3, d.l. n. 187/2010, già menzionati, ovvero *b1*) gli appaltatori, i subappaltatori e i subcontraenti della filiera delle imprese e *b2*) i concessionari di finanziamenti pubblici, anche europei, a qualsiasi titolo interessati ai lavori, ai servizi e alle forniture pubblici.

Mentre nessun particolare problema si pone per le nozioni di appalto e di appaltatore, dubbi interpretativi, invece, sussistono per quelle di subappalto e dunque di subappaltatore e subcontraente, in relazione alle quali lo stesso legislatore

---

[65] Si vedano in proposito le determinazioni dell'AVCP n. 8/2010 (par. 3), n. 10/2010 (par. 2), n. 4/2011 (par. 3). L'AVCP è stata soppressa e le funzioni in materia di vigilanza sui contratti pubblici sono trasmigrate in capo all'ANAC con il d.l. n. 90/2014, convertito in legge n. 114/2014.

[66] Il Codice dei contratti accoglie la nozione di appalto di derivazione comunitaria ove per appalto si intende il contratto a titolo oneroso, stipulato per iscritto tra una stazione appaltante o un ente aggiudicatore e uno o più operatori economici, avente per oggetto l'esecuzione di lavori, la fornitura di prodotti, la prestazione di servizi.

[67] L'art. 32 del Codice dei contratti si riferisce alle Amministrazioni aggiudicatrici e agli altri soggetti aggiudicatori operanti nei settori ordinari. Va, in ogni caso, precisato che la normativa sulla tracciabilità trova applicazione anche per gli enti aggiudicatori operanti nei settori speciali, di cui all'art. 207 dello stesso Codice.

ha ritenuto di dover intervenire precisando il concetto di "filiera delle imprese" all'art. 6 d.l. n. 187/2010.

Si consideri, inoltre, che il subaffidamento dell'opera appaltata presenta delicati profili, connessi, da un lato, alla notevole diffusione del fenomeno, che risponde all'esigenza pratica di garantire la divisione del lavoro, dall'altro, all'elevata probabilità che, nello spazio in cui avviene la rottura del rapporto immediato tra committente e appaltatore con l'inserimento di soggetti terzi, si annidi il rischio di infiltrazioni criminali e di elusione delle regole sulla trasparenza circa la scelta del contraente e la destinazione della spesa pubblica.

Atteso che per subappalto s'intende il contratto, derivato dal contratto principale, con cui l'appaltatore affida ad un terzo l'esecuzione totale o parziale dell'opera, in quest'ambito dovrebbero rientrare: 1) i subappalti di cui all'art. 118, comma 11, del Codice dei contratti; 2) i subcontratti stipulati per l'esecuzione, anche non esclusiva, del contratto.

Fermo restando che, secondo la previsione del richiamato art. 118, tutte le opere, forniture e servizi possono essere oggetto di subappalto ove lo preveda la *lex specialis* di gara e l'Amministrazione aggiudicatrice vi acconsenta, non è invece possibile il subappalto del subappalto "a cascata", se non con le eccezioni previste dal comma 11 della disposizione citata, che lo ammette entro certi limiti, imponendo però l'obbligo di comunicare alla stazione appaltante il nome del subcontraente, l'importo del contratto e l'oggetto del lavoro, servizio o fornitura affidati[68].

Ma agli obblighi di tracciabilità sono soggetti anche tutti i contratti che, pur non qualificabili come subappalti, perché non rientranti nella previsione dell'art. 118, comma 11, del Codice, derivano pur sempre dall'appalto e risultano funzionali all'esecuzione, anche non esclusiva, del medesimo.

È evidente, pertanto, che l'elemento dirimente al fine di stabilire quali contratti siano soggetti agli obblighi in esame deve essere ricercato in un criterio di

---

[68] Il testo dell'art. 118, comma 11, così recita: "Ai fini del presente articolo è considerato subappalto qualsiasi contratto avente ad oggetto attività ovunque espletate che richiedono l'impiego di manodopera, quali le forniture con posa in opera e i noli a caldo, se singolarmente di importo superiore al 2 per cento dell'importo delle prestazioni affidate o di importo superiore a 100.000 euro e qualora l'incidenza del costo della manodopera e del personale sia superiore al 50 per cento dell'importo del contratto da affidare. Il subappaltatore non può subappaltare a sua volta le prestazioni salvo che per la fornitura con posa in opera di impianti e di strutture speciali da individuare con il regolamento; in tali casi il fornitore o subappaltatore, per la posa in opera o il montaggio, può avvalersi di imprese di propria fiducia per le quali non sussista alcuno dei divieti di cui al comma 2, numero 4). È fatto obbligo all'affidatario di comunicare alla stazione appaltante, per tutti i sub-contratti stipulati per l'esecuzione dell'appalto, il nome del sub-contraente, l'importo del contratto, l'oggetto del lavoro, servizio o fornitura affidati".

"dipendenza funzionale" e dunque non tanto nel grado di affidamento o subaffidamento, quanto nella tipologia dello stesso, "a prescindere dalla posizione che il subcontraente occupa nella catena dell'organizzazione imprenditoriale", includendo i contratti che "presentano un filo di derivazione dal contratto principale, nel senso di essere attinenti all'oggetto del contratto" ed escludendo invece quelli in cui "viene a scemare il nesso di collegamento con il contratto principale, che invece permane anche quando il contratto derivato non presenti un asservimento esclusivo rispetto a quello principale"[69].

Per quanto attiene, invece, ai concessionari di finanziamenti pubblici, anche in tal caso gli obblighi di tracciabilità trovano applicazione in maniera estensiva, ma sempre sulla base di un criterio di collegamento tra l'erogazione del denaro pubblico e l'esecuzione dell'appalto principale, coinvolgendo pertanto tutti i soggetti, anche privati, destinatari di commesse pubbliche, di provenienza nazionale o comunitaria, purché ovviamente interessati, a qualsiasi titolo, ai lavori, ai servizi e alle forniture.

Va precisato che nell'individuazione degli operatori economici da includere nella categoria di soggetti destinatari degli obblighi in esame, la scelta è quella di dare rilievo alla nozione di "operatore economico" inteso in senso sostanziale, di derivazione comunitaria, e non alla forma giuridica o al tipo di attività svolta, superando ad esempio le tradizionali distinzioni tra società pubblica e società privata oppure tra persone fisiche e persone giuridiche[70].

Con riguardo ai contratti nuovi, cioè quelli stipulati dopo l'entrata in vigore del Piano straordinario contro le mafie, avvenuta il 7 settembre 2010 (ancorché il bando fosse stato pubblicato antecedentemente) nonché ai subappalti e subcontratti da essi derivanti, il Legislatore è intervenuto, con l'art. 6 d.l. n. 187/2010, a dettare una specifica disciplina transitoria, prevedendo che essi debbano essere adeguati alle nuove disposizioni nel termine di 180 giorni, che nella previsione originaria sarebbe dovuto decorrere dalla data di entrata in vigore della legge n. 136/2010, mentre, con successiva previsione di modifica, è stato posticipato alla data di entrata in vigore della legge n. 217/2010 di conversione d.l. n. 187/2010[71].

Pertanto, alla scadenza del periodo transitorio (17 giugno 2011), i contratti sottoscritti prima dell'entrata in vigore della legge n. 136/2010 s'intendono automaticamente integrati con le clausole di tracciabilità previste dall'art. 6, commi

---

[69] Si veda la determinazione n. 4/2011 dell'AVCP.

[70] Pertanto sono sottoposti agli obblighi di tracciabilità anche i professionisti e gli studi professionali che prendono parte ad affidamenti di servizi di ingegneria e architettura e i vincitori di concorsi di idee o di progettazione.

[71] Per un approfondimento si vedano sul punto anche le determinazioni dell'AVCP, n. 8 del 18 novembre 2010 (par. 2), n. 10 del 22 dicembre 2010 (par. 1), n. 4 del 7 luglio 2011.

8 e 9, della legge stessa, sulla base di un meccanismo di integrazione automatica operante *ex* art. 1374 c.c., che obbliga le parti non solo a quanto manifestato nel contratto, ma anche alle conseguenze secondo la legge, o, in mancanza, secondo gli usi e l'equità, e senza necessità di sottoscrivere alcun atto negoziale integrativo e/o suppletivo, così evitando che essi possano essere colpiti dalla sanzione della nullità assoluta.

### *VII.3.2. Gli obblighi principali previsti dalla legge n. 136/2010 in materia di tracciabilità*

Gli obblighi di tracciabilità in esame rispondono alla fondamentale esigenza di tracciare le movimentazioni di denaro erogate a fronte della stipulazione dei contratti pubblici, consentendo in qualunque momento alla stazione appaltante e agli organi investigativi di ricostruirne *ex post* il percorso.

Come anticipato, il quadro di tali prescrizioni può essere ricondotto a tre adempimenti fondamentali[72]: a) utilizzo di conti correnti bancari o postali dedicati, anche in via non esclusiva, alle commesse pubbliche (art. 3, comma 1); b) effettuazione dei movimenti finanziari relativi a tali commesse esclusivamente con lo strumento del bonifico bancario o postale ovvero con altri strumenti idonei a garantire la piena tracciabilità delle operazioni (art. 3, comma 1); c) indicazione negli strumenti di pagamento relativi ad ogni transazione del Codice identificativo di gara (CIG) e, ove obbligatorio ai sensi dell'art. 11 legge n. 3/2003, del Codice unico di progetto (CUP) (art. 3, comma 5).

In relazione alla lett. a), tutti i flussi finanziari relativi ad un determinato contratto pubblico - sia i pagamenti eseguiti dalla stazione appaltante verso l'appaltatore, sia quelli di quest'ultimo verso i subappaltatori e i subcontraenti – devono transitare su un conto corrente dedicato. Per gli operatori economici è, peraltro, possibile utilizzare un solo conto[73], acceso *ex novo* ovvero già esistente, per più commesse pubbliche ovvero più conti per un'unica commessa, dai quali devono in ogni caso risultare sia le operazioni in entrata che quelle in uscita (incassi e pagamenti).

---

[72] Sui quali si veda la determinazione dell'AVCP n. 4 del 7 luglio 2011 e la determinazione dell'ANAC n. 556 del 31.05.2017.

[73] Ai conti correnti bancari o postali vengono assimilati quelli accesi presso prestatori di servizi di pagamento autorizzati, di cui all'art. 114-*sexies* del d.lgs. n. 385/93 (TUB), recentemente introdotto dall'art. 33, comma 1, del d.lgs. n. 11/2010, in attuazione della direttiva 2007/64/UE relativa ai servizi di pagamento nel mercato interno, nonché presso gli istituti di moneta elettronica, a seguito del prossimo recepimento della direttiva 2009/110/UE, concernente l'avvio, l'esercizio e la vigilanza prudenziale dell'attività degli istituti di moneta elettronica.

È inoltre possibile che tali conti vengano adoperati anche per movimentazioni finanziarie del tutto estranee alle commesse pubbliche, con la conseguenza che mentre tutte le operazioni relative alle commesse pubbliche devono obbligatoriamente transitare su conti dedicati, non tutte le operazioni che transitano su conti dedicati devono necessariamente riguardare commesse pubbliche[74].

La previsione che obbliga i soggetti sottoposti alla disciplina sulla tracciabilità all'utilizzo di conti correnti dedicati alle commesse pubbliche viene successivamente completata da quella contenuta al comma 7 dello stesso art. 3, secondo cui gli estremi identificativi dei conti, gli elementi identificativi delle persone delegate ad operare su di essi (generalità e codice fiscale) e le eventuali modifiche dei dati trasmessi devono essere comunicati – attraverso una comunicazione sottoscritta da un legale rappresentante ovvero da un soggetto munito di apposita procura – alla stazione appaltante o all'amministrazione concedente nel termine di 7 giorni dall'accensione del conto ovvero dalla prima utilizzazione dello stesso, laddove già esistente, in operazioni finanziarie relative a commesse pubbliche.

Al fine di semplificare gli adempimenti a carico degli operatori privati, l'allora AVCP ha riconosciuto all'operatore economico che abbia stipulato più contratti con la medesima stazione appaltante la facoltà di adempiere all'obbligo di comunicazione una sola volta, facendo però espressa menzione dell'intenzione di avvalersi di quel determinato conto per tutti i rapporti instaurati con la medesima stazione appaltante.

In relazione alla lett. b), nella originaria previsione della legge n. 136/2010 la piena tracciabilità delle operazioni finanziarie connesse agli appalti pubblici veniva assicurata soltanto dall'utilizzo dello strumento del bonifico, bancario o postale, previsione successivamente ampliata dal d.l. n. 187/2010, che ha incluso anche gli altri strumenti di pagamento idonei ad assicurare la registrazione e la conservazione dell'informazione tracciante.

Al fine di precisare la nozione di "piena tracciabilità", si fa riferimento alle indicazioni fornite dal CCASGO nelle Linee guida adottate in occasione del sisma verificatosi in Abruzzo[75], secondo cui la piena tracciabilità viene garantita laddo-

---

[74] Sul concetto di "non esclusività" dei conti correnti dedicati il d.l. n. 187/2010 ha chiarito che l'espressione "anche in via non esclusiva" va interpretata nel senso che "ogni operazione finanziaria relativa a commesse pubbliche deve essere realizzata tramite uno o più conti correnti bancari o postali, utilizzati anche promiscuamente per più commesse, purché per ciascuna commessa sia effettuata la comunicazione di cui al comma 7 del medesimo articolo 3 circa il conto o i conti utilizzati, e nel senso che sui medesimi conti possono essere effettuati movimenti finanziari anche estranei alle commesse pubbliche comunicate.

[75] Linee guida per i controlli antimafia adottate dal Comitato di Coordinamento per l'Alta Sorveglianza delle Grandi Opere, il 31 dicembre 2010, che fanno seguito alle Linee guida dell'8 luglio 2009 e del 12 agosto 2010.

ve sussistano due fondamentali caratteristiche: 1) l'inserimento dell'informazione tracciante nel campo relativo alla causale dell'operazione; 2) la registrazione e conservazione, presso il sistema dell'intermediario finanziario, dell'informazione tracciante, che non deve essere soggetta a dispersione.

Il bonifico, bancario o postale, rappresenta, pertanto, senza alcun dubbio, lo strumento di pagamento che meglio risponde a tali requisiti, in quanto contiene le informazioni principali concernenti l'operazione di pagamento (data, importo, generalità dell'ordinante e del ricevente) e soprattutto l'indicazione, nella causale del pagamento, del CIG e/o del CUP associati al contratto.

Ciò, ovviamente, non esclude che anche altri strumenti di pagamento, diversi dal bonifico, siano comunque idonei ad assicurare la piena tracciabilità, intesa nel senso sopra precisato, consentendo la registrazione delle informazioni essenziali e la conservazione dell'informazione tracciante nel sistema di archiviazione utilizzato dall'intermediario finanziario[76].

In ordine alla lett. *c*), l'art. 3, comma 5 legge n. 136/2010 prevede che gli strumenti di pagamento debbano riportare, in relazione a ciascuna transazione posta in essere dai soggetti sottoposti agli obblighi di tracciabilità, due fondamentali codici: il codice identificativo di gara (CIG), attribuito dall'AVCP e il codice unico di progetto (CUP), ove richiesto ai sensi dell'art. 11 legge n. 3/2003.

Il CUP consiste in una stringa alfanumerica composta di 15 caratteri, generata dal sistema CUP, gestito dal Dipartimento per la Programmazione e il Coordinamento della Politica Economica della Presidenza del Consiglio dei Ministri, basato sull'associazione in modo biunivoco tra il predetto codice ed il progetto di investimento pubblico. Il CUP, richiesto dall'Amministrazione o comunque dal soggetto responsabile del progetto, consente alle Amministrazioni pubbliche e ai soggetti coinvolti nella realizzazione del progetto di identificarlo e di seguirne lo stato di avanzamento in qualunque momento, dal momento dell'approvazione del medesimo fino alla conclusione dei lavori.

---

[76] In proposito, secondo le indicazioni fornite dall'AVCP, sono idonei a garantire la piena tracciabilità: a) i servizi di trasferimento di fondi assimilabili al bonifico gestiti da prestatori di pagamento diversi dalle banche o dalle Poste, ovvero gli istituti di pagamento e istituti di moneta elettronica (cfr. nota 21); b) le Ri.Ba. (Ricevute Bancarie elettroniche), utilizzate per la riscossione di crediti commerciali tra imprese, con la precisazione che per tali fattispecie l'indicazione del CUP e/o del CIG dovrà essere effettuata da chi riceve il pagamento e non dall'ordinante, giacché in tale ipotesi la procedura di pagamento ha inizio con la richiesta del creditore, prosegue con l'avviso al debitore e si conclude con il pagamento. La piena tracciabilità non sussisterebbe, invece, nel caso dell'utilizzo del servizio di pagamento RID (Rapporti Interbancari Diretti), attesa l'impossibilità di inserirvi l'indicazione del CUP e/o del CIG secondo la previsione dell'art. 3, comma 5 legge n. 136/2010. Tale considerazione non sembrerebbe estendersi, al contrario, al servizio di pagamento SEPA, sviluppato in ambito europeo, che, diversamente da quello RID utilizzato dalla comunità bancaria italiana, contiene un campo libero facoltativo nel quale potrebbero essere indicati i predetti codici, nel rispetto del requisito della piena tracciabilità.

Il CIG, invece, richiesto dal responsabile del procedimento prima dell'indizione della procedura di gara ed assegnato da parte dell'AVCP, identifica ogni singolo affidamento nell'ambito del progetto e risponde in origine all'esigenza di esercitare un'attività di controllo sulla regolarità delle procedure di affidamento dei contratti pubblici mentre, nell'ambito della normativa sulla tracciabilità dei flussi finanziari, diviene, insieme al CUP, lo strumento fondamentale attraverso cui le movimentazioni di denaro connesse agli appalti pubblici vengono "marcate".

### *VII.3.3. Il sistema sanzionatorio previsto per le violazioni degli obblighi di tracciabilità*

Il Piano straordinario di contrasto alle mafie prevede che gli obblighi di tracciabilità siano assistiti da un complesso impianto sanzionatorio, che si ricava dalla lettura del combinato disposto degli artt. 3 e 6 legge n. 136/2010 e si caratterizza per la presenza di sanzioni penali[77], civili ed amministrative, a differenza della pregressa esperienza del settore delle "Grandi Opere", connotato esclusivamente da meccanismi sanzionatori di natura civilistica.

Tali sanzioni, seppur di impronta diversa, rispondono alla comune esigenza di incentivare negli operatori economici comportamenti diligenti e rispettosi del dettato normativo che impediscano o comunque riducano la probabilità di infiltrazioni di tipo mafioso nella "filiera delle imprese". Tuttavia, mentre le sanzioni civilistiche – nullità e risoluzione del contratto – sanzionano il comportamento inadempiente del privato, facendo venir meno gli effetti del contratto, le sanzioni amministrative, tutte di natura pecuniaria, soddisfano esigenze general-preventive e retributive.

Sintetizzando, il quadro delineato dal Legislatore può essere descritto nel modo che segue:

- le transazioni relative agli appalti di lavori, servizi e forniture, e le erogazioni e concessioni di provvidenze pubbliche effettuate senza avvalersi di banche o della società Poste italiane S.p.A. comportano a carico del soggetto inadempiente l'applicazione della sanzione amministrativa pecuniaria dal 5 al 20 per cento del valore della transazione (art. 6, comma 1) e costituiscono causa di ri-

[77] La legge n. 136/2010 è intervenuta, con l'art. 9, ad innalzare i limiti edittali della pena prevista per il reato di "turbata libertà degli incanti", di cui all'art. 353 c.p., e, con l'art. 10, a tipizzare una nuova fattispecie di reato, rubricato all'art. 353-*bis* come "turbata libertà di scelta del contraente", al fine di sanzionare le condotte poste in essere nella fase di predisposizione del bando. In tal modo, si è scelto di anticipare al massimo la soglia di tutela, garantendo una copertura legislativa di stampo penalistico alla procedura di gara nel suo complesso, non più limitandola alla fase di svolgimento della gara in senso stretto, ma ricomprendendovi anche quella a monte.

soluzione del contratto (art. 3, comma 9-*bis*, espressamente richiamato dall'art. 6, comma 1);

- le transazioni relative agli appalti di lavori, servizi e forniture effettuate su un conto corrente non dedicato, ovvero senza impiegare lo strumento del bonifico bancario o postale o altri strumenti di pagamento idonei a consentire la piena tracciabilità delle operazioni comportano a carico del soggetto inadempiente l'applicazione di una sanzione amministrativa pecuniaria dal 2 al 10 per cento del valore della transazione (art. 6, comma 2). Per l'ipotesi del mancato impiego del bonifico o degli altri strumenti equipollenti è prevista inoltre l'applicazione della sanzione della risoluzione del contratto (art. 3, comma 9-*bis*);
- l'omessa indicazione del CUP o del CIG nel bonifico bancario o postale, ovvero in altri strumenti di incasso o di pagamento idonei a consentire la piena tracciabilità delle operazioni, comporta l'applicazione della sanzione pecuniaria dal 2 al 10 per cento del valore della transazione (art. 6, comma 2);
- il reintegro dei conti correnti dedicati alle operazioni effettuate con modalità diverse da quelle indicate all'articolo 3, comma 4, comporta l'applicazione di una sanzione pecuniaria dal 2 al 5 per cento del valore di ciascun accredito (art. 6, comma 3);
- l'omessa, tardiva o incompleta comunicazione degli elementi informativi individuati all'articolo 3, comma 7, comporta l'applicazione di una sanzione pecuniaria da 500 a 3000 euro;
- il mancato inserimento, da parte della stazione appaltante, ovvero, a cascata, da parte degli operatori della filiera, di un'apposita clausola con cui le parti contraenti assumono gli obblighi di tracciabilità finanziaria previsti dalla legge determina la nullità assoluta del contratto (art. 3, commi 8 e 9).

#### *VII.3.3.1. Le sanzioni civilistiche*

Partendo dalla disamina delle sanzioni civilistiche, da quanto sopra descritto emerge che la risoluzione contrattuale è prevista nelle due ipotesi di transazione effettuata completamente al di fuori del circuito bancario o postale (ad esempio attraverso il pagamento in contanti), sulla base del richiamo all'art. 3, comma 9-*bis*, contenuto nel comma 1 dell'art. 6, oppure di transazione effettuata senza l'utilizzo degli strumenti di pagamento idonei ad assicurare la piena tracciabilità, sempre secondo quanto previsto dall'art. 3, comma 9-*bis*.

Tale meccanismo trova il proprio antecedente nell'esperienza dei protocolli di legalità, il cui schema prevedeva l'inserimento dello strumento della clausola risolutiva espressa, *ex* art. 1456 c.c., che, in mancanza di espresse disposizioni di legge che vincolassero le parti al rispetto degli obblighi di tracciabilità, consentiva comunque in via pattizia di rendere vincolante il contenuto dell'accordo.

La scelta iniziale del Legislatore nella prima formulazione della legge n. 136/2010, probabilmente frutto di una svista, è stata quella di riprodurre in maniera quasi automatica tale meccanismo, nonostante l'ormai avvenuta tipizzazione degli obblighi di tracciabilità rendesse superfluo il richiamo all'istituto della clausola risolutiva espressa.

È questa la ragione per cui il d.l. n. 187/2010 e la legge di conversione n. 217/2010 hanno sostituito tale richiamo con quello alla risoluzione *ope legis*, che opera automaticamente in caso di violazione degli obblighi di tracciabilità nelle ipotesi sopra descritte e dove la valutazione circa la gravità dell'inadempimento viene sottratta al sindacato del giudice *ex* art. 1455 c.c. ed effettuata a monte dal Legislatore[78].

Quanto alla sanzione della nullità, essa è prevista dai commi 8 e 9 dell'art. 3 legge n. 136/2010 nel caso in cui i contratti sottoscritti dalla stazione appaltante ovvero, a cascata, dall'appaltatore e dai subcontraenti della filiera siano privi di un'apposita clausola con cui le parti assumono gli obblighi di tracciabilità dei flussi finanziari.

Tralasciando l'operatività di tale sanzione, a proposito della quale valgono i principi generali sanciti dal Codice Civile – legittimazione all'azione da parte di chiunque vi abbia interesse e rilevabilità *ex officio* da parte del giudice (art. 1421 c.c.), imprescrittibilità dell'azione, salvi gli effetti dell'usucapione e delle azioni di ripetizione (art. 1422 c.c.), inammissibilità della convalida (art. 1423 c.c.) – degna di nota appare la circostanza che anche tale meccanismo sanzionatorio, come nel precedente caso della risoluzione, sia stato mutuato dalla prassi dei protocolli di legalità e riproposto nell'ambito dell'impianto sanzionatorio dettato dalla legge n. 136/2010 al fine di rafforzarne l'efficacia, andando a concorrere con le sanzioni amministrative previste dall'articolo 6.

### *VII.3.3.2. Le sanzioni amministrative*

Passando all'esame delle sanzioni amministrative, l'art. 6 legge n. 136/2010 ha previsto un regime sanzionatorio variabile, parametrato al valore della transazione, fissando un *range* che va dal 5 al 20 per cento per le transazioni effettuate senza avvalersi di banche o Poste italiane S.p.A., dal 2 al 10 per cento in caso di transazioni effettuate su conto corrente non dedicato, eseguite con strumenti

[78] Nelle ipotesi residue di violazione degli obblighi di tracciabilità resterebbe invece la possibilità di attivare lo strumento risolutorio di cui all'art. 1453 c.c., rimettendo al sindacato giurisdizionale la valutazione circa la gravità dell'inadempimento e l'operatività degli effetti risolutivi.

di pagamento non idonei a consentire la tracciabilità ovvero senza l'indicazione del CUP o del CIG, dal 2 al 5 per cento per il reintegro dei conti correnti dedicati effettuato senza avvalersi di strumenti di pagamento idonei a garantire la tracciabilità, da 500 a 3000 euro per l'omessa, tardiva o incompleta comunicazione degli elementi identificativi del conto dedicato e delle persone delegate ad operare su di essi[79].

Per tali ipotesi, il legislatore non detta una specifica disciplina ma si limita a richiamare, al comma 5 dell'art. 6, per ciò che concerne l'accertamento, la contestazione e l'applicazione delle sanzioni, le disposizioni della legge n. 689/1981[80].

L'applicazione delle sanzioni amministrative previste in caso di violazione degli obblighi di tracciabilità ricalca dunque la disciplina di carattere generale dettata dalla legge n. 689/1981 per tutte le sanzioni amministrative, che si caratterizza per la presenza di una prima fase procedimentale, dinanzi all'autorità amministrativa, (suddivisa, a sua volta, in una fase di iniziativa ed istruttoria ed una fase decisoria), ed una seconda fase – peraltro solo eventuale – processuale, dinanzi all'autorità giudiziaria.

### *VII.3.4. Le novità introdotte dal d.l. n. 90/2014 alla disciplina del monitoraggio finanziario per le infrastrutture strategiche*

L'art. 36 d.l. n. 90/2014 ha aggiornato ampiamente la disciplina prevista per il monitoraggio dei flussi finanziari relativi alle infrastrutture strategiche e agli insediamenti prioritari[81]. In particolare, il comma 1 ha esteso l'applicazione delle

---

[79] Sono dunque sanzioni di natura pecuniaria, consistenti nel pagamento di una somma di denaro, i cui limiti minimi e massimi sono fissati dalla legge, sulla base di una precisa scelta compiuta dal legislatore che, in alcuni particolari settori dell'ordinamento giuridico, come quello economico, ravvisa l'opportunità di introdurre sanzioni più incisive e deterrenti rispetto a quelle penali, in ragione della loro attitudine a colpire il patrimonio degli operatori economici a seguito di un procedimento caratterizzato da tempi ben più ristretti rispetto al processo penale.

[80] Legge n. 689/1981, recante "Modifiche al sistema penale", modificata dal d.lgs. n. 50/2011, recante "Disposizioni complementari al codice di procedura civile in materia di riduzione e semplificazione dei procedimenti civili di cognizione, ai sensi dell'art. 54 della legge 18 giugno 2009, n. 69", d.lgs. n. 68/2001 recante "Adeguamento dei compiti del Corpo della Guardia di Finanza, a norma dell'art. 4 della legge 31 marzo 2000 n.78" e d.lgs. n. 231/2007, recante "Attuazione della direttiva 2005/60/UE concernente la prevenzione dell'utilizzo del sistema finanziario a scopo di riciclaggio dei proventi di attività criminose e di finanziamento del terrorismo nonché della direttiva 2006/70/UE che ne reca misure di esecuzione".

[81] F. DI CRISTINA, *Le misure urgenti sulla Pubblica Amministrazione – La nuova vita dell'ANAC e gli interventi in materia di appalti pubblici*, in *Giorn. Dir. Amm.*, 11, 2014, p. 1109; P. COSMAI, R. IOVINO, *Il nuovo codice degli appalti pubblici*, Milano, 2016, p. 377; G. VESPERINI, *La semplificazione, politica comune*, in *Giorn. Dir. Amm.*, 11, 2014, p. 1019.

modalità e delle procedure individuate dalla delibera n. 45/2011 del CIPE anche a tale tipologia di opera pubblica.

La citata delibera del CIPE, infatti, introduceva innovative misure sperimentali di tracciabilità dei flussi finanziari limitatamente ad alcune opere (parte della tratta della Metro C di Roma, variante di Cannitello), gettando le basi per la realizzazione del progetto CA.PA.CI. (*Creation of Automatic Procedures Against Criminal Infiltrations in public contracts*).

Tale dimensione sperimentale traeva spunto dalle intuizioni di rafforzamento dei controlli sui flussi finanziari manifestate dal CCASGO, ai sensi dell'art. 176 dell'allora vigente Codice dei contratti pubblici, tramite le linee guida da esso emanate e fatte proprie dal CIPE. Così, al di fuori delle opere individuate dalla delibera n. 45/2011 continuavano ad essere applicate, in via ordinaria, le disposizioni contenute nella legge n. 136/2010.

Le principali innovazioni allora realizzate, onde creare un sistema di allerta automatico sui segnali di anomalia, possono quindi riassumersi come segue: obbligo di apertura di un conto corrente dedicato per la tracciabilità di tutti i movimenti posto a carico di tutti i soggetti interventori, stazione appaltante compresa; obbligo di utilizzare le modalità di pagamento SEPA al posto dei RID in uso nella comunità bancaria italiana; rendicontazione sia degli estratti conto che delle singole operazioni giornaliere con contestuale comunicazione al DIPE[82] e strutturazione di tali informazioni in un applicativo informatico *ad hoc*; analisi delle informazioni ricevute ed attività di monitoraggio da parte di apposito gruppo di lavoro.

La cogenza degli adempimenti citati discendeva dal reciproco consenso cristallizzatosi nella stipula di specifici protocolli operativi complementari ai protocolli di legalità richiamati dall'art. 176 del Codice dei contratti, nonché grazie alla previsione dell'inserimento della "clausola di monitoraggio" in tutti i contratti della filiera e dell'impegno ad assegnare il Codice Unico di Progetto (CUP) a tutte le fatture e ai bonifici riguardanti l'opera in oggetto.

Il progetto CA.PA.CI., cofinanziato dalla Direzione Generale *Home Affairs* della Commissione Europea, in estrema sintesi, permise di realizzare e testare un sistema automatico di monitoraggio delle transazioni elettroniche relative alle opere sotto osservazione (che tra il 2012 e il 2014 furono la Metropolitana di Milano per Expo 2015, il "Grande Progetto Pompei", una variante del Comune di Reggio Calabria), consentendo per la prima volta di passare da una tipologia di controlli cartacei *ex post* alla possibilità di verifica in tempo reale dell'operazione, con un evidente incremento dell'efficacia e snellimento degli interventi.

---

[82] DIPE, Dipartimento per la programmazione e il coordinamento della politica economica, Presidenza del Consiglio dei Ministri.

L'utilizzo delle comunicazioni telematiche in tempo reale ed il conseguente abbandono delle verifiche meramente documentali ha quindi permesso di superare molti degli ostacoli e delle difficoltà d'indagine sì da ottimizzare le risorse investigative.

L'esperienza maturata con il progetto CA.PA.CI. è stata quindi positivizzata nell'art. 36 del d.l. n. 90/2014 ed estesa a tutte le opere pubbliche di carattere strategico, sia per quelle da realizzare *ex novo*, sia, ai sensi del comma 2, per quelle in via di completamento[83].

In questo modo, l'art. 36, comma 3, ha espressamente devoluto ad una nuova delibera CIPE – intervenuta poi il 28 gennaio 2015, n. 15 – l'aggiornamento e l'attuazione delle nuove modalità di monitoraggio.

La predetta delibera ha quindi prescritto l'accensione dei conti correnti dedicati e l'utilizzo dello standard SEPA, nonché la trasmissione dei dati delle singole operazione al DIPE e l'archiviazione presso una nuova apposita banca dati. Inoltre, per rendere cogente il nuovo sistema di monitoraggio per tutti i contratti pubblici successivi alla delibera citata, si prevede la sottoscrizione da parte delle stazioni appaltanti, dei soggetti aggiudicatori, e conseguentemente di tutti gli operatori economici della filiera, di protocolli operativi aggiuntivi contenenti prescrizioni di carattere tecnico e relative sanzioni in caso di violazione.

Al fine, poi, di assicurare l'adeguato coordinamento e monitoraggio dei flussi informativi la delibera n. 15/2015 ha istituito presso il DIPE un Gruppo di Lavoro composto da rappresentanti del Dipartimento stesso che ne dirigono i lavori, delegati della segreteria tecnica del CCASGO, della DIA, nonché dell'ABI e dei gestori informatici della nuova banca dati.

In caso di anomalie rilevate dal sistema di monitoraggio i Gruppi Interforze costituiti presso le Prefetture continuano inoltre ad essere i referenti investigativi, unitamente al ruolo dei Prefetti che, invece, supervisionano l'attività di vigilanza in base alla propria competenza territoriale.

Infine, si segnala che il nuovo codice dei contratti pubblici – d.lgs. n. 50/2016 – all'art. 203, comma 2 ha riconosciuto la valenza della novella appena trattata rinviando espressamente a questa disciplina per la parte inerente alle infrastrutture di carattere strategico[84].

---

[83] L'art. 36, comma 2, ha infatti previsto una peculiare valenza retroattiva: "2. Per i contratti stipulati anteriormente alla data di entrata in vigore del presente decreto, le modalità di controllo dei flussi finanziari sono adeguate alle indicazioni della citata deliberazione n. 45 del 2011 del CIPE entro sei mesi dalla predetta data".

[84] Art. 203, comma 2, (Monitoraggio delle infrastrutture e degli insediamenti prioritari): "Si applicano, altresì, le modalità e le procedure di monitoraggio finanziario di cui all'articolo 36 del d.l. 24 giugno 2014, n. 90, convertito, con modificazioni, dalla legge 11 agosto 2014, n. 114". Sulla stessa linea anche l'art. 6, comma 5, d.m. 21 marzo 2017.

Da ultimo, alla luce dell'entrata in vigore del predetto codice dei contratti pubblici, nonché del decreto legislativo 19 aprile 2017, n. 56 recante "Disposizioni integrative e correttive al d.lgs. 18 aprile 2016, n. 50", l'ANAC ha emanato le nuove Linee guida sulla tracciabilità dei flussi finanziari, con la delibera n. 556 del 31 maggio 2017, al fine di adeguare le disposizioni nella determinazione n. 4 del 2011 alle nuove disposizioni codicistiche nonché alla giurisprudenza e prassi consolidata.

### VII.4. La Stazione unica appaltante

La Stazione unica appaltante (SUA), sebbene vada ricompresa nella più ampia categoria delle centrali di committenza disciplinate dal Codice dei contratti pubblici, presenta - rispetto a queste ultime - la peculiare finalità di contrastare con maggiore efficacia i tentativi di infiltrazione mafiosa negli appalti. Da tale punto di vista, essa rappresenta un innovativo organismo in grado di gestire, in forma accentrata, la procedura di evidenza pubblica, assicurando peraltro maggiore professionalità e tempestività nella direzione dei relativi adempimenti tecnico – amministrativi.

Al momento della sua istituzione, avvenuta ai sensi dell'art. 13 legge n. 136/2010, la stazione unica è stata definita quale struttura altamente qualificata in grado di concentrare le procedure di gara in un unico organismo dedicato, garantendo, da un lato, una ottimizzazione delle risorse pubbliche ed un risparmio di spesa e, dall'altro, una progressiva semplificazione degli adempimenti e delle procedure, nonché un'auspicabile riduzione del contenzioso. In tal senso, l'introduzione di tale organismo è apparso di particolare utilità soprattutto per gli enti locali di piccole dimensioni, spesso sforniti di una struttura amministrativa in grado di gestire procedure inevitabilmente complesse.

Al tempo stesso, la concentrazione delle attività di gestione della procedura in un unico organismo ha consentito di focalizzare al meglio l'attività di prevenzione delle infiltrazioni criminali negli appalti pubblici, che sarebbe altrimenti condotta su una eterogenea pluralità di stazioni appaltanti.

Compito della stazione unica appaltante è, dunque, quella di curare la procedura di gara nel suo complesso, collaborando con l'amministrazione aderente all'individuazione dei contenuti dello schema del contratto e alla impostazione dei documenti descrittivi, a gestire gli adempimenti relativi alla procedura di gara per la scelta del contraente privato, a cooperare con l'ente aderente ai fini della stipula del contratto e a curare gli adempimenti relativi all'eventuale contenzioso insorto in relazione alla procedura di affidamento. L'attività fondamentale di tale particolare centrale di committenza consiste, pertanto, nella gestione della gara in tutte le sue fasi, compreso l'assolvimento degli obblighi di pubblicità e l'effettuazione dei controlli sul possesso dei requisiti di ordine generale e di capacità nei confronti dei concorrenti e dell'aggiudicatario.

Sul piano operativo, va evidenziato che, con apposite convenzioni, la Stazione unica e l'ente aderente definiscono gli ambiti di operatività in cui si esplica la loro collaborazione. Attraverso tali accordi, in particolare, sono definiti i criteri dimensionali degli appalti che richiedono l'intervento della SUA, le interazioni tra il responsabile del procedimento delle amministrazioni aderenti e quello della centrale di committenza, gli obblighi informativi reciproci, le modalità di rimborso dei costi sostenuti e la ripartizione degli oneri in ordine ai contenziosi in materia di affidamento.

L'assetto organizzativo della SUA è connotato da caratteri di notevole flessibilità sia rispetto al profilo della sua operatività territoriale – che può essere regionale, provinciale e interprovinciale, comunale e intercomunale – sia rispetto all'ampia possibilità di scelta delle amministrazioni pubbliche, che possono aderire alla struttura per lo svolgimento di singole gare ovvero di particolari tipologie di gare.

Il d.P.C.M. del 30 giugno 2011 fa salve le normative regionali che disciplinano moduli organizzativi o strumenti di raccordo tra gli enti territoriali per l'espletamento delle funzioni e delle attività riferibili alla SUA, quando hanno lo scopo di garantire l'integrazione, l'ottimizzazione e l'economicità delle stesse funzioni, attraverso formule convenzionali, associative o di avvalimento nell'ambito delle risorse umane, strumentali e finanziarie disponibili a legislazione vigente.

Il tema delle stazioni uniche appaltanti ha subito una ulteriore evoluzione con il d.l. 24 aprile 2014, n. 66, "Misure urgenti per la competitività e la giustizia sociale", convertito con modificazioni dalla legge 23 giugno 2014, n. 89, che, all'art. 9, ha previsto l'istituzione, nell'ambito dell'anagrafe unica delle stazioni appaltanti operante presso l'ANAC, di un elenco di soggetti aggregatori, del quale fanno parte Consip S.p.A. e una centrale di committenza regionale qualora costituita ai sensi dell'art. 1, comma 455, legge 296/2006 (comma 1). Di tale elenco – aggiornato dall'ANAC con la Delibera n. 781 del 4 settembre 2019 – fanno parte anche i soggetti in possesso dei requisiti prescritti con il decreto del Presidente del Consiglio dei Ministri 11 novembre 2014 (comma 2).

La natura dei soggetti aggregatori è stata fin da subito particolarmente dibattuta, non essendo chiaro il rapporto tra questi, le stazioni appaltanti e le centrali di committenza. Grazie alla determinazione dell'ANAC n. 3 del 24 febbraio 2015, è stato ricordato che il d.P.C.M. del 30 giugno 2011, all'art. 2, comma 2, ha espressamente riconosciuto alla stazione unica appaltante la natura di centrale di committenza. "Da ciò ne discende che SUA e soggetti aggregatori godono di un comune denominatore – l'essere, appunto, centrali di committenza – con l'unica differenza che, come chiarito dall'Autorità, il soggetto aggregatore è una centrale di committenza "qualificata" ed "abilitata" (*ex lege* o tramite valutazione dell'A-

NAC) all'approvvigionamento di lavori, beni e servizi per conto dei soggetti che se ne avvalgano".

Pertanto, tutti i soggetti aggregatori sono stazioni appaltanti, ma non tutte le stazioni appaltanti sono soggetti aggregatori. I soggetti aggregatori si sostituiranno quindi completamente alle stazioni appaltanti solo per alcune amministrazioni e per quelle categorie di beni e servizi e al superamento di quelle soglie fissate annualmente con d.P.C.M.

Sul piano del monitoraggio antimafia, va evidenziata l'introduzione della possibilità, per il Prefetto, di chiedere informazioni alla Stazione unica, sollecitando all'occorrenza anche il supporto tecnico del Provveditorato interregionale per le opere pubbliche nonché dell'Unità di verifica degli investimenti pubblici presso il Ministero dello Sviluppo economico. È inoltre prevista la possibilità di rafforzare le misure di prevenzione a tutela dell'economia legale attraverso la stipula di specifici protocolli di legalità, adeguando le misure ed il livello di prevenzione delle infiltrazioni criminali alle specificità degli interventi e alle peculiarità locali.

Tenuto conto di tale quadro, emerge l'importanza dell'istituzione e del corretto funzionamento di tale organismo, nella sua funzione di *governance* nel settore dei contratti pubblici e di garanzia di legalità.

# CAPITOLO VIII
# Le misure di prevenzione patrimoniale diverse dalla confisca. Il nuovo controllo giudiziario delle aziende di cui all'art. 34-*bis* del Codice Antimafia

di *Walter Pennestrì*



## VIII.1. Introduzione

Nel percorso legislativo volto a contrastare fenomenologie delittuose di matrice mafiosa, i provvedimenti che si sono succeduti nel tempo hanno cercato di evidenziare sempre più la dimensione economica delle organizzazioni criminali, nella considerazione che un'efficace azione di prevenzione nei confronti delle mafie avrebbe potuto essere rappresentata da interventi diretti ad eliminare i profitti illecitamente accumulati dalle consorterie[1].

L'esito di tale strategia è stata la costruzione definitoria del reato di associazione per delinquere di stampo mafioso, operata dalla legge 13 settembre 1982, n. 646 (meglio nota come legge Rognoni-La Torre), che tra le finalità del programma dell'associazione individua, appunto, quella di "acquisire in modo diretto o indiretto la gestione o comunque il controllo di attività economiche, di concessioni, di autorizzazioni, appalti e servizi pubblici o per realizzare profitti" (cfr. art.416-*bis* c.p.).

[1] F. MENDITTO, *Quale futuro per i beni immobili sequestrati e confiscati? Proposte essenziali per ridurre le criticità esistenti*, in *Diritto penale contemporaneo*, 2013.

Da tempo, invero, stava maturando l'idea che il principale strumento utilizzato dalle organizzazioni mafiose per la realizzazione delle predette finalità fosse la disponibilità di realtà imprenditoriali che, in un diffuso regime di illegalità, consentissero alla consorteria di disporre di una esponenziale solidità economica e di un sempre maggiore potere di controllo sul territorio di riferimento.

Attraverso le imprese cc.dd. mafiose, le organizzazioni criminali, da un lato, hanno potuto dare l'avvio ad un meccanismo di autoalimentazione finanziaria attraverso il riciclaggio di denaro ed il reimpiego di capitali illecitamente accumulati, dall'altro, sono riuscite a massimizzare quanto più possibile il consenso sociale, attraverso la trasformazione dell'impresa in una vera e propria centrale di collocamento offerente nuovi posti di lavoro. Il controllo su simili fonti di reddito ha consentito poi all'associazione, in una prospettiva più ampia, di poter orientare anche - o soprattutto - le scelte politico-elettorali dei soggetti "beneficiari" e di veicolare, in tal modo, anche gli indirizzi politici degli eletti.

La sintesi di questa sommaria ricostruzione la si può riscontrare, con ogni evidenza, nel settore delle commesse pubbliche. Le risorse destinate agli appalti pubblici rappresentano una vera e propria opportunità di investimento e di crescita imprenditoriale, creano offerta di lavoro, sia nel medio che nel lungo periodo. Per l'alta posta in gioco, gli appalti sono per definizione uno dei settori più esposti a fenomeni di corruzione, frode, conflitto d'interessi ed infiltrazione mafiosa; sono i "luoghi di coltura tipici delle organizzazioni criminali al fine di creare consenso sociale e testa di ponte nella Pubblica amministrazione"[2].

Grazie alla ingente disponibilità di liquidità finanziarie, la mafia scoraggia la concorrenza e riesce a controllare le procedure di aggiudicazione, utilizzando nei confronti delle stazioni appaltanti e delle imprese operanti nello stesso mercato non più e non solo tradizionali metodi di intimidazione ed assoggettamento ma anche nuovi strumenti di condizionamento che orbitano intorno all'alveo della corruzione.

La capacità della mafia di infiltrarsi nell'economia legale del Paese e/o di controllare l'affidamento di commesse pubbliche di varia natura rappresenta ormai un dato acclarato ed, ovviamente, preoccupante. A ben vedere, la necessità di interrompere la patologia relazionale mafia/economia legale/contratti pubblici ha

[2] "E la 'ndrangheta, oggi, dimostra di essere organizzazione criminale di particolare eccellenza nel settore dei lavori pubblici. Utilizza gli appalti per creare consenso sociale teste di ponte nella Pubblica amministrazione, puntando a strutturare e rendere indispensabile questo rapporto con gli enti pubblici. La corruzione è diventato strumento fondamentale della criminalità organizzata. Si evitano così i clamori, e la 'ndrangheta, in questo senso, è maestra e la più performante tra le organizzazioni di tipo mafioso", R. Cantone, in occasione della sottoscrizione del *Protocollo di Azione tra il Comune di Reggio Calabria, Prefettura-UTG di Reggio Calabria, ANAC e Procura*, Reggio Calabria, ottobre 2016.

indotto il legislatore ad individuare antidoti e misure preventive sempre più nuove ed efficaci, rimodulandone la connotazione in relazione alla eterogeneità delle stesse organizzazioni criminose e agli incessanti cambiamenti del mondo imprenditoriale mafioso.

Nel corso degli anni, si è assistito, infatti, ad una graduale evoluzione della caratterizzazione dell'impresa mafiosa. Con tutta la prudenza definitoria imposta dalla delicata materia, se in un primo momento si sono registrate natalità o acquisizioni imprenditoriali su iniziativa della stessa organizzazione criminale che ne assumeva la titolarità, successivamente si è constatata la presenza di realtà imprenditoriali di "proprietà del mafioso", ovvero di imprese di cui l'associazione criminale ne conservava soltanto la titolarità sostanziale ma non quella formale. Col tempo, ci si è trovati di fronte a casi di società c.d. "ad infiltrazione mafiosa", in cui l'imprenditore, pur estraneo all'organizzazione criminale, instaura con essa rapporti di cointeressenza, accettandone servizi e protezione, e di società "esposta al pericolo di tentativo di infiltrazione mafiosa", non caratterizzata dalla compartecipazione di scopi illeciti con la criminalità quanto dalla sussistenza di rapporti, principalmente di carattere economico, anche solo occasionale.

Fermi restando gli interventi di natura sanzionatorio-repressiva che presuppongono l'accertamento giudiziario di fattispecie criminose (orbitanti nel più ampio alveo del reato di associazione a delinquere di stampo mafioso), l'aggressione alla "dimensione economica" delle mafie, specie in una prospettiva di prevenzione, è stata - e lo è ancora - una linea strategica del nostro ordinamento, giustificata non solo dalla opportunità di impedire che ricchezze indebite permangano nella disponibilità di contesti criminali, ma anche dalla necessità di impedire il pericolo che, attraverso quelle ricchezze, le consorterie mafiose possano silenziosamente inquinare il contesto imprenditoriale operante nell'economia legale, ed intrattenere così rapporti economici con la pubblica Amministrazione.

Da un punto di vista sistematico, due sono gli assi di contrasto alle mafie in funzione preventiva: da una parte le misure di prevenzione patrimoniale (dalla variegata natura, preventivo-repressiva e preventivo-curativa), dall'altro l'impianto della documentazione antimafia, avente finalità preventivo-inibitoria, già descritto nel precedente capitolo.

Entrambi gli strumenti sono disciplinati dal d.lgs. 6 settembre 2011, n. 159, meglio noto come Codice Antimafia, oggetto di un recente intervento di revisione normativa, la legge n. 161, adottata dal Parlamento nel mese di ottobre del 2017.

## VIII.2. Le misure di prevenzione patrimoniali ablativo-acquisitive

Fino alla emanazione della richiamata legge Rognoni-La Torre, il contrasto alle organizzazioni di matrice mafiosa era demandato a forme di repressione giudiziaria applicabili successivamente alla commissione di singole fattispecie criminose ed all'adozione di misure di prevenzione personali fondate su un giudizio di pericolosità della persona indiziata di appartenere all'associazione criminale.

Nella considerazione che la capacità delinquenziale del singolo assumesse valore preminente rispetto alla pericolosità della stessa associazione, la legge 31 maggio 1965, n. 575, recante "Disposizioni contro la mafia", estendeva l'applicabilità delle misure di prevenzione personali previste nella legge 27 dicembre 1956, n. 1423 anche ai soggetti indiziati dell'appartenenza mafiosa[3]. La legge presentava, tuttavia, spazi di debolezza applicativa poiché destinava le misure di prevenzione personale a coloro che fossero indiziati di appartenere ad associazioni mafiose ma senza che detta associazione fosse in alcun punto definita e tipizzata. Ne conseguiva l'impossibilità di individuare il soggetto proponibile e, quindi, di applicare in concreto lo strumento preventivo.

La crescente accumulazione della ricchezza criminale e l'inasprimento del fenomeno, come testimoniato da fatti di cronaca circa la recrudescenza dei reati di estorsione, turbativa di pubblici appalti e corruzione da parte delle consorterie mafiose, mise a nudo il difetto strutturale di una normativa che incideva sull'aspetto personale dell'organizzazione senza toccare in modo significativo quello patrimoniale.

La presa d'atto dei limiti della legislazione spinse gli interpreti ad abbandonare il tradizionale modello soggettivo in favore di un paradigma di tipo organizzativo, nel quale l'indagine sulla pericolosità sociale non avesse ad oggetto l'attitudine a delinquere del singolo quanto l'humus della stessa struttura organizzativa dell'associazione criminale e gli ingenti patrimoni di cui essa disponesse.

L'idea era quella di colpire ciò che costituiva al tempo stesso "fine" e "strumento" di qualsiasi organizzazione criminale, ovvero l'elemento patrimoniale che orienta le strutture criminali "secondo criteri di razionalità imprenditoriale, conferisce loro stabilità e determina, in particolare, quell'impulso al reinvestimento che costituisce [...] condizione di sviluppo e di sopravvivenza delle c.d. economie criminali"[4].

Con la legge 22 maggio 1975, n. 152 (cd. legge Reale) si ebbe il primo passo nella lotta contro i patrimoni mafiosi, con l'istituzione della sospensione dell'amministrazione dei beni, applicabile tutte quelle volte in cui il giudice avesse ravvi-

---

[3] Il perimetro di applicazione della legge si allargava poi con la legge n. 152/1975 (cd. legge Reale), che, di fatto, equiparava terroristi ed eversori a indiziati di mafia e persone socialmente pericolose, sempre e comunque con esclusivo riguardo ai provvedimenti di prevenzione a carattere personale.

[4] Fornari, *Criminalità del profitto e tecniche sanzionatorie. Confisca e sanzioni pecuniarie nel diritto penale moderno*, Padova, 1997.

sato la possibilità che la disponibilità degli stessi potesse agevolare "la condotta, il comportamento o l'attività socialmente pericolosa".

La vera svolta nel percorso evolutivo della richiamata strategia politico-legislativa si determinò con la legge 13 settembre 1982, n. 646 che, per la prima volta, introduceva nel nostro ordinamento il sistema delle misure di prevenzione patrimoniali applicabili dall'Autorità giudiziaria nei confronti - ma non solo - degli indiziati di appartenere ad associazioni di tipo mafioso.

Si tratta di misure che possono essere comminate ante o praeter delictum, ovvero prima o a prescindere da un processo penale, e basate su di un 'giudizio di pericolosità', a differenza delle pene, che vengono invece comminate sulla base di un 'giudizio di responsabilità'[5]. Le misure di prevenzione patrimoniale, introdotte dalla Legge Rognoni-La Torre e successivamente confluite nel più ampio corpus del codice antimafia, sono il sequestro e la confisca.

Il sequestro di cui all'art. 20 d.lgs. n. 159/2011 (così come oggi riformulato dalla legge 17 ottobre 2017, n. 161) è una misura di natura provvisoria e cautelare disposta dal tribunale qualora vi siano sufficienti indizi per ritenere che la persona nei cui confronti sia iniziato il procedimento di applicazione risulti poter disporre, direttamente o indirettamente, di beni il cui valore sia sproporzionato al reddito dichiarato o all'attività economica svolta. La misura, finalizzata ad anticipare e ad assicurare gli effetti della confisca (rispetto alla quale, dunque, assume natura strumentale) ha come effetto la provvisoria perdita in capo al destinatario della disponibilità materiale del bene ritenuto il frutto di attività illecite o il reimpiego. Nella disponibilità del bene, alla cui apprensione materiale provvede l'ufficiale giudiziario, è immesso l'amministratore giudiziario.

La confisca, di cui al successivo art. 24, anch'esso riformato, consiste, invece, in un provvedimento di natura ablativa, a favore dello Stato, dei beni sequestrati di cui la persona (nei cui confronti è instaurato il procedimento di prevenzione) non possa giustificare la legittima provenienza e di cui (anche per interposta persona fisica o giuridica) risulti essere titolare o avere la disponibilità a qualsiasi titolo in valore sproporzionato al proprio reddito o alla propria attività economica e che risultino essere frutto di attività illecite o ne costituiscano il reimpiego. Negli stessi casi ammessi per il sequestro (sottrazione, alienazione del bene per eludere la misura), sarà possibile disporre la confisca per equivalente (di denaro o di altri beni di valore uguale a quelli sottratti alla procedura). I beni confiscati, devoluti allo Stato, sono successivamente "destinati" al termine di uno speciale procedimento disciplinato dal Codice antimafia.

[5] Cfr. sentenza della Corte Europea dei Diritti dell'Uomo del 17 maggio 2011, ricorso n. 24920/07, *Capitani e Campanella c. Italia.*

### VIII.3. Le misure di prevenzione patrimoniale diverse dalla confisca

Si è detto che il fine perseguito dal legislatore con l'introduzione delle misure ablative patrimoniali non è stato quello di punire il mafioso sottraendogli i frutti economici della pregressa attività illecita (obiettivo già perseguito dalle misure previste in ambito penalistico), quanto quello di "neutralizzare la situazione di pericolosità insita nell'acquisto di ricchezza derivante da attività criminosa"[6].

Accanto a questa che è stata - e lo è ancora - l'ipotesi base del contrasto preventivo all'accumulazione capitalistica mafiosa, l'evoluzione dottrinale e giurisprudenziale ha messo in evidenza come l'individuazione di misure alternative a quelle acquisitivo-ablative possa rappresentare una forma più efficace di reazione dello Stato ai tentativi della criminalità organizzata di infiltrarsi nell'economia legale del libero mercato.

Nella considerazione di potersi trovare al cospetto non già di realtà imprenditoriali con le fattezze dell'impresa c.d. mafiosa ma di fronte a forme di infiltrazione e condizionamento che non pregiudicano la sostanziale integrità dell'azienda, l'idea è stata quella di creare nuovi strumenti di carattere preventivo finalizzati a mettere l'impresa al riparo dal perpetuarsi del pericolo di infiltrazione mafiosa ed a correggerne l'eventuale percorso criminoso precedentemente intrapreso.

Sempre più frequentemente, infatti, "ci si è trovati di fronte ad esempi di imprese che non sono mafiose, ma che hanno rapporti con la mafia, così come di imprese che non vivono solo di corruzione ma che accettano anche un quantum di corruzione"[7]. In questi casi, secondo la ricostruzione dottrinaria e giurisprudenziale più recente, non sarebbe conveniente ricorrere agli strumenti del sequestro e della confisca, quanto piuttosto a misure alternative che, al di fuori di una logica meramente preventivo-repressiva, consentano ad imprese in contatto con la criminalità organizzata, ma sostanzialmente sane, di poter nuovamente operare secondo le regole del libero mercato. E ciò, senza escludere che, a volte, l'esito finale di tale percorso possa essere anche quello della confisca, totale o parziale.

Una sorta di verifica della possibilità di reinserire l'azienda entro i binari della legalità, avviando un'opera di riabilitazione anche in vista di una mirata tutela degli interessi collettivi coinvolti nel contesto di mercato in cui l'ente svolge la propria attività imprenditoriale.

---

[6] G. FIANDACA, *Osservazioni a Trib. Palermo, 11 aprile 1986, Fall. Salone mobile 2000*, in *Foro it.*, 1987.

[7] G. PIGNATONE, *Mafia e corruzione: tra confische, commissariamenti ed interdittive*. Relazione sul tema "*Legalità corrotta*", convegno "*Le ragioni dell'impresa e le ragioni dell'amministrazione della giustizia. I teatri della crisi*", Roma, 24 settembre 2015.

Si è così suggerito che "l'impresa, prima di essere espulsa dal mercato [anche a seguito di provvedimenti inibitori dei rapporti economico-finanziari con la Pubblica Amministrazione n.d.r.], venga sottoposta a controlli di corretta gestione anche con l'inserimento negli organi di amministrazione, o accanto ad essi, di persone estranee, competenti, degne di fiducia e dotate di poteri effettivi"[8].

Siffatte misure di salvataggio sono state oggetto del recente intervento di modifica apportata al *corpus* del Codice antimafia dalla richiamata legge n. 161/2017.

Ci si riferisce, nello specifico, alla rivisitata misura dell'amministrazione giudiziaria dei beni connessi ad attività economiche ed alla neo introdotta misura del controllo giudiziario, previste, rispettivamente, dagli artt. 34 e 34-*bis* del Codice Antimafia.

### *VIII.3.1. L'amministrazione giudiziaria dei beni connessi ad attività economiche*

Riprendendo una delle proposte elaborate dalla Commissione Fiandaca[9] volte ad introdurre "strumenti di gestione delle aziende più flessibili e più idonei ad una gestione più moderna e di mercato"[10], la legge n. 161/2017 ha riscritto l'art. 34 del Codice antimafia, rivisitando la misura dell'amministrazione giudiziaria dei beni connessi ad attività economiche.

L'istituto, invero non completamente sconosciuto al legislatore[11], è applicabile quando, a seguito di accertamenti patrimoniali o controlli antimafia o ancora accertamenti previsti dall'art. 213 del Codice dei contratti, vi siano sufficienti indizi per ritenere che il libero esercizio di determinate attività economiche, comprese quelle di carattere imprenditoriale, sia direttamente o indirettamente sottoposto alle condizioni di assoggettamento o intimidazione previste dall'art. 416-*bis* c.p. o possa comunque agevolare l'attività di persone proposte o sottoposte a misure di prevenzione o di persone sottoposte a procedimento penale per gravi reati (tra gli altri, associazione mafiosa, estorsione, sequestro di persona a scopo di estorsione, usura, riciclaggio).

---

[8] F. G. Scoca, *Razionalità e costituzionalità della documentazione antimafia in materia di appalti pubblici*, in *www.giustamm.it*, 2013.

[9] Istituita con Decreto del Ministero della Giustizia il 10 giugno 2013.

[10] Schede di lettura per l'esame del progetto di legge recante "Modifiche al codice delle leggi antimafia e delle misure di prevenzione" A.C. 2737, 26 febbraio 2015.

[11] La vecchia formulazione dell'art. 34 del Codice antimafia riprendeva quasi interamente la disciplina della "sospensione temporanea dall'amministrazione" di cui agli artt. 3-*quater* e e 3-*quinquies* legge n. 575/1965.

In questi casi, e non ricorrendo i presupposti per l'applicazione del sequestro e della confisca, il tribunale competente per l'applicazione delle misure di prevenzione può disporre l'amministrazione giudiziaria delle aziende o dei beni utilizzabili, direttamente o indirettamente, per lo svolgimento delle attività imprenditoriali condizionate o agevolatrici.

Ai fini dell'applicazione della misura in esame non rileva l'origine o la disponibilità delle attività economiche in mano alle consorterie mafiose (come, invece, avviene nel caso del sequestro e della eventuale successiva confisca) quanto, piuttosto, la condizione oggettiva di potenziale asservimento delle imprese alle dinamiche criminali dei soggetti sopra indicati.

Sebbene emerga nella riferita fattispecie una pericolosità autonoma dei beni destinati all'attività imprenditoriale ed utilizzati in modo da agevolare o addirittura favorire interessi di associazioni di stampo mafioso, viene evidenziata la circostanza per cui lo stato dell'infiltrazione e/o dell'agevolazione non ha, in effetti, compromesso irrimediabilmente la *governance* societaria.

Per tale ragione, si ravvede soltanto la necessità di sospendere temporaneamente i poteri gestori dell'imprenditore, che, per l'effetto, verrà sostituito con un amministratore giudiziario nominato dal Tribunale.

Durante il periodo di sospensione, l'amministratore giudiziario provvederà a conformare la *governance* societaria ai canoni della legalità mediante l'adozione di mirati modelli di *compliance* e l'eventuale allontanamento dei soggetti compromessi. Verificata, poi, l'avvenuta trasformazione della gestione societaria, la sospensione potrà essere revocata e l'impresa potrà tornare in mano all'imprenditore.

L'obiettivo dell'articolo 34 è, dunque, non tanto e non solo quello di sanzionare i soggetti imprenditoriali rimasti invischiati nell'ambiente mafioso, quanto quello di arrestare la strumentalizzazione da parte delle organizzazioni criminali delle attività economiche e ad impedire che determinate attività lecite siano esercitate in posizioni di contiguità con esponenti della criminalità organizzata.

In altre parole, lo scopo di tale misura patrimoniale non è quello di preparare il terreno per una futura confisca – che è comunque un possibile approdo della procedura –, ma, al contrario, quello di curare e/o salvare l'impresa.

Una innovativa pronuncia del Tribunale di Milano del 2016[12]ha avuto modo di evidenziare che "la finalità dell'istituto non è repressiva quanto preventiva, volta cioè non a punire l'imprenditore che sia intraneo all'associazione criminale, quanto a contrastare la contaminazione mafiosa di imprese sane, sottoponendole a controllo giudiziario con lo scopo di sottrarle, il più rapidamente possibile, all'infiltrazione criminale e restituirle al libero mercato una volta depurate dagli elementi inquinanti".

[12] Tribunale di Milano, Sezione misure di prevenzione, decreto 24 giugno 2016.

In quest'ottica, l'oggettiva contiguità a interessi criminali rilevata nell'attività aziendale in termini di agevolazione in favore di interessi a sfondo mafioso, può costituire motivo di censura, soggiunge il tribunale, "esclusivamente sul piano del rapporto colposo, che riguardi, cioè, la violazione di normali regole di prudenza e buona amministrazione imprenditoriale che la stessa società si sia data o che costituiscano norme di comportamento esigibili sul piano della legalità da un soggetto che opera ad un livello medio-alto nel settore degli appalti di opere e/o servizi"[13].

Ferme restando le responsabilità penali dei singoli, l'operato colposo dell'imprenditore - o meglio dei soggetti operanti all'interno dell'impresa (si pensi alle multinazionali o a società con diverse articolazioni territoriali) e disponibili ad entrare in rapporti economici con le associazioni mafiose - non mette in discussione l'origine e la formazione lecita del patrimonio aziendale. Tale tipologia di inquinamento mafioso, che non giustifica – come già detto – l'applicazione delle misure di prevenzione patrimoniali del sequestro e della confisca, può essere sottoposta ad un intervento terapeutico, ad esempio, con la rimozione di amministratori e/o dirigenti collusi ovvero intervenendo attraverso la modifica di fornitori e subappaltatori.

Una misura temporanea volta ad evitare che, in casi in cui potrebbe essere sufficiente un tempestivo intervento giudiziario che conduca alla bonifica dell'attività, i fenomeni di contiguità fra imprese e mafie degenerino invece in modo irreversibile.

E ciò al fine di consentire che l'intervento dello Stato venga recepito, da parte del mondo imprenditoriale, da parte dei lavoratori e della collettività, non come un evento negativo per l'economia ma come intervento a garanzia della libertà imprenditoriale, del libero mercato, della tutela della legalità e, ove possibile, come una opportunità di rilancio dell'azienda inquinata.

### *VIII.3.2. Il controllo giudiziario delle aziende*

Il recente intervento di riforma del codice antimafia ha introdotto nel *corpus* delle misure di prevenzione patrimoniale un nuovo strumento, il controllo giudiziario delle aziende, destinato a trovare applicazione, in misura residuale, in luogo dell'amministrazione giudiziaria e delle misure ablative del sequestro e della confisca.

Già previsto in forma diversa dall'abrogato comma 8, dell'art. 34 d.lgs. n. 159/2011, quale prosecuzione eventuale dell'amministrazione giudiziaria, l'istituto di nuovo conio trova applicazione quando vi siano sufficienti indizi per ritenere

---

[13] Tribunale di Milano, Sezione misure di prevenzione, decreto 24 giugno 2016.

che l'impresa agevoli occasionalmente l'attività di persone proposte o sottoposte a misure di prevenzione o aventi procedimenti penali per gravi reati (tra gli altri, associazione mafiosa, estorsione, sequestro di persona a scopo di estorsione, usura, riciclaggio), e sussistano circostanze di fatto da cui si possa desumere il pericolo concreto di infiltrazioni mafiose idonee a condizionarne l'attività.

I presupposti per l'applicazione della misura, dunque, attengono, da un lato, al profilo dell'agevolazione occasionale di entità criminali e, dall'altro, alla presenza di circostanze di fatto da cui possa desumersi il pericolo concreto di infiltrazioni mafiose. La giurisprudenza ha sino ad ora negato l'esistenza di "automatismi" nella concessione della misura. Secondo la Corte di cassazione, infatti, il giudice della prevenzione è chiamato ad accertare che l'ente economico agevoli solo "occasionalmente" l'attività di soggetti sottoposti a misura di prevenzione o a procedimento penale per taluni reati e che "l'accesso al controllo giudiziario" non può essere considerato "un diritto potestativo dell'impresa"[14].

Quanto all'agevolazione, recente giurisprudenza della Suprema Corte ha avuto modo di specificarne la perimetrazione, specie con riferimento al soggetto che ne ha reso possibile la sussistenza, quale utile punto non discrezionale di riferimento nelle determinazioni dei Tribunali circa la concessione della misura in argomento. A tale riguardo, nel ricostruire le caratterizzazioni della "contiguità soggiacente" e della "contiguità concorrente"[15], l'agevolazione occasionale di cui all'art. 34bis è stata ancorata ad un soggetto economico che non è né vittima né colluso con la criminalità organizzata. Come specificato da recente dottrina, "con ogni verosimiglianza, tale tipo soggettivo si identifica con colui che è venuto in contatto incolpevole con l'entità criminale e l'ha agevolata, nel senso che il contatto si è tradotto in ausilio per l'entità stessa"[16].

Ove ne ricorrano i presupposti, il tribunale competente per l'applicazione delle misure di prevenzione, anche d'ufficio, potrà disporre il controllo per una durata non inferiore a un anno e non superiore a tre, graduandone le modalità di applicazione in base ad una differenziata valutazione delle circostanze fattuali di occasionalità sottoposte al suo esame. A tal riguardo, invero, potrà alternativamente:

1) imporre nei confronti di chi ha la proprietà, l'uso o l'amministrazione dei beni e delle aziende l'obbligo di comunicare al questore e al nucleo di polizia tributaria competenti[17], gli atti di disposizione, di acquisto o di pagamento effettua-

---

[14] Cass. pen., Sez. V, 2 luglio 2018, n. 34526.

[15] Cass. pen., Sez. V, n. 34526/2018.

[16] F. BADOLATO,*La nuova fisionomia delle misure di prevenzione patrimoniali: il controllo giudiziario delle aziende e delle attività economiche di cui all'art. 34 bis Codice Antimafia*, in *Diritto Penale Contemporaneo*, n. 3/2019.

[17] Del luogo di dimora abituale, ovvero del luogo in cui si trovano i beni se si tratta di residenti all'estero, ovvero della sede legale se si tratta di un'impresa.

ti, gli atti di pagamento ricevuti, gli incarichi professionali, di amministrazione o di gestione fiduciaria ricevuti e gli altri atti o contratti indicati dal tribunale, di valore non inferiore a euro 7.000 o del valore superiore stabilito dal tribunale in relazione al reddito della persona o al patrimonio e al volume d'affari dell'impresa. Tale obbligo deve essere assolto entro dieci giorni dal compimento dell'atto e comunque entro il 31 gennaio di ogni anno per gli atti posti in essere nell'anno precedente;

2) nominare un giudice delegato e un amministratore giudiziario, il quale riferirà periodicamente, almeno bimestralmente, gli esiti dell'attività di controllo al giudice delegato e al pubblico ministero.

Qualora opti per la seconda delle modalità indicate, il Tribunale definirà i compiti dell'amministratore giudiziario circa l'attività di controllo, potendo anche prescrivere all'impresa taluni divieti ed obblighi, in specie di carattere organizzativo ed informativo. Tra questi, quello di:

- non cambiare la sede, la denominazione e la ragione sociale, l'oggetto sociale e la composizione degli organi di amministrazione, direzione e vigilanza e di non compiere fusioni o altre trasformazioni, senza l'autorizzazione da parte del giudice delegato;
- adempiere ai doveri informativi di cui al punto 1) precedentemente descritto, nei confronti dell'amministratore giudiziario;
- informare preventivamente l'amministratore giudiziario circa eventuali forme di finanziamento della società da parte dei soci o di terzi;
- adottare ed efficacemente attuare misure organizzative, anche ai sensi degli artt. 6, 7 e 24-*ter* d.lgs. 8 giugno 2001, n. 231, e successive modificazioni;
- assumere qualsiasi altra iniziativa finalizzata a prevenire specificamente il rischio di tentativi di infiltrazione o condizionamento mafiosi.

La *ratio* sottesa alla neo introdotta misura di prevenzione è quella di avviare una peculiare attività di controllo e tutoraggio dell'impresa, affrancandola dai rischi derivanti da potenziali contiguità mafiose in un percorso di risanamento della legalità violata. L'obiettivo - si legge nei lavori preparatori dell'intervento di riforma - "consiste nel promuovere il disinquinamento mafioso delle attività economiche, salvaguardando al contempo la continuità produttiva e gestionale delle imprese".

L'introduzione del controllo giudiziario si colloca nell'alveo degli interventi normativi ispirati alla necessità di guardare alla legislazione antimafia c.d. patrimoniale non più e non solo come strumento di contrasto da attuarsi attraverso strumenti che giungano all'ablazione del bene oggetto di contaminazione ma anche mediante alternative misure di controllo che mirino, ove possibile, alla bonifica dell'azienda.

Nel tentativo, invero, di valutare in maniera differenziata i livelli di infiltrazione mafiosa nelle imprese, con la misura della c.d. vigilanza prescrittiva[18] lo Stato potrà assicurare la continuità dell'impresa ed aiutare l'imprenditore a recidere i legami anche occasionali con il contesto criminale.

Rispetto all'intervento giudiziale previsto dall'art. 34 del Codice antimafia, tuttavia, il controllo in esame non determinerà alcuno spossessamento gestorio dell'impresa nei confronti del proprietario. E così, anche nella formulazione più incisiva che prevede la nomina di un giudice delegato e di un amministratore giudiziario, l'imprenditore continuerà ad esercitare i propri poteri di *governance* aziendale.

L'amministratore di nomina giudiziaria avrà il compito di monitorare, dall'interno dell'azienda, l'adempimento di una serie di obblighi informativi e di compliance imposti dall'Autorità giudiziaria.

La portata più innovativa della misura, tuttavia, è data dalla circostanza che il controllo giudiziario possa essere richiesto dalla stessa impresa che si è vista negare la certificazione antimafia da parte del Prefetto, previa impugnazione del provvedimento di diniego dinanzi al giudice amministrativo. Il controllo giudiziario è l'unica misura di prevenzione a poter essere applicata su istanza della parte privata.

L'accoglimento dell'istanza da parte del Tribunale determinerà – come vedremo successivamente – la sospensione degli effetti inibitori del provvedimento prefettizio (art. 34-*bis*, comma 7, d.lgs. n. 159/2011).

Al riguardo, nella relazione di accompagnamento al progetto di legge, la Commissione parlamentare antimafia ha avuto modo di evidenziare come l'istituto del controllo giudiziario sia stato concepito non solo come strumento per consentire la prosecuzione dell'attività di impresa nei casi in cui le aziende vengano raggiunte da un'interdittiva prefettizia, ma anche per garantire, nel contempo, il prevalente interesse alla realizzazione di opere di rilevanza pubblica"[19].

Nella visione del legislatore della riforma, infatti, la misura di cui all'art. 34bis è stata concepita non solo come strumento a favore dell'impresa che, se interdetta, potrà avere la possibilità di sottoporsi alla verifica del proprio percorso di affrancamento dai rischi derivanti dalle contiguità mafiose, ma anche come mezzo attraverso cui l'ordinamento potrà tutelare interessi di natura pubblicistica, spesso soddisfatti dall'esercizio dell'attività imprenditoriale.

Secondo talune ricostruzioni, con il controllo giudiziario ci si troverebbe di fronte ad una nuova concezione di prevenzione intesa come servizio pubblico verso la collettività, pienamente compatibile con i doveri di solidarietà socio-economica di cui all'art. 2 della Costituzione[20]. E dove l'oggettiva ma occasionale

[18] Cfr. Circolare Ministero Interno n. 11001/119/20(9) del 19 gennaio 2018.

[19] Relazione della Commissione Parlamentare antimafia del 9 aprile 2014.

[20] Consiglio Nazionale dei Dottori Commercialisti e degli Esperti Contabili – Fondazione Nazio-

contiguità a contesti criminali rilevata in termini di agevolazione di interessi a sfondo mafioso può costituire motivo di censura in termini di colpa circa la violazione di regole di buona amministrazione imprenditoriale, che però non siano tali da giustificare l'adozione di drastiche misure sanzionatorie che, in alcuni casi, potrebbero determinare anche una netta espunzione dell'operatore dal mercato.

## VIII.4. I rapporti tra la misura di prevenzione patrimoniale del controllo giudiziario e la documentazione antimafia

La neo introdotta misura del controllo giudiziario, dal forte contenuto innovativo, necessita di essere coordinata con il complesso sistema della documentazione antimafia, non solo con riferimento agli effetti che l'adozione di siffatto strumento può determinare sui provvedimenti di natura inibitoria previsti dall'art. 84, comma 4, d.lgs. n. 159/2011, ma anche con riguardo alla possibile interferenza eventualmente innescabile tra la dimensione giurisdizionale (anche a diversi livelli) e quella amministrativa.

Sebbene orientate al medesimo scopo che è quello di impedire alle organizzazioni criminali di infiltrarsi nel circuito dell'economia legale, sembra il caso di poter affermare, tuttavia, che i due sistemi di prevenzione camminino su due piani paralleli non solo con riguardo alla tipologia delle imprese cc.dd. mafiose cui si rivolgono ma anche con riferimento alla natura dei beni giuridici che intendono tutelare.

Il sistema della documentazione antimafia, come noto, si rivolge a realtà imprenditoriali che aspirino ad intrattenere rapporti economico-finanziari con la pubblica Amministrazione – o che siano già in siffatta relazione con essa –, anche partecipando a gare pubbliche per l'affidamento di commesse relative alla realizzazione di lavori o all'erogazione di servizi o forniture.

Attraverso la certificazione antimafia le pubbliche Amministrazioni, prima o successivamente al rilascio di concessioni o licenze o all'aggiudicazione di una commessa pubblica, conoscono l'esistenza o meno di divieti, impedimenti e situazioni sintomatiche di 'mafiosità' a carico delle imprese che intendano operare - o che già operino - nel mercato dei finanziamenti pubblici.

Si tratta di uno strumento di prevenzione e contrasto alla criminalità organizzata dotato di un enorme potenziale dal momento che conferisce ai Prefetti una pluralità di competenze grazie alle quali è possibile intercettare le imprese contaminate o a rischio di contaminazione mafiosa e garantire, in tal modo, la trasparenza del mercato e la libera concorrenza tra gli operatori.

A differenza delle misure di prevenzione patrimoniale precedentemente rasse-

---

nale dei Commercialisti, "*Funzioni giudiziarie - La riforma del d.lgs. n. 159/2011. Antimafia, corruzione e nuovi mezzi di contrasto*", 5 dicembre 2017, in *www.fondazionenazionalecommercialisti.it*.

gnate, l'impianto della documentazione antimafia non distingue il livello di 'mafiosità' delle imprese nei confronti delle quali, ricorrendone i presupposti di legge, il Prefetto potrà valutare l'adozione di un provvedimento interdittivo.

Come sopra evidenziato, con la rivisitazione delle misure di prevenzione patrimoniale, il legislatore sembra aver inteso distinguere nettamente tre differenti livelli di 'pericolosità' delle imprese in verosimile contiguità con la criminalità organizzata, graduando, all'uopo, anche l'intensità degli interventi da adottare in relazione al grado di 'mafiosità' delle stesse.

E così, le misure ablativo-acquisitive potranno essere applicate in presenza di un'impresa *ab origine* mafiosa, quale frutto o reimpiego di capitali di illecita provenienza, e le misure curative, per parte propria, potranno riguardare imprese soggette al condizionamento mafioso esterno o realtà imprenditoriali soltanto esposte al pericolo del tentativo di infiltrazione criminale.

La documentazione antimafia, per converso, in un'ottica di tutela anticipata rispetto al rischio di ingerenza mafiosa, mira ad estromettere dal mercato degli appalti e dei finanziamenti pubblici tutte le imprese che abbiano un contatto con la criminalità organizzata, sia che siano sottoposte ad un effettivo condizionamento della consorteria sia che siano esposte o permeabili ad un mero tentativo di contaminazione criminale. Il tutto, dunque, senza alcuna distinzione tra i diversi livelli di mafiosità delle imprese oggetto di interesse.

Secondo giurisprudenza consolidata, "l'interdittiva prefettizia mira all'obbiettivo di mantenere un atteggiamento intransigente contro rischi di infiltrazione mafiosa, ed in quanto misura di massima anticipazione dell'azione di prevenzione non richiede che sia dimostrata la intervenuta infiltrazione, essendo sufficiente la sussistenza di un quadro indiziario dal quale sia deducibile il tentativo di ingerenza"[21].

Le ragioni di una siffatta impostazione sembrano potersi rinvenire nelle finalità che l'istituto intende perseguire, individuate dalla giurisprudenza nella salvaguardia dell'ordine pubblico economico, della libera concorrenza tra le imprese e del buon andamento della pubblica Amministrazione. Con l'interdittiva antimafia, invero, il Prefetto esclude "che un imprenditore – pur dotato di adeguati mezzi economici e di una adeguata organizzazione – meriti la fiducia delle Istituzioni (vale a dire che risulti «affidabile») e possa essere titolare di rapporti contrattuali con le pubbliche Amministrazioni o degli altri titoli abilitativi, individuati dalla legge"[22].

La valutazione del Prefetto in ordine al quadro indiziario circa la presunta ingerenza criminale nel contesto imprenditoriale è essenzialmente volta ad evi-

[21] Così Cons. St., sez. III, 19 luglio 2011, n. 4367; Tar Calabria, Catanzaro, sez. I, 21 febbraio 2014, n. 308.

[22] Cons. St., sez. III, 16 giugno 2016, n. 2683.

denziare l'assenza di condizioni per poter instaurare (o continuare) un rapporto fiduciario con l'operatore che presenti le connotazioni di impresa collusa e/o condizionata e/o esposta al pericolo di tentativi di infiltrazione.

E ciò nella considerazione che l'impresa che aspiri all'affidamento di una commessa pubblica contribuirà in prima linea nella erogazione di beni e servizi per la collettività che, in quanto tali, meritano la massima tutela da parte dell'ordinamento. All'impresa che opera nel settore degli appalti di opere e/o servizi è richiesto, invero, un elevato grado di osservanza delle regole di prudenza e buona amministrazione imprenditoriale quali, ad esempio, le norme di comportamento esigibili sul piano della legalità.

Per converso, con la previsione del controllo giudiziario, il legislatore ha inteso valorizzare un differente campo di interessi: tra gli altri, l'utilità sociale dell'impresa, la tutela dei creditori e della collettività territoriale di riferimento in cui opera l'ente, l'interesse alla realizzazione di opere pubbliche, la tutela dei livelli occupazionali.

Dunque, nei confronti di un'impresa affidataria di commesse pubbliche che 'occasionalmente' si trovi ad agevolare interessi di contesti criminali, ben possono coesistere l'effetto inibitorio che evidenzi un giudizio di rimproverabilità circa la mancata/perdita di fiducia da parte della stazione appaltante nei riguardi dell'operatore economico, e la misura salvifica volta a risanare condotte imprenditoriali colpevoli di aver violato regole prudenziali allo scopo di fornire, ove possibile, una opportunità di rilancio del *ranking* di fiducia.

Il tutto nella più ampia prospettiva di garantire prevalenti interessi pubblicistici "alla realizzazione di opere di rilevanza pubblica ed al correlativo interesse alla salvaguardia dei posti di lavoro"[23].

Se, *prima facie*, i due strumenti sembrano collidere nelle *rationes* che li giustificano e nella connotazione dei beni che essi tutelano, si tratta di misure tuttavia sovrapponibili in una dimensione di compatibilità.

In questo senso si spiega la ragione sottesa alla sospensione degli effetti dell'interdittiva a seguito di adozione della misura di prevenzione 'curativa'.

Il nuovo codice antimafia prevede, infatti, che il provvedimento con cui il Tribunale disponga il controllo giudiziario a seguito di istanza dell'impresa interdetta (cfr. art. 34-*bis*, comma 6 d.lgs. n. 159/2011) sospenda *ex lege* gli effetti dell'interdittiva previsti dall'art. 94 del Codice antimafia.

Nell'evidenziare che tale sospensione si viene a determinare anche nel caso in cui venga disposto un provvedimento di amministrazione giudiziaria ai sensi dell'art. 34 d.lgs. n. 159/2011, appare utile, per i fini di interesse, soffermarsi sulle conseguenze applicative derivanti dalla sospensione degli effetti dell'inibitoria prefettizia.

[23] Tribunale di Reggio Calabria, Sezione Misure di prevenzione, 6 febbraio 2018.

### *VIII.4.1. La sospensione dell'interdittiva a seguito di controllo giudiziario*

Abbiamo visto come il neo introdotto art. 34-*bis* d.lgs. n. 159/2011 consenta all'impresa colpita da un provvedimento inibitorio antimafia di richiedere al Tribunale competente per l'applicazione delle misure di prevenzione di essere sottoposta al controllo giudiziario. Unico presupposto di ammissibilità dell'istanza, previsto dalla norma, è che l'impresa interdetta impugni, previamente, il provvedimento prefettizio dinanzi al giudice amministrativo (cfr. art. 34-*bis*, comma 6[24]).

Ricorrendone i presupposti di legge, il Tribunale delle misure di prevenzione potrà disporre il controllo giudiziario ma solo nella forma indicata dal comma 2, lett. b), dell'art. 34-*bis* richiamato, ovvero attraverso la nomina di un giudice delegato e di un amministratore giudiziario cui sono affidate specifiche attribuzioni di vigilanza e di compliance come precedentemente specificato.

Opportuna - incidentalmente - una considerazione al riguardo. Il nuovo controllo giudiziario può essere disposto in due alternative connotazioni, in un crescendo di incisività (lett. a e b, comma 2, art. 34-*bis*) sulla base di una valutazione delle circostanze all'esame del Tribunale.

Mentre però la modalità più grave mediante nomina di un giudice delegato e di un amministratore giudiziario, in uno con la prescrizione di taluni adempimenti di vigilanza e *compliance*, è disposta quando sia la stessa impresa a richiedere l'applicazione del controllo, quella più lieve (che prevede adempimenti di natura informativa) è adottabile nel caso in cui sia il Tribunale a disporre d'ufficio la vigilanza. Una scelta quella del legislatore alquanto contraddittoria se si pensa al fatto che, indipendentemente dal richiedente, la valutazione dovrà fotografare uno stesso quadro circostanziale. Ancor più irragionevole se si pensa agli effetti paradossali che si possono verificare quando in presenza di un'occasionalità meno grave, il controllo potrebbe essere disposto con la modalità più incisiva di cui alla lett. b), in quanto richiesto dall'impresa e, per converso, in caso di occasionalità più grave, potrebbe essere disposto con la connotazione meno pervasiva di cui alla lett. a), se disposto d'ufficio.

Ad ogni modo, il provvedimento con il quale il Tribunale delle misure di pre-

---

[24] Art. 34-*bis*, comma 6 d.lgs. n. 159/2011: "Le imprese destinatarie di informazione antimafia interdittiva ai sensi dell'articolo 84, comma 4, che abbiano proposto l'impugnazione del relativo provvedimento del prefetto, possono richiedere al tribunale competente per le misure di prevenzione l'applicazione del controllo giudiziario di cui alla lettera b) del comma 2 del presente articolo. Il tribunale, sentiti il procuratore distrettuale competente e gli altri soggetti interessati, nelle forme di cui all'articolo 127 del codice di procedura penale, accoglie la richiesta, ove ne ricorrano i presupposti; successivamente, anche sulla base della relazione dell'amministratore giudiziario, può revocare il controllo giudiziario e, ove ne ricorrano i presupposti, disporre altre misure di prevenzione patrimoniali".

venzione dispone il controllo determinerà, ai sensi dell'art. 34-*bis*, comma 7, la sospensione ex lege degli effetti dell'interdittiva antimafia.

Da una preliminare - ed ovviamente sommaria - disamina delle predette disposizioni, diverse le difficoltà interpretative ed applicative che sembrano derivare dall'effetto sospensivo.

Sul punto, si rileva che la misura di prevenzione sembrerebbe recare potenzialità sospensive soltanto nell'ipotesi in cui sia l'impresa a richiederne l'applicazione, atteso il disposto di cui alla seconda parte del richiamato comma 7 ("Il provvedimento che dispone [...] il controllo giudiziario ai sensi del comma 6 [...] sospende gli effetti di cui all'articolo 94").

Con l'evidente conseguenza che, qualora un'impresa sia stata raggiunta da una interdittiva e, d'ufficio, il Tribunale disponga il controllo giudiziario, l'inibitoria continuerà a spiegare i propri effetti salvo che, se impugnata dinanzi all'autorità giudiziaria amministrativa, non venga sospesa in sede cautelare o annullata in fase di merito, anche in grado di appello.

In tal caso, l'impresa non potrà intrattenere rapporti finanziari con la pubblica Amministrazione, fintanto che l'effettivo percorso di affrancamento da contesti illegalità non giunga ad esito positivo. Né tantomeno sarà possibile immaginare una partecipazione a nuove gare pubbliche su iniziativa dell'amministratore giudiziario (con eventuale certificazione liberatoria antimafia nei suoi riguardi) atteso che ad esso competono soltanto compiti di vigilanza e non già di *governance* dell'azienda.

In ipotesi di sospensione, l'art. 34-*bis* non dà, poi, alcuna indicazione su quale debba essere il destino della inibitoria, né con riferimento al periodo in cui si svolge il controllo giudiziario né con riguardo alla sua conclusione[25].

Da una complessiva ricostruzione della vicenda, sembra potersi affermare che la sorte della sospensione sia strettamente legata agli esiti della vigilanza prescrittiva.

Questi gli scenari immaginabili:

1. esito positivo del controllo → revoca del controllo → aggiornamento da parte del Prefetto dell'informativa *ex* art. 91, comma 5, d.lgs. n. 159/2011[26];
2. esito negativo del controllo

- se ricorrono i presupposti → applicazione di una nuova misura di prevenzione

[25] Il tutto ulteriormente complicato dalla mancata specificazione, come invece esplicitata per l'amministrazione giudiziaria (cfr. art. 34, comma 6, d.lgs. n. 159/2011, primo periodo), circa un eventuale rinnovo della misura di prevenzione.

[26] L'art. 91, comma 5, d.lgs. n. 159/2011, demanda al Prefetto l'onere di aggiornare "l'esito dell'informazione" tenendo conto del "venir meno delle circostanze rilevanti ai fini dell'accertamento dei tentativi di infiltrazione mafiosa".

da parte del Tribunale delle misure di prevenzione (cfr. art. 34-*bis*, comma 4 d.lgs. n. 159/2011) → ulteriore sospensione dell'interdittiva (cfr. art. 34-*bis*, comma 7 d.lgs. n. 159/2011) o nuova certificazione per effetto della natura del provvedimento adottato (cfr. sequestro e confisca, *ex* art. 35-*bis*, comma 3 d.lgs. n. 159/2011);

- se non ricorrono i presupposti → ripresa efficacia dell'interdittiva.

In ausilio, due recenti ordinanze del Consiglio di Stato, la n. 5482 del 1 agosto 2019 e la n. 4873 del 10 luglio 2019, con le quali il Consesso ha avuto modo di disporre la sospensione del processo amministrativo "sino al decorso del termine di efficacia del controllo giudiziario".

È appena il caso di ricordare che, all'indomani dell'applicazione del nuovo istituto, alcuni Tribunali, aditi per la relativa applicazione, hanno disposto la misura del controllo, con conseguente sospensione dell'interdittiva prefettizia, anche nel caso in cui il giudice amministrativo avesse respinto la domanda cautelare della ricorrente impresa avverso l'inibitoria e rigettato il ricorso in appello[27]. E ciò in quanto la sospensione del provvedimento prefettizio avviene *ex lege* per effetto della semplice disposizione del controllo giudiziario e per tutta la durata di questo, salvo poi l'esito della vigilanza come poc'anzi ricordato.

Ad ogni buon conto, a nuova legislazione vigente, il Tribunale per l'applicazione delle misure di prevenzione non esclude la sussistenza del rischio di infiltrazione mafiosa, ma lo valuta differentemente con riferimento al livello di occasionalità dell'ingerenza criminale nell'impresa anche nell'ottica della tutela dei predetti interessi pubblicistici.

Il Tribunale già subito dopo l'adozione del provvedimento negativo di certificazione antimafia - in quanto direttamente adito dall'impresa interdetta - entra di fatto nel merito della vicenda valutando ex se (sebbene previo confronto con il Procuratore distrettuale competente e gli altri soggetti interessati, tra cui lo stesso Prefetto, nelle forme dell'art. 127 c.p.p.) l'occasionalità della contiguità dell'impresa con contesti criminali.

Valutazione che peraltro, in base alle indicazioni letterali fornite dal legislatore, non è soggetta ad impugnazione da parte di nessuno dei soggetti partecipanti all'udienza camerale[28].

---

[27] Cfr. Tribunale di Bologna, Seconda Sezione Penale, n. 16/2017.

[28] A tal riguardo, incidentalmente, si evidenzia che, con ordinanza del 15 maggio del corrente anno, la VI Sezione della Corte di Cassazione, al fine di risolvere un contrasto giurisprudenziale sorto sul punto, ha richiesto alle Sezioni Unite una pronuncia in ordine alla ricorribilità per Cassazione del provvedimento con cui il tribunale delle misure di prevenzione abbia negato l'applicazione del controllo giudiziario richiesto dall'impresa destinataria di una interdittiva antimafia.

Il tutto, con il rischio di potenziali ingorghi decisionali su tre differenti dimensioni istituzionali, quella afferente al Prefetto, al Giudice amministrativo ed al magistrato ordinario. Ci si potrebbe trovare – come già sopra evidenziato – di fronte a due provvedimenti che fotografino, discrezionalmente, in maniera differente uno stesso contesto di circostanze. E con gli spiacevoli effetti che ovviamente ne potranno derivare.

Come è stato opportunamente rilevato anche in occasione di recenti incontri sul tema delle nuove misure di prevenzione patrimoniale[29], sarà quanto mai appropriato avviare efficaci, preliminari, confronti sulle tematiche in esame tra autorità prefettizia e autorità giudiziaria preposta all'applicazione delle misure di prevenzione, al precipuo scopo di poter individuare condivisi indirizzi di metodo, pur nel rispetto della propria autonomia decisionale e del rispettivo ruolo, circa le determinazioni afferenti il proprio mandato istituzionale.

In questa direzione, apparirà utile un impianto motivazionale del Prefetto, in sede di predisposizione del provvedimento inibitorio, che sia corredato - qualora ne ricorrano le circostanze - quanto più possibile di elementi fattuali dai quali possa evincersi, seguendo la regola del più probabile che non, che il pericolo di infiltrazione criminale riscontrato nell'azienda non solo sia concreto ed attuale ma anche che lo stesso sia conseguente ad un ingerenza/agevolazione non occasionale da parte o a favore delle organizzazioni criminali.

Ciò allo scopo di evitare che dai provvedimenti prefettizi (unica documentazione in mano al Tribunale) "non emergano dati in base ai quali escludere che l'agevolazione dei soggetti collegati alla criminalità possa definirsi meramente occasionale"[30].

### *VIII.4.2. La certificazione antimafia richiesta in corso di controllo giudiziario*

Merita, poi, di essere approfondita l'ipotesi in cui, in corso di vigilanza prescrittiva, l'impresa intenda intrattenere nuovi rapporti economici con la pubblica amministrazione.

Alcune considerazioni sono d'obbligo con particolare riguardo alle modalità di rilascio della nuova certificazione antimafia da parte del Prefetto.

Sebbene, l'art. 83, comma 3, lett. b), d.lgs. n. 159/2011, preveda che la documentazione antimafia non sia comunque richiesta nei rapporti tra soggetti pubblici e "altri soggetti, anche privati, i cui organi rappresentativi e quelli aventi funzio-

---

[29] Convegno sul tema "*La legalità come modello sociale di impresa. Controllo giudiziario delle imprese destinatarie di interdittive antimafia e le positive ricadute sull'occupazione*", Prefettura-UtG di Reggio Calabria, 6 febbraio 2018.

[30] Cfr. Tribunale di Bologna, Seconda Sezione Penale, n. 16/2017.

ne di amministrazione e di controllo sono sottoposti, per disposizione di legge o regolamento, alla verifica di particolari requisiti di onorabilità tali da escludere la sussistenza di una delle cause di sospensione, di decadenza o di divieto di cui all'art. 67", si è riscontrato che le Prefetture, in costanza di amministrazione giudiziaria *ex* art. 34 d.lgs. n. 159/2011, rilascino alle società, in via di prassi, una nuova certificazione antimafia, indirizzando le proprie verifiche nei confronti del solo amministratore giudiziario nominato dal Tribunale.

Siffatta scelta è giustificata dalla circostanza che nel caso della predetta amministrazione giudiziaria ci si trovi di fronte ad un effettivo spossessamento gestorio soggettivo dell'impresa. Di tal ché la stazione appaltante si relazionerà, quanto all'affidamento delle commesse pubbliche e per tutta la durata del suo incarico, con l'amministratore nominato dal Tribunale, pubblico ufficiale dotato dei requisiti di onorabilità e professionalità previsti dalla normativa vigente.

Diverso è il caso del controllo di cui all'art. 34-*bis* del codice antimafia, dove l'amministratore giudiziario affiancherà soltanto l'imprenditore, restando la governance societaria in capo a quest'ultimo.

Sebbene l'art. 35-*bis*, comma 3 d.lgs. n. 159/2011 preveda espressamente che il Prefetto rilasci all'amministratore giudiziario la nuova documentazione antimafia nell'ipotesi del solo sequestro e sella sola confisca "al fine di consentire la prosecuzione dell'attività di impresa sequestrata o confiscata" e che "tale documentazione abbia validità per l'intero periodo di efficacia dei provvedimenti di sequestro e confisca dell'azienda [...]", sembra di poter affermare che anche nell'ipotesi di controllo giudiziario, la certificazione antimafia possa essere rilasciata – qualora ne ricorrano i presupposti – nei confronti del solo amministratore giudiziario.

Si ritiene, infatti, che non possa immaginarsi una via alternativa, considerato che i nuovi controlli antimafia fotograferanno la stessa situazione societaria che, in precedenza, ha portato alla adozione di un provvedimento inibitorio. Creando un circolo vizioso che porterebbe di nuovo alla impugnazione dinanzi al giudice amministrativo e all'adozione di un nuovo provvedimento di controllo giudiziario.

In casi di siffatta portata, invero, si può ritenere che la trasparenza dell'affidamento della nuova commessa pubblica e dei rapporti con la stazione appaltante sia di per sé garantita dalla veste di pubblico ufficiale dell'amministratore giudiziario e dalla vigilanza esercitata per il suo tramite dall'autorità giudiziaria[31].

Per completezza espositiva, si richiamano le circolari n. 11001/119/20(8)-A del 22 marzo 2018 e n. 11001/119/20(8)-A del 2 novembre 2018, con le quale il Ministero dell'Interno ha fornito un riscontro interpretativo circa il diritto dell'impresa, beneficiaria della sospensione dell'interdittiva antimafia e della misura del

[31] Cfr. Tar Sicilia, Palermo, Sez. I, 12 ottobre 2000, n. 1792.

controllo giudiziario, ad essere iscritta negli elenchi dei fornitori, prestatori di servizi ed esecutori di lavori non soggetti a tentativo di infiltrazione mafiosa (c.d. *white list*). Al riguardo, la predetta iscrizione è stata ritenuta doverosa in capo al Prefetto in quanto "se la consultazione dell'elenco costituisce la modalità obbligatoria attraverso la quale deve essere acquisita la documentazione antimafia per le attività a rischio, un'eventuale rifiuto dell'iscrizione finirebbe con il vanificare la sospensione disposta dal Giudice". È stato, inoltre, specificato che, una volta che il Tribunale abbia disposto il controllo giudiziario, non si configura in capo all'Amministrazione alcun onere ulteriore se non quello di far emergere, dalla consultazione della Banca Dati Nazionale Unica della documentazione antimafia, l'intervenuta sospensione degli effetti dell'interdittiva antimafia.

### *VIII.4.3. La mancanza di un termine per la proposizione dell'istanza al Tribunale delle misure di prevenzione*

La norma di cui all'art. 34-*bis* non individua puntualmente un termine entro il quale l'impresa interdetta potrà richiedere la misura della vigilanza prescrittiva ma solo, come più volte evidenziato, la condizione - l'impugnazione dell'interdittiva dinanzi al Tar - per la quale l'operatore può rivolgere l'istanza al Tribunale competente per l'applicazione delle misure di prevenzione.

Certo, appare verosimile che l'impresa interdetta attenderà l'esito del giudizio cautelare del giudice amministrativo e, qualora, tale giudizio abbia un risultato negativo (eventualmente anche in sede di appello al Consiglio di Stato) è altamente probabile l'interesse dell'ente a sottoporsi al controllo giudiziario per evitare gli effetti indicati dall'art. 94 del Codice antimafia. E ciò nella maggiore considerazione per cui l'impresa ritenga di essere stata ritenuta incolpevolmente contigua a contesti criminali e dunque di essere stata ingiustamente sottoposta agli effetti inibitori del provvedimento prefettizio.

Qualora però l'impresa dovesse ritardare la richiesta di sottoporsi alla misura salvifica del controllo, non vi è alcuna norma che contenga temporalmente l'avvio del percorso di bonifica. Il tutto con evidente ed immediata compromissione degli interessi sottesi alla ratio della misura di prevenzione, quali l'utilità sociale dell'impresa, gli interessi dei fornitori che collaborano con essa, gli interessi della stessa collettività di riferimento territoriale in cui opera l'ente, i livelli occupazionali.

A parità di condizioni, vigente la certificazione negativa da parte del Prefetto nei confronti di azienda affidataria di servizi pubblici o di pubblica necessità, tuttavia, la tutela di interessi sovraindividuali coinvolti dall'esercizio dell'impresa interdetta potrebbero essere tutelati, medio tempore, mediante l'adozione da parte del Prefetto delle misure straordinarie di gestione, sostegno e monitoraggio previste dall'art. 32 d.l. 24 giugno 2014, n. 90.

A ben vedere, i beni tutelati attraverso l'adozione di entrambe le misure appaiono in parte coincidenti così come coincidenti sembrano essere le modalità di svolgimento del controllo giudiziario e le connotazioni della misura cd. di tutoraggio prevista dal comma 8 del precedentemente richiamato art. 32.

# CAPITOLO IX
# Le strutture organizzative per il contrasto alla criminalità organizzata

di *Eugenio Di Agosta*

Sommario: IX.1 Il Comitato di Coordinamento per l'Alta Sorveglianza delle Infrastrutture e degli Insediamenti Prioritari. – IX.2. La Struttura di Missione per la prevenzione e il contrasto delle infiltrazioni mafiose a seguito degli eventi sismici in centro Italia. - IX.3. Le misure antimafia adottate per la città di Genova: il d.l. n. 109/2018.

## IX.1. Il Comitato di Coordinamento per l'Alta Sorveglianza delle Infrastrutture e degli Insediamenti Prioritari

Il Comitato di Coordinamento per l'Alta Sorveglianza delle Infrastrutture e degli Insediamenti Prioritari ("CCASIIP") trova il proprio fondamento nell'attuazione dell'art. 15, comma 5, d.lgs. n. 190/2002, successivamente recepito dagli artt. 176 e 180 d.lgs. n. 163/2006. Istituito inizialmente con decreto del Ministro dell'Interno del 14 marzo 2003 con l'acronimo "CCASGO"[1], adesso superato dal recente decreto del Ministro dell'Interno del 21 marzo 2017, il CCASIIP rappresenta una felice intuizione per il contrasto dei tentativi d'infiltrazioni mafiose nell'economia legale degli appalti pubblici delle c.d. "grandi opere".

L'importanza dei contributi forniti alla lotta alla criminalità organizzata, finalizzati ad evitare che significativi investimenti pubblici per la costruzione d'infrastrutture essenziali per lo sviluppo del Paese potessero essere oggetto di lucro di tali consorterie, ha recentemente permesso di trasporre tale esperienza nell'art. 203[2] del nuovo Codice degli appalti, d.lgs. n. 50/2016. Invero, nonostante il muta-

[1] L'acronimo "CCASGO" deve sciogliersi nella denominazione "Comitato di Coordinamento per l'Alta Sorveglianza delle Grandi Opere".

[2] Art. 203, d.lgs. n. 50/2016, *Monitoraggio delle infrastrutture e degli insediamenti prioritari*, "1. Con decreto del Ministro dell'interno, di concerto con il Ministro della giustizia e con il Ministro delle infrastrutture e dei trasporti, sono individuate le procedure per il

mento di approccio, dal concetto delle c.d. "grandi opere" del precedente codice al nuovo linguaggio degli "insediamenti prioritari", così come il passaggio dai Piani annuali alle pianificazioni contenute nei documenti pluriennali, l'essenza dell'attività del Comitato in oggetto ricade principalmente sul monitoraggio e controllo preventivo di tutte le infrastrutture aventi carattere strategico nazionale[3].

Tuttavia, è opportuno rilevare che nell'esperienza recente del CCASIIP sono stati trattati anche interventi che, pur non avendo caratteri di insediamento prioritario di cui agli artt. 200 e ss., costituivano per converso, situazioni di grande rilevanza come la manifestazione EXPO 2015, gli interventi post sismici in Abruzzo (2009), Emilia (2012) e Centro Italia (2016) nonché la bonifica della c.d. "Terra dei Fuochi" nelle province di Napoli e Caserta[4]. In queste occasioni, la competenza dell'allora CCASGO è stata disciplinata da interventi normativi straordinari che ne hanno permesso il lavoro e l'emanazione di linee-guida *ad hoc*[5], oltre all'istituzione di apposite sezioni specializzate di supporto al Prefet-

---

monitoraggio delle infrastrutture ed insediamenti prioritari per la prevenzione e repressione di tentativi di infiltrazione mafiosa per le quali è istituito presso il Ministero dell'interno un apposito Comitato di coordinamento. Nelle more dell'adozione del decreto di cui al primo periodo continuano ad applicarsi le disposizioni del decreto del Ministero dell'Interno 14 marzo 2003, pubblicato nella Gazzetta Ufficiale 5 marzo 2004, n. 54 e successive modifiche, anche alle opere soggette a tale monitoraggio alla data di entrata in vigore del presente codice. 2. Si applicano, altresì, le modalità e le procedure di monitoraggio finanziario di cui all'articolo 36 del decreto-legge 24 giugno 2014, n. 90, convertito, con modificazioni, dalla legge 11 agosto 2014, n. 114".

[3] È giusto il caso di segnalare anche il peculiare caso della linea TAV Torino – Lione considerato l'opera di consulenza fornita dal CCASGO alla Commissione intergovernativa che ha permesso con straordinari sforzi d'inserire le acquisizioni della legislazione antimafia italiana nella normativa francese, attraverso la sottoscrizione del Protocollo addizionale e del Regolamento contrattuale, affinché anche il lato francese dell'opera non fosse permeabile ad eventuali infiltrazioni mafiose. Peraltro, si rileva la peculiarità della Struttura binazionale composta dal Prefetto di Torino e dal suo omologo francese che esercitano, quindi, le verifiche antimafia, la tenuta della *white list* e operano con interdittive transnazionali.

[4] L. PERGOLIZZI, *L'informativa antimafia e i sistemi di monitoraggio delle grandi opere: il caso Expo Milano 2015*, *Istituzioni del federalismo*, 1, 2015, p. 223.

[5] Cfr: Linee-guida per la ricostruzione in Abruzzo *ex art.* 16, comma 5, d.l. 28 aprile 2009, n. 39, convertito con legge 24 giugno 2009, n. 77; Linee-guida per l'EXPO di Milano 2015, ai sensi dell'art. 3-*quinquies* d.l. 25 settembre 2009, n.135, convertito con legge 20.11.2009, n. 166; Linee-guida per il cosiddetto Piano carceri, di cui all'art. 17-*quater* d.l. 30 dicembre 2009, n. 195, convertito con legge 26 febbraio 2010, n. 26; Linee-guida concernenti la ricostruzione post sisma in Emilia, *ex* d.l. 6 giugno 2012, n. 74, convertito, con modificazioni, con legge 1 agosto 2012, n. 122; Linee-guida concernenti l'emergenza ambientale in Campania (cd. Terra dei fuochi), *ex* d.l. 10 dicembre 2013, n. 136 (pubblicato nella Gazzetta Ufficiale - serie generale - n. 289 del 10 dicembre 2013), coordinato con la legge 6 febbraio 2014, n. 6. Infine, le linee guida relative al sisma 2016, di cui al d.l. n. 189/2016.

to competente riproducendo in sede locale la pluralità di soggetti istituzionali coinvolti[6].

La peculiare composizione del Comitato, infatti, manifesta l'orientamento verso la realizzazione di una vera circolarità informativa e la promozione di un efficace scambio di dati tra diversi soggetti istituzionali, ognuno capace di apportare la propria professionalità ed esperienza maturata nel settore di competenza.

Il CCASIIP, pertanto, è presieduto da un Prefetto con funzioni di presidente, da due vicepresidenti – uno con qualifica di viceprefetto con funzioni vicarie e l'altro scelto tra i dirigenti superiori della Polizia di Stato –, da due componenti del Dipartimento per la programmazione e il coordinamento della politica economica (Presidenza del Consiglio dei Ministri), un componente della Direzione Investigativa Antimafia, un componente della Direzione Centrale per la Polizia Criminale e un componente in servizio presso l'Ufficio legislativo in rappresentanza del Ministero dell'Interno, un componente del Dipartimento del Tesoro (Ministero dell'Economia e Finanze), tre componenti del Ministero delle Infrastrutture e dei Trasporti, un componente del Ministero della Giustizia – Dipartimento per gli affari di giustizia, due componenti della Direzione Nazionale Antimafia, due componenti dell'Avvocatura Generale dello Stato, due componenti dell'Autorità Nazionale Anti Corruzione[7]. Infine, considerata la rilevanza della struttura in esame, il necessario supporto tecnico-amministrativo al CCASIIP è assicurato nell'ambito del Gabinetto del Ministro dell'Interno.

Tutti i soggetti finora citati sono altresì componenti della "Rete di monitoraggio", ai sensi dell'art. 2, d.m. 21 marzo 2017, che, insieme alle Forze di polizia, Prefetture, Provveditorati Opere Pubbliche, Regioni, Comuni, Province, nonché alle Amministrazioni aggiudicatrici e ai soggetti affidatari della realizzazione d'infrastrutture e insediamenti prioritari garantiscono, nei limiti della normativa vigente, lo scambio di informazioni rilevanti sulla scorta del principio di collaborazione reciproca.

L'attività del Comitato, per come originariamente previsto dal d.m. istitutivo, consiste quindi nell'esercizio delle funzioni di coordinamento e impulso di ogni soggetto presente nella suddetta Rete di monitoraggio, promuovendo a tal fine, da una parte, l'analisi dei dati e delle informazioni ricevute, dall'altra, il supporto all'attività dei Prefetti sul territorio e l'esame congiunto delle anomalie segnalate.

[6] È questo il caso della Prefettura dell'Aquila, della Prefettura di Milano in occasione di Expo 2015, nonché, più recentemente, della Struttura di Missione per la prevenzione della criminalità organizzata a seguito del sisma in centro Italia.

[7] D.I. 13 agosto 2014, successivamente modificato per la sola componente del Ministero delle Infrastrutture e dei Trasporti. Adesso compendiati nell'art. 4 del d.m. 21 marzo 2017.

In sede locale, quindi, l'attività dei Prefetti è invece corroborata dall'opera dei Gruppi Interforze costituiti presso ogni Prefettura, ai sensi del già richiamato d.m. 14 marzo 2003 istitutivo del CCASGO, garantendo l'apporto investigativo necessario per gli accertamenti ispettivi e le verifiche antimafia in raccordo con le strutture periferiche della DIA[8]. Questa raccolta informativa permette dunque di tessere quel patrimonio di elementi informativi indispensabili sia per poter assumere i provvedimenti interdittivi conseguenti, sia per elaborare indicazioni di natura strategica[9].

Difatti, il Comitato ha interpretato il suo ruolo di analisi strategica e di *screening* degli operatori economici suscettibili d'infiltrazione attraverso un approccio che può definirsi d'*intelligence* del territorio, mettendo a fattore comune, in una relazione biunivoca, l'esperienza derivante dagli accertamenti compiuti e le successive determinazioni d'indirizzo[10].

Non è un caso, infatti, che siano le medesime prime linee guida del CCASGO emanate nel 2005 a dare consistenza ai Gruppi Interforze prevedendone modalità d'intervento, finalità, obiettivi, irreggimentandone, dunque, i poteri d'accesso affinché divenisse attuale l'idea di vere e proprie indagini preventive amministrative avverso i tentativi d'infiltrazione delle consorterie criminali[11].

La creazione, quindi, di un simile modello di *governance* dei dati inerenti gli operatori economici coinvolti nei lavori di realizzazione delle infrastrutture prioritarie, ha permesso di orientare i controlli in una "direzione parallela a quella più strettamente di polizia ma non meno rilevante ai fini della misurazione delle condizioni di legalità e trasparenza e delle eventuali situazioni di opacità o illegalità sintomatiche di una possibile presenza malavitosa"[12].

È sempre mediante questa prima direttiva del Comitato che si formalizza l'atti-

---

[8] Ai sensi dell'art. 5, d.m. 14 marzo 2003, i Gruppi interforze sono costituiti a livello provinciale in ogni Prefettura. Sono coordinati da un funzionario della carriera prefettizia e sono composti da un funzionario della Polizia di Stato, un ufficiale dell'Arma dei Carabinieri, da un ufficiale della Guardia di Finanza, un funzionario del Provveditorato alle opere pubbliche, un rappresentante dell'Ispettorato del Lavoro nonché un rappresentante della Direzione Investigativa Antimafia competente per territorio. Ad oggi il rinvio deve intendersi all'art. 7 del d.m. 21 marzo 2017 che ne assorbe il contenuto.

[9] B. FRATTASI, *Le white list e le misure di gestione, sostegno e monitoraggio delle imprese*, in *Convegno IGI - I contratti pubblici tra ultime novità e la delega per il recepimento delle Direttive,* Roma, 20 settembre 2014.

[10] C. LACAVA, *L'alta sorveglianza delle grandi opere: quali strutture e quali procedure?*, *Giornale di diritto amministrativo*, 1, 2005, p. 107.

[11] Comitato di Coordinamento per l'alta sorveglianza delle grandi opere, *Direttiva linee guida grandi opere*, giugno 2005.

[12] Comitato di Coordinamento per l'alta sorveglianza delle grandi opere, *Piano infrastrutture strategiche,* 26 maggio 2015.

vità ispettiva c.d. "diretta", tramite l'accesso ai cantieri da parte dei G.I. sulla base dei poteri delegati ai Prefetti dal Ministro dell'Interno a seguito della soppressione dell'Alto Commissario per il coordinamento della lotta contro la delinquenza mafiosa[13].

L'incrocio degli elementi informativi, l'individuazione delle vulnerabilità ed, infine, la previsione dei rischi, rappresentano quindi l'ambito d'elezione dell'attività di contrasto antimafia nelle opere pubbliche da presidiare secondo le indicazioni del CCASIIP.

Gli atti d'indirizzo mediante i quali il Comitato esplica la sua attività d'impulso, uniformando i momenti delle diverse fasi di accertamento, sono quindi le già citate "linee-guida". Esse costituiscono lo strumento principe del CCASIIP e racchiudono tanto il patrimonio conoscitivo acquisito in sede di plenaria sul contesto ambientale in cui si trova l'infrastruttura strategica, quanto le prescrizioni inerenti i controlli antimafia di natura speciale – calibrati, cioè, sulle esigenze territoriali degli interventi – alle quali attenersi. Peraltro, è giusto il caso di osservare che, ai sensi dell'art. 6, co. 4, d.m. 21 marzo 2017, ogniqualvolta le linee guida contengano prescrizioni di carattere generale o schemi-tipo di protocolli di legalità, esse sono approvate con deliberazione del Comitato interministeriale per la programmazione economica (CIPE).

Considerata la maggiore pervasività e incisività degli adempimenti e delle condizioni imposte da codeste disposizioni "di secondo livello", la loro vincolatività

[13] G. Nanula, *La lotta alla mafia. Strumenti giuridici, strutture di coordinamento, normativa vigente*, *Giuffrè*, 2016, p. 356; B. Frattasi, *Il Codice Antimafia. Relazione introduttiva*, in *Convegno presso la Scuola Superiore Sant'Anna di Pisa*, disponibile sul sito della Prefettura di Pisa, sezione documentazione, 14 novembre 2012. I poteri in oggetto sono: 1) poteri di accertamento e di accesso presso pubbliche amministrazioni ed enti pubblici anche economici secondo quanto previsto dall'art. 1, comma 4, d.l. n. 629/1982; 2) facoltà di richiedere a imprese, aggiudicatrici o partecipanti a gare di appalto notizie di carattere finanziario, organizzativo o tecnico, nonché ogni altra indicazione ritenuta utile ad individuare i titolari delle imprese o delle azioni o delle quote sociali, ai sensi dell'art. 1, comma 5, d.l. n. 629/1982; 3) facoltà di richiesta informazioni alle stazioni appaltanti la documentazione relativa all'aggiudicazione e ai contratti da eseguire o eseguite; 4) facoltà di richiesta ai funzionari delle pubbliche amministrazioni, di enti pubblici economici, di istituti di credito pubblici e privati, delle società fiduciarie nonché di intermediazione finanziaria o di raccolta del risparmio, dati e informazioni su atti e documenti in loro possesso ed ogni altra notizia ritenuta utile, art. 1-*bis*, d.l. n. 629/1982; 5) facoltà di effettuare ispezioni nei soggetti sopra indicati nonché verifiche sulle procedure amministrative e sull'esecuzione degli appalti di opere, forniture, concessioni, impiego di finanziamenti pubblici, mutui agevolati e contributi comunitari; 6) facoltà di comunicare alle autorità competenti al rilascio di licenze, autorizzazioni, concessioni in materia di armi ed esplosivi nonché per lo svolgimento delle attività economiche, nonché di titoli abilitativi alla conduzione di mezzi di trasporto di persone e cose, elementi di fatto ed altri elementi utili alla valutazione dei requisiti soggettivi richiesti per il rilascio dei titoli summenzionati, ai sensi dell'art. 1-*septies*, d.l. n. 629/1982.

è di volta in volta raggiunta, in via "ordinaria", attraverso il ricorrente strumento dei Protocolli di legalità, in via "straordinaria" mediante appositi – sebbene frequenti– interventi legislativi[14].

Innanzitutto, è opportuno soffermarsi sul predetto strumento pattizio oggi disciplinato espressamente all'art. 6 del d.m. 21 marzo 2017 ("Procedure per il monitoraggio antimafia"). I Protocolli rappresentano storicamente il manifestarsi di un'esigenza d'inadeguatezza rispetto all'apparato normativo vigente; in altre parole, la ricerca di strumenti e procedure più efficaci, la possibilità di regolare ambiti altrimenti lacunosi, hanno indotto gli operatori economici e l'Amministrazione, attraverso la forma consensuale e il reciproco impegno, a riconoscere e presidiare le attività e gli interventi che necessitano di una più incisiva vigilanza.

Tali accordi costituiscono quindi un mezzo sussidiario di gestire – con l'attiva partecipazione dei soggetti privati – la lotta alla criminalità organizzata. Pertanto, l'attività del CCASIIP non si limita ad un mero patrocinio al momento della stipula dei Protocolli tra Prefetture e operatori economici, bensì ne facilita la realizzazione stilando e aggiornando protocolli-tipo che fungono poi da base per l'attività di concertazione in sede locale.

L'esperienza maturata grazie ai Protocolli ha permesso, inoltre, di acquisirne le novità più efficaci e di trasfonderle in disposizioni normative, raffinando così la legislazione antimafia.

Non solo, la circolarità di esperienze, degli elementi info-investigativi è anche alla base della sostanziale trasformazione della natura giuridica delle linee-guida.

Invero, considerando il carattere vincolante delle prescrizioni contenute nelle predette nonché la loro capacità espressamente derogatoria degli atti normativi di rango secondario (e recentemente anche di carattere primario),[15] derivata direttamente dalla legge sulla scorta di rinvii recettizi a partire dalla legislazione straordinaria per il sisma in Abruzzo, e successivamente ripetuti, nei casi di EXPO 2015 e dei recenti eventi sismici in centro Italia, attenta dottrina ne ha assimilato la natura a quella di "circolare-regolamento", segnalando con questo la presenza delle caratteristiche principali che l'ordinamento giuridico attribuisce alla fonte normativa[16].

---

[14] B. FRATTASI, *L'origine delle disposizioni sulla tracciabilità finanziaria e i suoi rapporti con il monitoraggio delle grandi opere*, in A. CISTERNA (a cura di), *La tracciabilità dei pagamenti*, 2011, p. 19.

[15] Grazie al d.l. n. 189/2016, art. 30, comma 3: "[…] 3. La Struttura, per lo svolgimento delle verifiche antimafia di cui al comma 2, si conforma alle linee guida adottate dal comitato di cui all'articolo 203 del decreto legislativo 18 aprile 2016, n. 50, anche in deroga alle disposizioni di cui al Libro II del decreto legislativo 6 settembre 2011, n. 159, e successive modificazioni."

[16] Art. 16, comma 4, d.l. n. 39/2009: "I controlli antimafia sui contratti pubblici e sui successivi subappalti e subcontratti aventi ad oggetto lavori, servizi e forniture sono altresì effettuati con

L'atipicità del procedimento normativo in esame che produce, a partire dalle linee-guida di volta in volta emanate dal Comitato, provvedimenti di natura sostanzialmente regolamentare, ha quindi generato un dibattito dottrinario sulla correttezza costituzionale di un simile *iter*[17]. Tuttavia, non si deve dimenticare che l'attribuzione di tale potere al CCASIIP deriva sempre da fonti legislative che limitano tale capacità normativa delle linee-guida a interventi circoscritti di carattere emergenziale.

Ad ogni modo, le due tesi colgono un punto essenziale nell'interpretazione del ruolo del CCASIIP: l'utilizzo di rinvii recettizi da norme primarie alle disposizioni contenute nelle linee-guida costituisce, infatti, una tendenza del tutto peculiare, che vede in atto la trasformazione da Comitato con funzioni originariamente di raccordo, a funzioni di regolazione con cogenza generale.

Tale evoluzione rappresenta senza dubbio un *unicum* nel settore della lotta alla criminalità organizzata poiché garantisce, attraverso successivi affinamenti maturati dall'analisi delle acquisizioni di molteplici attori istituzionali, da una parte, un'avanguardia nei modelli di contrasto alle infiltrazioni mafiose, e dall'altra, un prezioso "laboratorio normativo" permanente.

## IX.2. La Struttura di Missione per la prevenzione e il contrasto delle infiltrazioni mafiose a seguito degli eventi sismici in centro Italia

A seguito degli eventi sismici che hanno colpito il centro Italia a partire dall'agosto 2016, è sorta la consapevolezza di dover provvedere ad una celere ricostruzione garantendo, al contempo, la massima trasparenza e prevenzione dal rischio di infiltrazioni della criminalità organizzata nell'affidamento dei lavori. Pertanto,

l'osservanza delle linee guida indicate dal Comitato di coordinamento per l'alta sorveglianza delle grandi opere, anche in deroga a quanto previsto dal regolamento di cui al decreto del Presidente della Repubblica 3 giugno 1998, n. 252."; art. 3-*quinquies*, d.l. n. 139/2009: "[...] 4. I controlli antimafia sui contratti pubblici e sui successivi subappalti e subcontratti aventi ad oggetto lavori, servizi e forniture sono altresì effettuati con l'osservanza delle linee guida indicate dal Comitato di coordinamento per l'alta sorveglianza delle grandi opere, anche in deroga a quanto previsto dal regolamento di cui al decreto del Presidente della Repubblica 3 giugno 1998, n. 252."; art. 30, comma 3, d.l. n. 168/2016: "[...] 3. La Struttura, per lo svolgimento delle verifiche antimafia di cui al comma 2, si conforma alle linee guida adottate dal comitato di cui all'articolo 203 del decreto legislativo 18 aprile 2016, n. 50, anche in deroga alle disposizioni di cui al Libro II del d.lgs. 6 settembre 2011, n. 159, e successive modificazioni."

[17] S. Gambacurta, *La prevenzione della criminalità organizzata negli appalti pubblici e nelle attività economiche*, in F. Ramacci (a cura di), *Il sistema della sicurezza pubblica*, 2012, p. 310. Critico sul punto: M. Mazzamuto, *Lo scettro alla prefettocrazia: l'indefinita pervasività del sottosistema antimafia delle grandi opere e il caso emblematico della filiera*, in F. Manganaro, A. R. Tassone, F. Saitta (a cura di), *Diritto amministrativo e criminalità*, 2014, p. 177.

con il d.l. 17 ottobre 2016, n. 189 convertito in legge il 15 dicembre 2016, l. n. 229 recante "Interventi urgenti in favore delle popolazioni colpite dagli eventi sismici del 2016", il Legislatore ha inteso approntare un efficace sistema di vigilanza e contrasto assicurando una rete di sicurezza che, grazie al coinvolgimento di molteplici attori istituzionali del Ministero dell'Interno quali le Prefetture, la Direzione Investigativa Antimafia, il Dipartimento di Pubblica Sicurezza e la proficua collaborazione con l'Autorità Nazionale Anti Corruzione, permetta un'allocazione di risorse pubbliche al riparo dagli interessi delle consorterie criminali.

Allo scopo, l'art. 30 d.l. n. 189/2016 ha previsto l'istituzione, nell'ambito del Ministero dell'Interno, di un'apposita Struttura di Missione incaricata del coordinamento e della supervisione di tutte le attività finalizzate alle verifiche per il rilascio delle informazioni antimafia di cui al d.lgs. 159/2011. La Struttura di Missione è diretta da un Prefetto collocato a disposizione ai sensi dell'art. 3-*bis* d.l. n. 345 del 29 ottobre 1991[18]; a supporto della stessa, inoltre, è istituito il GICERIC (Gruppo Interforze Centrale per l'Emergenza e la Ricostruzione nell'Italia Centrale) che opera presso il Dipartimento della Pubblica Sicurezza, Direzione Centrale della Polizia Criminale.

Per lo svolgimento delle attività suddette sono previste, in aggiunta, sia un'apposita dotazione di risorse e personale per le esigenze della struttura, sia la costituzione di una sezione specializzata del Comitato per il coordinamento e il monitoraggio delle infrastrutture e degli insediamenti produttivi *ex* art. 203, d.lgs. n. 50/2016[19]. In particolare, a tale sezione specializzata sono affidati compiti di

---

[18] Art. 3-*bis* d.l. n. 345/1991, *Personale a disposizione per le esigenze connesse alla lotta alla criminalità organizzata*: "1. Per le esigenze connesse allo svolgimento dei compiti affidati all'Alto Commissario per il coordinamento della lotta contro la delinquenza mafiosa dalla vigente normativa e per quelle connesse all'attuazione del decreto-legge 31 maggio 1991, n. 164, convertito, con modificazioni, dalla legge 22 luglio 1991, n. 221, su proposta del Ministro dell'interno, un'aliquota di prefetti, nel limite massimo del 15 per cento della dotazione organica, può essere collocata a disposizione, oltre a quella stabilita dall'articolo 237 del testo unico delle disposizioni concernenti lo statuto degli impiegati civili dello Stato, approvato con decreto del Presidente della Repubblica 10 gennaio 1957, n. 3, e in deroga ai limiti temporali ivi previsti."

[19] Art. 203, d.lgs. n. 50/2016, *Monitoraggio delle infrastrutture e degli insediamenti prioritari*: "1. Con decreto del Ministro dell'interno, di concerto con il Ministro della giustizia e con il Ministro delle infrastrutture e dei trasporti, sono individuate le procedure per il monitoraggio delle infrastrutture ed insediamenti prioritari per la prevenzione e repressione di tentativi di infiltrazione mafiosa per le quali è istituito presso il Ministero dell'interno un apposito Comitato di coordinamento. Nelle more dell'adozione del decreto di cui al primo periodo continuano ad applicarsi le disposizioni del decreto del Ministero dell'interno 14 marzo 2003, pubblicato nella Gazzetta Ufficiale 5 marzo 2004, n. 54 e successive modifiche, anche alle opere soggette a tale monitoraggio alla data di entrata in vigore del presente codice. 2. Si applicano, altresì, le modalità e le procedure di monitoraggio finanziario di cui all'articolo 36 del d.l. 24 giugno 2014, n. 90, convertito, con modificazioni, dalla legge 11 agosto 2014, n. 114."

monitoraggio di tutte le verifiche finalizzate alla prevenzione dei tentativi d'infiltrazione in tutti i Comuni del c.d. "cratere", prevedendone una composizione *sui generis* volta ad includere tutti i soggetti portatori di specifica *expertise* nel settore degli appalti pubblici; segnatamente, la sezione è composta dai rappresentanti del Ministero dell'Interno, del Ministero delle Infrastrutture, dell'Economia e delle Finanze, del Dipartimento Programmazione Economica della Presidenza del Consiglio dei Ministri, della Procura Nazionale Antimafia, dell'Avvocatura dello Stato, della Procura Generale della Corte dei Conti, dell'Autorità Nazionale Anticorruzione[20].

Tra le innovazioni più importanti che riguardano le attività e i compiti della Struttura deve anzitutto segnalarsi il vasto ambito di applicazione dei controlli preventivi antimafia. Infatti, il sistema dei controlli antimafia è sì volto agli affidamenti e all'esecuzione dei contratti pubblici aventi ad oggetto lavori, servizi e forniture nei Comuni interessati dagli eventi sismici, ma ne prevede una significativa estensione anche ai corrispettivi contratti privati purché si avvalgano di contributi pubblici di finanziamento.

L'ampliamento dei controlli nei rapporti tra soggetti privati rientra quindi nell'orientamento del Legislatore di ridurre il rischio di proliferazione di attività illecite che possano indirettamente beneficiare delle contribuzioni pubbliche per la ricostruzione. Sul punto, la novella introduce - per la prima volta anche per i contratti tra soggetti privati, pena la perdita del beneficio pubblico e ulteriori sanzioni amministrative di cui all'art. 31, d.l. n. 189/2016 – l'obbligo di apporre la

---

[20] La disposizione citata ritrova il modello già sperimentato durante la preparazione di Expo 2015 e la costituzione di una sezione specializzata del CCASGO presso la Prefettura di Milano di cui all'art. 30, d.l. n. 90/2014 che si richiama per completezza: Art. 30, *Unità operativa speciale per Expo 2015*, "[…] 2. Per le finalità di cui al comma 1, il Presidente dell'ANAC, avvalendosi della predetta Unità, in aggiunta ai compiti attribuiti all'ANAC in conseguenza della soppressione dell'Autorità per la vigilanza sui contratti pubblici: a) verifica, in via preventiva, la legittimità degli atti relativi all'affidamento ed all'esecuzione dei contratti di lavori, servizi e forniture per la realizzazione delle opere e delle attività connesse allo svolgimento del grande evento EXPO Milano 2015, con particolare riguardo al rispetto delle disposizioni in materia di trasparenza della legge 6 novembre 2012 n. 190, nonché, per la parte di competenza, il corretto adempimento, da parte della Società Expo 2015 p.a. e delle altre stazioni appaltanti, degli accordi in materia di legalità sottoscritti con la Prefettura di Milano; b) dispone dei poteri ispettivi e di accesso alle banche dati già attribuiti alla soppressa Autorità di vigilanza sui contratti pubblici di lavori, servizi e forniture di cui al comma 9, dell'articolo 6 del decreto legislativo 12 aprile 2006, n. 163, ivi compresi poteri di accesso alla banca dati di cui all'articolo 97, comma 1, del decreto legislativo 6 settembre 2011, n. 159. 3. Il Presidente dell'ANAC può partecipare, altresì, alle riunioni della sezione specializzata del Comitato di coordinamento per l'alta sorveglianza delle grandi opere presieduta dal Prefetto di Milano ai sensi dell'articolo 3-*quinquies*, comma 2, del decreto-legge 25 settembre 2009, n. 135, convertito, con modificazioni, dalla legge 20 novembre 2009, n. 166."

clausola di tracciabilità finanziaria, nonché la clausola risolutiva espressa, a pena di nullità, in caso di sospensione dell'operatore economico dall'Anagrafe[21].

In tema di deroghe apportate dalla novella suddetta è allora necessario rilevare, ai sensi del comma 2 del medesimo art. 30, l'accentramento delle competenze per il rilascio dell'informazione antimafia, per qualsiasi importo e per qualsiasi valore, in capo alla Struttura. Tale competenza funzionale ed esclusiva, in deroga agli artt. 90 e 92 del Codice Antimafia, assurge quindi ad esigenze di concentrazione e snellimento dell'azione amministrativa di prevenzione, permettendo di deflazionare il carico dalle singole Prefetture altrimenti territorialmente competenti. Alla stessa esigenza provvede altresì il ruolo baricentrico della Divisione Investigativa Antimafia nel supporto investigativo teso alla raccolta degli elementi informativi secondo quanto previsto dalla Direttiva del Ministro dell'Interno del 28 dicembre 2016.

Infine, allo scopo di restringere ulteriormente le maglie della rete di prevenzione e quindi attagliarsi allo specifico contesto della ricostruzione post-sismica, il comma 3 dell'art. 30 autorizza la Struttura ad uniformarsi alle linee guida emanate dal Comitato di monitoraggio *ex* art. 203, d.lgs. n. 50/2016, anche in deroga alla normativa di rango primario contenuta nel libro II del Codice Antimafia.

Presso la Struttura è inoltre istituita l'"Anagrafe antimafia degli esecutori" che costituisce l'elenco nel quale sono tenuti ad iscriversi tutti gli operatori economici che intendano partecipare ai lavori – pubblici o privati - di qualsiasi importo e a qualsiasi titolo. Per la concessione di tale iscrizione, tuttavia, gli operatori economici interessati devono ottenere l'esito liberatorio delle verifiche previste dall'art. 90 d.lgs. n. 159/2011. Pare allora opportuno segnalare che il procedimento di verifica si avvale della B.D.N.A., strumento informatico essenziale per il controllo della sussistenza di cause di decadenza, sospensione, decadenza di cui all'art. 67 o di un tentativo di infiltrazione, grazie al quale risulta possibile elaborare e gestire l'elevato numero di istanze prodotte finora[22].

---

[21] Inoltre, le disposizioni contenute nell'art. 31 citato impongono anche agli eventuali subappaltatori e subcontraenti della filiera d'imprese le medesime condizioni di tracciabilità finanziaria. Nello stesso senso anche la previsione della costituzione dell'Albo speciale di professionisti abilitati disponibile presso le Prefetture interessate dal sisma e gestito dal Commissario Straordinario per la ricostruzione; per i contratti stipulati da soggetti privati aventi ad oggetto incarichi di progettazione e direzione dei lavori saranno pertanto conferibili esclusivamente ai professionisti qualificati in possesso dei requisiti previsti dall'art. 34, d.l. n. 189/2016 (assenza di cause d'incompatibilità, DURC regolare, adeguato livello di professionalità).

[22] N. GULLO, *Il regolamento per il funzionamento della Banca dati nazionale unica della documentazione antimafia*, in *Giornale di Diritto Amministrativo*, 4, 2015, p. 476; B. FRATTASI, *La Banca dati nazionale unica della documentazione antimafia*, in A. CISTERNA, M.V. DE SIMONE, B. FRATTASI, S. GAMBACURTA, *Commento al codice antimafia*, 2011, p. 221.

A regime, i suddetti controlli saranno svolti direttamente dalla Struttura quale unico soggetto competente ai fini del rilascio dell'informazione antimafia necessaria. Ciononostante, in quella che potremmo definire una sorta di "fase transitoria", atta a facilitare gli operatori economici, coloro che alla data di entrata in vigore del dl. 189/2016 risultino presenti negli elenchi delle *white list* tenuti dalle Prefetture sono comunque da considerarsi iscritti *ex lege* nell'Anagrafe[23].

L'iscrizione all'Anagrafe comporta quindi l'acquisizione dei dati relativi a contratti, subappalti e subcontratti approvati o conclusi con indicazione dell'oggetto, della durata e dell'importo (lett. a); delle modifiche societarie o gestionali intervenute (lett. b); eventuali partecipazioni anche minoritarie in altre imprese o società (lett. c); eventuali sanzioni amministrative per violazione delle regole sul tracciamento dei pagamenti o sul monitoraggio finanziario (lett. d)[24]; eventuali penalità applicate per violazione del capitolato o delle disposizioni sulla trasparenza delle attività di cantiere definite dalla Struttura stessa (lett. e).

La durata della permanenza nell'anagrafe è stabilita dal Legislatore in dodici mesi ed è rinnovabile sottoponendosi, nuovamente, alle verifiche antimafia necessarie. Qualora, invece, debba essere disposta la cancellazione dell'operatore economico dall'Anagrafe degli esecutori, per la mancanza dei presupposti legittimanti ai sensi del DPCM 18 aprile 2013, recentemente novellato dal DPCM 24 novembre 2016, tale competenza spetta dunque alla stessa Struttura di Missione.

Pertanto, nel caso in cui la cancellazione dell'operatore economico avvenga nelle more dell'esecuzione di un contratto, di un subcontratto o di un subappalto, il d.l. n. 189/2016 impone la comunicazione immediata al contraente pubblico o

[23] Tuttavia, è doveroso rilevare che l'art. 30, comma 7, d.l. n. 189/2016, subordina tale automatismo alle sole iscrizioni avvenute entro il termine convenzionale dei tre mesi antecedenti all'entrata in vigore del decreto, in ragione di contemperare le esigenze di speditezza dell'azione amministrativa, di proporzionalità nella richiesta di adempimenti ai soggetti privati e di rigido controllo della sicurezza delle compagini societarie censite. Per le altre iscrizioni l'esito è invece demandato all'esperimento di rinnovate verifiche antimafia. Si aggiunge, infine, che il comma 15 dell'art. 30 prevede delle misure premiali per quegli operatori economici già iscritti negli elenchi tenute dalle Prefetture assicurando alle stazioni appaltanti la possibilità di riservare solo a codesti operatori i lavori, i servizi, le forniture delle iniziative finalizzate al risanamento ambientale delle aree ricomprese nei siti riconosciuti d'interesse nazionale.

[24] Si ricorda, quindi, che l'art. 30 comma 13 d.l. n. 189/2016 prevede l'applicazione delle disposizioni contenute negli artt. 3 e 6 legge n. 136 2010 in materia di tracciabilità dei flussi finanziari, prevedendo poi la stessa Struttura quale organo competente per l'irrogazione delle sanzioni relative alla normativa anzidetta. Inoltre, nelle ipotesi d'interventi pubblici di particolare rilievo si autorizza il Comitato di coordinamento *ex* art. 203, d.lgs. n. 50/2016 (ossia, fino all'emanazione degli appositi decreti attuativi, il c.d. CCASGO) a proporre al CIPE di deliberare la sottoposizione di tali interventi alle disposizioni in materia di monitoraggio finanziario delle grandi opere e infrastrutture strategiche.

privato al fine dell'attivazione della clausola automatica di risoluzione che deve essere, quindi, apposta a pena di nullità al momento della stipulazione relativa ad ogni intervento di ricostruzione. È allora opportuno rilevare un primo, importante, momento di collaborazione istituzionale con l'ANAC laddove la cancellazione dell'operatore economico dall'Anagrafe riguardi, non solo, i contratti ancora in esecuzione, bensì quelle ipotesi di urgente necessità di assicurare il completamento dei lavori, di salvaguardia dei livelli occupazionali o dell'integrità dei bilanci pubblici, nonché la continuità di funzioni o servizi indifferibili per la tutela dei diritti fondamentali della persona ai sensi dell'art. 32, d.l. n. 90/2014[25]. In questi casi, dunque, il Prefetto a capo della Struttura si adopera affinché possano essere adottate le misure di straordinaria gestione, sostegno e monitoraggio d'imprese nell'ambito della prevenzione della corruzione, garantendo un ulteriore, sinergico, presidio di legalità.

Un ulteriore momento di cooperazione tra i molteplici attori istituzionali coinvolti nella *governance* dell'attività di ricostruzione deve ravvisarsi nell'estensione del modello già sperimentato durante la preparazione di Expo 2015, poiché l'art. 32 d.l. n. 189/2016 rinvia al sistema di controllo anticorruzione operato da ANAC attraverso il supporto dell'Unità Operativa Speciale ai sensi dell'art. 30, d.l. n. 90/2014.

Grazie alla citata disposizione, il 28 dicembre 2016 è stato quindi firmato, alla presenza del Ministro dell'Interno e del Prefetto direttore della Struttura di Missione, un Protocollo tra ANAC, Commissario Straordinario del Governo e INVITALIA denominato "Accordo per l'esercizio dei compiti di alta sorveglianza e di garanzia della correttezza e della trasparenza delle procedure connesse alla ricostruzione pubblica post-sisma". In esso si disciplinano pertanto le modalità di espletamento delle verifiche preventive di legittimità affidate ad ANAC, in aggiunta alle quali l'Autorità predetta vigila, per quanto di competenza, sul corretto adempimento da parte di INVITALIA dell'istituendo Protocollo di Legalità con la Struttura di Missione. Sul punto si segnala, infine, l'obbligo d'inserimento negli strumenti contrattuali del dovere per l'appaltatore o per l'impresa subcontraente di comunicare tempestivamente ogni tentativo concussivo noto, unitamente all'inclusione della clausola risolutiva espressa nei casi di disposizione di misure cautelari o rinvio a giudizio per i più gravi reati contro la Pubblica Amministrazione.

Per concludere, la predisposizione di un simile impianto di controlli incrociati avverso le infiltrazioni mafiose e interferenze corruttive rafforza significativamente la capacità di contrasto dello Stato, permettendo altresì la proficua sperimentazione sul campo d'innovative misure di prevenzione di tali gravi fenomeni criminosi.

[25] F. DI CRISTINA, *La nuova vita dell'Anac e gli interventi in materia di appalti pubblici in funzione anticorruzione*, in *Giornale di Diritto Amministrativo*, 11, 2014, p. 1023.

## IX.3. Le misure antimafia adottate per la città di Genova: il d.l. n. 109/2018

A seguito del tragico crollo del viadotto autostradale di Genova, nello stesso provvedimento normativo volto a fornire la prima risposta alla urgente esigenza di comprimere le tempistiche necessarie per la ricostruzione di tale asse viario, grazie all'istituzione di uno speciale Commissario straordinario, il d.l. 28 settembre 2018, n. 109 ha introdotto significative novità in ambito di documentazione antimafia segnando un ulteriore momento di evoluzione del sistema di prevenzione amministrativa dalle infiltrazioni della criminalità organizzata.

Dopo una prima dibattuta versione del citato decreto-legge in cui era prevista una deroga *tout-court* di tali misure, la versione convertita effettivamente dal Parlamento (art. 1, comma 5) ha previsto invece che per la demolizione, la rimozione, lo smaltimento e il conferimento in discarica dei materiali di risulta, nonché per la progettazione, l'affidamento e la ricostruzione dell'infrastruttura e il ripristino del connesso sistema viario "il Commissario straordinario opera in deroga ad ogni disposizione di legge diversa da quella penale, fatto salvo il rispetto delle disposizioni del codice delle leggi antimafia e delle misure di prevenzione, di cui al decreto legislativo 6 settembre 2011, n. 159, nonché dei vincoli inderogabili derivanti dall'appartenenza all'Unione europea."

Il Parlamento, pertanto, accogliendo alcuni rilievi emersi, in particolare anche dall'Autorità Nazionale Anticorruzione[26], ha contemperato l'esigenza di semplificazione amministrativa senza rimuovere il fondamentale presidio posto a tutela della legalità degli affidamenti pubblici costituito dall'intensa attività posta in essere dalle Prefetture nel rilascio della documentazione antimafia e dai controlli sui cantieri.

In particolare, il Parlamento ha quindi stabilito che con decreto del Ministro dell'Interno, sono individuate "speciali misure amministrative di semplificazione per il rilascio della documentazione antimafia, anche in deroga alle relative norme". Con questo peculiare metodo di legislazione, il Parlamento ha pertanto

[26] Audizione del Presidente dell'Anac sull'esame del d.l. n. 109/2018 'Disposizioni urgenti per la città di Genova, la sicurezza della rete nazionale delle infrastrutture e dei trasporti, gli eventi sismici del 2016 e 2017, il lavoro e le altre emergenze (C. 1209 Governo)'. Commissioni congiunte VIII^ Ambiente, territorio e lavori pubblici e IX^ Trasporti, poste e telecomunicazioni della Camera dei deputati, 10 ottobre 2018: "Infine, e non per ordine di importanza, vorrei segnalare una lacuna che, sono certo, è semplicemente frutto di una disattenzione, conoscendo la sensibilit*à* di Parlamento e Governo in materia: la deroga a tutte le norme extrapenali comporta anche la deroga al Codice antimafia e alla relativa disciplina sulle interdittive. Non ritengo di dover sottolineare i rischi insiti in tale omissione, soprattutto perch*é* vi sono molte attivit*à* connesse alla ricostruzione (dal movimento terra allo smaltimento dei rifiuti, ad esempio) in cui le imprese mafiose detengono purtroppo un indiscutibile *know how*."

rimesso al decreto ministeriale, adottato il 20 novembre 2018, la scelta delle singole misure amministrative, organizzative e funzionali in grado di superare anche le norme di rango primario contenute nel codice antimafia, predisponendo uno speciale modello ordinamentale.

Come negli altri casi dovuti a singoli eventi di portata significativa per il Paese ed illustrati nei precedenti paragrafi, anche in questa circostanza, infatti, il legislatore ha preferito, innanzitutto, valorizzare l'esigenza di concentrazione delle attività di verifica, controllo ed accesso di cui all'art. 84 d.lgs. n. 159/2011 in capo ad un unico soggetto: il Prefetto di Genova. Per tale ragione, la Prefettura di Genova assume la veste di polo unico delle informazioni relative alle verifiche antimafia fungendo da cabina di regia unica rispetto alle altre Prefetture, a prescindere dalla sede legale del singolo operatore economico[27]. *Ad adiuvandum*, come nei casi già tratteggiati, fondamentale sarà altresì il ruolo di raccordo informativo operato dalla DIA, per l'interrogazione e la condivisione delle banche dati delle Forze di Polizia.

Venendo alle misure che hanno poi, effettivamente, dato luogo all'iter semplificato di rilascio delle comunicazioni e delle informazioni antimafia, risulta essenziale segnalare la disposizione che permette di rilasciare la documentazione in esame a seguito della consultazione della Banca Dati Nazionale Antimafia anche di un operatore non censito. Nel caso in cui il contesto imponga, invece, la necessità di svolgere accertamenti ulteriori, il decreto ministeriale ha previsto un dimezzamento dei termini previsti originariamente dalle legge (da 30 a 15 giorni) entro cui concludere tali adempimenti.

Rispetto al rilascio cui prima si è fatto cenno, è poi utile segnalare che tale atto è da considerarsi comunque di natura provvisoria poiché il nuovo disposto normativo prevede la condizione risolutiva espressa di qualsiasi atto negoziale nel caso in cui, successivamente, emergano elementi ostativi.

Il d.l. n. 109/2018 ha inoltre introdotto un elemento di raccordo di assoluto rilievo: la possibilità che il Commissario straordinario possa avvalersi - in luogo della documentazione antimafia - delle *white list* detenute dalle singole Prefetture nonché delle imprese già iscritte nell'anagrafe degli esecutori della Struttura di Missione per il Sisma 2016, massimizzando di fatto il patrimonio informativo disponibile.

Infine, il Decreto del Ministro del 20 novembre 2018 ha conferito la facoltà al Prefetto di Genova e al Commissario Straordinario di stipulare apposite convenzioni volte ad incrementare ulteriormente gli standard di prevenzione amministrativa e le forme di collaborazione tra Amministrazioni; a tal fine, il 17 gennaio 2019, è stato sottoscritto uno specifico Protocollo d'intesa che, oltre a regolare

[27] Circolare del Ministero dell'Interno - Gabinetto del Ministro del 29 novembre 2018.

tecnicamente le modalità di collaborazione operativa e il relativo scambio informativo, impegna la struttura commissariale ad inserire in tutti i contratti (subappalti compresi) di affidamento dei lavori la condizione risolutiva espressa in caso di esito interdittivo dell'istruttoria condotta nonché oneri speciali di notifica di eventuali tentativi di intimidazione, estorsione o condizionamento, e di registrazione settimanale di tutte le lavorazioni realizzate comprensive delle presenze di uomini e mezzi movimentati nel singolo cantiere.

# CAPITOLO X
# Le speciali misure di protezione: testimoni e collaboratori di giustizia

di *Anna La Marca*

SOMMARIO: X.1. Premessa. – X.2. La Commissione centrale per la definizione e applicazione delle speciali misure di protezione. – X.3. Testimoni e collaboratori di giustizia. – X.4. Il sistema di protezione.

## X.1. Premessa

Con il d.l. 15 gennaio 1991, n. 8[1], per la prima volta il legislatore disciplina le speciali misure di protezione a favore dei collaboratori di giustizia. L'intervento normativo, accompagnato all'epoca da un dibattito non privo di aspre polemiche[2], mira favorire la collaborazione con l'Autorità giudiziaria, con lo scopo di rafforzare il contrasto alla criminalità e la capacità di prevenzione dei reati.

Esclusivi beneficiari delle misure di tutela introdotte nel 1991 sono i **collaboratori di giustizia**, come noto, soggetti organici a un sodalizio criminale che decidono di dissociarsene fornendo all'Autorità Giudiziaria informazioni utili sulla struttura dell'organizzazione criminale e sui fatti di reato commessi dai suoi affiliati.

Solo con la legge 13 febbraio 2001, n. 45, recante "Modifiche della disciplina della protezione e del trattamento sanzionatorio di coloro che collaborano con la giustizia nonché disposizioni a favore delle persone che prestano testimonianza", il Legislatore riconosce la diversa figura del testimone di giustizia, cittadino che informa l'Autorità Giudiziaria di fatti costituenti reato per esserne stato testimone oculare o vittima[3].

---

[1] Convertito in legge 15 marzo 1991, n. 82. In analogia a quanto disciplinato in passato con riferimento ai reati di terrorismo, il d.l. istituì nell'ordinamento un sistema "premiale" anche per i collaboratori di giustizia per i delitti di stampo mafioso.

[2] Polemiche dovute alla scelta del legislatore di affidare la definizione e applicazione delle speciali misure di protezione a un organo amministrativo incardinato presso il Ministero dell'Interno e non alla stessa Autorità giudiziaria.

[3] Ancora più recentemente, le tutele nei confronti dei testimoni di giustizia hanno trovato auto-

La novella del 2001 introduce, inoltre, la previsione della separazione del momento tutorio da quello premiale: la valutazione distinta dei profili tutori-assistenziali rispetto a quelli giurisdizionali costituisce un punto qualificante della riforma del sistema di protezione realizzata con la legge 45/2001. Da allora, la disgiunzione fra le valutazioni che interessano i profili giudiziari e quelle afferenti al piano amministrativo caratterizza il sistema delle speciali misure di protezione[4].

La separazione tra la dimensione giudiziaria della collaborazione con la giustizia e quella della tutela amministrativa costituisce il fondamento caratterizzante della normativa relativa alle speciali misure di protezione: non ogni collaborazione con la giustizia, infatti, conduce necessariamente all'applicazione delle misure.

## X.2. La Commissione centrale per la definizione e applicazione delle speciali misure di protezione

Prevista dall'art. 10 d.l. n. 8/1991, la Commissione centrale è istituita con decreto del Ministro dell'Interno, di concerto con il Ministro della Giustizia, sentiti i Ministri interessati.

La Commissione è composta da un Sottosegretario di Stato all'Interno che la presiede, da un avvocato dello Stato[5], da due magistrati e da cinque funzionari e ufficiali[6]. Uno dei componenti, designato a seguito di apposita delibera della commissione, assume le funzioni di vicepresidente[7].

I componenti della Commissione diversi dal presidente e dall'avvocato dello Stato sono preferibilmente scelti tra coloro che hanno maturato specifiche esperienze nel settore e che sono in possesso di cognizioni relative alle attuali tendenze

---

noma disciplina con la legge 11 gennaio 2018, n. 6. Sono in corso di stesura i regolamenti attuativi previsti dall'art. 26 della medesima legge.

[4] Con la riforma del 2001 è stata eliminata la competenza della Commissione, a differenza di quanto previsto dal regime antecedente al 2001, in tema di concessione ai collaboratori di giustizia dei benefici dell'ordinamento penitenziario: eliminato il parere della Commissione, oggi tale ruolo è svolto in esclusiva dalla magistratura di sorveglianza. L'art. 16-*nonies* legge n.82/1991, introdotto dalla legge n. 45/2001, individua nel Procuratore Nazionale Antimafia (o nel Procuratore Generale presso la Corte di Appello per i reati di eversione e terrorismo) l'autorità giudiziaria competente ad esprimere il parere o a formulare la proposta di concessione dei benefici penitenziari.

[5] Novità introdotta dalla legge n. 6/2018.

[6] L'art. 2, comma 5-*terdecies*, legge 26 febbraio 2011, n.10 (decreto mille proroghe) ha stabilito che "La durata dell'organo di cui all'articolo 10 del decreto-legge 15 gennaio 1991, n. 8, convertito, con modificazioni, dalla legge 15 marzo 1991, n. 82, e successive modificazioni, è prorogata ogni tre anni, senza nuovi o maggiori oneri per il bilancio dello Stato, con le modalità previste dallo stesso articolo 10".

[7] La commissione centrale, presieduta dal vicepresidente, opera anche in caso di dimissioni o di decadenza del presidente.

della criminalità organizzata, ma che non sono addetti a uffici che svolgono attività di investigazione o di indagine preliminare sui fatti o procedimenti relativi alla criminalità organizzata di tipo mafioso o terroristico-eversivo.

I due magistrati sono designati dal Ministero della Giustizia. I cinque funzionari e ufficiali sono designati, per prassi, rispettivamente da ciascuna forza di polizia (Polizia di Stato, Arma dei Carabinieri, Guardia di Finanza), dalla Direzione Investigativa Antimafia e dal Dipartimento della Pubblica Sicurezza - Ufficio per il coordinamento e la pianificazione delle Forze di polizia[8].

Sul *quorum* partecipativo e deliberativo della Commissione, occorre fare riferimento all'unica disposizione – prevista dall'art.13, comma 1, d.l. n. 8/1991 in tema deliberazione sulla proposta di ammissione alle speciali misure di protezione – che si ritiene applicabile con riguardo all'attività tutta della Commissione: la disposizione citata prevede che la Commissione delibera a maggioranza dei suoi componenti, purché siano presenti alla seduta almeno cinque di essi. È prevista la prevalenza del voto del presidente in caso di parità.

Dotata di ampi margini di discrezionalità nell'adozione delle proprio determinazioni, la Commissione, in quasi un trentennio di attività, ha sedimentato la propria esperienza amministrativa mediante l'adozione di delibere di massima, pensate per disciplinare in via generale, riconducendola ad unità, la varietà dei casi prospettati: attribuire lo *status* di testimone o di collaboratore di giustizia, definire e applicare le speciali misure di protezione, erogare (e in che modalità) forme di sostegno economico costituiscono esempi di un'attività valutativa piena che necessità di indirizzi di carattere generale.

Apprezzate come espressione di una corretta azione amministrativa[9], le delibere di massima "normano" gli ambiti rimessi alla discrezionalità della Commissione, definendo in via preliminare i criteri di valutazione, chiarendo e dettagliando aspetti ambigui della normativa (valorizzando anche le pronunce giurisprudenziali intervenute in materia), costituendo, conseguentemente, strumento di indirizzo e raccordo anche con l'autorità giudiziaria a beneficio della tenuta complessiva del sistema, alimentato da interessi contrapposti e da istanze centrifughe.

---

[8] Presso l'Ufficio di coordinamento delle forze di polizia è incardinata la segreteria della Commissione centrale, con compiti di istruttoria, verbalizzazione delle sedute, studio e gestione del contenzioso, nonché di supporto al presidente.

[9] Tar Lazio, Sez. I *ter*, 20 dicembre 2011, n. 9947. Con riferimento a una delibera di massima relativa ai testimoni di giustizia, il T.A.R. ha osservato come la stessa sia un atto interno "che compendia i parametri cui la Commissione intende uniformare la propria attività valutativa a fronte delle richieste di cui all'art. 16 ter della Legge da parte dei testimoni di giustizia. Si tratta, dunque, di un atto che è espressione di una "corretta azione amministrativa" in quanto definisce in via preliminare i criteri di apprezzamento della p.a. evitando che gli stessi vengano, volta per volta, "coniati" con riguardo a questo od a quel testimone".

## X.3. Testimoni e collaboratori di giustizia

È testimone di giustizia[10] colui che:

*a*) rende, nell'ambito di un procedimento penale, dichiarazioni di fondata attendibilità intrinseca, rilevanti per le indagini o per il giudizio[11];

*b*) assume, rispetto al fatto delittuoso oggetto delle sue dichiarazioni, la qualità di persona offesa dal reato ovvero di persona informata sui fatti o di testimone;

*c*) non ha riportato condanne per delitti non colposi connessi a quelli per cui si procede e non ha rivolto a proprio profitto l'essere venuto in relazione con il contesto delittuoso su cui rende le dichiarazioni. Non escludono la qualità di testimone di giustizia i comportamenti posti in essere in ragione dell'assoggettamento verso i singoli o le associazioni criminali oggetto delle dichiarazioni, né i meri rapporti di parentela, di affinità o di coniugio con indagati o imputati per il delitto per cui si procede o per delitti ad esso connessi;

*d*) non è o non è stato sottoposto a misura di prevenzione né è sottoposto a un procedimento in corso nei suoi confronti per l'applicazione della stessa, ai sensi del codice delle leggi antimafia e delle misure di prevenzione, di cui al d.lgs. 6 settembre 2011, n. 159, da cui si desumano la persistente attualità della sua pericolosità sociale e la ragionevole probabilità che possa commettere delitti di grave allarme sociale;

*e*) si trova in una situazione di grave, concreto e attuale pericolo, rispetto alla quale risulti l'assoluta inadeguatezza delle ordinarie misure di tutela adottabili direttamente dalle autorità di pubblica sicurezza, valutata tenendo conto di ogni utile elemento e in particolare della rilevanza e della qualità delle dichiarazioni rese, della natura del reato, dello stato e del grado del procedimento, nonché delle caratteristiche di reazione dei singoli o dei gruppi criminali oggetto delle dichiarazioni.

È collaboratore di giustizia[12] il soggetto intraneo a organizzazioni criminali che decide di rendere dichiarazioni all'Autorità giudiziaria relativamente a delitti commessi per finalità di terrorismo o di eversione dell'ordine costituzionale ovvero ricompresi fra quelli di cui all'art. 51, comma 3-*bis* c.p.p. Le disposizioni normative prevedono che la collaborazione o le dichiarazioni, rese nel corso di un procedimento penale, debbano avere carattere di intrinseca attendibilità, di novità o di completezza "o per altri elementi devono apparire di notevole importanza per lo sviluppo delle indagini o ai fini del giudizio".

---

[10] Art. 2, legge n. 6/2018.

[11] In relazione a qualunque fattispecie di reato.

[12] Art. 9, d.l. n. 8/1991.

Tipico esempio della discrezionalità esercitata dalla Commissione è proprio l'attribuzione dello *status* di testimone o di collaboratore. La Commissione, sul punto, non è vincolata dalla qualità assunta dal dichiarante dinanzi all'Autorità giudiziaria e dalla proposta formulata dalla Procura della Repubblica che procede.

Fondamentale è l'attribuzione dello *status* di testimone di giustizia in ragione del contenuto delle misure di protezione, anche economiche, previste dalla normativa vigente[13].

Il testimone di giustizia non sempre si identifica agevolmente nella figura tratteggiata dal dettato normativo e in ragione di tale consapevolezza, la Commissione centrale ha precisato l'ambito soggettivo e oggettivo di applicazione di tale *status*. Il rischio di qualificare come testimoni di giustizia soggetti *border-line*[14], con significative evidenze di intraneità al contesto criminale oggetto delle dichiarazioni rese, non può che comportare paradossali conseguenze sulla tenuta e sulla stessa credibilità del sistema di protezione.

I parametri normativi sono stati, quindi, necessariamente affiancati da elementi tratti in via interpretativa – le richiamate delibere di massima – con cui la Commissione Centrale ha fissato i criteri di distinzione tra le figure del testimone e del collaboratore. Nel rispetto delle proprie delibere di massima, la Commissione centrale subordina la propria attività valutativa e deliberativa a un approfondito esame delle proposte di ammissione alle speciali misure di protezione, formulate dalle Procure della Repubblica competenti. In particolare, sulla scorta delle previsioni normative a favore dei superstiti delle vittime del terrorismo e della criminalità organizzata[15], la Commissione riconosce lo *status* di testimone di giustizia solo quando il soggetto proposto – oltre a rivestire, rispetto al fatto o ai fatti delittuosi in ordine ai quali rende le dichiarazioni, esclusivamente la qualità di persona offesa dal reato, di persona informata sui fatti o di testimone –risulti del tutto estraneo ad ambienti e rapporti delinquenziali, ovvero, al tempo dell'evento, già dissociato dagli ambienti e dai rapporti delinquenziali a cui partecipava[16].

---

[13] Si vedano gli artt. 6 e 7 legge n. 6/2018.

[14] Per esempio, gli imprenditori che dopo aver instaurato rapporti d'affari con le associazioni mafiose, traendone profitto, hanno successivamente deciso di collaborare con l'Autorità Giudiziaria.

[15] Art. 4 legge 20 ottobre 1990, n. 302.

[16] La Commissione centrale ha osservato come dal dato di esperienza dell'attività amministrativa svolta fin dalla prima applicazione della legge 45/2001, sia emersa la necessità di un'interpretazione non letterale della definizione di testimone di giustizia, e ciò a seguito di un più approfondito esame della posizione di alcuni soggetti proposti quali testimoni, allorché emergano, dall'acquisizione di elementi informativi e documentali ulteriori rispetto a quelli contenuti nella proposta dell'Autorità Giudiziaria, profili di incompatibilità sul piano logico e sistematico con la figura di testimone di giustizia, a prescindere dalla formale veste processuale formalmente rivestita. A titolo esemplificativo, si indicano i casi, concretamente affrontati, di soggetti con gravissimi

La Commissione centrale, pertanto, valuta la posizione del soggetto proposto non solo con riguardo alla complessiva situazione processuale (che tenga conto di tutti i procedimenti e le pendenze penali), ma in definitiva anche alla pericolosità del medesimo, da desumere caso per caso sulla base delle informazioni acquisite dalle Autorità proponenti, dalla polizia giudiziaria delegata, dal Servizio Centrale di Protezione.

Tale profilo del testimone di giustizia – quale soggetto del tutto estraneo ad ambienti malavitosi che espone se stesso e i propri congiunti a possibili ritorsioni da parte di gruppi criminali per senso civico o sensibilità istituzionale – è condiviso anche da consolidata giurisprudenza amministrativa:

"Ai fini dell'applicazione di tale disciplina la Commissione Centrale *ex* art. 10 legge 82/91, con le determinazioni di massima del 16 settembre 2008 e del 30 luglio 2009, richiamate nel provvedimento impugnato, ha stabilito alcuni criteri per l'attribuzione dello status di "testimone di giustizia": in particolare, la Commissione ha ritenuto che la condizione dell'insussistenza di misure di prevenzione implica che i testimoni di giustizia non devono essere interessati da un giudizio di pericolosità sociale; secondo la Commissione, quindi, per poter acquisire lo status di testimone di giustizia non deve sussistere alcuna contiguità con contesti criminali, da desumere caso per caso sulla base delle informazioni acquisite dalle Autorità proponenti, dal Servizio Centrale di Protezione, dalla polizia giudiziaria e dalla lettura dei verbali illustrativi dei contenuti della collaborazione. L'attribuzione della qualifica di testimone di giustizia comporta, infatti, misure di carattere economico particolarmente onerose per lo Stato che si giustificano soltanto in caso di assoluta estraneità del soggetto dal contesto mafioso. In tal senso, la Commissione ha richiamato anche l'art. 2-*quinquies* d.l. n. 151/2008 convertito in legge n. 186/2008 che, in relazione all'art. 4 legge 20 ottobre 1990, n. 302, individua i soggetti ai quali possono essere attribuiti i benefici economici spettanti alle vittime della criminalità organizzata, richiedendo a tal fine l'assoluta estraneità del beneficiario dell'attribuzione patrimoniale ad ambienti della criminalità, ovvero la già intervenuta dissociazione rispetto a tali ambienti"[17].

---

precedenti penali (es. associazione mafiosa, associazione finalizzata al traffico di stupefacenti, estorsione, ecc.), di persone con procedimenti penali in corso davanti ad autorità giudiziarie diverse da quella proponente per reati come sfruttamento della prostituzione, favoreggiamento dell'immigrazione clandestina, calunnia, ecc., di familiari con conoscenza approfondita delle attività delittuose del congiunto (da cui ha tratto profitto), tale da indurre a una valutazione di intraneità degli stessi al contesto criminale di riferimento, anche in assenza di formale contestazione di reati.

[17] Tar Lazio, Sez. I *ter,* n. 4299/2017, confermata da Consiglio di Stato, Sez. III, 29 gennaio 2018, n. 610. Si veda anche Tar Lazio, Sez. I *ter*, 5 settembre 2016 n. 9547, confermata da Consiglio di Stato, Sez. III, 27 marzo 2017, n. 1387.

La discrezionalità della Commissione centrale nell'attribuzione dello *status* sembra confermata anche con l'entrata in vigore della legge n. 6/2018.

La nuova previsione legislativa ai sensi della quale è necessario che il testimone non abbia "rivolto a proprio profitto l'essere venuto in relazione con il contesto delittuoso su cui rende le dichiarazioni"[18] sembra confermare la valutazione di norma compiuta dalla Commissione centrale sul requisito dell'assoluta estraneità del soggetto rispetto ai fatti narrati[19].

Inoltre, la possibilità di non escludere la qualità di testimone di giustizia per "i comportamenti posti in essere in ragione dell'assoggettamento verso i singoli o le associazioni criminali oggetto delle dichiarazioni"[20] sembra richiamare la valutazione di prassi compiuta dalla Commissione per distinguere, ad esempio, i rapporti di vittima/estorsore caratterizzati appunto da una forma di coazione, dalle situazioni *border-line* caratterizzate da un rapporto di cointeressenza in cui, pur in presenza di una forma di soggezione o di condizionamento, il dichiarante ha cooperato con l'associazione criminale traendone spesso una qualche utilità.

## X.4. Il sistema di protezione

Sono speciali misure di protezione tutte le misure di protezione previste dal d.l. n. 8/1991, convertito in legge n. 82/1991, come modificata e integrata dalla legge n. 45/2001 e, da ultimo, dalla legge n. 6/2018.

Tale "specialità" differenzia tali misure dalle altre misure di tutela personale disciplinate da diverse disposizioni normative:

- le misure cd. ordinarie di protezione, quale strumento che rientra nelle più generali finalità di sicurezza, demandate alla competenza esclusiva delle Autorità provinciali di pubblica sicurezza;
- le misure di tutela personale, di cui al d.l. 6 maggio 2002, n. 83, convertito in legge 2 luglio 2002, n. 133, istitutiva dell'Ufficio Centrale Interforze per la Sicurezza personale (UCIS) e dei relativi Uffici Provinciali per la Sicurezza Personale (UPSP).

Presupposto per l'applicazione delle speciali misure di protezione è la sussistenza di una situazione di grave e attuale pericolo, derivante da dichiarazioni rese nel corso di un procedimento penale, non fronteggiabile con le cd. ordinarie misure di tutela adottabili dalle Autorità provinciali di pubblica sicurezza o, in caso

---

[18] Art. 2, comma 1, lett. c), legge n. 6/2018.

[19] Le delibere di massima (e i singoli provvedimenti di attribuzione dello *status*) su cui si è pronunciata la giurisprudenza amministrativa fino al momento sono state adottate sulla base delle precedenti disposizioni normative.

[20] Art. 2, comma 1, lett. c), legge n. 6/2018.

di detenuti, dal Dipartimento dell'Amministrazione Penitenziaria del Ministero della Giustizia.

L'ammissione alle speciali misure di protezione, i contenuti e la durata delle stesse sono di volta in volta deliberati dalla Commissione centrale, su proposta del Procuratore della Repubblica il cui ufficio procede o ha proceduto sui fatti indicati nelle dichiarazioni rese dalla persona che si assume sottoposta a grave e attuale pericolo[21].

Le nuove disposizioni per la protezione dei testimoni di giustizia disciplinano i criteri di scelta delle misure di protezione, prevedendo che queste siano "individuate, caso per caso, secondo la situazione di pericolo e la condizione personale, familiare, sociale ed economica dei testimoni di giustizia", con la rilevante precisazione che debbano "essere di norma garantite la permanenza nella località di origine e la prosecuzione delle attività ivi svolte". La legge n. 6/2018 ha privilegiato per i testimoni l'opzione della protezione nella località d'origine, prevedendo che il trasferimento nella località protetta, l'uso di documenti di copertura e del cambiamento di generalità siano adottati "eccezionalmente, quando le altre forme di tutela risultano assolutamente inadeguate rispetto alla gravità e all'attualità del pericolo".

Le speciali misure di protezione si distinguono in:
- piano provvisorio di protezione;
- speciali misure di protezione adottate in loco;
- speciali misure di protezione applicate mediante la definizione di programma speciale di protezione, con trasferimento in località cd. protetta.

---

[21] Si veda l'art. 11 d.l. n. 8/1991. Allorché sui fatti procede o ha proceduto la Direzione Distrettuale Antimafia, e a essa non è preposto il procuratore distrettuale, ma un suo delegato, la proposta è formulata da quest'ultimo. Quando le dichiarazioni riguardano procedimenti per taluno dei delitti previsti dall'art. 51, comma 3-*bis* c.p.p., per i quali risulta che più uffici del pubblico ministero procedono a indagini collegate, a norma dell'art. 371, la proposta è formulata da uno degli uffici procedenti d'intesa con gli altri e comunicata al Procuratore nazionale antimafia. Quest'ultimo, in caso di mancata intesa, "risolve il contrasto". Quando la proposta riguarda procedimenti relativi a delitti commessi per finalità di terrorismo o di eversione dell'ordine costituzionale, essa è formulata d'intesa con i Procuratori generali presso le Corti di Appello interessati. La proposta può infine essere avanzata dal Capo della Polizia - Direttore Generale della Pubblica Sicurezza, previa acquisizione del parere del Procuratore della Repubblica competente che, se ne ricorrono le condizioni, è formulato d'intesa con le altre autorità legittimate. Anche con riguardo ai testimoni di giustizia, ai sensi dell'art. 10, comma 1, della legge n. 6/2018, "Per la proposta, i relativi pareri, l'applicazione, la modifica, la proroga e la revoca delle speciali misure di protezione, per l'attuazione dei programmi di protezione e per quanto non espressamente disciplinato dalla presente legge si applicano, ove compatibili, le disposizioni degli articoli 10, 11 e 13, commi 1, 2, 3 e 12, del decreto-legge 15 gennaio 1991, n. 8, convertito, con modificazioni, dalla legge 15 marzo 1991, n. 82".

La procedura per l'adozione del piano provvisorio di protezione prende avvio con la trasmissione, da parte della Procura della Repubblica che procede, della proposta in favore di un collaboratore o di un testimone di giustizia e, se ritenuto necessario, dei suoi familiari.

L'adozione di un piano provvisorio viene generalmente richiesto non appena i collaboratori o i testimoni di giustizia manifestano la volontà di rendere dichiarazioni. La proposta deve contenere l'indicazione quantomeno sommaria dei fatti sui quali il soggetto interessato ha manifestato la volontà di collaborare e dei motivi per i quali la collaborazione è ritenuta attendibile e di notevole importanza, nonché le circostanze da cui risultano la particolare gravità del pericolo e l'urgenza di provvedere.

Il piano provvisorio (come pure dal programma speciale di protezione) prevede a carico dei tutelati l'obbligo del trasferimento in una località diversa da quella di residenza (cd. località protetta), misura necessaria per sottrarre la persona esposta a pericolo alle "ricerche" di coloro, che sono stati coinvolti dalle dichiarazioni accusatorie. Tale scelta si rende necessaria, in quanto il piano provvisorio di protezione – come anche il programma speciale di protezione – è ispirato a criteri di cd. "mimetizzazione" dei soggetti interessati, realizzabile solo in un diverso contesto sociale, a differenza delle speciali misure di protezione che vengono disposte in località di origine. Ogni misura prevista, dal documento di copertura al cambio delle generalità, dalle misure di assistenza all'assunzione di un domicilio protetto, risulterebbe del tutto vanificata qualora il tutelato permanesse nella località d'origine, presso la quale risulterebbe ovviamente riconoscibile.

Il piano provvisorio di protezione è misura di carattere contingente, quasi di natura "cautelare": la legge stabilisce che il provvedimento con il quale la Commissione delibera il piano provvisorio di protezione cessa di avere effetto se, decorsi centottanta giorni, l'autorità legittimata a formulare la proposta delle speciali misure di protezione non ha provveduto a trasmetterla e la Commissione non ha deliberato sull'applicazione delle speciali misure di protezione osservando le ordinarie forme e modalità del procedimento[22].

Anche per il programma speciale di protezione è indispensabile una proposta formulata dal Procuratore della Repubblica competente a favore di un collaboratore o di un testimone di giustizia e, se ritenuto necessario, dei suoi familiari.

---

[22] Art. 13, d.l. n. 8/1991. Tale termine viene considerato di tipo ordinario, sicché nella prassi il piano provvisorio di protezione continua ad avere efficacia sino a contraria ed espressa determinazione della Commissione, stante la ricorrente necessità di disporre di più supplementi istruttori per l'ammissione al programma speciale di protezione.

La proposta è condizione di procedibilità per l'adozione del programma speciale di protezione da parte della Commissione Centrale[23].

Investita dalla Procura competente, la Commissione può:

*a*) accogliere la proposta e deliberare l'adozione del programma, laddove ritenga sussistenti i presupposti;

*b*) disporre l'acquisizione di ulteriori elementi istruttori, ove ritenuti necessari, riservando la decisione;

*c*) rigettare la proposta, laddove non ritenga sussistenti i presupposti di legge.

Ai fini delle proprie valutazioni, la Commissione centrale verifica che le dichiarazioni collaborative siano state poste a fondamento di provvedimenti giurisdizionali (anche di carattere cautelare), di applicazione di una misura di prevenzione, ovvero che siano state oggetto di deposizioni rese dal collaboratore in sede di udienza preliminare o dibattimentale[24].

L'ampio spazio valutativo riservato alla Commissione centrale in tema è confermato dalla recente disciplina a favore dei testimoni di giustizia: l'art. 13 della legge n. 6/2018 prevede, infatti, che per l'ammissione al programma definitivo di protezione la commissione centrale delibera previa acquisizione non solo dei pareri previsti dalla medesima legge, ma anche "di ogni altro parere o informazione che ritenga utile".

Quando la Commissione delibera un programma speciale di protezione, questo è formulato secondo criteri che tengano *"specifico conto delle situazioni concretamente prospettate"* e può comprendere[25]:

– le misure già previste per le speciali misure di protezione[26];

---

[23] *Ex multis*, Tar Lazio, Sez. I *ter*, 8 settembre 2017, n. 9658.

[24] Altri requisiti indispensabili per l'ammissione a programma speciale di protezione per i collaboratori di giustizia sono: la sottoscrizione del verbale illustrativo della collaborazione (l'introduzione dell'obbligatorietà della redazione del verbale illustrativo è un punto qualificante introdotto dalla legge n. 45/2001, che ha modificato e integrato il d.l. n. 8/1991 convertito in legge n. 82/1991); l'aver reso dichiarazioni concernenti la propria situazione patrimoniale (v. art. 12, d.l. n. 8/1991).

[25] Art. 13, comma 5, d.l. n. 2/1991 convertito in legge n. 82/1991.

[26] Art. 13, comma 4, d.l. n. 2/1991 convertito in legge n. 82/1991: "Il contenuto del piano provvisorio di protezione previsto dal comma 1 e delle speciali misure di protezione che la commissione centrale può applicare nei casi in cui non provvede mediante la definizione di uno speciale programma è stabilito nei decreti previsti dall'articolo 17-*bis*, comma 1. Il contenuto delle speciali misure di protezione può essere rappresentato, in particolare, oltre che dalla predisposizione di misure di tutela da eseguire a cura degli organi di polizia territorialmente competenti, dalla predisposizione di accorgimenti tecnici di sicurezza, dall'adozione delle misure necessarie per i trasferimenti in comuni diversi da quelli di residenza, dalla previsione di interventi contingenti finalizzati ad agevolare il reinserimento sociale nonché dal ricorso, nel rispetto delle norme dell'ordinamento penitenziario, a modalità particolari di custodia in istituti ovvero di esecuzione di traduzioni e piantonamenti".

- il trasferimento delle persone non detenute in luoghi protetti;
- speciali modalità di tenuta della documentazione e delle comunicazioni al servizio informatico;
- misure di assistenza personale e economica;
- il cambiamento delle generalità ai sensi del d.lgs. 29 marzo 1993, n. 119;
- misure atte a favorire il reinserimento sociale del collaboratore e delle altre persone sottoposte al programma oltre che misure straordinarie eventualmente necessarie.

Qualora non possa direttamente provvedervi il soggetto interessato, le misure di assistenza comprendono anche[27]:

- la sistemazione alloggiativa;
- le spese per i trasferimenti;
- le spese per esigenze sanitarie quando non sia possibile avvalersi delle strutture pubbliche ordinarie;
- l'assistenza legale[28];
- l'assegno di mantenimento nel caso di impossibilità di svolgere attività lavorativa.

Per i testimoni di giustizia, la legge n. 6/2018 prevede, al fine di assicurare l'incolumità degli stessi e dei familiari, nonché la sicurezza dei loro beni, speciali misure di tutela applicate secondo la gravità e l'attualità del pericolo e che possono prevedere:

- la predisposizione di misure di vigilanza e protezione;
- la predisposizione di accorgimenti tecnici di sicurezza per le abitazioni, per gli immobili e per le aziende di pertinenza dei protetti;
- l'adozione delle misure necessarie per gli spostamenti nello stesso comune e in comuni diversi da quello di residenza;
- il trasferimento in luoghi protetti;
- speciali modalità di tenuta della documentazione e delle comunicazioni al servizio informatico;
- l'utilizzazione di documenti di copertura;
- il cambiamento delle generalità ai sensi del d. lgs. 29 marzo 1993, n. 119, autorizzato con decreto del Ministro dell'interno, di concerto con il Ministro della giustizia, garantendone la riservatezza anche in atti della pubblica amministrazione;

---

[27] Art. 13, comma 6, d.l. n. 2/1991 convertito in legge n. 82/1991.

[28] Che è, invero, assicurata sin dal momento dell'ammissione al piano provvisorio (cfr. art. 8, comma 6, d.m. n. 161/2004), ed anche dopo la capitalizzazione e la fuoriuscita dal programma di protezione (cfr. art. 8, comma 12, d.m. n. 161/2004).

– ogni altra misura straordinaria, anche di carattere economico, eventualmente necessaria, nel rispetto delle direttive generali impartite dal Capo della polizia – Direttore generale della pubblica sicurezza[29].

Tali misure, unitamente agli obblighi previsti a tutela della sicurezza dei tutelati[30], sia testimoni che collaboratori (e loro congiunti), sono espressamente previste nel cd. accordo di programma, tradizionalmente qualificato dalla giurisprudenza amministrativa come contratto a oggetto pubblico[31] nei cui confronti trovano applicazione i principi generali del codice civile in materia contrattuale, e segnatamente quelli di buona fede, lealtà, correttezza.

La qualificazione del programma come contratto a oggetto pubblico è particolarmente valorizzata dalla giurisprudenza amministrativa in tema di revoca delle speciali misure di protezione, quando i tutelati assumono comportamenti contrari al loro *status* e, pertanto, in violazione degli obblighi assunti con la sottoscrizione del contratto[32].

---

[29] Dalla lettura delle disposizioni normative emerge, come si avrà modo di evidenziare oltre, che nell'ambito della tutela di testimoni e collaboratori di giustizia, le misure di sostegno economico sono considerate come misure di protezione *tout court*.

[30] Si veda oltre, in tema di revoca delle speciali misure di protezione.

[31] "Le speciali misure di protezione (al pari del programma speciale di protezione) danno vita ad un contratto ad oggetto pubblico nei cui confronti trovano applicazione i principi generali del codice civile in materia contrattuale, e segnatamente quelli di buona fede, lealtà, correttezza". *Ex multis*, Tar Lazio, Sez. I *ter*, 28 giugno 2013, n. 6424.

[32] "Le Speciali misure di protezione (al pari del programma speciale di protezione) danno vita ad un contratto ad oggetto pubblico nei cui confronti trovano applicazione i principi generali del codice civile in materia contrattuale, e segnatamente quelli di buona fede, lealtà, correttezza. Sicché, non c'è dubbio che il collaboratore/testimone di giustizia debba rispettare le misure di sicurezza la cui scelta e attuazione compete non al protetto ma alle Forze di polizia preposte e collaborare attivamente alla loro applicazione nel rispetto dei canoni essenziali della buona fede e della correttezza" (Tar Lazio, Sez. I *ter*, n. 6424/2013, ma si vedano anche Consiglio di Stato, Sez. VI, 24 aprile 2009, n. 2541, Tar Lazio, Sez. I *ter*, 19 giugno 2017, n. 7156, Tar Lazio, Sez. I *ter*, 26 luglio 2018, n. 8464.

# CAPITOLO XI
# L'Agenzia nazionale per l'amministrazione e la destinazione dei beni sequestrati e confiscati alla criminalità organizzata

di *Andrea Nino Caputo*



## X. Premessa

Prima di descrivere l'organizzazione e le funzioni dell'Agenzia Nazionale per l'amministrazione e la destinazione dei beni sequestrati e confiscati alla criminalità organizzata (di seguito ANBSC) sono necessarie alcune brevi premesse che servono a spiegare le ragioni che spinsero il legislatore, nel 2010, alla creazione di questa Agenzia autonoma, vigilata dal Ministero dell'Interno, il cui compito è quello di fornire un proficuo apporto alla corretta gestione dei beni sottoposti a sequestro e confisca (nelle more della definitività delle misure ablatorie) e di procedere alla migliore allocazione degli stessi, una volta che il bene sottratto alla disponibilità di esponenti della criminalità organizzata (e non solo) risulti essere definitivamente acquisito al patrimonio dello Stato.

Il fenomeno definito come "criminalità organizzata di stampo mafioso" nel corso dei decenni si è progressivamente connotato per la propensione, da parte degli appartenenti e dei concorrenti a tali sodalizi criminali, a trasformarsi in abili operatori economici, con la disponibilità di ingenti risorse provenienti dai più disparati traffici, capaci di investire nei diversi settori della realtà produttiva del nostro paese.

In tale contesto, il tradizionale agire violento delle organizzazioni criminali è andato assumendo un carattere latente e potenziale che però non ne ha diminuito la pericolosità (effettiva e percepita), perché risulta accresciuto lo spregiudicato uso della forza economica illegittimamente acquisita, al fine di perseguire finalità di illecito arricchimento, di eliminazione della concorrenza, di limitazione dell'altrui libertà (non solo di iniziativa economica).

Per tale ragione, oggi, colpire le risorse economiche con cui le consorterie criminali si potenziano e si finanziano, ha assunto un rilievo centrale nella strategia di contrasto al crimine organizzato.

Il processo di sottrazione delle ricchezze a coloro che le hanno acquisite illegalmente, tuttavia, deve concludersi con un fruttuoso impiego delle stesse in favore della collettività; in caso contrario lo sforzo importante compiuto dallo Stato rischierebbe di apparire vano.

Le considerazioni che precedono sono alla base di tutta l'evoluzione normativa degli ultimi trentacinque anni, a partire dalla legge 27 dicembre 1956, n. 1423 e dalla legge 31 maggio 1965, n. 575.

Al fianco del classico approccio repressivo, teso a colpire i comportamenti illeciti solo successivamente al verificarsi degli eventi, il Legislatore ha introdotto norme e misure di carattere cautelare, incentrate sul ripristino della legalità attraverso l'attacco dei benefici economici acquisiti illegalmente, anticipando significativamente la soglia di tutela dell'interesse pubblico, soprattutto nei confronti di soggetti legati alla criminalità organizzata di stampo mafioso che, proprio in ragione della multiforme pervasività del fenomeno, sono stati considerati portatori di potenziali aggressioni a beni/interessi di primario rilievo costituzionale (libertà, salute e sicurezza personale, pieno godimento dei diritti sociali, civili ed economici, libertà d'impresa etc.).

Sostanzialmente la normativa si è costantemente evoluta, con numerosi tentativi di razionalizzazione, concentrandosi sulle procedure dei sequestri e delle confische ed agendo in parallelo sia contro l'individuo che accumula illecitamente risorse e capitali, sia contro i beni ed i proventi frutto di attività illecite. La caratteristica di fondo della dinamica evolutiva della normativa è individuabile nell'estensione continua delle tipologie di reati, il cui accertamento porta anche a confische, ed insieme nell'ampliamento dell'ambito di operatività dei sequestri e delle confische di prevenzione.

Mentre la confisca di un bene come conseguenza della commissione di certi crimini costituisce uno strumento classico del diritto penale, la confisca come misura di prevenzione patrimoniale, che non necessita di sentenza di condanna, fu introdotta nel nostro ordinamento dalla Legge Rognoni La Torre che elaborò il principio del sequestro e della confisca sui beni acquisiti da soggetti destinatari di misure di prevenzione personale.

Ampliando il novero e le modalità di spossessamento dei beni, tuttavia, si rese necessario disciplinare più compiutamente le modalità di gestione e destinazione degli stessi; si giunse così alla legge 7 marzo 1996, n. 109, recante "Disposizioni in materia di gestione e destinazione dei beni sequestrati e confiscati" che, per la prima volta, introdusse un *corpus* organico di regole per organizzare l'*iter* procedurale di gestione e destinazione dei beni sequestrati e confiscati, prevedendone l'utilizzo per finalità sociali attraverso la restituzione alle comunità che avevano subito le conseguenze della presenza e dalle attività della criminalità organizzata. Quest'ultima fondamentale legge fu emanata col duplice obiettivo di indebolire le organizzazioni stesse e riaffermare in modo tangibile e pratico il principio di legalità.

La sintetica elencazione dei plurimi interventi normativi appena sopra descritti, che hanno ampliato le ipotesi di confisca penale e di prevenzione cui è seguito un rilevantissimo incremento del numero dei beni appresi dallo Stato a scopi repressivi e/o preventivi, così come il loro crescente valore simbolico ed economico, consente di comprendere le ragioni che spinsero il legislatore a costituire un nuovo ente, l'ANBSC, cui è stata attribuita la responsabilità della gestione e destinazione dei beni confiscati a seguito di procedimenti penali e di procedimenti di prevenzione, sotto la vigilanza del Ministero dell'Interno, superando il sistema di amministrazione previgente.

Nello scenario internazionale della lotta alla criminalità organizzata, l'Italia rappresenta un caso unico; non solo sono previsti due regimi diversi, di prevenzione e penale (non necessariamente collegati l'uno all'altro) col preciso scopo di sviluppare forme sempre più efficaci di contrasto al crescente protagonismo economico del crimine organizzato, ma è stato contemplato un *corpus* normativo speciale per l'amministrazione e destinazione di questa peculiare parte del patrimonio pubblico.

## X.1. Istituzione e organizzazione

ANBSC è stata istituita con d.l. 4 febbraio 2010, n. 4 (convertito dalla legge 31 marzo 2010, n. 50) le cui disposizioni sono confluite nel d.lgs. 6 settembre 2011, n. 159 - c.d. Codice Antimafia (di seguito CAM) a sua volta oggetto di molteplici ed incisivi interventi soprattutto con la legge 17 ottobre 2017, n. 161 (c.d. riforma del CAM).

Il CAM venne adottato in attuazione di una delega contenuta nel cd "Piano straordinario antimafia" a norma degli artt. 1 e 2 legge 13 agosto 2010, n. 136 ed è diviso in quattro libri: il terzo libro reca le disposizioni in materia di amministrazione e destinazione dei beni sequestrati e confiscati alla criminalità organizzata. A distanza di appena 6 anni dall'approvazione, furono apportate importanti modifiche al Codice antimafia a mezzo della legge 27 ottobre 2017, n. 161, introducendo significative novità tanto nella disciplina delle misure di prevenzione personali e patrimoniali quanto con riferimento all'amministrazione, gestione e destinazione di beni sequestrati e confiscati, intervenendo, infine, anche sull'assetto dell'ANBSC. L'Agenzia, dotata di personalità giuridica di diritto pubblico e di autonomia organizzativa e contabile, è posta sotto la vigilanza del Ministro dell'Interno.

Ai sensi dell'art. 111 CAM sono organi dell'Agenzia:

A. Direttore

Scelto tra figure professionali che abbiano maturato esperienza professionale specifica, almeno quinquennale, nella gestione dei beni e delle aziende: Prefetti, dirigenti dell'Agenzia del Demanio, Magistrati che abbiano conseguito almeno la quinta valutazione di professionalità o delle Magistrature superiori. Il Direttore viene nominato con decreto del Presidente della Repubblica, su proposta del Ministro dell'Interno, previa deliberazione del Consiglio dei Ministri.

B. Consiglio direttivo

Il novellato art. 111, co. 3 ha integrato la composizione del Consiglio direttivo prevista in precedenza. In particolare detto organo, presieduto dal Direttore dell'Agenzia, è composto: a) da un Magistrato designato dal Ministro della Giustizia; b) da un Magistrato designato dal Procuratore nazionale Antimafia; c) da un rappresentante del Ministero dell'Interno designato dal Ministro dell'Interno; d) da due qualificati esperti in materia di gestioni aziendali e patrimoniali designati, di concerto, dal Ministro dell'Interno e dal Ministro dell'Economia e delle Finanze; e) da un qualificato esperto in materia di progetti di finanziamenti europei e nazionali designato dalla Presidenza del Consiglio dei Ministri o dal Ministro delegato per la politica di coesione.

C. Collegio dei revisori

A norma dell'art. 111, comma 5 il Collegio dei Revisori, costituito da tre componenti effettivi e da due supplenti, è nominato con decreto del Ministro dell'Interno fra gli iscritti nel Registro dei revisori legali. Un componente effettivo e un componente supplente sono designati dal Ministro dell'Economia e delle Finanze.

D. Comitato consultivo d'indirizzo, di nuova istituzione

Anch'esso è presieduto dal Direttore dell'Agenzia ed è composto: a) da un qualificato esperto in materia di politica di coesione territoriale, designato dal Dipartimento per le Politiche di coesione; b) da un Rappresentante del Ministero dello Sviluppo economico, designato dal medesimo Ministro; c) da un rappresentante del Ministero del Lavoro e delle Politiche sociali, designato dal medesimo Ministro; d) da un responsabile dei fondi del Programma operativo nazionale "sicurezza", designato dal Ministro dell'Interno; e) da un rappresentante del Ministero dell'Istruzione, dell'Università e della Ricerca, designato dal medesimo Ministro; f) da un rappresentante delle Regioni, designato dalla Conferenza delle Regioni e delle Province autonome; g) da un rappresentante dei Comuni, designato dall'Associazione nazionale dei Comuni italiani (ANCI); h) da un rappresentante delle associazioni che possono essere destinatarie o assegnatarie dei beni sequestrati o confiscati, di cui all'art. 48, comma 3, lettera c), da un designato dal Ministro del Lavoro e delle Politiche sociali sulla base di criteri di trasparenza, rappresentatività e rotazione semestrale, specificati nel decreto di nomina; i) da un rappresentante delle associazioni sindacali comparativamente più rappresentative a livello nazionale, da un rappresentante delle cooperative e da un rappresentante delle associazioni dei datori di lavoro, designati dalle rispettive associazioni.

Alle riunioni possono essere chiamati a partecipare i rappresentanti degli enti territoriali ove i beni o le aziende sequestrati e confiscati si trovano. I componenti del Comitato consultivo di indirizzo sono nominati con decreto del Ministro dell'Interno. Ai componenti non spetta alcun compenso, indennità, gettone di presenza, rimborso di spese o emolumento comunque denominato.

Il modello di *governance* del processo di valorizzazione dei beni confiscati, quale risultato dai plurimi interventi descritti in precedenza, conferma la posizione baricentrica dell'Agenzia, che viene posta al centro di un sistema plurale, col preciso compito di svolgere un ruolo di coordinamento degli altri attori istituzionali. A parte l'ampliamento della platea dei soggetti fra cui può esser scelta la figura del Direttore e l'integrazione dei componenti l'organo deliberativo dell'ANBSC (Consiglio direttivo) merita un cenno a parte l'introduzione del nuovo organo collegiale (Comitato consultivo) al fine di rispondere a diffuse istanze partecipative che intendono portare all'interno dell'Agenzia, con una diretta incidenza sulle dinamiche decisionali, l'apporto propositivo ed esperienziale dei soggetti che rappresentano, per ragioni istituzionali, sociali ed economiche, i naturali interlocutori dell'Organismo. La stessa composizione del Comitato, partecipato da esponenti delle amministrazioni centrali e dei livelli di governo regionale e comunale, del mondo cooperativistico e del Terzo settore, delle forze sindacali e datoriali, nonché della complessa galassia associazionistica, esprime una decisa opzione verso un modello aperto e di tipo partecipativo, consistente nel favorire la più larga condivisione degli strumenti e degli obiettivi in cui si concretano le *policy* dirette alla valorizzazione dei patrimoni illeciti confiscati.

Con uno o più regolamenti, adottati ai sensi dell'art. 17, comma 1, legge 23 agosto 1988, n. 400, e successive modificazioni, su proposta del Ministro dell'Interno, di concerto con i Ministri della Giustizia, dell'Economia e delle Finanze e per la Semplificazione e la Pubblica amministrazione, sono disciplinati:

*a*) l'organizzazione e la dotazione delle risorse umane e strumentali per il funzionamento dell'Agenzia, selezionando personale con specifica competenza in materia di gestione delle aziende, di accesso al credito bancario e ai finanziamenti europei;

*b*) la contabilità finanziaria ed economico-patrimoniale relativa alla gestione dell'Agenzia, assicurandone la separazione finanziaria e contabile dalle attività di amministrazione e custodia dei beni sequestrati e confiscati;

*c*) i flussi informativi necessari per l'esercizio dei compiti attribuiti all'Agenzia nonché le modalità delle comunicazioni, da effettuarsi per via telematica, tra l'Agenzia e l'Autorità giudiziaria.

È stato dato un decisivo impulso, altresì, a forme collaborative con soggetti esterni all'Agenzia, ricorrendo ampiamente allo strumento dell'avvalimento, altra peculiare modalità di azione cui fa espresso riferimento l'articolo 113, comma 3, del CAM, sostanzialmente rivisitato dall'articolo 37-*bis* del "decreto sicurezza" del 2018.

L'avvalimento, istituto originariamente previsto anche allo scopo di esternalizzare alcune azioni dell'Agenzia, ha conosciuto una considerevole espansione, volta chiaramente ad accrescere le capacità operative dell'Organismo in un regime di leale cooperazione potenzialmente in grado di riguardare qualsiasi Amministrazione pubblica.

La riforma ha inciso in modo particolarmente significativo anche sull'organizzazione territoriale dell'Agenzia, spostando a Roma la sede principale, precedentemente fissata nella città di Reggio Calabria, diventata, a sua volta, sede secondaria.

Tra gli interventi di maggiore interesse è opportuno in questa sede ricordare l'ampliamento della dotazione organica, che la legge n. 161/2017 ha elevato da 30 a 200 unità.

Tale modifica corrisponde, in effetti, a un rafforzamento della struttura più volte invocato e ritenuto, infine, indispensabile anche dallo stesso Legislatore. Attualmente l'assetto organizzativo dell'ente è quello rappresentato nel seguente schema:

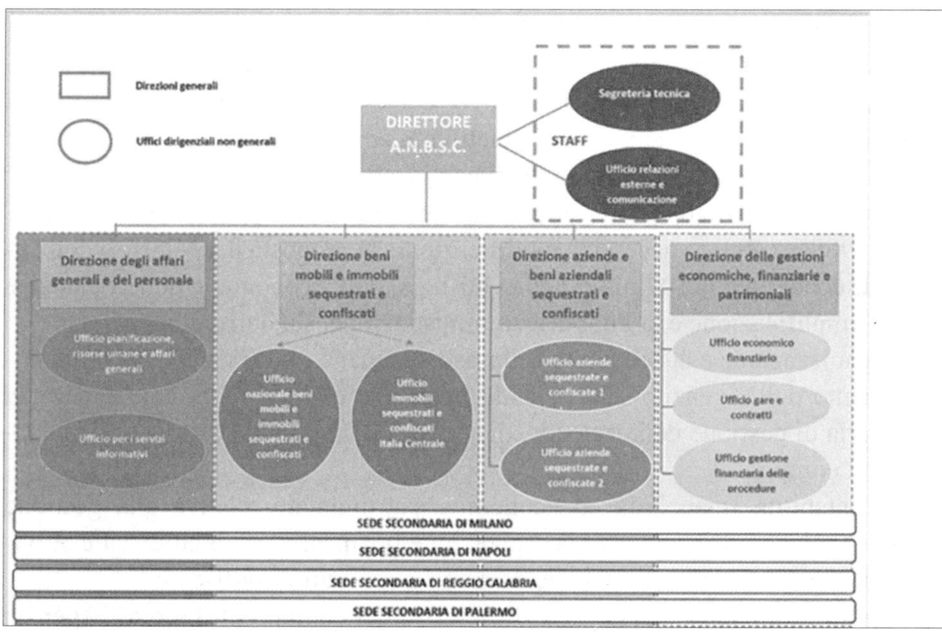

## XI.2. L'articolazione territoriale ed i nuclei di supporto presso le prefetture

I Nuclei di supporto presso le Prefetture, originariamente previsti con una disposizione molto stringata, ricevono, a seguito dei richiamati interventi di riforma, una disciplina di maggiore dettaglio in cui il Legislatore, oltre a ribadire la natura di strutture territoriali delle quali l'Agenzia può avvalersi, ne definisce meglio la possibile strutturazione, richiamando criteri di flessibilità e modularità in ragione della concentrazione territoriale di beni sequestrati e confiscati. In particolare, l'art. 112 comma 3 CAM dispone che "L'Agenzia, per le attività connesse all'Amministrazione e alla destinazione dei beni sequestrati e confiscati anche in via non definitiva, nonché per il monitoraggio sul corretto utilizzo dei beni assegnati, si avvale delle Prefetture – ufficio territoriale del Governo territorialmente competenti presso le quali è istituito, senza nuovi o maggiori oneri per la finanza pubblica, un apposito nucleo di supporto. Con decreto del Ministro dell'Interno sono definiti la composizione di ciascun nucleo di supporto ed il relativo contingente di personale secondo criteri di flessibilità e modularità".

Il Ministro dell'Interno, con d.m. 22 gennaio 2018, ha definito la composizione di ciascun nucleo di supporto e il relativo contingente di personale, appositamente dedicato, presso ciascuna Prefettura-Ufficio territoriale del Governo (fino ad un massimo di 7 unità nelle città di Palermo, Napoli, Roma, Milano, Torino e Bari).

Il dirigente responsabile del nucleo, secondo il successivo d.m. 9 febbraio 2018, «concorre a promuovere ogni azione ed iniziativa preordinata al coordinamento del "nucleo di supporto" di cui l'Agenzia nazionale per l'amministrazione e la destinazione dei beni sequestrati e confiscati alla criminalità organizzata si avvale, ai sensi dell'art. 29, comma 3 della legge 17 ottobre 2017, n. 161, per le attività connesse alla amministrazione e alla destinazione dei beni confiscati», ed in particolare, si occupa - in conformità alle direttive deliberate dall'Agenzia - di:

- attività connesse all'amministrazione e alla destinazione dei beni sequestrati e confiscati anche in via non definitiva, e al monitoraggio sul corretto utilizzo dei beni assegnati;
- attività di supporto all'Agenzia per la stipula di protocolli di intesa con le strutture interessate e con le associazioni di categoria per l'individuazione di professionalità necessarie per la prosecuzione o la ripresa dell'attività d'impresa;
- attività di verifica sulla conformità dell'utilizzo dei beni, da parte dei privati e degli enti pubblici, ai provvedimenti di assegnazione e di destinazione;
- attività di supporto al Prefetto che semestralmente riferisce all'Agenzia sugli esiti degli accertamenti effettuati; ogni ulteriore attività preordinata a rimuovere criticità di vario tipo che impediscono di rendere disponibili i beni patrimoniali confiscati alla mafia, anche attraverso forme di alleanze quadro che

coinvolgono altri soggetti istituzionali e enti o organismi di rappresentanza di interessi diffusi, oltre a quelli facenti parte dei "Nuclei di supporto" provinciali.

In estrema sintesi i compiti più rilevanti, attivabili da subito ed autonomamente d'iniziativa dai Nuclei consistono nella verifica sistematica sull'utilizzo degli immobili destinati mediante convocazione di apposite riunioni del nucleo di supporto e accessi presso il bene destinato.

I Nuclei di supporto hanno, inoltre, il rilevante compito di facilitare, stimolare ed aiutare la definizione di progetti di valorizzazione e riuso di beni confiscati mediante il coinvolgimento attivo degli enti locali, delle organizzazioni del terzo settore e, più in generale, delle comunità territoriali di riferimento.

Attraverso tali strutture non solo potrà essere svolta un'attività più incisiva di tutela e di monitoraggio dei patrimoni in gestione, ma potrà altresì essere impostata, con l'apporto di tecnicalità esterne, un'azione anche prospettica, che guardi alle opportunità di destinazione del bene, possibilmente fin dalla fase giudiziaria del sequestro.

Il forte legame fra l'ANBSC e la rete delle Prefetture è ulteriormente rafforzato dall'articolo 41-*ter* del CAM laddove è prevista la possibilità di istituire presso le Prefetture, per i problemi delle aziende sequestrate e confiscate, tavoli provinciali permanenti, la cui conformazione appare speculare rispetto a quella del Comitato consultivo d'indirizzo, riprendendone anche l'ispirazione partecipativa.

Il tavolo provinciale permanente è coordinato e convocato dal Prefetto o da un suo delegato ed è composto da: a) un rappresentante dell'Agenzia designato dal Consiglio direttivo e individuato, di regola, nel dirigente della Prefettura componente del nucleo di supporto; b) un rappresentante del Ministero dello Sviluppo economico; c) un rappresentante della Regione, designato dal presidente della Giunta regionale; d) un rappresentante delle associazioni sindacali comparativamente più rappresentative a livello nazionale, designato dalle medesime secondo criteri di rotazione; e) un rappresentante delle organizzazioni dei datori di lavoro più rappresentative a livello nazionale designato, ogni quattro mesi, dalle medesime secondo criteri di rotazione; f) un rappresentante della sede territorialmente competente dell'Ispettorato nazionale del lavoro; g) un rappresentante delle associazioni individuate dall'articolo 48, comma 3, lettera c), designato dalle medesime secondo criteri di rotazione; h) un rappresentante della Camera di commercio, industria, artigianato e agricoltura. Il Prefetto, ove ne ravvisi l'opportunità può estendere ai rappresentanti degli enti locali la partecipazione al tavolo.

È opportuno ricordare che il modello italiano di gestione e destinazione dei beni confiscati esige, per sua stessa natura, una stretta forma di raccordo tra la fase giudiziaria - durante la quale il bene è sotto il controllo magistratuale - e la fase amministrativa, contrassegnata dall'intervento dell'Agenzia, che si attesta al momento della confisca di secondo grado.

## XI.3 Funzioni

All'Agenzia, a norma dell'art. 110 CAM, sono attribuiti i compiti di acquisizione da parte delle autorità ed amministrazioni che li detengono, attraverso il proprio sistema informativo, i flussi di informazioni necessari per l'esercizio dei propri compiti istituzionali; in particolare, dei dati relativi ai beni sequestrati e confiscati alla criminalità organizzata nel corso dei procedimenti penali e di prevenzione e delle informazioni relative allo stato dei procedimenti di sequestro e confisca (funzionali alla verifica dello stato dei beni nei medesimi procedimenti, all'accertamento della consistenza, della destinazione e dell'utilizzo ed in vista della destinazione dei beni confiscati).

ANBSC deve anche svolgere le necessarie analisi dei dati acquisiti, nonché delle criticità relative alla fase di assegnazione e destinazione dei beni.

L'Agenzia svolge funzioni di ausilio dell'Autorità giudiziaria nell'amministrazione e custodia dei beni sequestrati nel corso del procedimento di prevenzione di cui al libro I, titolo III del CAM (ausilio finalizzato a rendere possibile, sin dalla fase del sequestro, l'assegnazione provvisoria dei beni immobili e delle aziende per fini istituzionali o sociali agli enti, alle associazioni e alle cooperative di cui all'art. 48, comma 3, ferma restando la valutazione del giudice delegato sulla modalità dell'assegnazione).

La medesima attività di ausilio ANBSC è chiamata a svolgere in favore dell'autorità giudiziaria nel corso dei procedimenti penali per i delitti di cui agli artt. 51, comma 3-*bis*, del c.p.p. e 12-*sexies* d.l. 8 giugno 1992, n. 306, convertito, con modificazioni, dalla legge 7 agosto 1992, n. 356, e successive modificazioni.

L'Agenzia, soprattutto, si occupa di amministrazione e destinazione, ai sensi dell'art. 38, dei beni confiscati nei procedimenti di prevenzione nonché a seguito di provvedimento di confisca emesso dalla corte di appello e di sequestro o confisca emesso dal giudice dell'esecuzione, e destinazione dei beni confiscati, per i delitti di cui agli artt. 51, comma 3-*bis*, del c.p.p. e 12-*sexies* d.l. 306/1992, convertito, con modificazioni, dalla legge n. 356/1992, e successive modificazioni, nonché dei beni definitivamente confiscati dal giudice dell'esecuzione.

In realtà il richiamo alle disposizioni in materia penale che radicano le competenze ANBSC è stato rivisitato in occasione dell'entrata in vigore dell'art. 6 del d.lgs. 1 marzo 2018, n. 21 che ha abrogato l'appena sopra richiamato art.12-*sexies*.

Il riferimento normativo cui attenersi, oggi, per determinare le competenze dell'ANBSC a fronte di procedimenti penali è il nuovo art. 240-*bis* c.p.

A norma dell'art. 104-*bis*, comma 1-*quater* disp. att. c.p.p., infatti, le disposizioni in materia di amministrazione e destinazione dei beni sequestrati e confiscati nonché quelle in materia di tutela dei terzi e di esecuzione del sequestro previste dal codice di cui al d.lgs. 159/2011, si applicano ai casi di sequestro e confisca in casi particolari previsti dall'art. 240-*bis* del codice penale o dalle altre disposizioni di Legge che a questo articolo rinviano, nonché agli altri casi di sequestro e confisca di beni adottati nei procedimenti relativi ai delitti di cui all'art. 51, comma 3-*bis*, del codice.

In tali casi l'Agenzia nazionale per l'amministrazione e la destinazione dei beni sequestrati e confiscati alla criminalità organizzata coadiuva l'autorità giudiziaria nell'amministrazione e nella custodia dei beni sequestrati, fino al provvedimento di confisca emesso dalla corte di appello e, successivamente a tale provvedimento, amministra i beni medesimi secondo le modalità previste dal citato codice di cui al d.lgs. 159/2011.

L'ANBSC è tenuta ad adottare tutte le iniziative ed i provvedimenti necessari per la tempestiva assegnazione e destinazione dei beni confiscati, anche attraverso la nomina, ove necessario, di commissari *ad acta*. La finalità ultima dei procedimenti affidati alla competenza della neoistituita agenzia è quello di "risarcire" le collettività danneggiate dalla presenza delle organizzazioni criminali nei vari territori dove si sono insediate e dove hanno lasciato un segno riconoscibile (i beni confiscati, appunto) del loro potere illegale. Tale processo, che è lo sbocco conclusivo del lungo ed articolato svolgimento di procedimenti giudiziari, è regolato da un preciso dettato normativo e può sicuramente affermarsi che si tratta di un'operazione di particolare complessità e rilievo economico ma anche simbolico.

**SCHEMA PROCEDIMENTO DI GESTIONE E DESTINAZIONE POST RIFORMA 2017**
**COMPETENZE ANBSC**

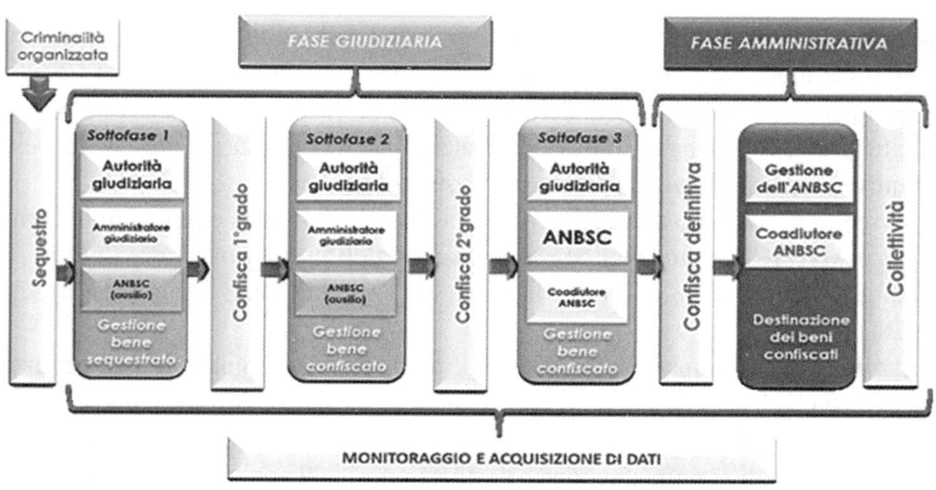

0 utile richiamare in questa sede (solo per i più rilevanti elementi, rinviando, per gli opportuni approfondimenti, all'esame testuale dell'articolata normativa) l'art. 48 CAM che disciplina in modo dettagliato modalità e finalità di destinazione dei beni confiscati, opportunamente distinguendo per tipologia.L'Agenzia versa al Fondo unico giustizia[1]: a) le somme di denaro confiscate che non debbano essere utilizzate per la gestione di altri beni confiscati o che non debbano essere utilizzate per il risarcimento delle vittime dei reati di tipo mafioso; b) le somme ricavate dalla vendita, anche mediante trattativa privata, dei beni mobili, anche registrati, confiscati, compresi i titoli e le partecipazioni societarie, al netto del ricavato della vendita dei beni finalizzata al risarcimento delle vittime dei reati di tipo mafioso; c) le somme derivanti dal recupero dei crediti personali[2].

I beni immobili possono essere:

*a*) mantenuti al patrimonio dello Stato per finalità di giustizia, di ordine pubblico e di protezione civile e, ove idonei, anche per altri usi governativi o pubblici connessi allo svolgimento delle attività istituzionali di amministrazioni statali, agenzie fiscali, università statali, enti pubblici e istituzioni culturali di rilevante interesse, salvo che si debba procedere alla vendita degli stessi finalizzata al risarcimento delle vittime dei reati di tipo mafioso;

*b*) mantenuti nel patrimonio dello Stato e, previa autorizzazione del Ministro dell'Interno, utilizzati dall'Agenzia per finalità economiche;

*c*) trasferiti per finalità istituzionali o sociali ovvero economiche, con vincolo di reimpiego dei proventi per finalità sociali, in via prioritaria, al patrimonio indisponibile del comune ove l'immobile è sito, ovvero al patrimonio indisponibile della provincia, della città metropolitana o della regione. Gli enti territoriali, anche consorziandosi o attraverso associazioni, possono amministrare direttamente il bene o, sulla base di apposita convenzione, assegnarlo in concessione, a titolo gratuito e nel rispetto dei principi di trasparenza, adeguata pubblicità e parità di trattamento, a soggetti del c.d. terzo settore[3]. I beni non assegnati a seguito di procedure di evidenza pubblica possono essere utilizzati dagli enti territoriali per finalità di lucro e i relativi proventi devono essere reimpiegati esclusivamente per finalità sociali.

[1] Il Fondo Unico di Giustizia (FUG) di cui all'art. 61, comma 23, d.l. 112/2008 conv. in legge n. 133/08.

[2] Tali disposizioni non si applicano alle somme di denaro e ai proventi derivanti o comunque connessi ai beni aziendali confiscati.

[3] Fra le finalità istituzionali descritte in precedenza rientra l'impiego degli immobili, tramite procedure ad evidenza pubblica, per incrementare l'offerta di alloggi da cedere in locazione a soggetti in particolare condizione di disagio economico e sociale anche qualora l'ente territoriale ne affidi la gestione agli enti pubblici preposti.

Se entro due anni l'ente territoriale non ha provveduto all'assegnazione o all'utilizzazione del bene, l'Agenzia dispone la revoca del trasferimento ovvero la nomina di un commissario con poteri sostitutivi;

c-*bis*) assegnati, a titolo gratuito, direttamente dall'Agenzia agli enti o alle associazioni indicati alla lettera c), in deroga a quanto previsto dall'art. 2 legge 23 dicembre 2009, n. 191, sulla base di apposita convenzione nel rispetto dei principi di trasparenza, adeguata pubblicità e parità di trattamento, ove risulti evidente la loro destinazione sociale secondo criteri stabiliti dal Consiglio direttivo dell'Agenzia;

I beni immobili che non possono essere destinati per le finalità di pubblico interesse appena sopra descritte, sono destinati con provvedimento dell'Agenzia alla vendita[4] osservate, in quanto compatibili, le disposizioni del codice di procedura civile e attivando tutta una serie di precauzioni che impediscano il rientro dei cespiti confiscati nella disponibilità, anche per interposta persona, di soggetti legati al precedente titolare e/o ad organizzazioni criminali[5].

I beni aziendali sono mantenuti al patrimonio dello Stato e destinati

*a*) all'affitto, quando vi siano fondate prospettive di continuazione o di ripresa dell'attività produttiva, a titolo oneroso, a società e ad imprese pubbliche o private, ovvero in comodato, senza oneri a carico dello Stato, a cooperative di lavoratori dipendenti dell'impresa confiscata. Nella scelta dell'affittuario o del comodatario sono privilegiate le soluzioni che garantiscono il mantenimento dei livelli occupazionali.

*b*) alla vendita, per un corrispettivo non inferiore a quello determinato dalla stima eseguita dall'Agenzia, a soggetti che ne abbiano fatto richiesta, qualora vi sia una maggiore utilità per l'interesse pubblico o qualora la vendita medesima sia finalizzata al risarcimento delle vittime dei reati di tipo mafioso[6].

*c*) alla liquidazione, qualora vi sia una maggiore utilità per l'interesse pubblico o

---

[4] Possono esercitare la prelazione all'acquisto: cooperative edilizie costituite da personale delle Forze Armate o delle Forze di polizia; gli enti pubblici aventi, tra le altre finalità istituzionali, anche quella dell'investimento nel settore immobiliare; le associazioni di categoria che assicurano, nello specifico progetto, maggiori garanzie e utilità per il perseguimento dell'interesse pubblico; le fondazioni bancarie; gli enti territoriali.

[5] I beni di cui al comma 5 che rimangono invenduti, decorsi tre anni dall'avvio della relativa procedura, sono mantenuti al patrimonio dello Stato con provvedimento dell'Agenzia. La relativa gestione è affidata all'Agenzia del demanio.

[6] I beni aziendali ove si tratti di immobili facenti capo a società immobiliari, possono essere altresì trasferiti, per le finalità istituzionali o sociali di cui al comma 3, lettere c) e d), in via prioritaria al patrimonio del comune ove il bene è sito, ovvero al patrimonio della provincia o della regione, qualora tale destinazione non pregiudichi la prosecuzione dell'attività d'impresa o i diritti dei creditori dell'impresa stessa.

qualora la liquidazione medesima sia finalizzata al risarcimento delle vittime dei reati di tipo mafioso.

I proventi derivanti dall'affitto, dalla vendita o dalla liquidazione dei beni di cui al comma 8 affluiscono, al netto delle spese sostenute, al Fondo unico giustizia.

Le aziende sono mantenute al patrimonio dello Stato e destinate, senza che ne derivino nuovi o maggiori oneri per la finanza pubblica, al trasferimento per finalità istituzionali agli enti o alle associazioni individuati, quali assegnatari in concessione, dal comma 3, lettera c), art. 48 qualora si ravvisi un prevalente interesse pubblico, anche con riferimento all'opportunità della prosecuzione dell'attività da parte degli stessi soggetti.

I beni mobili anche iscritti in pubblici registri possono essere utilizzati dall'Agenzia per l'impiego in attività istituzionali ovvero destinati ad altri organi dello Stato, agli enti territoriali o ai soggetti previsti dal comma 3, lettera c) art. 48 CAM.

Sono destinati in via prioritaria al Corpo nazionale dei vigili del fuoco autocarri, mezzi d'opera, macchine operatrici, carrelli elevatori e ogni altro mezzo per uso speciale, funzionali alle esigenze del soccorso pubblico.

Fuori da questi casi appena sopra descritti, possono essere destinati alla vendita.

Quando risulti che i beni confiscati dopo l'assegnazione o la destinazione sono, in qualunque modo, rientrati, anche per interposta persona, nella disponibilità o sotto il controllo del soggetto sottoposto al provvedimento di confisca, si può disporre la revoca dell'assegnazione o della destinazione.

## XI.4. La Strategia nazionale per la valorizzazione dei beni sequestrati e confiscati (Delibera CIPE n. 53 del 25 ottobre 2018)

È oramai definitivamente acquisito alla cognizione istituzionale, che la complessa questione della valorizzazione dei beni confiscati non può essere affrontata da un solo ente, per quanto autorevole e munito degli adeguati mezzi. L'interdisciplinarietà della materia, la proiezione territoriale e la presenza di più autorità ed istituzioni partecipanti al generale processo di sottrazione alla criminalità dei patrimoni accumulati ed alla loro restituzione, impongono ai vari attori di cooperare attivamente lungo tutto il ciclo di vita di un singolo patrimonio che, sottratto alla criminalità, viene restituito alla collettività. È pertanto vitale per l'Agenzia e per i nuclei di supporto presso le Prefetture, di cui la prima deve necessariamente avvalersi per lo svolgimento dei complessi compiti appena illustrati, ma anche per tutte le istituzioni e per gli attori sociali, istituire una rete cooperativa che senza soluzione di continuità sostenga l'azione delle Forze dell'ordine, dell'Autorità Giudiziaria, dell'Agenzia, degli Enti territoriali e del partenariato sociale.

In questo senso si muove la "Strategia nazionale per la valorizzazione dei beni confiscali attraverso le politiche di coesione", ideata e adottata ai sensi di quanto stabilito dall'art. 1, comma 611 della Legge di Bilancio 2017 (legge 11 dicembre 2016, n. 232), adottata con delibera CIPE del 25 ottobre 2018.

Obiettivo generale è di favorire il massimo reimpiego dei patrimoni sottratti alla criminalità attraverso il sostegno istituzionale, finanziario e progettuale alla loro valorizzazione. La strategia, avvalendosi anche delle politiche di coesione, si declina in tre obiettivi specifici:

1. rafforzamento della capacità e della cooperazione degli attori istituzionali responsabili del processo di sottrazione, valorizzazione e restituzione alla società dei patrimoni illegalmente accumulati;
2. politiche di valorizzazione dei beni immobili confiscati;
3. re-immissione nel circuito dell'economia legale delle aziende confiscate alla criminalità organizzata o dei beni ad esse pertinenti.

Presso la Presidenza del Consiglio dei Ministri - Dipartimento per le Politiche di coesione - è stato istituito il Tavolo di indirizzo e verifica per l'indirizzo e l'accompagnamento con funzioni di programmazione, supporto all'attuazione e sorveglianza sul dispiegamento e avanzamento della Strategia.

Il tavolo è composto dall'ANBSC e dal Dipartimento per le Politiche di Coesione che lo co-presiedono, dal Ministero dell'Interno, dal Ministero dell'Economia e delle Finanze - Ragioneria Generale dello Stato Ispettorato generale per i rapporti finanziari con l'Unione Europea, dall'Agenzia per la coesione territoriale. Alle attività del tavolo possono essere chiamati a partecipare rappresentanti di altre istituzioni competenti per materia e territorio, nonché altri soggetti titolari di conoscenze di rilievo in materia di valorizzazione di beni confiscati in relazione a specifiche tematiche o criticità da affrontare.

La Strategia nazionale ha la finalità ultima di rafforzare la rete collaborativa inter-istituzionale che possa sostenere la generale azione di sottrazione e restituzione alla collettività dei patrimoni illegalmente accumulati. Il tavolo d'indirizzo e verifica potrà rappresentare il luogo istituzionale ove condividere la scelta delle iniziative da promuovere, insieme alle diverse realtà territoriali di volta in volta interessate costituite in gruppi regionali permanenti.

# CAPITOLO XII
# La Polizia amministrativa

di *Mattia Carniello*, *Antonio De Donno*, *Claudio Fusco*



## XII.1. La definizione di Polizia amministrativa

Di seguito a quanto detto in precedenza in merito alla distinzione fra polizia di sicurezza e polizia amministrativa, si rileva che la dottrina tradizionale riconduceva nell'alveo del concetto di polizia amministrativa tutte le attività di prevenzione che non erano riferibili alle attività di polizia giudiziaria propriamente dette, con la conseguenza di ricomprendervi tutta una vasta gamma di funzioni quali la polizia stradale, la polizia commerciale, la polizia annonaria[1].

[1] Nel diritto italiano la nozione di polizia amministrativa è emersa a fine ottocento, quando venne rielaborata la nozione di polizia, alla luce dei dati normativi ricavati dalle leggi amministrative speciali dello Stato post-unitario. Lo studio a cui principalmente si deve la definizione della nozione è il saggio di O. RANELLETTI, *Concetto della polizia di sicurezza*, del 1898. L'origine del termine polizia deriva dal greco *politeia*: nello Stato assoluto stava ad indicare ogni intervento inteso al buon governo della comunità. In quest'accezione l'attività di polizia in sostanza corrispondeva all'attività amministrativa: essa aveva dunque un'estensione amplissima, potenzialmente indefinita, dato che vi rientrava praticamente ogni intervento inteso a tutelare e a promuovere il benessere della collettività. Nello Stato liberale ottocentesco questa nozione andò incontro a una prima ridefinizione più coerente con i nuovi assetti costituzionali improntati al principio della separazione dei poteri, che implicano limiti stringenti all'azione dell'esecutivo e dell'amministrazione. Venne quindi meno la coincidenza tra attività amministrativa e attività di polizia, e di questa seconda attività si affermò una nozione più ristretta, consistente in sostanza nelle limitazioni poste dalla pubblica amministrazione alla libertà dei cittadini a fini della tutela e della conservazione dell'ordinamento statale. In sintesi la polizia di sicurezza venne definita come l'attività intesa a evitare le violazioni dirette e immediate dei diritti dei cittadini e dei poteri dello Stato: la polizia

Tuttavia, il dinamico processo di decentramento amministrativo attuato nel nostro Paese, come già ampiamente descritto, con il conseguente progressivo trasferimento di rilevanti funzioni di amministrazione attiva dallo Stato agli enti territoriali, hanno determinato una rivisitazione necessaria del concetto di polizia amministrativa, anche alla luce dell'attuale formulazione dell'art.117, comma 2, lett. h della Costituzione[2].

In tale ottica, la polizia amministrativa può essere definita come l'attività della Pubblica Amministrazione indirizzata a garantire l'osservanza dei regolamenti, delle ordinanze e delle leggi nell'interesse superiore dello Stato, degli enti pubblici territoriali (Regione, Provincia, Comune) e della collettività, mediante limitazioni imposte dalle singole Autorità legittimate ed una continua attività di vigilanza e di controllo. Essa presenta un carattere accessorio e strumentale all'attività di amministrazione attiva, dal contenuto preventivo e repressivo, che si sostanzia nella regolamentazione di determinate attività, nel rilascio di permessi e/o autorizzazioni per lo svolgimento delle medesime, nella verifica delle prescrizioni imposte dalla legge e/o dal provvedimento e nell'imposizione di sanzioni in caso di violazioni.

Ciò detto, all'operatore giuridico appare abbastanza nitido che le citate modifiche dei livelli di *governance* e della struttura istituzionale della Pubblica Amministrazione hanno inesorabilmente portato, nella materia che ci occupa, ad un progressivo affievolimento dei suoi confini, fino al punto di dubitare circa la configurazione autonoma della stessa, nonché ad una costante e continua esigenza di calibrarne il contenuto in funzione di una sua necessaria ed opportuna differenziazione dal concetto di ordine e sicurezza pubblica, che ha provocato una serie ininterrotta di pronunce della Corte Costituzionale sul tema già all'alba dell'adozione del d.P.R. 24 luglio 1977, n. 616, emanato in attuazione della delega di cui all'art. 1 legge 22 luglio 1975, n. 382, il cui art. 19, comma 1, ha disposto il trasferimento ai Comuni di alcune funzioni di polizia amministrativa previste dal T.U.L.P.S.

La lettura critica del ragionamento complessivo rinveniente dalle sentenze della Corte costituzionale consente di stabilire e di ricostruire storicamente il criterio di ripartizione delle attribuzioni, in relazione alle funzioni di polizia, tra Stato ed enti territoriali, segnatamente le Regioni: la distinzione, come più volte detto, è

---

amministrativa, invece, come l'attività intesa a tutelare tali posizioni solo indirettamente e mediatamente, essendo finalizzata in via diretta a tutelare i beni che di queste posizioni sono l'oggetto.

[2] Nella Costituzione del 1948 della polizia amministrativa non si fa cenno: nel testo originario dell'art. 117 si fa riferimento solo alla "polizia locale urbana e rurale", per indicare una delle materie di competenza legislativa concorrente delle Regioni ordinarie. La nozione di polizia amministrativa viene in rilievo solamente in occasione della cosiddetta seconda regionalizzazione, ossia con il secondo consistente trasferimento di funzioni alle Regioni e agli altri enti locali avvenuto con il d.P.R. n. 616/1977.

netta tra le funzioni di pubblica sicurezza, le cui competenze sono riservate allo Stato, e le altre funzioni di polizia, che presentano il carattere dell'accessorietà rispetto agli ambiti di materia attribuiti alla competenza delle Regioni e che, pertanto, sono dirette alla prevenzione ed alla repressione di danni o pregiudizi a persone o cose nello svolgimento di attività rientranti nelle materie affidate alla competenza regionale, che sono riservate invece alle Regioni[3].

Questa impostazione risulta confermata dal tenore dell'articolo 159, commi 1 e 2, del più volte citato d.lgs. 112/1998, emanato nel quadro dell'ampio processo di decentramento amministrativo.

Il comma 1 definisce le funzioni e i compiti di polizia amministrativa regionale e locale, alla quale riconduce le misure dirette ad evitare danni o pregiudizi che possono essere arrecati a soggetti giuridici e alle cose nello svolgimento di attività relative alle materie nelle quali vengono esercitate le competenze, anche delegate, delle Regioni e degli enti locali, purché non siano coinvolti beni o interessi specificamente tutelati in funzione dell'ordine pubblico e della sicurezza pubblica. In tal caso, si esulerebbe dai compiti di polizia amministrativa e si ricadrebbe in un ambito di attività riservate allo Stato, così come ben specificato nel comma 2, dove è ulteriormente precisato che le funzioni e i compiti amministrativi relativi all'ordine pubblico e alla sicurezza pubblica concernono le misure preventive e repressive dirette al mantenimento dell'ordine pubblico, inteso come il complesso dei beni giuridici fondamentali e degli interessi pubblici primari sui quali si regge l'ordinata e civile convivenza nella comunità nazionale, nonché alla sicurezza delle istituzioni, dei cittadini e dei loro beni[4].

---

[3] In particolare con la sentenza n. 218/1988 la Corte costituzionale ha chiarito i contorni dei concetti di attività di pubblica sicurezza e di attività di polizia amministrativa: "le prime … riguardano le misure preventive e repressive dirette al mantenimento dell'ordine pubblico e, pertanto, si riferiscono alle attività tradizionalmente ricomprese nei concetti di polizia giudiziaria e di quella di pubblica sicurezza (in senso stretto), le altre invece concernono le attività di prevenzione o di repressione dirette a evitare danni o pregiudizi che possono essere arrecati alle persone o alle cose nello svolgimento di attività ricomprese nelle materie sulle quali si esercitano le competenze regionali (sanità, turismo, cave e torbiere, etc.), senza che ne risultino lesi o messi in pericolo i beni o gli interessi tutelati in nome dell'ordine pubblico".

[4] Sul punto si veda la sentenza della Corte costituzionale n. 290/2001, che chiarisce la nozione di ordine pubblico e sicurezza pubblica contenuta nell'art.159 d.lgs. n. 112/1998, affermando che "è opportuno chiarire che tale definizione nulla aggiunge alla tradizionale nozione di ordine pubblico e sicurezza pubblica tramandata dalla giurisprudenza di questa Corte, nella quale la riserva allo Stato riguarda le funzioni primariamente dirette a tutelare beni fondamentali, quali l'integrità fisica o psichica delle persone, la sicurezza dei possessi ed ogni altro bene che assume primaria importanza per l'esistenza stessa dell'ordinamento. È dunque in questo senso che deve essere interpretata la locuzione <interessi pubblici primari> utilizzata nell'art. 159, comma 2: non qualsiasi interesse pubblico alla cui cura siano preposte le pubbliche amministrazioni, ma soltanto

In conclusione, in base al dettato normativo così come supportato dalle pronunce della Corte Costituzionale, occorre ricorrere ad un duplice criterio per decidere se una determinata funzione rientri nelle competenze di polizia amministrativa che sono state trasferite o delegate alle Regioni:

1) verificare se le funzioni di polizia accedano ad una delle materie trasferite o delegate alle Regioni;
2) accertare che gli interessi o i beni che si intende tutelare con le funzioni di cui si tratta non rientrino in quelli compresi nel concetto di ordine pubblico.

## XII.2. Le principali attività soggette ad autorizzazione di pubblica sicurezza

La polizia amministrativa, così come definita nel paragrafo precedente, comprende anche la polizia di sicurezza la cui funzione è quella di tutelare i singoli consociati da qualsiasi lesione o minaccia al normale e pacifico esercizio dei loro diritti.

In quelli che tradizionalmente sono considerati i settori nevralgici dell'attività di polizia amministrativa, cioè le attività commerciali ed i pubblici esercizi, le funzioni attive di polizia amministrativa si concretizzano ed attuano in una duplice direzione:

1) rilascio delle autorizzazioni e/o licenze ad esercitare determinate attività o a prestare determinati servizi, ritenuti particolarmente delicati o sensibili per gli eventuali pericoli che ne possono derivare;
2) verifica dell'osservanza delle prescrizioni imposte.

La prima delle due funzioni ha subito, per effetto della politica di decentramento descritta, evidenti trasformazioni, passando dalla previsione legislativa originaria contenuta nel T.U.L.P.S. al trasferimento di ampie competenze agli enti locali, avvenuto, con attuazione di una larghissima delega, ad opera del d.P.R. n. 616/1977, che ha prodotto una scissione tra la funzione autorizzativa e quella di controllo.

Non così, al contrario, per l'attività di controllo che ha mantenuto la sua unitarietà ed è stata estesa anche agli agenti degli enti competenti ad autorizzare l'esercizio di attività o la prestazione di servizi: in altri termini, coloro che hanno la qualifica di ufficiali o agenti di pubblica sicurezza possono esercitare attività di vigilanza indipendentemente dall'appartenenza all'ente che ha rilasciato l'autorizzazione.

Il T.U.L.P.S., unitamente al relativo Regolamento di esecuzione, costituisce

quegli interessi essenziali al mantenimento di una ordinata convivenza civile" (...) "una siffatta precisazione è necessaria ad impedire che una smisurata dilatazione della nozione di sicurezza e ordine pubblico si converta in una preminente competenza statale in relazione a tutte le attività che vanificherebbe ogni ripartizione di compiti tra autorità statali di polizia e autonomie locali".

ancora oggi la normativa di riferimento dei principi generali in tema di autorizzazioni amministrative per la parte relativa ai pubblici esercizi ed alle attività commerciali, salvo espressa delega legislativa.

In particolare, i capi II e III del Titolo I regolano le funzioni di polizia amministrativa relative alle attività commerciali ed ai pubblici esercizi, disciplinando in modo analitico le caratteristiche dei provvedimenti autorizzatori, atti amministrativi con i quali si autorizza o si consente una attività commerciale o di servizio sottoposta a controllo di polizia perché ritenuta meritevole di particolare attenzione ai fini dell'ordine e della sicurezza pubblica. Detti provvedimenti si caratterizzano per:

- l'esecutorietà, ossia per il poter essere eseguiti in via amministrativa indipendentemente dall'esercizio dell'azione penale (art. 5);
- l'impugnabilità, ossia la possibilità di esercitare avverso gli stessi ricorso gerarchico. Inoltre, i suddetti provvedimenti, anche se definitivi, possono essere annullati d'ufficio dal Ministro dell'Interno qualora contengano violazioni di legge o di regolamenti o non siano fondati su motivi di pubblico interesse (art. 6);
- la non sussistenza di obblighi di corresponsione di indennizzo per eventuali danni causati dai provvedimenti emessi nell'esercizio di facoltà attribuite (art. 7);
- la personalità e l'intrasmissibilità (art. 8).

Definito il quadro generale, è opportuno segnalare, per completezza di esposizione e senza alcuna pretesa esaustiva, alcune delle principali attività soggette ad autorizzazione di pubblica sicurezza, regolamentate dal T.U.L.P.S. e dal relativo Regolamento di esecuzione, ricordando che per talune di esse la competenza al rilascio del provvedimento è stata trasferita, ad opera dell'articolo 19 del d.P.R. n. 616/1977, ai Comuni:

*a*) spettacoli e trattenimenti pubblici (artt. 68-85 T.U.L.P.S.);
*b*) esercizi pubblici (artt. 86-88 T.U.L.P.S.);
*c*) agenzie pubbliche (artt. 115-120 T.U.L.P.S.);
*d*) mestieri girovaghi e di alcune classi di rivenditori (artt. 121-125 T.U.L.P.S.);
*e*) guardie particolari e degli istituti di vigilanza e di investigazione privata (artt. 133-141 T.U.L.P.S.);
*f*) tipografie e arti affini e delle esposizioni di manifesti e avvisi al pubblico (artt. 111-113 T.U.L.P.S.).

## XII.3. Le competenze prefettizie in materia di armi

Molto spinoso, atteso il profilo della sicurezza e dell'incolumità pubblica, è il tema relativo al rilascio di autorizzazioni in materia di armi ed esplosivi[5].

---

[5] Se dal punto di vista tecnico il termine arma sta ad indicare solo quegli strumenti costruiti dall'uomo proprio allo scopo di offesa o di difesa, quegli strumenti, cioè, la cui destinazione na-

Dal punto di vista sistematico, l'autorizzazione è l'atto col quale, considerata una preesistente situazione giuridica soggettiva, si determina la rimozione di un limite all'esercizio di un diritto e/o di un potere. In materia di armi, il citato limite assume una sfumatura specifica ed esclusiva, atteso l'interesse generale da tutelare, che emerge e rileva con estrema chiarezza dalla procedura amministrativa tracciata dalle norme del citato Regolamento di esecuzione.

Come è stato chiarito a più riprese dalla giurisprudenza, il potere attribuito in materia di autorizzazioni di polizia concernenti il possesso, l'uso e la fabbricazione delle armi è connotato da elevata discrezionalità in considerazione delle finalità per cui il potere stesso è attribuito. Il fine perseguito è, infatti, la tutela dell'ordine pubblico, non solo in caso di accertato abuso, ma anche in caso di pericolo di abuso (Cons. St., Sez. VI, sent. 10 maggio 2006, n. 2576; Sez. VI, 19 gennaio 2007, sent. n. 107).

Il rilascio delle autorizzazioni di polizia rappresenta un'eccezione al generale divieto imposto ai cittadini sia di detenere, che di usare armi, in nome del primario interesse alla preservazione dell'incolumità dei cittadini stessi. Proprio in ragione di ciò, l'Autorità preposta è chiamata a compiere una discrezionale valutazione circa la capacità del soggetto richiedente di garantire la capacità di non abusare delle armi stesse.

Tale giudizio di affidabilità non è basato solo sull'accertamento di condanne penali passate in giudicato emesse nei confronti del richiedente, ma può essere anche meramente prognostico e indiziario quindi fondato sulla complessiva condotta di vita tenuta dall'interessato.

Ne discende che, anche dopo il rilascio dell'autorizzazione, ogni qual volta l'Autorità ritenga che il soggetto titolare non dia, in ragione del proprio comportamento, garanzia di piena affidabilità circa il non abuso, essa è tenuta ad intervenire revocando il provvedimento autorizzatorio ed imponendo il divieto di detenzione di armi e munizioni.

Si ritiene a questo punto di fare brevi cenni al regime dei controlli di competenza prefettizia – che si affiancano a quelli del Questore – con riferimento ad attività che vedono coinvolte le armi.

---

turale è quella di arrecare un danno fisico ad altri esseri viventi, sotto il profilo tecnico-giuridico contengono definizioni l'585 c.p., comma 2, l'art. 704 c.p. e l'art. 30 T.U.L.P.S., valide tuttavia – in base al dettato della legge n. 110 del 1975 – "agli effetti delle leggi penali, di quelle di pubblica sicurezza e delle altre disposizioni legislative e regolamentari in materia". Il successivo d.lgs. 26 ottobre 2010, n. 204, recante "Attuazione della Direttiva 2008/51/CE, che modifica la direttiva 91/477/CEE relativa al controllo dell'acquisizione e della detenzione di armi", ha uniformato allo *standard* europeo la definizione di arma da fuoco. Secondo il decreto legislativo in questione per "arma da fuoco" si intende qualsiasi arma portatile a canna che espelle, che è progettata ad espellere o può essere trasformata al fine di espellere un colpo, una pallottola o un proiettile mediante l'azione di un combustibile propellente.

1) Fabbricazione, riparazione, raccolta, commercio, deposito delle armi da guerra, tipo guerra, comuni da sparo e comuni non da sparo: accertamento della capacità tecnica.

Per lo svolgimento delle attività suddette, è prevista la necessità di munirsi, previamente, della licenza del Questore. Ciò è richiesto, per le armi da guerra e tipo guerra, dall'art. 28 T.U.L.P.S. mentre, per le restanti categorie di armi, dall'art. 31 T.U.L.P.S.

2) Il trasporto delle armi da guerra e tipo guerra: obbligo di avviso al Prefetto.

L'art. 28, comma 3, T.U.L.P.S. dispone che, per il trasporto delle armi da guerra o tipo guerra, nell'interno dello Stato, è necessario darne avviso al Prefetto. L'art. 19 legge n. 110/1975 ha esteso l'obbligo del preavviso prefettizio anche all'ipotesi del trasporto di singole parti di arma da guerra o tipo guerra.

3) L'importazione definitiva di armi comuni da sparo: obbligo di licenza del Questore.

Fermo restando che, per introdurre nel territorio dello Stato armi comuni da sparo in qualunque numero, occorre munirsi di licenza del Questore (art. 31 T.U.L.P.S.), è da precisare che l'art. 12 legge n. 110/1975, dispone che colui il quale (senza essere munito di licenza per la fabbricazione ed il commercio) intende importare armi comuni da sparo in numero superiore a tre, nel corso dello stesso anno solare, deve munirsi di apposita licenza del Prefetto della provincia nella quale ha la residenza anagrafica. La medesima disposizione precisa, inoltre, che la richiesta intesa ad ottenere il rilascio di detta licenza (che la rubrica della norma denomina di "importazione definitiva") deve essere motivata.

4) L'importazione in transito di materiale di armamento oggetto di transazioni commerciali all'estero da parte di non residenti: obbligo di licenza prefettizia.

In via di principio, la legge 9 luglio 1990, n. 185, all'art. 13, prevede la necessità di una previa autorizzazione da parte del Ministero degli Affari Esteri in ogni ipotesi in cui si intenda esportare ovvero importare, anche solo in transito, nel territorio dello Stato, materiale di armamento. Tuttavia, l'art. 16 della medesima legge, al comma secondo, riferendosi alla specifica ipotesi di "attraversamento nel territorio dello Stato" (cioè di "importazione in transito") di materiale di armamento che sia stato oggetto di transazioni commerciali all'estero da parte di non residenti, prevede la disapplicazione di tale art. 13 e l'applicazione, di converso, dell'art. 28, comma 3, T.U.L.P.S. Conseguentemente, non sarà necessaria l'autorizzazione del Ministero degli Affari Esteri, bensì, dovrà essere dato preavviso al Prefetto in ordine al trasporto del medesimo materiale, il quale – in base all'art. 16 legge n. 185/1990 – può "negare l'autorizzazione per l'introduzione nel territorio dello Stato dei materiali suddetti per motivi di ordine pubblico o di pubblica sicurezza dandone tempestiva notizia ai Ministeri degli affari esteri e della difesa, ovvero, sentiti i Ministeri predetti, per ragioni inerenti alla sicurezza dello Stato".

### *XII.3.1. La detenzione e il porto d'arma da fuoco e il divieto di detenzione armi*

Come detto nel paragrafo precedente, in linea generale, la facoltà di detenere e portare armi corrisponde ad un interesse del privato ritenuto cedevole di fronte al ragionevole sospetto di abuso di tale facoltà, il cui soddisfacimento è recessivo al cospetto dell'esigenza di evitare rischi per l'incolumità pubblica (Tar Brescia, sez. II, sent. 26 gennaio 2019, n.86).

La valutazione che compie l'Autorità di Pubblica Sicurezza in materia di detenzione di armi è caratterizzata, pertanto, da ampia discrezionalità e persegue lo scopo di prevenire, per quanto possibile, l'abuso di armi da parte di soggetti non pienamente affidabili[6].

Tale ampia discrezionalità di cui gode l'Amministrazione in materia di armi deriva, in primo luogo, dall'assenza nell'ordinamento di situazioni di diritto soggettivo relative alla detenzione e al porto di armi, costituendo tali situazioni delle eccezioni al generale divieto di cui all'art. 699 c.p. e all'art. 4, comma 1, legge n. 110/1975.

In secondo luogo, essa è ascrivibile alle peculiari finalità perseguite dall'Amministrazione che non sono di natura sanzionatoria o punitiva, bensì di natura cautelare, con funzione di prevenzione rispetto ad abusi nell'uso delle armi a tutela della privata e pubblica incolumità (Tar Campania, sez. V, sent. 8 ottobre 2018, n. 5825).

Tanto chiarito in via preliminare, occorre ora soffermarsi sui concetti di detenzione e porto d'armi, quali autorizzazioni che legittimano i soggetti al possesso di un'arma.

Va immediatamente dato atto, al riguardo, che tale materia è stata recentemente novellata con d.lgs. 10 agosto 2018, 104, recante "Attuazione della Direttiva (UE) 2017/853 del Parlamento Europeo e del Consiglio del 17 maggio 2017 che modifica la Direttiva 91/477/CEE del Consiglio relativa al controllo dell'acquisizione e della detenzione di armi", cui ha fatto seguito un Circolare esplicativa del Ministero dell'Interno del 12 settembre 2018, n. 10900(27)9.

Con riguardo alla detenzione[7], essa consiste in una relazione di fatto tra il soggetto e l'arma, in modo che si verifichi la disponibilità dell'arma, indipenden-

---

[6] Il giudizio di "non affidabilità" prescinde dal riscontro di condanne penali o misure di pubblica sicurezza, ma è giustificato anche dal ricorrere di situazioni genericamente non ascrivibili a "buona condotta" (Tar Emilia Romagna, sez. I, sent. 10 aprile 2017, n. 133).

[7] Il nulla osta all'acquisto di armi ai sensi dell'art. 35 T.U.L.P.S. è la concessione che viene rilasciata dalla Questura affinché una persona maggiorenne possa acquistare e detenere un'arma presso la propria abitazione. La principale differenza tra le licenze di porto d'armi e il nulla osta sta in ciò: il nulla osta permette solamente l'acquisto dell'arma, senza alcuna possibilità di poterla portare fuori di casa. L'unico trasporto dell'arma che legittima il nulla osta è quello fino al domicilio ove si intende detenerla.

temente da un collegamento materiale e spaziale tra l'agente e l'arma detenuta. Perché sussista la detenzione è sufficiente che il soggetto custodisca o possegga l'arma in un luogo (di norma il domicilio) dal quale possa liberamente prelevarla e disporne.

Il "porto", invece, costituisce una forma di uso dell'arma e consiste nel fatto che il portatore tiene consapevolmente l'arma con sé ed a propria disposizione come mezzo da impiegare secondo la destinazione per la quale essa è stata costruita[8].

Per "portare" legittimamente armi lunghe da fuoco, pistole, rivoltelle o un bastone animato, è necessario munirsi della licenza dell'Autorità secondo quanto dispone l'art. 42 T.U.L.P.S. Peraltro, il rilascio del relativo permesso di porto, è subordinato all'accertamento della capacità tecnica al maneggio delle armi nei confronti del richiedente.

Il riferimento normativo di tale peculiare autorizzazione al porto d'armi per difesa personale lo si rinviene nell'art. 42 T.U.L.P.S., ai sensi del quale, la licenza di portare rivoltelle o pistole di qualunque natura o bastoni animati la cui lama non sia inferiore a 65 centimetri, è concessa dal Prefetto in caso di "dimostrato bisogno" di andare armato, necessità rimessa, tuttavia, alla discrezionalità del Prefetto sia pur nell'ambito di un circostanziato riferimento ad indici rivelatori del pericolo di aggressione per l'istante[9].

Naturalmente l'Autorità può, ove ne ravvisi la necessità, revocare la licenza di porto d'armi.

Ai fini dell'adozione di tale provvedimento, non è necessario riscontrare un vero e proprio abuso dell'arma in questione, essendo sufficiente che il titolare

---

[8] La fattispecie del porto si integra indipendentemente dalla circostanza che l'arma sia indosso alla persona: ricorre il porto pur quando non vi siano – o siano facilmente e prontamente superabili – eventuali impedimenti all'apprensione dell'arma e ne sia possibile l'uso immediato.

[9] Il Prefetto terrà conto, nella valutazione di tali indici, oltre che della condizione personale, anche della particolare condizione ambientale in cui versi l'istante (es. negozio o abitazione isolata, necessità di attraversare quartieri malfamati, zona con alto indice di criminalità, etc.). Nella prassi, i soggetti che possono sperare di ottenere una licenza di porto di arma corta o bastone animato sono: persone che portano sovente valori, quali rappresentanti di gioielli, impiegati addetti a prelevare o versare somme rilevanti; persone che hanno in negozio valori, quali gli orefici; commercianti che, per necessità del loro commercio, si trovino a dover recare con sé ingenti somme di denaro; persone soggette a rischio di sequestro; persone che svolgono attività che le espongano a particolari rischi di aggressione o vendetta (es. ufficiali giudiziari). In alcune Prefetture è invalso l'uso di richiedere che l'istante dimostri di possedere elevati redditi, tali da giustificare i timori, da parte di quest'ultimo, di essere rapinato. A ben vedere, si tratterebbe di richiesta apodittica, dacché, ciò che rileva, non è il reddito ma il possesso di consistenti somme di denaro: ad esempio, con i prezzi attuali dei carburanti, un benzinaio si trova, di sera, ad essere un appetibile bersaglio per un rapinatore, pur senza essere una persona abbiente.

dell'autorizzazione, in base ad una discrezionale valutazione, non susciti un obiettivo affidamento di non abusarne, anche mediante un impiego non adeguatamente prudente. Come detto, l'autorizzazione alla detenzione delle armi è infatti da considerarsi eccezionale e le esigenze di incolumità di tutti i cittadini sono prevalenti e prioritarie e pertanto la richiesta di porto d'armi può essere soddisfatta solo nell'ipotesi che non sussista alcun pericolo che il soggetto possa abusarne, richiedendosi che l'interessato sia esente da mende e al di sopra di ogni sospetto o indizio negativo (Tar Emilia Romagna, sez. I, sent. 4 dicembre 2017, n. 392).

Oltre al potere di revoca, la legge contempla due casi in cui il Prefetto, rivolgendosi ai soggetti che detengono armi regolarmente denunciate[10], può disporne il divieto di detenzione col conseguente ordine di consegna all'Autorità.

Il primo caso è quello previsto dall'art. 39 T.U.L.P.S. che regola l'ordine di consegna individuale, rivolto dal Prefetto a quel soggetto che, per qualche motivo[11], si ritiene sia capace di abusare delle armi dallo stesso detenute. Il provvedimento, di carattere fortemente discrezionale[12], deve essere congruamente motivato[13] e deve prevedere il termine per adempiere.

---

[10] L'art. 38 T.U.L.P.S. dispone che, chiunque detenga armi, deve farne denuncia all'Autorità entro le 72 ore successive all'acquisizione della loro materiale disponibilità. Tale denuncia deve avvenire per iscritto e secondo le modalità individuate dagli artt. 15 e 58 r.d. 635/1940. È, tuttavia, da menzionare l'importante innovazione recata dal d.lgs. n. 204/2010 che, modificando la disposizione di cui all'art. 38 T.U.L.P.S., ha introdotto la possibilità di esperire tale denuncia per via telematica. L'art. 10 legge n. 110/1975 pone, infine, un limite numerico alle armi che ciascun cittadino può detenere. In particolare è ammessa la detenzione di massimo 3 armi comuni da sparo, 6 armi per uso sportivo e illimitate armi per uso venatorio.

[11] Secondo la giurisprudenza, il pericolo di abuso delle armi può essere ravvisato in tutti i casi in cui, sul conto del soggetto interessato, ovvero dal suo comportamento, emergano sospetti o indizi negativi che inducano ragionevolmente a dubitare che le armi siano godute ed usate nella più perfetta e completa sicurezza. In tal senso, da ultimo, si veda Tar Lombardia, sent. 29 maggio 2009, n. 3875. Tali indizi vengono normalmente individuati in: manifestazioni di malattia psichica, accertamento dell'uso di sostanze stupefacenti o di abuso di alcol o medicinali, denunzie per reati che comporterebbero il divieto di acquistare armi, venir meno della buona condotta in genere.

[12] Unanime la giurisprudenza nel riconoscere l'elevata discrezionalità del provvedimento. Da ultimo, Cons. St., sent. 3 giugno 2010, n. 3516: "Si tratta di un potere connotato da elevata discrezionalità, in considerazione delle finalità per cui il potere è attribuito. Il fine perseguito è, infatti, la tutela dell'ordine pubblico, non solo in caso di accertata lesione, ma anche in caso di pericolo di lesione".

[13] La prevalente giurisprudenza amministrativa, e di legittimità, e di merito, si è espressa in tal senso. Da ultimo si veda Cons. St., sent. n. 3516/2010 ove si legge: "la valutazione di inaffidabilità del soggetto è affidata all'Autorità amministrativa, secondo un apprezzamento discrezionale, purché congruamente motivato avuto riguardo a circostanze di fatto specifiche". Non sono mancate, tuttavia, alcune sentenze, le quali, al contrario, hanno fortemente ridimensionato l'obbligo di motivazione del provvedimento, ritenendo che ciò fosse logica conseguenza del fortissimo potere discrezionale posto in capo al Prefetto. In tal senso: Cons. St., 8 ottobre 2008, n. 4918; Cons. St.,

Tuttavia, essendo per sua stessa natura, un provvedimento urgente, può recare un ordine di consegna immediata. In tale ultimo caso, l'ordine di consegna diventa, in sostanza, un ordine, per chi comunica l'atto, di provvedere anche al ritiro delle armi detenute.

Il secondo caso è previsto dall'art. 40 T.U.L.P.S., il quale disciplina l'ordine di consegna generale per motivi di ordine pubblico. Più precisamente, il Prefetto, per ragioni di ordine pubblico, può disporre, in qualunque tempo, che le armi detenute da una generalità individuata di soggetti, siano consegnate per essere custodite in determinati depositi, a cura dell'autorità di pubblica sicurezza o dell'autorità militare.

Ai sensi dell'art. 61 r.d. n. 635/1940, l'ordine deve contenere il termine per adempiere e può essere comunicato direttamente a tutti coloro che risultino essere detentori delle armi, ovvero reso noto mediante manifesti.

## XII.4 Le competenze prefettizie in materia di istituti di vigilanza e di investigazione privati

*La Vigilanza privata*

La difesa di beni e persone è compito dello Stato e in questo senso la vigilanza privata rappresenta una eccezione. Come precisato dall'art. 256 r.d. n. 635/1940 è ammessa l'attività di vigilanza e custodia di beni mobili e immobili per la legittima autotutela dei diritti patrimoniali a condizione che tale attività non implichi l'esercizio di pubbliche funzioni o lo svolgimento di prerogative riservate agli organi di polizia.

Oggetto della vigilanza privata possono essere, pertanto, solamente i beni mobili ed immobili, mentre non spetta agli operatori del settore occuparsi della protezione delle persone (Circolare 11 luglio 1988).

La vigilanza privata dei beni mobili ed immobili può espletarsi in due differenti modi:

1) Vigilanza in proprio ai sensi dell'art. 133 T.U.L.P.S.

Si verifica quando enti o privati impiegano guardie particolari giurate per vigilare sui propri beni a scopo di autodifesa: in tale ipotesi la guardia giurata è dipendente del privato/ente proprietario dei beni.

Il Prefetto, laddove ritenga di accogliere l'istanza, rilascia una espressa autorizzazione.

---

29 novembre 2000, n. 6347; Cons. St., 17 luglio 1996, n. 858; Tar Liguria 7 aprile 2008, n. 469; Tar Catania 27 maggio 2002, n. 915 ove, addirittura, si parla di "ampio potere di apprezzamento discrezionale [..] con il solo limite di non sconfinare nell'arbitrio"; Tar Campania, 6 novembre 2000, n. 4081; Tar Basilicata 7 ottobre 2000, n. 597; Tar Brescia 13 luglio 1999, n. 882.

2) Vigilanza per conto terzi ai sensi dell'art. 134 T.U.L.P.S.

È l'attività di vigilanza privata svolta a scopo di lucro da istituti muniti di apposita licenza: in tale ipotesi le guardie particolari giurate sono dipendenti dell'istituto di vigilanza e vigilano su beni di terzi che hanno richiesto il servizio. Per lo svolgimento dell'attività è necessaria la licenza del Prefetto.

A tale proposito, la Corte di Giustizia delle Comunità Europee con sentenza n. C-46505 del 13 dicembre 2007 ha ritenuto che l'obbligo di ottenere una licenza per lo svolgimento dell'attività di vigilanza sia compatibile con il sistema comunitario considerate le implicazioni di ordine pubblico connesse all'attività stessa, pur rimarcando la necessità che il Prefetto, in caso di richiesta proveniente da imprese comunitarie, tenga conto degli obblighi dalle stesse già assolti all'estero (art. 260-*bis*, comma 1 r.d. n. 635/1940).

Per l'esercizio occasionale in Italia di servizi temporanei di vigilanza e custodia da parte di imprese autorizzate in altro Stato membro dell'Unione e per le attività transfrontaliere (ossia le attività che hanno inizio nello Stato membro di stabilimento dell'impresa e terminano sul territorio italiano o viceversa) l'autorizzazione è rilasciata dal Ministero dell'Interno (art. 260-*bis*, commi 2 e 3, r.d. n. 635/1940; circolare 07 settembre 2010).

*L'investigazione privata*

L'investigatore privato è un professionista in possesso di licenza per l'attività di investigatore privato rilasciata dalla prefettura competente.

La figura dell'investigatore privato è disciplinata dal T.U.L.P.S. e dal relativo regolamento di attuazione di cui al regio decreto 6 maggio 1940, n. 635, in particolare gli artt. da 257 a 260. In ottemperanza alle disposizioni del T.U.L.P.S. e del relativo regolamento è stato emanato apposito decreto del Ministero dell'interno del 1 dicembre 2010, n. 269, che ha regolamentato nel dettaglio tale istituto.

Il decreto ha provveduto alla riorganizzazione della disciplina relativa agli istituti di investigazione privata e dei requisiti di questi ultimi.

L'art. 5 d.m. n. 269/2010 stabilisce, in particolare, la classificazione delle attività secondo lo schema seguente: investigazioni in ambito privato; investigazioni in ambito aziendale; indagini in ambito commerciale; indagini in ambito assicurativo; indagini difensive; informazioni commerciali[14].

*La revoca-sospensione della licenza e l'incameramento della cauzione*

---

[14] AL riguardo si segnala una importante Circolare del Ministero dell'Interno del 23 aprile 2019 (Class. 10089.D(1)) con cui si è chiarita la linea di discrimine tra i servizi riservati agli operatori della vigilanza privata e i servizi cd. di "portierato" e più in generale sulle aree di riserva in favore degli operatori della vigilanza privata (e dunque delle guardie giurate) sottratte agli istituti di investigazione.

In caso di riscontrate violazioni di legge o della licenza da parte dei titolari di essa, l'art. 257-*quater*, comma 3 r.d. n. 635/1940 prevede il potere del Prefetto di revocare o sospendere la licenza per l'espletamento dei relativi servizi di vigilanza/investigazione.

In alternativa, nell'ottica del principio di proporzionalità delle sanzioni, l'Autorità prefettizia in caso di violazioni reputate di minore gravità, può limitarsi a disporre l'incameramento della cauzione ai sensi dell'art. 137 T.U.L.P.S. e la sua devoluzione all'Erario.

# PARTE III
## AREA LIBERTÀ CIVILI E IMMIGRAZIONE

# CAPITOLO I
# Ingresso e soggiorno dei cittadini stranieri

di *Carmen Cosentino*, *Grazia Paciullo*, *Monica Vaccaro*



## I.1. L'ingresso del cittadino straniero e dell'apolide nello spazio comune

La Costituzione italiana, all'articolo 10, comma secondo, ha previsto che la disciplina relativa alla condizione giuridica dello straniero sia riservata alla legge, in conformità delle norme e dei trattati internazionali.

Il più evidente precipitato di questa riserva rinforzata di legge è che lo straniero, presente a qualsiasi titolo sul territorio dello Stato, sia anche titolare di diritti che prescindono dal legame di cittadinanza con l'ordinamento[1].

In tal senso, la Corte costituzionale ha più volte affermato che il principio di eguaglianza sancito all'art. 3 della Costituzione deve essere interpretato in combinato disposto con l'art. 2 che riconosce la tutela dei diritti inviolabili dell'uomo senza distinguere tra cittadini e stranieri[2].

Tali diritti e garanzie, riconosciuti allo straniero nel territorio dello Stato in virtù del rinvio operato dal succitato articolo 10 c. 2, possono essere immediatamente rintracciati nell'art. 12 del Patto internazionale sui diritti civili e politici e

[1] Il riferimento, oltre alle norme consuetudinarie e ai trattati internazionali, è ai diritti e libertà fondamentali definiti nella Convenzione europea per la salvaguardia dei diritti dell'uomo e delle libertà fondamentali (CEDU), firmata a Roma il 4 novembre 1950 (ratificata e resa esecutiva con l. 4 agosto 1955, n. 848), nel cui art. 1 gli Stati firmatari dichiarano che tali diritti si «riconoscono ad ogni persona soggetta alla loro giurisdizione», e nei successivi Protocolli addizionali.

[2] *Ex plurimis* Corte cost. sent. 18 luglio 1986, n. 199; Corte cost. sent. 19-26 giugno 1969, n. 104; sentenze nn. 104/1969, 144/1970, 109/1974 e 244/1974.

nell'articolo 2 del IV Protocollo addizionale alla Convenzione europea dei diritti dell'uomo, che riconoscono agli stranieri il diritto di circolare liberamente, di scegliere liberamente la propria residenza e di lasciare il territorio dello Stato in cui dimorano, fatte salve le restrizioni previste dal diritto interno.

Ad essi, si aggiunge il divieto di subire discriminazioni in ragione della propria appartenenza, divieto che discende dalle norme di diritto internazionale generalmente riconosciute, alle quali l'ordinamento giuridico italiano è obbligato a conformarsi ai sensi dell'art. 10, comma primo, della Costituzione.

Ciò premesso, l'effettivo esercizio da parte dello straniero dei diritti fondamentali spettanti ad ogni persona è necessariamente condizionato dalle norme che lo Stato prevede per disciplinare l'ingresso e la permanenza sul proprio territorio.

Lo Stato conserva, infatti, la prerogativa di controllare, limitare o impedire l'ingresso e il soggiorno dello straniero, ovvero di disporne l'allontanamento anche con misure coercitive, previa adozione di un provvedimento di espulsione fondato su un comportamento individuale concreto.

La stessa Dichiarazione universale dei diritti dell'uomo all'art. 13, comma secondo, pur sancendo che «ogni individuo ha diritto di lasciare qualsiasi Paese, incluso il proprio [...]», non istituisce alcun obbligo per gli Stati di ammettere sul proprio territorio se non i propri cittadini, riconoscendo in capo allo Stato la competenza a ponderare la pretesa all'ingresso dello straniero in rapporto ad altri interessi e limiti stabiliti dal diritto interno, oltre che da vincoli derivanti dalle norme internazionali.

In via generale, pertanto, è possibile definire come interesse legittimo la situazione giuridica dello straniero in relazione all'ingresso sul territorio di uno Stato del quale non è cittadino.

Fanno eccezione alcune categorie di cittadini stranieri, per le quali si presume che l'interesse all'ammissione sul territorio dello Stato abbia carattere prevalente rispetto a qualunque altro interesse contrapposto nei confronti delle quali, pertanto, l'ordinamento riconosce un vero e proprio diritto soggettivo all'ingresso e al soggiorno sul territorio dello Stato.

Tali sono, nel territorio dell'Unione, i cittadini europei, in virtù delle libertà di circolazione e soggiorno, gli stranieri non comunitari ai quali nel proprio Paese non è garantito l'effettivo esercizio delle libertà democratiche garantite dalla Costituzione italiana[3] e, infine, gli stranieri familiari di un cittadino italiano o di un cittadino straniero regolarmente soggiornante in Italia, per i quali il diritto al mantenimento o alla ricostituzione dell'unità familiare è posizione soggettiva da tutelare.

---

[3] Cfr. art. 10, comma 3, Cost.

Ciò premesso, la riserva rinforzata introdotta dal Costituente innanzi richiamata e a cui è intrinsecamente connessa la potenzialità di espansione – o contrazione – della sfera giuridica dello straniero regolarmente soggiornante, nell'ordinamento italiano è stata attuata per la prima volta dalla legge 28 febbraio 1990, n. 39, c.d. "legge Martelli", a cui hanno fatto seguito, negli anni, la legge 6 marzo 1998, n. 40, c.d. legge "Turco-Napolitano" e il successivo decreto legislativo 25 luglio 1998, n. 286, recante il "Testo unico delle disposizioni concernenti la disciplina dell'immigrazione e norme sulla condizione dello straniero" (T.U. Immigrazione).

Attualmente, pur nel quadro di una *goverance* complessa, il T.U. Immigrazione, continua a costituire la fonte primaria della materia, soprattutto con riferimento alla disciplina dell'ingresso, della regolamentazione dei flussi e delle condizioni di soggiorno dello straniero proveniente da un Paese terzo.

Importante, in questa sede, ribadire che, a partire dall'istituzione dello spazio di libera circolazione introdotto con i Trattati di Schengen e "comunitarizzato" dal Trattato di Amsterdam, la normativa in materia di ingresso si applica alle frontiere esterne dello Stato e non ai confini interni, con gli atri Stati europei, nonostante sia possibile per i Paesi aderenti, in casi eccezionali, sospendere temporaneamente le regole dello spazio comune reintroducendo i controlli alle frontiere.

## I.2. Requisiti per l'ingresso e il soggiorno in Italia

Ai sensi dell'articolo 4 del T.U. Immigrazione[4], l'ingresso regolare nel territorio italiano dello straniero o dell'apolide, proveniente dalle frontiere esterne allo spazio Schengen, è subordinato al rispetto di determinati requisiti che devono perdurare per tutto il soggiorno e sono condizione per il rilascio e il rinnovo del permesso di soggiorno.

In particolare, per essere ammesso in territorio italiano è necessario che lo straniero:

– sia titolare, laddove previsto, di un visto d'ingresso valido e di un passaporto in corso di validità, o di un documento di viaggio equipollente riconosciuto valido per l'attraversamento delle frontiere;

[4] Le condizioni generali per gli ingressi e i soggiorni sono, in particolare, previste dal regolamento recante il "Codice delle frontiere Schengen" - Regolamento UE n. 399 del 2016 del Parlamento Europeo e del Consiglio del 9 marzo 2016 che codifica il Regolamento (CE) n. 562/2006 del Parlamento europeo e del Consiglio, che istituisce un codice comunitario relativo al regime di attraversamento delle frontiere da parte delle persone (codice frontiere Schengen), la convezione di applicazione dell'Accordo di Schengen, i regolamenti (CE) n. 1683/95 e (CE) n. 539/2001 del Consiglio e i regolamenti (CE) n. 767/2008 e (CE) n. 810/2009 del Parlamento europeo e del Consiglio - e dagli artt. 4 e 5 T.U..

- dimostri di essere in possesso di documentazione in grado di giustificare lo scopo e le condizioni del viaggio;
- dimostri la disponibilità di mezzi di sussistenza sufficienti per la durata del soggiorno nonché, tranne che per i soggiorni per motivi di lavoro o familiari, anche per il ritorno nel Paese di provenienza.

Accanto ad essi, la legge prevede dei fattori ostativi all'ingresso. Non può essere ammesso nel territorio dello Stato lo straniero:

- che sia stato segnalato nelle banche dati di polizia ai fini della non ammissione nello spazio Schengen;
- che sia considerato una minaccia per l'ordine pubblico o la sicurezza dello Stato italiano o di uno dei Paesi con i quali l'Italia ha sottoscritto accordi per la soppressione dei controlli alle frontiere interne e la libera circolazione delle persone;
- che risulti condannato, a prescindere dal giudizio di pericolosità e anche a seguito di patteggiamento, per i reati per i quali è previsto l'arresto obbligatorio in flagranza, di cui all'articolo 380, commi 1 e 2, del codice di procedura penale, ovvero per reati inerenti gli stupefacenti, la libertà sessuale, il favoreggiamento dell'immigrazione clandestina verso l'Italia e dell'emigrazione clandestina dall'Italia verso altri Stati, o per reati diretti al reclutamento di persone da destinare alla prostituzione o allo sfruttamento della prostituzione, o di minori da impiegare in attività illecite, ovvero per uno dei reati previsti dalle disposizioni del titolo III, capo III, sezione II, della legge 22 aprile 1941, n. 633, relativi alla tutela del diritto di autore, e degli articoli 473 e 474 del codice penale[5];
- che sia stato destinatario di un provvedimento di espulsione con divieto di reingresso nel territorio nazionale (nonché nel territorio degli altri Paesi aderenti a Schengen) per un periodo non inferiore a tre anni e non superiore a cinque, salvo il rilascio di una speciale autorizzazione da parte del Ministro dell'Interno;
- che abbia già soggiornato sul territorio Schengen, nel medesimo semestre, per un periodo massimo complessivo di novanta giorni (tale ipotesi si verifica solo nei casi di ingresso di breve durata, vedi *infra* par. I.2.1).

### *I.2.1. Il visto d'ingresso*

La titolarità di un visto è uno dei requisiti per l'ingresso regolare dello straniero

[5] La Corte Costituzionale (*ex plurimis*, sentenza 7 maggio 2008, n. 148) ha ritenuto non manifestamente irragionevole condizionare l'ingresso e la permanenza dello straniero nel territorio nazionale alla circostanza della mancata commissione di reati di non scarso rilievo.

nel territorio italiano e unionale[6]. Più precisamente, il visto rappresenta un provvedimento autorizzatorio che attesta l'avvenuto controllo preliminare sullo scopo e sulla durata del soggiorno.

L'autorizzazione all'attraversamento delle frontiere è rilasciata allo straniero dalla rappresentanza diplomatico–consolare dello Stato di destinazione del viaggio, presente nel Paese di origine o di provenienza dello stesso. L'autorità che lo rilascia conserva un ampio margine di discrezionalità nella verifica del possesso dei requisiti sopracitati, soprattutto con riferimento alle ripercussioni della presenza dello straniero sulla sicurezza del Paese di destinazione.

Le tipologie di visto possono essere riassunte sistematicamente in due categorie:

– visti di ingresso per soggiorni di breve durata (inferiori o uguali a novanta giorni);
– visti di ingresso per soggiorni di lungo periodo (superiori a novanta giorni).

Alla categoria dei visti di breve durata appartengono innanzitutto i "visti uniformi Schengen" (VSU), che consentono al titolare di circolare nell'intero territorio degli Stati che aderiscono allo spazio Schengen e visti con validità territoriale limitata (VTL) che, a differenza dei visti uniformi Schengen, consentono al titolare di circolare soltanto all'interno del territorio di quegli Stati membri le cui rappresentanze territoriali abbiano rilasciato il visto. È importante osservare che i visti con validità territoriale limitata costituiscono un'eccezione al sistema dell'ingresso, giustificata soltanto da motivi umanitari, di interesse nazionale o in ossequio a obblighi internazionali: è, infatti, l'autorità diplomatico-consolare che, d'ufficio e non su istanza dello straniero, rilascia l'autorizzazione in deroga alle condizioni previste per il rilascio del visto uniforme, esclusivamente in casi di urgenza e necessità.

I visti per soggiorni di lunga durata, diversamente, consentono l'ingresso nello Stato per un periodo superiore a novanta giorni, generalmente connesso allo scopo del soggiorno.

Il provvedimento di rilascio del visto da parte dell'autorità diplomatico-consolare è condizione necessaria ma non sufficiente all'ingresso dello straniero nel territorio dello Stato: lo straniero, sia esso in possesso del visto o anche esente da tale obbligo nelle ipotesi consentite, sarà infatti sottoposto alla verifica delle condizioni previste per l'ingresso anche da parte delle autorità nazionali di frontiera. Questa fase si caratterizza per essere una fase di polizia, volta soprattutto a verificare eventuali precedenti dello straniero nel Sistema di informazione Schengen

---

[6] Salvo che si tratti di cittadino di uno degli Stati inclusi nell'elenco previsto e aggiornato con apposito Regolamento dell'Unione europea, n. 1806 del 2018, dei Paesi i cui cittadini sono esentati dall'obbligo del visto di ingresso per gli ingressi inferiori a 90 giorni per turismo, affari, visita.

(SIS) e negli archivi nazionali. All'esito del controllo, il personale della polizia di frontiera apporrà il timbro uniforme Schengen sul documento di viaggio dello straniero che, a quel punto, potrà accedere regolarmente al territorio italiano.

Qualora lo straniero non soddisfi le condizioni di ingresso, sarà adottato nei suoi confronti, dall'autorità competente, un provvedimento di respingimento (vedi *infra*, Cap. II.2).

### *I.2.2. Il permesso di soggiorno*

Una volta entrato nel territorio dello Stato, lo straniero deve procedere a regolarizzare la propria permanenza, dotandosi di apposito titolo, che varia a seconda della durata e della motivazione del soggiorno.

In particolare, nel caso di soggiorni di durata non superiore a 90 giorni per motivi di affari, turismo, visite e studio, è sufficiente che lo straniero renda dichiarazione di presenza, ai sensi della legge 28 maggio 2007, n. 68[7].

Per soggiorni per motivi diversi da quelli per turismo, affari, visite e studio, o comunque per soggiorni di durata superiore a 90 giorni, lo straniero che ha fatto regolarmente ingresso in Italia è obbligato a richiedere, entro 8 giorni lavorativi, un permesso di soggiorno al Questore della provincia in cui intende dimorare, che lo rilascia entro il termine ordinatorio di sessanta giorni a decorrere dalla presentazione della domanda[8].

---

[7] Per gli stranieri che provengono da un Paese terzo e fanno ingresso in Italia attraverso una frontiera esterna si considera, ai fini del rilascio della dichiarazione di presenza, il timbro uniforme Schengen apposto sul passaporto al valico da parte della polizia di frontiera. Diversamente, gli stranieri che hanno fatto ingresso in uno Stato dello spazio comune, e si sono successivamente spostati in Italia, hanno l'obbligo di dichiarare la loro presenza, entro otto giorni dall'ingresso, al Questore della provincia in cui intendono soggiornare. Un'ulteriore possibilità per regolarizzare la permanenza non superiore a tre mesi è stata concessa agli stranieri che hanno fatto ingresso in Italia transitando da uno Stato membro e sono ospitati in strutture alberghiere: ai sensi dell'articolo 109, commi 1 e 3, del regio decreto 18 giugno 1931, n. 773, costituisce, infatti, dichiarazione di presenza, la dichiarazione resa all'albergatore, sul quale incombe l'obbligo di segnalare all'Autorità locale di pubblica sicurezza le generalità di tutte le persone alloggiate - ivi compresi gli stranieri - entro le ventiquattro ore successive al loro arrivo. La dichiarazione di presenza consente il soggiorno per il tempo massimo indicato nel visto di ingresso – che comunque non sarà superiore a 90 giorni – e non costituisce un titolo ai fini dell'accesso al mercato del lavoro. Qualora lo straniero, pur avendo regolarmente dichiarato la propria presenza, si sia trattenuto nel territorio dello Stato oltre il periodo consentito, la sua permanenza diviene irregolare.

[8] Si distingue il permesso di soggiorno UE per soggiornanti di lungo periodo (vedi infra, par. I.3.2), per il quale il rilascio da parte del Questore avviene entro il termine ordinatorio di 90 giorni, a decorrere dalla data di presentazione della domanda.

Il permesso di soggiorno è rilasciato allo straniero generalmente per i medesimi motivi menzionati nel visto, alle condizioni e nei limiti previsti dal d.lgs. n. 286/1998: tra tutti, è qui il caso di citare i permessi di soggiorno per lavoro autonomo e subordinato, anche stagionale, per motivi familiari, per studio, per ricerca scientifica e per motivi religiosi[9].

La tipologia e la durata[10] del titolo di soggiorno hanno un effetto diretto sulla capacità di espansione della situazione giuridica dell'interessato, condizionando l'effettivo esercizio di una serie di altri diritti connessi alla permanenza sul territorio.

In via generale, ogni straniero regolarmente soggiornante – con la sola eccezione dei titolari di permesso di soggiorno per richiesta asilo[11] – ha il diritto di iscriversi nelle liste anagrafiche della popolazione residente a parità di condizioni con il cittadino italiano[12], di presentare, in qualità di datore di lavoro, domanda di nulla-osta in favore di altri lavoratori stranieri ancora residenti all'estero[13], di

---

[9] Con Regolamento (CE) n. 1030/2002 del Consiglio del 13 giugno 2002 è stato istituito un modello uniforme per i permessi di soggiorno rilasciati a cittadini di paesi terzi che, in Italia a partire dall'11 dicembre 2006, nella maggior parte dei casi, si presentano in formato elettronico. Per semplificare la procedura di rilascio, in virtù di una convenzione stipulata tra il Ministero dell'Interno e Poste Italiane S.p.a., ai sensi dell'art. 39, comma 4 bis della legge n. 3/2003, per alcune tipologie di permessi di soggiorno, le istanze sono presentate per il tramite di uffici postali abilitati. Le tipologie di permesso di soggiorno rilasciate dagli uffici postali abilitati sono le seguenti: adozione, affidamento, aggiornamento permesso di soggiorno (cambio domicilio, stato civile, inserimento figli, cambio passaporto), attesa occupazione, attesa riacquisto cittadinanza, asilo politico (rinnovo), conversione permesso di soggiorno, duplicato permesso di soggiorno, famiglia, lavoro autonomo, lavoro subordinato, lavoro subordinato-stagionale, missione, motivi religiosi, residenza elettiva, ricerca scientifica, status apolide (rinnovo), studio, tirocinio formazione professionale, turismo. Diversamente, devono essere presentate presso gli uffici immigrazione delle Questure le istanze per i permessi per: affari, cure mediche, gara sportiva, asilo politico (rilascio), minore età, giustizia, status apolide (rilascio), integrazione minore, soggiorno cittadini UE comunitari.

[10] La durata del permesso di soggiorno per motivi di lavoro è quella prevista dal contratto, mentre negli altri casi la durata è quella indicata nel visto di ingresso; in ogni caso, la durata del permesso non può mai essere: superiore ad un anno nel caso di frequenza di un corso di studio o formazione; superiore a nove mesi, nel caso di lavoro stagionale; superiore ad un anno, nel caso di un contratto di lavoro a tempo determinato; superiore a due anni, nel caso di un contratto di lavoro a tempo indeterminato; superiore a due anni, nel caso di lavoro autonomo; superiore a due anni, nel caso di ricongiungimento ai familiari; superiore a cinque anni, nel caso di riconoscimento della protezione sussidiaria; superiore a cinque anni, nel caso di riconoscimento dello status di rifugiato.

[11] Art. 13, d.l. 4 ottobre 2018, n. 113.

[12] Art. 6, comma 7 TUI.

[13] Artt. 22 e 24 TUI.

ottenere l'iscrizione agli ordini e collegi professionali[14], di accedere ai corsi di alfabetizzazione e di recupero della scuola dell'obbligo previsti in favore degli adulti[15], di fruire delle misure di integrazione sociale[16], oltre ad essere specificamente tutelato contro ogni atto illegittimo che comporti discriminazioni per motivi religiosi, etnici, nazionali o religiosi, compiute in materia di accesso all'occupazione, all'alloggio, all'istruzione, alla formazione e ai servizi sociali e socio-assistenziali e di esercizio di un'attività economica legittimamente intrapresa[17].

Diversamente, solo alcune tipologie di permesso di soggiorno consentono al cittadino straniero di richiedere il ricongiungimento con familiari residenti all'estero, ovvero di accedere alle prestazioni di assistenza sociale e alle graduatorie di assegnazione degli alloggi di edilizia residenziale pubblica, diritti questi ultimi garantiti, rispettivamente, a titolari di permessi di soggiorno della durata di almeno uno e due anni.

Per alcune tipologie di soggiorno, il procedimento amministrativo prevede il coinvolgimento, nella fase istruttoria, dello Sportello unico per l'immigrazione (SUI) della provincia presso cui lo straniero intende stabilirsi.

Lo Sportello Unico per l'immigrazione, disciplinato dall'art 22 del d. lgs. n. 286/1998 e dall'art. 30 del d.P.R. n. 394/1999, nasce come organismo collegiale di valutazione delle istanze di *nulla osta* all'ingresso in Italia (nonché delle istanze di conversione dei permessi di soggiorno) per motivi di famiglia, per lavoro subordinato[18], per ricerca scientifica e per volontariato[19]; lo Sportello è diretto da

---

[14] Art. 37 TUI.

[15] Art. 38, comma 5 TUI.

[16] Art. 42, comma 1, lett. a) e c) TUI.

[17] Art. 43, comma 2, lett. c) e d) TUI.

[18] L'istanza di *nulla osta* è presentata dal datore di lavoro allo Sportello che, qualora decida di rilasciarlo, provvederà a trasmetterlo alla rappresentanza diplomatico-consolare italiana presente nello Stato di residenza dello straniero del quale è richiesto l'ingresso. Il nulla osta al lavoro subordinato deve essere utilizzato dallo straniero, ai fini del rilascio del visto d'ingresso, entro sei mesi dalla data di emissione per le ipotesi rientranti nelle quote del periodico decreto flussi ed entro quattro mesi per i casi particolari previsti dall'articolo 27 del T.U. Immigrazione. Avverso il rifiuto o la revoca del nulla osta del SUI è ammesso ricorso al Tribunale amministrativo regionale competente, entro sessanta giorni dalla notifica del diniego.

[19] Per quanto riguarda l'ingresso per ricerca scientifica, previsto per periodi di breve o lunga durata, questo consente al ricercatore straniero di poter entrare in Italia per lo svolgimento di attività di ricerca presso università o istituti iscritti in un apposito registro presso il Ministero dell'istruzione, dell'università e della ricerca. L'attività, a seconda della convenzione di accoglienza, può essere svolta nelle forme di lavoro subordinato, lavoro autonomo o di borsa di ricerca; anche per la concessione del visto per ricerca scientifica, per soggiorni superiori ai tre mesi, è necessaria la preliminare valutazione dell'istanza, presentata dall'istituto di ricerca, a cura dello Sportello unico per l'immigrazione della provincia in cui si svolge il programma. In questo caso, il *nulla osta*, opportunamente trasmesso all'autorità diplomatico-consolare competente, deve essere uti-

un dirigente della carriera prefettizia o da un dirigente della Direzione territoriale del lavoro ed è composto da almeno un rappresentante della Prefettura – Ufficio territoriale del Governo, da almeno un membro della DTL e da almeno un appartenente ai ruoli della Polizia di Stato, quest'ultimo designato dal Questore.

Per quanto riguarda l'ingresso per lavoro subordinato, la disciplina è regolamentata dalle linee di indirizzo della Presidenza del Consiglio dei Ministri che, nell'ambito della periodica programmazione delle quote migratorie regolari, stabilisce il numero di stranieri che possono accedere al mercato del lavoro interno per attività di tipo subordinato, a tempo indeterminato, determinato e a carattere stagionale[20].

---

lizzato dal ricercatore straniero entro sei mesi dal rilascio. Per soggiorni fino a tre mesi, il *nulla osta* può essere sostituito da una comunicazione allo Sportello della provincia in cui si svolge l'attività di ricerca. È previsto, infine, che lo Sportello Unico, esprima il *nulla osta* all'ingresso per volontariato dello straniero di età compresa tra i venti e trenta anni. Poiché, tuttavia, condizione preliminare all'ingresso per volontariato è la determinazione, con decreto interministeriale, di un contingente annuale recante il numero dei giovani stranieri ammessi in Italia, nelle more dell'adozione del provvedimento la previsione non ha mai trovato applicazione.

[20] Per l'anno 2019, il decreto del Presidente del Consiglio dei Ministri del 12 marzo 2019, ha previsto, a titolo di programmazione transitoria dei flussi d'ingresso dei lavoratori non comunitari per l'anno 2019, l'ammissione in Italia, per motivi di lavoro subordinato stagionale e non stagionale e di lavoro autonomo, di cittadini non comunitari entro una quota massima di 30.850 unità. In particolare, nell'ambito della quota massima indicata, sono ammessi in Italia, per motivi di lavoro non stagionale e di lavoro autonomo, i cittadini non comunitari entro una quota di 12.850 unità, comprese le quote da riservare alla conversione in permessi di soggiorno per lavoro subordinato e per lavoro autonomo di permessi di soggiorno rilasciati ad altro titolo. Nel caso di conversione in lavoro subordinato, il lavoratore è tenuto a presentare, al momento della convocazione presso lo Sportello Unico, la proposta di contratto di soggiorno sottoscritta dal datore di lavoro. Successivamente, il datore di lavoro sarà tenuto ad effettuare la comunicazione obbligatoria di assunzione, secondo le norme vigenti e a darne copia al lavoratore, che dovrà inserirla nel plico postale per la richiesta di conversione del permesso di soggiorno in lavoro subordinato da inoltrare alla Questura competente. Sono, inoltre, ammessi in Italia, per motivi di lavoro subordinato stagionale, i cittadini non comunitari residenti all'estero entro una quota di 18.000 unità, da ripartire tra le regioni e le province autonome a cura del Ministero del Lavoro e delle Politiche Sociali. La quota riguarda i lavoratori subordinati stagionali non comunitari cittadini di Albania, Algeria, Bosnia-Herzegovina, Corea (Repubblica di Corea), Costa d'Avorio, Egitto, El Salvador, Etiopia, Ex Repubblica Jugoslava di Macedonia, Filippine, Gambia, Ghana, Giappone, India, Kosovo, Mali, Marocco, Mauritius, Moldova, Montenegro, Niger, Nigeria, Senegal, Serbia, Sri Lanka, Sudan, Tunisia, Ucraina. Si soggiunge che, fuori dalle quote previste dal cd. Decreto flussi, in forza del decreto legislativo n. 253 del 29 dicembre 2016 che recepisce la direttiva del Parlamento europeo e del Consiglio del 15 maggio 2014 sulle condizioni di ingresso e di soggiorno di cittadini di Paesi terzi, impiegati come dirigenti, lavoratori specializzati e lavoratori in formazione, nell'ambito di trasferimenti intra-societari ("direttiva ICT" - intra-corporate transfer), è consentito l'ingresso e il soggiorno in Italia, per un periodo superiore a tre mesi, dei lavoratori stranieri altamente qualificati, per svolgere prestazioni di

Lo Sportello unico interviene altresì sui procedimenti di rilascio di permessi di soggiorno per motivi familiari – in particolare in caso di ricongiungimento – la cui disciplina è stata sistematizzata dal decreto legislativo 8 gennaio 2007, n. 5, in attuazione della direttiva 2003/86/CE, che ha introdotto nel TUI una serie di norme, di cui agli artt. 28 e ss., volte a garantire la piena attuazione – anche per i cittadini stranieri – dell'articolo 29 della Costituzione, pur nel rispetto di alcuni limiti di carattere soggettivo (la condizione giuridica dello straniero che chiede il ricongiungimento e del familiare da ricongiungere) e oggettivo (l'effettiva sussistenza del rapporto di parentela e i requisiti economici per il mantenimento).

Più precisamente, l'ordinamento riconosce il diritto a mantenere o a riacquistare l'unità familiare agli stranieri titolari di carta di soggiorno o di permesso di soggiorno di durata non inferiore ad un anno, rilasciato per motivi di lavoro subordinato o autonomo, ovvero per asilo, protezione sussidiaria, per studio, per motivi religiosi o per motivi familiari[21]. Il ricongiungimento può disporsi nei confronti del coniuge e del figlio minore e, soltanto ad alcune condizioni, nei confronti del genitore a carico e di altri figli maggiorenni[22].

---

lavoro subordinato nell'ambito di trasferimenti intra-societari. Il trasferimento intra-societario è il distacco temporaneo di un lavoratore straniero impiegato da almeno tre mesi, alle dipendenze di un'impresa stabilita al di fuori dell'Unione Europea, già ammesso in un altro Stato membro e successivamente trasferito in Italia su richiesta del datore di lavoro.

[21] Possono, inoltre, ai sensi del Decreto interministeriale n. 850 del 2011, esercitare il proprio diritto a mantenere o a riacquistare l'unità familiare: – gli stranieri in possesso di un visto o di un permesso di soggiorno per missione; in questo caso, può essere rilasciato un analogo visto per missione solo agli stranieri componenti lo stretto nucleo familiare del titolare del permesso di soggiorno; – i titolari di un visto o di un permesso di soggiorno per residenza elettiva; in questo caso, al coniuge convivente, ai figli minori ed ai figli maggiorenni conviventi ed a carico, potrà essere rilasciato un visto per residenza elettiva, a condizione che le capacità finanziarie siano giudicate adeguate a mantenere il nucleo; – i titolari di un permesso di soggiorno per assistenza ad un minore soggiornante in Italia, concesso ai sensi dell'art. 31, comma 3, del TUI; in particolare, il rilascio del visto richiede una specifica autorizzazione per gravi motivi, connessi alla condizione del minore, rilasciata dal Tribunale per i minorenni territorialmente competente; il visto è rilasciato per la durata indicata nell'autorizzazione del Tribunale e dell'avvenuta concessione è data formale comunicazione alle autorità nazionali coinvolte: il Tribunale che ha concesso l'autorizzazione, la Prefettura e la Questura della provincia in cui dimora il minore. Si segnala che, in forza della legge 20 maggio 2016, n. 76, il diritto al ricongiungimento familiare è esteso anche ai cittadini stranieri dello stesso sesso uniti civilmente.

[22] Beneficiari del ricongiungimento, ai sensi dell'art. 29 del TUI, possono essere: il coniuge non legalmente separato e di età non inferiore ai diciotto anni; i figli minori, anche del coniuge o nati fuori del matrimonio, non coniugati, a condizione che l'altro genitore, qualora esistente, abbia dato il suo consenso. La minore età deve sussistere al momento della presentazione della domanda di ricongiungimento e la condizione di adozione o affidamento è equiparata alla consanguineità; i figli maggiorenni a carico, qualora per ragioni oggettive non possano provvedere

In riferimento ai profili oggettivi, la sussistenza dei rapporti di parentela dei familiari da ricongiungere deve essere attestata dai Paesi di origine, tuttavia, nel caso in cui questi non siano in grado di produrre idonee certificazioni, i requisiti di parentela possono essere accertati dalle autorità diplomatiche o consolari all'estero mediante l'acquisizione dei risultati di analisi del DNA. Tale previsione consente di appurare il rapporto di parentela ma lascia irrisolto l'accertamento – quando manchi la possibilità di idonea certificazione – circa l'assenza di altri familiari nel Paese di origine, requisito fondamentale per consentire alle rappresentanze diplomatiche di valutare la necessità del rilascio del visto per ricongiungimento.

Inoltre, lo straniero residente in Italia può chiedere il ricongiungimento dei familiari solo dimostrando di disporre di un alloggio dotato di idoneità abitativa e di un reddito minimo derivante da fonti lecite, non inferiore all'importo annuo dell'assegno sociale e aumentato della metà per ogni familiare da ricongiungere (salvo nel caso in cui si chieda il ricongiungimento di due o più figli di età inferiore a quattordici anni, per cui è sufficiente un reddito non inferiore al doppio dell'importo annuo dell'assegno sociale). Nei casi di ricongiungimento con genitore ultrasessantacinquenne è richiesta anche una assicurazione sanitaria o altro titolo idoneo a garantire la copertura di tutti i rischi, o altrimenti l'iscrizione del genitore al Servizio sanitario nazionale.

Disposizioni meno vincolanti sono previste per coloro i quali hanno ottenuto il riconoscimento dello *status* di rifugiato. Ai sensi dell'art. 29-*bis*, del TUI, i familiari per i quali può essere chiesto il ricongiungimento sono i medesimi previsti per gli altri stranieri (salvo il caso in cui il rifugiato sia minore, al quale possono ricongiungersi solo i genitori), ma viene meno il requisito oggettivo dell'alloggio e del reddito, la cui disponibilità non deve essere comprovata. Inoltre, nel caso in cui non siano disponibili documenti ufficiali che provino la sussistenza di vincoli familiari – in ragione della mancanza di un'autorità riconosciuta che possa accertarli, o della presunta inaffidabilità dei documenti rilasciati dall'autorità locale – le rappresentanze diplomatico-consolari possono rilasciare apposite certificazioni sostitutive sulla base delle verifiche ritenute necessarie.

Da un punto di vista procedurale, la norma prevede che, su istanza dello straniero già soggiornante, lo Sportello unico per l'immigrazione presso la Prefettura di residenza o dimora dell'interessato rilasci il *nulla osta* necessario all'autorità

alle proprie indispensabili esigenze di vita, in ragione del loro stato di salute che comporti invalidità totale; i genitori a carico, qualora non abbiano altri figli nel Paese di origine o di provenienza, ovvero genitori ultrasessantacinquenni, qualora gli altri figli siano impossibilitati al loro sostentamento per documentati e gravi motivi di salute; il genitore di un figlio minore che si trovi in Italia con l'altro genitore, purché sussistano i requisiti di alloggio e reddito, anche se posseduti dall'altro genitore.

diplomatico-consolare per l'emissione del visto del familiare. La domanda è completamente informatizzata e il *nulla osta* deve essere rilasciato – previo accertamento della sussistenza dei requisiti soggettivi e oggettivi e acquisizione del parere della Questura – entro novanta giorni dalla richiesta da parte dell'interessato.

Una volta acquisito il *nulla osta* al ricongiungimento, il Questore rilascia un permesso di soggiorno per motivi familiari della durata massima di due anni.

Oltre alle ipotesi di visto per ricongiungimento con il familiare presente in Italia o interessato a recarvisi, l'ordinamento prevede che il permesso di soggiorno per motivi familiari sia rilasciato dal Questore della provincia in cui lo straniero dimora in altri casi desumibili da una lettura sistematica della normativa.

In particolare, il permesso di soggiorno per motivi familiari è rilasciato:

- agli stranieri regolarmente soggiornanti da almeno un anno che abbiano contratto matrimonio nel territorio dello Stato con cittadini italiani o di uno Stato membro dell'Unione europea, ovvero con cittadini stranieri regolarmente soggiornanti;
- al familiare straniero regolarmente soggiornante, in possesso dei requisiti per il ricongiungimento con il cittadino italiano, o di uno Stato dell'Unione, o con altro straniero regolarmente soggiornante in Italia; in tal caso il permesso del familiare è convertito in permesso di soggiorno per motivi familiari. La conversione può essere richiesta entro un anno dalla data di scadenza del titolo di soggiorno originariamente posseduto dal familiare;
- al genitore straniero, anche naturale, di minore italiano residente in Italia; in tal caso il permesso di soggiorno per motivi familiari è rilasciato anche a prescindere dal possesso di un valido titolo di soggiorno, a condizione che il genitore richiedente non sia stato privato della potestà genitoriale secondo la legge italiana;
- al figlio minore dello straniero con questi convivente e regolarmente soggiornante;
- agli stranieri conviventi con parenti entro il secondo grado, o con il coniuge di nazionalità italiana, per i quali è espressamente previsto il rilascio del permesso di soggiorno per motivi familiari.

Una riflessione a parte meritano quei titoli di soggiorno che traggono il proprio fondamento direttamente dall'art. 10, comma terzo della Costituzione, il quale prevede che lo straniero al quale sia impedito l'effettivo esercizio delle libertà democratiche garantite dalla Costituzione italiana abbia diritto d'asilo nel territorio della Repubblica, secondo le condizioni stabilite dalla legge.

Facendo riserva di approfondire i profili attuativi dell'articolo 10.3 nella trattazione dedicata al riconoscimento della protezione internazionale, in questa sede è opportuno rassegnare gli elementi più significativi dei permessi di soggiorno rilasciati dal Questore all'esito della valutazione della Commissione territoriale per il riconoscimento della protezione internazionale territorialmente competente, sull'istanza presentata dallo straniero.

In particolare, qualora la Commissione territoriale riconosca allo straniero lo *status* di rifugiato, il Questore rilascia un permesso di soggiorno per asilo della durata di 5 anni. Il titolo consente l'accesso ad ogni forma di lavoro alle medesime condizioni dei cittadini italiani, allo studio, ai servizi socio-assistenziali, consente il rilascio di un documento di viaggio di durata quinquennale e garantisce il ricongiungimento familiare, senza che – come innanzi specificato – sia richiesto alcun requisito di reddito e di alloggio.

Analogamente, nel caso di riconoscimento di protezione sussidiaria, è rilasciato allo straniero un permesso di durata quinquennale, che consente al beneficiario l'accesso ad ogni tipo di lavoro, allo studio e ai servizi socio-assistenziali, il ricongiungimento familiare con semplificazioni per la documentazione della parentela, e il rilascio di un titolo di viaggio per stranieri, qualora il passaporto non possa essere richiesto al consolato del Paese di origine.

In caso di diniego dell'istanza di protezione internazionale motivato dall'assenza dei presupposti giuridici posti a fondamento del riconoscimento dello status di rifugiato ovvero della protezione sussidiaria, l'ordinamento italiano prevedeva, su proposta della Commissione territoriale, il rilascio a soggetti ritenuti meritevoli di tutela di un permesso di soggiorno per motivi umanitari.

Con il decreto legge n. 113 del 2018, il legislatore ha provveduto ad una razionalizzazione dell'istituto, attraverso una modifica dell'art. 5, comma 6, TUI, che esclude la possibilità di attribuire un permesso di soggiorno sulla base della sussistenza di generici motivi umanitari, istituendo contestualmente una serie di permessi di soggiorno tipizzati, rilasciati solo laddove ricorrano situazioni specifiche e normativamente determinate.

Tali tipologie di permesso di soggiorno sono le seguenti:

- permesso di soggiorno per protezione sociale, per vittime di tratta, avente durata di 6 mesi e rinnovabile per un anno o per il maggior periodo occorrente per motivi di giustizia. Tale permesso può essere convertito in permesso di soggiorno per motivi di studio qualora il titolare sia iscritto ad un corso regolare di studi (art. 18 TUI);
- permesso di soggiorno per vittime di violenza domestica, avente una durata di un anno. Il permesso consente l'accesso ai servizi assistenziali e allo studio, nonché lo svolgimento di lavoro subordinato. Può essere convertito in permesso di soggiorno per lavoro o studio (art. 18bis TUI);
- permesso di soggiorno per sfruttamento lavorativo, riservato al lavoratore straniero che abbia presentato denuncia e collabori nel relativo procedimento penale. Ha durata di sei mesi, un anno o maggior periodo legato ad esigenze di giustizia. Consente lo svolgimento di attività lavorativa e può essere converti-

to, alla scadenza, in permesso di soggiorno per lavoro subordinato o autonomo (art. 22 TUI);

- permesso di soggiorno per cure mediche. Può essere riconosciuto allo straniero che versa in condizioni di salute di eccezionale gravità e tali da non consentirne il rimpatrio. La durata è commisurata al periodo attestato da idonea documentazione sanitaria e comunque non superiore ad un anno. È un permesso cartaceo e non elettronico, valido solo in Italia (art. 19 TUI);
- permesso di soggiorno per situazioni di calamità. È concesso allo straniero impossibilitato a rientrare nel Paese di origine a causa di situazioni eccezionale calamità. Ha durata di 6 mesi, consente di lavorare, ma non è convertibile in permesso di soggiorno per motivi di lavoro (art. 20bis TUI);
- permesso di soggiorno per atti di particolare valore civile. È rilasciato a seguito di autorizzazione del Ministro dell'Interno su proposta del Prefetto competente, salvo che non ricorrano motivi per ritenere che lo straniero costituisca un pericolo per la sicurezza dello Stato. Ha durata biennale e consente l'accesso al lavoro e allo studio, oltre ad essere convertibile in permesso per lavoro o studio (art. 42bis TUI).

La riforma ha fatto salvo, in ogni caso, il potere-dovere delle Commissioni di valutare la sussistenza dei presupposti per l'applicazione del principio di *non refoulement*, trasmettendo gli atti al Questore per il rilascio di un permesso di soggiorno per protezione speciale, di durata annuale, che consente di svolgere attività lavorativa ma non è convertibile in un permesso per motivi di lavoro (art. 32, comma 3, d.lgs. n. 25/2008).

Si soggiunge, infine, che il decreto ha previsto un regime transitorio per tutti coloro che hanno ottenuto, prima dell'entrata in vigore del decreto, una pronuncia della Commissione favorevole al rilascio da parte del Questore di un permesso di soggiorno per motivi umanitari, che ne conserva regime e durata (sul punto, si rimanda al capitolo III.3).

Il permesso di soggiorno può essere rinnovato su richiesta dello straniero al Questore della provincia in cui dimora, almeno sessanta giorni prima della scadenza, per una durata che generalmente ricalca quella del rilascio iniziale.

Avverso il provvedimento di rifiuto del permesso di soggiorno adottato dal Questore è ammesso ricorso gerarchico al Prefetto della medesima provincia, entro sessanta giorni dalla notifica dell'atto, ovvero al Tribunale amministrativo regionale competente.

Fanno eccezione i provvedimenti che incidono sul diritto all'unità familiare per i quali il ricorso è proposto, trattandosi di un diritto soggettivo, dinanzi alla sezione specializzata in materia di immigrazione del Tribunale ordinario del capoluogo di distretto di Corte d'appello del luogo di dimora dell'interessato.

Infine, è ammesso il ricorso straordinario al Capo dello Stato, ai sensi degli articoli 8 e 9, del d.P.R. n. 1199 del 1971, entro il termine di centoventi giorni dal diniego.

### *I.2.3. Il permesso di soggiorno UE per soggiornanti di lungo periodo e la Carta blu UE*

Al cittadino straniero in possesso da almeno cinque anni di un permesso di soggiorno in corso di validità, è rilasciato un permesso di soggiorno a tempo indeterminato, cd. per soggiornanti di lungo periodo.

Si tratta di un permesso concesso dal Questore a condizione che l'interessto dimostri la disponibilità di un reddito minimo non inferiore all'importo annuo dell'assegno sociale, unitamente ad un alloggio adeguato, che non risulti pericoloso per l'ordine pubblico o la sicurezza dello Stato e che superi, da ultimo, un test di conoscenza della lingua italiana.

Il permesso di soggiorno UE per soggiornanti di lungo periodo consente al cittadino straniero di circolare liberamente nel territorio dello Spazio Schengen, di svolgere attività lavorativa subordinata o autonoma e di soggiornare, anche per motivi di lavoro, in un altro Stato Schengen, per un periodo anche superiore a novanta giorni.

Ai sensi della direttiva 2003/109/CE del 25 novembre 2003 in materia di soggiornanti di lungo periodo e della direttiva 2003/86/CE in materia di ricongiungimento, il beneficio connesso alla titolarità di un permesso quinquennale è strettamente individuale e non si estende ai familiari: in questo caso, infatti, a differenza delle altre tipologie di permesso di soggiorno, il diritto all'unità familiare è già garantito dalla presenza dei congiunti sul territorio dello Stato e la necessità di estendere la portata del beneficio non ha alcuna giustificazione.

Pur essendo a tempo indeterminato, il permesso di soggiorno UE per soggiornanti di lungo periodo può comunque essere revocato dal Questore in una serie di circostanze. In particolare, la revoca è disposta qualora sia stato acquisito fraudolentemente, nel caso in cui sia adottato un provvedimento di espulsione, nel caso in cui manchino o vengano a mancare le condizioni per il rilascio, nel caso di assenza dal territorio dell'Unione per un periodo di dodici mesi consecutivi e dal territorio nazionale per un periodo superiore a sei anni e, infine, in caso di conferimento di un permesso di soggiorno di lungo periodo da parte di un altro Stato membro dell'Unione europea, previa comunicazione da parte di quest'ultimo.

Allo straniero cui sia stato revocato il permesso di soggiorno UE per soggiornanti di lungo periodo è rilasciato un permesso di soggiorno ordinario, ammesso che nei suoi confronti non ricorrano i presupposti per adottare un provvedimento di espulsione. In proposito, si precisa che l'espulsione del titolare del permesso di soggiorno UE incontra una serie di limiti in più rispetto alle fattispecie ordinarie di espulsione amministrativa: essa può essere disposta, infatti, soltanto per gravi motivi di ordine pubblico o sicurezza dello Stato e sempre a seguito di una valutazione discrezionale commisurata alla durata del soggiorno sul territorio nazionale dello straniero. Si segnala inoltre che, ai sensi della novella introdotta all'art. 9 del T.U. Immigrazione dal decreto-legge 17 febbraio 2017, n. 13, conv. con mod. dalla legge n. 46/2017, il titolare di permesso di soggiorno UE che sia anche titolare di una forma di protezione internazionale riconosciuta da un altro Stato membro dell'UE, qualora vengano meno le condizioni che determinano il suo diritto al soggiorno in Italia, deve essere allontanato verso lo Stato che ha riconosciuto il diritto di asilo, previa verifica dell'attualità della protezione.

In conclusione, si rammenta che con il decreto legislativo 28 giugno 2012, n. 108, attuativo della direttiva 2009/50/CE, è stato introdotto nel T.U. Immigrazione, agli artt. 9 *ter* e 27-*quater*, un particolare permesso di soggiorno per cittadini di Paesi terzi che intendano svolgere lavori altamente qualificati: la Carta blu UE.

L'Ufficio competente a ricevere la domanda di *nulla osta* al lavoro per i lavoratori stranieri altamente qualificati è ancora lo Sportello Unico per l'Immigrazione. Previa verifica dei requisiti soggettivi e oggettivi previsti dalla normativa, il Questore, acquisito il *nulla osta* del SUI, rilascia al lavoratore straniero autorizzato allo svolgimento di attività lavorative qualificate un permesso di soggiorno di durata biennale nel caso di contratto di lavoro a tempo indeterminato, ovvero con durata pari a quella del rapporto di lavoro negli altri casi. Come nel caso delle altre tipologie di permesso di soggiorno, anche la Carta blu UE può essere revocata qualora lo straniero non soddisfi più i requisiti previsti per il rilascio.

### I.3. La condizione giuridica dei cittadini dell'Unione europea soggiornanti in Italia

Per i cittadini dei Paesi membri dell'Unione europea soggiornanti in Italia e per i loro familiari extracomunitari con loro conviventi l'art. 19 del d. lgs. 6 febbraio 2007, n. 30, in attuazione della direttiva 2004/38/CE relativa al diritto dei cittadini dell'Unione e dei loro familiari di circolare e di soggiornare liberamente nel territorio degli Stati membri, prevede un sistema di tutele progressivo che ne parifica pressoché la condizione giuridica con i cittadini italiani.

Il d. lgs. n. 30/2007 prevede, in particolare, che nei primi 3 mesi dall'ingresso, il cittadino dell'Unione goda della libertà di ingresso, di circolazione e soggiorno, sottoposta soltanto all'obbligo del possesso di un valido documento di identificazione (e al visto di ingresso per i familiari non comunitari), con piena libertà anche di svolgere un'attività lavorativa e di iscriversi ai servizi per l'impiego, accesso all'assistenza sanitaria - erogata ai cittadini nello Stato anche sulla base della

TEAM (tessera europea assistenza medica) - ma senza accesso alle prestazioni di assistenza sociale.

Qualora il cittadino europeo dimori in Italia per un periodo superiore ai tre mesi continuativi, la normativa prevede che il Comune di residenza dello straniero, previa iscrizione anagrafica, rilasci all'interessato un'apposita attestazione del diritto di soggiorno. La permanenza deve essere motivata dalla regolare attività di lavoro subordinato e autonomo, dalla dimostrazione di disporre di un alloggio idoneo e di risorse derivanti da fonti lecite non inferiori all'importo annuo dell'assegno sociale, ovvero dall'iscrizione ad un regolare corso di studi o di formazione professionale presso un ente pubblico o privato, ovvero da un legame familiare con un cittadino italiano o comunitario regolarmente residenti in Italia per uno dei predetti motivi. Durante il medesimo periodo il familiare extracomunitario convivente col cittadino comunitario titolare del diritto di soggiorno può ottenere dalla Questura il rilascio di una Carta di soggiorno della durata di 5 anni che gli conferisce il medesimo trattamento del comunitario.

Dopo 5 anni ininterrotti di soggiorno regolare (periodo che è interrotto soltanto in caso di provvedimento di allontanamento) la normativa prevede che il diritto di soggiorno divenga permanente, certificato dall'attestazione del Comune di residenza.

Il diritto di soggiorno del cittadino europeo cessa in caso di provvedimento di allontanamento per motivi di sicurezza dello Stato o per motivi imperativi di pubblica sicurezza o per altri motivi di ordine pubblico o di sicurezza pubblica, ovvero per cessazione delle condizioni che determinano il diritto di soggiorno quando vengano meno le risorse economiche, salvo che si tratti di lavoratori subordinati o autonomi o di disoccupati iscritti nelle liste di collocamento da meno di sei mesi.

## I.4. I minori stranieri

Al fine di poter meglio chiarire gli ambiti applicativi della complessa normativa in materia di minori, occorre in primo luogo distinguere tra minori accompagnati e non accompagnati.

Per minori accompagnati devono intendersi coloro che entrano in Italia, o vi soggiornano, unitamente ad un esercente la potestà genitoriale, ovvero i minori adottati, affidati o sottoposti a tutela con provvedimento formale, che raggiungano o convivano con la persona adottante o affidataria.

Con riguardo a tale categoria di minori, la normativa in vigore fino al 22 luglio 2016 prevedeva che il figlio minore dello straniero, con questi convivente e regolarmente soggiornante, fosse iscritto sul titolo autorizzatorio (permesso di soggiorno o permesso di soggiorno Ue per soggiornanti di lungo periodo) di uno o di entrambi i genitori, fino al compimento dei quattordici anni di età, seguendo in tal modo la condizione giuridica del genitore convivente, ovvero la più favorevole tra quella dei genitori conviventi; al quattordicesimo anno di età, era rilasciato al minore un permesso di soggiorno per motivi familiari che poteva essere rinnovato fino alla maggiore età.

Con l'adozione del permesso di soggiorno elettronico, dal 2006 era, poi, stato istituito il c.d. "allegato minore", con lo scopo di agevolare i controlli delle forze dell'ordine: l'allegato minore altro non era che un allegato del permesso di soggiorno del genitore sul quale, oltre ai dati anagrafici del minore, era posta la foto dello stesso ed il numero del titolo autorizzatorio concesso al genitore. L'allegato minore, tuttavia, proprio perché appendice del titolo del genitore, non era assimilabile ad un documento di viaggio o di riconoscimento e non costituiva, singolarmente, un titolo valido per il soggiorno in Italia o per l'attraversamento delle frontiere.

La citata disciplina è stata definitivamente superata dalla legge 7 luglio 2016, n. 122, che ha apportato alcune modificazioni al d.lgs. 286/98 e al relativo regolamento di attuazione di cui al d.P.R. n. 394/1999, prevedendo il rilascio al minore di quattordici anni, già iscritto nel permesso di soggiorno del genitore o dell'affidatario, un permesso di soggiorno individuale, autonomo e distinto da quello dei genitori, per motivi familiari.

Una disciplina peculiare concerne il minore non accompagnato, vale a dire la persona di età inferiore ai diciotto anni che arrivi nel territorio dello Stato, per una qualsiasi causa, in assenza di un adulto che ne sia responsabile.

Il legislatore ha ritenuto che, al fine di tutelare la posizione vulnerabile del minore non accompagnato, la sua condizione di straniero, richiedente o meno protezione internazionale, sia irrilevante; ai minori stranieri non accompagnati, rintracciati sul territorio nazionale, si applicano le disposizioni vigenti in materia di assistenza e protezione dei minori e, in particolare, il collocamento in luogo sicuro, l'apertura della tutela e l'affidamento ad una famiglia o ad una comunità (per un'analisi puntuale della disciplina, vedi *infra*, III.5).

Al minore non accompagnato è rilasciato, dal Questore della provincia di dimora, uno specifico permesso di soggiorno per minore età, rinnovabile fino al raggiungimento del diciottesimo anno e sostituibile con un permesso di soggiorno per affidamento, qualora sia stato affidato con provvedimento del Tribunale per i minorenni.

I minori non accompagnati, presenti sul territorio nazionale, non possono in via generale essere espulsi, ad eccezione del caso in cui debba essere disposto il provvedimento di rimpatrio per motivi di ordine pubblico e sicurezza dello Stato, su proposta del Questore competente, dal Tribunale per i minorenni; possono, tuttavia, essere rimpatriati attraverso lo strumento del rimpatrio assistito, qualora questo sia finalizzato a garantire il diritto all'unità familiare mediante il ricongiungimento con il proprio nucleo. Il provvedimento, in questo caso, è adottato a seguito di una accurata indagine, attivata e svolta nel paese di origine dalla Direzione generale dell'immigrazione del Ministero del lavoro e delle politiche sociali.

## I.5. L'accordo di integrazione

Il d.P.R. 14 settembre 2011, n. 179, ha dato attuazione all'art. 4-*bis* del TUI, così come novellato dalla legge 15 luglio 2009, n. 94, che ha previsto l'obbligo, per gli stranieri non comunitari che fanno ingresso per motivi di lavoro nel nostro Paese, di sottoscrivere un "accordo di integrazione", articolato per crediti, a cui è subordinata la convalida del permesso di soggiorno rilasciato al momento dell'ingresso. L'istituto, in linea con le normative di altri Paesi europei, è volto a valorizzare l'esigenza di adoperarsi, sia da parte dello straniero che dello Stato, per migliorare il processo di integrazione sociale nello Stato di accoglienza.

Dalla sottoscrizione dell'accordo derivano – per lo straniero e per lo Stato italiano – una serie di reciproci impegni e di vicissitudini analoghe a un contratto, costitutive, sospensive, estintive per adempimento, o risolutive per inadempimento.

Ai sensi dell'accordo, lo Stato si impegna a garantire al neo-immigrato la piena tutela dei diritti e delle libertà fondamentali, il rispetto delle norme sul lavoro dipendente, l'assistenza sanitaria, l'istruzione obbligatoria e, non ultime, le opportunità di formazione necessarie per il raggiungimento degli obiettivi d'integrazione fissati, compresa una giornata di formazione da seguire entro i primi tre mesi dall'ingresso in Italia. Lo Stato è tenuto a sostenere il processo di integrazione dello straniero coinvolgendo regioni ed enti locali, centri per l'istruzione degli adulti, organizzazioni non governative del terzo settore, associazioni sindacali e imprenditoriali.

Lo straniero, da parte sua, è tenuto ad assumere l'impegno a raggiungere specifici obiettivi di integrazione, in particolare:

- acquisire un livello adeguato di conoscenza della lingua italiana parlata, equivalente almeno al livello A2 del quadro comune europeo di riferimento per le lingue emanato dal Consiglio d'Europa;
- acquisire una sufficiente conoscenza dei principi fondamentali della Costituzione della Repubblica e dell'organizzazione e funzionamento delle istituzioni pubbliche in Italia;
- acquisire una sufficiente conoscenza della vita civile in Italia, con particolare riferimento ai settori della sanità, della scuola, dei servizi sociali, del lavoro e degli obblighi fiscali;

- garantire l'adempimento dell'obbligo di istruzione nei confronti dei figli minori;
- aderire alla Carta dei valori della cittadinanza e dell'integrazione, di cui al decreto del Ministro dell'Interno 23 aprile 2007, e impegnarsi a rispettarne i principi. Si tratta di un atto con il quale, richiamati i diritti fondamentali della Costituzione, sono stati sanciti principi di integrazione sociale e religiosa.

Sono tenuti alla stipula dell'accordo tutti i cittadini stranieri di età maggiore ai sedici anni che fanno ingresso in Italia e chiedono il rilascio di un permesso di soggiorno non inferiore ad un anno. Sono quindi esclusi dall'obbligo di stipula, ad esempio, coloro che fanno ingresso per lavoro stagionale (il cui soggiorno non può superare il periodo di nove mesi) e tutti coloro i quali chiedono di soggiornare per ragioni particolari e di durata imprevedibile come, ad esempio, le cure mediche. Vi sono altri casi di esenzione che riguardano persone affette da particolari patologie, minori non accompagnati e vittime di tratta.

La sottoscrizione dell'accordo può avvenire in Prefettura o in Questura, a seconda che lo straniero si debba presentare o meno allo Sportello unico per l'immigrazione.

La stipula dell'accordo da parte del minore ultrasedicenne richiede anche la firma da parte dei genitori che soggiornano regolarmente in Italia (o da parte di chi esercita la potestà genitoriale).

L'impegno dello Stato viene assunto dal Prefetto in qualità di rappresentante del Governo sul territorio, o da suoi delegati. Il testo dell'accordo – disponibile nella traduzione in diciannove lingue – costituisce uno degli allegati del d.P.R. n. 179/2011 e contiene il riferimento a tutti i principi fissati nel regolamento stesso.

Lo straniero ha tempo due anni per rispettare gli impegni assunti con l'accordo; tale termine è prorogabile per un altro anno nel caso in cui non abbia pienamente raggiunto la soglia dei crediti richiesta, salvi i casi di sospensione che possono essere concessi dallo Sportello unico sulla base della documentazione addotta dall'interessato.

La gestione delle vicende connesse alla stipula dell'accordo è affidata agli Sportelli unici per l'immigrazione tramite un sistema informatico che consente anche agli stranieri interessati di verificare lo stato dei crediti conseguiti (o persi). Per le concrete modalità di erogazione di tale sessione informativa, ciascun prefetto raggiunge apposite intese con gli enti locali, i centri di istruzione per adulti e gli altri *stakeholders*.

All'atto della sottoscrizione dell'accordo, vengono attribuiti sedici crediti (corrispondenti al livello A1 di conoscenza della lingua italiana parlata ed al livello sufficiente di conoscenza della cultura civica e della vita civile in Italia) e, ai fini dell'adempimento dell'accordo, è necessario conseguirne almeno trenta. La verifica dei crediti rientra nella competenza dello Sportello unico che, sulla base dell'accertamento dell'effettivo raggiungimento dei livelli di conoscenza di lingua e cultura civica, può apportare incrementi o detrazioni ai crediti. L'incremento dei crediti può anche essere legato alla frequenza con profitto di corsi o percorsi di istruzione, anche professionale, allo svolgimento di un'attività economico-imprenditoriale, alla partecipazione ad un'attività di volontariato, o alla dimostrazione di aver stipulato un regolare contratto di locazione o di acquisto di un immobile ad uso abitativo.

La decurtazione dei punti può invece avvenire in presenza di condanne penali, anche non definitive, per l'applicazione di misure di sicurezza personali, per l'irrogazione, definitiva, di sanzioni pecuniarie per illeciti amministrativi e tributari, o per la mancata frequenza delle scuole dell'obbligo da parte dei figli minori. In tal caso è previsto l'azzeramento di tutti i crediti conseguiti e la risoluzione dell'accordo per inadempimento, a meno che l'interessato non dimostri di essersi adoperato in tutti i modi per garantirne l'assolvimento.

La perdita integrale dei crediti determina la risoluzione dell'accordo e l'espulsione per effetto della revoca del permesso di soggiorno, fatti salvi i casi di divieto di espulsione espressamente previsti.

## I.6. Il Consiglio territoriale per l'immigrazione

L'articolo 3, comma 6, del TUI prevede che venga istituito, presso ciascuna Prefettura, un Consiglio territoriale per l'immigrazione, con compiti di analisi delle esigenze e di promozione degli interventi da attuare a livello locale in materia di immigrazione e integrazione.

Presieduto dal Prefetto, che provvede alla nomina dei membri e al corretto svolgimento delle funzioni, il Consiglio è composto dai rappresentanti istituzionali competenti sul territorio e dai rappresentanti degli organismi non governativi attivi a livello locale (anche rappresentativi delle comunità straniere). L'espressa apertura della partecipazione anche al terzo settore e ai rappresentanti dell'associazionismo dà la misura dell'intento di fare di questo organismo non solo uno strumento consultivo ma anche operativo, proprio per fare in modo che ciascun soggetto partecipante orienti la propria attività verso i medesimi obiettivi fissati collegialmente.

Negli anni, i CTI, coordinati dal Dipartimento per le libertà civili e l'immigrazione, sono stati chiamati ad esprimersi su una pluralità di questioni: dalla determinazione delle quote per i decreti flussi, alla promozione di iniziative in materia di integrazione, anche finanziate con i fondi europei, alle misure per l'accoglienza e integrazione dei richiedenti asilo e rifugiati.

# CAPITOLO II
# Il rimpatrio dello straniero

di *Roberto Leone, Grazia Paciullo, Raffaella Renzi*



## II.1. Inquadramento normativo del rimpatrio

Con il termine "rimpatrio" va inteso il complesso processo di ritorno di un cittadino non comunitario nello Stato di origine, o nello Stato terzo di provenienza.

A differenza del rimpatrio volontario assistito (vedi *infra*, II.7) che si caratterizza per la libera scelta dell'individuo e può essere associato a misure di cooperazione e assistenza, per "rimpatrio" qui si intende l'effetto di un provvedimento di allontanamento dal territorio nazionale dello straniero in ragione dell'assenza dei presupposti che la legge stabilisce per farvi ingresso o soggiornarvi.

La fonte normativa che costituisce l'ossatura della disciplina sul rimpatrio è il decreto legislativo 25 luglio 1998, n. 286, recante il "Testo unico delle disposizioni concernenti la disciplina dell'immigrazione e norme sulla condizione dello straniero" (TUI).

La norma ha subito negli anni, a causa dell'intensificarsi del fenomeno migratorio, una serie di modifiche e integrazioni, culminate nel recepimento della Direttiva 2008/115/CE, nota come "Direttiva rimpatri", recante norme e procedure comuni applicabili al rimpatrio di cittadini di Paesi terzi il cui soggiorno sul territorio europeo sia irregolare.

L'elemento di novità introdotto dal legislatore europeo consiste nella previsione di un sistema espulsivo "ad intensità progressiva", volto a privilegiare la partenza volontaria dello straniero rispetto al suo rimpatrio coatto, a condizione che non vi sia motivo di ritenere che ciò possa compromettere la finalità della procedura, ossia l'effettivo ritorno nel Paese di origine; solo qualora si profili il pericolo che lo straniero possa rendersi irreperibile (c.d. rischio di fuga), o in presenza di altre specifiche situazioni, l'allontanamento avverrà tramite accompagnamento forzoso alla frontiera, senza lasciare allo straniero un termine per la partenza volontaria.

La Direttiva prevede, inoltre, che il provvedimento di rimpatrio venga adottato dall'autorità competente all'esito di una valutazione ponderata caso per caso, che non si limiti a considerare come unico presupposto la condizione irregolare dello straniero: il provvedimento di allontanamento, così come le misure coercitive e di trattenimento preliminari al rimpatrio, sono, infatti, da considerarsi legittimi soltanto se adottati nel rispetto dei principi di proporzionalità e di *non-refoulement*, laddove cioè non siano applicabili le norme in materia di protezione internazionale o non vi siano altri interessi prioritari da bilanciare.

Alla nozione generica di rimpatrio vanno ricondotti diversi tipi di provvedimenti, disciplinati nel dettaglio dagli articoli da 10 a 17 del T.U. Immigrazione.

Dal punto di vista dell'autorità competente, i provvedimenti che realizzano il rimpatrio dello straniero possono essere suddivisi in due macrocategorie: provvedimenti dell'autorità amministrativa – che rispondono a finalità amministrative di tutela dell'ordine pubblico, della sicurezza pubblica, della sicurezza dello Stato e della regolarità della permanenza degli stranieri – e provvedimenti dell'autorità giurisdizionale, adottati nei confronti di soggetti condannati quali autori di delitti e che dunque siano qualificati come socialmente pericolosi, ovvero che siano o debbano essere detenuti.

Sono riconducibili all'ampia categoria dei provvedimenti di natura amministrativa: la riammissione richiesta dall'autorità di frontiera o dal Questore alle autorità di un altro Paese membro dell'Unione, il respingimento, sempre adottato dall'autorità di frontiera o dal Questore, l'espulsione disposta con decreto del Ministro dell'Interno e, infine, l'espulsione del Prefetto.

Diversamente, rientrano nella categoria dei provvedimenti giurisdizionali l'espulsione a titolo di misura di sicurezza e di sanzione sostitutiva, o alternativa alla detenzione.

## II.2. La riammissione e il respingimento

La riammissione è una procedura che può essere adottata, generalmente senza l'osservanza di particolari formalità, dall'autorità di frontiera o dal Questore, in presenza di accordi o intese bilaterali con altri Stati membri dell'Unione europea entrati in vigore in data anteriore al 13 gennaio 2009: più precisamente, la procedura prevede che, qualora sia accertato, nel corso delle attività di controllo svolte alle frontiere interne, che lo straniero abbia fatto ingresso in Italia irregolarmente e sia proveniente dal territorio di uno Stato membro con il quale è vigente uno specifico accordo di riammissione, in attuazione di uno snello meccanismo di comunicazioni, lo straniero possa essere subito rinviato nel Paese di ultima provenienza.

Come la riammissione, anche il respingimento è un provvedimento adottato dall'autorità di frontiera o dal Questore.

Il respingimento adottato dell'autorità di frontiera trova il suo fondamento attuale nel Codice delle frontiere Schengen, di cui al Regolamento (UE) del Parlamento europeo e del Consiglio del 9 marzo 2016, n. 2016/399, ed è regolamentato all'art. 10 del T.U. Immigrazione· In generale, il respingimento è disposto al momento dell'attraversamento del valico di frontiera e la sua peculiarità sta nel fatto che, a seguito della novella legislativa introdotta dal d.l. n. 113/2018, come nel caso dell'espulsione il provvedimento comporta per lo straniero il divieto di rientro nel Paese e la segnalazione al Sistema informativo di Schengen (SIS) ai fini della non ammissione negli altri Stati membri dell'Unione.

Nel dettaglio, il provvedimento di respingimento è adottato qualora lo straniero tenti di accedere o abbia avuto accesso al territorio italiano nelle seguenti circostanze:

- senza essere in possesso dei requisiti per l'ingresso;
- qualora egli sia stato precedentemente espulso e non sia decorso il termine di legge per il reingresso;
- qualora sia considerato una minaccia per l'ordine pubblico o la sicurezza dello Stato, o di uno dei Paesi con i quali l'Italia abbia sottoscritto accordi per la soppressone dei controlli alle frontiere interne e la libera circolazione delle persone;
- qualora risulti condannato – con sentenza anche non definitiva ed anche a seguito di applicazione della pena su richiesta delle parti, ai sensi dell'art. 444 c.p.p. – per un reato per cui l'art. 380 c.p.p. prevede l'arresto obbligatorio in flagranza, ovvero per reati inerenti gli stupefacenti, la libertà sessuale, il favoreggiamento dell'immigrazione clandestina verso l'Italia e dell'emigrazione clandestina dall'Italia verso altri Stati, o per reati diretti al reclutamento di persone da destinare alla prostituzione o allo sfruttamento della prostituzione o di minori da impiegare in attività illecite, ai sensi dell'articolo 4, comma 3, del T.U. Immigrazione, come modificato da ultimo dalla legge n. 94/2009. A seguito della citata novella, è ostativa all'ingresso in Italia anche la condanna, con sentenza irrevocabile, per i reati relativi alla tutela del diritto d'autore, tuttavia tale divieto non si applica allo straniero per il quale è richiesto il ricongiungimento familiare;
- qualora sia stata già disposta nei suoi confronti un'espulsione a titolo di misura di sicurezza o qualora sia stato segnalato, anche in base ad accordi o convenzioni internazionali ratificati dall'Italia, ai fini del respingimento o della non

ammissione, per gravi motivi di ordine pubblico, di sicurezza nazionale e di tutela delle relazioni internazionali, ai sensi del regolamento (CE), n. 1987/2006, comunemente detto SIS II.

Diversamente, il provvedimento non può essere adottato nei confronti di:

- stranieri richiedenti la protezione internazionale o sottoposti a misure di protezione temporanea per motivi umanitari. Nel caso in cui la domanda di protezione internazionale sia presentata alla polizia di frontiera all'atto di ingresso nel territorio nazionale, lo straniero è autorizzato a rimanere nel territorio dello Stato per tutta la durata dell'esame dell'istanza; lo straniero richiedente non può comunque essere respinto, anche qualora abbia presentato domanda di asilo dopo essere stato fermato per avere eluso o tentato di eludere il controllo di frontiera; laddove la domanda di asilo sia stata presentata dopo l'adozione del provvedimento di respingimento, lo straniero richiedente è trattenuto in un centro di permanenza per il rimpatrio (vedi, *infra*, par. II.3.1);
- stranieri che possano essere oggetto di persecuzione per motivi di razza, di sesso, di lingua, di cittadinanza, di religione, di opinioni politiche, di condizioni personali o sociali, o che possano essere rinviati verso uno Stato nel quale non siano protetti dalle persecuzioni, anche qualora non abbiano fatto richiesta di protezione internazionale (principio di *non-refoulement*); in tale ipotesi essi possono essere beneficiari di permesso di soggiorno per motivi umanitari, salvo che possa disporsi l'allontanamento verso uno Stato che provvede ad accordare una protezione analoga contro le persecuzioni;
- minori stranieri che si presentino ai valichi di frontiera senza essere accompagnati da almeno un genitore o da parenti entro il quarto grado;
- familiari non comunitari di cittadini comunitari, allorché tali familiari siano sprovvisti di documenti di viaggio e li rendano disponibili entro le 24 ore successive alla richiesta, o dimostrino con altra idonea documentazione la qualifica di titolare del diritto di libera circolazione.

Qualora al momento della verifica dei requisiti per l'ingresso emerga una delle condizioni ostative sopra descritte, il dirigente dell'ufficio di polizia di frontiera adotta immediatamente un provvedimento motivato di respingimento, eseguito mediante l'impedimento del transito. Il provvedimento è impugnabile per via gerarchica al Prefetto della provincia in cui ha sede l'ufficio di frontiera; per quanto riguarda, invece, la possibilità di esperire ricorso giurisdizionale, nel silenzio della norma, sembra di poter riconoscere la competenza del giudice amministrativo, in quanto il respingimento immediato alla frontiera non incide su un diritto soggettivo ma su una situazione di mero interesse all'ingresso nel territorio nazionale.

Si definisce, altresì, respingimento, il provvedimento di cui al comma 2 dell'art.10 del T.U. Immigrazione, per mezzo del quale viene allontanato dal territorio nazionale uno straniero che, per differenti ragioni, ha potuto oltrepassare i valichi di frontiera pur non soddisfacendo i requisiti di ingresso.

Il "respingimento differito" è disposto dal Questore della provincia in cui è rintracciato lo straniero nei confronti di due categorie di persone:

- coloro che si siano sottratti ai controlli di frontiera e siano stati fermati all'ingresso, o subito dopo;
- coloro che, pur identificati dalla polizia di frontiera, sono stati temporaneamente ammessi nel territorio per necessità di pubblico soccorso.

Il provvedimento deve essere motivato e la misura è eseguita mediante l'accompagnamento immediato alla frontiera, salvo nelle ipotesi in cui esistano impedimenti al rimpatrio; tali impedimenti possono essere l'assenza di un valido documento di espatrio o l'indisponibilità del vettore. In questi casi, il Questore dispone il trattenimento dello straniero in un Centro di permanenza per il rimpatrio (CPR) ovvero, in mancanza di disponibilità di posti, gli notifica un ulteriore provvedimento recante l'ordine a lasciare l'Italia entro sette giorni.

Un'ulteriore novità introdotta dal legislatore nel recente d.l. n. 113/2018 riguarda la previsione della convalida giudiziaria del provvedimento di respingimento differito, prima assente nell'ordinamento[1].

Il respingimento del Questore è impugnabile per via gerarchica al Prefetto della medesima provincia; in via giurisdizionale, diversamente dal respingimento alla frontiera, il ricorso deve essere presentato dinanzi al Tribunale ordinario territorialmente competente poiché, una volta che lo straniero ha fatto ingresso nel territorio nazionale, il provvedimento integra a tutti gli effetti una limitazione della libertà personale del respingendo, comportando "l'attrazione della contestazione nella giurisdizione generale dei diritti soggettivi".

## II.3. L'espulsione amministrativa

L'espulsione amministrativa è un provvedimento ablativo recettizio che assume la veste formale dell'ordine di pubblica sicurezza; è disciplinato dall'articolo 13 del TUI.

La misura è sempre disposta, previa una valutazione sul singolo caso, con decreto motivato dall'autorità competente; è immediatamente esecutivo e comporta, anche se sottoposto a gravame o impugnativa da parte dell'interessato, l'obbligo per il destinatario di lasciare il Paese nel termine stabilito.

[1] Sul punto, cfr. Corte cost., sent. n. 275/2017. La procedura di convalida dell'accompagnamento alla frontiera a seguito dell'adozione di un decreto di respingimento prevede che il Questore comunichi la misura tempestivamente – e comunque entro 48 ore – al Giudice di pace competente per territorio che decide, con decreto motivato, entro le successive 48 ore.

Le espulsioni amministrative possono essere distinte sulla base dell'autorità che le adotta e dei presupposti che le giustificano.

Ai sensi dell'articolo 13, comma 1 del TUI, il provvedimento è adottato dal Ministro dell'Interno nei confronti del cittadino straniero, anche non residente nel territorio dello Stato, nei seguenti casi:

– per motivi di ordine pubblico o sicurezza dello Stato, dandone preventiva notizia al Presidente del Consiglio dei ministri e al Ministro degli Affari esteri e della Cooperazione internazionale;
– per motivi di prevenzione del terrorismo, nelle ipotesi previste dall'articolo 3, del decreto legge 27 luglio 2005, n. 144, convertito, con modificazioni, con legge 31 luglio 2005, n. 155, e recentemente integrato nei contenuti dal decreto legge 18 febbraio 2015, n. 7, convertito, con modificazioni, in legge 17 aprile 2015, n. 43. Il decreto ministeriale di espulsione è adottato qualora lo straniero appartenga ad una delle categorie di cui all'articolo 18 della legge 22 maggio 1975, n. 152, o nei cui confronti vi siano fondati motivi di ritenere che la sua permanenza nel territorio dello Stato possa in qualsiasi modo agevolare organizzazioni o attività terroristiche, anche internazionali; l'adozione del provvedimento può essere delegata al Prefetto competente e, anche in queste ipotesi espulsive, è data preventiva notizia al Presidente del Consiglio dei ministri e al Ministro degli affari esteri e della cooperazione internazionale. Il provvedimento di espulsione adottato dal Ministro può essere impugnato esclusivamente dinanzi al Tar del Lazio e il ricorso non può in nessun caso sospenderne l'esecuzione.

Diversamente, il provvedimento di espulsione è adottato dal Prefetto nei casi tipizzati elencati all'articolo 13, comma 2, del TUI, qualora lo straniero:

– si sia sottratto ai controlli di frontiera senza essere stato respinto ai sensi dell'articolo 10 del TUI;
– non abbia dichiarato la sua presenza in Italia o non abbia richiesto il permesso di soggiorno entro otto giorni dall'ingresso, salvo che il ritardo sia dipeso da cause di forza maggiore;
– abbia subito la revoca o l'annullamento del permesso di soggiorno, ovvero il citato titolo gli sia stato rifiutato;
– non abbia chiesto il rinnovo del permesso di soggiorno entro sessanta giorni dalla sua scadenza;
– sia da considerarsi socialmente pericoloso.

Quest'ultima condizione ha dei risvolti applicativi peculiari, sui quali è opportuno soffermarsi,.

Più precisamente, l'espulsione amministrativa per sospetta pericolosità sociale può essere disposta dal Prefetto laddove ricorrano i presupposti per l'applicazione di una misura di prevenzione personale, ai sensi del decreto legislativo 6 settembre 2011, n. 159.

A riguardo, è da intendersi socialmente "pericoloso" chi sia da ritenersi abitualmente dedito a traffici delittuosi, chi viva con i proventi di attività delittuose, chi sia dedito alla commissione di reati che offendono o mettono in pericolo l'integrità fisica o morale dei minorenni, la sanità, la sicurezza o la tranquillità pubblica, chi sia indiziato di appartenere ad associazioni di tipo mafioso, alla camorra o ad altre associazioni che perseguono finalità o agiscono con metodi corrispondenti a quelli delle associazioni di tipo mafioso.

In ciascuna delle sopracitate previsioni, la norma richiede che a comprovare la pericolosità della persona intervengano "elementi di fatto" specifici e sintomatici, non essendo sufficienti le mere denunce penali o le sentenze penali di condanna ex artt. 444 e ss. c.p.p..

Il provvedimento adottato ai sensi dell'articolo 13, comma 2, lett. *c*) è, dunque, caratterizzato da profili di discrezionalità che impongono al Prefetto una motivazione approfondita e congruente sulla pericolosità sociale dello straniero.

Sul punto è intervenuto il Consiglio di Stato, secondo il quale il giudizio di pericolosità sociale, pur non postulando l'esistenza di una sentenza di condanna, deve tuttavia risultare da una serie di indizi non subiettivi e da fatti ragionevolmente indicativi dell'inclinazione del soggetto a delinquere, quali denunce per reati gravi, precedenti penali o, in generale, una acclarata condotta di vita incline alla devianza. L'espulsione, inoltre, potrà essere fondata anche su un unico fatto, purché nel provvedimento siano richiamate espressamente le relative modalità attuative e le motivazioni che hanno indotto la persona ad agire, qualora la condotta tenuta sia di particolare gravità.

Poiché la valutazione dell'Amministrazione resta un giudizio prognostico che non può che essere espresso in termini di probabilità, il provvedimento sarà sindacabile solo nelle ipotesi di illogicità, di carenza di presupposti o di manifesta incongruità della motivazione.

L'espulsione per pericolosità richiede, in ogni caso, un bilanciamento del pericolo effettivo arrecato dalla presenza della persona sul territorio con il suo inserimento nel tessuto familiare, sociale e lavorativo.

Il diritto all'unità familiare è, infatti, considerato dal legislatore, in alcuni casi tassativamente previsti dall'articolo 29, comma 1 del T.U. Immigrazione, prevalente rispetto al bene pubblico della sicurezza e in grado, pertanto, di neutralizzare l'effetto ostativo degli indizi di pericolosità. Il diritto all'unità familiare, inoltre, non rileva solo in presenza di un nucleo familiare costituitosi in base ad una procedura di ricongiungimento, ma anche quando un nucleo familiare avente analoga composizione si trovi già unito *ab origine*.

Allo stesso modo, poiché in materia di misure finalizzate all'emersione dal lavoro nero, di cui alla legge n. 102 del 2009, la Corte costituzionale ha dichiarato illegittimo, per contrasto al principio di ragionevolezza, l'automatismo tra la condanna penale per uno dei reati per i quali è previsto l'arresto in flagranza, ai sensi degli artt. 380 e 381 c.p.p., e il diniego dell'istanza di regolarizzazione, tale condanna non potrà esaurire il presupposto della pericolosità sociale sul quale l'Amministrazione è chiamata a fondare il provvedimento di espulsione, rendendo necessaria anche in questo caso una valutazione commisurata agli interessi coinvolti.

Ai citati provvedimenti di espulsione motivati dalle carenza di titolo a soggiornare e dalla pericolosità sociale, occorre aggiungere che al Prefetto è stata recentemente riconosciuta la competenza a disporre l'espulsione straordinaria dello straniero, qualora emergano motivi di prevenzione del terrorismo, nelle particolari ipotesi previste dall'articolo 3, del decreto legge 27 luglio 2005, n. 144, convertito, con modificazioni, con legge 31 luglio 2005, n. 155, recentemente integrato nei contenuti dal decreto legge 18 febbraio 2015, n. 7, convertito, con modificazioni, in legge 17 aprile 2015, n. 43.

Nello specifico, ai sensi dell'articolo 4, comma primo, lettera *d)* del decreto legislativo n. 152 del 2011, l'espulsione a titolo di misura di prevenzione si applica nei confronti di stranieri che, operanti in gruppi o isolatamente, pongano in essere atti preparatori diretti alla commissione di reati con finalità di terrorismo anche internazionale, ovvero a prendere parte ad un conflitto in territorio estero a sostegno di un'organizzazione che persegue finalità terroristiche.

Da un punto di vista procedimentale, occorre sottolineare che il rimpatrio non si perfeziona con l'adozione del provvedimento di espulsione, bensì con la sua esecuzione. Trattandosi di un provvedimento restrittivo della libertà personale, affinché la misura di esecuzione dell'espulsione produca effetti, il Questore, che la dispone, deve richiederne la convalida al Giudice di Pace territorialmente competente entro 48 ore dalla sua adozione. Oltre alla convalida, sulla quale il Giudice si esprime nelle 48 ore successive alla richiesta, quando l'espellendo è sottoposto a procedimento penale e non si trova in stato di custodia cautelare in carcere, il Questore, prima di adottare la misura di esecuzione, deve richiedere il *nulla osta* dell'autorità giudiziaria competente.

L'acquisizione del *nulla osta* dell'autorità giudiziaria titolare del procedimento penale a cui è sottoposto lo straniero si spiega alla luce della preminenza che il legislatore ha inteso riconoscere all'interesse all'allontanamento dell'espellendo, rispetto a quello a giudicarlo, prevedendo che la pendenza di un procedimento penale non possa di per sé costituire un impedimento; per questa ragione, il *nulla osta* può essere negato solo in presenza di inderogabili esigenze processuali, da valutare in relazione all'accertamento della responsabilità di eventuali concorrenti nel reato o imputati in procedimenti per reati connessi e nell'interesse della persona offesa. A seguito della richiesta formulata, il *nulla osta* si intende concesso qualora l'autorità giudiziaria non si esprima entro sette giorni dalla data di ricevimento della stessa. Diversamente, in caso di diniego del *nulla osta*, l'esecuzione del provvedimento di espulsione rimane sospesa fino a quando l'autorità giudiziaria non comunichi la cessazione delle esigenze processuali. Solo dopo aver ottenuto il *nulla osta*, il Questore provvede all'espulsione attraverso l'accompagnamento dello straniero alla frontiera.

In quanto atto presupposto alla misura di esecuzione dall'espulsione, il *nulla osta*, pur essendo rilasciato da un'autorità giudiziaria, non è soggetto ad autonoma impugnazione e gli eventuali vizi possono essere fatti valere solo contestualmente all'impugnazione del provvedimento di espulsione; inoltre, l'assenza del *nulla osta*, in sede di ricorso contro il provvedimento di espulsione, non è motivo d'invalidità dello stesso, poiché lo straniero non ha alcun interesse protetto dalla norma che lo disciplina, essendo quest'ultima posta a salvaguardia delle esigenze della giurisdizione penale, mentre l'interesse dell'espulso all'esercizio del diritto di difesa e alla partecipazione al processo penale è tutelato dall'autorizzazione al rientro contemplata all'articolo 17 del TUI (vedi *infra*, par. II.5).

Sul piano delle modalità, l'esecuzione dell'espulsione può essere disposta alternativamente:

- attraverso la concessione, da parte del Prefetto allo straniero di un termine, da sette a trenta giorni, per fare rientro volontariamente nel suo Paese; In questa ipotesi, il Questore dovrà chiedere all'espellendo di dimostrare la disponibilità di risorse economiche sufficienti e derivate da fonti lecite per garantire il ritorno; potrà inoltre disporre la consegna, da parte dello straniero, del passaporto da restituire al momento della partenza, l'obbligo di dimora e l'obbligo di presentazione presso un ufficio delle forze di polizia territorialmente competenti, in giorni e orari stabiliti. Per tutti questi provvedimenti è prevista la convalida del Giudice di pace. Qualora l'espellendo non rispetti taluna delle prescrizioni, il legislatore ha previsto una contravvenzione penale sanzionata con la pena pecuniaria della multa da 3.000 a 18.000 euro; si segnala che, in questo caso, eccezionalmente, non è richiesto il *nulla osta* dell'autorità giudiziaria competente, essendo il Questore tenuto ad eseguire l'espulsione immediatamente con accompagnamento alla frontiera.
- attraverso l'accompagnamento alla frontiera a mezzo della forza pubblica. L'accompagnamento coatto, ai sensi dell'articolo 13, comma 4 del TUI, deve sempre essere eseguito qualora sussista un rischio di fuga, o lo straniero sia considerato per i citati presupposti socialmente pericoloso, o abbia altrimenti presentato una domanda di soggiorno fraudolenta poi rigettata e infine qualora, senza un giustificato motivo, lo straniero non abbia osservato il termine concesso per la partenza volontaria.

Nei casi in cui non sia possibile il rimpatrio in termini ragionevoli, il Questore dispone, previa convalida del provvedimento da parte del Giudice di pace, il trattenimento dello straniero irregolare in un Centro di permanenza per il rimpatrio.

A titolo residuale, qualora non sia possibile il trattenimento in un CPR o siano decorsi invano i termini massimi di permanenza, il Questore notifica allo straniero l'ordine di lasciare l'Italia entro sette giorni.

Trattandosi di un provvedimento restrittivo della libertà personale, il provvedimento di espulsione adottato dal Prefetto è ricorribile dinnanzi all'autorità giudiziaria ordinaria; il ricorso, a pena d'inammissibilità, va presentato entro trenta giorni dalla notifica del provvedimento o, se l'interessato ricorrente risiede all'estero, entro sessanta giorni.

Il ricorso, unitamente al decreto di fissazione dell'udienza, deve essere altresì notificato all'autorità amministrativa che ha emesso il provvedimento, almeno cinque giorni prima dell'udienza, in modo che questa possa costituirsi in giudizio.

Da ultimo, si precisa che l'ordinanza che definisce il giudizio non è appellabile ma è impugnabile per cassazione.

### *II.3.1. Il trattenimento*

I Centri di permanenza per il rimpatrio – così denominati a seguito della novella introdotta dal decreto legge 17 febbraio 2017, n. 13 – sono strutture di accoglienza e trattenimento per cittadini stranieri in condizione di irregolarità, attualmente disciplinati dall'art 14 del TUI. A differenza dei Centri di identificazione ed espulsione, i nuovi CPR sono stati concepiti per avere dimensioni ridotte e una diffusione su tutto il territorio nazionale.

Lo strumento del trattenimento si rivolge, prima di tutto, allo straniero al quale è stato notificato un provvedimento di espulsione (o di respingimento) ma non è immediatamente rimpatriabile a causa di situazioni transitorie che ne ostacolano l'allontanamento. La permanenza nel Centro si giustifica alla luce del rischio di fuga della persona (rischio a cui è assimilato il rifiuto dello straniero di sottoporsi reiteratamente ai rilievi fotodattiloscopici), ovvero quando sia necessario, in assenza di documenti, trattenerlo nelle more delle verifiche di polizia, quando non sia disponibile un mezzo di trasporto idoneo al rimpatrio e, da ultimo, in attesa della convalida del rimpatrio o del *nulla osta* dell'autorità giudiziaria, in pendenza di procedimento penale.

La legittimità del trattenimento deve in ogni caso essere verificata dall'autorità giudiziaria competente per il luogo ove ha sede il CPR. L'udienza per la convalida si svolge in camera di consiglio con la presenza necessaria di un difensore tempestivamente avvertito e l'autorità amministrativa può presenziare personalmente o avvalersi di funzionari appositamente delegati.

La norma, in conformità alla Direttiva 2008/115/CE, prevede che il trattenimento dello straniero abbia una durata pari a 30 giorni rinnovabili fino ad un massimo di 180[2] salvo nell'ipotesi in cui l'espellendo sia stato dimesso da un istituto penitenziario; in quest'ultima circostanza, infatti, poiché si presuppone che alcune procedure dirette all'esecuzione dell'espulsione siano state effettuate durante la detenzione carceraria, il trattenimento deve avere una durata massima di 30 giorni, termine prorogabile, previa convalida, nei casi di particolare complessità di ulteriori 15.

Qualora ricorrano determinati e stringenti presupposti stabiliti dalla legge, destinatari della misura del trattenimento possono essere anche i richiedenti protezione internazionale. La disciplina trova fondamento nelle disposizioni contenute nell'articolo 6, del decreto legislativo 18 agosto 2015, n. 142, con cui si è data l'attuazione nazionale alla direttiva 2013/33/UE, recante norme relative all'accoglienza dei richiedenti protezione internazionale, nonché alla direttiva 2013/32/UE, recante procedure comuni ai fini del riconoscimento e della revoca dello *status* di protezione internazionale. Il legislatore, nel recepire l'indirizzo unionale, ha previsto la possibilità di trattenere il richiedente asilo, qualora ricorrano le seguenti condizioni:

- nel caso in cui, ai sensi dell'articolo 1, paragrafo F, della Convenzione di Ginevra sullo *status* di rifugiato, lo straniero richiedente abbia commesso un crimine contro la pace, un crimine di guerra o un crimine contro l'umanità; ovvero nel caso in cui abbia commesso un crimine grave di diritto comune fuori del Paese ospitante prima di essere ammesso come rifugiato; o nel caso in cui si sia reso colpevole di atti contrari agli scopi e ai principi delle Nazioni Unite;
- nel caso in cui, ai sensi dell'art. 13, commi 1 e 2, lettera c), del d.lgs. n. 286/1998, la persona costituisca un pericolo per l'ordine pubblico e la sicurezza dello Stato, ovvero appartenga ad una delle categorie di cui agli artt. 1, 4 e 16 del d.lgs. n. 159/2011;
- qualora lo straniero sia destinatario di un provvedimento di espulsione per motivi di prevenzione del terrorismo, ai sensi dell'art. 3, comma 1, del d.l. n. 144/2005, conv. con mod. alla legge n. 155/2005;
- qualora sussista il rischio di fuga del richiedente; in tale specifica ipotesi, assume rilevanza che il richiedente abbia fatto ricorso sistematicamente a dichia-

[2] Sul punto, si segnala che i termini della detenzione amministrativa dello straniero già attinto da un provvedimento di espulsione o di respingimento sono stati raddoppiati a seguito dell'entrata in vigore del d.l. 4 ottobre 2018, n. 113.

razioni o attestazioni false sulle proprie generalità al solo fine di evitare l'adozione o l'esecuzione di un provvedimento di espulsione, ovvero non abbia ottemperato ad uno dei provvedimenti di cui all'articolo 13, commi 5, 5.2 e 13, nonché all'articolo 14 del decreto legislativo 25 luglio 1998, n. 286.

A tali ipotesi, il legislatore con l'art. 3 del d.l. n. 113/2018 ha introdotto una nuova fattispecie di trattenimento amministrativo, che consente il trasferimento nei CPR, per un periodo massimo di 180 giorni, di quei richiedenti asilo che non sia stato possibile identificare entro 30 giorni dall'ingresso, presso i punti di crisi di cui all'art. 10 *ter* TUI.

Al di fuori delle ipotesi sopra elencate, il richiedente asilo, presente in un Centro in attesa dell'esecuzione di un provvedimento di rimpatrio già adottato, può essere trattenuto solo qualora vi siano fondati motivi per ritenere che la domanda sia stata presentata al solo scopo di ritardare o impedire l'esecuzione dell'espulsione.

Il provvedimento con il quale è disposto, a cura del Questore, il trattenimento o la proroga del trattenimento è adottato per iscritto e corredato da motivazione; il provvedimento è comunicato al richiedente nella prima lingua indicata o in una lingua che ragionevolmente si suppone possa comprendere, ai sensi dell'art. 10, comma 4, del decreto legislativo n. 25 del 2008.

Nell'ipotesi in cui lo straniero sia già trattenuto al momento della presentazione della domanda di protezione internazionale, i termini previsti dall'art. 14, comma 5, del T.U. Immigrazione, si sospendono e il Questore trasmette gli atti al giudice competente per la convalida del trattenimento; il trattenimento può essere disposto per un periodo massimo di ulteriori sessanta giorni, per consentire l'espletamento della procedura di esame della domanda di protezione.

Il richiedente trattenuto che presenta ricorso giurisdizionale avverso la decisione di rigetto della Commissione territoriale rimane nel Centro fino all'adozione del provvedimento di riesame, nonché per tutto il tempo in cui è autorizzato a rimanere nel territorio nazionale in conseguenza del ricorso giurisdizionale proposto; in ogni caso, la durata massima del trattenimento non può superare, complessivamente, i dodici mesi per il richiedente che costituisca un pericolo per l'ordine e la sicurezza pubblica o per il quale sussista un rischio di fuga. Qualora il richiedente trattenuto chieda di essere rimpatriato nel Paese di origine o provenienza, in suo favore è immediatamente adottato e eseguito il provvedimento di espulsione con accompagnamento alla frontiera, ai sensi dell'art. 13, commi 4 e 5 *bis*, del T.U. Immigrazione; la richiesta di rimpatrio equivale al ritiro della domanda di protezione internazionale.

L'allestimento del Centro e l'affidamento della sua gestione sono a cura del Prefetto della provincia in cui si trova la struttura, mentre il Questore, avvalendosi della forza pubblica, adotta le misure di vigilanza necessarie ad impedire l'indebito allontanamento delle persone trattenute. All'interno del Centro lo straniero ha diritto al rispetto della dignità, a ricevere atti e documenti tradotti in una lingua a lui comprensibile, nonché alla libertà di corrispondenza anche telefonica con l'estero. Altri diritti sono previsti dall'art. 21 del d.P.R. n. 394 del 1999 e riguardano l'assistenza sanitaria, la possibilità di un regolare svolgimento della vita in comune e di accedere ad aree all'aperto; è garantita la libertà di colloquio all'interno del centro e con i ministri di culto provenienti dall'esterno; infine, è garantito l'accesso del Garante dei diritti delle persone detenute o private della libertà personale ad ogni locale del Centro, senza alcuna restrizione.

### *II.3.2. L'ordine del Questore*

L'ordine di allontanamento del Questore è il provvedimento notificato allo straniero che non possa essere collocato in un CPR per indisponibilità di posti o che, alla scadenza dei termini massimi di trattenimento nel Centro, non possa essere rimpatriato.

Il provvedimento prevede che l'interessato, entro sette giorni dall'ordine, debba autonomamente lasciare l'Italia. La normativa precedente sanzionava l'inottemperanza alla misura con la reclusione fino a quattro anni, tuttavia, a seguito dell'entrata in vigore della Direttiva 2008/115/CE e, soprattutto, della pronuncia della Corte di Giustizia europea del 28 aprile 2011 sul caso *El Dridi*, la pena detentiva è stata sostituita con una pena pecuniaria.

Nel merito, la questione pregiudiziale è stata sollevata dalla Corte di appello di Trento nell'ambito di un procedimento concernente un cittadino straniero irregolarmente presente in Italia e condannato in primo grado a un anno di reclusione per il delitto di cui all'art. 14, commi 5-*ter* e 5-*quater*, del TUI, per non avere ottemperato all'ordine di allontanamento emesso nel maggio 2010 dal Questore di Udine, sulla base di un decreto prefettizio di espulsione risalente al 2004. La Corte d'Appello di Trento, investita dell'impugnazione contro la sentenza di condanna, ha adito la Corte di Giustizia al fine di valutare se l'incriminazione italiana fosse o meno compatibile con gli articoli 15 e 16 della direttiva 2008/115/CE, recanti i presupposti, le modalità e i limiti del trattenimento dello straniero in appositi centri, nel corso della procedura amministrativa di rimpatrio.

In risposta al quesito proposto, la Corte di Giustizia ha asserito che la Direttiva "[...] osta ad una normativa di uno Stato membro, come quella in discussione nel procedimento principale, che preveda l'irrogazione della pena della reclusione al cittadino di un Paese terzo il cui soggiorno sia irregolare per la sola ragione che questi, in violazione di un ordine di lasciare entro un determinato termine il territorio di tale Stato, permane in detto territorio senza giustificato motivo [...]".

Gli effetti prodotti dalla sentenza della Corte di Giustizia sull'ordinamento statale sono stati successivamente equiparati dalla Corte di Cassazione ad una sostanziale *abolitio criminis* della fattispecie che puniva, con la sanzione detentiva, l'ingiustificata inosservanza dell'ordine di allontanamento del Questore.

Per completezza, sembra utile rammentare che, in tema di giustificazioni all'inadempimento all'ordine del Questore, la Corte di Cassazione ha affermato come la causa del mancato allontanamento non possa essere costituita dal mero disagio economico, di regola sottostante al fenomeno migratorio, ma che debba essere integrata da una condizione di assoluta impossidenza dello straniero, che non gli consenta di recarsi nel termine assegnato presso il valico di frontiera e di acquistare il biglietto di viaggio.

Al fine di ovviare a tale situazione di impossidenza e consentire allo straniero di ottemperare al citato provvedimento, il legislatore nazionale ha previsto, pertanto, che l'ordine del Questore possa essere accompagnato dalla consegna all'interessato della documentazione necessaria per raggiungere gli uffici della rappresentanza diplomatica del suo Paese in Italia, nonché per rientrare nello Stato di appartenenza, compreso il titolo di viaggio.

### II.4. L'espulsione giudiziaria

Per meglio inquadrare la complessa disciplina correlata al processo di rimpatrio, occorre fare un breve cenno alle ipotesi in cui l'espulsione sia disposta con provvedimento dell'autorità giudiziaria.

In particolare, il legislatore ha disciplinato le seguenti ipotesi di espulsione giudiziaria: espulsione a titolo di misura di sicurezza e espulsione a titolo di sanzione sostitutiva della detenzione e alternativa alla detenzione.

Fuori dai casi espressamente previsti dal codice penale, l'espulsione a titolo di misura di sicurezza, disciplinata all'articolo 15 del TUI, è disposta dal giudice nei confronti dello straniero socialmente pericoloso, condannato per taluno dei reati per i quali è previsto l'arresto obbligatorio o facoltativo in flagranza di reato, di cui agli articoli 380 e 381 del c.p.p..

È evidente, dunque, che l'espulsione a titolo di misura di sicurezza postuli due presupposti: un presupposto oggettivo costituito dall'esistenza di una sentenza penale di condanna e un presupposto soggettivo, costituito dal giudizio di pericolosità sociale dell'espellendo.

Come per ogni altra misura di sicurezza, ai sensi dell'articolo 211 c.p., l'espulsione è eseguita dopo l'esecuzione della pena detentiva o, qualora sia stata irrogata una sanzione non detentiva, dopo che la condanna è divenuta irrevocabile.

In riferimento al presupposto soggettivo, inoltre, occorre sottolineare che l'accertamento della pericolosità, oltre che sussistere al momento della sentenza, deve essere ripetuto da parte del magistrato di sorveglianza al momento dell'esecuzione della misura di espulsione. Nel caso in cui la valutazione in concreto sulla pericolosità sociale dell'espellendo abbia un esito negativo, la misura deve essere revocata. Diversamente, qualora sussistano tutti i presupposti, del provvedimento di espulsione è data tempestiva comunicazione al Questore ed alla competente autorità diplomatica, per avviare la procedura identificativa e consentire il rimpatrio.

L'articolo 16 del TUI prevede altresì l'espulsione a titolo di sanzione sostitutiva o alternativa alla detenzione. L'espulsione a titolo di sanzione sostitutiva può essere disposta dal giudice quando questi si trovi a pronunciare una sentenza di condanna, anche a seguito di rito patteggiato, per un reato non colposo, a una pena detentiva che non superi i due anni e non ricorrano le condizioni per concedere la sospensione condizionale della pena. Analogamente, nei confronti dello straniero detenuto, identificato, che deve scontare una pena, anche residua, non superiore a due anni, il magistrato di sorveglianza può adottare un provvedimento di espulsione a titolo di misura alternativa alla detenzione.

## II.5. Il divieto di rientro in Italia e l'esercizio del diritto di difesa

Lo straniero cui è stato notificato il provvedimento di espulsione non può rientrare in Italia e nel territorio dell'Unione senza una speciale autorizzazione rilasciata dal Ministro dell'Interno.

Tale divieto, registrato nelle banche dati di tutti i paesi dell'Unione, opera per un periodo, non inferiore a tre anni e non superiore a cinque anni, la cui durata è stabilita dal Prefetto che adotta il provvedimento di espulsione sulla base di tutte le circostanze pertinenti il singolo caso. Il termine può essere superiore a cinque anni solo nelle ipotesi di straniero socialmente pericoloso.

Il divieto opera a decorrere dalla data di esecuzione dell'espulsione, attestata dal timbro di uscita dal territorio nazionale apposto sul passaporto dell'interessato dalle autorità di frontiera, ovvero dalla scadenza del termine assegnato, nel caso in cui l'esecuzione del provvedimento di espulsione sia rimessa alla volontà del destinatario. In tale ipotesi, il termine può essere revocato dalla Prefettura che ha emesso il relativo provvedimento, a richiesta dell'interessato, a condizione che egli fornisca la prova di avere lasciato il territorio nazionale prima della sua scadenza.

La trasgressione al divieto di rientro è punita con la reclusione da uno a quattro anni, nonché con un nuovo provvedimento di espulsione mediante accompagnamento immediato alla frontiera.

La condotta di reingresso, senza autorizzazione, dello straniero già destinatario di un provvedimento di rimpatrio ha conservato rilevanza penale anche dopo l'entrata in vigore della citata Direttiva 115 e a seguito della pronuncia della Corte di giustizia europea del 28 aprile 2011 sulla controversia *El Dridi*/Italia. Infatti, non è assimilabile la condotta omissiva di colui che viola l'ordine del Questore a lasciare il territorio nazionale, con la condotta positiva trasgressiva dello straniero, già espulso, che rientri in Italia senza la speciale autorizzazione del Ministro dell'Interno.

Lo straniero cui è stato notificato il provvedimento di espulsione può essere, tuttavia, temporaneamente, autorizzato al rientro in Italia nel caso sia parte offesa o sottoposto a procedimento penale, per il solo esercizio del diritto di difesa. È previsto, in tal caso, che qualora lo straniero debba far rientro in Italia per esercitare il diritto di difesa, lo specifico visto (sempre necessario) sia concesso previa esplicita autorizzazione all'ingresso del Questore competente.

L'autorizzazione potrà essere adottata, al solo fine di partecipare al giudizio o al compimento di atti per i quali è necessaria la presenza dello straniero, dal Questore della provincia in cui lo straniero deve essere sentito. Qualora lo straniero che richiede l'autorizzazione all'ingresso sia convocato in una provincia diversa da quella ove, in precedenza, era stato rintracciato ed espulso, il Questore competente ad adottare l'atto autorizzatorio ne darà comunicazione anche all'autorità provinciale di pubblica sicurezza che aveva precedentemente curato l'adozione del provvedimento di espulsione e la successiva esecuzione.

Allo straniero autorizzato all'ingresso è concesso un visto per invito ed è notificata la copia dell'autorizzazione adottata dal Questore.

### II.6. I limiti all'espulsione

L'articolo 19 del TUI ha previsto una serie di limiti all'esercizio del potere di espulsione, tanto da parte dell'autorità amministrativa che dell'autorità giudiziaria.

In particolare sono vietate le espulsioni:

- collettive, ovvero disposte indistintamente nei confronti di un gruppo o di una categoria di persone;
- dello straniero che potrebbe essere oggetto di persecuzione per motivi di sesso, razza, religione, lingua, cittadinanza, condizioni personali o sociali, opinioni politiche. Analogamente, è vietato espellere lo straniero verso uno Stato in cui esista il rischio di essere sottoposto alla pena di morte, alla tortura o ad altre pene o trattamenti inumani o degradanti. Il divieto, derivato dal principio di non respingimento, riguarda tanto l'espulsione verso il Paese di provenienza quanto verso il Paese di transito, e comporta il rilascio da parte del Questore di un permesso di soggiorno per motivi umanitari;
- del minore straniero, salvo il suo diritto a seguire i genitori espulsi. In questo

caso, il Questore rilascia al minore un permesso di soggiorno per minore età;
- dello straniero titolare di un permesso di soggiorno di lungo periodo, in ragione della permanenza prolungata nel Paese. In questo caso, tuttavia, il legislatore ha previsto una deroga al divieto di espulsione, prevalentemente per ragioni di ordine pubblico e sicurezza e comunque laddove ricorrano i presupposti di cui all'articolo 9, comma 10 del T.U. Immigrazione;
- degli stranieri conviventi con i parenti entro il secondo grado, o con il coniuge, di nazionalità italiana. In questi casi, il Questore rilascia un permesso di soggiorno per motivi familiari;
- della cittadina straniera in stato di gravidanza o nei sei mesi successivi alla nascita del figlio, ovvero per gravi motivi di salute.

## II.7. I programmi di rimpatrio volontario e assistito

Il rimpatrio volontario assistito (RVA) è un istituto ancora poco conosciuto e, anche per questo, limitatamente utilizzato, sebbene esso appaia di grande rilevanza strategica per il Ministero dell'Interno.

Le ragioni della sua ancora relativa diffusione possono, forse, essere in parte riconducibili allo scarso *appeal* dello strumento dal punto di vista della narrazione pubblica, di qualunque segno: se, da un lato, la volontarietà dello stesso mal si presta alla retorica della "tolleranza zero", d'altro canto è evidente che la logica del rimpatrio è opposta a quella dell'integrazione.

Eppure l'importanza del RVA emerge se si riflette sul fatto che l'immigrazione è un tema estremamente complesso, per il quale non esiste "la" soluzione, bensì esistono "alcune" soluzioni per far fronte alle variegate connesse agli specifici percorsi migratori.

È evidente che l'istituto si rivolge agli stranieri che si trovano di fronte ad un fallimento o, comunque, ad un esaurimento del proprio progetto migratorio. Ma non sempre gli stranieri irregolari o, in ogni caso, privi di prospettive di stabilità nel nostro Paese, sono disposti a rientrare in patria - né a collaborare con le autorità per l'identificazione necessaria al rimpatrio forzoso -, in mancanza della concreta possibilità di tornare presso la propria comunità con risorse sufficienti e con qualche minimo risultato concreto conseguito grazie all'esperienza migratoria. Ed è proprio a tale esigenza che risponde l'istituto in argomento.

Si aggiunga, inoltre, che il rimpatrio forzoso è uno strumento estremamente oneroso dal punto di vista della spesa pubblica: basti considerare che per ogni rimpatrio forzoso lo Stato deve affrontare le spese per il materiale trasferimento dello straniero in patria, nonché per il servizio di scorta. Inoltre, in caso di trattenimento presso un Centro di Permanenza per il Rimpatrio (CPR), bisognerà considerare anche le somme necessarie a sostenere il mantenimento del trattenuto, oltre alle spese a carico del Servizio Sanitario Nazionale che possano eventualmente verificarsi durante il periodo di trattenimento.

A fronte di tali costi, non ha pregio alcuna obiezione di principio al RVA, volta a contestare alla base la scelta di pagare uno straniero – spesso irregolarmente presente - per lasciare il territorio nazionale.

Il rimpatrio assistito è previsto dall'art. 14-ter del Testo Unico Immigrazione, introdotto con D.L. n. 89/2011.

Secondo il dettato normativo, il Ministero dell'Interno attua, anche in collaborazione con le organizzazioni internazionali o intergovernative esperte nel settore dei rimpatri, con gli enti locali e con associazioni attive nell'assistenza agli immigrati, programmi di rimpatrio volontario ed assistito verso il Paese di origine o di provenienza di cittadini di Paesi terzi.

La norma prevede che con decreto del Ministro dell'Interno sono definite le linee guida per la realizzazione dei programmi di rimpatrio volontario ed assistito, fissando criteri di priorità che tengano conto innanzitutto delle condizioni di vulnerabilità dello straniero, nonché i criteri per l'individuazione delle organizzazioni, degli enti e delle associazioni.

Nel caso in cui lo straniero irregolarmente presente nel territorio sia ammesso ai programmi di RVA la Prefettura del luogo ove egli si trova ne dà comunicazione alla competente Questura, anche in via telematica.

Qualora lo straniero sia già destinatario di provvedimenti di respingimento, di espulsione o di ordine di lasciare il territorio nazionale, l'ammissione al programma di RVA ne sospende l'esecuzione. Analoga sospensione riguarda il periodo di tempo eventualmente concesso allo straniero già espulso per lasciare volontariamente il territorio[3]. Sono sospese altresì le misure alternative al trattenimento eventualmente disposte ai sensi dell'art. 14, comma 1 bis, nei confronti dello straniero già espulso (consegna del passaporto, obbligo di dimora, obbligo di presentazione presso un ufficio delle Forze dell'Ordine).

La Questura, dopo avere ricevuto dalla Prefettura la comunicazione dell'avvenuto rimpatrio dello straniero, avvisa l'autorità giudiziaria competente per la pronuncia della sentenza di non luogo a procedere per il reato di ingresso e soggiorno illegale nel territorio dello Stato previsto dall'articolo 10-bis del T.U.I.

[3] È bene chiarire la distinzione tra lo strumento del rimpatrio volontario assistito ed il mero termine per il rimpatrio volontario. Quest'ultimo - sebbene accomunato al RVA dall'elemento della volontarietà - consiste nel mero periodo di tempo concesso dal Prefetto al momento dell'espulsione, ricorrendone le circostanze, e non comporta alcuna forma di supporto al rimpatrio. La distinzione tra i due istituti non ne esclude, tuttavia, una possibile sovrapposizione, nel senso che nel lasso di tempo concesso per il rimpatrio lo straniero può eventualmente accedere a programmi di rimpatrio assistito.

Nei confronti dello straniero che si sottrae al programma di rimpatrio, il Questore provvede all'accompagnamento immediato alla frontiera, se del caso anche previo trattenimento in un CPR.

Gli stranieri ammessi ai programmi di rimpatrio, qualora si trovino già in condizioni di trattenimento presso un CPR, permangono nel Centro fino al momento della partenza, nei limiti della durata massima prevista dalla normativa in tema di trattenimento.

La normativa prevede anche alcune ipotesi di preclusione all'accesso all'istituto in questione: tali fattispecie sono essenzialmente legate, da un lato, alla condotta tenuta dallo straniero che, anche solo su base indiziaria, risulti pericoloso per l'ordine e la sicurezza pubblica, in quanto coinvolto in iniziative di natura eversiva; per altro verso le limitazioni colpiscono gli stranieri la cui condizione comprometta la credibilità del progetto di rimpatrio.

Sotto il primo profilo, sono esclusi dalla possibilità di accedere al RVA gli stranieri già destinatari di provvedimento di espulsione, che rientrino in una delle seguenti categorie:

- Stranieri espulsi con decreto del Ministro dell'Interno per motivi di ordine pubblico o di sicurezza dello Stato.
- Stranieri espulsi con decreto del Prefetto in quanto appartenenti a taluna delle categorie indicate negli articoli 1, 4 e 16, del decreto legislativo 6 settembre 2011, n. 159 e che dunque debbano ritenersi, sulla base di elementi di fatto, abitualmente dediti a traffici delittuosi, alla commissione di reati che offendono o mettono in pericolo l'integrità fisica o morale dei minorenni, la sanità, la sicurezza o la tranquillità pubblica o che vivano abitualmente con i proventi di attività delittuose o che siano indiziati di una variegata serie di reati, essenzialmente riconducibili alle seguenti tipologie di condotte:

· Appartenenza ad associazioni mafiose o ad organizzazioni terroristiche, anche internazionali, nonché finanziamento o agevolazione delle relative attività; compimento di atti terroristici o diretti a sovvertire l'ordinamento dello stato, atti diretti alla ricostituzione del partito fascista;
· Reati in materia di contrabbando o di sfruttamento, traffico, tratta di minori o favoreggiamento dell'immigrazione clandestina;
· Realizzazione o agevolazione di episodi di violenza in occasione o a causa di manifestazioni sportive.
· Maltrattamenti contro familiari e conviventi o di atti persecutori;
· Una serie di reati contro la pubblica amministrazione;

Sotto il secondo profilo, è escluso dalla possibilità di accedere al RVA lo straniero che:

➢ Abbia già precedentemente beneficiato dei programmi in argomento;

- Già destinatario di decreto di espulsione, senza un giustificato motivo, non abbia osservato il termine concesso per la partenza volontaria;
- Possa far paventare un rischio di fuga per una delle seguenti ragioni:
  - Abbia in precedenza dichiarato o attestato falsamente le proprie generalità;
  - Non abbia ottemperato ad un precedente ordine di lasciare il territorio o abbia trasgredito al divieto di reingresso nel territorio dello Stato o si sia sottratto ad un ordine di trattenimento in un CPR o ad una delle misure alternative al trattenimento.

Infine, sono esclusi dall'ammissibilità al procedimento di RVA anche gli stranieri destinatari di un provvedimento di espulsione emesso dall'Autorità giudiziaria come sanzione penale o come conseguenza di una sanzione penale ovvero di un provvedimento di estradizione o di un mandato di arresto europeo o di un mandato di arresto da parte della Corte penale internazionale.

In conformità a quanto previsto dal TUI, le Linee guida per l'attuazione dei programmi di rimpatrio volontario e assistito, sono state dettate con il Decreto del Ministro dell'Interno del 27 ottobre 2011.

Il Decreto Ministeriale indica come soggetti destinatari prioritari dei programmi di rimpatrio i cittadini stranieri in condizioni di vulnerabilità, le vittime di tratta e i soggetti irregolarmente presenti sul territorio nazionale.

In base alle disposizioni ivi contenute, i programmi di rimpatrio volontario e assistito possono prevedere le seguenti attività:

*a*) divulgazione delle informazioni sulla possibilità di usufruire di sostegno al rimpatrio e sulle modalità di partecipazione ai relativi programmi;
*b*) assistenza al cittadino straniero nella fase di presentazione della richiesta e negli adempimenti necessari per il rimpatrio, compreso il raccordo con le rappresentanze consolari dei Paesi di origine ai fini dell'acquisizione dei documenti di viaggio;
*c*) informazione sui diritti e doveri del cittadino straniero connessi alla partecipazione al programma di rimpatrio;
*d*) organizzazione dei trasferimenti, assistenza del cittadino straniero, con particolare riguardo ai soggetti vulnerabili, nelle fasi precedenti la partenza;
*e*) corresponsione di un contributo economico per le prime esigenze e il sostegno all'arrivo nel Paese di destinazione;
*f*) collaborazione con i Paesi di destinazione, al fine di promuovere adeguate condizioni di inserimento.

Tali attività di promozione e attuazione dei programmi di rimpatrio, finanziate con le risorse assegnate al Ministero dell'Interno, anche a valere sui fondi europei[4]

---

[4] Attualmente i programmi di Rimpatrio Volontario Assistito sono finanziati nell'ambito del Fondo Asilo, Migrazione e Integrazione (FAMI) 2014-2020.

sono attuate dalle associazioni o organizzazioni dotate di esperienza nel settore e individuate mediante apposita procedura di selezione da parte del Dipartimento Libertà Civili e Immigrazione del Ministero.

Il citato D.M. del 2011 prevede che l'istanza da parte del cittadino straniero sia presentata alla Prefettura della provincia nella quale si trova, corredata della documentazione e delle informazioni di cui è in possesso.

La circolare del Ministero dell'Interno n. 8627 del 10/10/2013 dettagliando ulteriormente le previsioni del D.M., al fine di dare attuazione alle Linee guida, ha disposto che è compito degli enti beneficiari prendere in carico le istanze, verificarne i requisiti e le eventuali vulnerabilità sussistenti e caricare la relativa documentazione su di un applicativo informatico realizzato dal Ministero.

Attraverso tale *software*, la Prefettura informa della presentazione dell'istanza la Questura competente, che verifica l'assenza dei casi di esclusione previsti dall'art. 14 ter del T.U.I. e sopra richiamati. La Questura verifica, inoltre, che lo straniero sia in possesso di un valido documento di riconoscimento o, in mancanza, che ne sia stata accertata l'identità.

All'esito degli accertamenti effettuati dalla Questura, nonché in base alle eventuali integrazioni istruttorie richiesta all'ente beneficiario, la Prefettura adotta il provvedimento conclusivo, dandone comunicazione, sempre in via telematica, alla Questura e all'ente beneficiario.

Quest'ultimo, in caso di ammissione al programma di rimpatrio, dovrà consegnare il provvedimento autorizzatorio all'interessato al momento della partenza e dare comunicazione dell'avvenuto rimpatrio alla Prefettura. Viceversa, in caso di esito negativo, dovranno essere le Questure ad assicurare la notifica del provvedimento all'istante, come disposto dalla circolare n. 7355 del 19/06/2014.

Da ultimo, con la recente circolare n. 12562 del 18/07/2019, il Ministero dell'Interno ha provveduto, tra l'altro, a dettagliare ulteriormente le attività di attuazione richieste agli enti beneficiari, indicando i seguenti compiti:

➢ Orientamento informazione e *counselling* pre-partenza
- o Sensibilizzazione, informazione e orientamento ai potenziali candidati;
- o *Counselling*, mediazione culturale e supporto psicologico;
- o Analisi del contesto del Paese di origine;
- o Definizione del piano di reintegrazione;
- o Collaborazione con soggetti operanti nel Paese di origine, per garantire la sostenibilità del piano.

➢ Organizzazione logistica pre-partenza;
- o Assistenza nell'acquisizione di documenti, anche attraverso attività di cooperazione con le Autorità consolari;
- o Assistenza al viaggio;
- o Erogazione di un contributo per la prima sistemazione;

- o Assistenza alla partenza e all'arrivo.
- ➢ Presa in carico nel Paese di origine e attuazione del piano di reintegrazione:
- o Assistenza alla reintegrazione, per almeno 6 mesi, anche in partnership con progetti attivi nei Paesi di origine;
- o Monitoraggio e reportistica del percorso di reintegrazione.

Sempre sulla base di finanziamento a valere sul FAMI è attualmente in corso un'ulteriore attività affidata all'OIM (Organizzazione Internazionale per le Migrazioni, Agenzia collegata alle Nazioni Unite), selezionata dal Ministero dell'Interno attraverso apposita procedura di selezione. Tale attività è volta a definire un progetto volto a consolidare il *network* tra i soggetti coinvolti nella promozione e attuazione degli interventi di RVA e migliorare la conoscenza della misura presso gli operatori del settore. Con il progetto Re.Vita (Rete Ritorno Volontario Italia), dunque, vengono realizzate attività di divulgazione dell'istituto, tra l'altro con la produzione di materiale informativo, l'adozione di un numero verde, lo svolgimento di attività di analisi e di formazione.

Attività di promozione su tutto il territorio nazionale viene richiesta, dalla sopra ricordata circolare del luglio 2019, anche ai Prefetti che, pertanto, oltre ad assicurare il buon andamento dell'attività procedimentale in materia, sono chiamati anche a favorire la massima diffusione dello strumento, mediante la realizzazione, nei territori di rispettiva competenza, di momenti di condivisione con gli Enti locali e con gli operatori del settore, al fine di garantire la maggiore conoscenza dell'istituto tra i cittadini dei Paesi terzi.

# CAPITOLO III
# La protezione internazionale

di *Paola Cavalcanti Carmen Cosentino, Grazia Paciullo, Andrea Pecoraro, Simona Spinelli*



## III.1. Introduzione al tema dell'asilo e della protezione internazionale

La Costituzione italiana stabilisce all'art. 10, comma 3, che "lo straniero, al quale sia impedito l'effettivo esercizio delle libertà democratiche garantite dalla Costituzione italiana, ha diritto d'asilo nel territorio della Repubblica, secondo le condizioni stabilite dalla legge".

Nell'intenzione dei Costituenti, la previsione di una riserva di legge per la disciplina delle condizioni di effettività del diritto di asilo rispondeva ad una duplice esigenza: da una parte la materia veniva sottratta alla disponibilità del potere esecutivo, garantendo così il coinvolgimento del Parlamento quale unico organo democraticamente eletto e rappresentativo di tutti gli interessi della comunità; dall'altra veniva introdotto un elemento di flessibilità, al fine di affrontare eventuali profili emergenziali in maniera efficace attraverso lo strumento della legislazione ordinaria.

Il legislatore statale, tuttavia, non ha mai provveduto ad esercitare la riserva, demandando di fatto alla giurisprudenza la responsabilità di dotare il diritto d'asilo di contenuti applicativi. Ad una prima, isolata, pronuncia della Corte di appello di Milano del 1964 che configurava l'asilo costituzionale come un diritto soggettivo direttamente azionabile e invocabile davanti all'autorità giudiziaria, molti anni dopo, nel 1997, è seguita la nota sentenza delle Sezioni Unite che ne ha cristallizzato il profilo precettivo e immediatamente applicativo: l'asilo è stato definito un "diritto soggettivo perfetto", riconosciuto allo straniero e all'apolide a cui fosse impedito, nel paese di origine, l'esercizio di anche una delle libertà garantite dalla Costituzione italiana.

Nonostante la succitata pronuncia della Suprema Corte, tuttavia, la mancata adozione di una legge statale organica e la contestuale elaborazione in ambito sovranazionale del concetto di "rifugiato" hanno impedito che nella giurisprudenza italiana si affermasse questa definizione di asilo: i casi di accertamento sono rimasti isolati e, già a partire dal 2004, la Corte di cassazione ha mutato il proprio approccio interpretativo, prima accomunando l'asilo costituzionale, sotto il profilo procedimentale, al "rifugio internazionale" e, successivamente, definendolo come diritto strumentale alla protezione dello *status* di rifugiato. Salvo una recente eccezione, il diritto di asilo si è dunque progressivamente identificato con il diritto di accedere al territorio dello Stato al fine di ottenere protezione. In questo senso, oggi, il diritto di asilo è interamente attuato e regolato attraverso la previsione degli istituti di protezione che l'ordinamento italiano ha elaborato recependo la disciplina internazionale ed europea e non residua, quindi, alcun margine di diretta applicazione della norma costituzionale.

In sintesi, è possibile affermare che, oggi, nel sistema costituzionale italiano il diritto d'asilo si identifica con il diritto dello straniero di essere ammesso o di permanere sul territorio italiano, al fine di presentare e far esaminare la propria domanda di protezione e, in caso di diniego, fino all'esaurimento di ogni rimedio giurisdizionale contro di esso, anche se si tratti di straniero che non abbia o non abbia più i requisiti previsti in generale dalla legge per l'ingresso o per il soggiorno.

### *III.1.1. Le origini della protezione internazionale e Il Common European Asylum System*

Le prime misure di protezione internazionale risalgono ai primi decenni del secolo scorso, con l'istituzione degli Alti commissariati per i rifugiati e l'adozione di strumenti normativi orientati a riconoscere tutela ad alcune categorie di cittadini. È, tuttavia, soltanto a seguito delle persecuzioni razziali della Seconda Guerra mondiale che emerge la necessità di istituire un sistema di protezione a vocazione universale: per questa ragione, nel 1951, due anni dopo aver istituito l'Alto Commissariato per i Rifugiati (UNHCR), l'Assemblea Generale delle Nazioni Unite adotta la Convenzione sullo *status* dei rifugiati.

La Convenzione di Ginevra costituisce tuttora il più importante strumento di diritto internazionale che fornisce una definizione universale di rifugiato e prevede quali diritti conseguano al riconoscimento di tale *status*.

In particolare, secondo l'art. 1 della Convenzione, integrata dal Protocollo di New York del 1967 per quanto concerne le vittime di persecuzioni successive al 1951, "rifugiato è colui che, temendo a ragione di essere perseguitato per motivi di razza, religione, nazionalità, appartenenza ad un determinato gruppo sociale o per le sue opinioni politiche, si trova fuori del Paese di cui è cittadino e non può o non vuole, a causa di questo timore, avvalersi della protezione di questo Paese; oppure che, non avendo cittadinanza e trovandosi fuori del Paese in cui aveva residenza abituale a seguito di tali avvenimenti, non può o non vuole tornarvi per il timore di cui sopra".

Così come concepito dalla Convenzione, il riconoscimento dello *status* di rifugiato, da una parte, fonda un generale divieto per gli Stati di procedere all'espulsione di "un rifugiato verso le frontiere dei luoghi ove la sua vita o la sua libertà sarebbero minacciate a motivo della sua razza, della sua religione, della sua nazionalità, della sua appartenenza a un gruppo sociale o delle sue opinioni politiche" (principio di *non refoulment*, di cui all'art. 33 della Convenzione), dall'altra, comporta il sorgere in capo a ciascun rifugiato del diritto ad essere accolto e ricevere lo stesso trattamento che lo Stato garantisce ai propri cittadini.

La disciplina internazionale, che ha fondato il riconoscimento dello *status* di rifugiato sulla necessità di fornire protezione da atti persecutori, è stata poi estesa dall'Unione europea attraverso la previsione di una misura di protezione sussidiaria, per garantire altresì allo straniero richiedente l'incolumità da un pericolo grave ed attuale, derivante da una situazione di guerra o di disordine grave e generalizzato nel Paese d'origine.

L'Unione europea ha, dunque, sviluppato una propria strategia in materia di immigrazione e protezione degli stranieri, orientata in ultima analisi all'istituzione di un sistema di asilo comune.

L'esordio del processo comunemente definito di "comunitarizzazione dell'asilo" si ha con il Consiglio europeo di Tampere del 1999, durante il quale gli Stati membri hanno individuato, tra le priorità, la necessità di stabilire un regime comune europeo basato sull'applicazione della Convenzione di Ginevra in ogni sua componente.

Gli orientamenti programmatici di Tampere sono stati giuridicizzati prima dal Trattato di Nizza, che ha riconosciuto al Consiglio la competenza ad adottare delle c.d. "norme minime" in materia e, successivamente, dal Trattato di Lisbona, nel quale sono stati declinati gli obiettivi dell'asilo comune e dal quale hanno tratto legittimazione gli strumenti di regolamentazione del sistema. In particolare, il sistema comune dell'asilo europeo (*Common European Asylum System*, da ora in avanti CEAS), prevede uno *status* uniforme in materia di asilo (d'ora in avanti *status*) e una forma di protezione complementare e sussidiaria, che consente di garantire sicurezza e incolumità laddove ricorrano situazioni di oggettivo pericolo di vita senza tuttavia che tale pericolo possa essere identificato con gli atti persecutori tipizzati dalla Convenzione. Il sistema contempla, inoltre, procedure comuni per la concessione o la revoca dello *status* o della protezione sussidiaria, criteri e meccanismi condivisi di determinazione dello Stato membro competente all'esame della domanda di protezione e, infine, norme concernenti le condizioni minime per l'accoglienza dei richiedenti.

Al fine di contribuire a una migliore attuazione del CEAS e di rafforzare la cooperazione pratica in materia di asilo fra gli Stati membri, è stato istituito l'Ufficio Europeo di Sostegno per l'Asilo (*European Asylum Support Office*, d'ora in avanti EASO), con la duplice funzione di garantire un supporto strategico e operativo agli Stati membri, fornendo altresì un contributo qualificato alla formulazione delle politiche e alla legislazione dell'Unione in tutti i settori connessi all'asilo.

### *III.1.2. Status di rifugiato, protezione sussidiaria e permessi di soggiorno per casi speciali*

L'attuale sistema italiano, a seguito della riforma introdotta dal d.l. 4 ottobre 2018, n. 113, conv. con mod. dalla l. 1° dicembre 2018, n. 132, di protezione si articola su due sole forme di protezione: lo *staus* di rifugiato (d'ora in avanti *status*), e la protezione sussidiaria, disciplinate dalla direttiva europea 2004/83/CE, cd. direttiva "qualifiche", recepita nel nostro ordinamento dal decreto legislativo 19 novembre 2007, n. 251, recante "norme minime sull'attribuzione, a cittadini di Paesi terzi o apolidi, della qualifica del rifugiato o di persona altrimenti bisognosa di protezione internazionale, nonché norme minime sul contenuto della protezione riconosciuta"[1].

---

[1] Alle forme di protezione internazionale sopracitate, deve aggiungersi un terzo istituto, definito protezione temporanea, dal carattere eventuale ed eccezionale, da attivarsi mediante un provvedimento generale adottato dal Governo. In particolare, il Presidente del Consiglio dei Ministri ha la facoltà di emanare un proprio decreto che disponga misure di protezione temporanea per rilevanti esigenze umanitarie, in occasione di conflitti, disastri naturali o altri eventi di particolare gravità verificatisi in Stati extraeuropei, ai sensi dell'art. 20 del T.U.I., nei limiti previsti dal d.lgs. 7 aprile 2003, n. 85 di attuazione della direttiva 2001/55/CE relativa alla concessione della protezione temporanea in caso di afflusso massiccio di sfollati. Ai sensi dell'art. 2 del d.lgs. n. 85/2003, la protezione temporanea è quella «procedura di carattere eccezionale che garantisce, nei casi di afflusso massiccio o di imminente afflusso massiccio di sfollati provenienti da paesi non appartenenti all'Unione europea che non possono rientrare nel loro paese d'origine, una tutela immediata e temporanea alle persone, in particolare qualora sussista il rischio che il sistema d'asilo non possa far fronte a tale afflusso». Sono destinatari di tale procedura gli sfollati, cioè gli stranieri non appartenenti all'Unione europea o gli apolidi «che hanno forzatamente abbandonato il loro paese o regione d'origine o che sono stati evacuati, in particolare in risposta all'appello di organizzazioni internazionali, ed il cui rimpatrio in condizioni sicure e stabili risulta momentaneamente impossi-

In particolare, ai fini del riconoscimento dello *status*, la normativa europea ha recepito in pieno la definizione di cui all'art. 1 della Convenzione di Ginevra del 1951, secondo la quale rifugiato è il cittadino straniero di un Paese terzo che motiva la propria richiesta di protezione in Europa sul timore di subire atti persecutori nel proprio Paese d'origine. Il presupposto del riconoscimento dello *status* è, dunque, che la persona abbia subito atti persecutori tali da integrare, per natura o frequenza, una grave violazione dei diritti umani. Rientrano nella categoria di atti persecutori, ai sensi della normativa europea, atti di violenza fisica o psichica, provvedimenti legislativi o amministrativi, di polizia, giudiziari, o atti specificamente diretti contro un genere o l'infanzia. Poiché è necessario attestare il fondato timore di trovarsi in una situazione di pericolo di vita attuale e concreto, non rileva la generica condizione di sofferenza socio-economica del paese di provenienza, anche laddove a questa si accompagni il mancato esercizio delle libertà democratiche.

Accanto allo *status*, la direttiva n. 2004/83/CE introduce una seconda forma di protezione, sussidiaria rispetto all'asilo, orientata a tutelare alcune situazioni giuridiche emerse successivamente all'entrata in vigore della Convenzione di Ginevra, come il diritto alla vita e il divieto di tortura, di cui agli artt. 2 e 3 della Convenzione Europea dei Diritti dell'Uomo. Segnatamente, è ammissibile alla protezione sussidiaria il cittadino straniero che non possieda i requisiti per essere riconosciuto come rifugiato ai sensi della Convenzione di Ginevra ma nei cui confronti sussistano fondati motivi di ritenere che, se ritornasse nel Paese di origine – o, nel caso di un apolide, se ritornasse nel Paese nel quale aveva precedentemente la dimora abituale – correrebbe il rischio effettivo di subire un grave danno. Per danno grave si intende la condanna a morte o all'esecuzione della pena di morte, la tortura o altra forma di pena o trattamento inumano o degradante, ovvero la minaccia grave e individuale alla vita o alla persona di un civile, derivante dalla violenza indiscriminata in situazioni di conflitto armato interno o internazionale.

Il sistema sopradescritto risulta dalla novella legislativa, che ha portato al definitivo superamento del modello di protezione cd. complementare stabilito in Italia dall'art. 5, comma 6 del TUI, in base al quale non sarebbe stato possibile adottare un provvedimento di rifiuto o di revoca del permesso di soggiorno qualora ricor-

bile in dipendenza della situazione nel paese stesso, anche nell'ambito d'applicazione dell'art. 1A della Convenzione di Ginevra, ed in particolare le persone fuggite da zone di conflitto armato o di violenza endemica ovvero le persone che siano soggette a rischio grave di violazioni sistematiche o generalizzate dei diritti umani o siano state vittime di siffatte violazioni». L'istituto, che presuppone una decisione del Consiglio su proposta della Commissione, non è mai stato attuato dal Governo italiano.

ressero seri motivi, in particolare di carattere umanitario o risultanti da obblighi costituzionali o internazionali dello Stato italiano.

Prima dell'entrata in vigore del d.l. n. 113/2018, allo straniero che versasse in condizioni tali da configurare seri motivi di pregiudizio per la sua incolumità, era rilasciato, all'esito di una valutazione caso per caso effettuata dall'amministrazione, un apposito permesso di soggiorno di portata generale, non tipizzata dal legislatore.

Il permesso di soggiorno per motivi umanitari, invero, trovava il proprio fondamento non tanto nella normativa sulla protezione internazionale, quanto nel combinato disposto dell'art. 2 e dell'art. 10 della Costituzione. Competente alla valutazione dei gravi motivi di carattere umanitario era la Commissione territoriale per il riconoscimento della protezione internazionale, che, a norma dell'art. 32 comma 3 del d. lgs. 25/2008, prendeva in considerazione tanto la situazione soggettiva del richiedente asilo quanto la situazione oggettiva del Paese di origine. All'esito positivo di tale valutazione, la Commissione territoriale trasmetteva gli atti al Questore per il rilascio del permesso di soggiorno. Parimenti, anche in sede di tutela di giurisdizionale, il Giudice poteva riformulare l'eventuale diniego della domanda di protezione adottato dalla Commissione e ordinare il rilascio del permesso di soggiorno per motivi umanitari.

Con l'entrata in vigore del d.l. n. 113/2018, il legislatore ha inteso superare la vocazione residuale e generalista del permesso di soggiorno per motivi umanitari, riappropriandosi di fatto della prerogativa di individuare le categorie dei soggetti meritevoli di tutela, redistribuendo altresì le competenze tra Questura e Commissione territoriale, e ridimensionando sensibilmente la capacità di quest'ultima di incidere sulla forma di tutela da accordare allo straniero.

Il d.l. 4 ottobre 2018, n. 113, ha, infatti, introdotto – in sostituzione dell'istituto della cd. protezione umanitaria – una serie di permessi di soggiorno definiti per "casi speciali" che introducono forme di tutela tipicamente determinate, da riconoscere allorquando non ricorrano i requisiti per lo *status* o per la protezione sussidiaria (vedi *supra*, Parte III, Capitolo 1).

Tali permessi per "casi speciali" recepiscono ipotesi in realtà già previste dall'ordinamento e, in particolare: il permesso di soggiorno per motivi di protezione sociale (art. 18 TUI), il permesso di soggiorno per le vittime di violenza domestica (art. 18 bis TUI), e il permesso di soggiorno per le vittime di sfruttamento lavorativo (art. 22, comma 12 *quater* TUI).

Accanto alle sopracitate tipologie di permessi di soggiorno, di competenza questorile, il legislatore ha introdotto tre nuove ipotesi di permessi: il permesso per motivi di salute (art. 19, comma 2, lett. d *bis* TUI), il permesso per calamità (art. 20 bis TUI), e il permesso per atti di particolare valore civile (art. 42 *bis* TUI).

Pur risultando impossibile sintetizzare, attraverso una *reductio ad unum*, il regime dei suddetti titoli di soggiorno – che restano diversi sia quanto ai profili di durata che di convertibilità – è importante anticipare già in questa fase che tutti questi titoli di soggiorno, come lo *status* e la protezione sussidiaria, garantiscono allo straniero l'accesso alle misure di seconda accoglienza.

Infine, il legislatore ha inteso mantenere in capo alla Commissione territoriale, ai sensi dell'art. 32 comma 3 del d. lgs. 25/2008, la competenza a valutare l'eventuale sussistenza dei presupposti di cui all'art.19 commi 1 e 1.1. del TUI, in vista del riconoscimento di una forma di protezione speciale, fondata sul principio di *non refoulement*, che sancisce il divieto di espulsione del cittadino straniero verso uno Stato in cui i suoi diritti umani potrebbero essere lesi. Tali ipotesi di inespellibilità per persecuzione e tortura integrano le altre fattispecie, previste all'art. 19, comma 2: il permesso per minore età, per integrazione sociale e civile del minore, per motivi familiari, per gravidanza.

L'entrata in vigore del d.l. 113/2018 ha, inoltre, posto alcune questioni interpretative di carattere intertemporale e riguardanti l'applicabilità delle novelle normative.

Invero, a norma dell'art. 1 comma 9 del d.l. 113/2018, viene disciplinato il solo caso specifico in cui la Commissione ha già trasmesso gli atti al Questore per il rilascio di un permesso di soggiorno per motivi umanitari e il Questore non vi ha ancora provveduto. La complessa valutazione di quale disciplina applicare nei procedimenti in corso si è dunque spostata in sede di tutela giurisdizionale. In particolare, secondo la Prima Sezione della Corte di Cassazione, in base all'art. 11 delle preleggi, nel silenzio del Legislatore, e qualora il richiedente avesse presentato domanda prima dell'entrata in vigore del d.l. 113/2018 il 5 Ottobre, si sarebbe dovuto valutare la domanda in base alla previgente disciplina. Tale orientamento è stato poi contraddetto da un altro Collegio della stessa Prima Sezione della Suprema Corte, che ha ritenuto già applicabile la nuova disciplina a tutti i casi pendenti. Chiesto dunque il parere delle Sezioni Unite, queste si sono recentemente pronunciate con la sentenza n. 29460 del 24 settembre 2019, appoggiando la tesi per cui è da ritenersi applicabile il principio di irretroattività della legge. In altri termini, per le domande di protezione internazionale presentate prima dell'entrata in vigore del d.l. 133/2018 troverà applicazione la disciplina previgente. A seguito di tale pronuncia rimane da verificare se questa produrrà effetti nelle decisioni delle Commissioni Territoriali che si trovino oggi a valutare i presupposti della protezione umanitaria, considerando che, in sede di tutela giurisdizionale, il Giudice è tenuto ad applicare l'orientamento costante della Suprema Corte.

### *III.2.1. La procedura di riconoscimento della protezione internazionale*

L'ordinamento italiano attualmente contempla una procedura unificata per tutte le forme di protezione. Tale procedura è disciplinata dal decreto legislativo 28 gennaio 2008, n. 25, di attuazione della direttiva 2005/85/CE (d'ora in avanti "Direttiva procedure"), recante "norme minime per le procedure applicate negli Stati membri ai fini del riconoscimento e della revoca dello *status* di rifugiato".

Nel dettaglio, la procedura si articola in due fasi successive a cui si aggiunge una terza fase eventuale. La prima fase consiste nella presentazione da parte dello straniero proveniente da un Paese terzo della domanda di protezione dinanzi all'ufficio della Polizia di Stato competente; la seconda fase riguarda l'esame e la decisione della domanda, per cui è competente la Commissione territoriale per il riconoscimento della protezione internazionale; la terza fase, di carattere giurisdizionale, si svolge dinanzi alla sezione specializzata in materia di immigrazione del Tribunale ordinario che provvede al riesame dell'istanza in caso di diniego o di decisione non satisfattiva da parte della Commissione.

Nel solco tracciato dalla Convenzione di Ginevra, la normativa italiana non pone alcun limite, di età o di altro tipo, per poter presentare una domanda di protezione internazionale. L'unico limite consiste nel considerare come richiedente o beneficiario di protezione internazionale esclusivamente il cittadino di un Paese non appartenente all'Unione europea. Per presentare domanda di protezione, occorre che lo straniero richiedente abbia avuto accesso al territorio dello Stato: sono comprese nell'accezione di "frontiera" le zone di transito tra Stati e le acque territoriali, mentre restano escluse le sedi delle rappresentanze diplomatico-consolari all'estero, presso le quali vige un istituto peculiare, l'asilo cd. diplomatico; in particolare, la domanda deve essere presentata presso gli uffici competenti della Polizia di Stato: l'ufficio di polizia di frontiera, se lo straniero si trova alla frontiera o l'ufficio immigrazione della Questura competente, se lo straniero già trova sul territorio. L'intenzione di chiedere protezione internazionale può essere espressa all'autorità competente anche in forma orale, manifestando semplicemente il timore di subire persecuzioni o minaccia di danno grave nel caso di rientro nel Paese d'origine.

Nel caso di nuclei familiari, anche monoparentali, la domanda presentata da un genitore si intende estesa anche ai figli minori non coniugati presenti sul territorio nazionale all'atto della presentazione della stessa.

Al momento della presentazione della domanda di asilo, il richiedente ha diritto ad ottenere tutte le informazioni necessarie, sia oralmente che attraverso la consegna di materiale informativo, in merito all'iter procedurale dell'istanza, ai suoi diritti e doveri durante il procedimento e ai tempi e mezzi a sua disposizione per corredare la domanda degli elementi utili all'esame.

Una volta che lo straniero abbia manifestato la sua intenzione di chiedere asilo, è autorizzato a permanere sul territorio nazionale fino a quando nei suoi confronti non sia stata assunta una decisione definitiva; si deroga a tale principio soltanto nei casi in cui lo straniero debba essere estradato nell'ambito di mandato di arresto europeo, o consegnato ad una Corte o ad un Tribunale penale internazionale, o qualora debba essere trasferito verso un altro Paese membro in applicazione del Regolamento cd. Dublino (vedi *infra*, III.3). La volontà del richiedente è registrata e formalizzata con la redazione da parte del personale della polizia del verbale delle dichiarazioni rese (cd. modello C3); la ricevuta attestante la presentazione della richiesta di protezione internazionale rilasciata al momento della redazione del modello C3 costituisce permesso di soggiorno provvisorio, in attesa del rilascio di quello definitivo; il permesso di soggiorno per richiesta asilo è valido nel territorio nazionale per sei mesi ed è rinnovabile fino alla decisione sull'istanza di protezione o, in caso di ricorso giurisdizionale, per il tempo in cui lo straniero è autorizzato a rimanere nel territorio nazionale.

In questa fase, come in tutta la procedura, il richiedente ha diritto a farsi assistere da un interprete nella sua lingua o in altra lingua a lui comprensibile.

Parimenti, ogni comunicazione inerente la procedura è tradotta nella lingua indicata dal richiedente o, se non possibile, in una lingua veicolare. Il minore straniero non accompagnato, ovvero il cittadino straniero di età inferiore ai diciotto anni che si trovi, per qualsiasi causa, nel territorio nazionale privo di assistenza e di rappresentanza legale, può presentare domanda di protezione, ma tale domanda dovrà poi essere confermata dal tutore nominato dal giudice, o dall'esercente provvisorio di poteri tutelari, ai sensi dell'art. 18 della legge n. 47/2017.

La procedura prevede che, qualora la domanda sia presentata da un minore non accompagnato, l'ufficio di polizia sia tenuto a sospendere il procedimento, dandone immediata comunicazione al Tribunale dei minorenni e al giudice tutelare per l'apertura della tutela e per la nomina del tutore a norma degli artt. 343 e ss. del codice civile.

Il giudice tutelare nelle quarantotto ore successive alla comunicazione della Questura provvede alla nomina del tutore, che prende immediato contatto con il minore per informarlo della propria nomina, e con la Questura per la conferma della domanda ai fini dell'ulteriore corso del procedimento di esame della domanda.

Conclusa questa prima fase, l'ufficio di polizia invia gli atti alla Commissione territoriale competente all'esame della domanda.

Le Commissioni territoriali per il riconoscimento della protezione internazionale sono nominate con decreto del Ministro dell'Interno e dislocate sull'intero territorio nazionale; attualmente ammontano a venti, con la possibilità di istituire fino a trenta sezioni al verificarsi di un eccezionale incremento delle domande di asilo connesso all'andamento dei flussi migratori.

Le Commissioni territoriali sono insediate presso le prefetture e sono composte, nel rispetto del principio di equilibrio di genere, da un funzionario della carriera prefettizia con funzioni di presidente, da un funzionario della polizia di

Stato, da un rappresentante di un ente territoriale designato dalla Conferenza Stato-città ed autonomie locali e da un rappresentante designato dall'UNHCR, l'Alto Commissariato delle Nazioni Unite per i rifugiati; ad essi, in relazione a condizioni di particolare emergenza, può aggiungersi un rappresentante del Ministero degli Affari esteri e della Cooperazione internazionale.

La competenza delle Commissioni territoriali è determinata sulla base della circoscrizione territoriale in cui è presentata la domanda di protezione o, nel caso di richiedenti accolti in una struttura governativa o in un centro SIPROIMI (vedi *infra*, par. III.4), in base alla circoscrizione territoriale in cui sono collocati la struttura di accoglienza o il centro.

Le attività delle Commissioni sono supportate e coordinate a livello centrale dalla Commissione nazionale per il diritto d'asilo, collocata presso il Dipartimento per le libertà civili e l'immigrazione del Ministero dell'Interno. Più precisamente, la Commissione nazionale è l'autorità amministrativa competente ad emanare le linee guida di indirizzo in materia di riconoscimento della protezione, a curare la formazione e l'aggiornamento dei componenti, a costituire e aggiornare una banca dati informatica contenente le informazioni utili al monitoraggio delle richieste di asilo, a fornire, ove necessario, informazioni al Presidente del Consiglio dei ministri per l'adozione del provvedimento di cui all'articolo 20 del decreto legislativo 25 luglio 1988, n. 286 sulla protezione temporanea nel caso di afflusso massiccio di sfollati, e, infine ad adottare il provvedimento di revoca e cessazione degli *status* di protezione internazionale riconosciuti; la Commissione nazionale, da ultimo, oltre ad essere punto nazionale di contatto per lo scambio di informazioni con la Commissione europea e con le competenti autorità degli altri Stati membri, mantiene rapporti di collaborazione con il Ministero degli Affari esteri e la cooperazione internazionale, al fine di acquisire informazioni sui Paesi di provenienza utili all'istruttoria delle Commissioni territoriali.

Il procedimento di riconoscimento della protezione internazionale da parte della Commissione territoriale prevede che, entro trenta giorni dal ricevimento della domanda (termine di carattere meramente ordinatorio), la Commissione valuti preliminarmente se sussistano eventuali cause di inammissibilità della domanda: tali cause ricorrono quando il richiedente è già stato riconosciuto rifugiato da uno Stato firmatario della Convenzione di Ginevra – o possa ancora avvalersi di tale protezione – e quando il richiedente abbia reiterato domanda dinanzi alla stessa Commissione senza addurre nuovi elementi in merito alle sue condizioni personali o alla situazione del suo Paese di origine[2].

---

[2] In caso di istanza reiterata, la novella legislativa introdotta dal d.l. n. 113 del 2018 ha previsto che la Commissione territoriale si pronunci entro cinque giorni dalla trasmissione da parte dell'autorità di pubblica sicurezza.

Qualora non sussista alcuna causa di inammissibilità, la Commissione convoca il richiedente tramite comunicazione notificata dalla Questura territorialmente competente e procede alla sua audizione secondo un ordine di priorità definito in coerenza con i parametri di legge.

In particolare, è data priorità alle ipotesi nelle quali la domanda d'asilo è palesemente fondata, o è stata presentata da un richiedente appartenente a categorie di persone vulnerabili o da un richiedente trattenuto in un Centro di permanenza per il rimpatrio (vedi, Cap. II.3.1) – unica ipotesi per la quale è prevista una procedura accelerata con una significativa riduzione dei termini istruttori – o, infine, nel caso in cui la Commissione decida di omettere l'audizione perché già determinata a riconoscere una forma di protezione internazionale.

L'audizione costituisce il momento nel quale è data al richiedente la possibilità di chiarire le ragioni per le quali ha presentato domanda di protezione internazionale e alle autorità il compito di valutare la fondatezza e la credibilità dell'istanza presentata. Il colloquio si svolge in seduta non pubblica e, di norma, alla presenza di uno solo dei componenti della Commissione; tuttavia, su richiesta dell'interessato o su determinazione del Presidente della Commissione, si può svolgere alla presenza dell'intero collegio. Oltre al componente della Commissione, al richiedente e all'interprete, alla seduta possono partecipare l'avvocato di fiducia e personale di sostegno per richiedenti portatori di particolari vulnerabilità. Nel caso di minori è obbligatoria la presenza del genitore che esercita la potestà genitoriale o, per i minori non accompagnati, del tutore; una recente modifica normativa ha previsto che, in presenza di giustificati motivi, la Commissione territoriale possa ascoltare una seconda volta il minore anche senza la presenza del genitore o del tutore, se ritenuto necessario in relazione alla situazione personale del minore e al suo grado di maturità e di sviluppo, e comunque nel suo esclusivo interesse.

L'audizione ha carattere obbligatorio e i casi in cui si può omettere, perché il collegio intende riconoscere direttamente una forma di protezione internazionale, sono tassativamente previsti dalla legge. Il colloquio può essere rinviato soltanto qualora le condizioni di salute del richiedente non lo rendano possibile o qualora ne venga richiesto il rinvio per gravi motivi. In questo caso, la Commissione convoca nuovamente l'interessato entro dieci giorni dalla cessazione della causa che ha impedito lo svolgimento del colloquio. Nell'ipotesi in cui il richiedente, regolarmente convocato, non si presenti al colloquio senza aver chiesto il rinvio, la Commissione decide sulla base della documentazione disponibile.

A seguito della riforma del procedimento introdotta dal decreto legge 17 febbraio 2017, n. 13 conv. con mod. dalla legge n. 46/2017, al fine di semplificare la procedura, il colloquio deve essere videoregistrato e trascritto in lingua italiana con l'ausilio di sistemi automatici di riconoscimento vocale; della trascrizione del colloquio viene poi data lettura al richiedente che la sottoscrive e ha facoltà di apportare eventuali correzioni.

Con riferimento all'onere istruttorio, la procedura di protezione internazionale si caratterizza per due principi particolarmente interessanti in tema di onere probatorio e standard della prova. Da una parte, infatti, l'onere della prova è condiviso tra il richiedente, tenuto a fornire tutti gli elementi e la documentazione necessaria (se disponibile) a motivare la propria domanda, e la Commissione, chiamata a valutare la fondatezza dell'istanza anche attraverso la raccolta delle informazioni sul Paese di origine dell'istante; dall'altra lo standard della prova è attenuato, potendosi fare ricorso ad una liberale applicazione del beneficio del dubbio, qualora il richiedente sia apparso coerente e credibile, abbia compiuto ogni ragionevole sforzo per circostanziare la domanda e abbia prodotto tutti gli elementi pertinenti in suo possesso; l'analisi svolta dalla Commissione ha, in ogni caso, sempre valore prognostico, posto che l'esame non valuta soltanto quanto già vissuto o subito dal richiedente, ma anche i rischi connessi all'eventuale rientro nel Paese di origine.

La Commissione decide in merito alla domanda d'asilo nei tre giorni successivi all'audizione, salvo casi particolari di cui è tenuta ad informare il richiedente. La norma prevede che in ogni caso la procedura si debba concludere complessivamente entro 6 mesi, termine prorogabile fino ad un massimo di 12 mesi, sempre che ricorrano le condizioni previste per legge.

Una delle principali novità introdotte dal d.l. 113/2018 ai fini della valutazione della domanda di protezione internazionale da parte della Commissione territoriale riguarda l'introduzione di una lista di Paesi di origine da ritenersi sicuri sotto il profilo del rispetto dei diritti umani. La circostanza che il Paese di origine del richiedente asilo sia incluso in tale lista, sposta automaticamente in capo a quest'ultimo l'onere di dimostrare che la propria situazione personale lo esporrebbe al rischio di subire persecuzione o danni gravi in caso di rientro nonostante la provenienza.

Il concetto di Paese di origine sicuro, già previsto all'art. 36 della Direttiva 2013/32/UE, è stato introdotto nell'ordinamento italiano dall'art 2 *bis* nel d. lgs. 25/2008, come modificato dal d.l. 113/2018.

Nel dettaglio, l'articolo in parola prevede l'emanazione di un decreto del Ministro degli Affari Esteri, di concerto con il Ministro dell'Interno e con il Ministro della Giustizia, contenente una lista di Paesi di origine considerati sicuri. Le informazioni necessarie ad individuare tali Paesi sono reperite dalla Commissione Nazionale per il Diritto d'Asilo, che si avvale delle notizie elaborate dalla competente Unità COI, dagli analoghi organismi degli altri Stati membri dell'Unione europea, dall'EASO e dalle organizzazioni internazionali competenti quali l'UNHCR e il Consiglio d'Europa. Le informazioni riguardano l'ordinamento giuridico, il livello di rispetto dei diritti umani e la situazione politica e sociale dei Paesi presi in esame, al fine di far ritenere che nei Paesi presi in esame in via generale e costante non sussistano atti di persecuzione o danni gravi ai sensi del d. lgs. 251/2007. È parimenti valutata la capacità degli Stati di offrire protezione laddove tali atti dovessero concretizzarsi.

La novella introdotta ha comportato l'impiego di una particolare procedura di esame della domanda d'asilo in forma accelerata. Dal punto di vista strettamente procedurale, in caso di richiedenti asilo provenienti da Paesi di origine sicuri la Commissione Territoriale deve provvedere a calendarizzare con la massima priorità le relative audizioni. Al contempo, qualora il richiedente non dimostri di essere personalmente esposto a violazioni dei diritti umani in caso di rientro, la decisione di rigetto adottata dalla Commissione Territoriale acquisisce il carattere della manifesta infondatezza, con conseguenze sostanziali rispetto all'efficacia sospensiva automatica del ricorso giurisdizionale ed ai termini per l'eventuale impugnazione.

All'esito dell'istruttoria, la Commissione territoriale può alternativamente decidere di riconoscere al richiedente lo *status* di rifugiato, di riconoscergli la protezione sussidiaria o rigettare la domanda. In questo ultimo caso, pur riscontrando l'insussistenza dei presupposti normativi per le due forme di protezione di derivazione europea, la Commissione potrebbe riscontrare gravi ragioni di carattere umanitario che non consentano il rimpatrio dello straniero, e decidere pertanto di inviare gli atti al Questore per il rilascio di un permesso di soggiorno per protezione speciale.

A fondare il diniego può essere, oltre che l'assenza dei presupposti, anche l'oggettivo riscontro da parte della Commissione di una causa di esclusione. Le clausole di esclusione sono previste dalla Convenzione di Ginevra e si riferiscono ad ipotesi in cui lo straniero ha commesso reati talmente gravi da non poter beneficiare del sistema di protezione: in particolare, lo straniero è escluso dalla protezione internazionale se ha commesso un crimine contro la pace, un crimine di guerra o un crimine contro l'umanità, se ha commesso, al di fuori del territorio italiano, un reato grave o atti particolarmente crudeli, anche perpetrati con un dichiarato obiettivo politico, o se, infine, si sia reso colpevole di atti contrari alle finalità e ai principi delle Nazioni Unite. Un'ulteriore ipotesi di decisione negativa è data dal rigetto della domanda per manifesta infondatezza, nel caso di domanda presentata al solo scopo di ritardare o impedire l'esecuzione di un provvedimento di espulsione o respingimento[3].

---

[3] Le ipotesi di manifesta infondatezza, previste all'art. 28 ter del d.lg. n. 25/2008, sono: che il richiedente abbia sollevato esclusivamente questioni che non abbiano alcuna attinenza con i presupposti per il riconoscimento della protezione internazionale; che il richiedente provenga da un Paese designato di origine sicura; che il richiedente abbia rilasciato dichiarazioni palesemente incoerenti e contraddittorie, ovvero palesemente false; che il richiedente abbia indotto in errore le autorità presentando informazioni o documenti falsi, ovvero abbia omesso informazioni o documenti riguardanti la sua identità o cittadinanza che avrebbero potuto influenzare negativamente la

La decisione della Commissione territoriale, adottata in modo collegiale, obiettivo e imparziale, è comunicata al destinatario a mezzo del servizio postale. Qualora il richiedente sia accolto o trattenuto in un Centro, la notificazione avviene mediante posta elettronica certificata all'indirizzo del responsabile della struttura – che a tal fine è considerato pubblico ufficiale – il quale ne cura la consegna al destinatario.

Il sistema disciplina, inoltre, i casi di cessazione e revoca della protezione: entrambi gli istituti incidono *a posteriori* sull'efficacia di una forma di protezione già riconosciuta dall'autorità nazionale, qualora, per varie ragioni, vengano meno i presupposti del beneficio. L'istituto della revoca, in particolare, è per certi versi assimilabile a quello dell'esclusione, nella misura in cui incide sulla posizione giuridica dello straniero che ha commesso un reato talmente grave da travolgere il diritto alla protezione[4]. Accanto alle ipotesi previste in relazione alla pericolosità dell'individuo o alla commissione di specifici reati, la revoca è disposta nel caso in cui il riconoscimento sia stato determinato, in modo esclusivo, da fatti presentati in modo erroneo o dalla loro omissione, o dal ricorso ad una falsa documentazione dei medesimi.

La cessazione, diversamente, trae origine dal principio della temporaneità della protezione internazionale che trova la sua ragion d'essere nei casi eccezionali in cui la protezione nazionale, ovvero la protezione che ogni Stato è tenuto a garantire al proprio cittadino, non sia disponibile o efficace: essa ricorre qualora la situazione nel Paese d'origine sia mutata in maniera talmente significativa da non rendere più necessaria una forma di protezione, o quando il beneficiario di protezione internazionale si sia avvalso nuovamente della protezione del proprio Paese di origine, o da ultimo quando abbia acquistato una nuova cittadinanza.

Revoca e cessazione sono di competenza esclusiva della Commissione nazionale; sul piano procedimentale, la norma prevede i medesimi principi e garanzie del procedimento di protezione internazionale dinanzi alla Commissione territoriale: l'avvio del procedimento di revoca o cessazione, esclusivamente d'ufficio

---

Commissione; che il richiedente sia illegalmente entrato sul territorio nazionale; che il richiedente abbia rifiutato di adempiere all'obbligo del rilievo dattiloscopico; che il richiedente costituisca un pericolo per l'ordine e la sicurezza pubblica e sia trattenuto in attesa di essere espulso dal territorio nazionale.

[4] Sul punto si segnala la novella introdotta dall'art. 7 del d.l. n. 113/2018 che ha ampliato il novero dei reati che possono consentire, a seguito di condanna definitiva, di ravvisare nello straniero un pericolo per l'ordine e a sicurezza pubblica e giustificare, dunque, il diniego dello status di rifugiato o la revoca della protezione internazionale. In particolare, i reati che legittimano un tale provvedimento afflittivo sono: violenza o minaccia a pubblico ufficiale (art. 336 c.p.), lesioni personali gravi (art. 583 c.p.), mutilazione genitali femminili (art. 583 quater c.p.), furto aggravato dal porto d'armi o narcotici (artt. 624 e 625, comma 1, n 3, c.p.) e furto in abitazione (artt. 624 bis, c.p.).

e non su impulso di parte, è comunicato in forma scritta all'interessato, il quale è contestualmente invitato a formulare le proprie ragioni in memorie scritte o ad esporle oralmente in sede di audizione dinanzi alla Commissione.

La decisione finale sul merito può essere di conferma, revoca o cessazione della protezione; come nel caso del procedimento in Commissione territoriale, nel caso in cui la Commissione nazionale ravvisi la sussistenza di gravi motivi umanitari, può trasmettere gli atti al Questore per l'eventuale rilascio di un permesso di soggiorno per motivi umanitari, nonostante ricorrano i presupposti per la revoca o la cessazione.

Avverso il provvedimento non satisfattivo adottato dalla Commissione territoriale o dalla Commissione nazionale, il richiedente ha diritto di presentare ricorso all'autorità giudiziaria.

La disciplina applicabile è attualmente contenuta all'art. 35-*bis* del decreto legislativo n. 25 del 2008, così come modificato dal decreto-legge 17 febbraio 2017, n. 13 che prevede il rinvio alla disciplina di cui agli articoli 737 e seguenti del codice di procedura civile.

Poiché il provvedimento ha ad oggetto un diritto soggettivo, l'autorità competente ad esprimersi sul riesame è il giudice ordinario, in particolare la sezione del Tribunale specializzata in materia di immigrazione presso il capoluogo del distretto di Corte d'appello in cui ha sede la Commissione territoriale o la sezione della Commissione che ha adottato il provvedimento impugnato.

Tale criterio prevede eccezioni per il caso di ricorrenti presenti in una struttura di accoglienza governativa o in una struttura del sistema di protezione per richiedenti asilo e rifugiati, o trattenuti in un Centro di permanenza per il rimpatrio, per i quali la competenza territoriale è determinata in base al luogo in cui la struttura o il centro ha sede.

Il termine perentorio di decadenza per la proposizione del ricorso è pari a trenta giorni, ad eccezione dei richiedenti trattenuti all'interno di un CPR e negli altri casi previsti dalla legge, per i quali il termine è pari a quindici giorni.

La proposizione del ricorso sospende automaticamente l'efficacia del provvedimento impugnato, ad eccezione dei casi in cui il ricorso sia stato presentato da un richiedente trattenuto in un CPR, nel caso di una decisione di inammissibilità o di manifesta infondatezza, o negli altri casi previsti dalla legge. In tali casi, non è comunque precluso al ricorrente di chiedere una sospensiva al Tribunale, contestualmente al deposito del ricorso. In termini processuali, la riforma ha delineato un nuovo modello camerale che prevede l'eventualità dell'udienza per la comparizione delle parti esclusivamente qualora, visionata la videoregistrazione dell'audizione resa disponibile al giudice dalla Commissione territoriale, sia ritenuto necessario disporre l'audizione personale dell'interessato per chiarimenti o qualora la videoregistrazione non sia disponibile.

Il termine, di carattere ordinatorio, indicato per la definizione del giudizio è pari a quattro mesi e il giudizio si conclude con decreto non reclamabile ma ricorribile soltanto, nel termine di trenta giorni per cassazione.

### III.3. Lo Stato competente all'esame della domanda di riconoscimento della protezione internazionale

Stante la dimensione europea del sistema dell'asilo (CEAS), la condizione che consente di avviare il procedimento di riconoscimento della protezione internazionale è costituita dall'individuazione dello Stato competente a ricevere la domanda.

La fonte normativa che stabilisce i criteri e i meccanismi di determinazione dello Stato membro competente all'esame della domanda di protezione internazionale è il Regolamento UE n. 604/2013 del Parlamento Europeo e del Consiglio del 26 giugno 2013; entrato in vigore il primo gennaio del 2014, il Regolamento sostituisce il Regolamento (CE) n. 343/2003 del Consiglio del 18 febbraio 2003. Ancora prima, la materia era regolata dalla Convenzione firmata a Dublino dagli allora 12 Stati membri della Comunità Europea, il 15 giugno del 1990: per questa ragione, il Regolamento n. 603/2013 è comunemente denominato "Dublino III".

Al fine di determinare lo Stato responsabile dell'esame della richiesta di protezione internazionale, il Regolamento Dublino III ha introdotto un sistema di criteri interconnessi da un rapporto di sussidiarietà. Il primo di tali criteri è costituito dalla tutela dei minori e dall'unitarietà familiare: ai sensi del combinato disposto degli artt. 6 e 8 del Regolamento, infatti, se il richiedente asilo è un minore non accompagnato, competente a valutare la sua domanda di protezione internazionale sarà lo Stato membro nel quale risieda eventualmente un familiare. Vale la pena sottolineare che la fattispecie, pur essendo ispirata al medesimo principio che fonda il ricongiungimento familiare, si discosta da quest'ultimo. Il minore, infatti, non viene affidato direttamente al parente legalmente residente nello Stato membro ma è preso in carico dalle autorità competenti a cui spetta il compito di valutare discrezionalmente e caso per caso il superiore interesse del minore: il ricongiungimento non è dunque automatico e la residenza del familiare costituisce solo un criterio di determinazione dello Stato membro responsabile. Qualora non sia possibile individuare un legame di parentela, il Regolamento stabilisce che competente a ricevere l'istanza è lo Stato membro nel quale si trova il minore.

Per quanto concerne il richiedente adulto, la tutela dell'unità familiare si arresta ai casi di familiari definiti dall'art. 2 lett. *g)*, con un ulteriore *discrimen* derivante dalla circostanza che il familiare sia o meno già beneficiario di protezione internazionale: solo nel primo caso assume rilevanza il legame familiare costituitosi durante il percorso migratorio e non nel Paese di origine (rispettivamente artt. 9 e 10 del Regolamento).

Nel caso di diversi familiari richiedenti protezione simultaneamente o in tempi ragionevolmente ravvicinati, sarà per tutti chiamato ad esprimersi sulla protezione lo Stato competente per il maggior numero di essi, ovvero per il componete più anziano del nucleo (art. 10, lett. *a*) e *b*).

Il criterio dell'imputazione della competenza in vista della tutela dell'unità familiare si completa con la previsione di cui all'art. 16, che consente al richiedente vulnerabile, qualora necessiti di particolare assistenza e purché vi sia il consenso scritto di entrambe le parti, di presentare la domanda di protezione nello Stato di residenza del parente chiamato a prestare assistenza.

In assenza delle succitate specifiche esigenze di tutela, si applicano i criteri sanciti agli artt. 12 e 14 del Regolamento: tali criteri riconoscono la competenza a valutare la domanda di protezione internazionale in capo allo Stato che abbia rilasciato un titolo di soggiorno o un visto, anche se ottenuto dallo straniero in modo fraudolento o fornendo false generalità, ovvero che abbia siglato con alcuni Stati terzi accordi di esenzione dal visto. In via residuale, l'art. 3 del Regolamento riconosce la competenza del primo Stato membro nel quale la domanda è stata presentata.

Tuttavia, qualora non possa essere applicato nessuno dei menzionati criteri, l'art. 13 del Regolamento stabilisce che sia competente lo Stato membro nel quale la persona ha varcato illegalmente la frontiera: nei fatti, dunque, stante il massiccio afflusso di immigrati irregolari nel territorio dell'Unione europea, la norma, istituisce il criterio maggioritario sul quale si fonda il "sistema Dublino" di determinazione dello Stato membro responsabile.

Per completezza della trattazione, si aggiunge che gli Stati membri possono fare ricorso, in deroga all'apparato criteriologico descritto, alla c.d. clausola umanitaria: disciplinata dall'art. 17 del Regolamento, tale clausola prevede che ciascuno Stato membro possa decidere, per motivi umanitari, di esaminare una domanda di protezione internazionale, ancorché tale vaglio non gli competa. La clausola consente, altresì, ad uno Stato membro, di chiedere di procedere al ricongiungimento dei membri di una stessa famiglia nonché di altri parenti a carico, "per ragioni umanitarie fondate in particolare su motivi familiari o culturali [...]", nonostante lo spirare dei termini decadenziali abbia consolidato la competenza in capo ad un altro Stato membro.

È opportuno rilevare come l'applicazione dell'anzidetta clausola umanitaria abbia carattere unilaterale ma non automatico, permanendo nella discrezionalità dello Stato richiesto e previo consenso dei soggetti interessati.

Il ricorso alla clausola discrezionale deve, pertanto, ritenersi del tutto eccezionale e possibile solo in presenza di circostanze del tutto peculiari, attualmente espressamente previste dall'art. 3.2 del Regolamento.

Una volta individuato lo Stato competente, qualora sia dimostrato che lo straniero si sia allontanato dal territorio europeo per oltre tre mesi, la sua responsabilità ad esaminare la domanda di protezione cessa; tale responsabilità, peraltro, cesserebbe in ogni caso allo scadere dei dodici mesi dalla data di attraversamento irregolare della frontiera, purché la persona risulti sconosciuta alle autorità sino a quel momento.

Sul piano procedurale, qualora la domanda di asilo sia stata presentata in uno Stato che non corrisponde allo Stato membro competente, il Regolamento prevede che lo Stato nel quale è stata presentata la domanda debba inviare allo Stato competente ad esaminarla la richiesta di presa in carico del richiedente nel termine di tre mesi dalla data della domanda di protezione internazionale; se tale termine decorre invano, la responsabilità si radica in capo allo Stato richiedente. Lo Stato membro richiesto, da parte sua, procede alle verifiche necessarie e delibera sulla richiesta di presa in carico entro due mesi a decorrere dal ricevimento della richiesta; in caso di mancato rifiuto nel termine stabilito, vale il principio del silenzio assenso, per cui la scadenza del termine vale come accettazione implicita e consolida la competenza in capo allo Stato membro richiesto.

Da quanto descritto è possibile desumere come la procedura cd. Dublino III di determinazione dello Stato competente all'esame della domanda di protezione internazionale si configuri come un procedimento incidentale, non obbligatorio che, ove ne sussistano i presupposti, interrompe la procedura ordinaria di esame della domanda, sia in Italia che negli altri Stati membri. Nel primo caso, si tratta tecnicamente di una procedura in *outgoing*, finalizzata al trasferimento del richiedente protezione internazionale in Italia verso un altro Stato membro; nel secondo caso, si tratta di una procedura di *incoming*, finalizzata al trasferimento del richiedente da un altro Stato membro all'Italia.

In caso di *outgoing* l'istanza di riconoscimento della protezione internazionale viene acquisita dalla Questura che, dopo aver fornito tutte le informazioni necessarie al richiedente, ne verifica i rilievi foto-dattiloscopici, i documenti presentati, le generalità e le dichiarazioni su eventuali legami familiari, con particolare riguardo ai minori. Laddove tali elementi evidenzino circostanze tali da far ritenere competente all'esame della domanda un altro Stato membro, il richiedente effettua uno specifico colloquio ai sensi dell'art. 5 del regolamento Dublino III e il caso è segnalato all'Unità Dublino, per la richiesta di presa in carico da parte dello Stato membro competente.

Una volta sopraggiunta l'accettazione da parte dello Stato competente, o in ragione dello spirare dei termini previsti, viene emesso dall'Unità Dublino un decreto di trasferimento, notificato all'asilante ed eseguito a cura della Questura competente per territorio. Il trasferimento avviene entro sei mesi dall'accettazione, salva diversa decorrenza dei termini in caso di allontanamento spontaneo; in caso di ricorso giurisdizionale da parte del richiedente asilo, tale termine semestrale ricomincia a decorrere a far data dalla pronuncia definitiva sul ricorso stesso. Se il trasferimento non avviene nei termini suddetti, la responsabilità ricade nuovamente nella competenza dello Stato richiedente.

Per i casi di *incoming*, il medesimo Ufficio cura la gestione delle richieste provenienti dagli altri Stati membri nei confronti dello Stato italiano. A seguito di accettazione da parte italiana, il richiedente protezione internazionale viene ritrasferito in Italia per il perfezionamento della domanda di asilo o, qualora l'interessato abbia già formalizzato la richiesta di protezione internazionale in Italia (si tratta dei casi c.d. di ripresa in carico), per la calendarizzazione dell'audizione in Commissione territoriale.

A valle di questa ricognizione sul funzionamento di Dublino III, sembra opportuno soffermarsi su alcune criticità applicative. Come risulta evidente dalla disamina dei criteri di determinazione della competenza a ricevere la domanda di protezione internazionale, la selezione operata dal legislatore europeo trascura di dare rilevanza alla volontà dello straniero richiedente. Tale scelta, adottata per ragioni di efficienza ed equità distributiva, ha prodotto una serie di effetti che rendono molto complessa per gli Stati membri l'applicazione di Dublino III: in particolare, pur affermando la regola in base alla quale ogni individuo, all'interno del territorio dell'Unione, ha diritto ad un'unica possibilità di esame della propria domanda di riconoscimento dello *status* (*one chance rule*), il legislatore europeo non è riuscito ad arginare il fenomeno delle domande di protezione internazionale reiterate presso le autorità di diversi Stati membri in vista dell'ottenimento nello Stato "desiderato", c.d. *asylum shopping*, né quello dei dei c.d. *refugees in orbit* o *floating refugees,* vale a dire di coloro che conservano per anni lo *staus* di richiedenti protezione internazionale senza essere ascoltati dalle autorità competenti al riconoscimento della protezione; inoltre, la sostanziale prevalenza del pur residuale criterio di primo ingresso comporta che la pressione migratoria gravi sugli Stati della frontiera meridionale in maniera sensibilmente maggiore rispetto agli Stati dell'Europa continentale.

Il trasferimento dello straniero è gestito dall'Organizzazione internazionale per le migrazioni (OIM), su indicazione e previo accordo dell'Unità Dublino con l'Ufficiale di collegamento dello Stato membro di ricollocazione; la relativa comunicazione e i necessari lasciapassare sono ufficialmente inviati allo Stato di accoglienza via Dublinet, con qualsiasi altra informazione pertinente, ivi incluso un ulteriore controllo medico (*health assessment*) e il certificato di idoneità al volo (*fit to travel*). Il trasferimento deve essere effettuato il più rapidamente possibile e non più tardi di due mesi dal momento in cui lo Stato membro di ricollocazione ha ufficialmente manifestato il proprio impegno (*pledge*). Tale termine può essere prorogato di due settimane nel caso in cui lo Stato membro invii l'approvazione nelle ultime due settimane di validità del *pledge*, o comunque fino ad ulteriori 30 giorni su accordo bilaterale. Allo scadere dei suddetti termini, l'Italia è chiamata a trattenere presso di sé la quota di persone non effettivamente trasferita. Analogamente, nel caso in cui il richiedente si allontani, rifiuti il trasferimento o sia rigettata la richiesta specifica di presa in carico per ragioni di ordine pubblico, la competenza a valutare la domanda di protezione internazionale torna all'Italia. I richiedenti che si allontanano nelle more del trasferimento o rifiutano la destinazione indicata nel decreto perdono ogni altra opportunità di essere ricollocati.

## III.4. Il sistema di accoglienza dei richiedenti protezione internazionale e rifugiati

Il richiedente asilo è inserito, dal momento del suo arrivo in territorio italiano e, fatta salva la competenza di un altro Stato membro, fino alla decisione sulla sua istanza, all'interno di un sistema di accoglienza.

Per lungo tempo, l'unica fonte normativa che ha disciplinato l'accoglienza dei richiedenti asilo in Italia è stata la c.d. legge Puglia (decreto-legge 30 ottobre 1995, n. 451, convertito, con modificazioni, dalla legge 29 dicembre 1995, n. 563), il cui art. 2 riconosce ai Prefetti la competenza ad attivare centri di accoglienza per stranieri privi di mezzi di sostentamento e in attesa di identificazione o di espulsione.

Il fenomeno dei flussi migratori irregolari è stato, pertanto, per lo più gestito, in assenza di una disciplina organica, mediante il succedersi di ordinanze emergenziali ai sensi delle allora disposizioni vigenti in materia di protezione civile. Tuttavia, a seguito della riforma della legislazione in materia di protezione civile e soprattutto in ragione dell'esigenza di fornire una cornice normativa strutturale al fenomeno migratorio, la gestione dei flussi è stata affidata al Ministero dell'interno che da quel momento in poi è intervenuto solo con strumenti giuridici ordinari.

In particolare, nel 2014, la rilevante dimensione del fenomeno ha portato all'attivazione presso il Dipartimento per le libertà civili e l'immigrazione di un Tavolo di confronto interistituzionale tra i rappresentanti dei ministeri, delle regioni, degli enti locali e degli organismi anche non governativi coinvolti dal fenomeno migratorio, con il compito di ottimizzare i sistemi di accoglienza dei richiedenti e titolari di protezione internazionale.

Parallelamente al Tavolo nazionale sono stati attivati, ai sensi dell'art. 16 del d.lgs. 18 agosto 2015, n. 142, i Tavoli di coordinamento regionale, insediati presso le Prefetture capoluogo di regione, a cui compete affrontare le tematiche relative al fenomeno migratorio inquadrato nella dimensione territoriale; ad essi è espressamente attribuito il compito di concordare i criteri di individuazione dei centri di prima accoglienza e temporanei, e i criteri di ripartizione dei migranti a livello subregionale.

Nel dettaglio, il sistema di accoglienza attualmente vigente, disciplinato dal d.lgs. n. 142/2015 si caratterizza per essere un sistema bifasico, articolato in centri di prima e seconda accoglienza. Alle due fasi, in relazione alle particolari modalità di arrivo dei migranti, si può aggiungere un terzo passaggio presso i centri allestiti ai fini di soccorso, primissima assistenza ed identificazione. Quest'ultima circostanza si verifica nella gran parte dei casi, atteso che i migranti vengono prevalentemente soccorsi in mare dalle unità navali impegnate nel pattugliamento delle coste e condotti in uno dei porti individuati per lo sbarco.

Schematicamente, l'accoglienza può essere garantita in uno dei seguenti centri:

– *Aree di sbarco attrezzate o "punti di crisi"*. L'allestimento di tale tipologia di centri, già previsti dall'ordinamento come centri di primissimo soccorso, è stato implementato in attuazione dell'Agenda europea sulla migrazione del 2015 che ha imposto ad Italia e Grecia di attrezzare le località di sbarco con centri comunemente denominati *hotspot*. Gli *hotspot* hanno trovato una definitiva sistemazione normativa per effetto della novella del del decreto-legge 17 febbraio 2017, n. 13, in base alla quale "Lo straniero rintracciato in occasione dell'attraversamento irregolare della frontiera interna o esterna ovvero giunto nel territorio nazionale a seguito di operazioni di salvataggio in mare è condotto per le esigenze di soccorso e di prima assistenza presso appositi punti di crisi allestiti nell'ambito delle strutture di cui al decreto-legge 30 ottobre 1995, n. 451, convertito, con modificazioni, dalla legge 29 dicembre 1995, n. 563, e delle strutture di cui all'articolo 9 del decreto legislativo 18 agosto 2015, n. 142 (...)".

In tali centri sono effettuate le primissime operazioni di soccorso e identificazione dei migranti soccorsi, anche con la collaborazione di funzionari delle agenzie europee di EASO, Frontex ed Europol, nel rispetto di procedure operative standard (SOP) appositamente varate dal Ministero dell'Interno.

Dai centri di primo soccorso i migranti possono essere trasferiti nei centri di prima accoglienza o nei centri per il rimpatrio; in questi ultimi possono essere condotti anche coloro i quali rifiutano reiteratamente di sottoporsi ai rilievi fotodattiloscopici.

– *Centri di prima accoglienza*. Ai sensi dell'art. 9 del d. lgs. n. 142/2015, le misure di prima accoglienza sono assicurate nei "Centri governativi di prima accoglienza". L'istituzione dei centri è demandata ad un decreto del Ministro dell'Interno e la loro localizzazione deve avvenire secondo criteri concordati con gli enti locali nell'ambito del Tavolo di coordinamento regionale.

– *Centri di accoglienza straordinaria.* Sono centri allestiti dai prefetti ai sensi dell'art. 11 del d. lgs. n. 142/2015, quando non vi sia sufficiente disponibilità di posti nei centri di prima e di seconda accoglienza. La permanenza, ai sensi della norma, dovrebbe essere limitata nel tempo, tuttavia, negli anni di crisi migratoria questa forma di accoglienza ha rappresentato la modalità predominante.

In particolare, l'accoglienza è disposta dal Prefetto per il tempo necessario allo svolgimento delle operazioni di identificazione da parte della Questura (sempre che non siano avvenute precedentemente), alla registrazione della domanda di protezione internazionale ed al conseguente avvio della procedura di esame da parte della Commissione territoriale competente, fino alla decisione sull'istanza di protezione internazionale.

La gestione dei Centri di prima accoglienza e temporanei può essere affidata ad enti locali, anche associati, alle unioni o consorzi di comuni, ad enti pubblici e, da ultimo, a privati che operino nel settore dell'assistenza sociale, nel rispetto delle norme sugli affidamenti pubblici.

All'interno dei centri devono essere garantite le condizioni previste dall'art. 10 del d.lgs. n. 142/2015, vale a dire il rispetto della privacy, della distinzione di sesso, dell'unità familiare, della libertà di movimento, di colloquio con i rappresentanti di UNHCR, nonché le prestazioni di beni e servizi indicate nel capitolato d'appalto predisposto dal Dipartimento per le libertà civili e l'immigrazione.

– *Centri di permanenza per i rimpatri* (già centri di identificazione ed espulsione). Questa tipologia di centro è stata prevista, ai sensi dell'art. 14 del d.lgs. n. 286/1998, solo in ipotesi eccezionali per i richiedenti protezione internazionale. Ciò si verifica nei casi elencati dall'art. 6, comma 2, del d. lgs. n. 142/2015 e quando lo straniero abbia presentato domanda solo dopo il provvedimento di trattenimento, con lo scopo evidente di tentare di impedire o ritardare l'espulsione.
– *Accoglienza di secondo livello.* Il sistema di accoglienza a cui il legislatore attribuisce priorità è il Sistema per titolari di protezione internazionale e minori stranieri non accompagnati (SIPROIMI), recentemente modificato dal d.l. 113 del 2018. La nascita di tale sistema di accoglienza, già SPRAR, deriva dall'iniziativa del Ministero dell'Interno, d'intesa con UNHCR, ANCI e alcuni comuni italiani che hanno avviato esperienze di accoglienza di rifugiati. Si

tratta di un sistema di accoglienza diffuso sul territorio che privilegia forme di accoglienza in centri di dimensioni ridotte per coloro che hanno già conseguito una forma di protezione. La gestione operativa del sistema di accoglienza (assegnazione dei posti, monitoraggio e raccolta dati) viene assicurata tramite il cd. Servizio centrale a cui viene assegnato personale selezionato dall'ANCI, sulla base di una convenzione con il Dipartimento libertà civili e immigrazione.

## III.5. L'accoglienza dei minori non accompagnati

Per "minore non accompagnato" si intende il minorenne non avente cittadinanza italiana o dell'Unione europea che si trova, per qualsiasi causa, nel territorio dello Stato, o che è altrimenti sottoposto alla giurisdizione italiana, privo di assistenza e di rappresentanza da parte dei genitori o di altri adulti per lui legalmente responsabili in base alle leggi vigenti nell'ordinamento italiano.

Recentemente, con la legge 7 aprile 2017, n. 47, recante "Disposizioni in materia di misure di protezione dei minori stranieri non accompagnati", il legislatore è pervenuto a definire sistematicamente la delicata questione degli strumenti di tutela dei minori stranieri non accompagnati che accedono dalle rotte migratorie al territorio italiano.

La legge si colloca nel solco degli articoli 23 e ss. della Direttiva 2013/33/UE, nella misura in cui rafforza il principio del *best interest of the child*, introducendo, all'articolo 1, il principio della parità di trattamento del minore straniero non accompagnato con i minori di cittadinanza italiana o dell'Unione europea, in ragione della sua condizione di maggiore vulnerabilità.

La scelta del legislatore è stata dunque duplice: garantire pari trattamento tra minori italiani e minori stranieri e, tra essi, non fare alcuna differenza tra minori richiedenti asilo e non; in nessun caso potrà, infatti, essere disposto il respingimento alla frontiera del minore straniero non accompagnato e, qualora ai sensi dell'art. 31, comma quarto, del d.lgs. n. 286/1998, il Tribunale per i minorenni debba adottare, su proposta del Questore, un provvedimento di espulsione, l'allontanamento potrà essere disposto solo a condizione che il provvedimento non comporti un rischio di gravi danni per il minore.

In generale, la legge innova la disciplina sull'accoglienza dei minori stranieri non accompagnati attraverso l'implementazione di misure concrete che realizzano le priorità definite dalla Direttiva, quali il ricongiungimento familiare, il benessere e lo sviluppo sociale del minore, con particolare riguardo ai suoi trascorsi, le condizioni in ordine alla sua incolumità e sicurezza, le sue opinioni secondo la sua età e maturità.

Con riferimento al benessere e alla garanzia di sicurezza del minore, il succitato articolo 19 del d.lgs. n. 142/2015 viene modificato dalla previsione che i minori stranieri non accompagnati, affidati a strutture governative di prima accoglienza dedicate, non possano permanere nel centro per più di trenta giorni e che le procedure di identificazione non possano comunque durare più di dieci giorni. La procedura, inoltre, dovrà svolgersi nel rispetto del diritto all'ascolto del minore, già sancito all'art. 18 del d.lgs. n. 142/2015: l'identificazione, infatti, dovrà avvenire a cura di personale qualificato del centro di accoglienza, alla presenza di un mediatore culturale, attraverso un colloquio volto ad approfondire la storia personale e familiare del minore. Qualora sorgano dubbi "fondati" sull'età dichiarata dal minore in sede di colloquio, l'autorità di pubblica sicurezza è chiamata ad accertarla in via principale attraverso un documento anagrafico, avvalendosi della collaborazione delle autorità diplomatico-consolari, a condizione che il coinvolgimento delle rappresentanze del Paese d'origine non esponga il minore al pericolo di persecuzione; soltanto in via residuale, la Procura della Repubblica presso il Tribunale per i minorenni potrà disporre esami socio-sanitari per accertare la minore età. Gli accertamenti dovranno essere svolti con modalità non invasive e rispettose della sensibilità e dell'integrità del minore e non dovranno mai essere disposti laddove il minore dovesse esprimere la volontà di richiedere protezione internazionale.

In ogni caso, qualora non sia stato possibile accertare la minore età dello straniero con gli strumenti espressamente previsti, questa si ritiene presunta ad ogni effetto di legge e il minore.

Il provvedimento di attribuzione dell'età può essere impugnato dinanzi al giudice ordinario che decide in via d'urgenza, entro dieci giorni; in questo caso, ogni provvedimento amministrativo e penale conseguente all'identificazione come maggiorenne deve essere sospeso.

In base all'assunto che il benessere del minore sia meglio tutelato nell'ambito di un contesto familiare, la legge promuove, qualora non sia stato possibile rintracciare familiari diretti, l'affidamento familiare in via prioritaria rispetto al ricovero in una struttura di accoglienza; è previsto, inoltre, che in ogni Tribunale per i minorenni venga istituito un elenco di tutori volontari, composto da privati cittadini selezionati e adeguatamente formati dai Garanti regionali per l'infanzia e l'adolescenza, disposti ad assumere la tutela del minore straniero quale misura di accompagnamento alla maggiore età. Nel caso non sia stato possibile inserire il minore presso una famiglia affidataria, comunque la sistemazione dovrà avvenire in una struttura della rete SIPROIMI, in particolare, nei progetti destinati alle categorie vulnerabili. La scelta della struttura dovrà tenere conto della storia e delle specificità della persona, al fine di perfezionare la sua piena integrazione nel tessuto sociale d'accoglienza. Infine, il percorso di inserimento dovrà garantire il diritto all'istruzione del minore, l'assistenza affettiva e psicologica in ogni stato e grado del percorso di integrazione e il suo diritto ad essere informato e a partecipare, per mezzo di un rappresentante legale, a tutti i procedimenti giurisdizionali e amministrativi che lo riguardano.

# CAPITOLO IV
# La cittadinanza italiana

di *Gabriele Barbaro, Gianni Capuzzi*



## IV.1. Inquadramento generale della normativa

L'istituto della cittadinanza costituisce una delle principali espressioni della sovranità dello Stato[1] al quale, non a caso, l'art. 117 Cost. riconosce competenza legislativa esclusiva. La materia – disciplinata per la prima volta in modo organico nel nostro Paese nel 1912[2] – è ora regolamentata dalla legge 5 febbraio 1992, n.

[1] L. D'ASCIA, *Diritto degli stranieri e immigrazione*, Giuffrè, 2009, p. 462.

[2] Si tratta della legge 13 giugno 1912, n. 555, attuata dal regolamento di esecuzione approvato

91[3], di cui ci si propone di delineare i principi fondamentali. La legge del 1992 ha introdotto elementi di novità significativi[4], pur nella continuità, per taluni aspetti, con la normazione previgente (si pensi, in particolare, alla prevalenza del principio dello *ius sanguinis).* La crescente domanda di integrazione derivante dall'imponente fenomeno dell'immigrazione di stranieri privi di alcun legame precedente con l'Italia, peraltro, mantiene vivo il dibattito politico sull'opportunità di una modifica della legge del 1992 che tenga conto delle istanze dei sempre più numerosi stranieri residenti in Italia, per i quali la cittadinanza italiana rappresenta l'esito ideale di un percorso di inserimento nel tessuto politico, sociale, economico e culturale del nostro Paese[5].

## IV.2. I principi fondamentali della legge 5 febbraio 1992, n. 91

L'attuale disciplina sulla cittadinanza italiana, come delineata dalla legge 5 febbraio 1992, n. 91, recante "Nuove norme sulla cittadinanza"[6], si ispira ad alcuni

---

con il regio decreto 2 agosto 1912, n. 949. A tale regolamentazione si è giunti con l'affermazione del moderno concetto di cittadinanza, sviluppatosi intorno alla metà del XIX secolo in corrispondenza dell'affermazione dello Stato unitario. È con l'unità d'Italia, infatti, che il termine cittadino fu introdotto nel nostro ordinamento. In particolare, le norme sulla cittadinanza vennero incluse nei primi articoli del codice civile del 1865 in ossequio alla concezione che considerava la cittadinanza come uno degli aspetti fondamentali dello *status* di una persona, rilevante ai fini della sua condizione nell'ambito del diritto privato. L'esigenza di gestire i flussi migratori dell'epoca e, quindi, di disciplinare i casi di doppia cittadinanza, di riacquisto della nazionalità, rendendo, al contempo, meno rigidi i criteri per la concessione della cittadinanza agli stranieri, condusse, dapprima, a una modifica della normativa ad opera della legge n. 23 del 1901 e, successivamente, alla legge del 1912.

[3] Il regolamento di esecuzione è contenuto nel d.P.R. n. 572 del 12 ottobre 1993, mentre il regolamento che disciplina i procedimenti di acquisto della cittadinanza è contenuto nel d.P.R. n. 362 del 18 aprile 1994.

[4] Tra gli elementi innovativi, vi sono la definitiva affermazione dell'uguaglianza tra l'uomo e la donna, l'ammissione dei casi di doppia cittadinanza e l'accento sull'elemento volontaristico. D'altro canto, la legge del 1992 presenta una rilevante continuità con la legge del 1912 per quanto riguarda la prevalenza del principio dello *ius sanguinis* rispetto al criterio dello *ius soli* ai fini dell'acquisto della cittadinanza, con ciò intendendo accogliere le esigenze delle comunità di nostri connazionali residenti in Paesi di antica emigrazione.

[5] In tema di riforma della cittadinanza, si rimanda ad alcuni recenti contributi (tutti disponibili in www.libertàcivili.it): G.M. SALERNO,*Tra principi, diritti e integrazione, le proposte legislative per una nuova cittadinanza*, in *Libertà civili*, 1/10, p. 74 ss; R. LEONE, Lingua e cultura, gli "*atout*" da valorizzare per la concessione della cittadinanza, in *Libertà civili*, 6/11, p. 108 ss; P. MOROZZO DELLA ROCCA, *Seconde generazioni e cittadinanza: la disciplina attuale e le esigenze di riforma*, in *Libertà civili,*1 /12, p. 116 ss; C. MELEGARI, *Ius culturae, la via della "generazione 2" al riconoscimento della cittadinanza,* in *Libertà civili,* 2/12, p. 144 ss.

[6] Per un approfondito commento, cfr. A.N.U.S.C.A. – M. LEPRI GALLERANO, *La nuova legge*

principi-guida su cui è necessario soffermarsi, prima di approfondire, nel prosieguo, i singoli profili normativi.

### *IV.2.1. La legge n. 91 del 1992 tra continuità e innovazione*

Per comprendere adeguatamente i principi fondamentali della legge del 1992 occorre prendere le mosse, come si accennava, dall'assunto che essa contiene tanto elementi di continuità quanto di innovazione. Secondo i commentatori, infatti, "per quanto innovativa, la nuova legge non può essere definita rivoluzionaria"[7], a tal punto che taluni ritengono che la legge del 1992 non rappresenti una vera e propria riforma bensì, con riguardo più ai principi ispiratori che alle singole norme, "un riordino che tiene conto e si adegua sia alla giurisprudenza della Corte costituzionale sia ai successivi interventi del legislatore"[8]. In linea generale, comunque, la vera cifra della legge del 1992 risiede nel fatto che essa rappresenta la prima riforma organica della cittadinanza in epoca repubblicana[9].

La legge in esame, inoltre, contiene, tra le principali novità, sia disposizioni volte alla naturalizzazione di discendenti da cittadini italiani per nascita, sia disposizioni che hanno l'obiettivo di favorire il riacquisto della cittadinanza da parte di ex connazionali[10].

---

*sulla cittadinanza italiana*, Maggioli Editore, Rimini, 1994, nonché, soprattutto per una disamina dei principali e più recenti orientamenti giurisprudenziali relativi all'applicazione dei singoli istituti, si vedano A. LIBERATI, *La disciplina dell'immigrazione e i diritti degli stranieri*, Cedam, Padova, 2009, p. 698 ss., nonché C. COMMENDATORE-B. VIRGILIO, *Codice dell'immigrazione, dell'asilo e della cittadinanza*, Nel diritto editore, Roma, 2010, p. 769 ss.

[7] T. BALLARINO, In T. BALLARINO – B. NASCIMBENE – B. BAREL (a cura di), *Commentario alla Legge 5 febbraio 1992 n.91*, in *Le nuove leggi civili commentate*, n.1, Cedam, Padova, 1993, p. 2.

[8] *Sic* B. NASCIMBENE, in T. BALLARINO – B. NASCIMBENE – B. BAREL (a cura di), *Commentario, cit.*, p. 8. Tra gli istituti fondamentali che rimangono immutati si possono annoverare, relativamente all'acquisto della cittadinanza, la prevalenza dello *ius sanguinis*, il perdurare dell'istituto del beneficio di legge, la concezione "concessoria" della naturalizzazione e la regolamentazione restrittiva della perdita della cittadinanza. Le novità, invece, "operano, si potrebbe dire, in maniera trasversale: riguardano, cioè, la specificazione concreta dei grandi principi della nostra legge più che la determinazione degli stessi".

[9] Con tale legge, dopo ben ottant'anni di vigenza della legge del 1912, si è cercato di dare risposta alle profonde mutazioni frattanto intervenute nei rapporti sociali, oltre che alle istanze di adeguamento derivanti dall'entrata in vigore della Costituzione, con i suoi principi di uguaglianza tra i cittadini e di parità tra uomo e donna, i quali avevano già ricevuto una prima applicazione con la legge 19 maggio 1975, n. 151, di riforma del diritto di famiglia e con la legge 21 aprile 1983, n. 123 (recante "Disposizioni in materia di cittadinanza").Certo è che in questi 25 anni di vigenza, il fenomeno migratorio ha assunto dimensioni impreviste che postulano, a parere di molti, un ulteriore ripensamento normativo.

[10] Ciò al fine di dare concreta risposta alle pressanti istanze provenienti dalle comunità di nostri

### *IV.2.2. I principi innovatori e la loro applicazione nelle norme della legge n. 91 del 1992*

I principi generali maggiormente innovatori della legge del 1992, che informano di sé tutte le norme di dettaglio e che si passa di seguito ad analizzare, possono essere così sintetizzati: principio della parità tra uomo e donna, principio volontaristico, possibilità della doppia cittadinanza, volontà di evitare condizioni di apolidia[11].

#### *IV.2.2.1. Il principio della parità tra uomo e donna*

La legge del 1992 tiene anzitutto conto dell'esigenza di garantire una piena uguaglianza tra l'uomo e la donna, e quindi tra i coniugi, in base ai principi sanciti dalla Costituzione repubblicana e, in particolare, dagli articoli 3 e 29. La legge intende, inoltre, realizzare un'organicità normativa nell'applicazione di tale principio, dal momento che, nei decenni precedenti, si erano avuti importanti, ma parziali interventi da parte della Corte costituzionale e del legislatore[12].

Dopo l'entrata in vigore della Costituzione repubblicana e della riforma del diritto di famiglia del 1975, la Corte costituzionale è più volte intervenuta, dichiarando l'illegittimità di alcune norme della legge del 1912, in quanto discriminatorie nei confronti della donna. Decisive risultano, per l'affermazione del principio

---

connazionali residenti in Paesi di vecchia emigrazione (soprattutto Argentina e Brasile) che, soprattutto durante gli anni ottanta, vedevano nel rientro in Italia una possibile via di uscita dalle difficili situazioni politiche e socio-economiche di quegli Stati. Si veda in proposito MINISTERO DELL'INTERNO, Dipartimento per le libertà civili e l'immigrazione, Direzione centrale per i diritti civili,la cittadinanza e le minoranze (a cura di), Io cittadino. Regole per la cittadinanza italiana, Franco Angeli, Milano, 2009, pp. 25 e 26.

[11] Cfr MINISTERO DELL'INTERNO, Dipartimento per le libertà civili e l'immigrazione, Direzione centrale per i diritti civili, la cittadinanza e le minoranze (a cura di), *Io cittadino*, *cit.*, p. 26 ss. nonché C. COMMENDATORE – B. VIRGILIO, *Codice dell'immigrazione,cit.,*p. 770 ss.

[12] Come può facilmente intuirsi, la legge del 1912, mantenendo l'orientamento del Codice Civile del 1865, si ispirava ad una logica patriarcale, secondo la quale, in nome del principio dell'unicità del nucleo familiare, il marito-padre costituiva il soggetto giuridico fondamentale, mentre le vicende di cittadinanza degli altri membri della famiglia erano destinate a seguire quelle del *pater familias*. Ad esempio se il marito mutava il proprio *status civitatis*, la moglie e i figli, secondo i casi, incorrevano nella perdita o nell'acquisto della cittadinanza italiana. Si vedano in particolare gli artt. 10, 11 e 12 della legge 1912/555. All'unità della famiglia veniva ricondotta, quindi, l'unicità della cittadinanza che, tuttavia, per la posizione di preminenza a quel tempo generalmente riconosciuta all'uomo rispetto alla donna, "si trasformava nel puro e semplice primato della cittadinanza del marito" (Cosi T. BALLARINO, *cit.,* p. 3).

in esame, le sentenze della Corte costituzionale n. 87 del 1975 e n. 30 del 1983[13].

Tali pronunce – nonché l'adesione dell'Italia alla Convenzione di New York del 1979[14] – determinarono l'intervento del legislatore per sostituire, anche in materia di cittadinanza, il principio del primato del marito-padre con quello della parità tra i sessi.

La legge del 1992 accoglie, quindi, il principio di parità in diverse disposizioni, per alcuni aspetti anticipate dalle norme contenute nella legge 21 aprile 1983, n. 123 ("Disposizioni in materia di cittadinanza")[15]. Basti citare in questa sede l'articolo 1 della legge del 1992, in base al quale, oggi, è cittadino per nascita non solo "il figlio di padre"[16] ma anche "di madre" cittadina, con ciò sancendo la trasmissibilità della cittadinanza *iure sanguinis* anche per discendenza materna.

Si pensi, inoltre, alla circostanza secondo cui la concessione della cittadinanza per matrimonio può essere attribuita, oltre che in ragione di una condizione obiettiva, cioè di un collegamento – sia formale sia effettivo[17] – con lo Stato (persistenza del vincolo matrimoniale con un cittadino italiano, insussistenza della separazione legale, residenza legale per il periodo stabilito dalla legge – come modificato dal c.d. "pacchetto sicurezza" (legge 15 luglio 2009, n. 94)[18], solo ove sussista anche una condizione soggettiva, ossia una manifestazione di volontà del-

[13] La prima dichiarava, infatti, illegittima la previsione della perdita automatica della cittadinanza italiana da parte della donna, a seguito di matrimonio con straniero (di cui all'articolo 10, comma 2, della legge n. 555/1912) o dell'acquisto automatico della cittadinanza italiana a seguito di matrimonio con italiano (di cui all'articolo 10, comma 3, della legge n. 555/1912). La seconda sanciva l'incostituzionalità dell'articolo 1, n. 1 della legge del 1912, ove limitava alla discendenza paterna la trasmissibilità della cittadinanza *iure sanguinis*.

[14] Detta Convenzione, ratificata in Italia con la Legge 14 marzo 1985 n. 132, intende eliminare ogni forma di discriminazione della donna, cui spettano "*diritti uguali a quelli degli uomini in materia di acquisto, mutamento e conservazione della cittadinanza*".

[15] Art. 5 legge 123/1983: "*è cittadino italiano il figlio minorenne, anche adottivo, di padre cittadino o di madre cittadina*". La legge del 1983 ridisegnava il sistema delle norme di cittadinanza in pochi articoli (nove, di cui quattro aventi carattere di disposizioni transitorie), soprattutto al fine di metterlo in armonia con il principio dell'eguaglianza tra i coniugi e tra il padre e la madre rispetto ai figli.

[16] Come recitava l'art. 1 n. 1) della legge 1912/555.

[17] Così C. FIORAVANTI, in T. BALLARINO – B. NASCIMBENE – B. BAREL (a cura di), *Commentario, cit.*, p. 27.

[18] Così dispone la norma in esame a seguito di tale modifica: "1. Il coniuge, straniero o apolide, di cittadino italiano può acquistare la cittadinanza italiana quando, dopo il matrimonio, risieda legalmente da almeno due anni nel territorio della Repubblica, oppure dopo tre anni dalla data del matrimonio se residente all'estero, qualora, al momento dell'adozione del decreto di cui all'articolo 7, comma 1, non sia intervenuto lo scioglimento, l'annullamento o la cessazione degli effetti civili del matrimonio e non sussista la separazione personale dei coniugi. 2. I termini di cui al comma 1 sono ridotti della metà in presenza di figli nati o adottati dai coniugi".

la persona, che manifesta, dunque, come anche la donna abbia "voce in capitolo" a proposito della definizione del proprio *status civitatis*[19].

*IV.2.2.2. Il principio volontaristico*

Oltre al principio di uguaglianza tra l'uomo e la donna, l'attuale sistema delle regole di cittadinanza si fonda sul principio c.d. volontaristico, secondo cui, nelle vicende inerenti lo *status civitatis*, è attribuita un'accentuata preminenza alla volontà della persona rispetto alle situazioni di fatto[20].

Dando forte rilievo alla manifestazione di volontà della persona in ordine all'acquisto, al riacquisto e alla rinuncia della cittadinanza, si determina, di conseguenza, il venir meno di molti automatismi[21] che la legge previgente stabiliva e si esalta la natura personalissima del diritto alla cittadinanza. L'importanza attribuita all'espressa dichiarazione di volontà del soggetto comporta, inoltre, che questa possa essere manifestata unicamente dall'interessato, che sia capace di agire.

Tale principio è consacrato, anzitutto, in modo evidente nel testo dell'articolo 4 della legge del 1992, ove, con riferimento al c.d. acquisto della cittadinanza "per beneficio di legge", la "dichiarazione di voler acquistare la cittadinanza" è richiesta, come elemento costitutivo della fattispecie acquisitiva della cittadinanza, in ciascuna ipotesi in cui il beneficio sia connesso con lo *status* di cittadinanza goduto dal padre o dalla madre o da uno degli ascendenti in linea retta di secondo grado (e, si noti, non più solo dall'avo paterno): prestazione di servizio militare, assunzione di pubblico impiego, residenza legale almeno biennale prima del raggiungimento della maggiore età. Tale dichiarazione è richiesta pure nell'ipotesi del secondo comma dell'articolo 4[22], che concerne lo straniero nato in Italia e che vi abbia risieduto legalmente fino al diciottesimo anno di età, il quale diviene cittadino solo se manifesta la volontà di divenire cittadino italiano. Dunque, "volontà della persona e *ius sanguinis* determinano i casi di acquisto della cittadinanza per beneficio di legge (art. 4), la manifestazione di volontà essendo richiesta sia nelle ipotesi in cui si è inteso favorire l'acquisto da parte di discendenti (figli, nipoti) di

[19] Si veda anche l'art. 1 della legge 123/1983.

[20] Cfr, *Relazione della I Commissione parlamentare*, relatore il Sen. Mazzola, in Atti parlamentari, Senato della Repubblica, X legislatura, nn. 1460 e 1850-A, p. 4.

[21] Permane, a tutela del minore, l'automatismo dell'art. 14, temperato, peraltro, dalla possibilità di rinuncia raggiunta la maggiore età, in caso di possesso di altra cittadinanza.

[22] Secondo tale disposizione: "lo straniero nato in Italia, che vi abbia risieduto legalmente senza interruzioni fino al raggiungimento della maggiore età, diviene cittadino se dichiara di voler acquistare la cittadinanza italiana entro un anno dalla suddetta data".

chi sia stato cittadino per nascita (comma 1), sia in quella, riferita agli stranieri di seconda generazione, di mera nascita in Italia (comma 2)"[23].

Al principio volontaristico si ispira, come già in precedenza, anche il procedimento concessorio della cittadinanza nel caso di naturalizzazione: la previsione, infatti, del giuramento di fedeltà alla Repubblica e di osservanza della Costituzione e delle leggi, che attribuisce efficacia al decreto di concessione e che va effettuato entro sei mesi dalla notifica di questo (così recita l'articolo 10 della legge del 1992), conferma l'estrema importanza attribuita alla manifestazione di volontà del soggetto, che, proprio nell'impegno solenne del giuramento, ha la sua espressione più alta e consapevole[24].

### *IV.2.2.3. La possibilità della doppia cittadinanza*

Un altro principio fondamentale della legge del 1992 è costituito dalla possibilità, salvo rinuncia, di possedere la doppia cittadinanza, situazione per cui un soggetto può essere contemporaneamente detentore della cittadinanza di più ordinamenti.

Secondo l'articolo 11 della legge del 1992, infatti, "il cittadino che possiede, acquista o riacquista una cittadinanza straniera conserva quella italiana, ma può a essa rinunciare qualora risieda o stabilisca la residenza all'estero". Il principio che tale norma esprime – e che è stato definito una "chiave di volta" del sistema[25] – è quello di conservazione della cittadinanza italiana, in riferimento all'acquisto o al riacquisto ovvero al possesso di una cittadinanza straniera. La detenzione della doppia cittadinanza rappresenta, in realtà, l'effetto che da tale principio deriva, e che scaturiva già, sebbene soltanto in alcune ipotesi, da numerose disposizioni del sistema precedente[26]. L'articolo 11 della legge di riforma, quindi, ha avuto il merito di codificare il principio e di generalizzarne la portata, comprendendovi fattispecie dapprima escluse[27].

---

[23] B. NASCIMBENE, *cit.*, p. 8 e 9.

[24] Sul significato e la natura giuridica del giuramento e per un commento dettagliato all'art. 10 della legge 91/92, che lo contempla, si veda *amplius* F. VOLPE, in T. BALLARINO – B. NASCIMBENE – B. BAREL (a cura di), *Commentario, cit.*, pp. 55 ss.

[25] Cfr R. CLERICI, in T. BALLARINO – B. NASCIMBENE – B. BAREL (a cura di), *Commentario, cit.*, p. 62.

[26] Cfr artt. 7 e 8 n. 2 legge n. 555/ 1912; art. 143-*ter* c.c.; legge n. 180/1986.

[27] Se, infatti, la legge del 1912 prevedeva solo in casi eccezionali la possibilità di doppia cittadinanza – come nell'ipotesi dell'articolo 7, riguardante il caso del cittadino italiano nato e residente all'estero– la legge vigente consente anche a favore dello straniero che acquista la cittadinanza italiana il possesso del doppio *status civitatis*. Cfr MINISTERO DELL'INTERNO, Dipartimento per le libertà civili e l'immigrazione, Direzione centrale per i diritti civili, la cittadinanza e le minoranze (a cura di), *Io cittadino*, *cit.*,p. 28.

La *ratio* di tale norma è da ricondurre, soprattutto, alla scelta del legislatore del 1992 di accogliere integralmente le istanze dei gruppi di emigrati all'estero, soprattutto dell'America latina, evocando il concetto di nazione e i vincoli spirituali che ne derivano[28].

A proposito del principio della doppia cittadinanza, occorre fare ulteriori precisazioni.

In primo luogo, occorre sottolineare che lo *status* di doppio (o plurimo) cittadino rileva sia nell'ordinamento internazionale[29] sia nei singoli ordinamenti statali e che tale situazione non può verificarsi in presenza di norme statali straniere o di norme internazionali pattizie che lo vietino o che prevedano meccanismi atti ad evitare tale situazione.

Nel quadro internazionale, bisogna, inoltre, considerare l'adesione dell'Italia alla Convenzione di Strasburgo del 1963 "sulla riduzione dei casi di cittadinanza plurima e sugli obblighi militari in caso di cittadinanza plurima"[30].

Sul piano interno, va ricordato, poi, che la progressiva affermazione del principio del riconoscimento della cittadinanza plurima nel nostro ordinamento è alla base dell'abrogazione della richiesta del "certificato di svincolo", avvenuta con il D.M. 7 ottobre 2004[31]. L'eliminazione di tale certificato è motivata, oltre che da criteri di razionalizzazione e semplificazione, dalla "opportunità di uniformare la concessione della cittadinanza italiana al principio del riconoscimento della cittadinanza plurima, anche quale fattore di integrazione nell'ambito della società"[32].

---

[28] Si veda la Relazione "Mazzola" della I Commissione permanente del Senato, citata in T. BALLARINO – B. NASCIMBENE – B. BAREL (a cura di), *Commentario, cit.*, p. 62.

[29] Occorre ricordare, in proposito, che l'attribuzione delle rispettive cittadinanze è riconosciuta quale competenza esclusiva dei singoli Stati, in quanto strettamente connessa al principio di sovranità.

[30] Firmata a Strasburgo il 6 maggio 1963, ratificata dall'Italia con la legge 4 ottobre 1966 n. 876. In proposito, si precisa che, a partire dal 16 agosto 1992 (data di entrata in vigore della legge 91/92) l'acquisto di una cittadinanza straniera non determina la perdita della cittadinanza italiana a meno che il cittadino italiano non vi rinunci formalmente, salvo disposizioni di accordi internazionali. La denuncia da parte dello Stato italiano della Convenzione di Strasburgo del 1963 comporta che, a decorrere dal 4 giugno 2010, non si verifichi più la perdita automatica della cittadinanza italiana per i cittadini che si naturalizzano nei Paesi firmatari della stessa (si veda in proposito la Circolare del Ministero dell'Interno n. 14232 del 28 ottobre 2009).

[31] Tale certificato era precedentemente previsto dal D.M. 22 novembre 1994 al fine di verificare la volontà dello straniero di rinunciare alla cittadinanza di origine e di inserirsi, viceversa, nella nostra comunità nazionale. Già prima dell'abrogazione nel 2004, tuttavia, era intervenuto il D.M. 25 maggio 2002 che ridimensionava l'ambito soggettivo di quanti erano tenuti a presentare il certificato di svincolo, escludendo da tale novero "a condizione di reciprocità,i cittadini degli Stati membri dell'Unione europea".

[32] Così il D.M. 7 ottobre 2004.

Si aggiunga, infine, che alla cittadinanza nazionale si affianca, per i cittadini degli Stati membri dell'Unione europea, la cittadinanza europea, introdotta dal Trattato di Maastricht.

#### *IV.2.2.4. La volontà di evitare condizioni di apolidia*

Il legislatore riserva una particolare attenzione alla condizione degli apolidi[33]. In questa sede, è sufficiente ricordare che, con legge 1 febbraio 1962, n. 306, l'Italia ha reso esecutiva la Convenzione di New York del 28 settembre 1954 sugli apolidi, cioè su coloro che nessuno Stato, in base al proprio ordinamento, considera come propri cittadini. In Italia, la condizione di apolidia può essere accertata dal giudice ordinario o certificata in via amministrativa dal Ministero dell'Interno ai sensi dell'articolo 17 del d.P.R. n. 572/1993[34].

A proposito della condizione di apolidia, la legge del 1992 esprime, in alcune sue disposizioni, il principio secondo cui vanno evitate, nei limiti del possibile, situazioni di apolidia in capo ad un soggetto nato in territorio italiano[35]. Inoltre, con la Legge del 29 settembre 2015, n.162 il Parlamento ha autorizzato la ratifica della Convenzione delle Nazioni Unite sulla riduzione dei casi di apolidia, stipulata a New York il 30 agosto 1961[36].

### IV.3. L'acquisto della cittadinanza italiana

#### *IV.3.1. L'acquisto della cittadinanza per nascita*

L'articolo 1 della legge 5 febbraio 1992, n. 91, nell'individuare i casi di attribu-

---

[33] Cfr in particolare gli artt. 1 comma 1 b) e 9 comma 1 e) della legge 91/92.

[34] Art. 17 ("Certificazione della condizione d'apolidia"): "1. Il Ministero dell'interno può certificare la condizione di apolidia, su istanza dell'interessato corredata della seguente documentazione: A) atto di nascita; B) documentazione relativa alla residenza in Italia; C) ogni documento idoneo a dimostrare lo stato di apolide. 2. È facoltà del Ministero dell'interno di richiedere, a seconda dei casi, altri documenti".

[35] Per questo l'articolo 1, comma 1, lett. b), della legge del 1992 stabilisce una deroga al principio fondamentale dello *ius sanguinis*, sancendo l'attribuzione della cittadinanza italiana a chi è nato nel territorio della Repubblica – in applicazione del criterio dello *iure soli* – se entrambi i genitori sono ignoti o apolidi o se non possono trasmettere la cittadinanza ai propri figli nati all'estero. Analogamente, secondo l'articolo 1, comma 2, della medesima legge "è considerato cittadino per nascita il figlio di ignoti trovato nel territorio della Repubblica, se non venga provato il possesso di altra cittadinanza".

[36] La Convenzione, cui si rimanda per le disposizioni di dettaglio, declina, nei diversi articoli, il principio sancito nell'*incipit* dell'art. 1, ovvero che "ogni Stato Contraente è tenuto a concedere la cittadinanza a una persona nata nel proprio territorio che sarebbe altrimenti apolide".

zione della cittadinanza per filiazione, sancisce il principio dello *ius sanguinis*, nonostante l'esistenza di ipotesi in cui l'acquisto della cittadinanza italiana, in ossequio al criterio dello *ius soli*, possa dipendere dalla circostanza che la nascita sia avvenuta sul territorio della Repubblica.

Secondo l'articolo 1 della legge del 1992, è cittadino italiano per nascita il figlio di padre o di madre cittadini italiani, nonché chi è nato nel territorio della Repubblica se entrambi i genitori sono ignoti o apolidi oppure se il figlio non segue la cittadinanza dei genitori secondo la legge dello Stato al quale questi appartengono. È parimenti cittadino per nascita, inoltre, il figlio di ignoti che sia stato trovato nel territorio della Repubblica e di cui non venga provato il possesso di altra cittadinanza. In tutti i suddetti casi la cittadinanza italiana viene attribuita sin dalla nascita ossia con efficacia *ex tunc*[37].

La normativa prevede, dunque, che il figlio di padre o madre cittadini acquista la cittadinanza, a prescindere dal luogo di nascita (in Italia o all'estero) e dalla circostanza di essere figlio legittimo o naturale, purché almeno uno dei genitori sia italiano. In tal caso, quindi, il legislatore ha collegato l'acquisto della cittadinanza al rapporto di filiazione, dando così risalto al principio dello *ius sanguinis*.

Il medesimo articolo 1 della legge del 1992 individua, poi, dei casi in cui i figli di genitori ignoti, apolidi o stranieri, acquistano la cittadinanza italiana per effetto della nascita nel territorio della Repubblica, in applicazione del principio dello *ius soli*, criterio residuale che tende, per altro verso, ad impedire i casi di apolidia.

La prima ipotesi è quella del figlio di genitori ignoti, sia che nasca, sia che venga trovato in Italia[38].

---

[37] Con riguardo alla prima fattispecie riguardante il figlio di padre o di madre cittadini, è appena il caso di rilevare come l'articolo 1 della legge del 1992 abbia recepito in modo definitivo il principio di parità tra uomo e donna, in precedenza riconosciuto dalla Corte costituzionale con la citata sentenza n. 30 del 28 gennaio 1983 (cfr. *supra* 2.2.1.), con cui era stata dichiarata l'illegittimità dell'art. 1, n. 1 della legge n. 555 del 1912 "nella parte in cui non prevede che sia cittadino per nascita anche il figlio di madre cittadina".

[38] Il presupposto di tale duplice fattispecie è identico e consiste nella nascita da genitori che siano, da un punto di vista giuridico, ignoti: ciò accade quando manca il riconoscimento o la dichiarazione giudiziale di paternità o di maternità. Quindi, al fine di accertare la nascita da genitori ignoti, è sufficiente esaminare le risultanze dei registri di nascita, in quanto è l'atto di nascita che fornisce la certezza documentale che i genitori mancano. Semmai sono diverse le circostanze di fatto che l'articolo 1 della legge del 1992 prende in considerazione: infatti, l'atto di nascita del figlio di ignoti "nato" in Italia risulta registrato nei registri di stato civile, mentre l'atto di nascita del figlio di ignoti ivi "trovato" dovrà essere formato mediante giudizio di rettificazione ai sensi dell'articolo 38 del D.P.R. 3 novembre 2000, n. 396. In tale ultimo caso, infatti, si presume, fino a prova contraria, che il minore abbandonato – rinvenuto nel nostro Paese e privo di altra cittadinanza – sia nato in Italia e, in conseguenza di tale presunzione, egli acquista la cittadinanza italiana.

La seconda ipotesi riguarda il figlio di genitori apolidi, il quale acquista la cittadinanza italiana per effetto della nascita nel territorio della Repubblica. Si tratta di una applicazione della citata Convenzione di New York del 28 settembre 1954, la quale, al fine di evitare casi di apolidia, impone agli Stati di facilitare la naturalizzazione[39].

Ultima ipotesi delineata dall'articolo 1 della legge del 1992 è quella dell'acquisto della cittadinanza italiana da parte del figlio di stranieri, nato in Italia, il quale non segua la cittadinanza dei genitori in base alla legge dello Stato al quale questi appartengono. Viceversa, se anche uno solo dei genitori stranieri trasmette la propria cittadinanza al figlio, quest'ultimo sarà considerato straniero dal nostro ordinamento e non acquisterà la cittadinanza italiana[40].

Riepilogando, il figlio di cittadini stranieri, nato in Italia, acquista lo *status civitatis* dei genitori, o anche di uno solo di essi, e non la cittadinanza italiana sia quando la legge del Paese di origine dei genitori preveda, *sic et simpliciter*, la trasmissione della cittadinanza al figlio nato all'estero, sia quando la legge del Paese di origine dei genitori preveda la trasmissione della cittadinanza al figlio nato all'estero, limitandosi a subordinarla ad una mera dichiarazione di volontà, che dovrà essere rilasciata di fronte all'autorità del loro Stato, oppure a determinate formalità previste dalla medesima legge del Paese di origine[41].

---

[39] L'acquisto della cittadinanza è, tuttavia, subordinato all'accertamento dell'apolidia di entrambi i genitori, mediante apposita certificazione di competenza del Ministero dell'interno o con provvedimento giurisdizionale del giudice ordinario (cfr. *supra* 2.2.4.).

[40] Secondo l'ordinamento di alcuni Paesi, infatti, il figlio di cittadino, nato all'estero, non acquista automaticamente la cittadinanza del genitore e, pertanto, l'acquisto della cittadinanza italiana, in tali casi, risponde all'esigenza di evitare situazioni di apolidia. In proposito, occorre, tuttavia, distinguere due distinte ipotesi: da un lato, può verificarsi l'impossibilità assoluta di trasmettere la cittadinanza, che deve essere provata dai genitori attraverso un'apposita dichiarazione rilasciata dalle competenti Autorità diplomatiche e consolari dello Stato di appartenenza; d'altra parte, talvolta ricorre la possibilità per i genitori stranieri di trasmettere la cittadinanza mediante l'adempimento di determinate condizioni formali e/o sostanziali. Conseguentemente, l'articolo 2 del d.P.R. 12 ottobre 1993, n. 572, recependo l'orientamento espresso dal Consiglio di Stato (Parere del 30 novembre 1992, n. 2482), ha stabilito che il figlio, nato in Italia da genitori stranieri, non acquista la cittadinanza italiana, qualora l'ordinamento del Paese di origine dei genitori preveda la trasmissione della cittadinanza al figlio nato all'estero, eventualmente anche subordinandola ad una dichiarazione di volontà da parte dei genitori o dei legali rappresentanti del minore, ovvero all'adempimento di formalità amministrative da parte degli stessi.

[41] L'acquisizione della cittadinanza italiana *iure soli* impone, in questi casi, l'accertamento delle disposizioni della legge straniera aventi ad oggetto l'acquisto della cittadinanza per nascita. Il relativo accertamento, in forza dell'articolo 16 del d.P.R. 12 ottobre 1993, n. 572, è di competenza del Ministero dell'interno.

### *IV.3.2. L'acquisto della cittadinanza per riconoscimento, per dichiarazione giudiziale di filiazione e per dichiarazione di elezione di cittadinanza*

In base all'articolo 2 della legge del 1992, il riconoscimento o la dichiarazione giudiziale di filiazione, che siano avvenuti durante la minore età del figlio, fanno sì che lo stesso acquisti la cittadinanza italiana. Nello stesso modo la legge dispone con riguardo alla diversa fattispecie del figlio minore al quale sia stato riconosciuto giudizialmente il diritto al mantenimento o agli alimenti, sebbene non sia stato possibile dichiarare la paternità o la maternità. Tale disposizione, al pari della normativa precedente, non distingue tra figli legittimi e naturali ai fini dell'acquisto della cittadinanza, ma è innovativa perché elimina ogni riferimento alla prevalenza della cittadinanza paterna su quella materna e, inoltre, perché permette al figlio incestuoso, nel caso di riconoscimento giudiziale dell'assegno di mantenimento o alimentare, di acquistare la cittadinanza italiana. Si tratta, è bene evidenziarlo, di ipotesi in cui il requisito della nascita viene considerato dalla legge, ai fini dell'acquisto della cittadinanza, in senso retroattivo[42].

Nel diverso caso in cui il riconoscimento o la dichiarazione giudiziale di filiazione siano avvenuti dopo il compimento della maggiore età del figlio, la normativa diverge nel senso che il figlio maggiorenne conserva la propria cittadinanza, ma può dichiarare, entro un anno, di eleggere la cittadinanza determinata dalla filiazione. Analoga regola si applica alla fattispecie del figlio maggiorenne al quale sia stato riconosciuto giudizialmente il diritto al mantenimento o agli alimenti, sebbene non sia stato possibile dichiarare la paternità o la maternità[43].

IV.3.3. L'acquisto della cittadinanza per adozione

Per quanto riguarda la fattispecie di acquisto della cittadinanza da parte del minore per adozione, l'articolo 3 della legge del 1992, ispirandosi al principio dell'unità dello *status civitatis* all'interno del nucleo familiare, prevede che "il mi-

---

[42] La circolare del Ministero dell'interno n. k.60.1 dell'11 novembre 1992 ha chiarito che "*il riconoscimento o la dichiarazione giudiziale, fondati entrambi sul fatto naturale della procreazione, hanno efficacia dichiarativa e, quindi, ex tunc ed attribuiscono perciò al figlio riconosciuto o dichiarato tutti i diritti che tale stato determina*", ovviamente, sin dal momento della nascita.

[43] È chiaro che, in tali ultimi casi, in assenza di un esplicito atto di volontà, il riconoscimento o la dichiarazione giudiziale di paternità non comportano per il figlio maggiorenne alcun mutamento di *status*, rispettando così in pieno la libertà di scelta di una persona oramai adulta. Occorre, tuttavia, rilevare come l'acquisto della cittadinanza, in tale ipotesi, non possa avere efficacia *ex tunc*, bensì *ex nunc*, risultando necessaria l'ulteriore formalità dell'elezione della cittadinanza. In particolare, poiché in base all'articolo 15 della legge del 1992 l'acquisto della cittadinanza ha effetto dal giorno successivo a quello in cui sono state adempiute le condizioni e "le formalità" richieste dalla legge e poiché l'elezione della cittadinanza costituisce una formalità senza la quale non è possibile acquisire lo *status civitatis*, ne consegue che il maggiorenne acquista la cittadinanza italiana a decorrere dal giorno successivo alla sua manifestazione di volontà.

nore straniero adottato da cittadino italiano acquista la cittadinanza". Il medesimo articolo precisa che la revoca dell'adozione comporta la perdita della cittadinanza solo se sia determinata dalla condotta dell'adottato e sempre che quest'ultimo riacquisti altra cittadinanza o ne abbia comunque già il possesso.

Un problema spinoso concerne, poi, la decorrenza dell'acquisto della cittadinanza a seguito di adozione. Sul punto è intervenuto il Ministero dell'Interno[44], chiarendo che l'acquisto della cittadinanza si verifica al momento della emanazione del provvedimento di adozione, mentre non assumono alcuna rilevanza i tempi di registrazione. Invero, la trascrizione del provvedimento di adozione non può avere efficacia costitutiva dell'acquisto della cittadinanza, ma deve essere considerata esclusivamente come una condizione per attribuire efficacia nel nostro ordinamento al provvedimento di adozione, che, dopo essere stato trascritto, "esplica i suoi effetti con decorrenza retroattiva dalla data della sua pronuncia"[45].

Altro problema, a cui il Ministero dell'Interno ha fornito risposta[46], è costituito dall'ipotesi in cui il procedimento si dilunghi oltre il compimento della maggiore età[47].

Per ragioni di tutela del minore e in base alla considerazione secondo cui la sentenza di adozione di un minorenne riguarda un soggetto di cui viene disposta l'adozione sulla base della situazione esistente al momento della domanda, cioè sulla base della condizione di minore età, il Ministero ha stabilito che "la sentenza di adozione di un minore straniero, anche se produce i suoi effetti nei confronti di un soggetto divenuto nel corso del giudizio maggiorenne, deve essere quindi considerata sentenza di adozione di minorenne, con la conseguente riconducibilità alle disposizioni di cui all'art. 3, comma 1, della legge n. 91 del 1992, relative all'acquisto automatico della cittadinanza italiana da parte del minore straniero adottato".

Tale soluzione impedisce che dal trascorrere del tempo derivi un pregiudizio nei confronti del minore straniero adottato, al quale si finirebbe per negare un beneficio connesso alla sua minore età, a causa di circostanze a lui non imputabili.

---

[44] Cfr. Circolare k.28.4. del 13 novembre 2000.

[45] Cfr. Circolare del Ministero dell'interno del 13 novembre 2000, n. k.28.4.

[46] Cfr. con la circolare k.60.1 del 5 gennaio 2007.

[47] Il nodo centrale della questione è che, se si applicasse la norma di cui all'articolo 9 della legge del 1992, riguardante i maggiorenni adottati da cittadino italiano, lo straniero – minore al momento dell'inizio dell'*iter* procedimentale, ma nelle more divenuto maggiorenne – potrebbe ottenere la concessione della cittadinanza soltanto a seguito di un periodo quinquennale – successivo all'adozione – di residenza legale nel territorio della Repubblica.

### *IV.3.4. L'acquisto della cittadinanza per beneficio di legge: 1) la discendenza da cittadini per nascita e 2) la residenza ininterrotta dalla nascita*

In presenza di determinate condizioni, l'articolo 4 della legge del 1992 prevede che possa acquistare la cittadinanza lo straniero o l'apolide del quale il padre, la madre o uno degli ascendenti in linea retta di secondo grado siano stati cittadini per nascita.

La prima fattispecie ricorre quando l'interessato abbia prestato effettivo servizio militare per lo Stato italiano, previa dichiarazione di voler acquistare la cittadinanza. Altra ipotesi si ha quando l'interessato abbia assunto un pubblico impiego alle dipendenze dello Stato, anche all'estero, e dichiari di voler acquistare la cittadinanza italiana. Infine, l'acquisto della cittadinanza avviene se, al raggiungimento della maggiore età, l'interessato risieda legalmente da almeno due anni nel territorio italiano e dichiari, entro un anno dal raggiungimento della maggiore età, di voler acquistare la cittadinanza.

Diversa è la fattispecie che ricorre nel caso previsto dall'articolo 4, comma 2, della legge del 1992, secondo il quale lo straniero nato in Italia, che vi abbia risieduto legalmente senza interruzioni fino al raggiungimento della maggiore età, diviene cittadino se dichiara di voler acquistare la cittadinanza italiana entro un anno dalla suddetta data. Tale dichiarazione di volontà deve essere resa dinanzi all'ufficiale di stato civile del comune ove l'interessato risiede e l'acquisto della cittadinanza decorre dal giorno successivo a quello della dichiarazione.

In tale caso, se il requisito fondamentale per l'acquisto della cittadinanza è costituito dall'avere l'interessato risieduto in Italia legalmente e senza interruzioni dalla nascita e fino alla maggiore età, di frequente accade che persone nate in Italia da genitori stranieri non possano avvalersi di tale norma poiché impossibilitati a dimostrare l'ininterrotta residenza legale – che si basa sulla regolare iscrizione anagrafica e sul possesso del titolo di soggiorno – in quanto, a suo tempo, i genitori hanno omesso di provvedere alla loro regolarizzazione, oppure hanno provveduto ad assolvere agli adempimenti prescritti solo a distanza di tempo dalla loro nascita. Esigenze di tutela del minore a fronte di comportamenti a lui non addebitabili, nonché la considerazione secondo cui "nei prossimi anni il vero protagonista dell'integrazione sarà difatti il bambino figlio di immigrati, chiamato a costruirsi una nuova identità a fronte di due diversi modelli di riferimento", hanno spinto il Ministero dell'Interno[48] a ritenere che l'iscrizione anagrafica tardiva del minore presso un comune italiano possa non essere di pregiudizio all'acquisto della cittadinanza ove vi sia una documentazione idonea a dimostrare la sua effettiva presenza nel nostro Paese nel periodo antecedente alla regolarizza-

[48] Cfr. con la circolare k 64.2/13 del 7 novembre 2007.

zione anagrafica, come, ad esempio, attestati di vaccinazione, certificati medici, ecc. L'iscrizione deve, in ogni caso, essere riconducibile al momento della nascita regolarmente denunciata presso un comune italiano da almeno uno dei genitori legalmente residente in Italia[49].

Ulteriore criticità si riscontra nei casi in cui il minore, pur avendo soggiornato legalmente nel nostro Paese sin dalla nascita, se ne sia dovuto allontanare per brevi periodi. Quest'ultima circostanza, secondo un'interpretazione letterale della norma, potrebbe pregiudicare l'efficacia della dichiarazione volta all'acquisto della cittadinanza. In tale caso, tuttavia, si è ammessa la computabilità dei periodi trascorsi all'estero qualora l'interessato possa provare documentalmente che l'allontanamento dal nostro territorio nazionale sia stato determinato da motivi di studio, di famiglia, di salute, ecc.

È quindi intervenuto, per i profili citati, il c.d. decreto-legge "del fare" (art. 33, d.l. 69/2013, convertito dalla l. n. 98/2013) che, con intento di semplificazione del procedimento per l'acquisto della cittadinanza per lo straniero nato in Italia, ha disposto, ai fini di cui all'articolo 4, comma 2, della legge 91/1992, che all'interessato non sono imputabili eventuali inadempimenti riconducibili ai genitori o agli uffici della pubblica amministrazione. Inoltre lo straniero può dimostrare il possesso dei requisiti con ogni altra idonea documentazione. Gli ufficiali di stato civile sono tenuti, peraltro, al compimento del diciottesimo anno di età, a comunicare all'interessato, la possibilità di esercitare tale diritto entro il compimento del diciannovesimo anno di età. In mancanza, il diritto può essere esercitato anche oltre tale data.

### *IV.3.5. L'acquisto della cittadinanza per matrimonio con cittadino italiano*

La disciplina dell'acquisto della cittadinanza italiana per effetto del matrimonio è contenuta negli articoli 5, 6, 7 e 8 della legge del 1992, la quale presenta notevoli divergenze rispetto alla normativa del 1912[50].

[49] Cfr. Circolare del Ministero dell'Interno del 7 novembre 2007, n. k. 64.2/13.

[50] La legge del 1912 prevedeva, in base al principio della prevalenza della cittadinanza del marito, da una parte, che la moglie straniera di un cittadino italiano ne acquistasse lo *status civitatis* per effetto del matrimonio in modo automatico e senza possibilità di rinuncia, e, dall'altra, che la cittadina italiana coniugata con uno straniero perdesse la nazionalità italiana. Sul punto, la Corte costituzionale, con una sentenza n. 87 pronunciata il 9 aprile 1975 e la successiva legge n. 151 del 19 maggio 1975, di riforma del diritto di famiglia, si erano limitate a stabilire soltanto che una cittadina italiana coniugata con uno straniero potesse conservare la cittadinanza italiana, salvo sua espressa rinuncia. Per quanto riguarda, invece, l'acquisto della cittadinanza da parte del coniuge straniero, la legge 21 aprile 1983, n. 123, valorizzando il principio della parità di trattamento tra marito e moglie e quello volontaristico, ha eliminato qualsiasi automatismo. Successivamente, la

Ai sensi dell'articolo 5 della legge del 1992 (come modificato dall'articolo 1, comma 11, della legge n. 94 del 15 luglio 2009, c.d. pacchetto sicurezza), il coniuge, straniero o apolide, di cittadino italiano può acquistare la cittadinanza quando, dopo il matrimonio, risieda legalmente da almeno due anni nel territorio della Repubblica oppure, se residente all'estero, dopo tre anni dal matrimonio, qualora, al momento dell'adozione del decreto di concessione della cittadinanza, non sia intervenuto lo scioglimento, l'annullamento o la cessazione degli effetti civili e non sussista la separazione personale dei coniugi. Occorre evidenziare che il c.d. pacchetto sicurezza del 2009 ha apportato alcune rilevanti novità al testo originario[51] dell'articolo 5 della legge del 1992: in primo luogo, il termine di residenza legale del coniuge istante, precedentemente semestrale, è stato trasformato in biennale; in secondo luogo, è stato specificato che il vincolo coniugale deve permanere fino al momento dell'adozione del decreto di concessione della cittadinanza, non essendo intervenuti né scioglimento, né annullamento né cessazione degli effetti civili del matrimonio, né separazione personale; infine, è stata prevista una riduzione della metà dei suddetti termini, in presenza di figli nati o adottati dai coniugi.

Le condizioni richieste per l'acquisto della cittadinanza per matrimonio attualmente sono, dunque, tre: 1) lo stato di coniugio[52]; 2) la residenza legale in Italia da almeno due anni successivi al matrimonio oppure, laddove l'interessato risieda all'estero, il decorso di tre anni dalla data del matrimonio; 3) la circostanza che, al momento dell'adozione del decreto di concessione della cittadinanza, non sia intervenuto scioglimento, annullamento o cessazione degli effetti civili del matrimonio e non sussista separazione personale.

L'attività dell'amministrazione è, pertanto, limitata alla verifica dei suddetti presupposti costituiti dal vincolo matrimoniale, dalla residenza legale[53] biennale in Italia o dal decorso dei tre anni dal matrimonio, nonché dalla permanenza del vincolo coniugale[54].

---

legge del 1992 si è limitata a confermare tale impostazione.

[51] Il testo originario dell'art. 5 recitava: *"Il coniuge, straniero o apolide, di cittadino italiano acquista la cittadinanza italiana quando risiede legalmente da almeno sei mesi nel territorio della Repubblica, ovvero dopo tre anni dalla data del matrimonio, se non vi è stato scioglimento, annullamento o cessazione degli effetti civili e se non sussiste separazione legale"*.

[52] Va precisato che la legge 20 maggio 2016, n. 76, concernente la "Regolamentazione delle unioni civili tra persone dello stesso sesso e disciplina delle convivenze", come attuata dai decreti legislativi nn. 5, 6 e 7 del 19 gennaio 2017 non contemplano modifiche alla legge sulla cittadinanza italiana.

[53] La residenza legale presuppone due elementi: la sussistenza di un valido permesso di soggiorno e una regolare iscrizione anagrafica.

[54] Sul punto si deve osservare che, prima dell'emanazione del pacchetto sicurezza del 2009, era sufficiente accertare soltanto che il rapporto di *coniugio* fosse durato il periodo minimo – sei

Per quanto riguarda il vincolo coniugale, la giurisprudenza[55] ha sottolineato che "il requisito per poter ottenere la cittadinanza deve consistere non solo nel dato formale della celebrazione del matrimonio tra lo straniero e il cittadino italiano, ma anche nella conseguente instaurazione di un vero e proprio rapporto coniugale (con le sue concrete connotazioni tipiche: fedeltà, assistenza, collaborazione e coabitazione: cfr. art. 143 c.c.) tale da dimostrare l'integrazione dello straniero nel tessuto sociale e civile nazionale", con la conseguenza che, laddove il matrimonio risulti simulato allo scopo di far acquistare la cittadinanza, la stessa non può essere riconosciuta.

Per quanto riguarda, poi, le cause di preclusione all'acquisto della cittadinanza per i coniugi stranieri di cittadini italiani, l'articolo 6 della legge del 1992 prevede, in particolare, che l'acquisto della cittadinanza è, comunque, precluso al coniuge del cittadino italiano, laddove questi abbia subito una condanna per un delitto contro la personalità internazionale e interna dello Stato e contro i diritti politici del cittadino, oppure se abbia riportato una condanna per un delitto non colposo per il quale la legge preveda una pena edittale non inferiore nel massimo a tre anni di reclusione o per un reato non politico a una pena detentiva superiore a un anno da parte di un'autorità giudiziaria straniera, quando la sentenza sia stata riconosciuta in Italia[56].

Seppur in assenza delle predette cause ostative, il provvedimento di concessione della cittadinanza può, comunque, essere negato discrezionalmente, quando sussistano comprovati motivi inerenti alla sicurezza della Repubblica. Sul punto il Consiglio di Stato[57] ha chiarito che è legittimo il provvedimento di rigetto della domanda di concessione della cittadinanza nel "caso in cui vi siano ragionevoli e comprovati elementi tali da indurre a ritenere che il richiedente abbia contatti con

---

mesi o tre anni – stabilito dalla legge. Dopodiché, era possibile presentare l'istanza di acquisto della cittadinanza in qualunque momento. Il presupposto per l'attribuzione della cittadinanza consisteva, quindi, nella circostanza che, in un determinato momento storico, si fosse verificato il concorso delle circostanze di fatto e di diritto previste dalla legge. Viceversa, le modificazioni del rapporto matrimoniale intervenute successivamente non rilevavano anche se anteriori alla presentazione della domanda (*cfr*. circolare del Ministero dell'interno k.60.1 del 15 aprile 1994). In base alle modifiche introdotte dal citato pacchetto sicurezza, invece, se il vincolo matrimoniale non sussiste al momento della concessione della cittadinanza, la domanda deve essere rigettata. Si tratta di un ritorno al passato nel senso di un ritorno alla prassi amministrativa che, prima dell'intervento chiarificatore della predetta circolare k.60.1 del 15 aprile 1994, richiedeva la costanza del matrimonio sino al momento del conferimento della cittadinanza.

[55] Cons. St., sez. VI, 18 dicembre 2007, n. 6526.

[56] L'eventuale riabilitazione intervenuta in favore dello straniero fa cessare gli effetti preclusivi della condanna.

[57] Cons. St., sez. VI, 3 ottobre 2007, n. 5103.

appartenenti a organizzazioni estremistiche". In casi simili, il Consiglio di Stato[58] ha affermato che la motivazione potrebbe anche essere "*omissata*", per ragioni di sicurezza di coloro che hanno compiuto gli accertamenti, senza esporre le specifiche circostanze che abbiano indotto alla valutazione circa la pericolosità.

Si deve precisare che la sussistenza delle cause ostative di cui all'articolo 6 della legge del 1992 comporta la reiezione dell'istanza con decreto motivato del Prefetto o del Ministro dell'Interno, nell'ipotesi del rigetto per ragioni inerenti alla sicurezza della Repubblica (previo parere conforme del Consiglio di Stato)[59]. Per l'analisi degli organi competenti ad emanare il provvedimento finale, si rimanda *infra* alla parte dedicata al procedimento, che è stato profondamente innovato – con riguardo ai provvedimenti di acquisto e diniego della cittadinanza italiana *iure matrimonii* – dalla recente Direttiva del Ministro dell'Interno del 7 marzo 2012.

### *IV.3.6. La concessione della cittadinanza per naturalizzazione*

In virtù dell'articolo 9 della legge del 1992, la cittadinanza può essere concessa con decreto del Presidente della Repubblica, su proposta del Ministro dell'Interno in una serie di fattispecie diversificate in relazione al periodo di residenza trascorso in Italia.

In primo luogo, lo straniero del quale il padre, la madre o uno degli ascendenti in linea retta di secondo grado siano stati cittadini per nascita ovvero che sia nato nel territorio della Repubblica, può ottenere la cittadinanza se risieda legalmente[60] in Italia da almeno tre anni.

Anche lo straniero maggiorenne adottato da cittadino italiano può ottenere la cittadinanza a condizione che, successivamente all'adozione, abbia risieduto legalmente nel territorio della Repubblica per almeno cinque anni.

La cittadinanza può essere, altresì, concessa allo straniero che abbia prestato servizio, anche all'estero, alle dipendenze dello Stato per almeno cinque anni. Sul punto, la giurisprudenza amministrativa[61] ha chiarito che non è necessario che il rapporto di lavoro sia ancora in corso al momento della richiesta.

---

[58] Cons. St., sez. VI, 29 luglio 2008, n. 3783.

[59] In ogni caso, l'istanza respinta può essere riproposta decorsi cinque anni dall'emanazione del decreto del Ministro dell'Interno.

[60] In base all'art. 1, comma 2, lettera a), del d.P.R. n. 572 del 12 ottobre 1993 (regolamento di esecuzione della legge del 1992), risiedere legalmente non significa soltanto avere la dimora abituale in un determinato luogo, ma anche risiedervi nel rispetto delle prescrizioni dettate in materia d'ingresso, soggiorno e di quelle dettate in materia di iscrizione anagrafica.

[61] Consiglio di Stato, sez. I, n. 68/2001; T.A.R. Lazio, sez. I, n. 16032/2004.

Molto simili sono le fattispecie riguardanti la concessione della cittadinanza per residenza del cittadino comunitario, dell'apolide e dello straniero. Infatti, mentre, per il cittadino di uno Stato membro, l'acquisto della cittadinanza italiana è subordinato al requisito della residenza legale quadriennale, l'apolide acquista la cittadinanza italiana laddove risieda legalmente da almeno cinque anni nel territorio della Repubblica[62].

Differente è, infine, il caso in cui la cittadinanza venga concessa per eminenti servizi resi all'Italia o per eccezionale interesse dello Stato. Si tratta di un'ipotesi assolutamente svincolata dal requisito della residenza in Italia, che ha una rilevanza premiale per quegli stranieri che si trovino in particolari condizioni o qualora ricorra un'eccezionale interesse dello Stato[63].

## IV.4. Il procedimento di conferimento della cittadinanza italiana

### *IV.4.1. Le fasi del procedimento e le competenze dei soggetti coinvolti. La Direttiva del Ministro dell'Interno del 7 marzo 2012*

Gli aspetti procedurali concernenti il conferimento della cittadinanza italiana per matrimonio e per residenza[64] sono disciplinati in disposizioni di rango diverso:

---

[62] A proposito dell'apolide, la giurisprudenza ha stabilito che il termine quinquennale non decorre dalla dichiarazione dello stato di apolidia, ma da quando ha avuto inizio il periodo di effettiva residenza. Di conseguenza, nel caso di riconoscimento dello stato di apolidia successivo al quinquennio di residenza, l'apolide potrà chiedere e ottenere immediatamente la cittadinanza. La cittadinanza può essere, inoltre, attribuita allo straniero che risieda legalmente da almeno dieci anni nel territorio della Repubblica. Il periodo decennale deve essere ininterrotto sebbene, in virtù della citata circolare n. k. 60.1. del 5 gennaio 2007, sia ammessa la possibilità di allontanarsi per brevi periodi; anche in tal caso, il soggiorno deve essere legittimo e, in particolare, supportato da regolari e continui permessi rilasciati per uno dei motivi previsti dalla legge.

[63] La concessione avviene, in questi casi, con decreto del Presidente della Repubblica, previa deliberazione del Consiglio dei Ministri, su proposta del Ministro dell'Interno, di concerto col Ministro degli Affari esteri. Si tratta di una previsione derogatoria applicabile in situazioni meritevoli di un trattamento *extra ordinem*, che non necessitano, peraltro, di un atto di impulso da parte del soggetto interessato. L'avvio della procedura, infatti, può avvenire in base a una proposta avanzata da enti pubblici o autorevoli personalità del mondo politico, culturale ed economico, motivata da considerazioni legate all'eccezionalità dell'interesse dello Stato. In tal caso, in assenza di vincoli prefissati dalla legge, ampia è la discrezionalità dell'esecutivo, non solo riguardo al merito della decisione, ma anche in relazione all'opportunità dell'avvio del procedimento amministrativo.

[64] Si utilizza in questa sede, il termine "conferimento" per accomunare due ipotesi che, pur impegnando l'Amministrazione in procedimenti dall'*iter* analogo, differiscono per competenza, presupposti e forma del provvedimento finale. Per le ipotesi dell'art. 5 ("per matrimonio"), si

norme di rango primario, contenute principalmente nella legge del 1992[65]; norme di rango secondario, contenute nel d.P.R. 12 ottobre 1993, n. 572, "Regolamento di esecuzione della legge 5 febbraio 1992, n. 91, recante nuove norme sulla cittadinanza" e nel D.P.R. 18 aprile 1994, n. 362, "Regolamento recante disciplina dei procedimenti di acquisto della cittadinanza italiana"; ed indirizzi applicativi, emanati con diverse circolari del Ministero dell'interno[66].

A queste normative fondamentali va aggiunta la Direttiva del Ministro dell'Interno del 7 marzo 2012 ("Cittadinanza – Trasferimento ai Prefetti della competenza ad emanare i provvedimenti di acquisto della cittadinanza per matrimonio")[67] che ha introdotto significative novità, che occorre subito sinteticamente delineare. La Direttiva in parola – dopo aver ricordato la competenza, stabilita per legge, dello Stato ed, in particolare, del Ministero dell'interno in materia di cittadinanza – ribadisce la distinzione tra procedimenti di concessione della cittadinanza italiana di cui all'art. 9 della legge del 1992 e quelli di acquisto/diniego della cittadinanza *iure matrimonii* ai sensi degli artt. 5 e ss.[68], differenza già presente nella legge del 1992 sotto il profilo della forma del

---

ha un "acquisto" *iure communicationis* (attività vincolata, di verifica dei requisiti *ex lege*); per le ipotesi dell'art. 9 e, in particolare, per l'ipotesi principale (naturalizzazione "per residenza") si ha una "concessione" vera e propria della cittadinanza, a contenuto discrezionale. Si veda in proposito MINISTERO DELL'INTERNO, Dipartimento per le libertà civili e l'immigrazione, Direzione centrale per i diritti civili, la cittadinanza e le minoranze (a cura di), *Io cittadino*, *cit.*, p. 63 e ss. nonché A. LIBERATI, *La disciplina*, *cit.*, p. 700. Tale profonda differenza è anche alla base del diverso trattamento procedimentale delle due ipotesi stabilito con la Direttiva del 7 marzo 2012 del Ministro dell'Interno.

[65] Per il riconoscimento ai sensi delle leggi speciali n. 379/2000 e n. 124/2006 (quest'ultima, peraltro, recante modifiche alla stessa legge n. 91/1992, con l'inserimento degli articoli 17 *bis* e 17 *ter*), si veda *infra*.

[66] Sui procedimenti in esame e sugli orientamenti giurisprudenziali più recenti, si veda anche A. LIBERATI, *La disciplina*, cit., p. 707 ss.

[67] Il testo della Direttiva è disponibile sul sito del Ministero dell'interno nella sezione "Cittadinanza" (http://www.interno.gov.it/mininterno/site/it/sezioni/servizi/legislazione/cittadinanza/0938_2012_04_24_direttiva_07032012.html). La necessità di una semplificazione dell'iter procedurale, nel senso del decentramento, deriva, secondo quanto ricordato dalla Direttiva stessa, dal "sensibile incremento" dei procedimenti di conferimento della cittadinanza, connesso al consistente flusso migratorio, che lascia prevedere, tra l'altro, per i prossimi anni "un rapido ampliamento della platea dei soggetti in possesso dei requisiti di legge necessari all'acquisto della cittadinanza italiana". Si vedano anche le Disposizioni attuative della Direzione Centrale per i diritti civili, la cittadinanza e le minoranze del 10 ottobre 2012 (prot. 9913) afferenti in particolare i profili del contenzioso.

[68] I provvedimenti *ex* art. 9 – non a caso da assumere nella forma del d.P.R. – sono caratterizzati da una valutazione discrezionale di opportunità che implica l'accertamento di un interesse pubblico accanto al riconoscimento dell'interesse privato all'acquisto dello *status*. I secondi, invece, sono atti privi di valutazione discrezionale e di valenza politica, da emanarsi

provvedimento finale (nel primo caso, decreto del Presidente della Repubblica, nel secondo, decreto del Ministro dell'Interno). Da tale distinzione normativa deriva che, mentre per il primo tipo di procedimenti non è ipotizzabile alcuna variazione di competenza, essendo gli atti finali "espressione della funzione politico-amministrativa", per il secondo tipo di procedimenti nulla osta, secondo la Direttiva, che i relativi provvedimenti siano trasferiti alla dirigenza amministrativa, attribuendo dunque alla competenza del Prefetto i provvedimenti di acquisto o diniego della cittadinanza italiana per matrimonio, finora adottati con decreto del Ministro dell'Interno. In tal modo si è voluto razionalizzare e snellire il sistema, attribuendo al Prefetto la responsabilità procedimentale e provvedimentale con riguardo alla cittadinanza per matrimonio.

Dal 1 giugno 2012, pertanto, la ripartizione delle competenze si articola come segue.

*a*) Il Prefetto è competente per l'accoglimento dell'istanza di *acquisto* della cittadinanza *iure matrimonii* presentata dal coniuge straniero legalmente residente in Italia e per il *diniego* per i motivi ostativi di cui all'art. 6, lettere a) e b). Se il coniuge straniero è residente all'estero, invece, la competenza è del Capo del dipartimento per le libertà civili e l'immigrazione.

*b*) Il Ministro dell'Interno rimane competente per il *diniego* dell'acquisto della cittadinanza per ragioni inerenti alla sicurezza della Repubblica (c.d. "riservati") ai sensi dell'art. 6 lettera c) o per l'accoglimento dell'istanza se il Consiglio di Stato, consultato durante l'istruttoria, ritenga che dette ragioni non sussistono[69].

*c*) Il Presidente della Repubblica, con suo decreto, su proposta del Ministro dell'Interno, concede la cittadinanza italiana nelle ipotesi dell'art. 9, come già previsto.

Nonostante queste differenze, le fasi dell'*iter* procedimentale, che vede coinvolti diversi soggetti istituzionali, sono sostanzialmente analoghe e, pertanto, unico ne può essere l'esame in questa sede.

---

una volta accertata la sussistenza o meno dei requisiti *ex* art. 5 e l'assenza o meno dei pregiudizi penali *ex* art. 6.

[69] Secondo la Direttiva, dal momento che il parere deve essere richiesto dal Ministro dell'Interno, "sarebbe improprio che fosse il dirigente ad adottare l'atto finale, quando nella fase istruttoria è intervenuto il Ministro con atto rientrante nelle funzioni di indirizzo politico-amministrativo".

### *IV.4.1.1. Fase di presentazione dell'istanza*

La prima fase, di presentazione dell'istanza[70], è incardinata presso l'Autorità ricevente: le istanze, infatti, ai sensi dell'articolo 1 del d.P.R. n. 362/1994, vanno presentate al Prefetto competente in relazione al luogo di residenza del richiedente, ovvero, in caso di residenza all'estero, all'Autorità diplomatico-consolare[71].

A partire dal 18 maggio 2015 il Ministero dell'Interno ha avviato una nuova modalità informatica di presentazione *on line* delle istanze, modalità che prevede la registrazione su un portale dedicato e la trasmissione in formato elettronico della documentazione[72].

L'istanza, oltre a contenere l'indicazione dei presupposti in base ai quali l'interessato ritiene di aver titolo all'acquisto o alla concessione della cittadinanza, deve essere corredata dalla documentazione prevista dall'articolo 1 del d.P.R. n. 362/1994[73] e

---

[70] Occorre peraltro distinguere l'*istanza* vera e propria, di cui discorre l'art. 3 del DPR 572/1993 a proposito dell'acquisto ai sensi degli artt. 5 e 9 della legge, dalle *dichiarazioni di volontà* necessarie in altre ipotesi di acquisto della cittadinanza, di cui all'art. 4 del medesimo regolamento.

[71] Si veda anche l'art. 7 legge n. 91/1992.

[72] Il richiedente deve compilare la domanda, utilizzando le credenziali di accesso ricevute, e trasmetterla in formato elettronico, unitamente ad un documento di riconoscimento, agli atti formati dalle autorità del Paese d'origine e alla ricevuta dell'avvenuto pagamento del contributo di euro 250, importo cui sono assoggettate le istanze dal 5 ottobre 2018 (anteriormente, il contributo ammontava a 200 euro). Si veda, in proposito, la Circolare del Capo Dipartimento per le Libertà civili e l'Immigrazione n. 12710 del 24 dicembre 2014. Va evidenziato che la trasmissione informatizzata della documentazione (in particolare atti di nascita e certificati penali) ha comportato una ulteriore particolare attenzione in questi ultimi anni della Direzione centrale Cittadinanza per i profili concernenti le irregolarità nei documenti originati dai Paesi di provenienza dei richiedenti e gli aspetti relativi alla legalizzazione, impartendo accurate direttive per scongiurare il rischio di falsificazioni e irregolarità. Si vedano in proposito, ad esempio, le circolari ministeriali del 7 luglio 2016 (n. 6695), del 24 agosto 2016 (n. 8015), del 2 dicembre 2016 (n. 11454). Si richiama, in particolare, la Circolare n. 11782 del 19 novembre 2015 che ha precisato come, a seguito della nuova procedura di acquisizione *on line* delle istanze, il richiedente deve essere convocato almeno una volta in Prefettura per la verifica dell'identità, della conformità all'originale della documentazione inviata, per l'acquisizione della firma dell'interessato e per altre verifiche.

[73] Si veda in particolare il comma 33: "L'istanza deve essere corredata della seguente documentazione, in forma autentica: a) estratto dell'atto di nascita, o equivalente; b) stato di famiglia; c) documentazione relativa alla cittadinanza dei genitori, limitatamente all'ipotesi in cui trattisi di elemento rilevante per l'acquisto della cittadinanza; d) certificazioni dello Stato estero, o degli Stati esteri, di origine e di residenza, relative ai precedenti penali ed ai carichi penali pendenti; e) certificato penale dell'autorità giudiziaria italiana; f) certificato di residenza; g) copia dell'atto di matrimonio o estratto per riassunto del registro dei matrimoni, limitatamente all'ipotesi di acquisto della cittadinanza per matrimonio. 4. Ai fini della concessione, di cui all'articolo 9 della legge

dall'articolo 4 del D.P.R. n. 572/1993[74], tenendo presente quanto disposto dall'articolo 9 *bis* della legge del 1992, introdotto dalla legge 94/2009[75].

La rilevanza del ruolo dell'Autorità ricevente, in questa fase iniziale, si apprezza in quanto essa è chiamata ad operare una prima valutazione, ai sensi dell'articolo 2 del d.P.R. 362/1994, in seguito alla quale può invitare l'interessato, entro 30 giorni, a regolarizzare o integrare la documentazione ove vengano riscontrate irregolarità o incompletezze.

---

5 febbraio 1992, n. 91 (3), il Ministro dell'Interno è autorizzato ad emanare, con proprio decreto, disposizioni concernenti l'allegazione di ulteriori documenti". Cfr. anche la circolare K.60.1 del 6 agosto 2009, emanata in seguito alla legge 15 luglio 2009 n.94, recante "Disposizioni in materia di sicurezza pubblica".

[74] Secondo cui:"1. L'istanza prodotta ai sensi dell'art. 7 della legge dallo straniero o apolide, coniugato con cittadino italiano, deve essere corredata, oltre che dai documenti necessari a dimostrare che egli si trova nelle condizioni previste dall'art. 5 della stessa legge, anche dei seguenti altri documenti: A) atto di nascita; B) estratto per riassunto dai registri di matrimonio rilasciato dal comune italiano presso il quale è stato iscritto o trascritto l'atto; C) certificazione penale rilasciata dagli stati stranieri di origine e di residenza;D) certificato di situazione di famiglia o documentazione equipollente. 2. L'istanza di cui al comma 1 deve essere trasmessa al ministero dell'interno entro trenta giorni dalla data della presentazione. 3. L'istanza prodotta ai sensi dell'art. 9 della legge dallo straniero o apolide che vuole ottenere la cittadinanza deve essere presentata, per il tramite del prefetto della provincia di residenza, al ministero dell'interno e corredata, oltre che dei documenti necessari a dimostrare che egli si trova in una delle condizioni previste dal detto articolo, dei seguenti altri: A) atto di nascita; B) certificato di situazione di famiglia; C) certificazione penale rilasciata dagli stati di origine e di residenza. 4. L'istanza di cui al comma 3 deve essere trasmessa al ministero dell'interno entro trenta giorni dalla data della presentazione. 5. È facoltà del ministero dell'interno di richiedere, a seconda dei casi, altri documenti. 6. Quando la legge prescinde dal requisito della residenza attuale in Italia, la domanda ed i documenti devono essere presentati dallo straniero o apolide richiedente la cittadinanza all'autorità diplomatica o consolare italiana competente in relazione alla località straniera di residenza, che li trasmette entro trenta giorni al ministero dell'interno. 7. Le condizioni previste per la proposizione dell'istanza di cui all'art. 9 della legge devono permanere sino alla prestazione del giuramento di cui all'art. 10 della legge".

[75] "1. Ai fini dell'elezione, acquisto, riacquisto, rinuncia o concessione della cittadinanza, all'istanza o dichiarazione dell'interessato deve essere comunque allegata la certificazione comprovante il possesso dei requisiti richiesti per legge. 2. Le istanze o dichiarazioni di elezione, acquisto, riacquisto, rinuncia o concessione della cittadinanza sono soggette al pagamento di un contributo di importo pari a 200 euro. 3. Il gettito derivante dal contributo di cui al comma 2 è versato all'entrata del bilancio dello Stato per essere riassegnato allo stato di previsione del Ministero dell'interno che lo destina, per la metà, al finanziamento di progetti del Dipartimento per le libertà civili e l'immigrazione diretti alla collaborazione internazionale e alla cooperazione e assistenza ai Paesi terzi in materia di immigrazione anche attraverso la partecipazione a programmi finanziati dall'Unione europea e, per l'altra metà, alla copertura degli oneri connessi alle attività istruttorie inerenti ai procedimenti di competenza del medesimo Dipartimento in materia di immigrazione, asilo e cittadinanza".

Inoltre, nel caso in cui ciò non avvenga o nella diversa ipotesi in cui si riscontri l'assenza dei presupposti che legittimano la presentazione della domanda di cittadinanza, la stessa Autorità ricevente procede a dichiarare l'inammissibilità dell'istanza, con provvedimento motivato.

In seguito, la Prefettura provvede ad avviare l'istruttoria, attraverso il sistema informatizzato SICITT.

#### *IV.4.1.2. Fase istruttoria*

La fase istruttoria in senso stretto è il cuore del procedimento di cittadinanza. Essa, una volta superata la prima valutazione volta all'eventuale dichiarazione di inammissibilità della domanda, coinvolge gli Uffici centrali (nel caso di provvedimenti *ex* art. 9, nonché nei casi in cui la definizione delle istanze per matrimonio non siano di competenza del Prefetto) e quelli periferici dell'Amministrazione dell'interno (nei casi ordinari di conferimento per matrimonio). Un ruolo fondamentale è in ogni caso svolto dalla Direzione centrale per i Diritti civili, la Cittadinanza e le Minoranze del Dipartimento per le Libertà civili e l'immigrazione del Ministero dell'interno, anche in termini di coordinamento dei competenti Uffici.

Durante la fase istruttoria viene esaminata tutta la documentazione acquisita, ai fini dell'emanazione del provvedimento conclusivo.

Tra le varie informazioni, di particolare rilevanza sono quelle fornite dal Ministero della giustizia (con il casellario giudiziale, contenente l'elenco delle condanne riportate dal richiedente) e dalla Questura, il cui rapporto informativo contiene, per i procedimenti di cui all'articolo 5, gli elementi relativi alla regolarità dell'ingresso e del soggiorno in Italia, all'effettiva convivenza con il coniuge, ai procedimenti penali a carico dell'interessato e/o pendenti; e, per i procedimenti *ex* articolo 9, anche le informazioni raccolte a seguito del colloquio con l'interessato a proposito del livello di integrazione, di conoscenza della lingua e dei principi fondamentali dell'ordinamento, e della posizione lavorativa e reddituale.

Più nel dettaglio, nel caso dell'acquisto ai sensi dell'articolo 5, l'istruttoria deve verificare soprattutto i requisiti della residenza legale[76] e della stabilità del

[76] Cfr art. 1 DPR n. 572/1993, che contempla una nozione di residenza diversa da quella di cui all'art. 43 Cod. civ. Per i cittadini comunitari, occorre fare riferimento alla Direttiva 2004/38 ed alla sua attuazione, avvenuta con il d.lgs. 6 febbraio 2007 n.30. Si vedano altresì le indicazioni contenute nella Circolare K 60.1 del 20 giugno 2007, nonché nella Circolare K.60.1 del 5 gennaio 2007, a proposito della possibilità per gli stranieri di brevi spostamenti dal territorio nazionale, prima preclusivi dell'acquisto della cittadinanza, nonché di spostamenti all'estero del minore per particolari motivi, ai fini dell'acquisto ex art. 4 comma 2 della legge 91/92.

vincolo coniugale, nonché, in particolare, l'assenza delle cause preclusive di cui all'articolo 6 che condurranno alla reiezione dell'istanza.

In tale ipotesi, quindi, particolare rilevanza assume l'istruttoria volta a verificare la situazione del soggetto dal punto di vista dei precedenti penali, nonché l'accertamento della non sussistenza di motivi ostativi per la sicurezza della Repubblica o, in caso di condanna, della circostanza che sia intervenuta o meno sentenza di riabilitazione, provvedimento quest'ultimo che fa venire meno gli effetti preclusivi della condanna ai sensi dell'articolo 6, comma 3, della legge del 1992.

Nel caso, invece, di istanze ai sensi dell'articolo 9 della legge del 1992, l'istruttoria avrà ad oggetto i requisiti di cui alla suddetta norma, tra i quali la residenza legale, che risulta particolarmente rilevante nell'ipotesi di cui alla lettera f), cioè nel caso dello straniero che risiede legalmente da almeno dieci anni nel territorio della Repubblica. Altrettanto importanti sono le ulteriori verifiche volte ad indagare il grado di integrazione dello straniero nel nostro Paese. Infatti, il Ministero dell'interno[77], nel richiamare l'attenzione sulla necessità che, "i rapporti informativi redatti anche a seguito del colloquio con gli interessati, siano completi ed esaustivi e contengano tutti gli elementi che consentano una compiuta valutazione della situazione dei richiedenti", ha ribadito che assumono particolare rilievo: a) il grado di conoscenza della lingua italiana[78] e dei principi fondamentali cui si ispira il nostro ordinamento; b) il grado di integrazione nella società italiana, con particolare riferimento al coniuge, alla composizione della famiglia dell'istante, al reddito e all'attività lavorativa svolta dal richiedente e dai componenti maggiorenni della famiglia nonché al regolare adempimento degli obblighi tributari[79]; c) notizie circa figli minori facenti parte del nucleo familiare, con riguardo all'osservanza degli obblighi scolastici.

---

[77] Si veda la circolare K 60.1 del 24 giugno 2009.

[78] Con la Legge 1 dicembre 2018 n.132 (conversione in legge del D.L.4 ottobre 2018 n.113) è stata prevista l'esigenza di una adeguata conoscenza della lingua italiana per le domande presentate, ai sensi degli artt.5 e 9, a partire dal 4 ottobre 2018, da verificare mediante idonea documentazione (attestazioni o autocertificazioni, a seconda dei casi), da produrre ai sensi di quanto stabilito dalle Circolari del Ministero dell'Interno. Le istanze non conformi dovranno essere rifiutate o, se già acquisite in SICITT prima del 5 dicembre 2018, dichiarate inammissibili. Le Autorità riceventi devono, in proposito, verificare, pena la declaratoria di inammissibilità dell'istanza, l'effettiva sussistenza del titolo relativo alla conoscenza della lingua italiana.

[79] Sul requisito dell'integrazione sociale, e su quello del reddito in particolare, che deve essere sufficiente a garantire l'autosufficienza economica, è indirettamente indice dell'integrazione dello straniero e deve essere dotato dei requisiti della personalità e dell'attualità, si vedano altresì A. Liberati, La disciplina, cit., p. 715 ss nonché C. Commendatore – B. Virgilio, Codice dell'immigrazione, cit., p. 794 ss.

A questo proposito, è opportuno soffermarsi su alcune fondamentali linee interpretative ministeriali[80], che dettano importanti criteri di valutazione proprio in relazione ai procedimenti di "concessione" *stricto sensu*, e cioè quelli per residenza, in cui la valutazione è, secondo la costante giurisprudenza, "squisitamente discrezionale"[81]. In tali casi, infatti, non si tratta solo di verificare la sussistenza dei requisiti di legge, ma anche di svolgere una valutazione – e dunque un'istruttoria – più ampia, decidendo sull'opportunità della concessione della cittadinanza allo straniero, in base a considerazioni che attengono alla sussistenza dell'interesse pubblico generale, alla capacità dell'interessato di disporre di mezzi adeguati a garantirgli l'autosufficienza economica e il soddisfacimento degli obblighi di solidarietà, in quanto "sarebbe contrario all'interesse pubblico che il nuovo cittadino non abbia mezzi idonei per mantenere sé e la propria famiglia", nel momento del pieno inserimento nella comunità nazionale, con l'assunzione di tutti gli obblighi e i diritti comuni ai *cives*.

Da questa *ratio* generale discendono, quindi, i più puntuali criteri seguiti dal Ministero dell'interno in merito alla valutazione della capacità reddituale minima dei richiedenti.

Anzitutto, il singolo individuo deve percepire un reddito minimo annuo pari a circa 8.300 euro, come stabilito dall'articolo 3 del d.l. 25 gennaio 1989, n. 382, per l'esenzione dalla partecipazione alla spesa sanitaria.

In secondo luogo, tenendo conto delle mutate condizioni sociali e della importanza del concetto di solidarietà familiare, occorre valutare la consistenza economica dell'intero nucleo familiare cui l'aspirante cittadino appartiene.

In terzo luogo, occorre permettere ai richiedenti, favorendo un esito positivo dei procedimenti, di "attualizzare" i redditi dichiarati, indicando successivi miglioramenti della propria posizione economica, dal momento che può trascorrere un considerevole lasso di tempo tra la presentazione dell'istanza e la conclusione del procedimento.

Vi è da aggiungere che anche in relazione ai procedimenti di cittadinanza, trovano applicazione le norme in materia di certificazione di cui all'art. 15 della legge 183/2011 di modifica del d.P.R. 28 dicembre 2000 n. 445 (con l'introduzione del comma 2 dell'art. 40[82]).

---

[80] Si veda la circolare K.60.1 del 5 gennaio 2007. Tale circolare intende disciplinare l'ambito di discrezionalità che l'Amministrazione detiene nel procedimento di concessione della cittadinanza, nella verifica dei "vari elementi coinvolgenti la vita familiare e sociale dello straniero, il tempo e la qualità della sua permanenza sul territorio, nonché autenticità della sua aspirazione a divenire cittadino".

[81] Così la circolare citata, in riferimento all'orientamento giurisprudenziale.

[82] Secondo cui "sulle certificazioni da produrre ai soggetti privati è apposta, a pena di nullità, la dicitura: "Il presente certificato non può essere prodotto agli organi della pubblica amministrazione o ai privati gestori di pubblici servizi»."

### *IV.4.1.3. Fase conclusiva*

Il provvedimento con cui si conclude il procedimento in esame ha, come si è visto, una veste formale diversa a seconda che si versi nell'ipotesi dell'articolo 5 o in quella dell'articolo 9.

Infatti, nella prima ipotesi, secondo quanto previsto dall'articolo 7 della legge del 1992, la cittadinanza si acquista con decreto del Ministro dell'Interno; nella seconda ipotesi, viene concessa con decreto del Presidente della Repubblica, su proposta del Ministro dell'Interno. Dopo l'intervento della Direttiva del 7 marzo 2012, qualora non si versi nell'ipotesi di ragioni inerenti la sicurezza della Repubblica (rispetto alla quale il provvedimento rimane di competenza del Ministro dell'Interno), l'acquisto o il diniego della cittadinanza *iure matrimonii* avviene con decreto del Prefetto territorialmente competente.

L'aspetto più delicato che riguarda la stesura del provvedimento finale consiste nelle generalità da attribuire al soggetto. Sul punto, al fine di rispettare il diritto personalissimo all'identità personale, un recente parere della I Sez. del Consiglio di Stato ha stabilito che è corretto estrarre dai principi comunitari la regola del pieno riconoscimento del nome di origine dello straniero che acquista la cittadinanza, consentendo allo stesso di indicare nella relativa istanza le proprie generalità così come specificate nell'atto di nascita[83].

Dopo la notifica del provvedimento[84], il nuovo cittadino deve prestare il giuramento di cui all'articolo 10 della legge del 1992, nel Comune o presso l'Autorità diplomatico-consolare come individuati ai sensi dell'articolo 23 della stessa legge[85]. In questa occasione di alto valore simbolico, viene anche consegnata una copia della Costituzione a significare il pieno inserimento nella comunità politica e civile italiana[86]. Tale atto solenne conclude il procedimento in esame e deve essere prestato, a pena di inefficacia del decreto di concessione della cittadinanza, "entro sei mesi dalla notifica del decreto medesimo"[87].

---

[83] Si veda la Convenzione di Monaco del 5 settembre 1980, recepita dall'art. 24 comma 1 della legge 31 maggio 1995 n. 218, nonché la Circolare K 8 febbraio 1999.

[84] Si specifica che la Prefettura e il Consolato competenti, una volta ricevuto il provvedimento di concessione della cittadinanza, dovranno sempre verificare la permanenza in capo all'interessato dei requisiti di residenza, reddito e assenza di pregiudizi penali, prima di procedere alla notifica.

[85] Cfr. anche l'art. 7 del d.P.R. 572/1993.

[86] Così la Circolare K 60.1 del 15 ottobre 2007.

[87] Per le modalità della prestazione del giuramento di cui al presente articolo vedi l'art. 7, D.M. 27 febbraio 2001.

### *IV.4.2. L'informatizzazione del procedimento ed il sistema SICITT*

Dopo aver esaminato le singole fasi del procedimento ed il ruolo dei vari soggetti coinvolti, non si comprenderebbe pienamente il vero "volto" del procedimento di conferimento della cittadinanza, come attualmente organizzato, senza fare cenno all'importante novità costituita dall'informatizzazione dell'*iter* in esame.

L'Amministrazione dell'interno, infatti, consapevole dell'importanza che il conseguimento della cittadinanza italiana da parte dei cittadini stranieri riveste quale "momento conclusivo di un percorso teso alla piena partecipazione nella società del Paese in cui vivono, condividendo e accogliendo le tradizioni e i principi a cui essa si ispira"[88], ha adottato, negli ultimi anni, varie iniziative tese a rispondere alle aspettative degli aspiranti cittadini, facendo ogni sforzo verso il miglioramento organizzativo, favorendo la semplificazione delle procedure e razionalizzando le fasi procedurali.

Tra le iniziative intraprese – quali, ad esempio, l'istituzione, per un certo periodo, del "*call-center*" sulla cittadinanza oppure, attualmente, la possibilità di consultazione *on line* dello stato dei procedimenti – quella che più di ogni altra ha radicalmente mutato le modalità di espletamento dei procedimenti è proprio l'informatizzazione di tutte le fasi del procedimento, attraverso l'attivazione del c.d. sistema SICITT ("Sistema Informatizzato di Concessione della Cittadinanza"), sistema che consente l'acquisizione per via telematica dei documenti, la formazione del fascicolo elettronico e l'utilizzo della firma digitale. Si tratta di una misura di razionalizzazione organizzativa pienamente in linea con le più moderne tendenze di "digitalizzazione" dell'attività della Pubblica Amministrazione, che ha permesso, dal 20 febbraio 2006, di interconnettere tutti gli enti coinvolti, garantendo un efficace sistema di comunicazione e gestione della documentazione.

A tale iniziativa, si è aggiunta, come si è accennato, l'avvio del procedimento di acquisizione esclusivamente *on line* della domanda, a partire dal 18 maggio 2015[89].

### *IV.4.3. L'interpretazione dell'articolo 5 della legge n. 91 del 1992: la riconciliazione tra i coniugi e la dichiarazione di inammissibilità*

Una delle questioni più rilevanti nei procedimenti di conferimento della cittadi-

[88] Si veda in proposito la Circolare K.60.1. del 20 giugno 2007.

[89] Si segnala che è già entrato in vigore dal 16 febbraio 2019 il Regolamento (UE) 2016/1191 che, nel semplificare i requisiti per la presentazione di documenti pubblici nell'UE, ha abolito l'obbligo di legalizzazione e di Apostille e ha semplificato le formalità riguardanti le traduzioni, con l'istituzione di moduli standard plurilingue.

nanza è rappresentata dal presupposto della stabilità del *coniugio* di cui all'articolo 5 della legge n. 91 del 1992.

Tale disposizione, come novellata dalla legge 15 luglio 2009, n. 94[90], pone, infatti, un'importante questione applicativa riguardo al caso in cui, successivamente alla pronuncia di separazione personale, giudiziale o consensuale omologata, risulti intervenuta la riconciliazione tra il richiedente straniero e il coniuge italiano.

Il Ministero dell'Interno[91] ha precisato che, mentre lo scioglimento del matrimonio è sempre di ostacolo all'accoglimento dell'istanza, la riconciliazione può invece consentire, a determinate condizioni, l'accoglimento della domanda.

Per evitare, tuttavia, che l'istituto della riconciliazione sia strumentalizzato, devono sussistere due condizioni fondamentali: anzitutto, il periodo necessario per l'ottenimento della cittadinanza italiana[92] deve decorrere "*ab initio* e per intero"[93]; in secondo luogo, va attribuita rilevanza alla sola "riconciliazione espressa"[94] in quanto, al contrario di quella tacita, essa presenta una veste formale e risulta dunque idonea a far decorrere un nuovo termine, ai sensi del citato articolo 5. Conseguentemente, il *dies a quo* per il computo del periodo *ex* articolo 5 deve necessariamente coincidere con la data della dichiarazione di riconciliazione, come annotata a margine dell'atto di matrimonio. D'altra parte, se fosse possibile fare riferimento alla riconciliazione tacita, durante il procedimento di concessione del-

---

[90] Art. 5 "1. Il coniuge, straniero o apolide, di cittadino italiano può acquistare la cittadinanza italiana quando, dopo il matrimonio, risieda legalmente da almeno due anni nel territorio della Repubblica, oppure dopo tre anni dalla data del matrimonio se residente all'e stero, qualora, al momento dell'adozione del decreto di cui all'articolo 7, comma 1, non sia intervenuto lo scioglimento, l'annullamento o la cessazione degli effetti civili del matrimonio e non sussista la separazione personale dei coniugi. 2. I termini di cui al comma 1 sono ridotti della metà in presenza di figli nati o adottati dai coniugi". L'articolo è stato così sostituito dal comma 11 dell'art. 1, L. 15 luglio 2009, n. 94. La *ratio* della seconda parte della norma citata risiede nell'esigenza di stabilità del vincolo matrimoniale fino all'adozione del decreto di concessione.

[91] Cfr Circolare K.60.1 del 17 maggio 2011, emanata sulla base di un parere dell'Avvocatura dello Stato.

[92] Cioè la residenza legale per almeno due anni nel territorio nella Repubblica ovvero tre anni se i coniugi risiedono all'estero, ridotti della metà in presenza di figli nati e adottati dai coniugi.

[93] E ciò anche nell'ipotesi in cui la riconciliazione sia intervenuta in prossimità del termine biennale di cui all'art. 8 della legge n. 91/1992 e all'art. 3 del d.P.R. n.362 /1994.

[94] Come noto, la riconciliazione, disciplinata dall'art. 157 Cod.civ. prevede la cessazione *ex nunc* degli effetti della sentenza di separazione nel caso in cui i coniugi manifestino *espressamente* la volontà di ricongiungersi, rendendo in merito apposita dichiarazione da annotarsi a margine dell'atto di matrimonio, ai sensi dell'art. 63 comma 1 lettera g) del d.P.R. 3 novembre 2000 n. 396 ovvero manifestino in modo tacito tale volontà *per facta concludentia,* tenendo un comportamento incompatibile con lo stato di separazione.

la cittadinanza sarebbe necessario svolgere complesse indagini dirette a verificare l'effettiva ricostituzione della *communio* familiare[95], che, distogliendo gli uffici coinvolti nel procedimento dagli altri aspetti dell'attività istruttoria, contrasterebbero con il principio del buon andamento dell'attività amministrativa e porterebbero ad un dilatarsi dei tempi procedimentali.

Pertanto, la domanda di cittadinanza sarà dichiarata inammissibile, da parte dell'Autorità ricevente l'istanza, per carenza del requisito matrimoniale, nei seguenti casi: 1) nel caso di una asserita riconciliazione di fatto[96]; 2) quando si accerti che, dalla data della riconciliazione espressa, non sia ancora decorso il termine utile previsto dalla legge per la valida presentazione della domanda; 3) quando, nel corso dell'istruttoria, ovvero alla data di adozione del decreto di cui all'articolo 7, comma 1, della legge del 1992, risulti intervenuto lo scioglimento, l'annullamento o la cessazione degli effetti civili del matrimonio o sussista la separazione personale tra i coniugi; 4) quando tali circostanze, pur preesistenti alla data del decreto di concessione, siano emerse in sede di notifica dello stesso decreto[97].

### *IV.4.4. Il rispetto dei termini di conclusione del procedimento*

Un secondo aspetto di fondamentale importanza del procedimento di concessione della cittadinanza e tra i più delicati dal punto di vista del rapporto con gli interes-

[95] Secondo la giurisprudenza del Consiglio di Stato (VI, 6526 del 13 novembre 2007) "il requisito per poter ottenere la cittadinanza deve consistere non solo nel dato formale della celebrazione di un matrimonio (inteso in una prospettiva di atto-rapporto) tra lo straniero ed il cittadino italiano, ma anche nella conseguente instaurazione di un vero e proprio rapporto coniugale con le sue concrete annotazioni tipiche: fedeltà, assistenza, collaborazione e coabitazione (cfr art. 143 Cod. civ.), tale da dimostrare l'integrazione dello straniero nel tessuto sociale e civile nazionale".

[96] Previo avviso agli interessati *ex* art. 10-*bis* legge n. 241/90.

[97] La Circolare in esame distingue peraltro tale ipotesi (in cui si dichiara l'inammissibilità dell'istanza) da quella in cui, invece, è necessario dichiarare la nullità del decreto, essendosi concluso il procedimento con la notifica o il giuramento. Si precisa infatti che "ove le illustrate circostanze, pur essendo preesistenti alla data del decreto di conferimento della cittadinanza italiana, siano emerse in sede di notifica del decreto medesimo, dovrà, successivamente all'invio dello stesso a questo Ministero, per i seguiti di competenza, dichiararsi l'inammissibilità dell'istanza, previo avviso agli interessati ai sensi dell'art.10-bis della legge 241/90. Nel caso in cui dette condizioni preesistenti vengano accertate dopo la predetta notifica ovvero al momento della prestazione del giuramento, di cui all'art.10 della legge 91/1992, si dovrà procedere alla restituzione del decreto a questo Ufficio, che ne dichiarerà la nullità, ai sensi dell'art.21 nonies della legge 241/1990 e emanerà il provvedimento conclusivo della procedura in ossequio al principio dell'economicità dell'attività amministrativa".

sati, è quello concernente la tempistica per la definizione delle istanze e, dunque, i termini per la conclusione del procedimento[98].

Il legislatore ha definito in modo specifico i termini per il procedimento in esame, rispetto alla generale disciplina contenuta nell'articolo 2 della legge n. 241/90.

Recentemente la disciplina è stata modificata con il decreto legge n. 113 del 4 ottobre 2018. Il termine di definizione dei procedimenti di concessione della cittadinanza per residenza e per matrimonio di cui agli artt. 5 e 9 della Legge 5 febbraio 1992 n. 91, è stato, infatti, elevato a quarantotto mesi dalla data di presentazione dell'istanza, mentre, precedentemente, il termine era biennale.

Tale termine si applica ai procedimenti in corso, cioè non ancora definiti al 5 ottobre 2018 (data di entrata in vigore del Decreto n. 113 citato) con un provvedimento espresso, sia che il previgente termine biennale sia già decorso, sia che esso non risulti ancora spirato (cfr Circolare del Ministero dell'Interno n. 0000666 del 25.1.2019. Si precisa che, dal 5 ottobre 2018, a seguito dell'entrata in vigore del decreto legge n. 113 del 4 ottobre 2018, risulta abrogata la disposizione (art.8 comma 2) che precludeva il rigetto dell'istanza di acquisizione della cittadinanza per matrimonio decorsi due anni dall'istanza medesima[99].

---

[98] La regolamentazione dei termini, infatti, è il profilo normativo rispetto al quale occorre, da un lato, venire incontro al legittimo interesse dei richiedenti a vedere accolta o respinta la propria domanda di cittadinanza, nei tempi di legge, con un provvedimento espresso, ai sensi dell'articolo 2, comma 1, della legge n. 241/1990 e, dall'altro, tener conto della particolare complessità del procedimento di concessione della cittadinanza, che richiede di assumere, da parte degli uffici competenti, numerosi elementi di valutazione al fine di verificare la sussistenza dei requisiti di legge, nonché della delicatezza degli interessi pubblici coinvolti allorché si assuma una decisione tanto rilevante per l'ordinamento, quale l'attribuzione allo straniero dello *status civitatis*. Come si è visto a proposito della documentazione da produrre, molteplici sono gli elementi che, al momento della presentazione dell'istanza o durante l'istruttoria, d'ufficio o con richieste di integrazione, devono o possono essere acquisiti al fine di accertare la sussistenza dei requisiti di legge e, nel caso in cui ciò sia previsto, di esercitare la discrezionalità amministrativa in ordine alla concessione. Si tratta di elementi diversi a seconda che si tratti di istanze ai sensi dell'articolo 5 o ai sensi dell'articolo 9 della legge del 1992: si pensi, a titolo esemplificativo, alle informazioni sulla situazione reddituale dei soggetti o alla situazione penale dei soggetti o all'assenza di motivi inerenti alla sicurezza della Repubblica o alla regolarità dei requisiti di residenza o di *coniugio* dell'interessato. A ciò si aggiunga che tali elementi sono prodotti da soggetti diversi dal richiedente, quali le Prefetture, le Autorità diplomatico-consolari e i competenti uffici di Polizia.

[99] Ciò significa che non è più configurabile il silenzio assenso dell'Amministrazione sulla domanda dello straniero coniugato con un cittadino italiano e resta invece impregiudicato il potere di negare la cittadinanza, anche dopo lo spirare del termine, riespandendosi, altresì, la giurisdizione amministrativa.

## IV.5. La perdita e il riacquisto della cittadinanza italiana

La legge n. 91/1992 ha modificato profondamente la precedente normativa in materia di perdita della cittadinanza[100], ispirandosi al principio della conservazione della nazionalità italiana in caso di acquisto, a qualunque titolo, di una cittadinanza straniera e attribuendo, inoltre, un ruolo determinante alla volontà dell'interessato[101].

La legge del 1992 contempla la perdita della cittadinanza italiana nell'ipotesi della rinuncia volontaria, nonché nel caso di esercizio di attività incompatibili con i doveri di fedeltà verso lo Stato.

La prima fattispecie, concernente la rinuncia volontaria della cittadinanza, è disciplinata dall'articolo 11 della legge n. 91/1992 secondo cui "il cittadino che possiede, acquista e riacquista una cittadinanza straniera conserva quella italiana, ma può ad essa rinunciare qualora risieda o stabilisca la residenza all'estero". In tal modo, è stato eliminato ogni automatismo nella perdita della cittadinanza, che può discendere solo da una espressa manifestazione di volontà.

Le condizioni richieste per l'applicazione della norma sono, dunque, le seguenti:

1. il possesso, l'acquisto e il riacquisto di una cittadinanza straniera. Quindi, al fine di evitare casi di apolidia, se l'interessato non è titolare di altra cittadinanza, non può rinunciare alla cittadinanza italiana;
2. la dichiarazione di rinuncia della cittadinanza italiana, che si può rendere nella forma e con le modalità stabilite dall'articolo 8 del d.P.R. n. 572 del 1993;
3. la residenza all'estero, che costituisce prova dell'interesse della persona di acquistare una diversa cittadinanza e che deve essere effettiva e stabile.

La seconda fattispecie, da cui discende la perdita della cittadinanza, è costituita dall'esercizio di attività incompatibili con i doveri di fedeltà verso lo Stato ed è regolata dall'articolo 12 della legge n. 91/1992 secondo cui "il cittadino italiano perde la cittadinanza se, avendo accettato un impiego pubblico o una carica pubblica da uno Stato o ente pubblico estero, o da un ente

---

[100] La legge del 1912, infatti, guardava con sfavore alla pluripolidia e, conseguentemente, disciplinava l'istituto della perdita della cittadinanza al fine di evitare il contemporaneo possesso di una cittadinanza straniera e di quella italiana.

[101] Se per il nostro ordinamento, dunque, l'integrazione del cittadino italiano in una comunità straniera non rappresenta di per sé una circostanza incompatibile con il mantenimento dei vincoli giuridici con l'Italia, si deve evidenziare, per altro verso, che la possibilità di mantenere anche la cittadinanza straniera, oltre a quella italiana, risulta condizionata dalla specifica disciplina degli ordinamenti stranieri, che talvolta prevedono la perdita automatica della cittadinanza in caso di acquisto volontario di altra nazionalità.

internazionale cui non partecipi l'Italia, ovvero prestando servizio militare per uno Stato estero, non ottempera, nel termine fissato, all'intimazione che il Governo italiano può rivolgergli di abbandonare l'impiego, la carica o il servizio militare[102]. Il cittadino italiano che, durante lo stato di guerra con uno Stato estero, abbia accettato o non abbia abbandonato un impiego pubblico o una carica pubblica, o abbia prestato servizio militare per tale Stato senza esservi stato obbligato, ovvero ne abbia acquistato volontariamente la cittadinanza, perde la cittadinanza italiana al momento della cassazione dello stato di guerra[103]". In tali ipotesi, la perdita della cittadinanza rappresenta una sanzione per la violazione dell'articolo 54 della Costituzione, che impone a ciascun cittadino il dovere di fedeltà verso la Repubblica. Si intende, in tal senso, privare dello *status civitatis* il cittadino italiano che volontariamente si ponga al servizio di Stati o di enti pubblici ovvero di enti internazionali ai quali non partecipa l'Italia, per svolgere attività che siano giudicate incompatibili con i doveri del cittadino. La peculiarità di tale duplice fattispecie è che, a differenza dell'ipotesi della rinuncia volontaria, può essere privato della cittadinanza italiana anche chi non ne acquista un'altra, cosicché dall'applicazione della normativa di cui all'articolo 12 possono eccezionalmente discendere nuovi casi di apolidia.

Con le modifiche normative del 2018 è stato, altresì, introdotto l'istituto della revoca della cittadinanza italiana concessa ai cittadini stranieri (quindi, non per i cittadini per nascita) che rappresentano una minaccia per la sicurezza nazionale, avendo riportato condanne per gravi reati commessi con finalità di terrorismo o eversione[104].

Per quanto concerne il riacquisto della cittadinanza italiana, la legge n. 91/1992 ha ribadito il precedente orientamento volto a favorirlo, ponendo alla base del riacquisto della cittadinanza elementi opposti, ma simmetrici rispetto a quelli che ne determinano la perdita e, in particolare, una manifestazione di volontà diretta a

---

[102] Nei casi previsti dal primo comma dell'articolo 12 della legge del 1992, l'intimazione deve essere fatta mediante decreto del Ministero dell'interno e produce effetto dal giorno della notifica all'interessato. Qualora quest'ultimo non ottemperi all'ordine rivoltogli, lo stesso perderà la cittadinanza italiana dal giorno successivo alla scadenza del termine fissato per l'abbandono delle attività incompatibili con i doveri di fedeltà verso lo Stato. In tali casi, è possibile riacquistare la cittadinanza, a meno che non venga emanato dal Ministro dell'Interno un apposito decreto di inibizione all'acquisto.

[103] Nei casi previsti dal secondo comma dell'articolo 12 della legge del 1992, la perdita della cittadinanza italiana avviene automaticamente, quando cessa lo stato di guerra, senza necessità di alcun decreto di intimazione. La perdita della cittadinanza decorrerà dalla data di sottoscrizione dell'armistizio. In tali casi, non è ammesso il riacquisto della cittadinanza ai sensi del secondo comma dell'articolo 13 della medesima legge.

[104] Si veda l'art.10 *bis* della legge vigente.

riacquistare lo *status civitatis*, connessa alla residenza, e la cessazione delle attività incompatibili con i doveri verso lo Stato italiano[105].

La legge del 1992 ha mantenuto l'impostazione della precedente normativa, ma ha altresì introdotto alcune novità. In primo luogo, nonostante permanga la facoltà del Governo di opporsi al riacquisto, la volontà dell'interessato assume un ruolo determinante in materia e sono venuti meno molti degli automatismi precedentemente previsti. Tale scelta appare rispettosa dei principi contenuti nella nostra Costituzione che, agli articoli 2 e 22, riconosce e garantisce la cittadinanza come un diritto inviolabile dell'uomo. Inoltre, sono state ampliate le possibilità di recuperare la cittadinanza italiana a prescindere dai motivi della perdita, laddove la legge n. 91/1992 prevedeva il riacquisto solo se connesso a specifiche ipotesi di perdita.

In particolare, il primo comma dell'articolo 13 della legge n. 91/1992 prevede che "chi ha perduto la cittadinanza la riacquista: a) se presta effettivo servizio militare per lo Stato italiano e dichiara previamente di volerla riacquistare; b) se, assumendo o avendo assunto un pubblico impiego alle dipendenze dello Stato, anche all'estero, dichiara di volerla riacquistare; c) se dichiara di volerla riacquistare ed ha stabilito o stabilisce, entro un anno dalla dichiarazione, la residenza nel territorio della Repubblica; d) dopo un anno dalla data in cui ha stabilito la residenza nel territorio della Repubblica, salvo espressa rinuncia entro lo stesso termine; e) se, avendola perduta per non aver ottemperato all'intimazione di abbandonare l'impiego o la carica accettati da uno Stato, da un ente pubblico estero o da un ente internazionale, ovvero il servizio militare per uno Stato estero, dichiara di volerla riacquistare, sempre che abbia stabilito la residenza da almeno due anni nel territorio della Repubblica e provi di aver abbandonato l'impiego o la carica o il servizio militare, assunti o prestati nonostante l'intimazione di cui all'articolo 12, comma 1[106]".

---

[105] La legge n. 91/1992 prevedeva due modi di riacquisto della cittadinanza che erano denominati dalla dottrina, rispettivamente, "automatico" e "immediato". Il modo di riacquisto "automatico" si verificava quando l'ex cittadino naturalizzato straniero tornava in Italia e fissava qui la sua residenza per almeno due anni: in tal caso, egli riacquistava la cittadinanza italiana *ex lege* e a prescindere dalla propria volontà. Il modo di riacquisto "immediato", invece, comportava che l'interessato stabilisse la propria residenza in Italia e dichiarasse di rinunciare alla cittadinanza straniera o, in altra ipotesi, dimostrasse di aver cessato di esercitare le attività contrarie ai doveri verso lo Stato.

[106] Nei casi previsti dalle lettere c), d) ed e), il riacquisto della cittadinanza non ha effetto se viene inibito con decreto del Ministero dell'interno, per gravi e comprovati motivi e su conforme parere del Consiglio di Stato. Tale inibizione può intervenire entro il termine di un anno dal verificarsi delle condizioni stabilite.

Si deve notare che l'ipotesi prevista dall'articolo 13, comma 1, lettera d), integra un caso di riacquisto "automatico", ossia di una fattispecie che si verifica se, oltre al decorso di un periodo annuale di residenza in Italia, non sia stata espressa, entro lo stesso termine, una dichiarazione di rinuncia al riacquisto. Per altro verso, le altre ipotesi di recupero dello *status civitatis* disciplinate dal medesimo articolo 13 costituiscono altrettante fattispecie di riacquisto "immediato", che, seppur correlate a meri comportamenti o a specifici fatti, sono riconnesse ad una espressa dichiarazione di volontà da parte dell'interessato che intenda riacquistare la cittadinanza.

## IV.6. Il riconoscimento della cittadinanza italiana ai sensi delle leggi 379/2000 e 124/2006

La trattazione del sistema normativo inerente la cittadinanza italiana non sarebbe completo senza l'esame delle due leggi speciali che, alle particolari condizioni stabilite dalle medesime leggi e dalle circolari applicative, permettono il riconoscimento della cittadinanza italiana a numerosi soggetti. Si tratta della legge 14 dicembre 2000, n. 379, recante "Disposizioni per il riconoscimento della cittadinanza italiana alle persone nate e già residenti nei territori appartenuti all'Impero austro-ungarico e ai loro discendenti" e della legge 8 marzo 2006 n. 124, recante "Modifiche alla legge 5 febbraio 1992 n. 91, concernenti il riconoscimento della cittadinanza italiana ai connazionali dell'Istria, di Fiume e della Dalmazia e ai loro discendenti". In entrambi i casi, si tratta di un acquisto *ex lege* della cittadinanza, che non postula un procedimento di concessione, ma un'attività di riconoscimento, a seguito di un'istruttoria che verifichi la sussistenza dei requisiti di legge[107]. Quanto alla legge 14 dicembre 2000, n. 379[108], essa prevedeva che le persone originarie dei territori individuati all'articolo 1, comma 1, già appartenuti all'Impero austro-ungarico, emigrate all'estero – ad esclusione dell'attuale Repubblica austriaca – prima del 16 luglio 1920, ed i loro discendenti, potessero ottenere il riconoscimento della cittadinanza italiana, qualora presentassero una dichiarazione in tal senso entro cinque anni dalla entrata in vigore della legge, vale a dire entro il 20 dicembre 2005, termine prorogato di altri cinque anni dalla legge 23 febbraio 2006, n. 51.

[107] Si veda C. COMMENDATORE – B. VIRGILIO, *Codice dell'immigrazione*, cit., p. 774.

[108] Per un'approfondita analisi della legge 379/2000, nonché delle sue ragioni storico-normative, si veda E. CAPUZZO (a cura di), *In tema di cittadinanza:origine, ragioni e applicazione della legge 379/2000*, in Atti della accademia Roveretana degli agiati, Seminario di studi Rovereto, 16 ottobre 2009, Accademia Roveretana degli Agiati, Rovereto, 2010, nonchè G. CAPUZZI, *Quando la legge fa giustizia alla storia*, in *Libertà civili*, 3/2012, p. 110 ss.

Se, pertanto, a partire dal 20 dicembre 2010 non possono più essere presentate nuove istanze, la legge 379/2000 non ha perso tuttavia affatto di interesse in quanto, finché non saranno definite le numerose istanze pervenute al Ministero dell'interno, la stessa rimane ancora un efficace modo di acquisto *ex lege* della cittadinanza italiana.

Le domande dovevano essere presentate all'Ufficiale dello stato civile del Comune in cui risiedevano, o intendevano stabilire la propria residenza, oppure presso l'Autorità diplomatico-consolare, se residenti all'estero.

I territori interessati dall'applicazione della legge n. 379/2000 si identificano con quelli ricompresi nelle attuali province di Trento, Bolzano e Gorizia e con quelli, già italiani, ceduti alla Repubblica Jugoslava in forza del Trattato di Pace di Parigi del 10 febbraio 1947 e del Trattato di Osimo del 10 novembre 1975.

L'esame della documentazione prodotta dagli interessati è stata affidata, con D.M. 2 marzo 2001, ad un'apposita Commissione interministeriale, composta da rappresentanti del Ministero dell'interno, degli affari esteri, della giustizia e della Università "La Sapienza" di Roma.

L'istituzione della Commissione interministeriale è stata decisa per analogia e uniformità con la procedura già precedentemente adottata per l'esame del diritto di opzione ai sensi dei Trattati di Parigi (art. 19) e di Osimo (art. 3)[109].

Al contrario della legge n. 379/2000, ancora pienamente in vigore è l'altra legge speciale, e cioè la legge 8 marzo 2006 n. 124, riguardante le istanze di riconoscimento della cittadinanza italiana dei connazionali dell'Istria, di Fiume e della

---

[109] Il Trattato di Pace di Parigi del 10 febbraio 1947, all'art. 19 stabiliva: "1) I cittadini italiani che, al 10 giugno 1940, erano domiciliati in territorio ceduto dall'Italia ad un altro Stato per effetto del presente Trattato, ed i loro figli nati dopo quella data diverranno, sotto riserva di quanto dispone il paragrafo seguente, cittadini godenti di pieni diritti civili e politici dello Stato al quale il territorio viene ceduto, secondo le leggi che a tale fine dovranno essere emanate dallo Stato medesimo entro tre mesi dall'entrata in vigore del presente Trattato. Essi perderanno la loro cittadinanza italiana al momento in cui diverranno cittadini dello Stato subentrante. 2) Il Governo dello Stato al quale il territorio è trasferito, dovrà disporre, mediante appropriata legislazione entro tre mesi dalla data di entrata in vigore del presente Trattato, perché tutte le persone di cui al paragr. 1, di età superiore ai diciotto anni (e tutte le persone coniugate, siano esse al di sotto o al di sopra di tale età) la cui lingua usuale è l'italiano, abbiano facoltà di optare per la cittadinanza italiana entro il termine di un anno dall'entrata in vigore del presente Trattato. Qualunque persona che opti in tal senso conserverà la cittadinanza italiana e non si considererà aver acquistato la cittadinanza dello Stato al quale territorio viene trasferito... omissis..". Considerato, pertanto, che detto Trattato, così come anche il successivo di Osimo del 1975 fanno riferimento, ai fini della opzione per la cittadinanza italiana, alle sole persone di lingua ed etnia italiana, deve ritenersi che la legge 379/2000 sia applicabile unicamente a queste ultime. Di qui la necessità di strumenti atti a verificare l'appartenenza a detto gruppo etnico-linguistico, e, quindi, l'istituzione di una Commissione interministeriale.

Dalmazia e dei loro discendenti. Tale disposizione, che ha introdotto nella legge del 1992 gli articoli 17-*bis* e 17-*ter*[110], ha previsto il diritto al riconoscimento della cittadinanza italiana per due categorie di ex cittadini italiani: 1) i destinatari del diritto di opzione previsto dal Trattato di pace di Parigi del 1947; 2) i destinatari del diritto, riconosciuto dal Trattato di Osimo del 1975, di trasferire la propria residenza dalla zona B alla zona A (territorio italiano), categorie di soggetti che, non essendosi avvalsi delle facoltà loro riconosciute, avevano perduto la cittadinanza italiana. Analogo diritto è riconosciuto ai figli e discendenti in linea retta di tali soggetti, purché di lingua e cultura italiana.

In applicazione della legge 124/2006[111] si prevede, anzitutto, che l'istanza, come per la legge 379/2000, sia presentata – corredata della prescritta documentazione – all'Autorità comunale competente per territorio o all'Autorità consolare italiana, nel caso di residenza all'estero dell'interessato. Anche per la legge 124/2006 opera l'apposita Commissione interministeriale competente ad emanare un parere nei casi più problematici, mentre negli altri casi la Direzione centrale per i diritti civili, la cittadinanza e le minoranze procede con nulla osta d'ufficio.

---

[110] Art. 17-*bis*: "1. Il diritto alla cittadinanza italiana è riconosciuto: ai soggetti che siano stati cittadini italiani, già residenti nei territori facenti parte dello Stato italiano successivamente ceduti alla Repubblica jugoslava in forza del Trattato di pace firmato a Parigi il 10 febbraio 1947, reso esecutivo dal decreto legislativo del Capo provvisorio dello Stato 28 novembre 1947, n. 1430, ratificato dalla legge 25 novembre 1952, n. 3054, ovvero in forza del Trattato di Osimo del 10 novembre 1975, reso esecutivo dalla legge 14 marzo 1977, n. 73, alle condizioni previste e in possesso dei requisiti per il diritto di opzione di cui all'articolo 19 del Trattato di pace di Parigi e all'articolo 3 del Trattato di Osimo; alle persone di lingua e cultura italiane che siano figli o discendenti in linea retta dei soggetti di cui alla lettera a). Art. 17-*ter* "1. Il diritto al riconoscimento della cittadinanza italiana di cui all'articolo 17-*bis* è esercitato dagli interessati mediante la presentazione di una istanza all'autorità comunale italiana competente per territorio in relazione alla residenza dell'istante, ovvero, qualora ne ricorrano i presupposti, all'autorità consolare, previa produzione da parte dell'istante di idonea documentazione, ai sensi di quanto disposto con circolare del Ministero dell'interno, emanata di intesa con il Ministero degli affari esteri. 2. Al fine di attestare la sussistenza dei requisiti di cui alla lettera a) del comma 1 dell'articolo 17-*bis*, all'istanza deve essere comunque allegata la certificazione comprovante il possesso, all'epoca, della cittadinanza italiana e della residenza nei territori facenti parte dello Stato italiano e successivamente ceduti alla Repubblica jugoslava in forza dei Trattati di cui al medesimo comma 1 dell'articolo 17-*bis*. 3. Al fine di attestare la sussistenza dei requisiti di cui alla lettera b) del comma 1 dell'articolo 17-*bis*, all'istanza deve essere comunque allegata la seguente documentazione: a) i certificati di nascita attestanti il rapporto di discendenza diretta tra l'istante e il genitore o l'ascendente; b) la certificazione storica, prevista per l'esercizio del diritto di opzione di cui alla lettera a) del comma 1 dell'articolo 17-*bis*, attestante la cittadinanza italiana del genitore dell'istante o del suo ascendente in linea retta e la residenza degli stessi nei territori facenti parte dello Stato italiano e successivamente ceduti alla Repubblica jugoslava in forza dei Trattati di cui al medesimo comma 1 dell'articolo 17-*bis*; c) la documentazione atta a dimostrare il requisito della lingua e della cultura italiane dell'istante".

[111] Si veda in particolare la circolare del Ministero dell'interno K.60.1 del 22 maggio 2006.

Si precisa che con il D.M. 15 maggio 2012, per esigenze di razionalizzazione organizzativa, le due Commissioni competenti per la legge 379/2000 e per la legge n. 124/20006 sono state unificate in un'unica Commissione interministeriale con compiti di supporto e consulenza alla Direzione centrale per i diritti civili, la cittadinanza e le minoranze.

# CAPITOLO V
## *Racket* ed usura
di *Viviana Vaglica*



### V.1. Il *racket*

Il *racket*, comunemente denominato "pizzo", è una forma di taglieggiamento operata dalla criminalità organizzata sulle imprese al duplice fine di acquisire risorse economiche e di controllare un determinato territorio.

Malgrado le numerose manifestazioni esteriori che può assumere, il fenomeno estorsivo è connotato da un carattere indefettibile rappresentato dall'intimidazione ovvero dalla violenza e dalla minaccia con le quali si piega la volontà dell'operatore economico, costringendolo a cedere alle richieste del taglieggiatore. La violenza è la risorsa utilizzata per l'instaurarsi della relazione estorsiva, una relazione caratterizzata dalla soggezione della vittima nei confronti dell'estortore. Ciò determina una progressiva perdita di indipendenza da parte dell'imprenditore, che spesso finisce con l'essere solo formalmente titolare della propria azienda, di fatto acquisita alla criminalità organizzata e da questa utilizzata per inserirsi nei canali dell'economia legale[1].

---

[1] Secondo il XIII rapporto Sos Impresa redatto da Confesercenti e pubblicato a gennaio 2012 la mafia si conferma "il più grande agente economico del paese in grado di muovere un fatturato che si aggira intorno ai 140 miliardi di euro con un utile superiore ai cento miliardi" sottolineando che "Mafia spa è la prima banca d'Italia, con 65 miliardi di euro di liquidità". Dai bar ai ristoranti, dai negozi ai mercati e ai venditori ambulanti, fino agli alberghi, sono sempre di più le imprese commerciali colpite dalla criminalità organizzata. "Il solo ramo commerciale della criminalità mafiosa e non, che incide direttamente sul mondo dell'impresa – secondo il rapporto di Sos Impresa – sfiora i cento miliardi di euro, pari a circa il 7% del Pil nazionale". Ad analoghe considerazioni è pervenuto lo studio condotto nell'ambito del progetto OCP (*Organised Crime Portfolio*), coordi-

La dinamica estorsiva è andata evolvendosi nel corso degli anni assumendo connotati multiformi ed insidiosi che ne hanno reso ancor più difficile l'individuazione e, di conseguenza, la repressione. L'estorsione è un delitto che può essere consumato solo se chi lo pone in essere riesce ad impaurire in modo significativo e continuo le proprie vittime. Questa capacità intimidatoria si sviluppa pienamente in quei territori dove la sicurezza personale (e quella relativa alla proprietà dei beni) è incerta o è percepita come tale. La richiesta estorsiva è, infatti, spesso preceduta da attività criminali dirette a colpire (con rapine, furti o danneggiamenti) la zona da sottoporre al pizzo, così da impaurire gli operatori economici per costringerli ad avvalersi della "protezione" offerta dall'organizzazione criminale. L'intimidazione risulta efficace se esercitata nei confronti di soggetti potenzialmente vulnerabili. È per questo motivo che l'estorsione viene praticata prevalentemente nei confronti di imprese individuali o costituite sotto forma di società di persone[2].

Il pagamento del pizzo, imposto con la forza persuasiva dell'intimidazione, costituisce una delle principali e più antiche[3] forme di riconoscimento simbolico del sistema di dipendenze con il quale la mafia governa il territorio. L'organizzazione criminale afferma così il proprio potere, radicandosi in modo capillare all'interno del tessuto economico attraverso il controllo, diretto o indiretto, delle risorse.

Le dinamiche che conducono all'imposizione del pizzo sono ormai conosciute malgrado la natura sommersa del fenomeno. Inizialmente viene richiesta una

---

nato dal centro di ricerca Transcrime dell'Università Cattolica di Milano, assieme a un consorzio di partner internazionali di sette paesi europei (Finlandia, Francia, Irlanda, Italia, Olanda, Spagna e Regno Unito), il quale evidenzia come il giro d'affari prodotto dalle organizzazioni criminali europee sarebbe quantificabile in 110 miliardi all'anno, rappresentando in media circa l'1% del PIL dei paesi Ue. Cfr. SAVONA ERNESTO U. & RICCARDI MICHELE (Eds.). 2015. *From illegal markets to legitimate businesses: the portfolio of organised crime in Europe. Final Report of Project OCP – Organised Crime Portfolio* (www.ocportfolio.eu), Trento, 2015.

[2] Le grandi società di capitali risultano meno vulnerabili alle intimidazioni a carattere "personale", rappresentando un diaframma che rende in concreto difficile l'individuazione della vittima da colpire. La dinamica estorsiva presuppone di regola una minaccia indirizzata alla persona dell'imprenditore o alla sua famiglia. La struttura organizzativa delle società di capitali riduce la potenzialità offensiva dell'intimidazione che, quindi, può essere esercitata solo nei confronti dei beni facenti capo alla società (ad esempio attraverso azioni di danneggiamento). Naturalmente le maggiori difficoltà di cui si è detto non sussistono con riguardo alle società di capitali "familiari"; come accade nel caso di quelle piccole realtà (numerosissime nel mercato) che, pur avendo la forma, ad esempio, di s.r.l, rimangono "nella sostanza" imprese individuali, gestite di fatto da un imprenditore persona fisica.

[3] A. Block in un famoso studio sulla mafia siciliana ha ricostruito le modalità attraverso le quali avveniva la pratica estorsiva intorno ai primi decenni del secolo scorso nella Sicilia occidentale (la tangente versata ai mafiosi veniva chiamata pizzu e consisteva in due tumoli di grano per ogni salma di terreno coltivato). A. BLOCK, *La mafia di un villaggio siciliano, 1860-1960*, Torino, 1986.

somma di denaro come "permesso" o "autorizzazione" all'esercizio dell'attività commerciale, successivamente si passa al prelievo periodico del pizzo. In questo modo l'organizzazione criminale riesce ad affermare il proprio potere sul territorio, operando altresì un penetrante controllo sulle attività economiche.

L'evoluzione delle dinamiche estorsive ha portato all'attuazione di meccanismi di coercizione sempre più sofisticati ed insidiosi, che, come tali, sfuggono ad una precisa tipizzazione. È il caso della cd. intimidazione ambientale, ovvero quella forma di minaccia che non sempre si manifesta attraverso atti eclatanti o violenti ma che, tuttavia, soprattutto in contesti caratterizzati da una profonda penetrazione dell'organizzazione criminale nel tessuto socioculturale, esercita una notevole forza persuasiva sull'operatore economico. Si pensi al caso dell'imprenditore che, per non aver aderito alle richieste estorsive o, peggio ancora, per aver denunciato i propri taglieggiatori, vede precipitare il volume d'affari del proprio negozio perché i clienti non vogliono più acquistare da lui o perché i fornitori si rifiutano di consegnare la merce.

Questi comportamenti, talvolta perfino irrilevanti sotto il profilo penalistico[4], manifestano un'enorme potenzialità intimidatoria, in quanto aumentano il senso di isolamento dell'imprenditore.

### *V.1.1. Strumenti di contrasto al racket prima dell'emanazione della legge n. 44/1999*

All'indomani dell'omicidio dell'imprenditore Libero Grassi, avvenuto a Palermo il 29 agosto del 1991, il problema del *racket* cominciò ad essere percepito dall'opinione pubblica come una vera e propria emergenza e come tale fu affrontato dalle Istituzioni. Non a caso il primo intervento per contrastare il fenomeno (il d.l. 396/1991) fu adottato, a due mesi di distanza dall'omicidio Grassi, attraverso la procedura di decretazione d'urgenza. Il decreto in esame (non convertito in legge)

[4] L'intimidazione ambientale si inserisce nella più ampia strategia cd. "di inabissamento" seguita negli ultimi anni dalla mafia, che tende ad evitare il più possibile il ricorso ad atti eclatanti per scongiurare il rischio di una situazione di aperta conflittualità con lo Stato, che potrebbe interferire con la gestione dei redditizi traffici nei quali è impegnata l'organizzazione. La Direzione Investigativa Antimafia già nel 1995 faceva rilevare un sostanziale cambiamento nelle strategie seguite dalla mafia dopo il clamore provocato dalle stragi del 1992. "Si assiste ad un'aggressione mafiosa meno visibile e forse più penetrante in ampi settori della società e dell'economia. Se infatti la forza della violenza mafiosa sembra essersi astenuta dal commettere azioni forti, la stessa si esprime attraverso modalità di perpetuazioni più sottili (si pensi agli affari economico-finanziari di cui i diversi gruppi mafiosi hanno dato prova)(...)". Cfr. DIREZIONE INVESTIGATIVA ANTIMAFIA, *Relazione semestrale (primo semestre 1995),* in *Per Aspera ad Veritatem,* n. 3 settembre-dicembre 1995.

prevedeva l'istituzione di un fondo di sostegno per le vittime di richieste estorsive, competente ad elargire una somma di denaro a titolo di ristoro per i danni materiali subiti da un operatore economico a seguito del rifiuto opposto a tali richieste. A seguito della mancata conversione del primo provvedimento, il Legislatore emanò un nuovo decreto legge[5] (il d.l. 419/1991, convertito con modificazioni ad opera della legge n. 172/1992) con il quale venivano in parte riproposte le misure contenute nel d.l. 396/1991.

Il nucleo essenziale del provvedimento in esame era rappresentato dalla costituzione del "Fondo di solidarietà per le vittime delle richieste estorsive" (già disciplinato dal decreto legge decaduto) per la cui amministrazione veniva incaricato l'Istituto Nazionale delle Assicurazioni (dal 1994 CONSAP S.p.A.) sotto la vigilanza del Ministero dell'Industria, del commercio e dell'artigianato. Attraverso il fondo di solidarietà lo Stato provvedeva ad elargire una somma di danaro in favore di chi, esercitando un'attività imprenditoriale, commerciale, artigianale o comunque economica, ovvero una libera arte o professione, ed avendo opposto un rifiuto a richieste di natura estorsiva o, comunque, non avendovi aderito, subisce nel territorio dello Stato un danno a beni mobili o immobili in conseguenza di fatti delittuosi commessi, anche al di fuori dell'esistenza di un vincolo associativo, per il perseguimento di un ingiusto profitto[6]. Si trattava di una norma assolutamente innovativa che per la prima volta poneva a carico della collettività i danni economico-finanziarii subiti dagli imprenditori che si opponevano al *racket*.

Al sistema assicurativo di tipo privatistico contro i danni, insufficiente in relazione ai casi dolosi, il d.l. 419/1991 sostituiva una forma di protezione pubblica, che contribuiva ad indennizzare gli operatori economici dai danneggiamenti derivanti ai loro beni a causa della mancata adesione a richieste estorsive. Le domande di ristoro venivano esaminate da un Comitato[7] presieduto dal Presidente o, in sua vece, dal Direttore generale dell'INA e composto da funzionari appartenenti a vari Ministeri e da rappresentanti di diverse categorie imprenditoriali nominati dal CNEL. Al termine dell'istruttoria effettuata dal Comitato, in presenza dei requisiti

[5] L'urgenza di approntare misure di contrasto al *racket* spinse l'Esecutivo ad inserire il d.l. 419 tra i "collegati alla finanziaria" per l'anno 1992.

[6] Art. 1, comma 1, d.l. 419/1991.

[7] Il Comitato, nella configurazione derivante dalle prime disposizioni normative che ne disciplinano l'attività, assume la veste di organo tecnico, non discrezionale, la cui attività istruttoria si conclude con un parere-proposta (non vincolante) indirizzato al Presidente del Consiglio dei Ministri ed avente ad oggetto l'accoglimento o il rigetto della domanda di accesso al fondo. Cfr. Commissione parlamentare di inchiesta sul fenomeno della mafia e sulle altre associazioni criminali similari, Audizione del Presidente del comitato del fondo di solidarietà per le vittime delle estorsioni, Avvocato Lorenzo Pallesi, Roma, 20 maggio 1997.

previsti dalla legge, il Presidente del Consiglio dei Ministri disponeva la concessione dell'elargizione con proprio decreto[8].

L'intervento normativo in esame si prefiggeva l'obiettivo di prevenire e reprimere il grave fenomeno dell'estorsione e di sostenere, con misure di carattere anche economico, l'attività delle categorie produttive che a causa del rifiuto opposto a richieste estorsive avevano subito un danno patrimoniale[9].

L'impianto normativo delineato dal d.l. 419/1991 ha inteso, quindi, intervenire su più versanti nell'opera di contrasto al fenomeno estorsivo.

La consapevolezza che il *racket* è un reato impossibile da contrastare senza la collaborazione della vittima, ha spinto il Legislatore del 1991 ad individuare strumenti che incentivassero i soggetti passivi del reato a sporgere denuncia all'Autorità Giudiziaria. Stimolare le denunce è infatti fondamentale per favorire l'emersione del fenomeno e, di conseguenza, per comprenderne la reale natura e l'effettiva diffusione all'interno del territorio nazionale, consentendo così l'elaborazione di più efficaci strategie di contrasto. Per ottenere tale risultato il Legislatore aveva subordinato l'accesso al fondo alla tempestiva denuncia all'autorità giudiziaria del fatto estorsivo da parte del soggetto passivo.

L'applicazione pratica della disciplina in esame non condusse, purtroppo, a risultati significativi. Già nei primi mesi di vigenza, la legge in commento evidenziò taluni elementi di disfunzionalità che resero necessario un ulteriore intervento da parte del Legislatore. La complessità dei procedimenti istruttori[10] e la difficoltà di interpretazione delle norme determinavano, infatti, un forte rallentamento nell'*iter* di concessione dei contributi ed un elevato numero di istanze rigettate[11].

Per ovviare a tali problemi il Legislatore intervenne con il d.l. 382/1993 (convertito dalla legge n. 18 novembre 1993, n. 468) apportando rilevanti modifiche all'impianto originario del d.l. 419/1991. In particolare, venivano ampliate le categorie dei soggetti ammessi all'elargizione del contributo, includendovi an-

---

[8] All'epoca dell'emanazione della legge in commento non era ancora stata istituita la figura del Commissario Straordinario, creata solo nel 1994.

[9] Cfr. Preambolo del d.l. 31 dicembre 1991, n. 419.

[10] La domanda doveva infatti essere corredata da un'ampia documentazione, spesso difficile da reperire per il soggetto istante, che desse conto "della natura del fatto che ha cagionato il danno patrimoniale, del rapporto di causalità, dei singoli presupposti positivi e negativi stabiliti dal presente decreto e dell'ammontare del danno patrimoniale, dettagliatamente documentato" (art. 4, comma 1, d.l. 419/1991).

[11] Uno dei problemi, fatti rilevare in sede applicativa, era costituito dall'eccessiva precisione nella descrizione delle fattispecie. Una così puntuale individuazione dei presupposti di applicazione della legge finiva con l'escludere situazioni che, pur essendo meritevoli di tutela alla luce delle finalità della legge in esame, non presentavano i requisiti previsti per l'ammissione ai benefici. La precisione del Legislatore si scontrava con la realtà dell'estorsione, con le manifestazioni concrete, di un fenomeno evanescente e di difficile tipizzazione.

che gli operatori economici che avessero subito richieste estorsive avanzate anche successivamente ai fatti delittuosi[12]. Altra novità di rilievo introdotta dal d.l. 382/1993 atteneva al riconoscimento delle associazioni *antiracket*[13] quali soggetti legittimati a presentare la domanda di accesso al fondo di solidarietà.

Gli interventi in questione non riuscirono tuttavia a produrre gli effetti sperati. La disciplina di sostegno alle vittime del *racket* risultava di fatto inefficace a fronteggiare il fenomeno estorsivo, che continuava a manifestarsi in tutta la sua insidiosa pericolosità. Per garantire una più incisiva strategia di contrasto, nell'autunno del 1994 il Governo, utilizzando lo strumento di cui all'art. 11 della legge n. 400/1988[14], nominò un Commissario straordinario per il coordinamento delle iniziative *antiracket* ed antiusura[15]. Con provvedimento della Presidenza del Consiglio dei Ministri in data 31 ottobre 1996 veniva delegata al Commissario la competenza a predisporre i provvedimenti di accoglimento o di rigetto delle istanze di accesso al fondo, permanendo in capo al Presidente del Consiglio il potere di emanare il relativo decreto.

Come è stato già fatto osservare, nonostante l'intervento del 1993 la legge continuava purtroppo a presentare elementi di criticità, che finivano col lasciare prive di protezione talune situazioni meritevoli di tutela, alla luce delle finalità che la disciplina di sostegno alle vittime del *racket* si prefiggeva di raggiungere.

Un altro punto debole della legge in esame era rappresentato, infatti, dalla limitazione del risarcimento per il solo danno materiale subito dall'imprenditore. Veniva negata qualunque possibilità di ristoro per il cd. lucro cessante ovvero per il mancato guadagno, ricollegabile alla minaccia estorsiva subita dall'imprenditore e che spesso rappresenta il pregiudizio maggiore per l'attività economica.

---

[12] La previsione in esame, contenuta nell'art. 1 del d.l. 382/1993 (modifica al comma 2, lettera a) dell'art. 1 d.l. 419/1991), tende a disciplinare un fenomeno frequente nella prassi estorsiva e che viene solitamente ricondotto alla sfuggente figura dell'intimidazione ambientale. Prima della modifica in esame, l'operatore economico che avesse subito il danneggiamento di un bene della propria impresa in assenza di una richiesta estorsiva espressamente avanzata, non avrebbe potuto accedere ai benefici del Fondo.

[13] Art. 3 d.l. 382/93 (modifica all'art. 3 del d.l. 419/1991): "La domanda può essere altresì presentata, per il tramite del legale rappresentante e con il consenso dell'interessato, da associazioni od organizzazioni iscritte in apposito elenco tenuto a cura del prefetto ed aventi tra i propri scopi quello di prestare assistenza e solidarietà a soggetti danneggiati da attività estorsive".

[14] "Al fine di realizzare specifici obiettivi determinati in relazione ai programmi o indirizzi deliberati dal Parlamento o dal Consiglio dei Ministri o per particolari e temporanee esigenze di coordinamento operativo tra amministrazioni statali, può procedersi alla nomina di commissari straordinari del Governo (...)".

[15] A seguito della legge n. 108/1996 che ha attribuito la gestione del Fondo di solidarietà per le vittime dell'usura all'ufficio del Commissario straordinario, tale figura, nata per far fronte ad esigenze di carattere temporaneo, viene di fatto istituzionalizzata.

Per ovviare a questo problema nel 1996[16] il Legislatore è nuovamente intervenuto sul d.l. 419/1991 estendendo la risarcibilità del danno conseguente al rifiuto di soggiacere alle richieste estorsive fino a ricomprendervi il mancato guadagno. Anche quest'ultimo intervento non fu, tuttavia, risolutivo. La disciplina di sostegno alle vittime delle richieste estorsive continuava a lasciare privi di tutela proprio quei soggetti, che dal reato in questione avevano subito il danno più grave ovvero l'uccisione del proprio congiunto. La mancata previsione della possibilità del risarcimento per gli eredi della vittima aveva, infatti, comportato il rigetto di numerose istanze di accesso al fondo, frustrando di fatto lo scopo che la legge si prefiggeva di raggiungere[17]. Nell'ipotesi di chiusura dell'attività commerciale a seguito dell'uccisione del titolare da parte della criminalità organizzata, in assenza di un danno materiale ai beni dell'azienda, non sarebbe stato possibile per gli eredi della vittima accedere al fondo di solidarietà.

La stratificazione successiva di più provvedimenti normativi nel corpo del d.l. 419/1991 ne ha ulteriormente compromesso l'efficacia determinando frequenti problemi di coordinamento tra le diverse disposizioni. La consapevolezza dei limiti emersi nella fase attuativa ha reso necessaria l'elaborazione di una disciplina organica di contrasto al fenomeno del *racket*, che mettesse a frutto l'esperienza maturata dal 1991 ovviando alle carenze emerse nella pratica.

### *V.1.2. La nuova disciplina dettata dalla legge n. 44/1999*

La legge n. 44 del 23 febbraio 1999 rappresenta il punto di arrivo di un lungo dibattito in ordine alle strategie da attuare nella lotta al *racket*. Dal 1991, anno di emanazione del primo intervento organico in materia, le modalità concrete di manifestazione del fenomeno estorsivo sono andate evolvendosi assumendo connotazioni diverse e spesso di difficile individuazione.

La criminalità organizzata è sempre stata caratterizzata da una spiccata capacità di adattare le proprie condotte al quadro normativo in vigore, attraverso l'elaborazione di strategie che permettessero di aggirarne i divieti, limitando il rischio di incorrere nelle relative sanzioni[18]. La rigorosa descrizione delle fattispecie in

---

[16] La modifica in esame è stata apportata dalla legge n. 108/1996.

[17] Il mancato riconoscimento del diritto degli eredi ad ottenere il contributo previsto dalla legge n. 172/1992 a seguito della morte della vittima, determinò l'esclusione dei congiunti dell'imprenditore Libero Grassi dai predetti benefici. Nel febbraio del 1999 l'istanza presentata dagli eredi di Libero Grassi fu, infatti, respinta.

[18] La criminalità organizzata costituisce un fenomeno dinamico in costante trasformazione e che, proprio per queste caratteristiche risulta di difficile contrasto. Essa "non si è mai prestata ad essere fotografata in pose statiche, ma è apparsa, specie negli ultimi tempi, come un fenomeno in continuo movimento, difficile da cogliere". Cfr. Commissione parlamentare di inchiesta sul feno-

presenza delle quali il soggetto poteva beneficiare del contributo di solidarietà previsto dal d.l. 419/1991, aveva fatto sì che la criminalità individuasse nuove forme di minaccia[19] non riconducibili all'ambito di operatività del provvedimento in questione. Ciò aveva fatto emergere in modo pressante l'esigenza di elaborare una disciplina che, tenendo conto della vischiosità e della mutevolezza del fenomeno estorsivo, permettesse di affrontare il problema in modo efficace non lasciando prive di protezione situazioni meritevoli di tutela.

La legge n. 44/1999 recepisce le osservazioni formulate sotto la vigenza della precedente normativa, apportando dei correttivi che, pur non stravolgendo l'impianto originario del fondo di solidarietà, lo rendono uno strumento più efficace nel contrasto al problema del *racket*. Viene innanzitutto riformulata la norma che individua le situazioni in presenza delle quali è possibile beneficiare delle elargizioni, includendovi espressamente anche l'intimidazione ambientale[20].

La consapevolezza della pervasività del fenomeno estorsivo e della sua capacità di condizionare interi contesti sociali ha quindi indotto il Legislatore a prendere in considerazione, ai fini dell'accesso al fondo, anche quelle situazioni in cui il danno all'imprenditore non consegue necessariamente al compimento di un reato che investe i beni dell'azienda, ma deriva da un particolare clima di intimidazione che incide sull'effettiva capacità reddituale dell'operatore economico. Il potere di controllo che la criminalità organizzata esercita su determinati territori è, infatti, talmente forte da condizionare i comportamenti dei soggetti che operano nella zona in questione (spingendoli ad esempio a non recarsi presso l'esercizio commerciale da colpire) sfruttandoli come arma di pressione sull'imprenditore[21].

---

meno della mafia e sulle altre associazioni criminali similari, Relazione sull'esito del sopralluogo a Milano di un gruppo di lavoro della Commissione, seduta del 4 luglio 1990, X Legislatura, doc. XXIII, n. 19.

[19] È il caso dell'intimidazione c.d. ambientale, una delle modalità più frequenti con le quali la criminalità attua ritorsioni nei confronti degli imprenditori che non vogliono soggiacere alle richieste estorsive. L'intimidazione di tipo ambientale non è di per sé suscettibile di tipizzazione in quanto fa riferimento ad una pluralità di condotte, non necessariamente dotate di rilievo penalistico, attraverso le quali l'organizzazione criminale riesce ad instaurare un clima di paura e di minaccia nella zona da sottoporre al pizzo.

[20] L'art. 3 della legge n. 44/1999 include anche i danni subiti "in conseguenza di situazioni di intimidazione anche ambientale", tra le ipotesi rilevanti ai fini della concessione dell'elargizione.

[21] Avviene spesso che, a seguito del rifiuto opposto alle richieste estorsive, l'imprenditore subisca una brusca perdita della clientela o veda compromesso il rapporto con gli abituali fornitori della merce. In questi casi il danno subito dall'imprenditore è evidente ed è valutabile in termini di mancato guadagno e di perdita di avviamento commerciale. Cfr. L. Busà, *Il concetto di intimidazione ambientale,* in *Fondo antiusura ed antiracket,* supplemento a *Diritto e Giustizia,* n. 10, Milano, 2005.

Con la legge n. 44/1999 la descrizione delle condizioni per ottenere l'elargizione diviene più elastica comprendendo, oltre al danno materiale (ai beni mobili o immobili), anche ipotesi in cui dai fatti delittuosi derivino per l'imprenditore lesioni personali ovvero un danno sotto forma di mancato guadagno inerente all'attività esercitata. Viene finalmente riconosciuta la legittimazione degli eredi ad ottenere l'elargizione nel caso di morte del congiunto avvenuta a seguito di delitti posti in essere con finalità estorsiva[22]. Con la nuova disciplina del 1999 queste situazioni, precedentemente sprovviste di tutela, possono beneficiare del contributo del fondo di solidarietà. L'entità del contributo è elevata fino a coprire l'intero ammontare del danno subito fino ad un massimo di 3 miliardi di lire[23]. Viene ampliata anche la tipologia dei soggetti ai quali è riconosciuta la legittimazione a presentare istanza di accesso al fondo, includendovi anche soggetti diversi dall'imprenditore. L'elargizione può, infatti, essere concessa anche agli appartenenti ad associazioni di solidarietà che subiscono un danno a beni mobili o immobili, ovvero lesioni personali in conseguenza di delitti commessi al fine di costringerli a recedere dall'associazione o dall'organizzazione o a cessare l'attività svolta nell'ambito delle medesime, ovvero per ritorsione a tale attività[24].

Il rilievo assunto dalle associazioni *antiracket* nell'opera di contrasto al fenomeno estorsivo e l'esperienza maturata nell'attività di sostegno alle vittime di tale reato hanno fatto sì che il Legislatore includesse inoltre alcuni rappresentanti delle associazioni[25] tra i membri del Comitato di solidarietà.

---

[22] Art. 8 legge n. 44/1999: "Se in conseguenza dei delitti previsti dagli articoli 3, 6 e 7, i soggetti ivi indicati perdono la vita, l'elargizione è concessa, nell'ordine, ai soggetti di seguito indicati a condizione che la utilizzino in un'attività economica, ovvero in una libera arte o professione, anche al di fuori del territorio di residenza: a) coniuge e figli; b) genitori; c) fratelli e sorelle; d) convivente more uxorio e soggetti diversi da quelli indicati nelle lettere a), b) e c) conviventi nei tre anni precedenti l'evento a carico della persona". La norma in questione è particolarmente importante perché permette l'utilizzo dell'elargizione per una qualsiasi attività economica e non necessariamente per ripristinare l'attività del dante causa. Ciò permette a soggetti portatori di professionalità diverse (che si sarebbero quindi trovati nell'impossibilità di proseguire l'attività esercitata dal congiunto) di investire in attività economicamente produttive il contributo del fondo di Solidarietà. Sotto il vigore della precedente disciplina tali soggetti, non potendo ripristinare l'impresa del proprio congiunto, non avrebbero avuto titolo per beneficiare dell'elargizione, rimanendo quindi sprovvisti di tutela.

[23] In precedenza il contributo copriva solo il 70% dell'ammontare del danno per un importo massimo di 500 milioni di lire.

[24] Art. 6, legge n. 44/1999.

[25] L'art. 19, comma 1, lett. d), legge n. 44/1999 disciplina la composizione del Comitato includendovi anche tre membri delle associazioni iscritte nell'elenco di cui all'art. 13, comma 2, nominati ogni due anni dal Ministro dell'Interno, assicurando la rotazione tra le diverse associazioni su indicazione delle associazioni medesime. Si tratta delle associazioni od organizzazioni iscritte in

Con la legge n. 44/1999 viene anche ridisegnata la struttura degli organi deliberativi, competenti ad emanare il provvedimento finale di concessione (o rifiuto) dell'elargizione. Il Comitato, precedentemente operante presso l'INA, svolge adesso le proprie funzioni presso il Ministero dell'Interno ed assume la denominazione di Comitato di solidarietà per le vittime dell'estorsione e dell'usura[26]. La competenza ad emanare il decreto finale, precedentemente attribuita al Presidente del Consiglio dei Ministri, spetta ora al Commissario per il coordinamento delle iniziative *antiracket* ed antiusura che presiede il Comitato.

La domanda per la concessione dell'elargizione va presentata al Prefetto della provincia nella quale si è verificato l'evento lesivo, a pena di decadenza entro il termine di 120 giorni dalla data della denuncia ovvero dalla data in cui l'interessato ha avuto notizia che dalle indagini preliminari sono emersi elementi atti a far ritenere che l'evento lesivo consegua ad un delitto commesso per finalità estorsive. La domanda deve essere corredata della documentazione indicata dall'art. 19 del d.P.R. 60/2014 che ha disciplinato il Fondo di rotazione per la solidarietà alle vittime dei reati di tipo mafioso, delle richieste estorsive e dell'usura[27], abrogando, tra gli altri, il d.P.R. 445/1999, il cui contenuto, risulta sostanzialmente trasfuso nella

---

apposito elenco tenuto a cura del Prefetto ed aventi tra i propri scopi quello di prestare assistenza e solidarietà a soggetti danneggiati da attività estorsive (art. 13, comma 2, legge n. 44/1999).

[26] Art.19, comma 1, legge n. 44/1999 e successive integrazioni e modificazioni: "Presso il Ministero dell'Interno è istituito il Comitato di solidarietà per le vittime dell'estorsione e dell'usura. Il Comitato è presieduto dal Commissario per il coordinamento delle iniziative antiracket e antiusura, nominato dal Consiglio dei Ministri, su proposta del Ministro dell'Interno, anche al di fuori del personale della pubblica amministrazione, tra persone di comprovata esperienza nell'attività di contrasto al fenomeno delle estorsioni e dell'usura e di solidarietà nei confronti delle vittime. Il Comitato è composto: a) da un rappresentante del Ministero dell'Industria del Commercio e dell'Artigianato; b) da un rappresentante del Ministero del Tesoro, del Bilancio e della programmazione economica; b-bis da un rappresentante del Ministero della giustizia; c) da tre membri designati dal CNEL ogni due anni, assicurando la rotazione tra le diverse categorie, su indicazione delle associazioni nazionali di categoria in esso rappresentate; d) da tre membri delle associazioni iscritte nell'elenco di cui all'art. 13, comma 2, nominati ogni due anni dal Ministro dell'Interno, assicurando la rotazione tra le diverse associazioni, su indicazione delle associazioni medesime; e) da un rappresentante della Concessionaria di servizi assicurativi pubblici S.p.A. (CONSAP), senza diritto di voto".

[27] Con l'art. 2, comma 6-*sexies*, del d.l. 225/2010, convertito, con modificazioni, dalla legge n. 10/2011 il Legislatore ha proceduto a ad unificare in un unico fondo il Fondo di solidarietà per le vittime delle richieste estorsive e dell'usura (previsto dall'articolo 4, comma 1, del d.P.R. 455/1999) e il Fondo di rotazione per la solidarietà alle vittime dei reati di tipo mafioso (previsto dall'articolo 1, comma 1, della legge n. 512/ 1999). Il nuovo fondo, denominato "Fondo di rotazione per la solidarietà alle vittime dei reati di tipo mafioso, delle richieste estorsive e dell'usura", costituito presso il Ministero dell'Interno, è surrogato nei diritti delle vittime negli stessi termini e alle stesse condizioni già previsti per i predetti fondi unificati e subentra in tutti i rapporti giuridici facenti capo agli stessi.

nuova disciplina. Viene in questo modo superata l'eccessiva indeterminatezza che connotava la norma del d.m. 396/1992[28] e che aveva dato luogo a non pochi problemi in sede di istruttoria. Infatti, la mancata indicazione della documentazione da allegare rendeva spesso necessaria una richiesta di integrazione con un conseguente allungamento dei tempi per la definizione del procedimento. Anche la fase, che precede l'emanazione del decreto, è oggetto di puntuale disciplina ad opera della legge n. 44/1999 e del relativo regolamento. Ricevuta la domanda, il Prefetto procede all'attività istruttoria avvalendosi degli organi di polizia ed ha facoltà di richiedere all'Autorità Giudiziaria copia di atti inerenti il fatto delittuoso che ha causato il danno; è previsto altresì il parere del Pubblico Ministero competente, qualora per il delitto che ha causato il danno siano in corso le indagini preliminari.

Si tratta di un'attività connotata da ampi margini di discrezionalità nella valutazione della sussistenza del nesso di causalità tra l'attività estorsiva rispetto all'evento lesivo ed alla sussistenza dei presupposti di fatto, ai quali è subordinata la concessione dell'elargizione[29]. In relazione all'accertamento dell'ammontare del danno sofferto dal soggetto istante, il Prefetto può avvalersi della collaborazione di tecnici per le operazioni afferenti la quantificazione della relativa somma di denaro.

L'attività istruttoria assume particolare complessità nelle ipotesi in cui il danno allegato dal soggetto istante sia riconducibile a situazioni di intimidazione ambientale[30]. Queste situazioni sono caratterizzate da un forte margine di ambiguità

---

[28] Art. 11, comma 2, d.m. 396/1992: "La domanda deve essere corredata da idonea e dettagliata documentazione comprovante la natura del fatto che ha cagionato il danno patrimoniale, il rapporto di causalità, i singoli presupposti positivi e negativi previsti dalla legge e l'ammontare del danno (...)".

[29] Con riguardo al riparto di giurisdizione, la giurisprudenza amministrativa ha evidenziato che, mentre in ordine alla determinazione della spettanza o meno del contributo previsto dalla legge 23 febbraio 1999, n. 44 per le vittime delle richieste estorsive e dell'usura sussiste un'attività discrezionale di valutazione dei presupposti fattuali per la sua elargizione, a fronte della quale l'interessato non può vantare che una situazione di interesse legittimo, non altrettanto può dirsi in ordine alla successiva fase di quantificazione dell'indennità in questione. In tale situazione, infatti, i criteri per la determinazione del quantum sono unicamente quelli tassativamente predeterminati dalla legge (art. 9, legge n. 44/1999), essendo la Pubblica Amministrazione priva di ogni potestà discrezionale con riguardo all'entità della somma da erogare non restando che operare un mero calcolo aritmetico, ovviamente alla stregua degli elementi di prova che, in ordine all'estimazione concreta del danno sofferto, saranno forniti dal richiedente. Conseguentemente, la controversia concernente la quantificazione del contributo in questione spetta alla cognizione del giudice ordinario (TAR Calabria-Catanzaro, Sez. I, 24 maggio 2011, n. 770).

[30] Il Consiglio di Stato ha chiarito che, in base all'art. 3 della legge n. 44/1999, la quantificazione dell'elargizione è collegata al danno a beni mobili o immobili ovvero derivante da lesioni personali o da mancato guadagno inerente all'attività esercitata. Il danno alla sfera patrimoniale o all'integrità fisica deve legarsi con nesso di casualità a delitti commessi allo scopo di costringere

e, come tali sono difficili da interpretare[31]. In queste ipotesi è infatti auspicabile che l'attività di indagine coinvolga Prefetture, forze dell'ordine ed Autorità Giudiziaria nel reperimento di elementi dai quali desumere la sussistenza della situazione denunciata. La collaborazione tra questi soggetti istituzionali, attraverso lo scambio degli atti e delle informazioni in loro possesso, permetterebbe, infatti, al Prefetto di acquisire un maggior numero di elementi funzionali all'istruttoria. Mettendo a confronto i diversi dati sarebbe possibile operare una valutazione più attendibile circa il livello di penetrazione della criminalità nella zona dove è insediata l'impresa della vittima individuando le modalità operative seguite per l'imposizione del pizzo[32] e da questo desumere la sussistenza o meno della situazione di intimidazione ambientale[33].

Per consentire la massima cooperazione tra i soggetti coinvolti nell'attività istruttoria, è stata prevista l'istituzione[34], presso ogni Prefettura, di un'apposita struttura con funzioni di impulso e coordinamento. Tale struttura, denominata "*minipool* antiracket ed antiusura", rapresenta uno strumento particolarmente efficace per operare quella sintesi e quel raccordo interistituzionale, indispensabili per una compiuta attività d'indagine. Il decreto istitutivo, che disciplina le competenze della struttura, individua (art.1, comma 2) quali membri permanenti dei *minipool*: "a) un funzionario quale referente *antiracket* e antiusura della Prefettura, che, sotto la direzione del Prefetto, provvede a convocare la struttura, ad assicurarne il coordinamento nonché a rendere operative le decisioni adottate; b) un rappresentante della Questura; c) un ufficiale dell'Arma dei Carabinieri; d) un ufficiale della Guardia di Finanza". La composizione della struttura può essere ulteriormente arricchita attraverso la partecipazione di altri soggetti[35] che, su invito del Prefetto,

---

ad aderire a richieste estorsive, avanzate anche successivamente ai fatti (lesivi) o per ritorsione alla mancata adesione a tali richieste, ovvero in conseguenza di situazioni di intimidazione anche ambientale (Cons. St., Sez. VI, 08 settembre 2006, n. 5222).

[31] La giurisprudenza amministrativa, nel corso degli anni ha evidenziato che le particolari circostanze che fanno desumere l'intimidazione ambientale vanno individuate in tutte quelle situazioni pur non tipizzate né tipizzabili dalla norma purchè "plausibilmente collegate tra loro e riconducibili a finalità estorsive (Cons. St., Sez. IV, 19 giugno 2008, n. 3665 e Cons. St., Sez. III, 28 giugno 2011, n. 4819).

[32] Es. frequenza di rapine o furti, di incendi dolosi o di episodi di danneggiamento a carico di altri operatori economici della zona.

[33] La circolare del 25 febbraio 2015 del Commissario per il coordinamento delle iniziative antiracket e antiusura ha inteso valorizzare in un'ottica evolutiva il profilo normativo della intimidazione ambientale, quale presupposto che possa legittimare l'accesso al Fondo di solidarietà, in tutti quei casi in cui siano stati commessi atti intimidatori, i c.d. "reati indiretti", diversi nel nomen, ma sempre, in definitiva, finalizzati all'estorsione e all'acquisizione illecita delle aziende.

[34] Decreto del Ministro dell'Interno del 7 giugno 2007.

[35] Art. 1, comma 4:"Qualora il Prefetto ne ravvisi la necessità, in relazione a particolari temi,

possono essere chiamati a prendere parte alle riunioni dell'organo. La possibilità di operare attraverso l'intervento congiunto di più soggetti istituzionali rende il *minipool* uno strumento particolarmente utile nella conduzione della complessa attività istruttoria di competenza delle Prefetture.

Entro il termine di 60 giorni dalla data di presentazione o ricevimento della domanda[36], il Prefetto, terminata l'istruttoria, invia al Comitato un dettagliato rapporto (comprensivo del parere del Pubblico Ministero, ove espresso), con il quale comunica gli esiti dell'attività svolta, pronunciandosi circa la sussistenza dei presupposti e delle condizioni per la concessione dell'elargizione ed indicando l'ammontare del danno subito[37]. A questo punto il Comitato, entro trenta giorni dalla ricezione degli elementi istruttori e del rapporto prefettizio, delibera sulla domanda di concessione dell'elargizione. Qualora il Comitato ritenga che gli elementi pervenuti siano insufficienti per adottare una decisione, procede ad un'ulteriore attività istruttoria direttamente o per mezzo del Prefetto, al quale può essere richiesto il compimento di ulteriori atti di indagine. L'accertamento della sussistenza dei presupposti ai quali è subordinata la concessione dell'elargizione è un'attività molto delicata, connotata da ampi margini di discrezionalità soprattutto con riguardo alla valutazione delle circostanze di fatto e del nesso di causalità con l'evento lesivo lamentato dall'operatore economico[38]. In esito all'attività istrutto-

---

possono essere chiamati a partecipare alle riunioni della struttura: a) i rappresentanti dell'Autorità Giudiziaria; b)i rappresentanti delle Organizzazioni antiracket e antiusura, regolarmente iscritte nell'elenco prefettizio di cui al d.m. 21 ottobre 1999, n. 451; c) i rappresentanti dei Confidi e del sistema bancario; d) i rappresentanti degli Enti Locali; e) i rappresentanti delle associazioni imprenditoriali, di categoria o delle Camere di Commercio; f) ogni altro soggetto che il Prefetto ritiene opportuno convocare (…)".

[36] Nel caso in cui sia richiesta una provvisionale di elargizione, il Prefetto invia uno specifico rapporto preliminare entro 30 giorni dal ricevimento della domanda.

[37] L'art. 21 del d.P.R. 60/2014 prevede, ai fini dell'accertamento dell'ammontare del danno subito, che il Prefetto possa avvalersi dell'ausilio di funzionari tecnici di amministrazioni o enti pubblici ovvero, valutatane la necessità d'intesa con il Commissario per il coordinamento delle iniziative antiracket e antiusura, di consulenti tecnici scelti tra quelli iscritti all'albo di cui all'art. 13 delle disposizioni di attuazione del codice di procedura civile, il cui compenso è posto a carico del Fondo ed erogato da Consap.

[38] Con riguardo al riparto di giurisdizione la giurisprudenza amministrativa ha evidenziato che, mentre in ordine alla determinazione della spettanza o meno del contributo previsto dalla legge 23 febbraio 1999 n. 44 per le vittime delle richieste estorsive e dell'usura sussiste un'attività discrezionale di valutazione dei presupposti fattuali per la sua elargizione, a fronte della quale l'interessato non può vantare che una situazione di interesse legittimo, non altrettanto può dirsi in ordine alla successiva fase di quantificazione dell'indennità in questione. In tale situazione, infatti, i criteri per la determinazione del *quantum* sono unicamente quelli tassativamente predeterminati dalla legge (art. 9, legge n. 44/1999), essendo la Pubblica Amministrazione priva di ogni potestà discrezionale con riguardo all'entità della somma da erogare non restando che operare un mero

ria il Comitato di solidarietà antiracket e antiusura delibera sulla domanda di concessione dell'elargizione[39] entro trenta giorni dal ricevimento del rapporto e salvo proroga del termine disposta per ulteriori accertamenti istruttori. Entro sessanta giorni dalla data della deliberazione, il Ministro dell'Interno può promuovere, con richiesta motivata, il riesame della stessa da parte del Comitato.

La concessione dell'elargizione è adottata, in seguito alla deliberazione del Comitato, con decreto motivato del Commissario per il coordinamento delle iniziative *antiracket* ed antiusura, che viene comunicato all'interessato per il tramite del Prefetto che ha proceduto all'istruttoria ed al Pubblico Ministero competente e che viene trasmesso a CONSAP per gli ulteriori adempimenti.

La disciplina in esame delinea un sistema che si inserisce all'interno di una più ampia strategia di contrasto al fenomeno estorsivo. Con la predisposizione dello strumento dell'elargizione[40] a valere sul fondo di solidarietà il Legislatore non ha voluto creare un sistema di tipo assistenziale, ma ha cercato di elaborare un meccanismo che producesse effetti positivi sul sistema economico incentivandone lo sviluppo. La concessione dell'elargizione è, infatti, condizionata alla circostanza che i soggetti beneficiari impieghino la relativa somma di denaro in attività imprenditoriali o economiche. A seguito dell'erogazione del beneficio, la CONSAP è tenuta a verificare che le somme ricevute siano state effettivamente destinate per l'esercizio di un'attività economica. La mancata destinazione delle somme per le finalità sopra menzionate è, infatti, causa di revoca dell'elargizione.

---

calcolo aritmetico, ovviamente alla stregua degli elementi di prova che, in ordine all'estimazione concreta del danno sofferto, saranno forniti dal richiedente. Conseguentemente, la controversia concernente la quantificazione del contributo in questione spetta alla cognizione del giudice ordinario (TAR Calabria-Catanzaro, Sez. I, 24 maggio 2011, n. 770).

[39] La deliberazione del Comitato deve dare conto della natura del fatto che ha cagionato il danno patrimoniale, del rapporto di causalità, dei singoli presupposti positivi e negativi stabiliti dalla legge n. 44/1999 e dell'ammontare del danno patrimoniale dettagliatamente documentato. Qualora il danno patrimoniale si sia concretizzato in un mancato guadagno che non possa essere provato nel suo preciso ammontare, la valutazione sarà operata attraverso un equo apprezzamento delle circostanze e tenendo conto anche della riduzione del valore dell'avviamento commerciale.

[40] In ordine all'individuazione della natura giuridica dell'elargizione la giurisprudenza non è concorde, atteso che la stessa è stata qualificata come "contributo al ristoro del danno patrimoniale", specificando che, "nel caso di morte o di danno conseguente a lesioni personali, ovvero a intimidazione anche ambientale", il danno è liquidato "sulla base del mancato guadagno inerente alla attività esercitata dalla vittima"; oggetto del ristoro, quindi, è il solo danno che provoca una diminuzione della capacità lavorativa, e non qualunque danno che la vittima può subire (cfr. Cons. St., Sez. VI, 27 dicembre 2006, n. 7980), ovvero alla stregua di un beneficio contributivo, che riveste natura concessoria e che non implica la sostituzione dello Stato al soggetto passivo dell'obbligo risarcitorio per il danno derivante dalla fattispecie di reato contemplate della legge n. 44/1999 ed interviene nei limiti della dotazione del fondo di solidarietà previsto dall'art. 18 della legge medesima (cfr. Cons. St., Sez. VI, 08 settembre 2006, n. 5222).

Alla stessa finalità di sostegno risponde anche l'istituto della provvisionale con la quale, nelle more della definizione del procedimento per la concessione dell'elargizione, è possibile concedere anticipatamente una somma di denaro la cui entità oscilla fino al 70% dell'ammontare complessivo dell'elargizione. In questo caso, ricevuto un rapporto iniziale con il quale il Prefetto si pronuncia circa la sussistenza dei presupposti e delle condizioni per la concessione dell'anticipazione, il Comitato delibera sulla relativa istanza. L'erogazione della provvisionale permette all'operatore economico di ripristinare in tempi brevi l'azienda danneggiata impedendo così che al danno derivante dall'azione criminale si aggiunga quello relativo ad una lunga interruzione nello svolgimento dell'attività economica, che potrebbe produrre l'allontanamento della clientela e la perdita dell'avviamento commerciale[41].

Alla stessa finalità di supporto al riavvio dell'attività commerciale della vittima risponde la previsione contenuta nell'art. 20 della legge n. 44/1999. La norma in esame dispone la sospensione dei termini, che andrebbero a scadere entro un anno dalla data dell'evento lesivo, relativi agli adempimenti amministrativi e fiscali e dei termini per il pagamento dei ratei dei mutui bancari ed ipotecari, nonché di ogni altro atto avente efficacia esecutiva[42]. Si cerca in questo modo di garantire le condizioni migliori per una veloce ripresa dell'attività danneggiata, sollevando temporaneamente l'imprenditore da ulteriori oneri economici[43].

---

[41] Con circolare del 1° ottobre 2015 del Commissario per il coordinamento delle iniziative antiracket e antiusura è stata affrontata la delicata questione connessa alla possibilità di procedere alla concessione dell'intero importo dell'elargizione di cui alla legge n. 44/1999 (e non solo della provvisionale) anche prima dell'emanazione della sentenza conclusiva del giudizio penale, anche al fine di non determinare disparità di trattamento in relazione alla previsione di concessione anticipata del mutuo introdotta dall'art. 1, comma 3, della legge n. 3/2012, con riguardo ai benefici previsti in favore delle vittime dell'usura. L'Ufficio del Commissario, supportato da un parere dell'Avvocatura Generale dello Stato, ha affrontato la delicata questione, ritenendo ipotizzabile la concessione dell'intero importo dell'elargizione, in presenza di fattispecie in cui l'Amministrazione risulti in possesso di fondati elementi probatori in merito ai fatti delittuosi posti a fondamento dell'istanza, anche prima della conclusione del procedimento penale.

[42] La sospensione dei termini di decadenza prevista dall'art. 20 della legge n. 44 del 1999, concernente il fondo di solidarietà per le vittime delle richieste estorsive e dell'usura, trova applicazione anche con riguardo alle cause inerenti alla dichiarazione e revoca del fallimento, per le quali, ad altri fini, l'art. 3 della legge n. 742 del 1969 (in relazione all'art. 92 del r.d. n. 12 del 1941) fissa in generale il principio dell'inapplicabilità della sospensione feriale, trattandosi di disposizioni aventi presupposti diversi e tra le quali non è ipotizzabile un conflitto (Cfr. Cass. Civ, Sez 1, 22 gennaio 2009, n. 1613).

[43] La giurisprudenza ha individuato la *ratio* della sospensione dei termini dell'esecuzione immobiliare ai sensi dell'art. 20, comma 7, legge n. 44/1999, nella finalità di consentire l'ammissione ai benefici economici previsti dalla legge, finalizzati a consentire al debitore di riprendere a consolidare l'attività produttiva della sua impresa, superando gli effetti pregiudizievoli dell'essere stato vittima dei reati di usura ed estorsione. La norma ha carattere

## V.2. L'usura

Il termine "usura" deriva dal latino *usus* che, nel diritto romano, stava ad indicare genericamente il compenso per l'utilizzazione del capitale altrui[44]. Si trattava, quindi, di un concetto originariamente "neutro" che solo successivamente, soprattutto sotto l'influenza del diritto canonico, ha assunto un'accezione negativa, indicando quei prestiti che comportavano un'eccessiva gravosità nell'impegno finanziario a carico del debitore.

Nell'ordinamento italiano la pratica usuraria non era inizialmente considerata penalmente illecita[45]. La politica liberista, che caratterizzava l'Italia postunitaria, permeava anche il codice penale del 1889. Il codice Zanardelli, infatti, non prevedeva l'usura come reato in armonia con il codice civile del 1865 e con il codice di commercio del 1882 (che lasciavano alla volontà delle parti la pattuizione degli interessi convenzionali[46]).

Nell'ordinamento giuridico veniva tuttavia affermata la distinzione tra "interesse" e "compenso usurario", intendendo con quest'ultimo il corrispettivo per un prestito che si connotava come sproporzionato ed eccessivo rispetto a parametri fissati normativamente. Nei primi decenni del novecento la diffusione del fenomeno spinse ad una profonda riflessione, che prese forma in alcune iniziative legislative[47] volte a contrastare la diffusione della pratica usuraria[48], ma la vera novità nella repressione dell'usura si sarebbe avuta solo con il codice penale del 1930.

---

eccezionale ed in mancanza di specifica previsione, deve ritenersi possibile ottenere un solo ed unico periodo di sospensione della procedura in corso (Cfr. Cons. St., Sez. VI, 8 settembre 2006, n. 5222).

[44] Il diritto romano concepiva il contratto di mutuo come contratto essenzialmente gratuito, di conseguenza, se le parti avessero voluto prevedere la corresponsione di interessi, avrebbero dovuto farlo attraverso una pattuizione espressa (la *stipulatio usurarum*). Cfr. G. CERVENCA, *Usura (dir. romano)*, in *Enciclopedia del diritto*, XLV, Milano, 1992.

[45] Oltre al divieto di "anatocismo" il controllo degli interessi nel codice civile del 1865 era affidato all'art. 1831, che, al quarto comma, stabiliva il principio per cui "nelle materie civili l'interesse convenzionale, eccedente la misura legale, deve risultare da atto scritto; altrimenti non è dovuto alcun interesse".

[46] L'articolo 1831 del codice civile dichiarava che l'interesse "*è stabilito a volontà dei contraenti il mutuo*", lasciando pienamente libere le parti nella quantificazione del tasso d'interesse da applicare.

[47] A partire dagli ultimi anni del XIX secolo l'usura cominciò ad essere percepita come un problema che coinvolgendo ampi settori dell'economia era in grado di esercitare un effetto destabilizzante sul mercato. Risalgono a quegli anni alcuni progetti di legge volti a sanzionare la pratica usuraria dal punto di vista civilistico (progetto Sonnino del 1902 e progetto Garofano del 1910) o in modo combinato sia sul versante civilistico che penalistico (progetto Aguglia-Della Rocca del 1894 e progetto Granturco del 1900).

[48] Cfr. E. QUADRI, *Usura (dir. civile)*, in *Enciclopedia giuridica Treccani* XXXII, Roma, 1994.

Il Codice Rocco disciplina il reato di usura all'art. 644 c.p. che, nella formulazione originaria puniva "chiunque approfittando dello stato di bisogno di una persona, si fa da questa dare o promettere, sotto qualsiasi forma, per sé o per altri, in corrispettivo di una prestazione di denaro o di altra cosa mobile, interessi o altri vantaggi usurari…". Per la configurabilità del reato di usura era, quindi, necessaria la contemporanea esistenza di tre elementi: a) il vantaggio usurario; b) un obiettivo stato di bisogno della vittima; c) l'approfittamento di tale stato di bisogno da parte dell'autore del reato. Nella pratica la norma si è dimostrata di difficile applicazione, risultando particolarmente ardua la dimostrazione dell'elemento soggettivo del reato. Non era sempre agevole, infatti, fornire la prova della sussistenza dello stato di bisogno in capo alla vittima[49] né della consapevole volontà dell'agente di approfittare di tale condizione. La norma appariva debole anche sotto il profilo della determinatezza della fattispecie. In mancanza di parametri normativi ai quali ancorare i tassi d'interesse, sussisteva un'obiettiva difficoltà nell'individuare quando in concreto il vantaggio conseguito dall'agente potesse dirsi "usurario"[50]. Le difficoltà incontrate dai giudici nell'applicazione della norma hanno indotto il legislatore ad intervenire nel 1996 modificando l'art. 644 c.p..

La legge n. 108 del 1996, nell'approntare misure di contrasto al fenomeno dell'usura, ha riformulato la norma in questione prevedendo che "la legge stabilisce il limite oltre il quale gli interessi sono sempre usurari. Sono altresì usurari gli interessi, anche se inferiori a tale limite, e gli altri vantaggi che, avuto riguardo alle concrete modalità del fatto e al tasso medio praticato per operazioni similari, risultano comunque sproporzionati rispetto alla prestazione di denaro o di altre utilità, ovvero all'opera di mediazione, quando chi li ha promessi si trova in condizione di difficoltà economica o finanziaria". L'usurarietà degli interessi viene, quindi, ancorata ad un tasso limite fissato per legge[51] ovviando in questo modo

---

[49] La giurisprudenza aveva fornito un'interpretazione rigorosa del requisito in questione, qualificando lo stato di bisogno come concreta limitazione della volontà della vittima determinata da un'assillante preoccupazione economica idonea a limitare la sua libertà di scelta negoziale (Cfr. *ex pluribus* Cass. 22 novembre 2003, n. 10025).

[50] Per superare le difficoltà incontrate nell'applicazione della norma il legislatore era intervenuto una prima volta con il d.l. 306/92 introducendo la figura della cd. usura impropria (art. 644-*bis* c.p.). Per integrare il reato in questione, allorché la vittima fosse stata un imprenditore o un professionista, l'art. 644-*bis* richiedeva il semplice approfittamento delle condizioni di difficoltà economica o finanziaria. Per altro verso il Legislatore aveva inasprito le sanzioni (a maggior riprova dell'accresciuta rilevanza sociale del fenomeno), ed aveva introdotto una specifica aggravante, per l'ipotesi che il fatto fosse stato commesso nell'esercizio di un'attività professionale o di intermediazione finanziaria.

[51] Il limite oltre il quale gli interessi sono ritenuti usurari è calcolato aumentando il Tasso Effettivo Globale Medio (TEGM) di un quarto, cui si aggiunge un margine di ulteriori quattro punti percentuali. La differenza tra il limite e il tasso medio non può essere superiore

all'eccessiva indeterminatezza che connotava la precedente formulazione della fattispecie.

La novella del 1996 tende a costruire in chiave marcatamente oggettiva la fattispecie usuraria[52]; ai fini della sussistenza del reato diviene, infatti, irrilevante lo stato di bisogno della vittima[53] essendo sufficiente il mero superamento del tasso soglia[54] mantenendo rilevanza penale ai "vantaggi usurari", tradizionalmente ricondotti alla nozione di "usura reale". Altra interessante innovazione riguarda la confisca dei beni collegati al reato di usura. Accanto all'ipotesi prevista dall'art. 240 c.p., l'ultimo comma dell'art. 644 c.p. introduce una particolare forma di confisca (obbligatoria anche nell'ipotesi di patteggiamento[55]), che colpisce il denaro o le cose che costituiscono il prezzo o il profitto del reato e che si estende al denaro o ai beni di cui il reo abbia, anche per interposta persona, la disponibilità, per un importo pari al valore degli interessi e degli altri vantaggi usurari.

La legge n. 108/1996 si propone di affrontare il fenomeno dell'usura in modo globale attraverso un sistema repressivo-sanzionatorio non limitato al solo profilo penale[56]. Il legislatore del 1996 è infatti intervenuto anche sul versante civilistico attraverso la modifica dell'art. 1815 c.c.. La precedente formulazione della norma conteneva una clausola di adeguamento automatico in virtù della quale, qualora le parti avessero pattuito la corresponsione di interessi usurari, questi sarebbero stati ridotti al tasso legale. La legge n. 108/96 ha ridisegnato l'art. 1815 c.c. disponen-

---

a otto punti percentuali di un quarto, cui si aggiunge un margine di ulteriori quattro punti percentuali. La differenza tra il limite e il tasso medio non può essere superiore a otto punti percentuali. Tale metodo di calcolo è stato introdotto dal D.L. 70/2011, che ha modificato l'art. 2, comma 4 della legge 108/96, che determinava il tasso soglia aumentando il TEGM del 50 per cento.

[52] L. DELPINO, *Manuale di diritto penale (parte speciale)*, Napoli, 2002.

[53] In seguito alla riformulazione dell'art. 644 c.p., essendo venuto meno il requisito dello stato di bisogno della vittima, diviene irrilevante anche l'elemento soggettivo dell'approfittamento di tale stato da parte dell'autore del reato.

[54] La legge n. 108/96 ha abrogato l'art. 644-*bis* c.p. ma il reato di usura impropria resta formalmente assorbito nella condotta descritta dal novellato art. 644 c.p. che, al terzo comma, sanziona come usurario anche il tasso d'interesse che non superi il limite previsto, allorché esso appaia comunque sproporzionato ed il soggetto passivo versi in uno stato oggettivo di difficoltà economica o finanziaria.

[55] La regola generale in tema di patteggiamento prevede la restituzione delle cose sequestrate al reo (cfr. art. 445 c.p.p.).

[56] Dalle modifiche introdotte dalla legge n. 108/1996 deriva, pertanto, un allargamento della tutela penale che non ha ad oggetto solamente la libertà morale e patrimoniale della soggetto passivo del reato, ma che mira anche a proteggere l'interesse collettivo al corretto svolgimento dei rapporti contrattuali a contenuto economico e, più in generale, il regolare funzionamento dei mercati finanziari. E. QUADRI, *Usura e legislazione civile*, in *Corriere Giuridico 1999*, 890 e ss..

do che "se sono convenuti interessi usurari, la clausola è nulla e non sono dovuti interessi[57]".

La nuova disciplina civile dell'usura determina un inasprimento del regime sanzionatorio con l'evidente finalità di costituire un valido supporto all'azione di contrasto esercitata in sede penale. La norma in questione costituisce una deroga al principio generale dell'art. 1343 c.c. in virtù del quale l'illiceità della causa per contrarietà ad una norma imperativa[58] determina la nullità del contratto. La deroga in questione è giustificata dall'esigenza di tutelare il soggetto mutuatario e risponde alla finalità di garantire la conservazione del contratto e la disponibilità del capitale ricevuto in prestito[59].

Dal quadro normativo esaminato emerge la volontà del legislatore di affrontare il problema dell'usura approntando una pluralità di strumenti che, operando in modo sinergico, possano arginare quello che, purtroppo, risulta essere un fenomeno sommerso ed insidioso.

### *V.2.1. La lotta all'usura: la l. n. 108/1996*

Come avvenne per il *racket* anche la legge sull'usura vide la luce in un periodo di emergenza. La frequenza con la quale tra il 1994 ed il 1996 si verificarono tragici episodi di cronaca collegati al fenomeno in esame[60], spinse il Legislatore ad accelerare l'approvazione di una legge organica, che alle finalità repressive affiancasse strumenti di prevenzione e di sostegno alle vittime del reato.

La legge 108 del 1996 si inserisce nella più ampia strategia di contrasto alla criminalità organizzata, attuata sin dai primi anni del 1990[61], attraverso l'elaborazione di norme volte a colpire i principali settori d'intervento delle organizzazioni

[57] La disciplina in esame configura una deroga al principio generale della naturale produttività degli interessi sancito dall'art. 1282 c.c. per le obbligazioni pecuniarie. La dottrina ha attribuito a tale sanzione carattere general preventivo ed afflittivo, inquadrandola nella categoria delle pene private (S. PROSDOCIMI, *La nuova disciplina del fenomeno usurario*, in *Studium Juris*, 1996, 771 e ss.; A. MANNA, *La nuova legge sull'usura*, Torino,1997) ovvero in quella delle sanzioni civili indirette o punitive (G. MERUZZI, *Usura*, in *Contratto e impresa*, 1996, 759 e ss.).

[58] In questo caso la norma imperativa violata sarebbe l'art. 644 c.p..

[59] In caso di nullità del contratto di mutuo il mutuatario (persona offesa nel reato di usura) sarebbe stato tenuto all'immediata restituzione del capitale.

[60] Usura: costretta a prostituirsi per pagare gli strozzini, ANSA, 25 novembre 1994; Usura: si suicida orafo a Pompei, ANSA, 3 gennaio 1996; Usura: assediato dagli strozzini, mette in vendita gli organi, ANSA, 6 giugno 1995; Usura: strangolato dai debiti si uccide a Taranto, ANSA, 28 febbraio 1996. Queste sono solo alcune delle tragiche vicende che si susseguirono in quegli anni facendo emergere il fenomeno dell'usura come vero e proprio dramma sociale.

[61] Risalgono a quel periodo, ad esempio, la legge n. 197/1991 in materia di riciclaggio, il d.l. 419/1991 in materia di *racket*, la legge n. 356/1992 in materia di misure di prevenzione.

criminali sia sul versante delle fonti di approvvigionamento del capitale sia su quello del riciclaggio e del reimpiego dello stesso in attività lecite.

Nell'ottica di una più incisiva repressione del fenomeno, la legge in commento ha operato una vera e propria rivisitazione del delitto di usura, ovviando in questo modo ai problemi applicativi emersi sotto la vigenza della precedente disciplina normativa. La legge n. 108/1996 provvede, infatti, a riformulare la fattispecie descritta dall'art. 644 c.p. inasprendo il regime sanzionatorio e rendendo più agevole l'individuazione delle condotte punibili. Avendo collegato il reato di usura al semplice superamento di un tasso soglia normativamente individuato, ha fatto venir meno la necessità di dimostrare la sussistenza dell'elemento soggettivo dell'approfittamento dello stato di bisogno, in precedenza indispensabile ai fini della configurabilità del delitto in questione. La modifica in esame, dunque, attraverso una maggiore oggettivazione della condotta ha eliminato la sostanziale indeterminatezza che caratterizzava la precedente formulazione dell'art. 644 c.p., con ciò rendendo concretamente più efficace l'azione di contrasto al reato di usura.

Sempre sul versante della repressione si inquadrano le disposizioni che prevedono interventi di carattere patrimoniale volti a colpire l'illecita accumulazione di capitale da parte del reo. La legge n. 108/1996 introduce una particolare forma di confisca la cui disciplina si discosta parzialmente da quella dettata in via generale dall'art. 240 c.p.. Nell'ipotesi di sentenza di condanna o di "patteggiamento" per il delitto di usura, l'art. 644 c.p. impone, infatti, al giudice di disporre il provvedimento ablativo. Si tratta quindi di un'ipotesi in cui la confisca è obbligatoria e risulta sostanzialmente sganciata dal requisito della pericolosità sociale del reo. Il Legislatore ha inoltre ampliato la gamma dei beni oggetto di ablazione rispetto a quelli elencati dall'art. 240 c.p.. L'art. 644 c.p. prescrive infatti che la misura in esame colpisca non solo i beni che costituiscono il prezzo o il profitto del reato, ma anche il denaro ovvero le altre utilità, di cui il reo abbia la disponibilità anche per interposta persona, per un importo pari al valore degli interessi o degli altri vantaggi o compensi usurari. Viene aggredito in modo diretto il patrimonio dell'usuraio attraverso l'acquisizione non solo dei beni a lui intestati ma anche, e soprattutto, di quelli che ricadono nella sua sfera di disponibilità, pur essendo formalmente intestati a terzi. Con la norma in questione il Legislatore intende colpire il fenomeno usurario nel suo aspetto più importante rappresentato dall'accumulazione di capitale. Aggredendo la fonte della disponibilità patrimoniale dell'usuraio, la misura in esame permette di raggiungere il duplice obiettivo di sanzionare la condotta del reo e di prevenire la commissione di nuovi reati.

Nel quadro degli interventi di natura patrimoniale applicabili in materia di usura, un cenno a parte merita l'art. 12-*sexies* del d.l. 306/1992 (convertito nella legge n. 356/1992). La norma in esame si inserisce nella nuova strategia di prevenzione e di lotta al crimine organizzato fondata su strumenti volti a colpire le fonti di ricchezza utilizzate dalla criminalità per alimentare i propri traffici[62]. L'art. 12-*sexies* del d.l. 306/1992 disciplina particolari ipotesi di confisca prevedendo che, in caso di condanna per taluni reati frequentemente collegati all'attività delle organizzazioni criminali (tra cui l'usura), il giudice disponga la confisca dei beni o delle altre utilità di cui il condannato non possa giustificare la provenienza e di cui, anche per interposta persona, risulti essere titolare o avere la disponibilità. Questa particolare ipotesi di confisca è caratterizzata dalla rottura del nesso specifico tra il bene oggetto di ablazione ed il reato presupposto, estendendosi a tutti i beni nella disponibilità del condannato, il cui valore risulti sproporzionato al reddito da questi dichiarato ovvero all'attività economica esercitata, qualora non sussista una giustificazione credibile circa la provenienza di essi[63].

Un altro strumento utile nell'attività di contrasto al fenomeno in esame è rappresentato dalle misure di prevenzione di cui alla legge n. 1423/1956 che, per espressa previsione dell'art. 9 della legge n. 108/1996, risultano applicabili anche con riguardo all'usura. Si tratta di provvedimenti di natura amministrativa che vengono disposti, indipendentemente dall'esistenza di un procedimento penale, nei confronti di soggetti considerati pericolosi per la sicurezza pubblica. I destinatari delle misure in questione sono, in particolare, soggetti che, sulla base di elementi di fatto, si ritengono dediti a traffici delittuosi. Risultano particolarmente indicate a contrastare il fenomeno in esame le misure di prevenzione a carattere patrimoniale ed in particolare la confisca e la sospensione temporanea dall'amministrazione dei beni.

Tali misure, anche in assenza di un giudizio penale, permettono di colpire i beni di cui il soggetto indiziato non riesca a dimostrare la legittima provenienza e che risultino di valore sproporzionato rispetto al reddito o alle sue capacità economiche.

Parallelamente alle disposizioni a carattere repressivo sopra esaminate, la legge n. 108/1996 elabora ulteriori strumenti di contrasto all'usura volti ad operare

---

[62] L'intervento sul patrimonio risponde alla necessità di bloccare i flussi finanziari di provenienza illecita prima che possano confluire, sotto forma di finanziamento, nell'economia legale. L'ampliamento dei beni suscettibili di confisca tende quindi a contrastare l'ingresso della criminalità nei circuiti economici legali. Cfr. R. SPINA, *Il reato di usura: la legislazione attuale tra repressione e tutela della persona offesa, atti del convegno Usura ed estorsione: esperienze a confronto e prospettive di riforma*, Roma, 2005.

[63] La Corte di Cassazione ha evidenziato che la confiscabilità dei beni nel caso di procedimento penale per il delitto di usura non trova i suoi limiti nelle previsioni dell'art. 240 c.p. ma si estende anche a cose che non siano il prodotto od il profitto immediatamente individuabile come connesso allo specifico episodio imputato ed è diretta, da un lato, ad impedire che comunque il condannato possa trarre un utile dal reato commesso e, dall'altro, a devolvere allo Stato tutte le utilità che appaiano ingiustificatamente acquisite al proprio patrimonio da una persona condannata per il delitto di usura. (Cass. Penale, Sez. II, 11 marzo 1999, n. 881).

sia sul versante della prevenzione del fenomeno sia su quello del sostegno alle vittime.

L'usura è un male endemico che coinvolge direttamente il circuito economico determinando forti distorsioni nelle dinamiche di mercato. La consapevolezza delle forti interconnessioni esistenti tra sistema economico e mercato illegale del credito, ha spinto il Legislatore a predisporre misure volte a garantire maggiore trasparenza e professionalità in un settore di fondamentale importanza come quello creditizio. La legge n. 108/1996 è intervenuta su questo delicato tema, imponendo ai soggetti operanti nel settore dell'intermediazione finanziaria il possesso di determinati requisiti ed il rispetto di talune formalità, volte a garantirne la serietà e la professionalità.

Garantire il corretto funzionamento del sistema bancario e creditizio costituisce, infatti, una condizione essenziale per prevenire il ricorso al credito illegale e, quindi, all'usura. Tale condizione rischierebbe tuttavia di rivelarsi insufficiente, in assenza di interventi che rendano in concreto più agevole l'accesso al credito.

L'usura è un fenomeno sommerso e strisciante che coinvolge interi settori economici e sociali. A differenza dell'attività estorsiva (esercitata dalla criminalità organizzata prevalentemente nei confronti delle imprese), quella usuraria colpisce anche le famiglie e, più in generale, le fasce deboli della società, determinando talvolta vere e proprie situazioni di emergenza. Il rischio usura è in agguato laddove sussiste un bisogno di denaro[64] che non riesce ad essere soddisfatto attraverso il ricorso agli ordinari strumenti di credito legale.

Per contrastare efficacemente il fenomeno dell'usura è indispensabile operare attraverso misure che coinvolgano il sistema creditizio nel suo complesso. Il buon funzionamento del circuito legale del credito influisce, infatti, in modo determinante nel limitare il ricorso al prestito usurario. Ampliare l'accesso al credito "legale" vuol dire infatti sottrarre possibili "clienti" all'usura.

L'attività creditizia costituisce attività d'impresa e, come tale, risponde a canoni di efficienza e di ottimizzazione delle risorse. Per questo motivo la concessione del credito da parte delle banche è accompagnata da una serie di cautele, che tendono ad evitare il rischio di un mancato rimborso del denaro prestato e che garantiscono alla banca un'adeguata remunerazione per il capitale impiegato. L'allocazione del credito è un'attività complessa, che passa attraverso una pluralità di fasi mediante le quali la banca tende a reperire le informazioni necessarie per conoscere la situazione finanziaria dei richiedenti, onde valutare l'opportunità di erogare il prestito, stabilendo le concrete condizioni contrattuali. L'attività di

---

[64] Le cause possono essere le più disparate, può trattarsi dell'imprenditore che necessita di denaro per la propria attività o della famiglia che si trova a dover far fronte ad una spesa imprevista (ad esempio in caso di malattie).

*screening* è funzionale a scongiurare il rischio di insolvenza da parte del soggetto richiedente, evitando che la banca si trovi a dover impiegare le proprie risorse in procedimenti esecutivi per il recupero coattivo del credito.

Secondo le indagini condotte dalla Banca d'Italia[65], nel Mezzogiorno la concessione del credito sarebbe contraddistinta da una rischiosità media sensibilmente più elevata rispetto alle altre zone del Paese; sempre nel Mezzogiorno le procedure per il recupero dei crediti in via giudiziaria durerebbero più a lungo e sarebbero caratterizzate da costi più elevati e da una maggiore incertezza negli esiti. La complessità delle procedure giudiziarie, a causa delle maggiori spese sostenute dalle banche, si tradurrebbe, in ultima analisi, in un innalzamento del costo del credito proprio in quelle zone in cui più alto è il rischio usura. Qui gli elevati tassi di interesse e l'obiettiva difficoltà di accesso al credito potrebbero creare un vero e proprio corto circuito economico finendo con l'alimentare il mercato illegale del finanziamento[66].

Per contemperare le esigenze degli istituti di credito con la necessità di combattere la piaga dell'usura, la legge n. 108/96 ha elaborato un meccanismo di condivisione del rischio in grado di facilitare la concessione del credito alle piccole e medie imprese. Con l'art. 15 della legge in commento è stato infatti istituito il "Fondo per la prevenzione del fenomeno dell'usura" con lo scopo di elargire contributi[67] a particolari consorzi, i "Confidi", che intervengono nella procedura

---

[65] Cfr. BANCA D'ITALIA, Bollettino economico n. 46, marzo 2006 e BANCA D'ITALIA, Questioni di Economia e Finanza, Domanda e offerta di credito in Italia durante la crisi finanziaria n. 63, aprile 2010.

[66] Il problema rischia di aggravarsi ulteriormente anche a causa dell'attuale situazione di crisi che ha coinvolto numerosi istituti di credito. In ragione di ciò si è reso necessario intervenire attraverso accordi internazionali, al fine di individuare regole comuni per rafforzare il sistema bancario nel suo complesso. Con gli accordi denominati "Basilea 2" e "Basilea 3", sono stati imposti requisiti patrimoniali più rigorosi agli istituti di credito. In base ad essi le banche dei paesi aderenti devono accantonare quote di capitale proporzionali al rischio derivante dai vari rapporti di credito assunti, valutato attraverso lo strumento del rating. Collegare il fabbisogno di capitale al rischio sottostante ad un finanziamento o ad un investimento implica inevitabilmente che il prezzo di quel finanziamento o di quell'investimento divengano maggiormente sensibili al rischio. Ciò potrebbe determinare una contrazione del credito nei confronti delle imprese. In particolare le piccole e medie imprese, in quanto soggetti di minore qualità creditizia, vedrebbero peggiorare le condizioni loro praticate dalle banche con un effetto di compressione della loro capacità di indebitamento. Cfr. A. RESTI e A. SIRONI, *La crisi finanziaria e Basilea 3: origini, finalità e struttura del nuovo quadro regolamentare*, Milano, 2011 e F. MIGLIETTA in *Il ruolo del capitale tra regole bancarie e disciplina societaria* (a cura di Giannelli e Dell'Atti), Milano, 2012.

[67] Il fondo dovrà essere utilizzato quanto al 70 per cento per l'erogazione di contributi a favore di appositi fondi speciali costituiti dai consorzi o cooperative di garanzia collettiva denominati "Confidi", istituiti dalle associazioni di categoria imprenditoriali e dagli ordini professionali, e

di concessione del credito prestando garanzie[68] per il richiedente, favorendo l'erogazione di finanziamenti nei confronti di quei soggetti che incontrano difficoltà di accesso al credito[69]. L'intervento dei Confidi può rendere più agevole la concessione del credito anche attraverso un'opera di supporto alle banche nell'attività di *screening* ovvero nel reperimento delle informazioni relative alla "meritevolezza del credito" ed alla complessiva situazione del richiedente. La conoscenza approfondita del tessuto socio economico nel quale opera l'impresa permette ai Confidi di valutare le potenzialità del progetto per il quale è richiesto il finanziamento fornendo un prezioso aiuto alle banche nella fase istruttoria che precede (e dalla quale dipende) la concessione del credito. La legge in esame, con l'istituzione del fondo di prevenzione di cui all'art. 15, ha inteso, quindi, facilitare l'erogazione di prestiti in favore di soggetti a rischio usura. Il fondo di prevenzione ha, infatti, lo scopo di finanziare l'attività dei Confidi, che operano prestando garanzie nei confronti delle banche in favore di soggetti, ai quali sarebbe altrimenti preclusa la possibilità di ottenere prestiti dagli istituti di credito perché privi di garanzie. Il Legislatore ha così inteso incentivare l'attività svolta da tali organismi nel settore del credito solidale[70], sostenendone la capacità finanziaria ed indirizzandola nell'opera di sostegno ai soggetti a rischio.

A fianco alle norme volte a prevenire il ricorso al credito usurario si pongono gli interventi con i quali si è inteso offrire un sostegno concreto alle vittime. La legge n. 108/1996 predispone un meccanismo analogo a quello previsto in tema di contrasto al fenomeno del *racket*. Come il d.l. 419/1991, infatti, anche la legge in commento istituisce un fondo, denominato "Fondo di solidarietà per le vittime dell'usura"[71], che provvede all'erogazione di mutui senza interessi[72] a favore degli operatori economici vittime degli usurai, al fine di favorirne il reinserimento nel

---

quanto al 30 per cento a favore delle fondazioni ed associazioni riconosciute per la prevenzione del fenomeno dell'usura (…).

[68] I Confidi possono prestare garanzie fino all'80% del valore del credito richiesto.

[69] Si tratta di soggetti a rischio usura, la legge n. 108/96 parla di piccole e medie imprese ad elevato rischio finanziario, intendendosi per tali le imprese cui sia stata rifiutata una domanda di finanziamento assistita da una garanzia pari ad almeno il 50 per cento dell'importo del finanziamento stesso pur in presenza del Confidi al rilascio della garanzia.

[70] Cfr. L. BUSÀ, B. LA ROCCA, *L'usura, le usure – tempi, modi e luoghi di un fenomeno antico e moderno*, Roma, 2006.

[71] Il Fondo in esame è stato unificato al Fondo di solidarietà per le vittime di richieste estorsive dall'art. 18-*bis* inserito nella legge n. 44/99 dall'art. 51, comma 1, della legge n. 448/2001.

[72] Diverse sono tuttavia le tipologie di interventi elaborate dal Legislatore per fronteggiare i due fenomeni in esame. Mentre con riguardo alle vittime del *racket* è prevista l'elargizione di una somma a fondo perduto a ristoro del danno subito dall'imprenditore, per l'usura lo strumento di sostegno è rappresentato dall'erogazione di un mutuo senza interessi, di durata non superiore a dieci anni, con l'obbligo di restituzione del capitale allo scadere del termine.

circuito economico legale. Similmente alla disciplina in materia di contrasto al fenomeno estorsivo, l'accesso ai benefici previsti dalla L. 108/1996 è riservato a soggetti che esercitano un'attività imprenditoriale o comunque economica e che sono rimasti vittime dell'usura. Bisogna far rilevare tuttavia che, a differenza del *racket*, che per sua stessa natura coinvolge solo gli operatori economici, l'usura è un fenomeno che colpisce, oltre a commercianti ed imprenditori, anche famiglie e comuni cittadini. L'avere limitato l'accesso al fondo di solidarietà ai soli operatori economici risponde, di conseguenza, ad una precisa scelta politica volta a proteggere innanzitutto il sistema economico dai pericoli connessi all'usura. Sono state fatte rilevare le gravi conseguenze per l'economia collegate all'esercizio dell'attività usuraria nei confronti delle imprese. In questa prospettiva è quindi spiegabile la scelta di predisporre, attraverso il fondo di solidarietà, uno strumento di sostegno al sistema economico ancor prima che ai singoli imprenditori coinvolti nella spirale dei prestiti usurari. Gli interventi previsti dalla L. 108/1996 non hanno infatti natura assistenziale ma, attraverso il supporto ai singoli operatori in difficoltà, sono destinati in ultima istanza ad incidere sull'andamento del mercato stimolandone il corretto sviluppo.

Il mutuo erogato dal fondo di solidarietà, commisurato all'ammontare degli interessi usurari corrisposti, è volto a facilitare il reinserimento del soggetto nel circuito economico legale supportando il ripristino dell'attività economica da questi esercitata[73]. Mediante l'intervento del fondo si vuole scongiurare il rischio che l'attività economica esercitata dalla vittima possa cessare a causa dell'esposizione debitoria del titolare. Attraverso l'erogazione del mutuo il Legislatore ha inteso quindi tutelare non solo l'imprenditore ma anche soggetti (come ad esempio i lavoratori dell'impresa), che dalla chiusura dell'attività riceverebbero un indubbio pregiudizio. Proprio per scongiurare il rischio di chiusura dell'impresa è espressamente prevista la possibilità, nelle more del procedimento, di ottenere, a titolo di provvisionale, un'anticipazione della somma richiesta[74]. La provvisionale consen-

---

[73] Alla medesima finalità, di agevolare il reinserimento del soggetto nell'economia legale, risponde anche la previsione contenuta nell'art. 18 della legge n. 108/1996. In base a questa norma la vittima di usura, che sia parte offesa nel relativo procedimento penale, può chiedere al Presidente del Tribunale che venga disposta la sospensione della pubblicazione ovvero la cancellazione del protesto elevato per il mancato pagamento di un titolo di credito presentato per l'incasso dall'imputato personalmente o per interposta persona. Lo *status* di protestato determina notevoli conseguenze negative soprattutto con riguardo a soggetti che esercitano un'attività economica in quanto comporta l'allontanamento dal circuito bancario e la preclusione dell'accesso al credito. Con la possibilità di ottenere la cancellazione del protesto, il Legislatore ha quindi inteso facilitare il ripristino dell'attività economica da parte dell'imprenditore vittima dell'usura.

[74] La legge n. 3/2012, alla quale è dedicato un più ampio esame nell'ambito della presente trattazione, ha modificato l'art. 14 della legge n. 108/1996 prevedendo la possibilità di conces-

te di ovviare ad eventuali ritardi nella procedura di esame dell'istanza, garantendo al soggetto l'efficacia di un intervento tempestivo.

All'atto della domanda il soggetto istante deve allegare un piano di investimento che illustri le modalità di impiego in attività produttive delle somme richieste. Il piano di investimento svolge l'importante funzione di consentire la verifica del corretto utilizzo delle somme mutuate, scongiurando il rischio che le somme ricevute vengano spese per saldare il debito con l'usuraio. La destinazione del denaro per investimenti nel settore produttivo rappresenta un requisito necessario per l'erogazione del mutuo, il venir meno del quale determina la revoca della concessione, con il conseguente obbligo di restituzione del denaro.

L'usura, come e forse ancor più del *racket*, è un fenomeno sommerso che può essere affrontato dallo Stato solo con la collaborazione delle vittime. Tale collaborazione deve essere sollecitata attraverso strumenti che incentivino tali soggetti a denunciare. Il meccanismo utilizzato dal Legislatore è analogo a quello elaborato in tema di lotta al *racket* e si sostanzia nel subordinare l'accesso ai benefici alla preventiva denuncia del reato all'Autorità giudiziaria.

Per incentivare ulteriormente i soggetti a denunciare, la legge n. 108/1996 permette l'ingresso nel processo delle associazioni e delle fondazioni antiusura, alle quali l'art. 10 riconosce la facoltà di costituirsi parte civile. La norma in esame riveste un'importanza fondamentale nella strategia di emersione del fenomeno in quanto permette alle vittime dell'usura di ricevere il sostegno e l'assistenza delle associazioni anche nel corso del processo. Lo stato di soggezione in cui versa la vittima di usura costituisce, infatti, il più grosso ostacolo alla presentazione delle denunce. Tale stato di soggezione permane anche nel caso in cui la vittima trovi la forza di denunciare l'usuraio e rischia talvolta di compromettere il buon esito del processo. Sono stati, infatti, frequenti gli episodi di ritiro della denuncia o di ritrattazione in sede processuale per il timore di subire ritorsioni; questo perché la forza di intimidazione esercitata sulla vittima è tale da non abbandonarla nemmeno durante il giudizio. L'intervento delle associazioni svolge quindi un'insostituibile funzione di supporto permettendo di rafforzare la posizione della vittima anche in sede processuale, contribuendo a neutralizzare la minaccia esercitata dalla presenza dell'usuraio.

La legge n. 108/1996 si inserisce nel solco tracciato dalla disciplina di sostegno alle vittime del *racket* dettata, qualche anno prima, dal d.l. 419/1991. L'analogia tra gli strumenti di sostegno, che accomunava entrambe le discipline, ha fatto sì che il Legislatore decidesse di procedere alla loro fusione in un unico strumento di supporto alle vittime del *racket* e dell'usura. Con la legge n. 44/1999 sono stati

---

sione del mutuo anche nel corso delle indagini preliminari, previo parere favorevole del Pubblico Ministero, sulla base di concreti elementi acquisiti nel corso delle indagini preliminari.

fatti confluire in un unico fondo, istituito presso il Ministero dell'Interno, i fondi operanti in favore delle vittime del *racket* e dell'usura, affidando le procedure per l'accesso ai benefici al Commissario per il coordinamento delle iniziative *antiracket* ed antiusura. Il successivo d.P.R. 455/1999, ora confluito nel d.P.R. 60/2014, nel regolamentare l'attività del fondo, ha provveduto a dettare una procedura unitaria per la valutazione delle domande di accesso ai benefici da parte delle vittime del *racket* e di quelle dell'usura. Le fasi che precedono l'emanazione del decreto di accoglimento, ovvero di rigetto, della richiesta di mutuo sono, quindi, identiche a quelle esaminate a proposito del procedimento di concessione dell'elargizione in favore delle vittime del *racket*[75].

## V.3. Le novità introdotte dalla legge n. 3/2012

Con la legge 27 gennaio 2012, n. 3, recante "disposizioni in materia di usura e di estorsione, nonché di composizione delle crisi da sovra indebitamento", il Legislatore ha inteso potenziare la disciplina di contrasto al racket ed all'usura inserendo nell'impianto originario delle leggi 44/99 e 108/1996 talune misure che estendono gli strumenti di tutela in essi previste.

La legge in commento delinea una strategia complessiva che si articola in tre direttrici principali: 1) sotto il profilo della prevenzione introduce nell'ordinamento italiano una procedura per la composizione delle crisi di sovraindebitamento al fine di prevenire il ricorso stesso al mercato dell'usura; 2) sotto il profilo repressivo, determina un inasprimento del trattamento sanzionatorio previsto per il delitto di estorsione e per quello di cui all'art. 16, comma 9, della legge n. 108/1996; 3) con riguardo alle iniziative di tutela e supporto alle vittime dell'usura e delle estorsioni integra la normativa dettata per l'accesso delle medesime al credito agevolato o a speciali contributi.

Tralasciando l'analisi della procedura di composizione delle crisi da sopraindebitamento, poiché esula dalla presente trattazione, è opportuno soffermarsi sulle modifiche apportate alla legge n. 44/99 ed alla legge n. 108/96.

In relazione agli interventi di modifica alla legge n. 44/99 operati dalla normativa in commento va innanzitutto segnalato l'ampliamento dei soggetti potenzialmente ammessi ad accedere ai benefici previsti in tema di contrasto all'estorsione. Attraverso l'inserimento dei commi 1-*bis* ed 1-*ter* nel testo originario dell'art. 3 della legge n. 44/99 il Legislatore ha previsto la possibilità di concedere l'elargizione, previo parere del giudice delegato, anche in favore di soggetti dichiarati falliti a condizione che gli stessi non abbiano riportato condanne ovvero non ri-

[75] Cfr. *supra*, par. 1.2.

sultino indagati o imputati per taluni reati. I reati che precludono l'accesso all'elargizione sono meno numerosi di quelli previsti dalla normativa antiusura, limitandosi alle fattispecie disciplinate dagli artt. 216 e 217 della legge fallimentare (bancarotta fraudolenta e bancarotta semplice) alle quali si aggiungono i delitti contro il patrimonio, l'economia pubblica, l'industria e il commercio, mentre non sono contemplati i reati contro la pubblica amministrazione, quelli contro l'amministrazione della giustizia e quelli contro la fede pubblica, previsti, invece, dalla legge n. 108/1996 nel testo novellato.

Tra le misure di sostegno ai soggetti che hanno subito eventi lesivi a seguito di attività estorsive va menzionata la previsione contenuta all'art. 18-*ter* della legge n. 44/99 nel testo novellato dalla legge n. 3/12, che prevede un ulteriore ampliamento della tutela anche da parte degli enti locali, i quali, attraverso appositi regolamenti, potranno disporre l'esonero totale o parziale dal pagamento dei tributi locali, tariffe locali o canoni locali, in favore di tali soggetti.

In relazione al regime di sospensione dei termini, disciplinato dall'art. 20 della legge n. 44/99, la novella del 2012 ha operato una sostanziale modifica anche a seguito dell'intervento della Corte Costituzionale.

La norma in commento, nella versione originaria, stabiliva che la sospensione dei termini avesse effetto a seguito del parere del Prefetto competente per territorio, sentito il Presidente del Tribunale. La Corte Costituzionale, con la sentenza 23 dicembre 2005, n. 457, ha dichiarato incostituzionale il comma 7 dell'articolo 20 della legge n. 44/99 nella parte in cui prevedeva il carattere vincolante del parere del Prefetto ai fini della concessione della sospensione dei termini del procedimento. Al riguardo la giurisprudenza amministrativa aveva precisato che "il parere del Prefetto, ha valore di atto infraprocedimentale obbligatorio, ma non vincolante, esso, in sintesi, rappresenta una fase necessaria del procedimento ma non ne condiziona l'esito, né ha attitudine in via di principio a determinare un arresto procedimentale autonomamente lesivo, ben potendo l'autorità giudiziaria pervenire a conclusioni difformi, peraltro, l'ordinanza con la quale il giudice dell'esecuzione respinga o accolga l'istanza di sospensione dei termini di cui all'art. 20 della legge 23 febbraio 1999, n. 44 è suscettibile di opposizione agli atti esecutivi" (Cons. Giust. Amm. Sic., 10 novembre 2009, n. 1042).

La legge n. 3/2012 ha introdotto una sostanziale modifica in relazione all'operatività della sospensione dei termini, stabilendo che le proroghe dei termini e le sospensioni abbiano effetto a seguito del provvedimento favorevole del Procuratore della Repubblica competente per le indagini in ordine ai delitti che hanno causato l'evento lesivo. In presenza di più procedimenti penali che riguardano la medesima parte offesa è competente il Procuratore della Repubblica del procedimento iniziato per primo. Ai sensi della disciplina novellata, il Prefetto, ricevuta l'istanza di accesso ai benefici compila un elenco delle procedure esecutive in corso a carico del richiedente ed informa il Procuratore della Repubblica, che trasmette il provvedimento al giudice o ai giudici dell'esecuzione entro sette giorni dalla comunicazione del Prefetto.

La Corte Costituzionale è nuovamente intervenuta sulla norma in commento con la sentenza 192/2014. La questione sollevata dal giudice remittente verteva sull'asserita incostituzionalità dell'art. 20, comma 7, della legge n. 44/99 (come modificato dalla legge n. 3/2012) per violazione dell'art. 101, secondo comma, e dell'art. 111, primo e secondo comma della Costituzione, nella parte in cui attribuisce ad un organo – il Pubblico Ministero – diverso dal giudice naturale precostituito per legge e designato per la trattazione e definizione della singola controversia, il potere di incidere direttamente e quindi decidere (sia pure in via interlocutoria) con un provvedimento di sospensione dei termini assegnati dal giudice. La Consulta si è espressa affermando l'infondatezza della questione di legittimità costituzionale muovendo da un'analisi della ratio sottesa alla disciplina in esame. I giudici costituzionali hanno fatto rilevare come la sospensione dei termini prevista dai primi quattro commi dell'art. 20 della legge n. 44/1999 non sia discrezionale, perché connessa ad una richiesta di accesso ai benefici previsti, rispettivamente, all'art. 3, commi 1 e 2, della predetta legge e all'art. 14 della legge n. 108/1996. Nell'ambito della procedura per la concessione dei benefici il comma 7-*bis* dell'art. 20 onera il Prefetto che riceve la domanda di elargizione di compilare l'elenco delle procedure esecutive in corso a carico del richiedente e di informarne senza ritardo il Procuratore della Repubblica competente "che trasmette il provvedimento al giudice, o ai giudici, dell'esecuzione entro sette giorni dalla comunicazione del Prefetto". Al Pubblico Ministero compete la mera verifica di riferibilità della comunicazione del Prefetto alle indagini per delitti che hanno causato l'evento lesivo condizione dell'elargizione. Il relativo provvedimento non concernendo, dunque, l'esercizio dell'azione penale né l'attività di indagine ad essa finalizzata, non si pone in contrasto con gli artt. 101, secondo comma, e 111, primo e secondo comma, della Costituzione.

Sotto il profilo della repressione la legge n. 3/2012 ha operato un inasprimento le pene pecuniarie per il reato di estorsione, raddoppiando in concreto quelle previste per la fattispecie base e pressoché quintuplicando quelle relative alle ipotesi aggravate di cui al terzo comma dell'art. 629 c.p.. La contravvenzione – punita con la pena alternativa dell'arresto o dell'ammenda – prevista nell'originaria formulazione dell'art. 16, comma 9, della legge n. 108/1996 è stata invece trasformata in un delitto punito ora con la reclusione da due a quattro anni. Si tratta del reato proprio degli operatori bancari ed intermediari finanziari che indirizzano i propri clienti, per il compimento di operazioni bancarie o finanziarie, a soggetti non abilitati all'esercizio di tali attività. Il profilo oggettivo dell'incriminazione è rimasto inalterato, mentre la modifica della natura giuridica di quest'ultima incide sull'elemento soggettivo, che può essere ora integrato esclusivamente dal dolo generico.

Analogamente a quanto brevemente delineato in relazione agli interventi sulla legge n. 44/99, la legge n. 3/2012 ha apportato incisive modifiche anche sul versante della disciplina antiusura. Attraverso l'ampliamento del testo originario dell'art. 14 della legge n. 108/1996, in ordine all'erogazione di mutui gratuiti in favore delle persone offese del delitto di usura a valere sul fondo speciale istituito presso l'ufficio del commissario per il coordinamento delle iniziative antiracket ed antiusura, con l'inserimento dei commi 2-*bis* e 2-*ter* si opera una significativa estensione dei potenziali beneficiari di tali finanziamenti, prevedendo l'erogazione dello speciale mutuo anche in favore degli imprenditori dichiarati falliti, previo provvedimento favorevole del giudice delegato alla procedura concorsuale e sempre che, salvo intervenuta riabilitazione, gli stessi non abbiano riportato condanne definitive per reati fallimentari ovvero per delitti contro la pubblica amministrazione, la fede pubblica, l'amministrazione della giustizia, il patrimonio, l'economia pubblica, l'industria e il commercio[76]. In realtà già nella formulazione originaria dell'art. 14 della legge n. 108/1996, al comma settimo, l'accesso ai mutui gratuiti era precluso a coloro che fossero stati condannati per il reato di usura o sottoposti a misura di prevenzione personale. La novella è intervenuta anche su questo punto, ampliando il numero dei reati in ragione dei quali, in caso di intervenuta condanna, la vittima di usura non può accedere alla speciale forma di finanziamento agevolato. La portata di tale estensione risulta ampia comprendendo non solo la fattispecie di usura tentata, ma anche tutti i delitti, anche solo nella forma tentata, per i quali l'art. 380 c.p.p. prevede l'arresto obbligatorio nonché quelli elencati all'art. 407, comma 2, lett. a) del codice di procedura penale; l'erogazione del finanziamento gratuito è, inoltre, preclusa con riguardo ai destinatari di misure di prevenzione patrimoniali.

La novella ha inciso, inoltre, sui tempi per la concessione del mutuo prevedendo che, in presenza del parere favorevole del Pubblico Ministero, il finanziamento

[76] L'impossibilità per il fallito che sia stato condannato per uno dei reati sopra indicati di accedere ai mutui agevolati costituisce dunque un vero e proprio effetto penale della condanna operante ope legis una volta che la stessa sia divenuta definitiva senza che sia necessaria una menzione espressa in seno alla sentenza. L'effetto preclusivo è destinato ad estinguersi – secondo quanto previsto, rispettivamente, dagli artt. 2, comma secondo e 178 c. p. – soltanto in caso di abolitio criminis del titolo di reato per cui è intervenuta la condanna ostativa al beneficio e di riabilitazione del condannato, nonché nel caso in cui il fallito abbia patteggiato una pena contenuta entro i due anni di reclusione per il reato ostativo e sia intervenuta, sussistendone i presupposti, la declaratoria di estinzione di quest'ultimo dopo cinque anni, come stabilito dal secondo comma dell'art. 445 c.p.p.

possa essere erogato anche per l'intero già nella fase delle indagini preliminari[77], purché nel corso delle stesse siano stati acquisiti "concreti elementi" che avvalorino l'ipotesi accusatoria o riscontrino la denuncia di colui che ha richiesto il finanziamento.

[77] Secondo il testo previgente del comma 3 del citato art. 14, infatti, la stessa poteva avvenire solo dopo che nei confronti dell'imputato era stato disposto il giudizio, potendo solo eccezionalmente, in caso di comprovata urgenza, essere autorizzata l'erogazione anticipata della metà della somma concessa previo parere favorevole del pubblico ministero titolare delle indagini.

# CAPITOLO VI
# Vittime del terrorismo e della criminalità organizzata di tipo mafioso e di reati intenzionali violenti

di *Alessandro Maria Baroni, Giuseppe Licheri*



## IV.1. Illustrazione della normativa e disciplina sostanziale

La storia contemporanea del nostro Paese è tristemente costellata da terribili episodi delittuosi riconducibili al terrorismo di matrice eversiva e alla criminalità organizzata di tipo mafioso. È stata una triste stagione di paure e di lutti che ha colpito sia i rappresentanti delle Istituzioni che la gente comune, ma che, al contempo, ha fatto emergere la ferma capacità di reazione dello Stato che, allora come oggi, con l'apporto convinto dei cittadini, continua la sua azione di prevenzione e contrasto delle varie forme di aggressione criminale.

La consapevolezza del determinante contributo pagato da parte di tanti innocenti nella lotta al terrorismo e alla criminalità mafiosa, ha portato il Legislatore alla graduale predisposizione di un complesso sistema di benefici economici, previdenziali e assistenziali a favore delle vittime innocenti della violenza eversiva e mafiosa.

Tale *corpus* normativo presenta caratteristiche notevolmente eterogenee derivanti, principalmente, dal carattere alluvionale e, talvolta, emozionale, assunto dalla produzione legislativa: basti pensare che il primo intervento in materia (la legge n. 466 del 1980) è stato approvato il 13 agosto del 1980, ossia dopo appena una decina di giorni dalla strage alla "Stazione di Bologna" in cui morirono 85 civili inermi e più di 200 furono i feriti.

Tuttavia, l'elemento che accomuna il complesso sistema dei benefici riconosciuti alle vittime del terrorismo e della violenza mafiosa è il carattere solidaristico dei medesimi, che rappresentano l'espressione del dovere di solidarietà previsto dall'art. 2 della Costituzione, col preciso intento di offrire un segnale di sostegno, in termini morali ed economici, a fronte di delitti commessi contro lo Stato e diretti a far crollare le Istituzioni Repubblicane.

Con la legge n. 466/1980 il legislatore riconobbe, per la prima volta, un beneficio economico per le vittime di azioni terroristiche, non limitato esclusivamente agli appartenenti alle forze dell'ordine e ai dipendenti pubblici coinvolti in tali azioni nell'esercizio delle proprie funzioni, ma esteso anche a tutti i cittadini che, "per effetto di ferite o lesioni riportate in conseguenza dello svolgersi nel territorio dello Stato di atti di terrorismo o di eversione dell'ordine democratico" abbiano subito un'invalidità permanente. Tale beneficio, denominato "Speciale elargizione" veniva erogato nella misura di lire 1 milione per ciascun punto percentuale d'invalidità, fino ad un massimo di lire 100 milioni, a condizione che il soggetto leso non avesse concorso alla commissione degli atti medesimi o di reati a questi connessi ai sensi del codice di procedura penale.

Con la stessa norma il Legislatore introduceva anche l'obbligo dell'assunzione obbligatoria e con precedenza su ogni altra categoria protetta, del coniuge superstite e dei figli di chiunque fosse deceduto o rimasto invalido a causa di azioni terroristiche. Tale obbligo riguardava tutti i datori di lavoro, sia del settore pubblico che di quello privato.

Successivamente, dieci anni più tardi, il legislatore ritornò sull'argomento con la legge n. 302 del 20 ottobre 1990.

Tale atto normativo conteneva due importanti novità.

In primo luogo, innalzava l'ammontare massimo della speciale elargizione già prevista dalla legge n. 466/1980 da 100 a 150 milioni di Lire.

Secondariamente, essa riconosceva per la prima volta il beneficio in questione anche alle vittime della criminalità organizzata che avessero subito un'invalidità per effetto di lesioni riportate in conseguenza dello svolgersi di fatti delittuosi commessi per il perseguimento delle finalità delle associazioni di cui all'articolo 416-*bis* del codice penale (associazione per delinquere di tipo mafioso).

In questo caso, però, il beneficio economico veniva riconosciuto a condizione che il soggetto leso non soltanto non avesse concorso alla commissione del fatto delittuoso ovvero di reati che con il medesimo fossero connessi, ma anche che il medesimo risultasse essere del tutto estraneo ad ambienti e rapporti delinquenziali, ad eccezione delle ipotesi di coinvolgimento accidentale nell'azione criminosa o di dimostrazione dell'estraneità agli ambienti e ai rapporti delinquenziali già al tempo dell'evento.

Un ulteriore arricchimento delle misure solidaristiche nei confronti delle vittime del terrorismo e della criminalità organizzata veniva apportato con la legge n. 407 del 23 novembre 1998, la quale introduceva un nuovo beneficio economico, che si aggiungeva alla speciale elargizione già prevista dalle leggi nn. 466/1980 e 302/1990: si trattava dell'assegno vitalizio non reversibile di Lire 500 mila mensili. Tale provvidenza, soggetta alla perequazione automatica, era corrisposta a chiunque, per effetto di ferite o lesioni riportate in conseguenza degli eventi terroristici o delinquenziali posti in essere da associazioni eversive o di stampo mafioso, avesse subito un'invalidità permanente non inferiore ad un quarto della capacità lavorativa.

Una completa rivisitazione del tema dei benefici riconosciuti alle vittime del terrorismo veniva operata con la legge n. 206 del 3 agosto 2004. Essa, oltre a riconfermare i benefici già previsti dalle leggi nn. 466/1980, 302/1990 e 407/1998 – ossia la speciale elargizione di lire 150 milioni (il cui importo veniva elevato ad Euro 200.000,00 già dal decreto legge n. 337 del 28 novembre 2003, convertito in legge n. 369 del 24 dicembre 2003) e l'assegno vitalizio di Lire 250.000 (elevato ad Euro 500.00 con la medesima legge n. 206/2004) – introduceva un nuovo provvedimento economico: lo speciale assegno vitalizio. Anch'esso, sulla falsariga dell'assegno vitalizio di cui alla legge n. 407/1998, è mensile, non reversibile e soggetto a perequazione automatica.

La legge n. 206 del 2004 prevedeva poi un'importante novità: essa estendeva il riconoscimento dei benefici previsti dalla legge anche ai cittadini italiani vittime di atti di terrorismo e delle stragi di tale matrice commessi sul territorio extranazionale. L'allargamento del novero degli eventi che danno diritto alle misure solidaristiche previste dalla legislazione italiana veniva imposto dalla situazione venutasi a creare dopo l'11 settembre 2001 e dopo l'acuirsi della minaccia del terrorismo internazionale.

La medesima legge, poi, riconosceva ulteriori benefici di carattere previdenziale ed assistenziale alle vittime del terrorismo quali, ad esempio: l'attribuzione ai superstiti delle vittime di azioni terroristiche di una doppia annualità della pensione di reversibilità comprensiva della tredicesima mensilità spettante alla vittima; un incremento della retribuzione pensionabile del 7,5 %; un aumento figurativo di dieci anni di contributi utili ad aumentare, per una pari durata, l'anzianità pensionistica maturata, la misura della pensione, nonché il trattamento di fine rapporto; l'esenzione dal pagamento del ticket; l'esenzione IRPEF per tutti i benefici di legge; l'assistenza psicologica gratuita e l'esenzione dall'imposta di bollo per tutti gli atti delle procedure di concessione dei suddetti benefici.

Sempre al fine di garantire una maggiore solidarietà nei confronti delle vittime di azioni terroristiche, la legge n. 206/2004 prevedeva la rivalutazione delle percentuali di invalidità già riconosciute e indennizzate in base ai criteri e alle disposizioni della normativa vigente alla data di entrata in vigore della legge, tenendo conto dell'eventuale intercorso aggravamento fisico e del riconoscimento del danno biologico e morale.

Alcuni di questi benefici, previsti soltanto per le vittime di azioni terroristiche, sono stati successivamente estesi anche alle vittime della criminalità di stampo mafioso. Con le leggi nn. 222 del 29 novembre 2007 e 244 del 24 dicembre 2007 l'innalzamento dell'importo della speciale elargizione di Euro 200.000,00 e lo speciale assegno vitalizio di Euro 1.033,00 venivano riconosciuti anche alle vittime di azioni delittuose commesse dalle associazioni per delinquere di tipo mafioso di cui all'art. 416-*bis* del c.p.

Infine, la legge n. 222/2007 creava un'onorificenza per le vittime del terrorismo, individuandone come destinatari "i cittadini italiani appartenenti o non appartenenti alle Forze dell'ordine, alla magistratura e ad altri organi dello Stato, che per le loro idee e per il loro impegno morale siano stati colpiti dalla eversione armata".

Prima di addentrarci nel discorso concernente l'esame dei benefici concessi alle vittime del terrorismo e della criminalità mafiosa occorre, però, allargare brevemente l'orizzonte sul panorama europeo ed internazionale. Ciò permette di rilevare una crescente attenzione al tema più generale delle vittime dei reati.

In proposito va ricordato, che il Consiglio europeo, nella riunione di Tampere del 15 e 16 ottobre 1999, aveva sollecitato l'elaborazione di norme minime sulla tutela delle vittime della criminalità, in particolare sull'accesso delle vittime alla giustizia e sui loro diritti al risarcimento dei danni, comprese le spese legali. Inoltre, nella dichiarazione sulla lotta al terrorismo, il Consiglio europeo di Bruxelles, riunito il 25 e 26 marzo 2004, aveva sollecitato l'adozione di misure specifiche.

Alla luce di tali interventi è stata emanata la Direttiva europea 29 aprile 2004 n. 2004/80/UE che ha introdotto le linee guida per l'indennizzo delle vittime di reato negli Stati membri dell'U.E. in base alla quale le vittime di reato nell'Unione europea hanno il diritto di ottenere un indennizzo equo e adeguato per le lesioni subite, indipendentemente dal luogo della Comunità europea in cui il reato è stato commesso.

Obiettivo del provvedimento è quello di garantire ad ogni cittadino europeo il diritto di ottenere un indennizzo equo e adeguato per le lesioni subite, indipendentemente dal luogo dell'Unione europea in cui il reato è stato commesso. Alla luce di tale provvedimento il cittadino europeo che subisca un reato intenzionale violento in uno Stato membro diverso da quello in cui risiede abitualmente, potrà presentare la domanda di risarcimento presso un'autorità o qualsiasi altro organismo dello stato in cui risiede.

In attuazione della suddetta direttiva, il legislatore italiano ha emanato il d.lgs. n. 204 del 9 novembre 2007 in virtù del quale il cittadino di un altro Stato membro dell'Unione che risulti vittima di un reato intenzionale violento commesso in Italia e rientrante nel campo di applicazione della disciplina interna in tema di indennizzo alle vittime di reato (cioè, in sostanza, che sia vittima di mafia o di atti di terrorismo) ha diritto a presentare la domanda di indennizzo tramite le autorità del proprio Stato di appartenenza, il quale avrà a sua volta il compito di trasmetterle alle Autorità di decisione italiane (gli organi amministrativi italiani competenti all'erogazione dei benefici). Il decreto legislativo, inoltre, pone obblighi informativi a carico dell'autorità di decisione italiana, che dovrà comunicare allo Stato membro di appartenenza della vittima l'avvenuta ricezione della domanda, il nome del funzionario o l'indicazione dell'organo che procede all'istruzione della pratica e, se possibile, il tempo previsto per la decisione sulla domanda.

Resta da notare come la disciplina vigente presenti molte incongruenze e difficoltà applicative.

Per districare i nodi rimasti ancora irrisolti la Presidenza del Consiglio dei Ministri, su impulso delle associazioni rappresentative delle vittime del terrorismo e della mafia, ha promosso, con d.P.C.M del 22 dicembre 2008 un tavolo tecnico tra le amministrazioni coinvolte per lo studio delle problematicità e la possibile stesura di un testo unico che raggruppi le disposizioni vigenti in materia. L'attività del suddetto tavolo è ancora in corso di svolgimento.

Più di recente, sempre in attuazione della predetta direttiva UE del 2004 e per far fronte alla procedura di infrazione n. 2011/4147, l'art. 11 del d.lgs. n. 122 del 2016 ha riconosciuto il diritto all'indennizzo in favore delle vittime di un reati dolosi commesso con violenza alla persona e comunque del reato di cui all'art. 603-bis del codice penale, ad eccezione dei reati di cui agli artt. 581 e 582, salvo che ricorrano le circostanze aggravanti previste dall'art. 583 del codice penale.

Nello specifico, la legge distingue due casistiche: nei casi più gravi di omicidio, violenza sessuale o lesione personale gravissima (ex art. 583, secondo comma, del codice penale), nonché per il delitto di deformazione dell'aspetto mediante lesioni permanenti al viso di cui all'art. 583-quinquies del codice penale, l'indennizzo spetta alla vittima o agli aventi diritto[1]; negli altri casi, invece, l'indennizzo è corrisposto per la rifusione delle spese mediche e assistenziali.

A tal fine, l'intervento normativo del 2016 ha disposto la ridenominazione del Fondo di rotazione per la solidarietà alle vittime dei reati di tipo mafioso, delle richie-

[1] Il comma 2-bis dell'art. 11 prevede: "2-bis. In caso di morte della vittima in conseguenza del reato, l'indennizzo è corrisposto in favore del coniuge superstite e dei figli; in mancanza del coniuge e dei figli, l'indennizzo spetta ai genitori e, in mancanza dei genitori, ai fratelli e alle sorelle conviventi e a carico al momento della commissione del delitto. Al coniuge è equiparata la parte di un'unione civile tra persone dello stesso sesso. In mancanza del coniuge, allo stesso è equiparato il convivente di fatto che ha avuto prole dalla vittima o che ha convissuto con questa nei tre anni precedenti alla data di commissione del delitto. Ai fini dell'accertamento della qualità di convivente di fatto e della durata della convivenza si applicano le disposizioni di cui all'articolo 1, commi 36 e 37, della legge 20 maggio 2016, n. 76. 2-ter. Nel caso di concorso di aventi diritto, l'indennizzo è ripartito secondo le quote previste dalle disposizioni del libro secondo, titolo II, del codice civile".

ste estorsive e dell'usura in Fondo di rotazione per la solidarietà alle vittime dei reati di tipo mafioso, delle richieste estorsive, dell'usura e dei reati intenzionali violenti.

## VI.2. Requisiti e procedimento per la concessione dei benefici alle vittime del terrorismo, della criminalità organizzata di tipo mafioso e di reati intenzionali violenti

L'individuazione degli organi competenti a riconoscere ed erogare i benefici in questione è operata dal d.P.R. n. 510 del 28 luglio 1999, che costituisce il regolamento attuativo della disciplina legislativa in materia di vittime del terrorismo e della criminalità organizzata di tipo mafioso.

Le autorità competenti in materia sono diverse, e la distinzione dipende dallo *status* di servizio ricoperto (o meno) dalla vittima al momento dell'evento:

- il Ministero della Giustizia sarà competente per i magistrati, i giudici di pace, i giudici onorari e popolari e il personale civile dell'Amministrazione penitenziaria non appartenente alla Polizia Penitenziaria;
- il Ministero della Difesa per gli appartenenti alle Forze Armate;
- il Ministero dell'Interno – Dipartimento della P.S. per gli appartenenti alle Forze di Polizia (Polizia di Stato, Arma dei Carabinieri, Guardia di Finanza, Polizia Penitenziaria e Corpo Forestale dello Stato), alla Polizia Municipale e tutti i civili legalmente richiesti di prestare assistenza ad Ufficiali e Agenti di pubblica sicurezza nell'esercizio delle proprie funzioni e nel contrasto ad azioni terroristiche o mafiose;
- il Ministero dell'Interno – Dipartimento dei Vigili del Fuoco, del Soccorso Pubblico e della Difesa Civile per gli appartenenti al Corpo Nazionale dei Vigili del Fuoco;
- le singole amministrazioni di appartenenza per tutti gli altri dipendenti pubblici (es. i Comuni per i propri dipendenti, ad eccezione degli appartenenti alla Polizia Municipale).

Per quanto riguarda invece i comuni cittadini non appartenenti ad uno dei corpi sopra menzionati né dipendenti pubblici, nonché per gli stranieri e gli apolidi vittime di azioni terroristiche o mafiose, la competenza spetta al Ministero dell'Interno – Dipartimento per le Libertà Civili e l'Immigrazione.

Tale collocazione appare giustificata sol che si osservi come, tra le *mission* che la legge assegna al Ministero dell'Interno (art. 14 del d.lgs. n. 300/99, comma 2, lett. d) rientra la "tutela dei diritti civili, ivi compresi quelli delle confessioni religiose, di cittadinanza, immigrazione e asilo", complesso unitario di attribuzioni che nel disegno organizzativo del Dicastero delineato dal d.P.R. 7 settembre 2001 n. 398 e s.m.i. viene assegnato alla competenza del Dipartimento per le Libertà civili e l'Immigrazione.

È di tutta evidenza, quindi, come tra i diritti civili e di cittadinanza affidati alle cure del Dipartimento analizzato in questo capitolo rientra senza dubbio il riconoscimento dello status di "vittima innocente del terrorismo e della criminalità organizzata di tipo mafioso" e l'attribuzione dei relativi benefici economici e normativi.

Tuttavia, il procedimento per la concessione dei suddetti benefici prende avvio presso la Prefettura – U.T.G. della provincia di residenza dell'istante o del luogo in cui si è verificato l'evento, presso cui l'interessato deve presentare la propria domanda nella quale egli dovrà esplicitamente dichiarare di non aver percepito alcun'altra provvidenza economica per il medesimo fatto da parte di altre amministrazioni pubbliche. Infatti, è espressamente esclusa la non cumulabilità di più benefici per il medesimo fatto. Qualora, poi, la vittima della criminalità organizzata abbia già avuto accesso al Fondo di rotazione per le vittime della mafia, le somme già corrisposte da detto Fondo vengono distratte dall'ammontare complessivo dei benefici erogati ai sensi della legge n. 302/90 e s.m.i.

Se il richiedente è residente all'estero, la domanda andrà proposta presso l'autorità consolare del luogo di residenza dell'interessato, che provvederà a trasmetterla, corredata della documentazione occorrente, alla Prefettura – U.T.G. della provincia in cui si è verificato l'evento.

Alla Prefettura – U.T.G. spetta il compito di curare l'istruttoria della domanda, acquisendo tutti gli elementi necessari per valutare, innanzitutto, la natura dell'evento lesivo: esso deve risultare conseguenza dello svolgersi nel territorio dello Stato di atti di terrorismo, di eversione dell'ordine democratico o di fatti delittuosi commessi per il perseguimento delle finalità delle associazioni di cui all'articolo 416-*bis* del codice penale. A tal fine, la Prefettura deve provvedere ad acquisire la sentenza e tutti gli atti del procedimento penale sui fatti criminosi, nonché eventuali testimonianze ed ogni altro elemento conoscitivo, tra cui assumono particolare rilevanza i rapporti delle Forze di Polizia presenti sul territorio, la cui valenza esplicativa è particolarmente importante nei casi in cui l'istanza sia stata prodotta prima che sia intervenuta una sentenza di condanna sui medesimi fatti o anche in assenza della stessa.

L'art. 7 della legge n. 302/90, infatti, consente che il beneficio della speciale elargizione di Euro 200.000,00 possa essere concesso anche in assenza di sentenza penale di condanna, quindi anche in ipotesi in cui non vi sia una chiara qualificazione giuridica del fatto da parte della Magistratura. In questi casi, spetterà all'autorità amministrativa – sulla base degli atti di indagine eventualmente svolti e delle informative delle Forze dell'Ordine – giudicare se l'evento lesivo si possa essere qualificare come atto di terrorismo, di eversione dell'ordine democratico o di mafia. Naturalmente, tale accertamento avrà valore esclusivamente al fine di concedere o meno i benefici in esame.

Una volta appurata la natura terroristica o criminale mafiosa dell'evento delittuoso, il Prefetto invita il richiedente a sottoporsi alla visita medica presso la commissione medica ospedaliera della sanità militare la quale esprime il giudizio sanitario sulle cause delle ferite o lesioni che hanno determinato il decesso o la invalidità, accerta il grado dell'eventuale invalidità riscontrata, stabilisce la percentuale dell'invalidità e dell'eventuale aggravamento, e valuta comunque se l'invalidità riportata comporti la cessazione dell'attività lavorativa o del rapporto d'impiego. Il giudizio della Commissione Medica Ospedaliera è definitivo. Comunque, la valutazione della Commissione non è richiesta in caso di decesso, quando il nesso di causalità risulti di immediata evidenza.

Dopo che la Commissione medica ospedaliera si sia espressa, i risultati dell'istruttoria sono rimessi al Prefetto, affinché egli rediga un dettagliato rapporto sull'evento delittuoso e sulla sua qualificazione.

Nel caso in cui il procedimento abbia ad oggetto la concessione di benefici alle vittime della criminalità organizzata di tipo mafioso, è necessario valutare attentamente anche l'esistenza di altri presupposti di tipo soggettivo che chiariscano la completa estraneità sia della vittima che dei beneficiari ad ambienti e rapporti delinquenziali. Attualmente, tale valutazione risulta ancor più rilevante a seguito di alcune recenti innovazioni normative.

Infatti, l'art. 2-*quinquies* della legge 28 novembre 2008, n. 186 – come modificato dall'art. 2 co. 21 della legge 15 luglio 2009, n. 94 – ha previsto che non soltanto la vittima, ma tutti i beneficiari non devono risultare coniugi, conviventi, parenti o affini entro il quarto grado di soggetti nei cui confronti risulti in corso un procedimento per l'applicazione o sia applicata una misura di prevenzione di cui alla legge 31 maggio 1965, n. 555 e s.m.i.,ovvero di soggetti nei cui confronti risulti in corso un procedimento penale per uno dei delitti di cui all'art. 51, co. 3-*bis* c.p.p.

In argomento, è da segnalare l'orientamento assunto dalla giurisprudenza amministrativa, secondo cui "l'elargizione è condizionata al fatto che il soggetto leso risulti essere, al tempo dell'evento, del tutto estraneo ad ambienti e rapporti delinquenziali, dovendo positivamente risultare acquisita la prova della sussistenza del requisito dell'estraneità della vittima agli ambienti della criminalità organizzata". Tale prova dovrà risultare "a seguito di una valutazione condotta dall'amministrazione con particolare rigore, finalizzata al corretto conseguimento della finalità della legge, volta a tutelare coloro che sono colpiti dall'azione del crimine organizzato senza avervi minimamente contribuito e/o partecipato, e giustificata dallo stesso tenore letterale della disposizione in questione, per la quale a legittimare il diniego dell'indennità è sufficiente che il soggetto risulti non del tutto estraneo ad ambienti e rapporti delinquenziali".

Una volta accertata la sussistenza di tutti i presupposti, oggettivi e soggettivi, e acquisito il giudizio tecnico espresso dalla commissione medica ospedaliera, il

Prefetto chiude l'istruttoria e trasmette gli atti alla Direzione Centrale per la cittadinanza, i diritti civili e le minoranze del Dipartimento per le Libertà civili del Ministero dell'Interno.

Ai sensi dell'art. 9 del d.P.R. n. 510/99 il Prefetto allega agli atti della pratica un dettagliato rapporto sulle circostanze dell'evento mortale o invalidante, corredato di sentenza sui fatti criminosi, di eventuali testimonianze e di ogni altro elemento conoscitivo acquisito, ivi compreso il giudizio sanitario della commissione medica ospedaliera.

Tale rapporto assume un'importanza fondamentale sia al fine di inquadrare correttamente la matrice terroristica o mafiosa dell'evento delittuoso sia allo scopo di accertare la completa estraneità ad ambienti e rapporti delinquenziali delle vittime e dei beneficiari delle provvidenze.

È evidente, infatti, come tale accertamento non sia soddisfatto da una semplice consultazione dei casellari giudiziari o delle banche dati delle Forze di Polizia poiché occorre tener conto di tutta una serie di elementi ulteriori, quali le frequentazioni intrattenute dalla vittima o il suo stile di vita, di cui solo gli organi periferici possono essere a conoscenza, fornendone una lettura coerente con la *ratio* ispiratrice della disciplina: assicurare il sostegno e la solidarietà dello Stato alle vittime innocenti del terrorismo e della criminalità organizzata.

A questo punto, una volta trasmessi gli atti dalla Prefettura – U.T.G., al competente ufficio ministeriale spetta la decisione sulla concessione o meno dei benefici richiesti ma, qualora vi siano obiettive ragioni di incertezza in merito alla sussistenza dei requisiti diversi da quello sanitario, può essere chiesto un ulteriore parere ad un organo consultivo *ad hoc:* la Commissione Consultiva prevista dall'art. 11 del d.P.R. n. 510/99.

Essa è costituita da: un magistrato amministrativo che la presiede; un Prefetto in servizio presso il Dipartimento di Pubblica Sicurezza o un dirigente generale della Polizia di Stato; un ufficiale generale dell'Arma dei Carabinieri, un ufficiale generale del Corpo della Guardia di Finanza ed un dirigente della direzione generale dei servizi civili del Ministero dell'Interno, con qualifica non inferiore a quella di Viceprefetto. I membri della Commissione sono nominati dal Ministro dell'Interno su designazione delle Amministrazioni di appartenenza.

Una volta acquisito anche l'eventuale parere richiesto alla Commissione Consultiva, l'Ufficio emette il relativo provvedimento di rigetto (preceduto dalla comunicazione dei motivi ostativi all'accoglimento dell'istanza *ex* art. 10 *bis* della legge n. 241/90 come modificata dalla legge n. 15/2005) o, per converso, di accoglimento.

Infine, i relativi decreti vengono trasmessi agli interessati per il tramite della Prefettura – U.T.G. di residenza, che provvede alla loro notificazione.

Per quanto concerne le vittime di reati intenzionali violenti, l'accesso al Fondo, che deve essere deliberato con le medesime modalità previste per gli altri aventi diritto, è ammesso alle seguenti condizioni che devono sussistere in capo alla vittima o, in caso di decesso di questa, degli altri aventi diritto:

- aver già esperito infruttuosamente l'azione esecutiva nei confronti dell'autore del reato salvo quest'ultimo sia rimasto ignoto o sia stato ammesso al gratuito patrocinio;
- non aver concorso, anche colposamente, alla commissione del reato che ha cagionato il danno;
- non essere stato condannato con sentenza definitiva e non essere sottoposto a procedimento penale per uno dei reati di cui all'art.407 comma 2, lett. a), e per reati commessi in violazione delle norme per la repressione dell'evasione in materia di imposte sui redditi e sul valore aggiunto;
- non aver percepito, per lo stesso fatto delittuoso, somme erogate da soggetti pubblici o privati superiori a 5.000 euro.

Ai sensi dell'art. 13, comma 2, del d.lgs. n. 122/2016, la domanda di indennizzo deve essere presentata entro sessanta giorni dalla decisione che ha definito il giudizio per essere ignoto l'autore del reato o dall'ultimo atto dell'azione esecutiva infruttuosamente esperita, ovvero dalla data del passaggio in giudicato della sentenza penale (nell'ipotesi in cui l'imputato sia stato ammesso al gratuito patrocinio). Accogliendo i rilievi della procedura di infrazione in precedenza menzionata, è stato previsto che le vittime di un reato intenzionale violento commesso successivamente al 30 giugno 2005 e prima dell'entrata in vigore della legge 122/2016 (23 luglio 2016) potessero presentare la domanda entro il 30 settembre 2019.

Con decreto del Ministro dell'Interno del 31 agosto 2017 sono stati fissati gli importi dell'indennizzo spettante alle vittime dei reati intenzionali violenti.

# CAPITOLO VII
# Gli affari dei culti

di *Marina Nelli*



## VII.1. La Direzione Centrale degli affari dei culti

Nell'ambito delle articolazioni del Dipartimento per le libertà civili e l'immigrazione, alla Direzione Centrale degli affari dei culti[1] è affidato il peculiare compito dei rapporti con gli organismi di culto cattolico e delle confessioni religiose diverse dalla cattolica. In particolare la Direzione, oltre a promuovere tali relazioni, si occupa di studiare l'eterogeneo mondo dei culti, curando le questioni legate all'esercizio del diritto di libertà religiosa per garantirne la più ampia applicazione. Tale diritto è sancito dalla nostra Costituzione nell'ambito degli articoli dedicati ai principi fondamentali (artt. 3, 7 e 8 Cost.) e ai rapporti civili (artt. 19 e 20 Cost.).

---

[1] A seguito della riorganizzazione del Ministero dell'Interno ai sensi del DPCM 11 giugno 2019, n. 78, illustrata nel cap. 1 della parte I, la Direzione centrale degli affari dei culti sarà accorpata al Fondo edifici di culto in un'unica Direzione.

Nell'ambito delle attività più propriamente amministrative, la Direzione è impegnata nell'adozione di vari provvedimenti tra cui, in primo luogo, quelli di riconoscimento giuridico degli enti di culto.

Sotto l'aspetto organizzativo, la Direzione svolge le proprie attività attraverso l'Ufficio politiche dei culti e relazioni esterne, e le Aree denominate Affari del Culto cattolico e Affari dei Culti acattolici.

### *VII.1.1. Rapporti con le confessioni religiose e Osservatorio sulle politiche religiose*

La Direzione Centrale cura i delicati rapporti con la Chiesa cattolica e con il complesso e sempre più variegato mondo delle altre confessioni religiose.

Relativamente al mondo cattolico, si tratta di relazionarsi con un ordinamento giuridico esterno al nostro al quale è conferita dignità costituzionale per il ruolo che la Chiesa Cattolica riveste nella cultura storico-religiosa del nostro Paese. L'art. 7 della Costituzione prevede, infatti, che "lo Stato e la Chiesa Cattolica sono, ciascuno nel proprio ordine, indipendenti e sovrani".

La disciplina di questi rapporti, regolati originariamente con il Trattato e il Concordato del 1929, ha trovato nuova definizione nell'Accordo di revisione del 18 febbraio 1984, nel relativo Protocollo addizionale intervenuto tra la Repubblica italiana e la Santa Sede e nelle leggi ai attuazione di cui, di specifico interesse per l'attività della Direzione, la legge 20 maggio 1985 n. 222 "Disposizioni sugli enti e beni ecclesiastici in Italia e per il sostentamento del clero cattolico in servizio nelle Diocesi".

Con gli organi di vertice della Chiesa Cattolica (Conferenza Episcopale Italiana – C.E.I. – e Vicariato di Roma) i rapporti sono stati particolarmente intensi in sede di applicazione della richiamata normativa pattizia sia per la definizione delle disposizioni applicative (nello specifico il regolamento di attuazione) sia per addivenire ad una soluzione condivisa delle numerose questioni interpretative che le nuove norme hanno comportato. Definite le interpretazioni e consolidate le procedure da seguire, il rapporto della Direzione dei Culti con la Chiesa cattolica si è ampliato all'ambito del dialogo interreligioso che la Direzione dei Culti tende a promuovere e sviluppare per la valenza che riveste, nel contesto delle più ampie politiche del Dipartimento delle Libertà civili e immigrazione, in termini sia di coesione sociale sia di integrazione.

Riguardo ai culti diversi dal cattolico, il rapporto si snoda sia con gli enti esponenziali delle confessioni con le quali lo Stato italiano ha stipulato le c.d. intese previste dall'art. 8 della Costituzione (attualmente 12), sia con tutti gli altri enti ed organismi di culto, dotati o meno di personalità giuridica. Nel nostro ordinamento giuridico, infatti sono presenti, ed hanno pari diritto di libertà religiosa, sia confessioni che hanno stipulato intese, sia enti di culto riconosciuti giuridicamente sia associazioni di culto esistenti solo di fatto, condizione, quest'ultima, in cui si trovano la grande maggioranza della organizzazione di culti diversi dal cattolico.

Le modalità di relazione possono essere le più svariate e svilupparsi in una pluralità di contesti. Il compito della Direzione è quello di approfondire la conoscenza di queste nuove realtà anche e soprattutto attraverso il dialogo e l'interazione, garantendo, il più possibile, il concreto esercizio di ciascun culto.

Il panorama dei culti diversi dal cattolico si è notevolmente ampliato. Originariamente rappresentato dalle comunità ebraiche, valdesi, e comunque da comunità di ispirazione cristiana, sul nostro territorio sono presenti e sono in continuo aumento culti provenienti ed importati dalle diverse parti del mondo: dal bacino del Mediterraneo, dai Paesi dell'est Europa, ma anche dal Medio ed Estremo Oriente.

Per approfondire la conoscenza in termini del credo, dell'organizzazione e della diffusione dei "nuovi" movimenti religiosi che nel corso degli anni si sono andati aggregando e sviluppando in Italia, in diretta correlazione al trend di crescita del fenomeno migratorio, sin dagli anni '90 è stato creato, nell'ambito della Direzione, l'Osservatorio sulle politiche religiose.

Nei primi anni, l'attività dell'Osservatorio è consistita nel monitorare le realtà religiose diverse dalla cattolica cogliendone, attraverso gli atti d'ufficio, gli elementi caratterizzanti. Tale criterio di analisi, aveva consentito di delineare all'interno del Paese, già nella relazione ministeriale sulle religioni del 1997, un quadro eterogeneo che comprendeva più di 500 diverse realtà religiose (enti di culto).

Successivamente, l'Osservatorio ha ampliato l'ambito di analisi prestando particolare attenzione anche alle dinamiche socio-politiche e coinvolgendo direttamente le confessioni e gli enti religiosi in un rapporto che ha consentito di stabilire contatti fruttuosi.

L'attività dell'Osservatorio può svilupparsi con diverse modalità: attraverso l'acquisizione degli elementi informativi che si raccolgono durante le attività istruttorie curate dalla Direzione, con il contributo di conoscenza fornito dalle stesse confessioni ed enti religiosi od anche, più propriamente, con il supporto informativo delle Prefetture, quali attenti conoscitori delle realtà locali. La possibilità di disporre di un'articolazione che copre l'intero territorio nazionale ne rappresenta infatti l'elemento caratterizzante e tale peculiarità lo contraddistingue dagli altri osservatori attivati sulla materia.

Le rilevazioni a scopo conoscitivo, condotte in collaborazione con le Prefetture, rappresentano lo strumento di cui l'Osservatorio spesso si avvale. Oltre alla mappatura degli enti ed associazioni di culti diversi dal cattolico presenti sul territorio, le rilevazioni sono mirate, alla conoscenza dei luoghi di culto e alle buone prassi in tema di dialogo interreligioso. La finalità è, comunque, quella di approfondire il livello di applicazione del diritto di libertà religiosa, sancito dalla stessa

Costituzione, che, nella sua attuazione pratica, impatta sui diversi campi del vivere sociale. Si pensi ai temi dei luoghi di culto, ai temi legati al mondo della scuola, all'abbigliamento, ai problemi connessi alla macellazione rituale, all'assistenza religiosa nelle strutture di cura ed anche alle sepolture.

Ciò consente di individuare elementi di criticità e di acquisire ogni utile osservazione, proposta o suggerimento che possa contribuire al processo di comprensione tra le diverse fedi e tra queste ed il contesto sociale.

### *VII.2. Affari del culto cattolico*

La disciplina dei rapporti con la Chiesa cattolica, regolati originariamente con il Trattato e il Concordato del 1929, hanno trovato nuova definizione, come accennato, nell'Accordo di revisione del 18 febbraio 1984 e nel relativo Protocollo addizionale intervenuto tra la Repubblica italiana e la Santa Sede. L'Accordo del 1984 ha previsto l'istituzione di una Commissione paritetica italo-vaticana per l'elaborazione dei testi pattizi successivi ai fini dell'attuazione dei principi e delle norme del Concordato in specifiche materie (art. 7).

Tra le disposizioni attuative dell'Accordo, la legge 20 maggio 1985, n. 222 "Disposizioni sugli enti e beni ecclesiastici in Italia e per il sostentamento del clero cattolico in servizio nelle Diocesi" ed il relativo regolamento di attuazione, il d.P.R. 13 febbraio 1987, n. 33, costituiscono le principali disposizioni che regolano il settore degli affari del culto cattolico.

Nel 1997, la Commissione paritetica italo-vaticana è stata chiamata a risolvere le difficoltà interpretative insorte in fase di attuazione dell'Accordo, tra cui quella relativa al riconoscimento giuridico. L'interpretazione autentica fornita dalla Commissione è stata formalizzata nel documento conclusivo del 24 febbraio 1997 che definisce le linee da seguire nell'attuazione delle norme pattizie e che, in quanto tale, completa, il quadro normativo di riferimento.

In attuazione di tale Accordo interpretativo, ai fini del riconoscimento giuridico degli enti ecclesiastici non possono essere richiesti gli elementi previsti dalle norme civilistiche in tema di costituzione, struttura, amministrazione ed estinzione, necessari invece per gli enti di diritto comune. Gli enti ecclesiastici, quindi, devono essere recepiti nell'ordinamento civile con le caratteristiche originarie stabilite dalle norme canoniche.

#### *VII.2.1. Il riconoscimento della personalità giuridica di enti di culto cattolico e l'antico possesso di stato*

La richiamata legge n. 222/1985, di derivazione pattizia, ha carattere di specialità rispetto al codice civile; gli enti ecclesiastici sono riconosciuti come persone giuridiche agli effetti civili nel rispetto delle loro caratteristiche originarie stabilite dalle norme di diritto canonico. In base a tale normativa sono enti ecclesiastici tutti gli enti costituiti o approvati dall'autorità ecclesiastica, aventi sede in Italia, i quali abbiano fine di religione e di culto.

La finalità di religione e di culto è richiesta dalla legge italiana come requisito costitutivo ed essenziale per il conseguimento della qualifica di ente ecclesiastico civilmente riconosciuto. Tale finalità è presunta per gli enti facenti parte della costituzione gerarchica della Chiesa (Regioni e Province ecclesiastiche, Diocesi, Istituti diocesani o interdiocesani per il sostentamento del clero, capitoli, cattedrali, parrocchie e chiese), Istituti religiosi e i Seminari. Per le altre tipologie di enti (es. Fondazioni, Associazioni) l'Ufficio è chiamato a valutare, con particolare attenzione, che il fine di religione o di culto sia costitutivo ed essenziale, anche se connesso a finalità di carattere caritativo.

Ai sensi dell'art. 16 della legge n. 222/1985 si considerano "attività di religione o di culto quelle dirette all'esercizio del culto e alla cura delle anime, alla formazione del clero e dei religiosi, a scopi missionari, alla catechesi, all'educazione cristiana"; sono invece "attività diverse da quelle di religione e di culto quelle di assistenza e beneficenza, istruzione, educazione e cultura e, in ogni caso, le attività commerciali a scopo di lucro".

In conformità alle disposizioni della citata legge n. 222/85 la procedura di riconoscimento della personalità giuridica come ente ecclesiastico ha avvio su istanza di parte. La domanda deve contenere i dati essenziali caratterizzanti l´ente: la denominazione, la natura, i fini, la sede e l'indicazione del legale rappresentante.

L'istruttoria è a cura della Prefettura competente per territorio e, dopo una attenta verifica di tutti i requisiti da parte dell'Ufficio, la procedura si conclude con l'adozione di un decreto del Ministro dell'Interno che riconosce l'ente in persona giuridica. È a cura dello stesso ente provvedere all'iscrizione nel registro delle persone giuridiche presso la Prefettura di riferimento. Dell'avvenuto riconoscimento ne viene data comunicazione anche sulla Gazzetta ufficiale.

Ove se ne ravvisi la necessità, nel corso della procedura è possibile comunque avvalersi del parere del Consiglio di Stato, divenuto facoltativo a seguito delle semplificazioni introdotte dalla legge n. 127/97 (la c.d. "Bassanini bis").

La procedura sopra citata viene seguita anche nei casi di mutamenti sostanziali nel fine e nel modo di esistenza dell'ente, tra cui rientra anche l'estinzione dell'ente medesimo.

Per gli enti che avevano il possesso della personalità giuridica civile già in data anteriore al 7 giugno del 1929, l'art. 15 del D.P.R. n. 33 del 1987 prevede che per l'iscrizione nel registro delle persone giuridiche possa essere allegato alla domanda dell'ente, in luogo del decreto ministeriale di riconoscimento, un "Attestato di antico possesso di stato" a firma del Ministro dell'Interno. Tale atto certifica che l'ente gode della personalità giuridica "per antico possesso di stato" per aver posseduto tale elemento già da un'epoca anteriore al 7 giugno 1929 e che non l'ha mai perduto per alcuna causa di estinzione. Nell'attestato devono essere indicati gli elementi in base ai quali l'ente è stato ritenuto dotato di personalità giuridica civile (ad es. aver compiuto negozi giuridici), elementi che devono essere forniti dall'ente e che, dovendo dimostrare tale requisito in epoca anteriore al 1929, spesso si fondano su atti risalenti in molti casi alle legislazioni degli Stati italiani preunitari. Si tratta, tuttavia, di una fattispecie che ha trovato scarsa applicazione nella prassi.

Esempi classici di persone giuridiche per antico possesso di stato sono le Chiese Cattedrali, le diocesi e le chiese più antiche.

Questa attività viene espletata direttamente dalla Direzione e richiede una attenta valutazione storico-giuridica della documentazione prodotta a sostegno del possesso di tale personalità.

### *VII.2.2. Le Confraternite aventi scopo esclusivo o prevalente di culto*

Nell'ambito degli enti ecclesiastici le confraternite sono tra le più antiche espressioni dell'associazionismo laicale ed hanno assunto nel corso del tempo diverse finalità, di culto e di beneficenza. Ne sono state rilevate circa 7.600 alle quali, in approvazione del Concordato del 1929, è stato riconosciuto lo scopo esclusivo o prevalente di culto.

Un gran numero di queste, di fatto, non è più operante. Per tale motivo la Conferenza Episcopale Italiana (CEI) ha invitato i Vescovi diocesani a procedere a una ricognizione delle confraternite e a provvedere alla soppressione di quelle "quiescenti".

In sinergia con la Chiesa, il Ministero dell'Interno già da diversi anni ha promosso un'attività di rilevazione delle confraternite, per verificare, tramite le Prefetture e le Diocesi, se esistano ancora, se siano operanti o se abbiano mutato natura giuridica, ciò allo scopo di adeguare le situazioni giuridiche.

Si tratta di un'attività di verifica particolarmente complessa che ha portato all'estinzione di circa 1500 enti.

### *VII.2.3. Le Fabbricerie: nomina di componenti dei Consigli di Amministrazione e dei Presidenti e approvazione dei relativi statuti*

Le Fabbricerie sono organismi di origine antichissima di natura fondazionale o associativa che, attraverso un Consiglio di amministrazione, hanno il compito di provvedere, senza alcuna ingerenza nei servizi di culto e con i proventi derivanti dall'amministrazione del loro patrimonio, "alle spese di manutenzione e di restauro della chiesa e degli stabili annessi" a cui ciascuna fabbriceria è preposta.

Tali enti, regolamentati dall'art. 72 della legge 222/1985 e dagli artt. da 35 a 41 del d.P.R. n. 33/1987, attualmente sono 25 e rivestono particolare rilievo perché sottendono tutte alla cura di chiese cattedrali o di chiese di rilevante interesse storico o artistico. Tra queste, solo per citarne alcune, si annoverano le Fabbricerie del Duomo di Milano, di Firenze, di Pisa, di Palermo, di Monreale, di San Marco a Venezia.

I Consigli di amministrazione, in base all'art. 35 del citato d.P.R. n. 33/1987 sono composti da sette membri – che prestano la loro opera gratuitamente – nominati per un triennio: due dal Vescovo diocesano e cinque dal Ministro dell'Interno sentito il Vescovo stesso.

Il successivo art. 36 prescrive che "non può essere nominato fabbriciere chi ha rapporti di interesse proprio o del coniuge o dei parenti o affini sino al quarto grado con la fabbriceria", e che "non possono essere contemporaneamente membri della stessa fabbriceria coniugi o parenti o affini entro il terzo grado".

Il Ministro nomina, con proprio decreto, anche il presidente della Fabbriceria che viene eletto tra i membri della Fabbriceria stessa a norma dello statuto. Ciascuna Fabbriceria è, infatti, retta da uno statuto che viene ugualmente approvato con decreto del Ministro dell'Interno, sentito il Vescovo diocesano.

Infine, nell'ipotesi, piuttosto rara, di gravi irregolarità nell'amministrazione della Fabbriceria ovvero nell'impossibilità per la stessa di funzionare, il Ministro dell'Interno – su input del Prefetto cui compete la verifica dei bilanci preventivo e consuntivi della fabbriceria – può, sentito il Vescovo diocesano, arrivare a sciogliere la Fabbriceria e nominare un commissario straordinario. Tale amministrazione non può eccedere il termine di 6 mesi prorogabile, in casi eccezionali ad un anno, termine entro il quale la fabbriceria deve essere ricostituita.

### *VII.2.4. Rendiconto sull'utilizzazione delle quote dell'8 per mille ed altre erogazioni liberali*

La Chiesa Cattolica – unitamente allo Stato e ad altre confessioni diverse dalla cattolica – partecipa alla ripartizione della quota dell'8 per mille del gettito IRPEF, secondo le scelte espresse dai contribuenti in sede di denuncia annuale dei redditi. Ai sensi del regolamento di attuazione della legge n. 222/1985 la Chiesa è tenuta a presentare al Ministro dell'Interno – entro il mese di luglio di ogni anno – un rendiconto sull'utilizzazione delle somme ricevute a tale titolo e a quello di erogazioni liberali.

La Direzione è chiamata a verificare il rendiconto sotto l'aspetto della rispondenza dell'utilizzo delle somme con le finalità prescritte dalle disposizioni concordatarie. Per quanto concerne la quota dell'8 per mille la legge n. 222/1985 prevede che debbano essere destinate ad esigenze di culto della popolazione, al sostentamento del clero, nonché ad interventi caritativi a favore della collettività o di Paesi in via di sviluppo. Le deduzioni liberali, invece, sono finalizzate a remunerare il clero cattolico attraverso l'Istituto centrale per il sostentamento del clero.

Il rendiconto, come previsto sempre dal d.P.R. n. 33/1987, viene poi trasmesso, accompagnato da una relazione a firma del Ministro, al Ministro dell'Economia e delle Finanze.

## VII.3. Affari dei culti diversi dal culto cattolico

Nonostante il nuovo e sempre più articolato panorama dei culti diversi dal cattolico, la normativa di riferimento è ancora oggi la legge 24 giugno 1929, n. 1159, cosiddetta "dei culti ammessi", nonché il relativo regolamento di attuazione, approvato con R. D. 28 febbraio 1930 n. 289.

Le suddette disposizioni non trovano, però, applicazione nei confronti delle confessioni che hanno stipulato con lo Stato italiano l'intesa prevista dall'art. 8, comma 3 della Costituzione. L'intesa, come noto, è lo strumento bilaterale atto a regolare i rapporti tra lo Stato e le confessioni religiose diverse dalla cattolica che, attraverso il recepimento in una legge dello Stato, riceve dignità di norma dell'ordinamento giuridico italiano. Per queste confessioni la norma di riferimento diventa, quindi, la legge recettiva dell'intesa medesima.

Le intese con le confessioni diverse da quella cattolica costituiscono uno strumento di equilibrio e di uguaglianza di trattamento rispetto alla Chiesa cattolica e rappresentano una garanzia, sia nella sostanza che nella forma, essendone la modifica unilaterale, da parte dello Stato, esclusa dalla Costituzione.

Considerato che le intese sono finalizzate a disciplinare i rapporti tra lo Stato italiano ed una determinata confessione, identificata come un ordinamento indipendente, l'attività volta al raggiungimento di tali accordi è espressione dell'attività di governo, e, per tale motivo, la competenza è attribuita alla Presidenza del Consiglio dei Ministri. In tale ambito, la Direzione però svolge una azione di supporto sia perché è chiamata ad esprimere le proprie valutazioni sulle proposte di intesa, sia perché il Direttore Centrale dei Culti fa parte, in qualità di componente, della Commissione per le intese di cui la stessa Presidenza del Consiglio si avvale per l'interazione e per la definizione del testo di intesa con la confessione religiosa.

Le confessioni religiose i cui rapporti con lo Stato sono regolati con legge di intesa sono al momento dodici:

– la Tavola Valdese (Legge 11.8.1984, n. 449, e Legge 5.10.1993, n. 409);

- l'Unione Italiana delle Chiese Cristiane Avventiste del 7° giorno (Legge 22.11.1988, n. 516, e Legge 20.12.1996, n. 637);
- le Assemblee di Dio in Italia (Legge 22.11.1988, n. 517);
- l'Unione delle Comunità Ebraiche italiane (Legge 8.3.1989, n. 101, e Legge 20.12.1996, n. 638);
- l'Unione Cristiana Evangelica Battista d'Italia (UCEBI) (Legge12.4.1995, n. 116, modificata con legge 12 aprile 2012 n. 34);
- la Chiesa Evangelica Luterana in Italia (CELI) (Legge 29.11.1995, n. 520);
- la Sacra Arcidiocesi Ortodossa d'Italia ed Esarcato per l'Europa meridionale (Legge 30.07.2012, n. 126)
- la Chiesa di Gesù Cristo dei Santi degli Ultimi Giorni (Legge 30.07.2012, n. 127)
- la Chiesa Apostolica in Italia (Legge 30.07.2012, n. 128)
- L'Unione Buddista Italiana (Legge 31/12/2012, n. 245)
- L'Unione Induista Italiana Sanatana Dharma Samgha (Legge 31/12/2012, n. 246)
- L'Istituto Buddista Italiano Soka Gakkai (IBISG) (Legge 28 giugno 2016, n. 130)

Oltre all'intesa raggiunta e formalizzata con i Testimoni di Geova, ad oggi non ancora tradotta in legge e pertanto al momento non operativa, sono in corso trattative con altre confessioni religiose, quali l'Associazione Chiesa d'Inghilterra, la Diocesi Ortodossa Romena, la Consulta Evangelica, l'Esercito della Salvezza, la Chiesa Evangelica della riconciliazione sulle quali la Direzione è impegnata a fornire il proprio apporto nella definizione delle intese stesse, con particolare riguardo agli aspetti di specifica competenza quali il riconoscimento giuridico e i ministri di culto.

### *VII.3.1. Riconoscimento della personalità giuridica di enti di culto*

Il conferimento della personalità giuridica degli enti di culto acattolico viene concesso seguendo due diverse procedure:
- procedura di riconoscimento giuridico degli enti di culto ai sensi della legge n. 1159/1929;
- procedura di riconoscimento giuridico ovvero di enti che fanno parte delle confessioni munite di legge d'intesa, ai sensi dell'art. 8, comma 3, della Costituzione.

#### *VII.3.1.1. Procedura di riconoscimento della personalità giuridica ai sensi della legge n. 1159/1929*

Il conferimento della personalità giuridica avviene con decreto del Presidente della Repubblica, su proposta del Ministro dell'Interno, uditi il Consiglio di Stato ed il Consiglio dei ministri, ai sensi dell'art. 2 della legge n. 1159/1929.

L'istanza di riconoscimento giuridico va presentata dal legale rappresentate alla Prefettura del luogo in cui ha sede l'ente stesso.

La domanda deve contenere i dati essenziali caratterizzanti l'ente e l'attività istruttoria prevede l'acquisizione di:
- atto costitutivo e statuto nella forma di atto pubblico dai quali deve risultare lo scopo di religione e di culto, gli organi dell'amministrazione, le norme di funzionamento, i mezzi finanziari dei quali lo stesso dispone per il raggiungimento dei propri fini e le finalità alle quali saranno devoluti i beni dell'ente in caso di estinzione del medesimo;
- relazione che illustri i principi religiosi cui l'ente si ispira ed i relativi riti, le attività svolte, se sia prevista la figura del ministro di culto, l'autorità religiosa da cui l'ente dipende, l'elenco delle sedi italiane ed estere con i nominativi dei responsabili, la consistenza numerica dei fedeli;
- atto o contratto relativo alla disponibilità della sede per un congruo periodo di tempo;
- prospetti economici: indicazione delle entrate e delle spese relative a ciascuno degli ultimi tre anni o del minor periodo di esistenza dell'ente;
- dichiarazione bancaria o di altro istituto di credito comprovante la consistenza del patrimonio mobiliare a disposizione dell'ente;

Il riconoscimento è comunque condizionato all'accertamento che si tratti di religioni i cui principi e le cui manifestazioni esteriori (i riti) non siano in contrasto con l'ordinamento giuridico dello Stato. Inoltre, deve risultare che l'ente sia radicato sul territorio con un consistente numero di fedeli.

Il riconoscimento della personalità giuridica di un ente di culto diverso dal cattolico ha natura concessoria ed è caratterizzato di per sé da un contenuto discrezionale nel quale rientra la valutazione della consistenza numerica dei fedeli e dell'ambito territoriale in cui i medesimi sono distribuiti. Si evidenzia, a tale proposito, che il Consiglio di Stato[2] si è più volte espresso sulla rilevanza della consistenza numerica dei fedeli e della diffusione territoriale di un ente ai fini dell'approvazione della sua personalità giuridica senza, tuttavia, individuare parametri vincolanti di riferimento. L'amministrazione, pertanto, nell'esercitare la sua discrezionalità tiene conto degli elementi acquisiti nella fase istruttoria ma anche delle caratteristiche peculiari della confessione religiosa e della sua strutturazione organizzativa.

La procedura, articolata e complessa, è condotta inizialmente dalla Prefettura che valuta la documentazione prodotta ed acquisisce le informazioni sull'ente,

---

[2] Vedi pareri Adunanza Sezione Prima, n. 3/84 del 13 gennaio 1984, n. 1659/08 dell'11 giugno 2008, n. 1144/2014 del 9 luglio 2014, n. 989/2015 dell'8 luglio 2015 e, da ultimo, n. 2299/2015 del 20 gennaio 2016).

sulla sua natura di culto, sulla consistenza della comunità religiosa, sul rappresentante legale e sui responsabili.

Successivamente, la Direzione Centrale degli Affari dei Culti esamina la documentazione prestando particolare attenzione allo statuto e richiedendone modifiche ove questo non risponda ai principi dell'ordinamento giuridico. Inoltre, la Direzione procede ad integrare l'istruttoria con riguardo alle diverse sedi dell'ente sul territorio, acquisendo le necessarie informazioni su tali articolazioni attraverso le Prefetture di riferimento. A conclusione della fase istruttoria viene richiesto, con una relazione, il parere del Consiglio di Stato e, in caso favorevole, viene predisposta la bozza di Decreto del Presidente della Repubblica di riconoscimento giuridico con il quale si approva contestualmente lo statuto dell'ente.

La bozza di Decreto e la documentazione vengono trasmesse alla Presidenza del Consiglio dei Ministri per essere sottoposte alle valutazioni del Consiglio dei Ministri e, in caso positivo, alla conseguente firma del decreto da parte del Presidente della Repubblica. Segue poi la pubblicazione sulla Gazzetta Ufficiale.

Il riconoscimento giuridico consente all'ente di diventare soggetto di diritto e di usufruire delle agevolazioni di natura fiscale specifiche per gli enti di culto.

#### *VII.3.1.2. Riconoscimento giuridico degli enti che fanno parte di confessioni religiose che hanno stipulato intese ex art. 8 della Cost.*

Per le confessioni religiose i cui rapporti con lo Stato sono regolati con legge, ai sensi dell'art. 8, comma 3, della Costituzione, alla normativa del '29 si sostituiscono, come detto, le rispettive leggi di intesa nelle quali è generalmente prevista una procedura più semplificata per il riconoscimento giuridico degli enti appartenenti alla confessione.

La procedura è più snella (non prevede l'acquisizione del parere del Consiglio di Stato, né la deliberazione del Consiglio dei Ministri), in quanto il riconoscimento giuridico viene concesso, al termine dell'istruttoria, con decreto del Ministro dell'Interno, così come avviene per gli enti di culto cattolico.

### *VII.3.2. Approvazione della nomina dei ministri di culto*

Ciascuna confessione può nominare liberamente al suo interno i propri ministri di culto per lo svolgimento delle funzioni pastorali.

Tuttavia, affinché gli atti del ministro di culto producano effetti nell'ordinamento giuridico italiano, come nel caso del matrimonio, occorre che la nomina del ministro di culto abbia avuto l'approvazione governativa.

Così prevede l'art. 3 della legge n. 1159/1929 secondo il quale "nessun effetto civile può essere riconosciuto agli atti del proprio ministero compiuti dai ministri di culto se la nomina non ha ottenuto l'approvazione governativa".

È bene precisare che la mancata approvazione non incide sull'attività del ministro di culto che può liberamente svolgere il proprio ministero pastorale su tutto il territorio nazionale, trattandosi di un diritto costituzionalmente garantito.

La disposizione in questione non si applica ai ministri di culto delle confessioni che con lo Stato italiano hanno stipulato l'intesa ex art. 8 Cost. nella quale, di regola, il tema dei ministri di culto è diversamente disciplinato. L'approvazione della nomina può, invece, essere richiesta anche dai ministri di culto degli enti non dotati di riconoscimento giuridico.

Requisiti essenziali sono:

- la cittadinanza italiana del ministro di culto;
- la presenza di una consistente comunità di fedeli;
- un luogo nel comune di residenza del ministro di culto dove la comunità si riunisce per le attività religiose.

L'istanza, come prevede l'art. 20 del R.D. 28 febbraio 1930, n. 289, di attuazione della richiamata legge 1159/1929, va presentata presso la Prefettura territorialmente competente. Va corredata dell'atto di nomina, in originale od in copia autentica, e di copia conforme all'originale dell'atto costitutivo e dello statuto dell'ente di appartenenza, atta a provare che la stessa sia avvenuta secondo le norme che regolano il culto cui il ministro appartiene.

La Prefettura effettua accertamenti sulla persona e acquisisce le informazioni sulla presenza della comunità religiosa e sulla consistenza dei fedeli trasmettendo tali elementi alla Direzione dei Culti.

Nel concedere o meno l'approvazione governativa della nomina a ministro di culto vengono valutati i requisiti, sia sotto il profilo soggettivo che quello oggettivo. In particolare, per quanto attiene al profilo oggettivo è necessaria la sussistenza di una comunità di fedeli quantitativamente consistente presso la quale esercitare le funzioni pastorali. Il Consiglio di Stato, con parere n. 1834/2011, ha ritenuto che il requisito della consistenza numerica sia soddisfatto quando la comunità sia costituita da almeno 500 fedeli e a tale parametro l'Amministrazione si è adeguata nel concedere l'approvazione governativa della nomina. Inoltre, nel comune di residenza del ministro di culto deve essere presente la comunità di fedeli, conformemente all'interpretazione dell'art. 22 del R.D. 289/193, fornita sempre dal Consiglio di Stato, laddove stabilisce che copia del decreto di approvazione deve essere trasmesso "all'ufficio dello stato civile del comune in cui il ministro di culto ha la propria residenza per ragioni del proprio ufficio". Il procedimento si conclude con l'emanazione di un decreto del Ministro dell'Interno e l'approvazione della nomina ha valenza su tutto il territorio nazionale[3].

### *VII.3.3. Rendiconti sull'utilizzazione delle quote dell'8 per mille ed altre erogazioni liberali*

Come per la Chiesa Cattolica, anche le confessioni che hanno stipulato intese con lo Stato (recepite nelle apposite leggi), concorrono, come convenuto in ciascuna intesa, alla ripartizione della quota dell'8 per mille del gettito IRPEF, secondo le scelte espresse dai contribuenti in sede di denuncia annuale dei redditi. Le medesime confessioni godono, inoltre, delle erogazioni liberali effettuate in loro favore per il raggiungimento di diversi fini (di culto, di assistenza e di istruzione religiosa ecc.), che le persone fisiche possono dedurre dal proprio reddito, agli effetti dell'IRPEF, fino ad un importo di euro 1.032,91.

Sull'utilizzazione sia delle somme ricevute a titolo di quota dell'8 per mille, sia di quelle per le erogazioni liberali, le confessioni religiose in questione, ciascuna secondo le modalità previste nella rispettiva intesa, sono tenute a presentare annualmente al Ministero dell'Interno un rendiconto relativo all'utilizzo delle somme ricevute. La Direzione degli Affari dei Culti, quale Ufficio competente, verifica i rendiconti sotto l'aspetto della rispondenza dell'utilizzo di tali somme con le finalità prescritte da ciascuna intesa. Ad esempio, alcune intese prevedono che tali somme, oltre ad attività di beneficenza, vengano destinate alla remunerazione dei ministri di culto, altre invece escludono l'utilizzo per queste ultime finalità, altre ancora ad esempio prevedono interventi di diverse tipologie (finalità umanitarie, di pace, ambientali ecc.)

Viene poi predisposta una relazione a firma del Ministro che viene inoltrata, unitamente al rispettivo rendiconto, al Ministro dell'Economia e delle Finanze e, per prassi, anche alla Presidenza del Consiglio dei Ministri.

### *VII.3.4. Assistenza religiosa ai detenuti in istituti di prevenzione e pena*

Il diritto di culto deve essere assicurato anche quando il soggetto si trovi detenuto in un istituto di prevenzione e pena. L'art 26 della legge n. 354/1975 sull'ordinamento penitenziario e sulle misure privative e limitative della libertà prevede,

[3] Con parere n. 6357/2009 del 22.10.2009, il Consiglio di Stato, rivalutando precedenti propri orientamenti (e funzioni del ministro di culto conseguenti all'approvazione della nomina venivano limitate ad un ambito territoriale di 3 province limitrofe) ha ritenuto, sulla base delle osservazioni prodotte dall'Amministrazione, che non vi sono ragioni giuridiche per limitare l'approvazione della nomina ad un ambito territoriale e pertanto la stessa ha valenza su tutto il territorio nazionale.

infatti, che i detenuti e gli internati abbiano facoltà di ricevere, qualora ne facciano richiesta, l'assistenza dei ministri del proprio culto e di celebrarne i riti.

L'Amministrazione direttamente competente all'emanazione del provvedimento finale è il Ministero della Giustizia. In questa procedura l'Ufficio si attiva su richiesta del citato Ministero acquisendo tramite la Prefettura competente per territorio, le informazioni sul ministro di culto e sull'ente di culto di appartenenza. Sulla base delle risultanze istruttorie, la Direzione si esprime in merito all'accesso nelle carceri del ministro di culto, a termini del regolamento di esecuzione della legge n. 354 (d.P.R. n. 230/2000, art. 58).

A seguito del favorevole avviso del Ministero dell'Interno, il Ministero della Giustizia – salve eventuali diverse valutazioni – autorizza l'ingresso in carcere del ministro di culto per prestare assistenza spirituale.

Il ministro di culto autorizzato ha, quindi, la possibilità di entrare nelle carceri ed avere un rapporto diretto con i detenuti, con l'evidente delicatezza che un tale circostanza comporta, soprattutto in questo particolare periodo in cui i luoghi di detenzione rappresentano terreno fertile per opere di proselitismo.

#### *VII.3.5. Visti di ingresso per motivi religiosi*

Il visto di ingresso per motivi religiosi, unitamente alle altre tipologie di visti, è disciplinato nel Decreto 11 maggio 2011 (Allegato, art. 11) del Ministero degli Affari Esteri, adottato di concerto, tra gli altri, con il Ministero dell'Interno.

Tale visto, consente l'ingresso, ai fini di un soggiorno di breve o lunga durata, ai "religiosi" ed ai ministri di culto stranieri appartenenti ad organizzazioni confessionali, che intendono partecipare a manifestazioni di culto o esercitare attività ecclesiastica, religiosa o pastorale.

I requisiti e le condizioni per l'ottenimento del visto, come indicate nell'art. 11, sono:

*a*) l'effettiva condizione di "religioso", o di ministro di culto nell'ambito della propria organizzazione di appartenenza
*b*) la documentate garanzie circa il carattere religioso della manifestazione o delle attività addotte a motivo del soggiorno in Italia
*c*) nei casi in cui le spese di soggiorno dello straniero non siano a carico di Enti religiosi, la dimostrazione di possedere mezzi di sussistenza non inferiori all'importo stabilito dal Ministero 13 dell'Interno con la Direttiva di cui all'art. 4, comma 3 del T.U. 286/1998 e successive modifiche ed integrazioni
*d*) l'assicurazione sanitaria, di cui alla Decisione del Consiglio del 22 dicembre 2003, nei termini ed alle condizioni stabilite dalle relative Linee Guida.

Tali elementi sono accertati dal Ministero degli Affari Esteri. Il Ministero dell'Interno, invece, interviene nella procedura nel caso in cui un religioso straniero venga invitato in Italia, per motivi religiosi, da una associazione di culto, operante di fatto in Italia e non riferibile a confessioni che hanno stipulato intese con lo Stato italiano o ad enti di culto riconosciuti giuridicamente (si tratta, pertanto, degli enti di culto diversi dal cattolico operanti di fatto). L'ultimo comma dell'art 11 dell'allegato al citato decreto 11 maggio 2011, infatti, stabilisce espressamente che in tali casi il visto può essere rilasciato solo previa verifica da parte del Ministero dell'Interno della natura di culto dell'ente e della conformità del suo statuto ai principi dell'ordinamento italiano.

Su richiesta del Centro Visti del M.A.E. la Direzione dei Culti acquisisce, per il tramite della Prefettura competente, le necessarie informazioni e, sulla base degli accertamenti compiuti si esprime in merito sia alla natura di culto dell'ente sia alla conformità dello statuto dell'organismo religioso ai principi dell'ordinamento giuridico.

### *VII.3.6. Intese INPS*

La legge 22 dicembre 1973, n. 903 concernente la "Istituzione del fondo di previdenza del clero e dei ministri di culto delle confessioni religiose diverse dalla cattolica e nuova disciplina dei relativi trattamenti pensionistici", stabilisce, all'articolo 5, che "sono soggetti all'obbligo dell'iscrizione al Fondo tutti i sacerdoti secolari, nonché tutti i ministri di culto delle confessioni religiose diverse dalla cattolica aventi cittadinanza italiana, residenti in Italia, dal momento della loro ordinazione sacerdotale o dall'inizio del ministero di culto in Italia fino alla data di decorrenza della pensione di vecchiaia ovvero della pensione di invalidità. Con decreto del Ministro per l'interno, previe intese con le rappresentanze delle singole confessioni religiose diverse dalla cattolica che ne facciano richiesta, si provvede all'applicazione della presente legge con le modalità del caso".

L'art. 42 della legge n. 488/1999, ad integrazione della suddetta normativa, ha poi esteso l'iscrizione al Fondo ai ministri di culto privi di cittadinanza italiana e presenti in Italia, nonché ai ministri di culto con cittadinanza italiana operanti all'estero che aderiscono ad enti religiosi diversi dal cattolico dotati di personalità giuridica riconosciuta.

Per l'accertamento delle condizioni riguardanti l'attività di culto, è richiesta per i ministri di culto delle confessioni religiose diverse dalla cattolica, l'attestazione da parte dei competenti organi della rispettiva confessione. Per tali ministri di culto si prescinde dal requisito della nomina approvata con decreto del Ministro dell'Interno in quanto non prescritto dalla citata normativa.

Il procedimento amministrativo si instaura con la presentazione della domanda dell'ente religioso, in carta legale, indirizzata al Ministero e firmata dal rappresentante legale, corredata della copia autentica dell'atto costitutivo e dello statuto, dell'atto di nomina del rappresentante legale, dell'attestazione del legale rappresentante sui ministri di culto in possesso dei requisiti per l'iscrizione al "Fondo".

Esperita l'istruttoria di rito viene predisposta la bozza di Decreto del Ministro, contenente le modalità dell'iscrizione, con cui viene decretata l'applicazione della suddetta legge nei riguardi dei ministri di culto della Confessione richiedente. La bozza viene trasmessa, per l'assenso, alla Confessione stessa. Raggiunta tale intesa viene adottato il decreto, che, dopo la firma del Ministro, viene pubblicato sulla "Gazzetta Ufficiale" della Repubblica e trasmesso al rappresentante legale del culto interessato. Copia autenticata del DM viene inoltre inviata alla Prefettura competente ed all'INPS.

Per effetto di tale decreto i ministri di culto della confessione richiedente possono iscriversi direttamente al Fondo di previdenza presso l'INPS.

# CAPITOLO VIII
# Il fondo edifici di culto

di *Silvana Rispoli*

SOMMARIO: VIII.1. Cenni storici. – VIII.2. Legislazione di riferimento.

## VIII.1. Cenni storici

Nel contesto della formazione dello Stato italiano, le nuove teorie liberali e la nascente concezione laica dello Stato portarono alla emanazione, prima nel Regno di Sardegna e Piemonte e poi nel Regno d'Italia, di una serie di norme conosciute nel loro insieme come "Legislazione eversiva dell'asse ecclesiastico". Con tali norme che soppressero gli ordini religiosi e altri enti ecclesiastici, si volle restituire alla libera circolazione nel mercato l'ingente patrimonio accumulato dagli ordini religiosi.

A differenza di quanto avvenne in altri Paesi europei, in cui lo Stato incamerò direttamente i beni degli enti soppressi, nel Regno d'Italia l'enorme patrimonio acquisito fu affidato ad un ente distinto dallo Stato e dotato di autonomia patrimoniale e gestionale, denominato dal 1866 Fondo per il Culto: in tal modo si volle rispettare il principio della separazione tra Stato e Chiesa e nel contempo non far gravare sul bilancio del giovane Regno le spese del mantenimento del clero.

Inizialmente il Fondo, incardinato presso il Ministero della giustizia e dei culti, conservò presso di sé la proprietà degli edifici sacri aperti al culto ritenuti necessari alle esigenze spirituali della popolazione e trattenne, altresì, parte dei complessi conventuali annessi a tali edifici, laddove strettamente connessi con le esigenze pastorali delle chiese stesse. Gli altri complessi conventuali vennero o restituiti alla pubblica fruizione, mediante la loro cessione in proprietà a comuni o province, che si impegnavano ad utilizzarli per fini di pubblica utilità (uffici pubblici, ospedali, scuole, ospizi), ovvero devoluti al Demanio dello Stato che provvide a venderli.

A partire dal 1932, anno in cui il Fondo venne incardinato presso il Ministero dell'Interno, poiché con le proprie rendite provvedeva all'erogazione delle pensioni ai membri delle corporazioni religiose disciolte e della congrua ai parroci, anche gli edifici di culto rimasti nella sua proprietà vennero trasferiti alle stesse amministrazioni comunali e provinciali cui il Fondo aveva ceduto, come già detto, la proprietà dei conventi.

Tale situazione rimase immutata fino a quando nel 1985 furono stipulati i nuovi Accordi Concordatari tra lo Stato italiano e la Chiesa cattolica, a seguito dei quali fu emanata la legge 20 maggio 1985 n. 222, recante nuove disposizioni sugli enti ed i beni ecclesiastici in Italia e per il sostentamento del clero cattolico. Per effetto della suddetta legge, cessarono le finalità connaturate al Fondo per il Culto che fu, pertanto, soppresso a decorrere dal 1 gennaio 1987 e diede origine ad un nuovo ente, denominato Fondo Edifici di Culto. Al Fondo Edifici di Culto, che subentrò in tutti i rapporti, attivi e passivi, relativi al patrimonio dell'estinto Fondo Culto e delle altre aziende con analoghe finalità, fu affidato il compito di provvedere, alla conservazione, tutela e valorizzazione degli edifici di culto rimasti di proprietà[1].

## VIII.2. Legislazione di riferimento

Il Fondo edifici di culto (FEC) è un ente dotato di personalità giuridica istituito dalla legge 20 maggio 1985, n. 222, (artt. 54-65). La sua istituzione si deve al protocollo firmato a Roma il 15 novembre 1984 e reso esecutivo con la legge 20 maggio 1985, n. 206, relativo alla disciplina della materia degli enti e beni ecclesiastici novellata a seguito delle modificazioni al Concordato lateranense del 1929 tra lo Stato italiano e la Santa Sede.

Il FEC, quindi, è nato in modo formalmente singolare, perché la sua istituzione non è scaturita da un'autonoma volontà del legislatore, come era avvenuto in passato per gli organismi cui l'attuale ente è succeduto, vale a dire la Cassa ecclesiastica e il Fondo per il culto.

[1] Il patrimonio del FEC, dislocato su tutto il territorio nazionale, comprende beni fruttiferi (immobili di civile abitazione, stabili adibiti a caserme e commissariati, i compendi silvo-forestali di Tarvisio (UD), Palena (CH) e Giardinello e Monreale (PA), fondi rustici, porzioni immobiliari adibiti a esercizi commerciali) e beni infruttiferi (oltre 800 chiese ex conventuali e le annesse rettorie, nonché le opere d'arte in esse custodite: Giotto, Masaccio, Michelangelo, Caravaggio, Bernini sono solo alcuni degli autori). Inoltre, appartengono al Fondo anche importanti aree archeologiche e museali come le "Case Romane" sottostanti la Basilica dei SS. Giovanni e Paolo al Celio in Roma, il museo dell'Opera di Santa Chiara con l'adiacente chiostro maiolicato e la Sala degli Arredi Sacri nella Basilica di San Domenico Maggiore, entrambi in Napoli. Tra i suoi beni il Fondo annovera anche un pregevole fondo librario antico, custodito nella biblioteca della Direzione Centrale e composto da oltre trecento volumi editi a partire dall'anno 1552. L'ingente patrimonio storico – artistico è gestito in osservanza del Codice dei beni culturali.

I precedenti organismi, infatti, in quanto enti statali o uffici dell'amministrazione civile, sono stati creati e disciplinati da leggi dello Stato: dall'istituzione dell'originaria Cassa ecclesiastica (articoli 4 e seguenti della legge 29 maggio 1855, n. 878), al riordino del Fondo per il culto (articoli 1 e seguenti del regio decreto 29 giugno 1924, n. 1086), alle disposizioni, sempre relative al Fondo per il culto, successive al Concordato del 1929 (articolo 19 della legge 27 maggio 1929, n. 848; articoli 56 e seguenti del regolamento di cui al regio decreto 2 dicembre 1929, n. 2262; regio decreto 11 gennaio 1930, n. 29; regio decreto-legge 19 agosto 1932, n. 1080, convertito dalla legge 6 aprile 1933, n. 455, e così via).

Il FEC, al contrario, è sorto in base a un Accordo con la Santa Sede, cui le citate leggi n. 206 e n. 222 del 1985 hanno dato attuazione nell'ordinamento giuridico statale. In ragione del rapporto fra norme del protocollo e norme statali di esecuzione, laddove lo Stato volesse modificare, derogare o abrogare le disposizioni riguardanti il FEC, nonostante questo rientri nella propria organizzazione amministrativa, dovrebbe comunque preventivamente trovare un'intesa con la Santa Sede in quanto soggetto internazionale.

L'art 57 della legge n. 222/1985 affida l'amministrazione del FEC al Ministero dell'Interno il quale, a seguito del nuovo regolamento per l'organizzazione degli suoi uffici (d.P.R. 7 settembre 2001 n. 398, art. 5 2° comma lett. E) la esercita, oggi, attraverso il Dipartimento delle Libertà Civili e l'Immigrazione - Direzione Centrale per l'Amministrazione del Fondo Edifici di Culto. La rappresentanza giuridica del Fondo è affidata al Ministro dell'Interno, coadiuvato da un Consiglio di Amministrazione. In sede locale, invece, sempre ai sensi del citato articolo, l'amministrazione dei beni è demandata ai Prefetti.

Il Fondo edifici di culto, ai sensi dell'art. 56 della legge n. 222/1985 ha personalità giuridica, viene amministrato secondo le norme che regolano le gestioni patrimoniali dello Stato ed ha un bilancio autonomo, distinto da quello del Ministero dell'Interno.

Ai sensi dell'art. 59 della citata legge, novellato dall'art. 3, comma 2, lett. a) del d.lgs. n. 90/2016, il bilancio preventivo e quello consuntivo vengono approvati dal Ministro dell'Interno di concerto con il Ministro dell'Economia e delle Finanze e trasmessi alle commissioni parlamentari competenti per materia, rispettivamente entro il termine di presentazione del disegno di legge del bilancio e del disegno di legge del rendiconto. Il conto consultivo è trasmesso anche alla Corte dei conti.

# PARTE IV

## AREA PROTEZIONE E DIFESA CIVILE

# CAPITOLO I
# L'evoluzione del concetto di protezione civile nell'ambito della legislazione italiana

di *Claudia Favaccio*



## I.1. Premessa

La materia della protezione civile è da sempre in continua, magmatica evoluzione, in quanto afferisce ad una sfera della vita sociale soggetta all'influsso di varie e mutevoli istanze, provenienti da differenti settori della società.

La costante tendenza evolutiva di questa materia rende arduo il compito di elaborare il concetto di protezione civile.

La dottrina, in proposito, ha osservato come la definizione del concetto di protezione civile si caratterizzi per una sua "intrinseca problematicità"[1]. Tale concetto, si noti, risulta, infatti, strettamente correlato ai concetti di rischio, pericolo e sicurezza, parimenti problematici, in quanto soggetti ad evoluzione costante, parallelamente all'evoluzione della società.

L'evoluzione della società, inoltre, ha visto progredire sempre più la scienza e la tecnologia e, conseguentemente, mutare i rischi e la percezione degli stessi da parte dell'uomo, al punto che la società contemporanea viene comunemente defi-

---

[1] C. MEOLI, *La protezione civile*, in *Trattato di diritto amministrativo*, a cura di S. Cassese, Milano, 2003, 2145. Sulla controversa definizione di protezione civile si veda anche F. SANTOIANNI, *Protezione civile. La pianificazione e la gestione dell'emergenza nelle aree urbane*, R. Noccioli, 1993, 11-14, il quale riflette sul legame di (con) causa-effetto che potrebbe sussistere tra l'incertezza definitoria e gli sprechi di denaro pubblico avvenuti in Italia attraverso il ricorso a provvedimenti (più o meno pertinenti) di emergenza o di protezione civile.

nita "società del rischio"[2]. Per queste ragioni, la sicurezza è diventata un'esigenza primaria della collettività, il problema fondamentale della specie umana.

È di tutta evidenza, dunque, come la protezione civile abbia assunto il ruolo di pilastro del nostro Paese. In quest'ottica, oggi si considera di primaria importanza riuscire ad implementare in maniera sempre più efficace la cultura della protezione civile e le buone pratiche, fattori questi che, congiuntamente alla conoscenza dei rischi, sono in grado di creare l'effetto virtuoso della progressiva diminuzione dei danni alle persone e alle cose dopo le catastrofi naturali.

Questa mutata sensibilità in materia, che ha portato all'adozione di un Codice di Protezione Civile (d.lgs. n. 1 del 2 gennaio 2018), con il quale è stata riformata tutta la normativa di riferimento, costituisce il punto di arrivo di un percorso normativo segnato da più tappe, brevemente richiamate nel paragrafo successivo.

## I.2. Le tappe dell'evoluzione normativa in materia

In origine, alla protezione civile non veniva riconosciuto il rango di autonoma funzione. In particolare, la funzione di protezione civile, intesa quale complessa ed articolata organizzazione di emergenza, soccorso ed assistenza che doveva attivarsi in caso di calamità naturale o catastrofe per fronteggiare l'insorgenza di situazioni pericolose o dannose per l'incolumità delle persone, veniva considerata quale corollario della tutela della sicurezza e dell'incolumità dei cittadini e, pertanto, affidata all'autorità di pubblica sicurezza[3].

In proposito, vale la pena di sottolineare come, fino ai primi anni novanta del secolo scorso, nelle trattazioni scientifiche, dedicate alla figura del Prefetto, il tema delle competenze in materia di protezione civile fosse trattato accanto a quello dei poteri spettanti al Prefetto per la tutela dell'ordine e della sicurezza, quasi a voler segnare una naturale linea di continuità tra i due ambiti di attività[4].

Sul presupposto della inclusione della nozione di protezione civile nell'ambito del concetto ampio di pubblica sicurezza, il legislatore affermava coerentemente

---

[2] La definizione appartiene, come noto, a U. BECK, *La società del rischio. Verso una seconda modernità*, Roma, 2000.

[3] L'articolo 1 del Testo unico delle leggi di pubblica sicurezza (regio decreto 18 giugno 1931, n. 773) recita testualmente che *"L'autorità di pubblica sicurezza [...] presta soccorso nel caso di pubblici e privati infortuni"*.

[4] C. MEOLI, *Il Prefetto nell'ordinamento italiano. Profili storico-istituzionali*, Firenze, 1984, 77 ss.; M.C. MASCAMBRUNO, *Il Prefetto. Funzioni di rappresentanza, di coordinamento e poteri di polizia*, Milano, 1992, 39 ss.

la prevalente competenza statale nel settore, con riserva in capo al Prefetto di un ruolo attivo di responsabilità nel sistema di gestione dell'emergenza.

L'approfondimento dei temi connessi con la protezione civile e l'esperienza concreta misero, tuttavia, in luce come la tutela della sicurezza e dell'incolumità pubblica costituissero solo un aspetto parziale e limitato di quella che si sarebbe poi affermata come la ben più complessa funzione di protezione civile. In particolare, emerse come dalle specifiche funzioni istituzionali dell'autorità di pubblica sicurezza esulassero le attività di previsione, prevenzione e soccorso delle popolazioni colpite da disastri o calamità naturali[5].

Pertanto, il legislatore intervenne e, con la legge 8 dicembre 1970, n. 996[6], recepì per la prima volta nel nostro ordinamento positivo il concetto di "protezione civile", introducendo la nozione giuridica di calamità naturale o catastrofe, definita in termini di insorgenza di "situazioni che comportino grave danno o pericolo di grave danno alla incolumità delle persone e ai beni e che per la loro natura o estensione debbano essere fronteggiate con interventi tecnici straordinari" (articolo 1)[7] e precisando i contenuti peculiari della funzione *de qua* proprio in relazione alla natura dell'evento dannoso, alla sua gravità ed estensione.

Il legislatore, inoltre, sull'assunto che la protezione civile è volta alla tutela della pubblica incolumità e, dunque, mira alla conservazione della popolazione, elemento fondamentale dello Stato, riconobbe la primaria competenza dello Stato in materia (e, per esso, del Ministero dell'Interno).

Pur avendo, rispetto alla precedente impostazione[8], tratteggiato la funzione di protezione civile con maggiore nettezza, la legge n. 996/1970 si caratterizzò per un limite, dovuto al fatto che il legislatore aveva tralasciato il tema della previsio-

---

[5] C. MEOLI, *La protezione civile*, *cit.*, 2145-2146. Dello stesso Autore si veda anche la voce Protezione civile, in *Digesto delle discipline pubblicistiche*, Torino, 1997, 130-131.

[6] La legge 8 dicembre 1970, n. 996, recava "*Norme sul soccorso e l'assistenza alle popolazioni colpite da calamità – Protezione civile*".

[7] Sulle nozioni di calamità pubbliche, calamità naturali, catastrofi legate all'opera dell'uomo, si rinvia ancora una volta a C. MEOLI, voce *Calamità pubblica*, in *Digesto delle discipline pubblicistiche*, Torino, 1987, 439 ss., e in aggiunta a S. CAPOZZI, voce *Calamità pubbliche*, in *Enciclopedia giuridica Treccani*, 1988, 1 e ss.

[8] Si ritiene, ad ogni buon conto, che il legame tra il concetto di protezione civile e quello di ordine e sicurezza pubblica non possa dirsi del tutto scomparso. È significativo, infatti, che nella normativa più recente (il riferimento è in particolare all'articolo 5 della legge n. 401/2001 di conversione del decreto legge n. 343/2001 recante "Disposizioni urgenti per assicurare il coordinamento operativo delle strutture preposte alle attività di protezione civile e per migliorare le strutture logistiche nel settore della difesa civile") il legislatore abbia inteso rafforzare le funzioni dei Prefetti in materia di protezione civile proprio attraverso il richiamo ai profili dell'ordine e della sicurezza pubblica tipici dell'azione prefettizia. Sul punto si veda ancora una volta C. MEOLI, *La protezione civile*, *cit.*, 2167-2168.

ne e prevenzione e aveva attribuito alla protezione civile essenzialmente la funzione di predisposizione di servizi di emergenza, attività di soccorso e di assistenza in favore delle popolazioni colpite da calamità naturali o da catastrofi (articolo 2, comma 1).

Il sopra indicato limite rese necessario il compimento di un ulteriore passo in avanti, che si concretizzò nell'adozione della legge 24 febbraio 1992, n. 225, la quale istituì il Servizio nazionale della protezione civile con il compito di "tutelare l'integrità della vita[9], i beni, gli insediamenti e l'ambiente dai danni o dal pericolo di danni derivanti da calamità naturali, da catastrofi e da altri eventi calamitosi"[10] (articolo 1, comma 1).

La legge n. 225/1992, si noti, ha inaugurato un assetto policentrico, basato sul principio di sussidiarietà e contraddistinto dal coinvolgimento di Regioni ed enti locali sia nelle attività di previsione e prevenzione sia in quelle emergenziali.

Come è noto, infatti, la legge n. 225/1992, ha distinto in tre categorie la tipologia degli eventi calamitosi rilevanti per la protezione civile, a fronte dei quali ha definito le competenze e le responsabilità per gli interventi necessari. La prima risposta all'emergenza, qualunque sia la natura e l'estensione dell'evento, deve essere garantita a livello locale, a partire dalla struttura comunale, l'istituzione più vicina al cittadino. Il primo responsabile della protezione civile è quindi il Sindaco. Quando un evento non può essere fronteggiato con i mezzi a disposizione del Comune, si mobilitano i livelli superiori attraverso un'azione integrata: la Provincia, la Prefettura, la Regione, lo Stato.

---

[9] Ci si interroga sulla configurabilità di un diritto soggettivo alla protezione civile (sul presupposto che i cittadini, secondo la Costituzione, sono già titolari dei diritti alla vita, alla inviolabilità della persona umana, alla salute, all'ambiente salubre) V. PEPE, *Il diritto alla protezione civile*, in *Quaderni della Rivista giuridica dell'ambiente*, Milano, 1996, 23 ss.

[10] In relazione a questi ultimi, si ricorda come, non senza qualche perplessità dal punto di vista sistematico, il legislatore, in un primo momento, abbia incluso in tale alveo anche gli "altri grandi eventi". Infatti, l'art. 5-bis, comma 5, del decreto-legge 7 settembre 2001, n. 343, convertito dalla legge 9 novembre 2001, n. 401, aveva prevosto che le disposizioni di cui all'art. 5 della legge 24 febbraio 1992, n. 225 si applicassero anche con riferimento alla dichiarazione dei grandi eventi rientranti nella competenza del Dipartimento della protezione civile e diversi da quelli per i quali si rende necessaria la delibera dello stato di emergenza. In tale categoria, si noti, sono stati fatti rientrare eventi religiosi, come ad esempio la canonizzazione di Padre Pio o la beatificazione di Madre Teresa di Calcutta, o eventi sportivi, come le Olimpiadi Invernali di Torino 2006 e i Mondiali di nuoto di Roma 2009, fino alle celebrazioni nazionali, come quelle del 150° anniversario dell'Unità d'Italia). Successivamente, con il decreto legge 24 gennaio 2012, n. 1, convertito con modificazioni dalla L. 24 marzo 2012, n. 27 il legislatore ha disposto (con l'art. 40-bis, comma 1) l'abrogazione del comma 5 dell'art. 5-bis, ponendo fine alla gestione emergenziale in deroga degli stessi.

La legge n. 225/1992 ha, anche, individuato i vari tipi di attività e compiti di protezione civile: oltre al soccorso e alle attività volte al superamento dell'emergenza, anche la previsione e la prevenzione[11].

Rispetto all'impostazione seguita dalla precedente legislazione, in cui l'azione di previsione era finalizzata alla predisposizione dei mezzi di soccorso e dei servizi di emergenza, si è affermata una concezione più moderna di protezione civile, fondata sul riconoscimento dell'importanza primaria dell'attività di prevenzione[12].

In particolare, asse portante della funzione *de qua* è diventato il binomio previsione-prevenzione, da cui è derivata l'attribuzione di sempre maggiore rilievo all'esigenza di realizzare una sistematica opera di prevenzione applicata al territorio, al fine di annullare o ridurre i rischi di calamità e di incidenti rilevanti.

Si noti che ciò, in Italia, ha portato a prestare maggiore attenzione al legame inscindibile sussistente tra la protezione civile e le problematiche connesse al governo del territorio. Pertanto, l'attività di previsione e prevenzione è stata collegata funzionalmente e strutturalmente ad un disegno sistematico di riassetto complessivo del territorio, sia sul versante del dissesto idrogeologico, boschivo ed atmosferico, sia sul versante dell'impatto ambientale degli insediamenti urbanistici, tecnologici ed industriali e delle opere di antropizzazione in generale.

Il legislatore del 1992, in proposito, ha previsto che "le attività di protezione civile devono armonizzarsi, in quanto compatibili, con le necessità imposte dalle emergenze, con i programmi di tutela e risanamento del territorio" (articolo 3, comma 6)[13].

La conferma di questa nuova concezione della funzione di protezione civile è giunta anche dalle successive leggi di riforma di ispirazione "federalista" (legge 15 marzo 1997, n. 59, e d.lgs. 31 marzo 1998, n. 112), le quali, a Costituzione invariata, hanno ridisegnato l'assetto delle competenze tra le diverse componenti del Servizio nazionale di protezione civile. In particolare, alle autonomie territo-

---

[11] L'attività di prevenzione ha il fine di "*evitare o ridurre al minimo la possibilità che si verifichino danni conseguenti agli eventi di cui all'articolo 2 anche sulla base delle conoscenze acquisite per effetto delle attività di previsione*" (articolo 3, comma 3).

[12] In questi termini si esprimeva C. MEOLI, voce *Calamità pubbliche*, *cit.*, 443, già prima dell'adozione della legge n. 225/1992, all'epoca ancora in fase di (travagliata) elaborazione parlamentare. A fronte dell'adozione della legge n. 225/1992, V. PEPE, *Il diritto alla protezione civile*, *cit.*, 32, ha colto una "nuova filosofia della protezione civile" in Italia che si sviluppa lungo tre direzioni fondamentali: previsione, prevenzione, soccorso.

[13] Il *principio successivamente è stato declinato, con l'intervento della legge n. 113/2012, nella più pregnante formula secondo la quale "i piani e i programmi di gestione, tutela e risanamento del territorio devono essere coordinati con i piani di emergenza di protezione civile" (articolo 3, comma 6).*

riali è stata conferita la generalità dei compiti, mentre allo Stato sono stati riservati esclusivamente i compiti di rilievo nazionale del sistema di protezione civile.

Ai nostri fini, ciò che merita di essere sottolineato, peraltro col sostegno di autorevole dottrina, è che il conferimento in via generale delle funzioni di protezione civile alle autonomie territoriali è avvenuto sul presupposto che "la protezione civile è attività comunque inerente al territorio e all'ambiente e, come tale, rientrante nella competenza primaria delle Regioni e degli enti locali, con l'evidente intento di saldare gli strumenti di pianificazione territoriale, paesistica e urbanistica con gli strumenti di pianificazione di protezione civile"[14].

In protezione civile, il percorso verso il decentramento, inteso quale assetto maggiormente idoneo a consentire ai diversi soggetti istituzionali coinvolti di operare in maniera efficace, si è chiuso con la riforma del Titolo V della Parte II della Costituzione (legge costituzionale n. 3/2001).

Per la prima volta, si noti, la Carta costituzionale si è occupata espressamente della materia della protezione civile, conferendole il rango costituzionale e attribuendola alla competenza legislativa concorrente. Si è, così, definitivamente aperta la strada alla creazione di differenti sistemi regionali di protezione civile[15].

In seguito, un ulteriore intervento riformatore si è registrato vent'anni dopo la nascita del Servizio nazionale della protezione civile, con il d.l. 15 maggio 2012, n. 59, convertito dalla legge 12 luglio 2012, n. 100, che, oltre a toccare alcuni temi chiave per tutto il sistema[16], ha ribadito il ruolo del Sindaco, quale autorità comunale di protezione civile, e ha introdotto l'importante novità della presentazione e dell'aggiornamento dei piani comunali di emergenza.

Più di recente, il Parlamento[17] ha delegato l'esecutivo a riformare la normativa in materia[18]. La volontà riformatrice è arrivata a 25 anni dall'adozione della legge

---

[14] C. MEOLI, *La protezione civile, cit.*, 2152.

[15] F. GANDINI, *La protezione civile: profili costituzionali e amministrativi, riflessi penali*, Milano, 2007, 25.

[16] In particolare, la classificazione degli eventi calamitosi, le attività di protezione civile, la dichiarazione dello stato di emergenza e il potere d'ordinanza. In questo senso, la legge ha ridefinito la prima fase dell'emergenza, ponendo l'accento sul "fattore tempo" e specificando che i mezzi e i poteri straordinari per fronteggiare le calamità (eventi di tipo "c") vanno utilizzati per interventi temporali limitati e predefiniti.

[17] Con la legge 16 marzo 2017, n. 30, il Parlamento ha delegato l'esecutivo ad adottare uno o più decreti legislativi di ricognizione, riordino, coordinamento, modifica e integrazione delle disposizioni legislative vigenti che disciplinano il Servizio nazionale della protezione civile e le relative funzioni (art. l, comma I).

[18] V. relazione illustrativa dello schema di decreto: "Il provvedimento, in coerenza con il mandato legislativo, non si propone solo una finalità compilativa, volta a consolidare ciò che già oggi costituisce l'architrave dell'ordinamento in materia di sistema nazionale della protezione civile, ma contiene, nei diversi ambiti e secondo gli indirizzi specificati dai principi di delega, elementi

225/1992, già più volte modificata[19], spesso seguendo l'andamento storico e le emergenze del Paese.

In attuazione della sopra indicata delega, il decreto legislativo 2 gennaio 2018, n. 1, la cui trattazione è rimandata al paragrafo successivo, detta la disciplina del Servizio nazionale, ivi definito "*servizio di pubblica utilità*"[20].

## I.3. Il Codice di Protezione Civile

Il legislatore, mosso dall'obiettivo di semplificare e rendere più lineari le disposizioni in materia, mediante il d.lgs. 2 gennaio 2018, n. 1, ha non solo effettuato un vero e proprio riordino legislativo, riconducendo ad un'unità di sistema, in un unico testo di facile lettura, le diverse norme succedutesi nel tempo, ma ha anche introdotto importanti elementi di novità nel complesso e articolato sistema della protezione civile. Proprio per tale ragione, la Sezione consultiva per gli atti normativi del Consiglio di Stato, nell'adunanza del 19 dicembre 2017, nell'ambito del parere formulato sullo schema di decreto, ha suggerito di mutare la rubrica del decreto legislativo in "Codice della protezione civile"[21]. Il Codice, in perfetta continuità con la legge n. 225/1992, rafforza la dimensione sistemica dell'azione di protezione civile e ribadisce un modello di Servizio nazionale policentrico.

---

di sviluppo e di evoluzione scaturiti dall'analisi degli interventi di protezione civile posti in essere a partire dal 1992, alla luce delle significative evoluzioni intervenute nel quadro costituzionale e legislativo, anche in altri settori di portata più generale (ad esempio: Codice degli Appalti, Codice del Terzo Settore, riordino delle Province, legge n. 56/2014)".

[19] Inoltre, a rendere la lettura dell'ordinamento in materia ancora più difficile hanno contribuito ulteriori variazioni e integrazioni della materia, adottate anche attraverso altri corpi normativi.

[20] V. art. 1 del citato decreto: "Il Servizio nazionale della protezione civile, di seguito Servizio nazionale, definito di pubblica utilità, è il sistema che esercita la funzione di protezione civile costituita dall'insieme delle competenze e delle attività volte a tutelare la vita, l'integrità fisica, i beni, gli insediamenti, gli animali e l'ambiente dai danni o dal pericolo di danni derivanti da eventi calamitosi di origine naturale o derivanti dall'attività dell'uomo".

[21] Per completezza, si deve segnalare che è stato approvato, nel Consiglio dei Ministri tenutosi il 21 novembre 2019, in esame preliminare, uno schema di decreto legislativo recante il primo correttivo al Codice. In particolare, in attuazione dell'art. 1, comma 7, della legge 16 marzo 2017, n. 30, tale schema di decreto introduce disposizioni integrative operando una serie di ulteriori semplificazioni normative e, conseguentemente, delle discendenti procedure amministrative. Inoltre, interviene in modo da realizzare un migliore flusso informativo negli eventi emergenziali fra tutti gli enti locali; una più corretta determinazione degli "ambiti territoriali e organizzativi ottimali"; il potenziamento dei sistemi di allertamento; la puntuale definizione delle modalità di organizzazione e svolgimento dell'attività di pianificazione di protezione civile; il potenziamento delle misure finalizzate ad assicurare la continuità amministrativa.

Le norme contenute nel Codice costituiscono principi fondamentali[22] in materia di protezione civile, in quanto, si ricorda, con la citata riforma costituzionale del 2001 la protezione civile viene ricompresa tra le materie a potestà legislativa concorrente e, pertanto, alle Regioni viene riconosciuta una potestà legislativa in materia.

Il nuovo Codice, sviluppato in 50 articoli, suddivisi in 7 Capi, introduce i seguenti elementi di novità.

Il capo I disciplina le finalità, le attività e la composizione del Servizio nazionale della protezione civile.

Il Codice si apre, all'articolo 1, con la precisazione che il Servizio nazionale costituisce "servizio di pubblica utilità" e continua con la definizione della funzione di protezione civile, che viene intesa come l'insieme delle competenze e delle attività volte a tutelare la vita, l'integrità fisica, i beni, gli insediamenti, gli animali[23] e l'ambiente dai danni o dal pericolo di danni derivanti da eventi calamitosi di origine naturale o dall'attività dell'uomo.

In perfetta continuità con la legge n. 225/1992, il legislatore dedica l'articolo 2 alla descrizione delle attività di protezione civile: previsione, prevenzione, mitigazione dei rischi, gestione delle emergenze ed il loro superamento.

In materia di previsione, il Codice, si noti, introduce novità in relazione allo studio, anche dinamico, degli scenari di rischio possibili.

Per quel che concerne le attività di prevenzione, il legislatore effettua una suddivisione delle stesse in attività di prevenzione strutturale e non strutturale e, inoltre, prevede che le stesse possano essere svolte anche in forma integrata, anche sulla base delle conoscenze acquisite per effetto delle attività di previsione.

La prevenzione non strutturale, più in particolare, si articola in una serie di attività, espressamente elencate al comma 3, tra le quali, senza pretesa di esaustività, si annoverano: l'allertamento del Servizio nazionale; la pianificazione di protezione civile; la diffusione della conoscenza e della cultura della protezione civile, anche mediante il coinvolgimento delle istituzioni scolastiche, allo scopo, si noti, di promuovere la resilienza delle comunità e l'adozione di comportamenti consapevoli e misure di autoprotezione da parte dei cittadini.

I cittadini, dunque, sono passati dall'essere semplici fruitori di un servizio ad essere considerati parte attiva in un processo di resilienza. In proposito, si ricorda

---

[22] V. art. 1, comma 3, del presente decreto.

[23] La previsione, per la prima volta, del soccorso e dell'assistenza anche agli animali colpiti da calamità naturali costituisce il recepimento di alcuni principi innovativi introdotti dall'articolo 13 del Trattato di Lisbona.

come l'articolo 18, al comma 2[24], preveda il coinvolgimento della popolazione anche nella fase di pianificazione.

La prevenzione strutturale, invece, si compone di un insieme di attività, espressamente riportate al comma 5, volte a ridurre la possibilità che si verifichino danni conseguenti agli eventi calamitosi, che si sostanziano nella partecipazione alla definizione delle relative politiche e nell'esecuzione, in situazioni di emergenza, degli interventi strutturali di mitigazione del rischio già programmati.

Il Codice passa, poi, al comma 6, alla gestione dell'emergenza, che si sostanzia nell'insieme degli interventi diretti ad assicurare il soccorso e l'assistenza in occasione di eventi calamitosi e la riduzione del relativo impatto, e al comma 7 al superamento dell'emergenza, consistente nell'attuazione delle misure volte a rimuovere gli ostacoli alla ripresa delle normali condizioni di vita e di lavoro e a ripristinare i servizi essenziali.

Il Codice, all'articolo 3, introduce, quali ulteriori elementi di novità, sia il riferimento alle autorità territoriali di protezione civile, che, secondo il principio di sussidiarietà, differenziazione e adeguatezza, garantiscono l'unitarietà dell'ordinamento, sia la differenziazione tra la linea politica e quella amministrativa e operativa, precisando responsabilità, compiti e poteri. A tal proposito, definendo finalmente i soggetti che devono colloquiare, prima elenca le autorità di protezione civile: il Presidente del Consiglio dei Ministri, i Presidenti delle Regioni e delle province autonome di Trento e Bolzano, i Sindaci e i Sindaci metropolitani, ciascuno in relazione al proprio ambito di governo; poi, le componenti e le strutture operative nazionali e regionali in cui si articola il Servizio nazionale di protezione civile. E, si noti, l'art. 3, comma 2, attribuisce alle Prefetture – Uffici territoriali del Governo il ruolo di componenti del Servizio nazionale.

Chiudono, poi, il capo I gli articoli dedicati ai Componenti del Servizio nazionale e alle attribuzioni del Presidente del Consiglio dei Ministri e delle autorità territoriali.

Il Capo II, di cui saranno menzionati gli articoli ai nostri fini più significativi, è dedicato all'organizzazione del Servizio nazionale di protezione civile.

In proposito merita di essere menzionato l'articolo 7, che distingue gli eventi emergenziali in:

- eventi di Tipo A) – emergenze connesse con eventi calamitosi di origine naturale o derivanti dall'attività dell'uomo, che possono essere fronteggiati mediante interventi attuabili, dai singoli enti e amministrazioni (dal Sindaco) competenti in via ordinaria;

[24] È assicurata la partecipazione dei cittadini, singoli o associati, al processo di elaborazione della pianificazione di protezione civile, secondo forme e modalità individuate con la direttiva di cui al comma 4 che garantiscano, in particolare, la necessaria trasparenza.

- eventi di Tipo B) – emergenze connesse con eventi calamitosi di origine naturale o derivanti dall'attività dell'uomo che per loro natura o estensione comportano l'intervento coordinato di più enti o amministrazioni, e debbono essere fronteggiati con mezzi e poteri straordinari da impiegare durante limitati e predefiniti periodi di tempo, disciplinati dalle Regioni nell'esercizio della rispettiva potestà legislativa;
- eventi di Tipo C) – emergenze di rilievo nazionale connesse con eventi calamitosi di origine naturale o derivanti dall'attività dell'uomo che in ragione della loro intensità o estensione debbono, con immediatezza d'intervento, essere fronteggiate con mezzi e poteri straordinari da impiegare durante limitati e predefiniti periodi di tempo.

Gli articoli 9, 10 e 11 trattano, segnatamente, delle funzioni del Prefetto, su cui si tornerà nel prossimo capitolo, del Corpo Nazionale dei Vigili del Fuoco, sui cui si tornerà nel paragrafo successivo, e delle Regioni, città metropolitane e delle province, in qualità di enti di area vasta nell'ambito del Servizio nazionale.

In relazione alle funzioni delle Regioni, un cenno merita il comma 3 dell'articolo 11, nel quale il legislatore, al fine di garantire l'effettività delle funzioni di protezione civile, ha previsto che le stesse favoriscono l'individuazione del livello ottimale di organizzazione di strutture di protezione civile a livello territoriale comunale o di ambito.

L'articolo 12 è dedicato alle funzioni dei Comuni. Tra queste, il legislatore definisce come fondamentali le attività di pianificazione di protezione civile e di direzione dei soccorsi, con riferimento alle strutture di appartenenza, con la precisazione che all'esercizio della stessa i Comuni possono provvedere anche in forma associata.

Il legislatore, poi, all'articolo 13, precisa che, oltre al Corpo Nazionale dei Vigili del Fuoco che opera quale componente fondamentale del Servizio nazionale della protezione civile, vi sono altre strutture operative nazionali, tra le quali si ricordano: le Forze armate; le Forze di polizia; le strutture del Servizio sanitario nazionale; il volontariato organizzato di protezione civile iscritto nell'elenco nazionale del volontariato di protezione civile; l'Associazione della Croce rossa italiana e il Corpo nazionale del soccorso alpino e speleologico; il Sistema nazionale per la protezione dell'ambiente. Il Capo III tratta, poi, delle attività per la previsione e prevenzione dei rischi.

In particolare, il Codice tratta della tipologia dei rischi di protezione civile (inserendo una classificazione puntuale degli stessi); del sistema di allertamento, articolato in due livelli (nazionale e regionale), con l'obiettivo di preannunciare, laddove possibile, in termini probabilistici gli eventi, nonché di monitorare in tempo reale l'evoluzione degli scenari di rischio; della pianificazione di protezione che, ai diversi livelli territoriali, costituisce attività di prevenzione non strutturale e deve basarsi sulle attività di previsione e di identificazione degli scenari.

Il Capo IV tratta, invece, della gestione delle emergenze di rilievo nazionale, in relazione alle quali vengono delineate le seguenti fasi: la dichiarazione dello stato di mobilitazione del servizio nazionale della protezione civile, che consente un intervento ove possibile preventivo; la dichiarazione dello stato di emergenza, con la definizione di un primo stanziamento da destinare all'avvio delle attività di soccorso e di assistenza alla popolazione; l'individuazione delle risorse necessarie per il prosieguo delle attività, a seguito della valutazione dell'effettivo impatto dell'evento.

In proposito, si deve sottolineare come, se prima dell'entrata in vigore del Codice l'intervento del Servizio nazionale, compresa l'attivazione di strumenti straordinari, era subordinato alla dichiarazione dello stato di emergenza, oggi lo stato di mobilitazione supera questo limite, consentendo al sistema territoriale, che attesti il pieno dispiegamento delle risorse territoriali disponibili, di chiedere anche il concorso delle risorse nazionali.

In relazione, poi, allo stato di emergenza di rilievo nazionale, si deve precisare come il Codice ne ridefinisca la durata, fissandola in un massimo di 12 mesi, prorogabile di ulteriori 12 mesi[25].

Un cenno particolare merita il Capo V, dedicato alla partecipazione dei cittadini e del volontariato organizzato di protezione civile.

In particolare, il comma 1 dell'articolo 31 espressamente recita: "il Servizio nazionale promuove iniziative volte ad accrescere la resilienza delle comunità, favorendo la partecipazione dei cittadini, singoli e associati, alla pianificazione di protezione civile e la diffusione della conoscenza e della cultura di protezione civile".

Come sopra accennato, il legislatore, dunque ha inteso rafforzare gli strumenti di partecipazione e cittadinanza attiva, mediante un coinvolgimento delle popolazioni in tutte le fasi di attività a partire dalla pianificazione di protezione civile.

Gli ultimi due capi, infine, contengono le misure e gli strumenti organizzativi e finanziari, per la realizzazione delle attività di protezione civile, e norme transitorie e di coordinamento finali.

## I.4. Il Corpo Nazionale dei Vigili del Fuoco: genesi, evoluzione normativa e funzioni

Per la sua rilevanza nell'ambito del Servizio Nazionale merita, in questa sede, una particolare menzione il Corpo Nazionale dei Vigili del Fuoco. Quest'ultimo viene definito, dall'articolo 1, comma 1, del decreto legislativo 8 marzo

[25] Nella previgente normativa lo stato di emergenza poteva essere decretato per 6 mesi e prorogato di ulteriori 6.

2006, n. 139[26], che ne disciplina funzioni e compiti, come una struttura dello Stato ad ordinamento civile, incardinata nel Ministero dell'Interno[27], per mezzo della quale il Ministero assicura, anche per la difesa civile, il servizio di soccorso pubblico e di prevenzione ed estinzione degli incendi su tutto il territorio nazionale, nonché lo svolgimento delle altre attività assegnate al Corpo stesso dalle leggi e dai regolamenti, secondo quanto previsto dal medesimo decreto legislativo.

Da tale definizione si evince chiaramente come l'organizzazione amministrativa, centrale e periferica, faccia capo al Ministero dell'Interno. In proposito, occorre fare une premessa storica.

Negli anni immediatamente successivi all'Unità d'Italia[28], l'organizzazione del servizio di prevenzione ed estinzione degli incendi e, in generale, gli interventi di soccorso tecnico in situazioni di emergenza erano affidati alla competenza e all'iniziativa dei Comuni, ai quali l'ordinamento comunale dell'epoca (legge 20 marzo 1865, n. 2248, all. A) riconosceva la facoltà di istituire il servizio[29].

Il processo normativo di "statizzazione" dell'organizzazione dei Vigili del Fuoco iniziò con l'emanazione della l. 27 dicembre 1941, n. 1570, mediante la quale venne costituito il Corpo Nazionale dei Vigili del Fuoco alle dirette dipendenze del Ministero dell'Interno, e si completò con la l. 13 maggio 1961, n. 469, con la quale fu definita la struttura organizzativa del servizio, con carattere sistematico ed uniforme su tutto il territorio nazionale.

Nell'evoluzione legislativa in materia di Vigili del Fuoco una tappa fondamentale è stata segnata dai primi provvedimenti sulla protezione civile (si vedano la l. 8 dicembre 1970, n. 996 ed il regolamento di attuazione approvato con d.P.R. 6 febbraio 1981, n. 66), mediante i quali il Corpo dei Vigili del Fuoco è stato inserito a pieno titolo fra le "strutture operative nazionali" del Servizio nazionale

---

[26] In proposito, per completezza, si deve sottolineare come il decreto legislativo 6 ottobre 2018, n. 127 abbia introdotto disposizioni integrative e correttive, tra gli altri, al decreto legislativo 29 maggio 2017, n. 97, riguardante «Disposizioni recanti modifiche al decreto legislativo 8 marzo 2006, n. 139.

[27] In particolare, all'interno del Dipartimento dei vigili del fuoco, del soccorso pubblico e della difesa civile.

[28] Per un esame approfondito dell'evoluzione storica del Corpo Cfr. G. D'ALESSIO, *Vigili del Fuoco*, in *Enciclopedia del diritto*, Milano, 1993; C. MEOLI, *Vigili del Fuoco*, in *Digesto delle discipline pubblicistiche*, Torino, 1999; C. MEOLI, voce *Protezione civile*, in *Digesto delle discipline pubblicistiche*, Torino, 1997; C. MEOLI, *La protezione civile*, in *Trattato di diritto amministrativo*, a cura di S. CASSESE, Milano, 2003.

[29] Per i Comuni capoluoghi di provincia e per quelli con popolazione superiore a quarantamila abitanti era prevista, invece, l'istituzione obbligatoria di corpi di pompieri.

della protezione civile ed è stato riconosciuto quale componente[30] fondamentale della stessa.

I successivi interventi in materia di protezione civile, legge n. 225/1992 e ss.mm.ii., nell'ambito di un sostanziale e generale riordino della materia, confermano in capo al Corpo Nazionale dei Vigili del Fuoco una funzione fondamentale che lo rende "unico" tra le strutture operative nazionali: è, infatti, abilitato, quale componente, alla determinazione delle funzioni e delle attività di protezione civile, e, quale struttura operativa, alla concreta realizzazione delle stesse.

In proposito, occorre sottolineare come, più di recente, il legislatore abbia confermato e sottolineato tale ruolo nell'articolo 10 del nuovo Codice di protezione civile, in base al quale il Corpo Nazionale dei Vigili del Fuoco esplica le funzioni, nello stesso individuate, in qualità di componente fondamentale del Servizio nazionale della protezione civile. In particolare, il Codice prevede che il Corpo assicuri gli interventi di soccorso tecnico, indifferibili e urgenti, e di ricerca e salvataggio.

Tali compiti, si noti, già previsti dalle disposizioni vigenti che regolano l'ordinamento e le competenze istituzionali del Corpo, vengono ribaditi e arricchiti di contenuti al punto da affidare al Corpo stesso, nell'ambito dei sopra indicati interventi, la direzione e la responsabilità nell'immediatezza degli eventi, attraverso il coordinamento tecnico-operativo e il raccordo con le altre componenti e strutture coinvolte.

Particolare rilevanza riveste anche l'articolo 11 del Codice, che esalta la dimensione sistemica dell'intervento regionale, prevedendo al comma 1, lett. c), che le Regioni disciplinino le modalità per assicurare il concorso dei rispettivi sistemi regionali di protezione civile alle attività di rilievo nazionale, anche avvalendosi del Corpo Nazionale dei Vigili del Fuoco, mediante appositi atti convenzionali volti a disciplinarne il relativo sostegno funzionale.

Il Codice ha, inoltre, previsto che il ruolo del Corpo possa concretizzarsi anche nell'ambito della fase di pianificazione, in modo da collaborare con gli enti territoriali nella definizione delle regole che consentano di addivenire ad una pianificazione mirata e sostenibile da un punto di vista operativo. La scelta di contenuti corretti, omogenei ed effettivamente applicabili non potrà che avere effetti benefici durante le concitate fasi emergenziali.

Fatta questa necessaria premessa di ordine generale, sembra opportuno approfondire le attribuzioni affidate al Corpo dall'ordinamento, le quali possono essere sostanzialmente ricondotte nell'alveo di due principali funzioni, conferite dal sopra indicato decreto legislativo n. 139/2006: la prevenzione ed estinzione degli incendi e, più in generale, il soccorso pubblico.

---

[30] Il Codice all'articolo 10 pone in evidenza le funzioni che il Corpo espleta in qualità di componente fondamentale del Servizio nazionale (articolo 13).

Per quel che concerne la prevenzione e l'estinzione degli incendi, l'art. 13 del predetto provvedimento descrive l'attività di prevenzione come una "funzione di preminente interesse pubblico" diretta a conseguire, secondo criteri applicativi uniformi sul territorio nazionale, gli obiettivi di sicurezza della vita umana, di incolumità delle persone e di tutela dei beni e dell'ambiente attraverso la promozione, lo studio, la predisposizione e la sperimentazione di norme, misure, provvedimenti, accorgimenti e modi di azione intesi ad evitare l'insorgenza di un incendio e degli eventi ad esso comunque connessi o a limitarne le conseguenze.

La funzione in questione si esplica in ogni ambito caratterizzato dall'esposizione al rischio di incendio e, in ragione della sua rilevanza interdisciplinare, anche nei settori della sicurezza nei luoghi di lavoro, del controllo dei pericoli di incidenti rilevanti connessi con determinate sostanze pericolose, dell'energia, della protezione da radiazioni ionizzanti, dei prodotti da costruzione.

Tale attività si sostanzia, oltre che in azioni tecnico-operative, anche nella predisposizione di regole tecniche di prevenzione; nello svolgimento di studi, sperimentazioni, ricerche; nella formazione e l'aggiornamento di tutti i livelli professionali.

Tra le attività di prevenzione di maggior rilievo, elencate dall'art. 14 del citato d.lgs. n. 139/2006, occorre evidenziare quelle concernenti il rilascio del certificato di prevenzione incendi di attività e costruzioni civili, industriali, artigianali e commerciali.

Tale certificato, rilasciato su istanza di parte dal competente Comando provinciale, attesta il rispetto delle prescrizioni previste dalla normativa di prevenzione incendi e la sussistenza dei requisiti di sicurezza antincendio nei locali, nelle attività, depositi, impianti ed industrie pericolose, individuati in relazione alla detenzione e all'impiego di prodotti infiammabili che potrebbero comportare, in caso di incendio, gravi pericoli per l'incolumità della vita e dei beni (art. 16, d.lgs. n. 139/2006).

Qualora l'esito del procedimento rilevi la mancanza dei requisiti previsti dalle norme tecniche di prevenzione incendi, il Comando provinciale, con atto definitivo, non rilascia il certificato, dandone comunicazione all'interessato, al Sindaco, al Prefetto e alle altre autorità competenti.

Altro compito fondamentale, specifico, del Corpo nazionale dei Vigili del Fuoco è quello dello spegnimento degli incendi boschivi, oggetto di specifica normativa (legge n. 353/2000). Va, infatti, ricordato come le attività di lotta attiva agli incendi boschivi di competenza statale siano, a seguito dell'avvenuta soppressione del Corpo Forestale dello Stato[31], di esclusiva pertinenza del Corpo Nazionale dei Vigili del Fuoco.

---

[31] Decreto legislativo 19 agosto 2016, n. 177, recante "*Disposizioni in materia di razionalizzazione delle funzioni di polizia e assorbimento del Corpo forestale dello Stato, ai sensi dell'articolo*

La legge quadro sugli incendi boschivi nasce con lo scopo di estinguere, o quanto meno ridurre, il rischio incendi mediante un'intensa attività di previsione e prevenzione. L'attività di previsione consiste nell'individuare le aree e i periodi stagionali con elevato rischio di incendi boschivi, nonché gli "indici di pericolosità", elaborati sulla base di variabili climatiche e vegetazionali, la cui applicazione è determinante per gli interventi di prevenzione.

Prevenire il fuoco nei boschi, evitare cioè che le fiamme si sprigionino e si propaghino con facilità, costituisce un'importantissima opera di pianificazione ed attuazione degli interventi utili alla riduzione delle cd. cause di innesco, attività che la legge intende privilegiare, anche rispetto alla fase emergenziale legata allo spegnimento degli incendi.

La legge quadro sugli incendi boschivi affida allo Stato le funzioni di indirizzo e coordinamento delle attività di previsione, prevenzione e lotta agli incendi, mentre alle Regioni affida la competenza specifica di tali attività.

Le Regioni, sulla base delle linee guida definite nel d.m. 20 dicembre 2001, hanno redatto i piani regionali, elaborati su base provinciale. I piani sono triennali, ma vengono sottoposti ad una revisione annuale. Le Province, le Comunità montane ed i Comuni attuano, invece, le attività di previsione e prevenzione secondo le attribuzioni stabilite dalle Regioni.

Tali piani si compongono di una parte generale, la quale contiene la descrizione del territorio e l'indicazione degli obiettivi da perseguire, una banca dati con le statistiche degli eventi degli ultimi cinque anni ed il modello organizzativo: l'indicazione delle strutture e delle forze utilizzate, e degli eventuali accordi della Regione con le amministrazioni pubbliche e private[32]. Si compongono, inoltre, di una parte dedicata alle attività di previsione e un'altra relativa a quelle preventive, i cui contenuti sono stati sopra indicati. È presente, infine, una parte relativa alla lotta attiva, che individua le strutture operative (AIB) e le procedure per la lotta attiva, con particolare riferimento all'organizzazione e alla localizzazione dei mezzi, degli strumenti e delle risorse attivate dalla Regione e dagli enti locali.

---

*8, comma 1, lettera a), della legge 7 agosto 2015, n. 124, in materia di riorganizzazione delle amministrazioni pubbliche*". In particolare, ai sensi del combinato disposto degli articolo 7 e 9 di tale strumento legislativo, le competenze in materia di lotta attiva contro gli incendi boschivi e spegnimento con mezzi aerei degli stessi, prima spettanti al soppresso Corpo Forestale dello Stato sono state attribuite al Corpo Nazionale dei Vigili del Fuoco.

[32] In proposito, per completezza, si segnala: "*Accordo-quadro nazionale regolante i rapporti convenzionali tra il Ministero dell'interno e le regioni, ai sensi dell'articolo 4 del decreto legislativo 28 agosto 1997, n. 281, in materia di previsione, prevenzione e lotta attiva contro gli incendi boschivi*" approvato dalla Conferenza permanente per i rapporti tra lo Stato e le regioni e le province autonome di Trento e Bolzano nella seduta del 4 maggio 2017 e pubblicato sulla Gazzetta Ufficiale del 14 giugno 2017, n. 136.

Quando si verifica un incendio boschivo compete alle Regioni l'attivazione delle sale operative al fine di consentire il coordinamento dei diversi soggetti coinvolti. Lo spegnimento può essere condotto da terra o con mezzi aerei in concomitanza con un intervento a terra. In caso di incendio le prime ad intervenire sono le squadre di terra. Queste sono coordinate dalle Regioni e composte da personale regionale o, sulla base di specifici accordi di programma indicati nei piani regionali, da personale del Corpo Nazionale dei Vigili del Fuoco, delle Forze armate, delle Forze di Polizia dello Stato e dai volontari antincendio boschivo.

Per quel che concerne, infine, il soccorso pubblico, il Corpo Nazionale dei Vigili del Fuoco, in caso di pericolo di un danno imminente alle persone o alle cose, assicura gli interventi tecnici caratterizzati dal requisito dell'immediatezza e dell'urgenza.

Si tratta di prestazioni tecniche[33] ad alto contenuto specialistico, tra le quali sono comprese le opere tecniche di soccorso in caso di incendi, frane, alluvioni o altre pubbliche calamità; nonché le opere di contrasto dei rischi derivanti dall'impiego di energia nucleare, uso di sostanze batteriologiche, chimiche e radiologiche. Tali interventi, effettuati in presenza di un imminente pericolo di danno, si limitano, pertanto, ai compiti di carattere strettamente urgente e cessano al venir meno della effettiva necessità.

Occorre, altresì, evidenziare che anche in materia di difesa civile il Corpo Nazionale dei Vigili del Fuoco svolge un ruolo di fondamentale importanza. In particolare, fronteggia, anche in relazione alla situazione internazionale, i rischi non convenzionali derivanti da eventuali atti criminosi compiuti con l'utilizzo di armi nucleari, batteriologiche, chimiche e radiologiche; concorre alla preparazione di unità antincendi per le Forze armate; alla predisposizione dei Piani nazionali e territoriali di difesa civile; all'approntamento dei servizi relativi all'addestramento e all'impiego delle unità preposte alla protezione della popolazione civile in caso di eventi bellici; partecipa con propri rappresentanti agli organi collegiali competenti in materia di difesa civile.

Risulta, pertanto, evidente la trasversalità delle attività di soccorso pubblico, che per la loro natura "impattano" sia su materie a legislazione concorrente, quale la protezione civile; sia a legislazione statale, quale la difesa civile; sia su materie riservate alla competenza esclusiva delle Regioni, quale lo spegnimento degli incendi boschivi.

---

[33] L'art. 24 del decreto legislativo n. 139/2004 li individua specificamente.

# CAPITOLO II
# Il ruolo del Prefetto nel sistema di protezione civile

di *Alessandro Maria Baroni, Edoardo Sottile*

SOMMARIO: II.1. Brevi cenni storici sull'evoluzione delle competenze prefettizie in materia di protezione civile. – II.2. Il ruolo del Prefetto alla luce del Codice di Protezione Civile. – II.3. Le attività in materia di rischio industriale: il Piano di Emergenza Esterno. – II.4. I provvedimenti in tema di sostanze radiogene.

## II.1. Brevi cenni storici sull'evoluzione delle competenze prefettizie in materia di protezione civile

Il Prefetto, nella sua qualità di rappresentante del Governo sul territorio e di autorità provinciale di pubblica sicurezza, ha avuto da sempre, seppur con alcune innegabili oscillazioni normative, un ruolo preminente nell'ambito dell'articolato sistema di protezione civile.

Appare utile, in questa sede, prima di passare all'esame del nuovo quadro delineato dal Codice di Protezione Civile ripercorrere, seppur brevemente, l'evoluzione legislativa delle funzioni prefettizie in tale delicata materia.

Al riguardo, nel premettere che già antecedentemente all'introduzione nel nostro ordinamento di specifiche disposizioni riguardanti la protezione civile i Prefetti – in virtù, in special modo, delle proprie attribuzioni di tutela della pubblica sicurezza e, quindi, di garazia dell'incolumità delle persone – hanno assicurato lo svolgimento delle diverse attività di gestione dell'emergenza in provincia, si deve ricordare come la legge 8 dicembre 1970, n. 996[1], sia stata il primo strumento normativo che ha, formalmente, attribuito al Ministero dell'Interno i compiti in materia di soccorso e assistenza alle popolazioni colpite da calamità.

[1] Legge 8 dicembre 1970, n. 996, recante *"Norme sul soccorso e l'assistenza alle popolazioni colpita da calamità"*.

Nell'ambito del regolamento di esecuzione[2] dell'appena citata legge, il Prefetto veniva per la prima volta ufficialmente definito "organo ordinario di protezione civile" e si vedeva affidati esplicitamente specifici compiti di gestione dell'emergenza.

Tuttavia, è solo a seguito dell'emanazione della legge 24 febbraio 1992, n. 225[3], istitutiva del Servizio Nazionale, che il Prefetto, in virtù di quanto previsto all'articolo 14 di tale strumento legislativo, diveniva un sicuro punto di riferimento del sistema di protezione civile di livello provinciale e nazionale, attraverso l'attribuzione di importanti funzioni sia operative che di coordinamento, raccordo e pianificazione.

In estrema sintesi, si può dire che la legge istitutiva del Servizio nazionale attribuiva al Prefetto una posizione centrale nel sistema di protezione civile, in virtù:

I. del tradizionale ruolo di raccordo e cerniera assicurato tra il livello centrale e la periferia;
II. della capacità di attivare le forze statali sul territorio, con particolare riguardo al Corpo nazionale dei vigili del fuoco, componente fondamentale del Servizio nazionale di protezione civile;
III. della possibilità di far ricorso a strumenti straordinari, assicurando in tal modo la pronta risposta all'evento calamitoso.

---

[2] Decreto del Presidente della Repubblica 6 febbraio 1981, n. 66, recante "*Regolamento di esecuzione della legge 8 dicembre 1970, n. 996, recante norme sul soccorso e l'assistenza alle popolazioni colpite da calamità*".

[3] Legge 24 febbraio 1992, n. 225, recante "*Istituzione del Servizio Nazionale della Protezione Civile*". In particolare, l'articolo 14 di tale strumento legislativo prevedeva che il Prefetto, al verificarsi di una emergenza che comportasse l'intervento coordinato di più enti o amministrazioni competenti in via ordinaria (tipo b) ovvero in caso di calamità grave ed estesa, da fronteggiarsi con mezzi e poteri straordinari (tipo c), dovesse: informare il Dipartimento della protezione civile, il Presidente della giunta regionale e il Dipartimento dei vigili del fuoco, del soccorso pubblico e della difesa civile del Ministero dell'Interno; assumere, coordinandosi con il Presidente della giunta regionale, la direzione unitaria dei servizi di emergenza da attivare a livello provinciale, coordinandoli con gli interventi dei sindaci dei comuni interessati; adottare tutti i provvedimenti necessari ad assicurare i primi soccorsi; vigilare sulla attuazione, da parte delle strutture provinciali di protezione civile, dei servizi urgenti, anche di natura tecnica. Lo stesso articolo 14 demandava al Prefetto, considerata la sua conoscenza della realtà locale, anche il compito di predisporre il piano per fronteggiare l'emergenza, in base a quanto disposto dal programma provinciale di previsione e prevenzione, curandone altresì l'attuazione. Il Prefetto era anche legittimato ad utilizzare i poteri derogatori, a seguito della dichiarazione dello stato di emergenza nazionale, in qualità di delegato del Presidente del Consiglio dei Ministri o per sua delega, di un Ministro con portafoglio o del Sottosegretario di Stato alla Presidenza del Consiglio dei Ministri Segretario del Consiglio. Tale ultima disposizione, tuttavia, trovava effettiva attuazione soltanto nel caso in cui fosse stata espressamente richiamata dalla deliberazione dello stato di emergenza da parte del Consiglio dei Ministri; quando ciò non avveniva, l'esercizio del potere di ordinanza restava attribuito al Capo del Dipartimento della Protezione civile, così come previsto dal comma 2 dell'articolo 5 della legge n. 225 del 1992.

Su tale quadro si è innestato il profondo processo di riforma istituzionale e di devoluzione di funzioni alle amministrazioni di governo territoriale che ha caratterizzato la fine degli anni '90 e l'inizio del secolo e che ha interessato ampiamente, come si è avuto modo di segnalare nel capitolo precedente, la protezione civile, divenuta, tra l'altro, in virtù del mutamento del quadro costituzionale susseguente alla riforma del 2001 del Titolo V della Costituzione, materia di legislazione concorrente.

In particolare, in conseguenza di tale processo riformatore, gli enti territoriali e locali sono stati chiamati ad assumere maggiori responsabilità in relazione:

1) alla prevenzione dei rischi sul territorio regionale, i cui interventi devono risultare in armonia con quelli derivanti dalla legislazione relativa al governo del territorio;
2) al soccorso (e quindi alla pianificazione dell'emergenza) per gli eventi di tipo a) e b);
3) agli interventi necessari al ripristino della normalità, che in coerenza a quanto previsto in materia di prevenzione, non possono che essere di competenza regionale.

In tale contesto generale, si inseriscono, altresì, le previsioni contenute nel decreto legislativo 31 marzo 1998, n. 112[4], che attribuivano, tra l'altro, alle province la competenza, sino ad allora spettanti alle prefetture, della predisposizione dei piani provinciali di protezione civile[5]. Si ricorda, per completezza, che, prima di tale intervento normativo, le province erano titolari semplicemente di un potere di programmazione preventiva e previsionale, il cui apporto rispetto al piano provinciale di protezione civile costituiva un *prius* logico all'interno del processo di pianificazione dell'emergenza.

A distanza di tre anni da tale novella normativa e quasi in coincidenza con l'entrata in vigore della riforma costituzionale, veniva, però, emanato il decreto legge 7 settembre 2001, n. 343[6], convertito, con modificazioni, dalla legge 9 novembre

---

[4] Decreto legislativo 31 marzo 1998, n.112, recante "*Conferimento di funzioni e compiti amministrativi dello Stato alle regioni ed agli enti locali, in attuazione del capo I della legge 15 marzo 1997, n. 59*". Si vedano, in particolare, gli articolo 107 e 108 di tale strumento legislativo.

[5] Il piano provinciale di protezione civile consiste in un documento che, partendo dall'analisi del territorio, ottimizza le risorse presenti e definisce le azioni da intraprendere in condizioni ordinarie e di emergenza. Tale strumento è composto da due parti distinte: una, finalizzata alla definizione del quadro dei rischi insistenti sul territorio provinciale e nelle relative attività di prevenzione; l'altra, focalizzata sulla definizione della organizzazione e delle procedure per fronteggiare l'emergenza e coordinare gli interventi di soccorso.

[6] Decreto legge 7 settembre 2001, n. 343, recante "*Disposizioni urgenti per assicurare il coordinamento operativo delle strutture preposte alle attività di protezione civile*", convertito, con modificazioni, dalla legge 9 novembre 2001, n. 401.

2001, n. 401, che, all'articolo 5, comma 4, effettuava un esplicito richiamo all'articolo 14 della legge n. 225 del 1992, che, come visto, disciplinava le competenze prefettizie in materia di protezione civile. In particolare, il comma in questione, nella sua formulazione originaria, recitava: "Per lo svolgimento delle attività previste dal presente articolo, il Presidente del Consiglio dei Ministri, ovvero il Ministro dell'Interno da lui delegato[7], si avvale del Dipartimento di protezione civile che promuove, altresì, l'esecuzione di periodiche esercitazioni, di intesa con le regioni e gli enti locali, nonché l'attività di informazione alle popolazioni interessate, per gli scenari nazionali; l'attività tecnico-operativa, volta ad assicurare i primi interventi, effettuati in concorso con le regioni e da queste in raccordo con i prefetti e con i Comitati provinciali di protezione civile, fermo restando quanto previsto dell'articolo 14 della legge 24 febbraio 1992, n. 225, e l'attività di formazione in materia di protezione civile, in raccordo con le regioni".

La portata di tale disposizione venne interpretata nel senso che al Prefetto spettasse il compito di assicurare, coerentemente con quanto pianificato in sede locale, il concorso dello Stato e delle relative strutture periferiche per l'attuazione degli interventi urgenti di protezione civile, attivando tutti i mezzi e i poteri di competenza statale, nonché il potere di assumere iniziative di carattere straordinario, in quanto rappresentante in loco dello Stato, attraverso l'esercizio dei poteri per la gestione dei primi soccorsi. Ciò, fino all'adozione delle ordinanze per la gestione dell'emergenza, ai sensi dell'allora vigente articolo 5 della legge n. 225/1992, attraverso le quali il Presidente del Consiglio poteva delegare altra autorità.

Una diversa impostazione dottrinaria riteneva, al contrario, che il richiamo all'articolo 14 della legge n. 225/1992 non potesse che confermare integralmente tutte le attribuzioni del Prefetto quale autorità provinciale di protezione civile, ivi compresa, quella afferente alla predisposizione e all'attuazione dei piani di protezione civile.

Procedendo, a valle di questo breve *excursus* normativo, ad una schematizzazione delle attribuzioni prefettizie sulle quali, già prima dell'emanazione del Codice, vi era una convergenza di opinioni, si può sicuramente affermare come sia stato sempre unanimemente riconosciuto che il Prefetto:

*a*) è una delle componenti essenziali del Servizio nazionale di protezione civile;
*b*) attiva le forze statali in occasione di tutte le tipologie di evento calamitoso, con particolare riguardo ai Vigili del fuoco e alle Forze dell'ordine. Al verificarsi di un evento, infatti, è chiamato a garantire il tempestivo avvio dei primi soccorsi,

---

[7] I riferimenti al Ministro dell'Interno sono stati poi abrogati dall'articolo 4 del decreto legge 31 maggio 2005, n. 90, recante "*Disposizioni urgenti in materia di protezione civile*", convertito, con modificazioni, dalla legge 26 luglio 2005, n. 152.

adottando i provvedimenti urgenti per tutelare l'incolumità delle persone e la preservazione dei beni e dell'ambiente;

*c*) svolge, secondo il principio della leale collaborazione e considerato che gli interventi di protezione civile richiedono l'apporto di diverse componenti di livello statale, un fondamentale "ruolo di cerniera", con funzioni di impulso e di garanzia della presenza dello Stato sul territorio.

Per quanto riguarda l'impiego delle componenti statali, è appena il caso di ricordare che in passato alcune Regioni avevano emanato disposizioni normative che prevedevano l'impiego diretto di forze operative dello Stato.

In proposito si è pronunciata anche la Corte Costituzionale[8] la quale ha sancito che in alcun modo l'ente territoriale competente può utilizzare autonomamente le strutture nazionali, sottolineando, inoltre, che "le forme di collaborazione e di coordinamento che coinvolgono compiti e attribuzioni di organi dello Stato non possono essere disciplinate unilateralmente e autoritativamente dalle regioni, nemmeno nell'esercizio della loro potestà legislativa: esse debbono trovare il loro fondamento o il loro presupposto in leggi statali che le prevedano o le consentano, o in accordi tra gli enti interessati".

## II.2. Il ruolo del Prefetto alla luce del Codice di Protezione Civile

Come si è avuto modo di segnalare ampiamente nel capitolo precedente, il decreto legislativo 2 gennaio 2018, n. 1, nell'attuare la delega contenuta nella legge 16 marzo 2017, n. 30, ha effettuato un complessivo riordino della legislazione inerente alla protezione civile. Giova, qui, ricordare che il predetto intervento normativo non ha perseguito finalità meramente ricognitive della disciplina di settore ma contiene diversi elementi innovativi del complesso e articolato Sistema di Protezione Civile, che tengono, tra l'altro, conto dell'evoluzione, rispetto alla legge 225/1992, del quadro costituzionale susseguente alla riforma del 2001 del Titolo V della Costituzione[9].

Ciò premesso, si deve subito sottolineare come il Codice abbia, tra l'altro, attuato una valorizzazione e un'attualizzazione delle funzioni spettanti al Prefetto, delineando, al contempo, sul punto un quadro normativo connotato da maggiori profili di chiarezza, in quanto non può negarsi che, come visto nel paragrafo

---

[8] Si veda, in particolare, la sentenza della Corte Costituzionale n. 134/2004.

[9] Come già ricordato nel capitolo precedente proprio per tale ragione, anche in virtù di apposito suggerimento da parte della Sezione consultiva sugli atti normativi del Consiglio di Stato nell'ambito del parere formulato sullo schema di decreto nel corso del relativo *iter* di approvazione, il provvedimento in questione è stato rubricato con la denominazione di "*Codice della Protezione Civile*".

precedente, nel sistema previgente l'accavallarsi di diverse disposizioni di legge susseguitesi nel corso del tempo rendeva spesso non agevole un'esatta e condivisa ricognizione delle funzioni prefettizie. Certo non va, comunque, sottaciuto che anche nell'ambito del nuovo sistema delineato dal Codice rimangono, come si avrà modo di vedere in seguito, alcuni profili di incertezza e di possibili sovrapposizioni di competenze riguardanti proprio il ruolo delle prefetture, probabilmente discendenti, almeno in parte, dalla intrinseca struttura policentrica del sistema di protezione civile, operante con le sue diverse articolazioni e componenti a livello centrale, regionale e locale.

Effettuata tale necessaria premessa, va ricordato come la puntuale declinazione delle funzioni prefettizie sia contenuta nell'articolo 9 del Codice.

Nel dettaglio, tale disposizione ha previsto che nel caso di emergenze – di cui all'articolo 7, comma 1, lett. b) e c) del medesimo Codice[10] – non fronteggiabili mediante interventi attuabili, dai singoli enti e amministrazioni competenti in via ordinaria o nella loro imminenza o nel caso di allertamento del Servizio Nazionale, il Prefetto, debba:

- garantire un costante flusso di informazione con il Dipartimento della Protezione Civile, le Regioni e i Comuni, nonché con il Dipartimento dei Vigili del Fuoco, del Soccorso Pubblico e della Difesa Civile;
- assumere nell'immediatezza dell'evento, in raccordo con il Presidente della Regione e coordinandosi con le strutture regionali di protezione civile, la direzione unitaria di tutti i servizi di emergenza da attivare a livello provinciale, curando l'attuazione del piano provinciale di protezione civile e coordinandoli con gli interventi messi in atto dai comuni interessati, anche al fine di assicurare l'attivazione degli interventi di primo soccorso alla popolazione;
- promuovere e coordinare l'adozione dei provvedimenti necessari ad assicurare l'intervento delle strutture statali presenti a livello provinciale;
- vigilare sull'attuazione dei servizi urgenti, anche di natura tecnica, a livello provinciale, segnalando, d'intesa con il presidente della Regione, l'esigenza di eventuali ulteriori concorsi;

[10] Va qui, incidentalmente, ricordato come il Codice abbia attuato all'articolo 7, una ridefinizione e riclassificazione degli eventi di protezione civile. Nel dettaglio, sono state indivi-duate tre tipologie di emergenze, siano esse di origine naturale o antropica, secondo la seguente classificazione: a) situazioni fronteggiabili mediante interventi attuabili dai singoli enti e amministrazioni competenti in via ordinaria; b) eventi che comportano l'intervento coordinato di più enti o amministrazioni, e che debbono essere fronteggiati con poteri e mezzi straordinari per limitati archi temporali disciplinati dalle Regioni nell'esercizio della loro potestà legislativa; c) emergenze di rilievo nazionale che in ragione della loro intensità e estensione debbono, con immediatezza, essere fronteggiati con mezzi o poteri straordinari.

– attivare gli Enti e le Amministrazioni dello Stato, ivi comprese le Forze dell'Ordine e le Forze Armate, garantendo il loro concorso coordinato, anche mediante idonee rappresentanze nell'ambito dei Centri operativi comunali.

Il Prefetto, inoltre, per lo svolgimento delle richiamate funzioni e, comunque, ai fini del coordinamento dei servizi di emergenza a livello provinciale deve adottare tutti i provvedimenti di propria competenza necessari a garantire i primi soccorsi a livello provinciale, comunale o di ambito, nel quadro degli organismi provvisori previsti dalle pianificazioni di protezione civile che dovranno, al riguardo, rifarsi a quanto previsto nell'ambito dalle direttive che verranno emanate, ai sensi del combinato disposto degli articoli 15 e 18, comma 4, del Codice dalla Presidenza del Consiglio dei Ministri.

Per completezza, si deve ricordare che nel richiamato articolo 9 vengono espressamente fatte salve le disposizioni vigenti nell'ambito degli ordinamenti giuridici delle Regioni autonome Friuli-Venezia Giulia, Sardegna, Val d'Aosta e nelle Province autonome di Trento e Bolzano.

Come già anticipato, dal quadro suaccennato emerge con chiarezza come il d.lgs. n. 1/2018 abbia confermato e esaltato il ruolo di primaria importanza delle prefetture nell'ambito del sistema di protezione civile; in tal senso, va sottolineato, per la sua rilevanza, come l'articolo 11 del Codice, pur riconoscendo un ampio campo di intervento alla potestà legislativa e amministrativa regionale, preveda espressamente[11] che le Regioni, nel declinare le modalità di coordinamento dell'attuazione degli interventi urgenti e dello svolgimento dei servizi di emergenza in caso di eventi riconducibili alla lettera b) dell'articolo 7 del medesimo Codice, non possano, comunque, derogare le competenze spettanti al Prefetto.

Per quanto attiene ai profili di principale novità, è, innanzitutto, interessate notare come il Codice abbia effettuato una sorta di "anticipazione" delle funzioni prefettizie, in quanto viene previsto che quest'ultime si attivino non solo allorquando si verifichi un dato evento emergenziale, ma anche nella sua imminenza o a seguito dell'allertamento del Sistema di protezione civile. Il Prefetto, quindi viene esplicitamente chiamato ad organizzare la macchina di risposta emergenziale, assumendo le iniziative idonee a fronteggiare gli eventi calamitosi, anche nella loro imminenza o a seguito dell'emanazione di allerte, senza, quindi, che si debba attendere che gli stessi si verifichino effettivamente[12].

Inoltre, viene nuovamente attribuita al Prefetto la vigilanza sull'attuazione dei servizi urgenti, anche di natura tecnica, a livello provinciale. Tale funzione, seppur formalmente ancora contemplata dall'articolo 14 della legge n. 225/1992, era

[11] Articolo 11, comma 1, lett. g), del Codice.

[12] L'articolo 14, comma 2, della legge 225/1992 prevedeva che le competenze prefettizie si attivassero solo al verificarsi degli eventi calamitosi.

stata, infatti, devoluta alle province, in virtù di un'apposita previsione in tal senso del d.lgs. n. 112/1998[13].

Innovando sul punto, il Codice, prevede, altresì, esplicitamente che al Prefetto spetti l'adozione di tutti i provvedimenti di propria competenza volti a garantire i primi soccorsi non solo a livello provinciale ma anche comunale o di ambito territoriale ottimale, quest'ultimo individuato dalle Regioni nelle proprie pianificazioni.

Per quel che concerne, invece, l'adozione dei provvedimenti di competenza delle amministrazioni statali presenti a livello provinciale, il d.lgs. n. 1/2018, nel sottolineare il ruolo di coordinamento del Prefetto, prevede che quest'ultimo promuova e coordini l'adozione dei provvedimenti necessari per assicurare l'intervento delle strutture dello Stato presenti sul territorio provinciale.

Al contempo, viene chiarito come spetti al Prefetto l'attuazione del piano provinciale di protezione civile, la cui redazione potrà essere devoluta dalle Regioni – divenute competenti in materia a seguito di quanto previsto dalla c.d. legge Delrio[14] – alle province che oltre a dover seguire gli indirizzi regionali in materia dovranno raccordarsi nell'attività di predisposizione con le prefetture. Quello in questione costituisce sicuramente un elemento di maggior chiarezza, in quanto, come ricordato nel paragrafo precedente, nel quadro previgente erano sorti profili di incertezza, poiché non era univocamente riconosciuto a chi spettasse il potere di predisposizione e attuazione del piano provinciale; infatti, anche in questo caso, seppur l'articolo 14 della legge n. 225/1992 – richiamato, come visto nel paragrafo precedente, dal d.l. n. 343/2001 – continuasse a prevedere che al Prefetto competesse la predisposizione e l'adozione del piano provinciale, in realtà la competenza a predisporre i piani era stata devoluta alle province pur sempre dal d.lgs. n. 112/1998.

Ciononostante, non può sottacersi come permangano profili che meritano ulteriori approfondimenti e come, in tal senso, sia auspicabile che nell'ambito delle direttive che il Dipartimento della Protezione Civile dovrà emanare per garantire un quadro coordinato su tutto il territorio nazionale del sistema di protezione civile venga più accuratamente definito quale siano le forme di raccordo da attuarsi tra province e prefetture nell'attività di predisposizione dei piani provinciali[15].

---

[13] Si vedano gli articoli 107 e 108 del decreto legislativo 112/1998.

[14] Legge 7 aprile 2014, n. 56, recante "*Disposizioni sulle città metropolitane, sulle province, sulle unioni e fusioni di comuni*".

[15] Tra l'altro, tali profili potrebbero auspicabilmente essere chiariti anche nell'ambito del decreto legislativo chiamato ad introdurre, in attuazione dell'articolo 1, comma 7, della legge 16 marzo 2017, n. 30, disposizioni integrative e correttive del Codice. Come già si è avuto modo di accennare nel Capitolo precedente, lo schema di tale decreto è stato approvato, in via preliminare, nell'ambito del Consiglio dei Ministri tenutosi il 21 novembre 2019.

Infatti, sembra opportuno che il coinvolgimento delle strutture prefettizie sia il quanto più possibile stringente, spettando ormai incontestabilmente a quest'ultime l'attuazione del piano. A testimonianza della necessità di tale chiarimento, si sottolinea che nel breve lasso di tempo di vigenza del Codice già si sono riscontrati orientamenti sia regionali che provinciali divergenti sul tema, in quanto in alcuni casi si sta registrando un coinvolgimento pieno delle prefetture mentre in altri tale raccordo è stato interpretato quale mera attività di informazione.

Analogamente, non può non rilevarsi come appaia opportuno definire con maggior nitidezza l'esatta portata della lettera b) del comma 1 dell'articolo 9 del Codice, la quale prevede testualmente, per quanto qui interessa, che il Prefetto "assume nell'immediatezza dell'evento in raccordo con il Presidente della giunta regionale e coordinandosi con la struttura regionale di protezione civile, la direzione unitaria di tutti i servizi di emergenza da attivare a livello provinciale...".

Infatti, tale disposizione, nel riprendere la formulazione della normativa previgente, sembra richiedere rispetto a quest'ultima un "surplus" di collaborazione inter-istituzionale, in quanto fa riferimento da un lato al "raccordo" fra Prefetto e Presidente della Regione - e non più, come stabiliva la previgente normativa, al coordinamento -, e dall'altro prevede anche un'ulteriore forma di condivisione operativa con la competente struttura regionale[16].

L'importanza della questione, che a prima vista potrebbe sembrare solo nominalistica, è, viceversa, avvalorata dalla circostanza che proprio su tale previsione nel corso dell'iter di approvazione del Codice si sono registrate divergenze di vedute, tant'è che il termine "raccordo", già contenuto nello schema di decreto legislativo approvato in via preliminare dal Consiglio dei Ministri, era stato addirittura sostituito, in sede di acquisizione del prescritto parere da parte della Conferenza unificata Stato-Regioni, con quello di "intesa", e che solo a seguito dei stringenti rilievi della Sezione consultiva sugli atti normativi del Consiglio di Stato su tale specifico punto si è riusciti a ripristinare il primigenio testo. In particolare, nell'ambito del proprio parere il Consiglio di Stato "pur consapevole della delicatezza dei rapporti con le autorità regionali" ha espresso "la propria contrarietà sull'obbligo di raggiungere in ogni caso, "nell'immediatezza dell'evento" una "intesa con il Presidente della giunta regionale" per poter "assumere ... la direzione unitaria di tutti i servizi di emergenza da attivare a livello provinciale". Ciò in quanto, continuava la richiamata Sezione consultiva "uno strumento così

[16] Si ricorda che l'articolo 14, comma 2, lett. b), della legge 225/1992 faceva esclusivamente riferimento alla necessità di un coordinamento con il presidente della Regione, recitando testualmente che il Prefetto "*assume, coordinandosi con il presidente della giunta regionale, la direzione unitaria dei servizi di emergenza da attivare a livello provinciale, coordinandoli con gli interventi dei sindaci dei comuni interessati*".

vincolante sembra imporre (si ripete, anche "nell'immediatezza dell'evento") non soltanto una convergenza di intenti, ma una vera e propria linea di azione comune e concordata su ogni dettaglio. Su tale previsione si manifestano profondi dubbi di ragionevolezza, in punto di fattibilità e di operatività delle misure da adottare nella prima emergenza. Infatti, nell'immediatezza dell'evento, l'interesse pubblico primario da perseguire è quello della tempestività e dell'efficacia dell'intervento: esso richiede una assoluta celerità delle decisioni e, pertanto, una "linea di comando" chiara e univoca, che consenta di assumere comunque, anche in assenza di "intesa", scelte tempestive (di cui poi il decidente si assume, come è fisiologico, ogni responsabilità)[17]". Orbene, seppur nel testo approvato definitivamente è stato, come richiesto dal Consiglio di Stato, reintrodotta l'originaria locuzione "raccordo", sembra auspicabile che il tema, stante la sua delicatezza, sia affrontato nell'ambito delle direttive della Presidenza del Consiglio dei Ministri di cui all'articolo 15 del Codice, per far sì che vengano definite, preventivamente e con puntualità, quali siano le modalità in cui si esplicano tali interrelazioni tra le strutture prefettizie e quelle regionali, in quanto la mancata chiarezza rischia di comportare incertezze operative non ammissibili in scenari emergenziali.

Nel venire ad altra questione, deve, inoltre, segnalarsi come venga demandata alla direttiva della Presidenza del Consiglio dei Ministri che dovrà fornire le indicazioni per la predisposizione dei piani territoriali di protezione civile, l'individuazione degli organismi di coordinamento provvisorio da attivarsi in situazioni emergenziali. Tale disposizione[18] sembra riferibile anche al Centro coordinamento soccorsi (C.C.S.) e ai Centri operativi misti (C.O.M), organismi dei quali i Prefetti si avvalgono ai sensi del risalente d.P.R. n. 66/1981[19]. Pur dovendo quindi attendere l'emanazione della predetta direttiva, sembra, comunque, ipotizzabile, sin d'ora che mentre non dovrebbero esservi mutamenti di rilievo per i C.C.S.,

---

[17] Il parere della Sezione consultiva sugli atti normativi del Consiglio di Stato ha, altresì, sottolineato che "*Né il testo proposto dalla Conferenza unificata chiarisce lo modalità con cui l'"intesa" possa essere raggiunta e documentata nei tempi brevissimi – a volte, pochi minuti – imposti dalle emergenze; né cosa accada in caso di impossibilità, per qualsiasi ragione, di pervenire all'intesa stessa. Tale incertezza normativa rischia di condurre a incertezze operative inammissibili di fronte a eventi gravi come quelli oggetto della normativa in esame*".

[18] Ci si riferisce, in particolare, al comma 2 dell'articolo 9 che prevede che "*Il Prefetto, ai fini dello svolgimento dei compiti di cui al comma 1 e per il coordinamento dei servizi di emergenza a livello provinciale, adotta tutti i provvedimenti di propria competenza necessari ad assicurare i primi soccorsi a livello provinciale, comunale o di ambito ai sensi dell'articolo 3, comma 3, nel quadro degli organismi di coordinamento provvisorio previsti nella direttiva di cui all'articolo 18, comma 4*".

[19] Si veda, in particolare, l'articolo 14 di tale strumento normativo. Tali organismi sono, inoltre, contemplati, unitamente ai Centri di coordinamento comunali, nell'ambito della Direttiva della Presidenza del Consiglio dei Ministri n. 1099 del 31 marzo 2015.

avendo essi come ambito di riferimento quello provinciale, potrebbero, al contrario, essere introdotte degli elementi di novità per i C.O.M., operanti usualmente in ambiti intercomunali. In particolare, andrà chiarito se l'individuazione delle aree territoriali da ricomprendere in un determinato C.O.M. rimarrà di competenza prefettizia o se, come sembra, tale funzione di individuazione di ambiti omogenei sia demandata alla pianificazione di protezione civile di livello regionale[20].

Infine, non può non notarsi come il Codice non abbia recepito al suo interno la disposizione contenuta nell'articolo 14 della legge n. 225/1992 che prevedeva che il Prefetto, a seguito della dichiarazione dello stato di emergenza e qualora in tale sede fosse richiamata tale facoltà, potesse adottare le ordinanze di protezione civile di cui all'articolo 5, comma 2, della legge istitutiva del Servizio Nazionale. Al riguardo, si deve, tuttavia, segnalare che, con tutta evidenza, l'espunzione dal sistema di tale previsione è connessa, non tanto ad una presunta *diminutio* del ruolo prefettizio, quanto piuttosto all'evoluzione normativa che ha interessato nel tempo la stessa natura e conformazione del potere di ordinanza di protezione civile, prevedendo, tra l'altro, un articolato processo per la loro emanazione; basti qui far riferimento alla necessaria preventiva acquisizione dell'intesa con la Regione interessata e agli obblighi di pubblicità. Inoltre, essendo la dichiarazione dello stato di emergenza nazionale il presupposto logico-giuridico dell'adozione di siffatti provvedimenti contingibili e urgenti ben difficilmente i loro effetti e la loro valenza è riconducibile ad un determinato ambito provinciale. Resta, nondimeno, fermo da un lato che il prefetto rimane legittimato ad adottare tutti i provvedimenti di propria competenza atti ad assicurare i primi soccorsi e dall'altro che, comunque, ai sensi del combinato disposto degli articoli 5, 24 e 25 del Codice permane l'astratta possibilità che nell'ambito della deliberazione dello stato di emergenza di rilievo nazionale, da adottarsi da parte del Consiglio dei Ministri, venga individuato quale delegato all'esercizio dei poteri di ordinanza – la cui titolarità rimane in capo al Presidente del Consiglio dei Ministri – un soggetto istituzionale diverso dal Capo Dipartimento della Protezione Civile e, quindi, quantomeno potenzialmente anche il Prefetto territorialmente competente.

---

[20] Deve, infatti, sul punto sottolinearsi che l'articolo 11, comma 1, lett. a), del Codice, nel disciplinare le funzioni spettanti alle Regioni, prevede che le stesse delineino *"le modalità di predisposizione ed attuazione delle attività volte alla previsione e prevenzione dei rischi, articolate come previsto all'articolo 2, commi 2, 3, 4 e 5, nonché delle attività di cui ai commi 6 e 7 del medesimo articolo, ivi comprese le procedure finalizzate all'adozione e attuazione del piano regionale di protezione civile, che prevede criteri e modalità di intervento da seguire in caso di emergenza e che individua nel rispetto dei criteri generali definiti ai sensi dell'articolo 18, comma 4, gli ambiti territoriali ottimali e connessi criteri organizzativi"*. Anche tale questione potrebbe, come le altre, essere definita nell'ambito del correttivo al Codice.

## II.3. Le attività in materia di rischio industriale: il Piano di Emergenza Esterno

Si ritiene utile affrontare la tematica del rischio industriale a partire da un breve *excursus* sulla normativa di riferimento che fa capo alla direttiva 82/501/CEE[21] con cui la Comunità Europea ha promosso la ricostruzione armonica delle leggi degli Stati membri in materia di prevenzione dei rischi di incidenti rilevanti[22]. L'iniziativa è nata sulla scia di un incidente avvenuto a Seveso che ha causato il rilascio di una nube di diossina nell'atmosfera con gravi conseguenze per la salute e per l'ambiente, determinati soprattutto dall'"omissione di misure di prevenzione e sicurezza"[23]. Alla prima direttiva del Consiglio sono seguite una seconda direttiva Seveso (96/82/CE)[24], in cui vengono stabiliti gli obblighi dei gestori di impianti e per gli stati membri[25], e una terza direttiva Seveso (2012/18/UE), in ragione della necessità di adeguare la disciplina al recente cambiamento del sistema di classificazione delle sostanze chimiche, introdotto con il regolamento CE n. 1272/2008[26].

La terza direttiva Seveso ha inteso perseguire alcuni obiettivi fondamentali come il miglioramento e l'aggiornamento del quadro normativo in base alle esperienze acquisite con la Seveso II, in particolare per quanto riguarda le misure di controllo degli stabilimenti interessati, semplificarne l'attuazione nonché ridurre gli oneri amministrativi; garantire ai cittadini coinvolti un migliore accesso all'informazione sui rischi dovuti alle attività dei vicini impianti industriali "Seveso"

---

[21] In Italia la direttiva prima Seveso è stata attuata con il d.lgs. n. 175/1988.

[22] È di matrice comunitaria la nozione di incidente rilevante inteso come: "avvenimento quale un'emissione, un incendio, un'esplosione di rilievo connesso a uno sviluppo incontrollato di un'attività industriale, che dia luogo a un pericolo grave, immediato o differito per l'uomo, all'interno o all'esterno dello stabilimento, e/o per l'ambiente e che comporti l'uso di una o più sostanze pericolose" art. 1, co. 2, lett. c. direttiva del Consiglio 82/501/CEE. Sul punto B. Caravita, Diritto dell'ambiente, 250.

[23] B. Caravita, *Diritto dell'ambiente*, cit., 250.

[24] Direttiva del Consiglio 9 dicembre 1996, 96/82/CE recante "Il controllo dei pericoli di incidente rilevante connessi con determinate sostanze pericolose".

[25] Tra i vincoli imposti agli stati membri: la necessità di considerare prioritaria la prevenzione degli incidenti rilevanti nell'ambito della pianificazione urbanistica; gli obblighi di informazione e comunicazione alla popolazione e alla Commissione europea; poteri di vigilanza e controllo. "In particolare il sistema ispettivo deve essere tale da porre gli stati membri in grado di vietare l'esercizio dell'attività di qualsiasi stabilimento nel quale le misure per la prevenzione e la riduzione di incidenti gravi sono nettamente insufficienti". Corte costituzionale, 24 marzo 2005, n. 135.

[26] Tale regolamento è intervenuto in materia di classificazione, etichettatura ed imballaggio delle sostanze e delle miscele, al fine di armonizzare il sistema di individuazione e catalogazione dei prodotti chimici all'interno dell'Unione europea con quello adottato a livello internazionale in ambito ONU (GHS – Globally Harmonised System of Classification and Labelling of Chemicals).

e su come comportarsi in caso di incidente; garantire la possibilità di partecipare alle decisioni relative agli insediamenti nelle aree a rischio di incidente rilevante e la possibilità di avviare azioni legali, per i cittadini ai quali non siano state fornite adeguate informazioni o possibilità di partecipazione. Tutta la disciplina comunitaria è incentrata sulla tutela dell'ambiente e sui principi cardine della precauzione e prevenzione nonché della correzione dei danni provocati, preferibilmente alla fonte[27].

A livello nazionale la disciplina vigente è attualmente contenuta contenuta nel decreto legislativo 26 giugno 2015, n. 105, che ha abrogato il precedente d.lgs. n. 334/1999 di recepimento della direttiva Seveso II. La normativa statale promuove un sistema articolato in cui convergono più soggetti, sia pubblici sia privati, e la cui finalità è di "prevenire gli incidenti rilevanti connessi a determinate sostanze pericolose e a limitarne le conseguenze per la salute umana e per l'ambiente" (art. 1, d.lgs. n. 105/2015). Si realizza un vero e proprio partenariato istituzionale in cui sono previsti una serie di atti tra loro in stretto collegamento per rendere gli interventi di emergenza tempestivi ed efficaci[28].

La collaborazione ed il coordinamento assumono rilievo prioritario anche nei confronti del gestore dello stabilimento a rischio di incidente rilevante, in capo al quale sussistono una serie di oneri.

In primo luogo troviamo gli obblighi di notifica[29] alle autorità competenti che deve avvenire:

*a*) per i nuovi stabilimenti, centottanta giorni prima dell'inizio della costruzione o sessanta giorni prima delle modifiche che comportano un cambiamento dell'inventario delle sostanze pericolose;

*b*) in tutti gli altri casi, entro un anno dalla data a decorrere dalla quale la direttiva 2012/18/UE si applica allo stabilimento.

Altri obblighi sussistono, invece, solamente laddove lo stabilimento sia di so-

[27] Corte cost., sent. n. 135/05.

[28] Decreto del Presidente del Consiglio dei Ministri 25 febbraio 2005.

[29] La notifica deve fornire informazioni, con la forma delle autocertificazioni, relative alla sede dello stabilimento, al gestore, al responsabile se diverso dal gestore, alle sostanze pericolose, all'attività dell'impianti e sugli elementi che potrebbero causare un incidente rilevante o aggravarne le conseguenze. La notifica deve essere trasmessa al Ministero dell'Ambiente, alla regione, alla provincia, al comune, al Prefetto, al comando provinciale dei vigili del fuoco competente per territorio, e al comitato tecnico regionale o interregionale del Corpo nazionale dei vigili del fuoco. Il gestore è tenuto ad aggiornare i dati forniti in caso di mutamento significativo e a darne comunicazioni ai destinatari della notifica. Art. 13, d.lgs. 105/2015. In particolare, l'allegato 5 del decreto introduce una modulistica unificata, a livello nazionale, utilizzabile in formato elettronico per la trasmissione della notifica e delle altre informazioni da parte del gestore.

glia superiore[30] e si sostanziano nella redazione del rapporto di sicurezza[31] e del piano di emergenza interno[32]. Questo ultimo documento è predisposto allo scopo precauzionale e preventivo, al fine di controllare e circoscrivere gli incidenti in modo da minimizzarne gli effetti e limitarne i danni per la salute umana, per l'ambiente e per i beni; mettere in atto le misure necessarie per proteggere la salute umana e l'ambiente dalle conseguenze di incidenti rilevanti; informare adeguatamente i lavoratori, e i servizi o le autorità locali competenti; nonché provvedere al ripristino e al disinquinamento dell'ambiente dopo un incidente rilevante.

Tutti gli adempimenti cui è tenuto il gestore sono peraltro funzionali all'elaborazione del piano di emergenza esterno (PEE)[33], della cui redazione è responsabile il Prefetto[34] che deve provvedere entro due anni dalla ricezione delle informazioni

---

[30] Con tale espressione si intende uno stabilimento nel quale le sostanze pericolose sono presenti in quantità pari o superiori alle quantità elencate nella colonna 3 della parte 1 o nella colonna 3 della parte 2 dell'allegato 1, applicando, ove previsto, la regola della sommatoria di cui alla nota 4 dell'allegato 1 (art. 3, co. 1, lett. c)).

[31] Il rapporto di sicurezza è istruito dal Comitato tecnico regionale o interregionale del Corpo nazionale dei Vigili del fuoco che formula valutazioni tecniche finali (art. 17, d.lgs. 105/2015) ed è disciplinato all'art. 15 del d.lgs. n. 105 del 2015 che, al comma 2, ne disciplina i contenuti: "2. Il rapporto di sicurezza, di cui il documento previsto all'articolo 14, comma 1, è parte integrante, deve dimostrare che: a) il gestore ha messo in atto, secondo gli elementi dell'allegato 3, come specificati nelle linee guida di cui all'allegato B, la politica di prevenzione degli incidenti rilevanti e un sistema di gestione della sicurezza per la sua applicazione; b) sono stati individuati i pericoli di incidente rilevante e i possibili scenari di incidenti rilevanti e sono state adottate le misure necessarie per prevenirli e per limitarne le conseguenze per la salute umana e per l'ambiente; c) la progettazione, la costruzione, l'esercizio e la manutenzione di qualsiasi impianto, deposito, attrezzatura e infrastruttura, connessi con il funzionamento dello stabilimento, che hanno un rapporto con i pericoli di incidente rilevante nello stesso, sono sufficientemente sicuri e affidabili nonché, per gli stabilimenti di cui all'articolo 22, comma 2, lettera c), sono state previste anche le misure complementari; d) sono stati predisposti i piani d'emergenza interna e sono stati forniti al Prefetto gli elementi utili per l'elaborazione del piano d'emergenza esterna; e) sono state fornite all'autorità competente informazioni che le permettano di adottare decisioni in merito all'insediamento di nuove attività o alla costruzione di insediamenti attorno agli stabilimenti già esistenti".

[32] Cfr. art. 20, d.lgs. n. 105/2015.

[33] Cfr. art. 21, d.lgs. n. 105/2015.

[34] A questo proposito deve, tuttavia, segnalarsi che l'art. 18 del d.lgs. n. 334 del 1999 attribuiva alla regione l'esercizio delle competenze amministrative in materia, tra cui anche l'individuazione "delle autorità competenti titolari delle funzioni amministrative e dei provvedimenti discendenti dall'istruttoria tecnica", e quindi il PEE. Il trasferimento di queste funzioni amministrative alle regioni era soggetto a due precisi adempimenti da parte di queste, come previsto all'art. 72 del d.lgs. n. 112 del 1998: l'attivazione dell'Agenzia regionale protezione ambiente e la stipula di un accordo di programma con lo Stato finalizzato a verificare la sussistenza dei presupposti per lo svolgimento delle funzioni, nonché per le procedure di dichiarazione. La Corte costituzionale ha affermato che "è la stessa normativa statale a consentire interventi sulle competenze amministrative da parte delle regioni. [...] In particolare, è lo stesso art. 20 a porre come limite della sua

dal gestore, d'intesa con le regioni e gli enti locali interessati e previa consultazione della popolazione.

Il PEE è il documento ufficiale con il quale è organizzata la risposta di protezione civile e di tutela ambientale contro i danni di un incidente rilevante, ed è finalizzato a:

*a*) controllare e circoscrivere gli incidenti in modo da minimizzarne gli effetti e limitarne i danni per la salute umana, per l'ambiente e per i beni;
*b*) mettere in atto le misure necessarie per proteggere la salute umana e l'ambiente dalle conseguenze di incidenti rilevanti, in particolare mediante la cooperazione rafforzata negli interventi di soccorso con l'organizzazione di protezione civile;
*c*) informare adeguatamente la popolazione, i servizi di emergenza e le autorità locali competenti;
*d*) provvedere sulla base delle disposizioni vigenti al ripristino e al disinquinamento dell'ambiente dopo un incidente rilevante.

Al fine di garantire la massima circolazione delle informazioni e rendere ciascun livello di governo, per quanto di propria competenza, in grado di intervenire efficacemente, il piano è comunicato al Ministero dell'Ambiente e della Tutela del Territorio e del Mare, all'ISPRA, al Ministero dell'Interno, al Dipartimento della protezione civile, nonché al CTR e alla regione o al soggetto da essa designato e ai sindaci, alla regione e all'ente territoriale di area vasta.

Il Prefetto è inoltre tenuto a riesaminare, sperimentare e, se necessario, aggiornare il PEE, previa consultazione della popolazione, ad intervalli appropriati e, comunque, non superiori a tre anni. La revisione deve tenere conto dei cambiamenti avvenuti negli stabilimenti e nei servizi di emergenza, dei progressi tecnici e delle nuove conoscenze in merito alle misure da adottare in caso di incidenti rilevanti.

L'art. 21, comma 7, attribuisce al Dipartimento della protezione civile, d'intesa con la Conferenza unificata, il compito di redigere e di aggiornare le linee guida per la predisposizione del piano di emergenza esterna, provvisorio o definitivo[35],

---

vigenza l'attuazione dell'articolo 72 del d.lgs. n. 112/98". Pertanto, l'art. 18 sarà operante solo dopo l'esecuzione degli adempimenti previsti, con la conseguenza che tutte quelle disposizioni regionali che attribuiscono la competenza in merito al PEE ad un soggetto diverso dall'autorità prefettizia, ad esempio la Provincia, pur legittime, saranno attive solo in seguito alla completa realizzazione dell'art. 72 del d.lgs. n. 112/1998.

[35] La classificazione del PEE come provvisorio o definitivo dipende dalla conclusione dell'istruttoria del Comitato regionale sul rapporto di sicurezza elaborato dal gestore dell'impianto; nel caso di valutazione tecnica negativa o in caso di ulteriori prescrizioni al gestore, viene predisposto un PEE provvisorio attraverso i dati forniti direttamente dal gestore, dalla scheda informativa alla popolazione, ovvero in caso di assenza totale di dati minimi utilizzando il metodo speditivo illustrato all'allegato 1 delle linee guida del 2005.

e per la relativa informazione alla popolazione. In ossequio a tale norma è stato emanato il decreto del Presidente del Consiglio dei Ministri 25 febbraio 2005 contenente le nuove linee guida che "forniscono gli elementi essenziali per redigere un piano funzionale atto ad organizzare una risposta efficace a un'emergenza causata da un incidente rilevante che si sviluppa su un territorio antropizzato"[36].

Lo schema di PEE è articolato in tre parti: una parte generale che a sua volta comprende una sezione dedicata agli aggiornamenti, alle esercitazioni e alla formazione del personale ed una relativa alla descrizione dello sito: inquadramento territoriale, informazioni sullo stabilimento, sulle sostanze pericolose usate e stoccate e sugli elementi territoriali e ambientali suscettibili di essere danneggiati a seguito di incidente.

La seconda parte è dedicata alla descrizione di scenari incidentali, finalizzati ad evidenziare l'interazione dell'evento con il territorio. Tale operazione si sostanzia nel: circoscrivere le tipologie di evento incidentale, classificati in incendio, esplosione, rilascio di sostanze tossiche e/o pericolose per l'ambiente; delimitare le zone a rischio, ovvero il territorio esterno allo stabilimento su cui possono ricadere gli effetti degli eventi incidentali; individuare delle misure di protezione sia per il sito sia per la popolazione.

La terza parte dello schema di PEE costituisce una novità in quanto introduce un modello organizzativo d'intervento che comprende tutte le procedure che i soggetti preposti al soccorso devono porre in essere in caso di incidente.

Un'efficace gestione dell'incidente si basa sulla tempestività degli interventi coordinati tra loro e su un flusso costante ed aggiornato di informazioni. Per questo motivo nel modello organizzativo d'intervento assume importanza strategica la gestione dei sistemi di allarme, finalizzati a mobilitare gli interventi operativi e ad avvisare la popolazione. In relazione al grado d'incidente sono individuati diversi sistemi di allerta[37] cui si ricollegano precise iniziative da parte dei soggetti competenti, *in primis* il gestore, i Vigili del fuoco e la Prefettura. Da ciò si deduce l'importanza che riveste nella pianificazione ed attuazione del PEE il flusso di informazioni e comunicazioni e la rilevanza che assume l'attivazione di una sala operativa 24 ore su 24 presso la Prefettura, quale polo cui giungono le informazioni e i dati da trasmettere al Prefetto e da cui partono le comunicazioni alle sale operative presso le amministrazioni centrali.

Nella pianificazione della gestione emergenziale ha rilevanza strategica l'analisi del settore della viabilità, finalizzata ad individuare i punti in cui deviare il traffico o impedirlo, le vie di accesso dei mezzi di soccorso, e le vie di fuga per l'evacuazione sicura della popolazione. In particolare deve essere prevista

---

[36] Premessa del d.P.C.M. 25 febbraio 2005.

[37] I livelli di allerta sono: attenzione, preallarme, allarme, cessato allarme.

l'evacuazione assistita con mezzi adeguati e personale qualificato. Stante "la specificità del PEE rispetto al territorio, è importante che alle riunioni partecipino il sindaco del comune ove è ubicato lo stabilimento e dei comuni limitrofi"[38].

Al Prefetto spetta dunque la promozione di un partenariato che si basa sulla conoscenza reciproca e sulla valutazione obiettiva delle concrete capacità operative dei soggetti coinvolti. Per ottimizzare la risposta operativa in caso di incidente, nel PEE vengono individuate le funzioni di supporto da implementare in relazione alle caratteristiche dell'evento incidentale e alle esigenze logistiche. Per ogni funzione operativa viene individuato il singolo responsabile[39] il quale, "in tempo di pace censisce e acquisisce le risorse e predispone un piano di funzione, mentre durante l'emergenza riveste il ruolo di esperto della funzione di riferimento"[40].

Nel quadro delle azioni precauzionali previste nel PEE rientra anche l'informazione alla popolazione circa tutte le iniziative promosse sul territorio allo scopo di far conoscere le caratteristiche dei rischi e i comportamenti da adottare. Infatti si ritiene che "un'adeguata informazione preventiva renda la popolazione consapevole delle misure di auto protezione da adottare e dei comportamenti da assumere in caso di incidente"[41]. Spetta al Sindaco predisporre la campagna informativa preventiva per la popolazione ai sensi dell'art. 23 del d.lgs. n. 105/2015.

Di seguito si riporta la sintesi delle azioni minime estratte dalle linee guida del Dipartimento della protezione civile, che spettano al Prefetto in caso di evento incidentale:

- coordinamento dell'attuazione del PEE in relazione ai diversi livelli di allerta;
- acquisizione dal gestore e da altri soggetti ogni utile informazione in merito all'evento in corso;
- informazione e aggiornamento degli organi centrali (Dipartimento della protezione civile, il Ministero dell'ambiente e della tutela del territorio, il Ministero dell'interno) e i Prefetti delle province limitrofe (art. 24 c. 2 d.lgs. 334/1999), nonché i Sindaci dei comuni limitrofi;
- acquisizione dei dati concernenti le condizioni meteo locali avvalendosi delle stazioni meteo presenti sul territorio, dei centri regionali funzionali, laddove operativi, e del Dipartimento della protezione civile;
- attivazione dei sistemi di allarme per le comunicazioni alla popolazione e ai soccorritori;

[38] D.P.C.M. 25 febbraio 2005, che suggerisce la convocazione di una conferenza di servizi *ex* art. 15 della legge n. 241/90 per concludere il momento partecipativo in un accordo tra i soggetti interessati.

[39] I responsabili di ciascuna funzione devono essere individuati con atto formale nel corso della predisposizione del PEE e di devono assumere l'obbligo di aggiornare i dati del proprio piano.

[40] D.P.C.M. 25 febbraio 2005.

[41] D.P.C.M. 25 febbraio 2005.

- coordinamento della perimetrazione delle aree che hanno subito l'impatto dell'evento incidentale;
- valutazione e decisione con il Sindaco circa le misure di protezione da far adottare alla popolazione in base ai dati tecnico-scientifici forniti dagli organi competenti o dalle funzioni di supporto;
- diramazione di comunicati stampa/radio sentito il Sindaco interessato e gli organi competenti;
- verifica e accertamento in merito alla realizzazione delle misure di protezione collettiva;
- valutazione circa la necessità di adottare provvedimenti straordinari in materia di viabilità e trasporti;
- valutazione con il Sindaco, sentiti gli organi competenti, circa l'opportunità di revocare lo stato di emergenza esterna e dichiarazione del cessato allarme;
- formulazione della richiesta di avvio dei provvedimenti di ripristino e disinquinamento dell'ambiente.

Tra le altre novità introdotte dal d.lgs. n. 105/2015 e che merita una menzione in questa sede troviamo, anzitutto, il rafforzamento del ruolo di indirizzo e coordinamento espletato dal Ministero dell'ambiente, presso il quale è istituito un coordinamento per l'uniforme applicazione nel territorio nazionale della normativa introdotta (art. 11).

Sono state altresì previste procedure per l'attivazione del meccanismo della "deroga", previsto dalla direttiva 2012/18/UE per le sostanze non in grado, in determinate condizioni chimico-fisiche, di generare incidenti rilevanti (art. 4). Si è provveduto a rafforzare il sistema dei controlli, attraverso la pianificazione e la programmazione delle ispezioni negli stabilimenti (art. 27), così come le misure necessarie a garantire maggiori informazioni al pubblico, nonché a permettere una più efficace partecipazione ai processi decisionali, in particolare nelle fasi di programmazione e realizzazione degli interventi nei siti in cui sono presenti stabilimenti a rischio di incidente rilevante (artt. 23-24). Infine, sono state introdotte semplificazioni al sistema vigente, in particolare per quanto riguarda gli adempimenti a carico dei gestori circa la prevenzione incendi per gli stabilimenti di soglia superiore (art. 31 e allegato L), nonché fissate le tariffe per le istruttorie e i controlli (art. 30 e allegato I).

Di recente, l'art. 26-bis del d.l. 4 ottobre 2018, n. 113, convertito con modificazioni dalla l. 1 dicembre 2018, n. 132, ha previsto che anche gli impianti di stoccaggio e di lavorazione dei rifiuti, esistenti o di nuova costruzione, si debbano dotare di un Piano di emergenza interno (a carico del gestore) e di un Piano di emergenza esterno (a carico del Prefetto). Il termine per l'adozione del PEI era di novanta giorni dalla data di entrata in vigore della legge di conversione; il PEE deve invece essere adottato entro dodici mesi dal ricevimento delle informazioni necessarie alla redazione da parte del gestore.

Il Piano è predisposto allo scopo di: a) controllare e circoscrivere gli incidenti in modo da minimizzarne gli effetti e limitarne i danni per la salute umana, per l'ambiente e per i beni; b) mettere in atto le misure necessarie per proteggere la salute umana e l'ambiente dalle conseguenze di incidenti rilevanti, in particolare mediante la cooperazione rafforzata con l'organizzazione di protezione civile negli interventi di soccorso; c) informare adeguatamente la popolazione, i servizi di emergenza e le autorità locali competenti; d) provvedere sulla base delle disposizioni vigenti al ripristino e al disinquinamento dell'ambiente dopo un incidente rilevante.

Il PEE dei siti di stoccaggio è adottato dal Prefetto, d'intesa con le regioni e con gli enti locali interessati, ed è riesaminato, sperimentato e, se necessario, aggiornato, previa consultazione della popolazione, ad intervalli appropriati e, comunque, non superiori a tre anni. La revisione tiene conto dei cambiamenti avvenuti negli impianti e nei servizi di emergenza, dei progressi tecnici e delle nuove conoscenze in merito alle misure da adottare in caso di incidenti rilevanti. Con decreto del Presidente del Consiglio dei ministri, d'intesa con il Ministro dell'interno per gli aspetti concernenti la prevenzione degli incendi, previo accordo sancito in sede di Conferenza unificata, sono stabilite le linee guida per la predisposizione del piano di emergenza esterna e per la relativa informazione alla popolazione.

## II.4. I provvedimenti in tema di sostanze radiogene

È il Prefetto a rilasciare l'autorizzazione per la detenzione e l'utilizzo di materie radioattive, sorgenti di radiazioni e macchine radiogene per uso industriale di cui alla categoria B prevista dagli artt. 27 e 29 del d.lgs n. 230/1995[42].

L'autorizzazione è rilasciata previa acquisizione, da parte della Prefettura-U.T.G., di pareri tecnici (in particolare, dell'Amministrazione del Lavoro, dell'autorità sanitaria e del Comando Provinciale dei Vigili del Fuoco).

In via generale, l'impiego di sorgenti di radiazioni ionizzanti è classificato dalla legge in tre categorie:

1) esente da nulla osta;
2) categoria A, soggetto a nulla osta da parte del Ministero dello Sviluppo Economico;

[42] Decreto emanato in Attuazione delle direttive 89/618/Euratom, 90/641/Euratom, 96/29/Euratom, 2006/117/Euratom in materia di radiazioni ionizzanti, e delle direttive 2009/71/Euratom in materia di sicurezza nucleare degli impianti nucleari e 2011/70/Euratom in materia di gestione sicura del combustibile esaurito e dei rifiuti radioattivi derivanti da attività civili. Cfr. anche l'art. 53 del d.lgs. n. 230/1995 per il nulla osta del prefetto per il deposito temporaneo ed occasionale di materie fissili speciali o di combustibili nucleari non irradiatii, nonché l'art. 32 per la spedizioni, importazioni ed esportazioni di rifiuti radioattivi e di combustibile nucleare esaurito.

3) categoria B, soggetto a nulla osta da parte del Prefetto competente per territorio (cfr. l'allegato IX del d. lgs. n. 230/1995).

L'impiego di categoria B è soggetto a nulla osta preventivo del Prefetto in relazione all'idoneità dell'ubicazione dei locali, dei mezzi di radioprotezione, delle modalità di esercizio, delle attrezzature e della qualificazione del personale addetto, alle conseguenze di eventuali incidenti nonché delle modalità dell'eventuale allontanamento o smaltimento nell'ambiente di rifiuti radioattivi. Sono autorizzate la detenzione e l'utilizzo di sostanze radioattive per uso industriale, con esclusione delle attività comportanti esposizioni a scopo medico (rientranti nella competenza dell'Autorità sanitaria regionale). L'intenzione di cessare la pratica oggetto del nulla osta deve essere comunicata all'amministrazione che provvede alla revoca del nulla osta (il nulla osta può anche essere modificato su richiesta).

L'istanza, in bollo, unitamente alla documentazione richiesta, deve essere inoltrata alla Prefettura competente per territorio in relazione alla sede di svolgimento della pratica.

Nel nullaosta sono inserite specifiche prescrizioni tecniche.

A corredo della domanda va presentata una relazione tecnica firmata dall'esperto qualificato, atta anche a dimostrare l'idoneità della località dove la pratica verrà svolta. Essa reca: la descrizione dei locali e delle aree interessate e, per ogni locale ed area, la classificazione in zone; la descrizione delle operazioni che si intendono svolgere, delle sorgenti di radiazioni e delle attrezzature; la descrizione delle modalità di eventuale movimentazione delle sorgenti all'interno della installazione; l'individuazione e analisi degli eventuali scenari comportanti esposizioni potenziali; la valutazione delle dosi per i lavoratori e per i gruppi di riferimento della popolazione in condizioni di normale attività.

# CAPITOLO III
# Il potere di ordinanza in materia di protezione civile

di *Alessandro Maria Baroni*



## III.1. Introduzione

Gli eventi di protezione civile richiedono interventi rapidi ed incisivi a sostegno delle popolazioni colpite, finalizzati a garantire la salvaguardia dell'incolumità delle persone, la preservazione dei beni e il pronto ripristino delle normali condizioni di vita.

Laddove gli ordinari rimedi messi a disposizione dall'ordinamento giuridico non siano idonei a soddisfare le esigenze legate alla gestione di un evento, l'amministratore pubblico dispone di uno strumento di intervento a carattere straordinario che, in ragione della necessità e dell'urgenza, assicura la tempestività e l'efficacia dell'azione amministrativa: l'ordinanza di protezione civile.

Le ordinanze sono tradizionalmente collocate tra le fonti secondarie.

La peculiarità di siffatti provvedimenti è data dalla loro natura indubbiamente duplice: per un verso, infatti, promanano dall'autorità amministrativa, assumendo perciò, sotto il profilo formale, la veste di atti amministrativi; per altro verso, sono indirizzate ad una pluralità di consociati, nei confronti dei quali possono dettare regole di condotta. Inoltre, limitatamente al periodo in cui è urgente e necessario provvedere con mezzi straordinari, le ordinanze sono in grado di innovare l'ordinamento giuridico, operando una parentesi nella vigenza delle leggi, la cui operatività rimane sospesa.

Le ordinanze sono quindi caratterizzate dalla atipicità rispetto agli altri atti amministrativi a contenuto tipico, nonché dalla capacità derogatoria dell'ordinamento giuridico generale e dalla posizione di sussidiarietà rispetto agli ordinari strumenti di intervento.

I requisiti brevemente enunciati restituiscono l'immagine di atti facilmente individuabili all'interno del panorama amministrativo ma di difficile definizione, per quel che attiene alla loro natura giuridica.

Secondo alcuni, infatti, deve essere considerato prevalente il carattere normativo a causa della capacità derogatoria del provvedimento; secondo altri (tesi maggioritaria) prevarrebbe il carattere amministrativo, per l'asserita impossibilità di innovare stabilmente l'ordinamento giuridico a causa della limitatezza temporale; per altri ancora questi strumenti si porrebbero in una posizione mediana, quali atti amministrativi che, solo eccezionalmente, assumerebbero una veste normativa.

Il potere di ordinanza è stato da sempre, per la sua delicatezza, oggetto di attenzione da parte della dottrina e della giurisprudenza, che hanno cercato di individuare i limiti generali per l'esercizio del potere da parte dell'autorità legittimata a servirsene. Ed invero, la particolare forza derogatoria dell'ordinamento giuridico è destinata ad incidere sull'assetto costituzionale che individua il Parlamento come l'organo legiferante, deputato a fissare le regole di condotta da imporre al cittadino.

Anche la Corte Costituzionale si è ripetutamente pronunciata sull'argomento. In particolare occorre evidenziare le sentenze n. 8 del 1956, n. 26 del 1961, n. 100 e 201 del 1987 e n. 4 del 1997, da cui, tra l'altro, si evincono i connotati del provvedimento, che deve avere "efficacia limitata nel tempo, in relazione ai dettami della necessità e dell'urgenza; adeguata motivazione; efficace pubblicazione nei casi in cui non abbia carattere individuale; conformità ai principi dell'ordinamento giuridico".

## III.2. Il potere di ordinanza nel nuovo Codice della protezione civile.

Con l'entrata in vigore del Codice della protezione civile, la disciplina del potere di ordinanza – in precedenza inclusa nell'art. 5 della legge n. 225/1992 – è stata sistematizzata e razionalizzata negli artt. 24, 25, 26, 27 e 28 del suddetto Codice che ha inteso distinguere in tali articoli i vari aspetti attinenti al potere di ordinanza.

L'art. 24 disciplina la deliberazione dello stato di emergenza di rilievo nazionale a fronte del verificarsi di emergenze connesse con eventi calamitosi di origine naturale o derivanti dall'attività dell'uomo che in ragione della loro intensità o estensione debbono, con immediatezza d'intervento, essere fronteggiate con mezzi e poteri straordinari da impiegare durante limitati e predefiniti periodi di tempo (cfr. art. 7, co. 1, lett. c) del Codice).

Rispetto alla disciplina previgente, il nuovo art. 24 articola l'istituto normativo in argomento in due fasi, temporalmente successive, e rafforzando il presidio sull'azione di ricognizione del danno che viene posta in essere congiuntamente dal Dipartimento della protezione civile e dalla Regione interessata. Ciò, al fine di favorire la più tempestiva attivazione del Servizio nazionale, in presenza dei necessari requisiti, consentendo, nel contempo, una più approfondita azione di valutazione dell'impatto dei danni effettivamente prodotti dall'evento.

Il Codice prevede, pertanto, che, in prima battuta, il Dipartimento della protezione civile, sulla base dei dati e delle informazioni fornite dal territorio, svolga una valutazione speditiva sulle caratteristiche dell'evento calamitoso che, in caso di esito positivo, consente di procedere con la tempestività necessaria alla deliberazione dello stato d'emergenza da parte del Consiglio dei Ministri, con la quale vengono individuate prime risorse finanziarie da destinare all'avvio delle attività di soccorso e assistenza alla popolazione e degli interventi più urgenti da attuare.

In seconda battuta, a seguito di una approfondita ricognizione sull'effettivo impatto dell'evento, effettuata in tempi congrui congiuntamente dal Dipartimento della protezione civile e dalla Regione interessata, sulla base di una relazione del Capo del Dipartimento della protezione civile, il Consiglio dei ministri individua, con altra deliberazione, le ulteriori risorse finanziarie necessarie, autorizzando la spesa nell'ambito del Fondo per le emergenze nazionali[1].

Sulla base dell'esperienza acquisita nella gestione delle diverse emergenze, inoltre, la nuova disposizione estende l'arco di tempo di vigenza dello stato di emergenza, fissato in un anno prorogabile per non più di un anno ulteriore.

Il comma 5 dell'art. 24 conferma che la deliberazione dello stato di emergenza non è soggetta al controllo preventivo di legittimità di cui all'articolo 3 della legge n. 20/1994, in ragione delle connesse esigenze di tempestività e immediatezza di intervento.

Per quanto concerne la disciplina delle procedure istruttorie propedeutiche all'adozione della deliberazione dello stato di emergenza di rilievo nazionale e dei relativi adempimenti di competenza dei Presidenti delle Regioni e Province Autonome e del Capo del Dipartimento della protezione civile, in conformità a quanto già oggi in essere (da ultimo la direttiva P.C.M. del 26 ottobre 2012), il Codice rinvia ad una nuova direttiva del Presidente del Consiglio dei Ministri.

Inoltre, in perfetta continuità con la previgente normativa (art. 1, comma 422, della legge n. 147/2013) si prevede che, alla scadenza dello stato di emergenza, le amministrazioni e gli enti ordinariamente competenti subentrano in tutti i rapporti attivi e passivi, nei procedimenti giurisdizionali pendenti, anche ai sensi dell'articolo 110 del codice di procedura civile, nonché in tutti quelli derivanti dalle

[1] Il comma 8 prevede una disciplina specifica per quanto concerne le deliberazioni riferite agli episodi di inquinamento marino costiero che prevede il necessario concerto del Ministro dell'ambiente e della tutela del territorio e del mare, in conformità a quanto previsto dall'art. 11 della legge 31 dicembre 1982, n. 979, e dal Piano di pronto intervento nazionale per la difesa da inquinamenti di idrocarburi o di altre sostanze nocive causati da incidenti marini.

dichiarazioni già emanate in materia di grandi eventi, già facenti capo ai soggetti nominati ai sensi dell'articolo 25, comma 7, limitatamente alle situazioni in cui i predetti soggetti siano rappresentanti delle citate amministrazioni ordinariamente competenti ovvero siano stati, da queste, designati. La disposizione, che attua specificamente quanto previsto dall'ultimo periodo dell'art. 1, comma 1, lettera m) della legge n. 30/2017, ricalca la norma previgente, già oggetto di favorevole vaglio di costituzionalità con la sentenza n. 8/2016.

Infine, con riferimento agli eventi non aventi carattere nazionale di cui all'art. 7, comma 1, lett. b)[2], si dispone che le regioni, nei limiti della propria potestà legislativa, definiscono provvedimenti con finalità analoghe alle procedure di cui all'art. 24.

Tutto ciò premesso con riferimento alla dichiarazione dello stato di emergenza, i successivi artt. 25, 26 e 27 si occupano di disciplinare nel concreto il potere di ordinanza in materia di protezione civile, distinguendo gli aspetti ordinamentali (art. 25 e 26) da quelli di carattere prettamente contabile (art. 27), attribuiti ai sensi dell'art. 5 al Presidente del Consiglio del Ministri che li può esercitare per il tramite del Capo del Dipartimento della protezione civile.

Le ordinanze rappresentano lo strumento per il coordinamento dell'attuazione degli interventi da effettuare durante lo stato di emergenza di rilievo nazionale: esse sono adottate d'intesa con le Regioni e le Province autonome territorialmente interessate, in deroga ad ogni disposizione vigente (nel caso, devono essere motivate e indicare le norme derogate), nei limiti e con le modalità indicati nella deliberazione dello stato di emergenza e nel rispetto dei principi generali dell'ordinamento giuridico e delle norme dell'Unione europea.

In particolare, con le ordinanze di protezione civile si dispone in ordine:

*a*) all'organizzazione ed all'effettuazione degli interventi di soccorso e assistenza alla popolazione interessata dall'evento;

*b*) al ripristino della funzionalità dei servizi pubblici e delle infrastrutture di reti strategiche, alle attività di gestione dei rifiuti, delle macerie, del materiale vegetale o alluvionale o delle terre e rocce da scavo prodotti dagli eventi e alle misure volte a garantire la continuità amministrativa nei comuni e territori interessati, anche mediante interventi di natura temporanea;

*c*) all'attivazione di prime misure economiche di immediato sostegno al tessuto economico e sociale nei confronti della popolazione e delle attività economi-

[2] Si fa con ciò riferimento a: emergenze connesse con eventi calamitosi di origine naturale o derivanti dall'attività dell'uomo che per loro natura o estensione comportano l'intervento coordinato di più enti o amministrazioni, e debbono essere fronteggiati con mezzi e poteri straordinari da impiegare durante limitati e predefiniti periodi di tempo, disciplinati dalle Regioni e dalle Province autonome di Trento e di Bolzano nell'esercizio della rispettiva potestà legislativa.

che e produttive direttamente interessate dall'evento, per fronteggiare le più urgenti necessità;

*d*) alla realizzazione di interventi, anche strutturali, per la riduzione del rischio residuo nelle aree colpite dagli eventi calamitosi, strettamente connesso all'evento e finalizzati prioritariamente alla tutela della pubblica e privata incolumità, in coerenza con gli strumenti di programmazione e pianificazione esistenti;

*e*) alla ricognizione dei fabbisogni per il ripristino delle strutture e delle infrastrutture, pubbliche e private, danneggiate, nonché dei danni subiti dalle attività economiche e produttive, dai beni culturali e paesaggistici e dal patrimonio edilizio, da porre in essere sulla base di procedure definite con la medesima o altra ordinanza;

*f*) all'attuazione delle misure per far fronte alle esigenze urgenti di cui alla lettera e), anche attraverso misure di delocalizzazione, laddove possibile temporanea, in altra località del territorio regionale.

Le ordinanze di protezione civile non sono soggette al controllo preventivo di legittimità di cui all'art. 3 della legge 14 gennaio 1994, n. 20, e ss.mm.ii., tuttavia, se adottate oltre il trentesimo giorno dalla dichiarazione dello stato di emergenza devono essere emanate previo concerto con il Ministero dell'economia e delle finanze, limitatamente ai profili finanziari.

Rispetto al testo previgente, si conferma che al Capo del Dipartimento è affidato il coordinamento della gestione delle emergenze mediante l'avvalimento delle componenti e delle strutture del Servizio nazionale, che provvedono all'attuazione degli interventi previsti nelle ordinanze e che è comunque possibile fare ricorso, come in passato, alla nomina di Commissari delegati che sono autorizzati, dal presente decreto, a curare la prosecuzione delle attività fino alla chiusura delle contabilità speciali loro intestate, operando però in regime ordinario.

È infine introdotto un sistema di monitoraggio di verifica dell'attuazione, anche sotto l'aspetto finanziario, delle misure contenute nelle ordinanze di protezione civile nonché dei provvedimenti adottati in attuazione delle medesime e delle ispezioni da disciplinare con direttiva del Presidente del Consiglio dei Ministri.

L'art. 26 disciplina, invece, quelle particolari tipologie di ordinanze da adottare almeno trenta giorni prima della scadenza dello stato di emergenza, al fine di favorire il rientro nella disciplina ordinaria e regolare il proseguimento dell'esercizio delle funzioni commissariali in via ordinaria nel coordinamento degli interventi, conseguenti all'evento, pianificati e non ancora ultimati. Si segnala, in particolare, che con tale ordinanza possono essere altresì emanate, per la durata massima di sei mesi non prorogabile e per i soli interventi connessi all'evento, disposizioni derogatorie, nel rispetto dei principi generali dell'ordinamento giuridico e delle norme dell'Unione europea, in materia di affidamento di lavori pubblici e di acquisizione di beni e servizi nonché per la riduzione di termini analiticamente individuati e disposizioni finalizzate all'eventuale rimodulazione del piano degli interventi nei limiti delle risorse disponibili.

L'articolo 27, oltre a consentire l'apertura di apposite contabilità speciali, sistematizza le disposizioni inerenti le procedure finanziarie e contabili che devono essere applicate da parte dei commissari delegati e i relativi obblighi di rendicontazione, richiamando e sistematizzando, oltre alle modalità di trasferimento delle risorse statali, ulteriori disposizioni che autorizzano il versamento di eventuali ulteriori risorse finanziarie finalizzate al superamento dello specifico contesto emergenziale, diverse da quelle stanziate a valere sul Fondo per le emergenze nazionali, rese disponibili dalle Regioni e dagli enti locali interessati, nonché le risorse finanziarie eventualmente provenienti dal Fondo di solidarietà dell'Unione Europea, a condizione che l'afflusso sulle citate contabilità sia tracciato mediante la necessaria previsione in apposita norma di ordinanza.

L'articolo 28, infine, conclude il ciclo delle attività di protezione civile, recando la disciplina per la rimozione degli ostacoli alla ripresa delle normali condizioni. Al fine di avviare le prime misure per fare fronte ai danni occorsi, individuati sulla base delle ricognizioni dei fabbisogni completate dai Commissari delegati e trasmesse al Dipartimento della protezione civile, si prevede che con delibera del Consiglio dei Ministri si provveda alla definizione delle modalità di concessione di agevolazioni, contribuiti e forme di ristoro in favore dei soggetti pubblici, privati e attività economiche e produttive, mediante l'adozione di specifiche delibere del Consiglio dei ministri, nel rispetto di criteri che prevedano: i massimali, sulla base degli effetti determinati dalla tipologia degli eventi calamitosi commisurati alla loro intensità ed estensione; metodologie omogenee per l'intero territorio nazionale; che la corresponsione degli eventuali contributi pubblici per la delocalizzazione, ove possibile temporanea, in altra località del territorio regionale, per la ricostruzione, la riparazione o il ripristino dei danni abbia luogo solo fino alla concorrenza dell'eventuale differenza, prevedendo, in tal caso, che il contributo così determinato sia integrato con un'ulteriore somma pari ai premi assicurativi versati dai soggetti danneggiati nel quinquennio antecedente la data dell'evento; nonché l'esclusione degli edifici abusivi danneggiati o distrutti dalla fruizione delle misure volte a superare lo stato di emergenza.

# CAPITOLO IV
# La difesa civile

di *Riccardo Mattei*

SOMMARIO: IV.1. Definizione e quadro normativo della difesa civile in Italia. – IV.2. L'organizzazione del sistema di difesa civile. – IV.3. Scenari internazionali e tipologia dei rischi.

## IV.1. Definizione e quadro normativo della difesa civile in Italia

Nel nostro ordinamento non esiste alcuna norma che fornisca, in maniera univoca, la definizione di difesa civile. Tale lacuna determina alcune incertezze in ordine all'esatta identificazione delle caratteristiche della difesa civile nel nostro ordinamento[1].

Tenuto conto di tale avvertenza, è comunque possibile identificare il perimetro applicativo della difesa civile con riferimento a quel complesso di attività di salvaguardia finalizzate ad assicurare la continuità dell'azione di governo e a proteggere gli interessi della Nazione in presenza di situazioni suscettibili di porre in pericolo la popolazione civile o di determinare la compromissione della capacità economica, produttiva, logistica e sociale del Paese[2].

Da tale definizione risulta evidente la duplice finalità delle attività di difesa civile volte, da un lato, a proteggere gli interessi vitali dello Stato e, dall'altro, a ridurre l'impatto degli eventi di crisi sulla collettività. Con riferimento al primo aspetto, la difesa civile mira a proteggere, in particolare, le cd. "infrastrutture critiche", ovvero le risorse materiali, i servizi, le reti e i beni infrastrutturali che,

[1] Il tema della difesa civile presenta un quadro definitorio non univoco, variegato e suscettibile di approdi incerti. Ciò deriva dalla pluralità di prospettive da cui è possibile far luce sull'argomento e da uno scenario normativo lacunoso, e frastagliato, dal quale discendono competenze e attività spesso slegate fra loro ed inserite in un impianto istituzionale privo del necessario coordinamento.

[2] Va tenuto presente che tale definizione di difesa civile diverge da quella adottata in campo internazionale. Occorre tener presente, in particolare, che nei sistemi anglosassoni la difesa civile rappresenta sostanzialmente un valore aggiunto alla difesa militare, consistente nella effettuazione di attività ed interventi non militari per l'appoggio e il sostegno delle operazioni belliche.

se danneggiati o distrutti, causerebbero gravi ripercussioni alle funzioni cruciali della società, tra cui la catena di approvvigionamenti, la salute, la sicurezza e il benessere economico o sociale dello Stato e della popolazione.

Vanno considerati infrastrutture critiche del Paese, in particolare, gli impianti e le reti energetiche, i sistemi di comunicazione e le reti informatiche, le infrastrutture necessarie al corretto funzionamento del sistema finanziario, il sistema sanitario, l'approvvigionamento alimentare e idrico, il sistema dei trasporti, la produzione, lo stoccaggio e il trasporto di sostanze pericolose, l'amministrazione pubblica con riferimento all'erogazione dei servizi pubblici essenziali[3].

Va peraltro rilevato che qualsiasi iniziativa di protezione delle infrastrutture critiche deve necessariamente coinvolgere il settore privato, con particolare riferimento alle industrie fornitrici di beni e servizi strategici o sedi di ricerche e tecnologie innovative per la sicurezza.

La difesa civile coopera inoltre nel settore della prevenzione e gestione di crisi di carattere internazionale, nel disegno degli impegni assunti dallo Stato quale membro di organizzazioni sovranazionali che perseguono obiettivi di sicurezza e di stabilità.

Delineato in tal modo il campo d'intervento della difesa civile, è possibile anche definirne i caratteri distintivi rispetto alla protezione civile. Mentre la difesa civile attiene alla sicurezza dello Stato, comprendendo tutte le situazioni emergenziali che derivano da atti definibili di "aggressione alla Nazione", la protezione civile opera nell'ambito della salvaguardia, dell'assistenza alla popolazione e della tutela e recupero dei beni a fronte di calamità di carattere naturale o antropico. La

---

[3] Il Libro Verde adottato a Bruxelles il 17 novembre 2005 ha suddiviso le infrastrutture critiche in 11 settori: Amministrazione Civile (funzioni di Governo, Forze Armate, servizi dell'amministrazione civile, servizi di emergenza, servizi postali, corrieri postali); Salute (ospedali e centri di cura, produzione di medicine, sieri, vaccini, case farmaceutiche, laboratori biologici e agenti biologici); Trasporti (strade, ferrovie, traffico aereo, condotte sotterranee di acqua, trasporti marittimi ed oceanici); Energia (produzione di oli e gas, raffinerie, trattamento e stoccaggio incluse le condotte, centrali elettriche, elettrodotti, oleodotti e gasdotti, impianti di distribuzione di elettricità, gas, olio); Informazione, tecnologia e comunicazione (protezione di sistemi di informazione e reti, sistemi automatici di controllo, internet, forniture di comunicazione fissa, fornitura di comunicazione mobile, comunicazione radio, comunicazione satellitari, *broadcasting*); Spazio e Ricerca (centri spaziali, centri di ricerca); Finanza (servizi di pagamento e strutture di pagamenti privati, assegnazione finanziarie di governo); Sicurezza Pubblica ed Ordine legale (mantenimento della sicurezza dell'ordine e legale, amministrazione della giustizia, carceri); Acqua (fornitura di acqua potabile, controllo della qualità dell'acqua, prelievo e controllo della quantità dell'acqua); Alimenti (forniture alimentari e controlli alimentari); Industrie chimiche e Nucleari (produzione e stoccaggio e trasformazione di sostanze chimiche e nucleari, condutture di sostanze pericolose). Va in ogni caso tenuto conto della circostanza che l'elenco delle infrastrutture critiche è suscettibile di continua implementazione.

protezione civile, infatti, è organizzata per affrontare avversità naturali o antropiche di natura essenzialmente involontaria, rispetto alle quali le responsabilità umane sono, al massimo, di carattere colposo. L'ambito di intervento della difesa civile risulta invece più ampio, includendo tutte quelle attività, quali atti di terrorismo, sommosse, crisi internazionali o situazioni belliche, poste in essere con la specifica finalità di compromettere interessi pubblici ovvero di porre in pericolo la collettività. Rispetto a tale campo di azione, la difesa civile si occupa, pertanto, del complesso di misure e attività finalizzate a prevenire o fronteggiare le emergenze funzionali dello Stato salvaguardando gli interessi vitali del Paese[4].

Va inoltre considerato che la difesa civile è materia affidata alla competenza legislativa dello Stato, mentre la protezione civile è materia di legislazione concorrente, ai sensi dell'art. 117, comma terzo, della Costituzione. Peraltro, nel nostro ordinamento, le due materie afferiscono a due amministrazioni differenti, ovvero il Dipartimento della Protezione civile presso la Presidenza del Consiglio e il Dipartimento dei Vigili del Fuoco presso il Ministero dell'Interno.

Dalla definizione degli obiettivi innanzi delineati, emerge inoltre una stretta interconnessione tra difesa civile e difesa militare, specie in presenza di scenari di crisi suscettibili di sfociare in azioni di carattere bellico. Per tale ragione risulta evidente la necessità che le strutture istituzionali preposte ai due settori operino in un contesto di reciproco supporto e di condivisione delle strategie.

Dal punto di vista della disciplina normativa, va considerato, innanzitutto, che la nostra Costituzione non contiene alcun riferimento espresso alla difesa civile. In via interpretativa, la materia può essere inclusa nelle previsione dell'art. 117, comma secondo, lett. d) della Costituzione, il quale stabilisce che lo Stato ha legislazione esclusiva, tra l'altro, in materia di difesa e Forze armate, sicurezza dello Stato, armi, munizioni ed esplosivi.

Con riferimento alla legislazione secondaria, va fatto riferimento all'art. 14 del d.lgs. 30 luglio 1999, n. 300, recante la "Riforma dell'organizzazione del Governo, a norma dell'art. 11 della legge 15 marzo 1997, n. 59", che attribuisce la competenza in materia di difesa civile al Ministero dell'Interno, in quanto responsabile delle politiche di *security* e di *safety*. Nell'ottica del perseguimento di questa missione istituzionale, il d.P.R. n. 398 del 2001 ha istituito, presso il Dipartimento dei Vigili del fuoco, del soccorso pubblico e della difesa civile, la Direzione Centrale per la Difesa Civile e per le politiche di Protezione Civile.

---

[4] La differenza di finalità rispetto alla protezione civile risulta piuttosto chiara dalla lettura dell'art. 1 della legge 24 febbraio 1992, n. 225, istitutiva del Servizio nazionale di protezione civile, ove si specifica che la finalità della protezione civile è quella di tutelare l'integrità della vita, dei beni, degli insediamenti e dell'ambiente dai danni o dal pericolo di danni derivanti da calamità naturali, da catastrofi o da altri grandi eventi calamitosi.

Come appare evidente dalla scarna disciplina normativa della materia e nelle more di una legge organica in grado di fornirne un più esauriente inquadramento, l'organizzazione della difesa civile è regolata quasi esclusivamente in via amministrativa.

## IV.2. L'organizzazione del sistema di difesa civile

Il sistema di difesa civile è organizzato sulla base di una architettura organizzativa articolata, in grado di rispondere, in maniera tempestiva e flessibile, a scenari di crisi multiformi e di difficile prevedibilità. Gli obiettivi primari di tale assetto organizzativo consistono nella introduzione di meccanismi di cd. *warning intelligence,* capaci di garantire la segnalazione e il raccordo tra vertice politico-istituzionale e gli organismi di coordinamento e di gestione operativa degli scenari di crisi e nel rafforzamento della pianificazione strategica ed operativa.

Particolarmente significativo sotto il profilo dell'assetto organizzativo del sistema della difesa civile è il decreto del Presidente del Consiglio dei Ministri del 5 maggio 2010 sulla "Organizzazione nazionale per la gestione delle crisi" (pubblicata nella Gazzetta Ufficiale il 17 giugno 2010).

Il sistema è strutturato, a livello centrale, da una duplice categoria di organi, i primi con funzioni decisorie e i secondi con funzioni di coordinamento.

Gli organi decisionali nazionali svolgono funzioni di valutazione delle situazioni di emergenza, decidendo le azioni da intraprendere e le misure civili da adottare. Tra gli organi di vertice, con funzione di decisione e supervisione politica della crisi, vanno indicati, innanzitutto, il Presidente del Consiglio dei Ministri e il Consiglio dei Ministri. Accanto a tali organi va collocato il Comitato politico – strategico (c.d. Co.P.S.), già previsto dal "Manuale nazionale per la gestione delle crisi"[5] e composto, nel suo assetto originario, dal Presidente del Consiglio dei Ministri e dai Ministri dell'Interno, della Difesa e degli Affari Esteri. Tale organo è stato istituito formalmente dal d.P.C.M. del 5 maggio 2010 che ne ha anche ampliato la composizione al Ministro dell'Economia, attribuendo in tal modo giusto rilievo alla dimensione economico-finanziaria negli scenari di crisi. Un ulteriore organo di natura decisoria è il Centro decisionale nazionale (c.d. CDN), che rappresenta un complesso di strutture e mezzi tecnici di supporto al Comitato politico – strategico. Attraverso l'attivazione di tale organo si gestisce, in particolare, l'azione di concertazione tra i Ministeri e le

[5] L'organizzazione del supporto tecnico – operativo del vertice politico in caso di crisi è stata per la prima volta delineata nel "Manuale nazionale per la gestione delle crisi", documento riservato edito dalla Presidenza del Consiglio dei Ministri nel 1980. Il manuale, dedicato alla cooperazione civile – militare, è stato in seguito più volte aggiornato.

amministrazioni statali rilevanti, nel rispetto delle diverse competenze attribuite dalle leggi.

Le funzioni di coordinamento sono svolte da un altro organo collegiale, anch'esso istituito dal d.P.C.M. 5 maggio 2010, denominato Nucleo Interministeriale di Situazione e Pianificazione (c.d. NISP), presieduto dal Sottosegretario di Stato alla Presidenza del Consiglio – Segretario del Consiglio dei Ministri, che può delegare le relative funzioni al Consigliere Militare del Presidente del Consiglio. Il NISP è composto da due rappresentanti designati rispettivamente dal Ministero degli Affari Esteri, dal Ministero dell'Interno, e dal Ministero della Difesa; un rappresentante designato rispettivamente dal Ministero dell'Economia e Finanze, dal Ministero della Salute, dal Dipartimento della Protezione Civile, dal Dipartimento Informazioni per la Sicurezza (DIS), dalla Agenzia Informazione e Sicurezza Interna (AISI), dall'Agenzia Informazione e Sicurezza Esterna (AISE) e dal Dipartimento dei Vigili del Fuoco, del Soccorso Pubblico e della Difesa Civile; un dirigente dell'Ufficio Stampa e del Portavoce del Presidente del Consiglio, un dirigente dell'Ufficio del Consigliere diplomatico e un dirigente dell'Ufficio del Consigliere militare del Presidente del Consiglio dei Ministri[6].

Questo nuovo organismo acquisisce le funzioni precedentemente svolte dal Nucleo Politico Militare ma ora svolge anche, in via continuativa, compiti di prevenzione, pianificazione e preparazione del Paese ad eventuali situazioni di crisi. Pertanto, il NISP si caratterizza, a differenza del previgente Nucleo Politico – Militare (NPM), come struttura permanente, attiva anche in condizioni di normalità. Tale nuovo assetto organizzativo intende dare rilievo alle essenziali funzioni di monitoraggio della situazione della sicurezza interna e internazionale, in un'ottica di prevenzione continua di possibili situazioni di crisi.

Compiti essenziali del NISP sono, infatti, l'acquisizione di notizie "relative ad eventi che, per la loro ripercussione in campo diplomatico, politico, sociale o militare, appaiono suscettibili di configurare situazioni che possono coinvolgere o mettere a rischio gli interessi nazionali" ovvero riguardanti "eventi clamorosi o gravemente significativi al fine dell'individuazione di eventuali situazioni di crisi". Tale attività di monitoraggio viene effettuata sulla base di informazioni da tutti gli apparati istituzionali rappresentati nel Nucleo mentre il rappresentante del DIS fornisce al NISP informazioni e analisi strategiche utili all'attività di monitoraggio. Oltre all'attività di controllo il Nucleo è chiamato a svolgere compiti di programmazione e pianificazione operativa integrata per contrastare eventuali crisi. Va anche evidenziato che il NISP si avvale della Commissione interministe-

---

[6] Dalla composizione dell'organo collegiale emerge il ruolo fondamentale svolto, nel settore della difesa civile, dall'intelligence che, attraverso l'analisi continua di notizie e dati, contribuisce a disegnare gli scenari utili alla prevenzione delle crisi.

riale tecnica di difesa civile (c.d. CITDC), istituita con d.m. del 28 settembre 2001 e che opera presso il Dipartimento dei Vigili del Fuoco e del Soccorso Pubblico e della Difesa Civile, nell'ambito della Direzione centrale per la Difesa Civile. La Commissione interministeriale ha, tra l'altro, il compito di monitorare le situazioni emergenti e pianificare le misure da adottare in caso di crisi. La Commissione valuta altresì altre ipotesi di rischio, non direttamente riferibili ad azioni dolose, che possono determinare situazioni di crisi per la continuità dell'azione di Governo nonché danni alla popolazione e, in genere, alla sicurezza del Paese.

A livello territoriale spetta ai Prefetti il compito di assicurare il coordinamento delle attività di difesa civile, utilizzando il Piano di difesa civile, ovvero uno strumento operativo di emergenza predisposto, a livello provinciale, per fronteggiare possibili situazioni di crisi.

Tenuto conto di tale assetto organizzativo, va anche evidenziata la necessità che ogni intervento di difesa civile sia preceduto da una corretta azione di pianificazione, indispensabile per delineare lo scenario relativo alle possibili diverse minacce e a predisporre le misure da adottare al fine di neutralizzare il rischio ovvero di approntare le azioni necessarie al più efficiente superamento dello stato di crisi[7].

A livello centrale viene, pertanto, predisposto un Piano nazionale di difesa civile, con la funzione di definire le minacce, individuare i possibili scenari e stabilire le misure da adottare. Tale Piano rappresenta la direttiva generale per la stesura dei Piani discendenti e di settore, predisposti da amministrazioni pubbliche e private erogatrici di servizi essenziali, nonché per la redazione dei piani provinciali di difesa civile predisposti dai Prefetti. Le pianificazioni sono sottoposte a periodiche esercitazioni, finalizzate a testarne la funzionalità e la capacità operativa.

## IV.3. Scenari internazionali e tipologia dei rischi

Le politiche di difesa civile devono necessariamente tener conto della dimensione internazionale della sicurezza e della moltiplicazione delle ipotesi di rischio. Rispetto a tale profilo occorre che le attività di difesa civile si organizzino sulla base di strategie di pianificazione e prevenzione mirate al soccorso in scenari complessi, tenendo conto che le politiche di sicurezza non consistono più, esclusivamente, nel mantenimento dello *status quo* ma, piuttosto, nelle attività di previsione e gestione di scenari di cambiamento[8].

[7] Analogamente a ciò che avviene per la Protezione Civile, la pianificazione va realizzata anteriormente all'emergenza, attraverso il coinvolgimento delle competenti strutture ed articolazioni pubbliche e private del Paese ed un coordinamento centralizzato.

[8] Dal punto di vista storico, si consideri che, con la fine della guerra fredda, ad uno scenario

Da tale punto di vista, il Corpo Nazionale dei Vigili del Fuoco garantisce il soccorso specializzato con appositi nuclei, in caso di pericolo nucleare, batteriologico, chimico e radioattivo le cui iniziali vanno a formare l'acronimo NBCR[9].

Il termine NBCR ha integrato la minaccia NBC (nucleare, biologica e chimica), usata durante la guerra fredda, che aveva già sostituito il termine ABC (atomiche, biologiche e chimiche), utilizzato negli anni Cinquanta. L'aggiunta della "R", per il rischio radiologico, consegue alla diffusione delle minacce relative all'uso di armi radioattive.

Si tratta, come è evidente, di un ambito di intervento di assoluta attualità a causa di diversi fattori che ne concretizzano il rischio, con riferimento alla accresciuta disponibilità di strumenti di attacco anche da parte di attori non statali e del progressivo sviluppo di capacità e tecnologie nucleari.

Si evidenzia che, rispetto a tali rischi, è stato adottato dalla Presidenza del Consiglio un documento riservato, il Piano nazionale di difesa da attacchi di tipo NBCR, nel quale vengono definite le principali linee di intervento di carattere tecnico – operativo e indicate le misure di prevenzione, sorveglianza, soccorso e trattamento delle persone colpite. Da tale piano sono discese una serie di pianificazioni di competenza settoriale, predisposte da singoli dicasteri.

Dal punto di vista organizzativo, inoltre, gli interventi NBCR seguono le linee operative indicate nel Manuale per la gestione dei rischi e sono strutturati sulla base delle indicazioni operative fornite, in base al caso concreto, dal Comitato politico – strategico e dal Nucleo Interministeriale di Situazione e Pianificazione.

---

dei rischi caratterizzato da evoluzione di facile prevedibilità se ne è sostituito un altro, caratterizzato da una maggiore imprevedibilità e complessità. Si pensi agli elementi di instabilità interna ed internazionale derivanti dal terrorismo internazionale e dai cd. conflitti asimmetrici, dalle guerre di religione ed interetniche, delle possibili attività di interruzione del flusso di risorse strategiche ovvero dai fenomeni legati alle emigrazioni di massa.

[9] Va evidenziato che, negli ultimi anni, viene spesso utilizzato anche il nuovo acronimo NBCRE, introdotto in sostituzione o in alternativa a NBCR. La "E" rappresenta la crescente minaccia dell'uso terroristico di esplosivi.

# PARTE V
AFFARI INTERNI E TERRITORIALI

# CAPITOLO I
# Il ruolo del Prefetto nel sistema delle autonomie locali: linee generali e funzioni nel segno della leale collaborazione

di *Eugenio Di Agosta*



## I.1. La leale collaborazione nell'attuale sistema costituzionale: la necessità del coordinamento dei livelli di governo

Come noto, in seguito alla riforma del titolo V, avvenuta con la legge costituzionale n. 3 del 2001, tutti gli enti hanno pari dignità istituzionale ("La Repubblica è costituita dai Comuni, dalle Province, dalle Città Metropolitane, dalle Regioni e dallo Stato", art. 114 Cost.). Tale rinnovato impianto istituzionale, consolidatosi oramai anche a seguito della significativa giurisprudenza costituzionale, ha provocato nel corso di quasi vent'anni, numerose trasformazioni sia, evidentemente, sotto il profilo della genesi normativa (Regioni), ma ancor di più, sotto l'aspetto gestionale e organizzativo della Pubblica Amministrazione.

Senza soffermarci sul commento dell'impianto costituzionale scaturito dalla riforma del 2001 - che pure ha avuto diversi tentativi di revisione, tra cui l'ultimo, conclusosi senza esito, a seguito del referendum costituzionale del 4 dicembre 2016 - la presenza di livelli di governo distinti è stata indubbiamente valorizzata dalla novella costituzionale, innescando, pertanto, un processo di messa a punto degli strumenti di coordinamento dell'intero sistema repubblicano che, ai sensi dell'art. 5 Cost. ("La Repubblica, una e indivisibile, riconosce e promuove le autonomie locali; attua nei servizi che dipendono dallo Stato il più ampio decentramento amministrativo; adegua i principi ed i metodi della sua legislazione alle esigenze dell'autonomia e del decentramento"), abbisognano di elementi strutturalmente in grado di garantire l'unità della Repubblica.

L'esigenza di raccordo, allora, deriva a maggior ragione dalla intrinseca necessità di evitare sovrapposizioni tra soggetti diversi, dotati di una propria sfera di autonomia, assicurando che i reciproci rapporti fra di essi siano regolati in modo da assicurare il buon andamento e garantire l'unità della Repubblica alla luce del generale principio della leale collaborazione.

Quest'ultimo si presenta innanzitutto come canone di comportamento istituzionale, che deve sempre connotare i rapporti tra enti che, con i loro compiti, concorrono insieme alla res publica[1]. Il principio della leale collaborazione sebbene riconosciuto in via esplicita dall'art. 120 Cost., come modificato dalla l. costituzionale n. 3/2001, ha avuto una sostanziale e periodica conferma grazie alla giurisprudenza costituzionale che vi ha fatto spesso ricorso allo scopo di regolare varie ipotesi nelle quali si mostrava necessario o opportuno un raccordo tra i livelli di governo[2].

Alla luce della stessa esigenza di raccordo sono state tratteggiate altre forme di collaborazione anche dalla legislazione ordinaria. Vi sono, infatti, strumenti di raccordo strutturale, con organi di concertazione permanenti, sia a livello nazionale sia a livello regionale e locale[3], tra cui, il sistema delle Conferenze (composto dalla Conferenza Stato – Regioni e Province autonome, dalla Conferenza Stato –

---

[1] A. GRATTERI, *La faticosa emersione del principio costituzionale di leale collaborazione*, in E. BETTINELLI, F. RIGANO (a cura di), *La riforma del titolo V della Costituzione e la giurisprudenza costituzionale*, Torino, Atti del seminario di Pavia del 6-7 giugno 2003, 416 ss., secondo il quale "*il principio di leale collaborazione ha natura costituzionale anche se risulta parzialmente non scritto, ovvero è solo parzialmente razionalizzato. L'enunciazione "mirata" del principio all'art. 120, c. 2, Cost. rappresenta un ausilio interpretativo importante; tuttavia - si insiste - il principio trova, per il tramite della giurisprudenza, un ancoraggio costituzionale di portata generale nell'art. 5 Cost. La funzione dell'art. 5 è, quindi, quella di legittimare il meccanismo della leale collaborazione in modo da consentire il contemperamento delle esigenze e degli interessi dello Stato e delle Regioni*".

[2] La leale collaborazione è un principio di elaborazione giurisprudenziale emerso, ad esempio, grazie alla sentenza della Corte Costituzionale n. 303 del 2003, nella quale si è proceduto alla formulazione dell'istituto della chiamata in sussidiarietà, ovvero "*l'esigenza di esercizio unitario che consente di attrarre, insieme alla funzione amministrativa, anche quella legislativa, può aspirare a superare il vaglio di legittimità costituzionale solo in presenza di una disciplina che prefiguri un iter in cui assumano il dovuto risalto le attività concertative e di coordinamento orizzontale, ovverosia le intese, che devono essere condotte in base al principio di lealtà*".

[3] In ambito legislativo l'art. 11, l. cost. 18 ottobre 2001, n. 3 ha previsto che i regolamenti della Camera e del Senato possano prevedere la partecipazione di rappresentanti delle regioni, delle province autonome e degli enti locali alla Commissione parlamentare per le questioni regionali. Allo stato però non si è proceduto all'integrazione della Commissione.

città e autonomie Locali e dalla Conferenza Unificata) rappresenta l'architrave del raccordo tra il livello statuale e quello delle autonomie, fungendo da sede stessa del parametro regolatore generale del principio di leale collaborazione.

In ambito governativo, inoltre, si annovera la Commissione parlamentare bicamerale per l'attuazione del federalismo fiscale ed il relativo Comitato di rappresentanti delle autonomie territoriali, operante presso quest'ultima (art. 3) nonché la Conferenza permanente per il coordinamento della finanza pubblica (art. 5).

A livello regionale, invece, in ambito di normazione e controllo vi è il Consiglio delle autonomie locali (art. 123 Cost.).

In ambito politico-amministrativo, nonché, segnatamente, sotto di diretta competenza delle Prefettura le Conferenze permanenti (art. 4, d.P.R. 3 aprile 2006, n. 180), i Comitati provinciali per l'ordine e la sicurezza pubblica (art. 20, legge 1 aprile 1981, n. 121), i Consigli territoriali per l'immigrazione (art. 3, comma 6, d.lgs. n. 286/1998 e art. 57, d.P.R. 31 agosto 1999, n. 394), già oggetto di analisi nei capitoli precedenti.

## I.2. Il Prefetto e l'attività di raccordo con gli enti locali: dal TUEL alle nuove funzioni di supporto e sostegno

L'attività di raccordo, in sede locale, tra i distinti livelli di governo posta in essere dal Prefetto, rappresenta una delle principali funzioni svolte che ne caratterizzano l'attività di arbitro imparziale dell'azione amministrativa sul territorio e, allo stesso tempo, promotore di iniziative di stimolo nei confronti degli enti locali nonché di tutte le attività volte a garantire il coordinamento degli attori istituzionali.

Tradizionalmente, infatti, il Prefetto ha sempre contraddistinto il proprio rapporto con gli enti locali sotto almeno tre profili di azione: vigilanza, coordinamento e mediazione, *intelligence* territoriale.

Con l'evoluzione dell'ordinamento italiano (Monarchia-Repubblica; Regionalizzazione; Riforma del Titolo V) è nota la trasformazione che tali attività hanno subito nel corso del tempo: dall'eliminazione delle forme di controllo sugli atti all'introduzione di forme sempre più compiute di autonomia degli enti locali.

Tuttavia, pur in questo contesto di crescente responsabilizzazione diretta degli amministratori locali, l'ordinamento repubblicano ha mantenuto alcuni presìdi irrinunciabili di controllo e vigilanza sull'attività amministrativa degli enti locali.

In particolare, il controllo sugli organi nelle sue molteplici forme previste dalla vigente normativa (artt. 141, 142, 143 d. lgs. n. 267/2000), l'attività di controllo al fine di garantire l'equilibrio dei bilanci degli enti locali (artt. 193, 243, 247) - oggetto di specifico approfondimento nei capitoli seguenti - rappresentano le misure di *extrema ratio* in ipotesi tipizzate dal legislatore per ripristinare la legalità qualora ne risultino i presupposti normativi. Parimenti, sempre nella funzione prefettizia di vigilanza è possibile annoverare anche l'esercizio ispettivo e sostitutivo in quelle materie statuali delegate ai sindaci in qualità di ufficiali di Governo (ad es., anagrafe, stato civile, ordinanze contingibili ed urgenti ex art. 54 TUEL).

D'altro canto, il Testo unico degli enti locali contiene anche altre specifiche disposizioni che affidano al Prefetto il compito di intervenire nella stessa dinamica politico-amministrativa degli enti locali laddove sia necessario far rispettare i diritti previsti dalla legge in favore delle minoranze consiliari, ad esempio, convocando direttamente il Consiglio comunale (art. 39)[4] oppure richiedendo la decadenza dalla carica di sindaco, consigliere comunale, presidente della provincia (art. 70)[5] avviando l'azione popolare davanti all'Autorità Giudiziaria.

Se, quindi, quanto abbiamo finora cennato rappresenta - nonostante l'evidente trasformazione subita - il nocciolo normativo di una delle funzioni tipiche dell'azione prefettizia, da tale dato letterale è possibile tuttavia ricondurre quella notevolissima attività di consulenza formale (pareri) ed informale svolta dal Prefetto.

Invero, l'attività di "raccordo" essendo per sua stessa natura di "incrocio", di "contatto", tra amministrazione e politica nelle sue numerose declinazioni (Sindaco/Amministrazione Comunale; Presidente della Provincia/Amministrazione provinciale; Amministratori locali/Amministrazioni dello Stato) porta inevitabilmente con sé una considerevole quota del "fare amministrazione" de-provvedimentalizzata, ossia basata sull'ascolto delle esigenze del territorio e sulla successiva capacità di catalizzare i processi decisionali complessi sia per il numero di attori istituzionali coinvolti che per il tenore stesso della singola questione.

È tuttavia da questa copiosa attività priva di forme tipiche che l'attività prefettizia sostanzia, forse, la propria più nobile opera dotando l'attività amministrativa

---

[4] Articolo 39, TUEL, Presidenza dei consigli comunali e provinciali: "1. I consigli provinciali e i consigli comunali dei comuni con popolazione superiore a 15.000 abitanti sono presieduti da un presidente eletto tra i consiglieri nella prima seduta del consiglio. Al presidente del consiglio sono attribuiti, tra gli altri, i poteri di convocazione e direzione dei lavori e delle attivita' del consiglio. Quando lo statuto non dispone diversamente, le funzioni vicarie di presidente del consiglio sono esercitate dal consigliere anziano individuato secondo le modalita' di cui all'articolo 40. Nei comuni con popolazione sino a 15.000 abitanti lo statuto puo' prevedere la figura del presidente del consiglio. 2. Il presidente del consiglio comunale o provinciale è tenuto a riunire il consiglio in un termine non superiore ai venti giorni, quando lo richiedano un quinto dei consiglieri, o il sindaco o il presidente della provincia, inserendo all'ordine del giorno le questioni richieste. 3. Nei comuni con popolazione inferiore ai 15.000 abitanti il ai gruppi consiliari ed ai singoli consiglieri sulle questioni sottoposte al consiglio. 5. In caso di inosservanza degli obblighi di convocazione del consiglio, previa diffida, provvede il prefetto".

[5] Articolo 70, TUEL, Azione popolare: "1. La decadenza dalla carica di sindaco, presidente della provincia, consigliere comunale, provinciale o circoscrizionale puo' essere promossa in prima istanza da qualsiasi cittadino elettore del comune,o da chiunque altro vi abbia interesse davanti al tribunale civile. 2. L'azione puo' essere promossa anche dal prefetto".

di un valore aggiunto finale ben superiore rispetto alla classica amministrazione sottesa allo schema classico "P.A. competente - istanza - provvedimento finale".

Questo passaggio logico ci porta inevitabilmente a due funzioni sempre più connaturate all'identità prefettizia: il coordinamento e la mediazione degli attori istituzionali locali e la capacità di lettura, analisi e raccolta di informazioni utili per comprendere le questioni d'interesse di quello specifico contesto territoriale.

In primo luogo, senza qui ripetere quanto detto nel capitolo relativo alle conferenze permanenti e al quadro normativo delineato dal d. lgs. n. 300/1999 e del d.P.R. n. 180/2006, coerentemente con il profilo generalista dell'Amministrazione dell'Interno, le Prefetture rappresentano tuttora la sede privilegiata, il campo neutrale nel quale tutti i soggetti istituzionali apportano lealmente il proprio contributo alla soluzione delle singole esigenze contingenti dei territori.

In secondo luogo, tale attività di sintesi non può prescindere da una costante analisi dei bisogni dei singoli territori che costituisce una considerevole attività di relazione ed informazione con l'Amministrazione centrale, sia attraverso rapporti circostanziati sulla singola questione, sia attraverso la storica "Relazione annuale sullo stato della provincia" predisposta da ciascuna Prefettura.

Sulla stessa linea linea, si pone, inoltre anche l'attività di raccolta ed elaborazione dati a livello statistico, icastica sintesi posta al crocevia tra coordinamento delle amministrazioni pubbliche (ISTAT, uffici comunali di censimento) ed intelligence territoriale: "gli uffici di statistica delle Prefetture assicurano, anche il coordinamento, il collegamento e l'interconnessione a livello provinciale di tutte le fonti pubbliche preposte alla raccolta ed alla elaborazione dei dati statistici come individuati dall'ISTAT"[6].

Al di là dell'ottocentesca attribuzione della direzione generale di statistica al Ministero dell'Interno, ben prima della legge del 1926 di istituzione dell'ISTAT[7], le Prefetture svolgono - all'interno del Sistema nazionale di statistica SISTAN ed ai sensi del d.lgs. n. 322 del 6 settembre 1989 - un ruolo di primo piano attraverso il Gruppo Permanente di Lavoro, assicurando il buon fine di numerose indagini di rilievo sociale tra cui si segnalano: il censimento della popolazione e delle istituzioni pubbliche, il censimento delle strutture di accoglienza per stranieri e per gli anziani, il censimento delle procedure di rilascio degli immobili e degli sfratti, la raccolta statistica dell'attività delle Forze di Polizia dei servizi svolti dal Corpo dei Vigili del Fuoco, il monitoraggio sulle tossicodipendenze[8].

---

[6] Art. 3 del d. lgs. n. 322/1989.

[7] GIUSEPPE LETI, *"La statistica pubblica italiana dalle origini ad oggi"*, Bollettino dell'Unione Matematica Italiana, Serie 8, Vol. 3-A—La Matematica nella Società e nella Cultura (2000), n.1, p. 1–39.

[8] L'elenco completo delle statistiche affidate alle Prefetture può essere reperito sul sito internet

Prima di esplorare, per brevi cenni, alcune nuove forme di intervento del Prefetto nella vita degli enti locali è tuttavia opportuno segnalare una tendenza - per la verità, già presente da tempo - del Legislatore volta ad affidare al Prefetto, in ragione della sua peculiare collocazione ordinamentale, ulteriori compiti volti a supportare ad assistere gli enti locali prescindendo dalla singola vicenda dal carattere patologico eventualmente riscontrata.

### *I.2.1. L'attività del Prefetto nella prevenzione della corruzione negli enti locali.*

La legge 6 novembre 2012, n. 190, ha segnato una nuova stagione nella predisposizione di nuovi strumenti normativi di contrasto all'illegalità e alla prevenzione della corruzione. In particolare, dall'introduzione della citata legge, l'ordinamento italiano si arricchisce di strumenti amministrativi volti a mappare i centri di rischio e prevenire, pertanto, il fenomeno corruttivo predisponendo adeguate contromisure.

Da tale *ratio* ispiratrice nascono, quindi, i "Piani triennali per la prevenzione della corruzione", nonché il predecessore dell'Autorità Nazionale Anticorruzione (la c.d. CIVIT, Commissione per l'integrità, la valutazione e la trasparenza delle amministrazioni pubbliche).

Già allora, il Legislatore, consapevole del gravoso sforzo cui erano (e sono) chiamati a svolgere tutti gli enti allo scopo di dotarsi di piani anticorruzione adeguati e coerenti con il tessuto amministrativo del caso, ha previsto la facoltà per i Comuni di richiedere al Prefetto supporto tecnico e informativo (art. 1, comma 6).

Tale disposizione, inaugura il breve *excursus* normativo che intende segnalare la codificazione di un modello relazionale Prefetto/Enti locali volto, da una parte a tipizzare positivamente sempre di più buone prassi di quell'attività "consultiva informale" che ci si è sforzati di tratteggiare poco sopra; dall'altra, afferma il modello moderno sotteso alla funzione di raccordo che permette - nel caso concreto - sia di fornire supporto per l'adozione di un atto obbligatorio per legge da parte dell'Ente nell'ambito della propria autonomia ordinamentale, sia di verificare ed assicurare che tali piani siano poi effettivamente formulati ed adottati nel rispetto delle linee guida di ANAC, garantendo - ancora una volta - uniformità[9].

---

dell'Ufficio Centrale di Statistica del Ministero dell'Interno, nonché sul sito internet di ISTAT: http://ucs.interno.gov.it/ucs/.

[9] Al riguardo, il 15 luglio 2014 è stato sottoscritto uno specifico Protocollo d'intesa tra Ministero dell'Interno e ANAC volto a fornire le prime linee guida in materia monitoraggio sull'attuazione della normativa anticorruzione.

Parimenti, secondo una evidente *ratio* di garanzia e di supporto alla fondamentale figura dei segretari comunali (che a seguito della soppressione della relativa Agenzia a seguito del d.l. n. 78/2010, è stata incorporata nel Ministero dell'Interno, garantendone la prosecuzione delle attività attraverso le Prefetture capoluogo di regione), la legge n. 190/2012 individua, di norma, proprio tale figura quale responsabile della trasparenza e della prevenzione della corruzione nei Comuni. A tal fine, la disposizione contenuta all'art. 1, comma 82, prevede che l'eventuale provvedimento di revoca del segretario comunale disposto dal sindaco debba essere comunicato al Prefetto e da questi all'ANAC allo scopo di valutare - entro 30 giorni - che tale provvedimento non sia correlato alle attività svolte in materia di prevenzione della corruzione.

Infine, è appena il caso di rammentare che sotto il rinnovato aspetto della normativa in materia di trasparenza a seguito del d.lgs. 14 marzo 2013, n. 33, al Prefetto era stato affidato non solo il potere di richiamo e *moral suasion* nei confronti degli enti locali quale espressione del generale ambito di attribuzioni quale garante dei diritti civili dei cittadini e delle minoranze consiliari, bensì, ai sensi della delibera ANAC n. 10/2015 anche del potere sanzionatorio in caso di violazione degli obblighi di pubblicità secondo la disciplina della legge n. 689/1981.

Tuttavia, anche a seguito della riforma c.d. "FOIA", secondo il d. lgs. 25 maggio 2016, n. 97, è opportuno evidenziare che il potere sanzionatorio sopra citato è adesso affidato direttamente al Presidente e al Consiglio dell'ANAC[10].

### *I.2.2. La legge n. 91/2017 e l'assistenza tecnica-amministrativa*

La tendenza del Legislatore ad affidare alle Prefetture un compito - adesso normativamente previsto - di assistenza tecnica-amministrativa in favore degli enti locali, ha avuto un ulteriore sviluppo a seguito dell'approvazione del decreto-legge 20 giugno 2017, n. 91.

L'art. 15 della citata normativa prevede, infatti, che nelle regioni Abruzzo, Campania, Molise, Calabria, Basilicata, Sicilia, Puglia e Sardegna, le Prefetture - su richiesta degli enti locali - forniscono supporto tecnico ed assistenza amministrativa agli stessi al fine di migliorare la qualità dell'azione amministrativa, rafforzare il buon andamento, l'imparzialità e l'efficienza dell'azione amministrativa nonché per favorire la diffusione di buone prassi volte a conseguire più elevati livelli di coesione sociale e migliorare i servizi.

---

[10] Regolamento ANAC del 16 novembre 2016 in materia di esercizio del potere sanzionatorio ai sensi dell'articolo 47 del decreto legislativo 14 marzo 2013, n. 33, come modificato dal decreto legislativo 25 maggio 2016, n. 97.

Tale attività, sebbene prevista in via sperimentale per la durata di tre anni, rappresenta, da una parte, la codificazione di un ausilio che le Prefetture in tutto il territorio nazionale hanno sempre fornito quale punto di riferimento per le comunità locali; dall'altra, il fatto che tale attività risulti azionabile solo a richiesta dell'ente locale e senza che sia prevista alcuna risorsa aggiuntiva per farvi fronte in maniera strutturale, pone all'interprete qualche perplessità qualora si attendano risultati sostanzialmente differenti da quanto già quotidianamente posto in essere.

*I.2.3. La legge n. 56/2019: nuove forme di assistenza e vigilanza del Prefetto*

La legge 19 giugno 2019, n. 56, novellando il Testo unico del pubblico impiego, ha istituito, presso il Dipartimento della Funzione Pubblica della Presidenza del Consiglio dei Ministri, il "Nucleo della concretezza" (art. 1).

Tra le varie attività di competenza del citato nucleo figura la verifica dell'attuazione delle misure recanti il "Piano triennale delle azioni concrete per l'efficienza delle pubbliche amministrazioni" disposte con decreto del Ministro per la Funzione Pubblica di concerto con il Ministro dell'Interno. Per tale ragione, il nucleo svolge ispezioni - distinte da quanto già di competenza dell'Ispettorato della Funzione pubblica - e visite presso gli enti finalizzate a rilevare lo stato di attuazione delle disposizioni, le modalità di organizzazione e di gestione dell'attività amministrativa alla luce dei criteri di efficienza, efficacia ed economicità, proponendo altresì eventuali misure correttive. L'inosservanza delle misure prescritte nel termine assegnato comporta responsabilità dirigenziale e disciplinare, determinando altresì l'iscrizione della pubblica amministrazione inadempiente sul sito del Dipartimento della Funzione Pubblica.

Di tali visite ispettive è sempre redatto processo verbale contenente le osservazioni rilevate e tale documento è inviato al Prefetto territorialmente competente.

Vieppiù, il nuovo art. 60 ter del d. lgs. n. 165/2001 prevede ora che lo stesso Prefetto possa segnalare al neo-istituito nucleo della concretezza eventuali irregolarità dell'azione amministrativa degli enti locali nonché chiederne l'intervento in loco, partecipando anche tramite proprio personale all'ispezione richiesta.

È di tutta evidenza che il combinato disposto citato rappresenti allo stesso tempo un'innovazione e un'evoluzione degli strumenti normativi a disposizione del Prefetto per la verifica dell'azione amministrativa degli enti locali dopo l'abrogazione del controllo sugli atti.

Tale sistema, tuttavia, nell'intenzione del Legislatore, dovrebbe assumere una valenza non prettamente punitiva bensì di vigilanza collaborativa, giacché il provvedimento finale deve contenere anche l'indicazione delle misure correttive. Ciononostante, a differenza degli altri istituti finora segnalati collocabili nella categoria "di assistenza e supporto agli enti locali", questa nuova funzione si presenta significativamente più incisiva nella stessa dinamica amministrativa-gestionale dell'ente locale, ponendolo solo un gradino al di sotto della gestione commissariale prefettizia.

Del resto, a seguito della novella introdotta dal d.l. 10 ottobre 2012, n. 174, gli art. 147, 147 bis e ss. TUEL prevedono già un duplice controllo di regolarità amministrativa e contabile sugli atti degli enti locali, affidando, da una parte, l'azione di verifica preventiva allo stesso responsabile del servizio, dall'altra, sono attribuiti in via successiva "secondo principi generale di revisione aziendale e modalità definite nell'ambito dell'autonomia organizzativa dell'ente sotto la direzione del segretario".

Pertanto, la verifica di regolarità dell'azione amministrativa così come disciplinata dalla legge n. 56/2019 segna una prima, non banale, discontinuità verso l'unico modello attualmente esistente del "sistema dei controlli interni"[11].

---

[11] Dossier 16 aprile 2019, A.S. n. 920-B, Servizio Studi Senato della Repubblica.

# CAPITOLO II
# I controlli sugli organi e gli scioglimenti ordinari

di *Elisabetta De Felice, Patrizia Savarese*



## II.1. Brevi cenni storici di inquadramento

Nel capitolo precedente è stato già affrontato in chiave evolutiva il tema del rapporto tra la figura del Prefetto e gli enti locali, evidenziando come, pur a fronte di espressioni sempre più compiute di autonomia di questi ultimi, non siano venuti meno alcuni presidi irrinunciabili di controllo e vigilanza sull'attività degli stessi, rintracciabili principalmente in quei poteri di controllo sugli organi previsti dagli artt. 141 ss. del d.lgs. 18 agosto 2000, n. 267 (TUEL), a tutela di interessi pubblici riconducibili al loro corretto funzionamento.

La copertura costituzionale generale per le norme del TUEL in materia si rinviene nel disposto dell'art. 117, comma 2, lett. p) Cost., che attribuisce alla legislazione esclusiva statale la materia "legislazione elettorale, organi di governo e funzioni fondamentali di Comuni, Province e Città metropolitane".

Nella materia "organi di governo" rientra, infatti, tanto la disciplina della costituzione e del funzionamento di questi organi, quanto la disciplina degli interventi, anche sanzionatorio- repressivi, sui medesimi imposti da problemi relativi, appunto, al loro funzionamento.

Deve pertanto escludersi, alla luce di ciò, ogni presunta incompatibilità tra gli artt. 141 e 142 TUEL ed il nuovo assetto costituzionale conseguente alla modifica nel 2001 del titolo V Parte II, pur a fronte della più accentuata autonomia riconosciuta agli enti locali *ex* art. 114 Cost, e del fortissimo impatto sul sistema dei controlli avutosi con l'abrogazione espressa degli artt. 125, comma 1 e 130 Cost.

D'altra parte, il progressivo mutamento in questa materia era stato già anticipato dalle riforme degli anni Novanta, per effetto delle quali, ad una configurazione fondamentalmente incentrata su controlli esterni, di legittimità e sugli atti, si erano andate ad affiancare nuove tipologie di controllo, per lo più di tipo interno, nel quadro di una più profonda trasformazione culturale della pubblica amministrazione, non più orientata al compito ma al risultato.

Nel sistema dei controlli interni è fondamentale, infatti, riuscire a verificare la capacità di una determinata struttura di determinare, attraverso la programmazione degli obiettivi di gestione, la scelta di metodi di acquisizione ed elaborazione dei dati, nonché l'individuazione di criteri idonei di valutazione, da correggere sulla base delle informazioni sull'andamento della gestione in corso.

In questa direzione, sono stati in particolare il d.lgs. 3 febbraio 1993, n. 29 ed il d.lgs. 30 luglio 1999, n. 286 ad incidere più significativamente sul sistema dei controlli, individuandone, in base alle finalità, quattro diverse tipologie:

- il controllo di regolarità amministrativa e contabile, per garantire la legittimità, la regolarità e la correttezza dell'azione amministrativa;
- il controllo di gestione, inteso a verificare l'efficienza, l'efficacia e l'economicità dell'azione amministrativa in modo da ottimizzare il rapporto tra costi e risultati;
- la valutazione della dirigenza, per attivarne la relativa responsabilità;
- il controllo strategico, diretto a valutare l'adeguatezza delle scelte compiute in sede di attuazione di piani, programmi ed altri strumenti di indirizzo politico per apprezzare in termini di congruenza i risultati conseguiti con gli obiettivi prefissati.

A distanza di alcuni anni, il sistema dei controlli amministrativi negli enti locali resta tuttora fondato principalmente su controlli di carattere interno, di regolarità amministrativo contabile e di tipo gestionale, sebbene l'adozione del TUEL nel 2000, anziché costituire un punto di arrivo e sintesi della disciplina intera in materia, abbia rimesso in discussione molti punti fermi cui si era in precedenza pervenuti, esattamente come il d.lgs. 27 ottobre 2009, n. 150 (c.d. riforma Brunetta), che è ulteriormente intervenuto in controtendenza rispetto al preesistente quadro dei controlli delineato dal d.lgs. n. 286/1999, tanto da generare alcuni dubbi interpretativi.

Ad ogni modo, per quanto possano essere stati ridimensionati per effetto delle riforme sopra richiamate, in particolare di quella costituzionale del 2001, non è possibile affermare che ad oggi i controlli esterni siano scomparsi del tutto, ma occorre prendere atto, invece, di una riespansione degli stessi, registratasi proprio negli ultimi anni.

Trattasi di un fenomeno dovuto senz'altro a molteplici fattori: dalla non eccellente prova di buon funzionamento dei controlli interni in termini di miglioramento dell'efficacia, efficienza ed economicità nella gestione delle pubbliche amministrazioni, alla riacquisita consapevolezza in ordine alla sussistenza di un interesse pubblico nazionale idoneo a giustificare l'esplicazione di tecniche di intervento statale sostitutivo, pur a fronte di una più accentuata autonomia degli enti locali sancita dall'art. 114 Cost.

Ad oggi, pertanto, i controlli esterni previsti dall'ordinamento sono:

- i controlli della Corte dei Conti;
- i controlli sugli enti locali previsti dal TUEL.

Con riferimento a questi ultimi, costituiranno oggetto di specifico approfondimento in questo capitolo i controlli sugli organi degli enti locali che trovano la propria disciplina agli artt. 141 ss del TUEL, intervenendo per eliminare eventuali cause di non funzionamento degli stessi, da non confondere con quelli - pure previsti dal TUEL - finalizzati invece ad eliminare un'inerzia nel compimento di atti obbligatori (artt. 54, 135 ss.).

## II.2. Il controllo sugli organi ai sensi ex art. 141 del TUEL: scioglimento ordinario e sospensione dei consigli comunali e provinciali

In virtù dei controlli sugli organi degli enti locali previsti dagli artt. 141 ss del TUEL, l'amministrazione dell'ente locale, la cui attività ha un fisiologico svolgimento della durata di cinque anni, può talora essere sciolta anticipatamente rispetto alla durata prevista dalla legge, al verificarsi di determinate circostanze.

Lo scioglimento si configura pertanto come un'ipotesi straordinaria di *extrema ratio,* cui ricorrere in presenza di fatti disfunzionali che, andando a colpire i caratteri strutturali dell'amministrazione, ne rendono impossibile l'ordinaria prosecuzione.

La legge determina puntualmente e tassativamente le cause di scioglimento dei consigli comunali, al ricorrere delle quali l'amministrazione deve comunque poter essere messa nelle condizioni di assolvere alle imprescindibili funzioni che le sono proprie.

In base alle finalità e alle ragioni che vi sono sottese, gli scioglimenti disciplinati dal TUEL sono distinguibili in ordinari, *ex* art 141 del TUEL, e straordinari, *ex* art. 143 del TUEL.

Come si dirà nel capitolo successivo, lo scioglimento dei consigli comunali e provinciali per infiltrazione mafiosa ai sensi dell'art. 143 del TUEL rappresenta uno strumento straordinario di prevenzione e contrasto della criminalità organizzata, da attuare nei casi per i quali siano emersi collegamenti con i fenomeni mafiosi, al fine di evitare che il loro permanere alla guida degli enti esponenziali delle comunità locali sia di pregiudizio per i legittimi interessi delle stesse comunità.

La relativa disciplina, oltre ad applicarsi ai comuni, per effetto dell'art. 146 del TUE, è applicabile anche agli altri enti locali di cui all'art. 2, comma 1, comprese le province.

La disciplina in materia di scioglimenti ordinari, invece, si applica esclusivamente ai consigli comunali, agli altri enti locali di cui all'articolo 2, comma 1 ed ai consorzi tra enti locali, ad esclusione delle province, la cui disciplina di riferimento è oggi interamente contenuta nella legge 7 aprile 2014, n. 56.

Tornando all'art. 141 del TUEL, la norma contempla varie tipologie di scioglimento che, in ogni caso, deve avvenire con decreto del Presidente della Repubblica, su proposta del Ministro dell'interno. Il decreto è motivato dalla relazione del Ministro allegata che illustra i motivi dello scioglimento, viene pubblicato in Gazzetta Ufficiale ed è comunicato al Parlamento.

La procedura di scioglimento, tuttavia, inizia con un rapporto del Prefetto al Ministero dell'Interno, nel quale viene segnalata la fattispecie prevista dall'art. 141 configuratasi nel caso specifico e le relative motivazioni.

In attesa della definizione dell'iter di scioglimento, sempre il Prefetto, per motivi di grave e urgente necessità, può sospendere, per un periodo comunque non superiore a novanta giorni, i consigli comunali e provinciali e nominare un commissario prefettizio per la provvisoria amministrazione dell'ente fino all'insediamento del commissario straordinario[1].

La procedura, come anticipato, si conclude con l'adozione del d.P.R. e contestuale nomina del commissario straordinario che, per prassi, è lo stesso commissario prefettizio precedentemente individuato, chiamato ad esercitare tutti i poteri propri della giunta, del consiglio e del sindaco, cessati dalle rispettive cariche in virtù del principio *simul stabunt simul cadent*.

Sia lo scioglimento dell'organo consiliare che il venir meno della figura politica apicale dell'ente locale, infatti, comportano la caducazione di tutti gli organi dell'ente e l'attribuzione delle relative competenze in capo al commissario, fino al rinnovo degli stessi, che deve coincidere con il primo turno elettorale utile previsto dalla legge.

L'unica eccezione è prevista dall'art. 141 del TUEL per i consiglieri cessati dalla carica per effetto dello scioglimento, che continuano ad esercitare, fino alla nomina dei successori, gli incarichi esterni loro eventualmente attribuiti.

---

[1] Trattasi di un provvedimento dal contenuto ampiamente discrezionale, sindacabile soltanto per palese illogicità. La relativa motivazione, peraltro, non deve essere necessariamente estesa e penetrante, con la conseguenza che il decreto è sufficientemente motivato con il richiamo alla finalità di pubblico interesse volta ad assicurare la funzionalità dell'ente (Cfr. in tal senso Cons. St., Sez. V, 28 luglio 2005, n. 4062).

Restano da approfondire, a questo punto, le diverse fattispecie al verificarsi delle quali può trovare applicazione il disposto normativo dell'art. 141 del TUEL:

*a) quando compiano atti contrari alla Costituzione o per gravi e persistenti violazioni di legge, nonché per gravi motivi di ordine pubblico;*

Il legislatore, con questa previsione, ha senz'altro inteso introdurre una norma di chiusura nel sistema dei controlli sugli organi degli enti locali[2], tale da consentire di inserire tutte quelle ipotesi non predeterminabili né preventivamente tipizzabili al verificarsi delle quali, tuttavia, venendo in rilievo profili di illegittimità dell'azione degli organi politici dell'ente, occorre intervenire per non vanificare lo scopo e la concreta efficacia della previsione normativa.

Con riferimento al compimento di atti contrari alla Costituzione, come chiarito dalla giurisprudenza, tale condotta è rappresentata da una serie di comportamenti che esprimono il rifiuto della condivisione dei principi posti dalla Costituzione come capisaldi dell'attività amministrativa (Tar Lombardia, Milano, Sez. III, 10 luglio 1997, n. 2379).

Lo stesso Ministero dell'Interno, all'art. 11 della circolare del 7 giugno 1990, n. 17102/127/1, ha chiarito come *"l'ipotesi è riconducibile al caso in cui un ente locale manifesti apertamente la volontà di disattendere talune norme o principi fondamentali che regolano l'ordinamento repubblicano, previsti da norme costituzionali"*.

In questo caso - chiarisce la stessa circolare - il provvedimento di scioglimento non è subordinato neanche alla previa diffida, come invece avviene in altri casi.

Vi sono poi comportamenti, sia commissivi che omissivi, tali da configurare gravi e molteplici violazioni di legge.

Affinché si possa addivenire allo scioglimento del consiglio comunale, e quindi ad un provvedimento così fortemente lesivo dell'autonomia dell'ente locale, occorre tuttavia che la violazione di legge concretizzatasi nel caso di specie sia stata necessariamente grave, ma anche persistente.

Con riferimento alla gravità, pare ovvio che non una qualsiasi violazione di legge può legittimare un intervento straordinario ed eccezionalmente lesivo dell'autonomia quale è lo scioglimento dell'organo elettivo, ma soltanto una violazione che si qualifichi particolarmente per la sua gravità.

Esemplificativamente, la circolare soprarichiamata definisce gravi le violazioni che si riflettono direttamente sulle posizioni giuridiche soggettive dei cittadini, che compromettono la stessa funzionalità dell'ente locale, ovvero la funzionalità complessiva del sistema dei pubblici poteri per interferire nella sfera di altri soggetti pubblici.

[2] In tal senso cfr. Cons. St., Sez. V, 10 febbraio 2000, n. 736.

Per l'accertamento della persistenza della violazione, invece, è fondamentale che l'ente sia stato previamente diffidato e, nonostante ciò, non abbia provveduto per quanto di competenza.

L'obbligo della diffida è pertanto funzionale all'accertamento della persistenza della violazione, che fa scattare la previsione sanzionatoria. Non a caso, detto adempimento è obbligatoriamente previsto nella procedura di scioglimento per la mancata approvazione del bilancio, di cui si parlerà in seguito.

Passando, infine, ai gravi motivi di ordine pubblico, la Corte Costituzionale, nella nota sentenza 11 luglio 1961, n. 40 ha chiarito come la nozione da accettarsi ai fini dello scioglimento dei consigli comunali è quella che attiene alla sicurezza ed alla quiete pubblica.

Deve precisarsi, comunque, che lo scioglimento del consiglio può essere adottato in tali circostanze quando la turbativa dell'ordine pubblico sia da imputarsi all'attività del consiglio medesimo, mediante comportamenti in grado di mettere a rischio il tranquillo ed ordinato svolgersi della vita dei consociati[3].

*b) quando non possa essere assicurato il normale funzionamento degli organi e dei servizi per le seguenti cause:*

1) impedimento permanente, rimozione, decadenza, decesso del sindaco;

Il venir meno della figura apicale dell'ente comporta sempre la decadenza della giunta e lo scioglimento del consiglio comunale, sebbene in questo caso, come previsto dall'art. 53, comma 2 del TUEL, entrambi gli organi rimangono in carica sino alla elezione del nuovo consiglio e del nuovo sindaco; durante questo lasso di tempo, inoltre, le funzioni del sindaco sono svolte dal vicesindaco, giuridicamente legittimato, come organo vicario, ad adottare tutti i provvedimenti che si rendono necessari, potendo svolgere tutte le funzioni di cui è attributario il titolare della carica[4].

Soltanto in caso di successivo impedimento, rimozione o decesso dello stesso vicesindaco, dovrà invece procedersi alla nomina di un commissario prefettizio, chiamato a svolgere le funzioni del sindaco e della giunta, permanendo in carica il solo consiglio.

Tornando alle cause, l'impedimento permanente ed il decesso sono ovviamente strettamente riconducibili alla persona fisica titolare della carica apicale dell'ente.

Un tipico esempio di impedimento permanente è dato da una condizione personale, come una malattia grave, che impedisca al sindaco la prosecuzione del proprio mandato.

---

[3] Consiglio di Stato, Sez. IV, 15 novembre 2004, n. 7455.

[4] Sulle prerogative del Vicesindaco in questa circostanza, si v. la circolare del Ministero dell'Interno, Direzione centrale delle autonomie, 6 settembre 2001, n. 7.

Al riguardo, va segnalato che in taluni statuti comunali è stata regolamentata una specifica procedura, con l'individuazione dei soggetti muniti di iniziativa ed atri deputati a decidere quali eventi debbano effettivamente considerarsi permanenti, oppure solo temporanei, come tali non tali da determinare lo scioglimento, ma semplicemente un periodo di supplenza da parte del vicesindaco.

Esclusi quindi l'impedimento permanente ed il decesso del sindaco, negli altri casi contemplati dalla norma trattasi, invece, di condizioni atte ad incidere sulla posizione giuridica di quest'ultimo.

La disciplina della rimozione, in particolare, si rinviene all'art. 142 del TUEL, in cui è stabilito che essa viene disposta con atto del Ministro dell'Interno qualora il sindaco compia atti contrari alla Costituzione o per gravi e persistenti violazioni di legge o per gravi motivi di ordine pubblico, al pari di quanto previsto all'art. 141 con riferimento all'organo consiliare.

Giova precisare che, mentre nell'ipotesi in cui la rimozione colpisca un singolo amministratore si procede semplicemente alla surroga di quest'ultimo, nel caso in cui ad essere rimosso sia il sindaco, necessariamente dovrà procedersi allo scioglimento del consiglio, sulla base del brocardo già citato *simul stabunt simul cadent*.

Passando alla casistica, è legittimo, ad esempio, lo scioglimento del consiglio comunale ai sensi dell'art. 141 del TUEL a seguito di rimozione del Sindaco resosi responsabile, nell'espletamento delle funzioni proprie della carica ricoperta, di gravi e persistenti violazioni di legge per non aver ottemperato, nonostante reiterate rituali diffide, al tassativo obbligo di avviare la procedura di nomina del segretario titolare dell'ente[5].

La mancata ottemperanza alla diffida connota la persistenza della grave violazione di legge in considerazione del carattere di doverosità ed obbligatorietà sancito dall'ordinamento in ordine alla copertura delle sedi vacanti di segreteria.

Per quanto concerne la procedura, invece, volendo attenersi ad un'interpretazione letterale delle norme, in casi del genere andrebbero adottati due distinti provvedimenti: un decreto del Ministro dell'Interno di rimozione del sindaco ai sensi dell'art. 142 del TUEL ed un decreto del Presidente della Repubblica su proposta del Ministro dell'Interno, di scioglimento del consiglio per rimozione del sindaco ai sensi dell'art. 141, comma 1, lett. b), p.to 1.

Nella prassi, tuttavia, piuttosto che dare luogo all'artificiosa scissione in due statuizioni contestuali, la concentrazione unitaria in un'unica determinazione complessiva a carico dell'Autorità competente ad adottare l'atto conclusivo del procedimento è risultata più conforme a criteri di ragionevolezza e di economicità dell'azione amministrativa, in quanto la rimozione del sindaco e lo scioglimento

[5] In tal senso, Consiglio di Stato, Sez. VI, 15 marzo 2007, n. 1264.

del consiglio comunale sono due aspetti inscindibili del medesimo procedimento, atteso che alla prima consegue inevitabilmente il secondo.

La legittimità di tale procedura ha trovato conferma anche nella giurisprudenza, per la quale pacificamente - in ragione di quanto sopra - l'eventuale decreto del Presidente della Repubblica di rimozione del sindaco e, per l'effetto, di scioglimento del consiglio comunale, con annessa relazione di proposta del Ministro dell'Interno, non può ritenersi affetto da vizi di incompetenza relativa[6].

Con riferimento, infine, alla decadenza del sindaco, quest'ultima ricorre nei seguenti casi:

– approvazione della mozione di sfiducia ai sensi dell'art. 52 del TUEL, votata per appello nominale dalla maggioranza assoluta dei componenti del consiglio.

La mozione di sfiducia deve essere motivata e sottoscritta da almeno due quinti dei consiglieri, senza computare a tal fine il sindaco, e può essere discussa non prima di dieci giorni e non oltre trenta giorni dalla sua presentazione.

Quanto alla motivazione, deve precisarsi che trattasi comunque di provvedimento di competenza del consiglio caratterizzato da un'elevatissima discrezionalità, in quanto tale sindacabile soltanto in caso di manifesta illogicità o evidente travisamento dei fatti e motivabile anche solo con riferimento ad una diversità di orientamento politico tra sindaco e maggioranza consiliare[7].

Se la mozione viene approvata, si procede allo scioglimento del consiglio e alla nomina di un commissario prefettizio ai sensi dell'articolo 141 del TUEL.

Deve evidenziarsi come, nella prassi, questa fattispecie si realizzi molto raramente nell'ipotesi in cui sia venuto meno il legale fiduciario tra sindaco e maggioranza consiliare, risultando molto più frequente il ricorso allo strumento ben più snello delle dimissioni contestuali della maggioranza dei consiglieri ai sensi dell'art. 141, comma 1, lett. b), p.to 3 di cui si parlerà in seguito, che non necessitano di motivazione né di approvazione.

– perdita delle condizioni di eleggibilità che, ai sensi dell'art. 68 del TUEL, determina la decadenza dalla carica di sindaco, entro dieci giorni dalla data in cui è venuta a concretizzarsi la causa di ineleggibilità.

Al riguardo, occorre precisare che, nonostante le cause di ineleggibilità previste dall'art. 60 del TUEL dovrebbero essere rimosse prima della data di presentazione della candidatura, pena l'invalidità dell'elezione, capita che si riscontrino nella prassi non solo cause di ineleggibilità sopravvenute, ma anche di tipo originario.

Tra queste va senz'altro annoverato il divieto di terzo mandato *ex* art. 51 del TUEL, definito dalla Corte di Cassazione con sentenza 10 maggio 2006, n. 11895, come forma tipizzata di ineleggibilità originaria che, pur non incidendo sul proce-

[6] Cfr. in tal senso Tar Lazio, Roma, Sez. I, 18 marzo 2010, n. 4275).

[7] Al riguardo, si v. Tar Sicilia, Catania, Sez. III, 12 maggio 2011, n. 1170.

dimento elettorale, comporta inevitabilmente la declaratoria di decadenza dell'eletto e il conseguente scioglimento del consiglio comunale.

Sulla questione della violazione del divieto di rielezione del Sindaco al terzo mandato, dettato dall'art. 51, comma 2 del TUEL, si è formata comunque una consolidata giurisprudenza, che ha ritenuto peraltro legittimi i poteri esercitati dal Prefetto che, - indifferentemente nei comuni con popolazione inferiore o superiore a 15.000 abitanti - ai sensi dell'art. 19, comma 4, del r.d. 3 marzo 1934, n. 383, disponga il commissariamento del Comune fino al rinnovo degli organi ordinari all'esito di un nuovo turno elettorale e nomini un commissario prefettizio per l'esercizio delle funzioni spettanti normalmente al Sindaco, alla Giunta ed al Consiglio comunale[8].

Le altre forme integrano invece cause di ineleggibilità sopravvenute, tutte disciplinate agli artt. 55 ss. del TUEL, e attengono a cause che impediscono o limitano l'esercizio dell'elettorato passivo.

Le stesse si distinguono in: assolute, che valgono su tutto il territorio nazionale e sanciscono l'inconciliabilità tra determinate cariche e uffici e la posizione di candidato; ed altre relative, i cui effetti si propagano solo su una parte del territorio nazionale, con la finalità di evitare che si ricopra una determinata carica pubblica per influenzare a proprio vantaggio l'elettorato.

– esistenza originaria o sopravvenuta di una causa di incompatibilità ai sensi dell'art. 68 del TUEL, in caso di contemporanea titolarità della carica elettiva con un'altra carica, anche non elettiva.

Pur non determinando l'invalidità dell'elezione, in casi del genere l'eletto è tenuto ad optare per una delle due entro i termini previsti dalla legge, allo spirare dei quali, nel caso in cui non l'abbia fatto, si procede a dichiarare la decadenza dalla carica elettiva successiva.

Quanto alla procedura per dichiarare la decadenza, quando successivamente all'elezione si verifichi qualcuna delle condizioni previste dal presente capo come causa di ineleggibilità, ovvero esista al momento della elezione o si verifichi successivamente qualcuna delle condizioni di incompatibilità, l'art. 69 del TUEL prevede che il consiglio di cui l'interessato fa parte gliela contesta, d'ufficio o su istanza di un elettore[9].

La norma prevede l'apertura di un contraddittorio con l'eletto, che ha la possibilità, entro dieci giorni, di rimuovere le cause o optare per una delle due cariche.

[8] In tal senso, *ex multis*, Cons. St., Sez. III, 15 gennaio 2014, n. 114.

[9] Il comportamento dei consiglieri che omettano di procedere alla contestazione e alla dichiarazione di decadenza del sindaco eletto, al fine di scongiurare il rinnovo delle elezioni, può comportare l'accertamento di una responsabilità amministrativo – contabile degli stessi, connessa al danno erariale della percezione delle indennità di funzione e al comportamento gravemente colposo posto in essere (Corte dei conti, sez. reg. Lazio, 25 gennaio 2010, n. 94).

Solo a fronte di un perdurante inadempimento, il consiglio lo dichiara decaduto con provvedimento impugnabile dinanzi al Tribunale competente per territorio.

L'art. 70 del TUEL prevede, inoltre, la possibilità che si attivi un'azione popolare, su iniziativa di un qualsiasi elettore o di chiunque altro vi abbia interesse, dinanzi al giudice ordinario, cui spetta la giurisdizione in caso di controversie in materia di ineleggibilità, incompatibilità e decadenza[10].

Lo stesso Prefetto, ai sensi del comma 2 dell'art. 70, può promuovere l'azione di accertamento volta ad ottenere dal giudice una decisione tesa alla declaratoria di decadenza.

– decadenza di diritto ai sensi dell'art. 11 del d.lgs. 31 dicembre 2012, n. 235[11], dalla data del passaggio in giudicato della sentenza di condanna del sindaco per uno dei reati previsti al comma 1, lett. a) e b) dello stesso articolo, o dalla data in cui diviene definitivo il provvedimento dell'autorità giudiziaria che applica nei suoi confronti una misura di prevenzione in quanto indiziato di appartenere ad una delle associazioni di cui all'articolo 4, comma 1, lettera a) e b), del decreto legislativo 6 settembre 2011, n. 159.

Va premesso che, in tali casi, prima della definitività della condanna o della misura di prevenzione, il sindaco viene già sospeso dalla carica.

I provvedimenti giudiziari che comportano la sospensione sono comunicati al Prefetto, il quale, accertata la sussistenza di una causa di sospensione, provvede a notificare il relativo provvedimento agli organi che hanno convalidato l'elezione o deliberato la nomina.

Anche i provvedimenti dell'autorità giudiziaria che determinano la decadenza di diritto dalla carica sono comunque sempre comunicati al Prefetto che, ai sensi del comma 7, in tali circostanze può accedere presso gli enti interessati per acquisire dati e documenti ed accertare notizie concernenti i servizi stessi, al fine di verificare che non ricorrano pericoli di infiltrazione di tipo mafioso, dandone informazione al Ministero dell'Interno.

2) dimissioni del sindaco;

Tale ipotesi è disciplinata dall'art. 53, comma 3 del TUEL, ove è stabilito che le dimissioni diventano efficaci ed irrevocabili trascorso il termine di 20 giorni dalla loro presentazione al consiglio. In tal caso si procede allo scioglimento del consiglio medesimo, con contestuale nomina di un commissario.

3) cessazione dalla carica per dimissioni contestuali, ovvero rese anche con atti

---

[10] Cfr. Cons. St., Ad. Pl., 2 dicembre 2010, n. 3.

[11] Recante il "Testo unico delle disposizioni in materia di incandidabilità e di divieto di ricoprire cariche elettive e di Governo conseguenti a sentenze definitive di condanna per delitti non colposi, a norma dell'articolo 1, comma 63, della legge 6 novembre 2012, n. 190" (c.d. Legge Severino).

separati purché contemporaneamente presentati al protocollo dell'ente, della metà più uno dei membri assegnati, non computando a tal fine il sindaco;

La possibilità per il singolo consigliere comunale di rassegnare le proprie dimissioni è disciplinata all'art. 38, comma 8 del TUEL, dalla lettura del quale si evince che esse: non devono essere necessariamente motivate, sono insindacabili, immediatamente efficaci, irrevocabili, e comportano la surroga del consigliere dimissionario.

La regola generale vuole che, qualora vi siano più consiglieri dimissionari, il consiglio, entro e non oltre dieci giorni, deve procedere alla surroga dei consiglieri dimissionari, con separate deliberazioni, seguendo l'ordine di presentazione delle dimissioni quale risulta dal protocollo.

Non si fa luogo alla surroga, invece, qualora si debba procedere allo scioglimento del consiglio nel caso di dimissioni collettive, ai sensi dell'art. 141, comma 1, lett. b), n. 3), c.d. *ultra dimidium.*

Come ribadito anche nella più recente giurisprudenza[12], la *ratio* della norma è quella di configurare una fattispecie legale tipica di scioglimento del consiglio comunale determinata dalla cessazione dalla carica per dimissioni contestuali, ovvero rese anche con atti separati, purché contemporaneamente presentati al protocollo dell'ente, della metà più uno dei membri assegnati.

Pertanto, tali dimissioni contestuali devono essere rese *uno actu*, o comunque presentate tutte *eodem tempore* al protocollo.

La contestualità deve quindi essere intesa come presentazione nello stesso contesto, ossia mediante *uno actu*, delle dimissioni dei consiglieri. In tale fattispecie i consiglieri sottoscrivono le proprie dimissioni apponendo - collettivamente - la firma sullo stesso documento.

Quanto alla contemporaneità delle dimissioni rese con atti separati, invece, si ritiene che - per realizzare l'effetto dissolutorio - i diversi atti debbano essere presentati all'ufficio di protocollo contemporaneamente. In buona sostanza, ciò che ha rilievo è in questo caso la contemporaneità della presentazione, della quale la protocollazione rappresenta il momento della constatazione formale.

In casi del genere, si tratta quindi di appurare se l'atto di dimissioni collettivamente rese abbia integrato la fattispecie tipizzata dal legislatore che, in quanto tale, non è suscettibile di conversione in un atto del tutto diverso, laddove non si sia perfezionata in tutti i suoi elementi.

In altre parole, si vuole intendere che, laddove la fattispecie legale tipica non si sia perfezionata in tutti i suoi elementi, le dimissioni presentate con unico atto o contestualmente non possono valere, parzialmente, quale singolo atto di dimissioni individuali, scindendo il contenuto dell'atto tipizzato dal legislatore quale

---

[12] Cfr. Cons. St., Sez. III, 2 agosto 2017, n. 3875.

indivisibile, non fosse altro perché i singoli atti di dimissioni, eventualmente validi, non potrebbero essere assunti al protocollo dell'ente nell'ordine temporale di presentazione, come invece richiede l'art. 38, comma 8, del d. lgs. n. 267/2000, essendo stati presentati con un atto unico o atti separati, ma contestuali.

Le dimissioni *ultra dimidium* non possono quindi trasformarsi né convertirsi in dimissioni *infra dimidium*, poiché è chiaro che, rispetto alla generale previsione dell'art. 38, comma 8, la fattispecie legale tipica dell'art. 141, comma 1, lett. b), n. 3), con il suo effetto dissolutorio degli organi elettivi, non si pone in rapporto di *genus ad speciem*, ma di totale irriducibile alternatività[13].

D'altra parte, la differenza tra l'ipotesi di plurime dimissioni singolarmente presentate e quella delle dimissioni contestuali risiede proprio nella diversa finalità per cui le stesse vengono rassegnate.

Mentre alla base delle prime c'è semplicemente lo scopo della personale rinuncia al mandato, nel secondo caso la finalità risiede nell'intento condiviso di provocare l'effetto di una crisi dell'organo ed il conseguente scioglimento dello stesso.

Non a caso, quindi, l'invalidità anche di uno solo degli atti di dimissioni contestuali incide sulla validità dell'intero procedimento, essendo venuta meno la possibilità di realizzare la finalità prefigurata dalla norma, non potendosi "salvare" le altre dimissioni formalmente valide procedendo alla surroga di chi le ha rese.

4) riduzione dell'organo assembleare per impossibilità di surroga alla metà dei componenti del consiglio;

Come si è detto, dalle dimissioni o dalla cessazione dalla carica per qualsiasi altra ragione scaturisce la surroga del componente dimissionario o decaduto, attraverso l'attribuzione del seggio, da parte del consiglio, al candidato che nella stessa lista segue immediatamente l'ultimo degli eletti.

Nell'eventualità che nella lista interessata non vi siano più altri candidati non eletti, la surroga non può essere deliberata e pertanto il collegio dovrà continuare ad operare con un numero inferiore di consiglieri assegnati.

Qualora tuttavia, oltre a non essere più possibile procedere con il meccanismo della surroga, il numero di consiglieri assegnati all'organo dovesse scendere al di sotto della metà dei componenti previsti per fascia demografica di appartenenza dall'art. 37 del TUEL, si dovrà necessariamente procedere allo scioglimento dell'organo, essendosi delineata una causa di impossibilità al regolare funzionamento dello stesso.

*c) quando non sia approvato nei termini il bilancio.*

Ai sensi dell'art. 174 del TUEL, lo schema di bilancio di previsione dell'ente locale è predisposto dalla giunta comunale, che lo presenta all'organo consiliare

[13] Sul punto, si v. Cons. St., Sez. VI, 30 luglio 2009, n. 4796.

unitamente agli allegati entro il 15 novembre di ogni anno, secondo quanto stabilito dal regolamento di contabilità.

L'art. 151 del TUEL stabilisce, invece, che il consiglio comunale delibera il bilancio di previsione finanziario dell'ente entro il 31 dicembre di ogni anno. Tale termine può essere differito soltanto con decreto del Ministro dell'interno, d'intesa con il Ministro dell'economia e delle finanze, sentita la Conferenza Stato-città ed autonomie locali, in presenza di motivate esigenze.

Nel caso in cui gli organi sopracitati non provvedano, nei termini previsti, a porre in essere gli adempimenti di propria competenza, sono previsti degli interventi sostitutivi.

Per effetto della soppressione del Co.Re.Co con la riforma costituzionale del 2001, attualmente l'esercizio dei poteri sostitutivi è rimesso agli organi previsti dallo statuto dell'ente locale oppure, in mancanza, direttamente dal Prefetto.

Qualora sia la giunta a non aver provveduto a predisporre lo schema di bilancio, verrà a tal fine nominato un *commissario ad acta*.

Nelle ipotesi in cui, invece, sia il consiglio a non aver approvato nei termini di legge lo schema di bilancio predisposto dalla giunta, il Prefetto assegna al consiglio, con formale diffida notificata ai singoli consiglieri, un termine non superiore a venti giorni, per la sua approvazione, decorso il quale si sostituirà, mediante apposito commissario, all'amministrazione inadempiente e inizierà la procedura per lo scioglimento del consiglio.

Considerata la gravità del provvedimento di scioglimento, è comprensibile che il legislatore abbia voluto, a garanzia dell'autonomia dell'ente ed in applicazione del principio costituzionale di leale collaborazione, subordinare sempre alla previa diffida l'eventuale provvedimento dissolutorio, come peraltro è previsto per l'altra ipotesi di scioglimento derivante da gravi e persistenti violazioni di legge.

Anche la giurisprudenza amministrativa precisa che la legge ricollega all'inosservanza del termine di approvazione dello schema di bilancio la semplice apertura di un procedimento sollecitatorio.

Il presupposto della grave misura dello scioglimento dell'organo, infatti, non è rappresentato dalla mera inosservanza del termine suddetto, bensì dalla constatata inadempienza ad un'intimazione puntuale e ultimativa dell'organo competente, che attesta l'impossibilità o la volontà del consiglio di non approvare il bilancio.

Conseguentemente, ciò che legittima l'autorità prefettizia all'adozione dei provvedimenti prefettizi sostitutivi non è la mera scadenza dei termini stabiliti nell'atto di diffida bensì solo la manifesta inerzia dell'ente[14].

Ad ogni modo, la procedura sopradescritta trova applicazione anche nei casi di mancata adozione da parte dell'ente locale degli eventuali provvedimenti di rie-

[14] Cfr. sul punto, tra le più recenti, TAR Calabria, Reggio Calabria, 26 marzo 2019, n. 195.

quilibrio entro il 31 luglio di ogni anno ai sensi dell'art. 193, comma 4 del TUEL, o di mancata approvazione del rendiconto di gestione entro il 30 aprile dell'anno successivo ai sensi dell'art. 227, comma 2bis del TUEL.

*c-bis) nelle ipotesi in cui gli enti territoriali al di sopra dei mille abitanti siano sprovvisti dei relativi strumenti urbanistici generali e non adottino tali strumenti entro diciotto mesi dalla data di elezione degli organi.*

Trattasi di ipotesi di scioglimento introdotta per i soli enti territoriali con più di mille abitanti dall'art. 32, comma 7 del d.l. 30 settembre 2003, n. 269, convertito in legge 24 novembre 2003, n. 326.

Trascorso il termine entro il quale gli strumenti urbanistici (Piano Regolatore Generale, Regolamento edilizio, ecc) devono essere adottati - pari a diciotto mesi dal rinnovo degli organi - la Regione segnala al Prefetto l'inadempienza.

Il Prefetto diffida l'ente che non abbia provveduto ad adempiere all'obbligo nel termine di quattro mesi. A tal fine l'ente locale può attivare - se previsti dallo statuto - gli interventi, anche sostitutivi, previsti dallo statuto secondo criteri di neutralità, di sussidiarietà e di adeguatezza. Decorso infruttuosamente il termine di quattro mesi, il Prefetto inizierà la procedura per lo scioglimento del consiglio.

In questo caso, il decreto di scioglimento del consiglio viene adottato su proposta del Ministro dell'interno, di concerto con il Ministro delle infrastrutture e dei trasporti.

### II.3. *(segue)* Rimozione e sospensione degli amministratori locali ex art. 142 del TUEL

Mentre, come si è visto, l'art. 141 del TUEL definisce tutte quelle fattispecie al verificarsi delle quali è possibile attivare la misura sanzionatoria collettiva dello scioglimento ordinario del consiglio comunale, l'art. 142 del TUEL precisa, invece, le cause idonee a determinare la rimozione del singolo amministratore locale.

Tutti gli amministratori locali (sindaci, i presidenti dei consorzi e delle comunità montane, i componenti dei consigli e delle giunte, i presidenti dei consigli circoscrizionali), infatti, possono essere rimossi quando compiano atti contrari alla Costituzione, per gravi e persistenti violazioni di legge o per gravi motivi di ordine pubblico, fatte salve, inoltre, tutte le cause di sospensione e decadenza di diritto dalla carica previste dall'art. 11 del d.lgs. 31 dicembre 2012, n. 235.

I presupposti richiesti per l'adozione di questa misura individuale sono quindi gli stessi previsti dall'art. 141, comma 1, lett. a) del TUEL, con la differenza che, nel caso essi coinvolgano l'intera assemblea o la figura del sindaco, determinano lo scioglimento degli organi, il commissariamento e l'indizione di nuove elezioni, a differenza delle restanti ipotesi.

La rimozione degli amministratori locali è disposta con decreto del Ministro dell'Interno ed anche in questo caso, nelle more della relativa adozione, al ricorrere di motivi di grave ed urgente necessità, il Prefetto può decidere la sospensione del soggetto dalla carica.

Al comma 1 bis dell'art. 142 del TUEL, introdotto nel 2008, è stata poi prevista una speciale fattispecie, che trova applicazione nei territori in cui vige lo stato di emergenza nel settore dello smaltimento dei rifiuti dichiarato ai sensi della legge 24 febbraio 1992, n. 225.

Quanto alla individuazione della condotta imputabile, la disposizione reca, diversamente dalla norma originaria in cui si è inserita, una più precipua indicazione dei precetti alla cui violazione la rimozione fa da deterrente.

Pertanto, in caso di grave inosservanza degli obblighi posti a carico delle province inerenti alla programmazione ed organizzazione del recupero e dello smaltimento dei rifiuti a livello provinciale ed alla individuazione delle zone idonee alla localizzazione degli impianti di recupero e smaltimento dei rifiuti, ovvero in caso di grave inosservanza di specifici obblighi posti a carico dei comuni inerenti alla disciplina delle modalità del servizio di raccolta e trasporto dei rifiuti urbani, della raccolta differenziata, della promozione del recupero delle diverse frazioni di rifiuti, della raccolta e trasporto dei rifiuti primari di imballaggio ai sensi degli articoli 197 e 198 del d.lgs. 3 aprile 2006, n. 152, anche come precisati dalle ordinanze di protezione civile, il Sottosegretario di Stato delegato alla gestione dell'emergenza assegna all'ente interessato un congruo termine perentorio per adottare i provvedimenti dovuti o necessari; decorso inutilmente tale termine, su proposta motivata del medesimo Sottosegretario, con decreto del Ministro dell'interno possono essere rimossi il sindaco, il presidente della provincia o i componenti dei consigli e delle giunte.

Al riguardo, la giurisprudenza ha chiarito che deve escludersi che la rimozione *ex* art. 142, comma 1-bis cit. possa essere correlata ad una responsabilità oggettiva, in specie del vertice dell'ente territoriale.

Si oppongono ad una siffatta conclusione la natura sanzionatoria del rimedio, nonché lo stesso dato letterale rinveniente dall'art. 142, comma 1-bis, che contempla disgiuntivamente più soggetti, anche nell'ambito del medesimo ente provincia o comune (sindaco, presidente della provincia o i componenti dei consigli e delle giunte).

Deve ritenersi, pertanto, che la rimozione in parola, rappresentando *l'extrema ratio* cui ricorrere per il ripristino della legalità violata in relazione all'interesse pubblico della salute della comunità, richieda necessariamente requisiti quali la congruenza tra l'atto ed i presupposti assunti a sua giustificazione, nonché una violazione grave ed imputabile al rimosso ed un rigoroso rispetto dei profili formali e procedimentali che connotano l'alveo provvedimentale in cui essa si situa.

### II.4. Altre forme di controllo esterno

Se - come si è detto - il ruolo del Prefetto nel sistema dei controlli sugli organi degli enti locali è rimasto immutato nonostante le riforme intervenute in materia, non altrettanto può dirsi con riferimento ad altre forme di controllo, tra le quali continuano comunque a rivestire una certa rilevanza:

- ***il controllo ex art. 19 r.d. 3 marzo 1934, n. 383;***

Come già detto, per effetto dell'entrata in vigore del TUEL, il Prefetto ha assunto un ruolo di snodo e di raccordo tra Stato e autonomie territoriali e, di conseguenza, nel Testo Unico il legislatore ha ritenuto di non disciplinare direttamente le sue funzioni, ma di delinearle esclusivamente nell'ambito dei rapporti tra Stato e autonomie locali.

Non a caso, l'art. 274 del TUEL ha espressamente abrogato l'intero r.d. n. 383/1934, sebbene poi, per effetto di una disposizione transitoria inserita al comma 5 dell'art. 273, è stato fatto salvo l'art. 19, nelle more dell'adozione di specifiche norme e salvo la compatibilità con l'ordinamento vigente.

Il controllo esercitabile dal Prefetto in base a tale disposizione, pertanto, risulta ancora vigente, sostanziandosi in un potere sostitutivo generalmente esercitato per far fronte all'inerzia o al ritardo, da parte degli organi ordinari degli enti locali, nel compimento di atti obbligatori per legge, o per il periodo strettamente necessario, qualora le amministrazioni non possano per qualsiasi ragione funzionare.

- ***il controllo ex art. 135 del TUEL;***

Tale potere del Prefetto si sostanzia nella richiesta competenti organi statali e regionali di attivare gli interventi di controllo e sostitutivi previsti dalla legge qualora ritenga, sulla base di fondati elementi comunque acquisiti, che esistano tentativi di infiltrazioni di tipo mafioso nelle attività dell'ente locale riguardanti appalti, concessioni, subappalti, cottimi, noli a caldo o contratti similari per la realizzazione di opere e di lavori pubblici.

Ai medesimi fini il Prefetto può chiedere che siano sottoposte al controllo preventivo di legittimità le deliberazioni degli enti locali relative ad acquisti, alienazioni, appalti ed in generale a tutti i contratti.

Deve ritenersi che tale intervento del Prefetto, prefigurato dall'art. 135, comma secondo del TUEL, non configuri un controllo esterno dell'amministrazione statale sulla legittimità di atti dell'ente locale, ma debba piuttosto intendersi come espressione di un potere indirizzato alla salvaguardia di interessi fondamentali inerenti all'ordine ed alla sicurezza pubblica, che l'art. 117, comma terzo, lett. h), Cost., nel testo novellato, riserva alla legislazione esclusiva dello Stato.

In caso di riscontrati vizi, infatti, il Prefetto può sollecitare l'attivazione di un controllo interno ai sensi dell'art. 147 ss. del TUEL, ovvero un motivato riesame di legittimità dell'atto, in via di autotutela, da parte dell'organo che lo ha adottato.

Nonostante la previsione contenuta nel comma 2, ultimo periodo, dell'art. 135 cit., infatti, pare opportuno precisare che non sussiste un obbligo generalizzato di trasmissione al Prefetto (contestualmente all'affissione all'albo) di tutte le deliberazioni relative ad "acquisti, alienazioni, appalti ed in genere a tutti i contratti", che contrasterebbe con l'attuale contesto ordinamentale e le prerogative di autonomie conferite agli enti locali[15].

L'acquisizione da parte del Prefetto di provvedimenti che possano riflettere le condizioni indicate dal menzionato dall'art. 135 ai fini dell'attivazione del procedimento di riesame della regolarità amministrativa con le modalità in precedenza indicate resta, pertanto, di volta in volta rimessa al prudente apprezzamento del predetto organo in base ad elementi o informazioni in suo possesso, ovvero in relazione a particolari situazioni locali.

- ***i controlli in materia economico finanziaria;***

Il TUEL individua nel Prefetto una delle figure cui competono alcuni poteri di controllo in materia economico-finanziaria, ed in particolare nelle ipotesi in cui l'ente locale si trovi in condizioni strutturalmente deficitarie ai sensi dell'art. 242 del TUEL o in una situazione di dissesto finanziario ai sensi dell'art. 244.

Con riferimento a quest'ultima ipotesi, in cui l'ente non riesce a garantire l'assolvimento delle funzioni e dei servizi indispensabili ovvero esistono nei confronti dell'ente locale crediti liquidi ed esigibili di terzi cui non si possa fare validamente fronte, il Prefetto è chiamato ad intervenire, sulla base di quanto previsto dall'art. 247, allorquando il consiglio comunale di un ente dissestato, pur diffidato, non adotta la relativa deliberazione, atto obbligatorio ed irrevocabile.

Trattasi di un caso di inerzia dell'organo che, parimenti all'ipotesi della mancata adozione del bilancio preventivo, si risolve con lo scioglimento del consiglio dell'ente locale ai sensi dell'art. 141 del TUEL.

---

[15] In tal senso si v. Cons. St., Sez. I, par. n. 1006/2003.

# CAPITOLO III
# Lo scioglimento per infiltrazioni mafiose: gestione straordinaria e profili di responsabilità

di *Salvatore Guerra*



## III.1. Brevi cenni storici sugli scioglimenti straordinari.

Lo scioglimento straordinario per infiltrazioni mafiose è un peculiare strumento di controllo sugli organi, introdotto nell'ordinamento nell'ultimo decennio del secolo scorso al precipuo fine di fronteggiare il fenomeno dell'ingerenza della consorteria criminale nella vita politica e amministrativa degli enti locali[1]. Le misure previste dal sistema penalistico dell'epoca, infatti, non si erano rivelate sufficientemente efficaci[2] e anche la legge antimafia (legge n. 55/1990), con la previsione

[1] Il fenomeno della criminalità organizzata è rimasto senza disciplina per lungo tempo. Il reato di associazione per delinquere di stampo mafioso è stato inserito nel codice penale (art. 416-*bis*) solo nel 1982, con la riforma attuata dalla legge Rognoni-La Torre (legge 13 settembre 1982, n. 646). Sebbene l'introduzione della sanzione della detenzione per tali reati riuscisse ad arginare l'attività criminale del singolo esponente della consorteria criminale, tale misura non stanava i traffici illeciti dell'associazione. A tal fine, il legislatore ha promulgato la legge 19 marzo 1990, n. 55 (legge antimafia), proprio per colpire le attività illecite e il patrimonio delle associazioni mafiose.

[2] Tale *vulnus*, invero, era già risultato evidente all'inizio degli anni '80, allorquando, di fronte alla pervasiva presenza della criminalità organizzata nel comune di Quindici (AV), il Presidente della Repubblica, in mancanza di una misura *ad hoc*, destituì il sindaco con decreto *ex* art. 149, comma 7, r.d. n. 148/1915. Nondimeno il provvedimento, benché potesse considerarsi antesigna-

di nuovi strumenti per incidere direttamente sul profilo patrimoniale della consorteria mafiosa, non aveva arginato completamente i rapporti di contiguità tra criminalità organizzata e politica.

Numerose realtà territoriali dell'Italia meridionale scontavano costanti pressioni della malavita che, non di rado, culminavano con un controllo diretto dei vertici degli organi politici, esercitato anche collocando esponenti del sodalizio criminoso in settori nevralgici dell'amministrazione.

In tale solco si inserisce il d.l. 31 maggio 1991, n. 164 (c.d. decreto Taurianova), convertito nella legge 22 luglio 1991, n. 221[3], che intervenendo nel corpus della citata legge antimafia (legge n. 55/1990), ha aggiunto l'art. 15 *bis* "Nuove disposizioni per la prevenzione della delinquenza di tipo mafioso e di altre gravi forme di manifestazione di pericolosità sociale".

La riforma, bypassando l'idea di un sistema punitivo di tipo esclusivamente penalistico, disciplina per la prima volta uno strumento straordinario di controllo sugli organi, di tipo amministrativo, operante non solo in chiave sanzionatoria, ma con forti connotazioni preventive e cautelari.

Tale nuova impostazione, prevedendo una forma di controllo particolarmente invasiva, ha posto alcuni dubbi di legittimità costituzionale, dissipati dalla Consulta dopo appena due anni dall'entrata in vigore dell'art. 15 *bis* legge n. 55/1990[4]. Con la storica sentenza n. 103/1993 la Corte Costituzionale ha rilevato che "anche in presenza di tale latitudine di apprezzamenti, la garanzia della tutela giurisdizionale appare sufficientemente assicurata dalla possibilità, per il giudice amministrativo, di verificare la sussistenza degli elementi di fatto [...] quali vengono

---

no degli scioglimenti straordinari, colpì la singola persona, ma non sradicò il metodo mafioso dalla gestione dell'ente locale. Infatti, la disposizione la disposizione da ultimo citata prescriveva esclusivamente che "i sindaci possono essere sospesi dal prefetto e rimossi dal Re per gravi motivi di ordine pubblico e, quando richiamati all'osservanza di obblighi loro imposti per legge, persistono a violarli".

[3] La faida di Taurianova, tristemente nota alle cronache nazionali, è stata caratterizzata da una violenza inaudita, fatta di omicidi e attentati. Peraltro ha destato particolare scalpore la decapitazione di un soggetto affiliato alla 'ndranghetista, la cui testa è stata oggetto di un tiro a bersaglio nella piazza del comune calabrese.

[4] Il Tar Lazio con ordinanza dell'8 luglio 1992 ha sollevato questione di legittimità costituzionale dell'art. 15 *bis* legge n. 55/1990, in seguito al ricorso presentato, avverso il decreto di scioglimento, dagli amministratori locali dei comuni di Trabia e Sant'Andrea Apostolo dello Jonio. Il nuovo sistema di controllo, a parere dei ricorrenti, presentava palesi profili di incostituzionalità con riferimento agli articoli 3, 5, 24, 48, 51, 97, 113. 125 e 128 della Costituzione. In particolare, si contestava la legittimità costituzionale della norma atteso che: a) attribuiva rilevanza a "collegamenti indiretti" di taluni amministratori con la criminalità organizzata; b) prevedeva lo scioglimento dell'intero organo elettivo anche in presenza di collegamenti riguardanti solo alcuni amministratori; c) stabiliva il permanere degli effetti dello scioglimento per un periodo da 12 a 18 mesi.

asseriti nella motivazione, che all'uopo deve essere fornita dall'organo che emana il provvedimento di scioglimento, nonché di valutare, sotto il profilo della logicità, il significato attribuito agli elementi di fatto su cui ci si fondi, e l'iter seguito per pervenire a certe conclusioni"[5].

Ciononostante, la normativa, successivamente trasfusa[6] nell'art. 143 TUEL[7], non forniva precise prescrizioni sui presupposti[8] che giustificavano lo scioglimento, sulla scansione procedimentale, sulle attività da svolgere e sulla tempistica.

Da qui la necessità di una riforma che neutralizzasse le problematiche emerse fin dall'introduzione della procedura straordinaria di scioglimento[9]. La novella del 2009 (legge 15 luglio 2009, n. 94) dirime tali criticità recependo alcuni dei maggioritari orientamenti giurisprudenziali dell'epoca.

---

[5] Del resto anche il Ministero dell'Interno con circolare esplicativa n. 7102 M/6 del 25 giugno 1991 ha ancorato l'esercizio del potere straordinario di scioglimento alla ricorrenza di gli elementi "precisi", che devono far emergere chiaramente il determinarsi di uno stato di fatto nel quale il procedimento di formazione della volontà degli amministratori subisca alterazioni per effetto dell'interferenza di fattori, esterni al quadro degli interessi locali, riconducibili alla criminalità organizzata.

[6] Il d.l. 20 settembre 1993, n. 529, convertito in legge 11 febbraio 1994, n. 108, è intervenuto sulla lettera dell'art. 15 *bis* cit. prevedendo: a) la proroga della durata dello scioglimento; b) la possibilità di disporre l'assegnazione in via temporanea o il distacco di personale amministrativo; c) l'istituzione presso il Ministero dell'Interno il comitato di sostegno e monitoraggio dell'azione delle commissioni straordinarie e dei comuni riportati a gestione ordinaria; d) la costituzione di un circuito per l'accesso ai finanziamenti statali e regionali per la realizzazione di opere pubbliche.

[7] L'art. 143 TUEL, nella originaria formulazione, prevedeva che "Fuori dai casi previsti dall'articolo 141, i consigli comunali e provinciali sono sciolti quando, anche a seguito di accertamenti effettuati a norma dell'articolo 59, comma 7, emergono elementi su collegamenti diretti o indiretti degli amministratori con la criminalità organizzata o su forme di condizionamento degli amministratori stessi, che compromettono la libera determinazione degli organi elettivi e il buon andamento delle amministrazioni comunali e provinciali, nonché il regolare funzionamento dei servizi alle stesse affidati ovvero che risultano tali da arrecare grave e perdurante pregiudizio. Lo scioglimento del consiglio comunale o provinciale comporta la cessazione dalla carica di consigliere, di sindaco, di presidente della provincia e di componente delle rispettive giunte, anche se diversamente disposto dalle leggi vigenti in materia di ordinamento e funzionamento degli organi predetti, nonché di ogni altro incarico comunque connesso alle cariche ricoperte".

[8] Il Ministero dell'Interno il 25 giugno 1991 ha emanato una circolare esplicativa (circ. n. 7102), specificando che dagli elementi oggettivi di valutazione debba emergere chiaramente il determinarsi di uno stato di fatto, nel quale il procedimento di formazione della volontà degli amministratori subisce alterazioni per effetto dell'interferenza di fattori esterni al quadro degli interessi locali e riconducibili alla criminalità organizzata.

[9] Era indispensabile intercettare alcune problematiche emerse nell'applicazione pratica dell'istituto, tra cui: a) la scarsa efficienza dello scioglimento, atteso che i comuni sciolti, molto spesso, venivano colpiti da ulteriori provvedimenti di scioglimento; b) l'accrescimento del ruolo delle burocrazie locali a seguito della riforma Bassanini; c) la necessità di commissari maggiormente esperti nella gestione della macchina amministrativa.

### III.2. Natura giuridica e presupposti degli scioglimenti ex art. 143 TUEL

Lo scioglimento per infiltrazione mafiosa è uno strumento straordinario di prevenzione e di contrasto della criminalità organizzata, che tutela, attraverso il contemperamento tra principi costituzionali del medesimo rango, la corretta gestione della *res publica*[10].

Preliminarmente è opportuno precisare che la misura in argomento si applica non solo ai consigli comunali, ma anche a quelli provinciali nonché, ai sensi dell'art. 146 TUEL, alle città metropolitane, alle comunità montane, a quelle isolane, alle unioni di comuni e, infine, ai consorzi di comuni e province, agli organi comunque denominati delle aziende sanitarie locali ed ospedaliere, alle aziende speciali dei comuni e delle province e ai consigli circoscrizionali.

La dissoluzione degli organi democraticamente eletti, unitamente alla contestuale nomina dei commissari straordinari, si pone come *extrema ratio* cui ricorrere per ripristinare la legalità, il buon andamento e la trasparenza dell'attività amministrativa. Siffatto procedimento, dunque, rettifica situazioni patologiche di compromissione del naturale funzionamento dell'ente e salvaguarda, *pro futuro*, la corretta funzionalità dell'amministrazione.

Tale impostazione si riverbera sulla natura giuridica dell'istituto in esame, che contempera momenti latamente sanzionatori e momenti preventivi. In particolare, lo scioglimento rivela la sua matrice sanzionatoria non nei confronti dei singoli amministratori, bensì nei confronti degli organi elettivi cui si rivolge, mentre esplica una funzione di prevenzione sociale per la sua ricaduta sulla gestione delle comunità locali condizionate da fenomeni di criminalità organizzata[11]. Le esigenze di contrasto dell'ingerenza delle associazioni mafiose[12] prevalgono sul diritto dei cittadini ad essere rappresentati da organi democraticamente eletti.

La valutazione dei presupposti che conducono all'emanazione del provvedimento di scioglimento si connota come altamente discrezionale. Nondimeno,

---

[10] Pur nel mutato assetto costituzionale, successivamente alla riforma del 2001, non si è mai dubitato della sussistenza della potestà legislativa esclusiva dello Stato in tale materia, quale espressione dell'indefettibile momento di unitarietà proprio dell'ordinamento. Il potere esercitato dall'amministrazione centrale con lo scioglimento straordinario, infatti, è riconducibile sotto l'egida della sicurezza e ordine pubblico *ex* art. 117, comma 2, lett. h) Cost.

[11] La natura sanzionatoria nei confronti dell'organo elettivo, considerato nella sua complessità, impedisce di poter assumere come strumento di confronto i modelli che riguardano le singole persone e il relativo procedimento (C. Cost. n. 103/1993).

[12] La priorità del contrasto della criminalità organizzata, che informa tutta la disciplina del controllo sugli organi, emerge anche dalla lettera dell'art. 143, comma 13 TUEL. Tale disposizione, infatti, riconosce la prevalenza dello scioglimento straordinario su quello ordinario, laddove ricorrano i presupposti per addivenire ad entrambi i provvedimenti dissolutori.

con la riforma del 2009, il legislatore ha circoscritto siffatto potere, delimitando, con formulazione elastica, i requisiti che devono sussistere affinché le risultanze dell'istruttoria prefettizia possano legittimare l'intervento dell'amministrazione centrale[13].

In particolare, l'art. 143 TUEL consente di addivenire allo scioglimento degli organi di governo in presenza di elementi concreti, univoci e rilevanti, che rivelino collegamenti diretti o indiretti degli amministratori locali[14] con la criminalità organizzata di tipo mafioso, o similare, ovvero forme di condizionamento degli stessi soggetti[15].

Gli indici dell'infiltrazione, dunque, devono essere dotati di stringente valenza fattuale (concreti), devono essere non contraddittori (univoci) e devono essere indicativi della presenza mafiosa sul territorio (rilevanti). Concretezza, univocità e rilevanza si riferiscono all'accertamento nella sua complessità e non devono caratterizzare necessariamente ogni fatto atomisticamente considerato. Nondimeno tali presupposti devono sussistere contestualmente, "non potendosi procedere allo scioglimento in assenza di uno di essi" (Cons. St., Sez. III, 9 luglio 2012, n. 3998).

---

[13] La normativa originaria nulla disponeva in ordine alle connotazioni delle risultanze probatorie a supporto del provvedimento finale. L'amministrazione centrale, nel valutare la possibilità di un suo intervento, godeva di una discrezionalità più ampia rispetto a quella attuale. Nondimeno il provvedimento dissolutorio doveva essere supportato da evidenze obbiettive in ordine alla sussistenza della contiguità tra organi amministrativi e criminalità organizzata. La decisione, infatti, doveva dare evidenza in modo plausibile delle conseguenze sul piano della funzionalità e dell'imparzialità degli organi o su quello della sicurezza pubblica.

[14] La riforma del 2009 ha innovato il precedente articolo 143, comma 1, TUEL circoscrivendo, con rimando interno all'art. 77, comma 2, TUEL, l'ambito soggettivo degli amministratori che possono essere sottoposti a controllo dell'autorità statuale. La riforma del 2009 ha ampliato il controllo anche ai segretari comunali o provinciali, ai direttori generali e ai dipendenti dell'ente locale (art. 143, comma 2, TUEL). Tale modifica è diretta conseguenza dell'evoluzione che ha caratterizzato i rapporti tra i poteri di indirizzo e controllo politico-amministrativo, di competenza degli organi del governo, e i poteri di gestione amministrativa, finanziaria e contabile, attribuiti ai dirigenti. L'introduzione, con il d.lgs. 3 febbraio 1993, n. 29, del principio di separazione tra politica e amministrazione, attribuendo ai dirigenti il potere di adottare i principali atti dell'amministrazione attiva, ha convogliato i tentativi di infiltrazione e condizionamento dell'attività dell'ente locale sulla classe dirigenziale. Da qui la necessità di un'estensione del controllo anche nei confronti dei soggetti succitati.

[15] Peraltro, secondo costante giurisprudenza è possibile addivenire allo scioglimento "anche, più semplicemente, per l'inadeguatezza dello stesso vertice politico amministrativo a svolgere i propri compiti di vigilanza e di verifica nei confronti della burocrazia e dei gestori di pubblici servizi del Comune, che impongono l'esigenza di intervenire ed apprestare tutte le misure e le risorse necessarie per una effettiva e sostanziale cura e difesa dell'interesse pubblico dalla compromissione derivante da ingerenze estranee riconducibili all'influenza e all'ascendente esercitati da gruppi di criminalità organizzata" (Tar Lazio, Sez. I, 24 settembre 2018, n. 9544).

A tal fine va esaminato l'insieme dei fatti sintomatici che "isolatamente considerati potrebbero anche non essere particolarmente significativi o determinanti, ma che acquistano rilevanza in una considerazione di insieme" (Cons. St., Sez. III, 6 marzo 2012, n. 1266).

In ogni caso, la prova dell'ingerenza della criminalità organizzata non presuppone la commissione di reati da parte degli amministratori. Parimenti, non è necessario che le circostanze contestate integrino fattispecie delittuose. Sebbene l'esercizio dell'azione penale o l'applicazione di misure di prevenzione, nei confronti dei soggetti di cui all'art. 77, comma 2, TUEL, può facilitare la prova dell'ingerenza del sodalizio criminale, la relativa mancanza non esclude, di per sé, che si possa procedere allo scioglimento[16]. È dunque possibile decretare la dissoluzione degli organi democraticamente eletti anche nel corso di un procedimento penale[17] e indipendentemente dall'esito dello stesso[18]. Perseguendo infatti, *ex multis*, una funzione preventiva, tale istituto si applica anche prima delle, e a prescindere dalle, complesse valutazioni degli organi giurisdizionali.

D'altro canto, però, giova precisare che le condizioni dell'art. 143, comma 1, TUEL non possono essere integrate dalla mera sussistenza di alcuni atti illegittimi, né tantomeno può ritenersi esaustivo un quadro probatorio connotato da indizi privi dei crismi della concretezza, univocità e rilevanza.

Vieppiù, la sussistenza dei suddetti presupposti è necessaria, ma non sufficiente, per l'emanazione del provvedimento. Il collegamento, diretto o indiretto, degli amministratori con la criminalità organizzata ovvero la presenza di forme di condizionamento devono, infatti, pregiudicare la funzionalità dell'ente[19].

---

[16] In tal senso il Consiglio di Stato in una recente pronuncia ha sostenuto che "La situazione legittimante resta integrata anche da fatti o indizi non traducibili in episodici addebiti, ma idonei a rendere plausibile l'obiettiva soggezione degli amministratori locali alla criminalità organizzata indipendentemente dalla possibilità di esercitare l'azione penale ovvero di applicare misure di prevenzione, dalla cui applicazione restano emancipati gli scioglimenti" (Cons. St., Sez. III, 24 febbraio 2016, n. 748).

[17] Al riguardo, si segnala che il Tar Lazio, con sentenza n. 1349 del 2016, pronunciandosi sul ricorso avverso il decreto di scioglimento del Comune di Scicli (RG), ha respinto la richiesta di rinviare la trattazione all'esito del procedimento penale per concorso esterno in associazione mafiosa nei confronti dell'*ex* sindaco.

[18] Di recente il Tar Lazio, con sentenza n. 2898/2016, ha negato la sospensione dei decreti di scioglimento e di indizione delle nuove elezioni nel comune di Badolato (CZ), nonostante il Tribunale di Catanzaro avesse assolto lex sindaco per i reati imputatigli, in quanto "eventuali assoluzioni in sede penale non possono di per sé escludere l'esistenza di pregiudizievoli cointeressenze, in relazione al giudizio sulla legittimità del decreto di scioglimento ex art. 143 TUEL che deve farsi "ex ante" sul materiale indiziario rilevabile al momento della sua adozione".

[19] Secondo un recente e innovativo orientamento giurisprudenziale, il condizionamento degli amministratori locali postulerebbe logicamente "la consapevolezza di indirizzare le decisioni al

Tale patologia può dipanarsi in: eventi afferenti l'attività dell'ente in senso stretto (alterazione del procedimento di formazione della volontà degli organi elettivi ed amministrativi, compromissione del buon andamento o imparzialità delle amministrazioni interessate dal controllo e del regolare funzionamento dei servizi ad esse affidate) ed eventi attinenti ad una situazione ambientale di più ampia portata (grave e perdurante pregiudizio per lo stato della sicurezza pubblica).

### III.3. L'*iter* procedimentale

La riforma del 2009 ha inciso in maniera determinante anche sul procedimento di cui all'art. 143 TUEL. Il legislatore, riprendendo molte delle prassi e degli orientamenti giurisprudenziali cristallizzatisi durante la vigenza della precedente disciplina, ha prescritto una scansione temporale precisa, al fine di evitare un monitoraggio *sine die*.

Prima di analizzarne l'iter, occorre precisare che il procedimento in esame non può essere asetticamente ricondotto nell'alveo delle disposizioni della legge n. 241/90. La peculiarità della natura e della funzione di tale forma di controllo sugli organi, difatti, si riverbera sulla disciplina dell'istituto. Secondo l'orientamento giurisprudenziale prevalente, i principi del giusto processo e del giusto procedimento non attecchiscono completamente nella procedura in argomento. In particolare, la mancanza di una comunicazione di avvio del procedimento *ex* art. 7 legge n. 241/90 e la carenza di un successivo reale contraddittorio non inficiano la legittimità del provvedimento finale[20]. Tale impostazione trova una valida argomentazione, non solo nella natura cautelare e preventiva del decreto di scioglimento, ma anche "nella circostanza che gli interessi coinvolti non concernono, se non indirettamente, persone, riguardando piuttosto la complessiva operatività dell'ente locale e, quindi, in ultima analisi, gli interessi dell'intera collettività comunale" (Cons. St., Sez. III, 24 aprile 2015, n. 2054).

---

soddisfacimento degli interessi delle consorterie malavitose" (Consiglio di Stato 748/2016). La valutazione della sussistenza degli elementi concreti, univoci e rilevanti non potrebbe, quindi, prescindere dalla prova del suddetto elemento soggettivo. Con tale ricostruzione, i giudici di Palazzo Spada intendono ridimensionare l'ampia discrezionalità di cui gode l'amministrazione statale nell'emanazione del provvedimento di scioglimento, pur dopo la recente novella normativa.

[20] L'orientamento minoritario, invece, paventa l'applicabilità dell'art. 7 legge n. 241/1990 anche ai procedimenti di scioglimento *ex* art. 143 TUEL, in ragione del fatto che il principio di partecipazione è suscettibile solo di eccezioni tipiche e ragionevoli. Nel caso dello scioglimento per infiltrazione mafiosa non è possibile individuare né un'eccezione esplicita alla regola, né uno di quei casi, elaborati dalla giurisprudenza, di affermata irrilevanza della partecipazione procedimentale, pur in mancanza di una previsione espressa.

### *III.3.1. L'acquisizione delle informazioni preliminari all'avvio del procedimento*

L'*iter* ha inizio con la verifica, da parte del Prefetto territorialmente competente, della sussistenza degli elementi sintomatici dell'ingerenza della consorteria criminale nell'attività dell'ente locale. Tale fase si articola generalmente in tre momenti: acquisizione dell'informazione qualificata in ordine agli elementi potenzialmente sintomatici dello scioglimento, istruttoria, relazione prefettizia indirizzata al Ministro dell'Interno.

Nella fase prodromica all'istruttoria il Prefetto, a seguito di notizie apprese da qualunque fonte (tra cui, *ex multis*, ispezioni parlamentari, stampa, annotazioni di polizia), avvia una sorta di "premonitoraggio informale"[21]. In mancanza di un'espressa previsione normativa può assumere rilevanza ogni episodio potenzialmente rivelatore della sussistenza di una forma di collegamento o di condizionamento.

A tal riguardo, l'art. 143, comma 1, TUEL statuisce che la notizia in ordine ai potenziali presupposti dello scioglimento può essere acquisita "anche" - ma non solo - a seguito degli accertamenti di cui all'art. 59, comma 7, TUEL[22].

Deve sussistere, in questo come negli altri casi non espressamente disciplinati, un'informazione qualificata. Non è in ogni caso necessaria una notitia criminis in senso stretto.

Sul punto, infatti, giova ribadire che lo scioglimento può essere disposto anche in assenza di reato da parte degli amministratori ovvero in mancanza di un episodio sussumibile in una fattispecie delittuosa. Tuttavia, l'avvio dell'istruttoria successiva non può essere supportato da meri sospetti, come quelli che potrebbero dedursi da denunce o esposti anonimi.

### *III.3.2. La fase istruttoria: i poteri della Commissione d'accesso*

L'istruttoria rappresenta il fulcro del procedimento di scioglimento straordinario. Il Prefetto, attraverso la commissione di accesso di cui all'art. 143, comma 2, TUEL, verifica la sussistenza dei presupposti per l'emanazione del provvedimento dissolutorio. Nondimeno, dal dettato normativo emerge che è possibile addivenire alla conclusione del procedimento anche bypassando l'istruttoria della commissione. È quanto si verifica in quei casi, in realtà molto sporadici, in cui

---

[21] In tal senso si è espressa la COMMISSIONE GAROFOLI *nella Relazione per una moderna politica antimafia*, Parte III — Capitolo I.

[22] Tale norma, abrogata dall'art. 17, comma 1, lett. a) del d.lgs. 31 dicembre 2012, n. 235, è stata integralmente trasfusa nell'art. 11, comma 8, d.lgs. citato.

l'informazione acquisita dal Prefetto sia tale da rendere evidente l'esistenza del condizionamento mafioso all'interno dell'ente locale[23].

L'istruttoria, pur nel silenzio della legge, deve essere preceduta dall'indicazione delle ragioni che giustificano l'accesso presso l'ente[24]. Non è necessario un provvedimento *ad hoc*; la motivazione può essere contenuta nel decreto di nomina della commissione di accesso.

La riforma del 2009 ha opportunamente procedimentalizzato tale fase, intervenendo sia sulla composizione della commissione, sia sui termini del sub-procedimento in esame.

La commissione è composta da tre[25] funzionari della pubblica amministrazione, cui sono devoluti i poteri di accesso e accertamento che il Prefetto possiede per delega[26] del Ministro dell'Interno, ai sensi dell'art. 2, comma 2-quater, d.l. n. 21 ottobre 1991, n. 345, convertito dalla legge 30 dicembre 1991, n. 410[27].

---

[23] Si pensi alle indagini giudiziarie rese pubbliche attraverso l'esecuzione dei provvedimenti restrittivi o l'avviso di conclusione delle indagini preliminari *ex* art. 415 *bis* c.p.p. Tale impostazione, tuttavia, potrebbe porre il problema della necessaria autonomia tra il procedimento penale a carico degli amministratori locali e lo scioglimento dell'ente territoriale di riferimento. Laddove il processo penale si concludesse con una sentenza di assoluzione, l'amministrazione si troverebbe a dover fronteggiare gli eventuali ricorsi avverso il decreto di scioglimento senza un adeguato supporto istruttorio, con evidente *vulnus* dei principi che l'emanazione del provvedimento dissolutorio vuole tutelare.

[24] Tale obbligo garantisce l'attuazione del principio di legalità che informa l'attività della pubblica amministrazione.

[25] In passato non era predeterminato il numero dei componenti della Commissione d'accesso, per cui il Prefetto poteva nominare tutte le professionalità necessarie per l'istruttoria. Il numero limitato dei commissari impone al Prefetto una ponderazione accurata delle prevalenti criticità emerse in sede di "premonitoraggio informale", al fine di individuare le professionalità adeguate che andranno a comporre la Commissione d'accesso.

[26] Sebbene la norma disciplina l'attività delle Commissioni d'indagine nominate su delega del Ministro dell'Interno, si ritiene che l'*iter* procedimentale possa essere esteso anche a quelle che, pur in mancanza di delega, sono nominate ai sensi dell'art. 11, comma 8, d.lgs. n. 235/2012.

[27] Il d.l. in questione ha trasferito le funzioni dell'Alto Commissario per il coordinamento della lotta contro la delinquenza mafiosa al Ministro dell'Interno, con facoltà di delega nei confronti dei Prefetti e del Direttore della DIA, nonché nei confronti di altri organi e uffici dell'Amministrazione della pubblica sicurezza. La disposizione originaria in tema di accesso ai sensi del d.l. 12 ottobre 1982, n. 629, convertito con legge 6 settembre 1982, n. 726, prevedeva che "qualora sulla base di elementi comunque acquisiti, vi fosse necessità di verificare la sussistenza di pericoli di infiltrazione da parte della delinquenza di tipo mafioso, potessero essere esercitati, anche in deroga alle disposizioni vigenti, poteri di accesso e di accertamento presso pubbliche amministrazioni, enti pubblici anche economici, banche, istituiti di credito pubblici e privati, società fiduciarie e presso ogni altro istituto o società che esercita la raccolta del risparmio o l'intermediazione finanziaria, con la possibilità di avvalersi della polizia tributaria".

Il decreto di nomina può prevedere la possibilità per i commissari di avvalersi anche di personale amministrativo ovvero di personale designato dai comandi delle Forze dell'ordine. Inoltre, per un più proficuo esito dell'accertamento, il Prefetto può nominare un gruppo tecnico di supporto, composto da altri soggetti istituzionali, che coadiuvi la commissione nell'istruttoria, evitando i ritardi e i rallentamenti.

Dopo la nomina e il relativo insediamento, la commissione provvede ad acquisire tutti gli elementi necessari all'espletamento dell'attività di indagine. La legge non disciplina puntualmente i poteri dei commissari, limitandosi a veicolare l'istruttoria alla ricerca degli elementi concreti, univoci e rilevanti, da cui possa emergere l'ingerenza mafiosa nella gestione dell'ente locale. Si tratta di un'attività ad ampio spettro che si colloca in un ambito preventivo e di difesa sociale[28]. Pertanto, la commissione può esercitare i suoi poteri di accesso non solo presso l'ente locale, ma altresì presso gli altri enti pubblici, ivi compresi quelli economici, le società partecipate e i soggetti di cui al capo III d.lgs. n. 231/2007.

La relazione conclusiva dell'istruttoria deve essere presentata al Prefetto entro tre mesi, prorogabili di altri tre. La *ratio* di tale previsione si rinviene nell'esigenza di evitare che l'attività di monitoraggio dell'ente locale possa protrarsi *sine die*.

### *III.3.3. La relazione prefettizia*

Il Prefetto, ricevuti gli esiti dell'attività della commissione di accesso, redige nel termine di 45 giorni[29] la relazione destinata al Ministro dell'Interno (art. 143, comma 3, TUEL).

Giova precisare che la relazione non si limita a recepire e validare le risultanze dell'istruttoria della commissione di accesso. Gli elementi raccolti nella fase precedente, infatti, possono essere ulteriormente integrati con quelli già in possesso dell'Ufficio Territoriale del Governo ovvero con quelli che provengono da attività di polizia o indagini della magistratura. A tal fine il Prefetto convoca preliminarmente il comitato provinciale per l'ordine e la sicurezza pubblica[30] e può chiedere,

---

[28] Al riguardo, occorre precisare che i poteri attribuiti alla Commissione non sono equiparabili a quelli degli inquirenti in ambito penalistico. In quest'ultima ipotesi è la stessa delega all'indagine penale che perimetra l'attività istruttoria.

[29] La previsione del termine entro cui il Prefetto deve redigere la relazione è stata introdotta con la riforma del 2009. La norma, che scandisce l'*iter* procedimentale di tale fase, non prevede alcun termine per le ipotesi in cui gli elementi, da cui emerge il condizionamento mafioso, siano stati acquisiti senza l'apporto della Commissione d'accesso. Si ritiene che in siffatte circostanze la relazione possa essere redatta in qualsiasi momento.

[30] Il comitato provinciale per l'ordine e la sicurezza pubblica ai sensi dell'art. 20 legge n. 121/1981 è presieduto dal Prefetto ed è composto: dal Questore; dal Sindaco del comune capoluo-

preventivamente, informazioni al Procuratore della Repubblica competente in ordine alla pendenza di un procedimento penale per i fatti accertati con l'istruttoria.

La previsione dell'obbligo di approfondire la questione in sede di C.P.O.S.P., retaggio di una prassi in uso prima della riforma, consente di acquisire dagli organi di polizia una serie di ulteriori informazioni (tra cui, *ex multis*, rapporti di parentela e affinità, frequentazioni degli amministratori locali, sussistenza di rapporti contrattuali con imprese colluse). La composizione del Comitato deve essere integrata con la partecipazione del Procuratore della Repubblica competente per territorio. La norma, invece, nulla stabilisce sulla presenza dei sindaci dei comuni della provincia, rimettendo tale scelta di opportunità alla valutazione dell'autorità prefettizia[31]. Il parere emesso in tale sede, benché obbligatorio, non risulta vincolante per lo scioglimento.

Non è altrettanto obbligatoria, viceversa, la richiesta di informazioni al Procuratore della Repubblica competente per i fatti accertati con l'istruttoria. Il legislatore prevede tale possibilità, ma non obbliga il Prefetto ad agire in tal senso laddove sia pendente un procedimento penale. In seguito all'eventuale richiesta, il Procuratore della Repubblica può comunque fornire, in deroga all'art. 329 c.p.p., solo le informazioni che non devono rimanere segrete per esigenze del procedimento.

La relazione del Prefetto conclude la fase di valutazione degli esiti dell'istruttoria. Nondimeno, nel silenzio della legge, si ritiene che sia necessario redigere la relazione anche laddove non sussistano gli elementi per addivenire all'emanazione del provvedimento dissolutorio.

L'art. 143, comma 3, TUEL statuisce il contenuto minimo della relazione, prescrivendo che questa debba dar conto della sussistenza degli elementi da cui risulti l'ingerenza della consorteria criminale nella vita politica dell'ente, anche con riferimento al segretario comunale o provinciale, al direttore generale, ai dirigenti e ai

---

go di Provincia; dal Presidente della Provincia; dai Comandanti Provinciali dei Carabinieri, della Guardia di Finanza e del Corpo Forestale dello Stato; dai Sindaci degli altri comuni interessati quando devono trattarsi materie rientranti negli ambiti territoriali di loro competenza. Attualmente, come precisato dalla circolare del Ministro dell'Interno del 13/02/2017, non è più richiesta la presenza del Comandante Provinciale del Corpo Forestale. Il Corpo Forestale, infatti, non può essere più considerato Forza di Polizia autonoma: l'art. 7 d.lgs. 19 agosto 2016, n. 177 ne ha disposto l'assorbimento nell'Arma dei Carabinieri. Le funzioni esercitate in seno al Comitato Provinciale per l'ordine e la sicurezza pubblica dal Comandante Provinciale del Corpo Forestale sono trasferite al Comandante Provinciale dell'Arma dei Carabinieri.

[31] Sul punto occorre rilevare che, mentre la partecipazione del sindaco dell'ente locale sottoposto a controllo è rimessa al prudente apprezzamento del Prefetto, la presenza, quali componenti di diritto, del Sindaco del comune capoluogo di Provincia e del Presidente della Provincia potrebbe comportare qualche problema operativo, allorquando sia in discussione proprio lo scioglimento rispettivamente del Comune capoluogo di Provincia e della Provincia.

dipendenti, nonché della presenza di condizionamenti o di condotte antigiuridiche nella gestione di appalti, contratti e servizi. Tale esplicita previsione è conforme alla ratio della riforma che, circoscrivendo l'ambito applicativo del procedimento, delimita l'ampia discrezionalità di cui gode l'amministrazione. Il Prefetto, infatti, deve fondare le sue conclusioni su circostanze fattuali, pregnanti e concrete.

## III.4. Il decreto di scioglimento

Lo scioglimento dell'ente locale e la contestuale nomina della commissione straordinaria sono disposti con decreto del Presidente della Repubblica[32], su proposta del Ministro dell'Interno, previa consultazione del Consiglio dei Ministri, entro tre mesi dalla trasmissione della relazione prefettizia[33]. Le risultanze dell'attività inquirente, condotta dal Prefetto, possono orientare la proposta ministeriale, ma non sono vincolanti. Il Ministro dell'Interno, invero, potrebbe non condividere l'indicazione prefettizia di intervenire con uno scioglimento o potrebbe determinarsi per il provvedimento dissolutorio, pur in presenza di una relazione di senso opposto.

L'elaborazione della proposta conclusiva spetta in ogni caso al Ministro dell'Interno[34]. L'*iter* procedimentale deve necessariamente concludersi con un provvedimento[35]. Il Ministro dell'Interno, allorquando non siano emerse prove del collegamento o del condizionamento, emette comunque un decreto di conclusione del procedimento dando atto degli esiti del monitoraggio (art. 143, comma 7, TUEL)[36].

---

[32] In ipotesi siffatte il Presidente della Repubblica esercita un potere di garanzia e controllo di rilievo costituzionale su atti di altri organi e autorità. Ne deriva che la legittimazione passiva, nell'ipotesi di ricorso avverso il provvedimento finale, è riconducibile in capo all'autorità il cui atto è stato oggetto di verifica da parte del Presidente della Repubblica (Tar Lazio, Sez. I, 22 marzo 2018, n. 3187).

[33] Il provvedimento in esame può essere adottato anche quando gli organi elettivi abbiano concluso il proprio mandato e si trovino in regime di *prorogatio* ai sensi dell'art. 38, comma 5, TUEL nonché a seguito dello scioglimento per dimissioni del sindaco "soprattutto nel caso [...] in cui le stesse fossero state rassegnate dopo [...] la nomina [...], da parte del Prefetto, di una Commissione di accesso, incaricata di verificare se ci fosse una influenza malavitosa nella gestione amministrativa del Comune" (Cons. Stato, Sez. III, 22 giugno 2018, n. 3828).

[34] Su tale argomentazione si fonda l'orientamento che richiede al Prefetto di redigere una relazione, anche laddove dall'istruttoria non sia emersa la sussistenza delle forme di collegamento o condizionamento di cui all'art. 143, comma 1, TUEL.

[35] In passato il Ministro dell'Interno poteva limitarsi a non agire, laddove non sussistessero gli elementi per procedere allo scioglimento.

[36] L'art. 143, comma 7, TUEL attribuisce al Ministro dell'Interno la disciplina delle modalità di pubblicazione del decreto di conclusione del procedimento. In data 4 novembre 2009 è stato emanato il suddetto decreto ministeriale.

Il legislatore disciplina il contenuto anche della proposta ministeriale di scioglimento. L'art. 143, comma 4, TUEL prescrive l'indicazione analitica delle anomalie riscontrate e dei provvedimenti necessari, al fine di rimuovere, in maniera tempestiva, le conseguenze pregiudizievoli per l'interesse pubblico, nonché l'identificazione degli amministratori ritenuti responsabili delle condotte che legittimano il provvedimento dissolutorio. La proposta ministeriale deve essere necessariamente corredata da una motivazione rafforzata.

La *ratio* di tale scelta legislativa è presto detta: la delibera del Consiglio dei Ministri e il decreto del Presidente della Repubblica si limitano ad una motivazione per relationem, rifacendosi a quanto contenuto nella proposta ministeriale. Ciò, tuttavia, non deve indurre a considerare la valutazione del Ministro dell'Interno come vincolante per il Consiglio dei Ministri.

Il provvedimento di scioglimento, infatti, è un atto di alta amministrazione adottato collegialmente dall'intero Governo, che potrà anche respingere la proposta ministeriale in tutto o in parte[37]. Tale connotazione emerge dalle caratteristiche della fase istruttoria, dalla natura apicale delle autorità amministrative competenti, nonché dalla circostanza che tali valutazioni "impingono sulla prevalenza dell'indirizzo politico di contrasto alle mafie" rispetto alla volontà espressa nelle consultazioni elettorali (Cons. St., Sez. III, n. 1266/2012)[38].

Il decreto di scioglimento è, dunque, pubblicato nella Gazzetta Ufficiale, con allegate la proposta ministeriale e la relazione prefettizia. Il legislatore attribuisce al Consiglio dei Ministri la possibilità di secretare alcune parti della proposta e/o della relazione, laddove lo ritenga strettamente necessario.

La pubblicità del provvedimento e dei documenti a supporto garantisce la libera accessibilità degli atti[39], consentendo agli interessati di avere contezza delle

---

[37] A titolo esemplificativo si può citare la vicenda del procedimento di scioglimento del comune di Fondi (LT) nel 2010. In quell'occasione, nonostante il Ministro dell'Interno abbia proposto lo scioglimento dell'organo consiliare, il Consiglio dei Ministri non ha accolto la richiesta, adducendo, tra le varie motivazioni, che il comune era stato già sciolto per dimissioni contestuali dei consiglieri.

[38] La natura di atto di alta amministrazione del decreto di scioglimento era stata già affermata dalla Consulta nella famosa prima pronuncia sull'istituto (Corte Costituzionale n.103/1993). In tale sede la Corte Costituzionale, rigettando la tesi dell'Avvocatura che qualificava gli scioglimenti come atti politici, affermava che "non presentano tali requisiti, giacché, da un lato la salvaguardia delle amministrazioni locali dalle ingerenze della criminalità organizzata risponde ad un interesse specifico e delimitato dello Stato, [...], e, dall'altro, una volta che la norma abbia previsto i presupposti ed i contenuti del provvedimento, le valutazioni di ordine pubblico devono intendersi esaurite nella sede legislativa, restando al potere esecutivo il compito, che è proprio della sfera di azione della potestà amministrativa, di rendere operante il dettato della fonte primaria".

[39] La norma non prevede, invece, l'accessibilità a tutte le fonti informative, ivi compresa la relazione della Commissione d'accesso.

ragioni che hanno provocato la sostituzione degli organi eletti democraticamente[40]. Va da sé che la scelta del Consiglio dei Ministri, di non rendere ostensibili alcune parti dei documenti allegati al decreto di scioglimento, deve rappresentare un'*extrema ratio* e necessita di un'adeguata motivazione.

Con la pubblicazione del decreto di scioglimento cessano dalle relative cariche e da ogni incarico connesso i consiglieri, il sindaco, il presidente della Provincia e i componenti delle giunte (art. 143, comma 4, TUEL)[41]. Parimenti sono risolti di diritto, salvo diversa valutazione della commissione straordinaria ex art. 144 TUEL, gli incarichi a contratto di cui all'art. 110 Tuel, quelli di revisore dei conti e di collaborazione coordinata e continuativa (art. 143, comma 6, TUEL).

Lo scioglimento produce i suoi effetti per un periodo da dodici a diciotto mesi, eccezionalmente prorogabili a ventiquattro. La proroga può essere disposta non oltre il cinquantesimo giorno antecedente la data di scadenza dello scioglimento, con lo stesso procedimento previsto per l'emanazione del provvedimento dissolutorio, laddove permanga la necessità di dare continuità all'attività della commissione straordinaria (art. 143, comma 10, TUEL). In ogni caso le elezioni degli organi sciolti si svolgono in occasione del turno annuale ordinario, salvo l'ipotesi in cui i termini dell'amministrazione straordinaria decorrano nel secondo semestre dell'anno. In questa eventualità le elezioni si svolgono in un turno straordinario in una domenica compresa tra il 15 ottobre e il 15 dicembre.

Per fronteggiare, invece, situazioni di urgente necessità che dovessero emergere nelle more del procedimento di scioglimento, l'art. 143, comma 12, TUEL consente al Prefetto di sospendere gli organi dalla carica ricoperta e da ogni incarico connesso, attribuendo la provvisoria amministrazione dell'ente locale a commissari. In ogni caso tale gestione commissariale non può eccedere il termine di 60 giorni[42]. In siffatte circostanze il successivo decreto di scioglimento produce

---

[40] Di fatto, il principio di libera accessibilità trovava riconoscimento nelle pronunce della giurisprudenza già prima di essere inserito, con la riforma del 2009, nel corpus dell'art. 143 TUEL. Nondimeno, la relazione prefettizia, la proposta ministeriale e il decreto di scioglimento non rientravano nei casi di esclusione dal diritto di accesso elencati dal decreto del Ministro dell'Interno n. 415/1994.

[41] La cessazione degli amministratori locali e degli altri soggetti indicati nell'art. 143, comma 4, TUEL non mette in discussione la natura dello scioglimento. Giova rammentare che non si tratta di una misura sanzionatoria a carattere individuale, bensì è uno strumento politico-amministrativo di difesa della funzionalità delle istituzioni locali, caratterizzato per avere una funzione preventiva di carattere generale.

[42] La durata massima di due mesi della gestione commissariale, di cui all'art. 143, comma 12, TUEL, mal si concilia con la scansione temporale del procedimento di scioglimento. Il decreto del Presidente della Repubblica, infatti, può essere emesso entro tre mesi dalla trasmissione della relazione prefettizia al Ministro dell'Interno. Il sistema palesa un *vulnus* in tutte le ipotesi in cui il Prefetto, ritenendo sussistere l'urgente necessità già allatto dell'invio della relazione, disponga la sospensione immediata degli organi dell'ente locale.

effetti, non dalla data della pubblicazione, bensì da quella in cui è stato emanato il provvedimento di sospensione.

Il decreto di scioglimento e i provvedimenti ad esso collegati sono impugnabili innanzi al giudice amministrativo[43]. Il sindacato giurisdizionale, attesa l'ampia discrezionalità che connota la decisione finale della p.a., non si estende ai profili di merito del provvedimento. Il giudice amministrativo, pertanto, circoscrive il suo giudizio ad una valutazione estrinseca di legittimità, verificando l'idoneità dell'attività istruttoria, la veridicità dei fatti posti a fondamento della decisione e la sussistenza di una motivazione logica, coerente e ragionevole. Qualora risulti indispensabile per la decisione, l'autorità giudiziaria può chiedere il deposito di tutta la documentazione che ha indotto l'amministrazione a determinarsi per lo scioglimento dell'ente locale, ivi compresa quella secretata.

## III.5. La gestione straordinaria: finalità e poteri della Commissione ex art. 144 TUEL

Il Presidente della Repubblica con il decreto di scioglimento provvede a nominare la commissione straordinaria e a definirne i poteri. Tale collegio, ai sensi dell'art. 144 TUEL, è composto da tre membri — scelti tra funzionari dello Stato e magistrati ordinari o amministrativi — ed esercita le sue funzioni fino al primo turno elettorale. La commissione, sostituendo tutti gli organi dell'ente, è titolare di un potere di autotutela speciale ad ampia portata, che si articola sotto il profilo organizzativo e decisionale in maniera differente a seconda della funzione svolta e della materia oggetto della delibera[44].

---

[43] Il giudizio avverso i provvedimenti di scioglimento, ai sensi dell'art. 119, comma 1, lett. *e)* c.p.a., soggiace alla disciplina del rito abbreviato. L'art. 135, comma 1, lett. *q)* c.p.a. stabilisce, peraltro, che le controversie in esame sono sottoposte alla competenza funzionale inderogabile del Tar Lazio. In tal modo il legislatore garantisce l'uniformità degli orientamenti giurisprudenziali nella peculiare materia degli scioglimenti. La legittimazione a ricorrere avverso il provvedimento in argomento spetta agli amministratori in carica al momento dello scioglimento. Secondo un recente orientamento, infatti, gli amministratori, che al momento dell'adozione del provvedimento dissolutorio siano già cessati dalla carica ai sensi dell'art. 141 TUEL, non sono legittimati a proporre ricorso per mancanza di interesse concreto, diretto attuale (Tar Lazio, Sez. I, 2 marzo 2018, n. 2327). Parimenti non può essere invocato, ai sensi dell'art. 9, comma 1, d.lgs. n. 267/2000, il diritto di ciascun elettore a far valere in giudizio le azioni e i ricorsi che spettano al Comune e alla Provincia (Tar Lazio, Sez. I, 29 marzo 2018, n. 3542). È altresì esclusa, per le stesse ragioni, la legittimazione attiva dei candidati al consiglio comunale che non rivestivano alcuna carica al momento della definizione del procedimento di cui all'art. 143 Tuel (Tar Lazio, Sez. I, 2 maggio 2018, n. 4836).

[44] Il legislatore ha conferito poteri al Ministro dell'Interno per la determinazione, mediante decreto, delle modalità di organizzazione e funzionamento della commissione. Il d.m. 523/1995 disciplina l'attività del suddetto organismo, definendo i *quorum* strutturali e funzionali delle de-

La gestione straordinaria è volta ad eliminare le fonti di condizionamento, diretto o indiretto, dell'amministrazione pubblica nei vari settori in cui è stata accertata, in sede di istruttoria, la presenza della consorteria criminale. A tal fine i commissari non si limitano ad effettuare un mero riesame di legittimità od opportunità dei singoli atti, ma estendono il loro controllo a tutti gli strumenti organizzativi e contrattuali contaminati dalla presenza del sodalizio criminale. Va da sé che la commissione, durante la gestione straordinaria, può intervenire anche su posizioni giuridiche già consolidate e in deroga alle norme generali del procedimento amministrativo (legge n. 241/90).

L'eliminazione dell'ingerenza del sodalizio criminale non può prescindere da una riorganizzazione dell'apparato burocratico. Il decreto di scioglimento risolve di diritto tutti gli incarichi di cui all'art. 110 TUEL, nonché quelli di revisore dei conti e i rapporti di consulenza e di collaborazione coordinata e continuativa. Tale risoluzione, tuttavia, potrebbe compromettere la continuità dell'attività amministrativa e non rivelarsi motivata, soprattutto per quegli incarichi che non presentano natura fiduciaria (*ex multis*, quelli dei revisori dei conti). E per tale ragione che l'art. 143, comma 6, TUEL conferisce alla commissione il potere di rinnovare, entro il termine di 45 giorni dal suo insediamento, gli incarichi dei succitati soggetti, previa verifica dell'insussistenza dei presupposti per addivenire alla risoluzione. Siffatto provvedimento deve essere adeguatamente motivato.

In tale solco si inserisce anche il potere del Prefetto di integrare l'apparato burocratico dell'ente locale, onde supportare l'attività dei commissari. Il legislatore ha previsto l'assegnazione in via temporanea, anche in deroga alle norme vigenti, di personale amministrativo e tecnico in posizione di comando o distacco nonché, ove occorra, in posizione di sovraordinazione.

La Commissione gode di poteri di intervento altrettanto incisivi anche con riferimento alla gestione amministrativa dell'ente e agli strumenti contrattuali. Al riguardo, l'art. 145 TUEL prescrive che i commissari, entro 60 giorni dalla nomina, definiscano le priorità[45] degli interventi da realizzare, al fine di fronteggiare i

---

cisioni. In via generale, e salvo diversa previsione, per le materie di competenza del Consiglio, la Commissione si intende validamente costituita con la presenza di tutti i componenti e la delibera può essere adottata a maggioranza; per le materie di competenza della Giunta, invece, la Commissione si ritiene validamente costituita con la presenza di almeno due membri e la delibera può essere adottata con voto a maggioranza.

[45] La definizione del piano di priorità e l'accesso ai finanziamenti necessari è frutto di una concertazione tra i vari attori istituzionali. Ai sensi dell'art. 145, comma 2, TUEL la Commissione è tenuta a inviare - entro 10 giorni - la delibera del piano di priorità al Prefetto il quale, sentito il comitato provinciale della p.a. integrato con i rappresentanti degli uffici tecnici dei vari livelli territoriali, trasmette gli atti all'amministrazione regionale competente per il tramite del commissario del Governo, o alla Cassa depositi e prestiti, che provvedono alla dichiarazione di priorità di accesso ai finanziamenti.

gravi disservizi e di avviare i lavori per opere pubbliche indifferibili. Delineato il piano delle priorità, la commissione provvede ad approvare la realizzazione dei progetti, ivi compresi quelli già approvati dagli organi dell'ente locale prima dello scioglimento, sempreché non siano stati ancora eseguiti. L'*intentio legis* è quella di salvaguardare la trasparenza e il buon andamento dell'azione amministrativa, eliminando ogni dubbio di legalità sui progetti approvati prima dello scioglimento, ma ancora da eseguire. L'approvazione e l'esecuzione dei progetti, ricompresi nel piano delle priorità, può essere realizzata anche in deroga alla disciplina sugli enti locali dissestati ai sensi dell'art. 145, comma 2, TUEL.

La commissione straordinaria può intervenire non solo sui progetti delle opere pubbliche da realizzare, ma anche sugli appalti, concessioni e contratti già in essere. A tal fine, i commissari possono adottare tutti i provvedimenti ritenuti necessari, nonché disporre la revoca delle deliberazioni già adottate o la rescissione dei contratti già conclusi, derogando ai principi degli artt. 21-*quinquies* e 21-*sexies* legge n. 241/1990. In entrambe le suddette ipotesi non viene riconosciuto alcun esborso in favore del contraente privato; il legislatore vuole così evitare che le associazioni criminali possano trarre profitto dai rapporti con la pubblica amministrazione. Dunque, sarebbe irragionevole riconoscere un indennizzo a seguito della revoca o rescissione.

In realtà, il settore degli appalti, nel quale frequentemente si registrano i tentativi di infiltrazione mafiosa, viene monitorato anche dopo la conclusione della gestione straordinaria. Il codice antimafia (d.lgs. n. 159/2011) prescrive che l'ente locale sciolto ai sensi dell'art. 143 TUEL deve acquisire, per i cinque anni successivi al provvedimento dissolutorio, l'informazione antimafia, indipendentemente dal valore economico del contratto, dell'appalto o dell'erogazione (art. 100 d.lgs. cit.). In alternativa può decidere di avvalersi, per un periodo determinato, comunque non superiore alla durata in carica della gestione straordinaria o degli organi successivamente eletti, della stazione unica appaltante per lo svolgimento delle procedure di evidenza pubblica (art. 101 d.lgs. cit.).

Il perseguimento delle finalità proprie dello scioglimento straordinario è supportato anche da alcune misure di natura economica. La commissione, infatti, può richiedere al Ministero dell'Interno, ai sensi dell'art. 146 TUEL, un'anticipazione di cassa per il risanamento della situazione dell'ente. Tale erogazione soggiace a due vincoli, ovverosia la densità demografica dell'ente, che non deve superare i 20.000 abitanti, e la presentazione di un piano di risanamento su cui deve formulare il proprio parere la commissione per la stabilità finanziaria degli enti locali di cui all'art. 155 TUEL. In ogni caso tale erogazione, pari all'importo dei residui attivi dei titoli primo e terzo dell'entrata, non può essere superiore a cinque annualità dei trasferimenti erariali correnti e della quota di compartecipazione IRPEF spettanti all'ente territoriale.

Nella gestione straordinaria la commissione si avvale anche del Comitato di sostegno e monitoraggio, istituito presso il Ministero dell'Interno, Dipartimento Affari Interni Territoriali. Tale soggetto, la cui organizzazione è disciplinata dal decreto del Ministro dell'Interno n. 459/1995, esercita funzioni a supporto non solo dell'attività della Commissione, bensì anche di quella degli organi eletti dopo la conclusione della gestione straordinaria.

Il Comitato, utilizzando le informazioni raccolte sui servizi e le attività svolte in tutti i comuni sciolti per infiltrazioni mafiose, fornisce consulenza tecnica e gestionale, nonché, al fine di determinare una linea unitaria di intervento, coordina le attività delle commissioni straordinarie e organizza incontri informativi con i commissari. Con il successivo monitoraggio delle commissioni e dei comuni riportati alla gestione ordinaria[46], invece, il Comitato acquisisce tutti gli elementi per il proficuo svolgimento dell'attività di sostegno e determina i criteri per le relazioni che i soggetti monitorati devono inviargli con cadenza semestrale ex art. 7 d.m. n. 459/1995.

## III.6. Gli strumenti aggiuntivi e alternativi al decreto di scioglimento

### *III.6.1. I provvedimenti atipici ex art. 143, comma 5, TUEL*

Il decreto di scioglimento dell'ente locale non è l'unico provvedimento che può essere emesso all'esito del procedimento disciplinato dall'art. 143 TUEL[47].

---

[46] Il monitoraggio per i comuni riportati alla gestione ordinaria, ai sensi dell'art. 5 comma 4 d.m. n. 459/1995, ha una durata pari al periodo di commissariamento.

[47] Nella recente, e nota, vicenda "Mafia Capitale" si è paventata una diversa soluzione per tutte quelle situazioni in cui, pur non sussistendo contestualmente tutti gli elementi sintomatici dell'infiltrazione mafiosa, emergano vizi talmente gravi da rendere necessario "un intervento dall'alto" per garantire il risanamento dell'amministrazione pubblica. Nel caso di specie, la Commissione d'accesso, presieduta dal Prefetto Magno, ha concluso l'istruttoria avanzando la soluzione dello scioglimento del Comune di Roma, attesa l'accertata presenza degli elementi di cui all'art. 143, comma, TUEL. Peraltro, la relazione della Commissione Magno si è soffermata in maniera puntuale sulla situazione del Municipio X Ostia, rilevando la pervasiva ingerenza della consorteria criminale nella vita politica del consiglio municipale. *Ex adverso*, il Prefetto Gabrielli non è addivenuto alle medesime conclusioni. La relazione prefettizia, da quanto si legge nella *Relazione Commissione Antimafia* 2016, valutando i rapporti tra i vari organi succedutisi nella Capitale, ha evidenziato una discontinuità tra l'operato della Giunta Alemanno e quella della successiva Giunta Marino. La mancanza dell'univocità degli elementi di cui all'art. 143, comma 1, TUEL ha indotto il Prefetto Gabrielli ad escludere lo scioglimento per il Comune di Roma. Diversa è stata la valutazione per il Municipio X Ostia, per il quale il Prefetto Gabrielli ha proposto l'adozione del provvedimento dissolutorio, attesa la presenza di un sistema di controllo e di condizionamento della gestione della *res publica*. Il Ministro dell'Interno On. Alfano, conformandosi

In alternativa o in aggiunta, l'art. 143, comma 5, TUEL prevede che il Ministro dell'Interno possa adottare, con decreto, un provvedimento volto a ripristinare la funzionalità dell'ente, sempreché dalla relazione prefettizia siano emersi elementi concreti, univoci e rilevanti su collegamenti o condizionamenti con la criminalità organizzata.

La norma in questione individua soltanto in forma esemplificativa, e non tassativa[48], i provvedimenti del Ministro dell'Interno, limitandosi a veicolare funzionalmente l'intervento alla cessazione del pregiudizio in atto e al ripristino della normalità dell'attività amministrativa.

---

solo parzialmente alle risultanze della relazione prefettizia, ha condiviso comunque la proposta di scioglimento del Municipio X Ostia. Con riferimento alla situazione di Roma Capitale, invece, il Ministro "*avendo preso atto che la Commissione di accesso ha evidenziato una situazione amministrativa caratterizzata da gravi vizi, ha annunciato, nella medesima conferenza stampa, che avrebbe fatto supportare l'amministrazione capitolina e che, a tal fine, avrebbe incaricato il Prefetto di pianificare con il sindaco gli interventi di recupero dei settori che risultavano maggiormente compromessi*" (*Relazione Commissione Antimafia 2016, pagina 117).* Pertanto, la proposta ministeriale ha avanzato la soluzione di un monitoraggio dell'attività di risanamento del Comune di Roma con il sostegno collaborativo del Prefetto. Lo scioglimento del Municipio X Ostia è stato disposto con d.P.R. 27 agosto 2015 ai sensi dell'art. 146 TUEL, che espressamente estende la disciplina degli scioglimenti straordinari anche ai consigli circoscrizionali (tra questi sono ricompresi anche quelli che lo Statuto della città capitolina definisce consigli municipali, come il Municipio X Ostia). Tuttavia, ciò che rende interessante la vicenda "Mafia Capitale" è la soluzione adottata per far fronte ai gravi vizi nella gestione dell'attività amministrativa di Roma Capitale, emersi in sede di istruttoria. La nomina, in data 7 settembre 2015, di un gruppo di supporto, presieduto dal Prefetto di Roma, ha rappresentato un provvedimento a metà strada funzionale al superamento della dicotomia tra lo scioglimento e la sua mancata adozione. La "*terza via*", come precisato nella *Relazione Commissione Antimafia 2016,* non troverebbe fondamento nell'art. 143 TUEL, ma sarebbe espressione dei principi generali della cooperazione istituzionale. Il Prefetto, infatti, attraverso un'opera di monitoraggio "esercita forme di verifica dell'attività di risanamento dell'ente", nel cui ambito "il ruolo [dell'autorità prefettizia] si atteggia in termini di sostegno collaborativo" (cfr., in tal senso, audizione Ministro dell'Interno del 15 marzo 2016). Sennonché, come evidenziato nella Relazione Commissione Antimafia 2016, il principio della leale collaborazione "non prevede dirette sanzioni in caso di inosservanza, né poteri decisionali, anche solo limitati, in capo alla prefettura che prevalessero rispetto a quelli degli amministratori. La buona riuscita del percorso di sostegno dunque era rimesso all'esistenza di un clima disteso e di spontanea cooperazione che, però, in una situazione amministrativa di quel genere, proprio perché compromessa e condizionata, potrebbe essere difficile da instaurare". Invero, nella situazione concreta tali rischi non si sono palesati, in quanto l'assemblea capitolina è stata sciolta in data 2 novembre 2015, ai sensi dell'art. 141, comma 1, lett. b) n. 3), Tuel, per le dimissioni contestuali di ventisei consiglieri.

[48] Lart. 143, comma 5, TUEL prevede tra i provvedimenti che il Ministro dell'Interno può adottare: la sospensione dall'impiego del dipendente, la sua destinazione ad altro ufficio o altra mansione con obbligo di avvio del procedimento disciplinare da parte dell'autorità competente.

Nel silenzio della legge, si ritiene che i provvedimenti atipici di cui all'art. 143, comma 5, TUEL possano essere adottati in qualsiasi momento[49]; "se il legislatore avesse inteso limitare nel tempo l'esercizio del potere di cui al comma 5 dell'art. 143, lo avrebbe fatto mediante un'espressa previsione, analogamente a quanto previsto per l'adozione del provvedimento di scioglimento o di conclusione del procedimento ex commi 4 e 7 del citato articolo 143" (Tar Lazio n. 9469/2016).

Parimenti non determinata è la durata degli effetti di siffatte misure. I provvedimenti dell'art. 143, comma 5, TUEL non presentano carattere definitivo; l'ente locale potrebbe riammettere in servizio il dipendente ovvero destinarlo all'ufficio di precedente assegnazione, qualora ciò non pregiudichi l'esercizio dell'attività amministrativa.

I presupposti per l'emanazione del decreto del Ministro dell'Interno sono gli stessi previsti per lo scioglimento. Va da sé che, anche nella surriferita ipotesi, il provvedimento non deve necessariamente collegarsi ad una specifica responsabilità sanzionabile in sede penale o disciplinare[50]. È sufficiente che emerga un condizionamento pregiudizievole per l'imparzialità e il buon andamento dell'attività amministrativa. Il decreto del Ministro dell'Interno, infatti, non dispone l'applicazione di una sanzione disciplinare, ma introduce misure straordinarie che operano in via cautelare a tutela della pubblica amministrazione ed, in particolare, dell'imparzialità e del buon andamento dell'azione pubblica.

A differenza di quanto si verifica per lo scioglimento dell'ente, il provvedimento ministeriale di cui all'art. 143, comma 5, TUEL è vincolato alla proposta conforme contenuta nella relazione prefettizia. In mancanza, il Ministro dell'Interno non può determinarsi per l'adozione di uno dei provvedimenti atipici nei confronti dei soggetti indicati nella disposizione in esame.

### *III.6.2. L'incandidabilità temporanea degli amministratori*

La riforma del 2009 ha previsto la possibilità, in aggiunta[51] al provvedimento dissolutorio, di sanzionare con l'incandidabilità temporanea gli amministratori

---

[49] Invero, bisogna evidenziare che, seppur indirettamente, il legislatore circoscrive temporalmente il potere del Ministro dell'Interno statuendo che il decreto deve far cessare "immediatamente" il pregiudizio in atto.

[50] Tale misura può essere adottata anche quando "il dipendente non abbia operato con la più opportuna solerzia e incisività anche in ragione di un semplice condizionamento ambientale posto in essere dalla criminalità organizzata" (Tar Sicilia, Sez. II, 3 marzo 2014, n. 707).

[51] Come già rilevato in precedenza, le misure atipiche di cui all'art. 143, comma 5, TUEL possono essere adottate anche in alternativa allo scioglimento dell'ente.

responsabili delle condotte che hanno causato lo scioglimento. Tale previsione, successivamente riformata con d.l. 4 ottobre 2018, convertito con modificazioni dalla legge 1 dicembre 2018 n. 130, risponde all'esigenza di rendere maggiormente efficace la reazione dell'ordinamento ai tentativi di infiltrazione mafiosa.

In mancanza di tale misura, infatti, gli amministratori locali, responsabili dello scioglimento, avrebbero potuto subito ricandidarsi alle elezioni successive alla conclusione della gestione straordinaria. Ciò minava l'effettività del controllo sugli organi di cui all'art. 143 TUEL, atteso che, eccezion fatta per la parentesi della gestione commissariale, si poteva registrare una continuità tra l'amministrazione attinta dallo scioglimento e quella eletta successivamente alla conclusione dell'attività della commissione.

Prima di analizzare nel dettaglio la disciplina dell'art. 143, comma 11, TUEL appare opportuno evidenziare che l'istituto, ivi regolamentato, si distingue dalle ipotesi di incandidabilità ex artt. 7 e 10 d.l.gs. n. 235/2012. L'incandidabilità prevista dalle citate disposizioni è una misura sanzionatoria accessoria, che consegue automaticamente al verificarsi di determinati presupposti (condanna definitiva per un reato ovvero adozione di una misura di prevenzione analiticamente indicati nella norma) e opera fino a che non sia intervenuto un provvedimento di riabilitazione (art. 15 d.lgs. n. 235/2012). In questi casi il soggetto subisce una grave e duratura limitazione del proprio diritto di elettorato passivo.

Il provvedimento di cui all'art. 143, comma 11, TUEL presenta natura, presupposti e ambito applicativo differenti.

Si tratta di una misura interdittiva temporanea, di natura preventiva e cautelare[52], volta ad evitare che gli amministratori responsabili dello scioglimento possano aspirare a ricoprire cariche identiche, o simili, a quelle rivestite in precedenza. Il legislatore vuole garantire la trasparenza e il buon andamento dell'amministrazione nella fase immediatamente successiva alla gestione commissariale, riducendo "i rischi di proiezione criminale nel primo turno elettorale successivo allo scioglimento" (Corte di Cassazione, Sezioni Unite, n. 1747/2015).

L'incandidabilità temporanea non consegue automaticamente ad una condanna per un reato ovvero all'applicazione di una misura di prevenzione, come avviene per le ipotesi di cui agli artt. 7 e 10 d.lgs. n. 235/2012, bensì è dichiarata con sentenza del Tribunale civile competente per territorio[53]. Il procedimento, che si

---

[52] La Corte di Cassazione a Sezioni Unite ha escluso che la dichiarazione temporanea di incandidabilità presenti natura sanzionatoria, dacché è funzionalmente orientata "ad evitare il ricrearsi delle situazioni a cui la misura dissolutoria ha inteso ovviare, salvaguardando beni primari della collettività nazionale" (Cass., Sez. Un., 30 gennaio 2015, n. 1747).

[53] Sul punto la Corte di Cassazione con sentenza n. 15038 del 2018 ha affermato, per la prima volta, l'importante principio secondo cui "se è vero [...] che lo scioglimento dell'amministrazione, come fatto storico,costituisce presupposto indispensabile per la dichiarazione d'incandidabili-

svolge nelle forme del rito camerale ex artt. 737 c.p.c., prende avvio con la trasmissione[54] al Tribunale della proposta ministeriale di scioglimento ex art. 143, comma 4, TUEL. Infatti, secondo ormai costante giurisprudenza, dalla suddetta proposta devono risultare i soggetti responsabili dello scioglimento nei cui confronti si chiede la dichiarazione di incandidabilità[55].

Il giudice deve accertare se le condotte degli amministratori abbiano causato, o contribuito a causare, lo scioglimento. La prova può ritenersi raggiunta anche in presenza di un grado di significatività inferiore a quello richiesto per l'esercizio dell'azione penale ovvero per l'adozione di una misura di prevenzione. Tale valutazione non viene effettuata esclusivamente sui dati contenuti nella proposta ministeriale di scioglimento; la norma impone al giudice una nuova ponderazione di tutte le circostanze, alla luce delle prove allegate da entrambe le parti.

Per effetto della dichiarazione di incandidabilità, gli amministratori non possono candidarsi alle elezioni per la Camera dei deputati, per il Senato della Repubblica e per il Parlamento europeo nonché alle elezioni regionali, provinciali, comunali e circoscrizionali, in relazione ai due turni elettorali successivi allo scioglimento[56]. Prima della riforma del 2018 il legislatore prescriveva l'incandidabilità solo per il primo turno elettorale successivo.

Quest'ultima previsione ha sollevato, fin dalla sua emanazione, dubbi in ordine all'ambito applicativo della misura, atteso che la normativa non chiariva se il provvedimento producesse effetti rispetto a ciascuna delle elezioni indicate dalla norma ovvero, esclusivamente, a quella temporalmente successiva alla pronuncia del Tribunale. A tal riguardo, la giurisprudenza prevalente ha ritenuto che la di-

---

tà degli amministratori, è anche vero, però, che l'autonomia della relativa impugnazione rispetto al procedimento di cui all'art. 143, undicesimo comma, del d.lgs. n. 267 del 2000, derivante dalla diversità dei rispettivi oggetti, esclude la configurabilità di un rapporto di pregiudizialità in senso tecnico-giuridico, relegando al rango di mera interferenza tra i due giudizi la comunanza delle questioni e degli aspetti probatori riguardanti le irregolarità commesse nella gestione dell'ente territoriale".

[54] Sul punto occorre rilevare che "non è predicabile, in difetto di espressa previsione di tal fatta nell'art. 143, comma 11, Tuel alcuna decadenza dal potere di proporre una domanda di incandidabilità" (Corte App. Reggio Calabria, decr. 763/2016). Pertanto, l'eventuale ritardo dell'iniziativa non produce effetti inibitori o paralizzanti.

[55] Il procedimento non può iniziare *ex officio*; non può assurgere ad atto di impulso la proposta ministeriale pubblicata nella Gazzetta Ufficiale. Quest'ultima è indirizzata al Presidente della Repubblica e ha ad oggetto una pronuncia di scioglimento e non la dichiarazione di incandidabilità degli amministratori (in tal senso, cfr. Cass., Sez. I, 29 aprile 2015, n. 8718).

[56] La disciplina dell'incandidabilità ex art. 143 TUEL è stata recentemente modificata dal d.l. 4 ottobre 2018, convertito von modificazione dalla legge n. 130/2018. Nella precedente formulazione la norma prescriveva il divieto di candidarsi al primo turno elettorale successivo al provvedimento di scioglimento.

chiarazione dello *status* di incandidabilità estendesse i suoi effetti al primo turno di ciascuna delle tornate elettorali previste dall'art. 143, comma 11, TUEL. Tale interpretazione trovava riscontro nella lettera e nella *ratio legis* della norma.

Con riferimento al dato letterale, infatti, il legislatore utilizza "la congiunzione "e", solitamente adoperata per indicare l'unione di due elementi, piuttosto che la disgiunzione "o", solitamente usata per esprimere un'alternativa" (Cass., Sez. I, 22 settembre 2015, n. 18696). Nondimeno, la diversa ricostruzione, limitando l'efficacia della dichiarazione di incandidabilità ad un solo turno elettorale, quello temporalmente successivo e indipendentemente dalla tipologia di elezione, avrebbe avuto una minore efficacia, che mal si sarebbe conciliata con la *ratio legis*. La dichiarazione di incandidabilità deve impedire agli autori delle condotte, non solo di continuare ad operare nell'ente locale destinatario del provvedimento dissolutorio, ma anche di esportare il "modello di mal governo" alle altre istituzioni presenti nel territorio regionale[57].

Sennonché, la riforma del 2018, estendendo l'ambito applicativo della misura, parrebbe aver ribaltato tale impostazione, avallando il diverso orientamento per cui il provvedimento interdittivo produce effetti solo per i due turni elettorali temporalmente successivi alla dichiarazione di incandidabilità. Del resto in tale solco si inserisce anche la circolare n. 15900 del 24 gennaio 2019 del Ministero dell'Interno - Dipartimento Affari Interni e Territoriali - secondo cui con la novella del 2018 "è stata estesa la sfera di operatività dell'incandidabilità [...] la previsione ad integrazione del testo previgente si è resa necessaria in quanto le cause ostative di limiti all'espletamento del mandato elettivo - sostanziandosi in una limitazione al diritto di elettorato passivo costituzionalmente garantito - sono di stretta interpretazione ed applicazione, occorrendo, quindi, una disposizione *ad hoc* per ampliarne l'ambito applicativo". La diversa interpretazione, formatasi prima del recente intervento normativo, rischierebbe di avere un impatto eccessivo su un diritto costituzionalmente garantito, quale è quello all'elettorato passivo.

Un'ulteriore questione, invece, è stata posta relativamente il *dies a quo* per la decorrenza degli effetti della dichiarazione di incandidabilità. L'art. 143, comma 11, TUEL, da un lato, faceva riferimento al primo turno elettorale successivo allo scioglimento, dall'altro, richiedeva, e richiede tuttora, che lo status sia stato accertato con un provvedimento definitivo. A tal riguardo non appare condivisibile, ora come allora, l'orientamento che, in presenza di elezioni già svoltesi nelle more del giudizio innanzi al Tribunale, professa l'applicabilità della misura interdittiva

[57] Così R. Cantone e P. Parisi, *Incadidabilità degli amministratori responsabili dello scioglimento di un ente locale per infiltrazioni mafiose- Il commento*, in *Giornale dir. amm.*, 2015, 6, 768 ss.

esclusivamente alle altre tipologie di elezioni elencate dalla norma[58]. Tale impostazione attribuirebbe altrimenti "effetti esecutivi ad un provvedimento di incandidabilità prima che sia divenuto definitivo e non considera che nelle elezioni precedenti la persona era candidabile ed eleggibile" (Cass., Sez. I, n. 18696/2015). Del resto, la stessa norma richiede che la dichiarazione di incandidabilità sia disposta con sentenza definitiva. In tal senso, peraltro, depone anche la Circolare del Ministero dell'Interno del 24 gennaio 2019 citata, che, rifacendosi all'orientamento giurisprudenziale consolidato, statuisce che la norma "ha l'effetto di precludere la candidabilità alle elezioni ivi indicate successive al provvedimento giurisdizionale definitivo, anche nel caso in cui - nelle more della definizione del procedimento giurisdizionale - si siano svolti uno o più turni elettorali successivi all'emanazione del decreto presidenziale di scioglimento".

### *III.6.3. Il monitoraggio e il potere surrogatorio.*

La recente riforma normativa (d.l. n. 113/2018) aveva introdotto un'ulteriore misura nel *corpus* dell'art. 143 TUEL, che, tuttavia, non ha superato il recente vaglio della Consulta. In particolare, l'art. 143, comma 7*bis*, TUEL consentiva al Prefetto di intervenire nelle ipotesi in cui, pur non essendosi riscontrati i requisiti per lo scioglimento o per l'applicazione delle misure atipiche ex art. 143 comma 5 TUEL, sussistessero situazioni sintomatiche di condotte gravi e reiterate tali da provocare un'alterazione delle procedure e da compromettere il buon andamento e l'imparzialità dell'azione amministrativa.

La norma non individuava, però, una casistica delle fattispecie sanzionabili, ma si limitava a circoscrivere, con formulazione molto elastica, i presupposti che legittimavano l'esercizio di un potere surrogatorio da parte del Prefetto. Quest'ultimo, previa individuazione degli interventi da porre in essere, avrebbe dovuto concedere un termine entro il quale gli organi dell'ente avrebbero dovuto adeguarsi alle prescrizioni dettate per il superamento delle surriferite criticità.

Il legislatore, peraltro, nulla disponeva in ordine al termine entro il quale gli organi dell'ente locale avrebbero dovuto provvedere, rimettendo la decisione alla

---

58 In tal senso si segnala la sentenza della Corte d'Appello di Napoli, n. 2926/2012. I giudici partenopei evidenziano che "Quanto, invece, all'ambito temporale di operatività della norma in commento testualmente circoscritta al primo turno elettorale successivo allo scioglimento del consiglio. L'inequivoco significato letterale della citata disposizione [...] comporta che la pronuncia definitiva di incandidabilità, ove sopravvenga dopo lo svolgimento del primo turno di una o più elezioni tra quelle elencate, è destinata a produrre i suoi effetti esclusivamente con riferimento alle altre elezioni (tra quelle elencate) non ancora svoltesi dopo lo scioglimento, non anche con riferimento alle successive tornate delle elezioni già tenutesi nelle more del procedimento per la dichiarazione di improcedibilità".

valutazione dell'autorità prefettizia, che avrebbe dovuto tener conto della complessità dell'attività da porre in essere nonché delle risorse umane e strumentali a disposizione e di ogni altro utile elemento.

Invero, laddove gli organi destinatari del provvedimento non avessero ottemperato, il Prefetto avrebbe dovuto concedere un termine massimo di ulteriori 20 giorni, decorso il quale avrebbe dovuto nominare un commissario ad acta che si sarebbe sostituito agli organi amministrativi limitatamente ai singoli procedimenti. In quest'ultima ipotesi, eccezion fatta per gli atti ricompresi nel mandato del commissario ad acta, sarebbero rimaste impregiudicate le funzioni in capo agli organi ordinari dell'ente.

La Corte Costituzionale, accogliendo i rilievi mossi da alcune Regioni, si è pronunciata con la recente sentenza n. 195 del 2019 sull'art. 143, comma 7*bis*, TUEL dichiarandone l'incostituzionalità.

In particolare, secondo la Consulta, il d.l. n. 113/2018 avrebbe introdotto un nuovo un potere fondato su presupposti generici ed eccessivamente discrezionali, violando così il principio di tipicità e legalità dell'azione amministrativa. A ciò si aggiunga che "quanto più il potere sostitutivo, incidente nell'autonomia dell'ente locale territoriale, presenta una connotazione di discrezionalità nei presupposti e nel contenuto, tanto più il livello di assunzione di responsabilità si eleva da quello amministrativo (provvedimento del prefetto) a quello politico (deliberazione del Governo)".

Per tali motivi il legislatore avrebbe dovuto non solo circoscrivere adeguatamente i presupposti dell'esercizio del potere, ma avrebbe dovuto, altresì, individuare un corretto procedimento per la gestione delle emergenti criticità attraverso il coinvolgimento dei livelli di governo più adeguati, ai sensi dell'art. 120 Cost.

# CAPITOLO IV
# Toponomastica e concessione del titolo di città

di *Ciro Silvestro*

SOMMARIO: IV.1. Le competenze prefettizie in materia di toponomastica. – IV.2. Profili critici. – IV.3. Il titolo di città.

## IV.1. Le competenze prefettizie in materia di toponomastica

Anche in tema di toponomastica si intrecciano enti locali e competenze prefettizie.

La toponomastica è la disciplina che studia - in una prospettiva storico-linguistica - l'insieme dei nomi attribuiti alle entità geografiche (i cd. toponimi). Nel suo ambito si sviluppa lo studio degli odonimi (detti anche toponimi stradali), ossia dei nomi che identificano le area di circolazione di una particolare zona o località (spiazzi pubblici quali piazze, piazzali, vie, viali, vicoli, larghi e simili).

Le ragioni che conducono all'attribuzione di un nome, anziché di un semplice numero o sigla, alle aree suddette sono soprattutto di ordine geografico, storico, culturale e sociale. L'esigenza sottesa è di tramandare nel tempo la memoria di determinati aspetti, persone o eventi, ritenuti significativi dalla collettività. Di qui la delicatezza delle valutazioni che presiedono all'intitolazione di una piazza o di una via, alle quali non possono ritenersi estranei, in via di principio, profili attinenti alle risposte ed alle reazioni della collettività e, conseguentemente, all'ordine pubblico.

La competenza alla indicazione della onomastica stradale, secondo quanto dispone l'art. 10 della legge 24 dicembre 1954, n. 1228 (Ordinamento delle anagrafi della popolazione residente), è prettamente comunale[1].

Infatti, la funzione di intitolazione delle strade e delle piazze, cui è preposta ogni amministrazione comunale, comporta valutazioni che ineriscono al sentimento civile delle diverse comunità locali, delle quali sono esclusivi portatori

[1] Per la competenza della Giunta in relazione agli atti deliberativi comunali in materia di toponomastica cfr. la circolare MI.A.C.E.L. n. 10 del Ministero dell'Interno del 8 marzo 1991.

gli enti esponenziali delle stesse e che, comunque, devono essere contemperate con gli aspetti di carattere storico, culturale o semplicemente relativi al rispetto dell'ordine pubblico, affidati alla cura delle competenti amministrazioni statali.

Il quadro normativo è compendiato dall'art. 41 del d.P.R. n. 223/1989 (Nuovo regolamento anagrafico della popolazione residente), secondo cui ogni area di circolazione nell'ambito di un comune deve avere una propria distinta denominazione, da attribuirsi secondo le norme del r.d.l. n. 1158/1923 e della legge n. 1188/1927, sotto la vigilanza, ai sensi dell'art. 52 dello stesso d.P.R., del Prefetto.

In rilievo viene, in primo luogo, l'art. 1 della legge 23 giugno 1927, n. 1188 (Toponomastica stradale e monumenti a personaggi contemporanei). Esso dispone che l'attribuzione della denominazione a nuove strade e piazze pubbliche da parte dei comuni è subordinata all'autorizzazione del Prefetto, udito il parere della Deputazione di Storia Patria o, ove questa manchi, della Società storica del luogo o della regione.

L'art. 2 precisa, altresì, che "nessuna strada o piazza pubblica può essere denominata a persone che non siano decedute da almeno dieci anni". A sua volta, per l'art. 3 della legge, "nessun monumento, lapide od altro ricordo permanente può essere dedicato in luogo pubblico od aperto al pubblico, a persone che non siano decedute da almeno dieci anni.. Rispetto al luogo deve sentirsi il parere della r. commissione provinciale per la conservazione dei monumenti. Tali disposizioni non si applicano ai monumenti, lapidi o ricordi situati nei cimiteri, né a quelli dedicati nelle chiese a dignitari ecclesiastici od a benefattori". Ai sensi del successivo art. 4, le predette disposizioni non si applicano ai caduti in guerra o per la causa nazionale, ma al Ministro dell'Interno è, in ogni caso, conferita la facoltà di consentire, in casi eccezionali, la deroga al divieto di cui sopra, quando si tratti di persone che abbiano riportato benemerenze.

Il sempre più frequente ricorso alla deroga ha indotto il Ministro dell'Interno a delegare ai Prefetti, a decorrere dal 1^ gennaio 1993, la facoltà di autorizzare le intitolazioni di luoghi pubblici e monumenti a persone decedute da meno dieci anni. Cfr. al riguardo il d.m. 25 settembre 1992, allegato alla circolare MI.A.C.E.L. n. 18 del 1992. Quest'ultima precisa che ai Prefetti è, comunque, riconosciuta la possibilità di sottoporre all'attenzione del Ministero dell'interno, ai fini della decisone definitiva, i casi in cui, per fondati motivi di ordine pubblico, si ritenesse di non concedere la suddetta deroga.

Quanto al mutamento del nome di strade e piazze pubbliche preesistenti, ai sensi dell'art. 1 del r.d.l. 10 maggio 1923, n. 1158 (Norme per il mutamento del nome delle vecchie strade e piazze comunali), convertito dalla legge 17 aprile 1925, n. 473, è necessaria la previa approvazione del Ministero dei Beni e delle Attività Culturali, per il tramite delle Soprintendenze[2]. Resta fermo che, nelle ipotesi in cui la

---

[2] Secondo quanto dispone, inoltre, l'art. 41, commi 1 e 2, d.P.R. n. 223/1989, in caso di cam-

determinazione comunale riguardi la modifica della denominazione di una strada urbana con l'attribuzione del nome di una persona deceduta da meno di dieci anni, è necessaria, a pena di illegittimità, l'autorizzazione prefettizia in deroga[3].

La predetta normativa non dice espressamente che occorre l'autorizzazione prefettizia anche nel caso in cui la strada non venga intitolata a persona deceduta da meno di dieci anni. Viene, infatti, affermato che ogni nuova via deve essere autorizzata, mentre per il cambiamento si considera espressamente necessario solo il parere della Soprintendenza. Tuttavia, limitare i poteri autorizzatori del Prefetto solo alle nuove vie appare smentire la stessa ratio della legge: è da ritenere quindi che per i cambiamenti di denominazione all'autorizzazione della Soprintendenza si unisca sempre quella del Prefetto.

La legge dispone che le Deputazioni di Storia Patria debbano essere soltanto "sentite": il Prefetto può ritenere opportuno non seguire il loro parere, anche se è prassi non concedere l'autorizzazione in questo caso. Il discorso è diverso per il mutamento di toponimi preesistenti: la legge afferma che non si può procedere senza l'autorizzazione delle Soprintendenze[4]. La decisione del Prefetto e quella della Soprintendenza sono indipendenti l'una dall'altra e nessuna prevale; di conseguenza per avere un cambio di intitolazione occorrono due pareri positivi, entrambi condizione necessaria ma non sufficiente per la legittimità del procedimento, e ciò anche in caso di persona deceduta da meno di dieci anni. La Soprintendenza fornisce invece un parere, comunque vincolante, e non un'autorizzazione, per monumenti, lapidi e ricordi permanenti, relativamente al luogo in cui vengono posti: in questo caso la valutazione segue criteri artistici più che storici o culturali e non occorre l'autorizzazione del Prefetto, a meno che la persona non sia deceduta da meno di dieci anni.

Come sottolineato anche dalla decisione Cons. Stato, sez. VI, 12 dicembre 2002, n. 6790, "i procedimenti disciplinati dall'art. 2 della legge n. 473 del 1925 e dall'art. 4, secondo comma, della legge n. 1188 del 1927 sono tendenzialmente autonomi, perché finalizzati a soddisfare distinti interessi pubblici:

---

biamento di denominazione di un'area di circolazione, deve essere indicata anche la denominazione precedente, mentre nell'ambito del territorio comunale non può essere attribuita una stessa denominazione ad aree di circolazione dello stesso tipo, anche se comprese in frazioni amministrative diverse.

[3] Ogni proposta di denominazione deve essere accompagnata da una relazione che illustri le più importanti notizie biografiche della persona che si vuole ricordare. Le proposte di denominazione, ottenuta l'approvazione della Giunta, sono inoltrate al Prefetto con copia della deliberazione, della nota biografica della persona cui si vuole intitolare il sito, nonché della rilevazione cartografica del luogo interessato. Ricevuti i pareri di competenza, il Prefetto comunica all'ente locale la propria decisione, espressa mediante decreto.

[4] Cfr. *ex multis* TAR Sicilia, Catania, Sez. I, 9 febbraio 2010, n. 171.

- la Soprintendenza, ai sensi dell'art. 2 della legge n. 473 del 1925, in sede di valutazione dell'istanza di soppressione totale o parziale di un toponimo stradale, deve valutare complessivamente le esigenze della tradizione storica e della cultura delle popolazioni e dei luoghi, di cui il toponimo costituisce espressione, anche in relazione a quello diverso che si intenda attribuire;
- il Ministero dell'Interno, ai sensi dell'art. 4, secondo comma, della legge n. 1188 del 1927, nel valutare se sussistano "casi eccezionali quando si tratti di persone che abbiano benemeritato della nazione" e scomparse da meno di dieci anni, deve effettuare una ponderata ed equilibrata valutazione degli interessi in conflitto e delle esigenze di ordine pubblico".

I due procedimenti, tuttavia, sono strettamente connessi quando la proposta di intitolazione di un tratto stradale ad un tempo si riferisca ad un personaggio scomparso da meno di dieci anni, in sostituzione (totale o parziale) di un precedente toponimo. In tal caso, "la Soprintendenza può esprimere il proprio parere valutando, sotto tutti gli aspetti di ordine storico e culturale, anche se sia il caso di sostituire un toponimo antico con l'intitolazione ad un personaggio illustre e scomparso di recente. Infatti, l'art. 2 della legge n. 473 del 1925 consente alla medesima Amministrazione di comparare il toponimo attuale con quello oggetto della proposta modificativa, che in ipotesi può riguardare o un avvenimento o un personaggio ricollegabile al toponimo esistente (e la cui connessione ancor più ne sottolinei il rilievo culturale), ovvero un avvenimento o un personaggio a questo assolutamente non ricollegabile. In altri termini, la Soprintendenza può unitariamente valutare la condivisibilità della proposta di modifica non soltanto in considerazione del toponimo di cui è prevista in tutto o in parte la soppressione, ma anche valutando quello diverso che si intenda attribuire, pur quando la proposta miri alla sostituzione dell'antico toponimo col nome di un illustre personaggio scomparso da meno di dieci anni"[5].

---

[5] Un cenno merita il procedimento per l'intitolazione di scuole, regolato dalla circolare del Ministero della Pubblica Istruzione n. 313 del 12 novembre 1980. Essa richiama le disposizioni della legge n. 1188/1927 in quanto espressione di principi di portata generale e, quindi, applicabili anche in materia di scuole (non esiste, infatti, un riferimento legislativo specifico alla loro intitolazione). Di conseguenza, nel caso di persona deceduta da più di dieci anni, l'intitolazione della scuola viene deliberata dal consiglio di circolo o di istituto, sentito il collegio dei docenti. La deliberazione è successivamente inviata al Provveditore agli studi, che acquisisce le valutazioni del Prefetto e della Giunta comunale. Se favorevoli, il Provveditore agli studi emana il decreto di intitolazione; se le valutazioni del Prefetto e della Giunta comunale o anche una sola di esse, non fossero favorevoli, la deliberazione è rinviata per un riesame da parte del consiglio. Se quest'ultimo conferma la propria deliberazione, il Provveditore agli studi emana il decreto di intitolazione, a meno che, sentiti nuovamente il Prefetto e la Giunta comunale, non ravvisi elementi di particolare gravità tali da consigliare la sostituzione del nominativo per l'intitolazione. I pareri della Deputazione di Storia Patria e della Sovrintendenza ai beni culturali sono qui facoltativi;

## IV.2. Profili critici

Se l'inopportunità dell'intitolazione per motivi storici o culturali viene valutata dalla Soprintendenza o dalla Deputazione, il Prefetto ne valuta. invece, la "opportunità politica" – è questo il termine utilizzato dalla circolare del Ministero dell'Interno 29 giugno 1981, n. 7 - intendendo tale espressione in senso ampio, coincidente non solo con l'ordine pubblico, che potrebbe essere turbato dall'intitolazione di via o del monumento, e con l'atteggiamento della pubblica opinione in merito, ma, anche, con la possibile contrarietà ai valori costituzionali o, più semplicemente, alle leggi vigenti. Ciò vale, in particolare, quando si tratta di persona deceduta da meno di dieci anni, dove alla valutazione di "opportunità politica" si accompagna anche una valutazione relativa all'effettivo merito della persona, occorrendo in tale caso - da ritenersi comunque eccezionale - che il soggetto abbia "bene meritato della Nazione". Tale formula è quanto mai vaga. Un'interpretazione restrittiva limiterebbe l'intitolazione a figure "eroiche", benefattori ed individui che hanno acquisito gloria alla Nazione, in senso militare, politico, sociale, artistico. La dizione "bene meritare della Nazione", in assenza di precise indicazioni, può tuttavia essere interpretata in senso più ampio, comprendendovi non solo coloro, italiani o stranieri, che abbiano effettivamente acquisito meriti vari nei confronti dell'Italia, ma anche chi abbia speso la propria vita a difesa di quei valori su cui si fonda la comunità italiana e che la Costituzione recepisce.

Peraltro, la circolare del Ministero dell'Interno 10 febbraio 1996, n. 4 ha giustificato la delega ai Prefetti affermando che è stata disposta anche "per meglio valutare le intitolazioni a personaggi con rilevanza principalmente locale", con ciò, implicitamente, ammettendo che una fama "locale" possa consentire l'intitolazione[6].

La circolare appena citata ha anche affrontato il tema delle intitolazioni in dialetto, specificando che "devesi ricordare che le Regioni o Province Autonome, laddove abbiano competenza esclusiva in materia di toponomastica, debbono, comunque, conformarsi, nell'esercizio della stessa, al rispetto delle norme d'attuazione degli statuti di autonomia speciale ed attenersi alle disposizioni che prevedono il bilinguismo soltanto ove effettivamente vigente, con esclusione, nelle iscrizioni toponomastiche, dell'uso dei dialetti che non godono, allo stato attuale della legislazione, di alcuna tutela in tal senso".

---

vanno raccolti dal Provveditore e trasmessi al Prefetto e sono da ritenersi non vincolanti. Qualora, invece, la scuola venga intitolata a persona deceduta da meno di dieci anni, il Prefetto, ricevuta la documentazione completa e il parere della Giunta Comunale, fornirà una vera e propria autorizzazione, secondo i criteri precedentemente esaminati.

[6] Altra ipotesi di deroga si potrebbe avere, in un'interpretazione ulteriormente estensiva, quando le circostanze della morte della persona abbiano un valore simbolico.

In questa come in altre circolari (cfr. la n. 7 del 29 giugno 1981) il Dicastero ha, inoltre, espresso l'avviso che i comuni procedano alla variazione della denominazione delle aree di circolazione in base ad effettive necessità e dopo un'approfondita riflessione in ordine alle conseguenze. Il ricorso generalizzato e frequente alla variazione dei toponimi esistenti può essere fonte di disagi non solo per i cittadini, costretti a provvedere all'aggiornamento di vari documenti (carta di identità, passaporto, patente di guida, porto d'armi, ecc.), ma anche per gli uffici pubblici, in relazione ai necessari aggiornamenti dello schedario del servizio anagrafico, dello stradario e del piano topografico ed ecografico nonché agli aggiornamenti nel settore postale o in quello dei registri immobiliari e del catasto.

In ultimo, va segnalata la sentenza del TAR Calabria, Catanzaro, Sez. II, 13 febbraio 2007, n. 52. I giudici calabresi hanno mostrato di non condividere la tesi secondo cui la normativa in tema di intitolazioni in commento sarebbe stata "implicitamente abrogata dagli artt. 1, comma 3, della L. n. 59/1997, ed 1, comma 3, del d.lgs. n. 112/1998, anche alla luce del mutato quadro costituzionale. Infatti, dall'esegesi combinata delle disposizioni regolanti l'ambito della toponomastica, si ricava che la stessa non può costituire materia a sé stante, essendo in essa convergenti aspetti inerenti ad interessi generali di vario tipo, alcuni dei quali tendenzialmente irriducibili alla dimensione localistica, che la fanno atteggiare piuttosto come settore trasversale a più materie. In particolare, all'interesse dell'amministrazione comunale a denominare i siti in base alle esigenze sociali della collettività di riferimento, si affiancano i concorrenti interessi del Ministero dei Beni Culturali (solo in caso di modificazione dei vecchi toponimi) e del Ministero dell'Interno, diretti a tutelare rispettivamente gli aspetti relativi alla tradizione storica ed alla cultura delle popolazioni e dei luoghi, e quelli inerenti alla salvaguardia dell'ordine pubblico".

### IV.3. Il titolo di città

Ancora in materia di denominazioni locali, un cenno va fatto all'art. 18 del d.lgs. n. 267/2000, secondo cui "il titolo di città può essere concesso con decreto del Presidente della Repubblica su proposta del Ministro dell'interno ai comuni insigni per ricordi, monumenti storici e per l'attuale importanza".

Il comune richiede la concessione del titolo presentando una istanza corredata della documentazione relativa all'evoluzione storico culturale, economica, industriale e urbanistica del comune stesso.

Il titolo è annoverato tra gli elementi esterni propri del comune, insieme al nome, all'emblema, al gonfalone e al sigillo.

# CAPITOLO V
# Il sistema sanzionatorio amministrativo

di *Maria Luisa Battaglia, Eugenio Di Agosta, Marialanda Ippolito*



## V.1. L'illecito amministrativo

Con l'espressione "illecito amministrativo" si intende la violazione, da parte del privato, di una disposizione volta a salvaguardare interessi di carattere pubblico che, per scelta del legislatore, è sottoposta a quella particolare forma di sanzione, chiamata sanzione amministrativa. Quest'ultima, pertanto, può essere definita come la misura afflittiva irrogata nell'esercizio di potestà amministrative, come conseguenza della violazione di una norma o di un provvedimento amministrativo.

L'illecito amministrativo può essere tale *ab origine*, ovvero può derivare da un processo di depenalizzazione.

Le due principali tipologie di sanzioni amministrative sono quella pecuniaria, consistente nella condanna al versamento di una somma di denaro e quella non pecuniaria, nella duplice versione di sanzione personale (come la sospensione di un diritto) e sanzione reale (quale la confisca).

In merito al rapporto tra illecito penale e illecito amministrativo, appaiono evidenti alcune analogie relative all'interesse giuridico salvaguardato e alla funzione delle corrispondenti sanzioni. In entrambi i casi, infatti, i precetti violati sono volti a salvaguardare un interesse pubblico e le rispettive sanzioni perseguono sia una finalità punitiva sia una finalità preventiva.

Quanto alla distinzione tra le due tipologie di illecito, la dottrina, per un verso, ha evidenziato come il bene giuridico tutelato dalla sanzione penale debba essere costituzionalmente significativo e, comunque, la condotta penale debba arrecare al bene un'offesa maggiore rispetto a quella procurata dalla condotta punita dalla sanzione amministrativa; per altro verso ha indicato al legislatore, quale criterio di orientamento nella scelta tra sanzione penale e sanzione amministrativa, quello di proporzionalità, in virtù del quale la sanzione deve essere graduata in ragione della gravità del fatto, desunta dal rango dell'interesse tutelato nella gerarchia dei valori costituzionali.

Ne consegue che alla sanzione penale può farsi ricorso soltanto allorquando non sussista altro modo, parimenti efficace, di proteggere il bene medesimo.

### V.2. La depenalizzazione: il concetto e le principali tappe

Con il termine "depenalizzazione" si intende la degradazione di illeciti penali di minima o modesta gravità ad illeciti amministrativi. Le finalità dell'intervento depenalizzatorio sono diverse: ridurre l'area dell'illecito penale, diminuire il carico della giustizia penale, potenziare il sistema della prevenzione generale e speciale attraverso l'inasprimento delle sanzioni pecuniarie ed il ricorso alle sanzioni accessorie.

Il processo di depenalizzazione si è articolato in quattro tappe fondamentali. Il passo iniziale, rappresentato dalla legge 3 maggio 1967, n. 317, ha realizzato quella che è stata definita "una mera depenalizzazione", perché limitata al mutamento del tipo di sanzione pecuniaria – sostituzione all'ammenda di una diversa sanzione amministrativa pecuniaria – e al trasferimento di illeciti dall'area penale a quella amministrativa, senza l'articolazione di un'organica disciplina dell'illecito amministrativo.

La costruzione di un vero e proprio sistema punitivo amministrativo è avvenuta nella seconda fase con la legge 24 novembre 1981, n. 689, la quale ha esteso l'ambito della depenalizzazione anche ai delitti puniti con la sola multa e ad alcune contravvenzioni punite anche con pena detentiva. Tale legge ha, quindi, introdotto una disciplina sostanziale e processuale dell'illecito amministrativo e del corrispondente tipo di sanzione.

La legge 689/81 ha, inoltre, introdotto in modo generalizzato sanzioni amministrative accessorie, tra le quali assume particolare rilievo la confisca, che rappresenta una valida alternativa alla sanzione penale detentiva.

La terza tappa della politica di depenalizzazione, rappresentata dalla legge 28 dicembre 1993, 561, dalla legge 6 dicembre 1993, n. 499 e dalla legge 28 dicembre 1993, n. 5625 è stata limitata a specifici settori, quali quello del lavoro e della pubblica sicurezza, che erano rimasti ad essa estranei.

L'ultima fase è stata inaugurata dal d.lgs 30 dicembre 1999, n. 507, relativo a cinque materie specifiche: alimenti, navigazione, circolazione stradale, violazioni finanziarie e assegni bancari e postali.

## V.3. La Legge 24 novembre 1981 n. 689: principi generali

La legge n. 689/81 ha introdotto notevoli modifiche al sistema penale, depenalizzando e assoggettando a sanzioni amministrative pecuniarie molte violazioni in precedenza considerate penali.

Il legislatore del 1981 si è posto due obiettivi prioritari: quello di ridurre l'ambito dell'intervento penalistico e quello di ridimensionare l'uso della pena detentiva. L'intervento è stato di ordine "ablativo", nel senso che sono stati lasciati intatti la validità e il contenuto dei precetti ed è stata solo eliminata la valenza penale della sanzione.

L'art. 12 della suddetta legge precisa che le disposizioni del Capo dedicato alle sanzioni amministrative si applicano, salvo che sia diversamente stabilito, a tutte le violazioni per le quali è prevista la sanzione amministrativa del pagamento di una somma di denaro.

Sotto il profilo sostanziale, la disciplina contenuta nella l. n. 689/81 è ispirata, in gran misura, a principi mutuati dal diritto penale. In essa sono rinvenibili i principi generali delle sanzioni amministrative e il procedimento per la loro applicazione.

Tra i principi generali assume particolare rilievo quello di legalità, consacrato dall'art. 1, in virtù del quale "nessuno può essere assoggettato a sanzioni amministrative se non in forza di una legge che sia entrata in vigore prima della commissione della violazione". Con tale disposizione il legislatore ha esteso alle sanzioni amministrative un principio cardine del diritto penale, il cui fondamento è correlato sia all'esigenza di garantire la certezza del diritto sia alla funzione di prevenzione generale che anche la sanzione amministrativa è chiamata a realizzare.

Dal principio di legalità discendono, come naturali corollari, il principio della riserva di legge, il principio di irretroattività, il principio di tassatività e il divieto di applicazione dell'analogia.

Il principio della riserva di legge è il principio che vieta la punizione di un determinato fatto in assenza di una legge preesistente che lo configuri come illecito amministrativo. Secondo l'orientamento prevalente, nel concetto di legge deve essere fatta rientrare non solo la legge in senso formale, ossia l'atto emanato dal Parlamento secondo il procedimento disciplinato dagli artt. 70 e 74 Cost., bensì anche la legge in senso sostanziale, ossia il decreto legge e il decreto legislativo.

Più complessa è la questione relativa alla possibilità o meno di far rientrare nel concetto di legge la legge regionale e il regolamento comunale e provinciale. Quanto alla legge regionale, la dottrina concorda nel ritenere che il concetto di legge possa essere esteso anche ai provvedimenti adottati dagli organi legislativi regionali nelle materie di loro competenza, purché le disposizioni regolamentari si limitino ad enunciazioni di carattere tecnico o, comunque, tali da non incidere sulla individuazione del disvalore del fatto o sulla determinazione della sanzione.

In merito ai regolamenti comunali e provinciali, l'art. 7 *bis* d.lgs n. 267/2000 è intervenuto a riconoscere agli enti territoriali il potere di introdurre sanzioni amministrative per la violazione di disposizioni contenute nei propri regolamenti, senza con ciò violare il principio di legalità.

Sul carattere assoluto o relativo della riserva di legge, prevale la tesi che legittima l'apporto integrativo del precetto da parte di fonti sublegislative: la fonte secondaria può, cioè, intervenire nella concretizzazione di una fattispecie già fissata dal legislatore in tutto il suo disvalore. Non è, pertanto, escluso che i precetti della legge, sufficientemente individuati, vengano eterointegrati da norme regolamentari.

Altro corollario del principio di legalità è il principio di irretroattività, ossia il principio in virtù del quale nessuno può essere assoggettato a sanzioni amministrative se non in forza di una legge che sia entrata in vigore prima della commissione della violazione. Siffatto principio risponde ad un'esigenza di giustizia e di certezza del diritto.

In un'ottica di depenalizzazione, per ovviare al rischio di lasciare completamente impunito un comportamento costituente reato al tempo della commissione e successivamente divenuto illecito amministrativo, il problema della successione di leggi è in genere risolto dal legislatore attraverso l'introduzione di norme transitorie.

L'art. 2 della l. n. 689/1981 decreta il carattere personale della responsabilità da illecito amministrativo, stabilendo che ai fini della imputabilità della sanzione è richiesta la capacità di intendere e di volere: l'imputabilità si configura, dunque, quale presupposto indefettibile della responsabilità.

Oltre alla maggiore età e alla capacità di intendere e di volere il sistema sanzionatorio amministrativo contempla, tra i presupposti della responsabilità, la sussistenza dell'elemento soggettivo: a tal proposito è del tutto indifferente che il fatto sia stato commesso, sotto il profilo psicologico, con dolo o con colpa essendo sufficiente la mera colpa, ossia un atteggiamento imprudente, negligente o di inosservanza di usi e di discipline per poter applicare la sanzione amministrativa.

Risulta, però, opportuno precisare che in determinati casi l'ordinamento considera non sanzionabili, perché giustificabili, alcune condotte, ancorché illecite: basti pensare alle cause di giustificazione, alle cause di esclusione della colpevolezza e alle cause di estinzione della pena.

Particolare rilievo assumono le norme relative al concorso di persone, al concorso di illeciti amministrativi, al principio di specialità e alla reiterazione delle violazioni, che sono il presupposto a volte dell'applicazione di sanzioni accessorie a volte dell'aggravamento della sanzione amministrativa.

A proposito del concorso di persone, l'art. 5 della legge in disamina dispone che "quando più persone concorrono in una violazione amministrativa ciascuna di esse soggiace alla sanzione per questa stabilita, salvo che sia diversamente disposto dalla legge". È di tutta evidenza l'ispirazione penalistica della disposizione: affinché, infatti, possa verificarsi il concorso di persone risultano necessari quattro requisiti, ossia la pluralità di agenti, il contributo di ciascun concorrente alla realizzazione dell'illecito amministrativo, la realizzazione della fattispecie oggettiva di illecito e l'elemento soggettivo.

Quanto all'elemento del contributo, può rilevare sia un concorso materiale sia un concorso morale, purché il contributo abbia efficacia causale oppure sia tale da facilitare la commissione dell'illecito (tesi della causalità agevolatrice o di rinforzo). Ne discende, secondo quanto affermato dalla Cassazione, che "ai fini della configurabilità della fattispecie del concorso di persone il contributo concorsuale assume rilevanza non solo quando abbia efficacia causale, ponendosi come condizione della violazione, ma anche quando assuma la forma di un contributo agevolatore e, cioè, quando l'illecito, senza la condotta di agevolazione, sarebbe ugualmente commesso ma con maggiori incertezze di riuscita o difficoltà [...]".

Alla responsabilità diretta, dolosa o colposa, dell'autore della violazione l'art. 6 della l. n. 689/1981 affianca tre ipotesi di responsabilità solidale, introducendo un temperamento alla regola generale secondo la quale le conseguenze della violazione devono essere ricondotte esclusivamente all'autore dell'illecito. Il Legislatore, infatti, ha mutuato dal sistema civilistico (e in particolare dall'art. 2055 c.c.) l'istituto della responsabilità solidale a carico del proprietario della cosa che servì o fu destinata alla commissione dell'illecito o dell'usufruttuario o del titolare di un diritto personale di godimento.

Allorquando il trasgressore, che non sia proprietario del bene utilizzato per commettere la violazione, non proceda al pagamento della sanzione amministrativa pecuniaria, il proprietario del bene resta obbligato a risponderne sulla base del principio di solidarietà. La *ratio* è quella di garantire la Pubblica Amministrazione nel recupero dei propri crediti pecuniari, derivanti dall'accertamento di violazioni amministrative. In tal modo, in caso di inadempienza da parte del trasgressore, la pretesa dell'Amministrazione può rivolgersi nei confronti dell'obbligato in solido ovvero nei confronti del soggetto che, pur non avendo commesso la violazione, risulti essere il vero titolare del bene utilizzato per commettere l'illecito. Occorre, poi, sottolineare che il comma 4 dell'art. 6 prevede il diritto di regresso per l'intero dei soggetti obbligati nei confronti dell'autore della violazione.

Al tema del concorso di illeciti amministrativi è dedicato l'art. 8, che prevede due tipi di concorso formale di illeciti amministrativi: quello omogeneo, che ricorre quando il soggetto viola più volte la stessa disposizione di legge e quello eterogeneo, che ricorre quando il soggetto viola una pluralità di norme diverse.

Dal dato testuale emerge che l'art. 8 non risulta applicabile al concorso materiale di illeciti amministrativi, che ricorre quando il soggetto, con una pluralità di azioni o di omissioni, viola più volte la stessa disposizione di legge (concorso materiale omogeneo), ovvero viola disposizioni di legge diverse (concorso materiale eterogeneo).

In linea con quest'interpretazione si pongono alcune pronunce della Cassazione, le quali hanno chiarito che l'art. 8 della l. n. 689/81, pur prevedendo l'applicabilità del cumulo giuridico nell'ipotesi di concorso formale, non risulta invocabile nell'ipotesi di concorso materiale, considerato che la norma prevede in via espressa questa possibilità soltanto per le violazioni in materia di assistenza e previdenza e che non può ritenersi applicabile l'art. 81 c.p., attesa la differenza morfologica tra illecito penale ed illecito amministrativo.

Sul piano del trattamento sanzionatorio, l'art. 8 prevede il cumulo giuridico delle sanzioni, per cui il trasgressore soggiace alla pena prevista per la violazione più grave, aumentata fino al triplo. La norma ha, di fatto, esteso al settore degli illeciti amministrativi il regime contemplato dall'art. 81 c.p. per il concorso formale di reati. Ne consegue il recepimento dei principi elaborati in materia penale per delineare la nozione di "unicità dell'azione o dell'omissione", di "stessa disposizione di legge" e di "violazione più grave". Secondo l'orientamento delle Sezioni Unite della Cassazione, per violazione più grave deve intendersi la violazione sanzionata in modo più grave in base all'astratta previsione legislativa, così da salvaguardare l'esigenza di certezza del diritto. Diversa la ricostruzione, sostenuta dalla dottrina, che riconduce il concetto di violazione più grave alla violazione, che, sulla base di un esame complessivo dei fattori coinvolti nella vicenda, risulti più gravemente punita in concreto, così da garantire un'effettiva personalizzazione del trattamento sanzionatorio.

L'art. 8-*bis* fornisce una regolamentazione unitaria della reiterazione delle violazioni, stabilendo che "salvo quanto previsto da speciali disposizioni di legge, si ha reiterazione quando nei cinque anni successivi alla commissione di una violazione amministrativa, accertata con provvedimento esecutivo, lo stesso soggetto commette un'altra violazione della stessa indole". Si considerano della stessa indole le violazioni della medesima disposizione (reiterazione specifica) e le violazioni di diverse disposizioni, che, per la natura dei fatti che le costituiscono o per le modalità della condotta, presentano una sostanziale omogeneità o caratteri fondamentali comuni.

L'istituto della reiterazione mira a garantire un inasprimento del trattamento sanzionatorio in caso di ripetizione da parte dello stesso soggetto di una violazione amministrativa, uguale o analoga ad una commessa in precedenza e risulta modellato, nei suoi tratti fisionomici, sull'istituto della recidiva, di cui all'art. 99 c.p. ma se ne differenzia per alcune caratteristiche.

Innanzitutto è richiesta la commissione di violazioni della stessa indole e infraquinquennali; in secondo luogo non è necessaria, a differenza della recidiva, la condanna con sentenza passata in giudicato per la precedente violazione, essendo sufficiente l'accertamento dell'illecito con provvedimento esecutivo.

Vista la funzione di aggravamento della sanzione, la reiterazione è ontologicamente incompatibile con altri istituti, quali il pagamento in misura ridotta, che rappresenta un beneficio per il trasgressore, o la continuazione, ispirati al principio del *favor rei.*

L'art. 9 della L. 689/81 inserisce un altro principio di grande spessore nella materia dell'illecito amministrativo, ossia il principio di specialità, stabilendo che "quando uno stesso fatto è punito da una disposizione penale e da una disposizione che prevede una sanzione amministrativa si applica la disposizione speciale".

Quanto al concetto di "stesso fatto", ad una prima ricostruzione, tesa a valorizzare il criterio dell'identità del bene giuridico tutelato, si è affiancata una diversa impostazione, che ha riconosciuto l'esistenza del rapporto di specialità in tutti i casi in cui il fatto in concreto risulti sussumibile sotto due diverse disposizioni. Da ultimo, sembra prevalere la tesi che patrocina un raffronto strutturale tra le fattispecie, ricomprendendo nel fenomeno dell'apparenza del concorso le ipotesi in cui alla norma speciale siano riferibili, oltre a tutti gli elementi tipici della fattispecie generale, anche elementi specifici o aggiuntivi.

A siffatto orientamento aderisce anche la giurisprudenza maggioritaria, la quale ha precisato che le disposizioni punitive devono riferirsi allo "stesso fatto", nel senso che "la fattispecie prevista nella disciplina generale deve essere compresa in quella speciale (che contiene un elemento ulteriore rispetto alla prima, così che, ove non fosse prevista la disposizione speciale, la fattispecie rientrerebbe nella disposizione generale), non avendo rilievo decisivo a tal fine il criterio del bene o dell'interesse protetto".

A differenza del modello penalistico, l'art. 9 fa riferimento allo "stesso fatto" e non alla "stessa materia" e non contiene la clausola derogatoria, prevista dall'art. 15 c.p., "salvo che sia altrimenti stabilito". Risulta, pertanto, preclusa l'applicazione alle fattispecie sanzionatorie amministrative dei criteri di sussidiarietà, di consunzione e di assorbimento, che, in ambito penale, sono stati affiancati al principio di specialità al fine di individuare ulteriori ipotesi di concorso apparente di norme.

## V.4. Il procedimento sanzionatorio amministrativo

Dall'esame dettagliato dei principi contenuti nella legge n. 689/1981 emerge un quadro di tutela della posizione del cittadino, reso ancora più evidente dalla disciplina procedimentale, che costituisce la parte centrale del sistema.

Il procedimento di irrogazione della sanzione si apre con l'accertamento della violazione da parte degli organi accertatori e prosegue con la contestazione immediata o a mezzo di notifica. A questo punto l'autore della violazione può: o procedere al pagamento in misura ridotta entro 60 giorni dalla contestazione/notifica oppure rivolgersi all'autorità amministrativa. A conclusione dell'istruttoria l'autorità amministrativa, se riconosce che non è stata commessa alcuna violazione, dispone l'archiviazione; se, invece, ritiene fondato l'accertamento e, quindi, sussistente l'illecito amministrativo determina, con ordinanza motivata, la somma dovuta e ne ingiunge il pagamento (insieme alle spese) all'autore della violazione e alle persone obbligate in solido.

L'ordinanza ingiunzione ha natura di provvedimento amministrativo conclusivo del procedimento sanzionatorio e presenta le caratteristiche proprie dei provvedimenti amministrativi, ossia l'imperatività, l'esecutività e l'esecutorietà. Al pari di ogni atto amministrativo, l'ordinanza deve essere motivata, manifestando le ragioni di fatto e di diritto che hanno determinato la decisione.

L'ordinanza dispone l'ammontare definitivo della sanzione comminata, determinata tra il minimo e il massimo previsto dalla legge e dà, altresì, conto delle ragioni per le quali non sono state accolte le memorie difensive eventualmente presentate dagli interessati.

Avverso l'ordinanza-ingiunzione di pagamento della sanzione amministrativa pecuniaria e quella di confisca è garantita – in osservanza del diritto fondamentale di difesa di cui all'art. 24 Cost. e del diritto di tutela giurisdizionale avverso gli atti della P.A. di cui all'art. 113 Cost. – la possibilità di proporre ricorso giurisdizionale innanzi al Giudice ordinario e di instaurare, conseguentemente, un giudizio di opposizione. Il riferimento normativo generale è stato rappresentato, sino al d.lgs. 150/2011, dagli artt. 22 e ss. della Legge 24 novembre 1981 n. 689 (e ss. mm.).

Per quanto concerne la natura del giudizio di opposizione ed il suo oggetto, tema al centro di un ampio dibattito dottrinale e giurisprudenziale, le Sezioni Unite della Corte di Cassazione, con la nota pronuncia n. 1786/2010, hanno affermato che il giudizio è introdotto dall'atto irrogativo della sanzione ma si svolge sul rapporto (*id est* sull'accertamento della conformità della sanzione ai casi, alle forme ed all'entità previsti dalla legge); ciò in quanto si fa valere il diritto a non essere sottoposto ad una prestazione patrimoniale se non nei casi espressamente previsti dalla legge (arg. *ex* art. 23 Cost.).

L'opposizione, dunque, è uno strumento – ad effetto devolutivo pieno – che porta la controversia, nella sua interezza, nei limiti dei motivi di opposizione, alla cognizione del Giudice, il cui sindacato si estende alla validità sostanziale del provvedimento impugnato attraverso un autonomo esame circa la ricorrenza dei presupposti di fatto e di diritto dell'infrazione contestata.

Il giudizio *de quo*, regolato – seppur non esaustivamente – da disposizioni derogatorie della disciplina generale del codice di procedura civile, applicabile per quanto non diversamente previsto, presenta alcuni profili di specialità.

I principali profili di specialità attengono, segnatamente: a) al potere di cognizione del Giudice (*i.e.* accesso diretto al fatto accertato e sanzionato, anche mediante l'esercizio di poteri istruttori *ex officio*); b) al potere decisorio del Giudice (*i.e.* annullamento o modifica del provvedimento sanzionatorio, anche in ordine al *quantum* della sanzione irrogata); c) all'onere della prova; d) all'impossibilità di proporre istanze risarcitorie o domande riconvenzionali nel giudizio di opposizione.

Il procedimento giurisdizionale delineato dalla legge n. 689 è informato ai principi di snellezza e di speditezza, avendo inteso il Legislatore assicurare il diretto accesso del cittadino ad un'effettiva e pronta tutela giurisdizionale.

A questo proposito, prima di passare ad una rapida enucleazione delle principali fasi del giudizio, si segnala il recente intervento in materia, rappresentato dal d.lgs n. 150/2011, il cui art. 6, modificando l'art. 22 della l. n. 689/1981, disciplina il procedimento di opposizione ad ordinanza-ingiunzione, ricondotto al rito del lavoro ove non diversamente stabilito.

Ciò posto, si rileva che il giudizio è articolato nelle seguenti fasi: a) proposizione dell'opposizione mediante ricorso depositato nella Cancelleria del Giudice competente entro il termine di trenta (o sessanta) giorni dalla notificazione del provvedimento; b) verifica, da parte del Giudice, della tempestività della proposizione del ricorso, con dichiarazione, in difetto, dell'inammissibilità del ricorso con ordinanza ricorribile per cassazione; c) fissazione, da parte del Giudice, con decreto steso in calce al ricorso, dell'udienza di comparizione, con contestuale ordine, all'Autorità che ha emesso il provvedimento impugnato, di depositare in Cancelleria, dieci giorni prima dell'udienza, copia del rapporto con gli atti relativi all'accertamento ed alla contestazione o notificazione della violazione; d) notificazione, a cura della Cancelleria, del ricorso e del decreto all'opponente ed all'Autorità che ha emesso il provvedimento; e) deposito della documentazione e costituzione in giudizio dell'Autorità che ha emesso il provvedimento; f) svolgimento dell'udienza di comparizione, con eventuale convalida, a mezzo di ordinanza appellabile, del provvedimento opposto in caso di mancata, ingiustificata, presentazione dell'opponente all'udienza, o, altrimenti, eventuale apertura della fase istruttoria; g) invito del Giudice alle Parti a precisare le conclusioni ed a procedere alla discussione della causa, e pronuncia della sentenza mediante lettura del dispositivo (con riserva di successivo deposito della motivazione) o, in unico contesto, del dispositivo e della motivazione, e deposito della sentenza in Cancelleria; h) eventuale impugnazione della sentenza di primo grado.

Tra i molteplici profili degni di interesse, si ricordano sinteticamente i seguenti:

1) legittimazione attiva e passiva: la prima sussiste in capo al soggetto nei cui confronti sia stata irrogata la sanzione pecuniaria o applicata la sanzione accessoria e, qualora fossero stati adottati distinti provvedimenti nei confronti dei singoli soggetti responsabili della violazione, ciascuno sarebbe titolare di un'autonoma facoltà di opposizione, assoggettata ad altrettanto autonomo termine di decadenza; per quanto riguarda la P.A. (c.d. "soggetto opposto") – che, in virtù dell'art. 23, co. 4, l. n. 689/1981, ha facoltà di stare in giudizio avvalendosi di funzionari appositamente delegati – la legittimazione passiva, in relazione all'oggetto dell'impugnazione (sia esso l'ordinanza-ingiunzione o, in materia di violazioni previste dal Codice della strada, il verbale di accertamento, ovvero, in funzione "recuperatoria" del rimedio non preventivamente esperito, per omessa notificazione del provvedimento irrogativo della sanzione, la cartella esattoriale) spetta, rispettivamente, all'Autorità amministrativa che ha emanato il provvedimento sanzionatorio, all'Autorità amministrativa da cui dipende l'organo accertatore della violazione, all'Autorità titolare della pretesa contestata (Ente impositore) ed all'esattore in litisconsorzio necessario (almeno secondo l'orientamento che appare prevalente);
2) modalità di proposizione dell'opposizione: allo stato, la fase giurisdizionale del procedimento sanzionatorio amministrativo è basata interamente su un flusso cartaceo. A questo proposito si rammenta che, dal punto di vista contenutistico, i principali elementi del ricorso – da proporre entro il termine decadenziale di trenta (o sessanta) giorni dalla notificazione del provvedimento sanzionatorio, che va allegato a pena d'inammissibilità – sono rappresentati dalle generalità dell'opponente, dagli estremi del provvedimento impugnato e dalla data della sua notificazione, dall'esposizione sommaria dei fatti, dalla formulazione dei motivi, con l'indicazione delle disposizioni di legge o di regolamento che si assumono violati, dalle conclusioni e dalla sottoscrizione. I motivi, segnatamente, devono essere "specifici"; essi assolvono la funzione di delimitare il *thema decidendum*, costituendo una sorta di "filtro" del sindacato del Giudice, e possono concernere tanto profili attinenti alla legittimità del procedimento e del provvedimento sanzionatorio, quanto profili relativi alla fondatezza della pretesa. Con riguardo al ricorso – che, in base all'art. 23, co. 10, l. n. 689, era esente da ogni imposta – si fa presente, inoltre, che la legge 23 Dicembre 2009 n. 191 (c.d. "Finanziaria 2010"), aggiungendo il comma 6 *bis* all'art. 10 del d.P.R. n. 115/2002 ("Testo unico delle disposizioni legislative e regolamentari in materia di spese di giustizia"), ha introdotto per i procedimenti di cui all'art. 23 della l. n. 689/1981 il pagamento del "contributo unificato" (i cui importi sono stati innalzati dal d.l. n. 78/2010, convertito, con modificazioni, dalla l. n. 122/2010), nonché delle spese forfettizzate; la *ratio*, verosimilmente, è quella

di deflazionare il contenzioso, assai ingente, e spesso relativo a cause bagatellari.

3) costituzione in giudizio dell'Amministrazione opposta: l'Amministrazione provvede a difendersi, in primo grado, autonomamente, senza l'ausilio dell'Avvocatura Distrettuale dello Stato, redigendo, sulla base dei documenti a propria disposizione, apposita "comparsa" (o "memoria di costituzione"), con la quale replica ai motivi di censura sollevati dal ricorrente e formula le proprie conclusioni, chiedendo il rigetto del ricorso e la condanna di controparte alla rifusione delle spese processuali. A questa memoria è allegato un elenco della documentazione allegata. L'Amministrazione provvede, dunque, al loro deposito in Cancelleria a mano ovvero a mezzo del servizio postale;
4) giudice competente: in via generale, la competenza nel settore delle sanzioni amministrative spetta al Giudice di pace, ad eccezione delle particolari e tassative ipotesi ora previste dai commi 4 e 5 dell'art. 6 d.lgs n. 150/2011, nelle quali la cognizione è attribuita al Tribunale, ovvero agli altri eventuali organi giurisdizionali previsti dalle singole disposizioni speciali. Per quanto riguarda la competenza territoriale, poi, l'art. 6, co. 2 d.lgs n. 150/2011 la individua in base al "luogo in cui è stata commessa la violazione" sottesa al provvedimento afflittivo.

## V.5. Il potere sanzionatorio del Prefetto

Strettamente connesso alla politica di depenalizzazione emergente dalla L 689/81 è il potere del Prefetto di irrogare sanzioni amministrative non solo al fine di reprimere condotte aventi i caratteri dell'illecito amministrativo ma anche a tutela degli interessi pubblici lesi o messi in pericolo dal comportamento del privato.

Il potere sanzionatorio del Prefetto non deve, però, né essere confuso con il potere paragiurisdizionale, attribuito alle Autorità Amministrative indipendenti, né essere assimilato al potere sanzionatorio del Giudice penale. L'attività svolta dal Prefetto per l'accertamento e la repressione degli illeciti amministrativi non può considerarsi esercizio di attività giurisdizionale, in quanto non diretta alla tutela di diritti o di interessi di singoli ricorrenti, bensì al corretto andamento dell'attività amministrativa.

Il Prefetto è sempre stato, oltre che il rappresentante del Governo sul territorio, anche l'espressione dell'indirizzo politico generale. Il ruolo di garante dei canoni di legalità dell'attività amministrativa, nonché di coordinamento e di vigilanza fa del Prefetto un'autorità idonea ad assicurare un'imparziale attuazione dell'attività amministrativa anche in un momento delicato, quale è quello della irrogazione di sanzioni al cittadino.

Nel rispetto dei principi di imparzialità e di buon andamento dell'attività amministrativa la funzione del Prefetto non è soltanto quella di punire il contravventore, comminandogli la dovuta sanzione ma anche quella di valutare la fondatezza della contestazione effettuata dall'organo accertatore.

Il Prefetto, pertanto, svolge una funzione di mediazione tra l'interesse dello Stato a vedere applicata la sanzione al trasgressore e l'interesse del cittadino a vedere tutelate ed ascoltate le proprie ragioni.

Occorre, perciò, analizzare con attenzione il contenuto dell'attività svolta dal Prefetto in materia di depenalizzazione, per verificarne la compatibilità con le funzioni di amministrazione generale e di governo, con il ruolo di prevenzione e di garanzia della tutela della legalità, che fa dell'istituto prefettizio uno strumento essenziale del sistema amministrativo del nostro Paese.

In particolare, il Codice della Strada, a più riprese modificato, ha introdotto diverse innovazioni nella disciplina degli illeciti amministrativi, dedicando un apposito Capo alla regolamentazione del procedimento per l'applicazione delle sanzioni amministrative pecuniarie ed accessorie.

In tale materia tutto il sistema è strutturato intorno alla figura del Prefetto, il quale dispone di poteri articolati e complessi, fra i quali la revoca della patente di guida e la sospensione. Quest'ultima, come vedremo di seguito, si configura a volte come una sanzione amministrativa accessoria alla irrogazione di una sanzione pecuniaria, a volte, invece, assume natura cautelare e trova giustificazione nella necessità di impedire che il conducente del veicolo, in attesa dell'accertamento della responsabilità penale, continui ad assumere una condotta pericolosa.

Maggiormente complesso è il potere del Prefetto di disporre la confisca del veicolo, quale sanzione accessoria, consistente in un provvedimento ablativo di carattere reale, diretto a privare un soggetto della titolarità di un bene, nonché il potere di decidere sui ricorsi proposti avverso i verbali di contestazione di infrazioni al Codice della strada.

Nel quadro così delineato, se acquista rilievo ogni iniziativa volta allo svolgimento di attività di impulso e di vigilanza, non può essere trascurato il corretto svolgimento del procedimento di irrogazione della sanzione, al fine di assicurare al cittadino il rispetto di norme poste a tutela sia dell'ordinamento amministrativo che dell'intera collettività.

In questa direzione deve essere interpretata la pronuncia della Corte di Cassazione, che ha affermato la natura perentoria del termine di 60 giorni, previsto dall'art. 204 d.lgs n. 285/1992, per la decisione del ricorso presentato al Prefetto avverso i verbali di accertamento di illeciti amministrativi in materia di circolazione stradale.

L'esercizio del potere sanzionatorio è stato attribuito al Prefetto anche in materia di assegni bancari e postali. L'obiettivo perseguito dal legislatore è stato quello di costruire un sistema sanzionatorio alternativo a quello penale e un apparato di misure inibitorie ed interdittive, rese più incisive dalla creazione di un sistema informativo, gestito dall'Autorità di vigilanza sul credito.

Con il d.lgs n. 507/1999 non si è, quindi, proceduto soltanto alla depenalizzazione della materia *de qua*, bensì anche ad una riforma di tutto il sistema delle violazioni e alla introduzione di disposizioni più organiche: non a caso si è parlato di depenalizzazione "complessa" perché ad essa si è abbinata un'ampia innovazione dell'intero apparato sanzionatorio.

Da tali innovazioni ha avuto origine un sistema punitivo amministrativo che va ad aggiungersi a quello penale e che consente al legislatore di scegliere il tipo di sanzione da comminare. La possibilità di applicare sanzioni accessorie, inoltre, offre una valida alternativa alla sanzione penale detentiva, permettendo di disciplinare nuove fattispecie, dotate di un'adeguata efficacia intimidatrice.

## VI.6. Le nuove competenze delle Prefetture a seguito del d. lgs. n. 8/2016

L'art. 2 della legge 28 aprile n. 67 del 2014, recante disposizioni per la riforma del sistema sanzionatorio, ha conferito delega al Governo per una nuova disciplina dell'intervento punitivo e la contestuale introduzione di nuove sanzioni amministrative e civili.

Dalla legge delega citata sono quindi derivati due decreti – il n. 7 e il n. 8 del 2016 – che hanno novellato l'apparato sanzionatorio tanto sotto il profilo penale-amministrativo, attraverso una nuova depenalizzazione, quanto per l'innovativa trasformazione di alcune fattispecie di reato in illeciti punitivi civili. In breve, è opportuno osservare che, tramite la costituzione di questa nuova forme di illecito – non penale, non amministrativo, bensì "civile" – sottoposto alla giurisdizione del Giudice ordinario (civile), il quadro dell'intervento punitivo statuale si è arricchito di una nuova figura riconducibile, per molti aspetti, all'istituto dei *"punitive damages"* di tradizione anglosassone.

L'elaborazione della proposta di riforma è dovuta al lavoro svolto dalla Commissione ministeriale presieduta dal prof. Palazzo, che, nell'ambito delle molteplici esigenze di politica criminale sussistenti, quali, ad esempio, il sovraffollamento carcerario e l'urgenza deflattiva del contenzioso penale, ha ispirato il Governo alla realizzazione dei decreti in oggetto alla luce dei criteri di offensività, proporzionalità, nonché, di *extrema ratio* dell'intervento penale.

La strategia di depenalizzazione posta in essere dal Legislatore ha quindi il proprio fondamento nelle esigenze di circoscrivere l'ipertrofico ambito di applicazione della sanzione penale in modo da evitare da una parte, l'effetto di confusione per i consociati dovuto all'eccesso di fattispecie delittuose, dall'altro, all'inefficienza dell'intervento punitivo che insidia alla base non solo la legittimazione della pena criminale in sé, bensì lo stesso ruolo dello Stato nell'applicazione della legge.

È in questa chiave, pertanto, che deve essere letta la nuova opera di depenalizzazione conseguita con l'emanazione del d. lgs. n. 8/2016; infatti, pur non avendo previsto nuove risorse finanziarie, il trasferimento della potestà punitiva all'Autorità amministrativa rappresenta, per il Legislatore, il modo prescelto per ottenere l'incremento della velocità dei procedimenti punitivi, l'aumento delle entrate derivanti dalle relative ingiunzioni, la deflazione del carico del sistema giudiziario, nonché la riaffermazione della potestà punitiva dello Stato.

Il decreto in esame ha operato attraverso due criteri; il primo, detto di depenalizzazione "cieca", già seguito in occasione del d. lgs. n. 507/1999, ha operato in astratto, disponendo la soggezione alla sanzione amministrativa di tutte le violazioni penali per le quali è prevista la sanzione della sola multa o dell'ammenda.

Tale clausola generale di depenalizzazione ha però numerosi limiti d'incidenza. Innanzitutto, vi è un nutrito elenco di materie, che per l'importanza dei beni giuridici tutelati, sono escluse dalla novella e consistono in: edilizia e urbanistica; ambiente, territorio e paesaggio; alimenti e bevande; salute e sicurezza sui luoghi di lavoro; sicurezza pubblica; giochi d'azzardo e scommesse; armi ed esplosivi; elettorale e finanziamento ai partiti; proprietà intellettuale e industriale.

In aggiunta, l'art. 1, co. 3, del decreto, in ragione del vasto effetto depenalizzante che altererebbe altrimenti la disorganicità del codice penale, esclude altresì i reati ivi contenuti ad eccezione di quelli indicati dal successivo art. 2.

Quest'ultima disposizione è infatti il secondo criterio di depenalizzazione, c.d. "nominativa", che consiste nella puntuale determinazione delle fattispecie criminose da trasformare in illeciti amministrativi. Tali disposizioni sono ora di competenza prefettizia e consistono nei reati previsti dagli artt. 527 c.p. ("Atti osceni"), 528 c.p. ("Pubblicazioni e spettacoli osceni"), 652 c.p. ("Rifiuto di prestare la propria opera in caso di tumulto"), art. 661 c.p. ("Abuso della credulità popolare"), art. 668 ("Rappresentazioni teatrali o cinematografiche abusive").

Sempre da considerare all'interno della scelta nominativa vi sono poi fattispecie criminose appartenenti alla legislazione complementare che erano originariamente punite anche con pene detentive tra le quali l'omesso versamento delle ritenute previdenziali (art. 2, co. 1bis, dl. n. 463/1983), inosservanza delle prescrizioni dell'Autorità per la coltivazione di piante dalle quali sono ricavabili sostanze psicotrope (art. 28, co. 2, d.P.R. n. 309/1990), nonché le contravvenzioni previste dall'art. 11, comma 1, legge 8 gennaio 1931, n. 234 ("Norme per l'impianto e l'uso di apparecchi radioelettrici privati e per il rilascio delle licenze di costruzione, vendita e montaggio di materiali radioelettrici"), dall'art.171-quater della legge sul diritto d'autore (legge n. 633/1941), dall'art. 3 d. lgs. lgt. 10.8.1945 n. 506 ("Disposizioni circa la denunzia dei beni che sono stati oggetto di confische, sequestri o altri atti di disposizione adottati sotto l'impero del sedicente governo repubblicano"), dall'articolo 15, comma 2, legge 28.11.1965 n. 1329 ("Provvedimenti per l'acquisto di nuove macchine utensili"), dall'articolo 16, comma 4, d.l. 745/1970, in tema di abusiva installazione o esercizio di impianti di distribuzione automatica di carburanti per uso di autotrazione.

Per quanto concerne la cornice edittale, il decreto n. 8 ha fissato un criterio generale ispirato ai canoni di proporzionalità e coerenza sistematica prevedendo che: a) per le contravvenzioni punite con l'arresto fino a sei mesi, la sanzione amministrativa è compresa da 5.000 a 15.000 euro; b) per le contravvenzioni punite con l'arresto fino ad un anno, la sanzione amministrativa è compresa da 5.000 a 30.000 euro; c) per delitti e contravvenzioni puniti con pene detentive superiori ad un anno, sanzione amministrativa compresa tra 10.000 e 50.000 euro. Tuttavia, nel caso della fattispecie prevista dall'art. 527 c.p., la cornice edittale della prevista è invece fissata tra 5.000 e 30.000 euro, derogando al criterio appena enunciato.

Vi è poi da segnalare l'introduzione di sanzioni accessorie (art. 4) per i reati originariamente previsti dall'art. 668 c.p., art. 171quater della legge sul diritto d'autore, art. 28, co. 2, del d.P.R. n. 309/1990, che consistono, in caso di reiterazione specifica della condotta, nella sospensione della licenza, autorizzazione, concessione o di altro provvedimento amministrativo che consenta l'attività da un minimo di dieci giorni a un massimo di tre mesi.

Per quanto riguarda la disciplina generale del procedimento applicabile, l'art. 6 del decreto in esame rinvia integralmente alla legge n. 689/1981. Invero, perfino in tema di competenza, salvo i casi di depenalizzazione nominativa dove lo stesso decreto indica espressamente il Prefetto quale Autorità incaricata del procedimento punitivo, anche l'art. 7, dopo aver prescritto la responsabilità delle Amministrazioni già competenti a irrogare le altre sanzioni amministrative previste dalle leggi che contemplano le violazioni stesse, rinvia alla disciplina contenuta nell'art. 17 della l. n. 689/1981, secondo la quale, salvo i casi di violazione di regolamenti comunali o provinciali o di materie regionali, la clausola di chiusura del sistema demanda al Prefetto l'irrogazione delle sanzioni.

# CAPITOLO VI
# Il nuovo Codice della Strada

di *Eugenio Di Agosta, Riccardo Mattei, Agnese Scala, Maria Paola Suppa*



## VI.1. Il verbale di contestazione dell'infrazione, la sanzione amministrativa pecuniaria e il problema della sua rateizzazione

La disciplina degli illeciti amministrativi in materia di circolazione stradale prevista dal d.lgs. 30 aprile 1992 n. 285, e successive modifiche ed integrazioni, e delle relative sanzioni amministrative pecuniarie ed accessorie(d'ora in poi, per brevità, "C.d.S."), si sostanzia in un'applicazione specifica, a volte derogatoria, delle disposizioni generali contenute nella legge 24 novembre 1981, n. 689, che, comunque, trovano applicazione quando non altrimenti previsto dal C.d.S.

Tale disciplina è integrata dalle norme del Regolamento di esecuzione e di attuazione del nuovo Codice della Strada, introdotto con d.P.R. 16 dicembre 1992, n. 495.

L'intera procedura sanzionatoria costituisce oggetto di esplicita riserva di legge a favore dei soggetti indicati all'art. 12 del C.d.S., cui spetta l'espletamento dell'insieme dei servizi di polizia stradale di cui al precedente articolo 11.

La competenza in materia è attribuita in via esclusiva al Ministero dell'Interno, fatte "salve le attribuzioni dei Comuni per quanto concerne i centri abitati":

Al Ministro dell'Interno compete, altresì, il coordinamento dei servizi di polizia stradale da chiunque espletati.

Le due regole su cui è imperniato il sistema sanzionatorio delle violazioni previste dal C.d.S. sono l'obbligo di contestazione immediata (art. 200) e l'obbligo della notificazione del verbale nei casi in cui l'immediata contestazione non sia possibile (art. 201).

La *ratio* di tale disciplina è chiaramente la garanzia del diritto di difesa, declinato anche dalla possibilità, per l'autore della violazione, di dedurre immediatamente le proprie osservazioni e di ottenerne la verbalizzazione da parte dell'organo accertatore.

Dunque le violazioni al C.d.S. devono essere immediatamente contestate al trasgressore, a meno che non ricorra uno dei casi in cui è consentita la contestazione differita. Di tali casi, che derogano all'obbligo di contestazione immediata, il C.d.S. fornisce un'elencazione meramente esemplificativa, peraltro recentemente ampliata dal legislatore con il recepimento di soluzioni già sperimentate dalla giurisprudenza.

Pur trattandosi di una specifica applicazione dell'art. 14 della legge 24 novembre 1981, n. 689, l'art. 200 del C.d.S. deroga alla disciplina generale nella parte in cui la stessa, nello stabilire che "l'obbligazione di pagare la somma dovuta per la violazione si estingue per la persona nei cui confronti è stata omessa la notificazione nel termine prescritto", profila una sorta di effetto sanante dell'omessa contestazione immediata ad opera della successiva notificazione. Tale effetto non si produce in riferimento alle infrazioni previste dal C.d.S., connotandosi, dunque, l'estinzione della sanzione amministrativa in mancanza di contestazione immediata, ovvero di motivata impossibilità della stessa, come una ulteriore garanzia per il trasgressore.

Un'ulteriore deroga alla normativa generale di cui all'art. 14 della legge n. 689/1981, in materia di contenuto del verbale da notificare al trasgressore, è contenuta nell'art. 201 che, fra gli elementi dello stesso, all'indicazione degli estremi della violazione aggiunge, altresì, l'indicazione dei motivi che hanno reso impossibile la contestazione immediata.

Con la legge 29 luglio 2010, n.120, il legislatore, con una disposizione che è di evidente *favor* per i sanzionati, ha previsto la riduzione da centocinquanta a novanta giorni il termine decadenziale per la notifica del verbale di accertamento al trasgressore ovvero, quando questi non sia identificato, ai soggetti obbligati in solido, quali risultano dai pubblici registri alla data dell'accertamento. È stato inoltre previsto la necessità di notificare il verbale ai soggetti obbligati in solido, anche nel caso di immediata contestazione al trasgressore, nel termine decadenziale di cento giorni dall'accertamento della violazione.

L'oggetto della notificazione è il verbale, ovvero, secondo un recente orientamento giurisprudenziale, anche una sintesi dello stesso contenente gli estremi necessari ad individuare l'imputazione ed a garantire al trasgressore una tutela sostanziale delle proprie prerogative di difesa, a prescindere dal rispetto di predeterminati requisiti meramente formali.

La notificazione tecnicamente intesa può essere effettuata: *a*) da un funzionario dell'amministrazione, ai sensi delle disposizioni del codice di procedura civile; *b*) a mezzo posta; *c*) facendo ricorso ai messi comunali, vale a dire a quei soggetti che il comune abbia investito delle funzioni di notificazione. È pacifico che il verbale sottoscritto dall'interessato, senza riserve ovvero contestazioni, si intende notificato.

La notificazione deve avvenire alla residenza o al domicilio del soggetto, quali risultanti dalla carta di circolazione, dall'archivio della Motorizzazione civile, dal Pubblico registro Automobilistico – P.R.A. – o dalla patente di guida alla data dell'accertamento.

In merito alla notificazione si registra un contrasto giurisprudenziale. Infatti, alcune Sezioni della Cassazione, sulla scorta del tenore letterale della norma (dotata di specialità in materia di infrazioni stradali e che, diversamente argomentando, verrebbe privata di portata innovativa) ritengono sufficiente il recapito del plico presso uno dei luoghi risultanti dai pubblici registri, tesi avvalorata dalla norma che obbliga il soggetto a comunicare l'eventuale intervenuto cambiamento di residenza e parimenti obbliga l'amministrazione ad aggiornare i propri archivi. Ne consegue che la notificazione alla residenza risultante dagli archivi sarà sempre valida ed efficace, laddove la notifica effettuata al precedente indirizzo del cittadino non inadempiente, a causa di un ritardo dell'Amministrazione nell'aggiornamento dei propri archivi, non potrà ritenersi legittimamente eseguita.

In senso contrario, si è espressa quella parte della giurisprudenza che ritiene necessaria l'attivazione della procedura prevista dal codice di procedura civile, per il caso di irreperibilità del destinatario, attesa l'asserita insufficienza di un semplice tentativo di notificazione.

In materia di notificazione dei verbali di accertamento delle violazioni al codice della strada, la Corte Costituzionale si è pronunciata sulla illegittimità dell'art. 8 della legge 20 novembre 1982, n. 890, relativo alla notificazione degli atti giudiziari a mezzo posta, nella parte in cui non prevedeva che il destinatario fosse notiziato del tentativo di notificazione compiuto in sua assenza e del deposito del piego presso l'ufficio postale e nella parte in cui prevedeva la restituzione dello stesso al mittente in caso di compiuta giacenza. La ritualità di eventuali precedenti notifiche deve essere valutata alla luce di tale pronuncia indipendentemente dal tempo in cui furono compiute, essendo pacifico che una notifica regolare secondo la normativa vigente al momento in cui avvenne, impedisce effetti decadenziali e dunque l'estinzione del debito del trasgressore, ben potendo l'Amministrazione reiterare la notifica entro il normale termine di prescrizione.

È importante sottolineare che, nel caso di notificazione a mezzo posta, i relativi adempimenti non possono formare oggetto di concessione ai privati, pena la nullità o meglio l'inesistenza della notifica, con consequenziale effetto estintivo dell'obbligazione. Uguale effetto estintivo sortirebbe un'eventuale notifica a persona diversa da quella alla quale il piego deve essere legittimamente consegnato.

Quando si viola una delle disposizioni del C.d.S. si è soggetti al pagamento di una sanzione pecuniaria, il cui importo varia da un minimo ad un massimo e la legge prevede, come regola generale, che in prima istanza sia applicabile la sanzione minima. L'obbligazione pecuniaria derivante dalla violazione può essere estinta mediante il pagamento del minimo edittale fissato dalle singole norme (c.d. pagamento in misura ridotta), qualora esso sia effettuato entro sessanta giorni dalla contestazione o dalla notificazione. In caso di mancato pagamento, qualora non sia stato presentato un ricorso, la sanzione applicabile è invece la metà dell'importo massimo previsto dalla legge per quella violazione.

Il pagamento in misura ridotta preclude la possibilità di impugnativa (art. 202).

La *ratio* della norma poggia sull'assunto che il pagamento in misura ridotta, implicando l'accettazione della sanzione e quindi un riconoscimento di responsabilità, sia incompatibile con i rimedi oppositivi riconosciuti dall'ordinamento, sia in sede amministrativa che in sede giurisdizionale.

L'istituto ha, quindi, una doppia finalità: agevolativa per il trasgressore, che può in tal modo evitare aggravi patrimoniali, e deflattiva del contenzioso, cui il trasgressore implicitamente e liberamente rinunzia usufruendo di un beneficio che il legislatore ha voluto riservare ad alcune meno gravi tipologie di illecito. Infatti, per alcune tipologie di infrazione, caratterizzate da una maggiore afflittività, è esclusa l'applicazione di tale beneficio con consequenziale trasmissione del verbale di contestazione, entro dieci giorni, al Prefetto del luogo della commessa violazione che con ordinanza–ingiunzione provvederà a quantificare l'importo della sanzione nel termine quinquennale di prescrizione.

In tal caso, è l'ordinanza-ingiunzione e non il verbale non opposto a costituire titolo esecutivo alla riscossione. Nel caso in cui, al contrario, il pagamento in misura ridotta, pur consentito, non sia avvenuto, è il verbale non opposto a costituire titolo esecutivo alla riscossione dell'importo della sanzione e ciò in deroga alle disposizioni di cui all'art. 17 della legge n. 689/1981.

La legge 29 luglio 2010, n. 120, ha introdotto nel C.d.S. l'art. 202-*bis,* rubricato "Rateizzazione delle sanzioni pecuniarie", secondo cui, quando la sanzione amministrativa pecuniaria è superiore a duecento euro, il trasgressore che versi in una situazione di particolare disagio economico, può presentare istanza di rateizzazione del pagamento al Prefetto ovvero a Comuni, Province e Regioni, a seconda dell'appartenenza dell'organo accertatore all'Amministrazione centrale o ai sopraccitati enti territoriali.

La presentazione dell'istanza di rateizzazione produce in capo al trasgressore lo stesso effetto preclusivo derivante dal pagamento in misura ridotta.

Nel caso di accoglimento dell'istanza, il Prefetto (o l'altro organo di volta in volta competente) deve determinare, nei limiti legislativamente previsti, tempi e modalità dei pagamenti, di cui l'organo accertatore dovrà verificarne l'esatto adempimento, in mancanza del quale il trasgressore decadrà dal beneficio concessogli. In tal caso, senza necessità di alcuna ordinanza-ingiunzione, il verbale non opposto costituirà titolo esecutivo alla riscossione dell'importo della sanzione.

Nel caso di rigetto dell'istanza, debitamente notificato, ovvero di infruttuoso decorso del termine di novanta giorni entro il quale l'organo competente deve pronunciarsi sulla richiesta di rateizzazione, il trasgressore dovrà provvedere al pagamento dell'intero importo della sanzione, nel termine di trenta giorni.

## VI.2. Le sanzioni amministrative accessorie

Oltre alle sanzioni pecuniarie, il C.d.S. prevede una serie di sanzioni amministrative accessorie che si distinguono in: *a)* sanzioni relative ad obblighi di compiere una determinata attività o di sospendere o cessare una determinata attività; *b*) sanzioni concernenti il veicolo; *c*) sanzioni concernenti i documenti di circolazione e la patente di guida.

Il quadro sanzionatorio comprende, inoltre, anche una particolare sanzione amministrativa, la decurtazione dei punti dalla patente di guida, introdotta dall'art. 7 del d.lgs. 15 gennaio 2002, n. 9, quale conseguenza di alcune violazioni del C.d.S.

Le SS.UU. della Cassazione si sono pronunciate sul punto, ribadendo che la decurtazione non può aver luogo se non ad avvenuta definizione, dinanzi al Prefetto o al Giudice di pace, della violazione cui tale sanzione è subordinata.

L'introduzione della c.d. "patente a punti" ha dato luogo a molteplici questioni applicative e pronunce del Giudice delle leggi, tra le quali rileva la sentenza n. 27 del 25 gennaio 2010, con la quale l'art. 126- *bis* del C.d.S. è stato dichiarato costituzionalmente illegittimo nella parte in cui dispone che, in caso di mancata tempestiva identificazione dell'autore della violazione, la decurtazione dei punti avvenga a carico del proprietario del mezzo che ometta di segnalare le generalità del conducente.

Il verbale di contestazione deve indicare il punteggio da decurtare nella misura prevista dalla tabella allegata al citato art. 126- *bis:* si tratta di un mero preavviso che, in quanto tale, non è immediatamente impugnabile. Compete all'Anagrafe nazionale degli abilitati alla guida presso il Ministero delle Infrastrutture e dei Trasporti non solo annotare il punteggio attribuito al titolare della patente all'atto del rilascio, ma anche procedere alla eventuale decurtazione dello stesso a seguito della segnalazione derivante dalla definizione della contestazione che ne prevede attuazione e misura.

Va, infine, evidenziato che l'organo accertatore è tenuto a dare notizia delle violazioni che costituiscono reato al pubblico ministero, ai sensi dell'art. 347 c.p.p. La sentenza o il decreto definitivi sono poi comunicati dal cancelliere al Prefetto del luogo di residenza e sono annotati, a cura della Prefettura, sulla patente del trasgressore. Nelle ipotesi di reato per le quali è prevista la sospensione o la revoca della patente, il Prefetto adotta il relativo provvedimento ai sensi dell'art. 223 del C.d.S.. Se dalla violazione derivano danni alle persone, sarà invece il giudice ad applicare le sanzioni amministrative pecuniarie e accessorie previste dall'art. 222 del C.d.S. (sospensione e revoca della patente).

Prima di passare alla trattazione delle più rilevanti questioni interpretative originate dall'applicazione di sanzioni accessorie, merita un cenno la disciplina delle ipotesi di inottemperanza agli obblighi di compiere, sospendere ovvero cessare una determinata attività. In tali ipotesi, non diversamente da quanto avviene nel caso di violazione di norme sulla circolazione stradale, l'agente accertatore redige un verbale di contestazione della violazione, contestualmente o successivamente notificato. Con riferimento alla sola seconda ipotesi, il Prefetto emette un'ordinanza contenente l'ordine di adempimento, che costituisce il solo titolo esecutivo in forza del quale potrà aver luogo l'esecuzione coattiva e non potrebbe essere altrimenti, sebbene l'art. 211 C.d.S. susciti qualche perplessità quando afferma che il verbale di accertamento è "titolo" per l'applicazione della sanzione accessoria. Nell'ipotesi di inottemperanza del trasgressore, il Prefetto emetterà una ordinanza-ingiunzione a titolo di rimborso delle spese sostenute dall'Amministrazione per l'esecuzione in danno.

La Cassazione penale ha ritenuto che l'inosservanza dell'ordine di ripristino e di rimozione di opere abusive non integri il reato previsto dall'art. 650 c.p. come il fatto di chi "non osserva un provvedimento legalmente dato dall'Autorità per ragioni di giustizia o di sicurezza pubblica o di ordine pubblico o di igiene". Al contrario tale reato si configura nel caso di inadempimento dell'obbligo di sospendere una determinata attività, unica ipotesi del C.d.S. che fa esplicito riferimento al codice penale.

### *VI.2.1. La sospensione della patente di guida*

Prima di passare alla disamina della sanzione accessoria della sospensione della patente di guida è importante evidenziare che la normativa in materia di patenti è stata profondamente innovata dal decreto legislativo 18 aprile 2011, n. 59, e, ancora più di recente, dal decreto legislativo 16 gennaio 2013, n. 2, entrato integralmente in vigore il 2 febbraio 2013.

Quest'ultimo intervento normativo ha dato attuazione, nel nostro ordinamento, alla Direttiva comunitaria n.2006/126/CE, armonizzando le disposizioni vigenti nei Paesi membri in materia di patenti di guida.

In particolare, le modifiche normative introdotte riguardano i requisiti ed i limiti di età per la guida, le abilitazioni professionali alla guida di veicoli a motore, la gradualità e l'equivalenza delle patenti di guida, i provvedimenti inibitori nei confronti dei titolari di patenti estere e l'eliminazione della residenza sulla patente di guida. Sono state, inoltre, riviste alcune disposizioni relative al regime sanzionatorio, con riferimento alla conduzione dei veicoli senza aver conseguito la patente di guida.

Obiettivo finale della nuova normativa è quello di migliorare il livello della sicurezza stradale e della formazione dei conducenti, oltre che di facilitare la circolazione di merci e persone garantendo uniformità con i Paesi dell'Unione europea.

Le prime disposizioni operative, volte a favorire la corretta e omogenea applicazione delle nuove previsioni normative, sono state fornite, con apposita circolare (n. 300/A/744/13/101/3/3/9 del 25 gennaio 2013), dal Dipartimento della Pubblica Sicurezza del Ministero dell'Interno.

Tenuto conto di tale premessa in ordine alle recenti innovazioni normative, va ora dato conto del procedimento preordinato all'applicazione della misura sanzionatoria della sospensione della patente.

Il Codice della Strada prevede che il ritiro della patente possa avere luogo: *a)* in forma cautelativa, per evitare che il soggetto continui a guidare in uno stato di pericolo per gli altri; *b)* per successiva sospensione.

A seguito di violazione di norme di comportamento nella guida degli autoveicoli la sospensione della patente è disposta: *a*) dal Prefetto del luogo della commessa violazione; *b)* dal Dipartimento per i trasporti terrestri, quando, in sede di revisione, risulti il temporaneo venir meno dei previsti requisiti fisio-psichici.

In tale ultimo caso la sospensione è a tempo indeterminato, operando fino a quando non venga certificato il recupero dei requisiti richiesti. Negli altri casi l'ordinanza prefettizia dispone il periodo di sospensione tra il minimo ed il massimo previsti dalla norma.

Il Prefetto, cui l'organo accertatore deve trasmettere una copia del verbale di accertamento della violazione e la patente entro cinque giorni dal ritiro, deve emettere l'ordinanza di sospensione entro quindici giorni, altrimenti il provvedimento di ritiro decade e la patente deve essere immediatamente restituita al titolare che ne faccia richiesta.

La giurisprudenza dei Giudici di pace è concorde nel ritenere che l'eventuale illegittimità del provvedimento, così come il ritardo nella restituzione del documento, configurino la responsabilità del Prefetto, con conseguente risarcibilità del danno subito dall'opponente.

Non è indicato un termine per la notifica dell'ordinanza all'interessato, limitandosi la norma a prescrivere che la notifica venga eseguita "immediatamente". I mezzi di impugnazione avverso il verbale di accertamento dell'infrazione e sospensione della patente e la previsione di un termine perentorio per l'adozione del provvedimento prefettizio non porrebbero la mancata previsione di un termine perentorio di notifica del provvedimento stesso, rispettivamente in contrasto con gli artt. 24 e 3 della Costituzione.

Qualche pronuncia giurisprudenziale ha ritenuto che la notifica del provvedimento prefettizio debba avvenire nel termine complessivo di venti giorni previsti dalla norma ovvero, qualora tale termine fosse già trascorso, entro il giorno successivo all'adozione del provvedimento.

La legge 29 luglio 2010, n. 120, ha introdotto rilevanti innovazioni con riferimento alla sospensione della patente di guida.

Sul piano procedurale, si prevede la comunicazione dell'ordinanza prefettizia di sospensione della patente all'Anagrafe nazionale degli abilitati alla guida di cui all'art. 226 del C.d.S. e non più al competente ufficio del Dipartimento per i trasporti terrestri.

Sul piano sostanziale, si profila per il conducente, cui sia stata sospesa la patente per una violazione dalla quale non sia derivato un incidente, la possibilità di richiedere al Prefetto un permesso di guida ad ore. Tale permesso viene rilasciato in relazione a determinate fasce orarie, per un massimo di tre ore giornaliere, a fronte di comprovate esigenze lavorative del soggetto e sempre che il posto di lavoro sia difficilmente raggiungibile con mezzi non propri, ovvero in caso di esigenze assistenziali ad un parente disabile. Nell'esaminare la predetta istanza, il Prefetto dovrà valutare la gravità della violazione commessa dal soggetto richiedente e l'eventuale pericolo che potrebbe derivare dalla circolazione consentita. Il permesso di guida ad ore, se concesso, aumenta il periodo di sospensione della patente di un numero di giorni pari al doppio delle ore di guida autorizzata. Sono, inoltre, previste sanzioni amministrative pecuniarie ed accessorie nel caso in cui il conducente con permesso di guida ad ore abbia violato i limiti indicati nell'ordinanza prefettizia. La norma prevede poi l'immediata notifica dell'ordinanza prefettizia di autorizzazione alla guida ad ore al soggetto interessato, riproponendo le già analizzate problematiche interpretative relative alla mancata indicazione di termini perentori di notifica.

### *VI.2.2. La revoca della patente di guida*

L'art. 120 C.d.S. prevede, al primo comma, il diniego di conseguire la patente di guida per carenza dei requisiti morali per i seguenti soggetti: *a*) delinquenti abituali, professionali o per tendenza (artt. 102, 105 e 108 c.p.); *b*) coloro che sono o sono stati sottoposti a misure di sicurezza personali o alle misure di prevenzione previste dalla legge 27 dicembre 1956, n. 1423, ad eccezione di quella di cui all'art. 2, e dalla legge 31 maggio 1965, n. 575; *c*) persone condannate per i reati di cui agli articoli 73 e 74 del d.P.R. 9 ottobre 1990, n. 309 (T.U. in materia di stupefacenti) ed i soggetti destinatari dei divieti di cui agli artt. 75, comma 1, lett. a), e 75 *bis* comma 1, lett. f), dello stesso d.P.R..

Il successivo comma disciplina, invece, la revoca in senso stretto della patente di guida che viene disposta qualora la perdita dei requisiti morali da parte dei soggetti di cui al primo comma interviene successivamente al rilascio della stessa.

Il terzo comma, infine, stabilisce il diniego di conseguire una nuova patente di guida per quei soggetti già destinatari di un provvedimento di revoca prima che siano trascorsi tre anni dalla notifica.

Tra i soggetti che non possono conseguire una nuova patente di guida devono essere inclusi, come indicato nell'ultimo periodo del succitato primo comma, le persone cui, con sentenza di condanna per omicidio colposo, sia stata applicata la revoca della patente per la seconda volta.

Sulla portata precettiva della norma hanno inciso importanti pronunce del Giudice delle Leggi. In particolare, la sentenza n. 354 del 1998 ne ha dichiarato l'illegittimità costituzionale nella parte in cui prevedeva la revoca della patente per coloro i quali sono stati sottoposti a misure di sicurezza personali indipendentemente da ogni valutazione della loro attuale pericolosità sociale. Questo per l'evidente disparità di trattamento rispetto ai condannati a pena detentiva, dei quali si valuta la possibile agevolazione di ulteriori attività illecite. Oltre che con l'art. 3 Cost., la normativa si è ritenuta contrastante con gli artt. 4 e 35 Cost. in quanto le difficoltà lavorative conseguenti al provvedimento sarebbero eccessive poiché non bilanciate dalla tutela di beni di rilievo costituzionale. Le successive pronunce n. 427 del 2000, n. 251 del 2001 e n. 239 del 2003 hanno rispettivamente dichiarato la illegittimità costituzionale della normativa nella parte in cui prevedeva, quali destinatari di provvedimenti di revoca, coloro che sono sottoposti alla misura di prevenzione del rimpatrio con foglio di via obbligatorio, coloro che sono stati sottoposti a misure di prevenzione e coloro che sono stati condannati a pena detentiva non inferiore a tre anni, quando l'utilizzazione del documento di guida possa agevolare la commissione di reati della stessa natura.

Contrariamente all'avviso del Giudice delle Leggi sulla necessità, per la legittimità del provvedimento di revoca, che le misure di sicurezza e di prevenzione fossero in corso di applicazione, l'attuale normativa include tra i soggetti destinatari del provvedimento prefettizio anche coloro che siano stati sottoposti a tali misure, a meno che non siano ormai trascorsi tre anni dalla data di applicazione della stessa o meglio, conformemente alla linea interpretativa ministeriale, con decorrenza dal momento di cessazione della misura.

La Corte Costituzionale ha infine ritenuto, con le sentenze n. 48 del 2008 e n. 401 del 2006, che la normativa non possa più essere oggetto del proprio sindacato, avendo la stessa assunto natura regolamentare a seguito del d.P.R. 19 aprile 1994, n. 575.

La revoca della patente di cui all'art. 120 del C.d.S. è un atto prefettizio dovuto, vincolato alla sussistenza dei presupposti previsti dalla norma. Non sono richiesti apprezzamenti da parte del Prefetto in merito a tali presupposti, ritenendosi sufficiente la presunzione del Legislatore che il possesso della patente di guida incentivi condotte socialmente pericolose da parte dei soggetti già destinatari del provvedimento. Inoltre, essendo l'atto vincolato nell'*an* e nel *quid*, non sussiste obbligo di motivazione e, per le stesse ragioni, non sussiste obbligo di comunicazione di avvio del procedimento, trovando nella fattispecie applicazione la previsione contenuta nell'art. 21- *octies* della legge 7 agosto 1990, n. 241, così come modificata dalla legge 11 febbraio 2005 n. 15, ai sensi del quale "non è annullabile il provvedimento adottato in violazione di norme sul procedimento o sulla forma degli atti qualora, per la natura vincolata del provvedimento, sia palese che il suo contenuto dispositivo non avrebbe potuto essere diverso da quello adottato".

Essa non rientra nelle ipotesi di sanzione accessoria che trovano il loro presupposto in una violazione amministrativa o in ipotesi di reato connesse a violazioni al C.d.S.. Non a caso, avverso i provvedimenti emessi ai sensi dell'art. 120 è dato ricorso gerarchico al Ministro dell'Interno (su cui vedi *infra*) e/o giurisdizionale dinanzi al giudice amministrativo, mentre le sanzioni accessorie sono impugnabili dinanzi al giudice ordinario.

Il provvedimento di revoca quale sanzione accessoria è emesso dal Prefetto del luogo della commessa violazione, a seguito di comunicazione dell'organo accertatore e previo accertamento delle condizioni previste dalla legge per la sua emissione. Con la stessa ordinanza il Prefetto dispone l'immediata consegna della patente alla Prefettura. Una volta notificata l'ordinanza di revoca della patente, la mancata consegna della stessa configura il reato di inosservanza ad un ordine legalmente dato dall'autorità amministrativa, ai sensi dell'art. 650 c.p.

La competenza ad ordinare la revoca della patente appartiene ordinariamente al Prefetto, ad esclusione dei casi di cui all'art. 130, comma 1, del C.d.S. per i quali il provvedimento è emesso dal competente ufficio del Dipartimento per i trasporti terrestri.

Alla filosofia della "tolleranza zero" verso chi guida in stato di ebbrezza alcolica, ovvero sotto l'effetto di sostanze stupefacenti o psicotrope, è ispirata la previsione che prescrive a carico di tali soggetti un periodo di interdizione alla guida di ben tre anni, decorrenti dalla data di accertamento del reato.

Una disciplina di particolare rigore è prevista qualora il trasgressore appartenga a coloro che professionalmente esercitano l'attività di trasporto di persone o cose, poiché per tali soggetti, nel caso in cui il provvedimento di revoca segua alla violazione degli art. 186, 186 *bis* e 187 del C.d.S. (guida in stato di ebbrezza alcolica o sotto l'effetto di sostanze stupefacenti e psicotrope), è valutabile quale giusta causa di licenziamento ai sensi dell'art. 2119 c.c.

## VI.3. Le modifiche apportate dalla legge n. 41/2016, c.d. "legge sull'omicidio stradale"

Sulla scorta dell'esigenza di irrobustire l'apparato sanzionatorio in tema di circolazione stradale il Legislatore è intervenuto nel 2016 con la legge n. 41 recante numerose modifiche al codice penale, di procedura penale e della strada. Segnatamente, la novella ha introdotto una serie di fattispecie autonome di reato come l'omicidio realizzato con violazione delle norme sulla circolazione stradale (art. 589bis c.p.), le "lesioni personali stradali gravi" (art. 590bis) e il delitto di "fuga del conducente in caso di lesioni personali stradali" (art. 590ter).

Al di là delle critiche suscitate in dottrina sull'assenza di una ponderata dosimetria sanzionatoria, oltre che dei seri dubbi in tema di proporzionalità e funzione della pena sollevati da tale intervento legislativo, è necessario dar conto sinteticamente delle novità che concernono la competenza strettamente prefettizia in materia di sicurezza stradale.

In particolare, la legge n. 41/2016 novella l'art. 222 del Codice della strada inserendo nuovi casi di revoca della patente e di inibizione alla guida sul territorio nazionale da parte del Prefetto allorquando sia divenuta definitiva la sentenza di condanna o di applicazione della pena su richiesta (anche nell'ipotesi in cui sia concessa la sospensione condizionale) per i reati di omicidio stradale e lesioni personali stradali gravi o gravissime. Peraltro, agli interessati da tali ultimi provvedimenti citati è interdetta la possibilità di conseguire una nuova patente di guida prima che siano trascorsi 15 anni (10, se al fatto ha concorso colposamente la vittima), o 20 anni se il soggetto sia già stato condannato precedentemente per guida in stato di ebbrezza (o sotto l'effetto di sostanze psicotrope) o se in tale stato abbia cagionato un incidente. Il carattere afflittivo è ancor più aggravato (30 anni) nel caso in cui l'interessato non abbia ottemperato agli obblighi di assistenza o si sia dato alla fuga.

Diversamente, sia per l'ipotesi di omicidio stradale "base" di cui al primo comma, sia per le lesioni personali stradali, si applica comunque il medesimo provvedimento interdittivo ridotto ad un termine di 5 anni.

Infine, il Legislatore si è preoccupato di estendere adeguatamente le disposizioni appena descritte anche al titolare di patente di guida rilasciato da uno Stato estero, permettendo al Prefetto di inibire quest'ultimo dalla guida sul territorio nazionale per il tempo corrispondente alla revoca che sarebbe occorsa qualora il soggetto avesse avuto una patente di guida nazionale, attraverso l'annotazione nell'anagrafe nazionale degli abilitati alla guida.

Per concludere, la legge n. 41/2016 ha altresì inciso sul provvedimento di ritiro della patente ai sensi dell'art. 223 ampliandone i presupposti anche ai reati previsti agli artt. 589bis (secondo, terzo, quarto e quinto comma) e 590bis del codice penale, facendone pertanto discendere l'attivazione del potere prefettizio di sospensione provvisoria della patente di guida. Invero, particolare attenzione è da rivolgere all'introduzione di una ulteriore ipotesi di sospensione cautelare, appositamente limitata ai comportamenti puniti dai reati anzidetti, che il Prefetto può disporre in caso di "fondati motivi di evidente responsabilità" fino ad un massimo di 5 anni, eventualmente prorogabili a 10 nel caso in cui intervenga una sentenza di condanna non definitiva.

## VI.4. Introduzione sul sequestro, il fermo e la confisca

In termini generali, con il termine sequestro il legislatore individua una serie di misure, piuttosto eterogenee quanto a finalità, che sono accomunate dalla sottrazione provvisoria di un determinato bene a chi ne ha la disponibilità materiale o giuridica. In tale contesto generale, l'istituto del sequestro amministrativo si caratterizza per una funzione essenzialmente cautelare, dal momento che la creazione di un vincolo sul bene serve ad evitare che la cosa sia sottratta nelle more del procedimento sanzionatorio. Occorre anche evidenziare che il sequestro amministrativo ha una diversa funzione rispetto a quello previsto dal diritto penale. Esso non mira, infatti, ad impedire che l'illecito sia portato ad ulteriori conseguenze (sequestro preventivo), né ad assicurare le fonti di prova (sequestro probatorio), ma rappresenta una mera misura strumentale alla successiva confisca.

La confisca è invece un provvedimento, a carattere repressivo e sanzionatorio, che comporta l'ablazione del diritto ai danni del destinatario ed il suo trasferimento coattivo alla pubblica amministrazione. Tale istituto comprende le misure che, nel più ampio *genus* degli strumenti che realizzano un trasferimento autoritativo di determinati beni a favore della pubblica amministrazione, si caratterizzano per la loro specifica finalità sanzionatoria o special – preventiva e, cioè, per essere volte a punire l'autore di una condotta illecita o a prevenire la commissione di un illecito penale o amministrativo.

Tenuto conto di tale quadro generale, va evidenziata la connessione funzionale tra i due istituti, dal momento che il sequestro è strettamente collegato alla successiva fase della confisca definitiva. Tale connessione implica, a ben vedere, non solo l'impossibilità di disporre il sequestro di beni di cui non sia possibile attuare la confisca, ma anche l'impossibilità di prevedere la confisca di ciò che non sia stato ancora sequestrato al momento dell'adozione della misura ablatoria.

Nell'ambito del diritto amministrativo, la confisca è disciplinata – in particolare – dall'art. 20 della l. n. 689/81 che prevede una confisca facoltativa, per le cose che servirono o furono destinate alla commissione dell'illecito ed una confisca obbligatoria relativa alle cose che ne rappresentarono il prodotto.

Ad una funzione ancora diversa assolve l'istituto del fermo amministrativo, che si differenzia dal sequestro in quanto non ha natura cautelare, non è finalizzato all'adozione del successivo provvedimento di confisca e, soprattutto, in ragione della sua durata definita nel tempo.

Tenuto conto di tale quadro generale, nel presente capitolo saranno approfonditi, in particolare, la disciplina del sequestro, del fermo amministrativo, della custodia e della confisca con riferimento alla materia disciplinata nel codice della strada.

### *VI.4.1. Il sequestro dei veicoli e l'affidamento immediato in custodia all'interessato*

Ai sensi del comma 1 dell'art. 213 del C.d.S., in tutti i casi in cui il codice della strada prevede la sanzione accessoria della confisca amministrativa, l'organo di polizia che accerta la violazione provvede al sequestro del veicolo o delle altre cose oggetto della violazione facendone menzione nel verbale di contestazione.

L'art. 213 del C.d.S. prevede, a tal fine, la nomina di un custode del veicolo. Di regola, il veicolo è affidato al proprietario o, se questi non è presente al momento dell'accertamento, al conducente o ad un altro obbligato in solido presente. È opportuno sottolineare come, in linea con la previgente normativa, il d.l. 4 ottobre 2018, n. 113, ha inteso rafforzare l'esigenza di nominare sempre quale custode il trasgressore stesso. Questa - unitamente alle altre misure introdotte con la recente novella - hanno come ratio ispiratrice l'esigenza di ridurre drasticamente gli oneri derivanti dall'applicazione di tali misure.

Ai sensi dell'art. 196 del C.d.S., gli obbligati in solido sono, oltre allo stesso proprietario, l'usufruttuario, l'acquirente con patto di riservato dominio e l'utilizzatore a titolo di locazione finanziaria. A seguito, poi, delle novelle introdotte dal d.l. n. 113/2018, l'ambito di applicazione del principio di solidarietà si è esteso considerando obbligati in solido anche il locatario nel caso di locazione senza conducente (art. 84) nonché l'intestatario temporaneo del veicolo nel caso nei casi di trasferimento all'estero (art. 94).

Ai fini della corretta applicazione della norma, occorre evidenziare che, nella prassi, si ritiene proprietario chi risulta tale dalla carta di circolazione ovvero dai pubblici registri mentre, nel caso in cui il proprietario sia una persona giuridica, è possibile l'affidamento in custodia al legale rappresentante.

Non può assumere invece la custodia chi si trova in manifesto stato di ubriachezza o di intossicazione da sostanze stupefacenti, chi manifesta palese infermità mentale e chi risulta essere sottoposto a misure di sicurezza detentive o a misure di prevenzione. In caso di conducente minorenne, infine, il veicolo è affidato in custodia ai genitori o a chi ne fa le veci o a persona maggiorenne appositamente delegata.

A seguito della nomina, il custode assume tre obblighi: il trasporto del veicolo sequestrato in un luogo in cui abbia la disponibilità o in un luogo non sottoposto a pubblico passaggio; la custodia del veicolo nel luogo prescelto; il trasferimento del veicolo confiscato nel luogo indicato nell'ordinanza prefettizia di confisca.

Quanto al primo obbligo, il soggetto nominato custode provvede al trasporto del veicolo sequestrato in condizioni di sicurezza per la circolazione stradale e, qualora tali condizioni non sussistano, il veicolo sequestrato dovrà essere condotto nel luogo di custodia tramite altro idoneo mezzo di trasporto.

Relativamente alla custodia del veicolo, essa potrà avvenire, alternativamente, in un luogo di cui il custode abbia la disponibilità ovvero in un luogo non soggetto a pubblico passaggio. Nel primo caso il veicolo è portato in un luogo di proprietà o nella disponibilità del soggetto interessato mentre, nel secondo, la custodia avviene – a spese del custode – presso strutture terze. Nonostante l'infelice formulazione della norma, deve intendersi che anche nel caso di deposito in luogo di cui il trasgressore abbia la disponibilità, il veicolo deve essere comunque tenuto in luogo non sottoposto a pubblico passaggio.

La disponibilità e l'idoneità del luogo, ove non accertate direttamente dall'organo di vigilanza, devono essere autocertificate dal custode, mediante dichiarazione sostitutiva di atto di notorietà. Da ultimo, si evidenzia che, tra gli obblighi complementari del custode vi è quello di consentire l'ispezione del veicolo sottoposto a sequestro.

L'eventuale rifiuto di trasportare o custodire il veicolo - oggetto di novellazione nel 2018 - determinerà l'applicazione della sanzione pecuniaria e della sanzione accessoria della sospensione della patente di guida da uno a tre mesi, come previsto dall'art. 213, comma 5 del C.d.S. La sanzione può colpire tutti i soggetti che, tenuti a vario titolo ad assumere la custodia del veicolo, abbiano espresso un rifiuto non giustificato.

A seguito del d.l. n. 113/2018, inoltre, i soggetti che si rifiutino di assumere la custodia del veicolo o non siano comunque in grado di assumerla nonché, in via generale, l'autore della violazione, è disposta l'immediata rimozione del veicolo e il suo trasporto presso uno dei soggetti di cui all'articolo 214-bis. Di ciò' è fatta menzione nel verbale di contestazione della violazione. Il veicolo è trasferito in proprietà' al soggetto a cui è consegnato, senza oneri per l'erario, quando, decorsi cinque giorni dalla comunicazione di cui al periodo seguente, l'avente diritto non ne abbia assunto la custodia, pagando i relativi oneri di recupero e trasporto. Del deposito del veicolo è data comunicazione mediante pubblicazione nel sito internet istituzionale della Prefettura-Ufficio territoriale del Governo competente. La somma ricavata dall'alienazione è depositata, sino alla definizione del procedimento in relazione al quale è stato disposto il sequestro, in un autonomo conto fruttifero presso la tesoreria dello Stato. In caso di confisca, questa ha ad oggetto la somma depositata; in ogni altro caso la medesima somma è restituita all'avente diritto.

Nell'impostazione ordinamentale risultante dalle modifiche legislative appena cennate, che hanno ristretto notevolmente le tempistiche della procedura nonché previsto ben più celeri modalità di comunicazione, l'affidamento al custode-acquirente dovrebbe pertanto essere residuale.

A seguito della effettuazione del sequestro, il documento di circolazione deve essere ritirato ed è trattenuto presso l'organo che ha accertato la violazione.

Entro i trenta giorni successivi alla data in cui, esauriti i ricorsi anche giurisdizionali proposti dall'interessato o decorsi inutilmente i termini per la loro proposizione, è divenuto definitivo il provvedimento di confisca, il custode del veicolo trasferisce il mezzo, a proprie spese e in condizioni di sicurezza per la circolazione stradale, presso il luogo individuato dal prefetto ai sensi delle disposizioni dell'articolo 214-bis. Decorso inutilmente il suddetto termine, il trasferimento del veicolo è effettuato a cura dell'organo accertatore e a spese del custode, fatta salva l'eventuale denuncia di quest'ultimo all'Autorità Giudiziaria qualora si configurino a suo carico estremi di reato (artt. 334, 335 c.p.).

Accertato il mancato intervento dell'avente diritto nei dieci giorni dalla notifica del verbale e dell'avviso, l'organo accertatore trasmette gli atti al Prefetto affinché provveda alla cessione. La Prefettura dovrà, quindi, avviare le procedure per l'alienazione, nelle modalità indicate nello schema di contratto – tipo che viene stipulato, in ogni provincia, tra il Prefetto, il Direttore della filiale dell'Agenzia del Demanio ed il soggetto aggiudicatario del servizio. Occorre osservare che la cessione del bene è provvedimento diverso dalla confisca, realizzandosi a favore di un soggetto privato, ancorché concessionario di un servizio pubblico, mentre la confisca è un provvedimento sanzionatorio ablatorio che determina il passaggio in proprietà del bene a favore dello Stato.

Ai fini della cessione, il veicolo deve essere preliminarmente valutato. La Prefettura trasmette all'Agenzia del Demanio la cd. "scheda descrittiva dello stato del veicolo" allegata al verbale di sequestro, richiedendo la stima del veicolo da trasferire in proprietà.

Effettuata la valutazione, il Prefetto, controllata l'assenza di gravami sul bene, adotta il provvedimento di trasferimento della proprietà del veicolo sequestrato al custode – acquirente, secondo due distinti schemi di provvedimento di cessione, da utilizzarsi l'uno per il caso di veicolo destinato alla reimmissione in circolazione e, l'altro, per l'ipotesi di rottamazione.

La somma ricavata dall'alienazione resterà depositata presso il conto istituito presso la Tesoreria provinciale dello Stato fino alla definizione del procedimento sanzionatorio, allorché la Prefettura dovrà procedere alla confisca della somma ovvero alla sua restituzione all'avente diritto.

La circolazione abusiva del veicolo sottoposto a sequestro è punita dall'art. 213, comma 8, del C.d.S, recentemente oggetto di un cospicuo innalzamento della sanzione prevista che, oltre a prevedere una sanzione pecuniaria prevede la revoca d'ufficio della patente di guida. Tale violazione può essere commessa sia dal proprietario del veicolo sia dal custode che, in violazione dei doveri assunti, fa uso della cosa sequestrata, sia da chiunque altro circoli con un veicolo sequestrato in qualunque modo ottenuto.

Occorre rilevare, a tale proposito, che le Sezioni unite della Cassazione hanno chiarito che la condotta del soggetto sorpreso alla guida di un veicolo sequestrato comporta l'esistenza della sola violazione amministrativa prevista dall'art. 213 del C.d.S. e non anche l'ipotesi di reato prevista dall'art. 334 c.p..

Focalizzando ora l'attenzione sul procedimento di confisca, occorre rilevare che il Codice della strada non contiene la disciplina del procedimento per l'emanazione del provvedimento di confisca, limitandosi a precisare che essa è disposta dal Prefetto con l'ordinanza ingiunzione con cui è stata applicata anche la sanzione amministrativa pecuniaria ovvero con una distinta ordinanza. La confisca può avere ad oggetto sia il veicolo, sia la somma ricavata dalla vendita nel caso di alienazione del veicolo a seguito del rifiuto di assumere la custodia da parte del proprietario.

È da ritenere che il Prefetto disponga la confisca senza instaurare alcun contraddittorio con il soggetto interessato e ponendo in essere una attività di mera verifica dei presupposti previsti per l'adozione del provvedimento, senza alcun potere discrezionale.

Una volta divenuto definitivo il provvedimento di confisca, la Prefettura è tenuta a darne comunicazione all'Agenzia del Demanio, attestando altresì l'assenza di gravami, nonché al custode – acquirente. Effettuate tali formalità, cessano gli adempimenti di competenza diretta delle Prefetture. Occorre tuttavia evidenziare che, entro i trenta giorni dalla data in cui il provvedimento di confisca è divenuto definitivo, il custode deve trasferire il veicolo presso il luogo individuato dal Prefetto ai sensi dell'art. 214-*bis* del C.d.S. In mancanza di tale trasferimento, l'Agenzia del demanio richiede alla Prefettura di avviare le procedure per il recupero coattivo.

L'art. 213, comma 9, del C.d.S. stabilisce che la confisca non si applica se il veicolo appartiene a persona estranea alla violazione.

Per completezza di trattazione, occorre fare cenno anche alla specifica ipotesi di confisca prevista in relazione alla guida in stato di ebbrezza, oggetto delle modifiche intervenute a mezzo della legge n. 120/2010. Prima di tale intervento normativo, la giurisprudenza di legittimità ha sempre affermato la natura di sanzione penale della confisca, con la duplice conseguenze dell'applicabilità del sequestro preventivo finalizzato alla confisca *ex* art. 321, comma 2, c.p.p. e del divieto di applicazione retroattiva del provvedimento ablatorio. Con la novella del 2010, tuttavia, è stato introdotto il nuovo art. 224-*ter* che qualifica espressamente la confisca come "sanzione amministrativa accessoria". La medesima legge prevede che, in questi casi, l'agente o l'organo accertatore proceda al sequestro ai sensi dell'art. 213. Pertanto, non può dubitarsi che la confisca del veicolo, anche ove debba essere obbligatoriamente disposta dal Giudice penale con la sentenza di condanna, abbia ora acquisito, per espressa previsione legislativa, la qualifica di sanzione amministrativa.

### *VI.4.2. Il fermo amministrativo nel Codice della Strada*

In termini generali, il fermo amministrativo è una misura sanzionatoria accessoria che si aggiunge a quella pecuniaria comminata in via principale nei casi di specifiche condotte trasgressive e non va confuso con il fermo amministrativo dei veicoli a fini fiscali, finalizzato alla riscossione coattiva dei tributi erariali.

A differenza del sequestro, il fermo attiene a violazioni per lo più relative a irregolari comportamenti del conducente, ha una durata predeterminata dal legislatore e, alla sua scadenza, il veicolo torna nella disponibilità del trasgressore.

Occorre evidenziare che il legislatore ha provveduto in più tempi a modificare la disciplina del fermo contenuta nell'art. 214 e, come nel caso del nuovo istituto del sequestro, il veicolo viene affidato in custodia al proprietario se presente, altrimenti al conducente o ad altro soggetto obbligato in solido.

A norma dell'art. 214 del C.d.S., comma 1, il fermo si applica nelle ipotesi in cui il codice espressamente lo preveda. Si tratta dei casi di fermo cd. proprio, previsto in modo espresso, con chiara indicazione della durata e dei presupposti applicativi, sia nel C.d.S. che nelle norme regolamentari di riferimento. Il successivo comma 7 prevede l'ipotesi di fermo conseguente alla sospensione della carta di circolazione, prevedendo che la sanzione accessoria debba essere disposta per uguale durata nei casi in cui, a norma del codice, viene adottato il provvedimento di sospensione della carta di circolazione.

Con riferimento al procedimento di applicazione del fermo, occorre indicare che, analogamente a ciò che avviene per il sequestro, viene di regola nominato custode lo stesso proprietario, ovvero uno degli obbligati in solido indicati nell'art. 196 del C.d.S. In caso di rifiuto si dispone l'affidamento in custodia al custode

– acquirente. E, qualora sia decorso il periodo di fermo senza che l'interessato abbia provveduto al ritiro, l'Agenzia del Demanio provvederà all'adozione della determinazione di alienazione del veicolo in favore del custode – acquirente.

Al termine del provvedimento di fermo, il veicolo è rimesso nella disponibilità dell'avente diritto con la restituzione del documento i circolazione e la rimozione dei sigilli. Si procede invece immediata restituzione all'avente titolo quando l'autore della violazione è persona diversa dal proprietario del veicolo e risulta evidente che la circolazione è avvenuta contro la sua volontà.

Nel caso del mancato ritiro del bene nel termine di tre mesi dalla notifica dell'avviso, il veicolo è da intendersi abbandonato e, al di fuori di qualsiasi ipotesi sanzionatoria, viene alienato in favore del custode – acquirente.

La norma relativa al fermo amministrativo è stata sospettata di illegittimità costituzionale in considerazione della severità della sanzione rispetto alla condotta trasgressiva. La Corte costituzionale, tuttavia, ha ritenuto che la scelta delle sanzioni rientra nella discrezionalità legislativa e non viola i limiti di congruità e ragionevolezza.

Il fermo, peraltro, colpisce il proprietario del veicolo anche nel caso di guida con patente scaduta da parte di un conducente non proprietario. Il proprietario, in questo caso, risponderà per *culpa in vigilando*, ovvero per non aver controllato la validità della patente della persona cui ha affidato il veicolo.

### *VI.4.3. L'affidamento in custodia del veicolo ai custodi – acquirenti ed il Sistema SIVES*

Con l'introduzione del nuovo art. 214-*bis* del C.d.S. il legislatore ha profondamente innovato la disciplina in tema di alienazione dei veicoli soggetti a sanzioni amministrative accessorie. Il d.l. n. 296/2003, convertito nella legge n. 326/2003, ha infatti disegnato un nuovo sistema di affidamento in custodia dei veicoli sottoposti a sequestro, fermo o confisca amministrativi per violazioni del Codice della strada, con la specifica finalità di consentire il massimo contenimento dei costi di gestione e la completa informatizzazione delle procedure.

L'ambito applicativo dell'art. 214-*bis* comprende i veicoli confiscati a seguito di sequestro amministrativo e quelli in relazione ai quali si sia formato il rifiuto di assumere la custodia da parte del proprietario, o di altro obbligato in solido, e si sia quindi attivata la procedura di alienazione. A tali ipotesi vanno aggiunti i casi in cui si acceda alla nuova procedura di sequestro di cui all'art. 213 comma 5 che prevede la pubblicazione sul sito internet della Prefettura.

In tutti i casi ora indicati, l'alienazione avviene a favore di un terzo, il cd. *custode – acquirente*, individuato, secondo criteri oggettivi riferiti al luogo e alla data di esecuzione del sequestro o del fermo, nell'ambito di soggetti che hanno stipulato una apposita convenzione con il Ministero dell'Interno e con l'Agenzia del Demanio all'esito di gare ristrette, ciascuna relativa ad ambiti territoriali infraregionali.

Tale convenzione concerne l'obbligo di assumere la custodia dei veicoli sequestrati, fermati o confiscati a seguito di sequestro e di acquistarli alle condizioni stabilite nella convenzione stessa. Rispetto alla originaria previsione, è stato anche inserito l'onere di provvedere al recupero del veicolo, evitandosi così l'intervento da parte di soggetti diversi. Nel capitolato allegato alla convenzione sono poi specificate, in maniera analitica, le modalità del corretto adempimento tecnico degli obblighi del custode – acquirente. Il contratto ha durata di tre anni, con la possibilità di proroga da parte delle stazioni appaltanti per un ulteriore triennio.

La circolare del Ministero dell'Interno n. 35 del 21 settembre 2007 si occupa di definire la procedura di cessione in favore del custode – acquirente e le altre caratteristiche del servizio. La prima fase della procedura attiene alla valutazione del veicolo, che, come si è visto, viene effettuata, su richiesta della Prefettura, dall'Agenzia del Demanio. Il Prefetto, verificata l'assenza di vincoli sul bene, adotta il provvedimento di trasferimento della proprietà al custode – acquirente.

L'alienazione dei veicoli al custode – acquirente si perfezione secondo le seguenti modalità: nei casi di sequestro, con la notifica della dichiarazione di cessione da parte del Prefetto al custode – acquirente; nel caso di fermo a cui non segua il ritiro del veicolo, con la notifica del provvedimento dal quale risulta la determinazione all'alienazione da parte dell'Agenzia del Demanio; nel caso di confisca, con l'atto dell'agenzia del demanio con cui si accerti l'infruttuosità delle procedure di alienazione.

L'art. 214-*bis* specifica che "con decreto dirigenziale, di concerto fra il Ministero dell'Interno e l'Agenzia del Demanio, sono stabilite le modalità di comunicazione, tra gli uffici interessati, dei dati necessari all'espletamento delle procedure connesse al nuovo sistema". In attuazione di tale norma, con decreto dirigenziale del 28 giugno 2007, si è disposto che tutte le comunicazioni tra i vari soggetti istituzionali coinvolti siano effettuate in via telematica, utilizzando il "Sistema informatico veicoli sequestrati" (cd. Sives). Tale sistema, oltre a consentire una gestione veloce delle nuove procedure, dalla fase iniziale di inserimento dei dati relativi al provvedimento di sequestro o di fermo del veicolo fino alla fase conclusiva, costituisce una importante banca dati consultabile – in tempo reale – dagli organi di Polizia stradale in tutte le province in cui il sistema è stato attivato. In tal modo, è consentito a tali operatori di verificare l'esistenza del veicolo, di tracciarne la storia ed eventualmente accertare l'eventuale circolazione abusiva quando sottoposto a sequestro o fermo.

L'accesso al sistema è consentito agli enti accertatori, alla Prefettura UTG, al custode acquirente e all'Agenzia del Demanio. Ciascuna componente del sistema è tenuta a farsi accreditare presso la Prefettura al fine di poter dialogare con le altre componenti. I dati confluiscono in una banca dati nella quale vengono registrate tutte le operazioni relative ai veicolo sequestrati, fermati o confiscati.

Occorre evidenziare che i flussi operativi sono interamente governati dall'applicativo informatico. Ad esempio, in relazione al caso in cui sia stato disposto il sequestro del veicolo con affidamento in custodia al proprietario, il Prefetto, verificata la legittimità dell'accertamento, emana il provvedimento di confisca, dandone notizia, in via telematica, all'Agenzia del Demanio contemporaneamente alla notifica al proprietario. Allo stesso modo, in caso di fermo a cui non segua il ritiro del veicolo da parte del proprietario, l'organo accertatore inserisce nell'applicativo, entro 48 ore, la dichiarazione di alienabilità del veicolo, confermando l'assenza di gravami.

Va anche evidenziato che il rapporto che si instaura tra l'amministrazione ed il custode delle cose sottoposte a sequestro non ha natura privatistica ma pubblicistica, restando tuttavia riservata alla giurisdizione del G.O. la pretesa del custode ad ottenere il compenso dovuto in base alla concessione.

## VI.5. I ricorsi amministrativi

### *VI.5.1. Il ricorso gerarchico al Prefetto*

Ai sensi dell'art. 203 del C.d.S. i soggetti interessati (ossia il trasgressore e gli altri soggetti indicati nell'art. 196 C.d.S.) possono proporre ricorso al Prefetto del luogo dove è stata commessa la violazione, entro 60 giorni dalla contestazione del verbale di accertamento o dalla sua notificazione, salvo il caso in cui sia stato effettuato il pagamento in misura ridotta, ove consentito ai sensi dell'art. 202 del C.d.S..

Il ricorso, che appartiene alla categoria dei "ricorsi gerarchici impropri", va presentato, o inviato con lettera raccomandata con avviso di ricevimento, all'ufficio o comando dell'organo accertatore, insieme alla eventuale documentazione ritenuta idonea e, può contenere la richiesta di audizione personale. L'organo accertatore dovrà poi trasmettere al Prefetto la documentazione entro 60 giorni dal deposito.

In alternativa, il ricorso può essere inviato, con lettera raccomandata con avviso di ricevimento, direttamente al Prefetto, il quale, entro 30 giorni, lo trasmette all'organo accertatore per l'espletamento della necessaria istruttoria, che, debitamente completata, dovrà poi essere reinviata al Prefetto entro 60 giorni.

Il ricorso non necessita di particolari formalismi, il contenuto essenziale è composto dei seguenti elementi: a) gli estremi completi del verbale di accertamento; b) i motivi di fatto e di diritto; c) gli eventuali documenti da allegare o i testimoni da convocare; d) l'eventuale espressa richiesta di audizione personale; e) la richiesta di annullamento del verbale di accertamento; f) la data e la firma del ricorrente, con eventuale delega in caso si avvalga dell'assistenza di un legale.

Il responsabile dell'ufficio o comando dell'organo accertatore, al termine dell'istruttoria, trasmette gli atti, corredati dalla prova dell'avvenuta contestazione o notificazione e delle deduzioni tecniche utili a confutare o a confermare il ricorso, al Prefetto entro 60 giorni che decorrono, rispettivamente, dal deposito o dal ricevimento del ricorso o, nell'ipotesi di invio diretto del ricorso al Prefetto, dal ricevimento degli atti da parte del Prefetto.

Qualora, invece, i soggetti interessati non abbiano presentato ricorso entro i termini previsti (60 giorni) e non abbiano provveduto al pagamento in misura ridotta, il verbale di accertamento, in deroga all'art. 17 della l. n. 689/81, costituisce titolo esecutivo per una somma pari alla metà del massimo della sanzione amministrativa edittale e per le spese di procedimento. Le modalità di riscossione di tale provento sono indicate nell'art. 206 del C.d.S.

L'accertamento di una violazione al Codice della strada attiva, infatti, un procedimento a formazione progressiva per effetto del quale, in difetto di impugnazione nei termini di legge del verbale di accertamento in sede amministrativa o giurisdizionale, l'amministrazione di appartenenza dell'organo accertatore iscrive a ruolo l'importo corrispondente alla sanzione irrogata, predisponendo così il presupposto per procedere all'esecuzione forzata del credito, previa notifica della cartella esattoriale. Conseguentemente, all'interessato che non abbia attivato nei termini la tutela giustiziale o giurisdizionale è preclusa la possibilità, in sede di opposizione avverso la cartella esattoriale, di riesame delle ragioni di doglianza concernenti nel merito la sussistenza dell'infrazione.

Tuttavia, ove il verbale di accertamento non sia stato contestato o notificato, l'impugnazione della cartella esattoriale svolge una funzione "recuperatoria" del mezzo di tutela che la parte non ha potuto precedentemente esperire, per cui l'opposizione deve ritenersi proponibile nel termine non di 30 ma di 60 giorni.

Il ricorso amministrativo al Prefetto ai sensi dell'art. 203 è in rapporto di perfetta alternatività con quello giurisdizionale di cui al successivo articolo 204 *bis* che si avvia con ricorso in opposizione dinanzi al giudice ordinario ai sensi dell'art. 22 della legge n. 689/81. Conseguentemente, in caso di contestuale o previo esperimento del rimedio giurisdizionale, il Prefetto deve dichiarare l'improcedibilità del ricorso a lui diretto.

Ai sensi dell'art. 204 il Prefetto, esaminati gli atti prodotti dall'organo accertatore, il ricorso ed i documenti allegati, sentiti gli interessati che ne abbiano fatto richiesta (in tal caso sussiste l'obbligo di espletare l'audizione), se ritiene fondato l'accertamento (in virtù dell'esame dei suoi presupposti di fatto e di diritto), adotta entro 120 giorni dalla data di ricezione degli atti da parte dell'organo accertatore, ordinanza motivata con la quale ingiunge il pagamento di una somma determinata, nel limite non inferiore al doppio del minimo edittale, oltre le spese del procedimento. Tale ordinanza-ingiunzione deve contenere: l'indicazione dell'autorità che la emette; la premessa; la motivazione circa la sussistenza della violazione e all'infondatezza dei motivi allegati con il ricorso; l'indicazione del soggetto che deve effettuare il pagamento; l'ordine di pagare la somma entro una certa data; l'indicazione dell'autorità e del termine per un eventuale ricorso; la data, la firma del Prefetto ed il timbro della Prefettura.

Ove, invece, il Prefetto non ritenga fondato l'accertamento o ritenga che la contravvenzione non sia supportata da adeguata motivazione, adotta nello stesso termine ordinanza motivata di archiviazione, comunicandola all'organo accertatore, che ne dà notizia ai ricorrenti.

Decorsi i termini indicati nell'art. 203, commi 1 *bis* e 2, e nell'art. 204, comma 1, che si cumulano tra di loro ai fini della valutazione della tempestività dell'adozione dell'ordinanza-ingiunzione (complessivamente 180 giorni decorrenti dalla data di ricezione degli atti dall'organo accertatore), senza che sia stata adottata l'ordinanza-ingiunzione, il ricorso si intende accolto (silenzio-assenso) ed il verbale di contravvenzione si intende annullato.

L'ordinanza-ingiunzione va notificata al trasgressore ed alle altre persone tenute al pagamento entro 150 giorni dalla sua adozione ed il pagamento della somma ingiunta e delle relative spese deve essere effettuato entro 30 giorni dalla notificazione all'ufficio del registro (o ad altro ufficio indicato), che ne dà comunicazione al Prefetto e all'organo accertatore entro 30 giorni.

Avverso il provvedimento adottato dal Prefetto all'esito del ricorso è sempre possibile esperire l'impugnativa davanti al giudice di pace, secondo quanto previsto dall'art. 205 del C.d.S.

Trascorso il termine per il pagamento della sanzione amministrativa pecuniaria, l'ordinanza-ingiunzione costituisce titolo esecutivo per l'ammontare della somma ingiunta e delle relative spese e legittima, quindi, l'emanazione della cartella esattoriale.

Avverso la cartella esattoriale sono ammissibili: a) l'opposizione ai sensi della l. n. 689/1981 entro 30 giorni dalla notifica della cartella, ove sia mancata la notificazione dell'ordinanza-ingiunzione o del verbale di accertamento (al fine di consentire all'interessato di recuperare il mezzo di tutela); b) l'opposizione all'esecuzione ai sensi dell'art. 615 C.p.c., ove si contesti la legittimità dell'iscrizione a ruolo per omessa notifica della cartella o si adducano fatti estintivi sopravvenuti alla formazione del titolo; c) l'opposizione agli atti esecutivi ai sensi dell'art. 617 c.p.c., ove si deducano vizi formali della cartella o del successivo avviso di mora.

### *VI.5.2. Il ricorso gerarchico al Ministro dell'Interno*

Ai sensi dell'art. 120, comma 4, del C.d.S. contro i provvedimenti prefettizi di diniego o di revoca della patente di guida, del certificato di abilitazione professionale per la guida di motoveicoli e del certificato di idoneità alla giuda di ciclomotori, è ammesso ricorso al Ministro dell'Interno, il quale decide entro 60 giorni, di concerto con il Ministro delle Infrastrutture e dei Trasporti.

Il ricorso, che rappresenta una particolare ipotesi di ricorso gerarchico proprio, va presentato al Ministro dell'Interno nelle forme e nei tempi previsti per i ricorsi gerarchici. Con tale mezzo di tutela il ricorrente può far valere vizi di legittimità del provvedimento prefettizio e può presentare contestuale istanza di sospensione dell'esecuzione del provvedimento impugnato.

Il Ministero svolge l'istruttoria, richiedendo alla Prefettura di competenza deduzioni in merito e documentazione a supporto del provvedimento impugnato ed assumendo ulteriori eventuali informazioni necessarie.

Il procedimento si conclude, entro 60 giorni, con un decreto interministeriale emesso dal Ministro dell'Interno di concerto con il Ministro delle Infrastrutture e dei Trasporti che, motivatamente, accoglie o rigetta il ricorso, a seconda che ritenga fondate o meno le doglianze del ricorrente.

Avverso tale decreto è possibile ricorrere al Tribunale amministrativo del Lazio entro 60 giorni dalla notifica o proporre ricorso straordinario al Presidente della Repubblica entro 120 giorni.

# CAPITOLO VII
# Le violazioni amministrative in materia di assegni bancari e postali

di *Marialanda Ippolito*



## VII.1. La depenalizzazione dei reati di emissione illecita di assegni bancari e postali: caratteri ed obiettivi

Il processo di depenalizzazione non ha lasciato indenne la materia degli assegni bancari e postali, dettata dalla legge 15 dicembre 1990, n. 386.

Il d.lgs n. 507/1999, oltre a sostituire i delitti di emissione di assegni senza autorizzazione e senza provvista con omologhe figure trasformate in illeciti amministrativi, ha proceduto ad una profonda revisione, nel segno della razionalizzazione, di tutto l'apparato repressivo e ad una riscrittura dell'impianto originario, avendo le precedenti riforme dimostrato la scarsa efficacia deterrente della sanzione penale.

Il primo obiettivo perseguito dal legislatore è stato, senza dubbio, quello depenalizzatorio. A tal proposito, risulta opportuno precisare che la depenalizzazione non trova la propria ragione giustificatrice nella constatazione della avvenuta degradazione degli interessi tutelati (fede pubblica e patrimonio), bensì nella necessità di deflazionare il carico di lavoro dei giudici penali, costituendo un dato di fatto innegabile che i procedimenti per emissione illecita di assegni appesantivano in modo notevole i ruoli delle soppresse procure circondariali.

La depenalizzazione, pertanto, ha rappresentato lo spunto per l'introduzione di un sistema nuovo, più organico e maggiormente adatto alla tutela delle oggettività giuridiche in gioco. Basti pensare alle principali novità introdotte dalla riforma; in primo luogo la revoca di sistema, ossia un meccanismo automatico per effetto del quale l'emissione di assegni senza autorizzazione o senza provvista comporta, per un periodo di 6 mesi, la revoca di tutte le autorizzazioni ad emettere assegni e il divieto di stipulare nuove convenzioni di assegno con qualunque banca o ufficio postale; in secondo luogo l'introduzione di sanzioni amministrative accessorie, quali l'interdizione dall'esercizio di attività professionali o imprenditoriali, l'incapacità di contrattare con la Pubblica Amministrazione; in terzo luogo l'istituzione, presso la Banca d'Italia, di un archivio informatizzato degli assegni bancari e postali, denominato "Centrale di Allarme interbancaria (C.A.I.)".

Fondamentale si rivela, pertanto, il "ruolo attivo" attribuito alla banca nella prevenzione e repressione del fenomeno degli assegni irregolari, ruolo che si traduce in una serie di compiti, per un verso funzionali all'avvio del procedimento amministrativo e quindi all'applicazione della sanzione, per l'altro rivolti alla difesa del sistema dei pagamenti.

In un'ottica di prevenzione generale il sistema delineato dalla riforma presenta ottime potenzialità. Il contravventore, infatti, rischia non tanto una sanzione amministrativa pecuniaria quanto una sanzione di natura socio-commerciale, consistente nella totale paralisi delle attività professionali ed imprenditoriali, sanzione che si rivela più efficace e più incisiva della sanzione penale.

### VII.2. Le due tipologie di illeciti: assegni emessi senza autorizzazione ed assegni emessi senza provvista

La legge 15 dicembre 1990, n. 386, disciplina due tipi di illecito amministrativo, ossia l'emissione di assegni in difetto di provvista e l'emissione di assegni senza l'autorizzazione del trattario.

La prima fattispecie si realizza nell'ipotesi di emissione di assegni "a vuoto" o "scoperti", che, portati all'incasso, non siano stati pagati per carenza di fondi sul conto corrente. La violazione si consuma nel momento in cui l'assegno, presentato in tempo utile, non venga pagato per insufficienza totale o parziale dei fondi depositati dal traente: l'emissione dell'assegno, pertanto, costituisce un antefatto logico della condotta e non è, da solo, sufficiente ad integrare l'illecito.

Ai fini della realizzazione dell'illecito risultano, infatti, necessarie due condizioni; la prima consiste nella presentazione del titolo in tempo utile, ossia in otto o quindici giorni dalla data di emissione, a seconda che l'assegno sia stato emesso su piazza o fuori piazza; la seconda si concretizza nel mancato pagamento liberatorio nelle mani del portatore del titolo o presso lo stabilimento trattario mediante deposito vincolato oppure presso il pubblico ufficiale che ha levato il protesto.

Nell'ipotesi di emissione di assegno in difetto di provvista, il trattario provvede ad una doppia comunicazione: al pubblico ufficiale, affinché levi il protesto e al traente attraverso il cosiddetto "preavviso di revoca", contenente l'avviso della possibilità di pagare tardivamente l'assegno e di evitare l'iscrizione nella C.A.I. e l'applicazione di sanzioni amministrative. A tali fini non può, però, ritenersi sufficiente che il traente effettui il pagamento tardivo, essendo necessaria la prova dell'avvenuto pagamento allo stabilimento trattario o al pubblico ufficiale.

Decorso invano il termine di 60 giorni per il pagamento tardivo o per la prova liberatoria, il pubblico ufficiale è tenuto a trasmettere al Prefetto competente, ossia al Prefetto del luogo di pagamento dell'assegno, il rapporto di accertamento della violazione mentre il trattario provvede all'iscrizione del trasgressore nell'archivio informatizzato.

A questo punto ha inizio la vera e propria fase procedimentale, che può concludersi con l'adozione di un'ordinanza ingiunzione o di un provvedimento di archiviazione.

Il Prefetto, infatti, ricevuto il rapporto di accertamento della violazione, ha un termine di 90 giorni per notificare all'interessato gli estremi della violazione. A partire dal momento della notifica l'interessato ha a disposizione 30 giorni per la presentazione al Prefetto di scritti difensivi e di documenti.

Il Prefetto, valutate le eventuali deduzioni presentate dall'interessato, adotta la decisione finale, che può consistere o nell'emanazione di un'ordinanza motivata, con la quale viene ingiunto il pagamento di una somma di denaro oppure nell'emanazione di un'ordinanza di archiviazione degli atti.

Costituisce illecito amministrativo, punito con sanzione pecuniaria, anche l'emissione di assegno senza autorizzazione del trattario. La fattispecie, sotto il profilo oggettivo, ricalca la struttura del precedente reato e si configura nell'ipotesi in cui manchi qualsiasi contratto di conto corrente tra il trattario e il trasgressore o nell'ipotesi in cui la convenzione di *chèque* sia stata revocata.

Le maggiori novità sono riscontrabili sotto il profilo soggettivo, considerato che, ai fini della realizzazione dell'illecito, assume rilievo non solo l'emissione dolosa di assegni senza autorizzazione ma anche qualsiasi condotta negligente o imprudente.

Entro 20 giorni dalla presentazione del titolo per l'incasso il trattario provvede all'iscrizione del trasgressore nella C.A.I. e alla comunicazione del nominativo ad uno di soggetti legittimati a levare il protesto. Successivamente il pubblico ufficiale trasmette al Prefetto competente il rapporto di accertamento della violazione e la procedura prosegue con le stesse fasi previste per l'emissione di assegno in difetto di provvista.

Non vi è dubbio che il fulcro di tutto il sistema sanzionatorio sia rappresentato dalla "revoca di sistema", ossia la revoca, per un periodo di 6 mesi, di tutte le autorizzazioni ad emettere assegni e il divieto di stipulare nuove convenzioni di assegno con banche ed uffici postali su tutto il territorio nazionale. Essa non comporta necessariamente l'estinzione del conto corrente mentre comporta l'obbligo, in capo al traente, di restituire tutti i moduli di assegno in suo possesso. Si tratta, ad ogni modo, di una sanzione grave e difficilmente aggirabile, che preclude al traente l'accesso ai traffici cartolari.

La revoca è un provvedimento severo, perché "congela" l'attività del traente e lo espone a sanzioni penali. Tuttavia, per la configurazione che la legge ha conferito all'istituto, si tratta di un provvedimento a carattere definitivo, inoppugnabile e non cautelare.

L'art. 34 del d.lgs n. 507/1999 e l'art. 9 della l. n. 386/1990 stabiliscono che, in caso di mancato pagamento di un assegno per mancanza di autorizzazione o di provvista, il trattario iscrive il nominativo nell'archivio informatizzato della Banca d'Italia entro 20 giorni nel primo caso e dopo 60 giorni dalla scadenza del pagamento nel secondo caso.

L'archivio informatico è destinato a ricevere i dati relativi a soggetti che abbiano emesso assegni privi di copertura economica ovvero in assenza della necessaria autorizzazione da parte dell'istituto bancario, a soggetti ai quali sia stato revocato l'uso della carta di pagamento (bancomat/carta di credito), a soggetti destinatari di sanzioni amministrative e/o penali, applicate per l'emissione di assegni senza autorizzazione e/o senza provvista.

In attuazione dell'art. 10-*bis* della l. n. 386/1990, che ha istituito l'archivio informatizzato, a partire dal maggio 2005, è stato messo a disposizione delle Prefetture l'applicativo S.I.S.A. per la trasmissione telematica alla C.A.I. dei dati relativi alle sanzioni amministrative pecuniarie ed accessorie comminate nella materia in esame.

Come chiarito nella Circolare del Dipartimento per gli Affari Interni e Territoriali del 4 febbraio 2008, l'applicativo in questione è finalizzato non solo al recupero della somma di denaro, corrispondente alla sanzione amministrativa comminata, ma anche e soprattutto alla individuazione del soggetto che abbia operato scorrettamente e fraudolentemente nel mercato.

L'applicativo S.I.S.A., pertanto, garantisce lo svolgimento automatizzato di tutta la procedura sanzionatoria di competenza del Prefetto, consentendo, contemporaneamente, la trasmissione dei dati all'archivio istituito presso la Banca d'Italia.

Altra novità introdotta dal d.lgs n. 507/1999 è rappresentata dal sistema delle sanzioni amministrative accessorie, che ha sostituito il vecchio sistema, basato sulle pene accessorie del divieto di emettere assegni e della pubblicazione della sentenza di condanna. Nel nuovo quadro normativo, alla sanzione accessoria del divieto di emettere assegni per un periodo non inferiore a 2 anni si aggiungono altre sanzioni, quali l'interdizione dall'esercizio di attività professionali o imprenditoriali, l'incapacità di contrattare con la P.A.

### *VII.2.1. Alcune problematiche*

Tra le principali problematiche affrontate dalle Prefetture si segnalano le seguenti:

*a*) Notifiche al trasgressore

Uno dei problemi più frequenti da affrontare è quello della notifica al trasgressore del preavviso di revoca e del verbale di contestazione della violazione da parte della Prefettura-UTG.

Nell'ipotesi di emissione di assegno in difetto di provvista l'istituto bancario deve inviare all'indirizzo comunicato dal traente al momento dell'apertura del conto un preavviso di revoca. Spesso, però, accade che il traente non comunichi alla banca le variazioni di domicilio, cosicché il legislatore ha stabilito, all'art. 9-*bis*, comma 4, della l. n. 386/1990, che la comunicazione si dà per effettuata ove consti l'impossibilità di eseguirla presso il domicilio eletto.

Il problema, dunque, risultava risolto per le banche e per gli uffici postali ma persisteva per le Prefetture, tenute a notificare al trasgressore il verbale di accertamento della violazione. Spesso, infatti, accadeva che le Prefetture notificassero un atto di accertamento ad un indirizzo non corrispondente alla residenza del sottoscrittore il titolo.

Per ovviare a tale inconveniente, il Ministero dell'Interno, con circolare n. 80/2001, ha precisato che il procedimento di notifica degli atti prefettizi può ritenersi validamente concluso anche nei confronti del traente per il quale risulta segnalato il solo domicilio eletto, ai sensi dell'art. 9 *ter* della l. n. 386/1990.

*b*) Postdatazione

Allo stato della legislazione attuale non esiste un divieto esplicito di emissione di assegni postdatati, ritenuti dalla giurisprudenza nulli o irregolari o come mera promesso di pagamento. La data, infatti, costituisce un elemento essenziale dell'assegno, a pena di nullità.

Secondo l'orientamento prevalente nella giurisprudenza di legittimità "*viola il dovere di diligenza media il traente che assuma, con la postdatazione degli assegni, il rischio della sopravvenienza di un difetto di provvista al momento della loro presentazione*".

Il problema della postdatazione rileva, in particolar modo, nelle ipotesi di assegni emessi prima della intervenuta revoca dell'autorizzazione da parte della banca trattaria ma posti in pagamento successivamente alla revoca. La prassi dimostra che spesso il trasgressore dichiara di non essere stato messo a conoscenza della revoca dell'autorizzazione per non aver letto il preavviso di revoca inviato dalla banca al domicilio eletto o per non averne compreso il significato. Il traente si trova, così, sottoposto alla revoca di sistema e alla sanzione accessoria dell'interdizione ed ogni assegno emesso viene protestato come assegno emesso senza autorizzazione.

Trattandosi di sanzioni di particolare rilievo, accade frequentemente che il traente esperisca ricorso al Giudice di pace, asserendo di non aver mai avuto notizia della revoca. Alla Prefettura spetta, allora, il compito di dimostrare la correttezza della procedura di iscrizione del trasgressore nella C.A.I., richiedendo informazioni e documenti alle banche direttamente interessate. Non è raro che le banche non rispondano alle richieste di informazioni e di documentazione, con conseguente accoglimento dei ricorsi proposti.

*c*) Termine per l'adozione dell'ordinanza-ingiunzione

Altra questione fortemente dibattuta è stata quella relativa alla individuazione del termine finale di adozione dell'ordinanza-ingiunzione.

Secondo un primo orientamento troverebbero applicazione i termini previsti dall'art. 2, comma 3, della legge n. 241/1990 (come modificato dalla l. n. 15/2005, dalla l. n. 80/2005 e dalla l. n. 69/2010). Opposto è l'orientamento secondo il quale la disciplina della l. n. 689/1981 si pone in rapporto di specialità con la l. n. 241/1990 e, pertanto, l'ordinanza-ingiunzione dovrebbe essere emessa nel termine di prescrizione quinquennale, previsto dall'art. 28 della L. 689/81.

Siffatto orientamento ha trovato conferma in una sentenza delle Sezioni Unite della Cassazione, la quale ha precisato che i termini previsti dalla l. n. 241/1990 non si applicano alla legge di depenalizzazione, la quale delinea un procedimento di carattere sostanzialmente contenzioso.

Ulteriori problematiche scaturiscono dalla eccessività delle sanzioni accessorie, dalla inammissibilità del pagamento in misura ridotta e, talvolta, dalla scarsa professionalità degli istituti bancari.

Da più parti sono, pertanto, giunte proposte, volte ad ottenere una diminuzione dell'importo delle sanzioni, nonché l'introduzione della possibilità di pagamento in misura ridotta, al fine di chiudere la procedura senza attendere l'ordinanza-ingiunzione e di diminuire la mole di lavoro delle Prefetture-UTG.

# CAPITOLO VIII
# Il Nucleo operativo tossicodipendenze

di *Eugenio Di Agosta*



## VIII.1. Introduzione per cenni alla disciplina in materia di stupefacenti

Le politiche di contrasto al narcotraffico e dell'uso di sostanze stupefacenti hanno subìto una svolta agli inizi degli anni '90. Difatti, sulla scorta dell'istituzione della Direzione Investigativa Antimafia (DIA), parallelamente, fu altresì istituito un gruppo interforze precipuamente dedicato alle attività di intelligence e di coordinamento delle indagini per la lotta al traffico di sostanze stupefacenti attraverso la creazione della Direzione Centrale per i Servizi Antidroga (DCSA) costituita presso il Dipartimento della Pubblica Sicurezza del Ministero dell'Interno.

Invero, le attività d'indagine operate nei confronti del traffico illecito di sostanze psicotrope necessitavano di un'ampia collaborazione tra le Forze di Polizia – da cui la caratura interforze e paritetica della DCSA – per il raccordo informativo, nonché la capacità di incidere su un fenomeno transnazionale gestito, frequentemente, dalla criminalità organizzata.

Sotto il profilo normativo, invece, l'emanazione del d.P.R. n. 309/1990 ha permesso di ricondurre in un Testo Unico le disposizioni concernenti i divieti e le prescrizioni in tema di stupefacenti, distinguendo tra le sanzioni penali, di competenza della Magistratura, e le sanzioni amministrative, di competenza del Prefetto.

A seguito della sentenza n. 32/2014 della Corte Costituzionale, che ha dichiarato costituzionalmente illegittime le norme contenute nella legge n. 49/2006 (c.d. legge "Fini-Giovanardi"), la disciplina tanto penale quanto amministrativa ne è stata travolta, comportando pertanto il ripristino della situazione antecedente alla legge n. 49/2006.

Allo scopo, il Legislatore si è affrettato a convertire in legge il d.l. n. 36/2014 in modo da reintrodurre una coerenza sistematica nella materia *de qua*. In particolare, sono state rimodellate le tabelle relative alle sostanze psicotrope proibite; novellate le fattispecie criminose di cui all'art. 73, d.P.R. n. 309/1990; ed infine, ripristinate le sanzioni amministrative di cui all'art. 75 dello stesso d.P.R.

Segnatamente, a causa di un effetto indiretto della sentenza della Corte Costituzionale le sanzioni amministrative erano infatti venute meno necessitando, perciò, di un apposito intervento normativo. La legge n. 79/2014 di conversione del d.l. n. 36/2014 ha quindi colto l'occasione per porvi rimedio e, al contempo, reintrodurre la distinzione tra droghe "leggere" e droghe "pesanti" anche ai fini degli illeciti puniti in via amministrativa, nonché tipizzato le circostanze idonee per l'accertamento dell'utilizzo "personale" delle sostanze vietate.

### VIII.2. Il Nucleo operativo tossicodipendenze (N.O.T.)

Il Nucleo operativo tossicodipendenze (N.O.T.) è costituito, ai sensi dell'art. 75, d.P.R. n. 309/1990, presso ogni Prefettura, è diretto da un dirigente appartenente alla carriera prefettizia ed è composto da personale non solo amministrativo ma anche con qualifiche di assistente sociale.

Da questa particolare composizione è già rinvenibile, dunque, il peculiare ruolo del NOT che si pone al crocevia tra la funzione di controllo e quella di prevenzione con fini riabilitativi. Invero, l'opera del NOT si compone di due momenti, quello più schiettamente sanzionatorio, e quello di assistenza terapeutica finalizzata alla dissuasione dal consumo di sostanze psicotrope e al recupero dei c.d. consumatori "occasionali".

Peraltro, considerata la giovane età dei soggetti maggiormente segnalati (1/3 del totale ha un'età compresa tra i 15 e 19 anni alla prima assunzione), che nell'80% dei casi è inferiore ai 24 anni[1], il momento del colloquio presso il NOT rappresenta quindi il primo contatto con l'Autorità nonché la prima occasione per una corretta azione informativa sull'uso di dette sostanze e supporto medico-psicologico. Per questa ragione, infatti, il NOT costituisce un punto di vista privilegiato per svolgere un'opera di sensibilizzazione avanzata e, grazie alla collaborazione istituzionale con i distretti sanitari, garantisce azioni strutturate in percorsi riabilitanti. Nondimeno, i dati delle segnalazioni sono altresì impiegati a fini statistici per monitorare gli effetti sociali delle droghe, oltre alle politiche di contrasto.

Il procedimento si attiva, senza ritardo e comunque non oltre dieci giorni, a seguito della segnalazione da parte delle Forze di Polizia in caso di accertamento delle condotte vietate dall'art. 75 – vale dire, chiunque importi, esporti, acquisti,

[1] DIREZIONE CENTRALE PER LA DOCUMENTAZIONE E LA STATISTICA, Ministero dell'Interno, "Analisi dei mutamenti del consumo tra le persone segnalate ai Prefetti per detenzione per uso personale di sostanze stupefacenti dal 1991 al 2006", dicembre 2007.

riceva a qualsiasi titolo o comunque detenga sostanze stupefacenti per uso personale – e acquisiti i rilievi tossicologici sulle sostanze sequestrate.

Il Prefetto competente (o suo delegato) entro quaranta giorni dalla segnalazione, se ritiene fondato l'accertamento, adotta con apposita ordinanza la convocazione della persona segnalata, disponendola anche a mezzo delle Forze di Polizia, per un colloquio dinanzi a sé allo scopo di valutare le sanzioni da irrogare, nonché per l'invito a seguire il programma terapeutico e socio-riabilitativo di cui all'art. 122, d.P.R. n. 309/1990.

La persona segnalata può, ai sensi dell'art. 18 della legge n. 689/1981, presentare scritti difensivi e chiedere di essere audita, nonché prendere visione degli atti. Avverso l'ordinanza che dispone il colloquio e che determina la fondatezza dell'accertamento è ammesso il ricorso per opposizione al Giudice di pace entro dieci giorni dalla notifica all'interessato. Se la persona segnalata è un minore, l'opposizione è proposta al Tribunale per i minorenni; inoltre, se il Prefetto ritenga non vi sia contrasto con le esigenze educative, convoca i genitori o chi ne esercita la potestà rendendoli edotti del fatto e delle conseguenze.

Nel caso in cui non sia disposta l'archiviazione del procedimento, il Prefetto dispone la convocazione per il colloquio sopradetto; la mancata presentazione comporta l'irrogazione *de plano* delle sanzioni.

Infine, prima di procedere all'analisi delle sanzioni irrogabili, è opportuno dar conto che nei casi di particolare tenuità, il Prefetto esercita un giudizio prognostico tale per cui, se ritiene che la persona si asterrà dal commettere nuovamente le condotte illecite di cui all'art. 75, solamente per la prima occasione, può definire il procedimento rivolgendo formale invito (c.d. "ammonizione prefettizia") a non fare più uso delle sostanze illecite, avvertendola delle conseguenze in caso di inottemperanza.

## VIII.3. Le sanzioni

Il profilo amministrativo dell'apparato sanzionatorio in materia di sostanze stupefacenti si basa, essenzialmente, sulla finalità dell'uso personale o meno delle medesime. Le condotte sono infatti punite in via amministrativa, se, ai sensi dell'art. 75, co.1bis, d.P.R. n. 309/1990, la quantità di sostanza rinvenuta non è superiore al massimo previsto dalle tabelle adottate con decreto del Ministro della Salute, di concerto col Ministro della Giustizia e sentito il parere del Presidente del Consiglio, nonché avendo riguardo alle modalità di presentazione delle sostanze, ovvero, al peso lordo complessivo o al confezionamento frazionato o ad altre circostanze dell'azione idonee dalle quali possa desumersi l'uso personale.

Come anticipato, inoltre, la legge n. 79/2014 ha peraltro introdotto la distinzione tra droghe "pesanti" e "leggere" per gli illeciti amministrativi in esame. Poiché le sanzioni astrattamente applicabili sono le medesime, il Legislatore le ha distinte per intensità di durata, di modo che, nelle ipotesi leggere, la pena è irrogata per un periodo da uno a tre mesi, mentre nei casi di sostanze ritenute più pericolose il periodo intercorre tra due mesi e un anno.

Tali sanzioni sono applicabili anche cumulativamente e consistono nella:

- Sospensione della patente di guida, del certificato di abilitazione professionale per la guida di motoveicoli e del certificato di idoneità alla guida di ciclomotori o divieto di conseguirli per tre anni;
- Sospensione della licenza di porto d'armi o divieto di conseguirla;
- Sospensione del passaporto e di ogni altro documento equipollente o divieto di conseguirli;
- Sospensione del permesso di soggiorno per motivi di turismo o divieto di conseguirlo se cittadino extracomunitario.

A quanto appena espresso deve essere altresì aggiunto il ritiro della patente da parte degli organi di polizia nel caso in cui, al momento dell'accertamento, la persona sia nella disponibilità di veicoli a motore; se invece, la disponibilità è riferita a un ciclomotore, gli organi accertatori ritirano anche il certificato di idoneità tecnica, sottoponendo il mezzo a fermo amministrativo per trenta giorni. Nel caso in cui le violazioni siano state poste in essere da stranieri maggiorenni, gli organi di polizia informano il Questore per le valutazioni inerenti al rinnovo del permesso di soggiorno.

Inoltre, è opportuno rilevare che gli accertamenti e i provvedimenti disposti *ex* art. 75 costituiscono il presupposto, in caso di pericolo per la sicurezza pubblica e la soddisfazione degli altri requisiti di legge, per l'adozione delle misure di prevenzione disposte dal Questore ai sensi dell'art. 75bis, d.P.R. n. 309/1990[2]. Parimenti, se nel corso del procedimento il Prefetto venga a conoscenza di persone che facciano uso di sostanze psicotrope, indipendentemente dal possesso di sostanze stupefacenti, egli, ai sensi dell'art. 121, d.P.R. n. 309/1990, li segnala al Ser.T (Servizio pubblico per le tossicodipendenze)[3] competente per la definizione di un programma terapeutico e socio-riabilitativo.

Avverso il decreto con cui il Prefetto irroga le sanzioni può essere proposto ricorso per opposizione all'Autorità giudiziaria ordinaria; tali controversie sono disciplinate dall'art. 8 del d. lgs. n. 150/2011 ("Dell'opposizione a sanzione amministrativa in materia di stupefacenti").

---

[2] Per tali misure, si rinvia al capitolo V, parte 2.

[3] Il Ser.T, istituito dalla legge n. 162/1990, è il servizio pubblico per le tossicodipendenze e opera all'interno delle ASL, almeno nell'ambito di ogni distretto sanitario. Al Ser.T, in ragione dell'appartenenza al Sistema Sanitario Nazionale, sono demandate tutte le attività di cura, prevenzione patologie correlate, riabilitazione e reinserimento sociale.

Per concludere, si richiama l'azione di supporto a fini riabilitanti delle misure applicate dal NOT, giacché, ai sensi dell'art. 75, co. 11, qualora risulti che la persona sottoposta a sanzione abbia compiuto con esito positivo il programma terapeutico prescrittogli, il Prefetto dispone la revoca delle sanzioni irrogate, dandone comunicazione al Questore e al Giudice di pace competente.

# CAPITOLO IX
## Lo stato civile e l'anagrafe

di *Anna La Marca, Rosalia Mazza, Giacomo Pintus*



### IX.1. Importanza e finalità della materia dello stato civile

Né il legislatore del codice civile, né quello del d.P.R. 3 novembre 2000 n. 396 "Regolamento per la revisione e la semplificazione dell'ordinamento dello stato civile, a norma dell'articolo 2, comma 12, della legge 15 maggio 1997, n. 127" danno una definizione di stato civile. A tale silenzio corrisponde, però, la consapevolezza della dottrina che già nel secolo scorso si spingeva a scrivere della "materia che forma la proprietà più preziosa della civile esistenza".

Per stato civile, infatti, si intende "il complesso degli stati personali che entrano a costituire la personalità giuridica di una persona fisica" o, più semplicemente, "la posizione che la persona fisica assume nell'ambito della comunità statale e del nucleo familiare".

Al concetto di *status* corrisponde necessariamente quello di gruppo sociale o di comunità: dal primo, infatti, derivano al soggetto diritti e obblighi nei confronti dello Stato e degli altri consociati.

Si rivela con chiarezza, così, il ruolo e l'importanza dell'ordinamento dello stato civile, il quale, benché non sia costitutivo dello *status*, è volto a raccogliere la documentazione tipica ed essenziale sui fatti o sugli atti che lo costituiscono e che ne generano i mutamenti, godendo di un valore probatorio particolare. Infatti, lo stato della persona non può essere provato con i normali mezzi di prova, ma tramite gli atti dello stato civile, i quali consentono di accertare e documentare anche l'esistenza stessa del soggetto. L'atto di stato civile ha, pertanto, efficacia *erga omnes* e ciò che l'ufficiale attesta essere avvenuto alla sua presenza o da lui compiuto fa fede fino a querela di falso.

Lo stato civile è quindi, da un lato, testimone privilegiato dell'esistenza della persona e della sua posizione negli ambito dei gruppi sociali di appartenenza attraverso l'intero svolgimento della vita (nascita, cittadinanza, capacità, matrimonio, filiazione e morte) e dall'altro, vista la finalità pubblicitaria propria dei registri, consente agli interessati di far valere i propri diritti in modo più semplice ed immediato, senza la necessità di gravosi adempimenti probatori.

### IX.2. Brevi cenni sull'ordinamento dello stato civile e sulle funzioni degli organi preposti

Lo *status* di una persona, con il suo precipitato di diritti e obblighi, non può che essere identico su tutto il territorio nazionale, non essendo concepibile l'idea di frammentare geograficamente la "qualità" dell'esistenza stessa della persona e dei suoi diritti fondamentali. Stato civile, infatti, significa anche capacità giuridica, capacità di agire, diritto al nome e all'identità personale, in un'espressione, diritti fondamentali della persona e del cittadino.

L'attuale ordinamento dello stato civile è contenuto nel d.P.R. 3 novembre 2000 n. 396, figlio delle riforme Bassanini di fine anni '90, emanato in virtù della delega contenuta nella legge 15 maggio 1997 n. 127 (cd. Bassanini bis). In particolare, l'art. 2, comma 12, della legge delegava il Governo ad adottare misure per la revisione e la semplificazione dell'allora vigente ordinamento (regio decreto 9 luglio 1939, n. 1238), sulla base dei seguenti criteri:

*a)* riduzione e semplificazione dei registri dello stato civile;
*b)* eliminazione o riduzione delle fasi procedimentali che si svolgono tra uffici di diverse amministrazioni o della medesima amministrazione;
*c)* eliminazione, riduzione e semplificazione degli adempimenti richiesti al cittadino in materia di stato civile;
*d)* revisione delle competenze e dei procedimenti degli organi della giurisdizione volontaria in materia di stato civile;
*e)* riduzione dei termini per la conclusione dei procedimenti;
*f)* regolazione uniforme dei procedimenti dello stesso tipo che si svolgono presso diverse amministrazioni o presso diversi uffici della medesima amministrazione;
*g)* riduzione del numero di procedimenti amministrativi e accorpamento dei procedimenti che si riferiscono alla medesima attività, anche riunendo in una unica fonte regolamentare, ove ciò non ostacoli la conoscibilità normativa, disposizioni provenienti da fonti di rango diverso, ovvero che richiedano particolari procedure, fermo restando l'obbligo di porre in essere le procedure stesse.

Dal punto di vista amministrativo, la tenuta dei registri è affidata al Sindaco quale Ufficiale di Governo, mentre la competenza per le attività di indirizzo, coordinamento e vigilanza, inizialmente in capo al Ministero di Grazia e Giustizia è stata poi assegnata, ai sensi dell'art. 14 del d.lgs. 30 luglio 1999 n. 300, emanato in applicazione della legge 15 marzo 1996, n. 59 (cd. Bassanini uno), al Ministero dell'Interno, che la esercita per il tramite del Dipartimento per gli Affari Interni e Territoriali e per esso dalla Direzione Centrale per i servizi demografici, tramite l'Area III – Stato Civile.

L'attività di indirizzo e coordinamento si svolge lungo molteplici direttrici ed in numerosi ambiti.

In primo luogo, l'attività viene svolta mediante l'emanazione di circolari ministeriali che affrontano sia i profili di maggiore criticità interpretativa evidenziati dalla prassi, sia le modalità organizzative interessate dalle modifiche legislative (ad esempio, il sempre più ampio ricorso a tecnologie informatiche) ovvero dall'intervento di convenzioni internazionali.

In secondo luogo, per il tramite di risposte ai quesiti che provengono dai comuni, si provvede a fornire consulenza giuridica a tutti gli Ufficiali di stato civile al fine di chiarire dubbi interpretativi sulle norme in vigore, provvedendo, altresì, con il Massimario per l'Ufficiale di stato civile a rendere noto su tutto il territorio nazionale le soluzioni interpretative adottate, al fine di assicurare la coerenza interpretativa delle norme stesse in tutti i comuni italiani. Lo scopo è anche quello di offrire un momento di riflessione agli operatori della materia sulle problematiche più controverse in continua emersione, mettendo a disposizione le linee di indirizzo e le spiegazioni ritenute idonee, indicando la linea d'azione da intraprendere, alla luce della logica giuridica che è alla base di ciascun istituto, quale giusto equilibro tra quanto indicato dalla giurisprudenza e dalla dottrina, da un lato, e dalle esigenze del cittadino, dall'altro.

Gli uffici ministeriali provvedono inoltre a raccordarsi con le altre amministrazioni dello Stato al fine della corretta tenuta dei registri (ad esempio, con il Ministero degli Affari Esteri per gli atti formati all'estero direttamente dalle Autorità consolari o che provengono per il loro tramite ai fini della trascrizione) o con il Dipartimento della Funzione Pubblica, in particolare con la DigitPA, per le attività di dematerializzazione degli atti ovvero ancora con il Consiglio di Stato nel caso in cui sia necessario richiedere un parere.

Per quanto attiene invece alla vigilanza, questa viene svolta dal Prefetto, il quale oltre ad assicurare la regolare tenuta dei registri, cura un'attività di coordinamento e indirizzo per gli Ufficiali di stato civile che operano nell'ambito della provincia di competenza.

### IX.3. Soggetti, atti e registri

Come già anticipato, la funzione di stato civile è esercitata a livello territoriale. L'art. 1 del d.P.R. n. 396/2000 prevede, infatti, un ufficio di stato civile in ogni Comune, con il Sindaco (o chi lo sostituisce a norma di legge) Ufficiale dello stato civile, quale Ufficiale del Governo, di conseguenza, tenuto a uniformasi alle istruzioni impartite dal Ministero dell'Interno.

Tali funzioni possono essere delegate (e normalmente lo sono) e il destinatario della delega acquista le funzioni di Ufficiale dello stato civile e continua a svolgere le funzioni delegate, anche nel caso di assenza del Sindaco o di chi lo sostituisce, fino alla revoca o alla decadenza dalle proprie funzioni. Pertanto, non è necessario che il nuovo Sindaco provveda ad adottare un atto di delega nei confronti del dipendente già incaricato dal suo predecessore: ove reputato opportuno, si potrà provvedere all'emanazione di un provvedimento di conferma o di nuova delega, in caso di contenuti diversi dalla precedente.

La norma prevede più categorie di soggetti a cui possono essere delegate le funzioni di Ufficiale di stato civile. Innanzitutto si fa riferimento ai dipendenti del Comune o al Presidente della circoscrizione ovvero ad un consigliere comunale che esercita le funzioni nei quartieri o nelle frazioni, o al segretario comunale. Con riguardo alla prima ipotesi, si prevede che le funzioni possano essere delegate a dipendenti a tempo indeterminato del Comune e, "in caso di esigenze straordinarie e temporalmente limitate" anche a dipendenti del Comune assunti con contratto di lavoro a tempo determinato. La delega ai dipendenti ed al segretario comunale non richiede accettazione da parte del delegato, ma è rinunciabile. La rinuncia va comunicata al Prefetto e anche l'eventuale respingimento della rinuncia può essere oggetto di ricorso al Prefetto.

Quanto alle deleghe che possono essere assegnate a personale diverso da quello indicato, l'art. 1 comma 3 del d.P.R. n. 396/2000 prevede due diverse tipologie.

La prima è riferita al Presidente delle circoscrizione ovvero a un consigliere comunale che eserciti le funzioni nei quartieri o nelle frazioni: si tratta di una delega (totale o parziale delle funzioni) legata necessariamente all'ambito territoriale (circoscrizione, quartiere o frazione) ove il delegato esercita le proprie funzioni.

La seconda ipotesi, invece, consente la delega a qualsiasi consigliere comunale (o assessore comunale o cittadino italiano con i requisiti per l'elezione a consigliere comunale), ma limitatamente alla sola celebrazione del matrimonio.

Come già anticipato, dalla nascita alla morte, tutte le variazioni di stato che interessano una persona sono documentate dagli atti dello stato civile riuniti in registri. I registri sono quattro (di cittadinanza, di nascita, di matrimonio e di morte), devono essere tenuti in doppio originale e redatti secondo le formule e le modalità stabilite con decreto del Ministero dell'Interno. Caratteristiche di questi atti sono pertanto la tipicità e l'uniformità formale, tanto da trovare nell'art. 451 del codice civile la prescrizione secondo la quale ogni indicazione estranea all'atto non ha alcun valore.

Gli atti di stato civile si distinguono in iscrizioni, trascrizioni e annotazioni. L'iscrizione consiste nella compilazione di un atto sulla base di dichiarazioni rese all'Ufficiale di stato civile (per esempio, una dichiarazione di nascita o di morte); la trascrizione ha ad oggetto un atto già formato da un altro Ufficiale di stato civile o da un'altra autorità (per esempio, una sentenza di divorzio); l'annotazione, infine, ha carattere accessorio rispetto agli altri tipi di atto, consistendo in apposizioni, in calce o a margine degli stessi, di dati relativi a fatti sopravvenuti nello *status* di un soggetto (per esempio, a margine dell'atto di nascita va annotata anche la morte).

L'Ufficiale di stato civile è tenuto a un controllo di legalità degli atti che deve formare e rifiutarsi di procedere se l'atto richiesto è contrario alla legge (per esemplificare, tocca all'Ufficiale la verifica dell'assenza di impedimenti alla celebrazione di un matrimonio o il controllo dei presupposti necessari per il riconoscimento di un figlio naturale). Il rifiuto dovrà essere motivato per iscritto in modo da consentire il reclamo alla competente Autorità giudiziaria.

## IX.4. La vigilanza prefettizia

Come è stato già anticipato, la riforma dell'organizzazione del Governo realizzata con il d.lgs. n. 300/1999 è stata l'occasione per trasferire al Ministero dell'interno le funzioni di indirizzo e di vigilanza sullo stato civile, fino ad allora esercitate dal Ministero di grazia e giustizia (art. 14 d.lgs. n. 300/1999).

Oggi, dunque, gli ufficiali di stato civile sono tenuti ad uniformarsi alle istruzioni che vengono formulate a livello centrale dal Ministero dell'interno (art. 9, comma 1 d.P.R. n. 396/2000); la funzione di vigilanza, invece, è svolta a livello periferico dal Prefetto, a cui è attribuito il compito di verificare periodicamente la corretta tenuta dei registri (art. 9, comma 2 d.P.R. n. 396/2000); al Prefetto è poi riconosciuta la possibilità di intervenire in via sostitutiva nelle ipotesi di inerzia degli ufficiali di stato civile nell'esercizio dei loro compiti (art. 54, comma 11 d.lgs. n. 267/2000).

Con riferimento alla funzione di vigilanza va rilevato che essa si realizza attraverso l'esercizio di poteri ispettivi, nel rispetto del modello organizzativo proprio di tutte le materie in cui il Sindaco agisce quale ufficiale del Governo (art. 54, commi 1, 3 e 9 d.lgs. n. 267/2000). Come è noto, infatti, in questi ambiti il Sindaco non opera come rappresentante della comunità di appartenenza, e pertanto non gode dei medesimi margini di autonomia nei confronti dello Stato che caratterizzano, invece, le azioni che pone in essere in qualità di vertice dell'ente locale (art. 5 Cost.).

Nell'ambito specifico dello stato civile il potere ispettivo si esplica attraverso lo strumento della verificazione (art. 104 d.P.R. n. 396/2000). Annualmente, infatti, il Prefetto deve inviare un proprio delegato in ciascun ufficio di stato civile che si trova nel territorio provinciale, allo scopo di accertare la regolarità e la precisione della tenuta degli archivi (verificazioni ordinarie). A ciò si aggiunge inoltre la possibilità di disporre controlli ulteriori, che potranno essere attivati d'ufficio in qualunque momento (verificazioni straordinarie).

Al termine dell'attività ispettiva deve essere redatto un processo verbale, nel quale devono essere indicati il giorno della verificazione, il numero degli atti esistenti e verificati nonché le eventuali osservazioni fatte (art. 105 d.P.R. n. 396/2000).

Alla luce di quanto finora rilevato è possibile affermare che nell'ambito dell'ordinamento dello stato civile il legislatore ha inteso attribuire alla vigilanza prefettizia una dimensione esclusivamente 'successiva'. Eccezion fatta per alcuni casi particolari, infatti, oggi gli ufficiali di stato civile esercitano le proprie competenze in piena autonomia, e non sono tenuti ad interpellare in via preliminare l'autorità di vigilanza. In aggiunta a ciò si deve constatare l'esiguità – e la scarsa chiarezza – del dato normativo con riferimento a ciò che il Prefetto può fare nelle ipotesi in cui in sede di verificazione venga accertata una criticità nella tenuta dei registri.

A riguardo bisogna rilevare che il legislatore del 2000 ha disciplinato espressamente due distinte modalità di intervento correttivo sui registri di stato civile: da una parte un procedimento giudiziale 'di rettificazione' spettante alla giurisdizione del Giudice ordinario, e dall'altra un procedimento amministrativo 'di correzione' per cui è competente l'ufficiale di stato civile che ha redatto l'atto.

Con riferimento al procedimento giudiziale, l'art. 95 d.P.R. n. 396/2000 stabilisce che i soggetti interessati alla rettificazione di un atto già formato, o alla ricostituzione di un atto distrutto o smarrito, o alla formazione di un atto omesso, o alla cancellazione di un atto indebitamente registrato, nonché i soggetti interessati ad opporsi ad un rifiuto dell'ufficiale di stato civile di ricevere in tutto o in parte una dichiarazione, di eseguire una trascrizione, un'annotazione o qualunque altro adempimento, devono presentare ricorso al Tribunale nel cui circondario si trova l'ufficio dello stato civile competente. Attraverso l'azione di rettificazione, dunque, si stimola un intervento correttivo o integrativo destinato a porre rimedio ad una discrepanza tra quanto riportato nei registri di stato civile e la realtà.

Per quanto riguarda il procedimento amministrativo 'di correzione', invece, lo stesso è attribuito alla competenza dell'ufficiale di stato civile, il quale – d'ufficio oppure su istanza di chi ne abbia interesse – può intervenire su un atto solamente per correggere eventuali errori materiali di scrittura in cui sia incorso in sede di redazione; in questo caso egli dovrà contestualmente darne avviso al Prefetto, al Procuratore della Repubblica ed agli interessati (art. 98 d.P.R. n. 396/2000).

Ora, tenendo conto del quadro normativo appena descritto è necessario comprendere se le previsioni del d.P.R. n. 396/2000 esauriscono, tipizzandole, le ipotesi in cui è possibile incidere sugli atti contenuti nei registri di stato civile, oppure se al contrario residuano spazi per ulteriori forme di intervento da parte dell'autorità di vigilanza.

In un simile contesto di incertezza, infatti, si deve dare conto del fatto che frequentemente i Prefetti, qualora in sede di verificazione sia stata riscontrata la presenza in un registro dello stato civile di un atto trascritto *contra legem*, hanno ritenuto di essere legittimati ad intervenire annullando la trascrizione.

Sebbene non attribuito espressamente, il potere di annullamento è stato considerato come un'implicazione naturale e necessaria della relazione che intercorre tra Prefetto e Sindaco in tutti i casi in cui questo si trova a svolgere funzioni statali in qualità di ufficiale del Governo. Corollario di questo particolare modello organizzativo è infatti un vincolo di subordinazione del Sindaco nei confronti dell'autorità centrale titolare della funzione, di cui sono espressione sia il dovere di conformarsi agli indirizzi ministeriali (art. 54, comma 12 d.lgs. n. 267/2000; art. 9, comma 1 d.P.R. n. 396/2000), sia la sottoposizione a forme di vigilanza (art. 54, commi 1, 4, 5, 9, 10 d.lgs. 267/2000; art. 9, comma 2 d.P.R. n. 396/2000), sia infine la possibilità di essere sostituito dal Prefetto in caso di inerzia (art. 54, comma 11 d.lgs. n. 267/2000).

Ebbene, muovendo dalla considerazione che il vincolo di subordinazione del Sindaco all'autorità centrale obbedisce all'esigenza di assicurare l'esercizio uniforme della funzione di stato civile su tutto il territorio nazionale, è stato sostenuto che il Prefetto, a fronte di poteri di vigilanza e sostituzione, sia titolare anche di un 'connaturale' potere di annullamento d'ufficio degli atti di trascrizione adottati *contra legem*: in mancanza di un simile strumento – si afferma – il modello sarebbe evidentemente incompleto, e l'esigenza di uniformità inevitabilmente vanificata.

Gli ulteriori sviluppi della ricostruzione teorica del potere prefettizio di annullamento delle trascrizioni *contra legem* si sono poi indirizzati verso la ricerca di un fondamento normativo appropriato. In questa prospettiva è stato valorizzato il combinato disposto dell'art. 21-*nonies* della l. n. 241/1990 con l'art. 54 d.lgs. n. 267/2000, che legittimerebbe l'intervento in autotutela da parte di un'autorità diversa da quella emanante («il provvedimento amministrativo illegittimo... può essere annullato d'ufficio... da altro organo...») in tutti i casi in cui tra esse intercorre un rapporto di 'sovraordinazione-subordinazione' («...previsto dalla legge»).

Recentemente, tuttavia, il Consiglio di Stato è tornato a pronunciarsi sulla questione, negando la legittimità degli annullamenti prefettizi ed operando un'importante ricostruzione dell'assetto dell'ordinamento dello stato civile.

La riflessione del giudice amministrativo ha preso le mosse dall'analisi dell'art. 21-*nonies* l. n. 241/1990, alla luce della sua rilevanza per le fattispecie in commento. È stato così osservato che il legislatore, nel limitare gli interventi in autotutela da parte di «altri organi» ai soli casi previsti dalla legge, ha inteso perseguire lo scopo di porre fine ai dibattiti sull'esistenza di 'poteri impliciti' riconducendo l'annullamento d'ufficio al principio di legalità amministrativa sancito dall'art. 97 Cost. Sulla base di tale premessa il giudice osserva che nell'ordinamento dello stato civile non è possibile rinvenire una disposizione che attribuisca espressamente al Prefetto il potere di annullare una trascrizione operata dal Sindaco.

A tale considerazione, poi, fanno seguito due riflessioni di carattere sistematico volte a superare una volta per tutte le argomentazioni fondanti la tesi dell'annullamento prefettizio. Da una parte, infatti, viene rilevato che nell'ambito dello Stato civile neppure il Sindaco ha il potere di annullare un proprio atto, così mancando quel 'principio di simmetria' che caratterizza l'art. 21-*nonies* per cui intanto nei casi previsti dalla legge un altro organo può operare in autotutela, in quanto in prima battuta lo possa fare l'autorità emanante. Dall'altra, invece, viene osservato che nella materia dello stato civile non v'è traccia di un rapporto di gerarchia 'in senso tecnico e tradizionale' tra Prefetto e Sindaco, se non altro perché avverso gli atti dell'ufficiale di stato civile non è ammessa la possibilità di proporre ricorso gerarchico.

Alla luce di quanto osservato, allora, si deve concludere che «l'ordinamento dello stato civile prevede specifiche regole, divergenti da quelle di carattere generale previste dall'art. 54 del d.lgs. n. 267 del 2000: l'ordinamento dello stato civile va considerato 'settoriale, speciale e completo' e non prevede alcuna disposizione attributiva del potere di disporre l'annullamento di un atto trascritto, né in sede di autotutela da parta dell'organo che lo ha emesso, né da parte di un altro organo».

## IX.5. Il cambio del nome e del cognome

Gli articoli 89 e seguenti del d.P.R. n. 396/2000 disciplinano il delicato equilibrio tra l'esigenza pubblicistica dell'attribuzione dello *status* e il diritto all'identità personale, di più recente emersione. Il nome, infatti, composto da prenome (o nome *tout court*) e cognome, è il segno legale distintivo della persona, riconosciuto come diritto fondamentale costituzionalmente garantito (artt. 2 e 22 della Costituzione e art. 6 del codice civile). Nome e cognome consentono al soggetto, rispettivamente, di distinguersi all'interno della famiglia di appartenenza e nel più ampio ambito sociale, quale conseguenza del possesso di un *status familiae*.

Emerge, pertanto, con nettezza la funzione pubblicistica soprattutto del cognome, elemento che con stabilità nel tempo deve poter assolvere alla funzione di identificazione della persona.

A questa valenza sociale del cognome si oppone una sempre più avvertita esigenza di tutela dell'identità personale. In questo senso la giurisprudenza costituzionale avverte che oggi il cognome, accanto alla tradizionale funzione di segno identificativo della discendenza familiare, "gode di una distinta tutela nella sua funzione di strumento identificativo della persona, e che, in quanto tale, costituisce parte essenziale ed irrinunciabile della personalità". Sempre la stessa giurisprudenza costituzionale precisa che l'identità personale costituisce un bene in sé, come diritto di ciascuno a "essere se stesso, inteso come rispetto dell'immagine di partecipe alla vita associata, con le acquisizioni di idee ed esperienze, con le convinzioni ideologiche, religiose, morali e sociali che differenziano, ed al tempo stesso qualificano, l'individuo".

A reggere questo delicato equilibrio si inseriscono, come anticipato, gli artt. 89 e seguenti del d.P.R. n. 396/2000, che disciplinano le procedure per il cambio del cognome e del nome.

Chiunque voglia cambiare il cognome o aggiungerne un altro al proprio deve farne richiesta al Prefetto esponendo le ragioni della domanda.

Qualora la richiesta appaia meritevole di essere presa in considerazione, il richiedente è autorizzato a fare affiggere all'albo pretorio del Comune di nascita e del Comune di residenza un apposito avviso. L'affissione deve avere la durata di trenta giorni consecutivi per consentire a chi ne abbia interesse di fare, in detto termine, opposizione alla domanda. Una volta accertata la regolarità delle affissioni e vagliate le eventuali opposizioni, il Prefetto provvede sulla domanda con decreto.

La giurisprudenza amministrativa più recente precisa che le ragioni, di carattere personale o familiare, poste a sostegno dell'istanza debbano essere "meritevoli di tutela e tali da contemperare la libertà dei singoli con l'interesse pubblico alla certezza nell'identificazione della persona e con eventuali interessi privati di segno opposto" con la conseguenza che "il provvedimento ministeriale negativo debba essere specificamente e congruamente motivato". Infatti, sempre il giudice amministrativo sottolinea come l'ordinamento dello stato civile preveda un "ampio riconoscimento della facoltà di cambiare il proprio cognome, a fronte del quale la sfera di discrezionalità riservata alla Pubblica Amministrazione deve intendersi circoscritta alla individuazione di puntuali ragioni di pubblico interesse che giustifichino il sacrificio dell'interesse provato del soggetto al cambiamento del proprio cognome, ritenuto anch'esso meritevole di tutela dall'ordinamento". Sul punto si contrappongono due tesi in merito alla natura della discrezionalità esercitata con il provvedimento che conclude l'*iter* procedimentale avviato con l'istanza di cambio cognome.

Minoritaria è la posizione di chi ritiene che la Pubblica Amministrazione abbia non una discrezionalità amministrativa piena, ma semplicemente valutativa, con la possibilità di considerare solo la serietà e la fondatezza dei motivi dedotti dall'interessato, escluso ogni giudizio di rispondenza di tali motivi all'interesse pubblico generale. Secondo il Consiglio di Stato, il diniego ministeriale di autorizzazione al mutamento del cognome costituisce provvedimento eminentemente discrezionale da cui discende, come logico corollario "che il sindacato giurisdizionale dello stesso può essere condotto, quanto al vizio intrinseco dello sviamento, sotto il limitato profilo della manifesta irragionevolezza delle argomentazioni amministrative o del difetto di motivazione".

Riservati alla competenza del Prefetto sono anche i cambi di nome e il procedimento è del tutto analogo a quello sopra illustrato per il cambio del cognome.

La competenza esclusiva del Prefetto in materia di cambio del cognome, con il compito di indirizzo nella materia in capo agli uffici centrali del Ministero, è il frutto di una recente modifica normativa, nell'ottica della semplificazione amministrativa e della maggiore prossimità dei servizi resi ai cittadini. Il sistema precedente prevedeva la presentazione dell'istanza al Prefetto, il quale formulato un parere a seguito dell'istruttoria, trasmetteva la richiesta del cambio del cognome al Ministero dell'Interno per il seguito di competenza.

In materia di cambio del cognome è di particolare attualità, nonché di maggiore ricorrenza tra le istanze presentate, il tema del cognome materno da attribuire ai figli. Come noto, nel nostro ordinamento, la regola (benché non scritta, ma desumibile da vari elementi ricavabili dall'insieme della norme) è quella di attribuire al figlio il cognome paterno. Richiamo alla tradizione, garanzia dell'unità familiare di chiara evocazione costituzionale (art. 29), nonché esigenza di ricondurre a schemi certi l'appartenenza delle persone a una determinata famiglia, sembrano oggi motivazioni recessive sotto la spinta di diritti come quello alla parità tra i sessi, anche nella scelta del cognome, e di tutela dell'identità di ciascun genitore.

Anche la Corte Costituzionale, pur avendo giudicato inammissibile la questione di legittimità costituzionale degli artt. 143-*bis*, 236, 237, comma 2, c.c. e degli artt. 33 e 34 del d.P.R. n. 396/2000, censurati in riferimento agli artt. 2, 3 e 29 Cost., nel caso in cui prevedono che il figlio legittimo acquisti automaticamente il cognome del padre, anche quando vi sia una diversa volontà dei coniugi legittimamente manifestata, evidenzia che "l'attuale sistema di attribuzione del cognome è retaggio di una concezione patriarcale della famiglia, la quale affonda le proprie radici nel diritto di famiglia romanistica e di una tramontata potestà maritale non più coerente con i principi dell'ordinamento e con il valore costituzionale dell'uguaglianza tra uomo e donna".

Salva la discrezionalità del legislatore, pertanto, attualmente l'unica possibilità per attribuire ai figli il cognome materno è costituita dalla procedura di cui agli artt. 89 e seguenti del d.P.R. n. 396/2000. In questi termini, il riconoscimento dell'interesse ad aggiungere il cognome materno a quello paterno appare eccezionale e comunque legato a circostanze e motivazioni tali da renderlo meritevole di tutela.

Il giudizio di meritevolezza dell'Amministrazione si muove ovviamente con diversa cautela, distinguendo i casi di aggiunta del cognome materno e quelli di sostituzione al cognome paterno. La giurisprudenza, infatti, distingue tra aggiunta e sostituzione, rilevando come nella prima ipotesi si introduca un ulteriore elemento identificativo, mentre nella seconda si giunga all'eliminazione di un segno distintivo.

## IX.6. Lo stato civile tra diritto internazionale – privato e pubblico – e diritto dell'Unione europea

Negli ultimi vent'anni la straordinaria mobilità delle popolazioni ha interessato, e continua a farlo in maniera sempre più pressante, anche la materia dello stato civile. Persone provenienti non solo da paesi estranei all'Unione Europea, ma anche da quei paesi con economie più deboli, di più recente adesione all'Unione, hanno fatto ingresso in Italia in cerca di lavoro e di migliori condizioni di vita.

Anche il cittadino italiano, seppure mosso da motivazioni diverse, spesso non concentra più i propri interessi, privati e professionali, in ambito nazionale. Il cittadino italiano che nasce, si sposa e muore all'estero; lo straniero che nasce o si sposa in Italia o vi porta la propria residenza per lavoro: la logica del sistema esige che lo stato civile di una persona deve risultare dagli appositi registri in tutti i suoi aspetti, aggiornati a seconda degli eventi che si susseguono nel tempo. Pertanto, anche un atto formato all'estero, quando sia logicamente connesso a un atto iscritto o trascritto in Italia, deve essere a sua volta registrato ed annotato, verificata la non contrarietà all'ordine pubblico, affinché sia completata la documentazione concernente lo stato civile di quella persona, non solo ai fini pubblicitari cui il sistema è preposto, ma anche perché si producano nel nostro ordinamento quegli effetti che la legge italiana annette agli eventi documentati nell'atto. Infatti, l'atto di stato civile non ha rilevanza nell'ordinamento italiano solo per la sua natura pubblicitaria (art. 450 c.c.) ma anche, e soprattutto, per gli effetti sostanziali che da quell'atto scaturiscono per il nostro ordinamento.

Quando l'Ufficiale di stato civile deve iscrivere, trascrivere o annotare un atto che riguarda uno straniero o anche un italiano soggetto di una fattispecie i cui presupposti, elementi ed effetti non ricadono interamente nell'ordinamento giuridico nazionale, la legge 31 maggio 1995, n. 218, legge di diritto internazionale privato, consente di individuare le norme da applicare al caso concreto. Come noto, nel caso in cui una fattispecie presenti elementi di estraneità all'ordinamento giuridico italiano (per es. cittadinanza, residenza, luogo in cui è avvenuto un evento o si trova un bene), la legge di diritto internazionale privato, attraverso i cc.dd.

criteri di collegamento indica quale norma, anche di ordinamento straniero, debba trovare applicazione.

Sul punto è bene sgombrare da subito il campo da quelli che sono stati efficacemente definiti come malintesi. Il primo riguarda il limite dell'ordine pubblico, operante ai sensi dell'art. 18 del d.P.R. n. 396/2000 per i divieti di trascrizione di atti prodotti all'estero e dell'art. 16 della l. n. 218/1995 in tema di inapplicabilità della legge straniera. Anche gli artt. 65 e 66 della medesima l. n. 218/1995, circa il riconoscimento di provvedimenti stranieri di giurisdizione volontaria e concernenti la capacità delle persone nonché l'esistenza di rapporti o di diritti della personalità, ugualmente si pronunciano nel riconoscerne la validità purché non siano contrari all'ordine pubblico. Spesso il concetto di ordine pubblico viene allargato tanto da farlo coincidere del tutto con la normativa italiana, dimenticando che il concetto è evocativo di valori e principi posti a fondamento del sistema giuridico, nucleo naturale che deve resistere anche all'applicazione di una legge (o di una decisione giudiziaria) straniera. Inoltre sarebbe da aggiunge che in materia di diritto internazionale privato il concetto a cui fare riferimento non sarebbe quello di ordine pubblico interno, ma di ordine pubblico cd. internazionale. Secondo la giurisprudenza di legittimità, "l'ordine pubblico interno rileva come limite all'autonomia privata e comunque nell'ambito del sistema giuridico nazionale, mentre l'ordine pubblico internazionale rileva come limite alle norme straniere efficaci nel nostro ordinamento in virtù di una disposizione di diritto internazionale privato [...]; e ancora identifica "l'ordine pubblico interno come il complesso dei principi fondamentali che caratterizzano la struttura etico-sociale della comunità nazionale in un determinato momento storico e dei principi inderogabili che sono immanenti nei più importanti istituti giuridici [...], evidenziando invece, con riguardo all'ordine pubblico internazionale, "il carattere universale di principi comuni a molte nazioni di civiltà affine, intesi alla tutela di alcuni diritti fondamentali dell'uomo, spesso solennemente sanciti in dichiarazioni o convenzioni internazionali".

Il secondo punto su cui è opportuno non cadere in equivoco riguarda la natura dell'iscrizione, trascrizione e annotazione degli atti dello stato civile, i quali, coma già visto, hanno solo efficacia probatoria e non costitutiva dello *status*. L'Ufficiale di stato civile, di conseguenza, a parte i casi di palese violazione dell'ordine pubblico, correttamente inteso, deve procedere alla registrazione dell'atto, pur rinviando successivamente per competenza all'autorità giudiziaria.

Qualche esempio aiuterà a comprendere meglio. È certamente contrario all'ordine pubblico, e pertanto sarà legittimamente opposto il rifiuto di trascrivere il relativo atto, un divorzio basato su un atto unilaterale di ripudio emesso da un'autorità e secondo una legge straniera. Sarà al contrario da trascrivere un divorzio emesso secondo un ordinamento che non prevede un periodo di separazione preliminare.

È palesemente contraria all'ordine pubblico la norma straniera che subordina il rilascio del *nulla osta* per la celebrazione del matrimonio dello straniero in Italia, ai sensi dell'art. 116 del codice civile, alla conversione religiosa di uno sposo alla religione dell'altro: in questo caso, l'Ufficiale di stato civile, malgrado l'assenza di *nulla osta*, può procedere alle pubblicazioni e alla successiva celebrazione del matrimonio. Ancora, in materia di filiazione è da considerarsi in contrasto con l'ordine pubblico la norma straniera che non ammette l'istituto del riconoscimento della filiazione naturale.

Sebbene non rientri nella competenza dell'Unione Europea, la materia dello stato civile si incontra – e spesso si scontra – con i principi e i diritti riconosciuti a livello europeo. Per esempio, sempre in materia di attribuzione del cognome paterno, la Corte di Giustizia dell'Unione Europea ha affermato che "se le norme che disciplinano il cognome delle persone rientrano nella competenza degli Stati membri, questi ultimi devono comunque rispettare il diritto comunitario" e che "i figli [...] possono avvalersi del diritto, sancito dall'art. 12 CE, di non subire discriminazioni in ragione della propria cittadinanza, anche in relazione alla trasmissione del nome di famiglia". Il caso in questione riguardava un cittadino spagnolo, sposatosi in Belgio, che aveva chiesto per i suoi figli (con doppia cittadinanza, belga e spagnola, registrati alla nascita, secondo la legge belga, solamente con il cognome del padre) l'attribuzione del doppio cognome, paterno e materno, secondo la legge spagnola. Le autorità del Belgio avevano rigettato la domanda sulla base del motivo che secondo l'ordinamento nazionale i figli portavano solo il cognome del padre. Adita in via pregiudiziale dal Consiglio del Stato del Belgio, la Corte di Giustizia dell'Unione Europea ha affermato che "Gli artt. 12 CE e 17 CE devono essere interpretati nel senso che ostano al fatto che l'autorità amministrativa di uno Stato membro respinga una domanda di cambiamento del cognome per i figli minorenni residenti in questo Stato e in possesso della doppia cittadinanza, dello stesso Stato e di un altro Stato membro, allorché la domanda è volta a far sì che i detti figli possano portare il cognome di cui sarebbero titolari in forza del diritto e della tradizione del secondo Stato membro".

Con una sentenza successiva la Corte di Giustizia si è nuovamente pronunciata sul caso di un minore cittadino tedesco, nato in Danimarca, per il quale i genitori avevano chiesto all'Ufficiale di stato civile tedesco l'iscrizione presso i registri dello stato civile dell'atto di nascita con il doppio cognome, paterno e materno, attribuito nel Paese di nascita. La richiesta era stata rigettata dall'Ufficiale in considerazione del fatto che il diritto internazionale privato rimandava, nella fattispecie, al diritto tedesco (il minore era esclusivamente cittadino tedesco come i suoi genitori) secondo il quale al minore spettava di portare il solo cognome paterno. Secondo Corte, però, "il fatto di essere obbligati a portare, nello Stato membro di cui si è cittadini, un cognome differente da quello già attribuito e registrato nello

Stato membro di nascita e di residenza è idoneo ad ostacolare l'esercizio del diritto a circolare e soggiornare liberamente nel territorio degli Stati membri, sancito dall'art. 18 CE", affermando che "l'art. 18 CE, in circostanze come quelle della causa principale, osta a che le autorità di uno Stato membro, in applicazione del diritto nazionale, rifiutino di riconoscere il cognome di un figlio così come esso è stato determinato e registrato in un altro Stato membro in cui tale figlio – che, al pari dei genitori, possiede solo la cittadinanza del primo Stato membro – è nato e risiede sin dalla nascita".

Ulteriori profili di internazionalizzazione dell'attività sono legati alla Commissione Internazionale dello Stato Civile (CIEC), organismo intergovernativo nato nel 1948 con l'obiettivo di promuovere la cooperazione internazionale nella materia dello stato civile, di cui fanno parte 16 Paesi, tra cui l'Italia. La CIEC ha stipulato accordi di cooperazione con il Consiglio d'Europa, l'Unione europea, la Conferenza di diritto internazionale privato dell'Aja.

Nell'ambito dell'attività della CIEC sono state elaborate convenzioni internazionali, aperte alla ratifica degli Stati membri. Tra le convenzioni si ricordano: la Convenzione in materia di competenza delle autorità qualificate per ricevere le dichiarazioni di riconoscimento di figli naturali (Roma, 1961); la Convenzione relativa al rilascio degli estratti plurilingue (Vienna, 1976); la Convenzione sulla legge applicabile ai prenomi e ai nomi (Monaco, 1980); la Convenzione relativa codificazione delle definizione contenute negli atti di stato civile (Bruxelles, 1995); la Convenzione sulla comunicazione internazionale attraverso mezzi elettronici (Atene, 2001).

## IX.7. Il futuro del sistema dello stato civile

L'evoluzione sociale, normativa e tecnologica della società pone pertanto due fondamentali sfide al sistema.

In primo luogo, la sempre maggiore internazionalizzazione della società fa emergere la necessità di un maggiore coordinamento tra i vari Stati, sia a livello di circolazione delle informazioni e della documentazione, sia in relazione al riconoscimento dei diritti sottostanti.

In secondo luogo, ma tale profilo è strettamente collegato al primo, l'utilizzo della tecnologia informatica, sia a livello di archiviazione sia a livello di accesso, non può non avere un effetto sulle modalità organizzative dello stato civile.

Per quanto riguarda il primo profilo, la Commissione Europea ha predisposto un Libro Verde al fine di fungere da stimolo a una riflessione collettiva sulle modalità idonee a promuovere la circolazione ed il riconoscimento dei documenti dello stato civile all'interno dell'Unione Europea. Questo studio mette in luce come attualmente circa 12 milioni di europei studiano, lavorano e vivono in uno Stato membro di cui non sono cittadini.

Per i cittadini europei, evidenzia il Libro Verde, si presentano spesso problemi legati agli atti di stato civile: gli atti con cui l'autorità pubblica di uno Stato membro attesta i principali eventi da cui dipende lo stato delle persone (nascita, matrimonio, cittadinanza e morte) non producono necessariamente effetti in un altro Stato membro. I singoli Stati membri applicano infatti le proprie norme, che differiscono ampiamente da uno Stato all'altro. Ad esempio, una filiazione paterna accertata in uno Stato membro in relazione a un minore nato in quello Stato non è necessariamente riconosciuta in un altro Stato membro a causa delle differenze tra le norme nazionali applicabili.

Il Libro Verde, come è ovvio, non fornisce al momento soluzioni, ma invita solo a riflettere sul fatto se la strada migliore per affrontare il problema sia quella di un riconoscimento di pieno diritto degli atti di un Paese in tutti gli altri Paesi (con non pochi problemi in caso di atti radicalmente contrari a qualche ordinamento nazionale) ovvero quella, leggermente meno invasiva, di una armonizzazione delle norme in conflitto.

Quale che sia la strada che sarà prescelta, è di tutta evidenza che il sistema di stato civile, al momento sostanzialmente chiuso e definito in ogni suo aspetto dalla normativa interna, ne potrebbe risultare profondamente modificato. È possibile che si dovrà smettere di pensare ad uno stato civile italiano, o tedesco o francese, per far invece riferimento ad uno stato civile profondamente connotato a livello comunitario.

Il secondo profilo di interesse è quello relativo al sempre maggior ricorso alle tecnologie informatiche. L'introduzione del codice dell'amministrazione digitale e delle sue regole tecniche di attuazione ha consentito di innovare profondamente le metodologia di trasmissione dei dati tra le pubbliche amministrazioni (e relativa archiviazione) e presto il cambiamento si estenderà anche ai rapporti con i cittadini, cambiando profondamente la logica secondo la quale il dato era accessibile, sostanzialmente, a livello comunale.

Alcuni passi procedimentali iniziano inoltre ad essere informatizzati anch'essi (si pensi alla possibilità, già introdotta, di effettuare le pubblicazioni di matrimonio sui siti web dei comuni) e senza dubbio la linea di sviluppo è nel senso di continuare a dematerializzare la documentazione ed informatizzare le procedure. In pochi anni, le crescenti esigenze di rapidità, semplicità e circolazione della documentazione di stato civile hanno prodotto, e continueranno a produrre, una modifica delle tecnologie di archiviazione ed accesso, in modo da rendere i vari archivi interconnessi e facilmente accessibili ai soggetti abilitati.

Non va inoltre dimenticato che, anche in ambito sovranazionale, esiste un ambizioso progetto sostenuto dalla CIEC per la creazione di una piattaforma informatica internazionale nella quale potranno essere raccolti i documenti di stato civile di tutti i paesi aderenti.

Le sfide del futuro sono quelle di addivenire ad un sistema di stato civile sempre più rivolto al servizio del cittadino, in quanto strumento indispensabile – come ricordato dal citato Libro Verde – per la concreta fruizione di tutta una serie di diritti individuali. L'obiettivo è la realizzazione di uno stato civile completamente gestito con sistemi informatici al passo con i tempi e normativamente omogeneo con i sistemi degli altri Paesi, al fine di un rapido riconoscimento reciproco, secondo regole condivise, degli atti emessi in ciascuno Stato, così come già avvenuto, per esempio, in ambito giudiziario.

## IX.8. L'anagrafe

La funzione anagrafica ricopre un ruolo molto importante nell'ordinamento, in quanto le informazioni in essa contenute costituiscono la fonte per diversi servizi erogati allo scopo di soddisfare diritti fondamentali come il voto, l'istruzione e l'assistenza sociale.

L'anagrafe registra infatti nominativamente gli abitanti residenti in un comune, sia nella loro dimensione individuale sia come componenti di una famiglia o di una convivenza. Si tratta quindi di una funzione fortemente correlata allo stato civile, attribuita dalla legge alla competenza dello Stato ed esercitata per il tramite dei comuni.

In qualità di Ufficiale di Governo (art. 54, comma 3 d.lgs. n. 267/2000), infatti, il Sindaco è chiamato a curare la tenuta dell'anagrafe della popolazione residente nel proprio Comune (art. 1, comma 1 l. n. 1228/1954), registrando «le posizioni relative alle singole persone, alle famiglie ed alle convivenze, che hanno fissato nel Comune la residenza, nonché le posizioni relative alle persone senza fissa dimora che hanno stabilito nel Comune il proprio domicilio» (art. 1, comma 3 l. n. 1228/1954).

Accanto al registro della popolazione residente, inoltre, presso i Comuni devono essere tenute anche le anagrafi dei cittadini italiani residenti all'estero (AIRE), che contengono sia le schede individuali e familiari delle persone cancellate dall'anagrafe della popolazione residente in dipendenza di un trasferimento permanente all'estero, sia le informazioni anagrafiche riguardanti cittadini nati e residenti all'estero dei quali nessuno degli ascendenti è nato nel territorio della Repubblica o vi ha mai risieduto (art. 1, commi 2 e 5 l. n. 470/1988).

Alla luce del fatto che l'anagrafe assume un'importanza fondamentale per l'erogazione di molti servizi, il legislatore ha opportunamente ritenuto di coinvolgere direttamente la popolazione elaborando un modello di gestione 'partecipata' in cui ai privati è attribuito l'onere di curare l'iniziativa delle registrazioni.

I soggetti interessati hanno dunque sia l'obbligo di chiedere l'iscrizione anagrafica presso il Comune di dimora abituale, sia l'obbligo di dichiarare gli eventuali fatti rilevanti che determinano mutazioni delle posizioni anagrafiche (art. 2, comma 1 l. n. 1228/1954). Per poter rendere tali dichiarazioni, essi sono tenuti a provare preliminarmente la propria identità mediante l'esibizione di un valido documento di riconoscimento (art. 6, comma 3 d.P.R. n. 223/1989).

L'Ufficiale di anagrafe ha invece il compito di procedere alla formazione dell'atto anagrafico. Per fare ciò egli ha il potere di disporre accertamenti finalizzati a verificare i fatti dichiarati dagli interessati (art. 4, comma 2 l. n. 1228/1954). Qualora invece sia venuto a conoscenza di fatti rilevanti per cui non siano state rese le dovute dichiarazioni, egli è tenuto ad invitare gli interessati a provvedervi; in caso di inerzia, poi, procede d'ufficio alla trascrizione (art. 5, l. n. 1228/1954).

Per quanto attiene ai compiti di vigilanza sulla tenuta dell'anagrafe si deve rilevare che essi sono attribuiti al Ministero dell'Interno ed all'ISTAT (cfr. art. 14 d.lgs. n. 300/1999; art. 12, comma 1 l. n. 1228/1954). Gli stessi vengono esercitati attraverso visite ispettive – sia ordinarie che straordinarie – da parte della Prefettura finalizzate a verificare da una parte l'aggiornamento dell'anagrafe, e dall'altra la corretta applicazione della normativa che ne disciplina le modalità di tenuta (artt. 52, 53 e 55 d.P.R. n. 223/1989).

Tale controllo, tuttavia, ha carattere eminentemente collaborativo, non potendo fondare in nessun caso un intervento diretto su un atto contenuto nell'anagrafe della popolazione residente. Il potere di annullare un'iscrizione anagrafica – o una mutazione anagrafica già registrata –, infatti, compete in via esclusiva all'Ufficiale di anagrafe (art. 18-*bis* d.P.R. n. 223/1989).

è stata però prevista la possibilità per gli interessati di presentare ricorso gerarchico improprio al Prefetto, che potrà a sua volta procedere all'annullamento nei casi di diniego di iscrizione o di cancellazione di un soggetto dall'anagrafe della popolazione residente, nei casi di iscrizione d'ufficio all'anagrafe della popolazione residente o di trasferimento della residenza, nonché nei casi di rifiuto di rilasciare un certificato anagrafico o di rilascio di un certificato contenente errori (art. 5, comma 2 l. n. 1228/1954; art. 36, d.P.R. n. 223/1989).

## IX.9. Il progetto ANPR, la carta di identità elettronica (CIE) ed il sistema pubblico per la gestione delle identità digitali (SPID)

Nel 2012, in occasione di un intervento di riforma del 'Codice dell'amministrazione digitale' (d.lgs. n. 82/2005), il legislatore ha ritenuto che i tempi fossero ormai maturi per compiere un importante passo avanti nelle modalità di gestione dell'anagrafe.

Risale a questo momento infatti l'istituzione presso il Ministero dell'Interno dell'Anagrafe nazionale della popolazione residente (ANPR), una banca dati unica contenente informazioni anagrafiche messa a disposizione di tutte le pubbliche amministrazioni, in particolare di quelle chiamate a svolgere funzioni che presuppongono un'individuazione precisa della popolazione (art. 62 d.lgs. n. 82/2005).

L'ANPR è istituita come 'base di dati di interesse nazionale' ai sensi dell'art. 60 d.lgs. n. 82/2005, tale dovendosi intendere «un insieme di informazioni raccolte e gestite digitalmente dalle pubbliche amministrazioni, omogenee per tipologia e contenuto e la cui conoscenza è rilevante per lo svolgimento delle funzioni istituzionali delle altre pubbliche amministrazioni (...)» (art. 60, comma 1 d.lgs. n. 82/2005). Nelle intenzioni del legislatore, dunque, l'ANPR è immaginata come «un sistema informativo unitario che tiene conto dei diversi livelli istituzionali e territoriali e che garantisce l'allineamento delle informazioni e l'accesso alle medesime da parte delle pubbliche amministrazioni interessate» (art. 60, comma 2 d.lgs. n. 82/2005).

L'ANPR subentrerà gradualmente alle varie anagrafi comunali della popolazione residente e dei cittadini italiani residenti all'estero. Sono tuttavia confermate le attribuzioni del Sindaco in materia, che dunque sarà chiamato ad operare come Ufficiale di anagrafe sulla nuova piattaforma unica.

Oltre ai registri anagrafici, confluiranno nell'ANPR anche i registri di stato civile. Ciò permetterà ai singoli Comuni di avere a disposizione i dati, gli atti e gli strumenti per lo svolgimento delle funzioni di competenza statale di cui all'art. 54, comma 3 d.lgs. n. 267/2000, nonché un sistema di controllo, gestione e interscambio, puntuale e massivo, di dati, servizi e transazioni necessario per lo svolgimento delle funzioni istituzionali di competenza comunale (art. 62, commi 2-*bis* e 3 d.lgs. n. 82/2005).

Restando nell'ambito dell'utilizzo di strumenti tecnologici al fine di implementare l'efficienza amministrativa, sembra utile richiamare l'attenzione su un altro progetto di grande rilevanza curato dal Ministero dell'Interno: la nuova carta di identità elettronica (CIE).

Di documento di riconoscimento elettronico si parla ormai da diverso tempo. Il legislatore, infatti, se ne occupò per la prima volta alla fine degli anni Novanta, con l'art. 2, comma 10 l. n. 127/1997 (così come modificato dall'art. 2, comma 4 l. n. 191/1998) e con il seguente d.P.C.M. n. 437/1999 («regolamento recante caratteristiche e modalità per il rilascio della Carta di identità elettronica e del documento di identità elettronico»).

Come spesso accade, tuttavia, il progetto non decollò immediatamente. Recentemente il legislatore è così intervenuto nuovamente in materia, rinnocando lo strumento (si parla oggi di 'nuova Carta di identità elettronica') ed affidando al Ministero dell'Interno la *governance* del processo di emissione.

In particolare il Ministero è stato delegato ad adottare, di concerto con il Ministro per la semplificazione e la pubblica amministrazione ed il Ministro dell'economia e delle finanze, sentita l'Agenzia per l'Italia digitale, il Garante per la protezione dei dati personali e la Conferenza Stato-città autonomie locali, un decreto con cui definire le caratteristiche tecniche, le modalità di produzione, di emissione, di rilascio della carta d'identità elettronica, nonché di tenuta del relativo archivio informatizzato (art. 7-*vices-ter* d.l. 7/2005, così come modificato dall'art. 10, comma 3 d.l. n. 78/2015). Tale adempimento è stato realizzato con il d.m. 23 dicembre 2015, che ha dato nuovo impulso al processo di passaggio al nuovo supporto elettronico.

A partire dal 4 luglio 2016 è stata avviata la prima fase di sperimentazione presso 199 Comuni; i restanti Comuni, invece, vengono gradualmente abilitati all'emissione a partire dal 26 aprile 2017.

Per quanto attiene alla funzione, si rileva che la nuova Carta di identità elettronica non si limita ad essere un normale documento di identificazione, ma consente anche di acquisire un'identità digitale e così accedere a SPID, il sistema pubblico per la gestione dell'identità digitale di cittadini e imprese progettato allo scopo di favorire l'erogazione dei servizi in rete da parte sia delle pubbliche amministrazioni che delle imprese private e l'accesso agli stessi da parte degli utenti (art. 64 d.lgs. n. 82/1005).

# CAPITOLO X
# Le funzioni elettorali dell'Amministrazione dell'Interno

di *Fabrizio Orano*



## X.1. Le attribuzioni del Ministero dell'Interno

Uno dei compiti amministrativi più importanti assegnati dalla legge all'Amministrazione dell'Interno è quello relativo alla complessa e delicata organizzazione della cosiddetta "macchina elettorale". D'altra parte, non può certamente negarsi che i momenti di costituzione del Parlamento nazionale, di quello europeo nonché degli organi del governo locale attraverso lo strumento elettorale costituiscono l'espressione di più immediata percepibilità del principio di democrazia.

In via del tutto preliminare ed in estrema sintesi, deve rappresentarsi che all'Amministrazione dell'Interno sono attribuite, ai sensi dell'articolo 14 del decreto legislativo 30 luglio 1999, n. 300 (Riforma dell'organizzazione del Governo), tutte le funzioni e i compiti spettanti allo Stato in materia di garanzia della regolare costituzione del Parlamento nazionale, dei membri del Parlamento europeo spettanti all'Italia e degli organi elettivi degli enti locali nonché, più in generale, in materia di servizi elettorali, intendendosi al riguardo la cura degli adempimenti preparatori e organizzatori dello svolgimento delle consultazioni elettorali e referendarie disciplinate da normativa statale (e cioè le elezioni politiche, le elezioni dei membri del Parlamento europeo spettanti all'Italia, le elezioni del presidente della regione e del consiglio regionale nelle regioni a statuto ordinario che non hanno adottato propria legislazione in materia, le elezioni comunali nelle regioni a statuto ordinario, i referendum previsti dagli articoli 75 e 138 della Costituzione, i referendum consultivi comunali per distacco territoriale da una provincia o da una regione).

Alcune competenze sono espressamente previste da norme di legge.

Tra le disposizioni più rilevanti in materia elettorale possono segnalarsi preliminarmente le seguenti: il testo unico per le elezioni della Camera, approvato con d.P.R. n. 361/1957; il decreto legislativo n. 533/93 per le elezioni del Senato; il d.P.R. n. 570/60, la legge n. 182/1991 e il d.lgs. n. 267/00 (artt. 71-76) per le elezioni comunali; la legge n. 459/2001 e il d.P.R. n. 104/03 sul voto degli italiani all'estero; il d.P.R. n. 223/1967 sulla tenuta e revisione delle liste elettorali; la legge n. 212/56 sulla propaganda elettorale.

Numerosi compiti sono, inoltre, svolti dagli uffici del Ministero e dalle Prefetture per prassi amministrativa, proprio al fine di garantire il regolare svolgimento delle consultazioni, e di assicurare, in linea di massima, uniformità di comportamenti in tutto il territorio nazionale nell'applicazione delle norme statali in materia elettorale.

## X.2. Le competenze normativamente previste

Tra le principali competenze previste da disposizioni di legge sul procedimento elettorale, possono segnalarsi le funzioni qui di seguito schematicamente riportate.

– Iniziativa del Ministro dell'Interno per l'emanazione dei decreti del Presidente della Repubblica di convocazione dei comizi per le elezioni della Camera dei Deputati e del Senato della Repubblica, nonché dei decreti del Presidente della Repubblica concernenti l'assegnazione dei seggi alle circoscrizioni elettorali per l'elezione della Camera dei Deputati, alle singole regioni per l'elezione del Senato della Repubblica e alle singole ripartizioni della circoscrizione Estero per l'elezione della Camera dei Deputati e del Senato della Repubblica, sulla base dei risultati dell'ultimo censimento generale della popolazione; decreto del Ministro dell'Interno di fissazione della data del turno primaverile ordinario di elezioni amministrative e di quello autunnale per i comuni sciolti per infiltrazioni della criminalità organizzata; decreti prefettizi di indizione delle elezioni provinciali nonché delle elezioni comunali nei vari comuni, una volta verificata la sussistenza delle condizioni che rendono necessario il rinnovo; potere prefettizio di rinvio delle elezioni amministrative in casi di forza maggiore.
– Attività connesse al deposito, presso il Ministero dell'Interno, dei contrassegni dei partiti ed alle conseguenti delibere ministeriali di ammissione o di invito alla sostituzione degli stessi in occasione di elezioni politiche ed europee (con l'inevitabile, delicatissimo contenzioso concernente la loro confondibilità e la titolarità del contrassegno in capo ad una o all'altra formazione politica, nella perdurante assenza di una qualunque forma di registrazione dei partiti e dei

loro contrassegni); contestuale ricezione e conseguente comunicazione – agli uffici preposti alla ricezione ed ammissione delle liste – delle designazioni, per ciascuna circoscrizione, di un rappresentante effettivo e di un rappresentante supplente del partito o gruppo politico, incaricati di depositare le suddette liste in occasione delle elezioni politiche e delle elezioni dei membri del Parlamento europeo spettanti all'Italia.

- Fondamentale attività di composizione e stretta vigilanza sulla corretta stampa dei manifesti ufficiali riportanti tutte le liste dei candidati definitivamente ammesse e sulla stampa delle schede di votazione in occasione di tutte le consultazioni elettorali e referendarie disciplinate da legislazione statale, una volta acquisite dagli uffici competenti le delibere di ammissione delle liste e dei candidati (o del testo dei quesiti referendari), con il relativo numero di sorteggio, che, come è noto, risulta decisivo per l'ordine di stampa delle liste sui manifesti e sulle schede.
- Predisposizione dell'elenco provvisorio e, poi, di quello definitivo degli elettori italiani residenti all'estero che votano per corrispondenza in occasione di elezioni politiche e referendum nazionali, nonché dell'elenco degli elettori residenti negli altri stati dell'Unione europea che votano nei seggi ivi istituiti per i membri del Parlamento europeo spettanti all'Italia. Gli elenchi vengono elaborati informaticamente, previo allineamento delle posizioni contenute nelle anagrafi degli italiani residenti all'estero (tenute dal Ministero dell'Interno e dai comuni) e negli schedari consolari; in caso di posizioni "allineate" (stesso nome, cognome e data di nascita), si assume in elenco elettori l'indirizzo risultante dallo schedario consolare. Vengono inseriti in elenco elettori anche i nominativi risultanti solo nelle anagrafi degli italiani residenti all'estero, mentre gli iscritti esclusivamente negli schedari consolari possono essere ammessi al voto per corrispondenza presentandosi al consolato e previa verifica della loro capacità elettorale; tutte le complesse operazioni di tenuta ed aggiornamento dell'elenco dei cittadini e degli elettori residenti all'estero vengono coordinate e monitorate da un apposito organo interministeriale, il Comitato anagrafico-elettorale, con tre componenti del Ministero dell'Interno.
- Partecipazione di dirigenti, funzionari ed impiegati delle Prefetture – in qualità di presidenti e componenti delle Commissioni e Sottocommissioni elettorali circondariali nominati dal Presidente della Corte d'Appello su designazione del Prefetto – alle delibere di ammissione o ricusazione dei simboli, delle liste e dei candidati presentati in occasione di elezioni comunali, nonché ai periodici adempimenti di tenuta e revisione delle liste elettorali, ivi comprese le operazioni di revisione straordinaria delle liste stesse negli ultimi giorni prima di ogni consultazione elettorale e referendaria.

- Poteri sostitutivi prefettizi in materia di tenuta ed aggiornamento delle liste elettorali e di propaganda elettorale in caso di mancata effettuazione di adempimenti, da parte degli organi ordinariamente preposti, nei termini perentori previsti dalla legge in occasione di procedimenti elettorali o referendari.
- Tenuta e continuo aggiornamento dell'Anagrafe nazionale degli Amministratori locali e regionali, contenente l'elenco di tutti i presidenti di regione, presidenti di provincia, sindaci, assessori e consiglieri regionali, provinciali e comunali eletti, con i relativi dati anagrafici e la lista o il gruppo politico di riferimento. I dati sono acquisiti dal Ministero dell'Interno presso regioni, province e comuni attraverso sistemi di comunicazione telematica e vengono "validati" dalle Prefetture-UTG.
- Nuovi compiti assegnati da varie disposizioni di legge al fine di garantire il voto all'estero di alcune categorie di elettori temporaneamente all'estero per motivi di servizio o missioni internazionali.

## X.3. Compiti svolti per prassi amministrativa

L'azione svolta dall'Amministrazione dell'Interno per prassi amministrativa nell'organizzazione delle consultazioni ricomprende la complessiva attività di ausilio alle varie strutture coinvolte nel procedimento elettorale, che vedono tradizionalmente negli Uffici centrali (Direzione Centrale dei Servizi Elettorali facente parte del Dipartimento Affari Interni e Territoriali del Ministero dell'Interno) e periferici (Uffici elettorali provinciali presso le Prefetture) punti costanti di riferimento per la soluzione dei numerosissimi problemi che si presentano in occasione di ogni elezione (e che aumentano esponenzialmente in caso di innovazioni legislative, molto spesso intervenute negli ultimi mesi prima delle consultazioni).

Ciò si sostanzia, tra l'altro, nell'opera di consulenza rivolta, senza soluzione di continuità, a tutti i soggetti interessati alle elezioni, che vanno dagli uffici elettorali comunali agli uffici elettorali di sezione, dai partiti o singoli esponenti politici agli organismi istituzionali, riguardando spesso anche singoli elettori.

Da non sottovalutare, a livello centrale, è l'attività legislativa in materia elettorale, con la materiale predisposizione di norme di iniziativa governativa nel settore, ivi compresa la decretazione d'urgenza, e con la consulenza giuridica durante tutto l'*iter* di approvazione parlamentare delle leggi di modifica del procedimento elettorale e dei vari sistemi di assegnazione dei seggi per le singole consultazioni.

Sempre a livello centrale, altro servizio svolto è quello dell'attività internazionale in materia elettorale, tenendo i necessari rapporti con gli organismi europei ed internazionali del settore, fornendo assistenza e cooperazione a favore di stati in via di sviluppo democratico e di riorganizzazione delle istituzioni e partecipando alle missioni di supervisione elettorale all'estero.

Una rilevante attività che, com'è noto, viene svolta dal Ministero in occasione di ogni tornata elettorale si sostanzia nella predisposizione delle tradizionali pubblicazioni recanti istruzioni per tutti gli operatori del settore e di tutta l'ampia modulistica che accompagna lo svolgimento del procedimento elettorale, a partire dalla convocazione dei comizi per arrivare sino alla chiusura delle operazioni elettorali con la proclamazione ufficiale degli eletti.

Tra l'altro, con anticipo rispetto al termine per la presentazione delle candidature, vengono – anche ad uso di tutte le forze politiche che vogliono partecipare alle consultazioni – predisposte e distribuite (diffondendole anche su *internet*) le istruzioni per la presentazione e l'ammissione delle candidature.

Tra gli stampati predisposti dal Ministero, particolare rilievo assumono gli schemi di verbale che "guidano" tutte le operazioni sia degli uffici elettorali di sezione, sia degli uffici competenti alla proclamazione degli eletti; vengono inoltre elaborate le istruzioni per le operazioni degli uffici elettorali di sezione, utili a tutti i componenti dei seggi ai fini della regolarità delle operazioni di votazione e di scrutinio, in un'ottica di uniformità di comportamenti e di interpretazione normativa su tutto il territorio nazionale.

Al fine di agevolare il compito dei soggetti interessati alle consultazioni, vengono anche pubblicate le raccolte aggiornate degli atti normativi in materia di elezioni politiche, europee, amministrative e referendum nonché quelle relative alla propaganda elettorale e alle norme per la disciplina dell'elettorato attivo e per la tenuta e la revisione delle liste elettorali; tale opera è resa particolarmente complessa dalle continue, sistematiche modifiche della normativa elettorale, specie di quella attinente ai sistemi di assegnazione dei seggi nei vari tipi di elezioni.

Il Ministero provvede anche alla fornitura – tramite le Prefetture – di tutto il restante materiale occorrente per lo svolgimento delle consultazioni, tra cui, ad esempio, le cartoline – avviso (che devono essere previamente spedite dai comuni agli elettori residenti all'estero che devono rimpatriare per votare) e, per i seggi, le urne, le matite copiative, le tabelle di scrutinio (fondamentali per la corretta contabilizzazione dello scrutinio), le buste per il confezionamento dei plichi a conclusione delle operazioni, ecc...

In occasione di ogni consultazione, le operazioni di distribuzione del materiale ai comuni sono coordinate dalle Prefetture che, sulla base delle indicazioni fornite dal Ministero, ne curano l'assemblaggio comune per comune (e, ove possibile, sezione per sezione).

Tale adempimento assume particolare rilevanza e contribuisce a garantire che ogni ufficio elettorale di sezione sia in possesso di tutto il materiale necessario per il regolare svolgimento delle elezioni.

Inoltre, una volta completate tutte le operazioni di confezionamento dei plichi con il materiale, le Prefetture organizzano il ritiro dello stesso da parte dei comuni, oppure, suddividendo il territorio di propria competenza in diverse zone, si occupano direttamente della consegna; ciò permette di distribuire il materiale con minor numero di viaggi e conseguentemente con minori costi.

Le Prefetture, nel gestire la raccolta e la distribuzione del materiale, espletano quindi una fondamentale attività di vigilanza e di raccordo tra gli enti locali e il Ministero, permettendo quindi lo snellimento delle complesse procedure distributive, tanto più che alcuni comuni presentano difficoltà di pronto raggiungimento per carenze della rete viaria.

Altro ruolo particolarmente rilevante, anche per la sua immediata valenza esterna, svolto dal Ministero e dalle Prefetture tramite i comuni è quello della raccolta e diffusione dei risultati elettorali ufficiosi, resi noti immediatamente dopo la chiusura delle operazioni di scrutinio nelle sezioni elettorali: funzione che ha carattere meramente divulgativo nei confronti dei *mass media*, delle forze politiche e di tutta l'opinione pubblica. Ciònondimeno, è attività particolarmente delicata dal punto di vista tecnico-informatico, anche nell'ottica di revisione di tutti i programmi di assegnazione dei seggi nei frequenti casi di modifiche legislative. Come è noto, viceversa, la proclamazione dei risultati ufficiali delle consultazioni è effettuata successivamente da appositi Uffici speciali, retti da magistrati, che assegnano i seggi ed individuano gli eletti sulla base delle somme dei dati riportati nei verbali cartacei ufficiali redatti da tutti gli Uffici elettorali di sezione a conclusione dello scrutinio.

Sul sito del Ministero dell'Interno è anche pubblicato l'Archivio storico delle elezioni, che mette a disposizione – a puro scopo divulgativo per studiosi, analisti, operatori del settore e della comunicazione, ecc... – una banca dati interrogabile *on line*, contenente i risultati delle consultazioni elettorali, partendo dagli aggregati complessivi fino al dettaglio dei singoli comuni.

Sono presenti nell'Archivio storico i risultati delle elezioni dell'Assemblea Costituente del 1946 e di tutte le elezioni politiche dal 1948 ad oggi, delle elezioni regionali dal 1970 ad oggi, di tutti i referendum nazionali dal 1946 in poi, nonché delle elezioni comunali dal 2000. Tutte le relative informazioni sono tratte da documentazione conservata presso la Direzione Centrale dei Servizi Elettorali del Ministero dell'Interno.

L'Archivio contiene i dati ufficiali relativi alle proclamazioni degli eletti effettuate, sulla base dei verbali dei seggi, dagli appositi Uffici istituiti, a seconda delle elezioni, presso la Corte di Cassazione, le Corti d'Appello o i Tribunali.

Al fine di fornire un'informazione più completa e dettagliata a livello territoriale, sono stati inseriti anche i dati ufficiosi comunicati al Ministero dai singoli comuni, tramite le Prefetture.

I risultati ufficiali delle consultazioni politiche, europee, regionali e dei referendum nazionali vengono, poi, tradizionalmente pubblicati in appositi volumi cartacei e su supporto informatico, ad uso di studiosi, esponenti politici, operatori del settore, contenenti dati riepilogativi ed analitici, ivi compresi quelli relativi al numero degli elettori, dei votanti, delle schede bianche e delle schede nulle.

Altra funzione fondamentale è quella di vigilanza da parte delle Prefetture sul regolare svolgimento della propaganda elettorale "tradizionale" (riunioni elettorali, comizi, affissioni di propaganda negli appositi spazi, ecc...), con il continuo monitoraggio delle relative manifestazioni, risoluzione di problematiche interpretative, organizzazione di riunioni con le forze politiche, ecc...

Al fine di garantire il regolare svolgimento delle consultazioni e l'uniformità di interpretazione della normativa elettorale su tutto il territorio nazionale, vengono predisposte tradizionalmente numerose circolari ministeriali, utili a ricordare tempestivamente a tutti gli attori del procedimento le precise modalità di espletamento degli adempimenti. Tali circolari vengono, poi, "girate" sul territorio ai vari attori del procedimento dagli Uffici elettorali provinciali delle Prefetture.

Un'altra competenza non codificata, ma che assorbe risorse e tempi mediamente lunghi, per delicatezza e responsabilità dell'incarico e per complessità dell'attività da svolgere, è quella delle verificazioni istruttorie in materia di ricorsi elettorali, che i Tribunali Amministrativi Regionali delegano con una certa frequenza ai Prefetti.

La delicata incombenza molto spesso comporta la ripetizione dello scrutinio, spesso al cospetto delle parti in giudizio, per numerose o addirittura per tutte le sezioni elettorali, ovvero il riesame dell'intera documentazione posta a corredo della presentazione delle liste elettorali, oltre che la stesura della relazione sulla ripetizione dello scrutinio, documento questo di particolare rilevanza, costituendo base importante, anche se non vincolante, per l'emanazione della sentenza.

## X.4. Funzioni in materia di elettorato attivo

Oltre a quanto già detto sugli aspetti tecnico-organizzativi delle consultazioni, si rappresenta che rilevanti funzioni sono attribuite al Ministero dell'Interno e alle Prefetture anche in materia di elettorato attivo e di tenuta e revisione delle liste elettorali, al fine di garantire a tutti gli elettori l'esercizio del diritto di voto.

Al riguardo, il Ministero dirama pubblicazioni ed istruzioni alle Prefetture affinché vigilino sulla regolarità degli adempimenti previsti dalla normativa contenuta nel testo unico del 20 marzo 1967, n. 223, relativa alla tenuta e periodica revisione delle liste elettorali.

Le Prefetture, a loro volta, effettuano sistematicamente (ove possibile almeno una volta l'anno in ogni comune) visite ispettive presso tutti gli Uffici elettorali comunali – relazionandone poi il Ministero – al fine di vigilare sul tempestivo aggiornamento delle liste elettorali.

Particolare rilievo, nel settore, assumono le Commissioni e Sottocommissioni elettorali circondariali (presiedute dal delegato del Prefetto e composte da quattro membri: uno nominato dal Prefetto e tre dal Consiglio provinciale ed altrettanti supplenti). In particolare, le suddette Commissioni svolgono – oltre a quanto già detto sull'ammissione delle liste per le elezioni comunali – compiti di vigilanza sull'operato dei responsabili degli uffici elettorali comunali (che agiscono nella veste giuridica di Ufficiali elettorali, ai sensi dell'articolo 2, comma 30, della legge n. 244/2007), provvedendo, come detto, anche a cancellazioni ed iscrizioni dagli elenchi degli elettori in occasione delle revisioni straordinarie delle liste, effettuate in prossimità delle elezioni.

In seguito alla soppressione del gettone di presenza spettante ai componenti di tali Commissioni, e alla conseguente assenza in molte riunioni dei componenti di designazione provinciale, il carico di lavoro dei presidenti e componenti di designazione prefettizia è notevolmente aumentato; al fine di assicurare il *quorum* funzionale di tali Commissioni, tra l'altro, il decreto-legge n. 24/2008, convertito con modificazioni dalla legge n. 30/2008, aveva previsto, con norma avente però efficacia limitata nel tempo, la designazione prefettizia di componenti aggiunti, al fine di garantire comunque la funzionalità di tali organi. Tali disposizioni sui componenti aggiunti sono state poi rese "a regime" dal decreto-legge 11 aprile 2011, n. 37, convertito dalla legge 1° giugno 2011, n. 78.

Inoltre, alla chiusura delle due revisioni "semestrali" delle liste elettorali effettuate dai comuni (concluse rispettivamente entro il 30 giugno ed entro il 31 dicembre di ogni anno), il Ministero dell'Interno, tramite le Prefetture, raccoglie, per ogni comune, i dati statistici relativi al numero degli iscritti nelle liste, all'entità delle sezioni elettorali e degli edifici in cui sono ubicate le sezioni stesse nonché al numero degli iscritti che compiono il 18° anno di età nel semestre successivo a quello interessato ed al numero degli elettori residenti all'estero.

Tali dati vengono memorizzati e sono oggetto di apposite pubblicazioni.

Vengono, altresì, acquisiti informaticamente, sempre tramite le Prefetture e per comune, anche i dati statistici concernenti le variazioni alle liste elettorali apportate con le due revisioni "dinamiche" al 31 gennaio ed al 31 luglio di ogni anno (ad esempio, cancellazioni o iscrizioni dalle liste comunali per trasferimento di residenza, per perdita/riacquisto della cittadinanza, per perdita/riacquisto del diritto al voto a seguito di sentenza, ecc.).

# CAPITOLO XI
# Il riconoscimento delle persone giuridiche private

di *Fabio Maurano, Sabrina Tangredi*



## XI.1. Premessa. Il Terzo settore

Con l'espressione "Terzo settore" si è sempre comunemente indicata quella categoria residuale dell'organizzazione privata "non profit", che si differenzia, per esclusione, dagli enti pubblici ("Primo settore) e dai soggetti economici tradizionali con scopo di lucro ("Secondo settore").

Tale settore, in particolare, ha registrato una crescente espansione soprattutto negli ultimi anni, a fronte di una crisi dell'intervento pubblico nelle politiche sociali e la conseguente necessità di attuare pienamente quel principio di sussidiarietà orizzontale sancito nell'art. 118 Cost., al comma 4, dopo la revisione costituzionale del 2001.

Più di recente, il "Terzo settore" ha acquistato una propria formulazione identitaria grazie alla legge n. 106 del 6 giugno 2016 (in G.U. n. 141 del 18 giugno 2016), con la quale il Parlamento ha delegato il Governo ad adottare, entro 12 mesi dalla data di entrata in vigore di detta legge (3 luglio 2016), i decreti legislativi "per la riforma del Terzo settore, dell'impresa sociale e per la disciplina del servizio civile universale".

In effetti, l'art. 1, co. 1, della legge n. 106/2016 fornisce, per la prima volta, una definizione normativa del "Terzo settore", inteso come "[...] il complesso degli enti privati costituiti per il perseguimento, senza scopo di lucro, di finalità civiche, solidaristiche e di utilità sociale e che, in attuazione del principio di sussidiarietà e in coerenza con i rispettivi statuti o atti costitutivi, promuovono e realizzano attività di interesse generale mediante forme di azione volontaria e gratuita o di mutualità o di produzione e scambio di beni e servizi".

In tal senso, vengono espressamente esclusi dal Terzo settore tutti quegli enti che non perseguono dette finalità, come le formazioni e le associazioni politiche, i sindacati, le associazioni professionali e di rappresentanza di categorie economiche.

Inoltre, le fondazioni bancarie[1], pur rientranti nell'ambito del Terzo settore, sono state escluse dal legislatore dall'applicazione della legge n. 106/2016 e dei relativi futuri decreti attuativi.

Con particolare riferimento al nuovo disegno sistematico della materia, il perimetro degli enti tecnicamente afferenti al terzo settore è stato ulteriormente delimitato dal decreto legislativo del 3 luglio 2017, n. 117, recante "Codice del Terzo settore"(per brevità CTS), come modificato dal decreto legislativo n. 105 del 3 agosto 2018 (recante correttivo al Codice del terzo Settore).

Tale strumento normativo diventa quindi il riferimento giuridico degli enti del terzo settore, individuati ai sensi dell'art. 4 del CTS in «organizzazioni di volontariato, associazioni di promozione sociale, enti filantropici, imprese sociali, incluse le cooperative sociali, reti associative, società di mutuo soccorso, associazioni, riconosciute o non riconosciute, fondazioni ed altri enti di carattere privato diversi dalle società, costituiti per il perseguimento, senza scopo di lucro, di finalità civiche, solidaristiche e di utilità sociale, mediante lo svolgimento, in via esclusiva o principale, di una o più attività di interesse generale in forma di azione volontaria o di erogazione gratuita di denaro, beni o servizi, o di mutualità o di produzione o scambio di beni o servizi, ed iscritti nel registro unico nazionale del Terzo settore».

Ciò stante, i requisiti attualmente richiesti per la qualifica di Ente del Terzo Settore attengono: a) alla forma giuridica dell'ente, b) allo scopo dell'attività esercitata (come specificato dall'art. 5 del CTS[2]), c) all'iscrizione nell'apposito registro nazionale.

A fini di censimento e disciplina, il Codice degli enti del terzo settore ha previsto la parallela introduzione del Registro Unico Nazionale degli enti del Terzo Settore[3]

---

[1] Cfr., *infra*, par. XI.7.

[2] Art. 5 CTS, recante*: Attività di interesse generale* (in vigore dall'11/09/2018 Modificato dal d.lgs. n. 105/2018, art. 3).

[3] Il Codice del terzo settore (d.lgs. n. 117/2017) disciplina l'istituzione ed il funzionamento a regime, presso il Ministero del lavoro e delle politiche sociali, del Registro unico nazionale del Terzo settore, suddiviso in specifiche sezioni, ciascuna delle quali è dedicata ad una delle categorie di enti definite dal Codice. Il Registro è gestito operativamente e con modalità informatiche su base territoriale, da ciascuna Regione e Provincia autonoma. Oltre alle modalità di iscrizione, aggiornamento dei dati, cancellazione e migrazione in altra sezione degli enti interessati, la disciplina assoggetta ciascuno degli enti iscritti al Registro ad una revisione periodica almeno triennale finalizzata alla verifica della permanenza dei requisiti richiesti. L'attuazione completa del Regi-

(per brevità RUNTS, di cui al titolo VI, artt. 45 e ss. del d.lgs. n. 117/2017 e successive modifiche e integrazioni).

Tale registro fa capo al Ministero del Lavoro e delle Politiche sociali, ma è gestito operativamente su base territoriale (prevalentemente regionale; provinciale nel solo caso delle Province Autonome), secondo modalità informatiche[4].

La complessità dei meccanismi transitori afferenti al funzionamento del registro ha comportato un significativo rallentamento delle previsioni di entrata in vigore della riforma, prevista in un primo momento per il febbraio 2019[5].

---

stro era prevista entro un anno dall'entrata in vigore del Codice. Entro tale termine, un decreto ministeriale, previa intesa in Conferenza Stato-regioni, avrebbe dovuto definire la procedura per l'iscrizione nel Registro e individuare i documenti da presentare e le modalità di deposito degli atti, unitamente alle regole per la predisposizione, la tenuta, la conservazione e la gestione del Registro nonché le sue modalità di comunicazione con il Registro delle Imprese per quanto riguarda imprese sociali e gli altri enti del Terzo settore iscritti in quest'ultimo. È previsto inoltre che le Regioni e le Province autonome entro centottanta giorni dalla data di entrata in vigore del decreto ministeriale disciplinino con proprie leggi i procedimenti per l'emanazione dei provvedimenti di iscrizione e di cancellazione degli enti del Terzo settore, e sulla base della struttura informatica unitaria rendano operativo il Registro unico.

[4] «*Per gli aspetti pratici di operatività del registro, il Ministero del Lavoro e delle Politiche sociali ha affidato a InfoCamere la realizzazione dell'infrastruttura informatica che consentirà allo stesso Ministero e alle Regioni di gestire il RUNTS e, tuttavia, continua a mancare all'appello il decreto fondamentale che fissa le modalità di funzionamento del Registro, la cui emanazione, secondo l'art. 53 del CTS, era prevista entro il 3 agosto 2018*» in questi termini, Circolare del Consiglio Nazionale dei Dottori Commercialisti ed esperti Contabili dell'aprile 2019, recante: "Riforma del Terzo settore: elementi professionali e criticità applicative". Vale aggiungere che l'accordo con Infocamere prospetta un termine di 18 mesi nell'arco del quale implementare le specifiche tecniche d'iscrizione e visura del Registro.

[5] Per un approfondimento dello stato dell'arte concernente l'operatività del Registro, vedasi la già richiamata circolare del Consiglio Nazionale dei Dottori Commercialisti ed esperti Contabili dell'aprile 2019, recante: "Riforma del Terzo settore: elementi professionali e criticità applicative", da cui si trae:« *In base al disposto transitorio, entro un anno dalla data di entrata in vigore del CTS, il Ministro del lavoro e delle politiche sociali, previa intesa in sede di Conferenza Stato-Regioni, avrebbe dovuto definire, con un proprio decreto, la procedura per l'iscrizione nel Registro, individuando i documenti da presentare e le modalità di deposito degli atti da includere e/o aggiornare nel Registro, nonché le regole per la predisposizione, la tenuta, la conservazione e la gestione del Registro nell'ottica di assicurare l'omogeneità sul territorio nazionale dei suoi elementi informativi e le modalità con cui è garantita la comunicazione dei dati tra lo stesso e il Registro delle imprese con riferimento alle imprese sociali e agli altri enti del Terzo settore iscritti nel Registro delle imprese (art. 53, co. 1, CTS). Il mancato rispetto dei termini indicati evidentemente non annulla bensì posticipa (a data ad oggi non nota) l'emanazione del decreto recante le procedure d'iscrizione. Infine, il decreto del Ministero del lavoro disciplinerà anche "le modalità con cui gli enti pubblici territoriali provvedono a comunicare al Registro unico nazionale del Terzo settore i dati in loro possesso degli enti già iscritti nei registri speciali delle organizzazioni di volontariato e delle associazioni di promozione sociale esistenti al giorno antecedente l'opera-*

Al di là dell'effettiva operatività, è importante sottolineare che la riforma ha disegnato una sorta di scenario duale, come si dirà meglio *infra* paragrafo XI.3.1, nel quale alcuni degli enti aspiranti alla qualifica di terzo settore sono destinati a confluirvi per così dire necessariamente (si pensi alle ODV, ovvero Organizzazioni di Volontariato, ed alle APS, Associazioni di Promozione Sociale, per le quali la riforma comporterà l'abrogazione delle discipline di settore previgenti e la convergenza delle iscrizioni nel solo registro unico[6]), mentre altri enti avranno a disposizione un ventaglio di possibilità che consentirà loro anche di non optare per il nuovo regime ETS e di conservare l'originario "trattamento giuridico".

È questo il caso di associazioni e fondazioni di cui al libro I del Codice civile, nonché degli altri enti disciplinati dall'art. 1 del d.P.R. n. 360 /2000, per i quali la riforma, allo stato attuale, non ha previsto alcuna abrogazione di norme, né ha dato la stura ad una *reductio ad unum* del sistema di iscrizione, avendo affiancato al regime giuridico generale delle persone giuridiche (codice civile, libro I, articoli da 14 a 28) un assetto speciale dedicato agli enti del terzo settore (CTS, articoli da 20 a 31).

---

*tività del Registro" (art. 54, co. 1, CTS). Le Regioni e le province autonome presso le quali sono istituiti gli uffici regionali o provinciali del Registro, entro centottanta giorni dalla data di entrata in vigore del decreto del Ministero del lavoro e delle politiche sociali, devono poi disciplinare i procedimenti per l'emanazione dei provvedimenti di iscrizione e di cancellazione degli ETS, rendendo operativo il Registro entro sei mesi dalla predisposizione della struttura informatica (art. 53, co. 2, CTS). L'iscrizione al Registro è facoltativa, ma ad essa è subordinata la possibilità per un ente giuridico di potersi qualificare come ETS e conseguentemente la possibilità di fruire delle agevolazioni finanziarie, fiscali e di rapporto con gli enti pubblici previste dalla riforma normativa del settore*». Ad oggi l'art. 43 comma 4 bis della legge 27 giugno 2019 (legge di conversione del cosiddetto Decreto Crescita) prevede che, in deroga al termine di cui all'articolo 101, comma 2 del codice del terzo settore (contenente la previsione di 24 mesi dall'entrata in vigore del codice del terzo settore, con scadenza al 2 agosto 2019) "i *termini per l'adeguamento degli statuti delle bande musicali, delle organizzazioni non lucrative di utilità sociale, delle organizzazioni di volontariato e delle associazioni di promozione sociale sono prorogati al 30 giugno 2020"*. Lo spostamento del termine al 30 giugno 2020 promosso dall'art.43, c.4-bis, del Decreto Crescita (decreto legge n. 34/2019) comporta che le ODV, le APS e le Onlus iscritte nei rispettivi registri avranno tempo fino al 30 giugno 2020 per modificare il loro statuto e aggiornarlo alla Riforma del Terzo settore. Le altre associazioni non in possesso di una delle tre qualifiche menzionate e quindi non iscritte nei relativi registri non hanno alcun termine per adeguare lo statuto alla Riforma e potranno decidere se e quando entrare nel "perimetro" del Terzo settore.

[6] A questo proposito, sempre dalla citata Circolare ODCEC:«*Per il periodo transitorio è previsto che alcuni enti, soggetti a discipline particolari, quali le ODV (l. n. 266/1991) e le APS (l. n. 383/2000), seguano un percorso di tipo semi-automatico con la "trasmigrazione" dei dati, in possesso delle Amministrazioni territoriali di competenza, relativi agli enti iscritti nei registri speciali di ODV e APS esistenti al giorno antecedente l'operatività del RUNTS, dati che verranno comunicati al RUNTS con modalità da definirsi con decreto ministeriale (art. 54 del CTS)*».

Sempre ai fini di un inquadramento generale della tematica, la riforma ha stabilito che «Non sono enti del Terzo settore le amministrazioni pubbliche di cui all'articolo 1, comma 2, del decreto legislativo 30 marzo 2001, n. 165, le formazioni e le associazioni politiche, i sindacati, le associazioni professionali e di rappresentanza di categorie economiche, le associazioni di datori di lavoro, nonché gli enti sottoposti a direzione e coordinamento o controllati dai suddetti enti, ad esclusione dei soggetti operanti nel settore della protezione civile alla cui disciplina si provvede ai sensi dell'articolo 32, comma 4. Sono esclusi dall'ambito di applicazione del presente comma i corpi volontari dei vigili del fuoco delle Province autonome di Trento e di Bolzano e della Regione autonoma della Valle d'Aosta. Sono altresì escluse dall'ambito di applicazione del presente comma le associazioni o fondazioni di diritto privato ex IPAB derivanti dai processi di trasformazione delle istituzioni pubbliche di assistenza o beneficenza, ai sensi del decreto del Presidente del Consiglio dei ministri 16 febbraio 1990, pubblicato nella Gazzetta Ufficiale n. 45 del 23 febbraio 1990, e del decreto legislativo 4 maggio 2001, n. 207, in quanto la nomina da parte della pubblica amministrazione degli amministratori di tali enti si configura come mera designazione, intesa come espressione della rappresentanza della cittadinanza, e non si configura quindi mandato fiduciario con rappresentanza, sicché è sempre esclusa qualsiasi forma di controllo da parte di quest'ultima»[7].

Per quanto riguarda, più specificatamente, l'argomento di trattazione del presente scritto, concernente il riconoscimento delle persone giuridiche private, la legge n. 106/2016 ha incluso tra i princìpi e criteri direttivi indirizzati al legislatore delegato anche quello della revisione e semplificazione del "procedimento per il riconoscimento della personalità giuridica" (art. 3, co. 1, lett. a).

Pertanto, il procedimento di riconoscimento delle persone giuridiche private dovrà necessariamente tener conto delle modifiche che potranno essere apportate alla vigente disciplina se la delega verrà esercitata.

---

[7] Articolo 4 CTS, recante *Enti del Terzo settore*, in vigore dal 13 febbraio 2019 (da ultimo modificato dal decreto-legge 14 febbraio 2018 n. 135, articolo 11 sexies, convertito con modificazioni dalla legge 11 febbraio 2019, n. 12). Nell'atto Camera dei Deputati, Servizio Studi, XVIII Legislatura: «Riforma del Terzo settore», del 9 ottobre 2019 si evidenzia che la legge di bilancio 2019 (commi 82 e 83, art. 1, l. n. 145/2018) *«prevede, mediante una novella al Codice (art. 79, comma 3, d.lgs. 3 luglio 2017), in favore delle fondazioni ex Ipab che svolgano attività in ambito sociale, sanitario e socio-sanitario, che tali attività, ai fini delle imposte sui redditi, siano considerate non commerciali, a condizione che gli utili siano reinvestiti interamente nelle attività di natura sanitaria o socio-sanitaria e che non sia deliberato alcun compenso in favore degli organi amministrativi. È fatto salvo il rispetto della disciplina europea sugli aiuti di Stato in regime cosiddetto di de minimis.»*.

In ogni caso è doveroso precisare che di fatto non si è avuta la revisione sistematica del Codice civile auspicata dalla delega[8]. Allo stato, l'unico intervento è rappresentato dall'introduzione dell'art. 42 bis c.c., il quale disciplina le operazioni straordinarie in via diretta per le associazioni riconosciute e non riconosciute e per le fondazioni. L'articolo dirime un'annosa *querelle* interpretativa, consentendo agli enti di cui al titolo II del libro I c.c. di operare reciproche trasformazioni, fusioni o scissioni (art. 98, comma 1, d.lgs. 3 luglio 2017, n. 117), salva diversa previsione dell'atto costitutivo o dello statuto[9].

---

[8] Secondo l'atto Camera dei Deputati, Servizio Studi, XVIII Legislatura: «Riforma del Terzo settore», 8 marzo 2019: «Tra le finalità perseguite dalla delega, all'articolo 4, vi è revisione della disciplina contenuta nel codice civile in tema di associazioni e fondazioni, da attuare secondo i seguenti principi e criteri direttivi: semplificazione e revisione del procedimento per il riconoscimento della personalità giuridica; individuazione delle disposizioni generali e comuni applicabili agli enti del Terzo settore; individuazione delle attività di interesse generale che caratterizzano gli enti del Terzo settore; prevedere il divieto di distribuzione, anche in forma indiretta, degli utili o degli avanzi di gestione e del patrimonio, salva la specifica previsione per l'impresa sociale; garantire, negli appalti pubblici, condizioni economiche non inferiori a quelle previste dai contratti collettivi nazionali di lavoro adottati dalle organizzazioni sindacali maggiormente rappresentative definizione delle informazioni obbligatorie da inserire negli statuti e negli atti costitutivi; distinzione, nella tenuta della contabilità e dei rendiconti, della diversa natura delle poste contabili in relazione al perseguimento dell'oggetto sociale e definizione dei criteri e vincoli in base ai quali l'attività d'impresa svolta dall'ente in forma non prevalente e non stabile risulta finalizzata alla realizzazione degli scopi istituzionali; previsione di obblighi di trasparenza e informazione anche con forme di pubblicità dei bilanci e degli altri atti fondamentali dell'ente nonché attraverso la loro pubblicazione nel suo sito internet istituzionale; disciplina del regime di responsabilità limitata delle persone giuridiche; garanzia del rispetto dei diritti degli associati; applicazione alle associazioni e fondazioni che esercitano stabilmente attività di impresa, delle norme del codice civile in materia di società e di cooperative e mutue assicuratrici (di cui ai titoli V e VI del libro V) in quanto compatibili; disciplina del procedimento per ottenere la trasformazione diretta e la fusione tra associazioni e fondazioni, nel rispetto del principio generale della trasformabilità tra enti collettivi diversi introdotto dalla riforma del diritto societario; riorganizzazione del sistema di registrazione degli enti (e degli atti gestionali rilevanti), attraverso la messa a punto di un Registro unico nazionale del Terzo settore (da istituirsi presso il Ministero del lavoro e delle politiche sociali), l'iscrizione al quale sia obbligatoria per tutti gli enti che si avvalgano "prevalentemente o stabilmente" di fondi pubblici, privati raccolti attraverso pubbliche sottoscrizioni, o di fondi europei»

[9] «Se non è espressamente escluso dall'atto costitutivo o dallo statuto, le associazioni riconosciute e non riconosciute e le fondazioni di cui al presente titolo possono operare reciproche trasformazioni, fusioni o scissioni. La trasformazione produce gli effetti di cui all'articolo 2498. L'organo di amministrazione deve predisporre una relazione relativa alla situazione patrimoniale dell'ente in via di trasformazione contenente l'elenco dei creditori, aggiornata a non più di centoventi giorni precedenti la delibera di trasformazione, nonché la relazione di cui all'articolo 2500 sexies, secondo comma. Si applicano inoltre gli articoli 2499, 2500, art. 2500 bis del c.c., 2500 ter, secondo comma, 2500 quinquies e 2500 novies, in quanto compatibili. Alle fusioni e alle scissioni si applicano, rispettivamente, le disposizioni di cui alle sezioni II e III del capo X, titolo V, libro V,

Si può osservare quindi che ad una prospettata riforma di portata generale si è sostituito un intervento mirato, volto a colmare un precedente *vulnus* normativo.

Per consentire una disamina sistematica e sufficientemente articolata di una vicenda giuridica così complessa e ancora in fase di "sperimentazione", conviene allora partire dall'analisi dei sistemi di riconoscimento, per poi calare i portati teorici nella pratica di competenza prefettizia, tentando anche di ipotizzare lo scenario duale, a cui già si è fatto riferimento, al via con la piena operatività della riforma del terzo settore.

A seguire, l'analisi del funzionamento del registro regionale delle persone giuridiche, la disciplina degli enti ecclesiastici, il regime delle persone giuridiche straniere e alcuni brevi cenni sulle fondazioni bancarie.

## XI.2. I sistemi di riconoscimento

Nell'ambito degli enti di natura privata l'ordinamento attribuisce la personalità giuridica solo a quelli che siano stati previamente riconosciuti secondo le forme e le modalità previste dalla legge. In base all'elemento necessario del riconoscimento, dunque, gli enti dotati di personalità giuridica vengono distinti da tutti gli altri complessi organizzati di persone e di beni costituiti per il perseguimento di uno scopo comune (cosiddetti "enti di fatto" o "enti non riconosciuti")[10].

---

in quanto compatibili. Gli atti relativi alle trasformazioni, alle fusioni e alle scissioni per i quali il libro V prevede l'iscrizione nel Registro delle imprese sono iscritti nel Registro delle Persone Giuridiche ovvero, nel caso di enti del Terzo settore, nel Registro unico nazionale del Terzo settore».

[10] Giova ricordare che agli enti non riconosciuti, pur non avendo personalità giuridica, è comunque riconosciuta una certa soggettività giuridica, cioè l'attitudine ad essere titolari di diritti e di doveri. In tal senso, l'art. 13 della Legge 15 maggio 1997, n. 127 (così come sostituito dall'art. 1 della Legge 22 giugno 2000, n. 192), ha espressamente abrogato il divieto per gli enti non riconosciuti di ricevere per donazione (ex art. 786 c.c.) o per successione *mortis causa* (ex art. 600 c.c.). Cfr. AMBROSI, i., *Verso una semplificazione della disciplina delle persone giuridiche, delle associazioni, delle fondazioni e degli enti non riconosciuti (l. 27 giugno 2000, n. 192)*, in *Nuove leggi civ. comm.*, 6/2000, p. 1204 e ss; precedentemente, per le organizzazioni di volontariato prive di personalità giuridica ed iscritte negli appositi registri regionali, la Legge 11 agosto 1991, n. 266 aveva già previsto (con l'art. 5, comma 2) la possibilità di acquistare beni mobili registrati e beni immobili occorrenti per lo svolgimento della propria attività nonché, in deroga ai predetti artt. 600 e 786 del Codice civile, di accettare donazioni e, con beneficio d'inventario, lasciti testamentari, destinando i beni ricevuti e le loro rendite esclusivamente al conseguimento delle finalità previste dagli accordi, dall'atto costitutivo e dallo statuto. Ancor prima, l'art. 1 della legge 27 febbraio 1985, n. 52, nel modificare gli artt. 2659 c.c. (nota di trascrizione) e 2839 c.c. (iscrizione dell'ipoteca) aveva espressamente menzionato le associazioni non riconosciute, ammettendo implicitamente la possibilità per queste ultime di essere titolari di diritti reali immobiliari. Riguardo alla soggettività degli enti non riconosciuti si veda, più diffusamente, M. V. De Giorgi, *Tra legge e leggenda: la categoria ente nel diritto delle associazioni, in Riv. dir. civ.*, 4/2004, pt. I, p. 630 e

L'elemento del riconoscimento è irrilevante, invece, per la categoria delle "Organizzazioni Non Lucrative di Utilità Sociale" (O.N.L.U.S.)[11]; ai sensi del d.lgs. 4 dicembre 1997, n. 460, infatti, possono assumere la qualifica di O.N.L.U.S., a fini esclusivamente fiscali, "le associazioni, i comitati, le fondazioni, le società cooperative e gli altri enti di carattere privato, con o senza personalità giuridica" (art. 10, co. 1), i cui statuti o atti costitutivi prevedano una serie di requisiti specificatamente previsti dal legislatore. Lo stesso dicasi per la categoria dell'"Impresa Sociale", che non è una nuova forma giuridica bensì una qualifica che viene attribuita, a determinate condizioni, ad enti ed organizzazioni già normativamente previste, come associazioni, fondazioni, comitati, società di persone e società di capitali nonché società cooperative e consorzi[12].

I sistemi di riconoscimento delle persone giuridiche private possono essere di vario tipo: il "riconoscimento normativo", che avviene automaticamente *ope legis* mediante l'iscrizione in appositi registri; il "riconoscimento per concessione" (o "riconoscimento esplicito"), che si realizza, caso per caso, con specifico atto amministrativo discrezionale; il "riconoscimento per registrazione", infine, è previsto dall'art. 39 Cost. – che non è stato mai attuato – per l'acquisto della personalità giuridica da parte delle organizzazioni sindacali aventi un ordinamento interno a base democratica.

In particolare, il "riconoscimento normativo" è adottato in riferimento alle società di capitali. Per queste ultime – enti con scopo di lucro, la cui disciplina è contenuta nel Titolo V del Libro V del Codice civile (così come da rinvio ex art. 13 c.c.) – l'art. 2330 c.c., così come sostituito dalla legge n. 340/2000, prevede che l'iscrizione nel registro delle imprese (presso l'ufficio della Camera di Commercio I.A.A. nella cui circoscrizione è stabilita la sede sociale della società) avvenga

---

ss. Si veda anche, dello stesso A., *La scelta degli enti privati: riconoscimento civilistico e/o registrazione speciale?,* in Nuova giur. civ. comm., 2/2001, pt. 2, p. 85 e ss., secondo cui dal riconoscimento della personalità giuridica non deriverebbero per l'ente conseguenze così vantaggiose, tanto che provocatoriamente ci si chiede "se è il caso di allestire una complessa organizzazione di registri, uffici, domande, provvedimenti, al solo fine di selezionare i gruppi in cui vige il regime di limitazione della responsabilità per coloro che hanno agito" (ivi, p. 86).

[11] Con riferimento alla riforma, le ONLUS, quali enti a valenza tributaria, rimarranno iscritte nell'Anagrafe presso la DR dell'Agenzia delle Entrate competente sino a quando cesseranno, con effetto differito, le specifiche normative fiscali in materia. La riforma del terzo settore ha previsto l'abrogazione delle previsioni ONLUS a decorrere dal periodo d'imposta successivo all'autorizzazione della Commissione Europea e, comunque, non prima di quello successivo all'operatività del RUNTS (art.101, co. 2, del CTS). Qualora le ONLUS non adeguino il proprio statuto alle clausole inderogabili del CTS nel termine dato, si avrà la cessazione dello status di ONLUS con l'obbligo di devolvere il patrimonio ad altro ente con finalità analoghe o ai fini di pubblica utilità, previo parere del Ministero del Lavoro e delle Politiche sociali.

[12] Cfr., più approfonditamente, *infra*, al par. XI.3.

senza alcun previo controllo, bensì esclusivamente in base ad una mera verifica della regolarità formale della documentazione prodotta dal notaio (art. 2330, co. 3, c.c.). Per il riconoscimento delle persone giuridiche con scopo di lucro, infatti, l'art. 32 della l. n. 340/2000 ha eliminato anche il preesistente controllo di legittimità sull'atto costitutivo esercitato attraverso un atto di omologazione del Tribunale in sede di giurisdizione volontaria.

Dunque, "Con l'iscrizione nel registro la società acquista la personalità giuridica" (art. 2331, co. 1, c.c.). In tal senso, l'unico controllo sull'atto costitutivo della società è operato dai notai, in sede di rogito, per i quali la citata l. n. 340/2000 – inserendo il nuovo art. 138-bis nella legge 16 febbraio 1913, n. 89 ("Ordinamento del Notariato e degli Archivi Notarili") – ha previsto alcune sanzioni (di cui all'art. 28 della legge n. 89/1913) nei casi di iscrizione richiesta in mancanza delle condizioni previste dalla legge (di cui, in particolare, agli artt. 2328 e 2329 c.c.)[13].

Diversamente, per le persone giuridiche senza scopo di lucro il Codice civile prescriveva che il riconoscimento venisse "concesso" solo a seguito di un procedimento amministrativo di natura discrezionale (sussistendo, di conseguenza, solo un interesse legittimo al riconoscimento). Successivamente, il sistema di riconoscimento delle persone giuridiche private è stato profondamente riformato dal regolamento approvato con d.P.R. 10 febbraio 2000, n. 361, il quale ha semplificato il procedimento di riconoscimento delle persone giuridiche in virtù dell'autorizzazione alla delegificazione di cui all'art. 20, co. 8 (e al n. 17 dell'Allegato 1), della legge 15 marzo 1997, n. 59 (cosiddetta "legge Bassanini n. 1")[14].

## XI.3. La riforma introdotta dal d.P.R. 10 febbraio 2000, n. 361

Rispetto al procedimento di riconoscimento disciplinato dal Codice Civile del 1942, la riforma del 2000 ha introdotto per le persone giuridiche senza scopo di lucro un riconoscimento simile a quello di tipo "normativo" (perché dall'iscrizione nel registro derivano gli effetti costitutivi del riconoscimento). In realtà, come si illustrerà nelle pagine seguenti, permangono alcune caratteristiche del sistema "concessorio" in considerazione di un certo margine di discrezionalità che, tuttora, viene riconosciuto all'autorità amministrativa competente in sede di accertamento dei requisiti previsti dalla legge per il riconoscimento. Ovviamente, come

---

[13] Cfr. n. Salanitro, *Società di capitali e registro delle imprese*, in Giur. comm., 5/2003, pt. I, p. 680 e ss.

[14] Per un *excursus* riguardante i precedenti tentativi di riforma della disciplina in materia di persone giuridiche si veda, in particolare, v. Tondi della Mura, *Il costo dell'effettività e gli effetti della semplificazione sul regime delle persone giuridiche private*, in *Quad. reg.*, 3/2001, p. 982 e ss.

già accennato in premessa, quanto verrà descritto nelle seguenti pagine sull'attuale procedimento per il riconoscimento della personalità giuridica potrebbe essere superato qualora venga revisionato e semplificato tale procedimento in virtù della delega contenuta nella legge n. 106/2016.

*Disciplina codicistica previgente.*

L'art. 12 del Codice civile – abrogato dal d.P.R. n. 361/2000 – stabiliva che le associazioni, le fondazioni e le altre istituzioni di carattere privato potessero acquistare la personalità giuridica esclusivamente mediante decreto del Presidente della Repubblica (effetto costitutivo del decreto). Per gli enti con attività esercitata in ambito provinciale, inoltre, l'art. 12 c.c. prevedeva che il Governo potesse delegare ai Prefetti l'adozione del decreto di riconoscimento[15].

Il decreto di riconoscimento, inoltre, era necessario per la successiva iscrizione nel registro delle persone giuridiche (RPG) istituito presso la cancelleria del Tribunale di ogni capoluogo di Provincia e tenuto sotto la diretta sorveglianza del presidente del tribunale (art. 22 disp. att. cod. civ., anch'esso abrogato). Solo ad iscrizione avvenuta, infatti, il patrimonio dell'ente poteva essere considerato autonomo da quello degli associati, degli amministratori e di qualunque altro soggetto (con l'iscrizione, infatti, si realizzava una pubblicità di natura dichiarativa a tutela dell'affidamento dei terzi). In tal senso, l'art. 33 c.c. (abrogato dal d.P.R. n. 361/2000) prevedeva che "Gli amministratori di un'associazione o di una fondazione non registrata, benché riconosciuta, rispondono personalmente e solidalmente, insieme con la persona giuridica, delle obbligazioni assunte", oltre ad essere puniti con una ammenda, successivamente trasformata in sanzione amministrativa (ex art. 32, legge 24 novembre 1981, n. 689), per non aver richiesto l'iscrizione (art. 35 c.c., tuttora parzialmente vigente ed espressamente richiamato dall'art. 8, co. 2, del d.P.R. n. 361/2000).

Con l'entrata in vigore della legge 12 gennaio 1991, n. 13 ("Determinazione degli atti amministrativi da adottarsi nella forma del decreto del Presidente della Repubblica"), la procedura di riconoscimento è stata ulteriormente semplificata mediante la sostituzione del decreto presidenziale con un decreto del ministro competente nella materia in cui la persona giuridica esercita la propria attività. La competenza, dunque, diventa esclusivamente governativa, restando salva la facoltà di delega ai prefetti per gli enti con attività prevalentemente provinciale.

[15] L'art. 1 disp. att. cod. civ. (abrogato dall'art. 11 del d.P.R. n. 361/2000) disponeva, infatti, che "*L'esercizio delle facoltà attribuite all'autorità governativa nel titolo II del libro I del codice può dal Governo essere delegato in tutto o in parte ai prefetti per gli enti che esercitano la loro attività nell'ambito di una provincia*".

*Il nuovo procedimento di riconoscimento.*

Successivamente, nell'ottica di una semplificazione più ampia realizzata con la riforma del 2000, il registro delle persone giuridiche è stato istituito presso le Prefetture ed il suddetto decreto ministeriale di riconoscimento è stato sostituito da un atto prefettizio di iscrizione nel RPG (cfr. infra, par. 3, per le competenze in materia esercitate dalle regioni e dalle province autonome)[16]. In base al d.P.R. n. 361/2000, infatti, l'iscrizione nel registro (tenuto dalla Prefettura nella cui provincia è stabilita la sede dell'ente) avviene contestualmente al riconoscimento, per cui entro il termine di centoventi giorni dalla data di presentazione della domanda di riconoscimento il Prefetto provvede all'iscrizione (art. 1, co. 5). Pertanto, viene meno la distinzione prima esistente tra riconoscimento e iscrizione nel registro (la quale seguiva temporalmente il primo). Di conseguenza, l'effetto costitutivo della personalità giuridica si produce nel momento dell'iscrizione nel registro (forma di pubblicità costitutiva), affievolendo, come già ricordato, la distinzione tra riconoscimento di tipo "concessorio" e riconoscimento di tipo "normativo".

Secondo la giurisprudenza, a seguito dell'entrata in vigore del d.P.R. n. 361/2000, col quale "è stato soppresso l'istituto del riconoscimento mediante concessione della personalità giuridica, le associazioni, le fondazioni e le altre istituzioni di carattere privato acquistano la personalità giuridica mediante il riconoscimento determinato dall'iscrizione nel registro istituito presso le Prefetture, le quali sono legittimate a chiedere integrazioni documentali ed eventualmente a negare motivatamente l'iscrizione; pertanto, permane in capo all'amministrazione un potere di verifica delle condizioni di legittimità del riconoscimento, benché sia venuto meno il momento concessorio" (così Cons. Stato, sez. comm. spec., 20 dicembre 2000, n. 288)[17].

Nello stesso senso si è espresso il Ministero dell'Interno con circolare n. M/5501/30 del 23 febbraio 2001, in cui si afferma che le norme del d.P.R. n. 361/2000 "conferiscono in pratica al riconoscimento giuridico carattere più normativo che concessorio, riducendo esplicitamente la discrezionalità delle decisioni, subordinate al mero accertamento della presenza dei requisiti di legge"[18].

---

[16] In base all'art. 5 del d.P.R. n. 361/2000, "*Le funzioni amministrative già attribuite all'autorità governativa dalle norme del capo II, titolo II, libro I del codice civile, sono esercitate dalle prefetture ovvero dalle regioni o dalle province autonome competenti*".

[17] Cfr. v. TONDI DELLE MURA, *Il costo dell'effettività e gli effetti della semplificazione sul regime delle persone giuridiche private,* cit., p. 1002 e ss., secondo il quale il Prefetto, in base a quanto prescrive il d.P.R. n. 361/2000, dovrebbe esercitare un triplice controllo: di legittimità formale sull'atto costitutivo e sul rispetto delle condizioni previste da norme di legge o di regolamento; di legittimità sostanziale sull'atto costitutivo e sulla liceità dello scopo; di merito sull'adeguatezza del patrimonio.

[18] Dello stesso parere è s. CAPOZZI, *La riforma del riconoscimento delle persone giuridiche private (Commento a d.P.R 10 febbraio 2000, n. 361*), in *Gior. dir. amm.*, 8/2001, p. 784.

Parimenti si afferma in dottrina come "l'incorporazione degli enti non profit tramite iscrizione in registri prefettizi o regionali lasci percepire, se non un tramonto, un crepuscolo del sistema della concessione"[19].

Per certa dottrina, invece, con il d.P.R. n. 361/2000 "la procedura è cambiata meno di quanto ci si aspettava. Infatti, il registro avrebbe avuto natura effettivamente costitutiva se fosse stata prevista l'iscrizione diretta da parte del soggetto interessato con efficacia immediata (salvo sempre l'intervento dell'autorità di vigilanza). In realtà, il fondatore o il legale rappresentante può solo presentare la domanda alla Prefettura nella cui provincia è stabilità la sede dell'Ente"[20]. E ancora, secondo altri, resta "immutata la natura concessoria del riconoscimento, come tale soggetta a valutazioni puramente discrezionali dell'autorità prefettizia"[21].

Per quanto riguarda le varie fasi del procedimento di riconoscimento, la riforma del 2000, scandendo temporalmente in vari passaggi, prevede anche che gli interessati possano presentare memorie e documenti (entro trenta giorni dalla comunicazione inviata dalla Prefettura) qualora sussistano ragioni ostative all'iscrizione ovvero la documentazione consegnata risulti incompleta (art. 1, co. 6, d.P.R. n. 361/2000).

---

[19] Così p. SPADA, *Persona giuridica e articolazioni del patrimonio: spunti legislativi recenti per un antico dibattito*, in *Riv. dir. civ.*, 6/2002, p. 839. Secondo l'A., in particolare, "la persistente valutazione di adeguatezza del patrimonio alla realizzazione dello scopo (art. 1.3 d.P.R. N. 361/2000) – all'esito positivo della quale l'Amministrazione subordina l'iscrizione, nella quale formalità sembra risolversi il "riconoscimento" – non consente ancora di aggiudicare il procedimento costitutivo al Normativbestimmungsystem ma, sul lungo periodo, il ricorso all'iscrizione non può non correlarsi ad un movimento di politica del diritto (di politica dell'incorporazione) che ha progressivamente sostituito alla diffidenza un atteggiamento di favore per le formazioni sociali intermedie, che si è sviluppato e si sviluppa tuttavia piuttosto nel segno della Libertà che dell'Autorità" (ivi, p. 839)

[20] Così G. I. NITTI, *Semplificazione delle procedure per il riconoscimento delle persone giuridiche private,* in *Nuova rass. legisl. dottr. giur.*, 10/2001, p. 1134.

[21] Così I. AMBROSI, *Verso una semplificazione della disciplina delle persone giuridiche, delle associazioni, delle fondazioni e degli enti non riconosciuti (l. 27 giugno 2000, n. 192)*, cit., p. 1215. Nello stesso senso, A. ZOPPINI, *Riformato il sistema di riconoscimento delle persone giuridiche. Decreto Presidente della Repubblica 10 febbraio 2000, n. 361*, in *Corr. Giur.*, 3/2001, p. 291 e ss. A tal proposito, si pensi all'attività che la Prefettura deve porre in essere per verificare l'affidabilità e l'onorabilità degli amministratori dell'ente privato (cfr. Cons. Stato, sez. I, pareri 28 giugno 1989, n. 2189 e 14 febbraio 1990, n. 136), al fine di valutare discrezionalmente se concedere o meno il riconoscimento. Si rappresenta, a tal proposito, che vari sono stati i tentativi parlamentari, non portati a termine, di modificare la vigente normativa nel senso di istituire un sistema di riconoscimento di tipo pienamente "normativo", senza lasciare alcuno spazio ad eventuali modelli concessorio-amministrativi: ad esempio, oltre al Progetto di legge n. C1650, presentato nella XV Legislatura, si segnalano, in riferimento alla successiva Legislatura (XVI), i Progetti di legge nn. S1294 e C1090. Più di recente, come accennato nel testo, il legislatore delegato è stato chiamato ad attuare una revisione ed una semplificazione del procedimento per il riconoscimento della personalità giuridica, così come prescritto dalla legge n. 106/2016 (art. 3, co. 1, lett. a).

Il regolamento del 2000, inoltre, attribuisce al silenzio del Prefetto, a seguito della richiesta di chiarimenti o di documenti, il significato di diniego: "Se, nell'ulteriore termine di trenta giorni, il Prefetto non comunica ai richiedenti il motivato diniego ovvero non provvede all'iscrizione, questa si intende negata". Lo stesso meccanismo non è previsto, invece, nel caso di decorso infruttuoso del termine di centoventi giorni di cui all'art. 1, co. 5, del regolamento[22]: in tale ipotesi sembrerebbe plausibile la formazione, a seguito dell'inerzia del Prefetto, del silenzio inadempimento[23] (oggi disciplinato dall'art. 2, co. 8, legge n. 241/1990 e dagli artt. 31 e 117 del d.lgs. n. 104/2010).

È dubbio, infine, se l'eventuale annullamento, da parte del giudice amministrativo[24], del provvedimento prefettizio di riconoscimento determini l'estinzione della persona giuridica (e, in tal caso, ci si chiede se gli effetti dell'annullamento si producano ex nunc, facendo almeno salvi gli atti già compiuti) ovvero la sua permanenza in vita come ente non riconosciuto. Un problema simile, d'altronde, si pone anche riguardo agli effetti prodotti dalle eventuali attività compiute dall'ente nel periodo compreso tra la presentazione della domanda per il riconoscimento e l'effettivo acquisto della personalità giuridica (ovvero tra la presentazione della domanda per il riconoscimento e l'intervenuto diniego o silenzio-diniego del Prefetto)[25].

---

[22] Per le diverse soluzioni (silenzio-assenso; richiesta di iscrizione, a pena di decadenza, da parte dei richiedenti entro trenta giorni) al problema dell'inerzia del Prefetto, proposte – ma non accolte – in sede di stesura del regolamento n. 361/2000, si veda G. PONZANELLI, *La nuova disciplina sul riconoscimento della personalità giuridica degli enti del libro primo del codice civile*, in *Foro it.*, 2/2001, pt. V, p. 52 e ss

[23] Sull'argomento si veda A. ZOPPINI, *Riformato il sistema di riconoscimento delle persone giuridiche. Decreto Presidente della Repubblica 10 febbraio 2000, n. 361*, cit., p. 296.

[24] Sulle controversie circa la validità e l'efficacia dell'atto costitutivo, invece, la giurisprudenza ritiene ovviamente che debba pronunciarsi il giudice ordinario, anche dopo che sia intervenuto il provvedimento di riconoscimento della personalità giuridica, atteso che l'atto costitutivo "integra un atto di autonomia privata, che non partecipa della natura del provvedimento amministrativo di riconoscimento, ma è regolato in relazione alla sua validità ed efficacia dalle norme privatistiche e genera rapporti di diritto privato e posizioni di diritto soggettivo" (così Cass. civ., S.U., 26 febbraio 2004, n. 3892) Nello stesso senso, la Suprema Corte ha ritenuto sussistente, pur in pendenza di un giudizio civile diretto alla declaratoria di invalidità delle deliberazioni costitutive della persona giuridica, la giurisdizione del giudice amministrativo in una controversia avente ad oggetto la legittimità del provvedimento prefettizio di riconoscimento (Cass. civ., S.U., Ordinanze, 8 maggio 2014, nn. 9942 e 9943). Cfr. A. ANGIULI, *Limiti al collegamento tra l'atto amministrativo di riconoscimento della personalità giuridica e il negozio privato di fondazione (Nota a Cass. sez. un. civ. 26 febbraio 2004, n. 3892)*, in *Giust. civ.*, 7-8/2005, pt. 1, p. 1919 e ss.

[25] Cfr. A. ZOPPINI, *Riformato il sistema di riconoscimento delle persone giuridiche. Decreto Presidente della Repubblica 10 febbraio 2000*, n. 361, cit., p. 297, secondo cui anche nel precedente sistema si determinava, nelle more dell'iscrizione nel registro, "una situazione di "irregolarità" carat-

*Associazioni, fondazioni e altre istituzioni di carattere privato.*

L'art. 1 del d.P.R. n. 361/2000 stabilisce che possono acquistare la personalità giuridica, mediante il riconoscimento determinato dall'iscrizione nell'apposito registro, "le associazioni, le fondazioni e le altre istituzioni di carattere privato".

Riguardo a quest'ultima espressione ("altre istituzioni di carattere privato") è dubbio a quali enti privati il legislatore del 2000 (e, prima ancora, quello del 1942 rispetto all'abrogato art. 12 c.c.) abbia voluto far riferimento[26], salvo ritenere – in

---

terizzata da un sistema di responsabilità per le obbligazioni sociali diversa da quella prevista per l'associazione non riconosciuta (cfr. artt. 33, comma 4, ora abrogato, e 38 c.c.)" (ivi, p. 297). Secondo l'A., così come all'ente di fatto è riconosciuta una certa soggettività giuridica, anche l'associazione (o fondazione) cosiddetta "in formazione" può costituire un centro autonomo di imputazione – risolutivamente condizionato al mancato riconoscimento – degli effetti prodotti dagli atti posti in essere prima dell'iscrizione nel registro delle persone giuridiche. Una disciplina parzialmente diversa – che prende in considerazione proprio l'attività posta in essere prima dell'acquisto della personalità giuridica – è prevista dal già citato art. 2331 c.c. per le società di capitali: "Per le operazioni compiute in nome della società prima dell'iscrizione sono illimitatamente e solidalmente responsabili verso i terzi coloro che hanno agito". Nello stesso senso è anche l'art. 2338 c.c., in materia di costituzione di società ("I promotori sono solidalmente responsabili verso i terzi per le obbligazioni assunte per costituire la società"), salvo a specificare che, una volta costituita, "La società è tenuta a rilevare i promotori dalle obbligazioni assunte e a rimborsare loro le spese sostenute, sempre che siano state necessarie per la costituzione della società o siano state approvate dall'assemblea" (art. 2338, co. 2, c.c.). A questo proposito, la legge n. 106/2016 ha specificatamente delegato il Governo a "disciplinare, nel rispetto del principio di certezza nei rapporti con i terzi e di tutela dei creditori, il regime di responsabilità limitata degli enti riconosciuti come persone giuridiche e la responsabilità degli amministratori, tenendo anche conto del rapporto tra il patrimonio netto e il complessivo indebitamento degli enti medesimi" (art. 3, co. 1, lett. b). Con maggiore dettaglio esplicativo, si richiama la già menzionata circolare ODCEC dell'aprile 2019, ai sensi della quale la disciplina della« rappresentanza (art. 26, co. 7) risulta pertanto modulata sulle disposizioni civilistiche (art. 19, c.c. in tema di associazioni riconosciute, ora estesa anche a quelle non riconosciute, sottoposte allo stesso regime di pubblicità), rendendosi sempre opponibili a terzi le limitazioni iscritte nel RUNTS, in contrasto con la corrispondente disposizione societaria (art. 2384, c.c.), coerentemente con l'efficacia dichiarativa della pubblicità degli atti iscritti nel registro unico, prevista in via generale dall'art. 52. Si richiama in toto la disciplina della responsabilità degli amministratori delle società per azioni, con inclusione dell'art. 2394-bis, c.c. (azione di responsabilità nelle procedure concorsuali), affermando quindi implicitamente la fallibilità degli ETS qualificabili in senso civilistico quali imprese commerciali. Viene quindi abbandonato il riferimento alle norme sul mandato, che avevano finora governato la responsabilità degli amministratori ai sensi dell'art. 18 c.c. e con esso la diligenza del buon padre di famiglia, sostituita dalla diligenza professionale richiesta dalla natura dell'incarico e dalle loro specifiche competenze, di cui al richiamato art. 2392 c.c. [...] Questione diversa è invece la responsabilità per le obbligazioni assunte dall'ente. L'art. 22 comma 7 del CTS statuisce che "nelle fondazioni ed associazioni riconosciute come persone giuridiche, per le obbligazioni dell'ente risponde soltanto l'ente con il suo patrimonio"».

[26] Cfr. A. ZOPPINI, *Riformato il sistema di riconoscimento delle persone giuridiche. Decreto Presidente della Repubblica 10 febbraio 2000*, n. 361, cit., p. 295-296.

ossequio al principio della tipicità delle persone giuridiche[27]– che l'intento sia stato solo quello di estendere la disciplina dettata nel 2000 a tutte le eventuali altre formazioni di persone e di beni che l'ordinamento prevede attualmente o avrebbe potuto contemplare in futuro[28]. Inoltre, l'art. 9, ult. co., del regolamento in parola fa salve le altre norme speciali in materia di persone giuridiche, rendendo ancora più complesso il quadro normativo di riferimento. Tra le norme speciali si richiamano, ad esempio, quelle disciplinanti le fondazioni bancarie (legge 30 luglio 1990, n. 218 e d.lgs. 17 maggio 1999, n. 153)[29], le associazioni dei consumatori e degli utenti (d.lgs. 6 settembre 2005, n. 206) e le associazioni di promozione sociale (legge 7 dicembre 2000, n. 383)[30].

*Elemento reale (patrimonio) ed elemento teleologico (scopo).*

In riferimento ai requisiti necessari per poter procedere al riconoscimento, la riforma del 2000 ha ridotto il margine di discrezionalità prima riconosciuto all'autorità competente. Quest'ultima, infatti, verificando la "meritevolezza" o meno dell'interesse non patrimoniale perseguito dall'ente privato (cfr., tra gli altri, l'Adunanza generale del Consiglio di Stato n. 42 del 23 novembre 1972), esercitava un vero e proprio sindacato di merito[31]. Oggi, invece, in base al d.P.R. n. 361/2000, il Prefetto esercita un controllo di legittimità nel verificare "che siano state soddisfatte le condizioni previste da norme di legge o di regolamento per la costituzione dell'ente, che lo scopo sia possibile e lecito e che il patrimonio risulti adeguato alla realizzazione dello scopo" (art. 1, co. 3).

Le valutazioni del Prefetto, tuttavia, sono ancora connotate da rilevante discrezionalità nell'ambito del riconoscimento delle persone giuridiche. Riguardo,

---

[27] La tipicità delle persone giuridiche comporta che il privato non possa adottare schemi organizzativi diversi da quelli precostituiti dalla legge. Cfr. G. I. Nitti, *Semplificazione delle procedure per il riconoscimento delle persone giuridiche private*, cit., p. 1131.

[28] Nelle "altre istituzioni di carattere privato", ad esempio, alcuni fanno rientrare i consorzi di urbanizzazione, che rappresenterebbero enti atipici per eccellenza. Altri, invece, dubitano dell'esistenza nel nostro ordinamento di schemi organizzativi diversi dall'associazione o dalla fondazione. Cfr. R. Viglione, "*Verso la riforma del libro I, Titolo II del Codice Civile*", in *Studium iuris*, 6/2004, p. 840.

[29] Si veda, più approfonditamente, *infra*, par. 7

[30] Per i sistemi di registrazione previsti dalle leggi speciali si veda, in particolare, M. V. De Giorgi, *La scelta degli enti privati: riconoscimento civilistico e/o registrazione speciale*?, cit., p. 88 e ss.

[31] Si veda S. Capozzi, *La riforma del riconoscimento delle persone giuridiche private* (*Commento a d.P.R 10 febbraio 2000, n. 361)*, cit., p. 784. La giurisprudenza precedente alla riforma del 2000 statuiva che il riconoscimento della personalità giuridica "*ha connotazione discrezionale in ragione della valutazione della natura dell'ente da riconoscere, dello scopo e della congruenza dei mezzi patrimoniali destinati alla sua realizzazione*" (così T.A.R. Toscana, sez. I, 6 giugno 1989, n. 404).

infatti, al requisito dell'adeguatezza del patrimonio (elemento reale), l'art. 1, co. 4, del d.P.R. n. 361/2000 richiede espressamente che alla domanda per il riconoscimento venga allegata idonea documentazione da cui risulti che il patrimonio sia sufficientemente consistente per il raggiungimento dei fini statutari. In tal senso, si richiede al Prefetto di subordinare, in maniera discrezionale, il riconoscimento della personalità giuridica all'esistenza di risorse adeguate rispetto agli scopi. La riforma del 2000, in effetti, condividendo le preoccupazioni della giurisprudenza, ha inserito un giusto contrappeso (adeguatezza del patrimonio) ai problemi che l'autonomia patrimoniale perfetta della persona giuridica acquistata a seguito dell'iscrizione nel registro avrebbe potuto generare[32].

La non lucrosità dello scopo perseguito dall'ente (elemento teleologico), invece, rientrerebbe tra le suddette "condizioni previste da norme di legge o di regolamento" che devono essere soddisfatte per ottenere il riconoscimento giuridico. Tale requisito, in effetti, può ritenersi rispettato anche se la persona giuridica eserciti attività imprenditoriale, conseguendo un profitto patrimoniale, salvo quando quest'ultimo venga redistribuito tra coloro che hanno costituito o compongono la persona giuridica (cosiddetto "lucro soggettivo", che esclude la non lucrosità dello scopo).

Frequenti, infatti, sono i casi di enti privati che svolgono, di fatto, attività d'impresa e, d'altronde, la recentissima riforma di cui alla già citata legge n. 106/2016 ricomprende espressamente nel "Terzo settore" anche gli enti privati dediti alla "produzione e scambio di beni e servizi". L'importante, dunque, è che venga perseguito un "lucro oggettivo", cioè un profitto che possa sia coprire i costi d'impresa, che produrre un eccedenza da destinare alla patrimonializzazione dell'ente[33].

La riforma del Terzo Settore, poi, nel ribadire "il divieto di distribuzione, anche in forma indiretta, degli utili o degli avanzi di gestione e del patrimonio dell'ente" (art. 4, co. 1, lett. e), ha contestualmente previsto un'eccezione per le cosiddette "imprese sociali" (art. 6, co. 1, lett. d), per le quali saranno possibili "forme di remunerazione del capitale sociale", benché sempre da assoggettare a condizioni (e

[32] Cfr. A. ZOPPINI, *Riformato il sistema di riconoscimento delle persone giuridiche. Decreto Presidente della Repubblica 10 febbraio 2000*, n. 361, cit., p. 296 e ss., che parla del principio "dell'incompatibilità della sottopatrimonializzazione con la responsabilità limitata" (ivi, p. 296). In particolare, secondo la già citata circolare del Ministero dell'Interno n. M/5501/30 del 23 febbraio 2001, "la valutazione della consistenza patrimoniale dell'Ente dovrà essere effettuata considerando la dotazione attuale e reale e non facendo affidamento su conferimenti futuri ed eventuali, giacché l'attribuzione della personalità giuridica, per l'immediatezza dei suoi effetti, non può che fondarsi su elementi la cui esistenza e disponibilità siano assolutamente certe, al fine di garantire il perseguimento degli scopi e i terzi sotto il profilo della responsabilità civile per le obbligazioni assunte (artt. 2740 e 2910 c.c.)"

[33] Si veda, più approfonditamente, G. MARASÀ, *Riflessioni su oggetto e scopi delle associazioni del Libro I del codice civile nelle prospettive di riforma*, in *Nuova giur. civ. comm.*, 4/2001, pt. 2, p. 303 e ss.

nei limiti massimi previsti per le cooperative a mutualità prevalente), e comunque assicurando "la prevalente destinazione degli utili al conseguimento dell'oggetto sociale"[34].

---

[34] Le prime forme embrionali in Italia dell'impresa sociale, che rientra nel complesso degli enti del Terzo settore, sono state introdotte con la già citata legge n. 266/1991 in materia di volontariato e dalla legge n. 381/1991 disciplinante le cooperative sociali. Successivamente, la legge n. 118/2005 ha compiutamente regolamentato le imprese sociali, definendo queste ultime come le organizzazioni private senza scopo di lucro che esercitano in via stabile e principale un'attività economica di produzione o di scambio di beni o di servizi di utilità sociale, diretta a realizzare finalità di interesse generale. Secondo tale disciplina, quindi, vige per le imprese sociali il divieto di distribuzione degli utili. In attuazione della legge n. 118/2005 è stato emanato il d.lgs. n. 155/2006, che ha confermato che per l'impresa sociale sussiste il divieto di distribuzione, anche in forma indiretta, degli utili e degli gli avanzi di gestione (nonché di fondi e riserve), i quali, pertanto, devono essere reinvestiti per il perseguimento dello scopo statutario o per l'incremento del patrimonio. Più recentemente, la predetta legge n. 106/2016 ha ribadito che tali organizzazioni private sono senza scopo di lucro e svolgono attività d'impresa per finalità civiche, solidaristiche e di utilità sociale. La legge n. 106/2016, inoltre, ha qualificato imprese sociali quelle che adottano modalità di gestione responsabili e trasparenti e favoriscono il più ampio coinvolgimento dei dipendenti, degli utenti e di tutti i soggetti interessati alle sue attività. Si segnala, soprattutto, che la normativa del 2016 ha acconsentito, per la prima volta, limitate e non speculative forme di remunerazione del capitale sociale, pur specificando che gli utili devono essere sempre prioritariamente destinati al conseguimento dell'oggetto sociale (e salvo comunque i divieti, normativamente già previsti per alcuni enti, di ripartizione degli eventuali avanzi di gestione). Dello stesso tenore è la previsione, nella medesima legge n. 106/2016, del divieto, anche in caso di scioglimento, di distribuire fondi e riserve, che dovranno, invece, essere devoluti ad altre associazioni non lucrative indicate nello statuto. In ogni caso, con una tale impostazione dell'impresa sociale, delineata dalla riforma del 2016, si è certamente superata la tradizionale dicotomia presente nel Codice Civile tra gli enti di cui al Libro I ("non profit"), caratterizzate dall'assenza di lucro soggettivo, e quelli di cui al Libro V ("for profit"). La riforma del settore con il decreto legislativo 3 luglio 2017, n. 112, *Disciplina dell'impresa sociale*, pubblicato sulla Gazzetta Ufficiale n. 167 del 19 luglio 2017 ed entrato in vigore il 20 luglio 2017, così come modificato in seguito dal decreto legislativo "correttivo" n. 95 del 20 luglio 2018, ha regolamentato tale qualifica, la quale può essere acquisita da associazioni, fondazioni, società e cooperative, a determinate condizioni, con applicazione dell'apposito regime fiscale, degli incentivi alla capitalizzazione e contestuale possibilità di redistribuire, in taluni casi, parte degli utili (elemento di netta discontinuità con il passato, ove era vigente il divieto assoluto di distribuzione). Certamente diverse dall'impresa sociale *stricto sensu*, invece, sono le cosiddette "Società Benefit", introdotte dalla legge n. 208/2015 (legge di Stabilità 2016) sull'esempio delle Benefit Corporation americane. Tale normativa, infatti, ha previsto (ai commi 376-384 dell'art. 1) la possibilità di qualificare come "Società Benefit" qualsiasi società di persone o di capitali che, pur avendo uno scopo di lucro, persegue una o più finalità di beneficio comune e opera in modo responsabile, sostenibile e trasparente, bilanciando l'interesse dei propri soci con quello di coloro sui quali l'attività economica possa avere un impatto: cosiddetti "stakeholder": persone; comunità; territori e ambiente; beni ed attività culturali e sociali; enti e associazioni; altri portatori di interesse). Pertanto, le "Società Benefit" realizzano anch'esse finalità sociali, ma si differenziano sostanzialmente dalle Imprese sociali per lo scopo di lucro perseguito.

Ai fini del riconoscimento prefettizio delle persone giuridiche private è confermato il divieto assoluto di distribuzione degli utili quale condizione necessaria per ottenere il riconoscimento (cosiddetta "clausola di non distribuzione")[35]. La riforma del terzo settore regolamenta in modo diverso da quanto previsto dal libro I del codice civile e dalle relative norme di attuazione le forme di acquisizione della personalità giuridica degli ETS, disponendo che per l'ottenimento della stessa l'ente debba dotarsi di un fondo di dotazione iniziale.

---

[35] Già il Ministero dell'Interno aveva chiarito che "è da ritenere legittimo l'esercizio dell'attività di tipo imprenditoriale per il raggiungimento dei fini istituzionali, finché tale attività abbia carattere strumentale e non sia prevalente (in tal caso l'Ente è esonerato dall'osservanza dell'iscrizione nell'apposito registro, ai sensi dell'art. 2188 del codice civile)" (così la più volte citata circolare n. M/5501/30 del 23 febbraio 2001). In particolare, il vincolo di non distribuzione degli utili per le persone giuridiche private può ricavarsi, a contrario, rispetto a quanto prescrive l'art. 2247 per le società di capitali ("Con il contratto di società due o più persone conferiscono beni o servizi per l'esercizio in comune di un'attività economica allo scopo di dividerne gli utili"). A ciò aggiungasi che la legge n. 106/2016 ha confermato che "alle associazioni e alle fondazioni che esercitano stabilmente e prevalentemente attività d'impresa si applichino le norme previste dai titoli V e VI del libro quinto del codice civile in quanto compatibili" (art. 3, co. 1, lett. d). Sull'argomento si veda ZOPPINI, *Problemi e prospettive per una riforma delle associazioni e delle fondazioni di diritto privato*, in *Riv. dir. civ.*, 3/2005, pt. II, p. 367 e ss., il quale già si chiedeva quale significato dovesse essere attribuito al vincolo di non distribuzione degli utili alla luce dell'allora nuova disciplina di cui agli artt. 2500-septies e ss. (così come introdotti dalla riforma societaria contenuta nel d.lgs. 17 gennaio 2003, n. 6), che consente la cosiddetta "trasformazione eterogenea" dell'ente da non lucrativo in lucrativo e viceversa (ivi, p. 369 e ss.) e sulla quale è intervenuto il nuovo art. 42 bis c.c., in esecuzione della delega (così l'art. 3, co. 1, lett. C della legge n. 106/2016, ai sensi del quale è principio e criterio direttivo anche quello di "disciplinare il procedimento per ottenere la trasformazione diretta e la fusione tra associazioni e fondazioni, nel rispetto del principio generale della trasformabilità tra enti collettivi diversi introdotto dalla riforma del diritto societario di cui al Decreto Legislativo 17 gennaio 2003, n. 6"). Proprio riguardo alla trasformazione diretta da associazione a fondazione, prima che la riforma chiarisse il ventaglio delle possibilità operative, la recente giurisprudenza amministrativa (Cons. Stato Sez. V, 23 ottobre 2014, n. 5226) aveva ritenuto ammissibile, per la prima volta, il passaggio da associazione a fondazione, qualificandolo come ipotesi di trasformazione "omogenea" (poiché essa lascerebbe inalterato il fine non lucrativo) e giustificandolo in base all'introduzione nel nostro ordinamento, dopo il d.lgs. n. 6/2003, dell'istituto di carattere generale della trasformazione di enti collettivi. Di poco successiva è stata, invece, una pronunzia giurisdizionale di segno contrario (cfr. Cons. Stato, Sez. I, 30 gennaio 2015, n. 296), che ha confermato, sulla scorta dell'orientamento giurisprudenziale maggioritario, l'inammissibilità della trasformazione diretta da associazione a fondazione, ritenendo insuperabile, in virtù della tutela da riservare alle posizioni creditorie, la problematica dell'impossibilità di valutare l'adeguatezza del patrimonio dell'ente trasformando. In merito alla "trasformazione eterogenea" si vedano anche DE GIORGI, M. V., *Tra legge e leggenda: la categoria ente nel diritto delle associazioni*, cit., p. 661 e ss.; MONTANARI, V., *La trasformazione da associazione a fondazione: il Consiglio di Stato fa e disfà*, in *Nuova giur. civ.*, 5/2015, p. 480 e ss.

Con maggiore dettaglio esplicativo, l'art. 22 CTS prevede che il patrimonio minimo debba essere non inferiore a 15.000 euro (inteso quale liquidità disponibile) nelle associazioni e a 30.000 euro (parimenti liquidi e disponibili) nelle fondazioni.

Sempre in merito allo scopo non lucrativo, permaneva fino ad oggi il dubbio se quest'ultimo dovesse ancora essere considerato di utilità sociale[36] (a fronte del fatto che il vigente art. 28 c.c. parla di sola "utilità" dello scopo in riferimento alle fondazioni)[37], riconoscendo conseguentemente un altro margine discrezionale all'attività valutativa del Prefetto.

Per gli ETS tale questione è esplicitamente risolta dal CTS, all'art. 21, che, in ordine ai requisiti costitutivi, impone l'assenza dello scopo di lucro e il perseguimento di finalità civiche, solidaristiche e di utilità sociale.

Per quanto riguarda, infine, la liceità dello scopo ex d.PR. n. 360/2000 – requisito parimenti previsto dal suddetto art. 3, co. 1 – la giurisprudenza chiarisce che essa "non può essere fatta coincidere con la mera contrarietà a specifici precetti penali, dovendosi invece interpretare anche come conformità alle regole generali, anche non scritte, di ordine pubblico e di buon costume vigenti nell'attuale momento storico"[38].

*Vicende successive all'iscrizione nel registro.*

Il rinnovato interesse pubblico per l'attività delle persone giuridiche ha comportato che lo Stato (o le regioni e le province autonome: cfr. *infra*, par. 3) si ingerisse non solo nella fase genetica di costituzione e riconoscimento, ma anche in tutte le altre vicende che caratterizzano la vita di un'associazione o di una fondazione fino al momento dello scioglimento o dell'estinzione dell'ente privato.

In tal senso, l'art. 4, co. 2, del d.P.R. n. 361/2000 riproduce in parte l'abrogato art. 34 c.c, indicando quali sono gli atti che devono essere iscritti nel registro delle persone giuridiche riconosciute: "le modificazioni dell'atto costitutivo e dello statuto, il trasferimento della sede e l'istituzione di sedi secondarie, la sostituzione degli amministratori, con indicazione di quelli ai quali è attribuita la rappresentanza, le deliberazioni di scioglimento, i provvedimenti che ordinano lo scioglimento o accertano l'estinzione, il cognome e nome dei liquidatori e tutti gli altri atti e fatti la cui iscrizione è espressamente prevista da norme di legge o di regolamento".

Tuttavia, è evidente che lo storico disfavore che l'ordinamento italiano ha per decenni manifestato nei confronti degli enti privati (il fenomeno della cosiddetta "manomorta", cioè l'accumulo improduttivo presso la persona giuridica di beni

---

[36] Eventualità esclusa da A. ZOPPINI, *Riformato il sistema di riconoscimento delle persone giuridiche. Decreto Presidente della Repubblica 10 febbraio 2000, n. 361*, cit., p. 296. 29.

[37] Cfr. S. CAPOZZI, *La riforma del riconoscimento delle persone giuridiche private* (Commento a d.P.R 10 febbraio 2000, n. 361), cit., p. 784.

[38] TAR Piemonte, 25 luglio 2002, n. 1449.

sottratti alla normale circolazione) è stato sensibilmente superato con la riforma del 2000. Per tale motivo è stata abolita per le persone giuridiche riconosciute l'autorizzazione governativa, prevista dall'abrogato art. 17 c.c., per l'acquisto di diritti patrimoniali (a titolo oneroso e gratuito), per l'accettazione di donazioni o eredità nonché per il conseguimento di legati[39](per gli enti di fatto si veda quanto già riferito, *supra*, nel par. 2).

L'art. 2 del d.P.R. n. 361/2000, d'altronde, riprendendo l'abrogato ultimo comma dell'art. 16 c.c., continua a prevedere che le modificazioni dello statuto e dell'atto costitutivo apportate successivamente all'iscrizione nel registro devono essere approvate con le stesse modalità e nei termini previsti per l'acquisto della personalità giuridica, salvo i casi di riconoscimento della personalità giuridica per atto legislativo.

Inoltre, l'autorità governativa (oggi, il Prefetto, le regioni e le province autonome) è competente per la devoluzione dei beni delle associazioni o fondazioni (artt. 31 e 32 c.c.), mentre residua in capo al Presidente del Tribunale la competenza relativa alla procedura di liquidazione del patrimonio dell'ente di cui all'art. 11 disp. att. cod. civ. (l'estinzione della persona giuridica, invece, è accertata dalla Prefettura ai sensi dell'art. 6 del d.P.R. n. 361/2000)[40].

Infine, il Prefetto (o le regioni e le province autonome) può sospendere, in sostituzione del vecchio potere governativo (si veda il citato art. 5 del d.P.R. n. 361/2000), l'esecuzione delle deliberazioni delle associazioni riconosciute che siano contrarie all'ordine pubblico o al buon costume (art. 23, ult. co., c.c.)[41]. In tal senso, l'art. 9 disp. att. cod. civ. dispone che il provvedimento di sospensione deve essere comunicato agli amministratori, i quali possono proporre reclamo entro quindici giorni. In sede di reclamo, il Prefetto, se non ritiene di revocare il provvedimento di sospensione, ne dà comunicazione al Pubblico Ministero, il quale promuove l'azione di annullamento della deliberazione.

In riferimento alle fondazioni, invece, il potere di annullamento delle deliberazioni contrarie a norme imperative, all'atto di fondazione, all'ordine pubblico o al buon costume spetta direttamente al Prefetto (art. 25 c.c.). Quest'ultimo, più

---

[39] L'autorizzazione governativa, tra l'altro, era prescritta a pena di inefficacia (non di nullità) dell'acquisto e dell'accettazione (art. 17, co. 2, c.c.); pertanto, si riteneva possibile un'autorizzazione successiva sanante (cfr. TORRENTE A., SCHLESINGER P., *Manuale di diritto privato*, 1995, p. 100).

[40] Per i casi di estinzione delle persone giuridiche si veda, più approfonditamente, M. V. DE GIORGI, *Finalmente in vigore il regolamento che semplifica la procedura di riconoscimento delle persone giuridiche disciplinate nel primo libro del codice civile*, in *Studium iuris*, 2/2001, p. 143 e ss.

[41] Le deliberazioni contrarie alla legge, all'atto costitutivo o allo statuto, invece, possono essere annullate su istanza degli organi dell'ente, di qualunque associato o del pubblico ministero (art. 23 c.c., co. 1).

in generale, è competente per il controllo sull'amministrazione delle fondazioni (art. 25 c.c.)[42], per il coordinamento dell'attività di più amministrazioni ovvero per l'unificazione della loro amministrazione (art. 26 c.c.) e per la trasformazione della fondazione nei casi previsti dalla legge (art. 28 c.c.).

Come sostenuto, infatti, "la necessità di una vigilanza si pone in termini anche più stringenti per le fondazioni perché in queste, a differenza delle associazioni, manca l'assemblea degli associati che controlla l'attività dell'ente e dunque si giustifica un intervento che assicuri il perseguimento degli scopi voluti dal fondatore"[43].

### *XI.3.1. Lo scenario disegnato dalla riforma del Terzo Settore. Il doppio binario RUNTS-Registro prefettizio (o regionale)*

Come ormai noto, l'introduzione del Codice del terzo settore ha comportato la parallela previsione del registro unico nazionale degli enti del terzo settore, (per brevità RUNTS, di cui al titolo VI, artt. 45 e ss., del d.lgs. 117/2017 e successive modifiche e integrazioni[44]).

Il registro è dedicato agli enti di cui all'art. 4 del CTS[45] che svolgano le attività elencate dall'articolo 5 del CTS. Si tratta di un elenco di attività esemplificativo e non tassativo[46].

---

[42] Il Prefetto, in base all'art. 25 c.c., provvede alla nomina e alla sostituzione degli amministratori o dei rappresentanti quando le disposizioni contenute nell'atto di fondazione non possono attuarsi; egli, inoltre, può sciogliere l'amministrazione e nominare un commissario straordinario qualora gli amministratori non agiscano in conformità dello statuto e dello scopo della fondazione o della legge. Per un commento sulla funzione di controllo di cui all'art. 25 c.c. si veda, tra gli altri, A. Berlucchi, *Prime brevi riflessioni in tema di controllo sulle fondazioni alla luce della normativa vigente e delle prospettive di riforma (nota a TAR Lombardia, 23 giugno 2000, n. 4598)*, in *Giust. civ.*, 1/2001, pt. I, p. 281 e ss.

[43] Così S. Capozzi, *La riforma del riconoscimento delle persone giuridiche private (Commento a d.P.R 10 febbraio 2000, n. 361)*, cit., p. 785.

[44] Sul punto si veda nota n. 5 *supra*.

[45] Art. 4 comma 1 CTS: «Sono enti del Terzo settore le organizzazioni di volontariato, le associazioni di promozione sociale, gli enti filantropici, le imprese sociali, incluse le cooperative sociali, le reti associative, le società di mutuo soccorso, le associazioni, riconosciute o non riconosciute, le fondazioni e gli altri enti di carattere privato diversi dalle società costituiti per il perseguimento, senza scopo di lucro, di finalità civiche, solidaristiche e di utilità sociale mediante lo svolgimento, in via esclusiva o principale, di una o più attività di interesse generale in forma di azione volontaria o di erogazione gratuita di denaro, beni o servizi, o di mutualità o di produzione o scambio di beni o servizi, ed iscritti nel registro unico nazionale del Terzo settore».

[46] È infatti prevista la possibilità di aggiornare l'elenco delle attività di interesse generale con d.P.C.M. da adottarsi su proposta dei Ministri Lavoro/MEF, acquisito il parere delle commissioni parlamentari competenti. Viene altresì previsto che le attività di interesse generale potranno es-

Tra i richiamati settori di interesse generale, figurano categorie tradizionali, quali sanità, assistenza, istruzione, ambiente, unitamente ad attività proprie del moderno no profit[47], quali l'accoglienza umanitaria e la riqualificazione di beni

---

sere finanziate anche attraverso la richiesta a terzi di lasciti, donazioni e contributi di natura non corrispettiva.

[47] L'Art. 5 CTS recita: «1. Gli enti del Terzo settore, diversi dalle imprese sociali incluse le cooperative sociali, esercitano in via esclusiva o principale una o più attività di interesse generale per il perseguimento, senza scopo di lucro, di finalità civiche, solidaristiche e di utilità sociale. Si considerano di interesse generale, se svolte in conformità alle norme particolari che ne disciplinano l'esercizio, le attività aventi ad oggetto: a) interventi e servizi sociali ai sensi dell'articolo 1, commi 1 e 2, della legge 8 novembre 2000, n. 328, e successive modificazioni, e interventi, servizi e prestazioni di cui alla legge 5 febbraio 1992, n. 104, e alla legge 22 giugno 2016, n. 112, e successive modificazioni; b) interventi e prestazioni sanitarie; c) prestazioni socio-sanitarie di cui al decreto del Presidente del Consiglio dei ministri 14 febbraio 2001, pubblicato nella Gazzetta Ufficiale n. 129 del 6 giugno 2001, e successive modificazioni; d) educazione, istruzione e formazione professionale, ai sensi della legge 28 marzo 2003, n. 53, e successive modificazioni, nonché le attività culturali di interesse sociale con finalità educativa; e) interventi e servizi finalizzati alla salvaguardia e al miglioramento delle condizioni dell'ambiente e all'utilizzazione accorta e razionale delle risorse naturali, con esclusione dell'attività, esercitata abitualmente, di raccolta e riciclaggio dei rifiuti urbani, speciali e pericolosi, nonché alla tutela degli animali e prevenzione del randagismo, ai sensi della legge 14 agosto 1991, n. 281; f) interventi di tutela e valorizzazione del patrimonio culturale e del paesaggio, ai sensi del decreto legislativo 22 gennaio 2004, n. 42, e successive modificazioni; g) formazione universitaria e post-universitaria; h) ricerca scientifica di particolare interesse sociale; i) organizzazione e gestione di attività culturali, artistiche o ricreative di interesse sociale, incluse attività, anche editoriali, di promozione e diffusione della cultura e della pratica del volontariato e delle attività di interesse generale di cui al presente articolo; j) radiodiffusione sonora a carattere comunitario, ai sensi dell'articolo 16, comma 5, della legge 6 agosto 1990, n. 223, e successive modificazioni; k) organizzazione e gestione di attività turistiche di interesse sociale, culturale o religioso; l) formazione extra-scolastica, finalizzata alla prevenzione della dispersione scolastica e al successo scolastico e formativo, alla prevenzione del bullismo e al contrasto della povertà educativa; m) servizi strumentali ad enti del Terzo settore resi da enti composti in misura non inferiore al settanta per cento da enti del Terzo settore; n) cooperazione allo sviluppo, ai sensi della legge 11 agosto 2014, n. 125, e successive modificazioni; o) attività commerciali, produttive, di educazione e informazione, di promozione, di rappresentanza, di concessione in licenza di marchi di certificazione, svolte nell'ambito o a favore di filiere del commercio equo e solidale, da intendersi come un rapporto commerciale con un produttore operante in un'area economica svantaggiata, situata, di norma, in un Paese in via di sviluppo, sulla base di un accordo di lunga durata finalizzato a promuovere l'accesso del produttore al mercato e che preveda il pagamento di un prezzo equo, misure di sviluppo in favore del produttore e l'obbligo del produttore di garantire condizioni di lavoro sicure, nel rispetto delle normative nazionali ed internazionali, in modo da permettere ai lavoratori di condurre un'esistenza libera e dignitosa, e di rispettare i diritti sindacali, nonché di impegnarsi per il contrasto del lavoro infantile; p) servizi finalizzati all'inserimento o al reinserimento nel mercato del lavoro dei lavoratori e delle persone di cui all'articolo 2, comma 4, del decreto legislativo recante revisione della disciplina in materia di impresa sociale, di cui all'articolo 1, comma 2, lettera c), della legge 6 giugno 2016, n. 106;

pubblici inutilizzati o di beni confiscati alla criminalità organizzata. Orbene, volendo disvelare il panorama delle opportunità offerto ad associazioni e fondazioni con la piena operatività del RUNTS, ovvero indagare intrecci e sovrapposizioni tra Codice del Terzo Settore, disciplina del codice civile e d.P.R. n. 361/2000, in attesa di eventuali ulteriori sviluppi normativi e sempre nell'ambito di competenza prefettizia, vale tentare una schematizzazione come di seguito indicata:

*Associazioni e fondazioni aspiranti al riconoscimento*

Ferma restando la libertà degli enti di fatto di non chiedere il riconoscimento e quindi di non acquistare la personalità giuridica, i soggetti di cui al d.P.R, n. 361/2000 possono:

1) chiedere il riconoscimento presentando istanza di iscrizione al registro prefettizio, con applicazione del relativo regime, basato sulla doppia verifica dell'elemento teleologico e dell'elemento reale (sui quali vedi supra par. XI. 3). Questa scelta è completamente autonoma, in quanto il regime RUNTS resta facoltativo a carattere speciale (rispetto alle disposizioni generali del c.c., libro I articoli da 14 a 28);

---

q) alloggio sociale, ai sensi del decreto del Ministero delle infrastrutture del 22 aprile 2008, e successive modificazioni, nonché ogni altra attività di carattere residenziale temporaneo diretta a soddisfare bisogni sociali, sanitari, culturali, formativi o lavorativi; r) accoglienza umanitaria ed integrazione sociale dei migranti; s) agricoltura sociale, ai sensi dell'articolo 2 della legge 18 agosto 2015, n. 141, e successive modificazioni; t) organizzazione e gestione di attività sportive dilettantistiche; u) beneficenza, sostegno a distanza, cessione gratuita di alimenti o prodotti di cui alla legge 19 agosto 2016, n. 166, e successive modificazioni, o erogazione di denaro, beni o servizi a sostegno di persone svantaggiate o di attività di interesse generale a norma del presente articolo; v) promozione della cultura della legalità, della pace tra i popoli, della nonviolenza e della difesa non armata; w) promozione e tutela dei diritti umani, civili, sociali e politici, nonché dei diritti dei consumatori e degli utenti delle attività di interesse generale di cui al presente articolo, promozione delle pari opportunità e delle iniziative di aiuto reciproco, incluse le banche dei tempi di cui all'articolo 27 della legge 8 marzo 2000, n. 53, e i gruppi di acquisto solidale di cui all'articolo 1, comma 266, della legge 24 dicembre 2007, n. 244; x) cura di procedure di adozione internazionale ai sensi della legge 4 maggio 1983, n. 184; y) protezione civile ai sensi della legge 24 febbraio 1992, n. 225, e successive modificazioni; z) riqualificazione di beni pubblici inutilizzati o di beni confiscati alla criminalità organizzata. 2. Tenuto conto delle finalità civiche, solidaristiche e di utilità sociale di cui all'articolo 1, comma 1, della legge 6 giugno 2016, n. 106, nonché delle finalità e dei principi di cui agli articoli 1 e 2 del presente Codice, l'elenco delle attività di interesse generale di cui al comma 1 può essere aggiornato con decreto del Presidente del Consiglio dei ministri da adottarsi ai sensi dell'articolo 17, comma 3, della legge 23 agosto 1988, n. 400 su proposta del Ministro del lavoro e delle politiche sociali, di concerto con il Ministro dell'economia e delle finanze, previa intesa in sede di Conferenza Unificata, acquisito il parere delle Commissioni parlamentari competenti, che si esprimono entro trenta giorni dalla data di trasmissione del decreto, decorsi i quali quest'ultimo può essere comunque adottato».

2) chiedere il riconoscimento presentando istanza di iscrizione al RUNTS, presso l'articolazione territoriale competente.

In questa ipotesi occorre che l'ente sia dotato di determinati requisiti, disciplinati dal CTS. In particolare, con riguardo al requisito patrimoniale, l'art. 22 prevede: - le associazioni devono essere dotate di un patrimonio non inferiore a 15.000 euro (per tale intendendosi capitali liquidi e non immobilizzati); - le fondazioni devono essere dotate di un patrimonio minimo non inferiore a 30.000 euro (parimenti in forma liquida e disponibile)[48]. Rispetto alle previsioni della delega, viene confermato il divieto di lucro soggettivo[49], anche indiretto, dovendo il patrimonio ed eventuali utili essere impiegati esclusivamente per lo svolgimento delle attività dell'ente e nel perseguimento di finalità civiche, solidaristiche e di utilità sociale[50].

*Associazioni e fondazioni già riconosciute (perché iscritte nel registro prefettizio o regionale).*

Con il funzionamento a regime del RUNTS, gli enti già iscritti presso il registro prefettizio o regionale possono:

1) continuare a rimanere iscritte nel registro prefettizio, ai sensi del d.P.R. n. 361/2000;

---

[48] Nel caso in cui il patrimonio sia costituito da beni differenti dal denaro, è necessaria una relazione giurata del revisore legale o della società di revisione, debitamente iscritti nell'apposito registro, da allegare all'atto costitutivo.

[49] Art. 21 CTS.

[50] All'art. 8, co. 2 CTS il legislatore elenca i casi di distribuzione indiretta di utili: a) la corresponsione ad amministratori, sindaci e a chiunque rivesta cariche sociali di compensi individuali non proporzionati all'attività svolta, alle responsabilità assunte e alle specifiche competenze o comunque superiori a quelli previsti in enti che operano nei medesimi o analoghi settori e condizioni; b) la corresponsione a lavoratori subordinati o autonomi di retribuzioni o compensi superiori del quaranta per cento rispetto a quelli previsti, per le medesime qualifiche, dai contratti collettivi di cui all'articolo 51 del decreto legislativo 15 giugno 2015, n. 81, salvo comprovate esigenze attinenti alla necessità di acquisire specifiche competenze ai fini dello svolgimento delle attività di interesse generale di cui all'articolo 5, comma 1, lettere b), g) o h); c) l'acquisto di beni o servizi per corrispettivi che, senza valide ragioni economiche, siano superiori al loro valore normale; d) le cessioni di beni e le prestazioni di servizi, a condizioni più favorevoli di quelle di mercato, a soci, associati o partecipanti, ai fondatori, ai componenti gli organi amministrativi e di controllo, a coloro che a qualsiasi titolo operino per l'organizzazione o ne facciano parte, ai soggetti che effettuano erogazioni liberali a favore dell'organizzazione, ai loro parenti entro il terzo grado ed ai loro affini entro il secondo grado, nonché alle società da questi direttamente o indirettamente controllate o collegate, esclusivamente in ragione della loro qualità, salvo che tali cessioni o prestazioni non costituiscano l'oggetto dell'attività di interesse generale di cui all'articolo 5; e) la corresponsione a soggetti diversi dalle banche e dagli intermediari finanziari autorizzati, di interessi passivi, in dipendenza di prestiti di ogni specie, superiori di quattro punti al tasso annuo di riferimento. Il predetto limite può essere aggiornato con decreto del Ministro del lavoro e delle politiche sociali, di concerto con il Ministro dell'economia e delle finanze.

2) optare per il riconoscimento quali ETS. In questa ipotesi dovranno innanzitutto formalizzare l'iscrizione anche presso il RUNTS (articoli da 20 a 31 del CTS). La norma di riferimento resta l'art. 22 del CTS, nella parte in cui disegna il seguente itinerario transitorio: "l'efficacia dell'iscrizione nei registri delle persone giuridiche di cui al d.P.R. n. 361/2000 è sospesa fintanto che sia mantenuta l'iscrizione nel RUNTS. Nel periodo di sospensione, le predette associazioni e fondazioni non perdono la personalità giuridica acquisita con la pregressa iscrizione e non si applicano le disposizioni di cui al d.P.R. n. 361/2000". Ciò comporta che a tali enti "si applicano le disposizioni di cui al d.lgs. 117/2017, risultando sottoposti ai controlli previsti dal CTS e non a quelli della Pubblica Amministrazione competente alla tenuta del registro delle persone giuridiche, mentre in caso di cancellazione (volontaria od obbligata) dal registro torna a valere la pregressa iscrizione, evitandosi la perdita della personalità giuridica precedentemente acquisita con le regole di cui al d.P.R. n. 361/2000"[51].

In tal caso le previsioni in tema di patrimonio minimo ETS consentono di liberare il differenziale non richiesto[52].

3) optare per l'iscrizione al RUNTS, conservando il precedente riconoscimento ex d.P.R. n. 361/2000 e il relativo regime giuridico. In tal caso gli enti del terzo settore saranno sottoposti anche ai controlli dell'autorità amministrativa competente per l'originaria iscrizione (Prefettura o Regione), senza che si inneschino meccanismi sospensivi di regimi giuridici, con relativo cumulo di disciplina per quanto compatibile.

## XI.4. Persone giuridiche "regionali"

Ferme restando le precisazioni di cui al paragrafo precedente circa gli innesti della riforma del terzo settore, per quanto riguarda gli enti operanti esclusivamente nel territorio di una regione, la competenza al riconoscimento era stata attribuita, ai sensi dell'art. 14 del d.P.R. n. 616/1977, al Presidente della Giunta regionale limitatamente alle persone giuridiche con finalità rientranti nelle materie di cui all'art.

[51] Circolare del Consiglio Nazionale dei Dottori Commercialisti ed Esperti Contabili dell'aprile 2019, recante: "*Riforma del Terzo settore: elementi professionali e criticità applicative*"

[52] A fini esemplificativi, visto che il patrimonio minimo per le fondazioni che richiedono la personalità al RUNTS è di 30.000 euro sembrerebbe dal tenore della norma che una fondazione iscritta con patrimonio originario di 60.000 euro possa liberare il differenziale di 30.000 euro per il periodo di iscrizione nel registro nazionale degli enti del terzo settore, in virtù della sospensione del regime di riconoscimento ex DPR 360/2000, salvo poi dover incrementare nuovamente il proprio capitale in caso di cancellazione dal RUNTS.

117 Cost. (in riferimento alle quali il medesimo decreto n. 616 aveva operato il trasferimento delle funzioni amministrative dallo Stato alle regioni)[53].

La competenza regionale è stata, poi, confermata dall'art. 7 del d.P.R. n. 361/2000, il quale, richiamando espressamente il suddetto art. 14, dispone che il riconoscimento delle persone giuridiche private che operano nelle materie attribuite alla competenza delle regioni è determinato dall'iscrizione nel registro delle persone giuridiche istituito presso la regione nella quale l'ente interessato esaurisce le proprie finalità statutarie.

Lo stesso art. 14 dispone, al comma terzo, che le regioni a statuto speciale e le province autonome di Trento e di Bolzano provvedono ad adeguare i rispettivi ordinamenti in conformità a quanto previsto per il sistema regionale di riconoscimento.

Alla luce di quanto riferito, dunque, risultano istituiti due registri per le persone giuridiche: uno depositato presso la regione, nel quale vengono iscritte le persone giuridiche "che operano nelle materie attribuite alla competenza delle regioni [...] e le cui finalità statutarie si esauriscono nell'ambito di una sola regione" (art. 7, co. 1, d.P.R. n. 361/2000), come le organizzazioni di volontariato (ODV) che operano nell'ambito dell'assistenza, anche sanitaria; un altro depositato presso la Prefettura-UTG, nel quale vengono iscritte le persone giuridiche che non presentano i requisiti di cui sopra.

Di conseguenza, quanto precedentemente riferito in materia di riconoscimento e controllo delle persone giuridiche (cfr. *supra*, par. 2) resta applicabile anche per le persone giuridiche "regionali", con l'avvertenza che un diverso regime può essere sempre introdotto in virtù dell'autonomia riconosciuta alle regioni e alle province di Trento e Bolzano[54].

Inoltre, a seguito della riforma del Titolo V della Costituzione, di cui alla legge cost. n. 3/2001, si è ritenuto (cfr. circolare del Ministero Interno, 25 febbraio 2002, n. 12) che l'ampliamento della materie di potestà legislativa regionale non comportasse un automatico trasferimento alle regioni della funzione amministrativa

---

[53] L'art. 14 del d.P.R. n. 616/1977 dispone, in particolare, la delega alle regioni dell'esercizio "delle funzioni amministrative di organi centrali e periferici dello Stato concernenti le persone giuridiche di cui all'art. 12 del codice civile che operano esclusivamente nelle materie di cui al presente decreto e le cui finalità statutarie si esauriscono nell'ambito di una sola regione". Il parallelismo tra i due tipi di riconoscimento è stato affermato anche dalla giurisprudenza, per cui "la fondazione che, proponendosi fini che si esauriscono in ambito regionale, abbia ottenuto il riconoscimento giuridico ai sensi dell'art. 14 d.P.R. 24 luglio 1977, n. 616, da parte della competente regione, non può ottenere il riconoscimento governativo ai sensi dell'art. 12 c.c. [oggi sostituito dall'art. 1, d.P.R. n. 361/2000: n.d.r.,]" (così Cons. Stato, sez. II, 13 gennaio 1993, n. 1573).

[54] Cfr. G. I. NITTI, *Semplificazione delle procedure per il riconoscimento delle persone giuridiche private*, cit., p. 1134.

statale di riconoscimento delle persone giuridiche private operanti in tali materie, ma tale circostanza si sarebbe potuta verificare solo in caso di effettivo esercizio della potestà legislativa da parte delle regioni su ciascuna nuova materia ad esse attribuita, permanendo, fino a quel momento, la competenza prefettizia al riconoscimento.

Un discorso a parte, invece, deve essere fatto per la Regione Valle d'Aosta a seguito della sentenza della Corte Costituzionale 5 febbraio 2003, n. 38. In particolare, l'art. 10, co. 1, del d.P.R. n. 361/2000 aveva attribuito al rappresentante del Ministero dell'Interno che presiede la Commissione di coordinamento della Regione Valle d'Aosta (di cui all'art. 45 della Legge cost. 26 febbraio 1948, n. 4) le funzioni amministrative in materia di riconoscimento delle persone giuridiche esercitate, nelle altre regioni, dai Prefetti. La Consulta ha annullato la norma in questione su ricorso per conflitto di attribuzione presentato dalla Regione Valle d'Aosta, la quale lamentava la reintroduzione surrettizia del Prefetto nella Regione Valle d'Aosta benché tale figura fosse stata soppressa con d.lgs.lgt. 7 settembre 1945, n. 545, e sostituta dal Presidente della Regione per l'esercizio delle funzioni spettanti al Prefetto[55].

A seguito della sentenza n. 38/2003, dunque, nella Regione Valle d'Aosta è stata eliminata la differenza, presente nelle altre regioni, tra persone giuridiche "regionali" (riconosciute dalla regione) e persone giuridiche "ultraregionali" (riconosciute dal Prefetto); pertanto, in tale regione è istituito un solo registro delle persone giuridiche nel quale vengono iscritti tutti gli enti privati che richiedono il riconoscimento.

---

[55] L'art. 4 del d.lgs.lgt. n. 545/1945 ("Ordinamento amministrativo della Valle d'Aosta") stabilisce che al Presidente del Consiglio della Valle (oggi, Presidente della Regione) "spettano tutte le attribuzioni che le leggi vigenti conferiscono al Prefetto e al Presidente della deputazione provinciale, in quanto non rientrino nella competenza del Consiglio della Valle". La modifica di tale disposizione, tra l'altro, può avvenire solo con procedimento rafforzato di cui all'art. 48-bis dello statuto speciale della Regione Valle d'Aosta, così come stabilito dall'art. 1 del d.lgs. 22 aprile 1994, n. 320 ("Norme di attuazione dello statuto speciale della regione Valle d'Aosta"). In tal senso, secondo il Giudice delle leggi (sent. n. 38/2003), l'esercizio da parte del Presidente della Regione delle vecchie funzioni prefettizie potrebbe subire deroghe solo in forza di un provvedimento legislativo adottato secondo la procedura di cui al citato art. 48-bis, rendendo necessariamente illegittimo ogni diverso atto (nella fattispecie, l'art. 10, co. 1, del d.P.R. n. 361/2000) che incidesse sulle competenze del Presidente della Regione. Cfr. Pertici, A., *In tema di conflitti di attribuzione tra Stato e Regione Val D'Aosta in relazione all'art. 10 d.p.r. 10 febbraio 2001, n. 361* (*Nota a C. Cost. 5 febbraio 2003, n. 38*), in Giur. cost., 1/2003, p. 243 e ss., il quale segnala l'ambiguità della stessa giurisprudenza costituzionale in merito al valore da attribuire ai decreti legislativi di attuazione degli statuti speciali. Si veda, nella stessa rivista, De Muro, G., *Regolamenti di delegificazione e "sostanza" delle norme di attuazione* (*Osservazione a C. Cost. 5 febbraio 2003, n. 38*), p. 244 e ss., con particolare riferimento al rapporto tra regolamenti statali di delegificazione e normativa regionale.

## XI.5. Enti ecclesiastici

Gli enti ecclesiastici si differenziano dalle altre persone giuridiche di diritto comune per i fini di culto o di religione da essi prevalentemente perseguiti.

La legge 20 maggio 1985, n. 222, ha disciplinato, in applicazione del Concordato Stato-Chiesa del 1984, il riconoscimento degli enti ecclesiastici mediante decreto del Ministro dell'Interno[56] (che ha sostituito, a seguito della citata legge n. 13/1991, il decreto del Presidente della Repubblica di cui all'art. 1 della legge n. 222/1985).

La competenza in materia di enti ecclesiastici, tra l'altro, è stata successivamente riservata allo Stato dall'art. 1, co. 3, lett. c), della legge n. 59/1997, che esclude dal trasferimento di funzioni e compiti amministrativi alle regioni ed agli enti locali la materia dei "rapporti tra lo Stato e le confessioni religiose". L'art. 9, co. 2, del d.P.R. n. 361/2000 stabilisce che nulla è innovato nella disciplina degli enti ecclesiastici civilmente riconosciuti, in base alla legge n. 222/1985, nonché degli enti civilmente riconosciuti in base alle leggi di approvazione di intese con le confessioni religiose di cui all'art. 8, co. 3, Cost. Inoltre, non rientrano nell'ambito di applicabilità del regolamento in argomento gli enti riconosciuti già con leggi speciali. Tuttavia, nonostante il rinvio alla l. n. 222/1985, gli enti ecclesiastici sono soggetti (ex art. 9, d.P.R. n. 361/2000) all'iscrizione nel registro delle persone giuridiche istituito presso la Prefettura-UTG, non esistendo uno specifico registro per gli enti ecclesiastici[57]. In particolare, il Prefetto cura l'istruttoria della domanda ed inoltra, successivamente, il proprio parere al Ministero dell'Interno, che provvede all'emanazione del decreto di riconoscimento giuridico. Per procedere al riconoscimento giuridico, inoltre, è indispensabile l'assenso della competente Autorità ecclesiastica.

Di contro, sono subordinate alla disciplina dettata dal d.P.R. n. 361/2000 le associazioni costituite o approvate dall'autorità ecclesiastica (cosiddette "associazioni pubbliche di fedeli") che non posseggono i requisiti necessari per il riconoscimento come enti ecclesiastici (art. 10 della l. n. 222/1985 e art. 9, co. 1, del d.P.R. n. 361/2000). Resta, comunque, salva la competenza dell'autorità ecclesiastica circa l'attività di religione o di culto ed i poteri sugli organi statutari.

---

[56] Alla legge n. 222/1985 è stata data esecuzione con il d.P.R. 13 febbraio 1987, n. 33.

[57] Cfr. Circolare del Ministero dell'Interno n. 126 del 16 gennaio 2001. Alcuni, d'altronde, ritengono che la mancata estensione della disciplina di cui al d.P.R. n. 361/2000 anche agli enti ecclesiastici determinerebbe una discriminazione rispetto alle altre persone giuridiche private. Cfr. L. LACROCE, *Riconoscimento della personalità giuridica degli Enti: fra Concordato, Intese e nuove norme di diritto comune*, in *Dir. eccl.*, 2/2002, pt. 1, p. 544 e ss.

Per quanto di interesse, la riforma del Terzo settore ha previsto la possibilità, per gli enti religiosi civilmente riconosciuti, di optare per il regime del CTS, alle condizioni di cui all'art. 4, co. 3, per il caso di svolgimento di attività di interesse generale di cui all'art. 5 CTS[58].

Tali enti potranno definirsi del Terzo settore solo una volta conseguita l'iscrizione al Registro.

Con la suddetta, potranno giovarsi di diverse agevolazioni fiscali[59].

## XI.6. Persone giuridiche straniere

La disciplina dettata dal d.P.R. n. 361/2000 non riguarda anche le persone giuridiche straniere, alle quali, dunque, si applica quanto previsto dalla legge 31 maggio 1995, n. 218, in materia di diritto internazionale privato. In ogni caso, in virtù del richiamo contenuto nell'art. 16, co. 2, disp. prel. cod. civ., alle persone giuridiche straniere sono riconosciuti, a condizione di reciprocità, gli stessi diritti attribuiti alle persone giuridiche italiane.

La nazionalità della persona giuridica (concetto equivalente alla cittadinanza per le persone fisiche) è determinata dallo Stato che ha proceduto al riconoscimento. L'art. 25 della legge n. 218/1995, in particolare, statuisce che "Le società, le associazioni, le fondazioni ed ogni altro ente, pubblico o privato, anche se privo di natura associativa, sono disciplinati dalla legge dello Stato nel cui territorio è stato perfezionato il procedimento di costituzione" (co. 1).

In tal senso, un ente privato di nazionalità straniera acquista automaticamente la personalità giuridica in Italia senza la necessità di un apposito provvedimento amministrativo, essendo sufficiente la costituzione in base alla legge del Paese di origine. Di conseguenza, la Prefettura deve semplicemente limitarsi, al momento

---

[58] Circolare del Consiglio Nazionale dei Dottori Commercialisti ed Esperti Contabili, cit., «L'applicabilità del d.lgs. n. 112/2017 agli enti religiosi civilmente riconosciuti è limitata all'ambito delle attività di impresa di interesse generale di cui all'art. 2 dello stesso decreto e condizionata al fatto che lo svolgimento di tali attività sia determinata in un regolamento redatto con la forma dell'atto pubblico o della scrittura privata autenticata che recepisca le norme del d.lgs. n. 112/2017. Anche in questa sede, come già fatto nell'art.4, co. 3 del CTS, il legislatore precisa che per lo svolgimento delle attività di interesse generale si rende necessaria la costituzione di un patrimonio destinato e la tenuta separata delle scritture contabili».

[59] Circolare del Consiglio Nazionale dei Dottori Commercialisti ed esperti Contabili, cit., «Da sottolineare che ad opera dell'art. 89, comma 5, del CTS, [parte della normativa in materia di fiscalità agevolata ndr ]è stata disapplicata per gli ETS mentre rimane utilizzabile dagli enti religiosi civilmente riconosciuti iscritti nel RUNTS limitatamente alle attività diverse da quelle di interesse generale di cui all'art. 5. La disposizione, di conseguenza, è applicabile al di fuori del Terzo settore dagli enti non commerciali "non ETS", ex lege o per scelta, ferma restando la sussistenza dei requisiti ivi richiesti per la sua fruizione».

dell'iscrizione, a prendere atto dell'effettivo possesso, da parte dell'ente straniero, della personalità giuridica attribuita da Stati che garantiscono all'Italia condizioni di reciprocità. Inoltre, la Prefettura deve verificare che gli scopi perseguiti dalla persona giuridica straniera "non confliggano con ordine pubblico e buon costume" (così la circ. Ministero Interno, 23 febbraio 2001, n. M/5501/30). Un'eccezione a tale regola generale è disposta dal medesimo art. 25, per il quale si applica la legislazione italiana in materia di riconoscimento delle persone giuridiche (d.P.R. n. 361/2000) "se la sede dell'amministrazione è situata in Italia, ovvero se in Italia si trova l'oggetto principale di tali enti" (co. 3)[60]. In altre parole, è soggetta alla normativa sul riconoscimento dettata dal d.P.R. n. 361/2000 la persona giuridica che, pur essendo stata costituita secondo la legislazione straniera, possiede una sede in Italia ovvero svolge attività prevalente in Italia.

Nella pratica, in effetti, tale secondo criterio sussidiario finirebbe per essere sempre applicato, determinando anche una violazione della libertà di stabilimento (artt. 49 e ss., Trattato sul Funzionamento dell'Unione Europea) nei casi di persona giuridica riconosciuta in uno Stato membro dell'Unione Europea. Secondo la Corte di Giustizia dell'Unione europea, infatti, la persona giuridica costituita in uno Stato membro deve essere automaticamente riconosciuta anche dagli altri Stati membri nei quali, dunque, è possibile istituire nuove sedi o succursali senza essere soggetti alle leggi del paese di stabilimento (CGUE 9 marzo 1999, C-212/97, Centros Ltd vs. Erhvervs-og Selskabsstyrelsen).

Nello stesso senso si è espressa la Cassazione italiana, secondo la quale "Per il riconoscimento nell'ordinamento italiano di una persona giuridica straniera non è necessario che sia strutturalmente e funzionalmente conforme alle persone giuridiche di diritto interno, ma è sufficiente che sia riconosciuta dal suo ordinamento di origine" (così Cass. civ., sez. II, 16 novembre 2000, n. 14870).

## XI.7. Fondazioni bancarie

Merita, infine, di essere approfondita, seppur brevemente, una tra le più discusse e complesse entità giuridiche oggetto della già cennata disciplina speciale di cui all'art. 9, co. 3, del d.P.R. n. 361/2001: le cc.dd. "fondazioni bancarie".

Come già accennato, tali enti non sono coinvolti dalla riforma del Terzo settore, fatta eccezione per quanto previsto dal Capo II del Titolo VIII (art. 3, comma

[60] La sede, secondo l'ordinamento italiano, è il luogo in cui la persona giuridica svolge la sua principale attività. La sede deve risultare dall'atto costitutivo (art. 16 c.c.) e deve essere indicata nel registro delle persone giuridiche (art. 4, d.P.R. n. 361/2000). L'art. 46 c.c., inoltre, stabilisce che "Qualora la legge fa dipendere determinati effetti dalla residenza o dal domicilio, per le persone giuridiche si ha riguardo al luogo in cui è stabilita la loro sede".

3 CTS), ove si disciplinano le funzioni dei centri di servizio per il volontariato, finanziati anche dalle fondazioni di origine bancaria.

Queste ultime, in effetti, offrono alcuni interessanti spunti di riflessione in ragione della peculiarità della normativa a loro riservata nonché del vivace dibattito che ne è successivamente scaturito riguardo alla natura giuridica da assegnare a tale tipo di enti.

Nel generalizzato spirito di liberalizzazione degli anni '90 del secolo scorso, anche il sistema bancario è stato destinatario di un importante progetto riformista, delineato, in prima battuta, dalla legge delega n. 218/1990 (detta anche "legge Amato"). Quest'ultima, infatti, nel dettare alcune rilevanti disposizioni in materia di ristrutturazione e integrazione patrimoniale degli istituti di credito di diritto pubblico, ha previsto che quest'ultimi fossero oggetto di "trasformazioni ovvero fusioni con altri enti creditizi di qualsiasi natura, da cui, anche a seguito di successive trasformazioni o conferimenti, risultino comunque società per azioni operanti nel settore del credito" (art. 1, co. 1).

In particolare, con la legge n. 218/1990 è stata avviata la separazione (cosiddetto "scorporo") ed il "conferimento" dell'attività creditizia a società per azioni (cc.dd. "conferitarie"), rimanendo – in via transitoria – la proprietà e la gestione dell'azienda bancaria in capo ad enti cc.dd. "conferenti"[61] e rimandando, nel contempo, al legislatore delegato di specificare le modalità con le quali si sarebbe dovuta realizzare tale operazione nonché di regolamentare, civilisticamente e fiscalmente, gli enti conferenti.

In tal senso, il successivo d.lgs. 20 novembre 1990, n. 356 ha dettato una specifica disciplina degli enti pubblici conferenti (contenuta nel Titolo III), poi modificata dal già citato d.lgs. n. 153/1999, adottato su delega della legge 23 dicembre 1998, n. 461 (cd. "legge Ciampi"), addivenendo ad un definitivo superamento delle partecipazioni di controllo degli enti conferenti[62] e trasformando quest'ultimi in "fondazioni [..., cioè] persone giuridiche private senza fine di lucro, dotate di piena autonomia statutaria e gestionale [..., che] perseguono esclusivamente scopi di utilità sociale e di promozione dello sviluppo economico secondo quanto previsto dai rispettivi statuti" (così l'art. 2, d.lgs. n. 153/1999).

---

[61] La normativa del 1990 consentiva l'esistenza di un collegamento genetico e funzionale tra società bancaria ed ente conferente, almeno nel periodo transitorio di attuazione della riforma (cfr., più approfonditamente, infra), intendendo tale ente sia come "holding" del gruppo creditizio, sia, nel contempo, come soggetto destinato a realizzare paralleli ed ulteriori compiti di pubblica utilità.

[62] Anche altre norme e prescrizioni hanno contribuito a promuovere le procedure di dismissione delle partecipazioni degli enti pubblici conferenti nelle società per azioni conferitarie: il d.l. 31 maggio 1994, n. 332 (conv. nella Legge 30 luglio 1994, n. 474) e la direttiva del Ministro del Tesoro del 18 novembre 1994.

Dunque, il decreto del 1999 ha espressamente qualificato come "Fondazione" l'ente che effettua il conferimento dell'azienda bancaria ai sensi del d.lgs. n. 356/1990 (art. 1, co. 1, lett. c), mentre ha definito la "Società bancaria conferitaria" come la società titolare direttamente o indirettamente di tutta o parte dell'originaria azienda bancaria della fondazione e nella quale la stessa detiene direttamente o indirettamente una partecipazione (art. 1, co. 1, lett. f).

L'intervento del legislatore delegato ha avuto l'indubbio merito di qualificare chiaramente gli enti conferenti come entità private, seppur speciali[63], dedite al perseguimento di scopi non lucrativi di utilità sociale e di promozione dello sviluppo economico, ripudiando, in questo modo, altre diverse impostazioni, meno costituzionalmente orientate, in base alle quali la sola esistenza di finalità sociali di interesse pubblico sarebbe sufficiente a giustificare la pubblicizzazione dei relativi soggetti promotori, benché quest'ultimi presentino caratteristiche assimilabili, formalmente e sostanzialmente, agli enti di diritto privato[64]. Tuttavia, a fronte del "progresso nominalistico" introdotto dalla suddetta normativa, non si è registrato, nello stesso tempo, un effettivo arretramento della mano pubblica sulle fondazioni bancarie, giacché le disposizioni in materia di gestione ed organizzazione di questi enti – che non è possibile analizzare nel dettaglio in questa sede – denotano ancora una significativa compressione della loro autonomia gestionale, generalmente riconosciuta, invece, dalle disposizioni civilistiche in riferimento alle fondazioni in qualità di persone giuridiche private. Nei confronti delle fondazioni bancarie, infatti, è stata rilevata la permanenza di un sistema di vigilanza statale caratterizzato da controlli non meramente formali nonché da veri e propri poteri di indirizzo e di intervento[65].

A riprova di quest'ultima affermazione è stata anche la successiva legislazione di modifica, la quale ha addirittura imposto che nell'organo di indirizzo delle fondazioni bancarie dovesse essere presente una "prevalente e qualificata rappresentanza" degli enti pubblici territoriali (così l'art. 11 della legge n. 448/2001, "legge finanziaria per il 2002")[66], in assoluto spregio all'operata qualificazione di tali enti

---

[63] Il d.l. 15 aprile 2002, n. 63 (conv. nella Legge 15 giugno 2002, n. 112) ha specificato che trattasi, nel caso in questione, di fondazioni disciplinate da un "regime giuridico privatistico, speciale rispetto a quello delle altre fondazioni" (così l'art. 5).

[64] Cfr., più diffusamente, M. RENNA, *Le fondazioni bancarie*, in Jus, 3/2011, Vol. 58, p. 461 e ss.

[65] Op. ult. cit., p. 468.

[66] L'art. 11, co. 4, della legge n. 448/2002 – nella versione precedente al sindacato di legittimità costituzionale (si veda, al riguardo, infra) – aveva sostituito la disposizione di cui l'art. 4, co. 1, lett. c) del d.lgs. n. 153/1999, con la seguente: "c) previsione, nell'ambito dell'organo di indirizzo, di una prevalente e qualificata rappresentanza degli enti, diversi dallo Stato, di cui all'articolo 114 della Costituzione, idonea a rifletterne le competenze nei settori ammessi in base agli articoli 117 e 118 della Costituzione [...]".

nell'ambito delle persone giuridiche private, in seno alle quali, invece, agiscono normalmente i soggetti di cui le stesse (rectius, le fondazioni) sono espressione.

La Corte Costituzionale ha successivamente posto rimedio a questa "frattura ordinamentale", chiarendo, con la sentenza n. 300 del 2003, che i soggetti sorti dalla trasformazione degli originari enti pubblici conferenti (cioè le attuali "fondazioni bancarie") non sono più qualificabili, in base alla normativa di dettaglio successiva alla riforma del 1990, come "enti pubblici" (nel senso di enti facenti parte dell'ordinamento del credito e del risparmio) bensì come persone giuridiche private senza fini di lucro e, quindi, la disciplina ad essi riferibile non può che rientrare nella materia dell'"ordinamento civile" ex art. 117, co. 2, Cost. (di competenza esclusiva statale)[67].

Nello stesso senso, è da annoverare anche la coeva sentenza n. 301 del 2003, con la quale il Giudice delle leggi ha censurato le disposizioni statali incompatibili con la natura privatistica delle fondazioni in argomento, dichiarando illegittimo, tra gli altri, il citato art. 11, co. 4, della legge n. 448/2001 nella parte in cui prevedeva nell'ambito delle fondazioni bancarie una prevalente rappresentanza di enti pubblici territoriali anziché di enti, pubblici o privati, comunque espressivi delle realtà locali di riferimento[68].

La giurisprudenza ha proseguito, anche in seguito, nell'affermare la libertà di autoderminazione delle fondazioni bancarie rispetto ad un sistema troppo in-

---

[67] In altre parole, la trasformazione della natura giuridica degli enti conferenti, avvenuta ad opera del d.lgs. n. 153/1999, ha mutato, di conseguenza, anche la collocazione della materia de qua nel riparto delle competenze legislative di cui all'art. 117, Cost. (dalla materia di legislazione concorrente delle "casse di risparmio, casse rurali, aziende di credito a carattere regionale" a quella di legislazione statale dell'"ordinamento civile"). Pertanto, non è fondata, secondo la Consulta (sent. n. 300/2003), la questione di legittimità costituzionale dell'art. 11 della legge n. 448/2001, sollevata da alcune regioni, in riferimento all'art. 117, co. 3 e 4, Cost., sull'erroneo assunto che le norme statali in questione intervengono con disciplina di dettaglio in una materia – quella delle "casse di risparmio, casse rurali, aziende di credito a carattere regionale" – rientrante, invece, nella competenza concorrente, essendo oramai spezzato quel vincolo originario tra l'ente pubblico conferente e la società bancaria; vincolo ancora esistente, invece, nel periodo transitorio delle operazioni di ristrutturazione bancaria (cioè fino all'effettiva dismissione da parte delle fondazione delle partecipazioni rilevanti nella società), che aveva indotto, in senso contrario, la stessa Corte Costituzionale (cfr. le sentenze nn. 341 e 342 del 2001) a ritenere violata, durante il citato periodo transitorio, la competenza regionale da parte della normativa statale disciplinante il potere di vigilanza attribuito al Ministro del tesoro, proprio in base alla considerazione che gli enti conferenti fossero tuttora da qualificare, in virtù del detto vincolo, come enti creditizi e non ancora come persone giuridiche private senza scopo di lucro ex art. 2, co. 1, del d.lgs. n. 153/1999.

[68] Secondo la Corte costituzionale, infatti, "è irragionevole e contraddittorio non includere nell'organo di indirizzo anche quelle diverse realtà locali, pubbliche e private, radicate sul territorio ed espressive, per tradizione storica, connessa anche all'origine delle singole fondazioni, di interessi meritevoli di essere rappresentati" (sent. n. 301/2003).

vadente di *governance* statale. Con la pronuncia n. 438 del 2007, ad esempio, ha confermato che la disciplina sulle fondazioni bancarie rientra tra le materie di potestà esclusiva statale ("ordinamento civile") in base alla natura giuridica privata riconosciuta alle stesse dalla normativa vigente, escludendo, pertanto, l'intervento del legislatore regionale nonché affermando, in ossequio al principio del parallelismo, l'impossibilità da parte delle province di rivendicare l'attribuzione delle correlate funzioni amministrative, le quali restano, dunque, in capo allo Stato[69]. Sull'argomento è poi ancora intervenuto il legislatore con il d.l. n. 162 del 23 ottobre 2008 (conv. nella legge n. 201 del 22 dicembre 2008), il cui art. 1, co. 10-ter, ha specificato che le fondazioni bancarie non rientrano negli elenchi degli organismi e delle categorie di organismi di diritto pubblico ai fini della applicazione della disciplina dettata dal Codice dei contratti pubblici (d.lgs. n. 150/2016).

Infine, si segnala sinteticamente che nel dibattito sulle fondazioni bancarie è stata rilevata un'ulteriore anomalia, affrontata anche dalla giurisprudenza (ordinaria civile, in questo caso), concernente il presunto contrasto tra l'"utilità sociale" attribuita alle fondazioni bancarie e la natura commerciale che questa peculiare formazione giuridica riveste, di fatto, in ragione della detenuta partecipazione azionaria nella società bancaria conferita, fermo restando l'esistenza, in virtù della vigente normativa, di un regime di rigorosa separazione tra l'attività delle fondazioni bancarie e quella creditizia svolta dalle società per azioni. A tal proposito, la Corte di Cassazione ha chiarito, anche in base alle indicazioni dei giudici comunitari, che il mero possesso di partecipazioni, anche di controllo, non è suf-

---

[69] Cfr. S. DE GÖTZEN, *La Corte costituzionale, mutando orientamento, dichiara la competenza statale per funzioni amministrative inerenti alle fondazioni bancarie (nota a sentenza 20 dicembre 2007, n. 438)*, in *Le regioni*, 2/2008, vol. 36, p. 438 e ss., secondo il quale, tuttavia, l'impostazione seguita dai giudici costituzionali, e già contenuta nella sentenza n. 300/2003, è criticabile in considerazione del fatto che "essa ricava la natura (non più) creditizia [delle fondazioni bancarie, n.d.r.] dal decorso del termine previsto per la dismissione delle partecipazioni di controllo, a prescindere dalla attuazione di essa, collegando la mutata natura delle fondazioni di origine bancaria alla scadenza del termine dell'obbligo di dismissione. La ricostruzione della Corte, che non si limita a prendere atto della qualificazione formale adottata dal legislatore, si basa non sull'elemento storico, relativo all'effettiva "origine sociale" delle fondazioni bancarie, ma sull'evoluzione della disciplina positiva, indipendentemente dalla sua effettiva attuazione (ciò che farebbe dipendere il vigore di una normativa da comportamenti successivi di ordine attuativo)" (ivi, p. 441-442). In altre parole, secondo tale A., "la precedente giurisprudenza costituzionale in merito teneva in conto l'argomento sostanziale dell'effettività del legame persistente tra fondazione bancaria e banca, mentre la sent. 300/2003 (punto 6.3. in dir.) e la sentenza 438/2007, che dichiaratamente a essa si uniforma sul punto, considera tale circostanza, di fatto esistente, non rilevante ai fini della ripartizione delle competenze legislative e di conseguenza amministrative sulle fondazioni bancarie, costruendo la sua argomentazione sulla natura privata delle fondazioni bancarie e sulla conseguente competenza legislativa statale in materia di "ordinamento civile"" (ivi, p. 445-446).

ficiente a configurare un'attività economica del soggetto che detiene le predette partecipazioni (cioè, le fondazioni bancarie) – escludendo, dunque, la necessità che quest'ultimo debba essere necessariamente qualificato come "impresa" (nel senso di cui all'art. 87 del Trattato CE; oggi art. 107, nella versione consolidata del Trattato sul Funzionamento dell'unione Europea) –, salvo prova contraria dell'esistenza, in concreto, di un'influenza rilevante che le fondazioni stesse si trovino ad esercitare sull'attività bancaria[70].

---

[70] Si vedano, a tal proposito, le sentenze della Corte di Cassazione nn. 6607/2002, n. 19365/2003 e n. 19445/2003, in materia di riconoscimento alle fondazioni bancarie delle agevolazioni fiscali previste per gli enti che non svolgano attività commerciali e senza scopi di lucro (art. 10-bis della legge n. 1745/1962). Sull'argomento si è pronunciata, su impulso del Giudice italiano di legittimità, anche la Corte del Lussemburgo (CGCE, 10 gennaio 2006, causa C-222/2004), la quale ha escluso che le fondazioni bancarie possano essere considerate imprese commerciali per la sola circostanza di detenere partecipazioni nelle aziende conferitarie – ipotesi, tra l'altro, configurabile nel vigente ordinamento italiano (che prescrive la netta separazione tra proprietà bancaria e attività creditizia) solo nei casi espressamente previsti, come le attività svolte dalle fondazioni mediante imprese "strumentali" all'attuazione degli scopi statutari (cc.dd "fondazioni operating") di cui all'art. 6 del d.lgs. n. 153/1999 – e, quindi, ha ritenuto compatibili, in base alla normativa comunitaria sugli "aiuti di stato", le misure fiscali agevolative ad esse riconosciute dall'ordinamento italiano, spettando al giudice nazionale valutare, di volta in volta, se una fondazione bancaria debba essere, o non essere, considerata come un'impresa. Sulla base della sentenza della Corte di giustizia comunitaria del 2006 si sono successivamente pronunciate le Sezione Unite della Corte di Cassazione (sent. n. 27619 del 29 dicembre 2006), confermando che la presunta natura commerciale della fondazione, basata sul collegamento funzionale e genetico con le imprese bancarie, può essere superata dalla prova che la gestione di partecipazioni di controllo sull'impresa bancaria (o su impresa di cui è titolare un'impresa facente parte di una holding), ovvero l'acquisizione e gestione di partecipazioni di altre imprese, da parte delle fondazioni bancarie attraverso una propria struttura organizzata, abbia in concreto un ruolo non prevalente o strumentale rispetto alla provvista di risorse destinate all'esercizio di attività sociali, di beneficenza o culturali. Con successiva sentenza, sempre a Sezioni Unite (n. 1576 del 22 gennaio 2009), la Corte di Cassazione ha dissipato le ultime incertezze interpretative che ancora permanevano in "relazione al sistema previgente al d.lgs. n. 153/1999, chiarendo che il compito che la "legge Amato" "ha assegnato agli enti conferenti non appare compatibile con quelli propri degli enti a fiscalità privilegiata", ricadendo sull'ente interessato l'onere della prova che l'attività svolta in concreto sia compatibile con un regime non commerciale, necessario a beneficiare delle agevolazioni fiscali previste dalla normativa di settore (l'art. 6 del d.P.R. n. 601/1973 – oltre al citato art. 10-bis della legge n. 1745/1962 – in virtù del richiamo operato dall'art. 12, co. 2, del d.lgs. n. 153/1999, successivamente abrogato dal d.l. n. 168/2004, conv. nella legge n. 191/2004). Nello stesso senso, da ultimo, le Sezioni Unite della Suprema Corte hanno stabilito che, per riconoscere in favore delle fondazioni bancarie l'agevolazione tributaria prevista dall'art. 6 del d.P.R. n. 601/1973, escludendo una presunta violazione del diritto comunitario in tema di aiuti di Stato, è necessario "accertare che l'attività della fondazione non presenti i connotati dell'azione imprenditoriale, i quali possono sussistere anche in mancanza del fine di lucro e pur nella dimostrata destinazione dei profitti, in parte o nel loro intero ammontare, al raggiungimento di scopi di utilità sociale, restando escluso

La problematica sulle fondazioni bancarie, dunque, si sposta sul terreno della valutazione, in concreto, dell'assetto organizzativo di tali enti, al fine di poterne ricavare gli elementi caratterizzanti e necessari per un'esatta qualificazione giuridica ed un preciso inquadramento normativo degli stessi, tenendo comunque presente che "è molto difficile distinguere, o tracciare una linea di confine precisa, tra quell'attività che può essere svolta in forma diretta dalla fondazioni e quella che deve essere svolta in forma indiretta a mezzo di una impresa strumentale, ovvero, ancora, in forma indiretta attraverso un modello che non è quello societario, ma è quello della fondazione-impresa"[71].

In ogni caso, come già riportato (cfr., supra, par. II.1), la peculiarità di tali persone giuridiche è stata espressamente affermata dalla recente legge n. 106/2016, la quale, pur riconoscendo alle fondazioni bancarie un ruolo nel perseguimento di finalità sociali, ha escluso per tali persone giuridiche l'applicazione della normativa generale sul Terzo settore (art. 1, co. 1), demandando a una futura disciplina il riordino di tale complessa e delicata materia.

---

il carattere d'impresa commerciale solo dalla previsione, statutaria o legale, dell'esclusività dei predetti scopi, e dalla dimostrazione che tali attività siano state effettivamente svolte e che la fondazione non abbia alcuna possibilità d'influire, quale azionista maggioritario o non maggioritario o in virtù di accordi parasociali o di patti di sindacato, sulla gestione della banca conferitaria o di altre imprese da essa partecipate" (così Cass. civ., S.U., 15 marzo 2016, n. 5069).

[71] Così A. POLICE, *Fondazioni bancarie, imprese strumentali e diritto amministrativo*, in *Il diritto dell'economia*, n. 3/4-2008, p. 519.

# CAPITOLO XII
# L'ordinanza di precettazione nell'impianto normativo delineato dalle leggi 12 giugno 1990 n. 146 e 11 aprile 2000 n. 83

di *Nicola Diomede*



## XII.1. Dall'art. 40 della Costituzione alla legge 12 giugno 1990 n. 146, riformata con legge 11 aprile 2000 n. 83

La disposizione fondamentale in tema di sciopero è costituita dall'art. 40 della Costituzione, la quale ha riconosciuto lo sciopero quale vero e proprio diritto soggettivo.

Dal riconoscimento dell'astensione dal lavoro quale comportamento giuridicamente lecito, discendeva la necessità della individuazione dei limiti cui detta astensione doveva comunque sottostare; questione sulla quale, in mancanza di un intervento normativo completo e articolato, è più volte intervenuta la giurisprudenza.

Fra le varie pronunzie, riveste particolare rilievo la sentenza della Corte di Cassazione n. 711/1980 che, nell'accogliere una nozione di sciopero ampia e legata alla percezione del fenomeno maturata nella realtà sociale, ha rinvenuto detti limiti nelle "norme che tutelano posizioni soggettive concorrenti su un piano prioritario o quanto meno paritario, con quel diritto".

In attuazione del precetto costituzionale, il Parlamento ha approvato la legge 12 giugno 146, n. 190, intitolata "Norme sull'esercizio del diritto di sciopero nei servizi pubblici essenziali e sulla salvaguardia dei diritti della persona costituzionalmente tutelati", il cui principio ispiratore si sostanzia nel contemperamento tra diritti costituzionalmente tutelati che, in particolari situazioni, possono trovarsi a confliggere.

La caratteristica saliente del citato testo normativo è quella di essere una legge "concertata, costruita e gestita con piena collaborazione delle confede-razioni sindacali", in cui il concreto contemperamento del diritto di sciopero con le altre posizioni soggettive costituzionalmente tutelate (diritto alla vita, alla salute, alla sicurezza, alla libertà di circolazione, all'assistenza e previdenza sociale, all'istruzione e alla libertà di comunicazione) viene realizzato attraverso lo strumento degli accordi collettivi.

Coerentemente alla logica concertativa della legge n. 146/1990, anche la individuazione delle prestazioni indispensabili e delle misure necessarie per la loro attuazione è rimessa, per il settore privato alla "fonte concordata" (contratti collettivi) e, per il settore pubblico agli accordi previsti dal d.lgs. n. 29/1993 e dai regolamenti di servizio da emanare in base agli accordi con le rappresentanze del personale di cui all'art. 47 del citato d.lgs. (ora art. 42 del d.lgs. n. 165/2001).

La scelta di valorizzare il ruolo dell'autonomia collettiva tendeva a favorire il realizzarsi di adeguate forme di consenso sociale intorno alla delicata operazione di bilanciamento dei diritti costituzionalmente tutelati, riservando alla legge il compito di stabilire la "cornice" entro cui doveva svolgersi l'azione negoziale delle parti sociali.

All'interno della cennata cornice normativa è altresì ricompresa l'ordinanza di precettazione, quale strumento finalizzato a fronteggiare eventuali situazioni di particolare gravità.

La l. n. 146/1990 è rimasta in vigore un decennio e, nelle considerazioni di coloro che ne hanno valutato gli esiti, ha portato a positivi risultati sia sul piano della diminuzione dei conflitti che della costruzione di più moderne e costruttive relazioni sindacali.

Ciò nondimeno, la sua concreta applicazione aveva evidenziato l'esigenza di un nuovo intervento legislativo al fine di ovviare a lacune e difficoltà interpretative, e regolamentare in maniera più puntuale la ricaduta sui diritti costituzionalmente tutelati delle forme di protesta collettiva di lavoratori autonomi, di professionisti e di piccoli imprenditori che, pur non essendo scioperi in senso stretto, possono tuttavia compromettere il funzionamento di importanti servizi di interesse generale e di pubblica utilità.

Il testo normativo della l. n. 146/1990 è stato riformato con la legge 11 aprile 2000 n. 83 nella quale resta immutata la filosofia di fondo di assegnare prioritariamente alle parti sociali, e solo in via suppletiva e temporanea alla Commissione di garanzia, il compito di determinare il contenuto degli obblighi fondamentali previsti dalle disposizioni in materia di sciopero.

Tuttavia, la novella del 2000 ha apportato dei correttivi al sistema spiccatamente consensualista della l. n. 146/1990 che affidava la determinazione delle regole di condotta quasi esclusivamente al contratto collettivo, ampliando l'intervento regolativo delle fonti eteronome costituite dalla legge e dall'atto amministrativo (delibere della Commissione di garanzia).

In particolare, rispetto all'impianto del 1990, risulta potenziato ed articolato in maniera più compiuta il sistema sanzionatorio, estesa esplicitamente la regolamentazione in tema di sciopero nei servizi pubblici essenziali alle astensioni dal lavoro poste in essere da lavoratori autonomi, professionisti e imprenditori nonché rafforzato il ruolo della Commissione di garanzia, divenuto il vero perno del sistema normativo in materia di sciopero.

Quest'ultima risulta infatti investita di poteri consultivi che si sostanziano nella competenza a valutare i contratti e gli accordi raggiunti dalle parti per verificarne l'idoneità rispetto agli obiettivi perseguiti dal legislatore (art. 13, c. l, lett. A) e formulare, in caso negativo, una provvisoria regolamentazione delle prestazioni indispensabili e delle procedure di raffreddamento e di conciliazione, da ritenersi vincolante fino al raggiungimento di un accordo valutato idoneo.

Oltre a quelli consultivi, alla Commissione sono stati riconosciuti poteri compositivi (emanazione di lodo), conformativi (delibere di invito) riferiti al singolo conflitto, poteri sanzionatori, nonché poteri di impulso in materia di precet-tazione (art. 13, c.1, lett. f).

## XII.2. L'ordinanza di precettazione nell'art. 8 della legge n. 146/1990 e nell'art. 7 della legge n. 83/2000

Si è innanzi detto che la *ratio* della legge n. 146/90 si sostanzia nel contemperamento dell'esercizio del diritto di sciopero con il godimento dei diritti delle persone costituzionalmente tutelati, collocati gli uni e gli altri su di un piano di assoluta parità.

Se il cennato contemperamento è il fine ultimo della citata legge, la precettazione, prevista dall'art. 8, è lo strumento di *estrema ratio* con il quale il sistema normativo garantisce l'effettivo esercizio dei diritti della persona in tutte quelle situazioni in cui un conflitto rischia di pregiudicare i diritti costituzionalmente tutelati dei terzi.

Dato il rango primario del diritto di sciopero, quest'ultimo può però essere compresso solo in presenza di ben determinati presupposti di legge, cosicché il potere di precettare è azionabile solo al termine di un'articolata procedura specificatamente finalizzata a "contenere" il citato diritto nella misura strettamente necessaria ad assicurare all'utenza l'erogazione delle prestazioni indispensabili.

L'art. 8 della l. n. 146/90 richiedeva, quali presupposti necessari ai fini dell'adozione dell'ordinanza di precettazione, l'insistenza di due requisiti, l'uno di tipo sostanziale e l'altro di carattere procedimentale.

Il primo consisteva nell'esistenza di un fondato pericolo di un pregiudizio grave e imminente ai diritti della persona costituzionalmente garantiti a causa del mancato funzionamento dei servizi di preminente interesse generale.

Il secondo si sostanziava nell'osservanza, da parte dell'autorità titolare del potere di precettazione, delle particolari procedure stabilite dai comma 1 e 2 del citato articolo.

Soltanto nel momento in cui ricorrevano il requisito sostanziale del pericolo di un grave e imminente pregiudizio, nonché quello procedimentale della completa e puntuale esecuzione di tutte le fasi della sequenza previste dai commi 1 e 2 dell'art. 8, l'autorità precettante poteva adottare la misura autoritativa del divieto di sciopero per il tempo necessario all'effettuazione della prestazione del servizio essenziale (Cass. Civ. sez. I, 12 giugno 1999 n. 5797).

L'art. 7 della legge n. 83/2000, pur nel confermare i due citati presupposti, ha modificato in maniera incisiva il previgente art. 8:

*a*) il requisito sostanziale dell'ordinanza di precettazione.

In ordine al requisito di tipo sostanziale, il testo del 2000 lo descrive come il "fondato pericolo di un pregiudizio grave e imminente ai diritti della persona costituzionalmente tutelati di cui all'art. 1, comma 1, che potrebbe essere cagionato dall'interruzione o dall'alterazione del funzionamento dei servizi pubblici di cui all'art. 1, conseguente all'esercizio dello sciopero o a forme di astensione collettiva di lavoratori autonomi, professionisti o piccoli imprenditori".

Mentre la l. n. 146/90 richiamava in generale i diritti della persona costituzionalmente garantiti, la legge n. 83/2000 precisa che i diritti messi in pericolo sono specificatamente quelli elencati nell'art. 1, comma 1, della legge del 1990 e non altri eventualmente desumibili in via interpretativa.

La nuova formulazione assume particolare rilievo in quanto comporta l'ammissibilità dell'intervento autoritativo unicamente nelle ipotesi di messa in pericolo del diritto alla vita, alla salute, alla libertà ed alla sicurezza, alla libertà di circolazione, all'assistenza ed alla previdenza sociale, all'istruzione ed alla libertà di comunicazione.

Altra importante novità apportata dalla novella del 2000, si sostanzia nell'ampliamento della causa originante la situazione del pericolo che abbraccia sia l'interruzione che l'alterazione del funzionamento dei servizi pubblici essenziali.

Sebbene a livello dottrinale e giurisprudenziale fosse pacificamente ritenuto che il termine "mancato funzionamento" ricomprendeva in sé i concetti tanto di totale paralisi che di temporanea disfunzione dei servizi, con la suddetta specificazione il legislatore ha inteso offrire, in relazione al possibile futuro manifestarsi di nuove forme e tipologie di sciopero, maggiori elementi di chiarezza e certezza.

Anche in ordine alle astensioni collettive dal lavoro di lavoratori autonomi, professionisti e piccoli imprenditori, il legislatore della riforma ha operato un'analoga scelta chiarificatrice.

Dal convincimento che la l. n. 146/1990 era stata concepita in funzione dello sciopero dei lavoratori subordinati, parte della dottrina riteneva che quella disciplina fosse difficilmente adattabile in via interpretativa ad astensioni dal lavoro di diversa natura.

Diversamente, altra parte della dottrina reputava che le regole fondamentali della l. n. 146/1990 fossero applicabili anche relativamente alle astensioni collettive di soggetti diversi dai lavoratori subordinati.

Invero, il fenomeno delle azioni rivendicative da parte di questi ultimi era espressamente considerato nella originaria stesura della l. n. 146/1990, stabilendo la possibilità della emanazione dell'ordinanza di precettazione "anche nei confronti di lavoratori autonomi e di soggetti di rapporti di collaborazione che si concretino in un prestazione d'opera continuativa e coordinata, prevalentemente personale".

Sulla questione si è avuto l'intervento chiarificatore della Commissione di garanzia la quale, in più delibere, ha considerato come applicabili, oltre alle regole sulla precettazione, anche i principi generali della l. n.146/1990 (obbligo di preavviso, indicazione della durata, svolgimento di prestazioni minime essenziali) nelle situazioni di astensione dalle proprie prestazioni da parte di autotrasportatori, addetti agli impianti di carburante, farmacisti, medici convenzionati.

Al fine di superare ogni incertezza sulla questione, il legislatore della riforma – in relazione anche al frequente ripetersi, nel corso degli anni '90, di azioni rivendicative di soggetti diversi dai lavoratori subordinati – ha stabilito, con estrema chiarezza, di estendere a dette astensioni collettive le regole fondamentali sullo sciopero nei servizi essenziali, andando così ben oltre l'originaria estensione delle sole regole sulla precettazione;

*b*) il requisito procedimentale dell'ordinanza di precettazione.

Anche con riferimento al secondo requisito, vale a dire alla procedura che deve essere seguita dall'autorità precettante in vista dell'adozione dell'ordinanza di precettazione, il legislatore del 2000 ha introdotto un elemento di novità, rappresentato dalla attribuzione alla Commissione di garanzia del potere di segnalare alla competente pubblica autorità, l'esistenza di un pericolo potenzialmente lesivo dei diritti della persona costituzionalmente tutelati.

Nel ribadire la competenza, in tema di precettazione, delle autorità amministrative indicate dall'art. 8 della l. n. 146/1990 (Presidente del Consiglio dei Ministri o un Ministro da lui delegato se il conflitto ha rilevanza nazionale o interregionale, e negli altri casi il Prefetto o il corrispondente organo nelle regioni a statuto speciale), la novella del 2000 riconosce alla Commissione di garanzia il potere di impulso del procedimento teso alla precettazione ed il potere propositivo di formulare una proposta in ordine ai contenuti dell'ordinanza, di cui l'autorità amministrativa deve tener conto.

Oltre alla ipotesi del provvedimento di precettazione scaturente dalla segnalazione della Commissione di garanzia, la l. n. 83/2000 prevede che l'autorità precettante può, di propria iniziativa, nei casi di necessità e urgenza, dare avvio alla procedura che porterà alla precettazione, purché provveda ad informare preventivamente il citato organismo.

Indipendentemente dal potere propositivo e di impulso della Commissione, l'autorità titolare del potere di precettazione può, dunque, autonomamente avviare il procedimento, seppur rispettando un vincolo di carattere sostanziale (nelle situazioni di necessità e urgenza) e una condizione di tipo formale (informazione preventiva), rimanendo la sola responsabile del provvedimento finale.

Circa poi il possibile discostamento del contenuto dell'ordinanza di precettazione dalla proposta formulata dalla Commissione di garanzia, il provvedimento autoritativo se ne può discostare "...ma solo ed in quanto ciò sia necessario a fronteggiare un imminente e grave pericolo per i diritti degli utenti e fornendo idonea motivazione...".

Sempre avuto riguardo al requisito di tipo procedimentale, una volta riscontrata la sussistenza del *periculum* – su segnalazione della Commissione o di propria iniziativa – l'autorità precettante deve necessariamente compiere una serie di passaggi da considerarsi essenziali sotto il profilo della legittimità dell'esercizio del potere di precettazione.

Rispetto alle statuizioni previste dall'art. 8 della l. n. 146/1990, la novella del 2000 ha apportato incisive modifiche di semplificazione e snellimento delle procedure, le cui fasi essenziali si sostanziano nell'invio alle parti a desistere dai comportamenti determinanti la situazione di pericolo e nell'esperimento di un tentativo di conciliazione da esaurirsi nel più breve tempo possibile. Solo nella ipotesi di tentativo fallito, potranno essere adottate, con ordinanza, le misure indispensabili a prevenire il pregiudizio ai diritti della persona costituzionalmente tutelati, indicati dal primo comma dell'art. 1;

*c*) il contenuto dell'ordinanza di precettazione.

Allo stesso modo in cui può, motivatamente, discostarsi dalla proposta della Commissione di garanzia, l'autorità precettante può discorsarsi dalle indicazioni contenute nei contratti collettivi.

Il potere di precettazione, proprio perché destinato a supplire alle carenze di questi ultimi o a disfunzioni del sistema, trova il proprio presupposto nella esistenza di un fondato pericolo di pregiudizio grave ed imminente ai diritti costituzionali della persona ed è pertanto svincolato dal contenuto dell'eventuale accordo delle parti sulle prestazioni indispensabili. Tanto si ricava dalla lettura dell'art. 8, come riformato dalla novella del 2000, in cui l'elencazione dei possibili contenuti dell'ordinanza (differimento dell'astensione, riduzione della sua durata, prescrizione di livelli minimi di funzionamento del servizio compatibili con la salvaguardia dei diritti della persona costituzionalmente tutelati) sta ad indicare che la compressione del diritto di sciopero può avvenire solo nei limiti in cui ciò sia necessario per assicurare l'effettività dei diritti dell'utenza.

Una delle novità introdotte dalla l. n. 83/2000 consiste nella previsione che l'ordinanza deve essere adottata non meno di 48 ore prima dell'inizio della astensione collettiva, salvo che sia ancora in corso il tentativo di conciliazione o vi siano ragioni d'urgenza. Circa queste ultime, l'abbreviazione dei termini assolve al bisogno di rimediare con efficacia e tempestività ad eventuali anomalie del sistema, come, ad esempio, l'ipotesi in cui alla pubblica autorità non sia giunta o giunga solo all'ultimo momento la notizia di un fondato pericolo di pregiudizio grave e imminente ai diritti della persona costituzionalmente tutelati.

L'ordinanza di precettazione ha carattere recettizio e natura bidirezionale.

Circa il primo aspetto, le dettagliate disposizioni contenute nel comma 3 dell'art. 8 tendono a conferire il giusto rilievo alla importante fase della comunicazione di un provvedimento che, tanto dal punto di vista sostanziale che processuale, produce gli effetti giuridici allorché viene portato nella sfera di conoscibilità dei destinatari.

Relativamente al secondo aspetto, l'ordinanza ha carattere bidirezionale in quanto vincola tanto gli enti gestori quanto i lavoratori, nei confronti dei quali, in caso di mancata osservanza del provvedimento, operano sanzioni di tipo amministrativo.

L'inosservanza degli adempimenti e delle prescrizioni da parte dei singoli lavoratori, sia subordinati che autonomi, e delle relative organizzazioni associative, viene punita con una sanzione amministrativa pecuniaria determinata dalla stessa autorità precettante e applicata con ordinanza-ingiunzione della Direzione Provinciale del Lavoro.

Per i preposti al settore nell'ambito di amministrazioni, enti ed imprese erogatrici di servizi, la mancata osservanza delle disposizioni contenute nel provvedimento di precettazione comporta l'applicazione, sempre a cura dell'autorità precettante, della sanzione della sospensione temporanea dall'incarico.

Conclusivamente, pur avendo l'art. 7 della l. n. 83/2000 sostituito *in toto* l'art. 8 della l. n. 146/1990, la nuova disciplina non ha mutato l'essenza della precettazione quale strumento ultimo di tutela dei diritti degli utenti nelle situazioni di maggior pericolo.

Le novità di effettivo rilievo introdotte dall'art. 7 della legge di riforma si sostanziano nello snellimento della procedura da esperire quale presupposto per l'emissione della ordinanza e nella previsione di sanzioni a carico delle organizzazioni dei lavoratori, delle associazioni e degli organismi di rappresentanza dei lavoratori autonomi, professionisti e piccoli imprenditori nel caso di inosservanza precettivo. Lo scopo ultimo delle novità apportate dal citato art. 7 si individua nel consentire alla pubblica autorità di intervenire con maggiore tempestività ed efficacia nelle situazioni di messa in pericolo dei diritti della persona costituzionalmente tutelati.

## XII.3. La competenza del Prefetto in tema di precettazione nel diritto di sciopero

In materia di sciopero, anteriormente alla entrata in vigore della legge 12 giugno 1990 n. 146, la precettazione trovava la propria norma d'azione nell'art. 20 del regio decreto 3 marzo 1934, n. 383, che abilita il Prefetto ad emettere ordinanze di carattere contingibile ed urgente in materia di edilizia, polizia locale ed igiene, per motivi di sanità o di sicurezza pubblica.

Il ricorso al predetto art. 20 ha più volte suscitato critiche sul piano dottrinale, sia per l'utilizzo di una disposizione storicamente risalente al periodo corporativo (in cui la astensione dal lavoro era considerata reato) relativamente ad un diritto soggettivo di rango costituzionale, sia per la eccessiva discrezionalità riconosciuta alla pubblica amministrazione sul delicato terreno dei limiti al diritto di sciopero.

Sul punto è comunque intervenuta la sentenza 12 gennaio 1977, n. 4, con la quale la Corte Costituzionale si è favorevolmente pronunciata sulla compatibilità del citato art. 20 con l'art. 40 della Costituzione, tant'è che sino alla entrata in vigore della legge 12 giugno 1990 n. 146, il ricorso al citato art. 20 ha garantito, in materia di sciopero, la salvaguardia dei preminenti interessi di carattere generale.

Con l'intervento del legislatore ordinario, la precettazione è entrata a far parte dell'insieme delle fonti regolatrici del diritto di sciopero, pur conservando la propria caratteristica di atto d'autorità.

L'individuazione dei soggetti titolari del potere di precettare è stata una delle questioni maggiormente dibattute durante i lavori parlamentari.

Mentre il conferimento della competenza al Presidente del Consiglio dei Ministri o ad un Ministro da lui delegato per i conflitti di rilevanza nazionale o interregionale ha trovato un generale consenso, così non è stato per la attribuzione della competenza al Prefetto per i restanti conflitti.

Fra le altre, una delle proposte legislative prospettava la opportunità di sostituire la figura del Prefetto con quella del Commissario del Governo, muovendo dalla considerazione che il primo era organo residuale di un ordinamento anteriore e sconosciuto dalla Costituzione, mentre il secondo, in relazione al rilievo politico dell'esercizio di tale potere, si poneva come più appropriato interlocutore istituzionale del sistema democratico.

Veniva inoltre sottolineato come la scelta a favore del Commissario fosse maggiormente coerente con l'altra figura istituzionale munita del potere di precettazione, della quale peraltro risultava essere organo periferico.

Pur essendo stata, detta proposta, accolta nel d.d.l. approvato dal Senato e in quello elaborato dal comitato ristretto dalla Camera, la versione definitiva della legge ha visto prevalere la tesi che individuava nel Prefetto l'organo maggiormente adatto ad esercitare quel potere sia per la disponibilità di migliori strumenti informativi e la maggiore conoscenza delle realtà locali, sia per l'esperienza maturata in materia di conflitti sociali.

Appare qui appena il caso di sottolineare come, nonostante sia trascorso quasi più di un decennio dall'entrata in vigore della legge 146/90, durante i quali il Prefetto ha dato ampia dimostrazione di essere figura capace di esercitare con correttezza ed equilibrio il delicato potere di precettazione, siano state presentate proposte simili a quelle emerse in occasione dei lavori parlamentari della legge n. 146/90.

Al di là della diversità delle valutazioni e posizioni soprariferite, si ritiene che sul terreno specifico della precettazione, la normativa sul diritto di sciopero e la figura del Prefetto si rapportino in termini di stretta coerenza.

Un primo dato di coerenza si rinviene nella consolidata esperienza maturata dal Prefetto nel campo dei conflitti sociali e dei conflitti di lavoro, attraverso i quali l'attività di mediazione è entrata nel bagaglio culturale e professionale dell'istituto prefettizio e nella centralità che il momento mediativo riveste nella procedura da esperire ai fini della emissione dell'ordinanza di precettazione.

La legge n. 146/1990 risulta ispirata al criterio generale secondo cui il conflitto collettivo resta prioritariamente dominato dall'autonomia contrattuale delle parti e l'intervento dello Stato viene visto come provvedimento di carattere eccezionale.

In tale ottica, l'esperimento del tentativo di conciliazione, oltre ad essere un passaggio indefettibile nella procedura prevista dall'art. 8, rappresenta il momento ultimo in cui deve essere compiuto ogni possibile sforzo per scongiurare una soluzione di tipo autoritativo. Tutto ciò richiede una figura di mediatore capace di esprimere, al contempo, autorevolezza, imparzialità, esperienza e professionalità e di raccogliere la fiducia delle parti sociali, caratteristiche certamente riconducibili alla tradizione storica prefettizia.

Peraltro, una volta individuato nel Prefetto l'organo incaricato di esperire il tentativo di conciliazione, sarebbe stato alquanto inopportuno separare l'attività preventiva di mediazione da quella cautelare della precettazione.

Un secondo dato di coerenza, si rinviene nella consolidata definizione dottrinale dell'art. 8 della l. n. 146/1990 quale norma di "chiusura" della impalcatura legislativa che disciplina il diritto di sciopero e nella posizione istituzionale del Prefetto quale organo di "chiusura" dell'ordinamento.

Nell'impianto complessivo di una normativa fondata sull'etica del consenso, la precettazione assolve alla funzione di valvola di sicurezza cui ricorrere quando non sia possibile tutelare in altro modo i diritti della persona costituzionalmente garantiti.

Il provvedimento autoritativo si pone, dunque, come strumento per gestire emergenze e le patologie che possono verificarsi in una determinata vicenda, relativamente alla quale "..l'autorità pubblica è tenuta a fare le proprie valutazioni esclusivamente in riferimento al fine per cui gli è stato attribuito il potere di precettare, deve valutare in piena autonomia se sussista o meno il presupposto per attivare il relativo procedimento, indipendentemente dalle regole poste in via consensuale dalle parti".

Il termine "chiusura" è riferibile anche al Prefetto in relazione alla sua collocazione nell'ordinamento italiano.

Il carattere generale e aperto delle attribuzioni dell'istituto prefettizio "... conferisce essenzialità ed attualità al ruolo del Prefetto come organo di chiusura dell'ordinamento, come soggetto che assicura comunque una sorta di supplenza istituzionale ed è chiamato a gestire, ove necessario, momenti di difficoltà o patologici del sistema".

Per quanto sopraesposto, si può ritenere che l'attribuzione al Prefetto dei compiti previsti dall'art. 8 della l. n. 146/1990, vada al di là della tradizionale competenza prefettizia in tema di precettazione, ed espliciti piuttosto un momento di particolare coerenza del sistema, raccordando quella che può considerarsi la norma di chiusura della disciplina legislativa sulla astensione collettiva dal lavoro con l'organo amministrativo che, a livello provinciale, costituisce espressione generale di chiusura dell'ordinamento.

# CAPITOLO XIII
# Prefetti e Arbitro bancario finanziario

di *Ciro Silvestro*

SOMMARIO: XIII.1. Il ruolo del Prefetto in materia creditizia dagli Osservatori regionali sul credito all'Arbitro bancario finanziario

## XIII.1. Il ruolo del Prefetto in materia creditizia dagli Osservatori regionali sul credito all'Arbitro bancario finanziario

Nell'ambito della mediazione prefettizia può iscriversi anche una particolare competenza in tema di erogazione del credito, sviluppatasi a valle delle iniziative di garanzia volte a superare la fase di emergenza legata alla crisi economica del 2008-2009.

L'art. 12, comma 6, del d.l. n. 185/2008 (recante un pacchetto di misure a sostegno della produzione e del consumo) ha, infatti, previsto che "sul finanziamento all'economia il Ministro dell'economia e delle finanze riferisce periodicamente al Parlamento fornendo dati disaggregati per regione e categoria economica; a tale fine presso le Prefetture è istituito uno speciale osservatorio con la partecipazione dei soggetti interessati". Si dava vita, così, a luoghi di incontro tra gli attori economici, a livello territoriale, al fine di individuare per tempo eventuali strozzature nel flusso finanziario.

La successiva direttiva congiunta dei Ministri dell'economia e delle finanze e dell'Interno del 31 marzo 2009 ha reso operativi gli Osservatori sul credito presso tutte le Prefetture dei capoluoghi di regione[1], per il tempo strettamente necessario a gestire la fase recessiva. Ad essi sono stati affidati, a livello locale, compiti di monitoraggio dell'andamento del credito erogato dalle banche a famiglie e imprese, in rapporto con l'Osservatorio nazionale istituito per verificare lo stato d'attuazione delle norme anti -crisi. A questa funzione si è aggiunta quella di mo-

[1] Nelle Province autonome di Trento e Bolzano e nella regione Valle d'Aosta, gli Osservatorio regionali hanno avuto sede presso i rispettivi Commissariati del Governo e presso la Regione.

nitoraggio e raccolta di istanze o reclami, ai fini di un intervento volto a facilitare e favorire un riesame delle pratiche.

Il lavoro degli Osservatori si è concluso il 15 settembre 2010 (cfr. la Direttiva congiunta dei due Ministri del 20 luglio 2010).

In sostanza, gli speciali osservatori regionali "nelle intenzioni del Governo, miravano a individuare eventuali criticità nel mercato del credito a sfavore di imprese e famiglie in specifiche aree del territorio, settori produttivi, classi dimensionali di impresa, caratteristiche del nucleo familiare e, infine, a comprenderne le cause. A tali fini, agli osservatori erano attribuite due funzioni essenziali: quella *adversarial*, ossia di risoluzione di controversie tra imprese e banche, sulla base di istanze presentate dalle stesse imprese; quella di *monitoring*, ossia la produzione di dati da inviare periodicamente al Ministero dell'economia"[2].

La predetta iniziativa ha innescato un processo conclusosi con il consolidamento di una nuova funzione prefettizia tipica, normata dal decreto-legge 24 marzo 2012, n. 29, modificativo dell'art. 27-*bis* del decreto-legge 24 gennaio 2012, n. 1.

Il legislatore del 2012 ha, in primo luogo, prevista una prima forma di tutela con l'istituzione di un Osservatorio - operante presso il Ministero dell'economia e delle finanze - "sull'erogazione del credito e sulle relative condizioni da parte delle banche alla clientela, con particolare riferimento alle imprese micro, piccole, medie e a quelle giovanili e femminili, nonché sull'attuazione degli accordi o protocolli volti a sostenere l'accesso al credito dei medesimi soggetti". Il nuovo organismo esercita anche la funzione di promuove le migliori prassi per la gestione delle pratiche di finanziamento volte a favorire un miglioramento delle condizioni di accesso al credito, in relazione alle specifiche situazioni locali.

Ai Prefetti rimane, comunque, la facoltà di proseguire l'attività di monitoraggio della situazione economica territoriale, anche al fine di predisporre eventuali interventi a garanzia dei livelli essenziali delle prestazioni concernenti i diritti civili e sociali[3].

A completamento del nuovo sistema, il testo novellato dell'art. 27-*bis* del decreto n. 1 del 2012 dispone che il Prefetto, ove lo ritenga necessario, segnali motivatamente all'Arbitro bancario finanziario (ABF), istituito ai sensi dell'art. 128-bis del Testo unico delle leggi in materia bancaria e creditizia (d.lgs. n. 385/1993),

---

[2] F. DI CRISTINA, *L'osservatorio sull'erogazione del credito e la regolazione finalistica del mercato*, in *Giornale Dir. amm.*, 2013, 2, 138. L'A prosegue criticamente: "la soluzione istituzionale appena richiamata avrebbe potuto tradursi in piena ingerenza pubblica nelle scelte di selezione della clientela e di allocazione del credito". Anche L. TORCHIA, *Il «finanziamento all'economia» ed i prefetti, ovvero dell'eterogenesi dei mezzi*, in *Dir. amm.*, 2009, 4, 442 stigmatizza la genericità della formula utilizzata dal legislatore e la potenziale sovrapposizioni di compiti tra Prefetture e altre amministrazione operanti nel governo dell'economia, specie Banca d'Italia.

[3] Cfr. la Circolare Ministero dell'Interno – Gabinetto del Ministro n 17300 del 18 ottobre 2012.

specifiche criticità relative ad operazioni e servizi bancari e finanziari[4]. Da ricordare che l'ABF, organismo indipendente e imparziale, realizza, in via generale, un sistema stragiudiziale di risoluzione delle controversie tra i clienti e le banche e gli intermediari finanziari che riguardano operazioni e servizi bancari e finanziari[5].

La segnalazione prefettizia avviene a seguito di istanza del cliente in forma riservata e dopo che il Prefetto abbia invitato la banca in questione, previa informativa sul merito dell'istanza, a fornire una risposta argomentata sulla meritevolezza del credito. La segnalazione del Prefetto è inviata contestualmente al cliente e alla banca.

L'Arbitro – che si articola sul territorio nei tre collegi di Roma (competente per i residenti in Abruzzo, Lazio, Marche, Sardegna, Toscana e Umbria e Stato Estero), Milano (Emilia Romagna, Friuli Venezia Giulia, Liguria, Lombardia, Piemonte, Trentino Alto Adige, Valle d'Aosta e Veneto) e Napoli (Basilicata, Calabria, Campania, Molise Puglia e Sicilia) – si pronuncia non oltre trenta giorni dalla segnalazione prefettizia.

La previsione di legge si applica ai rapporti tra banche e clienti nei casi in cui la contestazione alla banca tragga origine dalla mancata erogazione, dal mancato incremento o dalla revoca di un finanziamento, dall'inasprimento delle condizioni applicate a un rapporto di finanziamento o da altri comportamenti della banca conseguenti alla valutazione del merito di credito del cliente.

Si attribuisce, quindi, al Prefetto un ruolo di interlocutore e mediatore nel circuito banche-clienti-Arbitro bancario finanziario. Opportunamente, la segnalazione all'Arbitro è configurato dal legislatore come una "facoltà" e non un "obbligo" il cui esercizio è peraltro subordinato alla sussistenza di specifiche "necessità" e/o "motivazioni", di cui però non si perimetrano, in via preventiva, gli ambiti[6].

---

[4] Articolo aggiunto dalla legge n. 262/2005. Secondo tale norma, le banche e gli intermediari finanziari devono aderire a sistemi di risoluzione stragiudiziale delle controversie con la clientela. Il Comitato Interministeriale per il Credito e il Risparmio (CICR) con Delibera del 29 luglio 2008, ha stabilito i criteri per lo svolgimento delle procedure di risoluzione delle controversie e ha affidato alla Banca d'Italia il compito di curarne l'organizzazione e il funzionamento.

[5] Le decisioni dell'ABF non sono vincolanti ma se l'intermediario non le rispetta il suo inadempimento è reso pubblico. Se il cliente non rimane soddisfatto neanche delle decisioni dell'Arbitro, può comunque rivolgersi al giudice.

[6] Nelle disposizioni attuative della Banca d'Italia regolamentanti la segnalazione del Prefetto all'ABF (fasi, termini, procedimento), sono stati disciplinati i limiti di esercizio del potere di iniziativa tra cliente e Prefetto. Rimane fermo il diritto del cliente di adire direttamente l'ABF, secondo le procedure ordinarie, fino al momento in cui il Prefetto non abbia trasmesso la segnalazione. Il potere prefettizio di attivazione del ricorso all'ABF appare alternativo a quello del cliente e, dunque, assimilabile ad un'ipotesi di "surroga" nel diritto della parte. E ciò meglio spiegherebbe il motivo per cui il legislatore ha inteso subordinare l'esercizio della facoltà dei Prefetti di segnalazione all'ABF alla sussistenza di specifiche necessità o motivazioni.

Peraltro, inizialmente il Prefetto esercita un intervento di "*moral suasion*" sulla banca invitandola al riesame delle determinazioni assunte. Tuttavia, ove l'istituto di credito, chiamato a fornire risposta all'invito del Prefetto, non ritenga ci siano le condizioni per una resipiscenza operosa, toccherà al Prefetto aprire una fase istruttoria e valutare le motivazioni ostative della banca per decidere se esercitare o meno la facoltà di ricorrere all'ABF per la soluzione del caso.

La nuova procedura "si prefigge di presidiare la correttezza e la buona fede degli intermediari nella valutazione del merito creditizio e nella gestione del credito. Senza per questo spingersi a introdurre impossibili obblighi giuridici a contrarre finanziamenti, oppure a indurre gli intermediari a erogare credito in misura superiore alla capacità finanziaria e reddituale del cliente"[7].

Infine, tra gli interventi dei Prefetti sui temi del credito vanno ricordati, per completezza, anche la sottoscrizione di protocolli d'intesa con banche, associazioni imprenditoriali e di categoria e associazioni antiusura, per individuare percorsi condivisi di accesso al credito, nell'intento di prevenire e, ove possibile, contenere l'espandersi del fenomeno criminale dell'usura.

[7] A. MELCHIORI, *Sui finanziamenti contestati scende in campo il prefetto*, in *Il Sole 24 ore* del 21 novembre 2012.

# CAPITOLO XIV
## Altre funzioni in materia di sviluppo e coesione

di *Paola Cavalcanti, Andrea Portuesi, Assunta Maria Rosa*



### XIV.1. Introduzione ai fondi europei

Entro la categoria dei fondi europei, è possibile operare una *summa divisio* tra fondi a gestione diretta della Commissione e fondi a gestione indiretta in cui l'istituzione europea è affiancata dagli Stati membri: tale dicotomia si ripercuote sia sulla copertura contabile dei fondi nel bilancio previsionale europeo (che fissa il massimale di spesa), sia sulla programmazione dell'uso dei medesimi.

Invero, i fondi diretti non sono finanziati con fondi strutturali ma con risorse "tematiche" aventi la finalità di sostenere specifiche politiche europee. Il programma che gestisce tali fondi è elaborato direttamente dalla Commissione che valuta comparativamente i progetti presentati, nel contesto di una competizione transnazionale, per poi instaurare con il progettista-utilizzatore finale un rapporto diretto. In genere, la progettazione tematica impone all'utilizzatore di agire in partenariato con soggetti di altri Stati membri, così favorendo un interscambio di esperienze ed idee che si rivela virtuoso nell'ottica dell'integrazione europea.

Tra i programmi più rilevanti, si ricordano "Life" in materia ambientale, "Horizon 2020" per il sostegno alla ricerca per università, piccole, medie imprese e grandi imprese, "Europa per i cittadini" a tutela della memoria storica e dell'educazione civica che può vedere come beneficiarie le pubbliche amministrazioni.

I fondi indiretti sono rappresentati, in via primaria, dal Fondo Sociale Europeo (FSE) e dal fondo Europeo di Sviluppo Regionale (FESR) e costituiscono il nucleo fondamentale di risorse a sostegno delle pubbliche amministrazioni degli Stati membri. La programmazione correlata alla gestione di tali fondi, viene condivisa, in una fase *bottom up* all'insegna della concertazione, tra la Commissione Europea, gli Stati membri e le loro principali articolazioni istituzionali: nel nostro Paese, partecipano alla macro fase programmatoria il Governo ed i Ministeri, le Regioni, gli Enti locali, il terzo settore. In tale fase *bottom up*, tipicamente politica, la Commissione comprende le priorità politiche delle istituzioni nazionali e fa corrispondere ad esse le decisioni allocative delle risorse a valere sul bilancio europeo.

La strategia di Europa 2020, successiva agli obiettivi di Lisbona, muove nella direzione di valorizzare politiche ulteriori rispetto a quelle di convergenza economico finanziaria e si rivolge, tra l'altro, al sostegno dell'occupazione, dello sviluppo sostenibile, della legalità. In particolare, a monte della strategia 2014-2020, è stato siglato[1] tra la Commissione europea, lo Stato italiano e le sue principali articolazioni interne, *in primis* le Regioni, un Accordo di partenariato in cui si analizzano e monitorano le criticità di sistema per individuare gli interventi prioritari da finanziare con le risorse europee e rendere allineate le scelte allocative a carico del bilancio comunitario con gli obiettivi delle politiche nazionali, in un'ottica armonizzatrice. A valle dell'Accordo di Partenariato, a sua volta coerente rispetto al Piano Nazionale di Riforma del Governo italiano, vengono condivisi i Programmi ministeriali e regionali. In particolare, il Ministero dell'Interno, attraverso l'Autorità di Gestione collocata presso il Dipartimento di pubblica sicurezza, gestisce il PON Legalità che è sottoposto ad approvazione finale della Commissione. Lo stesso Ministero dell'Interno gestisce i Fondi FAMI, attraverso il Dipartimento delle Libertà Civili e dell'Immigrazione, con la finalità di sostenere le politiche di accoglienza e gestione del fenomeno migratorio. La programmazione a valere sui fondi indiretti è caratterizzata, sul piano contabile, da un obbligo di cofinanziamento a carico dello Stato membro e da un attento sistema di rendicontazione sottoposto al controllo dell'autorità di Audit – terza rispetto all'Autorità di gestione – che valuta il rimborso della spesa anticipata dallo Stato.

## XIV.2. PON Legalità 2014-2020

Il Programma Operativo Nazionale "Legalità" (di seguito PON o Programma) è un piano di investimento settennale a gestione del Ministero dell'Interno-Dipartimento della Pubblica Sicurezza, che si inserisce nell'ambito delle politiche di coesione territoriale tese a *"ridurre il divario fra le diverse regioni e il ritardo delle*

[1] Eseguito con decisione della Commissione C (2014) 8021 del 29-10-2014.

*regioni meno favorite"*. Il Programma "Legalità", approvato dalla Commissione europea il 20 ottobre 2015 e revisionato con Decisione del 9 gennaio 2018, ha una dotazione finanziaria di oltre 600 milioni di euro: è cofinanziato al 75% dal FESR (Fondo Europeo di Sviluppo Regionale) e dal FSE (Fondo Sociale Europeo) e per il 25% da risorse nazionali. Interviene nelle 5 Regioni del Mezzogiorno d'Italia definite come "meno sviluppate" – Basilicata, Calabria, Campania, Puglia e Sicilia – caratterizzate da fenomeni criminali eccezionali che pongono un significativo freno alle potenzialità di sviluppo socio-economico.

La strategia del Programma mira, in particolare, a:
- rafforzare le condizioni di legalità per cittadini e imprese;
- dare nuovo impulso allo sviluppo economico;
- migliorare la coesione sociale del Sud d'Italia.

Per perseguire tali obiettivi, il PON "Legalità" agisce su due direttrici principali: da un lato contrastare e, ove possibile, debellare la presenza dei fenomeni illeciti e criminali grazie a strumenti tecnologici innovativi e intelligenti a favore della Pubblica Amministrazione e dall'altro realizzare nuovi modelli e nuove reti di inclusione sociale per aiutare il contesto socio - economico delle regioni cosiddette "meno sviluppate" a respingere i tentativi di infiltrazione da parte della criminalità organizzata.

In tale logica, il Programma agisce sia sul rafforzamento della Pubblica Amministrazione (attraverso la formazione, attraverso piattaforme tecnologiche di guida all'azione amministrativa, attraverso l'utilizzo di sistemi di analisi intelligente dei dati) sia fornendo maggiore sicurezza alle imprese in aree strategiche per lo sviluppo (attraverso sistemi tecnologici di sorveglianza) sia fornendo strumenti per l'inclusione di fasce a rischio marginalità (immigrati, ex detenuti…).

Il Programma "Legalità" è articolato in sei Assi.

*ASSE I "Rafforzare l'azione della Pubblica Amministrazione nel contrasto alla corruzione e alla criminalità organizzata"*

L'Asse 1 del PON "Legalità" (con una dotazione di 91 milioni di euro) è finalizzato ad incrementare la capacità di analisi degli scenari a rischio corruzione e infiltrazione criminale della Pubblica Amministrazione mediante il potenziamento dei sistemi informativi di supporto. Esso finanzia:

1. soluzioni informative nell'ambito degli appalti pubblici e dell'anticorruzione;
2. la digitalizzazione delle procedure di accesso al Fondo di Rotazione per la solidarietà alle vittime dei reati di tipo mafioso, delle richieste estorsive e dell'usura;
3. soluzioni informative in materia di *cyber security* per la protezione cibernetica e la sicurezza informatica;
4. interventi per assicurare l'interoperabilià delle banche dati pubbliche con specifico riferimento a sistemi di analisi delle informazioni afferenti alle imprese

a rischio di infiltrazione criminale e sistemi per l'anticontraffazione, la tutela del *made in Italy*, l'antiriciclaggio e la prevenzione delle frodi;

5. interventi per la valorizzazione in formato *open* dei dati relativi ai patrimoni confiscati.

*ASSE II "Rafforzare le condizioni di legalità delle aree strategiche per lo sviluppo economico"*

L'Asse 2 (con una dotazione di 98 milioni di euro) è diretto a rafforzare il presidio di legalità di aree vulnerabili a particolare vocazione produttiva (industriali, turistiche ed agricole), in cui l'attrattività degli investimenti e lo sviluppo delle imprese e del commercio sono minati dalla presenza di reati ed infiltrazioni criminali.

L'Asse finanzia interventi integrati per l'incremento degli standard di sicurezza in aree strategiche per lo sviluppo, attraverso l'installazione di strumenti tecnologici fissi e mobili per il controllo del territorio e la fornitura di sistemi di *intelligence* (sensoristica, *video analytics*).

*ASSE III "Favorire l'inclusione sociale attraverso il recupero dei beni confiscati"*

L'Asse 3 (con una dotazione di 56 milioni di euro) è teso a favorire l'inclusione sociale attraverso il recupero e la riqualificazione di beni pubblici anche confiscati alla criminalità organizzata.

*ASSE IV "Favorire l'inclusione sociale attraverso il recupero dei beni confiscati"*

L'Asse 4 (con una dotazione di 72 milioni di euro) è finalizzato a favorire l'inclusione sociale e la diffusione della legalità mediante percorsi di integrazione socio-economica rivolti a fasce marginalizzate della società (immigrati regolari) e a particolari categorie di soggetti a rischio devianza (ex detenuti, minori in fase di uscita o usciti dai circuiti penali).

Nello specifico, l'Asse finanzia:

1. percorsi integrati di inclusione sociale e lavorativa per l'accompagnamento degli immigrati regolari nel passaggio dall'ambiente dei centri di accoglienza alla piena autonomia e integrazione nelle comunità locali;
2. azioni di supporto professionale alle Amministrazioni coinvolte nella gestione del fenomeno migratorio;
3. percorsi di inclusione socio-lavorativa e di educazione alla legalità per particolari categorie di soggetti a rischio devianza quali ex detenuti, minori in fase di uscita o usciti dai circuiti penali etc.
4. interventi di supporto alle imprese sociali che gestiscono beni confiscati alla criminalità organizzata;
5. interventi a sostegno degli imprenditori vittime di racket e dell'usura.

*ASSE V "Migliorare le competenze della PA nel contrasto alla corruzione e alla criminalità organizzata"*

L'Asse 5 (con una dotazione di 70 milioni di euro) è finalizzato al miglioramento delle competenze della PA nel contrasto alla corruzione e alla criminalità organizzata nei circuiti amministrativi e socio-economici.

Nello specifico, può finanziare:

1. interventi di formazione per la prevenzione e il contrasto dei reati emergenti, reati in evoluzione e reati anche di rilievo internazionale;
2. interventi a supporto delle prefetture mediante azioni di qualificazione ed *empowerment* nella lotta alla corruzione e alle infiltrazioni criminali (appalti e piani anticorruzione);
3. progetti di *open government* per favorire la trasparenza, la collaborazione e la partecipazione, realizzati tramite il coinvolgimento di cittadini/stakeholder e iniziative per il riutilizzo dei dati pubblici;
4. interventi per lo sviluppo delle competenze organizzative e gestionali dei soggetti coinvolti nelle attività di gestione di beni e imprese confiscati.

*ASSE VI "Accoglienza e Integrazione migranti"*

L'Asse 7 (con una dotazione di 199 milioni di euro) è diretto al rafforzamento del sistema di accoglienza e integrazione dei migranti mediante il recupero di beni immobili pubblici e l'attivazione di interventi di carattere infrastrutturale e tecnologico a favore delle Amministrazioni coinvolte nella gestione del fenomeno migratorio.

Nello specifico finanzia:

1. interventi di recupero, adeguamento e rifunzionalizzazione di beni pubblici, anche confiscati alla criminalità organizzata, da destinare a strutture per l'accoglienza e l'integrazione degli immigrati regolari, dei richiedenti asilo e titolari di protezione internazionale, umanitaria e sussidiaria;
2. interventi per l'ospitalità dei lavoratori stagionali ed azione di contrasto al fenomeno del caporalato;
3. interventi infrastrutturali per il rafforzamento delle capacità di gestione del fenomeno migratorio delle amministrazioni coinvolte;
4. interventi tecnologici che consentano alle Amministrazioni preposte di fronteggiare al meglio la crisi migratoria e dei rifugiati.

## XIV.3. Il Programma nazionale Fondo sicurezza interna 2014-2020

Altro strumento finanziario a titolarità del Ministero dell'Interno-Dipartimento della Pubblica Sicurezza è il Programma Nazionale Fondo Sicurezza Interna (ISF – *Internal Security Fund*) 2014-2020, cofinanziato dalla Commissione europea - Direzione Generale per la Migrazione e gli Affari Interni (DG HOME), che supporta progetti mirati a garantire uno spazio comune di sicurezza e libertà all'interno dei confini europei, attraverso il contrasto e la prevenzione di fenomeni criminosi e la gestione integrata delle frontiere esterne.

Il Programma Nazionale ISF è stato approvato dalla Commissione europea in data 5 agosto 2015 e, successivamente, oggetto di revisione con Decisioni di esecuzione della Commissione europea del 18 settembre 2017, 1 dicembre 2017 e del 12 dicembre 2018. A seguito di quest'ultima Decisione, che conclude il processo di revisione di metà periodo, la dotazione finanziaria complessiva del Programma è passata da 492 milioni a 587 milioni di euro (quota nazionale e comunitaria), con un tasso di cofinanziamento comunitario del 50% della sua dotazione salvo che per le *"azioni specifiche o priorità strategiche"* per le quali vige una disciplina specifica[2].

Il Programma Nazionale ISF si articola in due strumenti finanziari:

- ISF1-*Police,* che ha una dotazione finanziaria di circa 129 milioni di euro ed è finalizzato a promuovere interventi di cooperazione di polizia, prevenzione e lotta alla criminalità, nonché gestione dei rischi e delle crisi;
- ISF2-*Borders&Visa*, con una dotazione di circa 458 milioni di euro ed è rivolto alla gestione integrata delle frontiere esterne e allo sviluppo di una politica comune dei visti Schengen.

I potenziali Beneficiari sono le Amministrazioni Pubbliche Centrali istituzionalmente competenti nelle materie del Fondo.

In conformità alle priorità individuate dai Regolamenti comunitari[3], lo strumento ISF1-*Police* è rivolto specificamente a:

*a*) prevenire la criminalità, combattere i reati gravi, transfrontalieri e di criminalità organizzata, compreso il terrorismo, potenziare il coordinamento e la cooperazione tra le autorità di contrasto e le altre autorità nazionali degli Stati membri, ivi compreso Europol o altri organismi competenti dell'Unione, e con i Paesi terzi interessati nonché le organizzazioni internazionali (*Obiettivo Specifico 5*);

*b*) aumentare la capacità degli Stati membri e dell'Unione di gestire i rischi per la sicurezza e le crisi e di proteggere la popolazione e le infrastrutture critiche da attentati terroristici e altri incidenti di sicurezza *(Obiettivo Specifico 6).*

Lo strumento finanziario ISF2-*Borders&Visa* è, invece, finalizzato a:

*a*) sostenere una politica comune in materia di visti Schengen (*Obiettivi Specifici 1 e 3*);

---

[2] In base alla disciplina contenuta nel Regolamento (UE) 514/2014 (art. 16), il cofinanziamento comunitario non supera il 75% del totale delle spese ammissibili di un progetto. Il regolamento prevede, tra l'altro, che per *azioni specifiche* (azioni cioè destinate al finanziamento di acquisto di mezzi e attrezzature operative da mettere a disposizione dell'Agenzia Frontex), la quota di cofinanziamento comunitario può essere aumentata fino al 90% (art. 16, comma 4).

[3] Reg. (UE) 513/2014 e Reg. (UE) 515/2014.

*b*) sostenere la gestione integrata delle frontiere esterne dell'Unione così da assicurarne un attraversamento agevole e garantire al contempo un elevato livello di protezione (*Obiettivi Specifici 2 e 3*).

In tale contesto sono stati finanziati progetti in favore di tutte le Amministrazioni competenti - Marina Militare, Corpo delle Capitanerie di Porto, Guardia di Finanza, Dipartimento della Pubblica Sicurezza – per l'acquisizione di infrastrutture IT e mezzi aeronavali per il rafforzamento del dispositivo di gestione e controllo delle frontiere esterne.

Il Programma Nazionale Fondo Sicurezza Interna 2014-2020 si sta confermando uno strumento di importanza strategica nel far fronte alle numerose e complesse sfide connesse alla gestione e al controllo delle frontiere esterne, alla prevenzione e al contrasto della criminalità, alla gestione dei rischi e delle crisi.

## XIV.4. Il Fondo Asilo Migrazione e Integrazione: inquadramento generale

Il "Fondo Asilo Migrazione e Integrazione 2014-2020" (FAMI)" è stato istituito con Regolamento 516/2014[4], con l'obiettivo di promuovere una gestione integrata della migrazione, sostenendo tutti gli aspetti del fenomeno migratorio: asilo, integrazione e rimpatrio.

Il FAMI intende perseguire i seguenti Obiettivi Specifici (OS) comuni, previsti dal regolamento istitutivo, e attuare operazioni di reinsediamento e ricollocazione:

1. OS 1 Asilo: rafforzare e sviluppare tutti gli aspetti del sistema europeo comune di asilo, incluse le sue dimensioni esterne, migliorare le condizioni di accoglienza in materia di asilo, la qualità delle procedure di asilo e dei processi decisionali ed estendere le attività di reinsediamento a favore dei titolari di protezione internazionale;
2. OS 2 Migrazione legale e integrazione: sostenere la migrazione legale verso gli Stati membri in funzione del loro fabbisogno economico ed occupazionale e promuovere l'effettiva integrazione dei cittadini di Paesi terzi nelle società ospitanti;
3. OS 3 Rimpatri: promuovere strategie di rimpatrio eque ed efficaci negli SM, che contribuiscano a contrastare l'immigrazione illegale;

Attraverso i cosiddetti *Special Cases* si intendono promuovere operazioni di reinsediamento che prevedono il trasferimento all'interno dell'Unione di cittadini di Paesi terzi riconosciuti dall'Alto Commissariato delle Nazioni Unite come me-

[4] Regolamento (UE) n. 516/2014 del Parlamento europeo e del Consiglio del 16 aprile 2014, che istituisce il Fondo Asilo, migrazione e integrazione, che modifica la decisione 2008/381/CE del Consiglio e che abroga le decisioni n. 573/2007/CE e n. 575/2007/CE del Parlamento europeo e del Consiglio e la decisione 2007/435/CE del Consiglio.

ritevoli di protezione internazionale, in ragione delle loro peculiari condizioni di vulnerabilità. Si promuovono inoltre le operazioni di ricollocazione che prevedono la distribuzione di persone con evidente bisogno di protezione internazionale tra gli Stati membri.

Il valore aggiunto che viene riconosciuto al FAMI è quello di qualificare i servizi a favore dei cittadini di Paesi terzi, permettendo il finanziamento di interventi strategici, sperimentali e/o di sistema. Pertanto, attraverso il Fondo è possibile attivare interventi aggiuntivi e paralleli rispetto ai servizi finanziati dal Ministero attraverso le risorse nazionali ed ordinarie. Il Fondo, infatti, intende promuovere il *networking* tra gli attori istituzionali centrali e territoriale competenti, in un'ottica di *governance* coordinata e multilivello.

### *XIV.4.1. La programmazione nazionale del Fondo*

A seguito di un articolato iter negoziale, il 3 agosto 2015 la Commissione ha approvato il Programma Nazionale FAMI[5].

All'interno del Programma, l'Autorità Responsabile – che il governo italiano ha indicato nella figura del Vice Capo Dipartimento Vicario delle libertà civili e l'immigrazione – ha dettagliato la programmazione strategica degli interventi, gli obiettivi strategici e operativi da raggiungere, gli interventi da realizzare e la ripartizione delle risorse finanziarie comunitarie per area di intervento.

La strategia del PN, intercettando le linee di indirizzo politico europeo, intende valorizzare:

- la complementarietà con altre fonti di finanziamento ed altri strumenti finanziari a disposizione degli Stati membri;
- la semplificazione e l'efficienza nella programmazione degli interventi;
- la *governance* multilivello che coinvolga un ampio partenariato allo scopo di valorizzarne l'impatto a livello territoriale;
- un processo costante di consultazione con la molteplicità degli *stakeholders* coinvolti nell'implementazione delle politiche migratorie.

Nella programmazione sono previste azioni pluriennali e interventi di sistema con un impatto sul medio-lungo termine, anche attraverso la riprogrammazione delle attività stesse e la riallocazione delle risorse da un ambito di intervento ad un altro, pur sempre nel rispetto delle soglie di spesa previste dal Regolamento istitutivo del FAMI.

---

[5] Il Programma Nazionale è stato approvato con Decisione C(2015) 5343 del 3/08/2015 e, a seguito dell'incremento della dotazione, con successiva Decisione C(2016) 1823 del 21.3.2016. Il programma è consultabile al link: http://www.interno.gov.it/sites/default/files/allegati/programma_nazionale_fami-2014-2020.pdf.

A differenza di quanto previsto precedentemente dai Fondi SOLID (2007-2013), il target di riferimento è stato ampliato: le attività di integrazione e di rimpatrio volontario assistito potranno essere estese anche ai titolari di protezione internazionale.

### *XIV.4.2. Governance multilivello ed azione in ambito locale: il ruolo dei CC.TT.I e delle Prefetture*

Nell'Agenda europea per l'integrazione dei cittadini di Paesi terzi, adottata nel 2011[6] dalla Commissione in attuazione del Programma di Stoccolma, uno dei tre obiettivi chiave per favorire i processi di inclusione sociale dei migranti è il rafforzamento dell'azione a livello locale.

Si riconosce pertanto che le politiche di integrazione vanno elaborate secondo un autentico approccio dal basso, a contatto con la realtà locale, in modo da sostenere concretamente l'apprendimento della lingua, l'accesso ai servizi, il sostegno all'occupazione, il contrasto della discriminazione, per garantire l'effettività dei processi di inclusione sociale e promuovere la partecipazione dei migranti alla società.

La Commissione sottolinea che le politiche di integrazione vanno formulate e attuate con il coinvolgimento attivo delle autorità del territorio.

In tale prospettiva la Commissione ha raccomandato agli Stati membri di:

– elaborare strategie globali di integrazione da attuare con la partecipazione effettiva di tutte le parti interessate, locali e regionali, secondo un approccio "dal basso".
– sostenere i "patti territoriali", come quadro di cooperazione tra le parti interessate ai diversi livelli, per l'elaborazione e l'attuazione delle politiche di integrazione.

Per valorizzare le funzioni di *governance* del territorio, attraverso il FAMI, il PN intende valorizzare il ruolo dei Consigli territoriali per l'immigrazione, per rilanciare l'azione istituzionale e potenziare il coordinamento tra enti di programmazione e di attuazione operativa delle politiche pubbliche, soprattutto nell'ambito dell'accoglienza dei migranti e dei richiedenti protezione internazionale.

Inoltre, per valorizzare l'attivazione di interventi territoriali, il FAMI prevede il finanziamento di progetti a valenza territoriale realizzati da enti locali, associazioni nonché dalle stesse Prefetture.

---

[6] Comunicazione della Commissione al Parlamento europeo, al Consiglio, al Comitato economico e sociale europeo e al comitato delle regioni, Agenda europea per l'integrazione dei cittadini di paesi terzi, COM(2011) 455.

### *XIV.4.3. Il ruolo delle Prefetture-UU.TT.G nell'attuazione del FAMI*

#### *XIV.4.3.1. Attuazione di interventi*

L'Autorità responsabile può avvalersi della collaborazione delle Prefetture (oltre che di altre articolazioni centrali e periferiche del Ministero dell'Interno, in possesso di specifiche competenze ed esperienze), al fine di dare attuazione a progettualità specifiche.

A tal fine l'AR chiede alle Prefetture la presentazione di idee progettuali: nel 2016, l'invito a presentare proposte progettuali è stato finalizzato a migliorare la *governance* locale degli interventi di inclusione sociale e di accoglienza dei cittadini stranieri e a sviluppare l'offerta di servizi mirati di carattere innovativo. Nel caso specifico, gli ambiti progettuali di riferimento sono:
- attivazione di servizi di mediazione linguistica e culturale;
- rafforzamento delle capacità analitica-previsionale sui fabbisogni di posti di accoglienza a livello provinciale/ regionale;
- costruzione e rafforzamento di networking tra enti pubblici;
- miglioramento dei livelli di gestione ed erogazione dei servizi amministrativi rivolti ai cittadini di Paesi terzi;
- aggiornamento delle competenze degli operatori delle Prefetture ai fini di dedicare servizi mirati all'utenza straniera e comunicare in contesti multiculturali;
- sostegno ai processi di partecipazione attiva degli stranieri alla vita pubblica, attivando forme di raccordo con le Consulte di stranieri presso gli enti locali, ove istituite;
- contrasto a fenomeni di carattere emergenziale che vedono forme di grave sfruttamento dei migranti (fermi restando i limiti definiti dalla base giuridica in merito all'eleggibilità dei destinatari che devono essere cittadini di Paesi terzi regolarmente soggiornanti);
- rafforzamento degli strumenti per la verifica ed il monitoraggio dei servizi di accoglienza finanziati dalla Prefetture.

#### *XIV.4.3.2. Partecipazione al processo di valutazione delle proposte progettuali*

La selezione di proposte progettuali finanziate dal FAMI e presentate da enti locali, associazioni ed altri soggetti operanti sul territorio, vede il coinvolgimento delle Prefetture nel processo di valutazione dei progetti.

Tale attività consiste nell'elaborazione di un parere rilasciato da parte dei competenti Consigli territoriali per l'immigrazione, in qualità di organi di coordinamento su base locale presieduti dal Prefetto.

I pareri hanno lo scopo di valutare la conformità delle proposte progettuali rispetto alle concrete esigenze emergenti dal territorio, nonché la coerenza con la programmazione locale in materia.

Tale processo risponde ad una logica di prossimità, per valorizzare le conoscenze dirette dei bisogni locali e verificare i modelli di intervento ritenuti di maggior efficacia.

#### *XIV.4.3.3. Monitoraggio dei progetti*

Per monitorare e valutare le attività svolte nell'ambito del FAMI e i relativi risultati l'AR ha previsto un approccio strutturato su più livelli in grado di fornire un quadro dettagliato dello stato di avanzamento finanziario e quantitativo del Fondo in linea con gli standard di efficienza e trasparenza richiesti dall'UE.

Con riferimento al monitoraggio dei progetti ammessi a finanziamento, le Prefetture assumono un ruolo diretto e specifico, supportando l'AR nello svolgimento degli *operational controls* sui progetti realizzati in ambito locale. In particolare le Prefetture realizzano visite di monitoraggio periodiche *in loco* sui progetti territoriali, ricadenti nel proprio ambito territoriale.

Attraverso tali visite periodiche, le Prefetture concorrono a:

- valutare l'efficace funzionamento delle procedure implementate dal soggetto beneficiario;
- rilevare lo stato di avanzamento nel raggiungimento degli obiettivi di progetto;
- rilevare le maggiori criticità emerse nella gestione delle attività progettuali e le eventuali azioni correttive che il soggetto beneficiario ha implementato o deve implementare.

Al termine delle visite, le Prefetture compilano e trasmettono all'AR, tramite il sistema informativo FAMI, una *checklist* e un verbale di monitoraggio, contenente le principali risultanze della verifica.

Le risultanze dei controlli svolti sono utilizzate ai fini della predisposizione e della sottoscrizione dell'attestazione qualitativa e dell'attestazione di spesa.

**AGGIORNAMENTO ONLINE**

Connettiti al sito **www.dikegiuridica.it**,
**registrati** o **effettua il *login*** se già registrato,
cerca il volume,
clicca su **Aggiornamenti**
e inserisci la seguente ***password:***

**3b89epA1**